EDITION
Directeurs de collection e
Dominique AUZIAS et Jean-
Auteurs : Timothée DEMEIL
Nicolas LANDRU, Lionel LA
François SICHET, Jean-Paul
Dominique AUZIAS et alter
Directeur Editorial : Stépha
Responsable Editorial Mon
Rédaction Monde : Caroline
Morgane VESLIN, Julien BER
et Pierre-Yves SOUCHET
Rédaction France : François
Jeff BUCHE, Grégoire DECONI
et Perrine GALAZKA

FABRICATION
Responsable Studio : Sophie LECHERTIER assistée de Romain AUDREN
Maquette et Montage : Julie BORDES, Élodie CLAVIER, Sandrine MECKING, Delphine PAGANO et Laurie PILLOIS
Iconographie et Cartographie : Audrey LALOY

WEB ET NUMERIQUE
Directeur technique : Lionel CAZAUMAYOU
Chef de projet et développeurs : Jean-Marc REYMUND assisté de Florian FAZER, Anthony GUYOT, Cédric MAILLOUX et Christophe PERREAU

DIRECTION COMMERCIALE
Directeur commercial et web : Olivier AZPIROZ
Responsable Régies locales : Michel GRANSEIGNE
Adjoint : Victor CORREIA
Relation Clientèle : Vimla MEETTOO

REGIE NATIONALE :
Responsable Régie Nationale : Aurélien MILTENBERGER assisté de Sandra RUFFIEUX
Chefs de Publicité : Caroline AUBRY, Perrine DE CARNE MARCEIN, Caroline GENTELET, Sacha GOURAND, Florian MEYBERGER, Stéphanie MORRIS, Caroline PREAU et Carla ZUNIGA

REGIE INTERNATIONALE :
Directrice : Karine VIROT assistée de Elise CADIOU
Chefs de Publicité : Romain COLLYER, Camille ESMIEU et Guillaume LABOUREUR
Régie ROUMANIE : Anca MICULA

DIFFUSION ET PROMOTION
Directrice des Ventes : Bénédicte MOULET assisté d'Aissatou DIOP et Alicia FILANKEMBO
Responsable des ventes : Jean-Pierre GHEZ assisté de Nathalie GONCALVES
Relations Presse-Partenariats : Jean-Mary MARCHAL

ADMINISTRATION
Président : Jean-Paul LABOURDETTE
Directeur Administratif et Financier : Gérard BRODIN
Directrice des Ressources Humaines : Dina BOURDEAU assistée de Léa BENARD et Sandra MORAIS
Responsable informatique : Pascal LE GOFF
Responsable Comptabilité : Nicolas FESQUET assisté de Jeannine DEMIRDJIAN, Oumy DIOUF et Christelle MANEBARD
Recouvrement : Fabien BONNAN assisté de Sandra BRIJLALL
Standard : Jehanne AOUMEUR

PETIT FUTE ROUMANIE
Petit Futé a été fondé par Dominique AUZIAS.
Il est édité par Les Nouvelles Editions de l'Université
18, rue des Volontaires - 75015 Paris.
✆ 01 53 69 70 00 - Fax 01 42 73 15 24
Internet : www.petitfute.com
SAS au capital de 1 000 000€ - RC PARIS B 309 769 966
Couverture : © Alamer - Iconotec
Impression : GROUPE CORLET IMPRIMEUR - 14110 Condé-sur-Noireau
Dépôt légal : juillet 2014
ISBN : 9782746974463

Pour nous contacter par email, indiquez le nom de famille en minuscule suivi de @petitfute.com
Pour le courrier des lecteurs : info@petitfute.com

venit
ânia !

z les clichés qui ont cours en Occident ! Pays débordant de mystères, patrie du terrible Vlad l'Empaleur ou Dracula, contrée aux confins orientaux de l'Europe, la Roumanie offre une magnifique diversité de paysages, de sites et de reliefs, encore peu empruntés par le tourisme de masse. Cœur du pays, les magnifiques hauts plateaux de la Transylvanie sont sauvages et romantiques et offrent d'extraordinaires villes et villages d'influences saxonnes dominés par leurs impressionnantes forteresses, telles que Sighișoara, Sibiu ou Brașov. Arcboutée tout autour de la Transylvanie, la magnifique chaîne des Carpates offre des paysages féeriques de montagnes abruptes et inapprivoisées. Il n'est pas rare d'y croiser des ours ou des loups, tandis que l'hiver ses pistes de ski raviront les plus sportifs. Royaume bien gardé des traditions ancestrales roumaines, les régions du Maramureș et de Bucovine s'accrochent au folklore encore profondément ancré dans la vie quotidienne de ses habitants : costumes, coutumes, portails en bois sculptés et magnifiques monastères peints. À l'est, la côte de la mer Noire compte de nombreuses stations balnéaires, d'adorables villages de pêcheurs, ainsi que le delta du Danube, une réserve naturelle foisonnante aux paysages comme nulle part ailleurs, entre terre et eau. Enfin, traînant une injuste réputation, Bucarest, la capitale, est une ville frénétique et animée, où se côtoient le moderne et l'ancien, entre modernité et tradition, finalement à l'image de tout le pays, résolument porté vers le futur et toujours fier de ses racines. Ajoutez à cela une hospitalité à toute épreuve, une mosaïque ethnique et culturelle et des traditions populaires encore vivaces et vous obtiendrez la recette d'un pays à découvrir impérativement. Alors, bon voyage en Roumanie !

L'équipe de rédaction

PEFC
10-31-1510
Certifié PEFC
Ce produit est issu de forêts gérées durablement et de sources contrôlées.
pefc-france.org

OFFERT
CE GUIDE VERSION NUMÉRIQUE
Retrouvez cette offre en page 93

Sommaire

INVITATION AU VOYAGE

DÉCOUVERTE

BUCAREST ET LA VALACHIE

LA TRANSYLVANIE HISTORIQUE

LA TRANSYLVANIE FRONTALIÈRE

MOLDAVIE-BUCOVINE

DOBROGEA

ORGANISER SON SÉJOUR

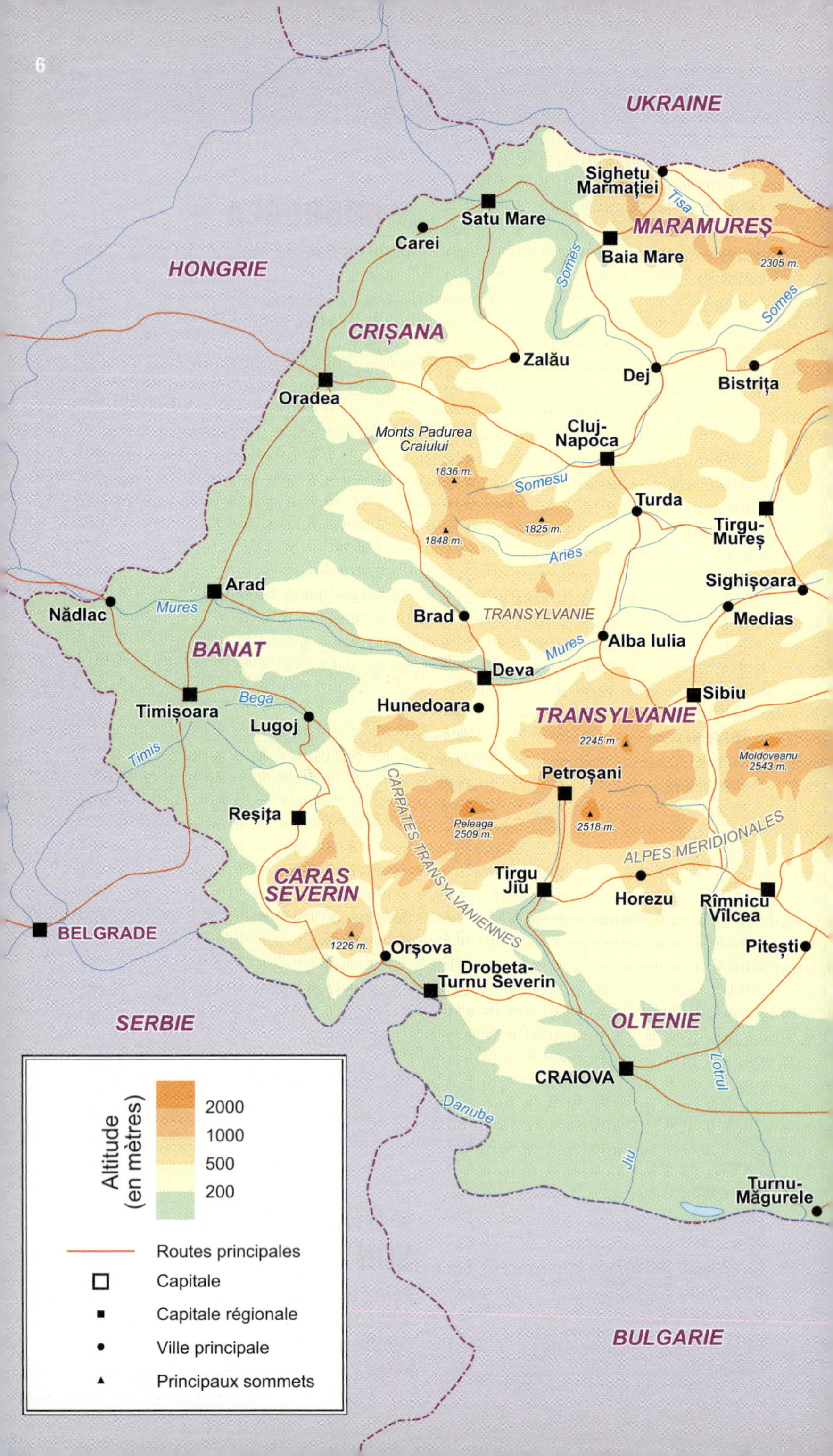
UKRAINE
Sighetu Marmaţiei
Tisa
Satu Mare
MARAMUREŞ
Carei
Baia Mare
2305 m.
HONGRIE
Somes
Somes
CRIŞANA
Zalău
Dej
Bistriţa
Oradea
Monts Padurea Craiului
Cluj-Napoca
1836 m.
Somesu
Turda
1825 m.
1848 m.
Tirgu-Mureş
Aries
Sighişoara
Arad
Nădlac
Mures
Brad
TRANSYLVANIE
Medias
Alba Iulia
BANAT
Mures
Deva
Sibiu
Hunedoara
Bega
Timişoara
Lugoj
TRANSYLVANIE
2245 m.
Moldoveanu 2543 m.
Timis
Petroşani
CARPATES TRANSYLVANIENNES
Reşiţa
Peleaga 2509 m.
2518 m.
ALPES MERIDIONALES
CARAS SEVERIN
Tirgu Jiu
Horezu
Rîmnicu Vîlcea
BELGRADE
1226 m.
Orşova
Piteşti
Drobeta-Turnu Severin
SERBIE
OLTENIE
Lotrul
CRAIOVA
Danube
Jiu
Turnu-Măgurele
Altitude (en mètres)
2000
1000
500
200
Routes principales
Capitale
Capitale régionale
Ville principale
Principaux sommets
BULGARIE

Roumanie

Darabani
Botosani
Suceava
Vatra Dornei
2280 m.
Suceava
Prut
MOLDAVIE
Targu-Neamt
Iasi
2103 m. Pietrosul
MONTS CARPATES
Lac Izvorul Muntelui
Piatra-Neamt
Roman
MOLDAVIE
1904 m.
Bistrita
Vaslui
Bacău
Tirgu Ocna
Bîrlad
1648 m.
Miercurea Ciuc
Onești
Prut
Sfîntu-Gheorghe
Tecuci
1783 m.
Monts Vrancei
Focșani
Omul 2507 m.
Brașov
Galați
Lac Brates
Sinaia
Brăila
Br. Sulina
Tulcea
DELTA DU DANUBE
Buzau
Buzău
Dunarea
Br. Macin
Lac Razim
Tirgoviște
Ploiești
Colentina
Slobozia
Lac Sinoiu
Ialomita
BUCAREST
DOBROGEA
MUNTENIE
Călăraș
Medgidia
Constanța
Silistra
Mangalia
Giurgiu
MER NOIRE
Lac Suhaia
Dunarea
N
100 km

Costume traditionnel.

Tour de l'horloge, emblème de la ville de Sighi oara.

Le palais de l'Administration de Târgu Mure .

Vaisselle aux motifs typiques de Transylvanie.

Les plus de la Roumanie

UNE TERRE D'ACCUEIL

Carrefour entre les mondes slaves et balkaniques, la Roumanie, cet « îlot de latinité », fait désormais partie de l'Union européenne. À seulement deux heures et demie de vol de Paris, le dépaysement est assuré. Dans un pays en pleine transition, vous pourrez constater que les traditions d'hospitalité sont toujours bien vivantes. La diversité de son architecture ou la générosité de sa gastronomie au rythme d'une musique haletante : tout est rassemblé ici pour passer un agréable séjour.

Des points d'intérêt d'une grande diversité

- **Les villes médiévales de Transylvanie. Braşov, Sibiu ou encore Sighişoara,** dont les centres-villes médiévaux sont extrêmement bien conservés, colorés et vivants.
La Transylvanie, ce sont aussi des villages construits autour d'énormes églises fortifiées, de superbes paysages de montagne…

- **Les monastères de Bucovine.** Autour de Suceava, au nord de la Moldavie, vous découvrirez, au milieu de jolis paysages, des monastères du XVIe siècle dont les murs extérieurs sont couverts de fresques colorées.

- **Le Maramureş,** au nord du pays, pour ses villages au folklore préservé, ses églises en bois, le « cimetière joyeux » de Săpânța. Vous découvrirez un monde rural riche et vivant.

- **Le delta du Danube.** Là où s'achève la course de ce grand fleuve européen, les hommes ont su préserver une nature intacte et entretiennent une étroite relation avec un environnement aquatique. Canaux, marais, roseaux à perte de vue, dunes, forêts d'aspect tropical, villages de pêcheurs, faune variée, voilà ce que le delta a à offrir.

- **Bucarest.** Une capitale dont le charme n'apparaît pas au premier abord. Mais tout le monde s'accorde à dire que cette ville ne ressemble à aucune autre, avec ses avenues qui évoquent le Paris des années 1920, son quartier civique qui témoigne de la mégalomanie de Ceauşescu, ses parcs gigantesques et ses grandes belles demeures oubliées.

- **Le littoral,** très populaire en été grâce à un climat idéal et à une température de l'eau qui avoisine les 28 degrés.

Un pays pour tous

Que vous soyez contemplatif, sportif, féru d'histoire, passionné d'ornithologie, randonneur chevronné, photographe, amateur de grands espaces, tout type d'activité est possible ici. Bien qu'une grande partie des touristes français se rendent en Roumanie en voyage organisé, cela ne signifie pas que le voyage individuel est impossible, loin de là.
C'est un pays sûr, assez bon marché et où les transports sont fiables. La langue roumaine est une langue latine que vous comprendrez aisément (par écrit).
Le pays étant francophile, vous trouverez très fréquemment des interlocuteurs qui vous parleront en français, ce qui est un privilège en Europe de l'Est.
Ce pays, à la portée de toutes les bourses, vous permettra de trouver des établissements luxueux (à Bucarest, sur la côte et dans les grandes villes), des hôtels de gamme moyenne dans toutes les villes, ainsi que d'innombrables pensions villageoises souvent des plus pittoresques. Une quasi-obligation pour découvrir le quotidien, la gastronomie locale…
Ensuite, la nourriture et les transports (train, bus) sont très bon marché. Cependant, les trajets en bus ou en train font perdre pas mal de temps. La location (chère) d'un véhicule est évidemment la solution idéale pour gagner les régions reculées.
Sur place, vous pourrez également vous adresser à des agences locales pour trouver une pension, parcourir le delta ou les monastères de Bucovine.

Une destination encore confidentielle

La Roumanie fait encore partie des pays d'Europe peu visités. Même si l'activité touristique y est en pleine expansion, on est encore très loin du tourisme de masse. Vous ne vous trouverez donc que rarement noyés dans un flot de vacanciers, excepté sur le littoral en plein été, quand tous les Roumains s'y rendent. Le tourisme rural, atout numéro 1 du pays, se développe vite et attire depuis des années des visiteurs allemands, hongrois ou autrichiens. Les francophones sont encore assez peu nombreux. Le tourisme individuel est balbutiant et c'est là tout son intérêt. En voyageant individuellement, vous vous mêlerez aisément à la population locale et découvrirez l'extraordinaire hospitalité qui caractérise les habitants de la Roumanie rurale.

Une nature intacte

De plus en plus de touristes se rendent en Roumanie pour son côté nature. Les forêts intactes des montagnes, les étendues de fleurs sauvages, la rencontre de l'eau et de la terre dans le delta sont sans doute ce que la Roumanie a de mieux à offrir. Ces terres aux paysages époustouflants se prêtent très bien aux randonnées. Dans les réserves naturelles des montagnes roumaines, il y a de nombreux circuits balisés pour les touristes. Que ce soit à la montagne ou dans le delta du Danube, la nature sauvage est idéale aussi pour les sports d'aventure.

Des atouts en toutes saisons

En été, il fait chaud, voire très chaud, et les Roumains s'agglutinent sur la côte. La campagne est belle, les possibilités de randonnées en montagne multiples. On peut se balader de village en village, de pension rustique en villa de charme, de fête folklorique en monastère somptueux.

L'automne et le printemps sont les saisons idéales pour visiter les plus belles villes : Sibiu, Cluj, Timișoara, Brașov, Sighișoara. Bucarest, étouffant en été, est en revanche agréable à la mi-saison.

L'hiver, souvent rigoureux, peut rendre les déplacements difficiles, en particulier dans les campagnes. C'est le moment de dévaler les quelques pentes des stations de sports d'hiver de plus en plus courues par les autochtones.

Le meilleur de la Roumanie

Vous parcourez la campagne roumaine, la plus belle, celle de Transylvanie, de Bucovine, ou du Maramureș, et vous trouvez une charmante pension rurale. Vous êtes accueilli chaleureusement et, fatigués, vous vous endormez sous de lourdes couettes. Le matin, c'est le coq qui vous réveille. Vous ouvrez les volets sur un jardin potager fleuri, avec, en toile de fond, des collines couvertes de forêts. La vieille dame de la pension s'affaire déjà, un chat joue au soleil...

Le parquet et l'escalier en bois grincent lorsque vous descendez. Les sourires et les mots (que vous les compreniez ou pas) qui vous accueillent vous invitent à vous asseoir. Vous regardez autour de vous les photos, les tapis, les tissus rouge et noir, les icônes, le poêle couvert de céramique verte. Le pain chaud arrive sur la table. Le café turc sucré est quasi crémeux. Le beurre maison et l'omelette sont bien jaunes. La *telemea* (fromage de type feta) est douce et parfumée. Vous redécouvrez le goût de la confiture de coings. Les tomates sont sucrées et accompagnent parfaitement la *salata de vinete* (purée d'aubergines) bien fumée qui reste d'hier soir et que l'on vous propose de goûter.

Les petits concombres frais adoucissent les *cârnați* (saucisses épicées) encore chaudes. Faut-il vraiment partir aujourd'hui ? Pourquoi ne pas s'attarder dans ce village, découvrir l'activité autour du puits, des troupeaux, de l'église, du *magazin mixt* ? Pourquoi ne pas profiter du dîner, de la *ciorba* (soupe) aigre juste comme il faut, des *sarmale* fondants (feuilles de chou farcies à la viande), de la *mămăliga* (polenta) qui remplace tellement bien le pain, du *pastrama de oaie* (jambon de mouton), du chou délicieux, d'un verre (ou plus) de *țuica* parfumée (eau-de-vie de prune). Ces sensations, nous vous souhaitons de les connaître. Tous les visiteurs qui ont su trouver la bonne pension et qui ont pu apprécier les plaisirs simples de la campagne roumaine et l'accueil chaleureux de ses habitants sont revenus comblés de leur voyage en Roumanie et ne rêvent que d'y retourner.

Fiche technique

Argent

Monnaie

Depuis le 1er juillet 2005, le nouveau leu (« lei » au pluriel) a remplacé l'ancien leu. Autrement dit, les quatre multiples et encombrants zéros qui caractérisaient la monnaie roumaine ont été éliminés. Ce qui coûtait 10 000 lei vaut désormais 1 leu. Cela permet une meilleure lisibilité quand vous devrez faire vos différents achats et transactions. Le code ISO du nouveau leu est RON. À noter que la Roumanie a réaffirmé son intention d'adopter l'euro, ce qui pourrait survenir au 1er janvier 2016.

- **Le leu est divisé en 100 bani** (« ban » au singulier, « bani » au pluriel), une subdivision qui avait disparu avec l'inflation et l'augmentation du nombre de zéros.
- **Les billets :** 1, 5, 10, 50, 100, 200 et 500 lei.
- **Les pièces :** 1, 5, 10 et 50 bani.

Taux de change

Voici les taux début avril 2014. Sachez qu'ils sont très fluctuants, donc renseignez-vous avant votre départ pour éviter les mauvaises surprises ou en avoir une bonne.

- **1 RON =** 0,22 € et 1 € = 4,48 RON.
- **1 RON =** 0,27 FCH et 1 FCH = 3,68 RON.
- **1 RON =** 0,34 CAD et 1 CAD = 2,89 RON.

Idées de budget

La Roumanie est une destination qui convient à tous les budgets. L'hébergement constituera la part la plus importante de vos dépenses.

- **Petit budget :** nuit en pension, chez l'habitant ou en hôtel modeste (de 20 à 25 € la chambre double), trajet en train (de 3 à 10 €), 2 repas (de 10 à 15 €), visites (de 2 à 5 €). Soit de 30 à 35 € environ par personne.
- **Budget moyen :** chambre double en hôtel (de 30 à 60 €), trajets en train (de 3 à 10 €), 2 repas (de 15 à 20 €), visites (de 2 à 5 €). Soit de 35 à 60 € environ par personne.
- **Gros budget :** chambre en hôtel de catégorie supérieure (de 60 à 140 € – ou plus – la chambre double), location de voiture (environ 50 € par jour), 2 repas dans de bons restaurants (25 €), visites (de 2 à 5 €).

Quelques prix indicatifs

- **Pain :** 0,50 €
- **Une bouteille d'eau plate :** 0,50 €
- **Ticket de bus urbain :** 0,40 €

La Roumanie en bref

Le pays

- **Nom officiel :** România – Republica română (République roumaine).
- **Capitale :** București (Bucarest).
- **Superficie :** 238 391 km².
- **Langue officielle :** roumain.
- **Langues parlées :** roumain, hongrois (parmi les Hongrois et Sicules de Transylvanie), allemand (minorités saxonnes en Transylvanie et Banat), romani (parmi les Roms), russe ancien (Lipovènes dans le delta), ukrainien, serbe, arménien.
- **Religions :** orthodoxes (86 %), catholiques (6 %), uniates, protestants, néoprotestants (évangéliques), musulmans (0,3 %)…

Le drapeau roumain

Le drapeau tricolore bleu (cobalt) – jaune (chrome) – rouge (vermillon) est apparu pour la première fois en 1848. Il s'inspire, comme dans beaucoup d'autres États, du drapeau tricolore français né après la révolution de 1789. Il rassemble les couleurs de la Moldavie (bleu et rouge) et de la Valachie (jaune et rouge).
Au cours de l'histoire, ces trois couleurs furent disposées verticalement, puis horizontalement, de diverses dimensions, avant de trouver la disposition verticale définitive en 1867. Depuis 1989 et l'effondrement du régime communiste, le blason de la République socialiste roumaine (RSR) ne figure plus sur la bande jaune du drapeau.

© STÉPHANE SAVIGNARD

Cathédrale évangélique Sainte-Marie de style gothique transylvain.

La population

- **Population totale :** 20,1 millions d'habitants.
- **Composition :** Roumains (88,9 %), Hongrois (6,5 %), Roms (3,3 %), autres (1,3 %).
- **Densité :** 84,4 hab./km² (115 en France).
- **Espérance de vie :** 74,45 ans (71 ans pour les hommes et 78 ans pour les femmes).

L'économie

- **PIB :** 131,75 milliards d'euros.
- **PIB/habitant :** 6 700 €.
- **Taux de croissance :** 2,2 % (prévision 2014).
- **Indice de développement humain** : 50e mondial (sur 187).
- **Population active/population totale :** 42,6 %.
- **Répartition de la population active :** services (39 %), agriculture (28 %), industrie (33 %).
- **Salaire net moyen :** 2 000 lei/mois (465 €).
- **Taux de chômage :** 5,6 %.

Téléphone

Les cabines téléphoniques à carte (ou plus rarement à pièces dans quelques lieux isolés) sont nombreuses et fonctionnent bien. Les cartes s'achètent dans les kiosques, très nombreux dans les villes.

Indicatifs téléphoniques

- **Le code national de la Roumanie** est le 40.
- **Chacun des 41 départements, plus Bucarest**, possède un indicatif à 3 chiffres (Bucarest-Ilfov) ou 4 chiffres (les autres départements) composés de : 02 + code département (1 ou 2 chiffres). Par exemple, on compose 0256 pour le département de Timiș, 0268 pour Brașov, 0264 pour Cluj. Pour Bucarest et le département d'Ilfov c'est le 021. Les indicatifs seront systématiquement reportés entre parenthèses dans les numéros de téléphone donnés dans ce guide. Exemple : pour un numéro à Oradea (0259) 123456.
- **Les numéros de téléphone mobile** commencent par 07. Il y a plusieurs fournisseurs de téléphonie mobile. Vodafone et Orange sont les plus connus. Il y a aussi Cosmote et Zapp.

Bucarest

Janvier	Février	Mars	Avril	Mai	Juin	Juillet	Août	Sept.	Octobre	Nov.	Déc.
-7°/ 1°	-5°/ 4°	-1°/ 10°	5°/ 18°	10°/ 23°	14°/ 27°	16°/ 30°	15°/ 30°	11°/ 25°	6°/ 18°	2°/ 10°	-3°/ 4°

Comment téléphoner

- **De France en Roumanie :** 0040 + indicatif du département sans le 0 initial (21 pour Bucarest/238 pour Buzău, par exemple) + le numéro du correspondant (7 chiffres pour Bucarest, 6 chiffres pour la province).
- **De Roumanie en France :** 0033 + le numéro du correspondant sans le 0 initial.
- **De Roumanie en Roumanie d'une région à l'autre :** composer le numéro complet à 10 chiffres = code région + numéro du correspondant (021 + 7 chiffres pour Bucarest/0238 + 6 chiffres pour Buzău, par exemple).
- **De Roumanie en Roumanie dans la même région :** numéro du correspondant sans le code région. Soit un numéro à 7 chiffres pour Bucarest, à 6 chiffres ailleurs.

Décalage horaire

Le fuseau horaire de la Roumanie est de + 2 heures par rapport au GMT. Par rapport à l'heure française, il faut avancer sa montre d'une heure (quand il est midi en France, il est 13 heures en Roumanie). Le pays suit également le régime horaire d'été/horaire d'hiver.

Formalités

La Roumanie est membre de l'Union européenne, mais pas de l'espace Schengen. Pour s'y rendre moins de 90 jours, un citoyen de l'UE/Schengen doit présenter un passeport ou une carte nationale d'identité en cours de validité. Pour un séjour de plus de 90 jours, à moins de sortir du territoire pour y rentrer de nouveau dans la foulée, il faut faire une demande de prolongation des droits de séjour.

Climat

En Roumanie, le climat est continental à l'intérieur des terres avec une amplitude thermique assez importante entre l'été et l'hiver.
Dans la plaine de Bucarest et sur la côte de la mer Noire, le climat est plus tempéré, mais il peut faire parfois très chaud en été.

Saisonnalité

En principe, la période la plus propice pour visiter le pays va du mois de mai jusqu'à la fin du mois d'octobre.
L'été reste la saison touristique majeure pour les visiteurs roumains et étrangers. Les plages du littoral sont très fréquentées, mais les conditions de baignade sont bonnes.
À l'intérieur du pays, dans le Maramureș, en Transylvanie et en Moldavie, les campagnes sont vraiment belles et le temps très agréable.
En Roumanie, la mi-saison reste douce et la nature colorée.
Les conditions sont optimales pour pratiquer la randonnée et les visites culturelles. Malgré la rigueur de l'hiver, la neige révèle des paysages féeriques et un caractère traditionnel très dépaysant, en particulier lors des fêtes de Noël et du nouvel an.

Château Peles.

Idées de séjour

La Roumanie dispose d'innombrables richesses. Afin de découvrir en profondeur la beauté de son patrimoine, de ses paysages, l'accueil de ses habitants, il est préférable d'adapter son parcours par rapport au temps dont on dispose.

Pour un séjour d'une semaine, appréciez pleinement les charmes d'une région. Si vous disposez de deux semaines, cela vous laissera la possibilité de découvrir trois à quatre régions parmi les plus remarquables. Un séjour de trois semaines est la durée idéale pour prendre son temps et se permettre des détours.

Si vous êtes dépendant des transports en commun, séjournez quelques jours dans un même lieu et rayonnez dans les alentours en appréciant les excursions et balades qui s'offrent à vous.

Si vous louez un véhicule, au départ de Bucarest, empruntez les routes à travers les Carpates pour découvrir des sites d'exception hors des sentiers battus.

Séjour court

Jour 1. À votre arrivée à Bucarest, accordez-vous une journée pour visiter les principaux monuments de la capitale. Prenez le temps de découvrir l'ambiance d'une ville qui se veut surprenante et imprévisible. Parcourez la Calea Victorei pour y apercevoir le charme du palais Cantacuzino et des demeures historiques aux styles et influences variés.

Le long de cette « rue de la Victoire », arrêtez-vous un instant autour de la Piața Revoluției pour y voir le musée national d'Art et l'Athénée roumain. Flânez ensuite le long du quartier Lipscani où il est agréable de se promener pour y découvrir l'église Stavropoleos et l'auberge Hanul lui Manuc, le seul caravansérail encore visible à Bucarest. Pour connaître la diversité de l'habitat rural du pays, dirigez-vous vers le musée du Paysan roumain qui en est une magnifique illustration. Ne manquez pas non plus l'impressionnant et controversé palais du Parlement, le deuxième plus vaste monument du monde après le Pentagone à Washington.

Jour 2. En route vers les Carpates et la vallée de la Prahova jusqu'à la prestigieuse station de Sinaia. Balade dans les environs de la ville, du parc central jusqu'au château de Peleș, un des lieux emblématiques du pays. Excursions possibles dans les monts Bucegi, paradis des randonneurs.

Jour 3. Découverte de Brașov, son centre historique, ses rues colorées, en passant par ses nombreuses églises qui jalonnent le parcours. Repas sur la Piața Sfatului ou dans son quartier médiéval pour y apprécier l'élégance de ses cours intérieures et ses balcons fleuris. Vue panoramique de la vieille ville en haut du mont Tâmpa ou excursion pour les villages de Prejmer ou Hărman, joyaux de l'architecture transylvaine.

Jour 4. Au cœur de la Transylvanie, le long d'une route particulièrement agréable, choisissez de vous arrêter dans les villages aux forteresses et églises fortifiées jusqu'à la cité médiévale de Sighișoara. Au travers des rues sinueuses de la ville, découvrez l'atmosphère et le décor d'un site d'exception.

Jour 5. Pour cette journée, faites escale à Sibiu, une des plus belles villes du pays. Foisonnante d'activités et classée Capitale culturelle européenne en 2007, cette ville comblera les amateurs d'art et d'histoire. Au centre de la cité, notez le caractère presque intime de la Piața Mică et de la Piața Mare qui recèlent un ensemble de bâtiments colorés dignes d'intérêt tels que le palais Brukenthal ou la Casa Artelor.

Jour 6. Au sud et à l'ouest de Sibiu, découvrez les superbes villages de bergers de Mărginimea Sibiului. Lieu privilégié pour le tourisme rural, c'est un véritable enchantement de découvrir ces villages colorés autour de paysages de piémont. Ne vous privez pas pour découvrir le quotidien de ses habitants.

Jour 7 : Retour vers Bucarest en passant par les nombreux monastères et stations thermales de la vallée de l'Olt.

Séjours longs

Ces propositions sont prévues dans le cas où vous disposez d'un véhicule de location puisque vous devez vous rendre dans des lieux parfois difficiles d'accès. Pour un voyage en transports en commun, faites le choix de prévoir quelques jours de plus pour réaliser ces itinéraires ou privilégiez la découverte de certains sites plutôt que d'autres selon vos centres d'intérêt.

Séjour de 2 semaines

▸ **Jour 1.** Prenez une journée pour visiter Bucarest. Commencez par la Piața Unirii qui vous donne un excellent point de vue sur le palais du Parlement, à visiter absolument. Continuez dans le centre historique avec la Cour princière, le caravansérail Hanul lui Manuc et la rue piétonne Lipscani. Longez la Calea Victoriei pour atteindre l'Athénée roumain, l'un des plus beaux édifices de la ville. Enfin, flânez au parc Cișmigiu ou découvrez le musée du Paysan roumain.

▸ **Jour 2.** Route en direction de Sibiu. Faites un détour par le magnifique monastère de Curtea de Argeș. La légende qui l'entoure est tout simplement passionnante.

▸ **Jour 3.** Visite de Sibiu, une ville riche d'histoire et de culture. Parcourez son centre historique médiéval, ses rues pavées et ses places pleines de charme.

▸ **Jour 4.** Excursion dans la région de Turda pour ses paysages vallonnés, ses mines de sel ou ses grottes. Trajet vers le Maramureș.

▸ **Jours 5 et 6.** Quelques jours au vert dans la région très bucolique du Maramureș. Profitez-en pour découvrir les villages pittoresques où les traditions et le folklore sont encore très présents. Possibilité de logement chez l'habitant, dans un cadre rural exceptionnel.

▸ **Jour 7.** Route à travers les monts Rodna et passage du col de Prislop en direction de la Bucovine.

▸ **Jours 8 et 9.** Appréciez les monastères peints de Bucovine qui sont des chefs-d'œuvre classés au patrimoine de l'Unesco. Faites votre choix entre le monastère de Dragormina, de Sucevița ou encore celui de Voroneț, la « chapelle Sixtine de l'Orient ». Entre Piatra Neamț et Gheorgheni, empruntez l'une des plus belles routes de Roumanie et traversez les gorges de Bicaz.

▸ **Jour 10.** Pour cette journée, plongez en plein pays sicule, bastion de la minorité hongroise. Arrêtez-vous dans les nombreux villages charmants que vous croiserez. Visite de la jolie ville de Târgu Mureș.

▸ **Jour 11.** Descendez vers la cité médiévale de Sighișoara. Profitez de ce joyau transylvain à l'atmosphère si particulière. Égarez-vous dans le dédale de rues sinueuses, parcourez la citadelle de tour en tour et, enfin, admirez la splendide vue qui vous est offerte du haut de la colline.

▸ **Jour 12.** En plein cœur de la Transylvanie, découverte des nombreux villages saxons fortifiés. Certains sont des trésors de beauté et de quiétude. À Șoarș, possibilité de loger chez l'habitant et de jouir de l'hospitalité locale.

▸ **Jour 13.** Excursions dans les Carpates, au travers des monts Făgăraș, qui comptent parmi les plus hauts du pays. Cette région est le point de départ de nombreuses randonnées vers des cascades et lacs d'altitude (comme celui de Bâlea). Profitez de ces lieux pour déguster des épis de maïs grillés sur le bord des routes.

Église du monastère de Neamț.

Jour 14. Retour vers Brașov et sa magnifique place principale colorée. Sillonez les vieilles rues du centre-ville médiéval. Visitez ses églises avant d'emprunter la télécabine qui vous mène au sommet de la colline Tâmpa. La vue panoramique y est saisissante.

Jour 15. Retour vers Bucarest.

Séjour de 3 semaines

Jour 1. Arrivée à Bucarest, visite des principaux monuments de la capitale. Découverte possible du musée national d'Art, de l'Athénée roumain, de la Calea Victoriei (rue de la Victoire), de l'église Stavropoleos. Repas dans la rue piétonne de Lipscani.
Après-midi, visite du palais du Parlement ou du musée du Paysan roumain.

Jour 2. Dans le piémont des Carpates, direction Buzău pour une découverte de la ville et de ses environs, notamment les volcans de boue. Visite de villages pittoresques de vignerons et nuit en pension ou chez l'habitant.

Jours 3 et 4. Route vers Tulcea *via* Brăila, ville-porte du delta du Danube, un surprenant univers entre terre et eau. Départ en bateau pour un des nombreux villages de pêcheurs. Balade en barque pour une découverte ornithologique.

Jours 5 et 6. Trajet en direction de la région de Moldavie pour Piatra Neamț. Découverte des gorges de Bicaz et du lac Rouge. Randonnées dans les alentours du parc national de Ceahlău.

Jour 7. Visite de la ville de Iași. Appréciez son atmosphère unique autour de la Piața Unirii et de son centre-ville. Dans les alentours, le long de la route qui mène aux monastères peints de Bucovine, découvrez les vignobles de Cotnari ou de Bucium.

Jour 8. Route pour les monastères peints et classés de Bucovine autour de Suceava (Voroneț, Humor, Putna ou Dragomirna). Possibilité de nuitées à proximité de ces remarquables sites.

Jour 9. Route vers le Maramureș, en s'arrêtant dans la ville thermale de Vatra Dornei. Passage du col de Prislop et de ses paysages de montagne.

Jours 10 et 11. Séjour à la campagne dans l'une des vallées préservées de la région du Maramureș, haut lieu des traditions du bois et de l'artisanat. Découverte de l'hospitalité locale, de son architecture et de sa gastronomie.

Jour 12. Excursion dans le Maramureș pour prendre le train forestier du Vaser ou visiter le cimetière joyeux de Săpânța.

Jour 13. Route pour Dej, ville-porte de la Transylvanie. Excursions dans les villages alentour avant d'aller à Târgu Mureș.

Jour 14. Découverte du centre-ville coloré de Târgu Mureș, ville historique de Transylvanie centrale où se côtoient les populations roumaine et hongroise.

Jour 15. Choisissez de vous arrêter dans les nombreux villages de caractère qui jalonneront votre parcours jusqu'à la cité médiévale de Sighișoara. Au travers des rues sinueuses de la ville, découvrez l'atmosphère et le décor de ce site d'exception.

Jour 16. Sillonnez la route qui mène jusqu'à Alba Iulia et visitez ses cathédrales ou sa citadelle isolée par ses enceintes de style Vauban.

Jour 17. Excursion dans les monts Apuseni pour voir les villages et maisons au toit de chaume qui symbolisent cette région.

Jour 18. Pour cette journée, faites le détour en direction de la région de Deva et de Hunedoara, là où se trouvent les vestiges des forteresses daces et l'impressionnant château de Mathias Corvin.

Jour 19. Prenez la route vers Sibiu, une des plus belles villes de Roumanie. Foisonnante d'activités et splendeur du patrimoine transylvain, elle a été à juste titre reconnue et classée Capitale culturelle européenne en 2007.

Jour 20. Visitez Brașov, son centre historique, ses rues colorées en passant par ses nombreuses églises qui jalonnent le parcours. Repas sur la Piața Sfatului. Vue panoramique de la ville en haut du mont Tâmpa ou excursion pour la citadelle de Prejmer.

Jour 21. Retour vers Bucarest par la vallée de la Prahova en passant par la prestigieuse station de Sinaia pour visiter le château de Peleș.

Séjours thématiques

Randonnée et spéléologie

Les amoureux des grands espaces trouveront leur bonheur dans les montagnes de Roumanie. Les différents massifs qui composent les Carpates offrent d'innombrables possibilités de randonnées en été. Excursions d'une heure ou traversées de

six jours, tout y est possible. Les chemins sont bien tracés, les refuges sont nombreux et fréquentés par de nombreux marcheurs roumains.
Les paysages sont très variés : formations karstiques du plateau Padiș dans les monts Apuseni, forêts et plateaux des monts Bucegi, etc.

Quant aux spéléologues, ils seront ravis d'apprendre que 12 000 cavités ont (pour l'instant) été répertoriées dans le pays, dont 50 peuvent être visitées. Réparties sur tout le territoire, elles sont nichées parfois à des altitudes de plus de 2 000 mètres. D'autres cachent des glaciers et des lacs souterrains. Ces grottes sont particulièrement nombreuses dans les monts Apuseni (partie Bihor). Les plus connues sont la grotte des Ours et la grotte du Vent dans la Crișana, la grotte de Scărișoara, dans le département d'Alba, où l'on peut voir le plus grand glacier du pays, ou encore la grotte des Femmes en Olténie.

Observation de la nature

Le delta du Danube attire naturellement les amoureux des paysages sauvages et préservés. La réserve de la biosphère du delta du Danube, qui couvre 580 000 hectares, est depuis longtemps le lieu de rencontre des ornithologues du monde entier. On peut admirer des pélicans, des cormorans, des cygnes, des flamants, des oies et des canes sauvages. Plus de 300 espèces d'oiseaux y ont été recensées et beaucoup d'entre elles sont protégées par la loi.
La flore est un autre atout du delta, sans parler de la beauté de ses forêts inondées au printemps et de ses plages intactes. Le delta est également le paradis des pêcheurs avec ses 125 espèces de poissons... Bref, c'est un lieu unique et incontournable, inscrit depuis 1991 au patrimoine naturel mondial de l'Unesco.

Dans les Carpates, de nombreux parcs naturels ont été aménagés. Le plus important est celui de Retezat avec une superficie de 20 000 hectares. Ici, le mammifère caractéristique est la chèvre noire. On trouvera d'autres réserves naturelles dans les monts Bucegi, dans le mont Ceahlău, aux gorges de Bicaz.

Autres sports

Bien d'autres activités de montagne peuvent être pratiquées : le VTT, les randonnées à cheval, l'escalade et, depuis quelques années, les sports d'aventure aussi. Parapente, rafting, canyoning, off-road, moto-cross, les agences spécialisées proposent des circuits partout dans le pays et savent s'adapter aux préférences des clients.

Château du comte de Dracula.

Villages traditionnels et folklore

L'agrotourisme est une autre manière de découvrir la Roumanie en visitant ses villages ayant su garder une architecture et une ambiance traditionnelles. L'artisanat y est bien vivant : œufs peints, poterie, tissus et tapis, costumes traditionnels, icônes. Vous trouverez de quoi faire de jolis cadeaux et des photos très colorées. Les fêtes religieuses et campagnardes vous offriront l'occasion d'assister à de véritables défilés de costumes et de goûter aux succulentes spécialités locales.

Et pour vous sentir complètement dépaysé l'espace de quelques jours, vous pouvez aussi loger dans une des nombreuses pensions à caractère rustique que vous trouverez par l'Antrec (www.antrec.ro) ou grâce à nos suggestions.

Monastères peints et églises en bois

Les monastères aux fresques extérieures de Bucovine, bâtis entre le XIVe et le XVIe siècle, sont des chefs-d'œuvre de l'art médiéval. L'architecture et les couleurs des peintures sont parfaitement intégrées dans l'ambiance du paysage environnant. Lors de votre périple, vous remarquerez avec intérêt que certains revêtent une couleur spécifique : bleu pour le monastère de Voroneț, jaune pour Moldovița et vert pour Sucevița. Renommés dans le monde entier, sept d'entre eux sont classés par l'Unesco.

Les églises en bois sont les joyaux du Maramureș, autre terre roumaine impregnée de traditions. Hautes et étroites, possédant toutes un clocher sur le côté droit, elles sont en parfaite harmonie avec les portails en bois sculpté qui font le charme de la région. Également inscrites au patrimoine mondial de l'Unesco, elles sont un portait vivant de la virtuosité des artisans populaires. À visiter : les églises de Bârsana, Budești, Ieud Deal, Desești, Șișești, Poienile Izei et Târgu Lăpuș. Plus au sud, en Olténie, le monastère de Horezu est tout aussi incontournable. Son église a gardé de superbes fresques, typiques du style brâncovan.

Légendes et forteresses médiévales

Afin de découvrir l'essence même du Moyen Âge en Roumanie, vous trouverez dans la région de Transylvanie d'innombrables châteaux, remparts et autres églises fortifiées. Parmi les lieux incontournables, vous devrez découvrir Sighișoara, Sibiu ou Brașov, des villes qui ont su conserver un cœur médiéval d'une grande authenticité. Dans ces terres saxonnes, n'omettez pas non plus de découvrir les bourgades de Biertan et Viscri qui se sont figées dans un lointain passé.

▶ **Notons qu'un festival médiéval a lieu à Sighișoara** le dernier week-end de juillet. C'est un passage obligatoire si vous vous trouvez en Transylvanie à cette époque. Vous y verrez un défilé des participants vêtus de costumes médiévaux et des spectacles de musique et de danses médiévales soutenus par des troupes venues de Roumanie et d'Europe.

▶ **Les châteaux de Hunedoara, de Râșnov et de Bran.** Dans un autre style, mais tout aussi emblématiques de cette époque, les châteaux de Hunedoara (à l'ouest de la Transylvanie), de Râșnov et de Bran (proche de Brașov) vous surprendront. Ce dernier surtout, a la vertu de pouvoir vous guérir des frayeurs inspirées par le vampire Dracula. Car le château de Bran, improprement appelé de Dracula, est une belle forteresse médiévale où... aucun vampire n'a jamais mis les pieds. Cependant, il attire 500 000 visiteurs par an et génère 1 million d'euros de recettes grâce à sa (fausse) réputation de « château de Dracula ».

Une Roumanie insolite

À redécouvrir : les eaux thermales et minérales aux vertus curatives. Le tourisme balnéaire était un des points forts de la Roumanie il y a une vingtaine d'années. Aujourd'hui, les stations sont peu à peu rénovées et modernisées, à l'exemple des stations d'Ocna Sibiului et de Băile Felix.

▶ **Très intéressantes sont aussi les salines**, aménagées à Cacica (près de Suceava), à Ocna Dejului et à Praid (en Transylvanie), à Târgu Ocna (en Moldavie) et à Slănic (près de Ploiești). À l'intérieur, les parois en sel créent des aérosols salins bénéfiques pour la santé.

▶ **La mine de sel de Turda**, près de Cluj (en Transylvanie), a été rénovée récemment et on y propose des visites et des traitements. Un ascenseur en verre offre une vue panoramique de la mine et des barques sont à disposition pour des balades sur le lac souterrain.

▶ **Les vignobles** sont une autre richesse des terres roumaines. Les plus connus sont ceux de Cotnari (en Moldavie), de Murfatlar (dans la Dobroudja), de Dealu Mare (en Munténie). Différentes agences proposent la route des vins, avec visites et dégustations. C'est aussi une occasion de découvrir la cuisine roumaine avec ses spécialités regionales.

DÉCOUVERTE

Danse folklorique.

La Roumanie en 25 mots-clés

Alcool au volant

Prudence, la tolérance d'alcool au volant est de 0 g/l. Ne prenez pas le risque de payer une forte amende, voire de vous faire confisquer votre permis.

Auto-stop

C'est une pratique courante dans le pays et il vous sera facile de vous déplacer en stop. Les Roumains eux-mêmes l'utilisent fréquemment. Au pouce en l'air, préférez un geste du plat de la main, signifiant au conducteur de ralentir. Attention, ce n'est pas gratuit. Une petite rétribution est demandée. Si ce n'est pas le cas, mettez la main au porte-monnaie de votre propre chef.

Bière

Comme dans la plupart des pays d'Europe centrale et orientale, la production de bière s'est développée durant la période communiste, modelée sur l'exemple tchécoslovaque. L'*Ursus* est la bière la plus illustre du pays. Produite à Cluj, elle a été récompensée en 2005 par le Regroupement international des brasseurs de bière. Les autres bières que vous rencontrerez sont : Timișoreana, Stejar ou encore Silva. La Roumanie fait en outre partie du top 10 des plus grands consommateurs de bière au monde.

Bois

Dans les régions montagneuses, le bois est un élément omniprésent. Les maisons et les églises sont construites avec ce matériau. Les ustensiles ménagers et agricoles sont travaillés avec minutie et esthétisme. Les moindres cuillères en bois, coffres, encadrements de portes ou de fenêtres, les terrasses (*prispă*) ou toitures s'agrémentent de riches ornementations. Il s'agit de véritables musées ethnographiques à ciel ouvert. Les portails sculptés du Maramureș sont saisissants. Ils protègent la famille et lui assurent longue vie et propérité. Bref, le bois est le signe de l'importance des forêts dans l'histoire roumaine. On constatera cependant qu'aujourd'hui, après des siècles de pastoralisme extensif, nombreuses sont les régions où les forêts ont totalement disparu pour laisser la place à la steppe et à la prairie des collines dénudées. Ceci est renforcé par la pratique abusive de l'écobuage (débroussaillement par le feu), que la tradition croit bonne mais qui empêche la reforestation et porte atteinte à l'équilibre biologique.

Chiens errants (câini vagabonzi)

Ils semblent être partout, dans les plus hauts refuges de montagne ou à l'entrée des hôtels de luxe. À Bucarest, leur présence s'explique par la destruction des petites rues du centre-ville dans les années 1980, qui a entraîné le déplacement brusque et précipité de familles vers des quartiers de blocs, les obligeant à abandonner leur animal de compagnie. Les chiens sont restés et se sont multipliés. Il y a eu plusieurs campagnes de stérilisation et d'éradiquation voulues notamment par Traian Băsescu, ancien maire de Bucarest et actuel président de la République. Depuis quelque temps, leur présence est plus discrète dans les rues de la capitale. On aura tôt fait d'en ressentir une crainte ou un malaise, surtout lorsque les canidés se déplacent en bande. Même si la plupart du temps, ils ne sont pas agressifs envers les humains, il faut se méfier de ces molosses, surtout la nuit venue. Dans les villages et sur les routes, ils peuvent être encore plus nuisibles, surtout les chiens de berger qui gardent férocement les (nombreux) troupeaux de la campagne roumaine.

Ciorbă (soupe)

Exemple frappant de l'influence turque dans la gastronomie roumaine, il en existe pour tous les goûts. Lorsqu'elle est légère (aux légumes ou aux choux), une *ciorbă* se déguste généralement en entrée. Agrémentée de vinaigre et d'ail, la *ciorba* fait office de repas à part entière… pour les plus téméraires.

Contraste

Oui, les traditions jouent un rôle important dans la vie quotidienne des Roumains. Cependant, la modernité a largement pénétré le mode de vie local, surtout en milieu urbain. Le contraste est saisissant entre les grandes villes, modernes et occidentales et les villages archaïques (et souvent pittoresques) où le temps semble s'être arrêté.

Doina

La *doina* (prononcer doïna) est le chant traditionnel roumain, sorte de mélopée lyrique improvisée. Elle exprime tous les sentiments et joue un rôle de catharsis. Elle est si représentative de l'âme roumaine que c'en est devenu un prénom féminin des plus courants.

Dracula

Vlad Țepeș (Vlad l'Empaleur), voïévode (prince) du XVe siècle, a combattu l'Empire ottoman afin de conserver l'indépendance de sa principauté de Valachie. Il était célèbre pour sa cruauté, notamment envers les marchands saxons, qui protestaient contre son impôt et qu'il fit empaler en masse, et les prisonniers turcs qui ont subi son sadisme. Autour de lui s'est construite une légende qui a sublimé son aspect sanguinaire par la métaphore du vampire. Le romancier irlandais Bram Stoker s'en est inspiré au XIXe siècle pour créer le comte Dracula, vampire la nuit tombée (*drac* signifiant dragon ou diable en roumain et le père de Vlad Țepeș s'appelant Vlad Dracul, Vlad le Dragon). Le film de Francis Ford Coppola porta une adaptation célèbre du roman à l'écran. Le personnage de ce comte-vampire fut aussi parfois appelé Nosferatu (l'Intolérable), par exemple dans les films allemands de Friedrich Murnau ou de Werner Herzog.
Ce héros national est devenu un véritable filon pour les commerçants et les professionnels du tourisme. Le château de Bran est souvent vendu comme château de Dracula (alors qu'il n'a aucun lien historique avec le prince empaleur), tandis que Sighișoara se targue d'être sa ville natale. Nombre d'objets à l'effigie du vampire sont vendus aux alentours des lieux où il aurait mis les pieds. En 2001, les historiens, les écologistes et l'Unesco se sont heureusement dressés contre la création d'un parc d'attractions dédié au sang et aux ténèbres aux abords de Sighișoara. Ne reposant finalement que sur peu de traces matérielles, la Transylvanie parvient très bien à vendre son tourisme sous l'étiquette de son étrange « fils » Dracula-Nosferatu.

Folklore traditionnel

Même si l'usage du costume traditionnel se perd dans les grandes villes, il reste encore bien présent dans les villages de campagne. Foulards, chapeaux, gilets ou jupes brodées sont sortis des placards lors des fêtes et grandes occasions. C'est un véritable festival de couleurs et de détails.

Francophonie

Membre de l'Organisation internationale de la francophonie, la Roumanie est la cousine orientale de la France. Les relations entre les deux pays sont fortes et passionnées depuis plus de deux siècles de partage culturel. Dire que vous êtes français vous apportera beaucoup de sourires. Il est fréquent que des Roumains s'essaient à la langue de Molière pour vous faire plaisir. Alors faites-leur également honneur en baragouinant quelques mots de roumain.

Industrie

Malgré la crise financière, de plus en plus d'investisseurs étrangers continuent de s'implanter en Roumanie, où la croissance de l'industrie est visible. Dans le peloton de tête, on retrouve l'industrie automobile et pétrolière. La Roumanie est le principal producteur de pétrole brut en Europe centrale et orientale. Cependant, beaucoup reste à accomplir pour que la majorité de la population profite de ces évolutions. Surtout, il y aurait beaucoup à faire pour reconvertir l'industrie désuète, polluante et hideuse de l'époque de Ceaușescu.

Noctambulisme

De plus en plus de tours opérateurs proposent des formules week-ends à Bucarest. Autrefois surnommé le petit Paris de l'Est, cette capitale déroutante enchante par sa vie nocturne. Cafés animés et discothèques branchées, DJ à la mode ou groupes folkloriques, opéras ou clubs de jazz, Bucarest vibre toute la nuit. Il n'y a pas de couvre-feu. La plupart des bars de nuit restent donc ouverts jusqu'au petit matin.

Nostalgie

Il n'est pas rare de rencontrer des Roumains nostalgiques de la période communiste. Pour la plupart, paysans ou retraités, ils regrettent cette époque qu'ils assimilent à un âge d'or. Avis non partagé bien sûr par la jeunesse roumaine qui profite pleinement des avantages de la démocratie et de la société de consommation.

Œufs peints

À l'origine, comme dans les pays slaves, ils étaient réalisés pour Pâques. Mais aujourd'hui, vous en trouverez à toutes les saisons et dans toutes les régions du pays. Cet artisanat est une démonstration de minutie et se transmet de mère en fille depuis des siècles. Les œufs peints font partie des très beaux objets à rapporter de Roumanie.

Ospitalitate (hospitalité)

Ce n'est pas une légende : le peuple roumain porte haut les valeurs de l'hospitalité et il se montre très accueillant envers les étrangers. Chaleur et générosité sont souvent à la clé, surtout si vous expérimentez le tourisme rural ; vous pourrez alors goûter à un réel art d'accueillir. Même si cette tradition décline avec la modernisation du pays, vous pourrez souvent jouir d'attentions insoupçonnées. Laissez-vous porter et vous aurez l'occasion de partager des moments intenses. Les soirées deviennent rapidement festives et vous serez souvent au centre de toutes les attentions.

Patrimoine

C'est une évidence ! La Roumanie possède un patrimoine historique et culturel riche et divers. Plusieurs sites comme les centre historique de Sighișoara, le monastère de Horezu ou l'ensemble des églises en bois du Maramure sont inscrits sur la liste du patrimoine mondial de l'Unesco. Les héritages roumains, hongrois, saxons et turcs, sans oublier l'importante présence rom, promettent en outre une grande diversité culturelle. Cluj ressemble à une ville de Hongrie, Bra ov a tout de la bourgade allemande, Bucarest reflète une histoire singulière et originale, les villages des Carpates diffèrent fortement selon les régions, la Moldavie profonde n'a rien à voir avec le Banat, la côte de la mer Noire a déjà des accents turcs... Il faut parcourir le pays et découvrir toutes les régions !

Robe de femme Rom.

Răscruce

La Roumanie est un carrefour géographique et culturel. On y découvre de nombreuses influences (byzantines, latines, slaves, hongroises, allemandes, turques, juives, roms, etc.). Le peuple roumain se décrit volontiers comme étant un îlot de latinité au milieu d'un océan slave. C'est vrai, dans diverses variantes et avec les accents des différentes minorités qui ont marqué le pays. Vous serez sans doute frappé par ce mélange de genres, entre Occident et Orient.

Roms

C'est en Roumanie que la communauté rom est la plus importante au monde. Il est difficile de les recenser, les chiffres officiels en décomptent 621 573, mais certaines associations estiment que le chiffre serait plus proche des 2 millions, voire même 3, de nombreux Roumains hésitant à se déclarer rom par peur des discriminations. Les Roms de Roumanie habitent dans un vaste territoire d'Europe du Sud-Est où ils sont solidement implantés, avec la Bulgarie, la Slovaquie, la Hongrie et l'ex-Yougoslavie.

Même si les Roms sont représentés au Parlement, leur intégration reste malheureusement un véritable problème de société. Venus d'Inde probablement vers le XIIIe siècle, ils restèrent longtemps des esclaves sous la propriété des aristocrates et religieux roumains, hongrois, allemands ou ottomans. Leur émancipation fut officialisée en 1864 seulement. Au long de l'histoire, ils furent seulement autorisés à vivre dans des ghettos ethniques, les *mahale*. Ils continuèrent après l'émancipation à vivre selon ce modèle. Au XXe siècle, le racisme à leur encontre fut important et sous le régime fasciste d'Antonescu, un nombre important de Roms roumains furent déportés dans les camps nazis. À l'époque communiste, ils furent encore traités comme des citoyens de seconde zone. Si leur condition s'est officiellement améliorée depuis, avec l'élaboration d'un droit minoritaire, leur condition sociale les exclut souvent de fait, d'autant que leurs activités économiques (souvent illégales) les poussent à eux-mêmes vouloir vivre de cette manière – voir à éviter la nationalité roumaine. Depuis l'adhésion de la Roumaine à l'Union européenne, de nombreux Roms roumains ont migré en Europe occidentale. De fait, leur population baisse en Roumanie, elle pourrait même considérablement chuter si le

Faire / Ne pas faire

Faire

- **Dire quelques mots en roumain,** ce sera un signe d'attention. Les Roumains font eux-mêmes beaucoup d'effort pour parler en français ou en anglais. Par exemple dire *mulţumesc* (prononcer moultsoumesc, merci) ou *noroc !* (santé !) avant de boire un verre ou quand quelqu'un éternue.
- **Apporter** un petit cadeau lorsqu'on est invité : fleurs, chocolats, café, etc.
- **Accepter** l'hospitalité et vous montrer reconnaissant. C'est une valeur dont vous bénéficierez sans doute souvent, et il est bien de montrer qu'on l'apprécie.
- **Se déchausser** avant d'entrer dans une maison ou un appartement.
- **Accepter** le baise-main, pratiqué encore dans certaines campagnes.
- **Attention** à votre portefeuille à Bucarest et dans les grandes villes. Sans devenir paranoïaque, soyez vigilant. Le vol est l'activité principale de certaines bandes autour des gares – souvent des enfants roms. Peu d'agressions physiques cependant, il suffit d'ouvrir l'œil.
- **Se méfier** des chiens des rues et des routes, encore plus des chiens de berger.

Ne pas faire

- **S'habiller** de manière pouvant être jugée indécente lors de la visite de monastères et d'églises.
- **Porter des jugements** dans les conflits « interethniques » en Roumanie, notamment si vous entendez des discours racistes venus de/à l'encontre de Roumains, Hongrois, Roms ou Serbes. Ces histoires sont complexes et il ne suffit pas d'une réflexion angéliste pour résoudre les problèmes. Laissez simplement votre interlocuteur s'exprimer, sans vous sentir obligé d'intervenir.
- **Vider** son verre de *ţuică* ou de *palincă* trop vite, car on vous resservira immédiatement !
- **Se laisser** draguer facilement par une jolie Roumaine en pensant « qu'elle vous trouve très beau », comme le montre le film d'Isabelle Mergault. Elle pourrait trop espérer que vous l'emmeniez avec elle ; montrez du discernement dans ce genre de situation !
- **Travailler** le dimanche, jour chômé « religieusement ».

pays intégrait l'espace Schengen. Les Roms, restés peu attachés à la terre et à un pays où ils ne se sont jamais vraiment sentis chez eux, migrent, au contraire de leurs concitoyens *gadjé*, « non-roms », sans perspective de retour. Est-ce que l'UE aboutira en quelques années à ce que sept siècles de persécutions n'ont pas engendré : la disparition des Roms de Roumanie ? La question pourrait bien se poser dans un futur proche.

Sărut mâna

« Je vous baise la main. » Il s'agit de la formule de salutation la plus respectueuse et que les hommes adressent aux femmes. À la campagne, les enfants l'utilisent pour saluer leurs parents ou le prêtre. Sans oublier que dans beaucoup de régions, le geste se joint encore à la parole.

Signe de croix (semnul crucii)

Les Roumains sont très pieux. Jeunes ou vieux se signent régulièrement, au passage devant une église ou une croix installée à une intersection. Le signe de croix rituel orthodoxe s'effectue dans le sens inverse de celui des catholiques : épaule droite avant épaule gauche.

Sobă

On les voit surtout à la campagne ou dans les grandes demeures urbaines. Les *sobe* (au singulier *sobă*) sont de grands poêles en briques réfractaires, couverts de céramiques souvent colorées et sculptées. Ils fonctionnent exclusivement au bois et conservent très bien la chaleur. En hiver, c'est un vrai bonheur de se réfugier dans une maison qui en est équipée.

Ţuica

La *ţuica*, eau-de-vie de prunes, est à la Roumanie ce que la vodka est à la Russie, autant dire une institution. Elle est de toutes les occasions, quotidiennes ou festives. La production est souvent artisanale et présentée dans une bouteille de soda. Lors des enterrements, elle est servie avec une tranche de pain pour trinquer à la mémoire du disparu. Sa cousine la *palinca* résulte d'une seconde distillation, ce qui la rend bien plus forte. Bouillie avec du sucre et du poivre, la *ţuica* tient chaud durant l'hiver et soigne très bien des rhumes. Dans les régions où l'influence et la population hongroises sont importantes, en Transylvanie notamment, on utilise souvent le mot d'origine hongroise : *palincă*.

Udatul (l'arrosage)

C'est une tradition typiquement transylvaine que l'on découvre avec plaisir aux premiers jours de Pâques. Les jeunes hommes rendent visite aux jeunes filles célibataires et leur demandent la permission de les asperger d'eau ou de parfum. Si l'autorisation leur est donnée, les garçons déclament alors un poème dans lequel ils comparent les heureuses élues à des fleurs fraîchement arrosées.

Union européenne

Tout comme sa voisine bulgare, la Roumanie est membre de l'Union européenne depuis le 1er janvier 2007. L'euro devait remplacer le leu en 2015 mais, avec la crise financière, un report est très probable – si tant est que l'euro subsiste !

Les avis sont partagés. Dans l'ensemble, les Roumains sont heureux de faire partie de l'UE. Cela leur facilite notamment la tâche pour voyager et travailler ailleurs en Europe. L'adhésion engendre aussi un boom économique, notamment dans des villes comme Cluj et Timi□oara. Cependant, beaucoup se plaignent de la rigueur budgétaire imposée par le gouvernement pour satisfaire les normes européennes. D'autres craignent également une saignée démographique, avec une émigration massive, notamment des élites. La Roumanie connaît en effet une chute de population dramatique, qui ne peut qu'être accentuée si le pays entre dans l'espace Schengen.

Survol de la Roumanie

GÉOGRAPHIE

D'une superficie de 238 391 km², le territoire roumain représente environ la moitié de la superficie de la France. Situé au sud-est de l'Europe centrale, au nord de la péninsule balkanique, la Roumanie se trouve au carrefour des influences montagnardes, continentales et méridionales. Ces caractéristiques se retrouvent dans le climat, la faune et la flore.
On a l'habitude (en particulier dans les manuels scolaires locaux) de lui reconnaître une forme parfaite, presque ronde : 525 km du nord au sud et 740 km d'ouest en est.
Ce territoire est traversé par le 45e parallèle, ligne médiane entre le pôle et l'équateur. Le pays compte environ 2 508 km de frontières partagées avec la Hongrie (443 km), l'Ukraine (531 km), la république de Moldavie (450 km), la Bulgarie (608 km) et la Serbie (476 km).
Le pays est divisé en 4 régions : au centre, la Transylvanie et ses plaines entourées par la chaîne de montagne des Carpates ; au nord-est, on trouve la Moldavie et ses collines ; au sud-est la Dobroudja, ses reliefs peu élevés et sa plaine côtière qui borde la mer Noire ; enfin au sud, s'étend la plaine de Valachie.
La chaîne de montagnes des Carpates, d'une altitude moyenne de 845 m mais avec de nombreux pics culminants à plus de 2 000 m, s'étend sur 910 km. Les plaines, d'anciens fonds de mer et de lacs aujourd'hui couverts de lœss, extrêmement fertiles sont aujourd'hui cultivées à plus de 90 % de leur surface.
On remarquera donc la surface encore importante occupée par la forêt et l'agriculture. Les premières se situent en majorité dans les zones montagneuses. Il n'existe quasiment plus de zone forestière dans les plaines. La zone des prés et prairies est avant tout concentrée au creux de l'arc carpatique, dans les collines de Transylvanie et en Moldavie.

Reliefs et zones géographiques

Le territoire est particulièrement bien réparti entre les zones de plaine (31 % du territoire), les collines (39 %) et les montagnes (30 %). L'altitude moyenne du pays est de 420 m et le point culminant est le mont Moldoveanu (2 544 m).

Les Carpates

La Roumanie est traversée par la chaîne des Carpates, véritable colonne vertébrale du pays, longue de 910 km et couvrant 30 % du territoire. L'arc carpatique forme un grand amphithéâtre qui parcourt tout le pays.
D'une altitude moyenne de 845 m, cet arc est traversé par une trentaine de routes et percé par 12 voies ferrées.
Ce n'est pas un obstacle au développement du pays mais un atout touristique.
On peut diviser les Carpates roumaines en trois sous-ensembles :

- **Les Carpates orientales** et leurs magnifiques paysages très verts et boisés aux pentes relativement douces. On y trouve par exemple les monts Ceahlău, surnommés l'Olympe de la Moldavie.
- **Les Carpates méridionales** avec leurs cimes pierreuses et leurs lacs glaciaires. Elles constituent la partie la plus haute de la chaîne. C'est là que l'on trouve de nombreux pics qui culminent au-dessus de 2 000 m, dont une dizaine à plus de 2 500 m dans les monts Făgăraşi en particulier.
- **Les Carpates occidentales,** moins hautes, sont plus habitées et réputées pour ses nombreuses grottes calcaires.

Les différents massifs qui composent les Carpates roumaines (Retezat, Fagărăşi, Bucegi, Ceahlău, Apuseni...) offrent des paysages variés : plateaux karstiques, pics rocheux, sommets arrondis, lacs alpins, gorges (Bicaz ou Turda sont les plus impressionnantes), vallées abruptes, etc. De vastes espaces collinaires constituent les contreforts de cette chaîne de montagnes.
Une grande partie de la superficie couverte par les collines se trouve en Transylvanie et sont d'une altitude moyenne variant de 400 à 600 m.

À l'est du massif, le plateau de Moldavie présente à peu près la même altitude. C'est sur ce type de relief que sont cultivées les vignes qui produisent les meilleurs vins roumains.

Les plaines et le delta

Les plaines, d'anciens fonds de mer et de lacs aujourd'hui couverts de lœss, extrêmement fertiles, sont les véritables greniers du pays. Jusqu'au milieu du XXe siècle, elles constituaient de vastes zones de steppes grasses et sauvages. Mais aujourd'hui, 90 % de la surface des plaines sont exploités et la végétation des steppes a quasiment disparu. On distingue deux grandes unités de plaines : la Câmpia Română, qui s'étend au sud du pays, le long de la rive gauche du Danube et qui couvre la majeure partie de l'Olténie et de la Munténie, et la Câmpia Banat-Crișana, qui se trouve à l'ouest de la Roumanie, entre les Carpates occidentales et la frontière hongroise.

Le delta du Danube est un cas à part. C'est un territoire jeune, en mouvement, qui avance sur la mer Noire au fur et à mesure que le fleuve y dépose ses alluvions.

Utilisation du sol

Terres arables (39,2 %), forêts (28 %), prés et prairies (20,5 %), terrains construits, villes, routes (4,5 %), lacs et rivières (3,7 %), vergers et vignobles (2,3 %), autres (1,8 %) : on remarque au passage la surface encore importante occupée par les forêts et l'agriculture. Les premières se situent en majorité dans les zones montagneuses. Il n'existe presque plus de zone forestière dans les plaines. La zone de prés et de prairies est avant tout concentrée au creux de l'arc carpatique, dans les collines de Transylvanie et en Moldavie.

Hydrographie, accès à la mer

On estime le nombre de ruisseaux et rivières à plus de 4 000, parmi lesquels le célèbre Danube, qui effectue un trajet de 1 075 km en Roumanie avant de se jeter dans la mer Noire, en formant un somptueux delta. Au passage, il crée le plus long défilé d'Europe (144 km), à l'est de Drobeta-Turnu Severin. Près de 96 % du territoire roumain est drainé par le Danube et ses affluents. La plupart prennent leur source dans les Carpates avant de se jeter dans le fleuve. Parmi les plus importantes rivières, citons le Prut (740 km), le Mureș (761 km), l'Olt (615 km), le Siret (560 km), l'Argeș (345 km), le Jiu (330 km) ou encore le Buzău (302 km). La force du Danube est une source d'énergie importante pour la Roumanie et ses voisins concernés (Serbie et Bulgarie), qui ont aménagé des centrales hydroélectriques dont la plus importante est le barrage des Portes de Fer I. D'autres rivières, comme le Siret, sont également exploitées. Le pays compte 3 500 lacs (dont 2 000 naturels) qui couvrent 1,1 % du territoire. Les plus grands sont le lac « marin » de Razim (415 km²) et ses voisins de Golvița et Zmeica. Le plus grand lac de montagne est le lac d'accumulation de Bicaz (33 km²). Seuls 310 lacs dépassent en fait la superficie de 1 km². Il ne faut pas oublier les innombrables sources minérales. Il en existe dans 500 localités du pays. Elles ont des qualités et propriétés très variées et sont embouteillées pour être consommées ou utilisées pour des cures. La plus chaude atteint les 80 °C.

CLIMAT

Type de climat

La Roumanie est un pays de climat continental tempéré : quatre saisons bien marquées, mais un printemps et un automne courts. Les températures moyennes annuelles sont de 8 °C dans le nord du pays, de 11 °C dans le sud et de seulement 2 °C dans les Carpates. Les précipitations annuelles ne dépassent pas 700 mm et on peut connaître des périodes de sécheresse en Dobroudja ou dans la Câmpia Română.

Les périodes de fortes pluies sont théoriquement mai et juin, alors que le mois de février est le plus sec. La Roumanie n'est pas un pays particulièrement venteux. On estime qu'au cours d'une année les journées sans vent représentent 40 %. En hiver, les vents d'est peuvent toutefois être violents. Cette saison est longue et rigoureuse, le pays est alors couvert de neige.

La ville la plus froide du pays est celle de Miercurea Ciuc, où la moyenne annuelle est de moins de 6 °C. Les températures s'échelonnent entre 0 et - 8 °C pendant le mois le plus froid. Les routes de Transylvanie cessent souvent d'être praticables en raison de l'enneigement. En été, les températures sont élevées, en particulier à Bucarest et dans la Câmpia Română où les maximales atteignent parfois les 40 °C, comme en 2007 lors de la période de canicule. L'été peut aussi être synonyme de pluies abondantes.

Les phénomènes climatiques

La Roumanie a souvent été victime d'accidents climatiques graves. Il est à signaler tout d'abord que l'activité sismique est importante dans le pays. Vous pourrez vous en rendre compte en lisant notamment la description de certains monuments qui ont été reconstruits suite à un tremblement de terre. Des séismes de faible intensité sont particulièrement fréquents dans la région montagneuse du département de Vrancea. Le plus marquant fut celui que subit Bucarest le 4 mars 1977. Des centaines de personnes périrent et de nombreux bâtiments du vieux centre-ville furent détruits. À la suite de cette catastrophe, Ceaușescu fit édifier le palais du Parlement sous prétexte d'une fragilisation de l'ensemble des bâtiments. Depuis juin 2002, à Cheia dans la vallée de Teleajen entre Brașov et Ploiești, le pays s'est doté d'une station capable de détecter les mouvements tectoniques de la région. Le pays a également subi d'importantes inondations et ce phénomène est malheureusement de plus en plus courant.

Lors des dix dernières années, de graves inondations ont eu lieu dans presque tout le pays à un moment ou un autre. En 2005 et 2007, de nombreux réseaux de communication ont été touchés, plusieurs personnes sont mortes et des dizaines de milliers ont du être évacuées. Changements climatiques ou pas, les pluies tombées ces années-là n'auraient pas eu de telles conséquences sans la déforestation massive, notamment. Plus rien ne retient le sol des zones rurales habitées, d'où les glissements et effondrements de terrain destructeurs. Par manque de moyens humains et financiers pour entretenir les conduites d'évacuation, renforcer les digues ou atténuer les problèmes de déforestation, il est malheureusement à craindre que ce type de catastrophe se reproduise.

Durant l'été 2007, pendant plusieurs semaines, une vague de canicule sans précédent a affecté le pays. Bucarest et les départements alentour des plaines du Sud (Câmpia Română) ont connu des températures record allant jusqu'à plus de 44 °C. Plusieurs dizaines de personnes sont mortes et des centaines d'évanouissements ont été enregistrés dans les rues.

La vague de froid qui a touché la planète pendant l'hiver 2009 a été fortement ressentie en Roumanie aussi, avec des températures descendant jusqu'à – 34,5 °C dans les départements de Brașov et de Covasna.

ENVIRONNEMENT – ÉCOLOGIE

Si certaines zones demeurent sinistrées après des pollutions industrielles dramatiques subies à l'époque de Ceaușescu, la Roumanie n'est pas un pays particulièrement pollué, malgré l'image que l'on se fait d'elle parfois à l'étranger. Contrairement à l'industrialisation excessive en Occident, il demeure ici de vastes zones où l'agriculture traditionnelle perdure. Bref, des régions où les légumes et les fruits sont cultivés sans fertilisant et sans pesticide, des cultures bio sans nécessité d'un label. Dans les montagnes, de vastes zones dévoilent des rivières encore pures de toute pollution. Cette préservation est malheureusement la conséquence d'un certain retard de développement qui, on peut l'imaginer, sera un jour brisé par l'arrivée de nouvelles méthodes de production. La Roumanie est l'un des premiers pays du monde à avoir signé le protocole de Kyoto (dès janvier 1999).

Pollution et enjeux environnementaux

Durant la période communiste, le pays a été touché par de gros problèmes environnementaux (industrialisation massive, pollution des eaux, surexploitation de bois local). On estime qu'environ 20 % du territoire sont touchés par la pollution. Des complexes chimiques et pétrochimiques situés aux abords des villes (Brăila, Arad, Suceava, Pitești, Ploiești...) posent toujours de réels problèmes. Les zones les plus touchées sont les villes accueillant de vastes complexes industriels, certains fermés après la révolution de 1989, d'autres encore actifs.

La population a dû ou doit subir des rejets de fumées polluées dans l'air. Là où la concentration industrielle était trop forte, de véritables drames se sont produits. Copșa Mică est ainsi tristement célèbre pour ses paysages gris et morts causés par les rejets d'une énorme usine de charbon. Cet exemple, qui a inspiré une nouvelle fantastique à Dan Simmons (auteur de SF américain), *My Copsa Micas*, n'est qu'un parmi beaucoup d'autres.

Dans les plaines, là où l'agriculture a été planifiée à grande échelle durant les années Ceaușescu, une partie des terres est polluée pour de longues années par l'emploi massif et inapproprié de pesticides et d'engrais chimiques. L'utilisation de ces produits est en baisse depuis 1989, car leur coût est trop élevé et la redistribution des terres a changé les systèmes d'exploitation.

Certains cours d'eau comme la rivière Someș, affluent de la Tisza, à Baia Mare n'ont pas été épargnés et les rejets de métaux lourds dans les nappes phréatiques ont provoqué de graves dégâts. Le Danube a dû « avaler » durant des années les rejets de l'industrie métallurgique et chimique. Le delta, bien que filtre naturel efficace, ne pouvait à lui seul régler ce problème, d'autant que le régime de Ceaușescu avait en plus commencé à en assécher une partie pour créer des zones cultivables. La mer Noire n'est pas connue pour être un paradis des pêcheurs, chalutiers et amateurs de bons poissons. Et pour cause ! Cette étendue d'eau presque fermée est au bord de l'étouffement et présente une des mers les plus polluées du monde. Les pays qui l'entourent n'ont pas été, ces dernières décennies, des élèves modèles en matière d'environnement. Déforestation, utilisation des fleuves comme égouts pour les déchets industriels, agriculture et élevage intensifs sont les principaux facteurs qui ont favorisé le déversement de toutes sortes de produits dans la mer Noire. Le delta, endommagé en partie sous Ceaușescu, n'a pas pu, pendant de longues années, assurer pleinement son rôle de filtre. Suite à la crise économique des années 1990, de nombreuses usines ont fermé et les rejets industriels ont diminué d'un tiers les sources de pollution. Désormais, les pollutions de l'air se portent sur la surconcentration de véhicules, le mal des cités modernes. À Bucarest, la température du centre-ville l'été est jusqu'à cinq degrés supérieure à celle de la périphérie et les rejets des camions et voitures ont remplacé ceux des usines.

Politique énergétique, problème des déchets

La situation énergétique de la Roumanie est paradoxale. Les consommations d'énergie et d'électricité par habitant y sont inférieures à la moyenne de l'Union européenne, mais les gaspillages sont énormes et les énergies utilisées sont polluantes. Le sol de la Roumanie, riche en ressources énergétiques, fait de ce pays le premier producteur de pétrole et de gaz de l'Europe centrale et orientale. La Roumanie dispose également d'une importante industrie minière (charbon et lignite). Bien que vieillissants, les moyens de production d'énergie, hérités de l'ère communiste, sont très développés. Avec l'idée d'autosuffisance, Ceaușescu a industrialisé massivement le pays, avec les conséquences que l'on sait. Aujourd'hui encore, une grande partie de l'énergie est produite par les centrales thermiques (62 %), utilisant le charbon, hautement polluantes et d'un rendement faible. Mais les choses changent. Le désir le plus cher de Ceaușescu était l'indépendance énergétique grâce à l'énergie nucléaire. Il n'a eu le temps de construire qu'un réacteur à Cernavodă (à l'ouest de Constanța). Celui-ci a été rénové et assure tout de même 10 % des besoins du pays en électricité. Un deuxième réacteur, sur le même site, est ouvert depuis 2007 et doit permettre non pas d'atténuer « l'hégémonie » des centrales thermiques mais surtout de satisfaire les besoins en énergie toujours plus importants. Selon les estimations, les unités 1 et 2 fourniront environ 18 % de l'électricité nécessaire. Parallèlement, la Roumanie utilise le Danube et quelques autres rivières et lacs des Carpates pour produire de l'électricité. Près de 28 % des besoins nationaux, un chiffre important, sont couverts par l'énergie hydroélectrique. Les centrales de Portes de Fer I et II font partie des fiertés du pays.

Par ailleurs, la Roumanie envisage la rénovation du parc de ses centrales thermiques et la construction de parcs éoliens afin de respecter les contraintes liées à la nouvelle directive européenne qui impose à partir de 2010 que la production d'électricité provienne à 22 % de ressources renouvelables. Devant le problème des déchets, la Roumanie se trouve démunie. Comme tous les pays qui ont connu un boom économique et un changement brutal de mode de vie, les déchets ménagers et les emballages toujours plus nombreux posent un vrai problème. Le mode de consommation qui prévalait il n'y a pas si longtemps n'engendrait que peu de déchets, le pays n'avait donc rien prévu pour les traiter. La construction des usines d'incinération et des chaînes de recyclage, ainsi que la responsabilisation de la population comptent parmi les défis importants des prochaines années.

Conscience et sensibilisation écologique

Les premières lois ayant trait à la protection de l'environnement ont été adoptées en 1930. Cette année-là, on a créé la Commission de protection des monuments de la nature, qui existe toujours, et les premières réserves naturelles (parc national de Rodna, en 1935). À l'époque de Ceaușescu, le rôle de cette commission n'a pas été particulièrement efficace, bien que ce dernier ait eu une très brève période « écologique ». Depuis 1990, après la révolution, la Roumanie s'efforce de réparer les erreurs commises et adhère à de nombreux programmes internationaux de protection de l'environnement. Un ministère spécial a été créé pour la protection de l'environnement et des partis écologistes sont apparus. Désormais, chaque *județ* compte une agence spécialisée. En 1999, la Roumanie a signé notamment le protocole de Kyoto sur l'émission des gaz à effet de serre. Depuis l'entrée du pays dans l'Union européenne, les entreprises roumaines sont dorénavant obligées de moderniser leur ligne de production pour qu'elles soient moins polluantes et répondent ainsi aux normes environnementales européennes.

La création de dépôts spécifiques pour les matériaux recyclables, comme le papier ou le métal, est également indispensable. Malgrès ces nombreuses démarches, les moyens financiers manquent cruellement à tous les niveaux et l'environnement n'est pas une priorité.

Les autorités, tout en modernisant le pays, doivent prendre garde à ne pas reproduire les erreurs du passé, notamment lors des nouvelles réformes de l'agriculture. Il convient d'accompagner cette modernisation d'une volonté d'éduquer les jeunes Roumains aux « choses » de l'environnement. Là encore, il faut reconnaître que ce n'est pas la priorité quotidienne de la population qui a bien d'autres soucis en tête. Néanmoins, faire prendre conscience aux enfants de la beauté et de la fragilité de la nature de leur pays, dès leur plus jeune âge, est une nécessité, à commencer par l'acte citoyen de jeter ses déchets à la poubelle et laisser les sites propres.

- L'écotourisme

L'écotourisme qui se développe dans les aires naturelles protégées et dans les zones rurales environnantes est très bien représenté en Roumanie où 20 % du territoire est en considéré « protégé ». On y trouve 30 % de la population des grands carnivores d'Europe et les zones rurales conservent le paysage traditionnel et le charme ancien disparu dans la plupart des autres pays d'Europe. Ce type de tourisme veut promouvoir le respect de la nature et des communautés locales à travers des activités avec un impact négatif réduit. Les touristes qui optent pour l'écotourisme ont un large choix d'activités en nature ou de circuits culturels : observation des oiseaux dans le delta du Danube, identification des traces de loups, ours ou lynx dans les forêts des Carpates, participation à la vie d'un village traditionnel lors des festivités et des travaux agricoles. L'association roumaine d'écotourisme offre à ses membres de nombreuses activités : rando, spéléo, parcours à vélo ou à cheval, rafting et kayak, circuits gastronomiques et tours photo, hébergement en pensions rurales. Les établissements partenaires sont certifiés « Éco-Roumanie » et reconnus au niveau européen comme d'authentiques professionnels de l'écotourisme : www.eco-romania.ro

PARCS NATIONAUX

Pour protéger cette richesse et cette diversité naturelle, plus de 800 réserves ont été créées, couvrant une superficie de 1 2460 00 ha (soit un peu plus de 5 % du territoire). La plupart de ces espaces sont situés le long de l'arc carpatique. L'accès à ces zones protégées est libre, à l'exception de zones de stricte préservation écologique, où l'accès des touristes est permis avec des restrictions.

Au niveau international, trois habitats ont été déclarés réserves de la biosphère et deux espaces protégés font partie du réseau des sites Ramsar. Parmi les 11 parcs nationaux, les 9 parcs naturels et 543 réserves naturelles, voici quelques-uns des sites les plus remarquables.

Le delta du Danube

Avec une surface de 576 216 ha, cette réserve est la plus grande du pays. C'est une zone de marécages, de terres mobiles où eau du fleuve, eau de mer et terres se rencontrent. Son statut est triple, puisqu'il s'agit à la fois d'une réserve de biosphère, d'un site Ramsar (zone humide d'importance mondiale) et d'un site du patrimoine mondial de l'Unesco. Plus de 3 500 espèces animales (dont 425 espèces de vers, 325 d'oiseaux) et 950 végétales (et la plus vaste zone de cannaie du monde) y ont été recensées.

▶ **www.ddbra.ro – www.deltadunarii.ro**

Parc national Retezat

Situé au sud-ouest des Carpates, ce parc de 38 138 ha est historiquement le premier parc national roumain (1935). Contraste spectaculaire avec les plaines du Danube, on compte près de 40 lacs qui alimentent de nombreuses rivières. Dominé par le mont Peleaga (2 509 m) et les monts Retezat (classés réserve de biosphère depuis 1979), on y recense un grand nombres d'espèces animales et végétales dont 1 000 papillons, aigles, chamois, cerfs carpatiques, loutres, ours, lynx et environ 2 % des espèces de plantes endémiques.

▶ **www.retezat.ro**

Parc national de Ceahlău

Il est situé au nord de la partie orientale des Carpates, dans le département de Neamț. Ses 8 396 ha sont dominés par le mont Toaca, de 1 904 m. Les paysages de montagnes (belles parois calcaires) et de forêts y sont superbes. On y recense environ 1 100 espèces de plantes dont bon nombre endémiques ; signalons ainsi la « croix du brave », hépatique typique de cette région. Les grands mammifères des Carpates y sont tous présents.

▶ **www.ceahlaupark.ro**

Parc national des gorges du Bicaz-Hășmaș

Ce parc de 6 575 ha se trouve dans la courbe de l'arc carpatique, à cheval sur les *județi* de Neamț et de Harghita. Il est très connu des touristes pour ses impressionnantes gorges formées par le barrage naturel de la petite rivière Bicaz. Autre attraction : le lac Rouge (*lacul Roșu*), formé par un effondrement de roches en 1837. De petite taille, la réserve est facilement accessible par la route. Plus de 1 050 espèces de plantes y poussent dont la piloselle, le sabot de Vénus, la sabine, la primevère ainsi que de vastes bois de hêtres. On y trouve d'intéressantes variétés de reptiles, tels le lézard de montagne, le triton ou le serpent de noisetier.

▶ **www.cheilebicazului-hasmas.ro**

Parc national des monts Rodna

C'est l'une des plus vastes aires protégées des Carpates orientales, qui occupe une superficie de 47 304 ha dont 3 300 ha sont considérés comme réserve de la biosphère depuis 1979. Les monts Rodna sont situés dans le nord de la Roumanie, à cheval sur les départements de Maramureș et de Bistrița-Năsăud. Le parc est dominé par le mont Pietros (2 303 m), le principal sommet du nord du pays. Dans cette zone de montagnes, de sources et de grottes, on a recensé 1 100 espèces végétales dont l'edelweiss, la gentiane jaune et l'angélique. Les grands oiseaux et mammifères y sont bien présents : tétras, aigle impérial, coq de bruyère, loup, ours, lynx, cerf.

▶ **www.parcrodna.ro**

Parc national Piatra Craiului

Il couvre 14 795 ha et se trouve dans la partie centrale des Carpates méridionales, autour des monts Bucegi et de la Piatra Craiului (« la Pierre du Roi »), qui culmine à 2 238 m le long d'une belle crête calcaire de 22 km. Parmi les plantes endémiques, on citera l'œillet de Piatra Craiului (*Dianthus callizonus*) ; l'if, le lierre blanc et la gentiane jaune y sont également visibles. On peut y rencontrer rapaces, chauves-souris (8 espèces), reptiles (tritons des montagnes) et grands carnivores. La proximité du parc avec Brașov le rend facilement accessible.

▶ **www.pcrai.ro** (site en français).

Le parc naturel des Apuseni

Un vaste parc de 75 784 ha couvre le centre-est des monts Apuseni, à l'ouest des Carpates. Cette zone se caractérise par un relief karstique complexe ayant engendré de superbes grottes et des gouffres parmi les plus beaux d'Europe. Ses paysages de montagne et ses habitations caractéristiques sont très pittoresques.

▶ **www.parcapuseni.ro**

Le parc naturel de Vânători-Neamț

Au nord-est du pays, dans les pré-Carpates de Neamț, ce parc a été créé en 1999. Sur une surface de plus de 30 000 ha, sa flore et sa faune sont remarquables (la chouette de l'Oural, la cigogne noire, le lynx boréal et le bison d'Europe). Réintroduit dans les années 1970, le bison est devenu l'emblème du parc où il vit à présent en semi-captivité.

▸ **www.vanatoripark.ro** (site en français)

Le parc naturel des Bucegi

Considéré comme l'un des plus spectaculaires des Carpates roumaines et, en même temps, l'un des plus accessibles (situé à un peu plus de 100 km au nord de Bucarest), ce parc est très apprécié des visiteurs roumains et étrangers. Il s'étend sur une surface de presque 33 000 ha et certains de ses sommets dépassent les 2 500 m. On vient surtout pour y apprécier ses rochers caractéristiques du Sphinx et des Babele (« les Vieilles »).

▸ **www.bucegipark.ro**

Le parc naturel des Portes de Fer

Il couvre la bande nord de la région où le Danube creuse son fastueux défilé, au sud-ouest du pays. Proche du barrage du même nom à la frontière avec la Serbie, ce site présente un patrimoine naturel extrêmement riche. De nombreuses espèces végétales et surtout animales (5 339, une concentration unique en Roumanie) y sont présentes, notamment la tortue d'Hermann et la vipère des sables, les deux « mascottes » du territoire.

▸ **www.portiledefierpn.ro**

FAUNE ET FLORE

Faune

Le refuge des grands mammifères

La Roumanie dispose d'un patrimoine biologique abondant. Une des caractéristiques de la faune roumaine est la présence de nombreux grands mammifères dans les forêts des Carpates : lynx, chamois, cerfs et même aurochs ou bisons (tous deux fortement menacés de disparition).

Les loups font également partie des hôtes habituels des forêts (environ 40 % des effectifs européens) ainsi que l'ours brun des Carpates, la vedette des montagnes, et sa population est la plus importante d'Europe (à peu près 60 % de celle du continent). Si certains spécimens descendent dans les villes en période de famine (comme à Brașov), ces plantigrades comme les autres grands mammifères de montagne sont généralement difficiles à observer.

Un univers naturel varié

Un peu plus bas, dans les plaines et piémonts des Carpates, se trouve une grande diversité de petits animaux (martres, lièvres, putois, fouines, belettes, chats sauvages) et autres petits rongeurs tels que le hamster de Roumanie, une espèce endémique.

En hiver, la plaine couverte de neige est marquée de nombreux chemins tracés par ces animaux.

Toutes ces espèces sont visibles en grand nombre en lisière de forêt, dans les bosquets et dans les haies qui entourent les champs et prairies des campagnes isolées.

Dans le delta du Danube, cet écosystème si particulier abrite également une faune variée dont les visons et les rats musqués.

Le paradis des oiseaux et des poissons

Dans la plupart des massifs préservés du pays, on notera la présence de tétras (coqs de bruyère), gélinottes et grands rapaces (aigles). Dans les collines et les plaines et notamment en Transylvanie, on verra de nombreuses cigognes se promener dans les champs et établir leur nid sur les cheminées ou les poteaux électriques. On notera la présence, malheureusement trop rare, de la grande outarde dans les plaines du sud, mais aussi de perdrix, faisans, corneilles mantelées et passereaux. À la croisée de multiples voies de migrations, le delta du Danube, paradis des ornithologues, accueille cormorans pygmées, ibis, avocettes, aigrettes, hérons et la plus grande colonie de pélicans d'Europe, le symbole du delta. Ce même delta abrite de nombreuses espèces de poissons : silures, esturgeons (six espèces différentes), carpes, perches ou brochets, tous souvent de taille impressionnante, sandres, harengs du Danube. La mer Noire est en revanche beaucoup moins exploitée par les pêcheurs. Seuls quelques chalutiers roumains s'y aventurent pour rapporter quelques turbots, maquereaux, chinchards…

Une ferme à ciel ouvert

Les animaux domestiques sont omniprésents dans les villages ruraux. Moutons, vaches, chevaux, cochons et surtout oies, poules, dindons et canards se promènent souvent librement et égayent la campagne. Ces groupes d'oies qui traversent les routes ou paissent dans les prés, ces canards qui envahissent les fossés, cette vache seule en liberté évoquent de vieilles photos en noir et blanc de la campagne française.

Vendre la peau de l'ours avant de l'avoir tué

La Roumanie est le pays d'Europe qui compte le plus grand nombre d'ours (ours noir des Carpates). Mais pour combien de temps ?

Depuis la chute de Ceaușescu, ancien unique chasseur du pays (seul lui et ses proches avaient le droit de chasser), la chasse est devenue une activité très prisée. Pas par les Roumains bien sûr, mais par des étrangers, avides de trophées.

Les autorités roumaines les attirent en organisant des séjours où l'on arrive par hélicoptère au cœur des forêts montagneuses pour tirer sur les loups, sangliers, cerfs et ours.

Mais pourquoi autoriser l'abattage de 300 à 400 ours par an et truquer ainsi les chiffres de la population des plantigrades pour augmenter chaque année ce quota ? C'est simple : le gouvernement roumain taxe. Quand un riche chasseur américain ou français abat un ours, il paie, selon le poids de la bête, environ 10 000 €.

Une activité très rentable donc et peu coûteuse. Pour les non-chasseurs, cette activité est un mystère. Un mystère qui s'explique peut-être par le plaisir tout bête de passer pour un intrépide aventurier qui a arpenté les forêts des Carpates et tué une bête énorme, féroce et dangereuse… En tout cas, des dizaines d'ours abattus multipliés par 10 000 €, et rapportant de l'argent facile à quelques fonctionnaires, n'émeuvent pas la population roumaine qui a malheureusement bien d'autres problèmes à régler.

Flore

À la frontière des forêts d'Europe

Au XIXe siècle, la forêt couvrait 40 % du territoire roumain et bien plus auparavant. Mais les défrichements ont été importants dans les plaines et les piémonts, et la forêt a laissé la place aux plantes de culture. Il ne subsiste donc que les forêts de montagnes et, dans une moindre mesure, de collines. Elles couvrent aujourd'hui 27 % de la surface du pays.

Carrefour climatique des différentes forêts d'Europe, la Roumanie dénombre plus de 200 espèces d'arbres sur une superficie de plus de 6 millions d'hectares. En altitude, les principaux résineux (pin laricio, pin rampant, épicéa, mélèze, sapin…) l'emportent sur les forêts de hêtres.

Les quelques bois des collines et des plaines sont quant à eux constitués de feuillus (chêne, tilleul, charme, orme, frêne, platane).

Les surfaces forestières sont plutôt bien préservées. Il faut dire que l'importance économique de la forêt roumaine est majeure dans certaines régions où l'industrie du bois prédomine. Le bois roumain s'exporte bien (à 70 % vers le Moyen-Orient) et permet notamment la construction de mobilier scandinave bien connu.

Des plantes aux particularités remarquables

Au printemps, une promenade vous fera découvrir également la richesse de la flore de montagne : gentiane, casque de Jupiter, edelweiss, rhododendron, sabot de Vénus… Ces fleurs poussent en grand nombre dans de vastes zones sauvages comme il en reste peu à l'ouest de l'Europe.

Les prairies constituent 20 % du territoire et sont présentes dans les zones de plaine et de piémont. On estime que 5 % des 4 600 espèces présentes sont endémiques, comme le lilas roumain (la « forêt » de lilas de Ponoarele dans le *județ* de Mehedinți est remarquable), l'ail sauvage, le casque de Jupiter, la piloselle ou la pivoine roumaine, ainsi que l'œillet de Piatra Craiului.

Parmi les particularités remarquables, citons le nénuphar violet qui prospère sur les eaux chaudes des stations thermales autour d'Oradea, ou encore la gigantesque étendue de roseaux du delta du Danube (l'une des plus grandes concentrations du monde). Le delta, un milieu unique, compte par ailleurs près de 1 600 espèces de plantes.

Les plantes sont largement utilisées par la médecine populaire et leur représentation est courante dans l'artisanat. Les céramiques sont ainsi souvent décorées de motifs floraux. Dans les zones les plus rurales, on utilise encore beaucoup de plantes sauvages en cuisine, comme on le faisait en France il y a plusieurs décennies. D'où, pour le visiteur, le bonheur de découvrir des goûts oubliés, lors de repas à la campagne.

L'héritage des Daces et des Romains

Les découvertes archéologiques attestent d'une présence humaine très ancienne sur le territoire de la Roumanie. On a ainsi découvert des outils de silex vieux de 600 000 ans. Datant de 10 000 ans av. J.-C., les peintures rupestres de Cuciulat (près de Zalău), représentant un félin et un cheval, sont la première expression artistique locale connue. Mais la première véritable civilisation connue sur le territoire roumain sera celle des Daces. Appelés ainsi dans les textes latins, ils étaient nommés Gètes par les Grecs, d'où la dénomination parfois employée de Géto-Daces. Ce peuple serait apparu il y a plus de 4 000 ans, quand des groupes de pasteurs venus de l'est se mêlèrent à la population locale et, comme elle, devinrent sédentaires.

Plus tard (VIIe siècle av. J.-C.), les Grecs anciens installeront sur la mer Noire des comptoirs commerciaux, dont Callatis, Tomis ou Histria, ce qui atteste des échanges déjà importants avec les peuples grecs et une intégration aux routes commerciales. Les Grecs installés sur le littoral seront peu à peu intégrés aux Daces et influenceront la civilisation de ces derniers. Cette influence se retrouve dans beaucoup d'objets de l'époque. Les Daces construisirent de nombreuses fortifications de pierre, bâtissant même un véritable système défensif autour de la ville actuelle d'Orăștie (entre Deva et Alba Iulia). Dans les forteresses habitées se trouvaient des ateliers (la métallurgie, par exemple, était très développée), des maisons (en bois) et des temples. On pense que les Daces vénéraient le soleil. Leur dieu suprême se nommait Zalmoxis. On dit qu'il officiait depuis le massif de Ceahlău. Au Ier siècle av. J.-C., le roi Burebista (82-44) unifia toutes les tribus daces, fondant ainsi le puissant royaume de Dacie dont le centre politique et religieux se trouvait en Transylvanie, à Sarmizegetusa (dont on peut visiter les ruines). À sa mort, l'unité ne sera plus aussi évidente mais, malgré cela, la région reste un danger pour la puissante Rome. À la fin du Ier siècle apr. J.-C., alors que l'État dace se trouvait à son apogée sous le règne de Décébale (87-106), les armées impériales romaines tentent d'envahir la Dacie. Mais Décébale établit une paix avantageuse avec Domitien en 89, ce qui n'empêche pas les légions conduites par l'empereur Trajan (98-117) de conquérir définitivement la Dacie en 106. Commença alors la romanisation du peuple dace. Rome se préoccupa d'abord de l'ouest et du sud de la Roumanie actuelle qui fut régie comme les autres provinces de l'empire, avec pour métropole Ulpia Traiana Sarmizegetusa (département actuel de Hunedoara). Des colons romains vinrent se mêler aux Daces et de ces rencontres et mariages naquit un peuple daco-romain. Cette situation signifiera pour la Dacie un remarquable essor économique (modernisation de l'outillage, apport de nouvelles technologies, échanges avec le reste de l'empire), le début d'une réelle urbanisation (Napoca, Potaissa, Drobeta, Apulum, etc., en plus de la métropole), alors que la Dacie était une région rurale, mais aussi la construction de routes, la création de nouveaux corps de métiers, l'exploitation de nouvelles richesses (or, fer) et une transformation de la culture et des modes d'expression artistique (architecture notamment). L'influence romaine sur la langue dace fut également majeure. Malgré la domination romaine, la civilisation dace ne disparaît pas complètement. Beaucoup ne se mêlèrent pas aux Romains (qui préféraient les villes à la campagne) ou restèrent même isolés (en Moldavie notamment). Plus tard, devant l'intensification des attaques des peuples migrateurs (Goths en particulier), l'Empire romain abandonna la province de Dacie, en retirant, entre 271 et 275, ses troupes et ses fonctionnaires. Mais la population daco-romaine resta sur place. Les Romains, malgré moins de deux siècles de présence, laissèrent au pays un héritage indélébile. L'ascendance latine y est aujourd'hui encore bien visible. La population, qui s'est peu à peu christianisée (par diffusion), va bénéficier économiquement, jusqu'au VIIe siècle, du voisinage de l'Empire romain d'Orient, qui contrôlait nombre de têtes de pont au nord du Danube.

Les premiers États féodaux

Au cours du Ier millénaire, le territoire roumain fut traversé par des vagues de peuples migrateurs (Goths, Huns, Gépides, Slaves, Bulgares, Avars…), qui y exercèrent, plus ou moins longtemps, une domination passagère, laquelle s'achevait, la plupart du temps, au moment où ces peuples avaient été assimilés par les autochtones (non sans avoir apporté leur part dans la langue, la culture et l'économie locales). Parallèlement, le schisme de 1054 sépare les Églises de Constantinople, dite depuis orthodoxe, de celle de Rome, dite depuis catholique. L'organisation de formations politiques des Roumains est attestée par des documents à partir du Xe siècle. Mais c'est réellement à partir des années 1160 que les Roumains, en tant que tels, sont mentionnés dans l'histoire. De petits États apparaissent, précurseurs des futurs États féodaux. Ils étaient conduits, en Transylvanie par exemple, par des dirigeants aux titres de *cneaz*, voïévodes ou ducs. Les premières principautés apparaissent au XIVe siècle. Au même moment, s'acheva la conquête par les féodaux hongrois de la Transylvanie, qui avait été commencée par les tribus hongroises à partir du Xe siècle. Basarab Ier (1324-1352) unifia les petits États féodaux existants au sud des Carpates, fondant ainsi le voïévodat de Valachie. En suivant le même processus, Bogdan Ier (1359-1365) fonda le voïévodat de Moldavie. Ils mèneront de nombreuses batailles contre les Hongrois, pour conserver cette nouvelle indépendance.

La soumission aux grands empires

À la toute fin du XIVe siècle, l'expansion de l'Empire ottoman atteint le Danube et menace les voïévodats roumains. C'est le début de longues guerres des princes de Moldavie et de Valachie contre les armées turques. Plusieurs voïévodes affrontèrent les troupes de Mehmet II ou de Soliman le Magnifique : ainsi en Valachie Mircea cel Bătrân (Mircea l'Ancien), qui régna de 1386 à 1418, Vlad Țepeș (Vlad l'Empaleur, inspiration pour le personnage de Dracula), qui régna en 1448, de 1456 à 1462 et en 1476, ou encore en Moldavie Ștefan cel Mare (Étienne le Grand), qui fit construire de nombreux monastères dans sa principauté et régna de 1457 à 1504. Malgré plusieurs victoires, la souveraineté ottomane fut imposée aux deux États roumains puis à la Transylvanie hongroise, qui conservèrent néanmoins leur autonomie. Mihai Viteazul (Michel le Brave), prince de Valachie (1593-1601), recouvra son indépendance et plaça en novembre 1599, à Alba Iulia, sous son autorité la Transylvanie puis la Moldavie en mai 1600, devenant ainsi le premier unique souverain roumain des trois principautés.

Cette union sera cependant de courte durée : dès avant l'assassinat de son instigateur, en 1601, elle est empêchée par les interventions de l'Empire ottoman, de la Pologne et des Habsbourg, qui ne veulent pas d'un nouvel État. L'épisode de Mihai Viteazul sera utilisé par ses successeurs pour faire prendre conscience aux Roumains de leur unité linguistique et culturelle. Durant les deux siècles qui suivent, les trois principautés deviennent le champ de bataille des luttes que mènent entre eux les grands empires.

Parallèlement, Matei Basarab, prince de Valachie (1632-1654), modernise et développe profondément ses États. Plus tard, la doctrine de l'unité du peuple roumain est formulée scientifiquement par Dimitrie Cantemir, prince de Moldavie (1693 et 1710-1711). D'autres comme lui s'emploieront à persuader le peuple roumain de son unité par des arguments historiques, linguistiques et philosophiques.

La naissance de l'État roumain moderne

La Révolution française a inspiré un courant d'idées politiques novatrices visant à la création d'un État roumain. En 1821, Tudor Vladimirescu conduit une révolution à caractère social et national. Elle est réprimée par les armées ottomanes mais a pour conséquence un bouleversement politique important. Le régime institué depuis 1711 en Moldavie et 1716 en Valachie tombe : en effet, depuis ces dates les Ottomans choisissaient des officiels grecs, les Phanariotes, comme princes régnants. Cette mesure est abolie et on en revient à la pratique d'installer des princes régnants autochtones, tout en ajoutant un nouveau mode d'administration, plus moderne. Mais la domination turque demeurait.

En 1848, comme dans d'autres parties du continent, les Roumains de Valachie, de Moldavie et de Transylvanie se soulèvent. La révolution est contenue par les efforts conjugués des grands empires, mais la conscience nationale est de plus en plus présente et marquée dans les esprits roumains.

Avec le soutien de grandes puissances européennes (la France et la Prusse), le 5 février 1859 (24 janvier dans le calendrier julien) Alexandru Ioan Cuza, prince de Moldavie depuis deux semaines, est aussi élu prince de Valachie avant de proclamer l'union définitive des deux principautés sous le nom de Roumanie en 1862, dont il s'efforce d'unifier les institutions (armée, administration). Mais, en 1866, il est contraint d'abdiquer. Le prince Carol Ier, de la famille princière allemande des Hohenzollern-Sigmaringen, est alors élu prince régnant par le Parlement roumain et conserve ce titre jusqu'en 1881, année où il est couronné roi de Roumanie (jusqu'à sa mort en 1914). L'année 1866 est également celle de la promulgation de la Constitution, à l'époque l'une des plus avant-gardistes d'Europe.

Le 9 mai 1877, la Roumanie proclame son indépendance, acquise grâce à sa participation à la guerre russo-turque de 1877-1878. Elle obtient alors la reconnaissance du reste du monde au congrès de paix de Berlin de 1878.

La Transylvanie et la Bucovine au XIXe siècle

Suite à l'établissement de la double monarchie austro-hongroise en 1867, la principauté de Transylvanie reste un territoire de la couronne hongroise. La population roumaine, majoritaire dans la région, subit une magyarisation forcée et fonde, en 1881, le Parti national roumain. En 1892, les Roumains adressent à la cour impériale de Vienne un mémorandum dans lequel ils exposent leurs propositions afin de remédier aux souffrances endurées. Sans succès.

En Bucovine, partie nord de la Moldavie cédée à l'Autriche en 1775, la population roumaine connaît la même situation. Quant à la moitié est de la Moldavie (Bessarabie), elle est annexée par la Russie en 1812. Les nouvelles autorités procèdent à une intense politique de russification de la région, incitant de nombreux Roumains à choisir l'exode.

L'unification

Le début du XXe siècle est marqué par la révolte paysanne de 1907 : le monde paysan, qui n'a pas bénéficié des retombées économiques de la révolution industrielle, se soulève pour protester contre sa misère. La révolte est violemment réprimée. La participation de la Roumanie à la Première Guerre mondiale avait pour objectif de rassembler tous les Roumains dans un seul pays. La Roumanie et le roi Ferdinand, neveu et successeur de Carol Ier en 1914, entrent en guerre en 1916 aux côtés de la Triple-Entente (France, Russie et Grande-Bretagne). Après le retrait de la Russie et la dissolution de l'Autriche-Hongrie, la Bessarabie, la Bucovine, la partie hongroise du Banat, puis finalement la Transylvanie (dont la population est alors à 60 % roumaine) sont unies à la Roumanie, donnant naissance à la Grande Roumanie (le territoire et la population sont ainsi multipliés par deux), proclamée le 1er décembre 1918 (date devenue jour de la fête nationale) à Alba Iulia, puis entérinée au niveau international par le traité de Trianon en 1920. La Roumanie connaît alors un essor économique sans précédent, qui atteint son apogée en 1938. Le roi Carol II accède au trône en 1930 après la mort de son père Ferdinand en 1927.

La Seconde Guerre mondiale

Le pacte secret germano-soviétique Ribbentrop-Molotov d'août 1939 précipite le morcellement du pays. L'été 1940, plus d'un quart du pays est ainsi cédé à l'Union soviétique, à la Hongrie et à la Bulgarie. En septembre, le roi Carol II abdique, contraint par le maréchal Ion Antonescu. Celui-ci instaure alors un régime fasciste auteur de nombreuses atrocités. On estime que plus de 400 000 Juifs et Tsiganes ont été envoyés dans des camps de travail et de concentration en Transnistrie. De terribles pogroms ont été perpétrés, à Iași notamment.

En 1941, la Roumanie entre en guerre contre l'URSS aux côtés de l'Allemagne nazie. Mais après l'insurrection d'août 1944 et la chute d'Antonescu, la Roumanie rejoint les Alliés le 23. Les troupes roumaines participent avec les Soviétiques sur le front est à la libération de la Hongrie, de la Tchécoslovaquie et de l'Autriche. Près de 460 000 soldats roumains sont morts au cours de la Seconde Guerre mondiale, 250 000 aux côtés de l'Allemagne puis 210 000 aux côtés de l'URSS. À la fin de la guerre, pour s'être rangée finalement du côté des Alliés, la Roumanie a pu récupérer le nord de la Transylvanie à la suite du traité de Paris (1947). Mais la Bessarabie et le nord de la Bucovine sont restées à l'extérieur des frontières et la population de ces régions a subi la dénationalisation brutale des Soviétiques. Le traité de Paris scelle également le maintien de la Roumanie dans la sphère d'influence soviétique, comme Staline, Churchill et Roosevelt en avaient convenu à Yalta…

Chronologie

- **De 4500 à 3500 av. J.-C. >** Peuples néolithiques. Notamment culture Hamangia (dont on a découvert la superbe sculpture du « *Penseur* »).
- **3000 av. J.-C. >** Implantation dans la région de tribus indo-européennes et de Thrace.
- **VIIe siècle av. J.-C. >** Apparition des Daco-Gètes, ancêtres du peuple roumain. Installation de comptoirs grecs (dont les vestiges sont encore visibles aujourd'hui) sur la côte de la mer Noire.
- **De 70 à 44 av. J.-C. >** Règne du roi Burebista.

Ier siècle apr. J.-C.

- **An 9 apr. J.-C. >** L'empereur romain Auguste bannit le poète Ovide de la cité grecque de Tomis.
- **An 46 >** La région côtière tombe sous contrôle romain.
- **De 87 à 106 >** Règne de Decebal, marqué par les conflits contre les forces romaines. Celles-ci envahissent la région en 105-106, sous l'impulsion de l'empereur Trajan.

IIIe siècle

- **An 271 >** La Dacie, jusqu'alors province romaine, passe aux mains des Goths après la capitulation de l'empereur Aurélien.

IVe siècle

Adoption du christianisme par les peuples de langue latine de la région ; émergence des premières formes politiques de voïvodats, knézats et duchés dans les Carpates et le long du Danube.

Du Xe au XIIIe siècle

La Transylvanie devient un voïvodat autonome au sein de l'Empire hongrois.

XIIe siècle

Colonisation des Saxons et établissement des Szeklers en Transylvanie.

XIVe siècle

Après sa victoire à Posada sur le roi Charles Robert d'Anjou, souverain de Hongrie, Basarab Ier réunit les provinces situées entre les Carpates et la mer Noire, créant ainsi la Valachie.

- **1359 >** Bogdan Ier crée la Moldavie.

XIVe siècle

Les voïvodats de Transylvanie et de Valachie prêtent allégeance à la Hongrie. La Moldavie choisit la Pologne.

- **1394 >** Victoire de Mircea Cel Bătrân (Mircea l'Ancien) sur les Turcs.

XVe siècle

Dégradation des relations entre la Valachie et la Turquie sous le règne de Vlad III, mieux connu sous le nom de « l'Empaleur » (Vlad ţepeş).

- **1415 >** Mircea Cel Bătrân, voïvode de Valachie, est contraint de reconnaître la souveraineté ottomane.

XVIe siècle

- **1526 >** Défaite des Hongrois par les Turcs.
- **1541 >** La Transylvanie devient une principauté autonome sous la suzeraineté de l'Empire ottoman.
- **1552 >** Les Turcs étendent leur contrôle aux régions du Banat et Crişana.
- **1599 >** Après plusieurs victoires sur les troupes turques, Mihai Viteazu (Michel le Brave) est couronné prince de Transylvanie.

XVIIe siècle

- **1600 >** Viteazu (Michel le Brave) réunit les 3 principautés : Valachie, Transylvanie et Moldavie.
- **1601 >** Les Habsbourg reprennent la Transylvanie à Viteazu ; ce dernier est assassiné.
- **1688 >** La Diète de Transylvanie accepte la domination des Habsbourg.
- **1699 >** La Transylvanie passe officiellement sous la domination des Habsbourg.

XVIIIe siècle

- **1746-1749 >** Abolition du servage en Valachie puis en Moldavie.
- **1772 >** Les autorités valaques et moldaves proposent l'union de leurs provinces.
- **1775 >** La Moldavie souffre de nombreuses pertes territoriales après l'annexion de la Bucovine par l'Empire austro-hongrois.
- **1784-1785 >** Soulèvement des Roumains de Transylvanie menés par Horea, Cloşca et Crişan.

XIXe siècle

- **1812 >** Annexion, par le tsar de Russie, de la Bessarabie (partie de la Moldavie entre le Prut et le Dniestr).
- **1821-1829 >** Les provinces de Valachie et de Moldavie échappent à l'autorité ottomane.
- **1848 >** Année des révolutions roumaine et hongroise (rejet des empires).
- **1848 >** Les troupes russes et ottomanes pénètrent dans les principautés.
- **1849 >** Russes et Ottomans rétablissent l'ordre et contrôlent la politique locale.
- **1856 >** Fin de la guerre de Crimée. Le traité de Paris met fin aux protectorats russe et ottoman.
- **1859 >** Unification de la Valachie et de la Moldavie ; l'indépendance roumaine est effective.
- **1859-1866 >** Alexandru Ioan Cuza devient chef de l'Etat, Bucarest est capitale officielle. Cuza et Kogălniceanu distribuent les terres aux paysans.
- **13 juillet 1866 >** Adoption de la Constitution et du drapeau tricolore.
- **9 mai 1877 >** La Roumanie proclama son indépendance.
- **1877-1878 >** Le delta du Danube et la Dobrogea font partie de la Roumanie.
- **1880 >** L'indépendance roumaine est reconnue officiellement par la Grande-Bretagne, la France et l'Allemagne.
- **Mai 1881 >** Carol Ier de Prusse est couronné roi.

XXe siècle

- **1907 >** Importante révolte paysanne en Moldavie et Valachie. Répression violente.
- **1914 >** Décès de Carol Ier ; son neveu Ferdinand monte sur le trône. La Roumanie déclare sa neutralité dans le conflit mondial.
- **27 août 1916 >** La Roumanie, jusqu'alors neutre, déclare la guerre à la Hongrie et envahit la Transylvanie.
- **1er décembre 1918 >** La Grande Roumanie (union entre la Transylvanie et l'ancien Royaume de Roumanie) est proclamée à Alba Iulia. C'est devenu le jour de Fête nationale ou « jour de l'Union ».
- **24 décembre 1918 >** La Transylvanie est rattachée à la Roumanie ; à la fin de la guerre, la Bucovine, une partie du Banat et de la Bessarabie sont attribuées à la Roumanie.
- **1922 >** Le roi Ferdinand et sa femme Marie sont couronnés monarques de la nouvelle Roumanie.
- **1924 >** Le Parti communiste roumain est interdit.
- **1930 >** Carol II devient roi.
- **1933 >** Assassinat du Premier ministre Duca, qui ouvre la voie à une politique de terreur menée par Codreanu.
- **10 février 1938 >** En réponse au mouvement fasciste de Codreanu, Carol II établit une dictature royale ; tous les partis politiques sont interdits.
- **Juin 1940 >** La Roumanie cède la Bessarabie et la Bucovine du Nord à l'URSS, conformément aux clauses du pacte Molotov-Ribbentrop (pacte germano-soviétique).
- **Août 1940 >** La Roumanie cède la Transylvanie du Nord à la Hongrie.
- **Juin 1941 >** Sous l'impulsion d'Antonescu, formation d'une alliance avec les nazis ; la Roumanie récupère la Bessarabie ; des centaines de milliers de Juifs roumains sont déportés.
- **23 août 1944 >** Chute d'Antonescu ; la Roumanie passe du côté des Alliés et reprend le contrôle de la Transylvanie du Nord.
La Bessarabie et la Bucovine restent soviétiques.
- **1946 >** Victoire écrasante du BPD (Bloc des partis démocratiques dominés par les communistes) aux élections parlementaires.
- **1947 >** Le traité de Paris reconnaît la suprématie territoriale de l'URSS sur la Bucovine et la Bessarabie ; le roi Michel abdique et est exilé, la monarchie s'écroule, la République populaire est proclamée.
- **1948 >** Les communistes et les sociaux-démocrates s'unissent pour former le parti des travailleurs, rebaptisé Parti communiste roumain en 1965 ; création de la police secrète de sécurité (Securitate).
- **1949 >** Début de la collectivisation des terres.
- **19 mars 1965 >** Mort de Gheorghiu-Dej, premier secrétaire stalinien du parti des travailleurs ; Nicolae Ceaușescu lui succède.
- **1967-1975 >** La Roumanie est le seul pays du bloc de l'Est à rester neutre durant le conflit israélo-arabe et le seul pays du pacte de Varsovie à ne pas intervenir en Tchécoslovaquie ; les pays d'Europe occidentale saluent Ceaușescu pour son indépendance vis-à-vis de Moscou. Les dirigeants occidentaux se rendent nombreux à Bucarest pour soutenir Ceaușescu.

1974 > L'autoproclamé « président de Roumanie » se voit qualifié de « génie des Carpates ».

4 mars 1977 > Un tremblement de terre de magnitude 7,2 sur l'échelle de Richter tue 1 570 personnes dans la région de Bucarest.

1980-1989 > Le gouvernement appauvrit la population afin de s'acquitter de sa dette étrangère de 10 milliards de dollars ; le sucre, le café et le riz disparaissent des magasins, le pain et l'essence sont rationnés, la télévision censurée.

1982-1983 > Le pouvoir d'achat des Roumains baisse de 40 %.

25 juin 1984 > Le centre historique de Bucarest est rasé et nombre de ses monuments historiques sont détruits.

15 novembre 1987 > Trois personnes meurent lors d'émeutes à Brașov qui mettaient aux prises forces armées et travailleurs affamés. Ces derniers lancent des slogans en faveur de la perestroïka de Gorbatchev.

1988 > 13 000 villages sont rasés, leurs habitants étant réinstallés dans des « complexes urbains agro-industriels » ; la communauté internationale proteste, Ceaușescu est contraint de renoncer à son projet.

1989 > La dette est finalement remboursée. La Roumanie est condamnée par la Commission de l'ONU aux droits de l'homme.

Décembre 1989 > Premières manifestations anti-Ceaușescu à Timișoara. La révolte gagne tout le pays et devient révolution. Après un dernier discours, le couple Ceaușescu est conspué et s'enfuit. Rattrapés, tous deux sont jugés par un tribunal militaire et fusillés. Petre Roman est élu Premier ministre ; de nombreux dignitaires communistes conservent leur poste.

1990 > Iliescu est élu président ; de nombreuses manifestations antigouvernementales menées par les mineurs, relayées par les étudiants, sont violemment réprimées.

25 avril 1992 > Le roi Michel Ier revient en Roumanie.

27 septembre 1992 > Le parti de Iliescu gagne les élections parlementaires.

28 septembre 1993 > Admission de la Roumanie au Conseil de l'Europe.

26 juin 1994 > Partenariat avec l'OTAN pour le programme de paix.

1er février 1995 > L'Union européenne accorde à la Roumanie le statut de membre associé.

1996 > L'opposition centriste obtient la majorité aux élections parlementaires de novembre ; le chrétien démocrate et proréformiste Emil Constantinescu est élu président ;
Victor Ciorbea, désigné comme Premier ministre, forme un gouvernement de coalition incluant pour la première fois la Fédération démocratique hongroise.

30 mars 1998 > Un interminable conflit interne oblige Ciorbea à se retirer ; Radu Vasile, du Parti paysan, forme un nouveau gouvernement.

XXIe siècle

2000 > Ion Iliescu (parti social-démocrate) est élu président. Il nomme Adrian Nastase au poste de Premier ministre.

Décembre 2004 > Traian Băsescu (opposition de droite) est élu président.

1er janvier 2007 > Intégration de la Roumanie dans l'Union européenne.

19 avril 2007 > Suspension de Traian Băsescu par le vote du Parlement. Nicolae Vacaroiu (président du Sénat) est resté président par intérim durant 30 jours.

19 mai 2007 > Les Roumains ont massivement rejeté par référendum la tentative de destitution de Traian Băsescu.

6 décembre 2009 > Traian Basescu du parti démocrate-libéral (droite) est réélu président.

Février 2012 > Démission du gouvernement Emil Boc.

Automne 2012 > Prochaines élections législatives.

2014 > Élections présidentielles les 2 et 16 novembre.

Les grands scientifiques roumains

▸ **Henri Coandă (1886-1972).** Cet ingénieur roumain est l'inventeur de l'avion à réaction, qu'il a mis en marche pour la seule et unique fois en 1910. Ce prototype en bois, avec son réacteur à l'avant (!), s'écrasa contre un mur mais constitua une importante avancée scientifique. En 2004, l'aéroport international de Bucarest (ex-Otopeni) fut rebaptisé à son nom. Coandă compte à son actif 250 autres inventions.

▸ **Hermann Oberth (1894-1989).** Né le 25 juin 1894 à Sibiu, il vécut la majeure partie de son existence en Allemagne, pays dont il avait la nationalité. Oberth est considéré comme l'un des pionniers de l'astronautique moderne, notamment pour ses travaux relatifs à la conception des fusées. Ses idées étaient très en avance pour l'époque. Son ouvrage intitulé *La Fusée dans l'espace interplanétaire*, où il explique comment celle-ci peut échapper aux lois de la gravité terrestre, lui valut l'approbation de la communauté scientifique internationale. Le 7 mai 1931, la première fusée de sa conception fut propulsée d'une base située non loin de Berlin.

▸ **Emil Racoviţă (1868-1947).** Cet éminent scientifique est le fondateur du premier Institut de spéléologie du monde (*voir encadré dans le chapitre « Transylvanie et Carpates », partie « Cluj »*).

Le régime communiste

Peu nombreux avant la guerre, les communistes remportent les élections de 1946, lors d'un scrutin jugé douteux. Le régime communiste est instauré en Roumanie à la fin de 1947, avec la déposition du roi Michel. La monarchie est remplacée par la République populaire de Roumanie. Commence alors une violente vague de répressions à l'égard des intellectuels, des représentants de l'ancienne démocratie et de tous les opposants, réels ou potentiels. C'est l'époque des terribles prisons de Gherla, Aiud, Piteşti et Sighetu Marmaţiei, dans lesquelles sont mis en pratique d'atroces programmes de rééducation. Dans le même temps, l'économie s'organise selon le modèle socialiste : les terres sont collectivisées et l'économie planifiée. On s'efforce de « délatiniser » la langue, de rebaptiser des rues ou des villes (Braşov devint Oraşul Stalin, « Stalineville »). Finalement, après la mort de Staline en 1953, les dirigeants communistes roumains commencent à s'éloigner de la ligne imposée par Moscou au début des années 1960.

Ainsi, en 1958, on rebaptise quelques rues de noms plus roumains et, sous l'impulsion de Gheorghe Gheorghiu-Dej, secrétaire général du Parti communiste (1948-1965), le pays se dote d'une politique étrangère propre. En 1965, après le décès de Dej, Nicolae Ceauşescu, son bras droit, parvient au pouvoir. Refusant d'appuyer militairement l'URSS lors de son intervention face au printemps de Prague en 1968, il reçoit le soutien des dirigeants occidentaux. Ceauşescu accueille nombre d'entre eux à Bucarest (de Gaulle, Nixon, Wilson, Brandt…) et se déplace lui-même dans toute l'Europe et aux États-Unis. La presse d'État le surnomme alors « le génie des Carpates » tandis que la dette de la Roumanie augmente. En 1972, Ceauşescu annonce de nouvelles mesures visant à augmenter la productivité. Il veut à tout prix assurer l'autarcie du pays, dans tous les domaines. Il met en pratique ses projets de systématisation (réduire la différence entre villes et campagnes) et d'homogénéisation (éliminer les minorités). Ces programmes auront des conséquences dramatiques. Ils provoqueront la disparition de centaines de villages traditionnels, en particulier ceux habités par des minorités, remplacés par des barres de béton.

Strada Ion Antonescu

Ainsi nommées en l'honneur du dirigeant fasciste du milieu du XXe siècle, les rues Antonescu sont l'objet d'incessants débats. Les ultranationalistes entendent à tout prix conserver aux rues cette appellation. D'autres, conscients des horreurs commises sous ce régime ou seulement soucieux de soigner l'image du pays à l'étranger, souhaitent leur donner un autre nom. Ces débats montrent en tout cas à quel point cette période de l'histoire du pays divise et met mal à l'aise l'opinion publique.

Nicolae Ceaușescu, « le génie des Carpates »

Secrétaire général du Parti communiste de Roumanie entre 1965 et 1989, Ceaușescu a connu une renommée de dimension internationale. On raconte qu'il a accédé au pouvoir alors qu'il n'avait reçu aucune formation et qu'il était à peine capable d'écrire son propre nom. Les sept premières années de sa direction sont sans histoire et même plutôt bénéfiques pour le pays. On le considérait à l'étranger comme un bon dirigeant, qui allait conduire la Roumanie à la modernité.
En 1968, il obtient le soutien de la communauté internationale, qui salue le courage du seul dirigeant communiste refusant de condamner la révolution démocratique de Prague en n'envoyant aucun char contre la capitale tchécoslovaque. À cette époque, de nombreux dirigeants occidentaux défilent à Bucarest pour l'encourager à poursuivre, en pleine guerre froide, cette politique de détachement par rapport à Moscou. C'est à la même époque que la presse roumaine le surnomme « génie des Carpates ». Il est même décoré par la reine d'Angleterre pour s'être élevé contre l'invasion de l'Afghanistan en 1979 par les troupes soviétiques et pour avoir laissé son pays participer aux Jeux olympiques de Los Angeles en 1984. Parallèlement pourtant, il dévoile sa vraie nature de dirigeant autocratique et sans pitié. La police secrète (la Securitate) a perpétré un grand nombre d'exécutions et exercé une véritable terreur sur la population. Ces procédés de surveillance ont été, il y a quelques années à Bucarest, l'objet d'une exposition au nom évocateur : *« Și tu ai fost urmărit »* (« Toi aussi tu as été suivi »). Les rassemblements spontanés étaient impossibles, les villes n'étaient pas éclairées la nuit, les rayons des magasins restaient vides, le courrier et les correspondances téléphoniques étaient surveillés et l'avortement rigoureusement interdit. Le régime a détruit un nombre incalculable d'églises et de villages traditionnels, la situation économique s'est dégradée et la population a été précipitée dans la plus grande misère, tandis que son chef continuait à mener une vie de grand luxe (villas innombrables, propriétés de chasse) et à conduire des projets démentiels (à Bucarest ou sur le chantier du canal Danube-mer Noire, dont la construction avait déjà causé des milliers de morts entre 1949 et 1953). Le symbole de sa mégalomanie demeure aujourd'hui le Centre civique de Bucarest, au milieu duquel trône l'immense Maison du peuple (aujourd'hui palais du Parlement). Pour les bâtir, Ceaușescu a fait détruire une grande partie du centre historique de la capitale, en déplaçant des populations et en rayant de la carte un patrimoine inestimable.
Ces projets concernant Bucarest sont interrompus en 1989, à la suite des soulèvements qui gagnent toute la Roumanie. Ceaușescu et sa femme Elena (qui a énormément influencé la politique de son mari) doivent s'enfuir de la capitale après un dernier discours. L'image du dictateur, pour la première fois hué par la foule, demeure indélébile dans la mémoire de tous les Roumains. Le couple est arrêté et jugé à la hâte par un tribunal militaire, puis fusillé. Les images de l'exécution, à Târgoviște, du secrétaire général et de sa femme ont été diffusées sur les petits écrans du monde entier.

Ces mesures choqueront vivement à l'étranger, mais Ceaușescu est toujours au pouvoir et reçoit l'aide financière des États-Unis après l'accord de 1975.
Les années 1980 seront terribles pour le peuple roumain. La Roumanie se lance dans le remboursement de son immense dette extérieure. Une politique d'austérité particulièrement sévère est mise en place. L'économie est entièrement tournée vers la production de masse destinée à l'exportation, alors que plus rien n'est importé. Les cadences de travail sont augmentées, l'approvisionnement des magasins est considérablement réduit, les rémunérations aussi. Le pouvoir d'achat des Roumains baisse à cette époque de 40 %. Répondant à cette misère, les premières grèves éclatent à la fin des années 1980.

La révolution de 1989

Le culte de la personnalité de Nicolae Ceaușescu et de son épouse Elena est à son comble. Il a rasé le centre historique de Bucarest et ruiné le pays pour satisfaire sa mégalomanie en construisant le Centre civique, dont la gigantesque et ironiquement nommée « Maison du peuple » fait partie.
Au même moment, en URSS, la perestroïka est en marche et le peuple roumain y voit un espoir.

Le couple Ceauşescu : mégalomanie et culte de la personnalité

La seconde moitié du gouvernement du couple Ceauşescu est marquée par de vastes campagnes de propagande pour amener le peuple à vénérer et admirer le couple leader, les *tovarăşi* (camarades) Ceauşescu.

L'arrivée des nouveaux médias, de la télévision en particulier, a constitué un tournant décisif. L'image du camarade Nicolae n'est plus seulement une icône accrochée au mur, on le voit désormais à l'écran... mais pas n'importe comment. Tout d'abord, le dictateur obligeait les cameramen à le filmer d'un seul côté.

Ce profil était invariablement utilisé pour les grandes affiches et autres représentations. Ses problèmes d'élocution étaient atténués par l'emploi de phrases courtes, entrecoupées de longues séances d'applaudissements. Le vaste stade national était également réquisitionné pour des activités qui n'avaient rien à voir avec le sport. On y donnait d'immenses spectacles de masse où enfants ou adultes exécutaient des figures collectives colorées, dont les thèmes étaient la grandeur de la Roumanie, de son économie, de ses leaders. Gerbes de blé, puits de pétrole, braves et valeureux ouvriers et paysans, héros historiques remis au goût du jour (Michel le Brave, Étienne le Grand, pourtant dénigrés quelques années auparavant par le pouvoir communiste) étaient les figures favorites.

Ces animations occupaient une grande partie du programme télévisé. Le petit écran montrait quotidiennement le secrétaire général du Parti visitant des usines modèles, des marchés et des magasins aux rayons bien pleins (parfois de produits factices). Lors de ses déplacements, les enfants des écoles se postaient le long de la route, attendant parfois des heures pour avoir l'honneur d'exprimer toute leur gratitude au grand homme.

Les ouvriers choisis pour serrer la main de Ceauşescu lors des visites d'usines étaient manucurés et sélectionnés, non pas pour leur mérite, mais pour leur taille inférieure à celle du chef de l'État (pourtant lui-même de petite taille).

La télévision montrait aussi Ceauşescu lors de ses rencontres avec les grands de ce monde, qui le traitaient en égal. Les visites de Charles de Gaulle ou de présidents américains à Bucarest étaient largement couvertes. Quant à la visite du leader roumain à Londres, avec reine, carrosse et tapis rouge, elle constituera longtemps une grande fierté pour tout le pays. Les Roumains ne savaient pas que cette visite n'était qu'un leurre. En effet, jamais la Roumanie n'a eu les moyens de payer les avions que les Anglais espéraient lui vendre. Ceauşescu n'avait alors (et c'est ce qu'il proposa) que des navets et des machines agricoles à troquer... Durant les années 1980, la mégalomanie de Ceauşescu atteignit son apogée lorsqu'il détruisit une partie du centre de Bucarest, qu'il qualifiait de « village de Gitans », pour édifier, en ruinant le pays, de vastes immeubles aux façades luxueuses mais – miracle de la planification ! – parfois dépourvus d'eau, d'électricité et de toilettes individuelles.

Le rôle d'Elena Ceauşescu, épouse de Nicolae, est désormais connu. Son pouvoir était certain, son opinion influençait considérablement celle de son mari. Comme ce dernier, elle se devait de présenter une image parfaite, irréprochable. Alors qu'elle avait en réalité quitté l'école à 14 ans, les médias, contrôlés, et l'appareil de propagande en firent (textuellement) « une grande scientifique de renommée internationale qui mène la Roumanie vers l'idéal communiste ». À la télévision, dans les journaux, on la voyait inaugurer des usines, s'entretenir avec les plus grands scientifiques du monde, recevoir des médailles et distinctions pour ses inventions (sur les polymères...). Toutes les avancées scientifiques qui étaient le fruit du travail des chercheurs locaux lui furent ainsi attribuées.

Le 16 décembre 1989, des manifestations éclatent à Timișoara, après l'arrestation du pasteur László Tőkés accusé de critiquer publiquement Ceaușescu. Les manifestations sont violemment réprimées, mais la révolution apparaît comme inévitable (fomentée de l'extérieur, selon certains).
Le 21 décembre, ce qui paraissait jusqu'alors inimaginable arrive : Ceaușescu est conspué à Bucarest par ceux qui devaient l'acclamer. Il apparaît sur les écrans de télévision, brièvement, car l'image est coupée ; il est déjà trop tard et le peuple a eu le temps de le voir. Ceaușescu tente de fuir avec sa femme, mais ils sont arrêtés le lendemain. Ils sont brièvement jugés, puis exécutés à Târgoviște, le jour de Noël. La veille, la révolution a été proclamée victorieuse et tout un monde s'écroule, celui bâti par les quarante-deux années du pouvoir communiste.

Démocratie et désillusions

Au lendemain de la révolution, de nombreux anciens dirigeants ont gardé leur poste. En mai 1990, Ion Iliescu est élu président. Exaspérés par le retour des « éléphants » du régime précédent, les étudiants grondent. Iliescu envoie les mineurs de la vallée du Jiu mater dans le sang cette rébellion.
Peu à peu cependant, des partis démocratiques se développent et une Constitution est votée et promulguée en novembre 1991. La Roumanie renoue ses contacts internationaux avec le Conseil de l'Europe, l'OTAN. On réapprend la démocratie, la liberté d'expression (croissance exponentielle du nombre de radios, télévisions et journaux privés). Cette dernière reste toutefois assez « maîtrisée » durant les années 1990. Le secteur privé connaît un développement continu depuis 1989.
Durant ces années, les Roumains réapprennent à se rencontrer, à avoir des initiatives, des rêves, mais les problèmes économiques et sociaux demeurent et, au début du XXIe siècle, la transition économique n'est pas achevée. Les laissés-pour-compte de l'économie de marché sont nombreux. Les rayons des magasins sont désormais pleins, mais tout le monde n'a pas les moyens d'en profiter. La corruption, le mal numéro 1, gangrène le pays en profondeur. La magouille, la triche s'installent comme une norme. Et pendant que l'ancienne *nomenklatura* s'enrichit grassement, pendant que ceux qui ont su tirer leur épingle du jeu constituent un noyau de nouveaux (très) riches, d'autres en viennent à regretter les décennies passées... ou se tournent vers les partis extrémistes comme celui de Vadim Tudor (România Mare – la Grande Roumanie), qui accuse le monde entier d'appauvrir, de ruiner la Roumanie, de comploter contre elle.

Les controverses d'une politique nouvelle

En décembre 2004, Traian Băsescu (Alliance Justice et Vérité : fusion du Parti national-libéral et du Parti démocrate) arrive au pouvoir en battant de justesse Adrian Năstase, Premier ministre sortant du gouvernement mené par Ion Iliescu et les ex-communistes du PSD. À l'image de la révolution ukrainienne, un immense espoir est né en Roumanie depuis cette élection. Beaucoup croient en Traian Băsescu, ancien maire de Bucarest, qui se veut le champion de la lutte contre la corruption et contre l'emprise des oligarques. Surnommé « Popeye » (pour son physique et son passé de marin), ce président atypique a immédiatement pris un grand nombre de mesures comme la spectaculaire entrée en vigueur d'un impôt unique à 16 % pour les entreprises comme pour les particuliers.
Outre sa croisade contre la corruption, Băsescu a commencé une « décommunisation », condamnant les crimes perpétrés sous le défunt régime et autorisant l'ouverture des archives de la Securitate, la police politique de Ceaușescu. Malheureusement, après quelques mois, ses détracteurs dont Călin Popescu-Tăriceanu, son Premier ministre (jadis son allié), lui reprochent de ne pas avoir voulu organiser d'élections législatives anticipées et l'accusent d'être un ami d'hommes d'affaires enrichis de manière douteuse. Ses adversaires le dénoncent comme un personnage assoiffé de pouvoir. Ainsi, par l'accentuation des querelles entre d'un côté le chef de l'État soutenu par deux partis et de l'autre la majorité des députés, le Parlement décide de suspendre le président de ses fonctions le 23 avril 2007 pour abus de pouvoir. Mais, à la suite de cela, la population doit se prononcer par référendum sur la destitution du président ; elle s'y est massivement opposée.
En novembre 2009, le président propose un référendum concernant la réduction du nombre des parlementaires et le passage à un Parlement unicaméral. La population répond par l'affirmative à l'écrasante majorité. Aux élections de décembre 2009, Băsescu est réélu pour un deuxième mandat.

Sous son mandat se présente la double difficulté d'affronter la crise financière et européenne et de se conformer aux exigences économiques et politiques qu'ont entraîné l'adhésion à l'UE. Le président Băsescu se retrouve controversé notamment face aux mesures d'austérité budgétaire mises en place par le gouvernement de son premier ministre Emil Boc. Ce dernier doit démissionner le 6 février 2012, suite à une importante mobilisation contre l'impopulaire plan de rigueur introduit en 2011. À la veille des élections législatives, le parti démocrate-libéral doit affronter un important problème d'impopularité.

L'intégration de la Roumanie dans l'Union européenne

Après avoir rejoint l'OTAN en 2002, le pays a adhéré à l'Union européenne le 1er janvier 2007. Surveillée, encouragée et accompagnée par la Commission européenne, la Roumanie a dû répondre à un ensemble d'objectifs pour être « accueillie » au sein de la famille européenne. Il a fallu que le pays accomplisse d'importantes modifications économiques et sociales pour être « dans les temps ». Concrètement, de nombreux bouleversements ont été opérés dans les secteurs agricole et judiciaire, dans la réorganisation administrative, la dépolitisation des institutions, la lutte contre les discriminations des minorités (notamment les Roms), la lutte contre le crime organisé, la corruption, la santé, la protection de l'enfance et la liberté d'expression.

Tous ces domaines ont été améliorés mais les progrès à réaliser sont encore nombreux. Enfin, depuis le 1er janvier 2014, le marché du travail européen s'est ouvert aux Roumains qui peuvent travailler dans les autres pays de l'UE désormais sans restrictions.

Politique et économie

POLITIQUE

Structure étatique

Système politique

Selon la Constitution de 1991, la Roumanie est une république parlementaire. Le pouvoir exécutif est exercé par le gouvernement, dirigé par un Premier ministre nommé par le président de la République et accepté par le Parlement. Le président de la République est élu au suffrage universel pour un mandat de cinq ans (deux mandats au maximum). Le pouvoir législatif est exercé par un Parlement bicaméral – Chambre des députés et Sénat.

Le Parlement

Le Parlement est, conformément à la Constitution, l'organe représentatif suprême du peuple roumain et l'unique institution législative du pays. Les minorités nationales (ethniques) y sont toutes représentées.

Les lieux du pouvoir

Bucarest est la capitale et donc le centre politique et administratif du pays. On y trouve le siège de la présidence – le palais de Cotroceni – à l'ouest de la ville, mais aussi le siège du gouvernement – le palais Victoriei (sur la place du même nom). Le Parlement se réunit désormais au palais du Parlement, l'ancienne Maison du peuple voulue par Ceaușescu. Une grande partie des ministères se trouve dans ses environs.

Symboles nationaux

La Constitution de 1991 (la septième du pays) distingue trois symboles nationaux : le drapeau tricolore, la fête nationale et l'hymne national.

Le drapeau

Le drapeau tricolore bleu (cobalt) – jaune (chrome) – rouge (vermillon) est apparu pour la première fois en 1848. Il s'inspire, comme dans beaucoup d'autres États, du drapeau tricolore français né après la révolution de 1789. Il rassemble les couleurs de la Moldavie (bleu et rouge) et de la Valachie (jaune et rouge). Au cours de l'histoire, ces trois couleurs furent disposées verticalement, puis horizontalement, de diverses dimensions, avant de trouver la disposition verticale définitive en 1867. Ce symbole est important et fêté chaque année lors du jour du Drapeau. En novembre 2002, la Commission de révision de la Constitution a décidé que l'emblème de la Roumanie serait ajouté sur le jaune du drapeau, avant de changer d'avis.

Les armoiries

Les premières armes du pays furent créées en 1863, après l'union avec la Moldavie. La version actuelle date de 1992 et combine deux projets proposés par des héraldistes locaux. Elle représente une aigle croisée d'or tenant dans son bec une croix et dans ses serres un sceptre (emblème de Mihail Viteazul – Michel le Brave) et une épée (emblème de Ștefan cel Mare – Étienne le Grand). L'aigle symbolise la latinité, la puissance, mais aussi « le nid des Basarab », noyau autour duquel s'est formée la Valachie.

Elle porte un blason développant les emblèmes des différentes grandes provinces historiques : la Valachie (aigle dorée sur fond azur), la Moldavie (l'aurochs, l'étoile d'or à cinq branches, la lune et la rose à cinq pétales), l'Olténie et le Banat (pont d'or à deux arcs rappelant Trajan et lion d'or portant un glaive), la Transylvanie, le Maramureș et la Crișana (aigle noire, soleil, croissant d'argent et sept tours) et la Dobroudja (deux dauphins).

Durant la période communiste, dès 1947, les armes placées sur le jaune du drapeau représentaient les richesses naturelles et énergétiques du pays. Des gerbes de blé entouraient forêts, montagnes et puits de pétrole, le tout illuminé par un soleil radieux et surmonté par l'étoile rouge. On se souvient que cet emblème fut arraché durant la révolution de 1989, laissant un trou, symbole de la rupture par la force avec le régime précédent.

L'aurochs du blason moldave

L'aurochs est depuis fort longtemps l'emblème de la principauté de Moldavie. On retrouve la tête de l'animal sur le blason moldave, à l'entrée des églises et des monastères (à Sfântul Ioan cel Nou de Suceava, par exemple).
Cette figure animale a été choisie, semble-t-il, en référence à la légende du prince Dragoș, qui aurait pourchassé un aurochs géant depuis l'actuelle Pologne jusqu'en Moldavie. Après l'avoir finalement acculé à une large rivière, il le tue après un combat final qui dure de l'aube au crépuscule.
La durée de ce combat est symbolisée sur le blason par le soleil et la lune qui entourent la tête de l'aurochs. Son chien Molda est mort pendant le combat, en se noyant dans la rivière. Dragoș nomme alors la rivière Moldova, qui deviendra le nom de la principauté.

L'hymne national

Le texte a été écrit par le poète Andrei Mureșanu (1816-1863) pendant les événements de 1848, sous le titre de *L'Écho*. Mis en musique par Anton Pann (1796-1854), il est baptisé *Éveille-toi, Roumain !* et joué pour la première fois le 29 juin 1848. Symbolisant le réveil et l'espoir après des années d'oppression, ce chant a été entendu dès les premiers jours de la révolution de 1989. Il est d'ailleurs entonné, depuis sa création, à chaque période difficile que traverse le pays. Les communistes l'avaient interdit en 1947. En 1990, le peuple le choisit immédiatement et logiquement comme hymne national.
L'air de *Deșteaptă-te, Române !* est fier et mélancolique (presque fragile) à la fois. C'est l'un de ces hymnes dont la mélodie « colle » vraiment bien à son pays, comme c'est le cas pour les hymnes russe, écossais, italien ou encore *La Marseillaise*. Les paroles, comme tous les textes patriotiques, évoquent les racines romaines, les héros historiques (Michel le Brave, Étienne le Grand et Mathias Corvin) et le christianisme.

La fête nationale

La fête nationale a lieu le 1er décembre, en souvenir du rattachement de la Transylvanie permettant la réunion de tous les Roumains au sein d'une « Grande Roumanie » en 1918. Elle fut proclamée à Alba Iulia et acclamée par 150 000 personnes. Le 1er décembre est devenu le jour de fête nationale juste après la révolution de 1989.

ÉCONOMIE

L'intégration de la Roumanie dans l'Union européenne depuis 2007 est un grand pas en avant pour l'économie du pays. Attendue avec impatience par les villes et entreprises dynamiques, cette intégration est synonyme de libre-échange, de partenariats et d'investissements plus nombreux. La croissance est encourageante et prouve le fort potentiel du pays, les indicateurs économiques en témoignent. Alors que les villes « moteurs » comme Cluj, Timișoara ou Bucarest assistent à une réelle « révolution économique », certaines villes ou certains secteurs comme l'agriculture vont avoir encore beaucoup de mal à se reconvertir et à s'adapter à la nouvelle conjoncture.

Malgré des progrès considérables, la Roumanie n'a pas encore effacé tous les stigmates du régime communiste : inflation, corruption, augmentation de l'écart entre riches et pauvres restent des problèmes majeurs à régler.

La Roumanie est fortement touchée par la crise économique et financière mondiale depuis 2008. Le gouvernement a adopté un sérieux plan de rigueur consistant à réduire de 25 % les salaires et de 15 % les retraites en 2010. La population est très réticente face à cette mesure, d'autant plus que cette dernière concerne indifféremment tous les salaires, qu'ils soient de 150 ou de 1 000 €.

Ressources naturelles

Elles sont l'une des forces du pays. Les reliefs et les sols sont variés et les terres sont fertiles. Certes, les réserves de pétrole autour de Ploiești et ailleurs s'épuisent. Mais avant que l'on ne découvre du pétrole dans la mer du Nord, la Roumanie était fière, depuis cent vingt ans, d'être le second producteur de pétrole européen (loin derrière la Russie) et l'un des tout premiers producteurs de gaz.

Le pays possède bien d'autres ressources, comme le gaz naturel, l'argent, le charbon ou le sel. L'hydroélectricité est une autre force : les barrages sur les rivières et lacs des Carpates permettent d'assurer 37 % des besoins en électricité (fuel 53 %, nucléaire 10 %). Enfin, les forêts fournissent une importante quantité de bois de construction dont une majorité est exportée.

Agriculture

L'agriculture et la sylviculture représentent aujourd'hui 6,5 % du produit national brut. La Roumanie est le pays le plus rural d'Europe. En effet, 46 % de la population vit en milieu rural. Mais il est surtout question d'autosuffisance. Et c'est là qu'est le problème.

Les terres arables, l'une des plus importantes richesses du pays, représentent 43 % du territoire. On y produit blé, maïs, betterave à sucre, pommes de terre, tournesol, raisins, œufs, ovins. Toutefois, si 28 % des actifs travaillent dans ce secteur, l'agriculture produit moins de 6,5 % des richesses !

Grande force du pays dans l'entre-deux-guerres, ce secteur a été ruiné par la collectivisation. Durant ces années sous le régime communiste, on a épuisé la terre (fertilisants, surexploitation) pour exporter un maximum de denrées.

La corruption, un problème de société

C'est le plus profond des maux dont souffre le pays. La Roumanie se classe dans ce domaine au 66e rang mondial (sur 174), le même que des pays comme l'Arabie saoudite, le Brésil ou le Lesotho.

Depuis son adhésion à l'Union européenne, le pays se doit de continuer à combattre ce mal. Mais la tâche est énorme, car le phénomène est bien ancré dans les mentalités, et ce à tous les niveaux.

La plus préoccupante et dramatique corruption est celle qui touche les citoyens *lambda* au quotidien, celle qui est tellement courante, tellement ancienne qu'elle apparaît comme normale. On paye « un peu plus » pour un bon médecin, pour un bon traitement, pour un diplôme, pour un bon poste, pour un jugement plus clément ou pour une amende plus raisonnable...

Après 1989, 8 millions d'hectares de terres agricoles, soit 80 % de la superficie agricole du pays, ont été restitués aux anciens propriétaires ou à leurs héritiers. Cette redistribution, un découpage en près de 4 millions de parcelles, a de nouveau totalement changé la donne, pour la deuxième fois en un siècle. De vastes espaces aux cultures dirigées, on est passé à de minuscules parcelles où l'on produit avant tout pour son propre usage et pour sa famille. Si ces terres cultivées permettent à de nombreuses familles d'assurer leur autosuffisance en nourriture, l'économie agricole du pays n'en retire en revanche aucun bénéfice. Et la Roumanie ne produit plus grand-chose à grande échelle. Néanmoins, les choses évoluent de nouveau. De vastes terres sont rachetées, parfois par des sociétés étrangères, pour produire des denrées propres à la consommation locale et à l'exportation. Et cette nouvelle réforme de l'agriculture est un des grands défis à venir. Car cette considérable richesse naturelle, à laquelle s'ajoute le bien connu savoir-faire du paysan roumain, est un des atouts principaux du pays. Un des secteurs les plus prometteurs est celui de la viticulture. La Roumanie, jadis 5e producteur de vin du monde, est tombée au 13e rang avec l'arrivée sur le marché du Chili, de l'Argentine, de l'Australie, etc. Le pays s'adapte peu à peu aux standards internationaux et se lance dans des campagnes de promotion de ses vins.

Industrie

L'industrie représente aujourd'hui 38,3 % du produit national brut, la construction 7 %. L'industrialisation forcée durant la période communiste entraîna une migration massive de la population vers les zones industrielles. On centralisait la production : une ville pour la chimie, une ville pour le charbon, etc. D'immenses conglomérats ont été construits. Galați, Copșa Mică, Hunedoara, Reșița et bien d'autres sites devinrent des villes-usines à fonction unique. Certains des conglomérats non rentables ont fermé après la révolution, laissant les villes et leurs habitants sans activité et sans ressources. Après 1989, le manque de compétitivité des produits roumains sur les marchés occidentaux rendit nécessaire une réorganisation totale de l'industrie, d'où des besoins très importants en hommes et en matériel.

Actuellement, les privatisations continuent. Les interventions des investisseurs étrangers

ont permis l'ouverture de nouvelles usines : l'usine d'automobiles Daewoo (aujourd'hui Chevrolet) à Craiova, la participation renforcée de Renault dans l'usine Dacia de Piteşti, les nombreuses usines de textile (sous-traitance essentiellement), de matériel informatique (Timişoara), mais aussi Coca-Cola, Shell, Bouygues, Nestlé ou British American Tobacco et bien d'autres. Dans les secteurs en développement, on pourra noter les secteurs agroalimentaires et pharmaceutiques.
Les privatisations et l'arrivée des étrangers ont provoqué des bouleversements dans les méthodes et conditions de travail, mais pas forcément de hausse des salaires. De plus, la sécurité de l'emploi des ouvriers n'est plus assurée. Le changement s'effectue donc aussi dans les mentalités. Il ne suffit plus d'aller au travail pour gagner sa vie, il faut conserver sa place, prendre des initiatives, choses auxquelles la population n'était plus habituée.

Services

Les services représentent aujourd'hui 51,7 % du produit national brut. Ce chiffre, bas comparé aux autres pays d'Europe occidentale, est en constante augmentation. Le secteur bancaire, bientôt totalement privatisé, le tourisme, l'informatique devraient peu à peu engager de plus en plus de personnel. De nombreux jeunes Roumains sont bien formés, parlent plusieurs langues et sont avides de réussir dans ces domaines. Toutefois, la tentation de l'étranger et de ses hauts salaires reste forte. Les enseignants et les médecins, deux professions pourtant prestigieuses et essentielles au bon fonctionnement du pays, sont encore payés à peine plus que des ouvriers d'usine. Leur niveau d'études n'est pas valorisé et beaucoup préfèrent se tourner vers d'autres secteurs ou vendre leur savoir-faire à l'étranger.

Commerce

Après 1989, le plus problématique pour la Roumanie a été de retrouver des partenaires commerciaux. Durant le régime communiste, 80 % des exportations partaient vers les pays amis. Mais tout change dans les années 1990 et la participation de la Roumanie aux échanges internationaux à une plus grande échelle est de plus en plus importante. Ainsi, entre 1992 et 2007, les échanges avec l'Union européenne ont beaucoup augmenté.
À titre indicatif, en 2006, plus de 60 % des échanges ont été réalisés avec l'Union européenne. Parmi les pays qui investissent le plus en Roumanie figurent l'Allemagne, l'Italie et la France.
Depuis son entrée dans l'UE, la Roumanie harmonise ses industries et ses institutions publiques avec les normes européennes, en offrant de belles opportunités aux entrepreneurs français. Le pays réalise en 2009 73 % de son commerce avec des pays de l'UE. En 2009, la France est le 3e partenaire commercial (export + import) de la Roumanie, derrière l'Allemagne et l'Italie. Les exportations roumaines vers la France n'ont chuté que de 8,4 % entre 2008 et 2009, contre une baisse de 19,3 % des exports roumains dans leur ensemble. La France reste ainsi le 3e pays client de la Roumanie.

Place du tourisme

Le potentiel touristique du pays est énorme, nul besoin de le décrire ici : tout le guide y est consacré. Cependant, c'est le tourisme d'affaires (de 60 à 70 % des revenus actuels du tourisme) qui s'est le plus développé suite à l'entrée dans l'UE. L'évolution du tourisme de loisirs, en revanche, dépend notamment de l'amélioration des infrastructures de transport. Malgré une campagne de promotion intéressante avec des slogans accrocheurs, il reste encore beaucoup à faire dans ce domaine. Néanmoins, la multiplication des possibilités de logement, la diversité des restaurants et la mise en place de labels de qualité sont en train de créer les conditions nécessaires à l'essor du tourisme d'agrément. Le développement du tourisme culturel et de l'écotourisme en particulier laissent espérer un avenir prometteur pour cette destination qui reste encore à des prix abordables.

Le tourisme vert

De plus en plus d'agences proposent au touriste des activités « vertes » : randonnées, VTT, observation de la vie sauvage et des oiseaux, spéléologie, canyoning, escalade. Les nombreuses réserves naturelles de Roumanie comprennnent des zones accessibles aux visiteurs et des sentiers balisés pour les randonneurs. Quel que soit le circuit proposé, dans les monts Retezat, Ceahlău, Rodnei, Apuseni, Piatra Craiului, Bucegi ou dans le delta du Danube, on aura l'occasion de découvrir une faune et une flore riches et des paysages surprenants. Les passionés de nature y trouveront leur bonheur.

Et puisqu'on est en Roumanie, pays fortement attaché à ses espaces ruraux, parlons aussi agrotourisme ! Dans les villages, ce sont les travaux agricoles et les fêtes religieuses qui marquent le rythme de la vie. En été, vous y verrez souvent des charrettes tirées par les chevaux qui emmènent le paysan pressé à travailler son champ. Pour conserver ces valeurs, on a créé l'Association nationale du tourisme rural, écologique et culturel (Antrec, www.antrec.ro). Les intéressés pourront réserver des chambres dans les gîtes ruraux membres de cette association qui proposent des prestations de qualité dans des maisons à caractère rustique.

Le tourisme médical

Depuis quelques années, il existe en Roumanie de luxueuses cliniques pour la chirurgie esthétique et dentaire. Avec un matériel à la pointe de la technologie et des docteurs formés pour la plupart en France et en Italie, il est désormais possible de se faire poser une couronne dentaire ou des implants de silicone pour trois fois moins cher qu'en Europe de l'Ouest. Certaines agences de voyages proposent même des packages comprenant des soins, de l'entretien corporel et des visites touristiques pour combiner l'utile à l'agréable.

Une économie en pleine restructuration

Avant la Seconde Guerre mondiale

L'« histoire » de l'économie moderne de la Roumanie commence au XIXe siècle. Jusqu'à la Seconde Guerre mondiale, le pays progresse et prospère rapidement. Les terres fertiles sont petit à petit exploitées à grande échelle et rentabilisées. Les ressources du sol sont extraites et transformées dans des usines modernes. Dans les années 1920 et 1930, les firmes de construction mécanique, de textile et l'industrie du bâtiment se portent très bien. Le pays se modernise, on construit des routes, des ponts, des voies de chemin de fer. À l'aube de la Seconde Guerre mondiale, le niveau de vie y est largement supérieur à celui de la Grèce ou du Portugal, par exemple.

L'ère communiste

Dès la fin de la Seconde Guerre mondiale, les communistes accèdent aux commandes de l'État. L'économie est radicalement transformée et organisée selon le modèle socialiste. Les industries, les banques, les transports, les mines, tout est nationalisé. L'agriculture est collectivisée. Le pouvoir hypercentralisé devient le seul décideur des grandes lignes du programme. Ceaușescu est obsédé par l'autarcie. Il veut que tout, bateaux, locomotives, médicaments, meubles, soit produit en Roumanie. Les pays occidentaux qui soutiennent Ceaușescu, en tant que trublion d'Europe de l'Est, aident le pays à coups de prêts massifs. Aux grandes heures de sa mégalomanie, on s'intéresse peu à la production d'articles de consommation courants, aux infrastructures. L'heure est à l'hyperindustrialisation, au développement d'immenses complexes sidérurgiques. À cette époque, la Roumanie produit une quantité d'acier phénoménale. Les sols sont surexploités, fertilisés chimiquement, pour produire un maximum de denrées qui, comme les produits des usines, sont tout d'abord destinées à l'exportation, à l'entrée de devises et non aux besoins de la population. Car Ceaușescu tient avant tout à rembourser sa dette (envers les pays qui l'ont aidé), à tout prix et au plus vite. Pour s'en acquitter, il choisit de ruiner le pays, d'affamer la population, d'exporter tout ce qu'il est possible d'exporter, sans rien importer. Le résultat de ces années est une économie déséquilibrée et complètement inadaptée. En 1989, après la révolution, la Roumanie connaît un retard considérable sur le reste de l'Europe, pays de l'Est compris.

Depuis 1989

L'effondrement du communisme est suivi d'un vaste mouvement de privatisations favorisant l'évolution vers l'économie de marché. Parallèlement, on restitue les terres, on vend les appartements, etc. Cette nouvelle politique nécessitait une mise en retrait de l'État, le retour à la libre concurrence et à l'initiative privée, des données presque oubliées depuis quarante-cinq ans. Mais cette réorientation nécessitait des moyens financiers que le pays ruiné n'avait pas. Le seul moyen de s'en sortir était d'attirer les investissements étrangers.

Du leu au nouveau leu

Le nom de la monnaie roumaine, *leu* (*lei* au pluriel), signifie « lion ». Elle est ainsi appelée en référence à une monnaie d'argent, le löwentaler, frappée aux Pays-Bas au XVIe siècle et ornée d'un lion. Cette monnaie circula dans les provinces de l'actuelle Roumanie jusqu'au XVIIe siècle et devint ensuite la monnaie de référence locale. Le leu est divisé en 100 bani (un mot qui veut dire « argent »). Du fait de l'inflation galopante des années 1990, les bani ont peu à peu disparu. Et durant ces mêmes années, on est rapidement passé de billets de 20 à 500 lei, à des billets de 1 000 à 500 000 lei ! En 2004, on a même vu apparaître le billet de 1 million de lei... Cependant, sa durée de vie aura été bien courte. Depuis le 1er juillet 2005, la Roumanie s'est en effet débarrassée de tous ces zéros qui encombraient sa monnaie, comme l'avait fait la Turquie quelques mois auparavant. Les raisons en sont avant tout pratiques : le leu est ainsi plus facile à convertir et apparaît plus « sérieux » sur la scène internationale. Le nouveau leu est donc né, et quatre zéros sont passés à la trappe. Les billets verts de 10 000 lei sont devenus des billets de 1 leu, les rouges de 100 000 lei sont devenus ceux de 10 lei. Les autorités ont eu la bonne idée de garder aux nouveaux lei la couleur et le dessin des anciens, afin de favoriser leur adoption par la population. La disparition des zéros marque aussi le retour des bani. Ces derniers retrouvent de la valeur et réapparaissent dans le langage courant, dont ils n'avaient d'ailleurs pas disparu (à l'image de nos anciens francs).

La Roumanie devrait rejoindre la zone euro à l'horizon 2015, mais suite à l'impact de la crise économique, un retard de deux ans peut être envisageable.

Le gouvernement entra donc en négociation avec les principales institutions financières internationales (FMI, Banque mondiale...) et encouragea l'investissement étranger en offrant de nombreux avantages en matière de taxes et d'amortissement.

Ces investissements sont aujourd'hui le moteur principal de la renaissance économique nationale. Les pays ayant le plus investi en Roumanie durant les années 1990 et au début de notre siècle furent l'Italie, l'Allemagne, les Pays-Bas, la Corée du Sud (une gigantesque usine automobile Daewoo à Craiova, aujourd'hui reprise par l'américain Chevrolet) et la France (Alcatel, Renault, par exemple). En 2004, la Roumanie a ainsi attiré 2 milliards d'euros d'investissements, le plus important étant le rachat de la firme pétrolière Petrom par l'autrichien OMV. D'autres secteurs, comme la distribution du gaz, ont été confiés à des sociétés françaises et allemandes. De nombreuses firmes occidentales (textile et mécanique surtout) délocalisent leur production en Roumanie pour profiter du bas coût de la main-d'œuvre.

Emplois et niveau de vie

La population active regroupe plus de 9,33 millions de personnes. Parmi elles, 33 % sont employées dans l'industrie et 39 % dans les services (dont le commerce). La part de la population qui travaille dans l'agriculture (28 %) est très élevée à l'échelle européenne. Enfin, environ 6 millions de personnes sont à la retraite. Suite à des mesures de restructuration de la main-d'œuvre, le taux de chômage s'est établi à 7,3 % en 2013, alors qu'il n'était que de 4,4 % en 2008, avant la crise !

Pour une relance de l'emploi comme celle-ci, le gouvernement a fourni des aides aux entreprises pour les inciter à engager des jeunes sortant du lycée ou des chômeurs de plus de 45 ans. L'État a également favorisé la création de petites entreprises dans les régions ou les villes les plus sinistrées (en général, des ex-pôles industriels à vocation unique). Aussi, une structure nouvelle a été mise en place, qui s'occupe à la fois de la protection sociale et de la création d'emplois. L'inflation, pourtant en baisse, est un véritable problème quotidien pour nombre de Roumains : alors que, par exemple, les prix des appartements à Bucarest se sont envolés, le niveau de vie n'augmente pas vraiment. En Roumanie, le salaire moyen net n'est que de 400 € par mois environ. Certaines professions demandant un haut niveau de qualification (professeurs, médecins) sont peu rémunératrices. Les secteurs d'avenir comme l'informatique rapportent également peu et bon nombre de personnes qualifiées dans ce domaine sont recherchées par les compagnies occidentales pour la main-d'œuvre bon marché qu'elles représentent.

Dublin, place forte européenne de ce secteur, a ainsi vu l'arrivée de nombreux informaticiens roumains. Cependant, depuis le début du siècle, on observe une hausse de la consommation. Car certains ont su s'adapter rapidement au capitalisme. À Bucarest, banques (aujourd'hui presque toutes privatisées) et sociétés d'immobilier, d'assurances, de télécommunication se sont rapidement multipliées, donnant naissance à une classe aisée dont le niveau de vie n'a rien à voir avec celui de la plupart des Roumains. Certaines régions s'en sortent mieux que d'autres. Bucarest demeure l'une des capitales les moins chères d'Europe mais ressemble, par endroits, à n'importe quelle autre ville du continent. Des villes comme Sibiu, Cluj et, surtout Timișoara profitent de leur situation géographique, de leurs liens historiques avec l'Europe de l'Ouest et connaissent un vrai boom économique.

À Timișoara, 6 500 entreprises étrangères se sont implantées, la ville s'embellit. Et ce, grâce à l'arrivée de nombreux investisseurs qu'on a su recevoir, à une main-d'œuvre qualifiée et bon marché (pour les firmes occidentales) et à proximité de l'Europe centrale. D'autres régions, en revanche, sont à la traîne. Nombre de grands centres industriels à vocation unique ont fermé après 1989. Les ouvriers se sont retrouvés au chômage, sans aucun emploi en vue. Les régions très rurales souffrent également. La Moldavie est la plus touchée et beaucoup de jeunes de la région partent pour Bucarest, l'ouest du pays ou à l'étranger. Dernier fait notable : l'importance de la population émigrée, partie travailler à l'étranger et notamment dans l'Union européenne. En 2004, ces Roumains expatriés ont envoyé en Roumanie près de 3 milliards d'euros d'économies. Soit 1 milliard de plus que les investissements étrangers !

Potentiel économique

Le potentiel économique de la Roumanie est de nature à couvrir de manière adéquate les besoins de ses habitants, tout en participant activement aux échanges internationaux.

Ce potentiel inclut la main-d'œuvre, de plus en plus adaptée aux exigences de qualification de l'économie moderne, les richesses naturelles précédemment évoquées et aussi une situation géographique intéressante. La mer Noire est une zone économique en développement et le Danube est une voie de navigation majeure (Galați est le premier port fluvial roumain) dont l'utilisation doit être améliorée.

Il convient aussi d'accompagner la transformation des mentalités locales : les Roumains retrouvent petit à petit l'esprit d'initiative pour faire décoller leur pays.

Population

LES ROUMAINS

Les Roumains aiment à se définir comme les descendants des Daces et des Romains. L'héritage de ces ancêtres est resté particulièrement fort et vivant dans le pays. La preuve en est la conservation d'une langue à forte dominante latine, malgré l'éloignement du foyer d'origine qu'est Rome (alors que le latin ne s'est pas maintenu dans d'autres régions balkaniques). Des Daces, il demeure quelques mots et expressions dans la langue roumaine, mais aussi des croyances, des danses, des jeux de masques…

L'art folklorique traditionnel reste marqué par des motifs daces, comme le soleil, la spirale. Les costumes eux-mêmes sont, dans certains endroits, demeurés identiques. Il en est ainsi des braies, chaussures ou chemises représentées sur les fresques du monument à Trajan d'Adamclisi. L'héritage romain est encore plus marqué, bien que la présence romaine ait duré moins de deux cents ans. Et c'est l'héritage linguistique qui est le plus important, évidemment.

Aujourd'hui, comme dans beaucoup d'autres pays, on regarde en arrière, on recherche ses origines. Les origines daces et romaines sont les plus flatteuses et donc les plus reconnues et les plus utilisées. Le nom de Dacia (nom latin et roumain pour la Dacie) a été donné à la marque d'automobile nationale. Des alcools ou autres produits et de nombreux hôtels, restaurants et rues portent le nom de rois daces.

À cette unité issue d'un héritage culturel et linguistique s'ajoute l'unité religieuse (85 % de la population est orthodoxe), qui a remplacé l'unité plus artificielle forgée par le communisme.

LES MINORITÉS

En Roumanie, les minorités sont reconnues par la Constitution (un statut qu'elles n'ont pas en France). Entre autres conséquences, chaque minorité reconnue (il y en a 17) possède un représentant au Parlement et certaines écoles et universités enseignent dans les langues minoritaires. Les Roumains ont toujours été majoritaires au sud du pays, en Valachie. Mais la Transylvanie, terre de nombreux conflits, est depuis longtemps un territoire multiethnique.

C'est en Transylvanie que se sont établis les Hongrois et les Allemands, les deux minorités historiques principales. En 2009, la communauté allemande de Roumanie découvrait avec joie que la romancière Herta Müller, originaire de Nițchidorf, près de Timișoara, avait décroché le prix Nobel de littérature pour l'ensemble de son œuvre.

Ces noms de famille « déroumanisés »

En France, au début du XXe siècle, la mode était à la « déroumanisation » des noms de famille des Roumains célèbres. De nombreux artistes roumains qui remportaient des succès en Europe perdaient leur *escu* (« fils de ») caractéristique et le remplaçaient par un *esco*. L'explication est simple : *cu* se prononce « cou » en roumain mais, hélas, « cu » en français, ce qui n'est pas considéré comme élégant.

Ainsi, le célèbre hôtel Negresco à Nice, sur la côte d'Azur, a été fondé en 1912 par le Roumain Henri Negrescu, un fils d'aubergiste qui quitte très tôt la Roumanie pour aller travailler en Europe. Son nom déroumanisé est synonyme de luxe dans le monde entier. C'est le cas également pour l'auteur Eugène Ionesco (Ionescu) ou le musicien Georges Enesco (Enescu). Le prénom était parfois aussi transformé. Quant au sculpteur Brâncuși, son nom avec un *s* (et non un *ș*) se prononce « zi » en français (et non « ch » comme il devrait l'être en gardant le *ș*). Cette petite virgule perdue lui vaut d'être bien souvent pris pour un Italien…

Présentation du kurtos colasc : pâtisserie cuite au feu de bois préparée par les femmes du village.

La minorité juive comptait 800 000 personnes au début du XXe siècle. Elle est, avec la minorité allemande, celle qui a connu la plus importante baisse de population. Compte tenu de l'importance de cette communauté dans le passé, les relations avec Israël restent étroites. Ainsi, le nombre de travailleurs roumains travaillant sur les chantiers israéliens est important. À Bucarest, vous pourrez visiter le musée d'Histoire juive, mais aussi des synagogues et des cimetières un peu partout dans le pays (Bucarest, Iași, Oradea, Timișoara, Brașov, etc.).

Une autre communauté est représentée par les Roms ou Tsiganes. La Roumanie est le pays d'Europe qui compte le plus de Roms. Partis d'Inde du Nord dès le Ve siècle, les Roms arrivent sur le territoire de l'actuelle Roumanie au XIVe siècle, après avoir traversé le Bosphore et la Bulgarie. Une autre partie d'entre eux a continué vers l'Afrique et l'Égypte (d'où le nom de *gypsies* en anglais).

Parmi les autres minorités, on notera celle des Lipovènes. Originaire de Russie, qu'elle a quittée au XVIIIe siècle pour fuir les persécutions religieuses, cette population, qui a parfois gardé sa langue slave, se concentre au nord de la Moldavie et surtout dans la Dobroudja (delta et littoral).
Les Lipovènes représentent ainsi 7 % de la population du département de Tulcea et 13 % de la population du delta, où ils ont pour habitude de peindre leurs maisons en bleu (villages de Mila 23, Sfântu Gheorghe ou Periprava). Ils occupent également le village côtier de 2 Mai, au sud de Mangalia.

Dans cette même région, on constate une présence assez importante turque et tatare : 23 000 personnes. Dans le département de Constanța, 3,5 % de la population est d'origine turque. C'est la région de Roumanie la plus riche en mosquées, dont celles, importantes, de Constanța et de Babadag.

Parmi les autres communautés, figurent aussi les Ukrainiens (24 % de la population du delta), les Aroumains, les Macédoniens, les Grecs, les Bulgares (près de la mer Noire), les Serbes (arrivés dans le Banat aux XVIIIe et XIXe siècles), les Croates, les Arméniens (jadis nombreux en Moldavie et Transylvanie, ils ont quitté le pays durant le communisme ; ils seraient encore 5 000) et les Slovaques (colons arrivés dans le Banat après le départ des Turcs).

Mode de vie

VIE SOCIALE

Le baptême (Botez)

En Roumanie, le baptême est quasi systématique. On choisit à l'enfant des parrains (*nași*). La cérémonie elle-même se déroule en général assez vite (quelques semaines) après la naissance. L'enfant, nu, est entièrement plongé dans l'eau bénite par le pope.

Le mariage traditionnel (Căsătorie, Nuntă)

La religion orthodoxe instaure des périodes de l'année durant lesquelles on ne peut pas se marier (six semaines avant Pâques et Noël et autour de la Sainte-Marie, notamment). Lors de la cérémonie, le couple des mariés s'arrête devant l'autel. On entonne des prières, on chante, et les garçons d'honneur font passer une couronne au-dessus de la tête des mariés. À la fin de la cérémonie, le couple partage trois fois une petite coupe de vin, symbole de l'union. Après quoi, le pope prend les mariés par la main et leur fait faire trois fois le tour de l'autel, parcours qui symbolise l'éternité. Les époux, désormais officiels, vont ensuite embrasser l'iconostase. Les invités se pressent alors pour les féliciter. Pendant le repas, on sacrifie à une tradition qui n'a, elle, rien de religieux. On kidnappe la mariée et l'on demande une rançon à son époux : il peut s'agir de boisson ou d'autre chose. Le repas s'accompagne en général de musique traditionnelle. On n'offre pas de cadeaux aux mariés mais de l'argent. Chaque région a ses propres traditions qui viennent agrémenter la cérémonie du mariage : cortège somptueux dans la vallée de Bărgău, fanfares en Moldavie, etc.

L'enterrement (Înmormântare)

Durant les trois jours suivant le décès, le défunt est déposé à son domicile, pour que parents et amis viennent se recueillir. Lors de l'enterrement, le cercueil est habituellement transporté dans tout le village, pour un dernier « au revoir ». Le cercueil est ensuite porté à l'église, puis au cimetière. Après l'enterrement, on organise une *pomană*, repas où figurent le riz pilaf à la poule et les *sarmale*, sauf en cas de période de jeûne. Toute la famille et les amis y participent. Le pope est souvent présent et choyé. Plusieurs autres *pomeni* sont organisées par la suite, en mémoire du mort : 45 jours après l'enterrement, 6 mois après, puis tous les ans.

Habitat rural

Le village (sat)

Malgré l'exode rural et l'urbanisation forcée ou « naturelle », le village reste toujours l'âme de la société et de la culture populaire roumaine. La Roumanie est un des pays les plus ruraux d'Europe. Environ 47 % de la population vit en dehors des villes, un chiffre énorme comparé à ceux des pays d'Europe de l'Ouest. On assiste même, depuis quelques années, à un retour vers les villages. Des citadins, insatisfaits des conditions de vie en ville ou chassés par le chômage, se replient vers les campagnes où, au moins, on peut cultiver un lopin de terre pour sa propre consommation. L'économie de la plupart des villages repose sur l'agriculture, l'élevage, la sylviculture, la pêche.

On ne connaît presque pas ici de cas « d'usine à la campagne », comme c'est le cas dans certaines régions de France (les Mauges, autour de Cholet par exemple) ou en République tchèque. De nombreux citadins entretiennent encore des liens forts avec leur village d'origine (ou celui de leurs parents ou grands-parents). On s'y rend pour les fêtes, pour les vacances parfois, pour pique-niquer. On y apprécie les traditions, costumes, chants, encore préservés. La maison familiale, le jardin sont des espaces rassurants. Le quotidien à la campagne semble plus séduisant aux habitants des blocs urbains, pourtant les conditions de vie n'y sont pas forcément idylliques.

De nombreux villages de régions reculées ou non sont à peine reliés au réseau électrique ou routier, n'ont parfois pas d'eau courante ni d'égouts. Le puits à l'entrée de la maison, les toilettes au fond du jardin près de l'enclos au cochon, etc., ne sont pas que des images d'Épinal en Roumanie.

Orphelins

Plus de 600 orphelinats où 150 000 enfants ont été abandonnés existent aujourd'hui en Roumanie. C'est le pays européen où le nombre d'enfants abandonnés est le plus élevé. Cela est dû en grande partie à la politique nataliste forcenée de Ceaușescu, qui avait notamment rendu la contraception illégale. La situation des orphelins s'est légèrement améliorée ces derniers temps grâce aux différents programmes soutenus par l'Union européenne. Ces dernières années, on apporte constamment des modifications à la loi des adoptions qui devra faciliter les démarches administratives et le temps d'attente pour les parents et qui rendra plus souples les conditions d'adoption pour les Roumains vivant à l'étranger.

Un savoir-faire ancestral

En parcourant les différentes régions du pays ou, plus simplement, en visitant le musée du Village de Bucarest (ou ceux de Sibiu, Cluj, Târgu Jiu, Sighetu Marmației), vous pourrez constater l'extraordinaire diversité des habitats ruraux.
Selon la région, le relief ou l'environnement, on utilise différemment les trois matériaux de base : bois, pierre et terre. Le bois est particulièrement valorisé dans le Maramureș, région forestière. On le sculpte, on le cisèle pour décorer les façades, les portes, les portails et les pignons des maisons et des églises. Les motifs sont souvent animaliers ou floraux. Les tuiles sont en bois. Les portails de bois sculpté sont remarquables, parfois monumentaux dans la Harghita et autres régions de Transylvanie ou des Carpates. Les barrières en bois, souvent peintes, qui entourent les maisons et jardins sont typiques de nombreux villages roumains. La pierre, taillée, est utilisée dans de nombreuses régions. En Transylvanie, au Moyen Âge, les Allemands ont apporté leur savoir-faire en la matière et ont édifié de remarquables églises, parfois fortifiées. Les maisons sont en pierre, recouvertes de chaux et peintes de couleurs parfois vives. De vastes portails, arrondis et colorés, marquent l'entrée de la cour intérieure. Les villages autour de Sibiu évoquent nettement les bourgades allemandes. En Moldavie, les murs des maisons sont également enduits de chaux et parfois vivement colorés. En Bucovine, bois et pierre se mêlent, et là encore on peint sa maison pour égayer le paysage. Dans certaines régions, on utilise également les végétaux. Dans le delta, où la concentration de roseaux est une des plus importantes au monde, on se sert des tiges pour fabriquer des toitures. Les Lipovènes, habitants d'origine russe, nombreux dans cette région, peignent souvent leurs maisons en bleu. Dans les Apuseni, certaines maisons plus anciennes sont coiffées de hauts et épais toits de chaume.

Le cheval et la cariole demeurent un moyen de transport très courant dans les petites villes de Roumanie.

RELIGION

Une population très majoritairement orthodoxe

▶ **95,7 %** des Roumains affirment être croyants, ce qui les classe donc dans ce domaine au premier rang en Europe.

▶ **87 %** de la population se déclare orthodoxe. L'Église orthodoxe et l'Église catholique romaine sont séparées depuis 1054.

▶ **Les catholiques** seraient 6 % (roumains ou hongrois), dont la majorité se trouve en Transylvanie. Les protestants représentent 7 % et sont allemands (luthériens) ou hongrois (calvinistes). Enfin, il existe également les gréco-catholiques (1 %), les musulmans (0,3 %) et les juifs (0,1 %). Les gréco-catholiques sont nombreux dans le Maramureș.

▶ **Les musulmans** sont en majorité turcs et se concentrent le long du littoral et à Bucarest. La population juive, qui était de 800 000 au début du XXe siècle, ne compte plus que 11 000 membres aujourd'hui.

Le boom religieux de l'après-Ceaușescu

Sous le régime communiste, toute religion était théoriquement interdite. On constate que l'effondrement du communisme a eu des « conséquences religieuses » différentes selon les pays. Si les Tchèques sont devenus la population la plus athée du continent, les Polonais et les Roumains sont retournés dans les églises. En effet, une grande partie de la population participe aux différentes fêtes du calendrier, respecte les jeûnes et se rend souvent à l'église. Les principales fêtes religieuses (Pâques et Noël) comptent parmi les moments les plus importants de l'année.

Quant aux rites religieux, ils sont encore très préservés et ils accompagnent toutes les étapes de l'existence des Roumains : la naissance, le baptême (ne pas être baptisé en Roumanie est extrêmement rare), le mariage (la quasi-totalité des mariages sont religieux), la mort.

Noël (Crăciun)

À Noël et la veille du nouvel an, les enfants vont de maison en maison en chantant des cantiques traditionnels (*Sorcova*, *Plugușorul*). Dans certaines régions, ces chants sont accompagnés de danses et les gens portent parfois des masques (en particulier au nord du pays). Chanté par les enfants, *Moș Crăciun* peut se traduire par « père Noël ». Sous le communisme, le mot *Crăciun*, jugé trop religieux, fut banni du vocabulaire et le père Noël rebaptisé *Moș Gerilă* (« le père du Gel »). Les enfants sont récompensés par de l'argent ou des gâteaux.

Nouvel an

Comme partout en Europe, la nouvelle année est célébrée durant la nuit dans tout le pays. On boit beaucoup, on se rassemble sur les grandes places des villes malgré le froid, et chacun tire de petits feux d'artifice individuels depuis sa cour ou le toit de son immeuble. Le ciel de Bucarest s'enflamme alors de milliers de petites étincelles colorées. Dans les campagnes, certaines personnes déambulent dans les maisons, déguisées en portant souvent des masques. Le jour du nouvel an, les enfants font la tournée des maisons, en répandant des grains de blé ou de riz et en offrant leurs vœux de bonne santé, de prospérité, de longue vie, etc., aux habitants. Autre tradition locale, celle de frapper (mais tout doucement) les passants avec la *sorcova*, une petite baguette ornée de rubans.

Pâques (Paște)

C'est la fête religieuse la plus importante.

▶ **Le jeûne traditionnel** débute sept semaines avant le jour de Pâques. Les cérémonies suivent ensuite plusieurs étapes.

▶ **Le jeudi.** La journée est dédiée à la mémoire des morts. C'est alors que l'on commence à colorer les œufs.

▶ **Le vendredi.** Ce jour-là, il convient de respecter un jeûne total. Le vinaigre est en particulier à éviter (parce qu'il en a été versé sur les blessures du Christ).

Le samedi. On prépare les différents plats typiques de Pâques : l'agneau, qui a une place de choix sur la table de fête, la *pască* (brioche au fromage) et le *cozonac* (gâteau traditionnel). À minuit, tout le monde se rend à l'église avec une bougie pour « prendre la lumière » qui a été « rapportée » de Jérusalem. Le pope tient une grande bougie. Chacun y allume la sienne, puis la rapporte chez soi pour allumer la chandelle devant l'icône (présente dans chaque maison). Quand le pope sort de l'église avec sa bougie, il annonce « Hristos a înviat » (Christ est ressuscité). Tout le monde lui répond « Adevărat a înviat » (En vérité, il est ressuscité) et tous font trois fois le tour de l'église. Cette formule sera répétée jusqu'au matin et remplacera même les formules habituelles de politesse pendant plusieurs jours.

Le dimanche. On se lave le visage dans l'eau où avait trempé un œuf teint en rouge. Les joues se colorent : signe de santé. On s'installe pour le repas traditionnel. Lors de ce repas, la tradition veut que l'on entrechoque son œuf avec celui du voisin et, si l'œuf ne se casse pas, il apporte chance et bonheur à son propriétaire.

Le lundi. Jour de nouveau consacré aux morts et où l'on pratique l'aumône.

Les jeûnes (Post)

Outre celui de Pâques, d'autres jeûnes sont pratiqués au cours de l'année : avant Noël et avant la Sainte-Marie. Ces périodes parfois longues et très suivies, notamment par les personnes âgées, obligent à s'adapter « côté cuisine ».
C'est pourquoi les livres de recettes locales regorgent de préparations adaptées aux jeûnes. Ainsi, le riz remplace la viande dans les *sarmale* et des préparations de soja complètent les menus.

Fêter les saints (sfânti)

Plusieurs saints importants sont fêtés au cours de l'année. Ainsi, *sfânt* Vasile (saint Basile), Sf. Ion (saint Jean), Sf. Gheorghe (saint Georges), les saints empereurs Constantin et Elena (Constantin le Grand et Hélène), Sf. Petru și Pavel (saints Pierre et Paul), Sfa. Maria, Sf. Dumitru, Sf. Mihail și Gavril (saints Michel et Gabriel), Sf. Nicolae (saint Nicolas), Sf. Ștefan (saint Étienne). Ces jours-là, on félicite les personnes qui portent le prénom de l'un de ces saints et on leur offre des cadeaux. Le jour de la Saint-Jean, de tradition plus ancienne, a des accents païens. On allume de grands feux et les jeunes filles tressent des couronnes de fleurs qu'elles lancent par-dessus les toits. Celles dont les couronnes s'accrochent aux cheminées se marieront dans l'année…

Lieux de culte orthodoxes

Les églises et les monastères orthodoxes sont innombrables en Roumanie. Il y en aurait plus de 12 500, dont 230 à Bucarest.
Ces lieux font partie des attractions touristiques majeures. Parmi les plus importants, on citera les monastères peints de Bucovine, les églises en bois du Maramureș, le monastère de Curtea de Argeș ou encore le patriarcat de Bucarest. Certains sont imposants, comme la cathédrale de Timișoara ; discrets, comme les nombreuses petites églises de campagne ou de quartier ; voire invisibles, comme les églises rupestres. Le touriste étranger est souvent intéressé par la découverte de l'architecture des lieux de culte orthodoxe et des rites.
Ces églises sont souvent très sombres, mais il suffit d'un rayon de soleil bien placé pour qu'elles s'éclairent d'un seul coup. Les murs sont souvent colorés et surchargés.
Les icônes, les dorures, les tapis et les peintures font grande impression. En particulier, l'iconostase. Cette cloison dont les portes sont interdites aux femmes est généralement richement ornée. Si on a la curiosité d'assister à une messe (souvent longue), on se rendra compte à quel point l'iconostase ajoute du mystère à la cérémonie. En effet, le prêtre officie parfois derrière l'iconostase ; un autre en sort, etc. On est aussi frappé par le grand nombre de cierges, particulièrement à Noël, où l'on fait la queue pour acheter puis allumer le sien. Cette luminosité artificielle crée une ambiance très particulière. Et l'encens, abondamment utilisé, a un effet quasi envoûtant.

Autres lieux de culte

Le visiteur pourra admirer en Roumanie de nombreux lieux de culte autres qu'orthodoxes. La Transylvanie et le Banat comptent de nombreuses et somptueuses églises protestantes et catholiques. L'église Noire, luthérienne, de Brașov est l'une des plus remarquables. La cathédrale évangélique de Sebeș, méconnue, mérite également une halte, tout comme les cathédrales catholiques de Timișoara, d'Alba Iulia ou d'Oradea. À Bucarest et à Gherla, se trouvent deux églises arméniennes de grandes dimensions.
Les plus belles mosquées sont celles de Babadag et de Constanța. Les synagogues sont, quant à elles, présentes dans tout le pays (Bucarest, Iași, Brașov, Timișoara, Oradea, Sighetu Matmației, Constanța, etc.), mais bon nombre d'entre elles sont aujourd'hui fermées.

Arts et culture

ARCHITECTURE

Architecture locale, influences byzantines et occidentales

Au cours du Moyen Âge, le pays subit, bien qu'à des niveaux très différents, l'influence des courants occidentaux et byzantins.

C'est de cette époque que datent les réalisations les plus spectaculaires de l'architecture populaire : église en bois du Maramureș, des Apuseni, monastères, manoirs princiers... En Transylvanie, les matériaux et techniques utilisés à l'ouest de l'Europe sont rapidement adaptés. Ainsi, l'église Noire de Brașov ou le château de Hunedoara seront inspirés du style gothique. En Moldavie, où ils sont assimilés à l'architecture locale (et ses influences byzantines), les influences étrangères sont donc moins visibles. Il en va de même en Valachie, où l'architecture locale s'inspire largement du style byzantin et ignore les courants occidentaux (le monastère de Curtea de Argeș, par exemple).

À partir du XVe siècle, on assiste à l'émergence du style moldave, à travers les innombrables monastères construits sous les princes Étienne le Grand (Ștefan cel Mare, mort en 1504) puis Petru Rareș (mort en 1546). Le style moldave combine à merveille l'architecture locale, les éléments gothiques et la structure byzantine. Couvertes de riches peintures, les façades de ces monastères sont vraiment exceptionnelles.

Le style brâncovan

Au XVIIe siècle, on construit toujours autant de monastères, mais on bâtit également des demeures princières, des châteaux. La Renaissance italienne inspire les architectes locaux. C'est à cette époque qu'apparaît le style brâncovan, du nom du prince bâtisseur Constantin Brâncoveanu (1664-1714). Ce style s'inspire largement de l'architecture traditionnelle locale et y mêle des éléments vénitiens et orientaux. Le palais de Mogoșoaia en est un très bel exemple.

En route vers le XXe siècle

À l'aube du XVIIIe siècle, les villes s'agrandissent et on construit plus de bâtiments résidentiels ou administratifs que de complexes religieux. Le style baroque domine largement en Transylvanie, comme en témoigne le palais Brukenthal de Sibiu. Au XIXe siècle, les bâtiments classiques et romantiques font leur apparition. Toutefois, les révoltes locales, les sursauts de nationalisme et l'union du pays favorisent le retour au goût du jour de l'architecture traditionnelle. Parallèlement, la Roumanie, fascinée par la France, reprend les styles éclectiques ou classiques en vogue à Paris, comme le montre par exemple l'Athénée roumain de Bucarest. Les bâtiments modernistes et fonctionnalistes font leur apparition dans le centre de Bucarest : le building Tehnoimport est un remarquable exemple d'architecture moderniste, typique des années 1930, dont Marcel Iancu et Horia Creangă étaient les précurseurs en Roumanie. Le cinéma Patria (ex-immeuble ARO), sur le boulevard Magheru, en est un autre bel exemple.

Le patrimoine roumain en danger

La Roumanie dispose d'une richesse culturelle exceptionnelle. De nombreux monuments historiques sont présents dans tout le pays : sites archéologiques millénaires, cités antiques ou médiévales, palais, châteaux. Pour beaucoup, leur valeur est inestimable. Malgré les trop rares initiatives locales et les programmes internationaux de valorisation du patrimoine encore balbutiants, la liste des monuments historiques à rénover est encore longue. Trop souvent, on préfère laisser des bâtiments centenaires se dégrader pour en construire de nouveaux. Même si l'argent est le problème majeur, cela vient également de l'indifférence des autorités locales.

Sites de Roumanie inscrits sur la liste du patrimoine mondial de l'Unesco

- **Le delta du Danube** (1991).
- **Les sites et églises fortifiées de Transylvanie :** Prejmer, Biertan, Câlnic, Viscri, Saschiz, Valea Viilor et Dârjiu (1993).
- **Le monastère de Horezu,** en Olténie (1993).
- **Les églises peintes de Bucovine :** Arbore, Humor, Moldovița, Pătrăuți, Probota, Suceava et Voroneț (1993).
- **Le centre historique de Sighişoara** (1999).
- **Les églises en bois du Maramureş :** Bârsana, Budești, Desești, Ieud Deal, Plopiș, Poienile Izei, Rogoz, Șurdești (1999).
- **Les forteresses daces des monts Orăştie,** vers Hunedoara (1999).

L'ère Ceauşescu

Accroissement voulu de la population, systématisation forcée : la période communiste sera marquée par l'édification de vastes quartiers de blocs d'habitation standardisés, par la construction de rigides centres civiques dans chaque préfecture, par la destruction de milliers de maisons anciennes et de villages traditionnels.
Les vieux centres de nombreuses villes disparaissent partiellement ou entièrement (Bucarest) au profit d'édifices administratifs monumentaux. Aujourd'hui, les villes roumaines ont bien du mal à se détacher de ce modèle. Certes, on y redécouvre le charme d'anciennes demeures, que l'on rénove. Mais le gros des investissements va surtout à la construction de prétentieuses tours de verre, sans charme ni originalité.

Architecture rurale

En parcourant les diverses régions du pays, on ne manquera pas de constater la richesse et la diversité de l'architecture populaire, concernant aussi bien l'habitat que les églises : variété des matériaux (bois, pierre, glaise...), des formes (bâtiments verticaux, horizontaux), présence de cours fermées ou non, de portails. Bien que les matériaux modernes soient venus remplacer les traditionnels, on voit encore dans les campagnes des maisons en branchages entrelacés et enduits d'argile, des toits de tuiles de bois, de chaume (seigle ou blé) plus ou moins hauts, de jonc (dans le delta). L'architecture est influencée par le climat, par les besoins économiques (élevage, viticulture...) et par les matériaux disponibles : le bois des forêts dans le Maramureș, les pierres des anciennes forteresses daces remployées pour les maisons et églises de Densuș ou Strei, la glaise dans les plaines, sans oublier les divers savoir-faire apportés par les envahisseurs successifs.
Pour apprécier cette diversité, si on n'a pas le temps de parcourir tout le pays, il est conseillé de visiter les musées du Village en plein air de Bucarest ou de Sibiu, par exemple, où sont reconstitués les différents types de maisons, églises et bâtiments ruraux.

ARTISANAT

L'artisanat et le folklore font partie des grandes richesses de la Roumanie. Lors de fêtes traditionnelles, on danse, on chante et on se vêt de la même manière depuis des siècles (ou presque). Il existe encore ici d'innombrables petits métiers, oubliés chez nous. On travaille le bois, la laine, on tisse, on sculpte, on brode, on peint. Ce patrimoine est tout à la fois préservé (il existe une chaîne télé spécialisée en musique et en danse) et en grand danger. Les vieux métiers souffrent de la modernisation. Les clients comme les artisans sont de moins en moins nombreux. Le tourisme peut contribuer à sauver ce patrimoine. À cet effet, lors de vos emplettes, nous vous conseillons de vous rendre chez les artisans, de visiter leurs ateliers, de les regarder travailler et de leur acheter directement les produits qui vous intéressent.

Bois

Les monumentaux portails en bois à l'entrée des maisons ne manquent pas d'impressionner les visiteurs du Maramureș, de Harghita, de Covasna ou de Gorj... Par leur magie, la moindre petite maison devient un palais. Certains sont finement sculptés et témoignent d'une longue tradition du travail du bois.

Le bois, qui ne manque pas dans ces régions, est aussi utilisé pour le mobilier (coffres, armoires, tables) mais également pour la fabrication des couverts, des récipients, des moules à fromage, des piliers sculptés et, bien sûr, les poutres du plafond ou les volets. Les motifs ciselés dans le bois sont les mêmes que sur la céramique (spirales, astres, fleurs, animaux, etc.).

Céramique

La tradition des objets en céramique remonte au néolithique.

Aujourd'hui, on les fabrique un peu partout dans le pays, mais plus particulièrement à Corund, Vama ou Horezu qui sont connus pour cette spécialité dont la fonction, jadis pratique, est aujourd'hui plutôt décorative.

Les artisans produisent plusieurs types de céramique : rouge émaillée, rouge non émaillée, polie ou non, mais aussi de la céramique noire.

Les motifs ornementaux aujourd'hui utilisés l'étaient déjà à l'époque des Daces, comme la spirale ou le soleil. Les motifs floraux ou animaux sont également très employés. À Horezu (à l'ouest de Râmnicu Vâlcea), au mois de juin, se tient la plus importante foire de céramique du pays, appelée *Cocoșul de Horezu* (le coq de Horezu).

Œufs peints

Cette tradition typique de Bucovine est très appréciée des touristes.

Peintures et icônes

Depuis le XVIIe siècle, les paysans roumains peignent des icônes sur le bois et le verre. Elles sont destinées à protéger les maisons. Les icônes sur verre (*icoane pe sticlă*) de Transylvanie sont particulièrement réputées (*voir encadré dans la partie « Transylvanie »*). Les représentations des scènes religieuses mêlées de croyances populaires et d'éléments du quotidien sont simples et naïves, ce qui fait leur charme. On peut voir ces icônes dans la plupart des musées du pays. Les deux collections d'icônes les plus réputées sont celles du village de Sibiel (près de Sibiu) et du monastère de Nicula (près de Gherla). Mais on en voit aussi de fort belles chez les habitants.

Vêtements traditionnels

En Roumanie, le costume populaire fait encore partie intégrante de la vie paysanne. Tissé par les femmes du village, le costume traditionnel est encore porté par bon nombre de personnes lors d'événements familiaux, religieux ou culturels. C'est dans les monts Apuseni, en Bucovine et dans le Maramureș que l'on peut en voir le plus souvent. La laine, le chanvre, le lin ou le coton sont les matières les plus utilisées, avec la fourrure (celle d'agneau qui sert pour les bonnets et chapeaux). Le noir etCinémaL'apparition du cinéma roumainEn 1896, les locaux du journal francophone *L'Indépendance roumaine* ont hébergé les premières projections cinématographiques des frères Lumière.

C'est en 1912 que Grigore Brezeanu signe par la suite le premier grand film roumain, *Indépendance de la Roumanie,* une évocation de la guerre de 1877-1878 contre les Turcs. Au cours des années 1930, le cinéma roumain connaît un développement significatif par la passion de certains amateurs en même temps que l'introduction de subventions de l'État qui accompagnera la création des premiers studios du pays ouverts à Bucarest et le début de la reconnaissance internationale.

Ainsi, au festival de Venise, dès 1939, le film roumain de Paul Călinescu *Țara Moților* (*Le Pays des Moți*) est récompensé en remportant le prix du meilleur documentaire.

Femme en costume traditionnel.

L'influence communiste

Durant la période communiste, l'État contrôle tout et injecte énormément d'argent dans l'industrie cinématographique. D'immenses studios sont ouverts au nord de Bucarest, à Buftea. On y tourne des films, des documentaires, des dessins animés (une grande spécialité roumaine), pour les besoins nationaux, pour la promotion du régime. Les films sont strictement contrôlés, voire censurés. Malgré tout, on en tourne un très grand nombre et, dès 1957, on crée les Archives nationales du film.

À la même époque, plus de 6 000 salles s'ouvrent à travers le pays, qui semble gagné par le virus du cinéma. De 1960 aux années 1980, les Roumains se précipitent en masse dans les salles. Le cinéma est bon marché et les films et documentaires sont plus intéressants que l'unique et soporifique chaîne de télévision locale. Des productions d'autres pays de l'Est sont importées pour compléter la programmation roumaine. Ce ne sont donc pas Walt Disney et les mangas qui ont fait rêver les enfants de Ceaușescu, mais les dessins animés locaux, tchèques (dessins animés ou films pour enfants comme *Arabella*), russes (*Le Loup et le Lapin*) ou polonais (*Lolek i Bolek*).

De nombreux films de l'époque de Ceaușescu s'inspirent des œuvres littéraires nationales et exaltent les héros roumains (fresques historiques). Le premier véritable succès international récompense une production de Liviu Ciulei, *Pădurea spânzuraților* (*La Forêt des pendus,* 1965), qui reçoit un prix à Cannes. Par la suite, d'autres films encore (dessins animés, documentaires) seront distingués à Cannes. L'un des réalisateurs les plus populaires sera Sergiu Nicolaescu, avec ses films d'action. Après 1989, le pays manque considérablement de moyens pour mettre sur bobine les idées de ses nombreux réalisateurs. De 28 longs métrages tournés en 1989, on est passé à 2 en 1998 ! Durant cette période, seuls deux films décrochent des prix internationaux : ceux de Dan Pița, *Hôtel de luxe* (1992), et de Lucian Pintilie, *Terminus Paradis* (1998), primés au festival de Venise. Les productions américaines arrivent vite et massivement et étouffent la production locale. Et la Roumanie devient un décor de tournages.

La Roumanie, terre de tournages

Grâce à ses deux plus grands studios, Castel Films à Snagov et Mediapro à Buftea (situés à proximité de Bucarest), la Roumanie attire depuis la fin des années 1990 d'innombrables tournages de films étrangers, dont certains très connus. En possession d'un immense stock de costumes et accessoires datant du régime communiste, ces studios disposent également d'une main-d'œuvre (acteurs, techniciens) bien formée et peu onéreuse. Désormais à Buftea, pour ne pas devenir un simple lieu de délocalisation pour grosses productions européennes et américaines, le studio espère produire de plus en plus de films roumains en pleine ascension.

Le cinéma roumain à son apogée

Depuis les années 2000, une nouvelle génération de jeunes réalisateurs roumains très prolifiques et très talentueux a fait son

Cultures et identités roumaines selon Tony Gatlif

Passionné par la Roumanie, surtout comme terre d'une riche culture rom en quelque sorte sœur de celle dont il est lui-même l'héritier (la culture manouche), le réalisateur français Tony Gatlif est allé chercher dans différents pays les avatars contrastés du peuple tsigane. Autour de cette quête, il crée dans ses films une atmosphère intimiste à travers les exubérances de ses personnages. En Roumanie, Gatlif est allé tourner *Gadjo Dilo* en 1998 avec Romain Duris, puis *Transylvania* en 2006 avec Asia Argento. Pour réaliser ces films, Tony Gatlif a sillonné le pays pour s'imprégner de ses traditions, de sa musique, de son folklore. Sensible au mélange des communautés qui existent dans le pays, en quête de l'âme du peuple tsigane, il choisit de suivre des personnages au fort tempérament. Dans des décors souvent reconnaissables, certaines scènes du film *Transylvania* étant tournées notamment à Sighișoara ou dans la région du Maramureș, les films de Tony Gatlif apportent une vision romanesque du pays et de la culture rom en particulier.

apparition. Emmenée par Cristi Puiu, cette génération a gagné le surnom de « Nouvelle Vague roumaine ». Dans des films souvent minimalistes, à l'humour noir très marqué, ces réalisateurs explorent les tourments de la société roumaine entrée de plain-pied dans le capitalisme, à travers l'histoire singulière de citoyens ordinaires.
Sous les feux des projecteurs lors du festival de Cannes en 2007, Cristian Mungiu a remporté la palme d'or pour son excellent film *4 mois, 3 semaines et 2 jours*, ouvrant la voie de la reconnaissance internationale. Ainsi, en 2009, le film de Corneliu Porumboiu *Polițist, adjectiv* (*Policier, adjectif*) est également primé à Cannes, celui de Călin Peter Netzer *Medalia de onoare* (*La Médaille d'honneur*) est récompensé à Thessalonique et à Turin avant de recevoir l'ours d'or de Berlin pour *Poziția copilului* (*Mère et fils*) en 2013. Comme disait Cristi Puiu, le réalisateur du film *La Mort de Dante Lazarescu*, « le cinéma roumain est en train de devenir quelque chose ». Depuis ces dernières années, le génie cinématographique roumain est reconnu et apprécié sur le plan international pour la qualité de ses films très souvent engagés.

Les derniers succès en date

▸ ***Terminus Paradis,*** de Lucian Pintilie (un réalisateur déjà célèbre dans les années 1970), qui a reçu le prix spécial du jury de Venise en 1998. Mais aussi son film *Un été inoubliable* (1993), histoire d'une garnison de frontière, inspirée d'une nouvelle de Petru Dumitriu, *La Salade*, avec Kristin Scott Thomas, Claudiu Bleonț, Olga Tudorache.

▸ ***Filantropica,*** de Nae Caranfil, 2002. Un énorme succès en Roumanie. Un film sur (entre autres) la vie de Bucarestois d'aujourd'hui et la manière dont une situation toute simple devient bien compliquée.

▸ ***La Mort de Dante Lazarescu,*** de Cristi Puiu, 2004-2005. Un film primé dans la sélection « Un certain regard » au festival de Cannes de 2005 et pour lequel la comédienne Luminița Gheorghiu a reçu le bayard d'or de meilleure actrice au festival de Namur en 2005.

▸ **Les films de Radu Mihăileanu** (*voir son portrait dans le chapitre « Enfants du pays »*). Ce réalisateur franco-roumain très en vue a été récompensé par de nombreux prix pour ses films : *Train de vie,* film plein d'humour relatant l'histoire d'un village juif qui organise sa propre déportation et *Va, vis et deviens* (2005), l'histoire d'un enfant juif éthiopien qui émigre en Israël, prix du public au festival de Berlin. En 2009, il a sorti *Le Concert,* une extravagante tragi-comédie sur un groupe de musiciens russes qui viennent jouer au thâtre du Châtelet, en se faisant passer pour l'orchestre du Bolchoï.

▸ ***Comment j'ai fêté la fin du monde,*** de Cătălin Mitulescu (2006). Une comédie dramatique sur l'histoire d'une lycéenne qui fait tomber par accident un buste du président Ceaușescu. L'actrice Dorotheea Petre reçoit le prix d'interprétation féminine à Cannes cette même année.

▸ ***12 h 08 à l'est de Bucarest,*** de Corneliu Porumboiu (2006), caméra d'or à Cannes. Lors du 16e anniversaire de la chute de Ceaușescu, une émission spéciale demande à deux invités de partager leurs instants de gloire révolutionnaire.

▸ ***California Dreamin',*** de Cristian Nemescu (2007). Primé à Cannes dans la sélection « Un certain regard », ce film caustique raconte une intervention américaine qui avait eu lieu au Kosovo. À 27 ans, Cristian Nemescu décède tragiquement d'un accident de voiture alors qu'il était en train de finaliser le montage du film.

▸ ***Policier, adjectif,*** de Corneliu Porumboiu (2009). Prix Fipresci et prix du jury dans la sélection « Un certain regard » à Cannes. C'est le drame d'un policier chargé d'enquêter sur le cas d'un lycéen suivi pour trafic de drogues.

▸ **Les films de Cristian Mungiu** (*voir son portrait dans le chapitre « Enfants du pays »*) : *Occident* (2002). Excellent film roumain primé à Montpellier et à Thessalonique entre autres. Il y est question de la difficulté à vivre en Roumanie, des magouilles, de la débrouille, des petits riens du quotidien, de la fascination de l'Occident. Drôle et mélancolique à la fois. *4 mois, 3 semaines et 2 jours* (2007). Palme d'or à Cannes, le plus important prix de la 60e édition du festival. Salué par toutes les critiques, ce film est une performance sans équivalent dans l'histoire de la cinématographie roumaine. Ce film émouvant retrace la vie de deux jeunes étudiantes d'une petite ville de Roumanie qui partagent la même chambre dans une résidence universitaire. L'une des deux est enceinte et ne sait que faire, l'avortement étant illégal.

LITTÉRATURE

Voir dans « Organiser son séjour – Avant son départ » une liste d'ouvrages roumains à lire avant, pendant et après votre séjour.

Les sources

La littérature roumaine trouve ses sources dans les récits oraux, comme la fameuse ballade populaire *Miorița*, nés du besoin de dire le quotidien, la naissance, la mort, le travail, mais aussi les nombreuses invasions, l'occupation, la rencontre avec d'autres cultures…
À la fin du XVIIIe siècle, ces récits vont laisser la place à la parole écrite. Le folklore, dont l'origine est principalement rurale (bien que la tradition des récits oraux ait été aussi très en vogue dans toutes les cours), et les événements historiques ont modelé la culture roumaine et inspiré la première vague des grands écrivains du XIXe siècle.
Ces derniers, en effet, appartenaient à une génération marquée par les transformations sociales et politiques consécutives aux révolutions de 1848. Ils s'intéressent donc à l'émancipation et à l'unité nationale, créent un style et des œuvres originales. Parmi ces écrivains, citons Nicolae Bălcescu (1819-1852), Mihail Kogălniceanu (1817-1891), Costache Negruzzi (1808-1868, spécialiste des récits historiques), Ion Ghica (1816-1897), Vasile Alecsandri (1821-1890). Ce dernier est considéré comme le fondateur de la poésie et de la dramaturgie roumaines.

L'époque classique

La seconde moitié du XIXe siècle sera l'époque des grands classiques de la culture roumaine, grâce à des auteurs dont la pensée a marqué la société de leur temps.
En 1863, à Iași, Titu Maiorescu fonde la société littéraire *Junimea* (nom évoquant la jeunesse). Mihai Eminescu, aujourd'hui considéré comme le grand poète lyrique national, en faisait partie. On dit que personne mieux que lui n'a su peindre l'âme roumaine, en s'inspirant du folklore local (dont il était un spécialiste passionné) et de l'histoire. D'autres auteurs encore, comme le dramaturge Ion Luca Caragiale (1852-1912) ou les prosateurs Ion Creangă (1837-1889) et Ioan Slavici (1848-1925) marqueront cette période. Dans ses pièces, Caragiale (« le plus grand des dramaturges inconnus », selon Ionesco) décrit avec humour les changements que subit la société roumaine durant cette période.

De nouvelles influences

Le début du XXe siècle et l'entre-deux-guerres sont marqués par l'émergence de nouveaux courants. La Roumanie connaît alors un véritable bouillonnement culturel et Bucarest est surnommé « le Petit Paris ».
Les revues et les cercles littéraires se multiplient et rivalisent entre eux. L'écrivain roumain le plus populaire à l'étranger est Eugène Ionesco (1912-1994), l'inimitable maître de l'absurde. Son œuvre sera surtout appréciée en France, où il ira vivre à partir de 1936 et où certaines de ses pièces continuent à être jouées depuis un demi-siècle. Citons entre autres œuvres *La Cantatrice chauve*, *Rhinocéros*, *Le roi se meurt*.
Une nouvelle génération d'écrivains apparaît dans l'entre-deux-guerres : Mihail Sadoveanu (1880-1961, romans historiques), Lucian Blaga (1895-1961, poésie expressionniste), George Bacovia (1881-1957, poète « du désespoir »), Liviu Rebreanu (1885-1944, auteur de la célèbre *Forêt des pendus*) ou Camil Petrescu (1894-1957, romancier, dramaturge et poète, auteur du *Lit de Procuste* et de *La Dernière Nuit d'amour, la première nuit de guerre*) en font partie. Mircea Eliade (1907-1986), fondateur de l'histoire moderne des religions, mythologue, philosophe et romancier, également très connu à l'étranger, appartient lui aussi à cette période.

Une création littéraire difficile

Durant l'entre-deux-guerres, les lettres roumaines se sont en quelque sorte alignées sur les idées et les mouvements culturels européens. La guerre et le régime communiste mettront fin à ce courant. Quelques écrivains de cette période continuent à écrire après la Seconde Guerre mondiale, en s'efforçant d'éviter autant que possible les compromis imposés par le régime. En interdisant toute publication critique envers leur politique, les dirigeants ont partiellement aseptisé la création littéraire. Certains auteurs de l'époque connaissent cependant un franc succès, aimés par la critique d'État et les lecteurs. Il en est ainsi de Marin Preda (1922-1980), du poète Marin Sorescu (1936-1997) ou de Nichita Stănescu (1933-1983).
Parallèlement, le régime communiste va engendrer une génération d'écrivains opposants, inspirés par la situation du peuple

roumain. Virgil Gheorghiu (1916-1992) en est un des plus connus, non seulement en Roumanie, mais aussi dans le monde entier, grâce à son roman *La Vingt-Cinquième Heure,* traduit et publié pour la première fois en France en 1949. Édité ensuite dans le monde entier, son roman a été aussi porté à l'écran par Henri Verneuil, en 1967, avec Anthony Quinn dans le rôle du paysan Iohann Moritz et Serge Reggiani dans le rôle du fils du prêtre Traian Coruga, celui qui prend conscience que la vingt-cinquième heure est arrivée.

Le romancier Petru Dumitriu (1924-2002), connu en Roumanie et en France, notamment pour ses livres *Rendez-vous au jugement dernier* et *L'Homme aux yeux gris,* appartient lui aussi à cette génération, malgré une époque de son activité littéraire où il a dû se plier aux circonstances et écrire pour le régime. Il fuit la Roumanie en 1960, pour pouvoir écrire librement.

D'autres auteurs de la période communiste ont été contraints à l'exil. Ils ont continué à écrire et, depuis décembre 1989, l'un des efforts de la littérature roumaine consiste à restituer aux jeunes générations les noms et les œuvres des écrivains de la diaspora roumaine, interdits dans leur pays d'origine pendant la dictature communiste. Parmi eux, Emil Cioran et Mircea Eliade, disparus sans avoir pu revoir leur pays, ont acquis une reconnaissance internationale.

La littérature roumaine contemporaine

Beaucoup d'écrivains contemporains ont connu l'exil et ont été publiés à l'étranger avant de l'être en Roumanie. Nombre d'entre eux ont choisi la France comme terre d'accueil : Matei Vişniec, Dumitru Tsepeneag, Paul Goma... Aujourd'hui, des éditeurs commencent à traduire certains ouvrages en langue étrangère, des festivals autour de la littérature invitent des auteurs roumains comme le Festival des belles étrangères en France. Parmi les auteurs contemporains, on peut remarquer :

- **Herta Müller,** née en 1954, a décroché le prix Nobel de littérature en 2009. Romancière allemande originaire de la région du Banat en Roumanie, elle s'inspire de sa propre expérience au temps de la dictature de Ceauşescu en évoquant les libertés niées, les pressions, les vies bafouées. Son dernier livre est *La Balançoire du souffle* (2009).

- **Matei Vişniec** est né en 1956 et s'est formé en tant que philosophe et historien. Il se consacre au théâtre mais sera interdit par le régime et viendra demander l'asile politique en France. À partir de 1990, il écrit directement en français et ses pièces connaissent un succès mondial. Prix Godot 2009 pour *Le mot progrès dans la bouche de ma mère sonnait terriblement faux.*

- **Mircea Cărtărescu,** né en 1956, est un poète et romancier au style flamboyant. Enchaînant les prix littéraires depuis 1989, il connut un énorme succès en Roumanie avec son livre *Orbitor* (1996). Il a également publié des romans en français dont notamment *L'Œil en feu* (2005). Cette notoriété lui permet aujourd'hui d'aider les auteurs qui débutent.

- **Dumitru Tsepeneag,** né à Bucarest en 1937, est l'un des pères de l'onirisme, un courant littéraire qui s'oppose au réalisme socialiste de l'époque communiste. Exilé à Paris, il continue à écrire en roumain et en français. Il fonde en 1975, à Paris, le trimestriel littéraire *Cahiers de l'Est* qui paraîtra jusqu'en 1980. En 2003, il commencera la publication de la revue *Seine et Danube.* Parmi ses romans les plus connus, on citera *Hôtel Europa* et *Pigeon vole.*

Quelques grands noms des lettres roumaines

Ion Luca Caragiale

Né en 1852. L'année 2002 fut déclarée « année Caragiale » en Roumanie et de nombreuses manifestations furent organisées en l'honneur du plus grand dramaturge du pays. Dans ses pièces de théâtre, il a repris avec humour les clichés de la société roumaine du XIXe siècle. On lui doit des pièces comme *Une lettre égarée* et *Une nuit orageuse.* Il est mort le 9 juin 1912.

Emil Cioran

Cioran est le plus respecté des philosophes roumains. Né en 1911 à Răşinari (près de Sibiu) et diplômé de l'université de Bucarest en 1932, il fit partie du groupe qui influença profondément la culture roumaine de l'entre-deux-guerres. Durant cette période, il s'égara en soutenant la fasciste Garde de fer. En 1937, il obtint une bourse du gouvernement français et gagna Paris. À partir de 1947, interdit de séjour dans son pays par le régime communiste, il n'a plus écrit qu'en français. Parmi ses ouvrages : *Précis de décomposition* (1949), *Exercices d'admiration* (1986), *Solitude et destin* (posthume, 2004). Décédé en 1995, il est enterré au cimetière Montparnasse.

Mircea Eliade

Mircea Eliade est né en 1907 à Bucarest. Il semble que cet écrivain ait consacré sa vie à chercher à définir la nature humaine. Fasciné par les religions et les philosophies antiques du monde entier, il part, à 21 ans, en Inde, où il étudie le sanskrit, la philosophie indienne et le yoga, à l'université de Calcutta. Il passe également six mois dans un ermitage sur les cimes de l'Himalaya. En 1933 est publié son mémoire intitulé *Yoga : essai sur les origines du mysticisme indien.* C'est le seul travail de ce genre réalisé par un non-Indien à avoir suscité un très grand intérêt. De retour en Roumanie, Eliade mène une intense activité d'écrivain, de chercheur et de professeur d'histoire des religions à l'université de Bucarest. C'est l'époque où il fréquente les milieux antisémites, très influents dans le pays (où parade Garde de fer), et c'est un fait sur lequel Eliade est toujours demeuré discret (contrairement à Cioran, par exemple, qui, lui, a reconnu ses erreurs). Après la Seconde Guerre mondiale, Eliade, opposé au nouveau régime, doit quitter son pays natal pour fuir la répression communiste.

Il vit à Paris jusqu'en 1956 puis est nommé professeur d'histoire des religions à l'université de Chicago. Il meurt dans cette ville en 1986, sans avoir revu son pays. Parmi ses ouvrages les plus connus : *Forêt interdite, La Nuit bengali* (adapté au cinéma par Nicolas Klotz, en 1988, avec Hugh Grant dans le rôle du jeune Allan), *Traité d'histoire des religions, Le Mythe de l'éternel retour, Le Roman de l'adolescent myope...*

En 2007, Francis Ford Coppola a sorti le film *L'Homme sans âge*, tourné en Roumanie et inspiré d'une nouvelle d'Eliade, *Youth without Youth.* C'est l'histoire d'un professeur dont la vie, peu avant la Seconde Guerre mondiale, est bouleversée par un « changement extraordinaire » qui lui vaudra d'être poursuivi par les nazis.

Mihai Eminescu

Mihai Eminescu (1850-1889), considéré comme le poète national, est né à Ipotești, village de Moldavie (qui porte aujourd'hui son nom) au nord de Botoșani. Sa mort précoce à 39 ans lui vaut d'être devenu le symbole de la jeunesse éternelle.

On dit d'Eminescu qu'il a su, mieux que tout autre, exprimer dans ses œuvres romantiques la spiritualité du peuple roumain. Curieusement, un seul de ses ouvrages (*Poésies*) fut publié durant sa vie. Plus tard, on reconnut son talent et de nombreux artistes s'inspirèrent du nouveau langage créé par Eminescu. Nombre de ses écrits trouvèrent leur source dans le folklore national, genre auquel il consacra aussi quelques essais.

À Iași, vous pourrez suivre les traces de l'écrivain : musée, maison qui abritait Junimea, lieux (dont le parc Copou) qui l'inspirèrent. Sa tombe se trouve au cimetière Belu de Bucarest. Un tilleul a été planté non loin, conformément à sa volonté.

Virgil Gheorghiu

Né en 1916, il est connu grâce à son roman *La Vingt-Cinquième Heure* qui raconte l'histoire d'un paysan roumain dont la vie est chamboulée du jour au lendemain quand il est envoyé dans un camp de concentration, parce qu'il est dénoncé comme étant juif. S'ensuivent alors évasions, tortures, errances, nombre d'événements absurdes engendrés par les systèmes totalitaires dans lesquels a sombré la société à la veille de la vingt-cinquième heure. Virgil Gheorghiu, comme la plupart des écrivains de la période communiste, se voit forcé à l'exil. C'est à Paris qu'il publiera le roman qui le rendra célèbre, étant vite traduit et publié dans le monde entier. Il est mort en 1992 à Paris et est enterré au cimetière de Passy.

Eugène Ionesco

Eugène Ionesco est l'un des plus célèbres auteurs dramatiques de ce siècle. On lui doit de nouvelles techniques dramatiques et il est considéré comme le précurseur du courant de l'« absurde ».

Il est né à Slatina, en 1909, mais a vécu toute sa carrière d'auteur dramatique à Paris. Ses thèmes récurrents sont l'impossibilité de communiquer, la solitude et la question du sens. Il en fait une démonstration magistrale dans sa pièce majeure, *La Cantatrice chauve.* Suivront notamment *Jacques ou la Soumission, La Leçon, Les Chaises, Le roi se meurt, Rhinocéros.* Toutes ces pièces connurent – et connaissent encore – un énorme succès. *Rhinocéros* met en scène un homme qui tente de rester humain dans un monde où tous ses contemporains sont devenus d'ignobles rhinocéros...

Ionesco est sans doute aussi célèbre en France que dans son propre pays. L'étude de ses œuvres est quasi incontournable dans les collèges et lycées français et son théâtre rencontre toujours le même succès sur les scènes de l'Hexagone. Il meurt en 1994 à Paris.

Tristan Tzara

Tristan Tzara, de son vrai nom Samuel Rosenstock, est né à Moinești, dans la province de Bacău, en 1896. Poète et essayiste, il a écrit en roumain et en français et il est connu surtout comme l'un des fondateurs du mouvement Dada. Son pseudonyme Tristan fait référence à l'opéra de Wagner, *Tristan et Isolde*, et Tzara est l'orthographe occidentalisée du mot qui signifie « pays » en roumain.

MUSIQUE

Avant la seconde moitié du XIXe siècle, la musique est soit folklorique, soit religieuse (musique religieuse byzantine). Ces deux formes musicales, toujours très vivaces, ont inspiré par la suite les compositeurs roumains de ce qu'il est convenu d'appeler la « grande » musique. Dans les années 1850, l'arrivée dans le pays d'artistes étrangers (musiciens, troupes d'opéra) s'accompagne de l'introduction des sons occidentaux. Bientôt, des conservatoires s'ouvrent à Bucarest et à Iași.

En 1866, l'Opéra de Roumanie est créé à Bucarest. Très vite, des artistes roumains se distinguent, particulièrement des chanteurs d'opéra, comme Hariclea Darclée (1860-1939). Mais c'est George Enescu (Georges Enesco, 1881-1955) qui donne ses lettres de noblesse à la musique roumaine. Ce compositeur, chef d'orchestre, violoniste, pianiste, s'inspire de la musique folklorique pour composer ses *Rhapsodies roumaines.* Aujourd'hui, de nombreux artistes roumains, dont les très connues Mariana Nicolesco ou Angela Gheorghiu, excellent sur les scènes du monde entier.

Une musique traditionnelle

La musique folklorique roumaine est encore bien vivante et se compose de plusieurs genres musicaux distincts :

George Enescu (Georges Enesco)

Né en 1881 dans le petit village de Liveni-Vârnav (qui porte aujourd'hui son nom), près de Botoșani, Enescu fut un grand violoniste et un compositeur de renom, qui a su intégrer l'esprit de la musique roumaine traditionnelle dans le registre de la musique orchestrale. Il fut très tôt considéré comme un enfant prodige, comparable à Mozart, et envoyé au conservatoire de Vienne dès l'âge de 7 ans. Il poursuivit ensuite à Paris des études de violoniste et de composition. Il obtint le premier prix du conservatoire de Paris en 1899. Débuta alors sa carrière de virtuose, comme interprète des œuvres de Jean-Sébastien Bach notamment. Les compositions d'Enescu montrent son profond attachement à sa culture roumaine. Il écrivit de la musique de chambre, des sonates pour violon, pour piano, mais aussi des œuvres pour orchestre. Il est l'auteur d'un opéra complexe (*Œdipe,* 1936) et de très populaires *Rhapsodies roumaines.* Il fut aussi un professeur respecté, idole de toute une génération de jeunes violonistes. Il mourut en 1955.

Dans son village, on peut visiter sa maison natale transformée en petit musée. À Bucarest, un musée lui est consacré et porte son nom ; il est installé dans le superbe palais Cantacuzino (situé Calea Victoriei).

■ FESTIVAL GEORGE ENESCU

www.festivalenescu.ro

C'est la plus importante manifestation de musique classique organisée en Roumanie. Sa première édition a eu lieu en 1958. Initialement, sa source d'inspiration a été l'œuvre du compositeur George Enescu qui est considéré comme l'un des grands musiciens du XXe siècle. Le festival est organisé au mois de septembre, durant deux ou trois semaines, et il comprend des concerts symphoniques et de chambre, des spectacles d'opéra et de ballet. C'est l'occasion pour les spectateurs de découvrir les plus belles salles de concert de Bucarest (l'Athénée roumain, l'Opéra national, la salle du Palais…) et d'autres villes liées à la vie de George Enescu, comme Sinaia.

La 21e édition a eu lieu du 1er au 28 septembre 2013 et a compté parmi ses invités des orchestres renommés de Paris, Vienne, Berlin, Londres, Rome, d'Israël…

- **Le genre lyrique :** ce style communique la tristesse, l'amour, la nostalgie, le romantisme, l'ennui, la passion… Dans ce genre musical, on y retrouve la *doina* (ou chant long), un type de chanson à la mélodie improvisée à l'intérieur d'un cadre formel existant. Quelques berceuses et chansons de travail appartiennent à ce même genre.
- **Le genre épique** se caractérise par des chants à forme musicale libre. Ce sont des ballades aux thèmes héroïques, fantastiques ou tragiques toujours adaptées au contexte social (repas de noces…).
- **Le genre dramatique** est généralement réservé au théâtre de marionnettes et aux veillées.

Musiques de fêtes

Le folklore relatif à Noël et au nouvel an est l'un des plus riches. Ce genre musical ancestral a été repris en partie par l'Église mais garde un fort relent de profane. Des groupes, notamment d'enfants, vont de maison en maison et, en guise des vœux de prospérité et de bonheur, chantent Noël et le nouvel an (*Steaua*, *Plugușorul*, *Capra*, *Sorcova*), accompagnés d'instrumentistes ou non.

Parmi les jeux de masques, pratiqués à l'occasion des fêtes, citons *capra* (la chèvre), *buhaiul* (le bœuf), l'ours et le cerf. Tous ces personnages évoluent au milieu d'un décor peuplé de diables, de cosaques, de soldats… Les fêtes de fin d'année sont également l'occasion d'un superbe festival à Sighetu Marmației (Maramureș).

Les chansons et les danses de noces sont très variées : des pièces vocales – la chanson de la mariée, du marié, de la dot – et des pièces instrumentales.

La musique rom

Jouant dans des ensembles appelés *taraf*, terme rendu célèbre par quelques groupes actuels mondialement connus comme le Taraf de Haïdouks, leur musique est enivrante et rythmée. Traditionnellement composés d'un violon (*vioară*), d'un *nai* et d'un *cobză* (*voir ci-dessous)*, l'accordéon est récemment venu s'ajouter à l'orchestre. Bien qu'ils ne soient plus aussi nombreux et sollicités que par le passé, les *tarafuri* sont encore très appréciés en Roumanie. Depuis quelques années, la musique traditionnelle rom est mêlée à des sons et des rythmes modernes aux influences diverses, le chant prenant le dessus sur la musique (amours déçus, monologues plaintifs…). Cette musique de fête appelée *manea* (au pluriel *manele*) est très prisée par les couches populaires. Une vulgarisation, un massacre, diront certains. En tout cas, il est désormais fréquent d'entendre ce type de musique dans des clips télé ou durant les soirées.

Les danses

Très appréciées, les danses roumaines sont agréables à regarder et à pratiquer, en particulier lors des festivals qui se déroulent dans le pays.

On peut citer la *hora*, une ronde formée par au moins trois personnes évoluant sur une musique folklorique à un rythme modéré. Le *călușș* est une danse de fertilité traditionnelle que seuls peuvent exécuter quelques initiés…

Les instruments

Les instruments de musique traditionnelle sont très originaux et varient selon les régions. Le violon est très souvent employé, tout comme le fameux *țambal* (ou cymbalum), dont on frappe les cordes avec de petits marteaux feutrés, à une vitesse extraordinaire. On trouve le *nai* (flûte de Pan turque), l'*ocarină*, le *bucium* (buccin), le *cobză* (sorte de guitare-luth), le *taragot* (clarinette conique), le violon à pavillon (un violon avec un « entonnoir » qui amplifie le son sur le même principe que le gramophone) et différents types de cornemuses.

- **Pour des informations plus complètes,** ce site Internet (en anglais) : www.eliznik.org.uk/RomaniaMusic/index.htm

Discographie sélective

Avec un peu de patience, vous pourrez trouver à Bucarest ou dans les grandes villes de Roumanie quelques magasins qui pourront vous proposer des disques de qualité (autre que la musique qui passe en boucle sur toutes les radios pop du pays). Pour trouver de bons CD de musique traditionnelle, vous pouvez vous rendre au musée du Village ou au musée du Paysan de Bucarest. Le choix est vaste et l'on peut bénéficier de conseils.

Classique

- **George Enescu (Georges Enesco),** *Rhapsodies roumaines*. Le plus connu des compositeurs (et violonistes) roumains, né en 1881 en Moldavie et mort à Paris en 1955.

Folklorique

- **Gheorghe Zamfir.** Le grand maître de la flûte de Pan, l'un des musiciens roumains les plus connus du monde.

- **Radu Simion,** *Pan Pipe Concert.* L'autre roi de la flûte de Pan à l'œuvre.
- **Marius Mihalache,** *Ges Romano* (2004), le jeune virtuose du cymbalum.
- **Mahala Rai Banda.** Musique typique des bals tsiganes.
- **Taraf de Haïdouks et Fanfare Ciocărlia,** deux groupes de fanfare tsiganes d'une très grande qualité. Des rythmes endiablés de trompettes et de cuivres.

Variété

- **Voltaj.** Pour découvrir la variété à la roumaine « de base ».
- **O-Zone.** Pour les nostalgiques de l'été 2004, quand l'Europe essayait de chanter en roumain...

Rock, world music, fusion

- **Phœnix.** Le groupe culte des années 1970, celui de toute une génération, et qui, avec sa musique world-ethno-cool, passa quelque temps dans les classements britanniques. Ils existent toujours et donnent encore des concerts.
- **Pasărea Colibri.** Un des groupes phares des années post-révolution.
- **Zdob şi Zdub.** Un groupe d'ethno-rock moldave très populaire en Europe de l'Est.

PEINTURE ET ARTS GRAPHIQUES

Comme partout en Europe, les arts plastiques ont pendant fort longtemps été liés à la religion. Jusqu'au XVIIIe siècle, deux traditions prévalaient en Roumanie : byzantine et occidentale. Parmi les monuments byzantins, la sculpture fut quelque peu délaissée, à quelques rares exceptions près (comme le monastère de Curtea de Argeş). Cependant, les églises catholiques de Transylvanie, à l'image de celles construites en Occident, sont souvent richement décorées de sculptures.Durant des siècles, les murs des églises se couvrent de peintures et des artistes fameux poussent l'art de l'icône à son plus haut niveau. Les peintures murales de l'église princière de Curtea de Argeş (1366) témoignent d'une forte tradition byzantine. Les plus connues seront réalisées deux siècles plus tard, sur les murs des innombrables monastères de Bucovine. Ces compositions harmonieuses, raffinées, sont de véritables chefs-d'œuvre. Mais l'œuvre la plus « roumaine », celle qui obéit le mieux aux traditions orthodoxes tout en incluant quelques particularismes locaux, est représentée sans doute par le Tétraévangile enluminé de Gavril Uric, réalisé en 1429. Au début du XIXe siècle, les influences venues de l'Occident trouvent de plus en plus d'écho dans les milieux artistiques. On se détache peu à peu du caractère exclusivement religieux de l'art, les techniques de peinture changent. On commence par des portraits de familles nobles, avant de diversifier les sujets. Les premiers grands noms de peintres roumains (formés à l'étranger ou fortement influencés par les écoles française, italienne, autrichienne...) apparaissent, parmi lesquels Theodor Aman (1831-1891) est sans doute le plus connu. L'artiste roumain qui a probablement le plus marqué l'histoire de la peinture est Nicolae Grigorescu (1838-1907). Comme les écrivains, il a su créer des œuvres originales en s'inspirant du folklore paysan et des concepts de l'impressionnisme, et il est le premier à introduire le paysage dans les arts plastiques roumains. Il réalise ses premiers travaux en tant que peintre d'églises (à Băicoi, près de Ploieşti). Il part ensuite à Paris, rencontre Millet, fréquente le groupe de Barbizon (tout comme un autre peintre roumain, Ion Andreescu, 1850-1882) et apprend à peindre en plein air. Il retourne en Roumanie en 1869 et, fort de son expérience impressionniste, parcourt la campagne à la recherche de sujets. Il réalise de superbes scènes rurales (portraits de paysannes, paysages). Il suit ensuite l'armée roumaine et illustre *La Bataille de Griviţa* (1878). Il connaît le succès, vit quelques années de plus, avant de s'éteindre à Câmpina en 1907. Les peintres comme Grigorescu, Andreescu ou encore Ştefan Luchian (1868-1916) sont considérés comme étant les premiers à avoir fait entrer les arts plastiques roumains dans la modernité. Par la suite, la peinture roumaine sera marquée par toute une génération d'artistes qui va énormément contribuer à inspirer les peintres contemporains. Parmi les grands artistes roumains du XXe siècle, on peut remarquer le génie de Nicolae Tonitza (1886-1940), qui a su apporter une esthétique harmonieuse dans ses peintures, ou le surréalisme de Victor Brauner (1903-1966), qui a uni l'insolite à la maîtrise des matériaux et des couleurs comme pour *L'Envoyeur* (1937) ou *La Coupe d'amour* (1965).

SCULPTURE

Les sculpteurs roumains les plus marquants ont su créer des courants artistiques novateurs. Désormais, dans certains parcs, à proximité des musées ou dans l'une des nombreuses galeries d'art du pays, il est possible de découvrir des œuvres monumentales et profondes. C'est ainsi que Dimitrie Paciurea (1873-1932) se distingue par ses sculptures monumentales empruntées à la mythologie et au fantastique. Constantin Brâncuși (1876-1957) est, quant à lui, considéré comme l'un des fondateurs de la sculpture moderne abstraite (*voir encadré*). Installé à Paris à partir de 1904, il fait partie de ces artistes qui ont révolutionné les beaux-arts. Ses admirateurs sont toujours aussi nombreux et parcourent les musées du monde et la Roumanie pour admirer ses œuvres. Son atelier parisien se visite au musée d'Art moderne du centre Georges-Pompidou de Paris. En Roumanie, on pourra voir notamment *La Prière, La Sagesse de la Terre* et, bien sûr, son ensemble monumental (en plein air) dans la ville de Târgu Jiu. Dans l'entre-deux-guerres, une nouvelle génération d'artistes roumains émerge. Parmi eux, les peintres Lucian Grigorescu (1894-1965), Gheorghe Petrașcu (1872-1949), Nicolae Tonitza (1886-1940), l'avant-gardiste Victor Brauner (1903-1966) ou encore l'ami de Matisse, Theodor Pallady (1871-1956). Malgré la censure et les règles strictes en matière d'art imposées par le pouvoir communiste, quelques artistes ont tout de même réussi à s'adapter et à se faire un nom.

Tel a été le cas du peintre Ion Țuculescu (1910-1962) ou du sculpteur Ion Jalea (1887-1983). Dans les années 1970, l'art est même vivement encouragé par le pouvoir, à travers notamment des « camps de sculpture », concours annuels de sculpture en plein air. On peut en voir les résultats aujourd'hui encore, en pleine nature parfois, comme à Măgura (*voir « La Munténie – région de Buzău »*), Arcuș ou Buteni…

Aujourd'hui, les sculpteurs sont nombreux dans le pays et leurs œuvres d'une grande qualité. Parmi les artistes contemporains majeurs, il est à signaler le talent d'Aurel Vlad, présent au musée d'Art contemporain de Bucarest et auteur du *Cortège des sacrifiés*, un ensemble de statues dans la cour du mémorial de Sighetu Marmației (*voir « Maramureș »*).

Constantin Brâncuși

(Prononcez « brüncouche » pour que vos amis roumains vous comprennent.) Constantin Brâncuși est né le 21 février 1876 à Hobița, non loin de Târgu Jiu. On le considère aujourd'hui comme l'un des pionniers de la sculpture moderne abstraite. Enfant, il n'alla pas à l'école et apprit les métiers du bois. Cet artisanat était très développé dans sa région natale, comme en témoignent dans les villages du département de Gorj les portes en bois sculptées de divers motifs (qui inspirèrent l'artiste). En 1894, il entra à l'École d'art et d'artisanat, grâce à l'aide de mécènes locaux, puis, en 1898, il fut reçu à l'École des arts de Bucarest. En 1890, il se rendit à Paris, capitale des arts du moment. Ses revenus modestes ne lui permettant pas de recourir aux transports de l'époque, il fit le trajet à pied jusqu'à la capitale française. Sa motivation et son acharnement payèrent, puisqu'il réussit à entrer à l'École des beaux-arts de Paris, puis à intégrer l'atelier d'Auguste Rodin. Il fréquenta également durant cette période Henri Rousseau et Amedeo Modigliani. Sa première œuvre originale fut *Le Baiser*, où deux adolescents enlacés forment un petit volume aux lignes symétriques. Ses autres travaux significatifs sont *Le Commencement du monde, Oiseau dans l'espace, Le Poisson* ou encore *Mademoiselle Pogany*. Dans toutes ces œuvres, on retrouve la fascination de l'artiste pour les symboles : l'œuf pour la création, le vol pour la liberté… En 1937-1938, Brâncuși créa un ensemble sculptural dans la ville de Târgu Jiu. Quatre pièces (*La Table silencieuse, La Porte du baiser*, inspirée des portails en bois des villages des alentours, *L'Allée des chaises* et *La Colonne sans fin*). Elles sont dédiées à la mémoire des soldats morts pendant la Première Guerre mondiale. Nombre de ses œuvres sont aujourd'hui exposées dans des musées aux États-Unis (The Art Museum de New York) et en France (son atelier a été récemment réaménagé à Beaubourg). En Roumanie, vous pourrez suivre ses traces, de son village natal en passant par Târgu Jiu jusqu'aux musées d'Art de Craiova et de Bucarest. Brâncuși est mort en 1957 et est enterré à Paris, au cimetière Montparnasse.

THÉÂTRE

Le théâtre est très prisé en Roumanie et particulièrement à Bucarest. D'innombrables affiches annoncent des pièces classiques ou de boulevard, où les noms d'acteurs vedettes figurent en grandes lettres.

Le premier véritable spectacle de théâtre de l'histoire roumaine s'est pourtant déroulé loin de Bucarest, à Iași, en 1816 (assez tardivement donc), quand l'écrivain Gheorghe Asachi a mis en scène une pièce de Florian. Dès l'année suivante, plusieurs salles s'ouvrent dans les deux principautés roumaines, principalement dans leurs capitales Bucarest et Iași, mais pas seulement.

La plus ancienne salle de théâtre en langue roumaine sera en effet fondée à Oravița, une petite ville alors hongroise près des Portes de Fer, en 1817. Un grand théâtre est également inauguré à Arad, alors aussi ville hongroise, en 1818.

L'engouement dont jouit le théâtre auprès d'un public aisé entraîne rapidement l'arrivée dans le pays de troupes étrangères qui viennent s'y produire en français, en allemand, en italien. Les premières écoles dramatiques ouvrent dans les années 1830 et se multiplient. Au cours des décennies suivantes, on verra se constituer des troupes de théâtre privées.

Le théâtre, à l'époque largement subventionné par l'État, se porte donc bien. Il reste à trouver des auteurs vedettes, dignes d'être exportés. Le premier d'entre eux sera Vasile Alecsandri (1821-1890), dont la pièce *Madame Chirița* connaîtra un grand succès. Suivra celui que le pays considère comme son plus grand dramaturge national, Ion Luca Caragiale (1852-1912). Sa pièce, *La Lettre perdue* (1884), continue à être étudiée dans toutes les écoles. En 2002, le 150e anniversaire de sa naissance a été fêté dans le pays par de nombreuses représentations et événements. À l'entre-deux-guerres, le bouillonnement culturel de Bucarest lui vaut le surnom de « Petit Paris ». Le théâtre à caractère historique, très prisé au début du XXe siècle, laisse la place à des thèmes plus orientés vers la psychologie et les faits sociaux. Les représentants de ce courant ont pour noms Mihail Sebastian, Lucian Blaga, Camil Petrescu, etc., des noms que l'on retrouve souvent sur les plaques des rues et places de tout le pays.

À Paris, en 1936, un Roumain nommé Eugène Ionesco entame sa carrière de dramaturge précurseur du courant absurde. En France, où le succès de son théâtre ne se dément pas, c'est un auteur étudié dans les lycées.

Avec l'instauration du régime communiste, la production théâtrale du pays passe sous le contrôle de l'État. Les nombreuses compagnies privées d'avant-guerre disparaissent. Quelques metteurs en scène tels que Ion Cojar, Lucian Pintilie ou encore Liviu Ciulei se font tout de même un nom en Roumanie comme à l'étranger.

Depuis la révolution, le théâtre roumain a retrouvé de son éclat. La fréquentation de la cinquantaine de salles du pays est certes en très forte baisse, la faute en revenant au cinéma et surtout à la télévision. Les acteurs locaux sont très demandés à l'étranger, aussi bien pour le cinéma que pour le théâtre. Bien qu'avant tout acteurs de théâtre, ils profitent souvent de la venue d'équipes de tournage étrangères pour s'illustrer dans d'importantes productions cinématographiques.

Cuisine roumaine

PRODUITS CARACTÉRISTIQUES

Vous serez très certainement surpris par la cuisine traditionnelle roumaine. Généreuse et variée, elle offre le meilleur des gastronomies balkaniques, sans oublier en Transylvanie les fortes influences hongroise et germanique. Une invitation à un repas familial ou un bon plat dégusté chez l'habitant seront peut-être parmi les meilleurs souvenirs de votre voyage en Roumanie.

- **À la campagne, chez l'habitant, sur les marchés, les légumes et les fruits de saison sont délicieux.** Sans que l'on ait besoin de le préciser sur une étiquette, vous trouverez ces produits la plupart du temps cultivés sans pesticides, ni engrais. Si vous découvrez le pays lors de telle ou telle fête religieuse, familiale ou folklorique, vous aurez peut-être la chance de déguster l'un des nombreux plats typiques de la région où vous séjournez. Enfin, pour accompagner vos repas, les vins roumains sont excellents. Aujourd'hui, les multiples restaurants du pays permettent d'apprécier la gastronomie roumaine, tout comme les pensions rurales qui servent une cuisine « comme à la maison », à base des produits naturels de la ferme et de saison.

- **Pour manger sur le pouce,** vous n'aurez que l'embarras du choix parmi les *şaorma* (kebabs), pizzas, rôtisseries ou autres pâtisseries. Si vous voulez manger plus local, préférez les *gogoşi*, *covrigi* ou *plăcinte* (à base de viande, de chou ou de fromage) nourrissants et à des prix très abordables. Sinon, vous pouvez faire aussi vos courses sur les marchés colorés et vivants où vous trouverez un vaste choix de fruits (fraises, pastèques, cerises, pommes) et légumes de saison, ainsi que divers saucissons et fromages frais.

- **À lire absolument :** *Savoureuse Roumanie,* de Radu Anton, Roman, éd. Noir sur blanc. Un livre passionnant qui décrit 358 recettes qui sont autant de prétextes à des histoires, des anecdotes, des légendes, des descriptions de produits régionaux... Un voyage gastronomique et culturel.

Lexique des restaurants et lieux de restauration

- **Hanuri :** « auberges ». Ce sont souvent des lieux agréables et chaleureux où vous trouverez des menus complets. Généralement, ces auberges proposent des possibilités de logements.
- **Crame, vinării, berării :** « caves », « restos à vin » et « brasseries ». On y sert à boire en priorité, les repas y sont en général assez basiques : entrées, grillades.
- **Cofetării :** ces cafétérias permettent de déguster des pâtisseries accompagnées d'une boisson chaude.
- **Ceainării :** les « salons de thé », bien qu'assez rares, se trouvent dans certaines grandes villes comme Sibiu ou Braşov.
- **Pescării :** restaurants de poissons, rares.
- **Popasuri :** en gros, il s'agit de restaurants en bord de routes... Pas toujours propres et plutôt à éviter.
- **Grădini de vară :** les « jardins d'été » poussent un peu partout dès la venue des beaux jours. Il s'agit de terrasses qui s'installent dans des cours et arrière-cours, entre deux immeubles, dans les parcs. On y boit des bières (debout ou assis) en dégustant des *mici*.
- **Covrigării :** à l'origine, c'est là que l'on fabriquait et vendait les *covrigi* (sortes de bretzels), mais aujourd'hui, on y trouve aussi des feuilletés (*plăcinte*), des parts de pizza, des chaussons...

Spécialités roumaines

Les soupes

Consommées toute l'année, les soupes et *ciorbe* sont une institution en Roumanie. La *ciorbă* est une soupe que l'on a aigrie avec du *borș*, un produit obtenu par la fermentation du son.

Pour accompagner la *ciorbă*, vous pourrez y ajouter une cuillerée de crème fraîche (*smântână*) tout en croquant des petits piments (*ardei iute*)...

La *supa* est tout simplement une soupe sans *borș*.

- **Ciorbă de perişoare :** avec des boulettes de viande.
- **Ciorbă de vacuţă :** avec des morceaux de bœuf cuit.
- **Ciorbă de burtă :** avec des tripes finement coupées.
- **Ciorbă de peşte :** au poisson.
- **Supă de fasole/roşii/pui :** soupe de haricots blancs/tomates/poulet.
- **Supă cremă :** rare, c'est l'équivalent de nos potages.

Les entrées

Différentes entrées sont en général posées au milieu de la table et chacun se sert et les déguste avec du pain.

Pour les longues périodes de *post* (jeûne), encore très respectées, ces entrées sont exclusivement à base de légumes.

- **Salată de vinete :** une succulente purée d'aubergines fumées à la crème.
- **Zacuscă :** un délice de purée de légumes (tomates, aubergines, oignons), coupés menus et conservés dans l'huile puis servis froids. On la prépare dès le début de l'automne et on la stocke en bocaux.
- **Salată de icre :** plus rare, sorte de crème à base d'œufs de poisson et de sel.

Les plats spécifiques

- **Sarmale :** c'est en quelque sorte le plat national roumain, consistant en des feuilles de chou bouillies et farcies de viande hachée. Bien préparés, ces choux farcis sont si fondants qu'il n'est nul besoin de les mâcher. En période de *post* (jeûne), la viande est remplacée par le riz. Les *sarmale* sont de différentes tailles, selon la région et la cuisinière. Il existe une variante avec des feuilles de vigne.
- **Mămăligă :** polenta, c'est la garniture la plus répandue. Faite à base de semoule de maïs, elle est très consistante, remplace le pain et peut vous être servie matin, midi et soir. Plus ou moins fine, parfois préparée avec du fromage (*mămăligă cu brânză*), parfois avec du lard, elle est différente dans chaque foyer, dans chaque restaurant.
- **Mititei (ou mici) :** saucisses de viande hachée (porc et bœuf) et épicée que l'on fait griller au barbecue. C'est LE plat de l'été que l'on mange avec du pain et de la moutarde.
- **Tochitură :** plat traditionnel à base d'abats et de viande.
- **Pastramă :** viande (mouton en général) salée puis fumée. Un délice !
- **Tocană :** ragoût de viande gras.
- **Musacă :** variante de la version grecque, avec pommes de terre et/ou aubergines.
- **Şniţel :** escalope panée

Poisson (peşte)

Alors que la carpe, peu appréciée des Français, coûte parfois très cher, on trouvera sur des marchés des brochets ou sandres (si chers en France) à des prix dérisoires. Les Roumains ont la fâcheuse tendance à paner le poisson. Le delta est la région de Roumanie où l'on consomme, évidemment, le plus de poissons. On y mange ainsi des sortes de bouillabaisses, ragoûts de divers poissons préparés avec de l'eau des canaux et de la poudre de feuilles de roseau brûlé. Le brochet est souvent farci, un délice ! Les sauces sont à base d'oignon et de plantes aromatiques du delta au goût bien souvent ignoré des visiteurs de passage. L'ail et les piments forts sont aussi la base des sauces d'accompagnement relevées, très appréciées avec les poissons simplement grillés : carpe à la broche, sandre ou brochet frits.

- **Crap :** carpe.
- **Pastrav :** truite.
- **Somon :** saumon.
- **Somn :** silure.
- **Ştiucă :** brochet.
- **Ţipar :** anguille.
- **Sturion :** esturgeon.
- **Şalău :** sandre.
- **Hering :** hareng.
- **Macrou :** maquereau.
- **Hamsii prăjite :** friture de petits poissons.

Desserts (deserturi)

En guise de déssert, on peut choisir parmi une délicieuse variété de *cozonaci*, gâteaux roulés ou tartes aux fruits et à la crème.

▶ **Cozonac :** brioche de fête aux raisins secs (*stafide*) ou aux morceaux de loukoum (*rahat*), au pavot, aux noix…

▶ **Rulade (gâteaux roulés) :** il y en a un grand choix, au potiron, au fromage, au pavot, aux noix, aux pommes…

▶ **Papanaşi :** sorte de beignets à base de fromage frais, nappés de crème fraîche et de confiture. Lourds en fin de repas mais délicieux.

▶ **Găluşte cu prune (boulettes de prunes) :** comme le nom l'indique, ce sont des prunes enveloppées de pâte sucrée, cuites dans l'eau et roulées dans de la chapelure dorée et vanillée.

▶ **Baclavă, cataif et sarailie :** des gâteaux d'origine turque très appréciés.

▶ **Confitures de fruits :** toujours préparées à l'ancienne, uniquement à partir de fruits entiers, confits après cuisson. À tester : les confitures de cerises, de griottes, de fraises ou de pêches.

Spécialités régionales

Valachie (Munténie et Olténie)

▶ **Ostropel :** plat de poulet ou de poisson à l'ail.

▶ **Potroace :** soupe aigre aux abats de volaille.

▶ **Mais aussi :** carpe aux champignons, plats à base d'oseille et d'orties, pilafs de poulet, blanquettes (*ciulama*) ou saucisses olténiennes.

▶ **Les *mititei* ou *mici*** sont originaires de Bucarest.

Transylvanie

La cuisine y reprend le meilleur des traditions roumaine, hongroise (présence du paprika, cumin, de goulasch) et germanique.

▶ **Le chou à la Cluj (varză a la Cluj)** sont des tranches de chou cuites au four avec de la viande hachée.

▶ **Des potages** (rares ailleurs) de légumes et de crème, des champignons farcis de poulet et couverts de fromage.

▶ **Le salami de Sibiu** est le saucisson le plus apprécié et le plus réputé du pays.

▶ **Les *papanaşi*,** beignets à base de fromage frais, couverts de crème et de confiture, sont originaires de la région.

▶ **Mais aussi les kürtős**, brioches creuses d'origine hongroise. Typiques du pays sicule, elles sont délicieuses quand elles sont cuites devant vous sur une broche.

Moldavie

▶ **Sarmale :** le plat national roumain. Ce sont des feuilles de chou bouillies, farcies de viande hachée. En Moldavie, elles sont de plus petite taille qu'ailleurs.

▶ **Poale-n brâu :** galette de pâte et fromage cuite au four.

▶ **Pârjoale moldoveneşti :** boulettes de viande hachée et grillée, avec ail et herbes.

▶ **Piftie :** viandes en gelée.

▶ **Pastramă :** viande d'agneau salée et fumée, accompagnée de *mămăligă* (polenta).

▶ **Et de nombreux plats à base de gibier :** sanglier, faisan, chevreuil et même ours.

Dobrogea

La cuisine y subit une influence turco-balkanique : yaourt au lait de brebis (très bulgare), soupe de tripes, pilaf aux raisins, gâteau turc ou halva.
Dans le delta, les spécialités de poisson sont à l'honneur.
Préparation de saumures, légumes saumurés, cuisses de grenouilles (*pui de baltă*).

Cuisine et fêtes

Noël

La tradition veut que l'on tue le cochon avant les fêtes de fin d'année. Les préparations à base de viande de porc en cette période sont nombreuses. Parmi elles, les *sarmale*, feuilles de chou bouillies, farcies de viande hachée, véritable plat national dont la préparation varie selon les régions. En dessert, on sert le *cozonac*, brioche aux raisins secs, noix et parfois cacao.

Pâques

L'agneau est à l'honneur, préparé en ragoût, rôti, à la broche… On sert aussi le *drob*, un plat de viscères d'agneau en crépine. Le *pască*, sorte de brioche au fromage blanc, remplace le pain. Il peut aussi servir de dessert quand le fromage est sucré. En dessert, on sert également le *cozonac*. Et on colore les œufs en rouge (ou autres couleurs). La tradition veut que l'on entrechoque des œufs rougeEnterrementsEn cette occasion, on prépare la *colivă*, un gâteau de blé bouilli (avec noix, sucre et raisins) symbolisant la résurrection.

Boissons

Lorsque vous partagez un verre de *ţuică*, de vin ou de bière, dites *noroc !* Cela signifie « bonne chance », c'est l'équivalent de notre « santé ! ».

Vin (vin)

Le sol, le climat et la variété des paysages ont depuis longtemps favorisé la culture de la vigne en Roumanie. On a découvert des traces de cette activité datant d'il y a plus de 4 000 ans ! Avant 1989, la Roumanie était le 5e producteur mondial, mais l'arrivée de nouveaux pays sur le marché (Chili, Argentine, Australie…) l'a fait rétrograder au 13e rang. Cependant, la qualité s'est améliorée ces dernières années. Les visiteurs sont ravis de découvrir dans ce pays des vins qu'ils ne connaissaient pas, variés, de qualité et bon marché, et dont certains ont leur place sur le marché international des grands vins. Toutefois, de nombreuses mesures sont à prendre pour organiser la production et s'adapter aux attentes des acheteurs étrangers. Les cépages français sont nombreux (pinot, chardonnay, cabernet-sauvignon, merlot). Mais on compte aussi des cépages typiquement roumains comme le fetească. Les Roumains apprécient énormément les vins blancs doux et les rouges demi-doux. Ces derniers vins déconcertent souvent les touristes français habitués au rouge sec. Comme sont également déconcertantes pour les Français la température du vin servi ou la proposition d'y ajouter de l'eau gazeuse…

En Moldavie. Le vignoble le plus réputé est celui de Cotnari. Le *grasă de Cotnari* est considéré comme le roi des vins roumains. C'est un vin blanc doux au goût de miel qu'on déguste en général avec des desserts ou avec des fruits. On y produit aussi un excellent *fetească albă*. Autour de Huşi, on produit le fameux *busuioacă de Bohotin*. C'est un vin rouge demi-doux avec un goût un peu amer. Dans son bouquet on retrouve des arômes de fleurs de rose, de basilic et de fraises de bois. Il accompagne idéalement les fromages, les fruits et les desserts plus raffinés. Au sud de la région, autour de Focşani (villages de Panciu, Odobeşti, etc.), vous trouverez d'excellents vins : *bărbească neagră* ou *fetească neagră*. À Odobeşti, ne manquez pas une visite au Beciul Domnesc, grandes caves royales construites en 1839.

En Valachie. En Olténie, on cultive des vins rouges plus lourds que dans le reste du pays. C'est le cas à Vânju Mare, à l'ouest de Craiova, ou à Sâmbureşti, non loin de Piteşti. À Drăgăşani, vous trouverez des vins blancs locaux comme le *braghina*. En Munténie, la réputation du vignoble de Dealu Mare (Pietroasele ou Urlaţi, près de Buzău) n'est plus à faire dans le pays. Vous apprécierez son fetească neagră et son cabernet-sauvignon.

En Transylvanie. Les régions les plus réputées sont celles de Jidvei et Târnave. Les blancs ou rouges de ces régions ne peuvent vous décevoir. La *feteasca regală*, le *muscat ottonel* de Jidvei ou le *muscat sec* de Târnave sont particulièrement appréciés.

En Dobrogea. Le roi des vignobles de cette région est sans conteste celui de Murfatlar, juste à l'ouest de Constanţa. On y produit des vins blancs ou rouges à partir de différents cépages. Le climat idéal permet cette production exceptionnelle. Une bouteille de sec de Murfatlar (le cabernet-sauvignon est excellent) peut s'acheter au supermarché et fera un très bon cadeau pour vos amis.

Le tourisme viticole (visites de caves, dégustations) est possible en particulier à Murfatlar, mais aussi à Cotnari (Moldavie) et Jidvei (Transylvanie). Si vous désirez rapporter du vin en France, vous pourrez en acheter dans les caves ou tout simplement dans les supermarchés. Les vins précédemment cités ne devraient pas vous décevoir. Les bouteilles sont bon marché et, en général, les plus chères sont les meilleures.

Présentation du kurtos colasc : succulente pâtisserie cuite au feu de bois.

Bière (bere)

La Roumanie est aussi un pays de bière où chaque marque est originaire d'une ville ou d'une région. La bière se boit très fraîche en été. Elle est souvent excellente et bon marché. La bière pression (*bere la halbă*) n'est pas très répandue, on la boit en bouteille d'un demi-litre (et non pas 33 cl comme en France). Vous trouverez surtout des bières blondes, les bières brunes ou rousses sont plus rares. Parmi les plus connues, retenez l'Ursus (de Cluj-Napoca), la Ciuc (de Miercurea Ciuc), la Timișoreana (de Timișoara), la Stejar (de Blaj), la Ciucaș (de Brașov) ou la Silva.

Alcools forts

L'eau-de-vie de prune est incontestablement l'alcool national. On la boit en signe de bienvenue ou avant le repas. On l'appelle *țuică* ou *palincă* (en Transylvanie, sous influence hongroise), quand elle est raffinée à plusieurs reprises. On l'appelle aussi *răchie* ou *horincă*, dans le Maramureș. Elle peut aussi être faite à base d'abricot ou de fraise, comme à Satu Mare. Quand il fait froid, on peut la boire chaude (*țuică fiartă*, on y ajoute parfois du poivre). Idéale pour soigner une grippe... On citera aussi la vișinata, à base de cerise griotte, et l'afinata, une très bonne liqueur de myrtille.

RECETTES

Salată de vinete (purée d'aubergines)

Cette entrée, qui se mange avec du pain, fait partie des nombreux petits hors-d'œuvre servis en début de repas, avec les *icre* (pâte d'œufs de poisson), *salată de fasole verde* (salade de haricots verts), *ciuperci umplute* (champignons farcis), etc.

Ingrédients pour 3 personnes : 2 aubergines, 3 cuillères à soupe d'huile, un gros oignon, sel.

Préparation : faites griller les aubergines (entières avec la peau) au four jusqu'à ce que la chair soit molle. Pelez-les et laissez-les égoutter. Puis hachez-les dans un mixer. Ajoutez l'huile, le sel et l'oignon haché finement. Mélangez le tout et servez froid.

Ciorbă de perișoare (soupe aigre aux boulettes de viande)

Ingrédients pour 5 personnes : 300 g de viande de bœuf hachée, un os avec sa moelle (facultatif), une carotte, du persil, un petit céleri, 2 oignons, 50 ml d'huile, 2 cuillères de riz rond, une cuillère de concentré de tomate, 2 tomates, un œuf, de la livèche (si vous en avez), sel. Et 0,3 l de *borș* (à acheter en Roumanie, en poudre à préparer). Si vous n'en avez pas, remplacez-le par 50 ml de jus de citron.

Préparation : cassez l'os et mettez-le à cuire dans de l'eau bouillante. Enlevez périodiquement la mousse. Après deux heures, ajoutez l'oignon et les légumes coupés finement et le concentré de tomate.

Mélangez la viande hachée avec le riz, de l'oignon haché et légèrement revenu dans l'huile, l'œuf, du poivre, du sel. Faites-en des petites boulettes.

Plongez-les dans le bouillon. À la fin de la cuisson, ajoutez les tomates pelées et coupées en petits cubes.

Faites bouillir encore 10 minutes. Retirez du feu et ajoutez le *borș* (quantité selon votre goût). Servez avec de la livèche finement ciselée.

Papanași cu brânză și smântână (sortes de beignets)

Ingrédients pour 5 personnes : 500 g de fromage frais (lait de vache), 250 g de farine, 2 œufs, 75 g de sucre, 100 ml d'huile, 250 g de crème fraîche, 2 g de bicarbonate, le zeste d'un citron, 10 g de sel, confiture de cerise ou de mûre.

Préparation : mélangez le fromage avec les œufs, le bicarbonate, le sucre, le sel et le zeste.

Ajoutez la farine et mélangez bien pour obtenir une pâte bien homogène. Avec cette pâte, formez de petits anneaux épais (sortes de boules avec un trou au centre), de la taille d'un beignet rond classique.

Plongez-les dans l'huile bouillante et laissez-les bien dorer. Sortez-les, égouttez-les et servez-les très chauds, arrosés de crème fraîche et recouverts de confiture.

Jeux, loisirs et sports

DISCIPLINES NATIONALES

Football

Le football est ici le sport national et connaît un immense succès auprès des enfants et des ados qui y jouent sans cesse. Il suffit de parcourir les pages des quotidiens sportifs (ou non) pour comprendre l'engouement dont ce sport fait l'objet.
Les tricolores locaux font la fierté ou le malheur des Roumains, au gré de leurs résultats. La grande époque de la génération d'or de Gheorghe Hagi (« le Maradona des Carpates »), Popescu, Petrescu ou Stelea est révolue mais a fait vivre à toute la Roumanie de longs moments de bonheur. L'équipe nationale participa alors à trois Coupes du monde d'affilée (1990, 1994, 1998), en obtenant de très bons résultats. De nos jours, parmi les stars du football roumain, on compte le charismatique Adrian Mutu, qui fait sans cesse parler de lui dans la presse, ou encore Cristian Chivu ou Bogdan Lobonț.

Gymnastique

C'est la discipline qui a fait connaître la Roumanie au monde entier, celle qui a rapporté le plus de médailles au sport roumain (plus d'une soixantaine pour les Jeux olympiques seulement). Leurs tenues blanches à liserés tricolores (bleu-jaune-rouge) sont toujours les plus redoutées sur les praticables.
Le pouvoir communiste a ouvert une école spécialisée à Deva (ouest du pays) où, aujourd'hui encore, s'entraîne l'élite du pays. La gym est devenue une affaire d'État, une discipline devant faire connaître la Roumanie et dont les succès permettaient de narguer le grand voisin soviétique à qui on s'opposait sur bien des points. Aux JO de Londres en 2012 tout comme à Pekin en 2008, Sandra Izbașa remporte l'or en gymnastique artistique.

- **Nadia Comăneci** fut la première. Son visage, ses performances, ses médailles (5 à Montréal en 1976), ses notes incroyables ont marqué le monde entier. Elle a ouvert le chemin à bien d'autres championnes : Miloșovici et Amânar dans les années 1990, Ponor aujourd'hui. Ces sportives miniatures, qui se succèdent au gré des années et des compétitions mondiales, récoltent toujours autant de médailles.

L'oina, un jeu typiquement roumain

Les règles sont assez simples. Deux équipes de 11 joueurs s'affrontent. L'une est à la *bătaie* (à l'attaque), l'autre à la *prindere* (défense). Un joueur de l'équipe qui attaque lance une balle (de 140 g) que l'adversaire doit tenter de frapper avec une batte (*bâtă*) en bois et envoyer le plus loin possible, dans un terrain de jeu de 70 mètres sur 32 entouré de lignes. Pendant que l'adversaire rattrape la balle, on court sur les *culoarele de ducere și intoarcere* (les « couloirs d'aller et retour »). Cela ne vous rappelle-t-il pas le base-ball ? L'*oina* est la première fois mentionnée dans des textes en 1364, sous le règne de Vlaicu Vodă. Le jeu est alors pratiqué par les bergers de Valachie. Lors des Jeux olympiques de 1896, la Roumanie propose d'introduire la discipline. Mais les autorités olympiques refusent… car le jeu n'est pratiqué qu'en Roumanie. Trois ans plus tard, le ministre de l'Éducation, Spiru Haret, décide que l'*oina* sera pratiquée dans les écoles et organise des compétitions nationales. Mais malgré cette mesure, ce jeu de balle ne rencontre pas de succès, ni chez les sportifs ni auprès du public. Et il disparaît peu à peu. Deux fédérations existent encore, à Bucarest et à Chișinău (en république de Moldavie).

Tennis

Ce sport se développe dans les milieux aisés au début du XXe siècle. L'équipe nationale de tennis de Roumanie participe pour la première fois à la coupe Davis en 1922. Mais la grande période du tennis roumain se situe dans les années 1970 quand l'équipe nationale, emmenée par Ilie Năstase et Ion Ţiriac, deux joueurs qui s'illustrent superbement sur le circuit individuel, accède à trois reprises à la finale de la coupe Davis (1969, 1971 et 1972), sans toutefois jamais la remporter, se faisant battre à chaque fois par les Américains. Năstase, qui demeure une vedette du tennis mondial, a beaucoup contribué, par ses résultats et ses frasques, à la reconnaissance de la Roumanie à travers le monde. Aujourd'hui, le tennis a bien du mal à se démocratiser en Roumanie et reste encore réservé à des milieux aisés. En outre, on note la grande discrétion des femmes dans cette discipline. Dans le domaine de la compétition, après une période de disette, de bons joueurs sont apparus dès le début des années 2000, comme Andrei Pavel. Aujourd'hui, de jeunes joueurs comme Victor Hănescu ou Adrian Ungur chez les hommes ou Sorana Cîrstea chez les femmes atteignent un bon niveau et remportent quelques belles victoires. À l'initiative de Ion Ţiriac, Bucarest accueille depuis 1993 un tournoi du circuit ATP, qui se joue sur terre battue, en avril, dans le complexe du quartier de Cotroceni.

Autres disciplines

Athlétisme

Les premières compétitions d'athlétisme en Roumanie sont organisées en 1910. Au fil des décennies, l'athlétisme roumain se dote d'excellents sportifs qui dominent parfois leur discipline, sans que, pour autant, le pays affiche des résultats réguliers. Les différentes disciplines rapporteront tout de même à la Roumanie une trentaine de médailles aux Jeux olympiques.

La première grande vedette sera Iolanda Balaş, qui dominera le saut en hauteur féminin durant de longues années. Entre 1957 et 1961, elle battra 14 fois le record du monde ! Elle remporte ensuite la médaille d'or olympique, en 1960 à Rome puis en 1964 à Tokyo. C'est une autre femme qui, trente ans plus tard, portera haut les trois couleurs du drapeau roumain. Gabriela Szabó sera en effet l'une des grandes championnes du demi-fond durant les années 1998-2004.

Aux JO de Pékin en 2008, Constantina Diţă remporte l'or du marathon, devenant, à 38 ans, la plus vieille athlète à remporter cette médaille.

Boxe

Le premier titre remporté dans cette discipline par un Roumain est celui de champion d'Europe, arraché par Lucian Popescu en 1930. Ce sport va ensuite être promu au sein de l'armée, sous le régime communiste, comme dans d'autres pays amis tels que Cuba, la Bulgarie ou l'URSS. Les boxeurs sont alors exclusivement amateurs et font le bonheur de l'équipe roumaine aux Jeux olympiques (plus d'une vingtaine de médailles remportées).

Après la révolution, la boxe reste très populaire et ne se limite plus au milieu amateur. Certains boxeurs s'illustrent au plus haut niveau comme Francisc Vaştag et Mihai Leu (plusieurs fois champions d'Europe et champions du monde). Plus récemment, citons Leonard Doroftei (champion du monde 2002, 2003, catégorie superlégers), et Lucian Bute, champion mondial des supermoyens depuis 2007 (et en 2010 également).

Canoë-kayak et aviron

Ces disciplines ont rapporté de tout temps de nombreuses médailles au sport roumain. Pendant les Jeux olympiques, l'aviron a rapporté ainsi plus de trente médailles. *Idem* pour le canoë-kayak. Ces deux disciplines se classent donc juste derrière la gymnastique en nombre de médailles.

C'est au cours des années 1960 que ces disciplines « explosent » et les bons résultats de l'époque entraînent la création de clubs et d'écoles qui, depuis, permettent de maintenir le pays à un très bon niveau dans ce domaine. La première grande vedette sera Ivan Patzaichin qui, entre 1968 et 1984, va remporter 4 médailles d'or olympiques et de multiples titres mondiaux en canoë. Plus récemment, les Jeux olympiques d'Athènes ont vu le sacre des Roumains en aviron et Georgeta Damian-Andrunache et Viorica Susanu ont obtenu l'or dans cette même discipline aux JO de Pékin en 2008.

Loisirs

Pour leurs loisirs, les Roumains se contentent souvent de plaisirs simples. À la belle saison, les promenades dans les parcs, les randonnées en forêt, dans les Carpates, la pêche, le camping et, surtout, les pique-niques entre amis ou en famille sont très prisés. On s'installe près d'une rivière, on fait griller des *mici*, on discute. Les

festivals et les fêtes traditionnelles attirent beaucoup de monde. Traditions, costumes, musiques modernes s'y mêlent.
Ceux qui partent en vacances se dirigent presque naturellement vers le littoral de la mer Noire, là où le pouvoir communiste a aménagé d'immenses complexes de logement. Les 50 kilomètres de plage ne suffisent pas à contenir les vacanciers.

Depuis quelques années, les mœurs changent et de plus en plus de Roumains appartenant à la classe moyenne partent, eux, à l'étranger. La Grèce, la Turquie, le littoral dalmate (Croatie) sont les destinations privilégiées. Depuis l'abrogation des visas, on part aussi à la découverte des grandes capitales européennes comme Prague ou Paris.

ACTIVITÉS À FAIRE SUR PLACE

Observation des oiseaux

Au printemps et en automne, de nombreux ornithologues se donnent rendez-vous sur l'un des plus beaux sites d'Europe, le delta du Danube.
Durant les grandes périodes de nidification et de migration (de mars à mai et d'août à octobre), des millions d'oiseaux se posent ici. Des agences locales organisent des expéditions d'une ou plusieurs journées en bateau, qui est le seul moyen d'approcher le site des oiseaux. Vous trouverez leurs offres à Bucarest ou sur place, à Tulcea ou Crișan (*voir chapitre concerné*). Dans les Carpates, un grand nombre d'espèces est également présent pour le plus grand plaisir des amoureux de la nature.

Escalade

La Roumanie dispose d'un grand nombre de sites d'escalade. Parmi les hauts lieux naturels du pays, on peut signaler le massif des Bucegi et de Piatra Craiului, situés à proximité de la ville de Brașov, ou Cheile Bicazului (les gorges de Bicaz), proches de la ville de Piatra Neamț. Une jeune équipe parlant très bien le français pourra vous proposer d'excellentes excursions : Explore Travel Romania, à Piatra Neamț.

Randonnées

Que ce soit à pied, en VTT ou à cheval, la Roumanie offre un grand choix de balades en nature, tant aux familles qu'aux grands sportifs. Les Carpates dans leur ensemble se prêtent remarquablement bien aux randonnées. Les paysages, les altitudes y sont variés. Chemins aisés, difficiles, parcours d'une heure ou de plusieurs jours, tout y est possible. Les Roumains marchent, mais les pistes ne sont pas encore envahies, comme c'est le cas dans les Alpes ou les Pyrénées.

On peut loger dans les refuges, souvent très simples mais conviviaux, ou planter sa tente dans leurs environs. Il est conseillé d'emporter ses provisions. On trouvera dans les librairies roumaines de bonnes cartes indiquant les pistes marquées et les refuges. On peut aussi acheter *The Mountains of Romania* (J. Roberts, éd. Cicerone). C'est un très bon guide de randonnées dans les Carpates : cartes précises, photos, descriptions, hébergement, adresses… Un livre précieux, une bible du marcheur (en anglais).
Enfin, des agences spécialisées sur la Roumanie pourront vous proposer d'excellentes randonnées dans tout le pays.
Voici quelques exemples :

- **Les monts Bucegi** sont les plus populaires parmi les randonneurs du dimanche car accessibles en téléphérique.
- **Les Apuseni**, en revanche, sont peu fréquentés malgré leur beauté.
- **Les circuits de randonnée dans le massif Rodna** sont bien balisés et se trouvent dans une réserve naturelle qui abonde en plantes et animaux rares.

Spéléologie

Les Apuseni et d'autres zones des Carpates possèdent certains des plus beaux gouffres et grottes d'Europe. Mais la spéléologie n'est pas une discipline pratiquée à grande échelle et reste l'apanage de quelques spécialistes. Emil Racoviță (1868-1947), de l'université de Cluj, océanographe et explorateur de l'Atlantique, est pourtant le premier au monde à avoir fondé un institut de spéléologie. Mais peu de Roumains connaissent les richesses de leur sous-sol. Les passionnés et ceux qui veulent voir plus que les quelques grottes ouvertes au public s'adresseront donc à la Fédération roumaine de spéléologie à Bucarest.

■ **FÉDÉRATION ROUMAINE DE SPÉLÉOLOGIE**
Calea 13 Septembrie, 13
Sector 5 – BUCAREST
✆ +40 21 318 8106
www.frspeo.ro
office@frspeo.ro

Sports d'hiver

Le ski de fond ou les raquettes sont très peu pratiqués, alors que de nombreuses régions s'y prêtent fort bien. Les stations de ski de la vallée de la Prahova commencent à attirer de plus en plus de monde : Roumains fortunés et étrangers en quête de destination originale. Des agences de voyages (locales ou étrangères) proposent désormais des séjours dans ces stations.
À Poiana Brașov (la plus connue), on skie en général de novembre à mars. Les stations de Predeal et Bușteni voisines sont également fréquentées. On skie aussi près de Sibiu à Păltiniș, à Borșa dans le Maramureș, à Semenic à l'ouest de Carpates, ou à Gura Humorului près de Suceava.
Les pistes sont assez bien équipées et la plupart accessibles aux débutants. Certaines stations possèdent aussi quelques pistes noires et on peut louer le matériel sur place dans les stations principales.

Sports nautiques

Sur la côte, en été, les Roumains se pressent nombreux. Le jet-ski, la planche à voile, le pédalo, le ski nautique ou la banane flottante sont très prisés et à des prix assez abordables. Côté rivières, malgré une belle tradition olympique de canoë-kayak, il n'est pas forcément facile de pagayer. Les sites les plus connus sont les gorges du Lăpuș et la rivière Vaser, dans le Maramureș, ou la Bistrița Aurie, en Bucovine. Nous vous conseillons de vous adresser à des agences de tourisme sur place, qui se chargeront de vous mettre en contact avec des clubs ou propriétaires d'embarcation, voire même d'organiser des excursions.

Sports d'aventure

Ils se développent de plus en plus ces derniers temps. Rafting, escalade, off-road, parapente et bien d'autres activités attendent les amateurs de sensations fortes. Des équipes de professionnels passionnés des sports extrêmes proposent des circuits presque partout en Roumanie. Ainsi dans la région de Brașov vous trouverez Xtrem (www.xtrem.ro), près de Sibiu il y a Offroad Tours (www.offroad-tours.ro), dans le *județ* de Caraș-Severin vous pouvez vous adresser à Enduromania (www.enduromania.net), enfin à Timișoara se trouve l'équipe de Vertical Adventure (www.verticaladventure.ro).

Thermalisme et thalassothérapie

En Roumanie, riche de mille et une sources, le thermalisme a une longue histoire. Le régime communiste a construit de grands complexes autour de la mer Noire, dans la Crișana, dans l'est des Carpates ou ailleurs. Ces complexes ont fait le succès touristique de la Roumanie dans les années 1970, quand des groupes provenant de pays amis, de France et d'ailleurs y venaient en cure.
Quelques-uns ont beaucoup vieilli, certains ont même été fermés. Mais d'autres ont survécu, après avoir été rénovés et adaptés aux standards européens, surtout autour de la mer Noire. Un bel exemple est le complexe balnéaire d'Ocna Sibiului. La Roumanie propose désormais des cures à des prix très accessibles. Les touristes d'un certain âge, des habitués des années 1970 ou des néophytes sont séduits par les offres d'agences locales, belges ou françaises, qui proposent des séjours tout compris : mer, soleil, thermalisme et découverte culturelle. Quant aux centres thermaux de l'intérieur du pays, ils sont principalement fréquentés par les Roumains ou les visiteurs venant des pays de l'Est (Hongrois notamment).

Enfants du pays

Aux personnalités qui suivent, on peut ajouter des célébrités françaises d'origine roumaine, comme Henry Chapier, Vladimir Cosma ou Serge Klarsfeld.

Alina Cojocaru

Cette belle danseuse étoile, qui fait partie du Royal Ballet de Londres, est reconnue comme l'une des plus grandes artistes actuelles dans sa discipline. Sa grâce, son rayonnement, son talent et son travail lui permettent de se produire avec succès sur toutes les scènes du monde. Depuis novembre 2013, elle est première danseuse de l'English National Ballet.

Nadia Comăneci

Née le 12 novembre 1961, Nadia Comăneci réalisa un exploit unique aux Jeux olympiques de Montréal, en 1976, à l'âge de 14 ans ! Elle fut la première gymnaste à se voir attribuer la note maximale de 10. Elle emporta trois médailles d'or et une de bronze. Nadia Comăneci continua à exercer sa domination aux Jeux de Moscou, en 1980, où elle obtint encore deux médailles d'or et une d'argent. Jamais depuis une gymnaste n'a connu une telle célébrité et son nom reste gravé pour toujours dans la mémoire collective. Nadia Comăneci a quitté la Roumanie et vit désormais aux États-Unis.

Angela Gheorghiu

Née à Adjud, dans le département de Vrancea, Angela Gheorghiu est une cantatrice de talent qui se produit sur les grandes scènes mondiales. En 2001, Benoît Jacquot réalise un opéra adapté au cinéma qui connaît un vrai succès : *Tosca*, d'après Puccini. Les acteurs principaux ne sont autres que la soprano glamour Angela Gheorghiu et le ténor franco-sicilien Roberto Alagna, son époux. On retrouvera à nouveau ce couple star de l'art lyrique en 2002 dans le film de Barbara Willis Sweete, *Roméo et Juliette*, d'après Gounod. Angela Gheorghiu a également reçu la médaille vermeil de la Ville de Paris. En 2012, elle se produit dans *La Bohème* et *Tosca* de Puccini.

Gheorghe Hagi

Sans conteste, la plus grande star de l'histoire du football roumain. Milieu de terrain à vocation offensive, il est resté capitaine de l'équipe de Roumanie pendant des années et notamment durant la magnifique campagne de l'équipe nationale lors du Mondial américain de 1994. Celui que l'on surnomma « le Maradona des Carpates » a toujours brillé par sa qualité technique et sa frappe de balle. Certains de ses incroyables buts ont marqué le football des années 1990. On se souvient également de son caractère et de ses nombreuses expulsions !

En Roumanie, il a évolué notamment au Steaua de Bucarest, premier club du pays et ancien grand d'Europe. Il rejoignit ensuite les géants européens des championnats espagnols et italiens, puis termina sa carrière de joueur en véritable idole du club turc de Galatasaray. Son aura lui valut ensuite d'être nommé comme entraîneur de l'équipe nationale avant de revenir à ses anciens clubs fétiches, le Galatasaray et le Steaua de Bucarest, avec des résultats mitigés. Il a depuis créé l'équipe du FC Viitorul Constanța, qu'il a amené en première division roumaine, la Liga I.

Anamaria Marinca

Cette jeune comédienne d'origine russe née à Iași, habituée des planches des théâtres de la capitale roumaine (mais aussi de Paris, car elle parle fort bien le français), s'est d'abord passionnée pour le violon, comme sa mère. Mais c'est la scène qui finalement l'attire. Après maintes apparitions dans de nombreuses pièces, elle est repérée par un réalisateur britannique qui tourne en Roumanie un téléfilm commandé par Channel 4. Elle devient alors la principale figure de *Sex Traffic,* qui raconte le trafic sexuel dont sont victimes les jeunes filles de l'Est envoyées sur les trottoirs parisiens ou londoniens. Portée par la qualité du film (utilisé par des associations qui luttent contre ces trafics humains) et par sa remarquable prestation, elle a été contactée par Francis Ford Coppola pour jouer dans *L'Homme sans âge* (2007). C'est toujours en 2007 avec le rôle d'Otilia dans le film de Cristian Mungiu *4 mois, 3 semaines et 2 jours* qu'Anamaria Marinca sera sublimée et reconnue par les critiques comme l'une des meilleures actrices du pays. En 2008, elle incarne Smaranda dans le film de Radu Muntean *Boogie*. En 2009 elle joue dans le film d'Oliver Hirschbiegel *Five Minutes of Heaven*. En 2010, elle est à l'affiche du film de Julie Delpy *La Comtesse*.

Medeea Marinescu

En 1981, alors qu'elle a 6 ans, elle joue dans le film *Maria Mirabela*, regardé chaque jour par les enfants aujourd'hui trentenaires. Actuellement, c'est une des grandes actrices roumaines et elle est capable de jouer dans quatre pièces en même temps tout en tournant des films à l'étranger.

Ainsi, on l'a vue au côté de Michel Blanc dans le film d'Isabelle Mergault *Je vous trouve très beau* (sorti en 2006). C'est l'histoire d'un homme qui part en Roumanie chercher une femme afin de remplacer son épouse décédée... En 2010, elle est à l'affiche d'*Un homme très recherché* d'Isabelle Mergault.

Le roi Michel (Mihai) de Roumanie

Il est né en 1921. Son règne effectif n'aura duré que de 1940 à 1947. Il gagna en popularité en 1944, quand il participa au coup d'État du 23 août, qui fit chuter le gouvernement fasciste du maréchal Antonescu. Les communistes, qui parviennent au pouvoir en 1946, le forcent à abdiquer et, avec sa famille, il s'exile en Angleterre et en Suisse. Ses propriétés sont confisquées par l'État. Il ne revient en Roumanie qu'en 1992, pour une brève visite. En 1994, on lui refuse l'entrée du pays et il est refoulé dès son arrivée à l'aéroport. L'accession à la présidence de la République d'Emil Constantinescu en 1996 change la donne et le roi Michel peut de nouveau se rendre fréquemment en Roumanie. S'il n'a pas intégré la vie politique locale (comme a pu le faire l'ex-tsar Siméon en Bulgarie), ses démarches diplomatiques ont été remarquées ces dernières années et ont contribué à intégrer la Roumanie aux institutions européennes ou à l'OTAN. Les mouvements royalistes n'occupent qu'une place mineure sur la scène politique locale et dans le cœur des Roumains. Mais Michel de Roumanie et sa fille, la princesse Margareta, n'en demeurent pas moins très populaires.

Radu Mihăileanu

Il est né à Bucarest en 1958, dans une famille juive. Son père, Mordechai Buchman, qui avait connu les camps de concentration nazis, décide d'adopter un nom à sonorités roumaines et il devient Ion Mihăileanu. Radu fuit la dictature de Ceaușescu en 1980 et arrive en France où il intègre l'Institut des hautes études cinématographiques (IDHEC). Son premier long métrage est *Trahir* (1993), suivi de *Train de vie* (1998), qui lui assure la reconnaissance internationale. Son œuvre phare, *Va, vis et deviens* remporte en 2005 le césar du meilleur scénario ainsi que plusieurs prix au Festival de Berlin. En 2009, il sort *Le Concert*, savoureuse comédie dramatique, où il mélange humour slave et humanité dans une suite d'aventures improbables. Son dernier film, *La Source des femmes*, sorti en 2011, conte l'histoire de femmes d'un village marocain qui se mettent en grève de l'amour afin que les hommes se chargent d'aller chercher de l'eau dans la montagne.

Herta Müller

Allemande de la région du Banat, née dans le village germanophone Nițchidorf, non loin de Timișoara, la romancière a émigré en Allemagne en 1987, fuyant la dictature communiste. En 2009, elle a remporté le prix Nobel de littérature pour l'ensemble de son œuvre qui, en poésie ou en prose, est une critique implacable du régime de Ceaușescu. Parmi ses romans traduits en français, on compte *Le renard était déjà le chasseur*, *L'homme est un grand faisan sur terre*, *La Convocation* ou *La Balançoire du souffle*.

Cristian Mungiu

Né à Iași en 1968, ce réalisateur a tout simplement obtenu en 2007 le plus important prix de toute l'histoire du cinéma roumain au Festival de Cannes avec son film *4 mois, 3 semaines et 2 jours*. Cet immense succès allait permettre de faire connaître toute une nouvelle génération de cinéastes roumains. Après avoir contribué, en tant qu'assistant réalisateur, à la création de films importants tels *Capitaine Conan* (du réalisateur Bertrand Tavernier, en 1996) et *Train de vie* (du réalisateur Radu Mihăileanu, en 1998), Cristian Mungiu a notamment réalisé *Zapping* (2000), *Occident* (2002) ou encore *Au-delà des collines* (2012), dont les actrices sont récompensées par le prix d'interprétation à Cannes. Sous son air nonchalant, Cristian Mungiu cache une grande modestie et un immense talent.

Adrian Mutu

Né le 8 janvier 1979 à Călinești (Argeș), le footballeur Adrian Mutu, ancienne vedette de l'équipe de football de Roumanie et de la Fiorentina, a toujours fait autant parler de lui sur le terrain que dans les revues *people*. Semaine après semaine, déboires et bonheurs conjugaux et extrasportifs de Mutu font la une des *tabloids* roumains dont il est devenu le sujet préféré. Après de superbes saisons en Roumanie (Argeș Pitești, Dinamo București) et en Italie (Inter, Hellas Verona, Parme AC), il rejoint Chelsea, le club du milliardaire russe Roman Abrahamovitch. Après un très beau début de saison, Mutu s'éclipse et, pis, il est suspendu pour consommation de cocaïne, ce qui lui vaut d'être viré et suspendu pour de longs mois. Il retrouve le succès en Italie, à la Fiorentina pendant sept belles saisons. Il évolue désormais à Ajaccio. On se souvient également de ses nombreuses suspensions, dont celle, à vie en 2011, de l'équipe nationale pour avoir comparé son coach à Mr. Bean, dernier débordement d'une longue série.

Ilie Năstase

Le premier joueur de tennis roumain à s'être forgé un nom sur la planète de la petite balle jaune.

Il atteignit le rang de numéro un mondial en 1973 et remporta un total de 57 titres, dont les internationaux de France de Roland-Garros à deux reprises, en 1972 et en 1973. Ce joueur d'exception était également réputé pour son humour hors du court et sur le court. Cela lui a valu le soutien permanent des publics du monde entier. En Roumanie, Năstase est surtout connu pour son association avec Ion Ţiriac. Ensemble, ils ont représenté le pays avec brio en Coupe Davis. La finale jouée par la Roumanie face aux États-Unis dans les années 1970 fut récemment rejouée avec les mêmes acteurs lors d'un match de gala. Dans les années 1990, Năstase échoua dans la course à la mairie de Bucarest.

Figures de légende

- **De Vlad Ţepeş à Dracula.** On confond souvent le personnage fictif de Dracula avec la figure historique que fut Vlad Țepeș (1431-1476), prince de Valachie à plusieurs reprises (1448, 1456-1462, 1476). Fils de Vlad Dracul, Vlad l'Empaleur (*țepușă* signifie « pieu », « piquet ») mena ses affaires d'une main de fer et vint à bout des turbulences politiques et économiques qui minaient le pays. Il fut aussi un brillant chef militaire, parvenant à préserver la Valachie du joug de l'Empire ottoman, avec l'aide de Mathias Corvin, roi de Hongrie, et d'Étienne le Grand, souverain de Moldavie. Au cours de son règne, il fit promulguer de nouvelles lois sur le commerce, désavantageuses pour les riches colons saxons de Transylvanie, et entra en conflit avec les marchands allemands. Nombre d'entre eux furent empalés ou brûlés vifs pour avoir refusé de se plier aux nouvelles règles. La cruauté dont il fit preuve également à l'égard des soldats turcs capturés après les batailles fit naître à son sujet de nombreuses légendes.

- **Dracula, vampire sanguinaire à votre service !** Ce sont ces légendes, mais aussi les portraits du prince et l'ambiance de l'époque qui inspirèrent Bram Stoker, un écrivain irlandais, lorsqu'il créa le personnage de Dracula. Stoker n'a jamais prétendu avoir écrit autre chose qu'une fiction. Mais la popularité de son roman a réussi à enrichir le blason de la Transylvanie avec les armes du charismatique comte Dracula, vampire pour les intimes. Il est traditionnellement associé au château de Bran, en Transylvanie, où Vlad l'Empaleur n'aurait passé que quelques nuits tout au plus. Ce château appartenait à son grand-père Mircea le Vieux. Notre personnage y représente un filon très lucratif, car devant l'engouement général pour leur vampire, les autochtones ont débuté la production de toute une gamme de souvenirs à son effigie.Les tours opérateurs incluent souvent dans les visites le château de Bran avec son ténébreux Dracula en toile de fond. D'autres lieux en Roumanie lui sont associés, dont Brașov, Făgăraș, Mediaș, Sibiu, Aghireș, Sighișoara, la citadelle de Poienari, Târgoviște, la passe de Tihuța (ou de Bârgău) près de Bistrița (où un hôtel du style « château de vampire » a été construit) ou encore Snagov (où il serait enterré). Dracula est si bien associé à la Transylvanie dans l'imaginaire des touristes (anglo-saxons en particulier) que le gouvernement roumain avait le projet de construire un Dracula Parc, qui fut par la suite abandonné (*voir la partie « Sighișoara »*).

- **Tarzan**. Eh oui, Tarzan, ou plus précisément son incarnation à l'écran, Johnny Weissmuller, est roumain (*voir encadré dans la partie « Timișoara »*).

Mariana Nicolesco

Elle fait désormais partie des chanteuses d'opéra les plus connues du monde et marche sur les pas de la grande chanteuse roumaine Hariclea Darclée. Mais elle ne se contente pas d'évoluer sur scène. Grâce à ses représentations sur toutes les scènes de la planète, elle se fait l'ambassadrice de la musique roumaine, souvent méconnue. Elle s'emploie également à trouver et lancer de jeunes artistes.

Anna de Noailles

Fille du prince Bibesco et descendante d'une famille de boyards roumains, Anna de Noailles est une femme de lettres française, très en vogue au début du XXe siècle. Dans son salon se réunissaient les intellectuels et les artistes connus de son temps, comme Paul Valéry, Colette, André Gide... Elle est une des illustres femmes qui ont été à l'origine du prix littéraire Vie heureuse, qui deviendra plus tard le prix Femina.

O-Zone

Souvenez-vous, l'hiver et l'été 2004, l'Europe a dansé sur des textes en roumain, une première ! O-Zone était un groupe de trois jeunes artistes originaires de la république de Moldavie. La chanson qui les a rendus célèbres est *Dragostea din tei* (« L'amour sous les tilleuls »). Les Roumains de toute l'Europe se sont bien amusés en écoutant Français, Allemands, Anglais et quelques autres essayer de fredonner les paroles.

Ion Ţiriac

Avec son compère de toujours Ilie Năstase, Ion Ţiriac est connu pour les titres qu'ils ont remportés ensemble en coupe Davis. Sa reconversion fut une belle réussite, puisque Ţiriac est désormais un important homme d'affaires en Roumanie, la plus grande fortune du pays. Il a géré la carrière de joueurs de renom, comme les Allemands Boris Becker et Steffi Graf ou le Yougoslave Goran Ivanišević. Après le tournant de 1989, Ţiriac, qui vivait en Allemagne, est devenu l'un des principaux investisseurs de Roumanie. Il apporta une aide déterminante à sa ville d'origine, Braşov. Il est président d'une grande compagnie bancaire. Et vous ne manquerez pas de voir les nombreux établissements bancaires à son nom dans tout le pays. Il est le premier Roumain a être entré dans la liste Forbes des milliardaires du monde.

Leontina Vaduva

Cette soprano française d'origine roumaine est née en 1960, fille de Maria Ciobanu, l'une des gloires de la musique folklorique roumaine. C'est une enfant de la balle, qui a connu la scène et le chant en accompagnant sa mère aux spectacles. Elle se tourne vers la musique classique et participe en 1988 à des concours internationaux où elle décroche des prix et des promesses de contrats, y compris au Théâtre des Champs-Élysées à Paris. Pour saisir la chance d'évoluer sur la scène internationale, elle brave le régime et reste à l'étranger. Conséquence : sa mère sera interdite à la radio. Heureusement, une année plus tard, le régime s'effondre. Leontina continue son chemin qui la mènera sur les scènes des plus grands opéras du monde. Elle est chevalier des Arts et des Lettres.

Matei Vişniec

Originaire de Rădăuţi (Bucovine), désormais installé en France, cet écrivain et journaliste est également un dramaturge dont les pièces sont jouées dans le monde entier. Son univers romanesque est très particulier.

BUCAREST ET LA VALACHIE

Place Romana, sculpture de la louve allaitant Rémus et Romulus.

Turda
TÂRGU MUREŞ
Parc naturel Apuseni
Ogra
MUREŞ
Arieş
Aiud
Abrud
ALBA
Sighişoara
Brad
Saschiz
Târnava Mare
Mediaş
Alba Iulia
Zam
Sebeş
A1
Dobra
Deva
Mureş
SIBIU
Făgăras
Orăstie
Hunedoara
SIBIU
BRAŞOV
HUNEDOARA
Olt
Negoiu 2535 m.
Hateg
Parc National Grădiştea Muncellului-Cioclovina
Lac Oaşa Mica
Maldoveanu 2544 m.
Zăvoi
Câinenii Mici
Petroşani
Lac Poiana Marului
Retezat 2482 m.
Peleaga 2509 m.
Vulcan
Lac Vidra
Parc national Cozia
Brezoi
Lupeni
Parc National Retezat
Corbeni
Câmpulung
Băile Olănşti
Călimănesti-Căciulata
Parc National Domogleti-Valea Cernei
Arnota
Polovrăgi
Novaci
Runcu
Runcu
Baia de Fier
Horezu
Costeşti
Curtea de Argeş
Tismana
Hobiţa
Jiu
Govora
Padeş
Târgu Jiu
Scoarţa
Râmnivu Vâlcea
Ponoarele
Frânceşti
Argeş
ARGEŞ
Topolog
Băile Herculane
GORJ
VÂLCEA
PITEŞTI
Ţiganeşt
Parc National des Portes de Fer
Motru
Orşova
Jiltu
Gilort
Vedea
Drobeta-Turnu Severin
Vedea
Mehedinţi
Hinova
Filiaşi
Vulpeşti
MEHEDINŢI
Jiu
Slatina
SERBIE
CRAIOVA
OLT
Voineasa
Cujmir
Radovan
Rosiori de Vede
DOLJ
Caracal
Balasan
Olt
Calafat
Bistreţ
TELEORMAN
Lac Bistreţ
DANUBE
Călăraşi
Corabia
Turnu Măgurele
BULGARIE
15
13
76
7
7
7
1
68
66
73
67
7
66
6
65
6
56

Bucarest Valachie
HARGUITA
BĂCAU
VASLUI
VRANCEA
GALAȚI
BUZĂU
BRĂILA
PRAHOVA
ILFOV
IALOMIȚA
CĂLĂRAȘI
CONSTANȚA
GIURGIU
BACĂU
Miercurea Ciuc
Odorheiu Secuiesc
Comănști
Onești
Bârlad
Adjud
Bixad
Lunga
Lepșa
Parc naturel Putna-Vrncea
Valea Săril
Tecuci
Oancea
Măieruș
Sfântu Gheorghe
Covasna
FOCȘANI
Prejmer
BRAȘOV
Întorsura Buzăului
Putna
Pișcu
GALAȚI
Lac Brateș
Bran
Predeal
Omu 2505 m.
Azuga
Bușteni
Sinaia
Parc Naturel Bucegi
Cheia
Lac Siriu
Nehoiu
Lopătari
Râmnicu Sărat
Lac Jijilei
BRĂILA
Lacu Sărat
Valea Doftabei
Slănic
Teleagen
Berca
Buzău
BUZĂU
Vălenii de Munte
Breaza
Parc naturel Balta Mică a Brăilei
Puciosa
Lipănști
Însurăței
PLOIEȘTI
Târgoviște
Mihăilești
Ialomița
Lac Dridu
Urziceni
Snagov
Pădurea Căldărusan
Amara
Țăndărei
Hârsova
Conțești
Buftea
Slobozia
Corbii Mari
Mogoșoaia
Cernica
Lehliu-Gără
BUCAREST
Argova
Bratul Borcea
Clejani
Lac Mihăilești
Sabar
Lac Iezer
DANUBE
Călărași
Herăști
Dorobanțu
Călniștea
Lac Comana
Parc naturel Comana
Oltenița
Silistra
Adamclisi
Lac Bugeac
Alexandria
Giurgiu
RUSE
Zimnica
Olt
Siret
Prut
A1
A2
0 km
20
40
60
80 km
N

Bucarest

Le sud de la Roumanie, dans la vaste plaine du Danube où s'élève la capitale Bucarest, est issu de l'un des trois grands ensembles géographiques qui ont formé la Roumanie moderne : la Valachie (ou Valaquie). Le nom provient de « Valaques », exonyme désignant les latinophones (qui s'expriment dans la langue des Romains, d'où le gentilé Roumain) en Europe du Sud-Est au Moyen Âge.
Véritable bereceau de la nation roumaine, la Valachie se nomme d'ailleurs en roumain *□ara Românească,* « la Terre roumaine ». Principauté indépendante au Moyen Âge, comme la Moldavie, elle contraste alors avec la Transylvanie, qui fait partie du royaume de Hongrie.
La principauté historique de Valachie se divise aujourd'hui en trois régions informelles : Bucarest même, l'Olténie (ou Petite Valachie) à l'ouest et la Munténie (ou Grande Valachie) à l'est. La distinction entre Olténie (de l'autre côté de la rivière Olt) et Munténie (Valachie pour les Moldaves) est apparue au XVIe siècle.
Cet ensemble n'est pas le plus touristique de la Roumanie. La plaine du Danube ne possède pas les paysages les plus excitants du pays et les villes industrielles qui y ont été élevées à l'époque communiste ne sont pas des plus attirantes. Il s'agit de plus de la région la plus pauvre du pays. Elle n'en reste pas moins passionnante d'un point de vue culturel et sociologique : Bucarest est un objet de visite en soi, capitale originale s'il en est, les villes de Târgoviște ou de Craiova méritent le détour, alors que la partie nord de l'Olténie, sur les contreforts des Carpates, possède de nombreux charmes et points d'intérêt qui annoncent déjà la Transylvanie.
Bucarest n'est pas une ville qui dévoile facilement ses charmes. De prime abord, elle apparaît chaotique, sans homogénéité architecturale, bétonnée, bruyante, polluée… La pauvreté se reflète parfois dans les glaces de ses immeubles de bureaux ultramodernes. Et comme dans de nombreuses villes des anciens pays de l'Est, les publicités ont envahi les espaces communs, sauvagement. Toutefois, en s'y attardant un peu, on constatera que cette ville de plus de 2 millions d'habitants n'a pas grand-chose de commun avec une autre et que ses défauts mêmes participent de son charme et de sa différence. Dans cette ville universitaire, où se déploie la vie culturelle, étudiante, nocturne et économique d'une capitale, il y a des quartiers aux rues calmes bordées d'arbres et de palais. Et les amateurs d'art, d'histoire, de folklore et d'architecture populaire trouveront leur bonheur dans ses nombreux musées. Beaucoup reprochent à Bucarest de ne pas donner à ses visiteurs l'image de la « vraie » Roumanie. Effectivement, la capitale n'est pas représentative de ce qu'on peut visiter dans certains villages pittoresques du pays, mais

Les immanquables de Bucarest

- Le quartier historique de Lipscani, avec ses terrasses, ses rues piétonnes, son ambiance animée et ses petites églises.
- Le musée du Village et le musée du Paysan, dédiés à la substance de la Roumanie : son monde rural, synthétisé ici et exposé dans toute sa diversité.
- Les beaux quartiers de Calea Victorei, Cotroceni, Dacia ou Strada Paris, pour contempler les splendides demeures des années folles.
- Le marché d'Obor, le plus grand de la ville, pour découvrir ses produits locaux et son ambiance animée.
- Le palais du Parlement, ex-Maison du peuple, pour un aperçu de la mégalomanie de Ceaușescu.
- Les immenses parcs de la capitale, où se retrouvent les Bucarestois l'été venu.
- Un repas dans l'un des excellents restaurants roumains de la ville, pour découvrir la savoureuse cuisine nationale.
- Le palais de Mogoșoaia situé à l'extérieur de la ville.

c'est bien là tout l'intérêt de cette ville. Née du mélange, sans frontières bien dessinées, transformée par la mégalomanie d'un homme, cette ville métissée est un carrefour historique et architectural. Bucarest à travers ses musées, ses théâtres et ses nombreux restaurants est un lieu déconcertant qui vit encore entre Orient et Occident.

Histoire

Le nom de Bucarest proviendrait de *bucurie*, qui signifie « joie ». Un berger, enchanté par le site, l'aurait nommé ainsi. La toute première mention du nom date de 1459, lorsqu'il apparaît sur un document émis par la chancellerie de Vlad Țepeș. Devenu capitale à la fin du XVIe siècle, Bucarest connaît un développement rapide. À cette époque, notables, artisans et commerçants affluent vers la cour princière. On y construit également des monastères, comme celui de Vodă. Au siècle suivant, la ville s'agrandit et s'étend sur la rive droite de la Dâmbovița, qui se peuple de maisons et autres constructions importantes. Sous le règne de Constantin Brâncoveanu (1688-1714), de nouveaux quartiers apparaissent et, surtout, de véritables axes de communication. Au XIXe siècle, sous l'influence grecque, la ville voit affluer des marchands de toutes origines. Le quartier de Lipscani se développe autour de ces nouveaux et nombreux ateliers et boutiques. En 1831 (Bucarest compte alors 60 000 habitants), après la création du Conseil de la ville, les rues sont pavées, des puits sont creusés et, à la fin du XIXe siècle, la ville se dote de grands bâtiments, comme le palais de la CEC, le musée d'Histoire et l'Athénée roumain.

Au XXe siècle, dans l'entre-deux-guerres, Bucarest connaît un essor économique et culturel considérable. Il est surnommé *Micul Paris* (le Petit Paris). Sous le régime communiste, la ville s'étend rapidement grâce à d'immenses quartiers de blocs implantés sur de nouveaux terrains, ou plus proches du centre s'ils sont destinés à remplacer ceux de maisons insalubres. Des bâtiments d'architecture typiquement communiste sont également construits, comme la Maison de la presse. Le 4 mars 1977, un violent tremblement de terre cause la mort de plus d'un millier de personnes. Sous le prétexte de reconstruction et d'assainissement de la ville, Ceaușescu entame la construction du Centre civique autour de l'immense palais du Peuple. Une aberration qui va entraîner la destruction de nombreuses rues anciennes et la disparition de tout un patrimoine, ainsi que le déplacement d'une importante partie de la population.

QUARTIERS

Ville métissée aux charmes dispersés, Bucarest représente l'éclectisme. Par l'absence d'un centre de gravité clairement défini, la ville déconcerte le visiteur au premier abord. Néanmoins, pour se repérer, la meilleure solution consiste à visualiser les grandes places et les monuments principaux. Sur un axe nord-sud, du parc Herăstrău à Piața Unirii et le long de Calea Victoriei, vous pourrez découvrir quelques-uns des plus beaux sites de la ville.

Centre historique

Situé entre Piața Unirii et le parc Cișmigiu, c'est le point de départ du développement de Bucarest. Autour de la cour princière dont il reste les ruines, ce quartier attira au XVe siècle toute sorte de marchands et artisans. Il fut ravagé par un incendie le 23 mars 1847 et des architectes étrangers, français pour la plupart, contribuèrent à lui donner une allure européenne moderne. Échappé miraculeusement de la folie destructrice de Nicolae Ceaușescu, on y vient désormais pour flâner le long de ses ruelles piétonnières et animées. L'été, dans le quartier Lipscani, on découvre avec béatitude les terrasses qui prennent place sur les trottoirs. Ce quartier qui accueille touristes et Bucarestois est en train de devenir un des lieux les plus branchés de la ville.

Calea Victoriei

Centre névralgique de la ville qui traverse le centre historique, Calea Victoriei s'étend sur plus de deux kilomètres. Les amateurs d'architecture seront conquis puisqu'on retrouvera là d'opulentes demeures bourgeoises des XIXe et XXe siècles. Chaque immeuble est une réussite architecturale qui montre le faste qu'a connu la petite noblesse de Bucarest, qui se mêle à un nombre incroyable d'églises et de boutiques qui se renouvellent à vitesse grand V. Un autre regard sur un Bucarest qu'on n'imaginait pas.

- 1- Agence TAROM
- 2- Gare du Nord
- 3- Gare de Bneasa
- 4- Romexpo
- 5- Obor Marché
- 6- Palais du Parlement
- 7- Musée militaire
- 8- Stade du Dinamo
- 9- Curtea Veche
- 10- Musée National d'Histoire
- 11- Musée National d'Arts
- 12- Musée historique de Bucarest
- 13- Arts Collections Museum
- 14- Synagogue "Temple Coral"
- 15- Musée Grigore Antipa
- 16- Romanian Peasant Museum
- 17- Musée George Enescu
- 18- Musée d'Astronomie
- 19- Musée des Pompiers
- 20- Musée Minovici
- 21- Romanian Village Museum
- 22- Théodor Aman
- 23- Strada Lipscani
- 24- Melik House
- 25- Antim Monastère
- 26- Radu Vodă
- 27- Patriarche
- 28- Bucur
- 29- St Georghe Nou
- 30- Coltea
- 31- Cretulescu
- 32- Stavropoleos
- 33- Domnita Bălasa
- 34- Russian Church
- 35- Italian Church
- 36- Lutheran Church
- 37- St Iosif
- 38- St Elefterie
- 39- Cirque Globus
- 40- Cotroceni Palace
- 41- Cretulescu Palace
- 42- Théâtre National
- 43- Romanian Athenaeum
- 44- Piata Dorobantilor
- 45- Hôtel de Ville
- 46- Institut d'Architecture
- 47- Arc de Triomphe
- 48- Grand Pont
- 49- Emergency Hospital
- 50- Quartier Cotroceni
- 51- Piața Revolutiei
- 52- Piața Rosetti
- 53- Bibliothèque Nationale
- 54- Maison de la Presse libre
- 55- Parc Izvor
- 56- Université
- 57- Académie Militaire
- 58- Palais Cec
- 59- Bibliothèque Nationale
- 60- Passage Villacross
- 61- Agence CFR
- 62- Tribunal
- 63- Cercle Militaire
- 64- Brserca Sf. Apostoli
- 65- Unirea Shopping Center
- 66- Hala Traian

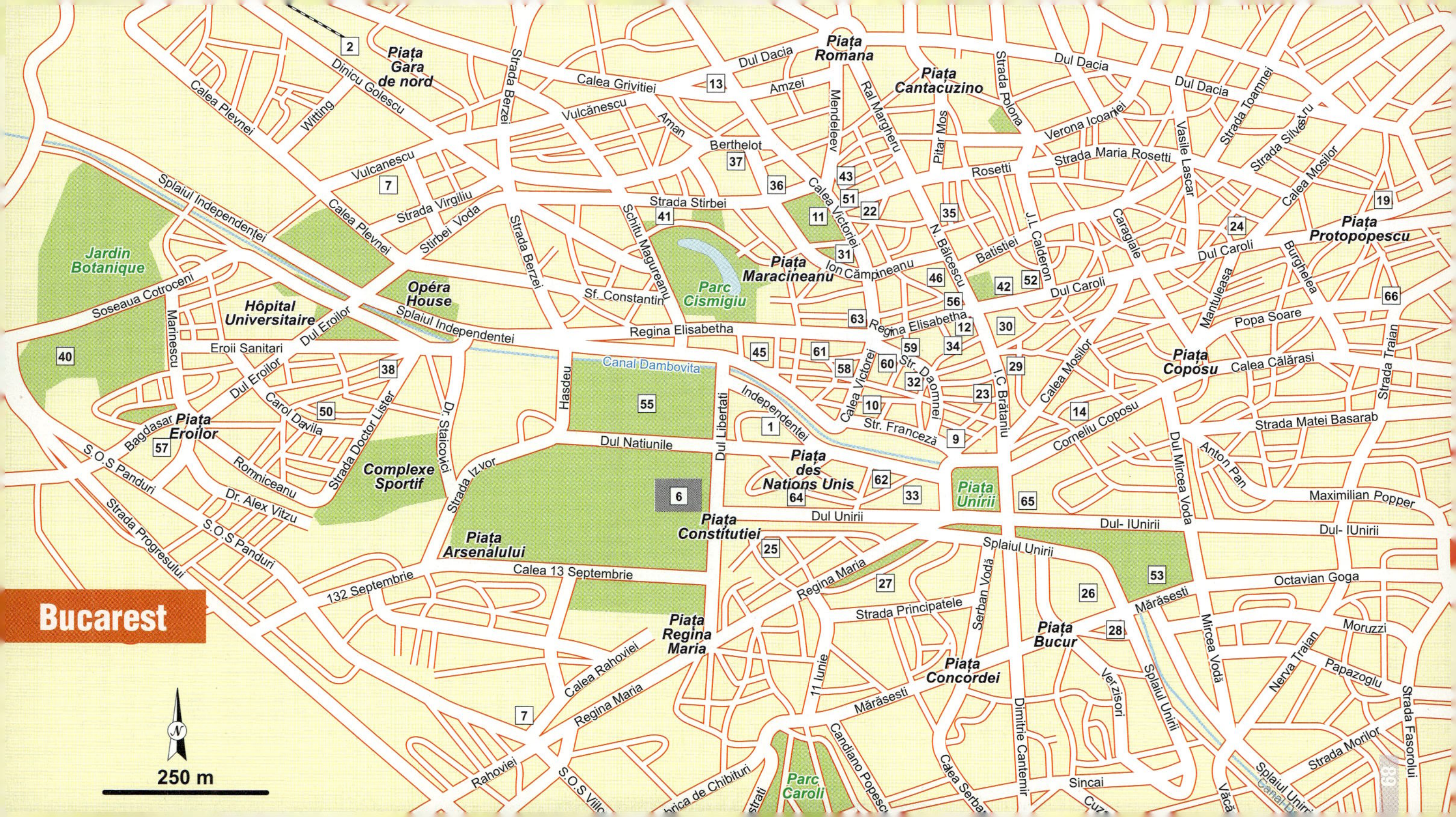
Bucarest
250 m
N
Piața Gara de nord
Piața Romana
Piața Cantacuzino
Piața Protopopescu
Piața Maracineanu
Parc Cismigiu
Piața Coposu
Opéra House
Hôpital Universitaire
Jardin Botanique
Piața Eroilor
Complexe Sportif
Piața des Nations Unis
Piața Unirii
Piața Constitutiei
Piața Arsenalului
Piața Regina Maria
Piața Bucur
Piața Concordei
Parc Caroli
Canal Dambovita
Dul Dacia
Calea Grivitiei
Amzei
Mendeleev
Ral Margheru
Strada Polona
Verona Icoanei
Strada Toamnei
Strada Silvestru
Calea Mosilor
Vasile Lascar
Strada Maria Rosetti
Rosetti
Pitar Mos
Dinicu Golescu
Calea Plevnei
Witting
Vulcănescu
Vulcanescu
Aman
Berthelot
Strada Berzei
Strada Virgiliu
Stirbei Voda
Strada Stirbei
Schitu Magureanu
Calea Victoriei
N. Bălcescu
J.L Calderon
Batistiei
Caragiale
Dul Caroli
Burghelea
Mantuleasa
Ion Câmpineanu
Sf. Constantin
Splaiul Independentei
Soseaua Cotroceni
Marinescu
Eroii Sanitari
Dul Eroilor
Carol Davila
Strada Doctor Lister
Dr. Staicovici
Hasdeu
Regina Elisabetha
Popa Soare
Calea Călărasi
Strada Traian
Independentei
Str. Daomnei
Str. Franceză
I.C Brătaniu
Calea Mosilor
Corneliu Coposu
Strada Matei Basarab
Anton Pan
Maximilian Popper
Dul Mircea Voda
Dul- IUnirii
Dul Natiunile
Dul Libertati
Strada Izvor
Dul Unirii
Bagdasar
Romniceanu
Dr. Alex Vitzu
S.O.S Panduri
Strada Progresului
132 Septembrie
Calea 13 Septembrie
Calea Rahoviei
Regina Maria
Rahoviei
S.O.S Villor
Fabrica de Chibituri
Splaiul Unirii
Strada Principatele
Serban Vodă
11 Iunie
Mărăsesti
Candiano Popescu
Calea Serban
Dimitrie Cantemir
Ver zisori
Sincai
Octavian Goga
Mircea Vodă
Moruzzi
Nerva Traian
Papazoglu
Strada Morilor
Strada Fasorolui
Văcă
1
2
6
7
9
10
11
12
13
14
19
22
23
24
25
26
27
28
29
30
31
32
33
34
35
36
37
38
40
41
42
43
45
46
50
51
52
53
55
56
57
58
59
60
61
62
63
64
65
66

Palais du Parlement

Symbole controversé de la dictature de Ceaușescu, le palais du Parlement, initialement appelé la Maison du peuple, a été construit dans les années 1980 après la démolition d'un vaste quartier de maisons anciennes particulièrement pittoresques et d'édifices historiques d'une valeur inestimable. Devant cet imposant bâtiment, vous pourrez constater le gigantisme de cet héritage communiste en longeant l'avenue qui vous mènera jusqu'à Piața Unirii, un carrefour routier et commercial important. Le quartier dans son ensemble conserve les plaies indélébiles du communisme et les barres d'immeubles dominent le décor. Néanmoins, parmi ce désastre architectural demeurent quelques sites religieux et culturels intéressants.

Si vous souhaitez poursuivre votre excursion vers le sud et avoir une des rares vues du haut de la ville, dirigez-vous vers la colline du Patriarcat et le parc Carol Ier.

Arc de triomphe et le Nord

Depuis Piața Victoriei, parmi les parcs et les beaux quartiers, vous trouverez là une atmosphère paisible et ressourçante. Les lieux d'intérêt y sont encore innombrables et les influences variées. Si vous souhaitez avoir un aperçu du folklore roumain, dirigez-vous vers le musée du Paysan ou le musée du Village qui vous permettront de découvrir les traditions du pays.

Dans ce secteur de la ville, vous serez également étonné par les influences françaises et soviétiques. L'espace d'un instant vous comprendrez pourquoi Bucarest fut surnommé le Petit Paris quand vous passerez devant l'Arc de triomphe de Bucarest ou le long des luxueuses villas de Șoseaua Kiseleff. De même, vous pourrez vous croire à Moscou en contemplant la Maison de la presse libre, proche du parc Herăstrău, le poumon vert de la ville. Bref, vous l'aurez compris, cette partie de la ville est excellente pour se reposer ou pour se restaurer à l'ombre des terrasses ombragées.

Faubourgs de Bucarest

Rapidement accessible depuis la gare du Nord et proche du palais du Parlement, on y vient en priorité pour découvrir le palais Cotroceni. Bordé par un agréable jardin botanique, ce palais est actuellement le siège de la présidence de la République. Dans les rues alentour, un peu plus au nord, le Musée militaire national est un témoignage intéressant des guerres menées par l'armée roumaine.

SE DÉPLACER

L'arrivée

Avion

Vols intérieurs

La plupart des vols intérieurs s'effectuent de l'aéroport Henri Coandă. Étant donné la taille importante du pays et le dynamisme de certaines villes, les vols intérieurs sont désormais fréquents et ils sont assurés par la compagnie nationale Tarom.

Vols internationaux

Bucarest est desservi par la plupart des compagnies européennes et est ainsi relié à toutes les capitales du continent ou presque.

AEROFLOT
Strada General Gheorghe Manu, 5
✆ +40 21 315 0314
✆ +40 21 212 8684
www.aeroflot.ru
Vols de et vers Moscou.

AÉROPORT INTERNATIONAL HENRI COANDĂ (OTOPENI)
✆ +40 21 204 1000 / +40 21 201 4000
www.otp-airport.ro
contact@bucharestairports.ro
Situé à 16 kilomètres au nord de la ville, l'aéroport d'Otopeni (récemment rebaptisé Henri Coandă) accueille les vols internationaux depuis 1970. Entièrement rénové, l'aéroport de la capitale roumaine est moderne, clair, propre et à taille humaine. Les départs et les arrivées se font depuis deux terminaux différents mais séparés par quelques dizaines de mètres seulement : hall des arrivées et des vols intérieurs (*Terminal Sosiri*), hall des départs (*Terminal Plecări*). Les parkings se trouvent devant les deux terminaux. L'arrivée se fait généralement sans encombre, les formalités étant désormais simplifiées.

Dans le hall des arrivées, vous trouverez un petit magasin qui vend des journaux français, des fleurs et surtout des plans de la ville, assez chers mais pratiques. Un petit bureau d'informations peut vous donner quelques renseignements sur l'aéroport et les horaires des vols.

▶ **Pour changer de l'argent,** vous aurez l'embarras du choix entre deux distributeurs automatiques ou des bureaux de change. Mais tous offrent des cours très désavantageux. À n'utiliser que pour avoir quelques billets en poche.

▶ **Les principaux agents de locations de voitures** ont un stand dans le hall. Si vous avez besoin d'utiliser les cabines téléphoniques, vous trouverez un distributeur automatique de cartes derrière le bureau de Budget Rent a Car. Dans le hall des départs, vous trouverez des banques, bureaux d'information, distributeurs automatiques et, à l'étage, les bureaux des compagnies aériennes, des bars et restaurants, ainsi qu'une zone « panoramique ».

▶ **Après la douane, dans la zone d'embarquement,** vous trouverez quelques boutiques de souvenirs (très chers), de duty free, des journaux, un bar, un restaurant et des bornes Internet.

De l'aéroport au centre de Bucarest

▶ **En taxi :** Afin d'éviter les nombreuses fraudes du passé, seules les compagnies habilitées par l'aéroport ont le droit d'accéder au terminal des arrivées. Il s'agit de Fly Taxi ainsi que de quelques indépendants qui pratiquent le même prix : 3,5 RON/km. Vous les reconnaîtrez à l'enseigne de l'aéroport affichée sur les voitures. Ignorez les sollicitations des autres chauffeurs de différentes compagnies qui pourraient vous attendre parfois dès le hall d'arrivée à moins d'avoir réservé un taxi d'une compagnie que vous connaissez bien (voir plus bas), mais dont les véhicules ne sont pas autorisés à se garer directement à la sortie du terminal. La durée du trajet dépend de l'heure et des conditions de circulation. Pour vous rendre au centre-ville, comptez environ 30 € de l'aéroport Henri Coandă. Cependant, ces prix sont beaucoup plus élevés que ceux des compagnies de taxi habituelles, comme celles listées plus bas, mais qui n'ont pas accès au terminal des arrivées. Ce que vous pouvez faire, c'est vous rendre au terminal des départs et prendre un taxi qui vient de déposer quelqu'un. À l'aéroport de Băneasa, faites attention de prendre un des taxis appartenant aux compagnies listées plus bas. Le trajet ne devrait pas vous coûter plus de 10 €.

▶ **En bus :** Rapide, bon marché, fréquent et assez confortable si l'on trouve une place, le bus est très pratique si l'on veut rejoindre le centre-ville. La ligne n° 783 dessert l'aéroport de 5 heures 30 à 23 heures 30, toutes les 15 à 20 minutes du lundi au vendredi, et toutes les 30 minutes les samedi et dimanche. Les bus attendent au terminal domestique, c'est-à-dire au niveau inférieur du terminal des arrivées. Vous devez acheter les tickets dans le petit kiosque à droite de la sortie et pas dans le bus lui-même. L'arrêt est devant le guichet. Un ticket coute environ 1,70 € (8 RON). Au retour, les tickets peuvent être achetés dans les kiosques RATB situés sur le trajet. En bout de ligne, le bus dessert d'abord le terminal des arrivées, puis le terminal des départs. Le parcours du bus est le suivant : il dessert la ligne Piața Unirii – Aeroport Henri Coandă – Piața Unirii. Depuis l'aéroport, les arrêts principaux sont : Aeroport Aurel Vlaicu de Băneasa, Piața Presei Libere (grand édifice d'architecture communiste), Arc de triomphe et Parc Herăstrău, Piața Victoriei, Piața Romană, Piața Universității (devant l'hôpital Colțea), puis Piața Unirii (au sud de la place devant le pub The Harp). Compter environ 30 à 45 minutes de trajet du centre jusqu'au terminus, selon la circulation. Depuis l'aéroport d'Otopeni, vous pouvez également prendre le bus n° 780 qui vous mènera à la gare du Nord en passant par Băneasa. De l'aéroport Aurel Vlaicu, le bus n° 131 va jusqu'au centre-ville de Bucarest et le bus n° 205 relie l'aéroport à la gare du Nord.

■ **AIR FRANCE**
Strada Buzești, 85
✆ +40 212 069 200
www.airfrance.com
airfrance-support@iseatz.com
Vols de et vers Paris-Charles de Gaulle.

■ **AIR MOLDOVA**
Appartement 15
Strada Frumoasă, 52
✆ +40 21 315 5114
www.airmoldova.md
helpdesk@airmoldova.md
Vers Chișinău.

■ **ALITALIA**
Strada Louis Blanc, 1
✆ +40 21 318 7665 / +40 21 201 3383
www.alitalia.com
alitaliasupport@alicos.net
Vols de et vers la France avec escales à Milan et Rome à des tarifs souvent intéressants.

■ **AUSTRIAN AIRLINE**
Aleea Alexandru, 9A
✆ +40 21 204 4560
✆ +40 21 204 2208
www.aua.com
Vols de et vers Vienne.

■ **BLUE AIR**
Aéroport de Băneasa
✆ +40 21 208 8686
www.blueair-web.com
Ouvert tous les jours de 6h à 21h.
Une très bonne option. Depuis Bucarest, cette compagnie roumaine propose des vols vers plus d'une vingtaine de destinations dont Paris-Beauvais (presque tous les jours) ou Bruxelles (plusieurs vols par semaine).

■ **BRITISH AIRWAYS**
Calea Victoiriei, 15
✆ +40 21 303 2222
✆ +40 21 204 2001
www.britishairways.com

■ **CARPATAIR**
À l'aéroport
✆ +40 21 204 1093
www.carpatair.com
reservations@carpatair.com
Cette compagnie roumaine basée à Timișoara pourra également assurer les vols Bucarest-Timișoara. De là, vols vers d'autres villes de Roumanie (Cluj par exemple) et quelques cités italiennes et allemandes.

La CFRNA, pionnière de l'aviation de l'entre-deux guerres

Au lendemain de la Première Guerre mondiale, à l'instigation du diplomate roumain Nicolae Titulescu, la France et la Roumanie s'associèrent pour créer une compagnie aérienne : la Compagnie franco-roumaine de navigation aérienne. Le but était de desservir plusieurs villes du continent entre l'Atlantique et Constantinople tant pour le transport de personnes que celui de courrier ou de marchandises. La CFRNA devint la première compagnie aérienne trans-continentale, la liaison qui desservait Paris-Le Bourget, Strasbourg, Prague, Vienne, Budapest, Bucarest Băneasa et Constantinople. Il fallait environ 37 heures en comptant les arrêts aux Potez VII et IX pour effectuer plus de 2 500 kilomètres. L'aventure de la CFRNA prend fin au début des années 1950, lorsque la Tarom lui succède en 1954. Tarom a été parrainée par Air France.

■ **CSA**
Czech Airlines.
Strada Batiștei, 3
✆ +40 21 315 3205
Vols de et vers Prague, connexions rapides avec Paris.

■ **KLM**
Strada Buzești, 85
Étage 5
✆ +40 21 206 9222
www.klm.ro
Vols de et vers Amsterdam.

■ **LUFTHANSA**
À l'aéroport
✆ +40 21 204 8410
www.lufthansa.com
Vols de et vers Francfort et Munich.

■ **MYAIR**
Aéroport de Băneasa
www.myair.com
Ouvert tous les jours de 8h à 22h.
Tarifs intéressants. Depuis Bucarest, cette compagnie italienne propose près d'une dizaine de destinations dont Paris-Charles de Gaulle et Bruxelles.

■ **TAROM**
(centre-ville)
Splaiul Independenței, 17
✆ +40 21 316 0220
www.tarom.ro
flyingblue@tarom.ro
Ouvert en semaine de 9h à 19h30, le samedi de 9h à 14h.
▸ **Autre adresse :** A l'aéroport Henri Coanda

■ **TURKISH AIRLINES**
À l'aéroport
✆ +40 21 204 2007
www.turkishairlines.com
ocihelp@thy.com
Vols de et vers Istanbul.

■ **WIZZAIR**
www.wizzair.com
sellwizz@wizzair.com
Compagnie hongroise qui propose des prix très compétitifs. 3 vols par semaine entre Bucarest et Paris-Beauvais ou encore entre Bucarest et Bruxelles.

Train

Le train est un bon moyen pour gagner Bucarest et en partir. La gare du Nord est bien desservie, les trains sont nombreux. Les villes desservies par les trains Rapid et les Inter City, les nouveaux trains modernes de la CFR, sont plus proches que jamais de la capitale, et le rail peut ainsi concurrencer les maxitaxis sur certaines destinations.

▸ **Les gares.** Cinq gares sont situées aux limites de la ville, mais la gare du Nord (Gara de Nord) accueille la plupart des trains nationaux et internationaux. La gare d'Obor, à l'est, dessert la côte, tout comme la gare de Băneasa (au nord de la ville). La gare Basarab (à côté de la gare du Nord) accueille les trains de banlieue et dessert Pitești, Craiova et Giurgiu. Enfin, la gare Progresu, très loin au sud, dessert Giurgiu… Là, les trajets sont plus longs que ceux de la gare du Nord ou Basarab. Bref, la gare du Nord sera sans doute la seule que vous aurez à utiliser. Elle est très bien desservie par le métro, les tramways, les bus et les trolleys, et il y a des hôtels bon marché dans les environs. Dans la gare même, vous trouverez de nombreux commerces ainsi que de la restauration rapide. La gare est ouverte 24 heures sur 24, la consigne également. Théoriquement, l'accès aux quais n'est possible qu'avec un billet de train.

Lignes intérieures

De Bucarest, on peut gagner toutes les villes du pays. Les trains Rapid et Inter City sont les plus pratiques et les plus modernes. Ces trains permettent de rejoindre Iași, Suceava, Timișoara ou Cluj par exemple, rapidement et sûrement. Pour les autres destinations, faites bien attention au type de train que vous choisissez, la durée du trajet peut doubler si l'on prend les plus lents !

Lignes internationales

Le train dessert toutes les villes de Roumanie. Pour les grandes distances, les trains couchettes sont conseillés. Trains internationaux pour Budapest, Bratislava, Vienne, Varsovie, Moscou, Venise, Belgrade, Zagreb, Istanbul, Thessalonique, Chișinău, etc. Pour acheter des tickets pour le jour même, il suffit de faire la queue aux guichets situés à l'est de la gare.

■ **AGENȚIE DE VOIAJ CFR CENTRE-VILLE**
Strada Domnița Anastasia, 10
✆ +40 21 314 5528 – www.cfr.ro
Ouvert en semaine de 8h à 20h, le samedi de 9h à 13h30. Fermé le dimanche.
Agence de la société roumaine des chemins de fer, pour acheter des billets ou consulter les horaires. Pratique, car en plein centre-ville, non loin du parc Cișmigiu et de Calea Victoriei.

■ **AGENȚIE DE VOIAJ CFR QUARTIER DE LA GARE DU NORD**
Calea Griviței, 139
✆ +40 21 316 8947
www.cfr.ro
Ouvert en semaine de 8h à 20h, le samedi de 9h à 13h30. Fermé le dimanche.
Une autre agence de la société des chemins de fer. Tout à côté de l'hôtel Ibis, à 100 m de la gare, en direction du centre.

Bus

Voici quelques-unes des compagnies de bus nationales et internationales qui effectuent les grandes liaisons au départ de Bucarest. Pour une grande majorité d'entre elles, il est possible de réserver en ligne. Pour les liaisons internationales, arriver toujours une heure à l'avance.

■ **ANESIS**
Strada Poterași, 20
✆ +40 21 330 9176
Bureau ouvert du lundi au vendredi de 9h à 20h, le week-end de 9h à 13h. Bus pour la Grèce, 2 fois par semaine.

■ **ATLASSIB**
Bulevardul Ion Gheorghe Duca, 4
✆ +40 21 222 4735
www.atlassib.ro
office@atlassib.ro
Bureau ouvert du lundi au vendredi de 9h à 20h, le samedi de 8h à 16h, le dimanche de 8h à 13h.
Une bonne compagnie roumaine dont les bus desservent toutes les villes d'Europe (mais aussi les villes roumaines et Sibiu en particulier), à des tarifs légèrement inférieurs à ceux d'Eurolines.

■ **BILETERIA SRL**
Strada Victoriei, 69
Chitila
www.autogari.ro
info@atugoari.ro
Horaires et tickets de bus. Réservation, location.

■ **DACOS**
www.dacos.com.ro
office@dacos.com.ro
Une compagnie longue distance.

Centre-ville de Bucarest

Les gares routières de Bucarest

Les cinq gares routières de Bucarest sont desservies par des autobus locaux. Excentrées et parfois difficiles à trouver depuis le centre, elles sont peu pratiques pour les départs (de la ville) et se prêtent mieux aux arrivées (dans la ville).

■ **GARE BĂNEASA**
Bulevardul Ion Ionescu de la Brad, 5
Près de l'aéroport de Băneasa, desservie notamment par le bus 783. Autobus vers Pitești et Ploiești.

■ **GARE FILARET**
Piața Gării Filaret, 1
Au sud de Piața Unirii, près du parc Carol, accès par le tramway 7 depuis Piața Unirii. Autobus pour le sud de la capitale : Giurgiu, la Bulgarie…

■ **GARE ROUTIÈRE DE CALEA GRIVIȚEI**
Derrière la gare du Nord
Bus pour Chișinău, Târgoviște.

■ **GARE ROUTIÈRE D'OBOR**
Bulevardul Gării Obor, 3
Accès avec le trolleybus 85 depuis Piața Universității. Bus poussifs vers Urziceni, Slobozia et autres villes à l'est de la capitale.

■ **DOUBLE T**
Calea Victoriei, 2
✆ +40 21 313 3642
www.doublet.ro
comercial@doublet.ro
Bus pour toute l'Europe.

■ **EUROLINES**
Strada Buzești, 44
✆ +40 21 316 3661
www.eurolines.ro
office@eurolines.ro
Ouvert non stop. Bus pour toute l'Europe.
Les départs et arrivées se font depuis le McDonald's au coin de Strada Gheorghe Polizu et de Strada Buzești, à 400 mètres de la gare du Nord. Le bus 79 relie cet arrêt à la gare et à Piața Romană. Les billets peuvent être achetés dans les agences de voyages du centre-ville ou, plus sûrement, au bureau d'Eurolines.

■ **TOROS**
Calea Griviței, 136 ✆ +40 21 223 1898
Bus pour Istanbul 2 fois par jour, avec correspondances pour tout le Moyen-Orient.

Voiture

Location de voitures

Au moment où on loue une voiture, il faut en principe présenter un permis de conduire obtenu il y a au minimum un an. Vous avez deux possibilités : agence locale ou internationale. Les tarifs restent chers comme dans tous les pays européens. Comptez entre 20 € à 40 € par jour en moyenne (selon la durée et la taille de l'agence) pour un véhicule de type Renault Logan (très appréciable sur les routes de Roumanie). Regardez bien dans les clauses du contrat ce qui est compris (kilométrage illimité, assurances…). Aussi, pendant la saison estivale, il est vivement recommandé de réserver son véhicule plusieurs mois à l'avance car la demande est très forte en cette période. Sachez enfin que les petites agences (souvent moins chères) vous factureront un supplément parfois conséquent si la voiture est rendue dans un lieu différent de celui où elle a été empruntée.

■ **AUTONOM RENT A CAR**
6 Strada Grațioasă
Aéroport de Băneasa ✆ +40 721 442 266
www.autonom.com – bucuresti@autonom.ro
Ouvert du lundi au vendredi de 9h à 18h, le samedi de 9h à 13h. Services et livraison 24h/24, 7j/7. Compter à partir de 28 €/jour pour une location de 1 à 3 jours, en catégorie A (Daewoo Matiz). Vaste gamme de véhicules catégories A à V. Prix dégressifs à la durée.
Cette jeune compagnie dynamique est devenue un des premiers loueurs nationaux grâce à ses prix compétitifs et à son réseau bien implanté dans tout le pays. Présente dans 14 villes (Bucarest, Timișoara, Cluj, Brașov, Sibiu, Constanța, Iași, Suceava, Bacău, Galați…) à travers ses 24 agences que vous trouvez aux aéroports et dans les centres-villes. Vous pouvez choisir parmi une large gamme de voitures, toutes neuves et bien équipées. Le personnel travaille beaucoup avec les étrangers et se fera un plaisir de vous répondre en français. Les tarifs incluent l'assurance tous risques.

■ **AVIS**
Strada Mihail Moxa, 9
Mais aussi au Hilton
✆ +40 21 210 4344 – www.avis.ro
reservations@avis.ro
Ouvert du lundi au vendredi de 9h à 17h30.

■ **BUDGET**
Strada Mihail Moxa, 9
✆ +40 21 210 2867
www.budgetro.ro
reservations@budgetro.ro
Bureaux ouverts de 8h à 20h. Compter à partir de 20 € pour une voiture en classe économique.
Présente dans les grandes villes comme Bucarest, Constanta, Brasov ou Timisoara, cette agence propose un choix satisfaisant de voitures, pour la plupart neuves.

■ **EUROPCAR**
Calea Călărași, 44
✆ +40 21 320 8554

■ **FRANCROCAR**
Strada Paris, 4
Étage 1, appartement 5
✆ +40 723 560 674
✆ +40 740 191 912
www.francrocar.ro
rent.a.car@francrocar.ro
Compter 28 €/jour pour une location de 1-3 jours d'une Daewoo Matiz, 32 € pour une Dacia Logan, 40 € pour une Renault Clio ou une Opel Astra. Prix dégressifs pour des locations plus longues. Il y a souvent des offres promo, n'hésitez pas à les contacter.
Cette agence franco-roumaine a une expérience de plus de 20 ans dans la location de voitures. Vous y trouverez un vaste choix de véhicules (Mercedes, Volkswagen, Chevrolet, Honda...) ainsi qu'une équipe de professionnels avec un grand sens du service.

Autre adresse : Aux aéroports de Baneasa et d'Otopeni.

Les maxitaxis

Ce type de transport s'est énormément développé depuis quelques années. Il est moins cher, plus confortable et plus rapide que le train. On achète les billets sur place. De Bucarest, vous pourrez ainsi rapidement rejoindre les villes proches, mais aussi Constanța ou Târgu Mureș par exemple. Attention, gardez le ticket jusqu'à la fin du trajet, il peut être contrôlé.

■ **AUTOGARA**
Strada Ritmului
Maxitaxis pour Brașov, Constanța, Piatra Neamț, Sighișoara, Sinaia, Târgu Mureș, entre autres. Accès avec le trolleybus n° 85, depuis Piața Universității (côté Rosetti), ou le métro (station Piața Iancului).

■ **AUTOGARA BASARAB (GARA DE NORD B)**
Un peu au nord de la gare du Nord, en longeant les voies, non loin du passage qui les traverse. Accès tramways 11, 12, 35 notamment.
Une nouvelle gare routière, moderne et bien aménagée. On achète les tickets (à l'avance si l'on veut) à un bureau ouvert de 6 heures 30 à 23 heures. Les quais, destinations et horaires sont clairement indiqués. Maxitaxis pour : Arad (3 par jour), Babadag, Caracal, Cheia, Fieni, Galați (9 par jour), Târgoviște, Tulcea (8 par jour) et Slatina. D'autres destinations seront sans doute desservies dans un proche avenir.

■ **AUTOGARA OBOR**
À l'est de la ville
www.autogari.ro
Maxitaxis pour Buzău et Focșani. Accès avec le trolley n° 85, depuis Piața Universității (côté Rosetti).

■ **GARE**
Calea Victoriei 2
La plus pratique, car centrale. Nombreuses destinations. Tarifs et horaires affichés sur une petite vitrine à l'angle de la petite station et de Strada Nicolae Tonitza.

■ **GARE DU NORD**
Sortie Calea Griviței
Nombreux maxitaxis pour Buftea. Bus pour Chișinău.

■ HERTZ (AAA AUTORENT HERTZ)
Bulevardul Națiunile Unite, 3
Bloc 109, rez-de-chaussée
✆ +40 21 335 7533
www.hertz.com.ro
reservations@hertz.com.ro
De 8h à 2h, Hertz est à votre service aussi à l'aéroport Henri Coandă, Bucarest. Tél : (021) 201 49 54 - Fax : (021) 201 49 55 – e-mail : Robuc51@hertz.com.ro
Cette enseigne internationale est présente en Roumanie depuis 1975. Hertz est à disposition de ses clients dans les aéroports, les centres-villes et les hôtels de Bucarest, Arad, Constanța, Cluj-Napoca, Oradea, Timișoara et Târgu Mureș. Vous pouvez choisir parmi de jolis modèles de Ford, Opel, Renault, Mercedes, Mitsubishi, Land Rover. Les véhicules sont tous de dernière génération et conformes aux normes européennes de sécurité. Ils sont équipés d'airbags, ABS, climatisation, etc. Les pneus sont toujours adaptés à la saison pour votre confort. Soucieuse de la protection de l'environnement, Hertz veille à ce que les voitures soient fréquemment vérifiées pour assurer une consommation optimale de carburant.

▸ **Autre adresse :** Au Athénée Palace Hilton Hotel – hertz@hilton.ro

■ RENT N'GO
Strada George Călinescu, 13
✆ +40 730 637 370
www.rentngo.ro
mihnea.pospai@rentngo.ro
Ouvert du lundi au vendredi de 9h à 20h.
Location de voiture, service de livraison à l'aéroport inclus dans les tarifs. Chevrolet de 19 € à 24 € par jour, Dacia de 21 € à 30 €.

■ SELECTOUR
Strada Visarion, 24
✆ +40 21 313 8590
www.selectour.ro
info@selectour.ro
Ouvert de 9h à 18h. Fermé le week-end. Compter environ 31 €/jour pour une location de 1-3 jours en classe économique pendant la haute saison ou 27 €/jour hors saison.
Une agence locale très sérieuse qui pourra vous répondre en français. Possibilité de mise à disposition du véhicule en ville comme à l'aéroport. Large choix, dont la Renault Logan.

En ville

Bucarest est très bien desservi par les divers transports en commun, très bon marché. Le réseau est plutôt compréhensible pour les visiteurs, bien qu'il soit difficile de se procurer un plan des transports. La très bonne carte Maxi Planul Orașului București (dans les kiosques RATB et librairies) les indique tous et pourra vous être utile.

Métro

Le réseau métropolitain de Bucarest dessert la ville depuis 1979, bâti à l'origine pour que les ouvriers des banlieues résidentielles à sa périphérie puissent se rendrent dans les complexes industriels à l'est. C'est la raison pour laquelle le centre est assez mal desservi. Rapide, efficace et sûr, le réseau compte aujourd'hui 4 lignes et 45 stations. Le métro fonctionne de 5 heures à 23 heures mais si vous avez le choix, évitez les heures de pointe le matin et l'après-midi. Les tickets, vendus aux guichets à l'entrée, sont valables pour 2 (4 RON) ou 10 voyages (15 RON – très avantageux). Si vous n'effectuez qu'un trajet, la date avant laquelle vous devrez effectuer le deuxième est imprimée sur le ticket. Les stations sont un peu tristes mais propres. Le centre-ville est assez mal desservi, mais la ligne M2 qui traverse le centre-ville du nord au sud vous sera utile. Attention, comptez les arrêts (avec le plan) car les stations sont souvent mal indiquées : pour les étrangers, c'est le plus gros défaut du métro local. Les cartes de métro ne sont pas encore utilisables pour les autres transports en commun, mais le projet est en cours.

■ RATB (RÉGIE AUTONOME DES TRANSPORTS DE BUCAREST)
Calea Șerban Vodă, 168
✆ +40 21 336 5650
www.ratb.ro – info@ratb.ro

Bus

Tout le réseau de transports en commun est géré par la RATB. Tramways, trolleybus et bus fonctionnent de 4 heures à 23 heures 45. Il en existe des plus ou moins confortables, des plus ou moins récents. Les bus sont fabriqués en Roumanie, tandis que les plus anciens tramways ont déjà été utilisés en Allemagne ou aux Pays-Bas. Ils sont agréables dans la journée, mais vraiment bondés aux heures de pointe. Le système des tickets a récemment changé et il vous faudra désormais acheter une carte pour 3,70 lei, que vous pourrez charger d'un certain montant (minimum 5 lei, maximum 50 lei). À chaque trajet, présentez votre carte sur le lecteur dans le bus, trolleybus ou tramway. Un trajet coûte 2 lei. Pour acheter une carte ou recharger,

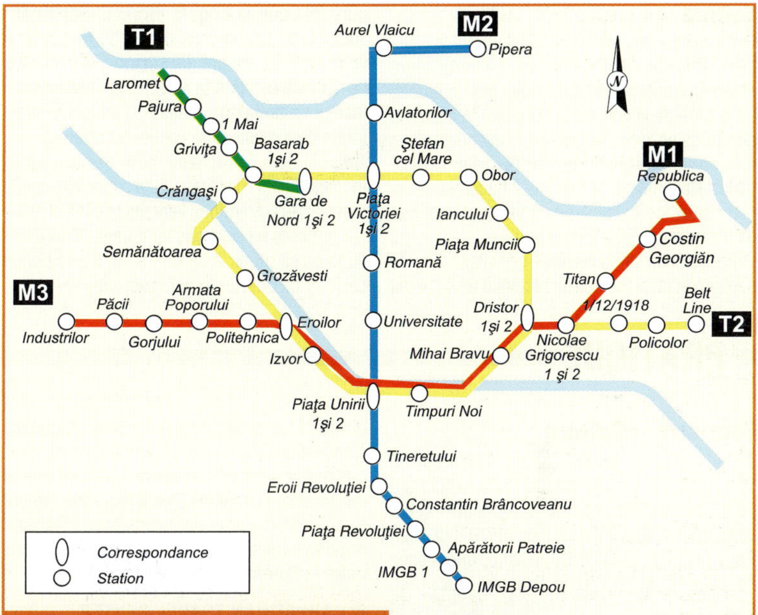

Le métro de Bucarest

rendez-vous aux guichets RATB (situés à côté des principales stations). Important : vous ne pouvez pas vous procurer de ticket dans les véhicules. Les guichets sont ouverts jusqu'à 20 heures en semaine et jusqu'à 13 heures seulement le week-end. Les stations sont indiquées sur de petits panneaux rouge et blanc, malheureusement peu visibles du véhicule. Demandez à vos voisins (plutôt qu'au chauffeur), si vous avez des doutes. Les panneaux apposés sur les véhicules mêmes indiquent la destination et la provenance. Ne vous trompez pas de sens !

Taxi

Ils sont innombrables et très bon marché. Pour payer le juste prix (et pour votre sécurité), choisissez toujours un taxi avec taximètre, plaque officielle (porte arrière), coût de la prise en charge et prix au kilomètre (de 1,50 à 2 RON au maximum) affichés sur le côté, et dont le nom de la compagnie est clairement indiqué. Malgré toutes ces précautions, on peut tout de même tomber sur un « mauvais » taxi qui fera payer le prix fort. Nous vous conseillons de demander à un ami roumain ou au personnel de votre hôtel de vous aider et d'éviter les taxis stationnant dans les lieux très touristiques (gare du Nord, Piaţa Universităţii, centres commerciaux). Évitez également les taxis qui présentent nombre de tarifs différents sur les portières. On trouve des taxis partout, mais vous pouvez aussi les commander par téléphone, surtout la nuit. Quelques compagnies recommandables :

■ **AUTOGENERAL TAXI**
✆ 021 9401

■ **CONFORT TAXI**
✆ 021 9455

■ **CRISTAXI**
✆ 021 9461

■ **LEONE TAXI**
✆ 021 9425

■ **MAVI TAXI**
✆ 021 9450

■ **TAXI COBĂLCESCU**
✆ 021 9451

■ **TAXI MERIDIAN**
✆ 021 9444

■ **TAXI MONDIAL**
✆ 021 9423

Voiture

Fini le temps des rares Dacia sillonnant la ville ! Les voitures sont omniprésentes à toute heure et les embouteillages sont devenus habituels. La qualité de la voirie s'est améliorée ces cinq dernières années. Les grandes avenues et les rues du centre sont désormais bien plus confortables. Néanmoins, la conduite à Bucarest est un peu « sauvage » : l'absence quasi systématique de marquages, les slaloms entre les tramways, l'impossibilité de conserver ses distances de sécurité et la loi du plus fort prévaut (le 4 x 4 est plus fort que la Logan, etc.). Chacun pour soi ! Mais rien ne vous empêche de rouler à votre rythme, malgré les Klaxons. Car, si vous ne connaissez pas la ville, vous devrez faire face à un problème majeur : l'absence quasi totale de signalisation routière. Espérons que cela changera prochainement mais, pour le moment, à part de rares petits panneaux *centru* (centre), les directions vers les quartiers et les monuments ne sont pas indiquées. Il convient donc de se munir d'un bon GPS, d'une bonne carte et de guetter le nom des rues !

PRATIQUE

Tourisme – Culture

Jusqu'à peu de temps encore, Bucarest ne possédait pas d'office de tourisme – étonnant pour une grande capitale européenne. C'est désormais chose faite avec un office tout neuf. Pour un plan détaillé de la ville, choisissez l'excellente Maxi Planul Orașului București de l'AGC. On la trouve dans les librairies et dans certains kiosques. En plus des rues et de l'index, elle indique toutes les lignes de métro, trolleybus ou bus. *Șapte Seri* (*Sept Soirées*) est l'hebdomadaire indispensable et gratuit distribué dans les lieux fréquentés : hôtels, fast-foods, cinémas, etc. C'est en roumain, mais vous n'aurez aucune difficulté à comprendre les programmes de cinéma, soirées spéciales des discothèques, etc. En été, vous y trouverez aussi tous les renseignements sur ce qui se passe sur le littoral (www.sapteseri.ro).

AGENCE TRANSAIR

✆ +40 265 268 463
www.transair-travel.ro
incoming@transair.ro

Une très bonne agence de voyages réceptive au personnel compétent. Bonnes prestations concernant la réservation d'hôtels et de pensions dans tout le pays et l'organisation de séjours musicaux avec les Roms. On vous donnera aussi de bons plans pour pratiquer des sports de pleine nature. L'agence organise des circuits culturels ou thématiques dans toute la Roumanie pour les groupes. Le « tour à la ferme » est très apprécié. Pour les individuels, sont proposés des autotours avec location de voiture particulière, hébergement dans les villes et villages de leur choix et un carnet de route pour bien suivre l'itinéraire préféré. Enfin, pour les plus sportifs, est proposé un circuit de 6 jours pour découvrir à cheval une partie des monts Călimani, avec des haltes dans des pensions ou en camping, ou encore un circuit de 2 ou 3 jours avec retour à la pension où ils sont hébergés. Transair organise aussi des voyages d'incentive dans toute la Roumanie. Accueil en français !

CARPATHIAN TRAVEL CENTER

✆ +40 785 240 250
www.carpathian-travel-center.com
info@carpathian-travel-center.com

Compter à partir de 10-15 €/personne pour un tour de ville, pour un groupe de 2-3 participants ; ou environ 65 €/groupe pour plus de 4 participants. Pour les excursions d'une journée les prix sont à partir de 50 €/ personne en fonction du nombre. Visitez le site Internet pour des prix précis.

Cette agence vous intéressera si vous pensez découvrir des villes historiques comme Bucarest, Sibiu, Brașov, Sighișoara ou Cluj, ou bien si vous souhaitez connaître la Transylvanie et loger dans une pension traditionnelle ou dans un hôtel. Spécialisée depuis cinq ans dans le tourisme individuel, l'agence emploie des guides qui parlent couramment le français et propose des excursions d'une journée et des tours de villes. Elle loue aussi des voitures et des minibus et propose des prix négociés avec les hôtels de Bucarest et de Transylvanie. Une valeur sûre.

CULTURAL TRAVEL & TOURS

✆ +40 21 336 3163
www.cttours.ro – office@cttours.ro

Visites guidées thématiques de Bucarest et des environs pour une journée ou une demi-journée. Possibilité de concevoir un tour sur mesure dans toute la Roumanie.

OFFICE DE TOURISME DE BUCAREST
Passage souterrain de Piața Universității
✆ +40 746 25 29 22
http://en.seebucharest.ro/
turism@bucuresti-primaria.ro
Ouvert du lundi au vendredi de 9h à 18h. Le samedi de 10h à 13h. Fermé le dimanche.
Le tout nouvel office de tourisme de la ville de Bucarest est situé dans le passage souterrain de Piața Universității. Grand et spacieux, vous y trouverez toutes les informations utiles sur les activités touristiques de la capitale roumaine ainsi que des possibilités d'hébergement et autres excursions.

ROUMANIE ACTIVE
Strada Icoanei, 97
✆ +40 31 4253 095
✆ +40 729 474 666
www.roumanie-active.com
raluca@europe-active.com
Une agence mixte franco-roumaine d'amoureux de la Roumanie qui s'est spécialisée dans le tourisme vert. Elle propose des randonnées en montagne et du cyclisme (en général du VTC, du vélo sur des routes asphaltées mais sans trafic ou sur des chemins de campagne). La plupart des circuits sont en Transylvanie, Maramureș, Bucovine et delta du Danube. Pour les individuels, elle organise aussi des circuits culturels sur mesure et des autotours avec logement chez l'habitant.

SALUT ROUMANIE
Strada Amman, 4
✆ +33 7 60 99 78 37 / +40 740 663 200 / +40 31 105 83 75
www.salutroumanie.com
info@salutroumanie.com
À contacter surtout par e-mail, car l'équipe accompagne souvent les touristes durant leur séjour.
L'équipe, qui travaille beaucoup avec les touristes français, est spécialisée dans les circuits sur mesure, mais propose aussi des tours classiques, comme le grand tour de Roumanie en 11 jours, avec hébergement en hôtels de charme et guide francophone.

ȘAPTE SERI
www.sapteseri.ro
office@sapteseri.ro
Guide des évènements culturels de la ville de Bucarest (films, concerts, expositions, spectacles...). Leur site Internet est pratique et bien fait avec photos et informations en anglais. Très utile si vous souhaitez vous immiscer dans la vie culturelle de la capitale roumaine.

Représentations – Présence française

AMBASSADE DE BELGIQUE
Bulevardul Dacia, 58
✆ +40 21 210 2969 / +40 21 212 3680
www.diplomatie.be/bucharestfr/
ambabuc@clicknet.ro
Ouvert du lundi au jeudi de 9h à 12h30 et de 14h30 à 17h30. Le vendredi le bureau ferme à 15h30.

AMBASSADE DE SUISSE
Strada Grigore Alexandrescu, 16-20
Étage 4 ✆ +40 21 206 1600
www.eda.admin.ch/bucarest
Ouvert du lundi au vendredi de 9h à 12h. L'après-midi sur rendez-vous.

AMBASSADE DU CANADA
Strada Tuberozelor, 1-3
✆ +40 21 307 5000
Ouvert du lundi au jeudi de 8h30 à 17h. Le vendredi fermeture à 14h.

AMBASSADE ET CONSULAT DE FRANCE
Strada Biserica Amzei, 13-15
✆ +40 21 303 1000 / +40 21 303 1035 / +40 21 303 1023
www.ambafrance-ro.org
Ouvert du lundi au vendredi de 8h 45 à 13h et l'après-midi sur rendez-vous.
Section consulaire

INSTITUT FRANÇAIS DE BUCAREST
Bulevardul Dacia, 77
✆ +40 21 316 3836
www.institut-francais.ro
Fermé de fin juillet à début septembre.
Cette très dynamique institution est superbement aménagée dans un véritable palais. Le hall tout en bois vaut à lui seul une visite et accueille régulièrement des expositions de photographies. Cours de français et de roumain, manifestations artistiques (musique, théâtre), bibliothèque (ouverte du lundi au samedi). La salle de cinéma (et café) Elvira Popescu contiguë programme des films français ou étrangers qui changent agréablement des grosses productions américaines des cinémas locaux.

INSTITUTO CERVANTES (ESPAGNOL)
Bulevardul Regina Elisabeta, 38
✆ +40 21 210 2737
www.bucarest.cervantes.es
cenbuc@cervantes.es

■ **INSTITUTO ITALIANO DE CULTURA**
Aleea Alexandru, 41
✆ +40 21 231 0880
www.iicbucarest.esteri.it

■ **SERVICE DES PASSEPORTS ET VISAS POUR LES ÉTRANGERS**
Strada Ion Câmpineanu, 14
À cette adresse, vous pourrez prolonger la durée de votre séjour. Si vous restez plus de trois mois, un passeport est absolument nécessaire pour déposer la demande.

Argent

▸ **Change.** Il existe deux possibilités pour changer de l'argent. Dans les deux cas, vous devrez montrer une pièce d'identité. Les cours varient selon les lieux, mais vous n'y perdrez pas en allant dans les banques. Sachez enfin que les billets déchirés ou abîmés sont soit refusés, soit taxés. Vous pouvez :
– vous rendre au guichet de change (*schimb valutar*) des banques. C'est le moyen le plus sûr, mais il faut vous attendre à faire la queue ;
– changer dans l'un des nombreux bureaux de change (*casa de schimb* – souvent un simple guichet dans la rue ou au bout d'un couloir), nombreux et très bien indiqués. C'est légal, mais moins sûr si vous ne parlez pas le roumain. Choisissez toujours les bureaux qui pratiquent une commission à 0 %. Certains offrent l'avantage d'être ouverts 24 heures sur 24 (comme Alliance Exchange, Bulevardul Nicolae Bălcescu, 30). Dans tous les cas, évitez les bureaux de change de l'aéroport et de la gare principale qui pratiquent des cours très désavantageux.

▸ **Banques.** De nombreuses banques sont situées dans le centre-ville, ouvertes en général du lundi au vendredi de 9h à 16h, le samedi de 9h à 13h.

Téléphone

À Bucarest et comme dans tout le pays, les cabines téléphoniques sont de moins en moins utilisées et laissent la place au téléphone portable omniprésent. Mis à part pour les appels à l'étranger, il est beaucoup plus pratique d'acheter une carte SIM et de disposer d'un numéro local le temps du séjour. Même si celles-ci sont de moins en moins utilisées, vous trouverez un peu partout des cabines téléphoniques publiques (elles sont bleues et l'appareil est orange) à carte. Les communications vers l'étranger se font sans aucun problème. Les cartes (*cartele telefonice*) de Romtelecom s'achètent (à partir de 3 €) dans les postes et dans la plupart des kiosques à journaux.

Téléphone mobiles

Par abonnement ou à carte, les deux sont possibles, comme partout. Si vous restez moins d'un mois, achetez plutôt une carte SIM à 5 € environ. Vous disposerez à la fois d'un numéro local et d'un premier crédit souvent offert. Ensuite, sur le même principe qu'une Mobicarte Orange, vous achetez des cartes de recharge, vendues dans les kiosques à journaux et dans de nombreux magasins spécialisés. Les appels locaux sont très bas. Si vous appelez en France par ce biais, cela vous sera facturé environ 0,50 € la minute. Plusieurs compagnies se partagent actuellement le marché roumain mais ce sont les opérateurs Orange et Vodafone qui détiennent le quasi-monopole.

Internet

Vous pouvez vous connecter gratuitement à des réseaux sans fils Piața Universității et autour du complexe Romexpo. L'accès est également gratuit dans les McDonald's, les KFC et les Pizza Hut de la ville. Quant aux cybercafés, il y en a partout ! Ils sont bien signalés et les tarifs sont très bas. En moyenne, comptez 1 € de l'heure. Quelques adresses dans le centre :

■ **BEST CAFE INTERNET**
Bulevardul Mihail Kogălniceanu, 19□□
www.best-cafe.ro
office@best-cafe.ro
Ouvert 24h/24.
Compter environ 1 €/heure. Il y a également une salle où vous pouvez vous connecter en Wifi.

■ **CYBER CLUB**
Bulevardul Carol I, 25

■ **PC-NET CAFE**
Calea Victoriei, 136
✆ +40 21 315 5186
Ouvert 24h/24. Très bon marché (1 € de l'heure).

■ **POŞTA ROMÂNĂ**
Strada Matei Millo, 12
✆ +40 21 021 9393
www.posta-romana.ro
ft@posta-romana.ro
Le bureau de Strada Matei Millo fait office de poste centrale. Ouverte du lundi au vendredi

de 7h30 à 20h et le samedi de 8h à 14h. Fermée le dimanche.
Le courrier est désormais très rapide entre la Roumanie et le reste de l'Europe. Vous trouverez des postes dans tous les quartiers de la ville. Bucarest n'a plus de véritable poste centrale.

▶ **Autre adresse :** Strada Ion Câmpineanu, 23 (derrière l'hôtel Continental) – Strada Tudor Arghezi, 1-3

Santé – Urgences

■ **BB CLINIC GERMAN DENTIST**
Strada Ionescu Gion, 4
✆ +40 21 320 0151
✆ +40 74 449 9199
www.germandentist.ro
office@germandentist.ro
24h/24.

■ **BIO-MEDICA INTERNATIONAL**
Șoseaua Pipera-Tunari, 44
✆ +40 74 533 8333
✆ +40 72 233 8383
www.bio-medica.ro
office@bio-medica.ro

■ **CENTRE ANTIRABIQUE DE L'INSTITUT DE MALADIES INFECTIEUSES**
Strada Doctor Calistrat Grozovici, 1
✆ +40 21 201 0980
www.mateibals.ro
secretariat@mateibals.ro
Si vous êtes mordu par un chien.

■ **HELP NET**
Bulevardul Ion Mihalache, 92
www.helpnet.ro
office@helpnet.ro
Une autre chaîne de pharmacies avec trois adresses dans le centre.

▶ **Autre adresse :** Strada Locotenent Aviator Radu Beller, 8 – Bulevardul Unirii, 27

■ **HÔPITAL D'URGENCES**
Calea Floreasca, 8
✆ +40 21 230 0106

■ **MEDICOVER**
Strada Grigore Alexandrescu, 16-2
✆ +40 21 310 1688
✆ +40 21 310 1599
www.medicover.ro
office@medicover.ro
Ouvert du lundi au vendredi de 8h à 20h, le samedi de 8h à 13h. Clinique privée.
Une bonne adresse où le personnel a l'habitude des patients étrangers.

▶ **Autre adresse :** Le centre dispose aussi d'une clinique de pédiatrie située dans Calea Plevnei au n° 96. Tél : (021) 310 4410.

■ **NUMÉRO D'ASSISTANCE**
✆ 112
Le 112 vous relie aux pompiers, urgences, police, etc.

■ **ROMANIAN ASSISTANCE**
✆ +40 21 405 5455 / +40 74 431 0464
www.ras.ro
assistance@ras.ro
Numéros joignables 24h/24. Cette société est la correspondante des principales sociétés d'assistance françaises.

■ **SENSIBLU**
Bulevardul Nicolae Bălcescu, 7
www.sensiblu.com
Chaîne bien fournie en médicaments, présente un peu partout dans le centre.

▶ **Autre adresse :** Piața Amzei, 15 – Unirea Shopping Center, Calea Dorobanților, 65 – Strada George Enescu, 36

SE LOGER

Depuis ces dernières années, le nombre d'hôtels a augmenté de manière impressionnante (et cela continue) dans la capitale. Les grandes chaînes internationales et divers établissements s'y installent. Le secteur hôtelier y est en effet très rentable : personnel peu onéreux et nombreuse clientèle d'affaires. Il s'agit en général d'immeubles modernes, bien que certains (trop rares) aient tout de même eu la bonne idée de transformer en hôtels de belles demeures locales. Les catégories supérieures sont les mieux représentées. Seule ombre au tableau, les tarifs des hôtels, y compris les établissements de moyenne catégorie, ont tendance à être très élevés. Pour les petits budgets, la meilleure solution résidera dans les auberges de jeunesse, sachant que les pensions ou le logement chez l'habitant ne se pratiquent que très peu à Bucarest. Nous nous sommes efforcés d'indiquer les hébergements qui présentent un certain charme pour le meilleur rapport qualité/prix.

Centrales de réservation – Réseaux

■ **ANTREC ROMANIA**
Strada Maica Alexandra, 7
✆ +40 21 222 8001 – www.antrec.ro
office@antrec.ro
L'Association nationale du tourisme rural écologique et culturel a pour but de promouvoir le tourisme rural. Plus de 2 600 pensions sont affiliées à cette association, ce qui garantit une certaine qualité et des prix fixes selon un barème établi. Comptez de 10 à 15 € par personne la nuit et de 15 à 20 € par personne pour la demi-pension (très avantageuse). L'association édite un catalogue très pratique, avec la photo de la maison et parfois des chambres, la catégorie, le confort, et qui signale les langues étrangères parlées par les hôtes. On peut le consulter sur le très bon site Internet, où l'on peut même réserver. Grâce à ses bureaux à Bucarest et dans chacun des départements, Antrec vous permet de réserver à l'avance si vous le désirez. Nous vous signalons les coordonnées dans chaque chapitre. Cela dit, avec un peu de chance, vous pouvez aussi frapper à la porte d'une pension et trouver une chambre.

Centre historique

Bien et pas cher

■ **ANTIQUE HOSTEL**
Splaiul Independenței, 2 A
✆ +40 31 425 8519
www.antiquehostel.ro
booking@antiquehostel.ro
Dortoir de 10 € à 15 € selon la taille des chambres et la saison, double de 27 € à 50 €.
Une nouvelle auberge de jeunesse à Bucarest qui combine emplacement rêvé, petits prix, décoration branchée, ambiance jeune, familiale et chaleureuse et belles parties communes avec une magnifique cuisine tout équipée et une vaste terrasse. Une des meilleures options pour les petits budgets et même pour les autres, l'Hostel offrant également des chambres privées.

■ **HOSTEL MIORIȚA**
Strada Lipscani, 12
✆ +40 21 312 0361
www.hostel-miorita.ro
hostelmiorita@hostel-miorita.ro
Chambre simple à 31 € sans petit déjeuner, 35 € avec, double à 41/45 €.
Cet établissement récent, qui porte le nom de la plus fameuse œuvre littéraire roumaine, est plus un hôtel qu'un *hostel*, vu qu'il n'offre pas de dortoirs. Les chambres sont grandes et bien aménagées bien qu'un peu vieilles. Outre le confort, on appréciera la situation on ne peut plus centrale, dans le quartier historique et piéton.

■ **MIDLAND HOSTEL**
Strada Biserica Amzei, 22
✆ +40 21 314 5323
www.themidlandhostel.com
office@themidlandhostel.com
Prix par lit entre 8 € et 12 € selon la saison et la taille du dortoir. Petit déjeuner inclus.
Situé à quelques minutes de Calea Victoriei, cet appartement est formé de trois chambres. L'une dispose de 14 lits, l'autre de 10 et la dernière de 6. On appréciera la propreté des chambres et l'ambiance chaleureuse de l'endroit avec cuisine, salle de jeux et Internet.

Confort ou charme

■ **HOTEL CAPITOL**
Calea Victoriei, 29
✆ +40 21 315 8030 – www.hotelcapitol.ro
Simples à 70 €, doubles de 80 € à 110 €.
Prestigieux bâtiment du XIXe siècle, tout à côté du Cercle militaire, l'hôtel offre un hébergement de qualité en plein cœur de la ville. L'emplacement est idéal ; néanmoins les chambres, qui datent des années 1980, mériteraient un léger rafraîchissement.

■ **HÔTEL GOLDEN TULIP BUCHAREST**
Calea Victoriei, 166 ✆ +40 21 212 5558
www.goldentulipbucharest.com
reservation@goldentulipbucharest.com
Double de 85 € à 140 € selon la chambre et la saison.
Le fleuron de la chaîne Golden Tulip s'est installé en 2005 à Bucarest. Dès son ouverture, il s'est établi comme l'un des établissements emblématiques de la ville, disposant d'un emplacement idéal, au carrefour de Calea Victoriei et de Bulevardul Dacia, d'un confort moderne et de superbes chambres, destinées surtout aux hommes d'affaires. Beaux équipements de détente.

■ **HÔTEL TEMPO**
Strada Armand Călinescu, 19
✆ +40 21 310 1216 – www.tempohotel.ro
info@tempohotel.com
Les prix varient souvent. La double est entre 63 € et 100 €.

À cinq minutes à pied de Piața Universității, un établissement récent, moderne et confortable, situé dans un quartier calme et charmant où les belles demeures et les petits parcs ne manquent pas. On appréciera le décor parfois original.

■ **Z EXECUTIVE BOUTIQUE HOTEL**
Strada Ion Nistor, 4
✆ +40 373 403 777
✆ +40 73 1699 971
www.zhotels.ro
reservation@zhotel.ro
Chambre simple à partir de 65 €. Double de 99 € à 129 €.
Summum du luxe branché, l'hôtel boutique Z est situé en plein cœur de la ville, à deux pas de Piața Universității. Sur neuf étages, l'établissement offre de vastes chambres décorées avec goût et parfaitement équipées : lits *king size*, écrans plasma et douches tropicales. En outre, l'hôtel comporte un magnifique restaurant au 9e étage offrant de splendides vues sur la ville et un spa, le tout pour un excellent rapport qualité/prix.

Luxe

■ **GRAND HÔTEL CONTINENTAL**
Calea Victoriei, 56
✆ +40 372 010 300
www.continentalhotels.ro
info@grandhotelcontinental.ro
Doubles de 280 € à 800 €. Renseignez-vous sur leur page Internet pour d'éventuelles offres promotionnelles.
59 chambres dans un élégant bâtiment du XIXe siècle, sur la plus prestigieuse avenue de la ville. Difficile de faire plus central et plus luxueux après une rénovation de deux ans. Les intérieurs exhibent désormais flots de marbre et dorures, tandis que les chambres très confortables et calmes contrastent avec l'intense circulation de Calea Victoriei. Une des adresses les plus luxueuses de Roumanie.

■ **HÔTEL CAPȘA**
Calea Victoriei, 36
✆ +40 21 313 4038
www.capsa.ro
office@capsa.ro
Prix des chambres doubles de 80 € à 115 €, suite 155/350/450 €.
Après des années de disgrâce, le Capșa, mentionné par Paul Morand, a récemment retrouvé le prestige qui était le sien durant les belles années de Bucarest. Établissement datant de 1852, il est particulièrement bien placé, face au Cercle militaire, près du parc Cișmigiu et de Piața Revoluției. La rénovation de cet élégant bâtiment (extérieur comme intérieur) est particulièrement réussie. Les chambres sont luxueuses et décorées avec goût. Une belle adresse.

■ **HOTEL CIȘMIGIU**
Bulevardul Regina Elisabeta, 38
✆ +40 314 03 05 00
www.hotelcismigiu.ro
reservations@hotelcismigiu.ro
Location d'appartements et de duplex d'une cinquantaine de m² à partir de 80 €.
Sûrement un des plus beaux hôtels de la ville, situé dans un magnifique bâtiment bourgeois de la fin du XIXe siècle, offrant 60 appartements ou duplex pour une clientèle de luxe. Les intérieurs sont décorés avec un grand soin, dans un style contemporain épuré très réussi. C'est ici que vous trouverez également la très prisée brasserie Gambrinus.

■ **HÔTEL INTERCONTINENTAL**
Bulevardul Nicolae Bălcescu, 4
✆ +40 21 310 2020
www.ihg.com
reservations@interconti.ro
Chambre double à partir de 164 € en semaine, le week-end à partir de 144 €. Les prix varient aussi selon la saison.
Le premier hôtel à avoir glané cinq étoiles à Bucarest demeure le plus élevé. La vue sur la capitale depuis ses chambres et son restaurant panoramique est l'un des principaux atouts de cet hôtel, sans oublier une situation privilégiée en plein centre-ville et de grandes chambres récemment rénovées dans un bâtiment moderne, ni la piscine sur le toit.

■ **NOVOTEL BUCHAREST CITY CENTRE**
Calea Victoriei, 37B
✆ +40 21 308 8500
www.novotel.com
H5558@accor.com
Chambre double jusqu'à 150 € en semaine et 90 € le week-end. Fréquentes offres promotionnelles à consulter sur le site Internet.
L'hôtel bénéficie d'une situation privilégiée en plein centre-ville, dans la proximité de l'ancien centre historique de Lipscani, et propose des chambres spatieuses avec des salles de bains somptueuses. Nombreux équipements de détente, dont une agréable piscine intérieure.

Calea Victoriei

Bien et pas cher

■ **HOTEL CARPAȚI**
Strada Matei Millo, 16
✆ +40 21 315 0140
www.hotelcarpatibucuresti.ro
rezervari@hotelcarpatibucuresti.ro
Métro Universității puis 5 min en bus ou à pied.
Chambre simple 40 €, double de 50 à 70 €.
Idéalement situé entre le joli parc de Cișmigiu et Calea Victoriei, dans un quartier d'un certain charme. Une cinquantaine de chambres en plein centre-ville pour un hôtel 1 étoile très basique, mais au rapport qualité/prix acceptable pour Bucarest. Bonne option pour les petits budgets même si quelques lei en plus vous garantiront un confort bien supérieur.

Confort ou charme

■ **HOTEL DUKE**
Bulevardul Dacia, 33
✆ +40 21 317 4186
www.hotelduke.ro
office@hotelduke.ro
Simple/double à partir de 75/85 € en semaine, moins cher le week-end, petit-déjeuner inclus.
Un immeuble moderne dont l'architecture inhabituelle ne passe pas inaperçue. Il est situé à deux pas de Piața Romană, dans un quartier vivant, central et très bien desservi. Une petite quarantaine de chambres, vastes et confortables. Service de qualité.

■ **HOTEL OPERA**
Strada Ion Brezoianu, 37
✆ +40 21 312 4855 / +40 21 312 4857
www.thhotels.ro/hotel-opera
info@hotelopera.ro
Chambre double de 80 € à 120 €.
Un établissement récent, de bonne facture, très bien situé tout au bord du parc Cișmigiu et à deux pas de Piața Revoluției. Certes, les prix sont un peu élevés, mais sa situation, ses 33 chambres vastes et son service sont vraiment agréables.

■ **REMBRANDT HOTEL**
Strada Smârdan, 11
✆ +40 21 313 9315
www.rembrandt.ro
info@rembrandt.ro
Chambre double à partir de 78 €.
Un établissement très récent situé dans le quartier de Lipscani et de la Banque nationale, donc très central. Dans une maison ancienne tout en hauteur, superbement rénovée, ont été aménagées des chambres agréables, chaleureuses (bois omniprésent), modernes et, pour la plupart, vastes. Nombreux services qui conviendront aux touristes comme aux hommes d'affaires (connexion Internet gratuite, lecteur DVD, vidéothèque, etc.). La petite taille de l'hôtel donne une agréable impression d'intimité. Une très bonne adresse, qui manquait vraiment dans le centre de la capitale roumaine.

Luxe

■ **ATHÉNÉE PALACE HILTON**
Strada Episcopiei, 1
✆ +40 21 303 3777
www.hilton.com
sales.bucharest@hilton.com
Chambres à partir de 180 €. Promotions fréquentes sur le site Internet.
Rénové en 1997, l'hôtel est idéalement situé en plein centre-ville, Piața Revoluției. Ouvert depuis 1914, il a été l'un des hauts lieux culturels de la capitale quand, dans l'entre-deux-guerres, Bucarest attirait les artistes de tout le continent. Le charme agit dès le hall d'entrée, dont la classe et le style sont uniques à Bucarest. Les chambres, modernes, sont d'un grand confort. Nombreux équipements de qualité : piscine, salle de sport, galerie marchande, bureaux de location de voitures. Quant aux restaurants, on appréciera sans doute le Café Royal Brasserie et son excellent menu français.

Palais du Parlement

■ **BUCHAREST JW MARRIOTT GRAND HÔTEL**
Calea 13 Septembrie, 90
✆ +40 21 403 0000
www.marriotthotels.com
À partir de 115 € la chambre double et jusqu'à 1 000 €.
C'est un des plus vastes hôtels de luxe de la ville. Cet établissement 5 étoiles est aménagé dans un grand immeuble de l'époque Ceaușescu, derrière le palais du Parlement, sur lequel on a une vue superbe depuis certaines de ses 402 chambres, suites et appartements. Grand confort évidemment dans des chambres au décor chaleureux, au luxe non ostentatoire mais présent, dans des détails qui rendent le séjour plus agréable. Équipements nombreux : piscine, centre de remise en forme, grande

galerie commerciale, casino... Les restaurants sont variés : italien (Cucina), américain (Champion's) ou international (l'excellent Cupola). Grands espaces et salles luxueuses pour conférences, fêtes privées, mariages...

■ DALIN HOTEL

Bulevardul Mărășești, 70-72
✆ +40 21 335 5541
www.hoteldalin.ro – dalin@hoteldalin.ro
Chambres simples/doubles à 49/59 €.
Bel établissement, dans un quartier agréable où les hôtels sont rares (au sud d'Unirii, ils se comptent sur les doigts d'une main), à égale distance de Piața Unirii, du patriarcat et des grands parcs du Sud. Une quinzaine de chambres confortables et chaleureuses. Malgré l'austérité du bâtiment (petit immeuble en verre), on s'y sent vite comme chez soi.

■ HÔTEL IBIS PALATUL PARLAMENTULUI

Strada Izvor, 82
✆ +40 21 222 2722
www.accorhotels.com
Chambres à partir de 50 €. Tarifs dégressifs pour des séjours plus longs.
Un Ibis étant un Ibis, cet établissement ouvert tout récemment comblera ceux qui veulent éviter les mauvaises surprises. On sait à quoi s'attendre en y venant : chambres assez vastes, confortables et classiques de la chaîne – et manque certain de charme. Belle situation, entre le palais du Parlement et le joli quartier de Cotroceni.

■ PRINCE RESIDENCE

Strada Principatele Unite, 42
✆ +40 21 335 7407 / +40 74 125 3430
www.princeresidence.it
info@princeresidence.it
Appartement type studio de 60 € à 90 €. Appartement type F1 entre 70 € et 110 €.
Situé à cinq minutes de Piața Unirii dans un quartier calme et tranquille, cette résidence dispose d'une vue unique sur les jardins du Patriarcat. Cette charmante villa ancienne datant de 1890 et qui a fait l'objet d'une rénovation intégrale propose des appartements de luxe.

Arc de triomphe et le Nord

Confort ou charme

■ CARO PARC HOTEL

Strada Barbu Văcărescu, 164 A
✆ +40 21 208 6128
www.carohotel.ro
reservation@carohotel.ro
Chambre double entre 76 € et 120 €.
Un bel établissement dans un environnement agréable (quartier chic et verdoyant au nord du parc Floreasca). Les chambres sont à l'image du bâtiment : confortables. Établissement sportif, vous y trouverez également une piscine olympique, une vaste salle de sport et un sauna. Enfin le restaurant sert une bonne cuisine internationale.

■ EUROHOTEL TRIUMPH

Bulevardul Mareșal Averescu, 32-34
✆ +40 21 224 5554
www.euro-hotels.ro
reservations@euro-hotels.ro
Chambre simple de 60 € à 80 €, chambre double de 70 € à 90 €.
Tout proche de l'Arc de triomphe et du parc Herăstrău, l'EuroHotel Triumph est une très bonne alternative entre l'aéroport et le centre-ville de Bucarest. Facilement reconnaissable à ses façades extérieures de couleur vive, cet hôtel est d'un très bon rapport qualité/prix. Son accueil est chaleureux et ses chambres simples sont soignées et lumineuses. Réservation conseillée.

■ HÔTEL HELVETIA

Piața Charles de Gaulle, 13
✆ +40 21 223 0566
http://helvetia.netvision.net.il
Chambres simples 82 €, chambres doubles 105 €.
À l'un des principaux carrefours des quartiers chic du nord de la ville (bien desservi par la station de métro Aviatorilor), dans un environnement de parcs et de jolies rues bordées de belles demeures. Les chambres sont grandes et bien équipées. Très bon rapport qualité/prix.

■ **HÔTEL PULLMAN BUCHAREST WORLD TRADE CENTER**
Piața Montréal, 10 ✆ +40 21 316 2500
www.pullmanhotels.com
Chambre double à partir de 80 €.
Building de verre bien placé au nord de la ville, à mi-chemin entre le centre et l'aéroport, tout près de Romexpo, du parc Herăstrău et du musée du Village. Chambres luxueuses, nombreux équipements de loisirs, village commerçant, World Trade Center contigu et excellents restaurants, dont Les Oliviades.

Luxe

■ **HÔTEL ARC DE TRIOMPHE**
Strada Clucerului, 19 ✆ +40 21 223 1978
www.residence.com.ro
reservations@residence.com.ro
Chambre simple 120 € le week-end et 180 € en semaine, chambre double 140 € le week-end et 200 € en semaine.
Un petit établissement avec des chambres élégantes, vraiment bien situé, dans un joli et calme quartier résidentiel proche de Kiseleff. Belles et vastes chambres modernes et chaleureuses, petit déjeuner et restaurant de bonne facture, service irréprochable.

Faubourgs de Bucarest

Bien et pas cher

■ **FRIENDS HOSTEL**
Strada Mircea Vulcănescu, 114
✆ +40 31 805 3414 – www.friendshostel.ro
friends_hostel@yahoo.com
Compter de 9 € à 12 € selon la saison et la taille de la chambre (6 ou 8 lits).
Cette auberge de jeunesse accueillante, située à 15 minutes du centre historique, est une très bonne option. Propres et parfaitement rénovés, ses dortoirs sont simples et confortables. L'accueil est chaleureux et vous pourrez disposer gratuitement du parking et d'Internet.

■ **HELLO HOTEL**
Calea Griviței, 143 ✆ +40 372 121 800
www.hellohotels.ro – info@hellohotels.ro
Chambre double à partir de 30 €. Les prix varient en fonction des offres du mois (voir site pour plus d'infos). Possibilité de prendre le déjeuner entre 12h30 et 15h.
Situé à 3 minutes à pied de la gare du Nord, Hello Hotel dispose de 150 chambres dotées de la TV câblée, de l'air conditionné, du Wifi gratuit et de la salle de bains. On n'est pas loin du centre-ville, du centre d'affaires de Piața Victoriei et de plusieurs facultés de Bucarest (une dizaine de minutes en transports publics). La cafétéria du lounge de l'hôtel propose un petit déjeuner continental et des snacks toute la journée.

■ **HOTEL MARNA**
Strada Buzești, 3 ✆ +40 21 212 8366
hotelmarna@yahoo.com
Chambre à partir de 18 € la simple et 27 € la double (pour les sanitaires communs). Très pratique car à deux pas de la gare du Nord.
Le Marna n'est pas l'hôtel le plus élégant de la ville, mais il est propre, très bon marché et convenablement placé à côté de la gare. Salles de bains communes. La clientèle se compose de jeunes voyageurs et de populations en transit. Accueil plutôt agréable.

■ **VILLA HELGA**
Strada Salcâmilor, 2 ✆ +40 21 212 0828
http://villahelga.com
villa_helga@yahoo.com
Bus 79, 86 ou 133 depuis la gare, ou 783 depuis l'aéroport.
Nuit à 9 € en dortoir et à 21 € en chambre double, 18 € en chambre simple.
Auberge de jeunesse avec toutes les commodités possibles (machines à laver, Internet, location de vélos, petit déjeuner, infos touristiques, etc.). Dortoirs confortables dans une belle villa d'un quartier calme et charmant.

Confort ou charme

■ **EL GRECO HOTEL**
Strada Jean-Louis Calderon, 16
✆ +40 21 315 8141 – www.hotelelgreco.ro
reservations@hotelelgreco.ro
Chambre simple 95 €, chambre double 110 €.
Les principaux atouts de cet établissement sont sa taille modeste (16 chambres) et sa situation enviable, juste derrière les grands boulevards, dans une rue calme et charmante. Les chambres sont grandes et bien aménagées. Le personnel est très sympathique.

■ **GOLDEN TULIP BUCHAREST**
Calea Victoriei, 166 ✆ +40 21 212 5558
www.goldentulipbucharest.com
goldentulipbucharest@rdslink.ro
Chambre simple 160 €, chambre double 170 €.
Le fleuron de la chaîne Golden Tulip, récemment installé à Bucarest. Ouvert en 2005, cet établissement moderne, bien situé au carrefour de Calea Victoriei et de Bulevardul

Dacia, propose de superbes chambres, destinées surtout aux hommes d'affaires. Beaux équipements de détente.

■ **IBIS GARA DE NORD**
Calea Griviței, 143 ✆ +40 21 222 2722
www.accorhotels.com
Chambres simple et double 65 € (en fin de semaine) ou 85 € (en semaine).
Nous sommes d'accord : résider dans un Ibis en Roumanie ne favorise pas le dépaysement. De plus, ce grand vaisseau blanc est situé dans le quartier de la gare du Nord, qui est loin d'être le plus prestigieux de la ville. Cela dit, les chambres sont impeccables, le service est professionnel. Et vous savez pour quel confort vous payez : l'un des meilleurs rapports qualité/prix de la ville.

■ **VILA ARTE**
Strada Vasile Lascăr, 78
✆ +40 21 210 1035 – www.vilaarte.ro
office@vilaarte.ro
Chambre simple de 70 à 135 € et chambre double de 80 à 145 € selon la catégorie en semaine. Compter 10 € en moins le week-end.
Un petit hôtel-boutique avec beaucoup de style qui a ouvert ses portes récemment. Les chambres sont toutes meublées et décorées de manière différente. C'est confortable et très accueillant. Une agréable surprise et un très bon rapport qualité/prix.

Luxe

■ **HÔTEL MONTE NELLY**
Strada Corbeni, 30
✆ +40 21 211 0979
rezervari@monte-nelly.ro
À partir de 105 € la chambre simple et de 120 € la chambre double.
Un 4 étoiles plein de charme, à deux pas (à l'est) du centre-ville. Le décor est soigné, dans les chambres et les parties communes, et le confort est très correct. Un excellent rapport qualité/prix.

SE RESTAURER

Tous les types de restaurants sont représentés à Bucarest, du fast-food local ou international à la table de qualité dans un décor luxueux et raffiné. La qualité de la gastronomie, le détail des décors et le professionnalisme du service se sont nettement améliorés ces dernières années. Dans notre choix, nous avons privilégié les restaurants qui proposent une cuisine typique sans omettre les meilleures tables qui proposent une cuisine du monde soignée. Compter entre 4 et 12 € pour les établissements classés dans cette rubrique en « Bien et pas cher » et de 20 à 50 € pour les « Bonnes tables ».

Centre historique

Un nombre important de restaurants se trouve dans le centre historique, on y mange bien et l'ambiance y est souvent populaire.

Bien et pas cher

■ **BUREBISTA VÂNĂTORESC**
Strada Batiștei, 14
✆ +40 21 211 8929
www.restaurantvanatoresc.ro
Tous les jours de midi à minuit.
Excellente adresse pour les carnivores. Les plats de viande y sont excellents et incroyablement bon marché. Le décor y est rustique et soigné. Nous recommandons une *pastramă* de mouton (viande salée et fumée), les *sarmale* ou encore les diverses *ciorbe*.

■ **DIVAN**
Strada Franceză, 46-48
✆ +40 21 312 3034
http://thedivan.ro/
Ouvert tous les jours de 10h à 2h.
Élu le meilleur restaurant turc de Roumanie, Divan offre une excellente cuisine méditerranéenne dans un cadre chaleureux tout en boiseries colorées et tapis orientaux. Le service est aussi sympathique que le reste.

■ **LA MAMA**
Strada Episcopiei, 9
(le plus central, proche du Hilton)
✆ +40 21 312 9797
www.lamama.ro
oana@lamama.ro
Réservation conseillée en fin de semaine. Plusieurs adresses sont présentes en ville.
Bonne cuisine roumaine (bien que la chaîne se repose un peu sur ses lauriers) très populaire parmi les classes moyennes. Bon marché et portions énormes de plats locaux : *sarmale*, viandes grillées accompagnées de chou fondant et *mămăligă*, soupes, entrées multiples, etc.

■ **ST. GEORGE**
Strada Franceză, 44
✆ +40 21 317 1087
www.stgeorge.ro
Ouvert tous les jours de 11h à 23h.
Un très bon restaurant hongrois en plein centre-ville décoré comme un intérieur rustique d'une maison traditionnelle. Le menu offre un vaste panorama sur la gastronomie hongroise avec quelques spécialités du chef comme de copieux plats de viande servis sur une pierre volcanique.

■ **VATRA RESTAURANT**
Strada Actor Ion Brezoianu, 19
✆ +40 21 315 8375
www.vatra.ro
Ouvert de midi à minuit.
Très certainement un des meilleurs restaurants roumains de Bucarest, dans des intérieurs voûtés immaculés décorés de motifs, tissus et objets traditionnels. L'accueil (traditionnel également) est excellent, tandis que le menu fait la part belle à l'art culinaire roumain. Le restaurant est tout aussi agréable l'été venu avec une belle terrasse.

■ **VOIEVODAL BANEASA**
Sos Bucuresti-Ploiesti 10
Sector 1
✆ +40 21 232 45 82
✆ +40 722 291 195
www.restaurantvoievodal.ro
Idéal pour déguster le meilleur de la cuisine roumaine, dans un cadre rustique. Des plats copieux vous sont servis dans des assiettes en poterie ou en bois. Le menu est varié et vous invite à revenir encore et encore.

Bonnes tables

■ **CARU' CU BERE**
Strada Stavropoleos, 3
Ouvert de 8h à minuit.
La façade de la « Charrette à bière » est l'une des plus photographiées de la ville (*voir « Points d'intérêt »*). À l'intérieur de ce repaire emblématique, un décor splendide, tout en bois sculpté. Les vitraux du plafond et des fenêtres en ogive laissent passer une lumière colorée et tamisée. Un décor chaleureux et chargé d'histoire, où écrivains et intellectuels se pressaient à l'époque du « Micul Paris ». C'est dans cette ambiance classieuse que l'on se presse pour déguster un classique de la cuisine roumaine ou pour prendre un verre.

■ **SUSHI KO**
Strada Stavropoleos, 8
✆ +40 21 316 6301
http://sushiko.co
Ouvert tous les jours de midi à minuit.
Pour un changement rafraîchissant, le restaurant Sushi Ko offre une délicieuse cuisine japonaise (sushis, sashimis) dans une ambiance branchée sans tomber dans la prétention. En plein centre de Bucarest, le restaurant propose des menus très bons et frais qui demeurent cependant assez chers, même pour la capitale roumaine.

■ **TERASA DOAMNEI**
Strada Doamnei, 9
✆ 021 314 6481
www.terasadoamnei.ro
contact@terasadoamnei.ro
Ouvert tous les jours de 11h à minuit.
Dans le centre historique, face à la Banque nationale. Salle intérieure au décor rustique agréable en hiver, mais moins intéressante que la gigantesque terrasse semi-couverte. Tables en bois sur deux niveaux autour d'une grande scène qui accueille souvent des spectacles. Carte très fournie (en roumain et en anglais), pour les plats et les vins. Dommage que l'accueil soit un peu indifférent.

Luxe

■ **CASA VERNESCU**
Calea Victoriei, 133
✆ +40 21 311 9744 / +40 733 242 067
www.casavernescu.com
reservation@casavernescu.com
Le restaurant se trouve dans un magnifique édifice historique construit à la fin du XIXe siècle, un des plus beaux de la capitale roumaine. Restaurant haut de gamme, on y sert une cuisine internationale exquise dans un cadre tout en luxe et opulence avec en outre un bar à champagne, un club à cigare ainsi qu'une boîte de nuit.

Calea Victoriei

Le long de Calea Victorei, vous trouverez un vaste choix de restaurants proposant une cuisine internationale ; en voici quelques-uns.

■ **BISTRO LA TAIFAS**
Strada General Gheorghe Manu, 16
✆ +40 21 212 7788
http://bistrotaifas.ro
Tous les jours de midi à 1h.
Bonne cuisine roumaine et internationale, variée et de qualité, dans une rue au cœur de

la ville. Les intérieurs sont très chaleureux, dans un mélange d'antiques et d'objets traditionnels. L'adresse est connue et attire une clientèle toujours croissante.

■ CAFE BISTRO VILACROSSE
(entrée par Calea Victoriei ou Strada Eugeniu Carada)
Pasajul Macca
✆ +40 728 125 164
✆ +40 744 796 894
vilacros@yahoo.com
Ouvert tous les jours de 10h à minuit.
Ce bistro au charme désuet situé dans une magnifique allée couverte est chaleureux, simple et de bon goût. Vous pouvez y déguster une cuisine typique de Transylvanie, avec des influences hongroises qui lui donnent un goût plus piquant, le tout arrosé de bons vins du pays et de la traditionnelle *palinca*. Ne pas manquer les pâtisseries faites maison ! Le passage est couvert et la terrasse est accessible même les jours de pluie.

■ IL GATTOPARDO BLU
Calea Victoriei, 115
✆ +40 21 212 7886
Ouvert du lundi au samedi de midi à minuit.
Une élégante adresse dans un prestigieux bâtiment de Calea Victoriei. Les prix, élevés, se justifient par le cadre et une cuisine classique mais raffinée.

■ TRATTORIA IL CALCIO
Strada Mendeleev, 14
✆ +40 722 134 299
www.trattoriailcalcio.ro
Près de l'église Amzei, proche de Calea Victorei.
Une des nombreuses *trattorie* Il Calcio de la ville. Bonnes et populaires, servant une cuisine goûteuse, des assiettes copieuses, à des prix modestes. Décor footballistique et serveurs en maillots des équipes de la Lega Calcio (ligue italienne de football). Succès mérité.

Palais du Parlement

■ CHARME
Strada Smârdan, 12
✆ +40 21 311 1922
www.charme.ro
De 9h à minuit.
On peut évidemment trouver meilleur marché, bien que les prix restent très raisonnables (suivant les critères français) pour un restaurant de ce standing. Les amateurs de cuisine méditerranéenne seront comblés. Décor sophistiqué et service impeccable.

■ LOCANTA JARIŞTEA
Strada George Georgescu, 50-52
✆ +40 21 335 3338
www.jaristea.ro
stabiliment@jaristea.ro
Ouvert tous les jours de 11h à 2h.
Belle adresse pour déguster une excellente cuisine roumaine. On appréciera le menu varié et les vieux vins roumains. Le service est irréprochable et le décor soigné.

Arc de triomphe et le Nord

Au nord de la ville, les restaurants à l'image du quartier proposent une cuisine prestigieuse et une ambiance chic.

Bien et pas cher

■ DIE DEUTSCHE KNEIPE
Strada Stockholm, 9
✆ +40 21 233 9462
Ouvert du lundi au samedi de 15h à 23h.
Une situation prestigieuse et calme au milieu des ambassades et des grandes demeures d'un quartier chic. Les plats, très copieux, couvrent tous les grands classiques de la cuisine allemande, des jarrets de porc en passant par la choucroute et surtout d'excellentes bières.

■ THE LONDON STREET BISTRO
Strada Puţul lui Zamfir, 15
✆ +40 736 933 531
thelondonstreetatelier.com
Ouvert du lundi au samedi de 9h30 à 22h30.
Partisan effréné du *slow food* et du fait maison, le London Street Bistro propose une incroyable cuisine inventive et constamment renouvelée sous la houlette de la chef Rachel. Les intérieurs sont à l'image de la gastronomie, sobres et élégants. L'influence gastronomique est clairement anglo-saxonne mais vogue au gré des humeurs de la chef aux quatre coins de la cuisine mondiale. Une excellente adresse à Bucarest.

Bonnes tables

■ BALCIC
Şoseaua Ştefan cel Mare, 1
✆ +40 21 230 5535
www.restaurantbalcic.ro
restaurant_balcic@yahoo.com
Ouvert de 9h30 à minuit.
Un restaurant de spécialités bulgares dans un cadre magnifique. Des boiseries décorent les murs et le feu crépite dans la cheminée. Vous pourrez faire votre choix parmi une grande variété de plats. Bonne ambiance.

■ **CASA DOINA**
Également dans l'hôtel Ramada Bucharest Parc, Bulevardul Poligrafiei, 3-5
Șoseaua Kiseleff, 4
✆ +40 21 222 6717
www.casadoina.ro
restaurant@casadoina.ro
Ouvert tous les jours de 11h30 à 1h. Réservation conseillée.
Cette somptueuse demeure, dont le projet s'inscrivait au sein même de la grande Exposition universelle de Paris en 1889, fut construite à Bucarest en 1892 où elle devint l'actuelle Casa Doina, classée monument historique. Le maître cuisinier, Tudor Dobre, saura vous faire découvrir une cuisine roumaine authentique, rythmée par les saisons et haute en saveurs, ainsi qu'une grande variété de plats internationaux ou encore des spécialités à base de poisson frais.

■ **SATYA**
Bulevardul Banu Manta, 25
✆ +4 0788 788 777
www.satya.ro
office@satya.ro
Ouvert de midi à minuit.
Bonne nouvelle pour les amateurs de cuisine végétarienne ! Voici une adresse qui saura vous satisfaire. Chez Satya, tous les aliments sont bio et l'air qu'on respire est ionisé. De quoi vous donner la sensation de manger à côté d'une cascade, au fin fond de la montagne. Vous y trouverez aussi une maison de thé, un salon de massage, une boutique bio et des stages de développement personnel et spirituel.

Faubourgs de Bucarest

Bien et pas cher

■ **DECEBAL**
Bulevardul Decebal, 17
✆ +40 21 321 6700
www.restaurantdecebal.ro
Ouvert tous les jours de 10h à minuit.
Non loin de Piața Muncii, un petit restaurant roumain sans prétention. Carte classique, service professionnel, prix très honnêtes et décor chaleureux tout en boiseries dans une ambiance raffinée et sans prétention. Les produits sont frais et bien cuisinés.

■ **FOUR SEASONS**
Strada Vasile Lascăr, 81
✆ +40 21 212 2992
www.four-seasons.ro
Pas très loin de Piața Romană, on y sert une cuisine libanaise qui ne décevra pas les amateurs. L'endroit est correct et il ne désemplit pas. C'est dû aussi à ses prix doux et à son service efficace.

■ **WATERLOO**
Strada Traian, 188
✆ +40 21 320 3588
www.waterloo-taverne.com
Ouvert tous les jours de midi à minuit. Comptez moins de 10 € le plat.
Dans un sympathique ancien quartier populaire, cette adresse, depuis longtemps appréciée, propose une solide cuisine belge et internationale à des prix modestes. L'atmosphère est très agréable : on mange à de grandes tables collectives, assis sur de longs bancs. La puissante bière belge, quant à elle, se charge de l'ambiance.

Bonnes tables

■ **BARKA SAFFRON**
Strada Ștefan Sănătescu, 1
✆ +40 21 224 1004
Ouvert tous les jours de midi à 1h.
Un des tout premiers restaurants asiatiques à Bucarest, le Barka a su conserver sa clientèle malgré l'ouverture de nombreux autres restaurants indiens, ce qui est un bon signe. Mise au goût européen, la cuisine indienne très épicée est réussie et le service chaleureux.

■ **MAMMA LEONE**
Strada Povernei, 22
✆ +40 743 072 008
www.mammaleone.ro
Ouvert de midi à minuit.
Situé dans une rue calme, c'est un des meilleurs restaurants de poissons et fruits de mer de la ville d'un point de vue rapport qualité/prix. Son décor est soigné et son service très professionnel. Lumière tamisée à l'intérieur, terrasse à l'extérieur, le choix est vaste et les plats copieux.

■ **MESOGIOS**
Strada Jean-Louis Calderon, 49
✆ +40 21 313 4951
www.mesogios.ro
Ouvert tous les jours de midi à 0h30.
Un très bon restaurant de poissons et fruits de mer en ville. Très agréable, dans une maison ancienne d'un calme quartier central. Assez cher.

SORTIR

Bars, clubs et discothèques, volontiers aménagés en sous-sol, sont nombreux, apparaissent et disparaissent. Les environs de Lipscani ou de Piața Amzei regroupent de nombreux bars et boîtes. Les terrasses de café sont nombreuses mais un peu différentes des nôtres. La plupart ne donnent pas sur la rue et ne permettent donc pas de contempler l'animation ni les gens qui passent. Elles sont situées dans les cours intérieures de maisons, cours aménagées en *gradină de vară* (jardin d'été). En été, autour de Strada Lipscani, le festival Strada de Vară (la rue d'été) offre plus d'espaces aux terrasses, qui se multiplient alors dans les rues environnantes. Vous y trouverez pubs irlandais, tavernes, etc. Pour connaître les dernières tendances, voyez les infos dans *Șapte Seri* (hebdo gratuit) ou 24-Fun et, bien sûr, les flyers dans les bars et clubs ou les affiches sur les murs pour soirées et concerts (groupes roumains et quelques stars internationales de temps en temps).

▸ **Casinos.** Leur récente multiplication a fait de Bucarest une des capitales européennes qui compte le plus grand nombre de casinos ! On vous donne en général une invitation pour l'un d'entre eux dès votre descente d'avion, preuve de leur popularité parmi les hommes d'affaires. Vous trouverez des casinos à l'Intercontinental ou au Marriott, mais aussi sur Calea Victoriei (Palace au n° 133 et Platinum au n° 63-81). Et bien d'autres, de toutes tailles, de tout genre, plus ou moins recommandables (plutôt moins), dans tous les quartiers de la ville.

▸ **Cinémas.** Il n'y a pas de quartier où les cinémas soient particulièrement nombreux ; ils sont plutôt disséminés dans la ville. Les films passent en version originale sous-titrée en roumain. Les grosses productions américaines dominent. Les grands succès français sont projetés fréquemment. Les films roumains sont rares mais appréciés. Pour une programmation un peu différente, rendez-vous à la salle Elvira Popescu de l'Institut français. Tous les films programmés sont recensés dans *Șapte Seri* (hebdo gratuit) ou sur www.sapteseri.ro. Les billets sont très bon marché (sauf aux Multiplex des galeries marchandes). Les prix varient souvent suivant l'heure et le jour de la programmation, c'est donc plus cher le soir et en fin de semaine.

Cafés – Bars

Centre historique

■ 1974 NIȘTE DOMNI ȘI FIII

Strada Covaci, 7 ✆ +40 723 62 93 06

Ouvert tous les jours de 17h à 3h

En plein cœur du quartier des bars bucarestois, dans Strada Covaci, le bar 1974 se distingue de ses voisins par une ambiance plus détendue et chaleureuse, sans grand écran télé ou paillettes. La clientèle se compose majoritairement de jeunes Roumains, installés décontractés dans ces intérieurs tout en bois, décorés de portraits de révolutionnaires, avec une agréable mezzanine et terrasse pendant l'été.

Bucarest et le vice

Au cours de vos balades nocturnes dans la capitale roumaine, vous remarquerez certainement un nombre impressionnant d'enseignes lumineuses clignotantes annonçant divers clubs de strip-tease, de salons de massage ou autres services d'*escort*. Le tourisme sexuel s'étant considérablement développé ces dernières années dans les pays d'Europe centrale et orientale ; Bucarest a suivi la mode et apparaît aujourd'hui tout aussi touché par le phénomène que ses voisins. Sachez cependant que ce commerce est pleinement illégal en Roumanie et que vous vous exposez de fait à de sérieuses poursuites judiciaires. De plus, ces entreprises sont souvent gérées par des personnes à l'intégrité plus que douteuse, dont la principale préoccupation reste de faire beaucoup d'argent en dépit des femmes embauchées et des clients. Si vous vous décidez tout de même à passer la porte d'un de ces repaires, sachez que les fameuses masseuses ont dans la grande majorité des cas un physique bien moins avantageux que sur les brochures (les plus jolies ayant depuis longtemps quitté la Roumanie pour des circuits de prostitution plus rentables comme en République tchèque ou en Hongrie) et que la moindre consommation vous sera facturée au prix fort. Très fort même.

■ **BERARIE GAMBRINUS**
Bulevardul Regina Elisabeta, 38
✆ +40 731 422 181
www.berariegambrinus.ro
Ouvert tous les jours de 7h à 2h.
Magnifique salle dînatoire qui nous replonge dans l'opulence du XIXe siècle, la Berarie Gambrinus est, comme son nom l'indique, une brasserie servant de délicieuses bières roumaines, que l'on peut boire sous toutes les formes. En outre, le menu dînatoire fait la part belle aux spécialités de brasserie, dont d'excellentes saucisses à ne pas manquer.

■ **CAFENEAUA ACTORILOR**
Bulevardul Nicolae Bălcescu, 2
✆ +40 721 900 842
www.cafeneauaactorilor.ro
Ouvert 24h/24.
Le « Café des acteurs » est, comme son nom l'indique, adjacent au Théâtre national (entrée par la face nord de l'édifice). Depuis de longues années, il accueille, jour et nuit, les acteurs avant et après la scène. Maintenant, tout le monde s'y presse pour profiter de l'ambiance.

■ **ENERGIEA**
Strada Ion Brezoianu, 4
✆ +40 736 374 432 – www.energiea.ro
contact@energiea.ro
Ouvert tous les jours de midi à 1h, jusqu'au dernier client le week-end.
Un bar un peu plus branché en plein centre de la ville, qui offre diverses salles (et un magnifique balcon) décorées dans un style contemporain industriel. Au menu, de légères collations comme des soupes ou des bruschettas, mais surtout de délicieux cocktails.

■ **OLD CITY**
Strada Lipscani, 45
✆ +40 21 315 4558
www.oldcity-lipscani.ro
Ouvert tous les jours de 10h à 5h.
Bien sûr, il n'y a rien de bien traditionnel dans ce pub aux faux airs de bar *lounge* situé en plein cœur de la capitale roumaine. Néanmoins, c'est ici que vous trouverez les fêtes les plus furieuses de la vieille ville avec une clientèle qui mêle locaux et expatriés.

■ **PLOT & COFFEE SHOP**
Strada Biserica Enei, 2
✆ +40 723 34 80 12 – www.plotshop.ro
Ouvert du lundi au vendredi de 8h à 20h, seulement le matin le samedi.
Un superbe café à l'ambiance très branchée et design qui sert parmi les meilleurs cafés de la ville. Le Wifi en fait le repaire favori des jeunesses créatives de Bucarest. Des expositions et conférences y sont régulièrement organisées.

Calea Victoriei

■ **GREEN HOURS**
Calea Victoriei, 120
✆ +40 788 452 485
greenhours.ro
teatru@greenhours.ro
Ouvert tous les jours de 18h à 4h.
Un excellent club sur Calea Victoriei qui propose une solide programmation musicale jazz, blues ou encore funk. Situé dans une cave souterraine, c'est un des plus vieux bars et pubs de la capitale roumaine. Véritable institution locale.

Faubourgs de Bucarest

■ **CAFFE & LATTE**
Bulevardul Schitu Măgureanu, 35
✆ +40 21 314 3834
www.caffe-latte.ro
Ouvert tous les jours de 8h à 22h30.
Joliment situé à l'ouest du parc Cişmigiu, il propose café, gâteaux, milk-shakes, le tout d'excellente qualité. Un lieu agréable avec terrasse.

■ **COFTALE**
Strada Ştefan Mihăileanu, 42
✆ +40 748 848 678
www.coftale.ro
antonio.iftimescu@coftale.ro
Ouvert tous les jours de 10h à minuit.
Tout nouveau café qui a ouvert à Bucarest un peu en retrait du centre-ville, Coftale est un petit lieu de vie adorable qui offre une des plus belles cartes de cafés de la capitale. Le café latte est parfaitement confectionné, sans parler du chocolat chaud au Chamallow. Les légères collations sont tout aussi excellentes.

■ **DUBLINER**
Bulevardul Nicolae Titulescu, 18
✆ +40 21 222 9473
Ouvert tous les jours de 9h à 2h.
Le premier pub de Bucarest. Sa position assez excentrée et sa décoration un peu terne peuvent en décourager certain, même si le pub reste toujours un favori des expatriés, notamment au cours des soirées football ou pour les délicieuses tourtes au poulet ou à la saucisse arrosées d'authentique Guiness. On aime ou on déteste…

■ **OLD NICK PUB**
Strada Dionisie Lupu, 88
✆ +40 244 312 491 – www.oldnickpub.ro
Ouvert tous les jours de 12h à minuit pour le pub, 4h pour le club.
Un excellent lieu de fête coloré à Bucarest qui combine un club, un bar et un café sur trois étages différents. De nombreuses soirées thématiques y sont organisées tandis qu'on y sert aussi de solides collations.

■ **SHIFT**
Strada Eremia Grigorescu, 17
✆ +40 21 211 22 72 – www.shiftpub.ro
Ouvert tous les jours de midi à 3h (5h les week-ends).
Le lieu de sortie bohème par excellence. C'est dans les intérieurs chaleureux tout en boiseries ou sur la superbe terrasse extérieure que se pressent les foules hipsters/branchées/bobo de la capitale roumaine pour un repas léger, un concert ou une soirée dans ce petit bijou de bar.

Clubs et discothèques

Centre historique

■ **ABSOLUT PARTY BAR**
Strada Covaci, 6
✆ +40 784 237 788
Ouvert du jeudi au samedi de 22h à 6h.
Un club un peu plus clinquant situé dans le centre historique, à l'ambiance *dance* et *lounge*. Les intérieurs immaculés aux néons fluo accueillent une clientèle principalement roumaine qui accourt le week-end venu.

■ **CLUB A**
Strada Blănari, 14
✆ +40 21 313 5592
www.cluba.ro
mihai_ionescu@yahoo.com
Tous les types de musique y passent. L'ambiance y est plus spontanée, plus locale, plus jeune, plus énergique que dans les clubs devant lesquels s'alignent de grosses voitures allemandes. Surveiller son calendrier pour ne pas rater soirées spéciales et DJ.

■ **KULTURHAUS**
Strada Sfânta Vineri, 4
✆ +40 21 313 55 92
www.kulturhaus.ro
Ouvert de mercredi à samedi de 23h à 6h.
Club alternatif de la capitale roumaine, Kulturhaus propose des concerts et soirées de tous les genres, sauf ce qui s'approcherait d'une démarche commerciale. Une ambiance détendue et chaleureuse, bien différente des clubs de luxe du centre-ville.

■ **PANIC !**
Pasajul Victoriei, Strada Academiei, 19
✆ +40 766 056 170 – www.panic-club.ro
Ouvert tous les jours de 14h à 4h.
Un excellent club qui donne dans le pop-rock (leur nom provient d'une chanson des Smiths), une clientèle éclectique et sans prétention ainsi qu'une ambiance festive en font un de nos lieux de fête favoris à Bucarest. Le week-end, de nombreux concerts et autres soirées spéciales y sont organisés.

Calea Victoriei

■ **THE OFFICE**
Strada Tache Ionescu, 2
✆ +40 745 110 064
Tous les jours de 21h à 2h.
Tout simplement le club le plus exclusif de la capitale roumaine. C'est ici qu'affluent millionnaires, stars de la télé, acteurs et autre jet-set roumaine. À l'intérieur, un temple de luxe et de sophistication clinquante. Comme on peut s'y attendre, pour décrocher le précieux sésame au milieu de l'élite, mieux vaut s'habiller en circonstance et se préparer à des consommations très chères.

■ **TRIBUTE**
Calea Victoriei, 118
✆ +40 728 742 883
www.tribute.ro – tribute@tribute.ro
Ouvert du jeudi au samedi de 22h à 5h, le dimanche de 19h à 1h.
Un endroit très central où des groupes rock, pop et jazz se produisent souvent dans une cave voûtée en briques. Ambiance branchée mais sans prétention et très bon son.

Arc de triomphe et le Nord

■ **KRISTAL GLAM CLUB**
Bulevardul Regina Elisabeta, 34
✆ +40 21 231 2136 – www.clubkristal.ro
Ouvert du jeudi au dimanche de 22h à 5h.
Situé au nord-est de la ville, proche de Calea Floreasca et du parc du même nom, c'est sans doute la meilleure adresse pour les clubbers, les vrais, pour qui le son et le rythme l'emportent sur le paraître et le superficiel. C'est dans ce club que viennent les DJ de réputation mondiale lorsqu'ils daignent visiter la Roumanie (ce qui, heureusement, est de plus en plus fréquent).

■ **SALSA 3**
Strada Mihai Eminescu, 89
✆ +40 728 725 723
www.salsagroup.ro
Ouvert de 10h à 5h le samedi soir.
Un lieu qui fera des heureux parmi les passionnés de la salsa.

Faubourgs de Bucarest

■ **B52**
Strada 11 Iunie, 50
✆ +40 753 315 563
www.clubb52.ro – office@clubb52.ro
Entrée 2 €.
Proche du parc Carol, un club à l'ambiance pop/rock/punk avec de nombreux concerts et soirées spéciales organisées.

■ **MUSIC CLUB**
Strada Bărăției, 31
✆ +40 21 314 6197 – www.music-club.ro
Ouvert de 21h à 5h du jeudi au dimanche.
Situé entre Bulevardul I. C. Brătianu et Calea Moșilor, l'endroit plaira aux amateurs de musique *live*. Des groupes locaux s'y succèdent sans discontinuer. Dans un décor agréable tout en boiseries, c'est un lieu idéal pour passer de bonnes soirées.

Spectacles

La ville compte d'innombrables salles de théâtre, cet art étant depuis longtemps fort populaire en Roumanie. Évidemment, si vous ne comprenez pas le roumain, l'intérêt risque d'être limité (sauf à l'Institut français). Nous vous en indiquons toutefois quelques-uns. Les autres théâtres et les pièces qui y sont jouées sont répertoriés dans l'hebdomadaire gratuit *Șapte Seri* ou sur 24-Fun. De nombreux théâtres sont situés dans le centre historique (Odeon, Teatrul Mic, etc.).

Centre historique

■ **ATENEUL ROMÂN**
Strada Benjamin Franklin, 1
✆ +40 21 315 0024
Concerts classiques dans la plus belle et la plus prestigieuse salle du pays.

■ **CINEMAPRO**
Strada Ion Ghica, 3
✆ +40 31 824 1360 – www.cinemapro.ro
office@cinemapro.ro
Une nouvelle adresse en plein centre-ville, près du quartier de Lipscani et de l'université. Très moderne.

■ **PATRIA**
Bulevardul General Magheru, 12
✆ +40 21 316 9266
Cinéma.
Central, pas aussi moderne que d'autres mais moins cher que les Multiplex. L'hiver, il y fait un peu froid.

Calea Victoriei

■ **SALLE ELVIRA POPESCU**
Institut français
Bulevardul Dacia, 77
✆ +40 21 210 0224
Films d'art et d'essai (surtout français). Ce lieu fort agréable invite fréquemment des cinéastes qui présentent les films.

■ **ȚĂNDĂRICĂ**
Strada Eremia Grigorescu, 24
✆ +40 21 315 2377
www.teatrultandarica.ro
contact@teatrultandarica.ro
Dans le quartier Lahovari (dans la salle du même nom), un très bon théâtre de *păpuși* (marionnettes) pour ravir les plus petits.

Palais du Parlement

■ **OPERA ROMÂNĂ**
Bulevardul Mihail Kogălniceanu, 72
✆ +40 21 314 6980
Programmation variée. Les billets s'achètent sur place, à un guichet, tous les jours entre 10 heures et 20 heures.

Arc de triomphe et le Nord

■ **CIRCUL GLOBUS**
Aleea Circului, 15
✆ +40 21 210 4195
www.circulglobus.ro
secretariat@circulglobus.ro
Métro Ștefan cel Mare, situé dans le parc Circului à l'est de la ville.
Fréquents spectacles de cirque dans un grand bâtiment circulaire qui évoque un chapiteau en béton.

Faubourgs de Bucarest

■ **MOVIEPLEX CINEMA**
Plaza România
Bulevardul Timișoara, 26
✆ +40 21 407 8300
www.movieplex.ro
info@movieplex.ro
Multiplex ultramoderne du grand centre commercial de l'ouest de la ville.

À VOIR – À FAIRE

Bucarest est une ville méconnue des étrangers et souvent des Bucarestois eux-mêmes. Si vous décidez de visiter cette ville unique, il vous faudra prendre du temps pour vous imprégner de son ambiance, contempler sa diversité, apprécier son anarchie architecturale… C'est une ville où beauté et laideur se côtoient dans un fascinant mélange de modernité et de ruines, de raffinement et de laisser-aller, de prospérité et de misère, de nonchalance et de fureur. Elle saura vous enchanter peut-être.

Alors, que voir à Bucarest ? Si vous ne disposez que d'une journée, le quartier historique (ses musées, ses vestiges, ses petites églises, le musée national d'Art) et la prestigieuse avenue Calea Victoriei avec ses belles demeures sont les priorités. Le palais du Parlement, le plus grand bâtiment d'Europe, construit par Ceaușescu, doit figurer également sur votre agenda. Si vous disposez de plus de temps et aimez les balades, vous pouvez parcourir le reste du Centre civique et les jolis parcs de la ville. Si les belles façades et l'architecture vous intéressent, promenez-vous dans les quartiers résidentiels huppés aux somptueuses demeures, comme Cotroceni, à l'ouest, ou le long de Strada Paris et de Șoseaua Kiseleff, au nord. Enfin, si vous n'avez pas le temps de visiter la campagne roumaine si riche en curiosités (architecture variée et préservée, artisanat, folklore), vous devez absolument visiter le musée du Village (en plein air) ou le musée du Paysan roumain au nord de la ville.

Les 10 incontournables

ATHÉNÉE ROUMAIN

Strada Benjamin Franklin, 1

✆ +40 21 315 0024

Ouvert en général de 14h30 à 16h30 s'il n'y a pas de concert. À vérifier toujours au guichet. Entrée 2 € environ.

Sur Piața Enescu et non loin du Hilton, ce bâtiment est un des plus réussis de la ville. Il est l'œuvre de l'architecte français Albert Galleron. Surmonté d'une vaste coupole et doté d'une façade de style néoclassique, l'Athénée roumain évoque fortement la silhouette d'un temple ionique. Six colonnes frontales et deux latérales contribuèrent à rendre harmonieuses ses proportions architecturales.

La salle principale de concert, de forme circulaire, comprend 600 places de parterre et 60 places en loges, disposées sur deux étages. Ses murs sont décorés d'une fresque monumentale qui illustre les principales scènes de l'histoire des Roumains depuis la conquête de la Dacie par Trajan jusqu'à la réalisation de l'indépendance nationale, en 1877. Depuis le 26 février 1888, date de son inauguration, l'Athénée est un haut lieu de la culture roumaine. Il abrite aujourd'hui la Philharmonie George Enescu. En face du bâtiment, un espace vert, fort bien aménagé, met en valeur la statue du poète national roumain Mihail Eminescu. Si vous avez le temps, ne manquez pas d'assister à une représentation dans le superbe décor de l'Athénée. Lors du festival George Enescu, de nombreux spectacles y ont lieu.

Tout proche, l'hôtel Athénée Palace est un joli édifice datant de 1914, intégré à la chaîne Hilton depuis 1998. Il serait dommage de ne pas jeter un coup d'œil à son superbe hall, mentionné notamment par l'écrivain Paul Morand. Premier hôtel de luxe de la ville (et toujours parmi les plus beaux), l'établissement a accueilli de nombreux artistes, intellectuels, hommes politiques, espions, intrigants et demi-mondaines… Il fut donc une vaste et bouillonnante scène de la vie bucarestoise des années 1920-1940.

ÉGLISE DU PATRIARCAT (BISERICA PATRIARHIEI)

Dealul Mitropoliei

Située sur la colline qui domine (légèrement) Piața Unirii, cette église est un symbole important de la foi roumaine. Elle fut construite en 1658 par Constantin Șerban Basarab et devint l'église du métropolite orthodoxe de Valachie quelques années plus tard (dont le siège était avant à Târgoviște). L'église est plutôt massive, sa façade à arcades est richement décorée. Les clochers ont été ajoutés en 1698 par Constantin Brâncoveanu. Des peintures originales, extérieures et intérieures, il ne reste pas grand-chose, tant les travaux de restauration ont été fréquents au cours des siècles. La plupart datent de 1923. L'ornementation intérieure est impressionnante, chargée. Mais le plus fascinant est peut-être l'atmosphère de cette église, fréquentée assidûment (et principalement) par de vieilles femmes qui font preuve d'une ferveur parfois démonstrative.

À côté de l'église du métropolite, devenu patriarche en 1925, vous verrez le palais du Patriarcat, dont la partie la plus récente date du début du siècle dernier et qui accueille le siège de l'Église orthodoxe roumaine.

ÉGLISE STAVROPOLEOS (BISERICA STAVROPOLEOS)

Strada Stavropoleos

C'est le petit joyau du centre historique. Cette église minuscule est en cours de rénovation et vous devrez peut-être vous contenter de jeter un coup d'œil au petit cloître et à ses pierres tombales. Ce monument historique fut construit en 1724, en style brâncovan, par un moine grec nommé Ioanichie Stratonikeas. C'est un exemple superbe de ces nombreux édifices apparus durant le siècle des Phanariotes, ces gouverneurs imposés par les Turcs.

La décoration de la façade est riche et variée (colonnes sculptées, médaillons, guirlandes de fleurs...). L'intérieur est également remarquable, présentant sculptures de bois ou pierre, fresques florales. La modeste taille de l'édifice, la semi-obscurité, le jeu des lumières sur les icônes lui confèrent une atmosphère très particulière. Les nombreux détails architecturaux de l'église méritent bien que l'on s'y attarde.

MUSÉE DU PAYSAN ROUMAIN (MUZEUL ŢARANULUI ROMÂN)

Sos Kiseleff 3

✆ +40 21 317 9661

www.muzeultaranuluiroman.ro

info@muzeultaranuluiroman.ro

Ouvert de 10h à 18h, sauf le lundi. Entrée adulte 1,50 €.

Voilà sans doute le musée le mieux conçu et le plus vivant de Bucarest. Son rôle est de faire découvrir la richesse du monde paysan et villageois roumain d'hier et d'aujourd'hui. Le monde rural est la richesse du pays et il serait dommage de ne pas en avoir un aperçu. L'artisanat, le folklore, l'architecture variée des différentes régions y sont présentés et une visite s'impose (avec le musée du Village) si votre séjour en Roumanie se limite à quelques jours dans la capitale. Est évoquée aussi la vie quotidienne des villageois à travers les écoles, l'artisanat (icônes notamment), les costumes, les outils.

Le musée, qui fut déclaré « Musée européen de l'année 1996 », organise également de très intéressantes expositions temporaires. Le superbe bâtiment qui l'accueille (construit de 1912 à 1939) était consacré à l'art sous Carol II, avant de devenir le musée du Parti communiste roumain.

Une belle expo (musée de l'Iconographie communiste) nous rappelle cette ancienne fonction. Une belle salle réunit peintures et sculptures typiques de cette période, dont l'un des rares portraits de Ceaușescu encore intacts.

Le long de l'allée à gauche du musée se tient parfois un intéressant petit marché d'artisanat, à Pâques et à Noël en particulier. De plus, la boutique du musée est une des mieux fournies de la ville. On y trouve notamment des CD remarquables de musique folklorique.

MUSÉE DU VILLAGE (MUZEUL SATULUI)

Șoseaua Kiseleff, 28

✆ +40 21 317 9103

www.muzeul-satului.ro

contact@muzeul-satului.ro

Prendre le bus 131 ou 331 jusqu'à l'arrêt Muzeul Satului. Ouvert tous les jours de 9h à 19h. Entrée 1,50 €.

La belle boutique de souvenirs à l'entrée propose un guide audio payant. Tout comme le musée du Paysan roumain (les deux sont vraiment complémentaires), le musée du Village, fondé en 1936, permet de découvrir la richesse du monde paysan, mais en plein air cette fois. Des maisons typiques des différentes régions du pays sont réunies dans un parc de 14 hectares. Malgré les importants dégâts provoqués par l'incendie de 2002, on y verra des moulins, puits, calvaires, églises en bois... Tous ces édifices ont été transportés depuis leurs régions respectives. Toits de chaume des Apuseni, portails en bois de Transylvanie et du Maramureș, colonnes sculptées de la région de Târgu Jiu, frises florales sculptées, tout y est. Le lieu est un peu figé, mais il est fort intéressant de pouvoir pénétrer dans ces demeures anciennes (et l'on vous souhaite de connaître ce même plaisir dans la campagne, la vraie). Des festivals et représentations de danses et de musique folklorique s'y déroulent fréquemment. Et vous aurez peut-être la chance d'assister à des tournages de clips réalisés par les chaînes de télévision spécialisées (Etno TV, Favorit...).

MUSÉE NATIONAL D'ART (MUZEUL NAŢIONAL DE ARTĂ)

Calea Victoriei, 49-53

✆ +40 21 314 8119

www.mnar.arts.ro

national.art@art.museum.ro

Ouvert de 11h à 19h du mercredi au dimanche. Entrée 2,5 € pour les galeries nationales, 2 € pour la galerie européenne et environ 4 € si vous voulez visiter les deux.

Le musée est hébergé dans l'ancien palais royal, aujourd'hui nommé palais de la République. L'intérieur, où plusieurs styles sont représentés, est richement décoré.
Ce palais, édifié en 1937, fut commandé par Carol II après l'incendie du palais précédent. Il fut de nouveau endommagé par les bombardements de 1944. Il fut ensuite le théâtre d'autres événements, telle l'arrestation d'Antonescu en 1944 et l'abdication du roi Mihai en 1947. En 1989, parce que le siège du Parti communiste se trouvait en face, le palais subit des dégâts considérables et 450 œuvres furent détruites, dont plusieurs toiles de maître. Depuis, le bâtiment a été entièrement restauré ainsi qu'une partie de ses œuvres d'art, dans les années 1990. Le musée, qui possède un fonds de près de 100 000 œuvres, est divisé en plusieurs sections.

La galerie européenne est consacrée aux trésors d'écoles européennes et aux œuvres de peintres comme Antonello da Messina, le Greco (*Adoration des bergers*), Rubens (*Portrait de dame*), Delacroix, Bruegel (*Le Massacre des innocents*), Monet (*Camille*), Rembrandt, Renoir, Sisley...

Dans la section d'art médiéval roumain, vous pourrez admirer des œuvres considérables où domine l'art religieux : iconostases, icônes et objets cultuels, du Xe – où les influences byzantines sont fortes – au XVIIIe siècle. Aux particularités chronologiques s'ajoutent les particularités géographiques avec des œuvres moldaves, transylvaines ou valaques provenant des monastères de Horezu, Curtea de Argeș, Arnota, Snagov, Moldavie...

La galerie nationale d'art moderne expose plus de 700 œuvres d'artistes roumains tels que Brâncuși (dont le superbe *Sommeil*), Baba, Grigorescu, Aman, Pallady, Storck, Paciurea, Luchian, Brauner... Si vous ne connaissez pas grand-chose aux artistes roumains, ou si vous les admirez déjà, précipitez-vous !

Enfin, le musée national d'Art accueille régulièrement des expositions temporaires prestigieuses.

MUSÉE NATIONAL D'HISTOIRE (MUZEUL NAȚIONAL DE ISTORIE)

Calea Victoriei, 12
✆ +40 21 315 8207
www.mnir.ro
direct@mnir.ro
Ouvert du mercredi au dimanche, de 10h à 18h. En hiver de 9h à 17h. Entrée 8 lei.
Abrité dans le Palatul Poștelor, construit en 1901 et siège de la poste centrale jusqu'en 1970, ce musée consacré à l'histoire du pays, de la préhistoire à nos jours, expose des vestiges et des œuvres d'art pour un total de 600 000 pièces. La blancheur de sa façade magnifiquement nettoyée illumine tout le bas de Calea Victoriei.
Les différentes sections abritent toutes de riches collections : la section d'histoire antique, celle d'histoire médiévale, celle d'histoire moderne et contemportaine, la section préhistoire, la numismatique... Dans le lapidarium, on pourra voir une réplique de la colonne Trajane de Rome et de nombreuses fresques et statues. La salle la plus intéressante est sans doute celle du Trésor, comprenant la Poule aux poussins d'or (*Cloșca cu puii de aur*) qui aurait appartenu au roi wisigoth Athanaric. Il s'agit de vases, de plateaux en or, au style très raffiné.

Palais du Parlement..

■ **PALAIS DU PARLEMENT (PALATUL PARLAMENTULUI)**

Calea 13 Septembrie, 1
✆ +40 21 316 0300
www.cdep.ro – presa@cdep.ro
Ouvert tous les jours de 10h à 15h45. Entrée 6,25 €. Appeler avant pour voir à quelle heure se font les visites guidées en français.

Toutes les grandes villes du monde possèdent un édifice emblématique de leur pays et de son histoire. Le Parlement est ainsi l'emblème de Bucarest, mais c'est aussi le symbole de la folie d'un homme. Édifié entre 1984 et 1989, le bâtiment portait alors le nom de Casa Poporului (Maison du peuple).

Sa construction ayant été interrompue par la révolution, le bâtiment tel qu'on peut le voir actuellement est donc inachevé. Ses dimensions sont impressionnantes et on peut difficilement l'évoquer sans dresser une longue liste de chiffres : c'est le plus grand bâtiment d'Europe, le second du monde (après le Pentagone de Washington), il mesure 270 mètres de longueur et 240 de largeur, 84 mètres de hauteur en surface sur 12 niveaux (mais on dit qu'il en compte autant en sous-sol, d'où des routes souterraines partiraient dans différentes directions...), un volume estimé de 2,55 millions de mètres cubes, plus d'un millier de pièces, 20 000 ouvriers amenés de tout le pays ont travaillé à sa construction. Quant aux milliers de tonnes de matériaux...

C'est vu d'en haut qu'il est le plus imposant. Du Marriott par exemple, la vue sur le Parlement est hallucinante. Sa situation sur la colline, ajoutée à la hauteur de ses murs, donne l'impression qu'il écrase la ville. À l'occasion de la visite, vous aurez droit à une liste très détaillée de chiffres concernant les pièces (jusqu'à 16 mètres de hauteur), le poids et la surface de gigantesques tapis (celui de la salle de danse est impressionnant et pèse 4 tonnes !), de somptueux lustres, etc. Plus de 3 000 fonctionnaires y travaillent chaque jour, 300 personnes pour l'entretien.

Bien entendu, la visite guidée ne vous emmène que dans quelques salles du palais, sans doute les plus imposantes. Le style général est celui qui prévaut dans la plupart des nombreuses villas que les Ceaușescu se sont fait construire à travers le pays. Le marbre est omniprésent, les dorures, les lustres...

À la chute du régime communiste, on s'interrogea sur la fonction que l'on devait attribuer au gigantesque bâtiment inachevé. La population ne sait pas trop comment le regarder : un symbole du douloureux passé, un nouvel emblème pour la capitale qui en manque, une erreur architecturale ou une prouesse. On a parlé d'hôtel, de centre de conférences ou tout simplement de destruction. Des conférences internationales y sont fréquemment organisées et on peut même louer des pièces pour des manifestations privées (dont des mariages, comme celui de Nadia Comăneci en 1996). Mais une grande partie est encore inutilisée et le coût de fonctionnement et d'entretien d'un tel édifice est énorme.

Tout cela et les gigantesques emplacements (vides) réservés à son portrait et à celui de sa femme dans la salle de danse symbolisent la mégalomanie de Ceaușescu.

■ **PIAȚA UNIRII**

Cette grande place est ornée en son centre par une fontaine à sa mesure. L'eau n'y coule que sporadiquement, mais quand c'est le cas (trop rarement), le spectacle est superbe. On a eu la bonne idée d'égayer les jets avec des lumières aux couleurs changeantes. Il a été question d'y élever également une gigantesque cathédrale (« la plus grande du monde orthodoxe »), projet qui n'a jamais été concrétisé. Malgré la pose de la première pierre, il y a quelques années, on destine désormais la cathédrale à s'ériger derrière le palais du Parlement et le centre de la place reste une sorte de parc. Véritable centre de la ville, la place est aujourd'hui devenue un carrefour routier important, mais aussi le lieu de convergence de nombreuses lignes de transports collectifs. Les bâtiments qui l'entourent sont tous identiques sur trois côtés, la partie nord ayant seule survécu aux destructions, dont Hanul lui Manuc. À présent, les publicités se multiplient sur les façades, au point de les cacher, et illuminent la place la nuit. Le gigantesque centre commercial Unirea (peut-être le plus grand panneau publicitaire du monde) date de 1976. Il s'organisait alors en de petits ensembles de magasins où l'on choisissait les articles de loin, derrière des comptoirs, payait à un autre guichet puis revenait chercher ses achats. Ce système un peu désagréable fonctionne encore dans de nombreux magasins. Les huit niveaux du centre commercial ont aujourd'hui bien changé.

▸ **Les magasins sont innombrables et modernes,** de quoi y passer des journées entières (si l'on aime). C'est ici que le premier McDonald's, emblème capitaliste, du pays a ouvert l'été 1995. De nombreux autres ont suivi... Le lieu reste cependant un point de rendez-vous important (*« Ne vedem la McDonald's la ora 6 »*, « On se voit au McDo à 6 heures »). Au nord de la place, au commencement du boulevard Brătianu, vous remarquerez une petite église presque

entièrement cachée derrière les immeubles. La place est traversée au sud par le boulevard Unirii. Il part à l'est vers la place Alba Iulia. Dans sa première partie, il est encore un peu « nu », les constructions ayant été interrompues en 1989 (bibliothèque inaugurée en 2012, vaste friche urbaine qui attend d'être utilisée).
Au sud du boulevard, autour des immeubles Țiriac ou dans la boucle de la Dâmbovița, on construit un nouveau quartier ; des immeubles de bureaux en verre et de logements tout blancs. Au creux de la boucle se trouvent aussi le monastère Radu Vodă et l'église Bucur, portant le nom du berger patron de la ville *(voir plus bas)*.

STRADA LIPSCANI

Cette rue a longtemps été l'unique rue piétonne de la ville. Elle est à l'image du quartier, on y passe de belles demeures en bâtiments en ruine. Les divers stands et les magasins plus huppés se mêlent, il y a aussi quelques terrasses. Cette rue était autrefois la plus commerçante de la ville. Son nom vient de Lipsca, ou Leipzig. Les rues Șelari (rue des Selliers) et Blănari (rue des Fourreurs), aux noms d'anciens corps de métier, témoignent de l'ancienneté de l'activité marchande et artisanale dans ce quartier. Situées à proximité, elles sont également intéressantes à parcourir. Pour passer de Lipscani à Blănari, on peut emprunter la rue Hanul cu Tei (l'Auberge au Tilleul), piétonne et fermée, bordée de boutiques d'antiquités et d'artisanat. Lipscani et les rues voisines possèdent un charme très particulier, où les stigmates de la pauvreté côtoient les espoirs d'une ville plus belle. L'odeur des *mici* populaires se mêle aux effluves du café de luxe. Un vrai concentré de Bucarest.

Centre historique

Situé entre Piața Unirii et le parc Cișmigiu, c'est le point de départ du développement de Bucarest. Autour de la cour princière dont il reste les ruines, ce quartier attira au XVe siècle toute sorte de marchands et d'artisans. Il fut ravagé par un incendie le 23 mars 1847 et des architectes étrangers, français pour la plupart, contribuèrent à lui donner une allure européenne moderne. Échappé miraculeusement de la folie destructrice de Nicolae Ceaușescu, on y vient désormais pour flâner le long de ses ruelles piétonnières et animées. L'été, dans le quartier Lipscani, on découvre avec béatitude les terrasses qui prennent place sur les trottoirs. Ce quartier qui accueille touristes et Bucarestois passe pour être un des lieux les plus branchés de la ville.

BANQUE NATIONALE

Strada Lipscani, 25
La Banque nationale, construite sur le site du célèbre Hanul lui Șerban Vodă (célèbre auberge de 1678 à 1883), présente deux façades très différentes. Côté Lipscani, la façade aux colonnes corinthiennes est celle du bâtiment d'origine datant de 1890. Côté Strada Doamnei se trouve la partie plus moderne, ajoutée dans les années 1940.

BIBLIOTHÈQUE CENTRALE UNIVERSITAIRE (BIBLIOTECA CENTRALĂ UNIVERSITARĂ)

Strada Dem I. Dobrescu, 3
Piața Revoluției
Situé en face du musée national d'Art, ce superbe bâtiment rénové en 2001 date de 1895. Il est l'œuvre de l'architecte français Paul Gottereau. Gravement endommagé pendant la révolution de 1989, il a été reconstruit et agrandi. Le nouveau bâtiment qui lui a été adjoint à l'arrière abrite la moderne Bibliothèque universitaire.

CARU' CU BERE

Strada Stavropoleos, 3
Son nom signifie « le Char à bière ». Ce bâtiment néogothique, œuvre de l'architecte Siegfried Kofczinski, date de 1879. Il accueille une brasserie qui, à la fin du XIXe siècle et au début du XXe, était le lieu de réunion des cercles littéraires. L'intérieur est également néogothique, avec ses boiseries omniprésentes qui évoquent une brasserie d'outre-Rhin, ses vitraux et ses blasons.
Le lieu est remarquable. N'oubliez pas de visiter la superbe cave en sous-sol.

COUR PRINCIÈRE (CURTEA VECHE)

Les vestiges, malheureusement peu spectaculaires, qui demeurent de l'ancienne résidence princière du XVe siècle sont emblématiques du centre historique. L'ensemble résidentiel était au cœur de la ville médiévale et conserve encore quelques traces du palais voïévodal.
C'est sous le règne du prince valaque Vlad Țepeș (Vlad l'Empaleur, qui inspira le personnage de Dracula), entre 1456 et 1462, que la cour princière connut son plus grand rayonnement, ainsi qu'à l'époque de Constantin Brâncoveanu (1688-1714). Les artisans et les commerçants qui affluèrent dans la ville à cette époque laissèrent le nom de leurs corporations à bon nombre de rues. De nombreuses auberges s'ouvrirent également (comme Hanul lui Manuc, *voir plus loin*). Les prestigieux édifices furent endommagés par des incendies et des tremblements de terre et, la fin du XVIIIe siècle, peu à peu abandonnés.

■ ÉCOLE D'ARCHITECTURE (PALATUL INSTITUTULUI DE ARHITECTURĂ)

Elle se trouve derrière le bâtiment de l'université et la fontaine (lieu de rendez-vous des étudiants).

Ce bâtiment de 1927 est remarquable pour deux raisons. La première est son caractère brâncovan, donc roumain. La seconde, c'est que sa façade, récemment nettoyée, montre à quel point la ville pourrait être belle si le même traitement était réservé aux nombreux édifices noircis par les fumées d'automobiles.

■ ÉGLISE ARMÉNIENNE (BISERICA ARMENEASCĂ)

Bulevardul Carol I, 43
✆ +40 21 314 0208
www.armenianchurch.ro
paulbogdan@armenia.com
Ouverte de 9h à 15h.

Dédiée aux archanges Michel et Gabriel, elle a été construite en 1915. Récemment rénovée, elle a retrouvé sa blancheur et est une des plus agréables églises de la ville. Elle abrite un musée consacré à l'histoire (à partir du XIe siècle) de la jadis grande communauté arménienne du pays. Dans la cour se trouve le buste du général Andranik (1865-1927), héros national arménien.

■ ÉGLISE BULGARE (BISERICA BULGARĂ SFÂNTUL ILIE)

Strada Doamnei, 18

Située à l'autre bout de la rue Doamnei, cette minuscule église date de 1841. Elle fut construite sur le site d'une église de 1725.

■ ÉGLISE DE LA COUR VOÏÉVODALE (BISERICA CURTEA VECHE)

Dans Strada Franceză, cette église de la Bonne-Nouvelle (Buna Vestire) fut érigée en 1545-1554 par le prince Mircea le Berger (qui figure sur les fresques) et fut assez bien restaurée au cours des siècles, malgré les nombreux dommages qu'elle a subis (incendies, invasions, tremblements de terre). Vous remarquerez l'élégance de sa façade extérieure, l'alternance de brique et de crépi.

■ ÉGLISE DE LA PRINCESSE (BISERICA DOAMNEI)

Calea Victoriei, 28

L'église étant en cours de restauration, son entrée peut être interdite. Elle est invisible depuis le boulevard, il faut passer sous un porche à côté du restaurant Pizza Hut.

Construite en 1683 par la princesse Maria, épouse de Șerban Cantacuzino, prince de Valachie, cette église de brique conserve encore quelques fresques d'origine ; la plupart ont disparu au cours des nombreuses transformations.

■ ÉGLISE DES ÉTUDIANTS SAINT-NICOLAS OU ÉGLISE RUSSE (BISERICA STUDENȚILOR SFÂNTUL NICOLAE SAU BISERICA RUSĂ)

Strada Ion Ghica

Elle fut construite en 1906 à l'initiative de l'ambassadeur russe de l'époque. Elle a l'allure d'une église orthodoxe russe avec ses bulbes dorés (et leurs croix russes) et, vue de Piața Universității, elle présente un visage très photogénique. L'iconostase, œuvre d'artistes de Moscou, a été conçue sur le modèle de celle de l'église des Apôtres-Pierre-et-Paul du Kremlin.

■ ÉGLISE SAINT-GEORGES (BISERICA SFÂNTUL GHEORGHE)

Piața Sfântul Gheorghe

Cette église se trouve sur Strada Lipscani mais de l'autre côté du boulevard Brătianu, qu'on traverse par un passage souterrain. Considérée comme l'un des plus beaux exemples de l'architecture orthodoxe à Bucarest, elle fut construite par Constantin Brâncoveanu (1688-1714). Sept ans après l'inauguration de l'église (1707), le prince Brâncoveanu fut capturé par les Turcs, qui l'emmenèrent avec ses fils à Istanbul où ils furent tous décapités. Sa femme ramena sa dépouille à Bucarest et l'enterra dans cette église, où l'on peut voir sa tombe. Détruite par un incendie en 1847, l'église fut reconstruite en 1853.

■ GALERIE D'ART (GALERIA NOUĂ)

Strada Academiei, 15
✆ +40 21 313 5111

Une galerie d'art moderne qui présente des expositions très intéressantes.

■ HANUL LUI MANUC (AUBERGE DE MANUC)

On pénètre dans cet ensemble situé en face de l'église Curtea Veche en marchant sur des « pavés » de bois bien conservés. Cette auberge (*hanul* signifie l'auberge) a été construite en 1808 par un riche Arménien, Emanuel Mârzaian, surnommé Manuc Bey. Il accueillait les commerçants et leurs charrettes chargées de marchandises, d'où sa grande cour fermée qui évoque les caravansérails du Moyen-Orient. En 1812, on y a signé le traité de paix entre la Russie et la Turquie, qui attribuait aux Russes l'ex-Bessarabie, soit l'actuelle république de Moldavie.

L'architecture de l'auberge est fortement inspirée du style traditionnel roumain, avec ses balcons et arcades en bois. Rénovée dans les années 1970 puis ces dernières années, cette demeure historique est devenue aujourd'hui un hôtel-restaurant et lieu incontournable de la capitale où il est agréable de prendre un verre dans sa cour intérieure ombragée et à l'abri de la circulation.

■ HÔPITAL ET ÉGLISE COLȚEA (SPITALUL ȘI BISERICA COLȚEA)

Bulevardul Brătianu

Devant l'imposant bâtiment de l'hôpital Colțea se dresse la statue de Mihai Cantacuzino, réalisée en 1869. C'est lui qui, en 1704, décida la construction de cet hôpital, le premier de la ville. L'hôpital fut reconstruit à deux reprises. L'église Colțea, de 1702, fut également édifiée par Mihai Cantacuzino. Elle a subi de nombreuses rénovations après un incendie (1739) et un tremblement de terre (1838). Vous remarquerez son portique unique, son style baroque italien et les motifs floraux des ornements. Elle conserve à l'intérieur des peintures de Tattarescu datant de 1871.

■ HÔTEL INTERCONTINENTAL

Bulevardul Nicolae Bălcescu, 4

✆ +40 21 310 2020

www.ihg.com

reservations@interconti.ro

Cette tour de 80 mètres et 23 étages fut élevée en même temps que le Théâtre national et rénovée en 1995. Érigée sous le régime de Ceaușescu, en accord avec le groupe américain Intercontinental, elle fut en quelque sorte le premier symbole du capitalisme à Bucarest. Sa construction fut lancée quand le dictateur décida qu'une capitale se devait de posséder une structure de ce standing. Première tour de la ville, elle était alors en couverture de tous les guides touristiques sur Bucarest, comme preuve de la modernité de la capitale. En prenant le boulevard Carol I qui longe le théâtre, vous parviendrez à Piața Rosetti puis à l'église arménienne.

■ KILOMÈTRE 0

Bulevardul Brătianu

Situé devant l'église Saint-Georges, c'est l'équivalent du kilomètre 0 qui se trouve à Paris devant Notre-Dame. C'est à partir de ce point symbolique que sont mesurées les distances entre la capitale et les autres lieux de Roumanie. Construit en 1937, il fut démoli en 1952 et reconstruit à l'identique en 1998. Vous y lirez les distances en kilomètres des principales villes du pays.

▸ **Au nord et surtout au sud,** derrière le magasin Cocor, on voit encore des maisons colorées parfois bien rénovées, aux balcons de fer forgé et aux fenêtres hautes (rues Bărăției, près de l'église du même nom, rue Baia de Fier ou Patriei notamment).

■ MUSÉE D'ART ET D'HISTOIRE DE LA VILLE DE BUCAREST (PALATUL SUȚU)

Bulevardul Brătianu 2

✆ +40 21 315 6858

Ouvert de 10h à 18h, du mercredi au dimanche. Entrée 1,50 €.

L'élégant bâtiment néogothique qui l'abrite (le palais Suțu) est l'œuvre de deux architectes viennois et fut construit en 1834. Entre les deux guerres mondiales, le palais était le siège de la mairie de la ville. L'exposition retrace l'histoire de la capitale, du néolithique à nos jours. Le principal intérêt du musée est sa collection de photographies et dedocuments relatifs à la vie de la capitale au XIXe siècle.

■ PALAIS CEC (PALATUL CASEI DE ECONOMII ȘI CONSEMNAȚIUNI, CEC)

En face du musée d'Histoire.

Cet imposant bâtiment de 1900 est l'œuvre de l'architecte français Paul Gottereau. Sa façade, richement décorée, est dominée par une coupole centrale de grande dimension qui illumine remarquablement le hall.

De l'autre côté de la rue se trouvent la petite église Zlătari (1715) et la rue Stavropoleos, bien connue des photographes pour son caractère unique. Les enseignes de Caru' cu Bere et le palais CEC en arrière-plan figurent sur de nombreuses cartes postales et dans des livres d'art.

■ PASSAGES VILACROSSE ET MACCA

Entre Calea Victoriei
et Strada Eugeniu Carada

Ces agréables passages couverts de vitres de couleur jaune (qui créent une ambiance lumineuse très particulière) sont bordés de quelques boutiques et cafés. Un lieu calme et agréable qui témoigne de l'époque où Bucarest rayonnait et imitait les grandes capitales d'Europe.

PIAȚA UNIVERSITĂȚII

La place de l'Université fut l'un des lieux emblématiques de la révolution de 1989 et des *mineriade* de 1990, comme en témoignent de nombreuses croix en bois.

En son centre se dresse la statue équestre de Mihai Viteazul (le héros national), élevée en 1876.

Aujourd'hui, la place et ses alentours sont un lieu vivant où se retrouve la jeunesse locale autour d'une petite fontaine. Autour de l'université, on remarquera un nombre considérable de vendeurs de livres et de disques (vinyles) d'occasion. On y trouve tout et n'importe quoi, des trésors, du kitsch...

THÉÂTRE NATIONAL (TEATRUL NAȚIONAL)

Bulevardul Nicolae Bălcescu
contact@tncaragiale.ro

Cet imposant édifice est récent puisqu'il fut achevé en 1973. Sa façade, modifiée par Nicolae Ceaușescu (et qui la fit refaire plusieurs fois avant d'être satisfait), est supposée rappeler les monastères moldaves. Le bâtiment a retrouvé son aspect d'origine en 2012. En été, sur le toit (qu'on atteint par une entrée sur la façade gauche) est aménagée une gigantesque terrasse extérieure.

UNIVERSITÉ

Le massif palais de l'Université, de style néoclassique, fut inauguré en 1869. On remarquera les statues d'enseignants et hommes d'État qui ornent la façade. Il abrite aujourd'hui les sections géographie, histoire, littérature et autres sciences humaines ainsi que celle de chimie. L'université de droit se trouve boulevard Kogălniceanu et l'université de médecine à Cotroceni.

Calea Victoriei

ANCIEN HÔTEL BUCUREȘTI

Calea Victoriei

Derrière le Hilton, c'est un vaste bâtiment à l'architecture fonctionnelle sans grand charme. Il a été longtemps l'un des plus grands hôtels de la ville et a abrité les parlementaires, qui bénéficiaient ici de la plus belle piscine de la capitale.

Depuis, il a été transformé en bloc d'appartements de luxe.

ANCIEN SÉNAT (PALATUL SENATULUI)

Ce bâtiment austère fut au centre de la révolution de 1989. Bâti en forme de « U », cet édifice de 1960 abrita le Sénat roumain de 1989 jusqu'en 2005, quand il fut transféré au palais du Parlement. À la gauche de l'ancien Sénat donc, vous apercevrez les restes d'un bâtiment copieusement mitraillé pendant la révolution de 1989 (on pensait qu'il avait un lien avec la Securitate). On hésitait à le détruire et on a choisi de lui ajouter une petite tour en verre, qui se marie très bien avec les murs de brique irréguliers et endommagés de l'ancienne maison. Une bonne idée architecturale.

CASA CAPȘA

Calea Victoriei, 36

Chère à Paul Morand, cette demeure date de 1852 et fut achetée en 1874 par le pâtissier Grigore Capșa, qui en fit un prestigieux café. L'établissement connut son heure de gloire dans les années 1930, quand il devint le lieu de rencontre d'écrivains, d'artistes et d'intellectuels de la ville. Transformé en un luxueux hôtel, c'est un endroit fort agréable au décor et à l'ambiance raffinés.

CATHÉDRALE CATHOLIQUE SAINT-JOSEPH (CATEDRALA ROMANO-CATOLICĂ SFÂNTUL IOSIF)

Strada General Berthelot, 19

Cet imposant édifice de brique, situé au coin de Strada Luterană et de Strada General Berthelot, a été élevé en 1883. Jolis vitraux et orgues.

CERCLE MILITAIRE NATIONAL (CERCUL MILITAR NAȚIONAL)

À l'angle de Calea Victoriei et de Bulevardul Regina Elisabeta.

Cet imposant édifice agrémenté d'une fontaine présente une façade de style néoclassique français. Il fut construit en 1912 par l'architecte roumain Dimitrie Maimarolu, à l'emplacement d'un monastère. Jusqu'en 1990, il a abrité la Casa Centrală a Armatei. Les salons de réception du Cercle militaire sont somptueux et vous pouvez vous y restaurer : ce sera comme un petit voyage dans le temps. En été, la grande terrasse est également transformée en restaurant. Chaque année, le 26 juin, l'édifice s'orne de nombreux drapeaux afin de célébrer le « jour du Drapeau » (*Ziua drapelului*) et des cérémonies y sont alors organisées. Pendant toute l'année, on peut y voir également diverses expositions (peinture, photographie ; entrée du côté du boulevard Regina Elisabeta).

ÉGLISE BUCUR

En face de l'église du monastère Radu Vodă.

Minuscule église perchée, coincée entre un bloc de béton et un immeuble en verre, elle date du XVIIIe siècle et serait dédiée au berger

Bucur, fondateur légendaire de Bucarest. Là où ses moutons paissaient, la petite hauteur a été bien aménagée : tonnelles, fleurs, petits bancs. Plus que l'église elle-même, c'est l'incongruité du lieu qui enchante ici. Pour l'anecdote, *bucur* signifie « joie », faisant appeler Bucarest « la ville de la joie ».

ÉGLISE CREȚULESCU (BISERICA CREȚULESCU)

Située à l'entrée de la grande place de la Révolution, le long du palais royal (musée national d'Art), à un emplacement prestigieux, c'est une église de brique, construite en 1722 à l'initiative de Iordache Kretzulescu (ou Crețulescu). Les quelques peintures intérieures qu'elle a conservées sont de Tattarescu (1860). L'église a subi de nombreux remaniements au XIXe siècle. Endommagée pendant la révolution de 1989, elle a été restaurée en 2000.

À côté, l'immeuble Humanitas, où les impacts de balles sont encore visibles, abrite une excellente librairie.

ÉGLISE DE LA PRINCESSE BĂLAȘA (BISERICA DOMNIȚA BĂLAȘA)

Strada Sfânții Apostoli, 3

Toute proche de Piața Unirii, mais cachée derrière les nouvelles constructions, elle est invisible. Pour vous y rendre, longez la Dâmbovița et prenez la première à gauche, avant le palais de justice.

L'église porte le nom (et abrite le tombeau) de la fille de Constantin Brâncoveanu, décédée en 1751. L'histoire de cette église est mouvementée. Construite en 1885, elle en est la quatrième version, les trois précédentes ayant subi incendie, inondation et tremblement de terre. L'église actuelle a affronté avec succès les séismes du XXe siècle et ses couleurs brique et orange continuent à se détacher joliment sur les immeubles gris qui l'entourent. Les vitraux de Vienne et le chandelier fabriqué à Munich sont remarquables. Dans la cour se trouve une statue dédiée à la princesse et réalisée en 1881.

ÉGLISE DES SAINTS-APÔTRES-PIERRE-ET-PAUL (BISERICA SFÂNȚII APOSTOLI PETRU ȘI PAVEL)

Strada Sfânții Apostoli, 33

Elle a échappé à la destruction mais les alentours ont bien changé… Tout comme le monastère Antim, elle se trouve derrière les barres d'immeubles, mais de l'autre côté du boulevard Unirii. Elle fut construite par Matei Basarab en 1636 et embellie par Cantacuzino en 1775. La porte est protégée par un porche dont les six colonnes sont joliment décorées de motifs végétaux. À l'intérieur, vous verrez de nombreux portraits (Matei Basarab, Ștefan et Constantin Cantacuzino, la princesse Păuna…).

ÉGLISE DU MONASTÈRE RADU VODĂ

Strada Radu Vodă

On y parvient en longeant le boulevard Mărășești en direction de la Dâmbovița. On tourne à gauche dans une petite rue avant la rivière.

Il s'agit d'une belle église, vestige d'un monastère du XVIe siècle. Elle est fleurie, colorée et bien entretenue. C'est un lieu calme et reposant, à deux pas des larges et bruyants boulevards. La chapelle est superbe, avec ses murs intérieurs, ses coupoles et ses plafonds entièrement couverts de peintures polychromes, mises en valeur par de belles colonnes vertes.

ÉGLISE LUTHÉRIENNE (BISERICA LUTERANĂ)

À l'angle des rues Luterană et Știrbei Vodă.

Elle date de 1751.

MONASTÈRE ANTIM (MĂNĂSTIREA ANTIM)

Strada Antim, 29

Tout proche du Parlement, il est dissimulé par les barres d'immeubles construits dans les années 1980. Vous n'aurez qu'à passer de l'autre côté du décor pour le découvrir. Construit en 1715 par le savant Antim, c'est sans nul doute l'un des plus beaux monastères de Bucarest. Nombre de ses bâtiments datent cependant de 1812. On y pénètre en passant sous une belle porte de brique. Vous remarquerez les caractéristiques du style brâncovan, les discrètes mais riches sculptures ornementales à thèmes floraux, ainsi que de belles peintures (1812) de la Nativité. Le bloc de bâtiment abritant les religieux, à gauche de l'église, a été déplacé de 20 mètres pour permettre la construction de la série d'immeubles qui dominent aujourd'hui le complexe monastique. Les rues environnantes, qui ont échappé aux destructions des années 1980, vous donneront un aperçu de l'ancien charme de ce quartier. La place devant le Parlement est Piața Constituției, vaste esplanade entourée de ministères. Des manifestations y sont fréquemment organisées : concerts, foires ou… grèves. L'entrée des visiteurs se trouve ((théoriquement, car cela change parfois) sur le flanc droit du Parlement (quand on le regarde de face).

MUSÉE DE LA COMMUNAUTÉ JUIVE DE ROUMANIE (MUZEUL DE ISTORIE AL COMUNITĂŢILOR EVREILOR DIN ROMÂNIA)

Strada Mămulari, 3 ✆ +40 21 311 0870
Ouvert tous les jours de 9h à 13h, sauf le samedi.
Le musée, malheureusement endommagé par des attaques antisémites en 2000, est installé dans une ancienne synagogue construite en 1850 par une communauté de tailleurs. Elle fut ensuite rénovée et somptueusement décorée en 1910. En 1941, elle fut dévastée, comme tout le quartier de Văcăreşti. Reconstruite par la suite, elle sert donc, depuis 1978, de musée. La pièce maîtresse de l'exposition est un monument à la mémoire des 200 000 Juifs transylvains livrés par la Hongrie à l'Allemagne et des 150 000 déportés dans les camps de travail.

MUSÉE DE LA LITTÉRATURE ROUMAINE (MUZEUL NAŢIONAL AL LITERATURII ROMÂNE)

Bulevardul Dacia, 12 ✆ +40 21 212 5845
Ouvert de 10h à 18h en semaine et de 10h à 16h les samedi et dimanche.
Abrité dans un joli bâtiment du XIXe siècle, au commencement ouest du boulevard Dacia, ce musée comblera les amateurs de littérature roumaine, car pour ceux qui ne parlent pas la langue, la visite risque de manquer d'intérêt. Un kiosque devant le musée propose de nombreux périodiques et ouvrages littéraires.

- **La Casa Monteoru** (environ 1850), au n° 113 de Calea Victoriei,
- **et la Casa Lenş-Vernescu** (1820), au n° 133, sont remarquables.

La première, également appelée Maison des écrivains, fut construite par Ion Mincu. La seconde accueille aujourd'hui le Casino Palace, après avoir abrité maintes institutions (caserne, ministère de la Défense, état-major russe, organisations communistes).

MUSÉE GHEORGHE TATTARESCU

Strada Domniţa Anastasia, 7
Ce petit musée est installé dans la maison où vécut le grand peintre roumain Gheorghe Tattarescu (1820-1894).

MUSÉE NATIONAL D'ART CONTEMPORAIN (MUZEUL NAŢIONAL DE ARTĂ CONTEMPORANĂ)

Palais du Parlement
Calea 13 Septembrie, 1
✆ +40 21 411 1040 – www.mnac.ro
info@mnac.ro
Ouvert de 10h à 18h tous les jours, sauf les lundi et mardi. Entrée 1,50 € pour les adultes, gratuit pour les étudiants.
Installé dans le vaste palais du Parlement (voir plus haut), ce musée expose les œuvres les plus remarquables des artistes roumains contemporains, mais aussi de quelques artistes étrangers. On s'y rendra donc autant pour les collections que pour leur époustouflant décor.

PALAIS CANTACUZINO, MUSÉE GEORGE ENESCU (MUZEUL GEORGE ENESCU)

Calea Victoriei, 141 ✆ +40 21 318 1450
www.georgeenescu.ro
office@georgeenescu.ro
Ouvert du mardi au dimanche de 10h à 17h. Entrée 1,50 €.
Ce musée vous apprendra tout sur la vie et l'œuvre du grand musicien George Enescu (1881-1955). Il est installé dans le somptueux et orgueilleux palais Art déco Cantacuzino, l'une des grandes fiertés de la capitale roumaine, construit en 1900 sur les plans de l'architecte Ion Berindei. L'intérieur est richement décoré. Une visite donc à ne pas manquer, même si la vie d'Enescu ne vous passionne pas.

PALAIS DE JUSTICE (PALATUL DE JUSTIŢIE)

Tout à côté de l'église, c'est un édifice de 100 mètres de longueur, construit en 1895 par Albert Ballu en style Renaissance française. De l'autre côté du pont, là où débute Calea Victoriei, vous ne manquerez pas de remarquer deux hauts bâtiments prétentieux, typiques de l'architecture de Bucarest du début du XXe siècle. C'était le style favori de Ceauşescu et vous le retrouverez effectivement dans les nouvelles constructions du Centre civique.
De la place, en prenant le boulevard Naţiunile Unite qui part entre les deux tours, on pénètre dans un quartier de ministères. Derrière les immeubles, au nord, se trouve le monastère Mihai Vodă construit par Michel le Brave en 1594. Il fait partie des édifices religieux déplacés en 1985 ; il se trouvait alors 280 mètres plus à l'ouest ! Le monastère Văcăreşti, qui se trouvait à proximité, a eu moins de chance puisqu'il a été détruit.

PALAIS DES TÉLÉPHONES (PALATUL TELEFOANELOR)

Il est difficile de le manquer. Lui qui semblait si malade il n'y a pas si longtemps, voilà qu'il nous revient de loin, restauré et blanchi. Toujours coiffé de dizaines de paraboles, il ne

paraîtrait pas déplacé à Gotham City. Inauguré en 1934, ce bâtiment témoigne des folies architecturales de l'époque et a longtemps été le plus haut édifice de la ville. À côté, un espace resté vide depuis trop longtemps a enfin été comblé par une tour en verre qui a ouvert sous l'enseigne Novotel.
En face, l'hôtel Continental est un joli bâtiment du XIXe siècle.
En retrait, vous remarquerez les deux bâtiments verticaux Art déco, récemment rénovés et qui confèrent un caractère original à cette partie de la ville.

■ PALAIS DU PATRIARCAT (PALATUL PATRIARHIEI)

À côté de l'église du métropolite, ce palais, dont la partie la plus récente date du début du siècle dernier, accueille le siège du patriarcat de l'Église orthodoxe roumaine. Auparavant (depuis 1907), une partie de ce grand bâtiment abritait la Chambre des députés, transférée en 1996 dans la Maison du peuple, qui devint ainsi le palais du Parlement.

■ SALA PALATULUI

www.salapalatului.ro
dir.gen@salapalatului.ro
Sur Piața Revoluției.
Cette salle ne passe pas inaperçue avec son grand dôme bleu. Elle a été construite en 1960 par Tiberiu Ricci. Sa salle de 3 000 places, qui accueillait jadis les cinq grands congrès communistes annuels, est destinée désormais à d'autres manifestations de masse (concerts, fêtes…).

■ TEMPLUL CORAL

Strada Sfânta Vineri, 9 ✆ 021 312 2196
Services tous les jours à 8h (8h30 le samedi) et 19h.
Cette synagogue en brique est un peu en retrait et on la dépasse facilement sans s'en rendre compte. Elle a été construite au milieu du XIXe siècle. Vandalisée peu après son inauguration, elle fut restaurée et peu à peu agrandie. On y ajouta des orgues et de superbes vitraux. Dans la cour côté rue se trouve, depuis 1992, un monument à la mémoire des victimes de la Shoah. La synagogue est en activité et les offices ont lieu tous les vendredis soir et les samedis.

▸ **Ceux qui sont intéressés par l'histoire de la communauté juive de la ville pourront également visiter deux grands cimetières** dans la capitale : Cimitirul Evreiesc (séfarade) de Șoseaua Giurgiului, au sud de la ville (métro Eroii Revoluției), et Cimitirul Israelit Filantropia (ashkénaze) du boulevard Ion Mihalache, au nord.

Palais du Parlement

■ PALAIS DU PARLEMENT (PALATUL PARLAMENTULUI)

Calea 13 Septembrie, 1
✆ +40 21 316 0300
Voir page 120.

Arc de triomphe et le Nord

■ ARC DE TRIOMPHE (ARCUL DE TRIUMF)

Piața Arcul de Triumf
Il fut élevé (en bois) en 1922 pour célébrer la victoire de l'armée roumaine lors de la Première Guerre mondiale et l'unification des trois provinces qui forment la Roumanie. L'édifice actuel date de 1936 et est l'œuvre de l'architecte Petre Antonescu. Il offre de son sommet une jolie vue sur le quartier des parcs. À l'intérieur, on peut voir des photos de l'ancien arc en bois et des plans de la ville à l'époque.

■ MAISON DE LA PRESSE LIBRE (CASA PRESEI LIBERE OU CASA SCÂNTEII)

Haut de 90 mètres, c'est en général le premier bâtiment d'importance que l'on remarque en venant de l'aéroport. Son architecture typiquement communiste (une statue de Lénine se trouvait devant jusqu'en 1990) vous évoquera ses cousins de Moscou ou Varsovie, en plus petit. Il a été construit dans les années 1950 pour accueillir les différents organes de presse (ou de propagande) de l'époque. Il abritait ainsi, avant 1989, le journal du Parti communiste *Scânteia* (*L'Étincelle*). C'est pourquoi le bâtiment s'appelait alors Casa Scânteii. Aujourd'hui encore, la plupart des journaux nationaux y ont leur siège et bureaux, ce qui en fait une gigantesque salle de rédaction.

■ MUSÉE D'ART ANCIEN OCCIDENTAL MINOVICI (MUZEUL DE ARTĂ VECHE APUSEANĂ ING. DUMITRU MINOVICI)

Strada Nicolae Minovici, 3
✆ +40 21 665 7334
www.minovici.ro
mava@minovici.ro
Du jeudi au dimanche, de 9h à 17h. Entrée libre.
Une superbe maison construite en style Tudor en 1940-1941 par l'ingénieur Dumitru Minovici et transformée en musée. Vous y verrez tapisseries flamandes, tapis, meubles, armes et trophées.

■ MUSÉE DE GÉOLOGIE (MUZEUL NAȚIONAL DE GEOLOGIE)

Șoseaua Kiseleff, 2
✆ +40 21 650 5094
Ouvert du lundi au vendredi de 10h à 16h.
Le musée est divisé en 14 sections : minéralogie, paléontologie, histoire de la géologie, etc. Il est installé dans un beau et massif bâtiment de style neobrâncovan datant de 1906.

▶ **Entre la zone des musées et l'Arc de triomphe, la chaussée Kiseleff est un agréable lieu de promenade.** La rue est d'abord bordée de chaque côté par un parc puis elle offre une succession de superbes et grandes demeures dont quelques ambassades ; le palais Elisabeta (n° 28), de 1937, est l'une des plus belles. Tous ces palais datent de l'époque où Bucarest rayonnait et où l'audace architecturale était la règle.

■ MUSÉE D'HISTOIRE NATURELLE GRIGORE ANTIPA (MUZEUL DE ISTORIE NATURALĂ GRIGORE ANTIPA)

Șoseaua Kiseleff, 1
✆ +40 21 312 826
Ouvert de 10h à 17h, sauf le lundi. Entrée 1,70 €.
Ce musée (bâtiment imposant datant de 1908) dédié au grand biologiste roumain s'intéresse à la vie sous-marine, présente des squelettes, un mammouth, etc. Son importante collection de papillons (130 000 spécimens) est particulièrement intéressante.

■ MUSÉE DU CHEMIN DE FER (MUZEUL CFR)

Calea Griviței, 193
Ce musée, situé un peu au nord de la gare, relate l'histoire des chemins de fer roumains. Uniquement pour les passionnés.

■ MUSÉE NATIONAL DES CARTES ET LIVRES ANCIENS (MUZEUL NAȚIONAL AL HĂRȚILOR ȘI CĂRȚII VECHI)

Strada Londra, 39
✆ +40 21 230 4468
Ouvert tous les jours, sauf les lundi et mardi, de 10h à 18h. Entrée 1,25 €.
Un musée récent, aménagé dans une belle maison de ce quartier calme. Les passionnés de vieilles cartes et les autres ne doivent pas manquer cette exposition. Les cartes, déjà esthétiquement très belles, parlent autant que de gros livres d'histoire. L'évolution de la perception du monde, les guerres, les propagandes, tout s'y trouve. Un passionnant voyage dans le temps et l'espace !

■ MUSÉE ZAMBACCIAN (MUZEUL ZAMBACCIAN)

Strada Muzeul Zambaccian, 21
✆ +40 21 230 1920
Ouvert de 11h à 18h30, tous les jours, sauf les jeudis et les vendredis. Entrée environ 2 €.
Situé dans un calme et joli quartier, ce musée présente la collection privée léguée en 1946 à l'État roumain par le négociant arménien Krikor Zambaccian. Ce legs comprend le seul Cézanne du pays, des œuvres de Renoir, Sisley, Picasso, Matisse et des artistes roumains tels que Brâncuși, Baba, Pallady, Luchian et Grigorescu, le tout présenté dans une superbe demeure, typique de ce ravissant quartier résidentiel.

■ PARC DES EXPOSITIONS (ROMEXPO)

Le quartier autour de la Maison de la presse libre est en plein développement, depuis l'arrivée d'une nouvelle ligne de tramway. Non loin de là, le parc des Expositions (*Complexul expozițional*) a été construit à l'emplacement de l'ancien hippodrome, en 1964. Le complexe, qui accueille de nombreux événements, est dominé par le pavillon central et son dôme de 93 mètres de diamètre. La tour de l'hôtel Sofitel date de 1994 et le centre d'affaires (Centru Internațional de Afaceri – World Trade Center) qui le jouxte est en plein développement : salles de conférences, bureaux, sièges de sociétés. Il bénéficie de la proximité de l'aéroport.

■ PARC HERĂSTRĂU

Șoseaua Kiseleff
Ce parc au nord de la ville est aménagé (depuis 1939) autour d'une étendue d'eau du même nom qui fait partie d'un collier de lacs formés par la rivière Colentina. On y trouve d'agréables allées, un débarcadère, des terrasses pour se rafraîchir ou se restaurer. Bien que gigantesque, le parc est surpeuplé le dimanche, quand toute la population de la ville semble s'y donner rendez-vous.

■ PIAȚA VICTORIEI (PLACE DE LA VICTOIRE)

Cette immense place est un peu le sas d'entrée des vastes et verts quartiers huppés du nord de la ville. Elle est entourée de bâtiments de divers styles qui, aussi hauts et massifs qu'ils soient, n'atténuent en rien l'aspect d'énorme carrefour routier de Piața Victoriei.

▶ **De la place, partent de nombreux axes.** Les boulevards Nicolae Titulescu, Buzești (qui mènent au quartier de la gare du Nord) et Iancu de Hunedoara (qui mène aux quartiers

Ştefan cel Mare et Obor) concernent peu les touristes. À l'est, vous remarquerez les colonnes de l'austère Palatul Victoriei, rigide bâtiment dû à Duiliu Marcu, où rien ne dépasse. Construit en 1944, il accueillit le ministère des Affaires étrangères avant de devenir le siège du gouvernement roumain.

▶ **Au sud,** des immeubles typiques des travaux de Ceauşescu. D'ici partent Calea Victoriei et Bulevardul Lascăr Catargiu, déjà mentionnés. À l'ouest se dresse l'actuelle plus haute tour du pays, celle de la banque BRD, contre laquelle se presse un bel immeuble moderne aux teintes plus joyeuses. Au nord enfin, partent les longs boulevards arborés bordés de somptueuses et audacieuses demeures, dont le musée du Paysan roumain, déjà visible depuis la place. Strada Paris, à gauche du palais Victoriei, traverse l'un des plus jolis quartiers de la ville.

■ STRADA PARIS ET PIAŢA DOROBANŢILOR

Strada Paris, qui part à gauche du palais Victoriei, traverse un quartier superbe. Ses rues, portant les noms de capitales du monde entier, sont bordées de grandioses et audacieuses demeures, ici en parfait état. Une partie d'entre elles abrite des ambassades. Il y a peu de voitures, beaucoup d'arbres. Le lierre, la vigne vierge, les tonnelles créent une atmosphère presque villageoise. Strada Paris mène à Piaţa Dorobanţilor, cœur de ce quartier huppé (Paris, Floreasca, Primăverii). Les maisons cossues y côtoient de luxueux commerces et des restaurants renommés. Au nord de la place se trouve l'immeuble de la télévision nationale (TVR), où les combats furent violents pendant la révolution de 1989. Un petit monument commémore ces événements.

Faubourgs de Bucarest

■ ACADÉMIE MILITAIRE (ACADEMIA MILITARĂ)

Situé au sud de Cotroceni, au bout du boulevard Eroilor, c'est un bâtiment qu'il est difficile de manquer si l'on circule dans cette partie de la ville. Très massif, il s'élève sur l'un des rares reliefs de la capitale.

Construit en 1938 par Duiliu Marcu, il accueille sur son esplanade une statue à la mémoire des héros de la patrie (*Eroilor Patriei*), soldats qui ont lutté pour la liberté du pays pendant la Seconde Guerre mondiale. Le bâtiment a abrité les autorités nazies pendant cette période.

■ ANCIEN HÔTEL DE VILLE DE BUCAREST (PALATUL PRIMĂRIEI MUNICIPIULUI BUCUREŞTI)

Face à l'entrée du parc Cişmigiu, c'est un bâtiment massif datant de 1910.

■ BOULEVARDS BĂLCESCU ET MAGHERU

Les boulevards Bălcescu et Magheru, qui partent de l'université vers Piaţa Romană, constituent un des axes routiers et commerciaux parmi les plus importants de la ville, ce qui leur vaut d'être bruyants et souvent embouteillés. Le boulevard Lascăr Catargiu est un des plus prestigieux de Bucarest. Il est bordé de somptueuses demeures, dont plusieurs ambassades. Aux alentours de Piaţa Lahovari, vous pourrez découvrir des rues charmantes, intéressant mélange d'éléments architecturaux et d'animation populaire. Le long du boulevard Dacia notamment, vous pourrez découvrir de nombreuses ambassades aux drapeaux colorés. Vous y trouverez ainsi l'Institut français installé dans la plus belle des maisons, où il faut absolument entrer pour admirer le hall tout en bois.

■ CIMETIÈRE BELLU (CIMITIRUL BELLU)

Au sud du parc Tineretului, Piaţa Eroii Revoluţiei (et station de métro du même nom).

Ce gigantesque cimetière est l'équivalent du Montparnasse ou du Père Lachaise à Paris. Il a été édifié dans les années 1850, sur des terres laissées à disposition par le baron Barbu Bellu (d'où son nom). C'est un lieu calme, végétal et vraiment agréable. On a l'impression de déambuler dans un bois où l'on aurait disposé quelques tombes. On y trouve celles de personnalités comme Mihai Eminescu, le poète national, ou le génial dramaturge Ion Luca Caragiale. Ils reposent aux côtés des membres de riches familles locales qui rivalisaient pour élever les plus beaux tombeaux (comme l'imposant mausolée des Cantacuzènes). Prenez le temps de parcourir le cimetière et de contempler les dizaines de tombes qui attireront immanquablement votre attention.

▶ **À côté, on verra le sobre cimetière des héros** (dont certains avaient tout juste 14 ans) tombés en 1989, où les petits drapeaux roumains fleurissent sur les croix.

■ CIMETIÈRE DE GHENCEA

Bulevardul Ghencea

Bus n° 385 depuis Piaţa Unirii.

Le cimetière s'étend le long du boulevard Ghencea. Les ateliers de cercueils et les boutiques de couronnes funéraires vous aideront à le repérer.

Tombe des Ceaușescu. Pour les curieux ! Elle est située dans la partie gauche et la femme du dictateur est enterrée tout près. Leur fils Nicu, décédé d'une cirrhose en 1996, après une vie de débauche, est enterré non loin. Leurs trois tombes sont en permanence décorées de fleurs et éclairées de bougies allumées par des nostalgiques de cette période. Le cimetière compte également une section militaire où reposent les soldats tombés au combat ; monuments commémoratifs, photos des défunts.

De l'autre côté de la rue, se trouve le cimetière turc (*Cimitirul Mahomedan*). À l'origine cimetière militaire ottoman, il est aujourd'hui également utilisé par la communauté turque de la ville. Le drapeau turc vous permettra de le reconnaître aisément.

CIMETIÈRE JUIF SÉFARADE (CIMITIRUL EVREIESC)

Ce cimetière de rite séfarade se trouve de l'autre côté de Piața Eroii Revoluției. Un monument y est élevé pour les victimes du pogrom de 1941, perpétré dans la capitale.

CINÉMA PATRIA

Bulevardul General Magheru, 12
À l'intersection avec Strada Arthur Verona
Ce cinéma est un bel exemple de l'architecture des années 1930, plus fonctionnelle qu'esthétique. L'édifice, appelé immeuble ARO (du nom de la firme d'assurances qui en commanda la construction), a été conçu par Horia Creangă qui, avec Marcel Iancu, est une figure phare de l'architecture moderniste en Roumanie. Le bâtiment date de 1931 et accueille un cinéma qui reste l'un des plus fameux de la ville, malgré la concurrence des Multiplex de la périphérie.

ÉGLISE AMZEI (BISERICA AMZEI)

Strada General Christian Tell
À l'intersection avec Strada Biserica Amzei
Elle date de 1901 et se caractérise par son style néobyzantin. Non loin se trouvent l'ambassade de France et l'un des plus jolis marchés de la ville. Le quartier lui-même est très calme et agréable.

ÉGLISE DE L'ICÔNE (BISERICA ICOANEI)

Strada Icoanei, 12
On y accède en prenant Strada Arthur Verona, au niveau de l'agence J'info Tours.
L'église se trouve au-delà du parc Icoanei, dans un quartier agréable et extrêmement calme. Elle date de 1838 et doit son nom à l'icône du XVIIe siècle représentant la Vierge et offerte par Constantin Brâncoveanu, prince de Valachie. Le quartier, en retrait des bruyants boulevards, est caractérisé par une plaisante absence d'harmonie architecturale qui fait son charme : rues bitumées ou pavées, grandes demeures colorées ou vieillissantes, églises, petits parcs.

ÉGLISE GRECQUE (BISERICA GREACĂ)

À l'embranchement des boulevards Ferdinand et Pache Protopopescu.
Cette église aux allures de temple ionique ne passe pas inaperçue. Elle date du début du XXe siècle et a été récemment rénovée, d'où sa façade très claire sur laquelle se détache le drapeau grec.

ÉGLISE ITALIENNE (BISERICA ITALIANĂ)

Bulevardul Nicolae Bălcesu, 28
Cette élégante église de brique date de 1930 et n'est aujourd'hui pas vraiment mise en valeur, entourée de blocs de béton et dissimulée par des arbres. Vous passerez peut-être devant sans la voir.

JARDIN BOTANIQUE (GRĂDINA BOTANICĂ)

Șoseaua Cotroceni
✆ +40 21 410 9139
Ouvert de 8h à 17h. Les serres sont ouvertes les mardi, jeudi, samedi et dimanche de 9h à 13h. Entrée 0,30 €.
Ce très joli parc où la végétation est luxuriante a été créé dans les années 1960. Bien que situé à côté d'un complexe industriel et pas très bien entretenu par endroits faute de moyens, il est particulièrement agréable.

LE LION (LEUL)

Tout proche du palais de Cotroceni, *Le Lion* est une statue monumentale symbolisant le courage érigée en 1926 et dédiée aux soldats de l'arme du génie de la Seconde Guerre balkanique et de la Première Guerre mondiale. On y lit : « Racontez aux générations futures notre sacrifice sur le champ de bataille. »

LA LOUVE ROMAINE (LUPOAICA)

À l'entrée du centre historique, au croisement de Strada Lipscani et de Bulevardul Brătianu, se trouve une reproduction de la louve romaine allaitant Romulus et Remus. Cette statue fut offerte à la ville par la municipalité de Rome, en 1906, pour marquer la latinité de la culture roumaine. On pourra voir de semblables répliques dans d'autres villes du pays, comme Timișoara, Alba Iulia ou Târgu Mureș, données par différentes municipalités italiennes.

MOSQUÉE DE BUCAREST (MOSCHEE DIN BUCUREŞTI)

Strada Constantin Mănescu, 3

Discrète, cachée derrière des blocs, c'est l'une des rares marques de la présence de population musulmane dans la capitale roumaine, la plupart des mosquées construites par les Turcs ayant été détruites à travers le pays.

MUSÉE DES POMPIERS, FOIŞORUL DE FOC (MUZEUL NAŢIONAL AL POMPIERILOR)

Foişorul de Foc
Bulevardul Ferdinand, 33
✆ +40 21 252 2884

Il est situé à un carrefour de trolleybus, dans un édifice que tout le monde connaît à Bucarest sous le nom de Foişorul de Foc. Il s'agit d'une tour de surveillance construite en 1893. Le musée retrace l'histoire des pompiers de la capitale, à travers des uniformes, véhicules, photographies, etc.

À l'angle de Calea Călăraşi et de Strada Popa Nan se trouve le marché Traian. Ce quartier est connu dans tout le pays car une chanson lui a été dédiée (voir encadré), décrivant la vie quotidienne de la rue Popa Nan : le coiffeur, la fleuriste, etc. C'est un quartier où de grandes maisons, et même des palais plus ou moins bien entretenus, se mêlent à des constructions plus récentes.

Depuis peu, le marché est abrité sous un hangar moderne, beaucoup plus propre mais moins charmant que l'ancien hall. Hala Traian a été rénovée et transformée en supermarché.

L'est de la ville s'étend le long du boulevard de ceinture Mihai Bravu, un océan de béton où les blocs se succèdent.

Au nord du boulevard se trouve le quartier d'Obor. Le plus grand marché de la ville s'y tient : Piaţa Obor, s'étalant entre la gare d'Obor et le métro Obor. En été, les légumes et les fruits abondent et les rues environnantes sont encombrées de Dacia aux coffres ouverts remplis d'aubergines, pastèques, choux, etc. Joli mélange de couleurs et belles photos à faire…

On y voit des légumes et des fruits depuis longtemps oubliés ou délaissés chez nous. Les œufs sont vendus dans de toutes petites caravanes.

Mais il n'y a pas que des denrées alimentaires à ce marché, on y trouve tout et n'importe quoi. L'activité est incessante dans cet immense bazar, on déambule dans des allées couvertes, parfois très étroites. Les petits stands de *mici* attirent clients et commerçants et l'odeur de la viande grillée se mélange à celles du céleri, de l'aneth, des tomates vertes…

Non loin se trouvait, jusqu'en 2005 encore, une gigantesque statue (*1907*) en l'honneur de la révolte paysanne de 1907. Elle a été détruite et remplacée par quelques parterres de fleurs. Iancului, Pantelimon et Titan (le bien nommé) sont des quartiers où les blocs bordés d'arbres se succèdent à l'infini au point que cela en devient presque spectaculaire.

On y trouve toutefois de nombreux îlots de verdure comme le cimetière arménien entre les chaussées Pantelimon et Iancului, le Parc national et ses installations sportives, dont le grand stade du pays (Stadion Naţional Lia Manoliu, construit en 1953 et pouvant accueillir 80 000 spectateurs), ou encore le gigantesque parc Titan autour d'un grand lac.

MUSÉE DES TECHNIQUES (MUZEUL NAŢIONAL TEHNIC DIMITRIE LEONIDA)

Strada General Candiano-Popescu, 2
✆ +40 21 336 9390

Ouvert du mercredi au dimanche de 9h à 17h.

Pour ceux que l'histoire des techniques (mécanique, énergie, télécommunication…) intéresse. Ce musée, qui se trouve dans le parc Carol Ier, présente notamment un avion de 1912 et des modèles de projets industriels.

MUSÉE STORCK

Strada Vasile Alecsandri, 16
✆ +40 21 211 3889

Ouvert du mardi au dimanche de 9h à 17h. Entrée 0,50 €. Visite en français possible sur demande.

Dans un quartier assez agréable, à l'écart du boulevard Lascăr Catargiu, une belle collection du sculpteur Frederic Storck, figure phare de l'art moderne roumain, mais aussi des peintures de sa femme Cecilia.

MUSÉE THEODOR PALLADY (MUZEUL THEODOR PALLADY)

Casa Melik
Strada Spătarului, 22
✆ +40 21 211 4979

Ouvert du mercredi au dimanche de 11h à 18h30. Entrée 0,70 €.

On y vient autant pour les œuvres exposées que pour la Casa Melik (le nom vient de la famille qui y résida dans les années 1920) qui abrite le musée. Récemment restaurée, cette demeure de marchands, l'une des plus belles et des plus anciennes de la capitale, fut construite en 1750 par le riche Arménien Hagi Kevork Nazaretoglu. Parmi les pièces de la collection privée se trouvent bien sûr des peintures de l'artiste roumain Pallady.

OBSERVATOIRE (OBSERVATORUL ASTRONOMIC AMIRAL VASILE URSEANU)

Bulevardul Lascăr Catargiu, 21
✆ +40 21 650 3475
Ouvert du mardi au vendredi de 20h à 22h30.
L'Observatoire occupe une maison qui appartenait à l'astronome Vasile Urseanu. Il s'agit d'un club d'astronomie et de science-fiction qui propose une minuscule exposition sur l'histoire de l'astronomie roumaine.

PALAIS CREȚULESCU (OU KRETZULESCU)

Donne sur le parc Cișmigiu côté Strada Stirbei Vodă.
Construit en 1902, il domine la partie nord du parc Cișmigiu (au niveau de la petite fontaine de la Grenouille), avec ses riches façades blanches, ses boiseries sombres, son allure inspirée par divers styles. C'est le siège local de l'Unesco.Tout autour, les rues ont gardé un charme villageois. En suivant les petits axes, de la partie nord du parc vers la gare du Nord, on verra des rues sans voitures, des places aux pavés disjoints, des cours ombragées par des tonnelles.

PALAIS ET MUSÉE DE COTROCENI

Bulevardul Geniului, 1
✆ +40 21 317 3107
www.muzeulcotroceni.ro
vizitare@aim.com
Ouvert de 9h30 à 17h30, sauf le lundi. Entrée 3 €, visite guidée en français 4 €.
Situé sur la colline de Cotroceni et entouré d'un joli parc, ce palais est aujourd'hui la résidence du président de la République. Autrefois, c'était la résidence des princes de Valachie depuis Brâncoveanu, à la fin du XVIIe siècle. Sous Ceaușescu, il a accueilli les jeunesses communistes : les Pionniers. Dans les années 1990, les présidents roumains s'y sont installés. Le palais actuel, de style néoclassique, fut construit dans les années 1890 (à l'emplacement d'un palais de 1681) par le prince Ferdinand, selon les plans de l'architecte français Paul Gottereau. Il fut restauré après le tremblement de terre de 1977. L'aile neuve est le siège de la présidence, l'aile ancienne est celle que vous visiterez. Vous y verrez de nombreux éléments de l'architecture roumaine. Art ancien roumain, architecture, arts décoratifs et histoire sont au programme. Pour les amateurs d'histoire et d'architecture, la chambre de la reine Marie et la salle orientale seront les deux moments forts de la visite.

PARC CIȘMIGIU

Du centre historique, en prenant le boulevard Regina Elisabeta, vous pouvez faire un détour par le joli parc Cișmigiu. C'est le plus ancien parc de Bucarest. Conçu en 1847 par le paysagiste allemand Carl Mayer, il a été dessiné autour d'un petit lac (créé par une source naturelle) tout en longueur.
Le parc est entouré de belles demeures, dont le superbe palais Crețulescu.

PARCS CAROL IER ET TINERETULUI

Ces deux parcs au sud de la ville forment un très large espace vert aux nombreuses pelouses et allées arborées.

- **Le parc Carol Ier** fut inauguré en 1906 pour une exposition-jubilé. De ce parc, on a l'une des rares vues « de haut » de la ville. Le grand monument (48 mètres) visible en son centre abrite la flamme du Soldat inconnu.
- **Un peu plus au sud, le parc de la Jeunesse (*Tineretului*)** est de dimensions plus importantes : 200 hectares. De larges allées entourant un lac sont particulièrement agréables pour le roller. Le palais des Sports et de la Culture (6 000 places) se trouve aussi près du lac.

PIAȚA LAHOVARI

Cette ancienne « place des Cosmonautes », bordée de grandes et somptueuses demeures, mérite vraiment le détour. Pour les fins gourmets, un grand nombre de bonnes adresses s'y trouvent. Alors consultez bien les restaurants que nous avons choisis, vous ne serez pas déçu.

PIAȚA ROMANĂ

Cette « place Romaine » est un carrefour routier (et de transports urbains) important. Elle est traversée de part en part par le long boulevard Dacia. La partie ouest de ce boulevard rejoint Calea Victoriei. Sa partie est mène à un sympathique quartier : Piața Lahovari.

PIAȚA SUDULUI

Cette place est avant tout un vaste carrefour où métro, tramways et bus se croisent en permanence. On est ici un peu au cœur des quartiers populaires du sud. On y verra, entre blocs et usine électrique, de vastes marchés qui attirent une foule parfois impressionnante. Cet endroit sans beauté est en revanche particulièrement animé. Le marché alimentaire est dissimulé derrière quelques bâtiments : légumes, fruits, viandes, œufs et odeurs de *mici* sont au programme. De l'autre côté du carrefour, vêtements, cigarettes et produits de

toutes sortes (nombreux faux) s'accumulent le long de l'impressionnante Alea Castanilor (« allée des Châtaigniers »). Pas de châtaignier ici, loin de là. On croit pénétrer dans un petit bazar de quartier, alors qu'on s'engage en fait dans un long, interminable « tube » aux teintes bleues, où s'alignent côte à côte des stands de vêtements, de bricolage, etc. Sous le plafond bas, l'atmosphère est étouffante en été.
Au sud également les quartiers de blocs se succèdent : Dudești et Vitan (où se trouve le centre commercial București Mall), à l'est des parcs, Berceni au sud, Rahova à l'ouest. Ferentari est un peu à part, cette zone défavorisée étant connue pour être le grand quartier rom de la ville.

QUARTIER DE COTROCENI

De la place Victor Babeș, le boulevard Eroii Sanitari vous mène au palais de Cotroceni. Les rues Sfântul Elefterie et surtout Joseph Lister vous permettent de découvrir l'un des plus jolis quartiers de la ville, où les rues portent les noms de grands médecins et chercheurs. Il est très agréable d'y déambuler. C'est un quartier résidentiel, sans commerces, juste des demeures souvent très grandes, construites dans les années 1920 dans des styles variés. Les rues, toutes bordées de platanes, sont ombragées en été. Le platane est un peu le symbole du quartier et sa feuille est devenue l'emblème du club de football qui y a son stade (FC Național). Dans ce quartier se trouvent les deux églises Sfântul Elefterie. La plus grande date de 1935 et la petite, vers le milieu de la rue, de 1744.

SYNAGOGUE EȘUA TOVA

Strada Tache Ionescu, 9
Située dans la partie ouest de cette rue qui mène vers Piața Amzei, cette synagogue est la plus ancienne de la ville. Construite en 1827, elle est réputée pour la beauté de sa salle intérieure (balcons en bois sculptés...).

SHOPPING

Centre historique

PIAȚA AMZEI

Marché sympathique car en plein centre-ville, dans un quartier vivant et agréable. Un peu plus cher qu'ailleurs car touristique et fréquenté par expatriés et habitants du centre-ville.

Palais du Parlement

UNIREA SHOPPING CENTRE

Piața Unirii, 1 – www.unireashop.ro
office@unireashop.ro
Ouvert tous les jours jusqu'à 22h (20h le dimanche).
Immanquable, c'est l'immense bâtiment couvert de publicités qui domine Piața Unirii et qui fut le premier centre commercial « à l'occidentale » de la ville. Nombreuses boutiques sur plusieurs niveaux.

VINEXPERT

Unirea Shopping Center
Piața Unirii, 1
Rez-de-chaussée
Vins, whiskies et même pastis.

Arc de triomphe et le Nord

PIAȚA OBOR

Marché principalement alimentaire (mais pas uniquement : objets, animaux, vêtements, céramiques, bref tout) qui s'étale entre la gare d'Obor et le métro Obor. En été, quand les légumes et les fruits abondent, les rues alentour sont encombrées de Dacia aux coffres ouverts remplis d'aubergines, pastèques, choux, etc. Joli mélange de couleurs et belles photos à faire. Un vrai marché à la roumaine.

Faubourgs de Bucarest

AFI PALACE COTROCENI

Au croisement des boulevards Timișoara et Vasile Milea
www.aficotroceni.ro
Ouvert de 10h à 22h.
Le Palace Cotroceni n'est pas un simple *mall*. Il couvre 214 000 mètres carrés et abrite 300 magasins et bon nombre d'espaces de loisirs : une patinoire, une piste de karting, un cinéma avec 20 écrans ainsi que le premier Imax de Roumanie.

BUCUREȘTI MALL

Calea Vitan, 55-59
Non loin de la place Alba Iulia, c'est aussi un ancien *circ al foamei* de Ceaușescu (« cirque de la faim », désignation ironique des magasins alimentaires de l'époque communiste), transformé en *mall* à l'américaine depuis la fin des années 1990. Un grand lieu du shopping local, avec cinéma, supermarché...

CASA VINULUI DR. PUŞCĂ (MAISON DU VIN DR. PUŞCĂ)
Magasin 2
Șoseaua Virtuții, 9
Quartier Militari, métro Lujerului
✆ +40 21 430 6216
www.casavinului-drpusca.ro
office@casavinului-drpusca.ro
Accès par le tram n° 41 ou par le bus n° 178 (arrêt Orșova).
Ce magasin propose une grande variété de vins provenant de toutes les régions viticoles de Roumanie. Vous pourrez acheter des bouteilles mais aussi des « bag in box », des récipients en plastique munis d'un petit robinet et placés dans des boîtes en carton. Voici de quoi faire un cadeau original ! Dégustation possible avant l'achat.

PLAZA ROMANIA
Bulevardul Timișoara, 26
✆ +40 21 407 8475 – www.plazaromania.ro
office@anchorgrup.ro
Bus 137 depuis le centre-ville (Piața Universității) ou tramway 35 depuis la gare du Nord.
Un autre centre commercial géant. Sous deux dômes, d'innombrables et luxueuses boutiques inabordables pour le Roumain moyen. La jeunesse dorée locale se presse à Zara, mais aussi dans le cinéma, au bowling, au vaste *food centre* du dernier étage.

SPORTS – DÉTENTE – LOISIRS

CLUB D'ÉQUITATION DE BUCAREST
Devant l'Institut de météorologie
Strada Jandarmeriei, 2-4
Le club se trouve dans la forêt de Băneasa et dipose aussi d'un café et d'une terrasse.

DAIMON SPORT CLUB
Dans le parc Tineretului, en face de la Salle polyvalente
www.daimonsportclub.ro
office@daimonsportclub.ro
Un club de fitness assez élégant qui fait aussi boîte de nuit, particulièrement appréciée l'été autour de la piscine extérieure.

FEDERAȚIA ROMÂNĂ DE RUGBY
Bulevardul Mărăști, 26 ✆ +40 21 224 5482
www.rugby.ro

GIPO PESCAR
Bulevardul Gheorghe Duca, 3
www.gipo.ro – office@gipo.ro
À gauche à la sortie de la gare du Nord.
Pour les amateurs de la pêche.

HIMALAYA
Calea Moșilor, 27
✆ +40 21 315 5152
www.himalaya.ro
himalaya@rdslink.ro
Tout pour la randonnée, le camping et les sports extrêmes.

LUCIAN GRIGORESCU HALL
Strada Aviator Popa Marin, 2
Près du parc Floreasca.
Piscine publique et donc peu chère.

ONE FITNESS
Bulevardul Ion Mihalache, 128-130
Étage 2
✆ +40 21 224 0704
www.onefitness.ro
office@onefitness.ro
Un centre de fitness ultramoderne ouvert par Diana Oprea, qui a été championne mondiale de fitness en 2006.

PESCARIU SPORTS & SPA
Strada Glodeni, 3
www.pescariusports.ro
ana.pescariu@pescariusports.ro
Centre de fitness qui dispose également d'une piscine.

PREMIER GOLF CLUB
Strada Doctor Joseph Lister, 37
✆ +40 723 174 604
www.golfbucharest.com
contact@golfbucharest.com
Non loin du Marriott.
Les hommes d'affaires locaux et étrangers viennent s'y entraîner.

STADIONUL COTROCENI
Strada Doctor Joseph Lister, 37
✆ +40 21 410 6606
Pour se rendre au stade : bus 385 depuis Piața Unirii, descendre au Marriott puis contourner l'hôtel. Également tous les bus et trolleybus qui s'arrêtent devant l'Opéra (61 ou 91 depuis l'université, par exemple). En métro, descendre à la station Eroilor puis, au pont qui fait face à l'Opéra, remonter la rue Doctor Joseph Lister.

STADIONUL DINAMO
Șoseaua Ștefan cel Mare
www.fcdinamo.ro
Boutique à l'entrée du complexe sportif. Pour se rendre au stade : métro, station Ștefan cel Mare.

STADIONUL GIULEȘTI
Calea Giulești, 18
✆ +40 21 220 3125
Boutique au stade. Pour se rendre au stade : bus 678 depuis la gare du Nord ou stations de métro Grivița ou Crângași, puis marcher.

STADIONUL STEAUA
Bulevardul Ghencea, 45
✆ +40 21 411 4656 – www.steauafc.com
Pour se rendre au stade : bus 385. Les tickets s'achètent au stade.

TENIS CLUB BUCUREȘTI
Strada Glodeni, 3 ✆ +40 21 242 16 15
www.pescariusports.ro
Le club de tennis le plus réputé de la capitale est situé dans les quartiers huppés de la ville. Courts couverts ou extérieurs, piscine, salle de gym, club-house…

GAY ET LESBIEN

Alors que l'homosexualité n'a été décriminalisée en Roumanie qu'en 2001, certains comportements homophobes persistent, les mentalités restant assez intolérantes. Sans surprise, c'est dans la capitale, Bucarest, que vous trouverez davantage de clubs ou bars pour la communauté LGBT, qui s'affiche petit à petit. Si Bucarest n'est pas Tel-Aviv ou Berlin, la situation évolue rapidement et on trouve à présent à Bucarest une véritable « scène gay » qui n'existait pas avant.

FREEDOM CLUB
Bulevardul Carol I, 61 ✆ +40 722 754 293
Ouvert le vendredi et le samedi de 23h à 5h.
Un club gay très prisé qui organise de nombreuses soirées à thème avec Chippendales et shows érotiques.

DANS LES ENVIRONS

Autour de la capitale, quelques curiosités peuvent être l'occasion d'une excursion d'une demi-journée ou plus, selon le temps dont on dispose et les moyens de transport. Le palais de Mogoșoaia est le point d'intérêt principal. Si vous êtes motorisé et ne disposez que d'une journée, plusieurs possibilités (plus lointaines) vous sont offertes : Târgoviște, Curtea de Argeș, Sinaia et Brașov.

MOGOȘOAIA

5 200 habitants. Dans ce village périurbain (à 12 kilomètres du centre) en bordure du lac de Mogoșoaia, se trouve un palais qui à lui seul résume parfaitement le style brâncoveanu (ou brâncovan). Il est entouré d'un parc où il fait bon flâner les jours d'été.

Transports

- **En voiture,** empruntez la route de Buftea.
- **En maxitaxi,** prenez l'un des nombreux maxitaxis pour Buftea qui partent de Piața Chibrit (station de métro 1 Mai) et demandez aussi à descendre à l'arrêt « Constantin Brâncoveanu ».

À voir – À faire

PALAIS DE MOGOȘOAIA
Strada Valea Parcului, 1
✆ +40 21 350 6619
www.palatebrancovenesti.ro
Ouvert du mardi au dimanche, de 10h à 18h. Entrée 1,25 € pour les adultes, 0,50 € pour les enfants.
Le complexe (palais et églises) fut construit par le prince de Valachie Constantin Brâncoveanu à la fin du XVIIe siècle. L'histoire du palais fut mouvementée ; il subit de nombreux dommages lors d'incendies ou d'invasions après la mort du prince. Il fut même transformé en auberge. Récemment rénové, il accueille à présent des séminaires, des concerts et des touristes. Ses balcons, arcades, sculptures d'ornements sont remarquables. La couleur de la pierre et des briques et l'harmonie architecturale de l'ensemble sont un enchantement, surtout en été lorsque les parterres sont fleuris dans la cour ou au bord du lac. Vous remarquerez, sur le toit du corps du bâtiment principal, de curieuses cheminées, dont la forme et le style ne manquent pas de surprendre.

BUFTEA

22 200 habitants. Située au-delà de Mogoșoaia, la petite ville de Buftea possède un grand parc au milieu duquel se trouve le palais Știrbei (XIXe siècle). Aujourd'hui il abrite un restaurant qui propose des spécialités roumaines. Il fut construit par le prince de Valachie Barbu Știrbei. Pour les informations et les réservations, vous pouvez visiter le site www.domeniulstirbey.ro. Le village est également connu pour ses studios de télévision et de cinéma qui disposent d'une des plus grandes collections et réserves de costumes et accessoires du monde, hérités des activités cinématographiques et théâtrales de la période communiste. Ils sont de plus en plus utilisés par des productions étrangères, films « en costume » en particulier, tournés dans le village. Lors de votre passage, vous y verrez peut-être surgir un château fort, une cité médiévale ou une rue du Far West.

■ HÔTEL GOLDEN PLUM

Crevedia ✆ +40 21 350 0611
www.goldenplum.eu – info@goldenplum.eu
Sur la commune de Crevedia, sur la route Bucarest-Târgoviște

Chambre double à 75 € avec petit déjeuner.
Un hôtel 4 étoiles bien situé pour permettre la découverte des environs. Les chambres sont tout confort, mais il n'y a rien d'exaltant. Les intéressés apprécieront la piscine couverte et les espaces de détente (sauna, salle de finess, massage). Il existe aussi un restaurant.

MONASTÈRE DE CĂLDĂRUȘANI

À environ 40 kilomètres de Bucarest. Pour s'y rendre, prendre la route de Ploiești et tourner à droite à Balotești. Difficile sans véhicule. Le monastère fut construit par le prince Matei Basarab au XVIIe siècle.

Il a notamment abrité des écoles de musique et de peinture où Nicolae Grigorescu, le célèbre peintre roumain, a étudié entre 1854 et 1855. À l'intérieur on peut voir une collection d'objets religieux, qui comprend entre autres des icônes datant du XVIIIe siècle et d'autres peintes par Grigorescu.

Vous aurez l'occasion d'admirer aussi le lac Căldărușani, entourné d'une grande forêt où l'on peut chasser le lièvre et le faisan.

Les environs de Bucarest

SNAGOV

1 400 habitants. Snagov est la grande zone de loisirs de la capitale, dont elle est distante de 40 kilomètres. Elle est aménagée autour d'un lac tout en longueur et les Bucarestois y viennent nombreux pique-niquer entre les arbres. Autour du lac et de son île, de nombreuses activités, nautiques et sportives, sont possibles. Le lieu est bien sûr apprécié des pêcheurs.

Transports

Snagov se trouve à 40 kilomètres au nord de Bucarest, sur la route de Ploiești. Il est desservi par les maxitaxis n° 444 et 446 qui partent de l'arrêt Piața Presei Libere. Le lac est à 5 kilomètres du village.

Se loger

Dans le village de Snagov, vous trouverez un camping.

■ ASTORIA
Șoseaua Snagov
À la sortie du village Snagov
✆ +40 21 351 0460
De 29 à 42 € selon le confort.
Le complexe propose des bungalows et des petits hôtels 2 étoiles.

■ HÔTEL SNAGOV CLUB
Strada Nufărului, 1B
✆ +40 21 352 6079 – www.snagovclub.ro
reservation@snagovclub.ro
Chambre double à partir de 135 € avec petit déjeuner et accès au spa.
Cet hôtel 5 étoiles est situé dans un cadre naturel magnifique, au bord du lac de Snagov. Il dispose de 22 chambres meublées en style britannique qui donnent sur de vastes balcons. Une cave à vin et deux restaurants à spécialités roumaines et internationales sont également à votre disposition.

À voir – À faire

■ MONASTÈRE DE SNAGOV
Sur une île au nord du lac se trouve ce monastère construit au XIVe siècle par Mircea cel Bătrân (Mircea l'Ancien). L'église du monastère (en forme de croix grecque) est, paraît-il, semblable à une de celles du mont Athos. On y vient pour le site pittoresque, la beauté des ornements (fresques, bois), mais aussi parce que Vlad Țepeș (qui inspira le personnage de Dracula) y serait enterré (1476).
On ne peut s'y rendre qu'en bateau.

CERNICA

2 800 habitants. Situé sur une île (reliée à la terre par un pont) au milieu du lac du même nom, le monastère de Cernica fut fondé en 1608, puis abandonné après une épidémie de peste. Restauré au XIXe siècle, il attire depuis de nombreux pèlerins. Le site est pittoresque et contribue énormément au charme de l'ensemble, comprenant un intéressant musée d'art religieux.

Transports

En transports en commun, bus 459 ou 410, depuis l'arrêt Pantelimon en demandant au chauffeur de vous arrêter au « Mănăstirea Cernica ».

HERĂȘTI

2 100 habitants. Son manoir du XVIIe siècle construit par l'homme de lettres Udriște Năsturel est une merveille de l'art féodal roumain. On l'appelle également Casa de Piatră (Maison de pierre). L'église fut construite par Matei Basarab, en 1644.

Transports

Comment y accéder et en partir

Prende la route d'Oltenița, puis suivre la direction Hotarele et sortir à Herăști (parfois indiqué « Herești »).

ȚIGĂNEȘTI

Le monastère se trouve au nord de Snagov, à 3 kilomètres de la commune de Ciolpani. Construit en 1780, il est joliment situé au bord du lac forestier de Țigănești. L'église de ce monastère très fleuri de nonnes date de 1812. Dans les alentours, on pourra visiter le village de potiers de Piscu.

CLEJANI

1 900 habitants. À 37 kilomètres au sud-ouest de Bucarest, à 3 kilomètres de la gare de Vadu Lat, non loin de la ville de Videle. Ce village est désormais connu dans le monde entier comme étant celui du célèbre groupe de musique tsigane Taraf de Haïdouks. Ne venez pas ici pour voir des monuments ni même des jolies maisons, il n'y en a pas. Le village, modeste, est encore habité par les membres du groupe, lorsqu'ils ne sont pas en tournée à Paris ou Tokyo. Les amoureux de cette musique viendront ici pour découvrir son âme, ses racines. Et pourquoi pas, moyennant finance, se faire donner un petit concert privé par l'un des groupes musicaux du coin...

La Munténie

Cette région qui entoure la capitale Bucarest a pour repères le Danube au sud et à l'est, les Carpates au nord et l'Olt à l'ouest. Les anciennes capitales, Câmpulung, Curtea de Argeș et enfin Târgoviște, nichées dans de doux reliefs, ont conservé un riche patrimoine. Quant aux vallées qui traversent le massif montagneux en direction de Brașov et de la Transylvanie, elles sont des sites majeurs du tourisme roumain. Ainsi, la vallée de la Prahova, à deux pas de Bucarest, offre des paysages et des activités de montagne variés, dans des stations élégantes telles que Sinaia ou Bușteni.

PLOIEȘTI

210 000 habitants. Situé à 60 kilomètres au nord de Bucarest, Ploiești est la capitale roumaine du pétrole. L'or noir y est exploité depuis le milieu du XIXe siècle, ce qui en fait l'un des plus anciens sites d'extraction du monde. Bien que la production de pétrole roumain diminue chaque année un peu plus, cette activité est toujours bien visible, surtout lorsque vous traversez l'agglomération en train la nuit, quand les cheminées des raffineries et leurs flammes éclairent tous les environs. Un des deux grands clubs de football de la ville se nomme d'ailleurs Petrolul Ploiești (l'autre étant Astra). Bien que très industrielle, la ville offre néanmoins quelques curiosités. Elle sera de toute façon un passage quasi obligatoire si vous êtes en route pour les Carpates depuis la capitale par l'une des deux vallées (Prahova, la plus prestigieuse, ou Teleajen).

Transports

Train

Il n'est pas facile de s'y retrouver car la ville possède quatre gares. Les trains pour Bucarest passent par les gares sud (Gara de Sud) et ouest (Gara de Vest). La gare du Sud est la plus proche du centre, donc la plus pratique ; elle accueille les trains de et vers Bucarest et ceux qui filent vers la Moldavie. La gare de l'Ouest accueille les trains venant de Transylvanie. Le bus n° 1, très pratique, relie les deux gares en passant par le centre (Piața Victoriei). Vous n'avez, en principe, pas besoin d'utiliser les deux autres gares.

Trains pour Bucarest des gares ouest et sud. Trains toutes les demi-heures (voire plus en journée) ou heures. Compter 1 heure 45 à 3 heures 15 (!) de trajet. Le trajet est plus rapide en maxitaxi.

Trains pour Târgoviște (4 par jour, 2 heures de trajet), Buzău (tous les trains vers les villes moldaves s'y arrêtent, 1 heure à 1 heure 30 de trajet), Suceava (3 par jour, 5 à 6 heures de trajet), Iași (4 par jour, 4 heures 30 à 6 heures de trajet) et Constanța, à la gare du Sud.

Trains pour la Transylvanie ou Budapest de la gare de l'Ouest. Trains fréquents vers Brașov (toutes les demi-heures ou heures), avec arrêt à Sinaia, et autres villes de la vallée de la Prahova selon le train. Durée du trajet 1 heure 45 à 3 heures 20. Certains trains venant de Bucarest continuent vers Sighișoara, Cluj…

Les immanquables de la Munténie

- Remonter la charmante vallée de la Prahova pour visiter le château de Peleș à Sinaia, se promener dans les monts Bucegi, skier en hiver.
- Descendre dans les mines de sel de Slănic et admirer les dessins sur la roche, respirer l'air salé et se baigner sans couler.
- Parcourir les villages reculés autour de Buzău, avec leurs vignobles et leurs pensions accueillantes.
- Monter dans la tour et dominer les ruines de l'ancienne capitale Târgoviște.
- Se faire raconter la légende de Manole dans le superbe monastère de Curtea de Argeș.

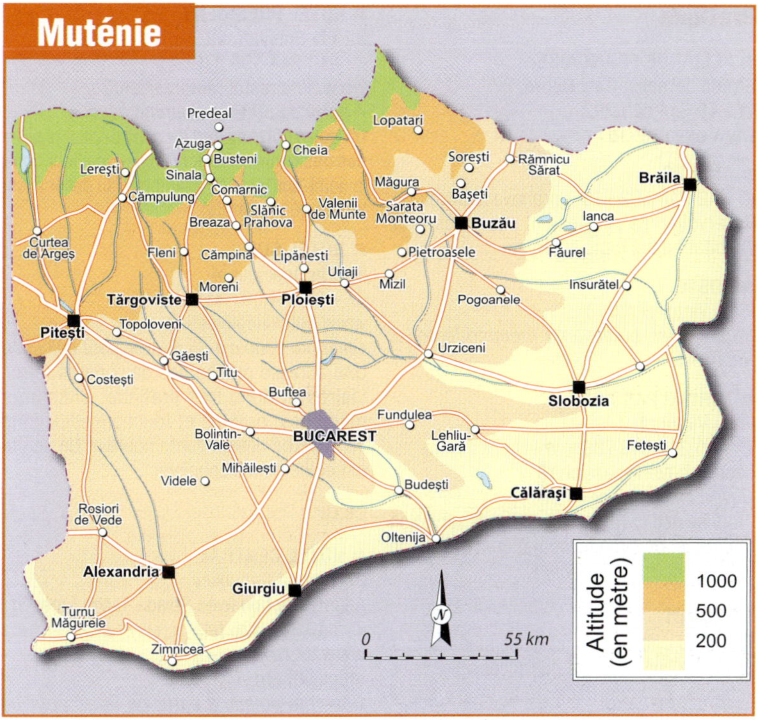

6 trains locaux vers Slănic (renseignements agence CFR). Durée du trajet 1 heure 20 à 1 heure 50.

Bus, maxitaxis et minibus

Autogara de Nord, sur Strada Dragalina, est surtout intéressante pour les bus longue distance. Autogara de Sud (non loin de la gare de l'Ouest), vous trouverez les bus pour Bucarest, Târgoviște ou Câmpina. Bus Eurolines à côté du complexe Coreco.

N'oubliez pas non plus les maxitaxis, rapides minibus qui relient Ploiești à Sinaia, Brașov, Sighișoara ou Târgu Mureș. Ils sont aussi le moyen le plus rapide (pas d'attente ou peu et trajet en 45 minutes) vers Bucarest. Pour la capitale, vous les trouverez à la gare ferroviaire du Sud, derrière les magasins qui longent la partie droite (en sortant de la gare). Ils sont facilement identifiables car la destination est souvent peinte sur le véhicule.

AGENCE CFR

Bulevardul Republicii, 17

✆ +40 244 542 080

Pour acheter les billets à l'avance.

AUTOGARA DE NORD ET AUTOGARA DE SUD

Strada Găgeni

La première, sur Strada Dragalina, est surtout intéressante pour les bus longue distance. À la seconde (non loin de la gare de l'Ouest), vous trouverez les bus pour Bucarest, Târgoviște ou Câmpina.

Bus Eurolines à côté du complexe Coreco.

N'oubliez pas non plus les maxitaxis, rapides minibus qui relient Ploiești à Sinaia, Brașov, Sighișoara ou Târgu Mureș. Ils sont aussi le moyen le plus rapide (pas d'attente ou peu et trajet en 45 minutes) vers Bucarest. Pour la capitale, vous les trouverez à la gare ferroviaire du Sud, derrière les magasins qui longent la partie droite (en sortant de la gare). Ils sont facilement identifiables car la destination est souvent peinte sur le véhicule.

TAROM

Bulevardul Republicii, 141

✆ +40 244 595 620

Pratique

■ **ALLIANCE FRANÇAISE**
Strada Jurnalist Gabi Dobre, 2
✆ +40 244 510 792
www.afploiesti.ro

■ **ANTREC**
✆ +40 244 592 915 – prahova@antrec.ro
Réservation de pensions et chambres chez l'habitant dans toute la région.

■ **POSTE**
Piața Victoriei, 10
Le long des boulevards Independenței et Republicii.

■ **TURISM PASSION**
Piața Victoriei, 3
✆ +40 244 518 783 – www.passion.ro
passiontravel@passion.ro
Ouvert en semaine.
Propose des cartes de la ville, la réservation d'hôtels et de circuits thématiques (vallée de la Prahova, route des vins).

Se loger

Plusieurs campings sont disséminés autour de la ville, mais ne sont pas accessibles sans véhicule. Pădurea Păulești se trouve sur la route DN1, à 8 kilomètres au nord de la ville.

Bien et pas cher

■ **HÔTEL CASA ROTARU**
Strada Oborului, 27
✆ +40 244 546 136 / +40 244 594 225
www.infopagina.ro/casa-rotaru
contact@infopagina.ro
Compter 35 € la chambre double.
Une adresse très chaleureuse. Ce complexe hôtelier récent propose des chambres au décor rustique. Il y a deux restaurants où l'on peut déguster des spécialités roumaines. Bon rapport qualité/prix.

■ **HÔTEL FORUM**
Strada Gheorghe Doja, 215
✆ +40 244 595 628
www.hotelforum.ro
hf_ploiesti@yahoo.com
Chambre double à 35 €. Petit déjeuner 3 €.
Cet hôtel est certainement une des meilleures options de la ville. Il est situé au nord à 500 mètres de la gare ferroviaire et ses chambres sont propres avec toutes les facilités nécessaires (même Internet). L'accueil est jovial. Le restaurant est bien et pas cher.

■ **HÔTEL PRESIDENT**
Strada Bobâlna, 88
✆ +40 244 596 376
www.hotelrestaurantpresident.ro
À partir de 50 € la chambre double.
Un autre hôtel au sud du centre-ville, proche des deux gares. Confort un peu meilleur dans la demi-douzaine de chambres (au décor aussi kitsch qu'inattendu).

■ **HÔTEL SUD**
Strada Depoului, 4
✆ +40 244 597 411
www.hotelsudploiesti.ro
Chambre double à 35 € avec petit déjeuner.
Une adresse proche des deux gares ferroviaires et donc très pratique. Chambres modernes, propres et fonctionnelles dans un superbe design contemporain. Un sauna est également disponible.

Luxe

■ **HÔTEL CENTRAL**
Bulevardul Republicii, 1
À l'intersection avec Strada Tache Ionescu
✆ +40 244 526 641
www.thr.ro
office@thr.ro
Chambre double à partir de 80 € pour un confort 3 étoiles et à partir de 112 € pour 4 étoiles. Petit déjeuner inclus.
Comme son nom et son adresse l'indiquent, c'est le grand hôtel du centre. Situé dans un bâtiment imposant, rénové en 2009, il propose des chambres 3 et 4 étoiles. Confortable mais assez cher.

Se restaurer

Beaucoup de restaurants sont apparus ces dernières années dans la ville. Pour des snacks rapides, direction le marché qui regorge de stands proposant des *foietaj*, pizzas, *gogoși* et autres. On pourra se restaurer à l'hôtel Président et sa cuisine épicée ou à l'hôtel Forum. Au sud de la ville, voici également deux bonnes adresses.

■ **BULEVARD**
Strada Golești, 25
✆ +40 244 517 549
Situé dans une très belle petite rue proche du musée de l'Horloge, on appréciera ce restaurant pour son décor (il est abrité dans un classieux bâtiment historique), sa terrasse et son vaste choix de plats roumains.

■ LONDON HOUSE
Bulevardul Independenței, 30
✆ +40 244 595 938
www.publondonhouse.ro
robert.patrascu@valdor.ro
Ce restaurant au décor soigné et à influence anglo-saxonne propose une nourriture variée. Pour les gros appétits, on recommandera « le château royal », une des spécialités de la maison. Un copieux mélange de veau, foie de volaille et sauce. En soirée, le lieu est également bien agréable pour boire un verre.

À voir – À faire

Le centre-ville s'organise autour de la très grande place Victoriei. De là, partent les boulevards Republicii (vers le nord) et Independenței (vers le sud) qui forment la colonne vertébrale de la ville. Deux monuments ornent le centre de cette grande place. Face à la Maison de la culture, se dressent la statue dite de la Liberté, réalisée à Paris au XIXe siècle, et un monument aux victimes de la révolution de 1989. Derrière la Maison de la Culture, vous remarquerez le dôme et la tour-horloge de la grande halle centrale, vaste édifice datant de 1935 qui accueille le marché principal de la ville. Le marché extérieur lui est contigu. Un peu plus loin encore, se dresse la cathédrale Sfântul Ioan Botezătorul, construite entre 1923 et 1930 en lieu et place d'une église du XIXe siècle du même nom. Toute rouge, elle impressionne par son clocher de 60 mètres. Plusieurs musées attendent votre visite. Le musée d'Histoire possède quelques vestiges archéologiques, notamment un trésor géto-dace.

Ploiești et le pétrole roumain

En 1857, les deux premières exploitations de pétrole du monde voient le jour. L'une, Petrolia, se trouve en Ontario, au Canada. L'autre est à Ploiești, petite ville de Valachie. Cette dernière prend cependant une certaine avance quand on y construit la première raffinerie du monde, modeste ébauche du vaste champ de cheminées et de réservoirs qu'on peut y voir aujourd'hui. Cette activité transforme immédiatement la ville, qui devient par la même occasion la première du monde (encore) à s'équiper d'un éclairage public au pétrole.

Déjà le pétrole déchaîne les passions, provoque des conflits, dresse les nations les unes contre les autres.

On prospecte à travers toute la Valachie et la Câmpia Română se révèle vite être une mine d'or (noir). Les derricks poussent un peu partout. À Ploiești, l'exploitation pétrolière augmente année après année et en 1914, la ville compte dix raffineries, toutes exploitées par des compagnies étrangères (déjà). En 1916, les raffineries sont sabotées par les Britanniques qui craignent de voir les Allemands se les approprier. Ces derniers les détruiront de nouveau en 1918, lors de la débâcle de leur armée.

L'histoire se répète pendant la Seconde Guerre mondiale. Dès le début du conflit et de l'alliance entre le maréchal Antonescu et Hitler, les nazis utilisent largement le pétrole roumain pour les besoins de leurs troupes. C'est pourquoi, en 1944, les Alliés bombardent et rasent la quasi-totalité de la ville de Ploiești (d'où sa pauvreté en monuments historiques). Après la chute d'Antonescu, les troupes roumaines défont les nazis à Băneasa (au nord de Bucarest) et leur interdisent définitivement l'accès à l'or noir, précipitant un peu plus la défaite de l'armée allemande.

Aujourd'hui, Ploiești est toujours considéré comme la capitale du pétrole roumain. Ceaușescu et son désir maladif d'autosuffisance alimentaire et énergétique a continué à développer cette activité, « plantant » des derricks un peu partout. Jusque dans les années 1970, la Roumanie se maintient donc aisément au deuxième rang des producteurs de pétrole en Europe. Elle perdra ce rang après la découverte de gisements en mer du Nord, dont bénéficieront la Norvège et la Grande-Bretagne.

Les réserves s'épuisent quelque peu et l'exploitation coûte cher. Au début du XXIe siècle, le géant roumain du pétrole, Petrom, est racheté par la firme autrichienne OMV. En roulant à travers la plaine roumaine, vous apercevrez des derricks, groupés ou isolés, immobiles ou en pleine danse balancée, donnant à la campagne roumaine une allure de western.

MAISON DE LA CULTURE

Construite dans un style néoclassique en 1912, elle regroupe dans ses 200 pièces :

- **le musée de Biologie.** Ouvert tous les jours, sauf le lundi. Consacré à la faune et à la flore des Carpates ;
- **un petit musée d'Art populaire.** Fermé le lundi.

MUSÉE D'ART

Bulevardul Independenței, 1
www.artmuseum.ro
office@artmuseum.ro
Ouvert du mardi au dimanche de 9h à 17h.
Le musée est situé dans le palais Ghiță Ionescu, un bel édifice classé monument historique qui expose de jolies icônes de différentes origines ainsi que quelques œuvres d'artistes locaux célèbres, tels que Pallady ou Grigorescu.

MUSÉE DE L'HORLOGE (MUZEUL CEASULUI)

Strada Nicolae Simache, 1
✆ +40 244 542 861
Ouvert tous les jours de 9h à 17h, sauf le lundi. Prix d'entrée 2 €.
Situé dans une maison du XIXe siècle classée monument historique, ce musée situé aux abords de la place Caragiale (avec le buste de l'auteur) expose des horloges de différentes époques, origines et mécanismes, ainsi que quelques boîtes à musique. La plus ancienne date du XVIIe siècle ; certaines ont appartenu à des personnalités de l'histoire roumaine. Si les horloges ne vous passionnent pas particulièrement, vous pourrez parcourir la maison avec ses boiseries et son grand poêle en céramique.

MUSÉE D'HISTOIRE ET D'ARCHÉOLOGIE

Strada Toma Caragiu, 10
Ouvert du mardi au dimanche de 9h à 17h.
Très éclectique, le musée évoque longuement la destruction et la reconstruction de la ville au cours du XXe siècle.

MUSÉE DU PÉTROLE (MUZEUL PETROLULUI)

Strada Dr. Dumitru Bagdazar, 8
Un peu à l'est de Piața Victoriei
✆ +40 244 597 585
Ouvert du mardi au dimanche de 9h à 17h. Entrée 1 €.
Étant donné l'importance de cette activité pour la ville, la création d'un tel musée était inévitable. Il retrace l'histoire de l'extraction et du raffinage du pétrole roumain.

Place du mémorial de la Renaissance.

VALLÉE DE TELEAJEN

Cette vallée qui mène à Brașov est moins grandiose et n'a pas la même réputation que la vallée de la Prahova voisine. Les stations y sont moins huppées mais toujours courues car les prix sont plus abordables. De Ploiești à Vălenii de Munte, la route n'est pas particulièrement agréable mais ensuite, en continuant vers Cheia, les décors sont beaucoup plus pittoresques. Là encore, des attractions intéressantes : les mines de sel, les lacs salés de Slănic et un accès direct pour les monts Ciucaș.

LIPĂNEȘTI

5 300 habitants. À 17 kilomètres au nord de Ploiești, sur la route 1A, cette petite ville au milieu des vergers possède une église de 1743, avec de jolis éléments en pierre sculptée, rattachée au monastère de Zamfira.

VĂLENII DE MUNTE

12 300 habitants. À 35 kilomètres au nord de Ploiești, Vălenii de Munte est la grande localité de la vallée, dans sa partie encore plate. C'est une ville-rue qui sert de point de départ vers les différentes attractions de la vallée.

Transports

Les gares routières et ferroviaires se trouvent juste au sud de l'axe principal qui traverse la ville. Les trains de et vers Ploiești sont assez fréquents mais peu rapides. Les maxitaxis sont plus véloces.

Se loger

■ HÔTEL CAPITOL
Bulevardul Nicolae Iorga, 50
✆ +40 244 281 965
Chambres doubles autour de 35 €, petit déjeuner compris.
Situé dans la rue principale, cet hôtel est l'un des plus agréables de la ville. Ses 33 chambres sont impeccables. L'accueil est plaisant. Un bon rapport qualité/prix.

■ PENSION VERA ȘI LIVIA
Strada Barbu Delavrancea, 7
✆ +40 244 282 329
www.pensiuneavl.ro
Tarifs à partir de 15 € par personne.
Les tarifs de cette pension sont abordables, mais les logements (comme dans un lotissement) sont aseptisés et impersonnels.

Se restaurer

■ TAVERNA ROMÂNĂ
✆ +40 244 285 221
En venant de Ploiești par la route 1A, vous ne pourrez manquer, dans un virage, cette taverne qui propose une bonne cuisine roumaine dans un décor tout en bois.

À voir – À faire

■ ÉGLISE MĂNĂSTIREA
Datant de 1680, elle présente de belles ouvertures en pierre sculptée.

■ MUSÉE NICOLAE IORGA
Ouvert de 9h à 17h, sauf le lundi.
Le musée se trouve sur la place recouverte d'herbe à la sortie de la ville.
Il est aménagé dans une grande et belle maison typique de la région qui à elle seule mérite la visite. Nicolae Iorga y a habité de 1910 à 1940, date à laquelle cet ancien Premier ministre a été assassiné par la Garde de fer au pouvoir avec le maréchal Antonescu. Le musée expose des objets, manuscrits et du mobilier ayant appartenu à ce grand personnage de l'histoire roumaine.

Dans les environs

À Făgetu, Hanul Roșu est une belle auberge du XVIIe siècle qui accueille un intéressant petit musée. Si vous possédez un véhicule et un peu de temps, vous pouvez pousser votre exploration jusqu'à Slon, à 22 kilomètres au nord de la ville. Vous traverserez d'intéressants villages avant de parvenir à ce haut lieu de l'artisanat du bois.

SLĂNIC

6 000 habitants. Un peu à l'écart de la route principale qui mène à la vallée de Teleajen, Slănic est une attraction touristique majeure. C'est une petite station populaire aux rues bordées d'arbres, avec de jolies et grandes maisons aux jardins fleuris, des hôtels et des campings. Toute l'activité touristique tourne ici autour du sel, autrefois (et encore) exploité dans des mines autour de la ville. Certaines galeries se sont effondrées et ont formé de petits lacs salés devenus lieux de détente et de baignade avec flottaison facile ! Des pontons, des terrasses et des bars les entourent en pleine ville.

Transports

La petite gare, terminus de la ligne, est en plein centre du village. Trains vers et de Ploiești, les plus rapides effectuant le trajet en 1 heure 15.

Se loger

La station compte plusieurs possibilités d'hébergement dont certaines pensions de caractère.

HOTEL BALNEAR SLĂNIC

Strada 13 Decembrie, 15
✆ +40 244 240 131
www.valdor.ro – office@valdor.ro
Chambre double à 25 €, sans petit déjeuner.
Vaste hôtel impersonnel 2 étoiles qui propose une centaine de chambres. Piscine couverte et centre de traitements balnéaires.

PENSION LIVADA

Strada Miorița, 11
✆ +40 244 240 587
Chambre double à 18 € sans petit déjeuner.
Voilà une bonne adresse. Une jolie petite maison campagnarde avec des chambres très chaleureuses. L'accueil est agréable et les chambres sont confortables.

PENSIONS HELGA ET CORINA

✆ +40 728 648 150
Chambre double à 30 € sans petit déjeuner.
Deux maisons confortables et décorées avec goût. Préférez la pension Helga pour son cadre rustique, ses boiseries et ses tapis colorés. On appréciera également le jardin ombragé par deux vieux pommiers.

VILA ZORI DE ZI

Strada 13 Decembrie, 3 ✆ +40 244 241 448
Chambre double à 18 € sans petit déjeuner.
Une bonne adresse où l'on se sent bien. Les repas sont délicieux.

À voir – À faire

MINE DE SEL

Entrée 3 €, visites du mardi au vendredi de 9h à 13h et les samedi et dimanche de 9h à 17h.
La mine de sel mérite vraiment d'être visitée, si vous n'avez jamais parcouru de tels sites. Tout près du centre, en suivant les panneaux « Complexul Minier Unirea », vous atteindrez un bâtiment d'exploitation tout blanc. Un bruyant ascenseur de mineurs (peu recommandé aux claustrophobes) vous emmène à 220 mètres de profondeur dans les galeries gigantesques (*sala Genezei*) nées de l'exploitation du sel. Il y fait froid. Les salles font 100 mètres de hauteur et la roche polie est sillonnée de nervures colorées. Le lieu est vraiment d'une taille impressionnante et on peut s'y promener pendant une demi-heure pour en faire le tour. On y verra un petit terrain de foot, un bar, des statues de Trajan, Décébale ou Eminescu et des sculptures en bois du serpent à tête de loup, figure mythologique dace. Des familles en traitement médical viennent y respirer l'air salé en jouant au badminton, en profitant des jeux pour enfants. L'endroit est tellement grand qu'on y organise des concours d'aéromodélisme. Bref, si vous êtes dans la région, n'hésitez pas à vous plonger dans les profondeurs de la terre.

MONTAGNES DE SEL (MUNTELE DE SARE)

Des montagnes blanches à la sortie de la ville entourent un lac de 30 mètres de profondeur. Hautes de plusieurs dizaines de mètres, elles ont été sculptées par la pluie qui leur a donné de jolies formes, courbes et vagues. Les cristaux de sel forment une multitude d'aiguilles. Attention, quand le soleil tape, le sel, brillant, devient assez aveuglant.

MUSÉE DU SEL

Casa Cămărășiei
Strada 23 August, 19
✆ +40 244 240 961
Ouvert tous les jours de 9h à 17h, sauf le lundi. Entrée 0,75 €.
Pour compléter vos connaissances sur le sel, vous pouvez visiter ce petit musée situé dans un bâtiment historique.

Sports – Détente – Loisirs

Les galeries de mines de sel se sont effondrées et ont formé des bassins de baignade d'eau salée où il est agréable et facile de flotter.

BAIA ROȘIE

Bulevardul Muncii, 86
✆ +40 244 592 329
Sorte de piscine en pleine ville, avec bar.

COMPLEX BAIA BACIULUI

Strada Baia Baciului, 16
✆ +40 244 241 578
Sur les hauteurs de la ville.
Bassin assez grand et très agréable car entouré de pontons et de plongeoirs en bois, petite plage de sable et pentes gazonnées pour s'allonger. Bar, restaurant (musique un peu forte), tables de pique-nique, douches pour se dessaler. Plus haut, dans le même complexe, vous pourrez voir un petit lac entouré de superbes formations de sel.

CHEIA

Plus au nord et assez près de Brașov, Cheia est le dernier village de Munténie avant d'entrer en Transylvanie. Idéalement situé, ce village touristique s'étend sur tout un plateau. Quelques sites culturels d'intérêt mais on vient surtout à Cheia pour ses paysages naturels d'exception, pentes douces ou crêtes rocheuses.

Transports

La ligne ferroviaire en provenance de Vălenii de Munte (35 kilomètres plus au sud) et de Ploiești s'arrête dans le village de Măneciu-Ungureni. Là, des minibus assurent la liaison vers Cheia.

Se loger

Les pensions sont nombreuses à Cheia ; heureusement, parce que dans la vallée, les possibilités sont rares.

Bien et pas cher

■ **CABANA RUSU**
Valea Neagră, 635
✆ +40 244 294 111
Chambre double à 17,50 € sans petit déjeuner.
Une maison colorée et rustique mais quelque peu désuète. 6 chambres doubles et triples.

■ **HOTEL CHEIA**
✆ +40 244 294 331
Chambre double à 40 €.
120 chambres dans deux bâtiments triangulaires moins pittoresques que l'hôtel précédent. Les deux hôtels disposent de restaurants.

■ **HOTEL ZĂGANU**
✆ +40 244 294 294
www.nicoltana.ro
mihai.croitoru@nicoltana.ro
Chambre double à 27,50 €.
Situé en lisière de forêt, à côté de la rivière, ce charmant hôtel 3 étoiles offre 11 chambres de caractère, 3 appartements et 6 studios. Restaurant.

■ **PENSION BELLA**
DN 1A, n° 559
✆ +40 244 294 286
Chambres doubles à 17 € sans petit déjeuner.
Une maison de caractère au milieu des arbres. Cette adresse particulièrement agréable compte 4 chambres doubles simples mais confortables. Coup de cœur pour le salon qui est magnifique.

■ **PENSION MARA**
DN 1A, n° 28
✆ +40 244 294 120
Chambre double à 22,50 € sans petit déjeuner.
Cette belle pension située à l'entrée de la station (à côté de la pension Carmen) dispose d'une douzaine de chambres plaisantes. Son restaurant et sa terrasse en bord de rivière son particulièrement agréables.

Confort ou charme

■ **PENSION FLOAREA REGINEI**
DN 1A, km 135
✆ +40 244 294 161
www.floareareginei.com.ro
pensiunea@floareareginei.com.ro
Chambre double à 50 €.
Chambres doubles et triples, ainsi que 2 appartements agréables, répartis dans un grand chalet en bordure de forêt. Ce n'est pourtant pas la meilleure option de la station.

À voir – À faire

■ **MUSÉE DES FLEURS DE MINE (MUZEUL FLORI DE MINĂ)**
www.muzbioph.ro – office@muzbioph.ro
Ouvert tous les jours de 9h à 17h sauf le lundi. Entrée 0,75 €.
Situé au cœur du village, ce musée au charme désuet expose de splendides exemplaires de pierres précieuses issues des différentes régions du pays.
On passe un agréable moment à découvrir quartz et autres minerais de tailles et couleurs extravagantes. Descriptions en français.

Façade d'immeuble.

VALLÉE DE LA PRAHOVA

Cette superbe vallée jouit d'un prestige inégalé auprès des touristes roumains. Située entre deux grandes villes du pays (Bucarest et Brașov), sur un axe routier et ferroviaire important, elle offre de nombreuses possibilités de visites culturelles, randonnées, ski, loisirs, logements... En dépit d'une fréquentation touristique élevée, cette vallée est d'une grande richesse naturelle. Sinaia ou Bușteni, les deux principales stations, sont dominés par de hautes parois rocheuses. Les stations de la vallée, dont Sinaia, peuvent servir de point de départ pour des randonnées dans les célèbres monts Bucegi. Nous commencerons la description à partir de Ploiești jusqu'à Predeal (bien que la ville soit administrativement rattachée au département de Brașov), autrement dit du sud au nord.

Transports

Les possibilités sont nombreuses car les trains et les maxitaxis qui font le trajet entre Bucarest et Brașov (et le reste de la Transylvanie) passent par toutes les stations. Les trains entre les diverses stations et Brașov sont assez fréquents mais lents. De nombreux maxitaxis circulent dans la vallée pour rejoindre Bucarest, Ploiești et les grandes villes de Transylvanie. Les véhicules s'arrêtent en général aux gares ferroviaires respectives, mais renseignez-vous avant. Entre les stations elles-mêmes, il existe des minibus qui attendent aux gares ou qu'on arrête en chemin. Des bus locaux circulent également entre les stations. Il est donc facile de se déplacer dans la vallée. Mais attention, en été, et en particulier les vendredis et dimanches soir, les transports vers les grandes villes sont bondés. Il faut alors choisir entre un train surchargé et l'attente d'une place en maxitaxi.

Hébergement

Vous n'aurez que l'embarras du choix. Pensions, refuges de montagne, un nombre considérable de chambres chez l'habitant, hôtels toutes catégories et campings vous attendent. Dès votre descente du train, vous serez sollicité pour loger chez l'habitant. C'est la solution la moins chère. Fiez-vous à votre instinct et, surtout, allez voir la chambre avant de payer. En vous promenant dans les rues des villages, vous verrez des écriteaux « Cameră de închiriat » indiquant les chambres à louer. Quant aux hôtels, certains, luxueux et très chers, baissent considérablement leurs prix hors saison.

BREAZA

Cette station est la première d'une longue série et sa situation à l'entrée de la vallée la rend plus calme et plus rurale que les autres. Elle est tout en longueur et on ne se rend pas compte que 15 900 personnes y résident. Les maisons en bois entourées de jardins sont nombreuses. Avec leurs belles vérandas sculptées, elles sont de beaux exemples de l'architecture de la vallée. On ne manquera pas de visiter la petite église Sfântul Nicolae, construite en 1777 et dont l'intérieur est entièrement couvert de peintures. Vous aurez également un aperçu de l'art populaire local dans le petit musée de la ville, qui présente des costumes et des objets. Vous apprécierez aussi le charme des quelques pensions des alentours. Breaza est devenue très récemment une destination prisée par les habitants aisés de Bucarest et les expatriés, grâce à l'ouverture du parcours de golf Lac de Verde. Ce dernier est très agréable, entouré de verdure et de montagnes.

Transports

La gare ferroviaire, où s'arrête une partie des trains de la ligne Bucarest-Brașov, se trouve à 2 kilomètres du centre du village, situé en hauteur. Les maxitaxis en provenance de Ploiești, Bucarest ou des villes du nord s'arrêtent habituellement dans le centre du village, près du parc.

Pratique

INFOS TOURISTIQUES

Bulevardul Republicii, 67

✆ +40 244 342 741 – ates.breaza@fx.ro

Se loger

La ville compte évidemment de très nombreuses pensions. C'est le type d'hébergement que nous vous conseillons.

HOTEL ALEEA NUCILOR

Aleea Nucilor, 4

✆ +40 244 340 999

Chambre double de 17 à 20 €.

Un hôtel bien triste d'une étoile et de 21 chambres simples. À choisir seulement si vous ne trouvez pas votre bonheur chez l'habitant.

HÔTEL LAC DE VERDE
Strada Carierei, 44 ✆ +40 244 343 525
www.lacdeverde.ro
contact@lacdeverde.ro
Chambre double à 37,50 € avec petit déjeuner.
Installé sur des petites collines toutes vertes offrant une vue superbe sur les alentours, un parcours de golf (9 trous) récent ainsi que des courts de tennis. Bref, un petit hôtel très confortable pour les passionnés de ce sport qui voudraient résider sur place.

PENSIUNEA TUDOR
Strada Tălii, 11 ✆ +40 244 346 126
www.pensiuneatudor.ro
contact@pensiuneatudor.ro
Chambre entre 25 et 30 € selon la saison.
Une belle villa entourée d'un jardin très reposant. Les 6 chambres et l'accueil sont agréables. Une bonne adresse où vous pourrez même profiter d'un billard.

VALEA DOFTANEI

6 100 habitants. Pour s'y rendre, prendre à droite (en venant de Bucarest) à Comarnic. Ce village est situé sur le cours supérieur de la rivière Doftana, au bord d'un lac d'accumulation. La forêt alentour est superbe et a fait la célébrité du lieu. Au programme, randonnées et pique-niques.

PENSION DEDU
Infos auprès d'Antrec Prahova
✆ +40 244 192 915
Une maison toute neuve, en bois, qui vous propose 3 chambres au décor un peu décevant (pas vraiment rustique), mais au confort vraiment suffisant.

PENSION PARADIS
✆ +40 731 665 364
Superbe maison de 10 chambres doubles chaleureuses.
Repas inoubliables.

PENSION POPA'S
Village de Trăisteni
Strada Varianta, 622
✆ +40 244 365 175
Chambre double à 22,50 €.
Une dizaine de chambres au confort suffisant. Attention, la salle de bains est commune.

SINAIA

Cette station de 10 400 habitants est la reine de la vallée. Son succès en a fait une véritable ville au pied des montagnes. En résidant ici, vous pourrez faire des randonnées dans la journée et aller au restaurant ou en discothèque le soir. Côté pile, cette station de luxe étale son parc et ses prestigieux hôtels (mais il y a aussi de nombreuses pensions) entourés de grandes demeures, qui se sont multipliées après que le roi Carol Ier a décidé d'y établir sa résidence d'été, le château de Peleș. Celui-ci mérite à lui seul une excursion depuis Bucarest, tout comme le monastère tout proche. Côté face, on regrettera l'alignement d'hôtels de béton sans charme qui caractérise une partie de l'axe principal de la ville. En hiver, des pistes de ski adaptées à tous les niveaux offrent à chacun la possibilité de pratiquer ce sport. Précisons que la ville est jumelée avec Athis-Mons, une ville de la périphérie de Paris.

Transports

Train. La gare ferroviaire se trouve dans le centre de Sinaia, en contrebas de la route principale (Bulevardul Carol I). Attention, ne pas la confondre avec Sinaia Sud ! En sortant de la gare, il suffit de monter les escaliers qui lui font face pour parvenir dans le centre. Toilettes payantes. Consigne bien pratique pour un arrêt de quelques heures. Plan de la ville en haut de l'escalier qui mène de la gare au centre-ville. Nombreux trains pour Bucarest, Ploiești, Brașov et les autres stations, mais aussi vers Constanța ou Budapest (la ville est sur la ligne Bucarest-Budapest).

Maxitaxis et bus. Les maxitaxis s'arrêtent à la gare ferroviaire. Ils assurent la liaison Bucarest (Strada Ritmului, à l'est de Bucarest) – Brașov (gare ferroviaire) – Sighișoara (gare routière) – Târgu Mureș (gare routière). Pratique pour vous rendre dans ces villes touristiques. Les bus et minibus qui assurent les trajets vers les autres stations de la vallée sont fréquents le long du boulevard Carol Ier, axe central de la ville.

Pratique

CENTRE D'INFORMATIONS TOURISTIQUES
Bulevardul Carol I, 47
✆ +40 244 315 656
www.info-sinaia.ro
office@info-sinaia.ro
Ouvert du lundi au vendredi de 8h30 à 16h30.
Brochures, cartes, mais pas de réservation d'hôtels possible.

■ INTERNET

On trouvera un café Internet en dessous de la terrasse Poli Business. Sinon, vous pouvez vous connecter au réseau Wifi des hôtels de la ville, à condition de consommer quelque chose au bar.

■ POSTE

Bulevardul Carol I, 56
Entre le parc et l'hôtel de ville

Se loger

Vous trouverez de tout à Sinaia, de la chambre chez l'habitant (propositions dès la gare) à l'hôtel 4 étoiles.

- Pour dormir chez l'habitant, la solution la moins chère (chambres à moins de 15 €), on pourra faire confiance aux personnes (pas toutes...) qui sollicitent les voyageurs dès la gare, ou on se promènera en ville à la recherche des panneaux « Cameră de închiriat ».

- Pensions. Plus intimes et souvent moins chères que les hôtels, on peut se retrouver dans une petite maison villageoise ou dans une vaste villa rétro du début du XXe siècle.

Bien et pas cher

■ CAMPING IZVORUL RECE

✆ +40 244 314 998
www.motelizvorulrece.ro
À 4 kilomètres au sud de Sinaia, en direction de Ploiești, un peu à l'écart de la route DN1.
Le camping de « la Source fraîche » propose des emplacements de camping et des bungalows, pris d'assaut en été. Petit motel adjacent avec des chambres doubles bon marché. Très bien équipé avec des courts de tennis et un restaurant sympa.

■ HOTEL FURNICA

Strada Furnica, 50
✆ +40 244 311 850
✆ +40 244 311 151
17 chambres doubles à 26-37 €, 3 simples seulement à 19 €.
Hôtel de 26 chambres aménagées dans une belle demeure typique de la station. Sa silhouette soulignée de solides poutres de bois rappelle le château de Peleș tout proche. Il est situé dans une jolie rue qui part du monastère. C'est un hôtel très agréable, bien qu'un peu désuet, où l'on est bien accueilli. Rassurez-vous, les fourmis (*furnică* signifiant « fourmi ») n'y ont pas élu domicile. Bon restaurant.

■ HOTEL INTIM

Strada Furnica, 1
✆ +40 244 314 555
✆ +40 244 311 557
Chambre double de 18 à 25 €.
Une belle adresse de 30 chambres, située un peu en hauteur, juste à côté du monastère sur lequel on a de très belles vues. Passé l'accueil, en général charmant, vous découvrirez des chambres vastes d'un excellent rapport qualité/prix.

■ HOTEL RINA CERBUL

Bulevardul Carol I, 19
✆ +40 244 312 391
www.rinahotels.ro/cerbul
rezervari@cerbul.rinahotels.ro
Chambres doubles de 17 à 26 €.
L'hôtel Rina « du Cerf » compte 35 chambres modernes et centrales, qui raviront les petits budgets. Les chambres les plus chères possèdent leur propre salle de bains.

■ PENSION CASA NOASTRĂ

Strada Republicii, 9
✆ +40 244 314 556
www.casanoastrasinaia.ro
rezervari@casanoastrasinaia.ro
Chambre double de 17 à 20 € selon la saison. Sans petit déjeuner.
Pension chaleureuse, aménagée dans un édifice en bois. Située non loin de la cabine de départ du téléphérique. Bon restaurant.

■ PENSIUNEA ANA-MARIA

Strada Avram Iancu, 24
✆ +40 722 390 283
www.sinaiatravel.ro
suavisinaia@yahoo.com
Compter 30 à 35 € pour une chambre double, 45 à 50 € pour un appartement.
Une pension très accueillante et confortable, à un prix raisonnable. Les 12 logements sont tous équipés d'Internet et de télévision câblée. Dans les espaces communs, une cuisine équipée et un jardin avec terrasse et barbecue sont disponibles. Une adresse *Futé*.

■ VILA RETEZAT

Strada Kogălniceanu, 64
✆ +40 244 315 608
www.vilaretezatsinaia.com
monleon@vilaretezatsinaia.com
Chambre double à 25 € sans petit déjeuner.
Chambres typiques dans une demeure historique. Salle de réception élégante tout en boiserie.

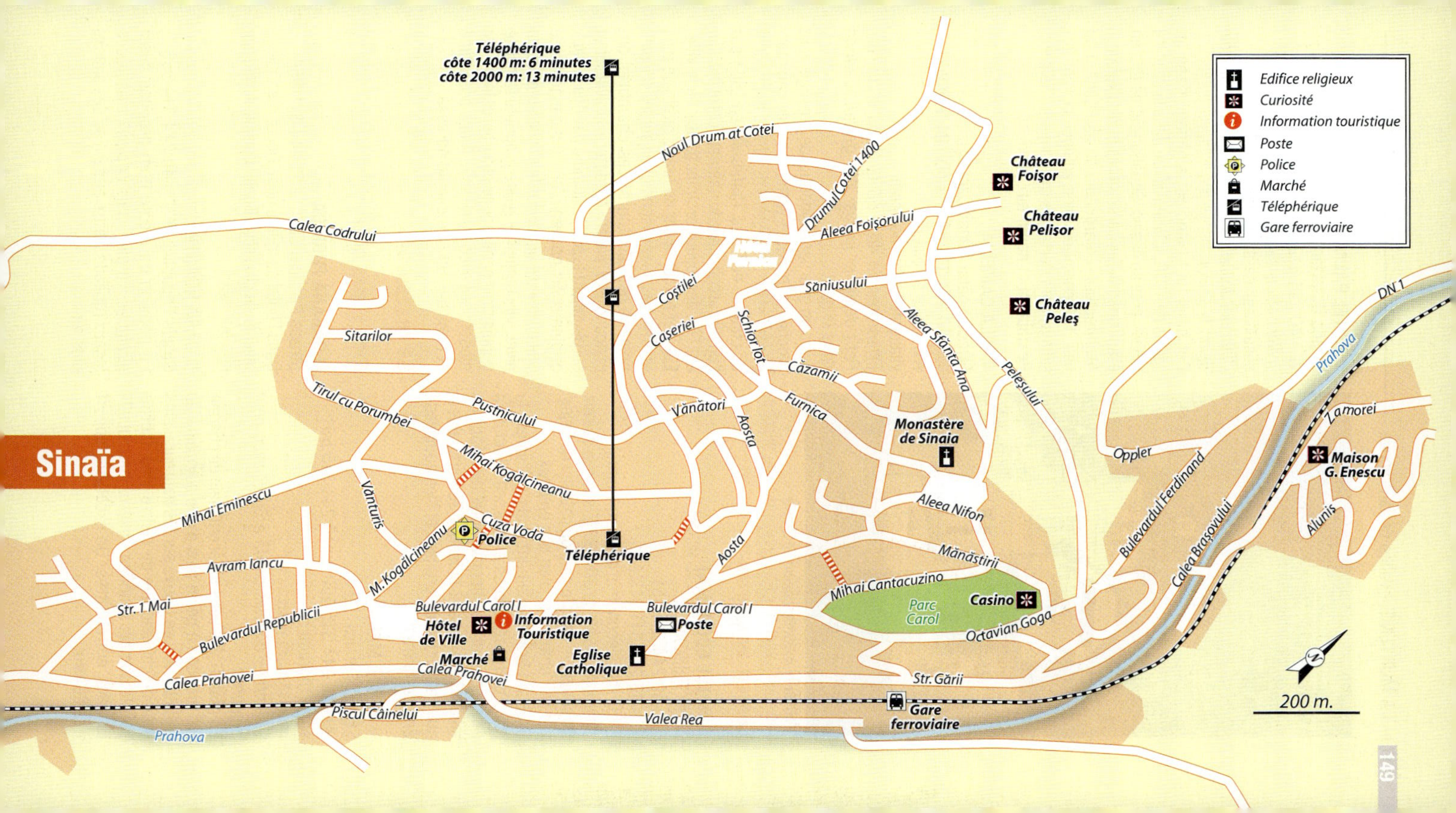

Sinaïa
Edifice religieux
Curiosité
Information touristique
Poste
Police
Marché
Téléphérique
Gare ferroviaire
Téléphérique
côte 1400 m: 6 minutes
côte 2000 m: 13 minutes
Château Foişor
Château Pelişor
Château Peleş
Monastère de Sinaia
Casino
Parc Carol
Gare ferroviaire
Maison G. Enescu
Hôtel de Ville
Information Touristique
Poste
Eglise Catholique
Marché
Police
Téléphérique
Calea Codrului
Noul Drum at Cotei
Drumul Cotei 1400
Aleea Foişorului
Săniusului
Aleea Sfânta Ana
Peleşului
Coştilei
Caşeriei
Schior lot
Căzamii
Furnica
Vânători
Aosta
Aosta
Sitarilor
Tirul cu Porumbei
Pustnicului
Mihai Kogălcineanu
M. Kogălcineanu
Cuza Vodă
Vânturis
Mihai Eminescu
Avram Iancu
Str. 1 Mai
Bulevardul Republicii
Calea Prahovei
Calea Prahovei
Bulevardul Carol I
Bulevardul Carol I
Aleea Nifon
Mănăstirii
Mihai Cantacuzino
Octavian Goga
Str. Gării
Piscul Câinelui
Valea Rea
Prahova
Prahova
Oppler
Bulevardul Ferdinand
Calea Braşovului
Zamorei
Aluniş
DN 1
200 m.

Villa de la coquette station de Sinaïa.

Confort ou charme

HOTEL ECONOMAT
Aleea Peleșului, 2
✆ +40 244 311 151
✆ +40 244 311 113
http://hoteleconomat.apps.ro/home/
Chambre double de 30 à 60 € selon la saison.
Sa situation, dans le parc du château de Peleș, fait son charme et bien des envieux.
34 chambres seulement mais qui valent le coup d'être réservées à l'avance. Quel nom étrange pour ce superbe hôtel du début du siècle dernier, aux boiseries remarquables, aux chambres confortables et bien équipées ! Bon restaurant.

HOTEL MARAMI
Strada Furnica, 52
✆ +40 244 315 560 / +40 244 315 561
www.marami.ro
hotel@marami.ro
Chambres doubles de 45 à 50 € avec petit déjeuner.
Un petit établissement récent plein de charme qui propose à peine plus d'une quinzaine de chambres. Il se trouve sur les hauteurs, plus près du château que du centre-ville. Il offre tout le confort souhaité : sauna, bain bouillonnant, entre autres. Un excellent rapport qualité/prix.

HOTEL PALACE
Strada Octavian Goga, 8
✆ +40 244 312 051
www.palace-sinaia.ro
elisa@palace-sinaia.ro
Chambre double à partir de 82 €, prix variable selon la saison.
Cet hôtel tout blanc est aménagé dans un palais de 1910, joliment situé dans le parc de Sinaia, près du casino. Situation calme tout en étant proche des commerces et restaurants. Architecture remarquable du bâtiment et du hall, 150 chambres bien équipées et confortables, dont certaines avec vue sur le parc. Restaurant et nombreux services.

VILA CAMELIA
Strada Spătar Mihail Cantacuzino, 5
✆ +40 244 312 381 / +40 724 909 259
www.vilacamelia.ro
vilacamellia@yahoo.com
Chambres de 46 à 56 € selon la saison. Petit déjeuner inclus. Wifi gratuit, parking dans la cour.
Dans un quartier résidentiel de prestige, tout proche des espaces verts, des rues commerçantes et du monastère de Sinaia et non loin du château de Peleș. Construite en 1884 par l'un des architectes du château, cette maison est l'un des joyaux architecturaux de la ville. Elle est entourée par un grand jardin de pins et offre des vues magnifiques sur les collines boisées des alentours. Les chambres ont chacune leur propre caractère individuel et surplombent le salon illuminé par des vitraux originaux Art nouveau, où la cheminée crée une ambiance accueillante et chaleureuse en hiver. Vila Camelia est une propriété familiale depuis trois générations et a été restaurée et modernisée avec grand soin. Ambiance intime et familiale. Une excellente adresse.

Se restaurer

Bien et pas cher

CABANA FURNICA
Strada Furnica, 50 ✆ +40 244 311 850
Dans l'hôtel du même nom. Décor rustique de taverne de chasseur. Bonne cuisine. Ambiance chaleureuse.

CASA NOASTRĂ
Strada Republicii, 9 ✆ +40 244 314 556
La pension du même nom propose aussi quelques simples mais copieux classiques locaux (grillades entre autres) ou des snacks plus légers.

■ **RESTAURANT ZET**
Bulevardul Mihail Săulescu, 46
✆ +40 723 170 148
Située à 150 mètres de l'office de tourisme dans la rue principale, cette adresse est conviviale et populaire. Cuisine roumaine et nombreuses spécialités maison. Compter environ 6 € pour un repas copieux.

Bonnes tables

■ **RESTAURANT BUCEGI**
Bulevardul Carol I, 22
Face au complexe Carpați.
Prix bas pour une bonne cuisine locale et de grosses portions. Les entrées (*iahnie, zacuscă, salată de vinete, salată de icre*), grillades roumaines, truites et gibier côtoient pizzas et autres plats moins traditionnels. Intérieur avec décor « très chasse », terrasse très agréable l'été. Popularité certaine.

■ **RESTAURANT DE L'HÔTEL ECONOMAT**
Aleea Peleșului, 2
✆ +40 244 311 151
✆ +40 244 311 113
Une autre adresse chaleureuse où le bois domine. On profite autant de la superbe maison que du contenu de son assiette.

■ **TAVERNA SÂRBULUI**
Drum Nou Cota 1400
✆ +40 244 314 400
www.tavernasarbului.ro
constanta@tavernasarbului.ro
Les carnivores feront l'effort de venir dans cet établissement excentré. Comme son nom l'indique, il sert une copieuse et bonne cuisine serbe dont les recettes laissent bien peu de place aux légumes.

Sortir

Cafés – Bars

■ **CITY PRIDE PUB**
Au sous-sol de l'hôtel New Montana
Bulevardul Carol I, 24
www.citypridelub.ro
citypride_club@yahoo.com
Un club ouvert tous les jours et animé par différents DJ. Très bonne ambiance le week-end grâce aussi aux Bucarestois qui viennent s'amuser.

■ **FUSION CLUB**
À l'hôtel Sinaia
Bulevardul Carol I, 8
Un des bars les plus populaires de la station.

■ **IRISH BAR**
Bulevardul Carol I, 18
L'immanquable pub irlandais du coin propose breuvages (et cuisine) celtiques, dans une ambiance agréable les jours de grande affluence.

■ **OLD NICK PUB**
À côté du parc Dimitrie Ghica
Bulevardul Carol I, 8
www.oldnickpub.ro
Des groupes *live* animent souvent ce bar au décor original.

Clubs et discothèques

■ **DISCOTECA BLUE ANGEL**
Bulevardul Carol I, 39
La plus connue de la station depuis de longues années.

■ **DISCOTECA DIANA**
À l'hôtel Sinaia
Bulevardul Carol I, 8

À voir – À faire

Les principales attractions touristiques de Sinaia se concentrent dans la même zone. On y accède à pied ou en voiture (suivre les panneaux) depuis le centre-ville. Les piétons prendront l'allée du parc puis suivront les flèches qui mènent au monastère puis au château. La fin du trajet, envahie par les vendeurs en saison, est facilement repérable.

Statue dans le jardin du château de Peleș.

CHÂTEAU DE PELEŞ

Aleea Peleşului, 2
✆ +40 244 310 918
www.peles.ro

Ouvert le mardi de 11h à 17h et du mercredi au dimanche de 9h15 à 17h. Entrée 5 € pour l'exposition de base, 10 € pour un tour d'une heure et demie, 12 € pour tout le palais. Photos interdites à l'intérieur.

Cette résidence d'été du roi Carol Ier (Charles Ier) est devenue l'un des lieux les plus visités de Roumanie. Elle a été construite entre 1873 et 1914 selon les plans un peu fous de Doderer et Schultz. Sa première inauguration a lieu en 1883, après quoi elle est agrandie sous la direction de l'architecte tchèque Karel Liman. Le roi Carol Ier, instigateur du projet, y est décédé en 1914, ainsi que le roi Ferdinand et sa femme la reine Marie. À l'époque communiste, le château servait de lieu de villégiature aux cadres du parti et des hôtes de marque (chefs d'État étrangers) y étaient souvent accueillis. L'effet du style néo-Renaissance allemande est immédiat pour le visiteur. On pense à un grand mélange de styles, dans les détails surtout, une sorte de délire d'architecte. Les références aux styles italiens, orientaux, français ou gothiques sont multiples. Les 160 pièces que compte le château se caractérisent par des riches décorations en bois, que l'on retrouve aussi sur les façades. L'abondance et la diversité des statues, poteries et vases précieux, armes, vitraux, tapisseries et porcelaines est impressionnante. La bibliothèque, avec ses décorations en bois et cuir, est superbe. Parmi les plus belles salles, vous visiterez le hall d'honneur, caractérisé par ses riches décorations en noyer sculpté. Dans le salon de réception sont exposées les maquettes en bois de seize châteaux appartenant à la famille de Hohenzollern (celle de Carol Ier). La salle d'armes présente des collections d'armes européennes et orientales à partir du XVe siècle. Les vitraux de la salle de musique, la salle florentine et ses décorations de bois doré et de marbre, la salle mauresque et ses meubles incrustés de marbre, ou encore le théâtre où eut lieu, en 1906, la première projection cinématographique du pays, vous raviront également.

FOIŞORUL

Le bâtiment lui-même est fermé au public.

Un peu plus loin, ce pavillon de chasse de 40 pièces qui ressemble à un chalet suisse a été également construit sous Carol Ier et utilisé par Ceauşescu, grand passionné de chasse et longtemps unique chasseur du pays, comme on le sait.

MAISON DE GEORGE ENESCU

Quartier de Cumpătu
Vila Luminiş

Accessible par un chemin fléché depuis le parc de Peleş. Un peu à l'écart de la DN1. Ouvert du mardi au dimanche de 9h à 16h.

Vila Luminiş a été construite en 1926 pour le célèbre compositeur roumain George Enescu. Elle est aujourd'hui transformée en mémorial en son honneur. Ce superbe édifice d'inspiration turque, dont le nom évoque la lumière céleste, a abrité le violoniste jusqu'en 1946. Il aimait y passer l'été, loin de la touffeur de Bucarest. Tout en écoutant les œuvres d'Enescu, on passe de pièce en pièce pour admirer le mobilier varié, le cadre de vie de l'artiste, son piano, des photographies anciennes.

MONASTÈRE DE SINAIA

Ouvert du lever au coucher du soleil. Entrée environ 1 €.

Le monastère a été construit entre 1690 et 1695 par le prince Mihai Cantacuzino au retour d'un pèlerinage à Jérusalem et au Sinaï (d'où le nom Sinaia). Il est entièrement entouré d'un mur de fortification imposant et de logements pour les moines (une vingtaine y résident toujours). Les murs blancs, les toits verts, les façades rouges de la nouvelle église sont particulièrement élégants. La vieille église de style brâncovan abrite des peintures de Pârvu Mutu, datant de 1694, certaines restaurées depuis. Son plan en trèfle est inspiré de celui d'un monastère du mont Sinaï. À côté des chambres de moines s'élève une chapelle datant de 1695, mais remaniée un siècle plus tard. La grande et plus récente église Sfânta Treime (Sainte-Trinité), de 1846, a été restaurée en 1903 par l'architecte français Lecomte du Nouÿ (celui qui a restauré le monastère de Curtea de Argeş). Il y a ajouté les éléments extérieurs actuels, comme céramiques et émaux, et les peintures intérieures dont les portraits du roi Carol Ier, de son épouse Élisabeth et de leur fille unique Marie, décédée encore enfant.

Une exposition d'objets de culte, à partir de 1895, est proposée par le musée d'Histoire, ce qui en fait l'une des plus anciennes de ce genre dans le pays. On y verra également, datant de 1668, la première Bible traduite en roumain et rédigée en caractères cyrilliques.

PALAIS DE PELIȘOR

Ouvert le mardi de 11h à 17h et du mercredi au dimanche de 9h à 17h. Entrée 2,50 €. Visite guidée obligatoire.

Un peu plus haut, le « petit Peleș » (70 pièces), Pelișor, a été construit entre 1899 et 1903, en style Renaissance, par Carol Ier, pour y loger son neveu Ferdinand et son épouse Marie, futurs roi et reine du pays. C'est cette dernière qui a choisi la décoration et le mobilier (Art nouveau). C'est là qu'ils sont morts tous les deux.

PARC DE PELEȘ

Visite du parc gratuite. Entrée des châteaux payante. Musée cynégétique ouvert tous les jours, sauf le lundi.

Vous passerez tout d'abord près des grands bâtiments des dépendances, intéressantes et aménagées en bar, villas, poste, hôtel, magasin de souvenirs… Le parc aménagé en terrasse est de style Renaissance italienne et met le château particulièrement en valeur.

PARC DE SINAIA (PARC DIMITRIE GHICA)

Ce parc du centre-ville, créé en 1881, a conservé sa belle allure d'antan grâce aux multiples et élégantes demeures qui l'entourent. Dans le parc, on trouvera un modeste petit musée d'histoire naturelle (ouvert tous les jours de 9h à 17h, sauf le lundi, entrée 2,25 €), un casino et, dans sa partie nord, un cimetière de la Première Guerre mondiale, où sont notamment enterrés les aviateurs américains qui se sont battus dans le ciel roumain.

Sports – Détente – Loisirs

SNOW

Strada Cuza Vodă, 2 A
✆ +40 244 311 198
www.snow-sinaia.ro
Location de ski, de snowboard, inscription aux cours de ski et, en été, location de VTT.

MONTS BUCEGI

Bordés à l'ouest par la vallée de la Ialomița et à l'est par celle de la Prahova, les monts Bucegi impressionnent d'emblée par les abrupts qui les caractérisent. Le massif est dominé par les monts Omu (2 507 m), Coștila (2 498 m) et Caraiman (2 326 m). Sur une surface assez peu étendue, les paysages sont variés (abrupts, pics, vallées glaciaires, prairies et forêts), spectaculaires et les chemins de randonnée nombreux et facilement accessibles. Tout ceci fait le succès de ce massif très fréquenté par les touristes roumains (Bucarest est proche) et de plus en plus par les étrangers. C'est aujourd'hui un parc national. La faune de montagne est ici particulièrement riche mais difficile à apprécier, tant les pentes où les principales espèces se réfugient sont abruptes. Ours, lynx, chamois, aigles, vautours cendrés, coqs de bruyère et 50 autres espèces d'oiseaux sont également présents. Les forêts sont composées de pins nains, d'ifs et de pins laricio entre autres, et sur les flancs herbeux vous apercevrez peut-être des orchidées et des edelweiss. Ces derniers couvraient autrefois de grandes surfaces mais se raréfient malheureusement, étant piétinés par les moutons et les randonneurs. Sur le « plateau », vous parcourrez des chemins assez faciles et un paysage nu et rocheux, où les nuages vous font perdre rapidement toute visibilité. Vous verrez de nombreux troupeaux de moutons accompagnés de leurs bergers et de chiens (attention, ces derniers peuvent être dangereux). Ces troupeaux sont souvent composés d'animaux appartenant aux villageois des vallées et qui, en été, sont amenés par des bergers sur les hauteurs. Des familles envoient ainsi parfois leur unique mouton en « vacances ». Parmi les attractions majeures, facilement accessibles en téléphérique depuis Bușteni, figurent Babele et la croix dédiée aux héros de la Première Guerre mondiale. À Babele, près du refuge, se trouvent les deux emblèmes du massif des Bucegi, souvent présents sur les cartes postales : le Sphinx, rocher évoquant sous certains angles la tête du gardien des pyramides, et les Vieilles Femmes (Babele en roumain), qui sont des rochers calcaires taillés et sculptés par le vent et la pluie. La croix proche du mont Caraiman et qui domine Bușteni est accessible assez facilement depuis Babele et offre une belle vue sur la vallée quand il n'y a pas de nuages. Elle domine une paroi rocheuse à pic de 1 500 mètres, réputée pour ses voies d'escalade. Construite en l'honneur des héros de la Première Guerre mondiale, elle mesure 33 mètres auxquels il faut ajouter 5 mètres de fondations en plomb en sous-sol. Les barres de métal qui la composent ont été transportées ici à dos de mulet.

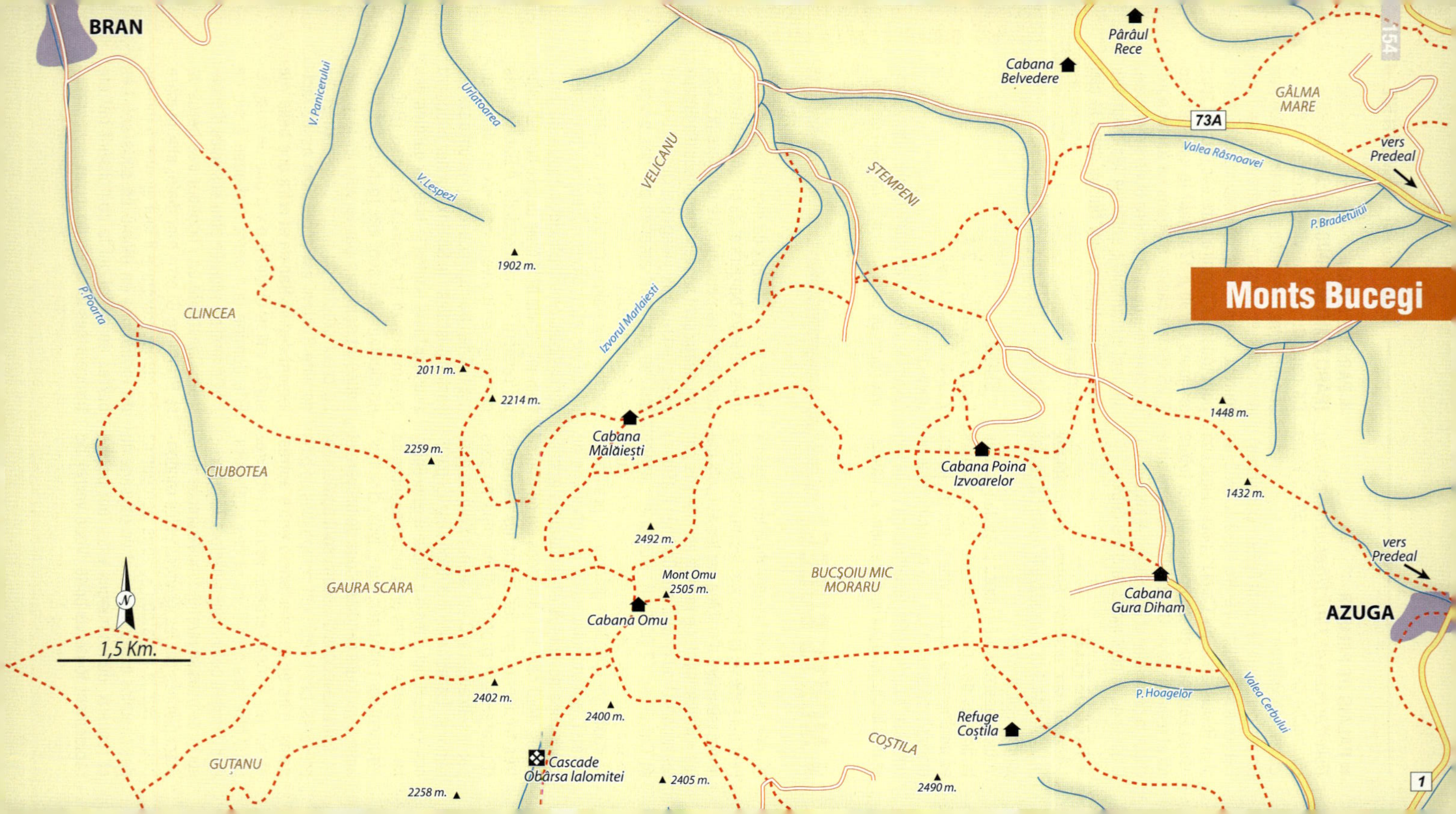
Monts Bucegi
BRAN
AZUGA
Pârâul Rece
Cabana Belvedere
GÂLMA MARE
73A
vers Predeal
Valea Râsnoavei
P. Bradetului
V. Panicerului
Urlatoarea
V. Lespezi
VELICANU
ȘTEMPENI
1902 m.
Izvorul Marlaiesti
P. Poarta
CLINCEA
2011 m.
2214 m.
1448 m.
Cabana Mălăiești
2259 m.
CIUBOTEA
Cabana Poina Izvoarelor
1432 m.
2492 m.
Mont Omu 2505 m.
BUCȘOIU MIC MORARU
GAURA SCARA
Cabana Omu
Cabana Gura Diham
vers Predeal
1,5 Km.
2402 m.
2400 m.
P. Hoagelor
Valea Cerbului
Refuge Coștila
COȘTILA
GUȚANU
Cascade Obârsa Ialomitei
2405 m.
2490 m.
2258 m.
1

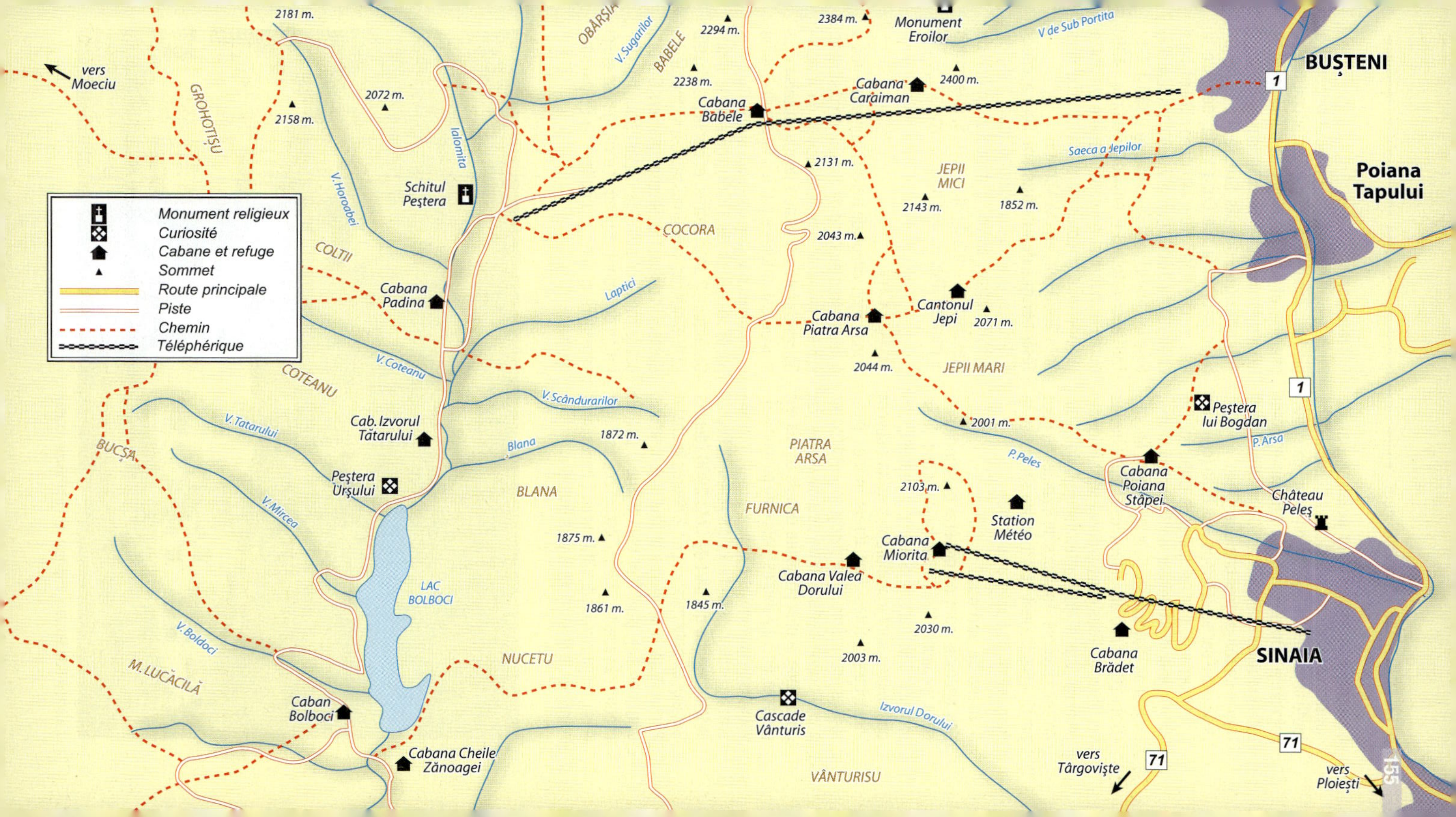
BUȘTENI
Poiana Tapului
SINAIA
vers Moeciu
vers Târgoviște
vers Ploiești
Monument religieux
Curiosité
Cabane et refuge
Sommet
Route principale
Piste
Chemin
Téléphérique
Monument Eroilor
Cabana Caraiman
Cabana Babele
Schitul Peștera
Cabana Padina
Cab. Izvorul Tătarului
Peștera Urșului
Caban Bolboci
Cabana Cheile Zănoagei
Cabana Piatra Arsa
Cantonul Jepi
Peștera lui Bogdan
Cabana Poiana Stâpei
Château Peleș
Station Météo
Cabana Miorita
Cabana Valea Dorului
Cabana Brădet
Cascade Vânturis
LAC BOLBOCI
GROHOTIȘU
OBÂRȘIA
BABELE
COCORA
JEPII MICI
JEPII MARI
COLTII
COTEANU
BUCȘA
BLANA
PIATRA ARSA
FURNICA
NUCETU
M. LUCĂCILĂ
VÂNTURISU
V de Sub Portita
V. Sugarilor
Saeca a Jepilor
Ialomita
V. Horoabei
Laptici
V. Coteanu
V. Scândurarilor
V. Tatarului
Blana
V. Mircea
V. Boldoci
P. Arsa
P. Peles
Izvorul Dorului
2181 m.
2158 m.
2072 m.
2294 m.
2238 m.
2384 m.
2400 m.
2131 m.
2143 m.
1852 m.
2043 m.
2071 m.
2044 m.
2001 m.
1872 m.
2103 m.
1875 m.
1861 m.
1845 m.
2030 m.
2003 m.
1
1
71
71

La nuit, elle est parfois éclairée par de nombreuses petites ampoules et visible dans toute la vallée. De Babele, on peut également rejoindre l'Omu, le pic de l'Homme, point culminant du massif à 2 507 mètres. On y trouve un refuge très basique. De là, on peut descendre par beau temps vers Bran (compter une journée), par un superbe chemin. De Babele encore, on rejoint, en 3 heures environ, la Cabana Piatra Arsă, puis la Cabana Mioriţa (Cota 2000), où attendent les téléphériques vers Sinaia. Tous ces parcours sont évidemment également réalisables depuis Cota 2000, en sens inverse. Toujours de Babele, on peut partir vers l'ouest et atteindre l'hôtel et le monastère de Peştera Ialomiţei.

Idées de parcours

Les chemins sont en général bien indiqués dans le massif. Mais il est toujours bon de se procurer une carte à Sinaia ou Buşteni. Les possibilités sont innombrables et ne peuvent être toutes décrites : lacs, forêts, grottes, pics, monastères même. Le principal est de disposer d'une bonne carte et d'un peu de temps. La randonnée la plus populaire depuis Sinaia est celle qui, en 5 à 7 heures (descente ou montée), vous permet de rejoindre Babele. Les panoramas sont exceptionnels tout le long du chemin. Depuis le téléphérique qui part de Cota 2000 (depuis Sinaia), on peut rejoindre en 2 heures le chalet Piatra Arsă, « la Pierre brûlée » (un refuge bon marché), puis filer vers Buşteni par un chemin très spectaculaire. Toujours depuis Piatra Arsă, on peut rejoindre Babele en 1 heure 30 et retrouver le téléphérique vers Buşteni.

Transports

Pour les plus sportifs, on peut accéder à pied aux monts Bucegi par les innombrables chemins et sentiers, sinon le plus rapide et le plus simple est le téléphérique.

Téléphérique depuis Sinaia. Le téléphérique part de la rue Cuza Vodă, derrière le très visible hôtel New Montana. Trajet vers l'hôtel Cota 1400, durée 7 minutes. En été, tous les jours, sauf le lundi, de 8h30 à 17h. Tarif aller-retour 8 € environ. De Cota 1400, durée 6 minutes, on peut prendre un autre téléphérique (mêmes horaires et prix) vers Cota 2000 (et Cabana Mioriţa).

Téléphérique depuis Buşteni. Pour accéder à Babele, prenez le téléphérique, long de 4 350 mètres, durée 15 minutes. En été, du mercredi au lundi de 8h à 16h45, si le temps le permet. Départ de l'hôtel Silva.

BUŞTENI

Dans ce joli village de 8 900 habitants situé à 8 kilomètres au nord de Sinaia, on distingue sur les versants des montagnes de magnifiques chalets aux jardins fleuris en saison. La station est entourée par les forêts de sapins et dominée par une croix qui surplombe une paroi rocheuse de 1 500 mètres (le mont Caraiman, 2 348 mètres) et par le pic Coştila (2 498 mètres, reconnaissable à sa tour télé). Buşteni, d'où part le téléphérique vers Babele, est le meilleur point de départ pour l'exploration des monts Bucegi. Le village est aussi considéré comme la capitale de l'alpinisme roumain.

La station de Buşteni, capitale de l'alpinisme roumain.

Transports

Train et maxitaxis. La gare ferroviaire se trouve en plein centre du village et l'on peut même considérer qu'elle constitue le centre-ville à elle seule. Pour les trains et maxitaxis (qui s'y arrêtent aussi), référez-vous aux infos sur Sinaia.

Téléphérique. Pour accéder à Babele, prenez le téléphérique, long de 4 350 mètres, durée 15 minutes, depuis Buşteni (en été, du mercredi au lundi de 8h à 16h45, si le temps le permet). Départ de l'hôtel Silva. Tarif 8 € aller-retour.

Pratique

■ POSTE

Juste à côté de la gare.

Un plan de ville interactif est proposé par des bornes électroniques. Une de ces bornes se trouve à côté de la poste.

Se loger

Comme à Sinaia, vous n'aurez que l'embarras du choix entre pensions, villas ou hôtels. Pour loger chez l'habitant, repérez les affichettes « Cameră de închiriat » ou « Oferim cazare ».

■ HOTEL ALEXANDROS

Strada Libertăţii, 153

✆ +40 244 320 138

www.hotelalexandros.ro

Chambre double de 42 à 57 € avec petit déjeuner.

Un hôtel 3 étoiles, cher mais confortable. Avec son vaste toit triangulaire, l'hôtel propose aussi des chambres classées 2 étoiles, moins onéreuses et d'un rapport qualité/prix très intéressant.

■ HOTEL CARAIMAN

Strada Libertăţii, 89

✆ +40 244 320 156

www.hotelcaraiman.ro

25 € la chambre double sans petit déjeuner.

Un hébergement simple mais confortable dans un cadre magnifique, très apprécié par la jeunesse locale qui y trouve des lits bon marché.

■ HÔTEL KALINDER

Strada Buştenilor, 32

✆ +40 244 322 224

www.kalinder.ro

kalinder@rdsmail.ro

Chambres doubles de 25 à 30 €.

Un lieu agréable de seulement 9 chambres. Une grande maison au bon niveau de confort, où l'ambiance est plus intime que dans un grand hôtel.

■ HOTEL SILVA

Strada Telecabinei, 24

✆ +40 244 321 412

✆ +40 244 322 151

www.hotelsilva.ro

hotelsilva_carpatours@yahoo.com

Chambre double de 40 à 52 € selon la durée du séjour. Petit déjeuner inclus.

Grand hôtel très confortable et bien équipé sur les hauteurs de la station, en lisière de forêt. Équipements de loisirs. Le téléphérique vers Babele part de l'hôtel même.

Se restaurer

Le meilleur est sans doute celui de l'hôtel Silva (Strada Telecabinei, 24). Mais tâchez de vous faire servir un (ou plusieurs) repas chez l'habitant chez qui vous logez (pension ou chambre).

À voir – À faire

La station en elle-même est assez jolie, malgré les quelques usines et bâtiments gris en fond de vallée. Vous remarquerez, le long de l'axe principal, Casa de Cultură, entièrement construite en bois, la jolie église fondée en 1889 par Carol Ier et son épouse Élisabeth. Dans la station, vous pourrez également admirer le palais Cantacuzino, un magnifique bâtiment du XXe siècle de style brâncovan. Plus au sud de la station, Poiana Ţapului est plus rurale. Mais on vient ici surtout pour les possibilités de randonnées dans les montagnes.

La balade la plus courte (1 heure 30 à 2 heures aller-retour) est celle qui part de l'hôtel Silva, près du téléphérique, et qui rejoint la petite cascade Urlătoarea (Hurlante). La chute d'eau elle-même est un peu décevante, mais on traverse une jolie forêt aux arbres impressionnants. Cette promenade est particulièrement fréquentée le dimanche.

Les autres randonnées vous emmènent « là-haut », à pied ou en téléphérique, puis vous font parcourir les vallées et les plateaux. Il est nécessaire de bien vous équiper et de vous munir d'une bonne carte. De Buşteni, des chemins vous permettent de rejoindre (ou quitter) Piatra Arsă en montant à travers la forêt, puis de rejoindre Babele, ou encore de suivre la vallée du Cerf (Valea Cerbului) et de remonter jusqu'au pic de l'Homme (Omu). Tous ces itinéraires vous permettront d'admirer des paysages exceptionnels.

AZUGA

Cette petite station de 5 200 habitants est réputée pour ses pistes de ski, les plus modernes du pays et parmi les seules adaptées aux compétitions internationales. Située à 950 mètres, Azuga permet aussi un accès facile aux monts Bucegi.
Coincée entre les prestigieux Predeal et Bușteni, elle est un peu oubliée des touristes étrangers, bien que les possibilités de logement et les activités n'y manquent pas.

Transports

Trains, maxitaxis et bus vers Brașov, Sinaia et Bucarest.

Pratique

■ **INFOS TOURISTIQUES**
Asociația Locală de Turism
Strada Valea Azugii
✆ +40 244 327 441

Se loger

■ **LARISA HOTEL**
Strada Valea Azugii
✆ +40 244 326 049
http://larisahotel.ro
Chambre double à 20 €.
Une vingtaine de chambres et une quinzaine de studios et appartements d'un confort suffisant. Il y a aussi un restaurant.

■ **PENSION RHEIN**
✆ +40 244 326 560
Chambre double jusqu'à 37 € sans petit déjeuner.
Les caves à vin Halewood d'Azuga, renommées pour le champagne qui y est produit, disposent d'une charmante pension décorée avec goût. Le salon est très élégant et on y étale des bouteilles de vin de la région. Les intéressés peuvent visiter les caves et faire des dégustations du lundi au vendredi de 8 à 16 heures. Comptez 4 € par personne. Le restaurant propose des spécialités roumaines arrosées de vins Halewood, à des prix très intéressants.

PREDEAL

4 700 habitants. Predeal n'est, administrativement, plus en Munténie mais déjà en Transylvanie. Cependant, pour faciliter la compréhension, nous avons préféré le traiter avec les autres stations de la vallée de la Prahova dont il marque la sortie (ou l'entrée...). Situé à plus de 1 000 mètres, entre les monts Bucegi et Baiului (à l'est), il est entouré d'agréables forêts. De Predeal, on accède à de nombreux chalets ouverts toute l'année ainsi qu'à de nombreuses pistes de ski. Timișu de Sus, à 5 kilomètres, est un village où les jolies maisons traditionnelles sont encore majoritaires.

Transports

Trains, bus et maxitaxis. Même principe qu'à Sinaia. Le boulevard Mihail Săulescu est l'axe principal de la ville, tous les transports y passent.

Pratique

■ **OFFICE DE TOURISME**
✆ +40 268 455 330
www.primaria-predeal.ro
contact@predeal.ro
Cet établissement vous donnera brochures et cartes de la station et vous aidera à trouver un logement. Précieux conseils pour randonnées à pied ou en VTT, ainsi que pour des itinéraires. Accueil sympathique.

■ **POSTE ET BANQUES**
Elles se trouvent autour de la grande église moderne de Predeal et le long du boulevard Mihail Săulescu.

■ **SALVAMONT SECOURS EN MONTAGNE**
✆ +40 725 826 668

Se loger

Predeal dispose d'une grande variété d'infrastructures : hôtels, villas (parfois extrêmement luxueuses) et *cabane* (refuges), à des prix adaptés à toutes les bourses. Vous serez sollicité à la descente du train par des particuliers proposant des chambres chez l'habitant. Pourquoi pas ? On peut en principe réserver *via* l'office du tourisme (voir plus haut). Il existe une douzaine de refuges autour de Predeal, souvent au pied des pistes de ski et de randonnée, et d'autres encore plus éloignés de la ville. Ils sont beaucoup moins chers que les hôtels.

Bien et pas cher

■ **ATELIER HOTEL**
Strada Teleferic, 10
✆ +40 268 455 775
www.atelierhotel.ro
Chambre double entre 30 et 50 €, selon la saison. Petit déjeuner inclus. Appeler avant pour vérifier la disponibilité, car l'hôtel est fermé quand il n'y a pas de clients.

Une très bonne petite adresse de 16 chambres, simples mais chaleureuses au pied du téléphérique.

■ **CABANA GÂRBOVA**
✆ +40 244 360 723
www.cabanagirbova.ro
peticilaciprian@yahoo.com
Environ 25 € la chambre double. Prix variable selon la saison.
On y arrive depuis la station Clăbucet Plecare, en descendant pendant 15 minutes à pied. Une quinzaine de chambres propres et confortables et de nombreux services : location d'équipement de ski, cours de ski, mise à disposition de luges...

■ **HÔTEL CABANA VÂNĂTORILOR**
Strada Trei Brazi, 3 ✆ +40 268 455 285
www.cabanavanatorilor.ro
rezervari@cabanavanatorilor.ro
De 32 à 45 € selon la saison. Petit déjeuner inclus.
À 3 kilomètres au nord-est de la gare, ce charmant hôtel 3 étoiles offre une vingtaine de chambres spacieuses et confortables. Bon restaurant à la cuisine sophistiquée, vaste choix de gibiers.

■ **HÔTEL EDEN**
Strada Neagoe Basarab, 4
✆ +40 268 456 379
www.edenhotel.ro – office@edenhotel.ro
Chambres doubles de 30 à 34 € sans petit déjeuner.
Situé dans un cadre agréable, entouré de forêt, dans une maison moderne toute en hauteur, cet établissement inclut de nombreux services : Internet, bain bouillonnant...

Confort ou charme

■ **CABANA TREI BRAZI**
✆ +40 268 892 057
www.treibrazi.eu
cabana@treibrazi.eu
Chambre simple autour de 25 €, double autour de 35 €.
Au nord-ouest de Predeal, à 1 300 mètres d'altitude, cette *cabană* 3 étoiles, très confortable, permet de partir dès le matin sur les chemins de montagne et d'y dormir confortablement le soir venu. Renseignements à l'office de tourisme.

■ **HOTEL ORIZONT**
Strada Trei Brazi, 6
www.hotelorizont.ro
office@hotelorizont.ro
Comme son nom l'indique, ce vaste hôtel typique des stations de montagne offre une jolie vue depuis la plupart de ses 152 chambres. Informations auprès de l'office de tourisme.

■ **HOTEL RESTAURANT CARMEN**
Bulevardul Mihail Săulescu, 121
✆ +40 268 456 656
http://carmen-ana.ro/
Chambre double de 40 à 55 €.
Un bel hôtel rouge et blanc, très confortable pour un 2 étoiles. Les 44 chambres sont assez agréables. Sauna, Internet, petit déjeuner sur place et restaurant.

■ **HOTEL ROUA**
Strada Nicolae Bălcescu, 10
✆ +40 268 457 030
www.hotel-roua.ro
contact@hotel-roua.ro
Chambre double de 15 à 100 € selon la saison.
Une pension 3 étoiles moderne et imposante parmi les plus confortables du coin. Tarifs assez élevés.

■ **LA SUSAI**
✆ +40 268 457 204
www.susai.ro
info@susai.ro
Chambre double à 80 € avec petit déjeuner et accès à la piscine.
Facilement accessible depuis Clăbucet Plecare, cette cabane luxueuse dipose d'une quinzaine de chambres doubles avec balcon. On appréciera le décor original ainsi que le centre de spa et le restaurant à cuisine roumaine et internationale.

Se restaurer

Nous recommandons les restaurants des hôtels Roua et Cabana Vânătorilor (voir « Hébergement »). La plupart des hôtels possèdent bar et discothèque. Pour se mêler à la jeunesse locale et aux skieurs, préférez The Office (Strada Libertății, 108) et Rozmarin, le club de l'hôtel Rozmarin (Bulevardul Mihail Săulescu, 199).

■ **CASA ARDELEANĂ**
Șoseaua Națională, 17/87
✆ +40 268 455 454
www.casaardeleana.ro
contact@casaardeleana.ro
Le restaurant est situé dans la pension du même nom et propose une cuisine roumaine. On remarquera le décor traditionnel et le mobilier en bois, assez original.

■ **CASA ȚĂRĂNEASCĂ**
Strada Libertății, 63
La plus prestigieuse adresse de la ville, installée dans une somptueuse villa de Ceaușescu. Très bonne cuisine roumaine et internationale dans un décor « folklorique ». Un billard dans une salle à côté est bien agréable.

■ **VILA CAPRIOARA**
Strada Libertății, 90
✆ +40 268 456 964
Un restaurant sympathique dans une grande et belle demeure à l'est de la station. Bar, restaurant classique et pizzeria. Fait aussi pension.

Sports – Détente – Loisirs

■ **FULG DE NEA**
Strada Teleferic, 1
✆ +40 268 456 089
www.fulgdenea.com
sabido_sky@yahoo.com
Centre de loisirs avec possibilités d'accompagnement pour les randonnées, école de ski. Location de matériel été/hiver.

■ **TRAVEL CONCEPT**
Strada Libertății
✆ +40 788 200 503
Mais aussi dans les hôtels Orizont et Cioplea.

RÉGION DES ANCIENNES CAPITALES

Le nord-ouest de la Munténie, soit les départements d'Argeș et de Dâmbovița, est une belle région de collines où sont disséminées les anciennes capitales choisies autrefois par les voïévodes : Curtea de Argeș, Târgoviște, Câmpulung. Les curiosités architecturales y sont nombreuses. Si le temps vous est compté, précipitez-vous à Curtea de Argeș pour visiter son somptueux monastère, un site touristique majeur du pays.

TÂRGOVIȘTE

73 900 habitants. Târgoviște fut capitale de la Valachie entre 1418 et 1659. Aujourd'hui, la ville est un important centre industriel. À moins de 80 kilomètres de la capitale, c'est le but idéal d'une excursion d'une journée. Le centre est moderne et organisé autour du parc central, où se trouvent hôtels, commerces, banques et administrations. Les points d'intérêt (la Cour princière, le monastère Stelea et les musées) en sont proches et facilement accessibles à pied. Appelée également la « capitale des 33 voïévodats » (les voïévodes étaient les princes de Valachie), la ville a hérité des ouvrages laissés par ces derniers, dont l'ensemble princier avec sa tour, ancienne résidence de Vlad Țepeș et des princes de Valachie. L'histoire récente a de nouveau mis la ville au premier plan. C'est en effet ici, dans la garnison proche de la gare (baraquements à droite quand on sort de la gare), que, le 25 décembre 1989, Nicolae Ceaușescu et sa femme furent jugés et exécutés.

Transports

Train

La gare ferroviaire se trouve à 600 mètres au sud-ouest du centre-ville. En 10 minutes de marche le long du boulevard Carol Ier, on rejoint le centre. Sinon, bus (n° 4) et taxis (bon marché). Trains pour Bucarest (8 à 10 par jour, 1 heure 20 à 2 heures 15 de trajet), Ploiești

Recette des mucenici « comme en Munténie »

Dans les villages, les *mucenici* sont préparés et offerts le 9 mars, jour de la fête des 40 martyrs de Sébaste (les *Mucenici*), très vénérés dans le monde orthodoxe.
Ingrédients pour 5 personnes : 400 g de farine, sel, 300 g de noix, cannelle moulue, zeste de citron, 150 g de sucre.
Préparation. Mélanger la farine, l'eau et le sel, pour en faire une pâte épaisse. Rouler la pâte en un long fil très fin, puis la couper et former des « 8 ». Utiliser ainsi toute la pâte. Puis laisser sécher (jusqu'à une journée) les « 8 » sur une planche couverte de farine. Quand ils sont bien secs, les plonger dans de l'eau bouillante salée pendant 30 minutes en les remuant. Vers la fin de la cuisson, on ajoute le sucre. Servir tiède avec des noix écrasées, du zeste et de la cannelle par-dessus. En Moldavie, on forme des « 8 » beaucoup plus gros, que l'on cuit au four et que l'on couvre de miel. Une chanson enfantine parle de cette recette.

(5 par jour, 2 heures de trajet). Nombreux trains vers Ploiești-Sud, d'où il est facile de gagner Bucarest ou Brașov. Il existe un train direct pour Bucarest, mais à des horaires ne permettant pas l'excursion d'une journée.

Bus et maxitaxis

La gare routière se trouve à 1 kilomètre au nord-ouest de la ville, près du marché. Elle est reliée au centre par Calea Câmpulung (après le rond-point) et desservie par de nombreux bus urbains. Nombreux bus pour Bucarest, mais aussi pour Ploiești, Pitești, Câmpulung et Brașov. Les maxitaxis relient également la ville à Bucarest (départ station Double T à Bucarest ou Autogara IDM Basarab). Pour le moment, les maxitaxis ne partent ni de la gare ferroviaire ni de la gare routière ! On les trouvera entre les deux, à environ 250 mètres de la gare, en prenant à gauche en sortant. Minibus vers Bucarest, Pitești, Ploiești.

AGENCE CFR

Strada Gării, 1 ✆ +40 245 611 554

Au nord de la gare, possibilités de réservations et d'achat de billets de train.

EUROLINES

Bulevardul Libertății, bloc A3

À côté de la préfecture

✆ +40 245 606 058 – www.eurolines.ro

targoviste@eurolines.ro

Quelques lignes internationales passent par la ville. Départs et arrivées à l'adresse de la compagnie.

Pratique

ANTREC-DÂMBOVIȚA (AGENCE DE VOYAGES)

Turism Verde

✆ +40 245 206 336 / +40 721 845 599

dambovita@antrec.ro

Pour tous renseignements et réservations pour les pensions Antrec du département (à Lăicăi, Moroeni, Ulmi, Văleni ou Runcu, entre autres).

BANQUES

Situées autour de la place centrale ou face à l'hôtel de ville, les principales banques sont toutes munies de distributeurs automatiques. Ainsi, la BCR se trouve Bulevardul Mircea cel Bătrân (qui longe le sud du parc central).

POSTE

Strada Doctor Marinoiu

Non loin de la résidence princière et de Bulevardul Mircea cel Bătrân (partie sud du parc central)

Se loger

HOTEL DÂMBOVIȚA

Bulevardul Libertății, 1

✆ +40 245 213 370

✆ +40 245 213 374

www.hoteldambovita.ro

office@hoteldambovita.ro

Chambres doubles à 47 €, petit déjeuner compris. Sur la place centrale.

Refait à neuf il y a quelques années. Chambres sans balcon un tout petit peu moins chères, mais il serait dommage de se priver de la vue sur l'animation du parc central. Accueil serviable.

HÔTEL VALAHIA

Bulevardul Libertății, 7

✆ +40 245 634 459

www.valahiaturism.ro

office@valahiaturism.ro

Chambres doubles à 33 € avec petit déjeuner.

Sur la place principale, une grosse bâtisse aux chambres doubles, très fonctionnelles. Ce n'est tout de même pas le meilleur hôtel de la ville. Restaurant.

PENSION CLUB AS

Strada Arsenalului, 13

✆ +40 245 613 208

l.adrian@yahoo.com

Chambres doubles à 20 €.

Une option bon marché dans un petit établissement au confort simple mais propre.

Se restaurer

RESTAURANT CASA DOMNEASCĂ

Strada Arsenalului, 14

✆ +40 245 613 173

Restaurant à spécialités internationales. Les desserts sont délicieux.

RESTAURANT DON QUIJOTE

Strada Doctor Marinoiu, 9

Adresse populaire où l'on vient déguster de bonnes spécialités roumaines.

À voir – À faire

Le parc central, bien aménagé et agréable avec ses trottoirs larges et propres, accueille quelques curiosités. Face à la Maison de la culture se dresse un mémorial aux victimes de la révolution de 1989. On y verra également deux églises, dont la Biserica Metropoliei, construite au XIXe siècle à l'emplacement d'une église du XVIe siècle.

COMPLEXE DE LA COUR PRINCIÈRE (CURTEA DOMNEASCĂ)

Ouvert de 9h à 18h, sauf le lundi.

Petit guide en français en vente au guichet, sinon plan et texte (en français aussi) après l'entrée.

Le lieu est particulièrement visité par les touristes roumains et les écoles car la résidence représente un symbole du glorieux passé du pays.

C'est un grand ensemble de bâtiments aux murs orange, situé dans un parc fort agréable. Il fut construit au XIVe siècle par Mircea l'Ancien et devint la résidence des princes et la capitale de la Valachie de 1415 à 1659. Vlad Țepeș, qui inspira le personnage de Dracula, y résida. On verra son buste non loin de l'entrée du complexe.

Posée sur une base pyramidale, la tour Chindiei, de 27 mètres de hauteur et 9 de diamètre, d'où l'on annonçait la fermeture des portes de la cité au coucher du soleil (d'où son nom qui signifie tour du « crépuscule »), est l'emblème de la ville qu'elle domine. Plus tard, elle a servi de tour d'observation puis de prison. Sa forme actuelle (fenêtres notamment) et son style néogothique datent des transformations du XIXe siècle. Vous pourrez monter au sommet de la tour par un étroit escalier.

À chaque étage, une petite exposition présente l'histoire du lieu et des dynasties princières. De son toit, la vue sur la ville et la région est remarquable, mais permet surtout d'apprécier la structure de la résidence et de l'imaginer telle qu'elle était du temps où elle abritait les princes. Deux églises se trouvent dans le complexe.

La grande église princière fut construite en 1583 et son plan en croix grecque est un bel exemple de l'architecture byzantine du XVe siècle. L'iconostase en bois de tilleul sculpté date de 1697. Sur le mur occidental, on peut voir les portraits des plus grands princes de l'époque. Bien que leurs noms soient écrits en caractères cyrilliques, vous reconnaîtrez peut-être Matei Basarab, Constantin Brâncoveanu ou encore Mihai Viteazul. La grande cloche de l'église datant de 1669 est exposée dans la galerie. La petite église princière (Sfânta Vineri), plus éloignée, date du XVe siècle et se caractérise par sa forme en trèfle. La maison Bălașa (XVIIe siècle) qui lui fait face tient son nom d'une princesse, épouse du prince Constantin Șerban. Elle accueillit d'abord les plus miséreux puis devint une école.

De la demeure princière ne reste que l'ensemble de hautes ruines où apparaissent nettement les caves de forme carrée.

ÉGLISE SFÂNTUL DUMITRU

Cette église du XVIIe siècle possède notamment de jolis chandeliers en bois sculpté.

MONASTÈRE DEALU

Situé à 4 kilomètres au nord-est du centre-ville, sur une colline. Accès facile et en principe peu onéreux, en taxi ou en bus n° 7.

Le monastère est connu pour être une nécropole princière où repose la dépouille d'un personnage majeur de l'histoire roumaine, Mihai Viteazul (Michel le Brave), souverain pour la première fois, quelques mois en 1600, des deux principautés roumaines et de la Transylvanie.

Construit entre 1431 et 1501, le monastère est un monument incontournable de l'architecture médiévale locale ; son église en pierre sculptée est remarquable.

MONASTÈRE ET ÉGLISE STELEA

Entrée libre. En plein centre-ville derrière l'hôtel Valahia.

Fondée en 1645, l'église de style moldave (qui rappelle l'église de Iași) possède des peintures intérieures très bien conservées. L'habitat des moines aux murs blancs et bas est charmant avec ses coursives fleuries. Petit texte explicatif en français.

MUSÉE DE LA POLICE ROUMAINE

Proche de la résidence princière (dans Calea Domnească). Ouvert tous les jours de 9h à 17h.

Retrace l'histoire de la police en Roumanie, à travers photos et uniformes, et présente quelques exemples d'uniformes de policier de tous les coins du monde.

MUSÉE DES VIEUX LIVRES ROUMAINS ET MUSÉE DES ÉCRIVAINS

Ouverts de 9h à 17h, sauf le lundi.

Jolies cartes postales vendues à l'entrée. Le premier des deux musées expose un manuscrit supposé être le plus ancien écrit en langue roumaine.

Le second présente une collection de manuscrits et de livres d'écrivains locaux ainsi que d'ouvrages relatifs à l'histoire de la ville. Situés dans une rue calme près du stade, ces musées méritent une visite, ne serait-ce que pour la très jolie demeure du XVIIe siècle qui les abrite.

MUSÉE D'HISTOIRE

Ouvert du mardi au dimanche de 10h à 17h.

Présente des collections archéologiques, historiques et ethnographiques.

Shopping

■ **CENTRE COMMERCIAL ET SUPERMARCHÉS**
Sur l'esplanade face à l'hôtel Valahia

VALLÉE DE LA IALOMIŢA

Si vous envisagez de rejoindre Sinaia depuis Târgovişte, n'omettez pas les quelques points d'intérêt qui jalonnent cet itinéraire. À Doiceşti, vous pouvez ainsi visiter l'église datant de 1706, aux jolies colonnes et peintures. Vulcana-Băi et Pucioasa sont des stations thermales réputées au milieu des collines couvertes de forêts. Dans la première jaillit l'une des eaux les plus iodées d'Europe, alors que la suivante est une des plus anciennes villes d'eau du pays. Pietroşiţa se souvient de sa vieille et riche tradition d'artisanat en lui consacrant une exposition ; vous pourrez y visiter également des ateliers de tissage. Pour les amateurs de sites naturels, le lac Bolboci sera une excellente halte. Pour accéder à cet axe, le train Târgovişte-Pietroşiţa et les maxi-taxis sont de bonnes options.

▶ **Pour la région de Pucioasa,** préférez les pensions nombreuses et bien plus attrayantes que les hôtels de cure un peu tristes.

PITEŞTI

155 400 habitants. C'est probablement parce qu'elle hébergeait une résidence d'Elena Ceauşescu que la ville a été la première (et pour le moment la seule) du pays à être reliée à Bucarest par une autoroute, facilitant ainsi les déplacements de l'épouse du leader du pays. La ville dite « des tulipes » n'est pas la plus belle du pays, loin de là. C'est avant tout un nœud routier et ferroviaire important ainsi qu'un centre industriel et pétrochimique, connu plus particulièrement pour les usines Dacia installées ici depuis les années 1960. Cela dit, si vous devez vous arrêter à Piteşti, vous y trouverez de quoi vous occuper quelques heures. Le centre commerçant est animé et fleuri, et plus particulièrement la rue piétonne Victoriei. Si vous discutez avec des habitants passionnés de football (ils sont nombreux ici), ils ne manqueront pas de vous rappeler que, dans les années 1970, l'Argeş Piteşti a battu le Toulouse FC (deux équipes aux maillots violets) lors d'une coupe d'Europe…

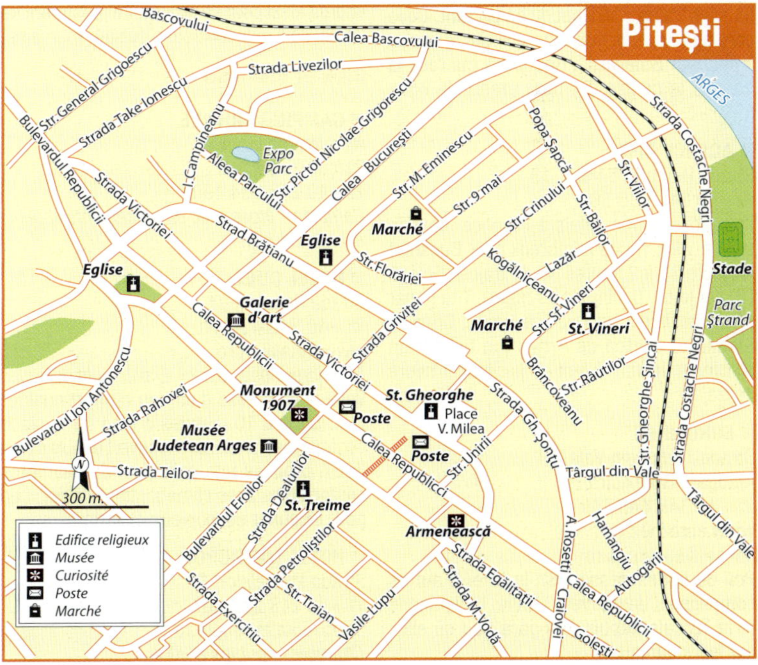

Transports

Bus et maxitaxis

Autogara Sud, dans Strada Târgul (200 mètres au sud du centre-ville), est la plus commode. De là partent (et reviennent) les bus et maxitaxis desservant Bucarest. Pour vous rendre dans le centre, rejoignez le boulevard Republicii, en traversant la ligne de chemin de fer, puis prenez le bus n° 2 ou marchez vers le nord. Bus pour Bucarest, Brașov (3 par jour), Râmnicu Vâlcea et Târgoviște (1 à 2 par jour), Târgu Jiu, Câmpulung (très fréquents) ou Craiova.

Les maxitaxis (départs quasi permanents) vers Bucarest partent d'ici par la route. Les maxitaxis qui empruntent l'autoroute partent non loin de l'embranchement de l'autoroute. Ces derniers sont très (trop) rapides, âmes sensibles s'abstenir. À Bucarest, vous verrez, inscrit sur le véhicule, si le maxitaxi pour Pitești passe ou non par l'autoroute.

Train

Deux gares : Pitești Nord et Pitești Sud. La première ne vous servira, éventuellement (car on peut très bien prendre ce train à la gare du Sud), qu'à prendre un train vers Curtea de Argeș. Elle se trouve au nord de la ville. La gare du Sud est la plus grande et tous les trains y arrivent ou en partent. De la gare du Sud vous pourrez rejoindre le centre à pied par Bulevardul Republicii qui relie la gare et le centre. En bus, prenez la ligne n° 2.

AGENCE CFR
Strada Domnița Bălașa, 13
✆ +40 248 630 565
Pour acheter vos billets à l'avance, dans le centre-ville. Trains nombreux pour Bucarest (1 heure 30 à 2 heures 30 de trajet), Golești (10 par jour, 10 minutes de trajet), Titu (6 par jour, 1 heure à 1 heure 30 de trajet), Craiova, Slatina et Curtea de Argeș (un petit train charmant mais très lent ; 6 par jour, 1 heure de trajet).

EUROLINES
Strada Târgul din Vale, 54
Autogara Sud-Astra
✆ +40 348 445 749
www.eurolines.ro
pitesti@eurolines.ro
Peu de lignes desservent la ville. D'autres compagnies desservent l'Italie, l'Allemagne et la Turquie depuis Autogara Sud où elles ont leurs bureaux.

Pratique

ALLIANCE FRANÇAISE
Strada Târgul din Vale, 1
✆ +40 248 212 927 – www.afpitesti.org
alliance_fr_pitesti@yahoo.fr

POSTE
Strada Pieței, 1

Se loger

Pitești étant une ville d'affaires, le choix est très large. On n'y est pas vraiment habitué aux touristes, mais on ne les met pas dehors, rassurez-vous.

Locations

CORNUL VÂNĂTORULUI
Strada Trivale, 75 ✆ +33 2 48 27 49 72
www.cornulvanatorului.ro
cornulvanatorului@k.ro
85 chambres, appartements, chambres doubles et simples. De 20 € pour une chambre simple à 60 € pour un appartement. Location de bungalows.
Un grand complexe très bien situé au vert au cœur de la forêt de Trivale, combinant un style rustique et moderne. Confortable et bien équipé, doté d'infrastructures de spa, c'est un endroit idéal pour se relaxer. Le restaurant de l'hôtel sert une délicieuse cuisine roumaine.

Bien et pas cher

CAMPING TRIVALE
À l'ouest de la ville
Parcul Trivale
✆ +40 248 634 190
Camping 1 étoile avec emplacements et petits chalets à louer.

HOTEL DUET
Strada Rahovei, 27
✆ +40 348 430 410
www.hotelduet.ro
Chambres doubles à 29 € avec petit déjeuner.
Voilà une adresse d'un bon rapport qualité/prix. Situé à 10 minutes à pied de la place centrale, cet hôtel, qui est ouvert depuis début 2007, propose une quinzaine de chambres confortables avec climatisation, câble… Le petit déjeuner est copieux et varié.

HOTEL METROPOL
Strada Panselelor, 1
✆ +40 248 222 207
http://hotelmetropol.ro
Chambres doubles à 30 €.

Un hôtel de 18 chambres, dans un immeuble moderne en plein centre-ville, face à la galerie d'art. Chambres claires et modernes d'un bon rapport qualité/prix, même si la décoration est assez vieillotte et l'endroit assez bruyant.

■ **HÔTEL MUNTENIA**
Piața Muntenia, 2 ✆ +40 248 625 450
www.turism-muntenia.ro
Chambres doubles de 30 à 60 €, selon le niveau de confort.
Dans le centre-ville, un grand hôtel 3 étoiles dans un bloc de béton typique des hôtels d'État de la période communiste. Restaurant. On y vient plus pour son agence de voyages, l'hébergement étant vraiment vieillot.

Confort ou charme

■ **CAMPUS HOTEL**
Calea Bascovului, 2
✆ +40 248 610 033
www.campushotel.ro
Simple de 40 € à 55 €. Doubles de 47 € et à 65 € selon le nombre d'étoiles. Petit déjeuner inclus.
Un hôtel 3 et 4 étoiles confortable, moderne et sophistiqué. Une adresse très récente qui plaît beaucoup à la clientèle d'entreprise. Le restaurant propose des buffets gargantuesques.

■ **CORNUL VÂNĂTORULUI**
Strada Trivale, 75 ✆ +33 2 48 27 49 72
Voir page 164.

■ **HOTEL CARMEN**
Bulevardul Republicii, 84
✆ +40 248 222 699
www.hotel-carmen.ro
receptia@hotel-carmen.ro
Comptez 56 € la chambre double.
Petit établissement de 35 chambres de bon confort, situé en plein centre-ville, près de la poste. Le bâtiment est assez laid tout comme la décoration des chambres, mais l'endroit reste accueillant et le restaurant assez bon.

■ **VICTORIA HOTEL**
Strada Egalității, 21 ✆ +40 248 220 777
www.victoriahotel.ro
reservation@victoriahotel.ro
Chambre double à 60 € avec petit déjeuner.
Dans une belle maison du centre-ville, cet hôtel 4 étoiles offre 24 chambres confortables et bien équipées même si la décoration reste un peu vieillotte. Excellent accueil et bon restaurant de spécialités roumaines.

Se restaurer

Quelques hôtels, comme l'hôtel Carmen, proposent une bonne cuisine, mais dans l'ensemble les possibilités sont limitées.

À voir – À faire

Les deux curiosités touristiques se trouvent autour de Piața Muntenia, véritable centre de la ville, que traversent le long boulevard Republicii (qui va du nord au sud de la ville) et Strada Victoriei, artère commerçante et piétonne. Le quartier central est un long plateau piéton entouré de blocs de couleur brique (dont l'inévitable et massive Maison de la culture) et de commerces. Fontaines, espaces verts, terrasses en été et sculptures des années 1970 se succèdent. Le bâtiment le plus remarquable est l'église princière.

■ **ANCIENNE PRISON**
Proche de la gare du Nord, l'ancienne prison est tristement célèbre pour l'atroce programme expérimental de « rééducation » que subirent ici des opposants politiques au cours de la deuxième moitié du XXe siècle. Un monument a été élevé à leur mémoire. Ce même programme, où chacun était victime et tortionnaire, était aussi appliqué dans les prisons d'Aiud et de Gherla, en Transylvanie.

■ **ÉGLISE PRINCIÈRE (BISERICA DOMNEASCĂ)**
Tout en brique, elle fut construite par Constantin Șerban, prince de Valachie, en 1656, remaniée en 1876 (peintures murales) et restaurée en 1968. Son belvédère, peu commun en Roumanie, fait de cette église une intéressante exception.

■ **GOLEȘTI**
Golești
Sur la route de Bucarest, l'ancien manoir de la famille Golești construit en 1642, entouré de ses murs défensifs, mérite un petit arrêt. En plus du manoir (*conac*) lui-même et de son intéressante architecture, vous y trouverez une exposition d'histoire (sur la révolution de 1821 notamment – du mardi au dimanche de 9 à 17 heures) et d'art populaire, une remarquable église du XVIIe siècle (Sfânta Treime), des bains turcs datant de 1807, uniques en Roumanie, ou encore un musée viticole en plein air sur 12 hectares (ouvert de mai à septembre, du mardi au dimanche de 9 à 17 heures). Il témoigne de l'activité locale liée aux vergers (poires, prunes, pommes) et à la vigne.

■ **MONASTÈRE DE COTMEANA**

À 30 kilomètres au nord-ouest de Pitești, un peu à l'écart de la route de Râmnicu Vâlcea.

Fondé au XIVe siècle, ce monastère est considéré comme l'un des plus anciens de Valachie. Il a été construit par Radu Ier, prince de 1377 à 1383. Il a été ensuite reconstruit par son fils Mircea l'Ancien puis rénové par Constantin Brâncoveanu en 1711. Le site est très agréable et calme. Le bois est omniprésent, sur les toits notamment, protégés par de multiples petites lamelles de bois sombre. La vieille église se trouve au centre de la cour fleurie. Sa façade, en partie en brique, est joliment décorée de petits disques de céramique colorés. L'église Paradis, récente,

Petite histoire de la Dacia

Dès les années 1960, l'obsession principale du régime communiste est de montrer au monde la puissance économique de la nouvelle Roumanie. Et comment un pays moderne pourrait-il prétendre à un premier rang sans posséder sa propre marque de voiture ? C'est à Mioveni (à côté de Pitești), au milieu des années 1960, que la saga commence. Plutôt que de partir de rien, les Roumains cherchent des partenaires, et c'est Toyota qui emporte la préférence. Mais les gouvernements et constructeurs européens voient comme une menace l'éventuelle coopération roumano-nippone, comme un début d'une implantation des voitures japonaises sur le Vieux Continent. Renault est alors choisi pour aider au lancement des voitures de Ceaușescu. La firme française participe à la construction de l'usine, à Pitești et la première auto sort des lignes en 1968, sous le nom de Dacia 1100 (à cause de sa cylindrée). Cette première voiture, inspirée de la Renault 8, est bien sûr offerte à Ceaușescu. Le nom de Dacia n'a pas été choisi au hasard. C'est celui du pays des Daces, les ancêtres des Roumains, un mot qui fait vibrer la fibre nationaliste aux quatre coins du pays. Dès 1969, un deuxième modèle sort des usines, la Dacia 1300, une simple copie de la Renault 12. Cette voiture va devenir, par obligation, une légende en Roumanie. On en construira près de 2 millions pendant trente-cinq ans ! La dernière est sortie des lignes de Pitești en 2004. Cette Dacia 1300 constitue encore une grande partie du parc automobile local, en particulier en milieu rural. Elle est devenue au cours des années le symbole de la Roumanie, une voiture plutôt solide qu'on poussait jusqu'au bout, qu'on réparait, qu'on rapiécait maintes fois, avant de lui permettre enfin de rendre l'âme. Sous le régime de Ceaușescu, il fallait la commander plusieurs mois, voire plusieurs années à l'avance. Son arrivée dans une famille était un événement. Le contrat entre Dacia et Renault prend fin en 1978. Pendant les difficiles années 1980, Dacia produit le Lăstun (l'Hirondelle), un tout petit véhicule urbain en fibre de verre qui remporte peu de succès. Durant les années 1990, Dacia doit s'adapter à l'ouverture du marché aux voitures étrangères. Daewoo s'installe à Craiova (remplacé par Chevrolet en 2004), les nouveaux riches achètent allemand, japonais ou français. Mais Dacia tient bon, car la plupart des Roumains n'ont tout simplement pas les moyens de s'offrir autre chose qu'une voiture nationale.

En 1999, Renault rachète des parts importantes de Dacia et modernise l'usine de Pitești. Les conditions de travail changent, s'améliorent, mais de nombreux ouvriers perdent leur emploi, tandis que pour les autres, les salaires n'augmentent pas vraiment. Le logo de la marque change, remis au goût du jour. La Nova et la Supernova, de pâles améliorations de la Dacia 1300, sortent des usines. Renault décide d'implanter à Pitești la construction de sa voiture bon marché, la Logan, en septembre 2004. Cela s'est révélé être un grand succès commercial en France, en Roumanie et dans d'autres pays d'Europe de l'Est. Dès la fin 2005, l'usine roumaine tourne au maximum de ses capacités et Renault cherche même à racheter l'usine Daewoo de Craiova pour pouvoir produire plus. Avant d'être construite également en Iran, au Maroc ou en Amérique du Sud, c'est donc en Roumanie que la Logan de Renault voit le jour et envahit les routes. Le succès de ce modèle a énormément relancé la marque qui s'est maintenant « fait un nom » à l'international. Le principe de vendre des modèles neufs « à bas prix » a si bien marché qu'une version Break, la Logan MCV 7 places, est sortie en 2007.

est aménagée à l'angle ouest du complexe. Ses murs extérieurs et intérieurs sont entièrement couverts de peintures à caractère religieux. Le monastère abrite également la plus ancienne cloche de Valachie, fondue en 1385. On a découvert dans les alentours des monnaies d'or et des disques d'ornement, qui sont aujourd'hui exposés au musée départemental de Pitești.

MUSÉE D'ART
Bulevardul Republicii, 33
Ouvert du mardi au dimanche de 9h à 17h.
Y sont exposées des peintures de grands artistes locaux comme Grigorescu et Pallady.

MUSÉE D'HISTOIRE RÉGIONALE
Strada Armand Călinescu, 4
Entrée 0,60 €. Ouvert du mardi au dimanche de 10h à 17h.
Logé dans l'ancienne préfecture de style néoclassique, le musée est divisé en deux sections : histoire et sciences naturelles.

PARC FORESTIER DE TRIVALE
À l'ouest de Pitești, ce parc s'étend au-delà de la porte des Héros de la Première Guerre mondiale. Cet agréable espace vert de près de 30 hectares comprend une forêt de chênes, un petit parc zoologique et un couvent datant de 1699. Belle balade à pied depuis le centre, en traversant les beaux quartiers arborés, ou par bus 2A ou 5.

CURTEA DE ARGEȘ

Curtea de Argeș (27 400 habitants) est une agréable petite ville tout en longueur, qui possède deux incontournables monuments de l'histoire roumaine : la Cour princière, résidence élevée alors que la ville était capitale de la Valachie à partir de 1330, et le monastère dont l'église aux murs blancs sculptés mérite à elle seule une excursion depuis la capitale. La ville est également appréciée pour son artisanat (céramique) et pour la campagne environnante.

Transports

Jolie gare ferroviaire du XIXe siècle au sud de la ville, avec céramique blanche et verte. Curtea de Argeș est au bout d'une ligne venant de Pitești. Entre 4 et 6 trains par jour pour Pitești. Train rouge, extrêmement petit et lent (1 heure 10 de trajet pour 36 kilomètres !) mais confortable. Nombreuses connexions possibles à Pitești (Sud). Si vous allez à Pitești, ne vous arrêtez pas à Pitești Nord, à moins que vous vouliez voir le mémorial en l'honneur des victimes de la prison de Pitești (voir « Pitești »), mais à Pitești Sud, plus pratique et mieux desservi, la gare routière se trouvant à côté.

La gare routière est donc à côté et les horaires y sont clairement affichés. Bus pour Bucarest (2 par jour), Pitești (toutes les heures), Râmnicu Vâlcea (2 par jour en semaine), Câmpulung (1 par jour en semaine), Brașov (3 ou 4 par semaine), Sibiu (théoriquement 1 par jour) et des destinations plus locales comme Poenari, Brădetu, Arefu ou Bascov (où les maxitaxis pour Pitești sont nombreux).

Pratique

POSTE
Bulevardul Basarabilor

RENSEIGNEMENTS TOURISTIQUES
À l'hôtel Posada (à l'entrée à droite)
Bulevardul Basarabilor, 27-29
✆ +40 248 721 109
Du lundi au vendredi de 9h à 17h.

Orientation

Pour vous repérer, c'est facile : toute la ville n'est qu'une rue. Tout se trouve le long ou aux extrémités du boulevard Basarabilor. Pour rejoindre le monastère en sortant de la gare, prendre vers la gauche puis à droite à la barrière de chemin de fer, remonter jusqu'à l'église où débute le boulevard. Il se situe à l'autre extrémité (1,5 kilomètre). Vous trouverez banques, poste, commerces et restaurants le long du boulevard.

Se loger

CAMPING SÂN NICOARA
Strada Plopiș, 34
✆ +40 248 722 126
Un camping 2 étoiles pour une fois très proche du centre-ville. Emplacements pour tentes, location de chalets bon marché et même d'appartements, eux aussi peu coûteux.

HÔTEL CONFARG
Strada Negru Vodă, bloc B5
✆ +40 248 728 020
rezervari@confarg.ro
Chambre double de 29 à 36 €, selon le nombre d'étoiles. Petit déjeuner inclus.
Juste en face de la pension Ruxi, cet hôtel est là encore d'un excellent rapport qualité/prix. Sa salle de gym, son sauna, ses chambres spacieuses et modernes sont bien appréciables.

■ **HOTEL POSADA**
Bulevardul Basarabilor, 27
✆ +40 248 721 451
www.hotelposada.ro
hotel@posada.ro
Chambres doubles à 32,50 €.
Ce bel établissement de 132 chambres est idéalement situé à mi-chemin entre la Cour princière et le monastère, sur le grand boulevard ombragé de la ville. Les chambres n'ont pas un charme fou, mais l'accueil est sympathique. Relativement confortable. Restaurant. Son agence de voyages vous proposera des visites de la ville et de ses alentours.

■ **PENSION RUXI**
Strada Negru Vodă, 104
✆ +40 727 827 675
spiru_voinila@yahoo.com
Chambres doubles à 22,50 €.
Une très bonne option. Située juste en face de l'hôtel Confarg, cette pension est facilement reconnaissable avec sa terrasse fleurie. Les chambres de cette petite pension sont coquettes et agréables, l'accueil est chaleureux. Seul bémol, cette pension très appréciée des visiteurs est souvent pleine.

Se restaurer

■ **CRAMA BASARABILOR**
Bulevardul Basarabilor, 106
Idéalement placé à proximité des sites touristiques, ce restaurant est de loin le meilleur de la ville. Dans son décor chaleureux et merveilleusement bien décoré, vous pourrez déguster les meilleures spécialités de la cuisine roumaine. Ce lieu est un véritable enchantement.

Sortir

■ **MY CLUB**
Strada Sân Nicoara, 1
Juste à côté du boulevard Basarabilor, c'est dans ce bar que se retrouve la jeunesse locale. Sa terrasse agréable vous permettra de vous désaltérer tout en écoutant une programmation musicale rock.

À voir – À faire

■ **BISERICA EPISCOPALĂ (ADORMIREA MAICII DOMNULUI)**
Cette haute « boîte » surmontée de clochers, un chef-d'œuvre d'architecture, a été élevée en 1517 par le prince Neagoe Basarab, à l'emplacement d'un ancien monastère du XIVe siècle. L'église, œuvre du maître maçon Manole, a été remaniée et restaurée à plusieurs reprises.
Son aspect actuel est dû à l'architecte français André Lecomte du Nouÿ, qui, en 1875, lui rendit de sa beauté. À cette époque, le bâtiment était pratiquement à l'état de ruine, à la suite de tremblements de terre (1802 et 1838) et d'incendies (1814 et 1866). L'intérieur est superbe. Ses peintures dorées et bleues ont été achevées en 1526. Certaines ont été en partie remplacées et des fragments des fresques originelles (peintes par Dobromir) sont visibles au musée d'Histoire de Bucarest. L'église abrite aussi les tombeaux de son fondateur ainsi que ceux, en marbre blanc, des couples royaux Carol Ier (1866-1914) et son épouse Élisabeth, et Ferdinand (1914-1927) et la reine Marie.
Ils ont été rejoints, en 2003, par le roi Carol II, mort en exil. L'extérieur est d'une incroyable richesse.
La pierre est ciselée à l'extrême. Les motifs sont autant caucasiens que perses ; amusez-vous à

Le sacrifice de Manole

« Tout chef-d'œuvre nécessite un sacrifice. » De cette tradition locale est née la légende de Manole.
Manole était l'un des maîtres maçons à qui on avait demandé la construction du plus beau des monastères. Mais le chantier se révéla plus difficile que prévu : tout ce qui était construit le jour était détruit la nuit ! On décida donc que, pour mettre fin à ce maléfice, une personne devait être sacrifiée, emmurée dans l'édifice. Et c'est l'épouse de Manole qui, pénétrant la première dans l'église, fut choisie. Le monastère une fois achevé fut une réussite exceptionnelle. Mais pour que ces maçons ne produisent jamais plus de tels chefs-d'œuvre, le voïévode décida de les exécuter. Les malheureux se réfugièrent sur le toit du monastère et se fabriquèrent des ailes en bois, mais tombèrent en tentant de s'envoler. Là où tomba Manole surgit une source d'eau limpide, la fontaine que l'on peut voir aujourd'hui.

suivre les courbes, à découvrir des détails, des plantes ou des oiseaux. Après avoir bien apprécié les détails de la façade, on peut se rendre au tout proche palais épiscopal, datant de 1890.

COLLECTION D'ARTISANAT POPULAIRE MATEESCU

Strada Albești, 17 ✆ +40 745 430 458
mesterpopular@yahoo.com
Entrée gratuite. Pensez à appeler avant ou à envoyer un e-mail pour être sûrs d'être reçus.
Une belle collection appartenant à Elena et Gheorghe Mateescu, artisans du bois et passionnés de traditions rurales. On peut y voir des outils traditionnels, objets décoratifs, icônes sur verre, poupées, costumes populaires. Leur matière première est le bois et surtout les essences de bois tendre qu'ils travaillent selon une technique spéciale.

COUR PRINCIÈRE (CURTEA DOMNEASCĂ)

Dans le centre-ville, côté gare
Ouvert tous les jours, sauf le lundi, de 9h30 à 18h. Entrée 0,60 €, avec supplément pour une charmante visite guidée en français.
Il ne reste que quelques ruines de cette cour princière, élevée au milieu du XIIIe siècle par Basarab Ier puis reconstruite au siècle suivant. Mais l'église à structure byzantine Sfântul Nicolae Domnesc, fondée au XIVe siècle par ce même prince (dont la statue trône à l'entrée), est parfaitement conservée. Sa façade de briques et de galets blancs est particulièrement élégante. À l'intérieur, les peintures murales, récemment restaurées, sont originelles et les plus anciennes du pays. On vous montrera notamment une représentation de Marie enceinte, une image très rare.

ÉGLISE SÂN NICOARĂ ET MUSÉE MUNICIPAL (MUZEUL ORAȘENESC)

Ouverts du mardi au dimanche de 9h à 16h, ils sont tout proches.
Le musée municipal présente des collections de céramiques et de monnaies médiévales mises au jour autour de la résidence princière ainsi qu'une collection de costumes locaux et d'art populaire.

MONASTÈRE DE CURTEA DE ARGEȘ

À l'autre extrémité de Bulevardul Basarab
Ouvert tous les jours de 8h30 à 17h30.
Le ticket d'entrée s'achète dans la boutique située après la grille. Taxe photo pour l'intérieur de l'église, tout bonnement magnifique.

Dans les environs

De Curtea de Argeș à Râmnicu Vâlcea, la route est splendide, les collines couvertes de forêts, de vergers ou de prés où les *căpițe* (meules de foin parfois plus hautes que les maisons) fleurissent pour le bonheur des photographes. Paysage très rural donc et de jolis petits villages comme Tigveni.

LE TRANSFĂGĂRĂȘAN

POENARI

Sur la route 7C, à 8 kilomètres d'Arefu (jolie église en bois du XIXe siècle) et à 2 kilomètres de Căpățânenii Pământeni, important centre de tourisme rural, se trouvent les ruines d'une citadelle du XIVe siècle. Située stratégiquement à l'entrée de la vallée de l'Argeș, elle est considérée par beaucoup comme le véritable château de Vlad Țepeș (ouvert tous les jours de 9 à 17 heures), qui inspira le personnage de Dracula. Appelée aussi forteresse de Negru Vodă (le prince Radu Ier), elle a subi de nombreuses transformations, des ajouts de tours et d'un donjon. On y accède en grimpant un chemin de 1 400 marches, dont le départ se trouve près de la station hydroélectrique.

CITADELLE DE POENARI

www.cetateapoenari.ro
muzeuarges@yahoo.com
Durant l'été, du lundi au dimanche, de 9h à 18h. Entrée 5 lei pour un adulte et 2 lei pour les enfants, étudiants et personnes retraitées. On y arrive du nord par la route DN7C, sur le Transfăgărășan (la route qui traverse les monts Făgăraș) en suivant lac Vidraru-Curtea de Argeș-Pitești. En hiver, comme le Transfăgărășan est fermé, l'accès se fait seulement depuis Curtea de Argeș.

Située à 2 kilomètres du village de Căpățânenii (commune d'Arefu), cette forteresse en ruines fut gouvernée entre autres par Vlad Țepeș, qui entreprit pendant son règne une extension de la forteresse.

LAC VIDRARU

Après Poenari, se trouve l'imposant barrage haut de 165 mètres et long de 300. Le lac artificiel qu'il crée est long de 14 kilomètres et offre de jolis panoramas.

LAC BÂLEA

Situé dans la réserve naturelle de Valea Bâlii, qui s'étend sur 180 hectares, à plus de 2 000 m altitude, le lac Bâlea est accessible en voiture, durant l'été tant par le sud (Pitești, Curtea de Argeș, Vidraru, Piscul Negru) que par le nord depuis la DN 1 (E 68) par Cârțișoara, Poarta Geniștilor, Poarta Întâlnirii. En hiver, on y accède par téléphérique, depuis la cascade Bâlea. Le paysage est d'une beauté sauvage : crêtes escarpées, cascades qui écument sur des gouffres sans fond et pics qui culminent à 2 417 (Iezerul Caprei) et à 2 398 mètres (Paltinul). À 9 kilomètres du lac glaciaire Bâlea on trouve la cascade Bâlea, l'une des plus spectaculaires de Roumanie, qui chute de 50-60 mètres. Un versant montagneux sépare le lac Bâlea d'un autre lac glaciaire, le lac Capra, et l'on peut envisager une traversée du versant en 45 minutes pour découvrir en bas les superbes pics de Buda, Raiosu et Mușeteica.

■ CABANA BÂLEA LAC ET HÔTEL DE GLACE

✆ +40 745 072 602
www.balealac.ro
cabana_balealac@yahoo.com

Compter entre 150 lei et 180 lei pour 1 personne, entre 200 lei et 310 lei pour 2 personnes et entre 280 lei et 360 lei pour 3. Le petit déjeuner est inclus.

Un magnifique chalet entouré d'eau et situé sur une presqu'île qui avance dans le lac. Une ambiance conviviale et des chambres d'un confort bien agréable vous permettront d'apprécier les multiples possibilités de randonnées qui s'offriront à vous dans les alentours. Idéal pour prendre un grand bol d'air frais. Vous pouvez aussi réserver des chambres dans l'Hôtel de Glace, que l'on construit chaque hiver au lac Bâlea. Les chambres de glace offrent à la fois une attraction touristique et des possibilités de logement à ceux qui veulent dormir d'une manière moins conventionnelle.

■ HOTEL PISCUL NEGRU

✆ +40 726 722 479
✆ +40 744 650 461
www.hotelpisculnegru.ro
hotelpisculnegru@yahoo.com
À 15 km du lac Bâlea.

Compter 130 lei pour une chambre en occupation simple et 170 lei en occupation double. Dans les appartements, compter 180 lei par nuit pour 1 personne, 250 lei pour 2 et 320 lei pour 3 ou 4 personnes. Petit déjeuner inclus. Pour le déjeuner ou le dîner, compter environ 35 lei/personne. Wifi gratuit.

Situé sur la superbe route Transfăgărășan, qui traverse les monts Făgăraș, à environ 50 minutes en voiture de la citadelle de Poenari et du barrage de Vidraru ou encore à 25 minutes en voiture du lac glaciaire de Bâlea. On y arrive en suivant une route qui serpente jusqu'à 2 000 mètres d'altitude, au milieu d'une nature grandiose. L'hôtel est un bon point de départ pour découvrir ces objectifs touristiques et pour faire des randonnées sur les sentiers de montagne avoisinants, à la découverte de cascades, grottes et lacs de montagne. L'hôtel dispose de 19 chambres doubles et de 6 appartements tout confort, qui peuvent accueillir jusqu'à 4 personnes. Le décor est soigné, avec des planchers en bois et des meubles à design moderne. Wifi, télévision et minibar sont aussi disponibles. Il y a un restaurant qui sert une cuisine roumaine et internationale.

Nous vous recommandons les plats à base de truite pour leur fraîcheur et pour la saveur des recettes locales.

CÂMPULUNG MUSCEL

Ville de 30 100 habitants située sur la route qui relie Pitești et Curtea de Argeș à Brașov, cet important centre industriel fut, en 1300, la première capitale voïévodale du « Pays roumain » (*Țara Românească*), que les étrangers connaissent sous le nom de Valachie.

Transports

La ville est reliée à Pitești par de nombreux maxitaxis et par quelques trains (4 à 6 par jour). La gare ferroviaire se trouve à 2 kilomètres au sud du centre-ville. La gare routière se trouve à l'est de la ville, Strada I. C. Brătianu, de l'autre côté de la rivière.

Se loger

Les possibilités sont rares dans la ville même et, si vous avez du temps, préférez les pensions rurales des environs.

■ **HOTEL MUSCELUL**
Strada Negru Vodă, 117
✆ +40 248 511 330
www.muscelul.ro
office@muscelul.ro
Chambre double à 35 € avec petit déjeuner.
Hôtel 2 étoiles correct, dans un bâtiment bétonné sans charme. Les chambres sont un peu vieillottes pour le prix. Pas de simple ni de triple. Restaurant.

À voir – À faire

Vous y visiterez le monastère Negru Vodă dont l'église, entourée d'importants murs défensifs, a été élevée au XIVe siècle puis a subi de nombreux remaniements. La résidence princière propose une exposition d'art médiéval. Parmi les autres curiosités, signalons l'église Bărăția, du XIVe siècle. Sa tour plutôt massive date de 1730. Enfin, on pourra s'attarder au petit mais passionnant musée d'Ethnographie (*Strada Republicii ; ouvert du mardi au dimanche de 9h à 17h*), qui présente de belles pièces d'artisanat local. Ceux qui apprécient les très vieilles pierres trouveront, à 5-6 kilomètres au sud de la ville (en allant vers Pitești), quelques restes d'un fort romain, vestige d'une ligne défensive détruite par les Goths en 244 apr. J.-C.

LA ROUTE DE BRAȘOV

La route de Câmpulung vers Brașov est tout simplement superbe et ponctuée de charmants villages, fiefs de l'agrotourisme.

Mausolée de Mateiaș

Un peu au nord, on passe devant ce mausolée qui commémore une bataille entre les armées roumaine et austro-allemande, en 1916. Belles mosaïques représentant les héros roumains.

Lerești

Petit village touristique à 8 kilomètres de Câmpulung, vous pourrez admirer de nombreuses maisons typiques, très représentatives de l'architecture locale : murs colorés et intérieurs décorés. Lerești est desservi par de nombreux maxitaxis depuis Câmpulung.

Nămăești

Arrêtez-vous dans son charmant monastère qui daterait de 1386. Au pied d'une falaise, cet édifice a la particularité d'être sculpté en partie dans un rocher. L'icône qui se trouve en son sein est, paraît-il, miraculeuse. Quelques minutes de marche sont nécessaires pour y accéder, mais le site vaut le détour.

Dragoslavele

Ce village est lui aussi fort bien préservé et ses maisons à poutres sont remarquables.

Rucăr

C'est un très important centre de tourisme rural. Située à 630 mètres d'altitude au creux des montagnes et peuplée de 7 000 habitants, c'est la première ville traversée par la Dâmbovița, qui prend sa source plus haut et coule jusqu'à la capitale. C'est aussi un important centre d'artisanat, où vous trouverez de jolis tapis et costumes. Bon nombre de ses maisons ont conservé leur architecture traditionnelle.

Podu Dâmboviței

Le paysage se rétrécit spectaculairement (attendez pour comprendre), marquant l'entrée dans la région de Bran.

Dâmbovicioara

Jolie station de montagne, une petite grotte présente d'admirables formations karstiques. On continue ensuite vers Bran et Brașov.

PLAINE DE MUNTÉNIE

Rares sont les touristes étrangers, et même roumains, qui s'attardent dans cette plaine du sud et de l'est de la Munténie. La région est pauvre et, si les paysages le long du Danube pourront en charmer plus d'un, les villes sont assez laides et les vestiges historiques quasi absents. De plus, sans véhicule, la visite de la région est difficile.

GIURGIU

54 600 habitants. Située à 65 kilomètres au sud de Bucarest, au milieu des vasières et des marais, sur la rive gauche du Danube, cette ville est avant tout pour le touriste une ville d'entrée vers la Bulgarie. Séparée de sa cousine bulgare Ruse (une très jolie ville) par le fleuve, c'est un centre industriel important (chantier naval, chimie). Et c'est pourquoi elle fut la première ville à être reliée par le rail à la capitale, en 1869. La ligne fut construite par les Britanniques pour exporter les céréales de la plaine valaque par le Danube et la mer Noire. Trois petites îles lui font face dont la plus grande abrite son port, Smârda. Le pont de l'Amitié qui unit Giurgiu à Ruse, le seul dans la partie bulgaro-roumaine du Danube, traverse le fleuve à proximité. On peut y visiter l'antique Theodoropolis. C'est le point de départ d'excursions pour Bucarest.

Transports

- Pour la Bulgarie : emprunter le pont de l'Amitié qui comprend une voie ferrée au niveau inférieur et une route pour les voitures au niveau supérieur. Taxe de passage : environ 8 € par personne. Différentes compagnies proposent le transport de personnes entre Giurgiu et Ruse, prix du billet A/R 29 €.
- Pour Bucarest : aucun problème pour rejoindre Bucarest, les trains sont fréquents et la distance courte. Attention, il existe deux gares.
- Au nord, la gare principale (d'où arrivent et partent les trains pour Bucarest-gare du Nord) et, dans le centre, la gare des trains locaux. La première est la mieux desservie. Les trains internationaux vers Sofia, Thessalonique et Istanbul passent par Giurgiu.
- À la gare du centre-ville, trains pour Bucarest-Gara Progresu. Ils sont à déconseiller, car très lents et ralliant Progresu, une gare du sud de la capitale, mal desservie.
- Maxitaxis : nombreux et rapides vers la capitale.

Se loger

HÔTEL STEAUA DUNĂRII
Strada Mihai Viteazul, 1
✆ +40 246 217 270
Chambre double à 25 € sans petit déjeuner.
Situé non loin du terminal du ferry, l'Étoile du Danube est un hôtel très quelconque aux chambres tristes.

HÔTEL VICTORIA
Strada Gării, 1 ✆ +40 246 212 462
Chambres doubles à moins de 15 €.
À côté de la gare centrale, un établissement très basique au confort médiocre.

HOTEL VLASCA
Strada Portului, 12 ✆ +40 246 215 321
www.hotel-vlasca.ro
danubius44@yahoo.com
Chambres doubles 46 €.
Hôtel de 28 chambres chères sans aucun charme, mais plus confortable que les deux autres hôtels cités précédemment.

À voir – À faire

Disons-le tout de suite, les curiosités touristiques sont assez rares et l'atout principal de la ville est son incessante activité due à la frontière toute proche. Toutefois, si vous désirez (ou devez) vous y attarder, vous pourrez aller voir, sur sa grande place centrale, une jolie tour de guet hexagonale de 22 mètres, construite par les Turcs au XVIIIe siècle et à laquelle on a ajouté une horloge au siècle suivant.

CĂLĂRAȘI

57 100 habitants. C'est à cet endroit que le Danube achève son rôle de frontière avec la Bulgarie et remonte vers le nord et son delta. Călărași est, tout comme Giurgiu, un point de passage vers la Bulgarie au sud. On y rejoint Ostrov par ferry puis la ville de Silistra par la route.

Se loger

HÔTEL ALBATROS
Șoseaua Călărași-Chiciu, km 4
✆ +40 242 312 265
www.albatrospodul4.ro
Chambres doubles à 32 € avec petit déjeuner.
Si vous êtes motorisé, cet hôtel 3 étoiles situé à l'extérieur sera une bien meilleure option que ce qu'on peut trouver en ville.

■ **HÔTEL CĂLĂRAȘI**
Strada 1 Decembrie 1918, 2
✆ +40 242 315 858
Chambres doubles de 20 à 30 €.
Voici le classique hôtel bloc de béton, que toute ville moyenne de Roumanie se devait de posséder à l'époque communiste. C'est un immeuble tout blanc de 101 chambres au confort 2 étoiles.

À voir – À faire

Călărași est une ville industrielle (métallurgie) qui a peu à offrir au touriste. Signalons un petit musée d'Histoire où sont conservées des pièces d'archéologie comme des monnaies romaines et céramiques anciennes. Les environs sont en revanche plus intéressants. L'attraction principale est, bien sûr, le Danube lui-même. Pour ceux qui sont motorisés, en Bulgarie, la route qui longe la rive droite du fleuve depuis Ostrov offre de superbes paysages. À proximité d'Ostrov toujours, le monastère de Derveni surplombant le lac Bugeac mérite un petit détour. La région entre Ostrov et Fetești, en Roumanie, est connue pour sa production de vin. Sur la grande île de Borcea, formée par deux bras du Danube, se trouvent les vestiges d'une cité byzantine du Xe siècle.

SLOBOZIA

48 200 habitants. Située à mi-chemin entre Bucarest et Constanța dans le département de Ialomița, Slobozia est une ville-étape qui a bien peu à offrir. Elle est connue des Roumains pour la proche station touristique d'Amara, à 7 kilomètres.

AMARA

7 000 habitants. Amara offre la possibilité de pratiquer de nombreuses activités (comme l'équitation) sur l'un des terrains de sport qui borde le lac Amara. On y propose des traitements aux eaux sulfurées, chlorées ou aux boues du lac. Réservé à ceux qui apprécient l'ambiance village de vacances et les charmes surannés des établissements de l'époque communiste.

Se loger

La station compte deux campings, quelques pensions et hôtels souvent sans charme.

BUZĂU

L'est de la plaine de Munténie, où se concentrent quelques villes moyennes (Urziceni, Brăila, Buzău) au charme limité, laisse rapidement la place, au nord, à des zones de piémont qui annoncent les Carpates. Ces reliefs modestes sont riches en villages ruraux agréables à parcourir, entre vignes, volcans de boue, vergers et pâturages.
Buzău (115 000 habitants) est la première grande ville traversée par la route qui relie Bucarest à la Moldavie. C'est donc une étape routière et ferroviaire importante. La ville elle-même est agréable mais n'a que peu d'intérêt pour le touriste. En revanche, elle peut servir de point de départ vers les nombreuses curiosités des environs, dont de curieuses formations volcaniques.

- **Manifestation.** En juin, le festival Drăgaica est une populaire foire d'artisanat.

Transports

- La gare de Buzău, un joli édifice en brique, est un important carrefour ferroviaire. Les trains qui vont de Moldavie à Bucarest ou de l'est du pays vers le littoral s'y croisent. L'accès de ces différentes régions est donc facile. Le panneau des horaires est affiché sur le premier quai. Pour le trajet vers/de la capitale, compter environ 1 heure 30 à 2 heures (tout dépend du train). Il est possible d'acheter les tickets à l'avance à l'agence de voyages CFR, dans le centre-ville, Bulevardul Unirii, bloc 18B. Trains également vers Constanța ou Nehoiu, dans les montagnes.
- Les maxitaxis sont garés à une cinquantaine de mètres au nord de la gare. Pour les trouver, il suffit de suivre l'avenue qui passe devant la gare, vers la gauche (en regardant la gare). Ils desservent principalement Bucarest (gare routière d'Obor, à l'est de la capitale ; 15 lei environ) et sont beaucoup moins chers que le train. Les autres destinations sont Focșani (continuation de la ligne depuis Bucarest), Mizil et Ploiești et, plus rarement, Constanța et Brașov.
- Les bus desservent des destinations plus locales et vous permettront de rejoindre les villages de montagne.

Pour vous rendre dans le centre-ville à pied (c'est le plus simple et la distance est courte), prenez le boulevard Gării, face à la gare.

- Les taxis locaux sont nombreux et les prix (en principe) dérisoires.

Pratique

■ **ANTREC**
✆ +40 238 406 255
www.antrec.ro – buzau@antrec.ro
Pour réserver des chambres dans des pensions rurales des environs.

■ **BANQUES**
Autour du tribunal, derrière l'hôtel de ville. La plupart possèdent des distributeurs automatiques (Raffeisen, BCR...).
Des bureaux de change se trouvent un peu partout, notamment Piața Dacia, à côté de nombreux magasins de chaussures.

■ **POSTE**
Bulevardul Unirii
Face au McDonald's

■ **ROMTELECOM**
À l'angle opposé, face au tribunal (Bulevardul Nicolae Bălcescu)
www.romtelecom.ro
Pour téléphoner d'une des nombreuses cabines et acheter des cartes téléphoniques.

Se loger

■ **HANUL CRÂŞMĂRIȚĂ DIN BUZĂU**
DN2, n° 1 ✆ +40 238 717 213
www.crasmaritadinbuzau.ro
Chambre double à partir de 56 € avec petit déjeuner.
Située à deux ou trois kilomètres au nord de la ville dans la localité de Maracineni à l'intersection de la route DN2 et de la E85, cette auberge ouverte depuis 2006 a su allier architecture traditionnelle et confort. Les chambres soignées et sophistiquées sont vraiment réussies. L'accueil est agréable. Très bon restaurant.

■ **HOTEL COROANA**
Bulevardul Nicolae Bălcescu, 2
✆ +40 238 710 084 – www.hotel-coroana.ro
Chambres doubles 45 €.
En plein centre-ville, à droite de l'hôtel de ville, face au palais de justice, un hôtel 2 étoiles basique, tout rouge et blanc. Les chambres avec salle de bains commune sont moins chères. Petite terrasse et restaurant dans une cour intérieure calme.

■ **HOTEL CORSO**
Strada Cuza Vodă, 43-45
✆ +40 238 727 399
www.hotelcorso.ro
Chambres doubles à 30 € sans petit déjeuner.
Un hôtel 2 étoiles plus pittoresque que les autres avec ses 13 chambres qui ont un certain cachet, dans un vieux bâtiment du centre-ville. Connexion Internet.

■ **HÔTEL CRÂNG**
Bulevardul Spiru Haret, 6
✆ +40 238 710 540
Chambres doubles environ 50 €.
Hôtel de 45 chambres, très fonctionnel, situé dans un bâtiment moderne à mi-chemin entre le centre-ville et le parc Crâng. Restaurant et parking pratiques.

Se restaurer

■ **HANU'CRÂŞMĂRIȚĂ**
DN2, n° 1
En voiture personnelle ou en taxi, vous pourrez rapidement vous rendre à ce restaurant qui dispose de plusieurs salles à thème. Les plats en sauce cuisinés au feu de bois régaleront les amateurs de bonne cuisine. Un bon rapport qualité/prix dans l'ensemble (sauf les poissons plus chers).

■ **PIZZERIA**
À côté du club Junior (sur le boulevard reliant le centre à la gare), une grande et récente pizzeria très attrayante. La carte toute en photos est fournie (pâtes, salades, pizzas, glaces) et les plats sont bons et pas chers. L'été, la terrasse est souvent pleine et un écran géant diffuse les chaînes musicales roumaines ou des matchs de football.

À voir – À faire

Buzău est une ville de plaine agréable sans être extraordinaire. Ses avenues sont toutes bordées d'arbres. La place centrale (Piața Dacia) est colorée par l'hôtel de ville (*primărie*) de style italien, construit en 1904 et, depuis, repeint en orange. La rue qui part à droite de l'hôtel de ville est bordée de jolies maisons aux couleurs variées. Plus loin se tient un marché (dit « Gorbatchev ») qui, par sa forme et son animation, rappelle la proximité de l'Orient. Il a été réaménagé dans un hall moderne. Le vaste et coloré marché principal est situé à proximité du très visible McDonald's, qui trône au centre de la ville. De forme circulaire, il est toujours très animé le matin. Si le boulevard Unirii, colonne vertébrale de la ville, est dédié au trafic routier et aux commerces, le boulevard Nicolae Bălcescu qui le croise est le plus animé de la ville. Il relie la place Dacia au parc Crâng, petit poumon vert à l'ouest de la ville.

Buzău

Edifice religieux
Musée
Curiosité
Poste
Marché
Gare ferroviaire
Palais Episcopal
Musée
Agence CFR
Cathédrale
Piata Daciei
Poste
Monument Constantinescu
St. Îngeri
Eglise Banului
Galerie d'Art
Cimetière Dumbrava
vers le Parc Crâng
Eglise St-Gheorghe
Poste
Marché
Poste
Vers la Gare Routière
Gare Ferroviare
Str. Stuciu Muresan
Penteleu
Str. Transilvanei
Popa tun
Boulevardul Unirii
Str. Unirii
Str. Christigui
Str. Visinului
Str. Obor Marghi Loman
Transilvaniei
Oltetului
Bistritei
Sarea Gotu
Str. Cuza Vodă
Str. Clujului
Str. Nufărului
Str. Crinului
I.H. Rădulescu
Str. Zefirului
Str. Mioriței
Boulevardul Titulescu
Progresului
Str. Gh. Doja
Str. Beldiceanu
Str. Maghiran
Str. Democratei
Bulevardul N. Bălcescu
Str. Napoca
Str. I. Băiesu
Armoniei
Str. Bucegi
Str. Vacarescu
Str. Ostrovolui
Str. Tudor Vladimirescu
Str. Bistritei
Str. Păcii
Băsca Mare
Str. Independentei
Str. Pompiliu Stefu
Str. Crizantemelor
Str. Libertătii
Str. Băsca Mare
Str. Colonel Buzoianu
Str. Patriei
Aleea N. Bălcescu
Str. Războieni
Str. Plevnei
Bulevardul Gării
Ciochinescu
Str. Spiru Haret
Aleea Patriei
Aleea Unirii
Str. Corbului
Str. T. Vuia
Str. Vânători
Str. Ciucurete
Str. Viitorului
Zimbrului
Str. Bărnuțiu
Kogălniceanu
Str. Vulcan
Str. Mărăsti
Str. Brâncoveanu
Bulevardul 1 Decembrie 1918
General Averescu
Str. Santierului
N
0
300 m

Les habitants de tous les âges s'y promènent tard les soirs d'été et s'attardent sur les terrasses. C'est un lieu agréable : forêt, petit lac, terrasses, restaurant (où souvent des mariages ont lieu le samedi) et un grand obélisque. Le musée du Județ (du Département) se trouve non loin du boulevard. Le vieux cimetière est orné d'une sculpture de Brâncuși, *La Prière*.

COMPLEXE ÉPISCOPAL

À proximité du centre, le complexe épiscopal est l'attraction touristique majeure de Buzău. Il fut construit en 1500, date à laquelle la ville devint résidence épiscopale. Son entrée se trouve quasiment en face de la station-service Petrom, facilement repérable. Dans la première cour se trouvent un séminaire de théologie, construit en 1838 dans un style néoclassique, et un petit musée d'objets de culte, d'icônes anciennes. Après avoir passé un large porche aux peintures colorées, vous accéderez à la cour intérieure où s'élève la cathédrale épiscopale de l'Assomption, construite en 1504 puis reconstruite en 1649. Le palais épiscopal de 1844 lui fait face. À l'entrée du complexe, on a bâti une vaste église, destinée à devenir le centre de la vie religieuse locale.

Dans les environs

Le *județ* (ou département) de Buzău est riche en diverses curiosités peu connues des touristes étrangers. Il se divise nettement en deux parties. Le sud et l'est offrent des paysages de plaines, alors que le nord (plus intéressant) est constitué de collines qui grimpent rapidement vers les monts Buzăului, nom donné aux montagnes de cette partie des Carpates. Entre les deux s'étendent les terres viticoles réputées pour leur production de vins rouges (dont le fameux Pietroasa).
Le nord du département est idéal pour le tourisme rural. On peut s'y loger dans des pensions rurales, des chalets, des campings et même des monastères. Si vous êtes motorisé, roulez au hasard sur les routes des montagnes de Buzău, partout le décor est enchanteur.

SĂRATA-MONTEORU

750 habitants. Juste à l'ouest de Buzău, la petite station climatique de Sărata-Monteoru est connue pour ses eaux salées, bénéfiques dans le traitement des traumatismes. Pourtant, cette station autrefois animée est devenue un lieu sans vie, aux hôtels plus ou moins fermés et à l'abandon.

PIETROASELE

1 600 habitants. Le centre viticole de la région, lieu de production du célèbre Dealu Mare. C'est également dans ce village que fut découvert, en 1837, le trésor de Pietroasa, composé d'or et de pierres précieuses, le tout enterré en 375 de notre ère par le roi wisigoth Athanaric. Ce trésor est désormais exposé à Bucarest, au musée national d'Histoire.

MĂGURA

Deux attractions valent le déplacement dans les environs de ce village au nord-ouest de Buzău, sur la route de Nehoiu. Tout d'abord une exposition en plein air de sculptures, un site impressionnant, où il est très agréable de se balader. Ici, plus de 250 œuvres ont été réalisées *in situ*, à l'initiative de l'Union des artistes plasticiens entre 1970 et 1980. Lors de festivals annuels, il fallait travailler des pierres locales de taille identique. Parmi elles, vous reconnaîtrez les principales figures de l'histoire roumaine, Étienne le Grand, Michel le Brave...
L'autre point d'intérêt local, situé dans la forêt proche, est le monastère Ciolanu, construit en 1590 et dont le petit musée possède de belles icônes. Les bâtiments sont disposés en rectangle, à flanc de colline. Les habitats des moines sont particulièrement attrayants, tout comme les charmants toits violets des églises qui se détachent sur la forêt environnante. Il est possible de dormir dans le monastère.

BERCA

8 500 habitants. Les volcans de boue de Berca sont l'attraction majeure de la région. Il n'est pas aisé d'y parvenir et vous devrez nécessairement y aller en voiture. À une trentaine de kilomètres au nord-ouest de Buzău, en direction de Nehoiu, suivez les panneaux « Vulcanii Noroioși ». Lorsque vous arrivez à Berca, dirigez-vous vers Policiori (au nord) après avoir traversé un pont, prenez à gauche. La route est encore longue et mauvaise et, la fin du parcours n'étant plus vraiment indiquée, le plus simple est de demander votre chemin à des gens qui travaillent dans les alentours. Le site le plus intéressant est appelé Pâclele Mari. Parmi les collines boisées, au milieu d'un paysage lunaire, surgissent sur des pentes grises de petits cratères qui rejettent une bouillie grisâtre et forme de petites coulées visqueuses. La réserve géologique des Vulcanii Noroioși est un bel exemple de phénomène d'éruption active des hydrocarbures gazeux de l'écorce terrestre. Partout, le sol présente de surprenantes formes lisses ou torturées. On peut s'enduire la peau de cette boue bénéfique, comme le font les

Le design Made in Buzău s'exporte bien

Coman Design est une florissante entreprise de fabrication d'objets en verre. Vases, lampes, boîtes, etc., prennent forme à Berca (sur la route de Brașov), dans un petit atelier où l'on vous permettra de regarder les souffleurs. Les objets sont ensuite peints et décorés dans une usine au nord de Buzău, à la sortie de la ville en allant vers Brașov (c'est indiqué). Vous trouverez ici une boutique exposition. Il en existe également une boulevard Unirii, dans le centre-ville, près de la Banque de Transylvanie. On pourra acheter quelques-unes des ces productions dans tout le pays, et plus loin encore puisqu'une grande partie est destinée à l'exportation, au Japon notamment. Souvent très colorés et surchargés, ces objets déconcerteront probablement certains mais en raviront d'autres. Prenez le temps de les regarder tous, il y a de petits chefs-d'œuvre. Demandez à ce qu'on allume une ampoule à l'intérieur des objets qui vous intéressent, afin de pouvoir admirer la finesse du travail des peintres.

Roumains. Pour les biologistes, on notera la présence de deux espèces spécifiques : *Nitraria schoberi* et *Obione verrucifora*. En plus des volcans eux-mêmes, la route qui y mène traverse de jolis paysages. Collines parfois si vertes qu'on se croirait en Irlande, travaux des champs, nombreux animaux sur la route, charrettes remplies de foin ou encore rudimentaires ponts suspendus au-dessus de la rivière.

■ VILA SPERANȚA

Village de Pleșcoi, 164
✆ +40 238 526 575 – www.vila-speranta.ro
contact@vila-speranta.ro
Chambre double à 25 € sans petit déjeuner.
À quelques kilomètres de la localité de Berca, vous pourrez apprécier le confort de cette charmante villa. Elle a été aménagée avec goût devant un jardin fleuri et ombragé, et vous aurez peut-être la chance que Mariana vous propose de déguster les fameuses saucisses de Pleșcoi, la spécialité locale.

LOPĂTARI

4 200 habitants. Aux alentours de ce petit village, vous pourrez peut-être assister à un curieux phénomène appelé le « feu vif ». Une flamme qui brûle dans le vent, créée par une émission naturelle de gaz souterrains. Le village est également connu pour être un important centre de l'artisanat du bois. Dans le village de Vintilă Vodă voisin, on pourra visiter une jolie église en bois.

■ AUX ALENTOURS

Vers Nehoiu et Siriu

À Colți se trouve le musée de l'Ambre jaune, ouvert après la découverte d'un morceau d'ambre de 4 kilos. Tout proche, Chiojdu, un petit village isolé, possède de jolies maisons à balcons circulaires. Nehoiu, sur la route principale de Brașov, est un important centre d'exploitation du bois et peut être un point départ vers les montagnes de Buzău. Vous y verrez de nombreuses maisons typiques de l'architecture locale. Plus haut, Siriu, petite station thermale et dernière ville de Munténie avant la région de Brașov, est surtout le principal point d'accès au lac Vulturilor (lac de l'Aigle). Ce lac situé à 1 400 mètres d'altitude est aussi appelé le « lac sans fond ».

Blăjani, Sorești, Băești

Ce sont de charmants villages oubliés, non loin de l'axe Buzău-Moldavie. Dans cette région viticole, les habitants vous accueilleront.

■ CABANA COSTIN MELEDIC

✆ +40 238 548 648
Chambres doubles à 20 €. À 5 km entre Mânzălești et Lopătari, accessible par une route en terre.
Vous serez chaleureusement accueilli dans un hébergement qui compte 13 chambres simples mais propres. Juste en face, le lac Meledic et de belles statues en bois sculpté dominent un panorama remarquable.

Église princière Saint-Nicolas.

BRĂILA

La grande ville (180 000 habitants) de l'est du pays possède un petit centre historique du XIXe siècle, assez intéressant, bien que cerné par les quartiers de blocs bétonnés communistes. La vaste cité portuaire abrite une importante communauté rom. L'écrivain Panait Istrati, né à la fin du XIXe siècle a vécu son enfance dans la ville. Il a décrit la pauvreté des lieux à l'époque mais aussi son brassage culturel. On s'y arrêtera peut-être sur la route du delta, par exemple. Il suffit de regarder un plan de la ville pour comprendre à quel point son développement a été planifié. Autour du port fluvial et du centre, des boulevards parallèles forment un demi-cercle bien net. On découvre également de beaux immeubles centenaires. Au sud, on trouve le lac Sărat, un lac salé entouré d'un parc, et le parc naturel de Balta Mică, une petite zone protégée où l'on pourra admirer une grande variété d'oiseaux.

Transports

Par la route

À 200 mètres de la gare ferroviaire, sur Strada Siretului.

Des maxitaxis font la liaison entre Bucarest, Brăila et Galați. D'autres fréquents maxitaxis peuvent être interceptés à l'angle de Calea Galați et de Bulevardul Dorobanților.

En voiture, on peut traverser le Danube sur un bac, pour ensuite rejoindre en aval Galați et Tulcea. Le passage (contre une somme modique) se trouve à environ 1 kilomètre au nord de la ville. Dernier bac vers 16 heures.

Train

La gare, située au nord de la ville, est reliée au centre par Strada General Eremia Grigorescu. La ville se trouve sur la ligne de chemin de fer reliant Bucarest à Galați, il est donc aisé de rejoindre ces deux villes. Environ 5 trains par jour pour Bucarest et de nombreux trains locaux vers Galați (d'où l'on trouvera des connexions pour la Moldavie). Quelques trains pour Constanța, surtout l'été.

AGENCE CFR

Bulevardul Independenței, bloc B1
✆ +40 239 611 168
Ouvert en semaine seulement.
Pratique pour acheter de billets de train à l'avance, sans avoir à se déplacer à la gare.

Se loger

Bien et pas cher

HOSTEL CAMPUS BELLA ITALIA

Strada Plevna, 176
✆ +40 239 617 031 / +40 747 117 773
Chambre double à 25 € sans petit déjeuner.
Situé dans le centre-ville, dans un bâtiment historique, ce petit hôtel dispose de 6 chambres et d'un studio au décor réussi. Meubles neufs, écrans plasma et salles de bains irréprochables. Bref, tout le confort nécessaire. Il y a aussi une cave à vin où l'on peut faire des dégustations.

HOTEL EDY'S ROYAL

Bulevardul Independenței, 97
✆ +40 239 611 046
www.hotel-edysroyal.ro
office@hotel-edysroyal.ro
Chambre double à 49 €.
Un hôtel agréable dans le centre-ville qui offre des chambres propres et agréablement décorées, avec des balcons en prime. En outre, l'hôtel propose un restaurant de cuisine roumaine.

HÔTEL LMS

Calea Galați, 9 ✆ +40 239 611 900
lms@braila.astral.ro
Chambres doubles à 37 €.

Brăila, ville d'opéra

Brăila est la ville natale de la célèbre soprano Hariclea Darclée, qui vit le jour ici en 1860, avant de connaître un immense succès sur les scènes du monde entier.

Chaque année, en juillet, on organise à Brăila un concours international de musique vocale, qui porte son nom. Il est organisé par une autre soprano roumaine célèbre, Mariana Nicolesco. Il contribue à l'éclosion de jeunes talents ou à la confirmation d'autres.

▶ **www.darclee-voice-contest.com**

Au nord du centre-ville, ce petit hôtel de charme au décor soigné compte 14 chambres en parfait état. Une très bonne option et certainement la meilleure de la ville en particulier pour le nombre de services proposés. Restaurant.

HOTEL TRAIAN
Piața Traian, 1
✆ +40 239 614 685
Chambres doubles à 60 €.
Sur la place principale, un immeuble dans un bloc, avec 108 chambres vieillottes mais correctes. À choisir plutôt en dernier recours.

HOTEL TRIUMPH
Calea Călărașilor, 214
✆ +40 239 612 300
www.hoteltriumph.ro
receptie@hoteltriumph.ro
Chambres doubles à 42 €.
Une bonne option, dans cet hôtel confortable mais sans charme particulier.

Confort ou charme

PENSION RESIDENZA DUTZU
Strada Golești, 55
✆ +40 339 111 007
residenzadutzu@yahoo.com
Chambre simple à partir de 51 € et double à partir de 56 € avec petit déjeuner.
Dans le centre historique, une petite pension de charme qui propose des chambres confortables de standard 4 étoiles. On appréciera les nombreux services, la belle décoration intérieure, le restaurant ainsi que la cave à vin.

À voir – À faire

Les bâtiments administratifs du centre de Brăila sont modernes et vastes (maison de la Culture, par exemple). De belles maisons du XIXe siècle embellissent le centre et, bien qu'elles soient aujourd'hui un peu décrépies, elles rendent la ville vraiment agréable. Elles ont été bâties par les riches marchands et négociants (dont de nombreux Grecs) qui profitaient de l'activité portuaire de la ville. On y verra un musée (*Muzeul Orașenesc, Piața Traian 3, ouvert du mardi au dimanche de 9h à 17h*), la grande église Bunavestire (1872) et ses vitraux et peintures colorés, l'église Sfânții Arhangheli, ex-mosquée transformée en 1831. La belle place centrale, Piața Traian, quasi carrée et agrémentée d'une tour-horloge bleue, les charmants jardins ainsi que l'esplanade du port le long du Danube sont des lieux bien agréables. De la place part Strada Mihai Eminescu, seule artère piétonne de la ville, animée par les commerces et les badauds. Elle se prolonge par le très moderne boulevard 1 Decembrie 1918, qui vous mènera vers le vaste marché de la ville moderne. Le lac Sărat (lac Salé), au milieu de son parc naturel à 7 kilomètres au sud de la ville, est une halte reposante. On y trouvera une plage, des bars, des campings et des hôtels. Prendre le tramway 24 pour rejoindre la zone. Au sud, la ville est également bordée par une zone marécageuse que l'on peut parcourir en bateau. Il s'agit du parc naturel de Balta Mică, une petite surface protégée entourant une série de lacs autour de Brăila et comptant 205 espèces d'oiseaux.

Dans les environs

LACU SĂRAT

Lac situé à proximité de Brăila, c'est un lieu de baignade l'été venu, avec quelques petites plages de sable et des complexes touristiques pas toujours élégants. Si vous avez le temps, préférez la mer Noire pour un petit plongeon.

CAMPING
Près de l'hôtel Lacu Sărat
✆ +40 239 686 916
En été, des petits bungalows à 13 € pour deux personnes.

HÔTEL FLORA
✆ +40 239 683 572
www.unita-turism.ro
office@unita-turism.ro
Une centaine de chambres doubles à 25 € avec petit déjeuner.
L'hôtel Flora appartient au groupe Unita Turism. Hôtel datant de l'époque communiste, il est impersonnel et sans charme, mais les conditions et le confort sont suffisants.

HÔTEL LACU SĂRAT
✆ +40 239 686 916
www.unita-turism.ro
office@unita-turism.ro
Chambres doubles 23 € avec petit déjeuner.
Hôtel décrépi sans aucun charme, mais propre et fonctionnel.

L'Olténie

La région de l'Olténie est comprise entre le Danube au sud, la vallée de l'Olt à l'est et les Carpates au nord. Sa plus grande partie est constituée par la plaine dite Câmpia Olteniei. Elle constitua, avec la Munténie, la grande principauté de Valachie au XIVe siècle.
La ville principale de la région est Craiova, centre universitaire majeur du pays, mais qui attire peu les touristes. Les principales attractions sont plutôt concentrées dans ses parties nord et ouest, celles qui longent les Carpates. Vous découvrirez ainsi les stations thermales de la vallée de l'Olt, les monastères de la région de Horezu sur les premières pentes des Carpates, Târgu Jiu et ses sculptures de Brâncuși en plein air, ou encore les Portes de Fer à Drobeta-Turnu Severin, où le Danube se fraye un chemin entre les montagnes.

CRAIOVA

Au centre de la grande plaine d'Olténie, Craiova (270 000 habitants), l'ancienne Pelendava romaine, est un important centre culturel et industriel (train, usine automobile Chevrolet, pétrole, textile...). L'animation et le dynamisme de la ville sont assurés par les 16 000 étudiants répartis dans 15 facultés de ce centre académique. L'équipe de football locale s'appelle d'ailleurs Universitatea Craiova. Les joueurs portent sur leurs maillots blanc et bleu un lion, emblème de la ville. Pour le visiteur étranger, Craiova est avant tout une ville-étape sur la route des Portes de Fer, Târgu Jiu ou la Bulgarie. Sa principale attraction est son musée d'Art abritant des œuvres majeures de Brâncuși, qui commença sa carrière de sculpteur à Craiova. Craiova est également la ville natale de Gheorghe Bibescu (1804-1873), célèbre prince de Valachie de 1843 à 1848. Enfin, Michel le Brave (Mihai Viteazul), autre figure importante de l'histoire du pays, y est né et fut même gouverneur de la cité.

Transports

Avion

Craiova dispose d'un aéroport international qui opère des vols vers l'Italie, l'Allemagne et la Grèce.

Train

La gare se trouve au nord-est de la ville (Strada Argeș, 13), à environ 1 kilomètre du centre. Bus n° 1 entre la gare et le centre, ou à pied en suivant le boulevard Carol I, puis le boulevard Dacia. Compter entre 2 heures 45 et 4 heures 30 pour rejoindre Bucarest depuis Craiova, grâce à une quinzaine de trains affrétés chaque jour. Le temps de voyage dépend du type de train et du trajet (soit par Pitești, soit par Caracal). Trains également vers Calafat (5 par jour, 3 heures de trajet), Drobeta-Turnu Severin (11 par jour, 1 heure 50 à 3 heures de trajet), Pitești (4 par jour, 2 heures 30 à 4 heures 30 de trajet !), Târgu Jiu (4 par jour, 2 à 3 heures de trajet) et Timișoara (5 par jour, 4 heures 30 à 6 heures de trajet).

Bus et maxitaxis

Autogara Nord se trouve tout à côté de la gare ferroviaire. Même principe donc pour rejoindre le centre. Bus ou maxitaxis pour Râmnicu Vâlcea, Horezu, Târgu Jiu, Pitești. Maxitaxis très fréquents (un toutes les 30 minutes) pour Bucarest.
Autogara Sud ne dessert que les petits villages des environs.

Les immanquables de l'Olténie

- Parcourir les innombrables monastères de la vallée de l'Olt et de la belle région de collines de Horezu (et ses célèbres céramiques).
- Lever la tête pour chercher le sommet de *La Colonne sans fin* de Brâncuși, à Târgu Jiu.
- Admirer les Portes de Fer depuis un bateau sur le Danube.
- Traverser l'Olténie du Sud en voiture pour se perdre dans les plaines d'une des régions les moins visitées du pays, le long du Danube et de la frontière bulgare.

■ **AÉROPORT DE CRAIOVA**
Calea Bucureşti, 325 ✆ +40 251 416 860
www.aeroportcraiova.ro

■ **AGENCE CFR**
Calea Bucureşti, 2
Unirea Shopping Center
✆ +40 251 411 634
Ouverte en semaine seulement, de 7h à 19h30.
Pour acheter vos billets à l'avance. L'agence se trouve à la même adresse que Tarom.

■ **BUREAU TAROM DE CRAIOVA**
Calea Bucureşti, 2
Unirea Shopping Center ✆ +40 251 411 049

Pratique

■ **FRANCE – AGENCE CONSULAIRE**
✆ +40 251 435 907

■ **MAPAMOND**
Strada Olteţ, 2-4
✆ +40 251 415 071
✆ +40 722 527 762
www.mapamond.ro
travel@mapamond.ro
Ouverte de 8h à 20h du lundi au vendredi et de 9h à 14h le samedi.
L'agence la plus intéressante de Craiova car elle met à disposition des cartes et guides de la ville et de la région et sert de bureau à l'antenne Antrec du département de Dolj (réservation de chambres en pension et chez l'habitant).

■ **POSTE**
À l'angle de Calea Unirii et de Bulevardul Ştirbei Vodă, au sud du centre-ville
Le bureau dispose d'un centre téléphonique.

▸ **Autre adresse :** Face au Unirea Shopping Center, Calea Bucureşti, au nord du centre-ville.

Se loger

■ **HOTEL BAVARIA**
Strada Caracal, 3
✆ +40 251 414 449
✆ +40 251 414 886
www.hotel-bavaria.ro
Chambre double 60 €.
Situé en périphérie sud-est de la ville, un hôtel 4 étoiles cher et confortable (sans être extraordinaire), mais à taille plus humaine que le précédent : une vingtaine de chambres. Intéressant seulement si vous avez votre propre véhicule.

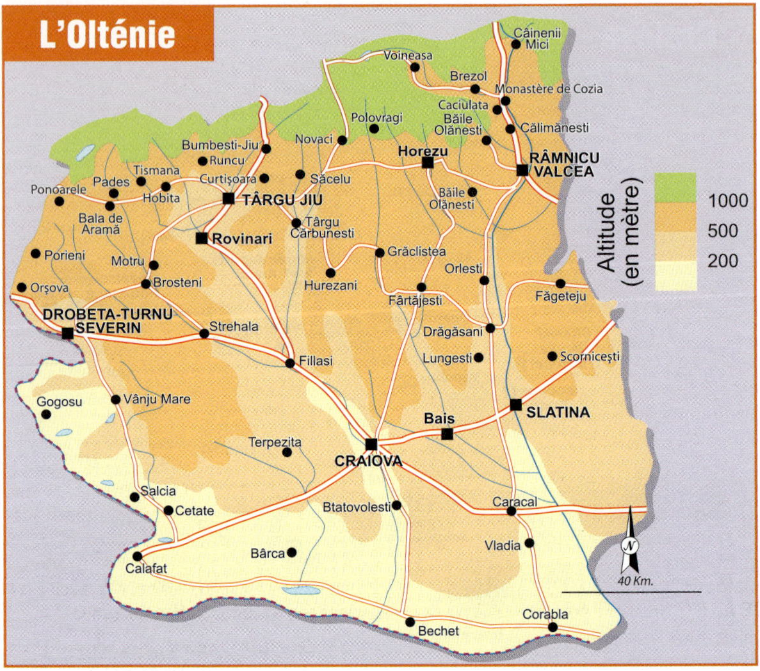

■ **HOTEL LIDO**

Strada Constantin Brâncuși, 10

✆ +40 251 590 332

www.lido-craiova.ro

Chambre double environ 32,50 €.

La pension est située au nord du centre-ville, non loin du Jardin botanique. Une adresse confortable et d'un bon rapport qualité-prix, dans un quartier calme et agréable, à deux pas du centre.

■ **HOTEL PARC**

Strada Bibescu, 16 ✆ +40 251 417 257

www.hotel-parc-craiova.ro

Compter 54 € la chambre double avec petit déjeuner.

Cet hôtel simple et correct propose une quarantaine de chambres doubles dans un petit bloc de béton, sur une longue rue proche de la place centrale. Son point fort : le jardin luxuriant qui l'entoure. Aucun charme mais fonctionnel.

■ **HOTEL ROYAL**

Strada România Muncitoare, 88

✆ +40 351 405 020

www.cazarecraiova.ro

Chambre simple 40 €, double 45 €, suite 70 €.

Un superbe hôtel 3 étoiles en plein centre-ville dans un immeuble du XIXe siècle de style parisien qui offre de belles chambres décorées très luxueusement. Parfait pour un séjour d'affaires, l'hôtel offre également un excellent restaurant ainsi qu'une salle de conférence.

À voir – À faire

Le centre-ville est traversé du nord au sud par Calea Unirii. Les principaux lieux touristiques sont à proximité de la grande place centrale, formée par un parc et par la partie piétonne de Calea Unirii. La place est dominée par la préfecture, non loin de laquelle se trouve une statue de Mihai Viteazul, natif de la ville. Au milieu se dresse l'église Sfânta Treime (Sainte-Trinité). En plus des musées, la ville possède de jolies demeures du XVIIIe siècle, telles Casa Glogoveanu ou Vila Jianu.

■ **BRANIȘTE**

Au sud de la ville, le monastère de Jitianu (XVIe siècle) propose une intéressante collection d'art religieux.

■ **ÉGLISE MADONA DUDU**

Cette église récente (1929) remplace une ancienne église du XVIIIe siècle.

CATHÉDRALE SAINT-DIMITRI (CATEDRALA MITROPOLITANĂ SFÂNTUL DUMITRU)

Elle date de 1651 mais fut, comme d'autres églises du pays (Curtea de Argeș, par exemple) reconstruite par l'architecte français Lecomte du Nouÿ en 1889, après les dégâts provoqués par le tremblement de terre de janvier 1838. Sa première construction a été décidée par Matei Basarab. Ses « rayures » la rendent très élégante.

JARDIN BOTANIQUE (GRĂDINA BOTANICĂ)

Au nord-ouest du centre-ville
Ouvert en 1955, il présente des plantes locales et étrangères (jardins chinois et italien) sur une quinzaine d'hectares.

MOFLENI

À la sortie sud de la ville, le monastère de Coșuna-Bucovățul Vechi abrite une vieille église de 1512 (remaniée en 1572) qui a gardé de jolies peintures d'origine.

MUSÉE D'ART (MUZEUL DE ARTĂ THEODOR AMAN)

Calea Unirii, 10
Au nord de la place
Ouvert du mardi au dimanche de 9h à 19h. Entrée 1 €.
Depuis 1954, le musée est hébergé dans ce palais dit « Mihail », du nom de celui qui l'a fait construire en 1896. Réalisé d'après les plans de Paul Gottereau, architecte français, il fut achevé en 1908, un an après la mort de son propriétaire.
En 1950, il fut la résidence du secrétaire du Parti communiste local, un certain Nicolae Ceaușescu. Les grandes pièces sont richement décorées de soieries de Lyon et de glaces et verreries de Venise et de Murano. Le musée est divisé en plusieurs sections.
La galerie nationale présente des œuvres de peintres et sculpteurs roumains, tels qu'Aman, Grigorescu ou Jalea. La galerie universelle expose des œuvres d'écoles française, italienne, hollandaise et allemande, du XVIIe au XIXe siècle.Enfin, les pièces maîtresses du musée sont les cinq œuvres de Constantin Brâncuși : le célèbre *Baiser*, la *Tête de fillette*, la *Tête de garçonnet*, *Vitellius* et le *Torse de femme*, présentées dans le cabinet au nom de l'artiste internationalement célèbre. Brâncuși vécut une partie de sa vie à Craiova. En bref, ce musée est incontournable si vous séjournez à Craiova.

MUSÉE D'ETHNOGRAPHIE (MUZEUL DE ETNOGRAFIE)

Strada Madona Dudu, 14
✆ +40 351 444 030
www.muzeulolteniei.ro
muzeulolteniei@yahoo.com
Ouvert du mardi au dimanche de 9h à 17h.
Cette section du musée d'Olténie est abritée dans la jolie Casa Băniei, construite en 1699 sur ordre de Constantin Brâncoveanu, prince de Valachie, et restaurée en 1960. Le style typique créé par Brâncoveanu se retrouve ici dans le grand balcon à colonnes. Les collections sont consacrées à l'artisanat spécifique d'Olténie, costumes, objets en bois, icônes, tapis...

MUSÉE D'HISTOIRE

Strada Madona Dudu, 14
Ouvert du mardi au dimanche de 9h à 17h.
Vous saurez tout sur l'histoire de Craiova et de l'Olténie en visitant ce musée, un peu ennuyeux tout de même. Vous y attendent vestiges archéologiques, icônes et fresques provenant d'églises du Moyen Âge, photographies de la ville aux XIXe et XXe siècles ou évocations de la révolution de 1989.

MUSÉE D'HISTOIRE NATURELLE (MUZEUL DE ISTORIE NATURALĂ)

Strada Popa Șapcă, 4
Ouvert du mardi au dimanche de 9h à 17h.
Le musée retrace l'évolution des sociétés oltènes, du paléolithique à nos jours, à travers maquettes, fossiles, animaux empaillés, tableaux...

PARC

L'inévitable parc de la ville est un des plus grands et des plus beaux du pays, d'une surface de 90 hectares. Il date de 1903 et est aménagé autour d'un lac.
Appelé aussi parc Nicolae Romanescu, il a été conçu par l'architecte français Édouard Redont. Très agréable mais bondé le dimanche, quand les familles se pressent dans ses allées, sur son pont suspendu et dans le petit zoo. Au milieu des arbres et des statues, des terrasses accueillent les promeneurs en été.

SIÈGE DE L'UNIVERSITÉ

À l'angle de Calea București et de Strada Arieș, dans un bâtiment de 1890 qui fut auparavant le palais de justice.

THÉÂTRE NATIONAL (TEATRUL NAȚIONAL)

Situé tout à côté du bâtiment précédent, un magnifique édifice datant de 1854.

Dans les environs

La plaine de l'Olténie, cette vaste région plate et poussiéreuse du sud de la région accueille peu, très peu de visiteurs étrangers ni même roumains. C'est une zone défavorisée, que l'on traverse pour se rendre à Drobeta-Turnu Severin ou à Calafat (frontière avec la Bulgarie). Mais si vous êtes curieux et que vous vous déplacez avec votre véhicule, rien ne vous empêche de parcourir la région, de longer les champs de maïs et le Danube, à la recherche de points d'intérêt.

SLATINA

70 300 habitants. La capitale du județ de l'Olt, ville natale du maître de l'abstrait, Eugène Ionesco (1912-1994), n'est pas une cité qui retient particulièrement l'attention. Son musée présente cependant des pièces archéologiques et historiques de différentes époques. Non loin, Brâncoveni (8 kilomètres au sud-ouest de la ville) est la cité natale de Matei Basarab et de Constantin Brâncoveanu, deux importantes figures de l'histoire roumaine. On pourra y visiter un monastère du XVIe siècle.

Transports

Train. La ville se trouve sur la ligne Craiova-Pitești, villes d'où l'on peut gagner tous les coins du pays.

Se loger

■ HÔTEL EST
Strada Silozului, 2
✆ +40 249 434 171
Compter 17,50 € la chambre double.
Un hôtel de 26 chambres dans un bloc. Basique mais très bon marché.

■ HÔTEL PARADIS
Strada Dinu Lipatti, 31
✆ +40 249 416 218
Chambres doubles à 43 € sans petit déjeuner.
Un hôtel de 12 chambres dans une grande maison blanche. Un certain charme. On appréciera sa piscine l'été.

■ HOTEL PARC
Strada Crișan, 1
✆ +40 249 430 391
www.hotelparc-slatina.ro
Chambre double 50-70 €.
Le sempiternel et attendu ex-hôtel communiste. Une tour de béton de 80 chambres coûteuses et sans surprise, vieillottes mais au confort suffisant.

SCORNICEȘTI

11 800 habitants. Sur la route de Pitești, à 30 kilomètres au nord de Slatina, Scornicești est la petite ville qui vit naître Nicolae Ceaușescu. Il y passa dix ans. Le musée ouvert en son honneur a été fermé en 1989. Mais le dictateur a laissé beaucoup plus à sa ville natale, ou plutôt beaucoup moins… C'est ici en effet qu'il décida d'entamer son programme de systématisation, en rasant le centre du village pour y construire des blocs et un stade disproportionné. La traversée de la ville est un peu désolante, mais pas dénuée d'intérêt si on s'intéresse à l'urbanisme. Toujours à l'est du *județ*, les passionnés d'ornithologie noteront que la plus grande population d'outardes (sortes de grandes oies sauvages) du pays se trouve dans la réserve de Boianu.

CARACAL

31 000 habitants, à 54 kilomètres au sud-ouest de Craiova (trains et maxitaxis entre les deux villes) et 36 au sud de Slatina. Dans cette ville qui porte le joli nom d'un félin, on remarquera les ruines de la cour princière (château et église) du XVIe siècle, son petit musée, son théâtre du début du siècle de style baroque et les vestiges de l'ancienne ville romaine de Romula, à Reșca, au nord de la ville.

SADOVA

À 65 kilomètres au sud de Craiova, le village de Sadova possède un monastère du XVe siècle, remanié plus tard par Constantin Brâncoveanu, prince de Valachie. Bechet, au bord du Danube, est un point de passage vers la Bulgarie.

VALLÉE DE L'OLT

Cette région est réputée pour ses stations thermales et ses monastères. Le défilé de l'Olt, qui mène vers Sibiu et la Transylvanie, offre de superbes paysages.

RÂMNICU VÂLCEA

98 800 habitants. La ville se trouve là où l'Olt quitte sa vallée montagneuse pour serpenter dans la plaine. Située au cœur d'une région au patrimoine riche (monastères) et aux stations thermales réputées, Râmnicu Vâlcea pourrait être un point de départ ou de passage idéal. Mais il ne présente pas vraiment d'intérêt, la ville est bétonnée et traversée par d'innombrables poids lourds. Un peu déprimant si vous arrivez de Sibiu… La ville, vrai nœud de transports, est néanmoins incontournable si l'on veut explorer la région. Et si vous devez y passer quelques heures, plusieurs monuments historiques sauront vous occuper, à moins que vous ne préfériez suivre une rencontre du club de handball féminin local, qui s'illustre fréquemment dans les coupes européennes.

Transports

Train

La gare se trouve à 10 minutes de marche à l'est du centre-ville, sur Strada Popescu V. Maior. Trains vers Craiova (2 à 4 heures de trajet) ou Sibiu (2 à 3 heures de trajet). Ces derniers s'arrêtent dans quelques stations thermales du défilé. Trains locaux, assez lents mais pratiques, vers Călimănești (30 minutes).

Bus

La gare routière est située sur Strada George Coșbuc, au sud de la ville. Par rapport au centre-ville, elle se trouve de l'autre côté de la rivière. Le choix est plus vaste que par le rail. De nombreux bus partent vers les stations thermales et Sibiu.

DACOS

Bureau face à la gare ferroviaire
Calea București, 267
www.dacos.com – info@dacos.com
Une compagnie de bus qui dessert la ligne Bucarest-Râmnicu Vâlcea-Sibiu-Alba Iulia-Cluj. Très populaire. On vous conseille de réserver à l'avance, à l'agence.
Bus nombreux vers Craiova, Bucarest, Horezu, Pitești ou Târgu Jiu, moins fréquents vers Brașov, Târgoviște, Curtea de Argeș, Arefu, Câmpulung, Drobeta-Turnu Severin ou Timișoara.

Pratique

TRAVEL BIZ/ANTREC VÂLCEA

Calea lui Traian, 145
✆ +40 250 733 239 / +40 250 733 241
www.travelbiz.ro – valcea@antrec.ro
Cette agence de voyages fait office d'antenne pour Antrec dans le département de Vâlcea. On pourra y réserver des chambres chez l'habitant, dans des pensions, dans les villes thermales ou dans la région de Horezu.

VÂLCEA TURISTICĂ

Strada Regina Maria, 7
✆ +40 250 733 449
www.valceaturistica.ro
Une bonne source d'informations.

Autre adresse : Strada Magheru, 18. Tél + 40 250 734 307

Se loger

À la gare, on vous proposera probablement des chambres chez l'habitant. Ce sont des solutions peu onéreuses. On peut aussi contacter Antrec (voir « Pratique ») pour une chambre chez l'habitant dans les alentours.

Bien et pas cher

CASA TINERETULUI

Bulevardul Tineretului, 1 B
✆ +40 250 711 464
Chambres triples à 15 €.
Propose des lits très bon marché (les moins chers de la ville) dans des chambres ou des dortoirs assez spartiates, surtout destinés à accueillir des groupes scolaires ou sportifs. À vous de voir.

HÔTEL CAPELA

Aleea Castanilor, 10 ✆ +40 250 738 906
Chambres doubles environ 30 € avec petit déjeuner.
À l'ouest du centre-ville (15 à 20 minutes de marche), le long de « l'allée des Châtaigniers », un hôtel simple mais assez chaleureux.

PENSIUNEA RELAX

Strada Tudor Vladimirescu, 43
✆ +40 350 425 885
www.pensiunea-relax.ro
Chambre double à 20 €.
Cette pension ouverte en 2009 propose des chambres confortables à des prix tout doux. Une bonne option.

Confort ou charme

■ **GRAND HOTEL SOFIANU**
Strada Ştirbei Vodă ✆ +40 350 431 697
www.hotelsofianu.ro
contact@hotelsofianu.ro
Chambre double de 62 à 80 €.
Un hôtel très spécial, car il abrite des galeries où sont exposées des œuvres d'artistes roumains. Les chambres sont chic et l'accueil chaleureux. On appréciera aussi le centre de spa et les restaurants.

■ **HÔTEL ALUTUS**
Strada General Praporgescu, 10
✆ +40 250 736 601 / +40 250 737 740
Chambre double à 40 €.
Avec un peu moins de 100 chambres, c'est le plus grand hôtel de la ville. Bien que sans charme ni caractère, il est en plein centre et propose des chambres plus que correctes à des tarifs plutôt doux.

■ **HOTEL CASTEL**
Strada General Praporgescu, 5
✆ +40 250 730 003
www.hotel-castel.ro
rezervari@hotel-castel.ro
Chambre double à 50 €.
Une petite dizaine de chambres spacieuses avec tout le confort nécessaire dans cet hôtel assez récent.

L'immense vitrail de Râmnicu Vâlcea

En mai 2004 a été achevé à Râmnicu Vâlcea le plus vaste vitrail du monde, appelé *La Création du monde*. Réalisé par l'artiste Gheorghe Dican, il couvre une superficie de 142 mètres carrés, répartis en sept cercles concentriques. Pour le fabriquer, on a utilisé 500 kilos de plomb et 2 000 de verre. Le vitrail géant constitue désormais la coupole centrale de la bibliothèque du *judeţ* de Vâlcea. On peut désormais visiter le lieu et admirer cette superbe réalisation.

■ **BIBLIOTHÈQUE DU JUDEŢ DE VÂLCEA**
Strada Carol I, 26
✆ +40 250 739 221
www.bjai.ro
biblioteca_antim@bjai.ro
Le vitrail peut être admiré gratuitement pendant les horaires d'ouverture de la bibliothèque, du lundi au dimanche de 9h à 20h et le samedi de 9h à 13h.

Se restaurer

■ **HANUL HAIDUCILOR**
Calea lui Traian, 209
Bloc 7, rez-de-chaussée
✆ +40 250 717 956
hanulhaiducilor@restaurante-ok.ro
Ouvert de 9h à 3h du matin.
Situé au nord de la ville, ce restaurant traditionnel ouvert depuis 2003 propose plus d'une centaine de spécialités régionales. C'est tout simplement le meilleur restaurant de la ville.

À voir – À faire

La ville a peu de monuments historiques d'intérêt. Mais on peut trouver agréable, aux beaux jours, l'activité du centre-ville, autour du marché, de Piaţa Mircea cel Bătrân et de Calea lui Traian, l'axe principal. Quelques édifices religieux sont pourtant intéressants. Dans le centre, la plus ancienne église est celle de l'Annonciation (Biserica Buna Vestire), construite en 1549 et modifiée depuis. Le long de Calea lui Traian, qui concentre agences de voyages, administrations, etc., on verra trois autres églises, dont celle de Tous-les-Saints, un bel édifice typiquement roumain où le style brâncovan est bien marqué.

■ **ÉPISCOPAT**
Strada Carol I, 53
C'est sans aucun doute l'endroit le plus agréable de la ville. Sa construction a débuté au XVIIe siècle ; il abrite de jolies fresques murales de Tattarescu et une collection d'art religieux.

■ **MUSÉE D'ART (MUZEUL DE ARTĂ)**
Croisement de Strada Căpitan Negoescu avec Strada Carol I
Ouvert du mercredi au dimanche de 10h à 18h. Entrée 1 € environ.
L'on verra quelques œuvres de Grigorescu notamment.

■ **MUSÉE DE BUJORENI**
✆ +40 250 746 869
Au nord de la ville.
Ouvert du mardi au dimanche de 10h à 17h. Entrée : 0,75 € pour les adultes et 0,50 € pour les enfants et les étudiants. On peut s'y rendre en taxi ou en train. La station de Bujoreni est à 10 minutes de marche du musée.
Un skansen (musée en plein air) où sont présentées des maisons villageoises

anciennes, typiques de la région. On y verra une école, une église de 1785 et d'autres bâtiments meublés, décorés, presque vivants.

MUSÉE DÉPARTEMENTAL (MUZEUL VRÂNCEA)
Calea lui Traian, 157
Ouvert du mardi au dimanche de 10h à 18h. Entrée 1,50 €.
Regroupe des pièces archéologiques et d'anciennes photos de la région et de la ville.

BĂILE OLĂNESTI

4 200 habitants. Renommées dans tout le pays, ses eaux curatives sont mentionnées dès 1760. On y trouvera de nombreux hôtels bétonnés dont les clients bénéficient des trente sources exploitées. Le village compte également une jolie église en bois du XVIIIe siècle.

Se loger

Comme dans toutes les stations thermales du pays, les possibilités d'hébergement ne manquent pas. Les blocs de béton pour accueillir les curistes ne sont pas les établissements les plus intéressants.

HOTEL SUPREM
Strada Parâng, 12
✆ +40 250 775 157
www.hotel-suprem-olanesti.ro
office@hotel-suprem-olanesti.ro
Chambre double à partir de 25 €. Prix variables selon la saison.
Un bel établissement flambant neuf de 45 chambres confortables.

VILA TISA
Strada Forestierilor, 12
✆ +40 250 775 907
Pour ceux qui préfèrent les pensions, celle-ci fera l'affaire.

BĂILE GOVORA

2 500 habitants. Sur la route entre Râmnicu Vâlcea et Horezu, cette élégante station thermale reste une halte intéressante. Autrefois, on y venait pour soigner les maladies respiratoires. On appréciera tout particulièrement ses demeures historiques qui ont fait le prestige de la station ainsi que son parc central, une véritable oasis de fraîcheur.

Se loger

Si vous souhaitez séjourner dans une des demeures historiques de la station, voici deux possibilités.

HOTEL BELVEDERE
Strada Tudor Vladimirescu
✆ +40 250 770 430
Chambre double à 62 € avec petit déjeuner. Prix dégressifs pour un séjour de plus de 3 jours.
Rénové en 2005, cet établissement 3 étoiles plus luxueux et plus moderne (mais bien sûr plus coûteux) que le précédent est là encore une belle prouesse architecturale.

VILA LILI
Strada Griviței, 9
✆ +40 250 770 455
www.vilalili.ro
contact@vilalili.ro
Chambres doubles à 40 €.
Dans un autre registre, cette villa plus récente d'un confort 3 étoiles propose 6 chambres spacieuses. Accueil en anglais.

CĂLIMĂNEȘTI-CĂCIULATA

7 600 habitants. Les eaux de cette station thermale située dans un magnifique paysage étaient, paraît-il, déjà connues des Daces. Mais sa source principale (Căciulata 1) a été découverte en 1830. Napoléon III se procurait régulièrement des bouteilles d'eau de Călimănești. Un peu victime de son succès, le village est un peu enlaidi par les hôtels de l'époque communiste. D'autres, plus anciens, comme l'hôtel Central, tout blanc avec de petites tourelles, associés aux grandes et riches demeures, sont toujours là, témoignant d'un passé prestigieux. La meilleure période pour s'y rendre est la première semaine d'août, quand la ville s'anime grâce au Festival du folklore d'Olt et son marché aux poteries.

Le défilé de l'Olt

La vallée de l'Olt et la route qui mène à Sibiu offrent de jolis paysages de moyennes montagnes couvertes de forêt d'où émergent parfois des pics rocheux, plus ou moins proches de la rivière. Les villages sont moins beaux qu'en Transylvanie, désormais très proche, mais sont parfois bâtis autour de charmants monastères.

Se loger

HÔTEL CENTRAL
Calea lui Traian, 398-403
✆ +40 250 750 990
Chambre double 20 € sans petit déjeuner.
L'un des seuls hôtels qui ne soient pas en béton. Le bâtiment est superbe, mais l'intérieur n'a plus rien de fastueux. Toutefois, il est bon marché et il y a une piscine couverte.

PENSION DADA
En sortant de Căciulata
Calea lui Traian, 14
✆ +40 250 750 250
Chambre double à 20 €.
Une douzaine de chambres d'un confort suffisant. On appréciera la belle vue sur le pic Cozia depuis les fenêtres.

PENSION TOUR IMEX
Calea lui Traian
✆ +40 250 751 179
Une belle pension le long de cette interminable avenue.

À voir – À faire

COUVENT D'OSTROV
Le couvent Ostrov a été construit sur une île (*ostrov* signifie « île fluviale ») au milieu de l'Olt en 1522. Il conserve des peintures du XVIIIe siècle. Tout autour, le parc arboré est très joli et la situation de l'ensemble sur le cours de l'Olt est vraiment privilégiée.

MASSIF DE COZIA
À l'est de la vallée de l'Olt, ce massif montagneux à l'accès facile vous réserve des paysages rocheux ou forestiers des plus variés. Les possibilités de randonnées sont nombreuses.

MONASTÈRE DE COZIA
A 4 km au nord de Călimănești.
Ce joli monastère forestier est coincé entre les montagnes et la rivière Olt. Il fut édifié par Mircea l'Ancien (Mircea cel Bătrân) en 1388. On peut voir ce dernier, en tenue de chevalier, sur l'une des fresques, sa tombe se trouvant également en ce lieu. Des chapelles y furent ajoutées sous le prince Constantin Brâncoveanu notamment. Dans ce monument de l'architecture médiévale roumaine sont exposés des objets et manuscrits du XVIIe siècle.
Un peu plus loin, vous verrez quelques ruines d'une forteresse romaine (*castrum* Arutela), édifiée sous l'empereur Hadrien en 138.

MONASTÈRE DE TURNU
À 3 kilomètres de Călimănești.
Il a été construit en 1676 puis reconstruit en 1933, après un incendie. Non loin, des cellules de moines ont été taillées dans le roc.

VOINEASA

Accessible par la route qui part de Brezoi (église en bois du XVIIIe siècle) dont elle est distante de 40 kilomètres, Voineasa se trouve au cœur des monts Lotru, dans la vallée du même nom. À 600 mètres d'altitude, c'est une station thermale aux hôtels perchés sur des collines et entourés de sapins. Elle est au centre d'une région qui a su garder un folklore riche et vivant.
Le paysage alentour est agréable, avec ses forêts, ses formations rocheuses et la rivière aux rapides, idéaux pour la pêche. De nombreuses randonnées sont évidemment possibles, courtes vers les curiosités proches (Pietrele Albe, Saua Chica Lupului) ou plus longues, dans le massif.

Se loger

Cette région s'est depuis longtemps adaptée au tourisme rural. Vous trouverez de nombreuses pensions dans le secteur.

PENSION LA MONICA
Mălaia
Strada Principală, 14
✆ +40 250 866 855
✆ +40 740 303 439
Chambre double à 20 €.
Cette pension récente a su élégamment intégrer le confort moderne à l'architecture locale. Sa salle à manger tout en bois est fort bien réussie. Une très bonne adresse en particulier si vous êtes en famille, le jardin qui l'entoure laissant un bel espace de jeux.

PENSION LA SANDEL
DN 7A
✆ +40 250 754 426
Chambre double à 20 € sans petit déjeuner.
La pension est située à l'entrée de Voineasa.
Dans une toute petite maison en lisière de forêt, ses 4 chambres tout en bois, simples mais suffisantes, vous permettront d'apprécier le cadre naturel enchanteur.

ROUTE DES MONASTÈRES

De Râmnicu Vâlcea, il est possible de rejoindre Târgu Jiu en zigzaguant de monastère en monastère. Ceux de Horezu et de Francești sont sans doute les plus intéressants. Pas de train malheureusement pour découvrir ces villages. Le mieux est d'avoir une voiture. Sinon, vous devrez composer avec les très lents cars locaux, les taxis, l'autostop, etc. Les monastères et autres monuments sont très bien indiqués à partir de la route principale. La route est absolument superbe : forêts, villages de colline très fleuris, bien entretenus, charrettes innombrables (bœufs, chevaux), basse-cour omniprésente, vaches solitaires broutant dans les fossés, scènes de vie authentiques...

MIHĂEȘTI

La commune de Mihăești se situe à 8 kilomètres à l'ouest de Râmnicu Vâlcea, sur la route de Târgu Jiu. Ses murs blancs et ses balcons circulaires en bois foncé, égayés par des fleurs en été, sont ravissants. Ce monastère de nonnes date de 1492 et fut donc élevé pendant le règne de Radu le Grand. Matei Basarab le transforma plus tard et y installa un atelier de typographie de première importance. On y imprima *Pravila de la Govora*, le plus vieux livre de lois de Valachie. L'église actuelle a été construite par le prince Constantin Brâncoveanu. Un petit musée expose des objets religieux et de vieux manuscrits.

FRÂNCEȘTI

À 27 kilomètres au sud de Râmnicu Vâlcea et à 7 kilomètres de Govora. La route la plus agréable est celle qui part de Băile Govora. On traverse des petits villages soignés, fleuris, où l'on se déplace surtout en charrette pour aller au moulin ou à l'église, où l'on joue au foot entre les *căpițe*, sur de rustiques terrains où les lignes sont tracées à la poudre de maïs. Le monastère Dintr-un Lemn est situé au bord d'une petite rivière, au bout d'une allée bordée de saules pleureurs. Plus convivial, plus chaleureux que tous ses voisins, il vous enchantera à coup sûr. Après avoir passé un portail décoré de peintures représentant saint Pierre et des motifs marins, on accède à une première cour, très fleurie, avec un puits et de beaux bâtiments monastiques blancs. On passe sous un autre porche et à côté d'une inattendue ancre marine (le monastère protège marins et aviateurs, qui viennent s'y recueillir) pour accéder à la seconde cour, plus petite, qui abrite l'église la plus récente aux murs joliment décorés.

Un peu plus haut encore, après être passé devant la maison du pope, les vergers et les chats qui gambadent, on accède à une petite chapelle en bois, entourée de hauts et vieux chênes. La chapelle, fondée en 1635, a donné son nom au monastère. En effet, Dintr-un Lemn signifie « d'un seul bois » ; or, on raconte que le tronc d'un seul chêne a suffi pour la construire ! Les peintures à l'intérieur de l'église, un peu assombries par la fumée des cierges, datent du début du XVIIIe siècle. Le monastère est également associé à une histoire d'amour. L'écrivain Anton Pann y serait tombé amoureux d'une jeune religieuse de 16 ans, qu'il déguisa en garçon afin de l'enlever.

Francești marque une limite de la région des collines d'Olténie. À 100 mètres à peine plus au sud, en partant vers Băbeni (sur la route Râmnicu Vâlcea-Drăgășani), on se retrouve dans l'Olténie des plaines. Les villages pauvres et poussiéreux remplacent les bourgades fleuries des collines. Les usines désaffectées se succèdent. La poussière, la couleur poussière, sont les éléments principaux du décor.

COSTEȘTI

À 7 kilomètres à l'est de Horezu. Tous les ans, pendant la première semaine de septembre, ce village accueille le plus grand festival rom (tsigane) du pays. On traverse le village pour atteindre le monastère de Bistrița.

ARNOTA

À 4 kilomètres de Bistrița, la jolie petite église d'Arnota, édifiée en 1637 et qui a gardé des peintures murales presque intactes, abrite le tombeau du prince Matei Basarab, celui-là même qui décida la construction du monastère pour remercier Dieu de lui avoir permis d'échapper aux Turcs. Situé en hauteur, le monastère domine la région.

HOREZU

Dans tout le pays, le nom de Horezu est synonyme de poterie. Le village est en effet connu pour être un centre d'artisanat. Les meilleurs potiers du pays se trouvent ici et c'est de là que viennent les remarquables céramiques, très bon marché et très recherchées. Vous trouverez de nombreuses boutiques à l'entrée de la ville (en venant de Râmnicu Vâlcea), où ces poteries sont vendues parfois dix fois moins cher qu'à l'aéroport de Bucarest, par exemple. Le premier dimanche de juin, ne manquez pas le très animé Festival des potiers, dit Cocoşul de Horezu (« le Coq de Horezu »), ainsi nommé car ce gallinacé orgueilleux figure sur de nombreuses assiettes locales.

Le village lui-même n'a pas grand intérêt : une petite rue piétonne, quelques boutiques. Mais l'église Târgului ne manquera pas d'attirer vos regards, grâce à ses jolies peintures murales.

Transports

Des bus assurent le trajet entre Râmnicu Vâlcea et Horezu. Les quelques bus qui relient Râmnicu Vâlcea à Târgu Jiu passent par ici. Ils s'arrêtent dans le centre-ville, près du motel-restaurant Horezu. Pour vous rendre au monastère de Hurezi, si vous n'êtes pas motorisé, la meilleure solution est certainement le taxi. Les prix sont normalement dérisoires mais demandez bien celui de la course pour vous y rendre.

Se loger

Les alentours de Horezu (Horezu, Vaideeni, Urşani) comptent de nombreuses pensions. On peut réserver à l'avance *via* Antrec Vâlcea ou, plus simplement, s'y rendre directement.

■ CAMPING CASA HOREZEANĂ

À la sortie de la ville en direction de Târgu Jiu à environ 3 km du centre-ville

✆ +40 250 860 570

Un charme un peu décalé pour une nuit qui coûte 8 € ou 15 € selon le bungalow. Pour les caravanes ou les tentes, compter au maximum 5 €.

Pour les tout petits budgets, vous aurez la possibilité de vous rendre dans ce camping ouvert de juin à novembre. Vous pourrez demander à un taxi de vous y emmener. Vous trouverez des petits bungalows en forme de chalet blanc et rouge.

■ MOTEL HOREZU

✆ +40 250 861 040

Chambres doubles 20 €.

À l'entrée du village, un bâtiment plat avec restaurant, devant lequel s'arrêtent les bus. Bien moins de charme et de chaleur que les pensions. Mais les tarifs sont bas et l'adresse peut toujours dépanner.

■ PENSION CRIVEANU

Strada Capitan Maldar, 5

✆ +40 250 860 038

www.pensiuneacriveanu.ro

contact@pensiuneacriveanu.ro

Chambres doubles à 18 €.

À 5 minutes à pied du centre-ville, vous serez chaleureusement accueilli dans la maison de la famille Criveanu. Trois chambres bien sympathiques et une terrasse reposante où l'on pourra vous servir d'excellents repas.

■ PENSION MOARA VISELOR (LE MOULIN DES RÊVES)

Dans le village de Vaideeni

✆ +40 250 865 533

www.moaraviselor.ro

Chambre double à 25 €.

Cette petite pension se trouve dans un coin de nature plein de verdure tout près d'une source d'eau. Vous y découvrirez 7 chambres modernes dotées de tout le confort. Il y a aussi un parking.

À voir – À faire

■ MONASTÈRE DE HUREZI

C'est surtout pour ce magnifique édifice que l'on vient à Horezu. Il est situé à 5 kilomètres à l'est du village (à Românii de Jos), au milieu d'un joli paysage de moyenne montagne couverte de forêts.

On y accède en gravissant une belle allée arborée, où parfois quelques vaches broutent les touffes d'herbes qui dépassent entre les pavés. Édifié par Constantin Brâncoveanu, entre 1690 et 1697, ce monastère, le plus grand complexe religieux qu'il ait construit, résume très bien l'architecture et le style voulus par le prince. Les galeries extérieures aux piliers sculptés et les cellules monastiques blanches entourent deux cours où circulent les religieux.

Au centre de la seconde cour se trouve l'église (1694), dont les murs extérieurs sont ornés de sculptures alors que l'intérieur présente de jolies peintures de scènes religieuses et de portraits princiers. Les plus belles peintures, bien rénovées, entourent la porte d'entrée. On y reconnaîtra notamment Brâncoveanu lui-même. Le monastère a été restauré entre 1960 et 1975 puis, plus récemment, depuis qu'il a été inscrit sur la Liste du patrimoine mondial de l'Unesco. Une exposition d'art religieux est installée dans le joli réfectoire des nonnes, face à l'église. Si vous êtes dans la région, ce site est tout simplement incontournable.

PENSION DANA
Strada Olari, 15
✆ +40 250 860 113
www.pensiuneadana.ro
contact@pensiuneadana.ro
Chambre double 18 € sans petit déjeuner.
Une bonne adresse mais qui commence à devenir trop fréquentée en été. La maison, située le long d'une rue qui monte, domine Horezu. Le jardin, les fleurs, le barbecue, les poules et les chats assurent l'ambiance. La maison est chaleureuse et propre, l'accueil au niveau de la cuisine (dîner ou petit déjeuner) : généreux.

POLOVRAGI

Le monastère se trouve au bout d'une jolie route villageoise. En toile de fond, deux falaises qui se rencontrent pour former une gorge (Cheile Olteţului), des vergers, des collines couvertes de forêt. C'est le riche boyard Danciu Pârâianu qui fit construire le monastère de Polovragi, en 1645.
On y accède en passant sous un beau et grand portail de bois sombre et sculpté. On suit ensuite une allée arborée qui mène aux bâtiments.
Au centre de la cour, entourée par de belles bâtisses blanches et fleuries, se trouve la petite église du monastère.
L'intérieur est particulièrement riche, avec des touches d'architecture brâncovan, des icônes et des peintures murales du XVIIIe siècle. Le monastère possède une riche collection de 600 icônes sur bois et sur verre des XVIIIe et XIXe siècles. Pour ceux qui aiment les églises en bois, le village en possède une du XIXe siècle. Si vous êtes dans la région en juillet, demandez aux habitants quand a lieu le festival dominical de la Nedeia. C'est un événement folklorique particulièrement intéressant.

- **Non loin du monastère, on peut visiter la grotte de Polovragi** (Peştera Polovragi), une intéressante cavité (ouverte tous les jours de 9 à 17 heures, entrée toutes les 30 minutes) explorée en 1860 par le naturaliste français Lancelot et aujourd'hui illuminée. On y verra notamment une belle galerie de stalactites.

CONAC OVIDIU
Dans le village de Racoviţa,
commune de Polovragi
✆ +40 253 476 207
5 chambres dans un joli manoir construit au début du XXe siècle en style brâncovan où le chauffage se fait encore avec des poêles à bois.

PENSION CHEILE OLTEŢULUI
✆ +40 253 476 223
www.cheile-oltetului.ro
office@cheile-oltetului.ro
Comptez 30 € pour une chambre double.
Cette pension dispose de 10 chambres doubles avec salle de bains privée et de 5 appartements. Les chambres sont soignées et l'on peut profiter aussi d'un terrain de sport, d'un barbecue, d'un parking. Sur demande, on peut vous organiser des visites aux objectifs touristiques des environs.

Décoder la poterie traditionnelle roumaine

Horezu est un important centre artisanal, mais il est loin d'être le seul en Roumanie. En parcourant le pays, vous remarquerez que certains motifs ornementaux des vases ou autres objets sont récurrents. Et tous ont une signification. Voici quelques-uns de ces symboles qui décorent non seulement les céramiques mais aussi bien d'autres articles de l'artisanat du pays.

- **Le soleil** représente l'homme.
- **La lune** représente la femme.
- **Les étoiles** sont les enfants.
- **L'oiseau** symbolise l'envol mais aussi la possibilité de communiquer avec la mort.
- **Le cheval** monté, le destin irréversible.
- **Le coq** (très présent sur les céramiques de Horezu), la renaissance.
- **L'arbre** représente les cycles de la nature, de la vie.

BAIA DE FIER

Tout proche de Polovragi, le village de Baia de Fier doit son nom (« le Bain de Fer ») à l'exploitation du minerai de fer datant du XVIIe siècle. Ce village est en principe relié à Târgu Jiu par quelques bus quotidiens.
Dans les gorges du Galben, au nord de Baia de Fier, se trouve l'une des plus jolies grottes du pays (direction bien indiquée), qui plus est facilement accessible (éclairage). La grotte des Femmes (Peştera Muierilor, ouverte de 9 à 17 heures, entrée toutes les heures) est ainsi nommée car on raconte que les femmes et les enfants s'y réfugiaient lors des invasions barbares. Elle est réputée pour ses ensembles impressionnants de stalactites et stalagmites et ses couleurs particulières. Plusieurs salles peuvent être visitées qui portent des noms tels que la salle des Candélabres, celle des Chauves-Souris, habitée par une colonie de ces mammifères, salle de l'Ours, habitée par des ours... il y a bien longtemps, dont on a retrouvé des ossements (près de 180 !). Des restes de loup, d'hyène ou de lion ont aussi été découverts, ainsi que des traces de présence humaine (outils, pointes de javelot, etc.).

■ **PENSION ANDREEA**
Strada Principală, 932
✆ +40 253 461 230
www.pensiuneaandreea.ro
Chambre double à 25 € sans petit déjeuner. Prix dégressifs pour des séjours supérieurs à 2 nuits.
Uune pension qui propose des chambres bien entretenues au décor parfois criard. Accès libre à la cuisine qui est équipée. Nombreuses facilités : aire de jeux pour les enfants, parking, barbecue, Wifi.

NOVACI

Ce village de 5 400 habitants est la porte d'entrée des monts Parâng, où s'élève le deuxième point le plus haut du pays (pic Parângul Mare, 2 519 m). Lacs, vallées glaciaires forment de jolis paysages. On peut les parcourir en marchant ou en voiture par la route qui relie Novaci à Sebeş, en Transylvanie. Novaci est aussi un village de bergers pratiquant la transhumance. Une fête pastorale y est donnée chaque année au mois de mai.

Se loger

À Novaci (comme à Polovragi ou Baia de Fier), vous n'aurez pas de difficulté à trouver une chambre. Les pensions sont très nombreuses et il suffit de choisir. Pour réserver à l'avance, si vous pensez que c'est nécessaire : Antrec Gorj.

■ **PENSIUNEA ALPIN**
Strada Parângului
✆ +40 724 233 059 – www.alpinranca.ro
pensiunea_alpin@yahoo.com
10 chambres modernes, dotées de salles de bains très chic dans une une pension construite en pierre et en bois, dans le style tyrolien. Depuis les fenêtres, on a une belle vue sur le mont Mohoru. Le restaurant propose une cuisine à base de gibier.

■ **PENSIUNEA ELA**
Strada Gilortului ✆ +40 253 466 355
La pension se loue intégralement, pour 150 € la nuit.
Ouverte en 2010, cette pension se trouve à l'entrée de la station Rânca, à proximité du téléski. Elle propose 4 chambres doubles avec salle de bains privative, disposées sur deux niveaux.

OUEST DE L'OLTÉNIE

Cette région est intéressante pour la ville de Târgu Jiu, rendue célèbre par le sculpteur Constantin Brâncuşi ainsi que pour les villages pittoresques que l'on rencontre sur la route vers le Danube.

TÂRGU JIU

Târgu Jiu (82 500 habitants) est la porte d'entrée de la vallée du Jiu, long défilé minier où charbon et lignites sont exploités à grande échelle. En lui faisant don de quelques-unes de ses œuvres majeures, le sculpteur Constantin Brâncuşi (1876-1957) a rendu célèbre ce chef-lieu du département de Gorj. C'est une cité industrielle importante plutôt agréable, où l'on vient de toute façon à la rencontre des œuvres de l'artiste. Celles-ci sont disséminées dans le centre-ville et visibles gratuitement.

Transports

▸ **Train.** La gare se trouve juste au sud-est du centre-ville. À pied, suivre Strada Republicii puis Strada Unirii. Pour réserver à l'avance, l'agence CFR se trouve Strada Unirii (bloc 2), entre la poste et le marché.

Târgu Jiu est relié par train à Craiova au sud et à Simeria au nord. Les trains vers Craiova passent par Filiași, où l'on peut prendre une correspondance pour Timișoara et Drobeta-Turnu Severin. Pour Bucarest, il faut changer à Craiova. Trains également vers Petroșani (5 à 7 par jour, 1 heure à 1 heure 30 de trajet), au pied des monts Retezat, puis Simeria (à peine 3 heures de trajet), ville nœud ferroviaire avec des connexions vers le reste de la Transylvanie (Deva, Hunedoara, Alba Iulia, Cluj, Sibiu, Brașov et Arad). Train pour Constanța en été seulement.

Bus et maxitaxis. La gare routière se trouve à proximité de la gare ferroviaire. Les bus ou maxitaxis sont plus rapides et plus pratiques pour les destinations qui ne sont pas sur la ligne de train Craiova-Simeria. Maxitaxis ou bus vers Bucarest, Craiova (très nombreux), Horezu, Râmnicu Vâlcea, Drobeta-Turnu Severin, Sibiu, Reșița, Timișoara. Bus locaux pour les villages alentour (Baia de Fier, Tismana, par exemple).

Pratique

GORJ TURISM
Bulevardul Republicii, Bloc 24
✆ +40 253 227 435
www.gorjtourism.ro
rezervari@gorjtourism.ro

GUARDO TOURS-ANTREC
Strada Tudor Vladimirescu, 17
✆ +40 253 223 081 / +40 723 552 218
www.antrec.ro – gorj@antrec.ro
Cette agence de voyages compétente abrite la filiale Antrec du département de Gorj. Réservation possible dans les pensions du département (à Tismana, Baia de Fier, Novaci, Arcani, Runcu, etc.) et chambres chez l'habitant.

POSTE
Une près de la gare, une autre, plus importante, dans le centre, proche de Casa de Cultură, Strada Alecsandri. Également une poste Strada Unirii, non loin du parc.

ROMANIA GORJ AVENTURA
Strada Victoriei, 7A
✆ +40 253 221 555
www.turismaventura.ro
rga@turismaventura.ro
Cette agence réputée organise toutes sortes d'activités dans les montagnes de la région et dans tout le pays : escalade, canyoning, 4 x 4, safaris photos, spéléologie, rafting, canoë, plongée, ski, cyclotourisme, etc.

Se loger

Bien et pas cher

CASA TINERETULUI*
Strada Nicolae Titulescu, 26
✆ +40 253 238 353
Lit en dortoir ou chambre double de 15 à 18 €. Confort 1 étoile.
Le moins cher de la ville, chambres avec salles de bains communes encore meilleur marché. Tout à côté des gares.

HOSTEL MIAMI ENERGETICIANUL
Calea Eroilor, 27
✆ +40 253 218 407
Chambres doubles de 25 à 30 €.
Le nom de cet hôtel évoque la Floride (pourquoi ?) et l'énergie, symbolisée sur la façade par une silhouette bien connue des Roumains : une statue métallique qui domine une célèbre station électrique du pays. L'établissement est bien placé, entre le parc Brâncuși et la *Colonne de l'infini*. Chambres vastes, modernes et bien équipées. Sans doute la meilleure option de la ville.

HOTEL BRÂNCUȘI
Strada Constantin Brâncuși 10
✆ +40 253 215 981
www.hotelbrancusi.ro
hotelbrincusi@gmail.com
Chambre double à 30 € sans petit déjeuner.
Le bâtiment n'est vraiment pas beau. Mais les chambres offrent un confort correct pour le prix qu'elles coûtent et possèdent même un certain charme. Le parc Brâncuși est juste à côté.

HOTEL GORJ
Calea Eroilor, 6
✆ +40 253 214 814
Chambres doubles 40 €.
En plein centre-ville, voici le sempiternel hôtel d'État construit pendant la période communiste. Les 144 chambres sont fonctionnelles, sans surprise. L'ambiance n'est pas très folichonne.

HÔTEL LEXI STAR
Strada Progresului, 1
✆ +40 253 237 118
Chambre double de 30 € à 45 € selon le confort.
Un récent hôtel 3 et 4 étoiles qui propose des chambres modernes et accueillantes. Une bonne option à 10 minutes à pied du centre-ville.

Confort ou charme

HOTEL ANNA

Bulevardul Ecaterina Teodoroiu, 17
✆ +40 253 206 333
www.hotelanna.ro – office@hotelanna.ro
Chambre double à 59 € avec petit déjeuner.
Cet établissement récent est le meilleur hôtel de la ville. Les chambres d'un confort 3 étoiles sont modernes et spacieuses. Restaurant à cuisine traditionnelle et internationale.

À voir – À faire

La ville elle-même est une grande bourgade calme et typiquement valaque : centre-ville bétonné et plateau piéton. Quelques bâtiments élégants comme la préfecture, le vaste lycée. La minuscule cathédrale Sfânții Voievozi s'élève le long de Strada Victoriei, au centre du plateau piéton. Elle fut édifiée en 1764 à la place d'une église en bois. Ses peintures datent de 1855 et son clocher de 1792. Devant, on verra un mausolée en forme de sarcophage dressé en mémoire d'Ecaterina Teodoroiu. Cette femme, dont la petite maison natale se trouve à 3 kilomètres au nord du centre (route de Petroșani), est une héroïne de la Première Guerre mondiale. Elle mourut à 23 ans, à la bataille de Mărășești, en 1917, alors qu'elle combattait vêtue en homme.

ENSEMBLE SCULPTURAL DE CONSTANTIN BRÂNCUȘI

▶ **Vous pouvez entamer votre tour** de la ville par le parc central, qui s'étend le long de la rivière Jiu immédiatement à l'ouest du centre-ville. On peut y voir trois sculptures que l'artiste réalisa entre 1937 et 1938, à la mémoire des morts de la Première Guerre mondiale.

▶ **À l'entrée du parc,** à l'extrémité de Calea Eroilor, se trouve *La Porte du baiser* (*Poarta Sărutului*), sorte d'arc de triomphe de 5,30 mètres de hauteur sur 6,60 de largeur et qui ressemble aux portails de bois de la région, ornés de motifs folkloriques. Sur chacune des deux colonnes de soutien de la porte sont sculptées les représentations stylisées d'un homme et d'une femme unis par un baiser, d'où le nom. Le samedi, vous verrez beaucoup de couples tout juste mariés et sortis de l'église venir se faire prendre en photo sous la porte.

▶ **Vous longez ensuite *L'Allée des chaises* (*Aleea Scăunelor*)** avec ses « plots » qui évoquent des tronçons de *La Colonne de l'infini*.

▶ **Plus loin se trouve la *Table du silence* (*Masa Tăcerii*)**, où chacun des douze « tabourets » entourant la table de 2,18 mètres de diamètre représente un mois de l'année. Sa forme s'inspire des anciennes tables paysannes.

▶ **On arrive ensuite à la rivière Jiu** et, en suivant la berge vers le nord, à une belle villa construite pour Ceaușescu et qui abrite aujourd'hui une exposition d'art (œuvres contemporaines, icônes ; ouvert du mardi au dimanche de 9 à 17 heures).

▶ **La plus célèbre sculpture de Brâncuși** est *La Colonne de l'infini* (*Coloana Infinitului*). Elle se trouve à l'est du centre-ville. On y accède depuis l'entrée principale du parc en empruntant Calea Eroilor, en contournant une église ronde, en longeant de belles maisons, puis en passant la voie ferrée. Elle se dresse enfin, toute droite, en haut d'une colline. Peu impressionnante de loin, elle le devient dès qu'on s'en approche. Construite en fonte cuivrée (récemment rénovée donc particulièrement brillante), haute de 29,35 mètres, elle symbolise la connexion spirituelle entre l'homme et l'infini. L'artiste a été inspiré par les piliers des maisons paysannes des environs, que vous reconnaîtrez vite lors d'escapades dans la campagne. L'ouvrage a subi une importante restauration entre 1996 et 2000, après avoir été déclaré « bien d'utilité public d'intérêt national » par le gouvernement de l'époque. Son aspect, sa texture, sa couleur change sans cesse, selon la météo, l'heure, votre humeur. Pour les fans de mangas, elle rappellera une colonne que gravit Son Goku (*Dragon Ball*) dans les premiers épisodes de la série… Akira Toriyama aurait-il été inspiré par Brâncuși ?

▶ **Si vous désirez compléter votre « pèlerinage Brâncuși »** en Roumanie, rendez-vous à Hobița, son village natal à l'ouest de la ville, ou bien au musée d'Art de Craiova.

MUSÉE D'HISTOIRE ET D'ARCHÉOLOGIE

Strada Geneva, 8 ✆ +40 253 212 044
www.muzeulgorjului.ro
muzeulgorjului@gmail.com
Ouvert du mardi au dimanche de 8h à 16h. Entrée moins de 1 €.
Hébergé dans l'ancienne préfecture de 1875, il présente des pièces historiques et ethnographiques qui vous renseigneront sur le passé de la ville et le folklore de la région.

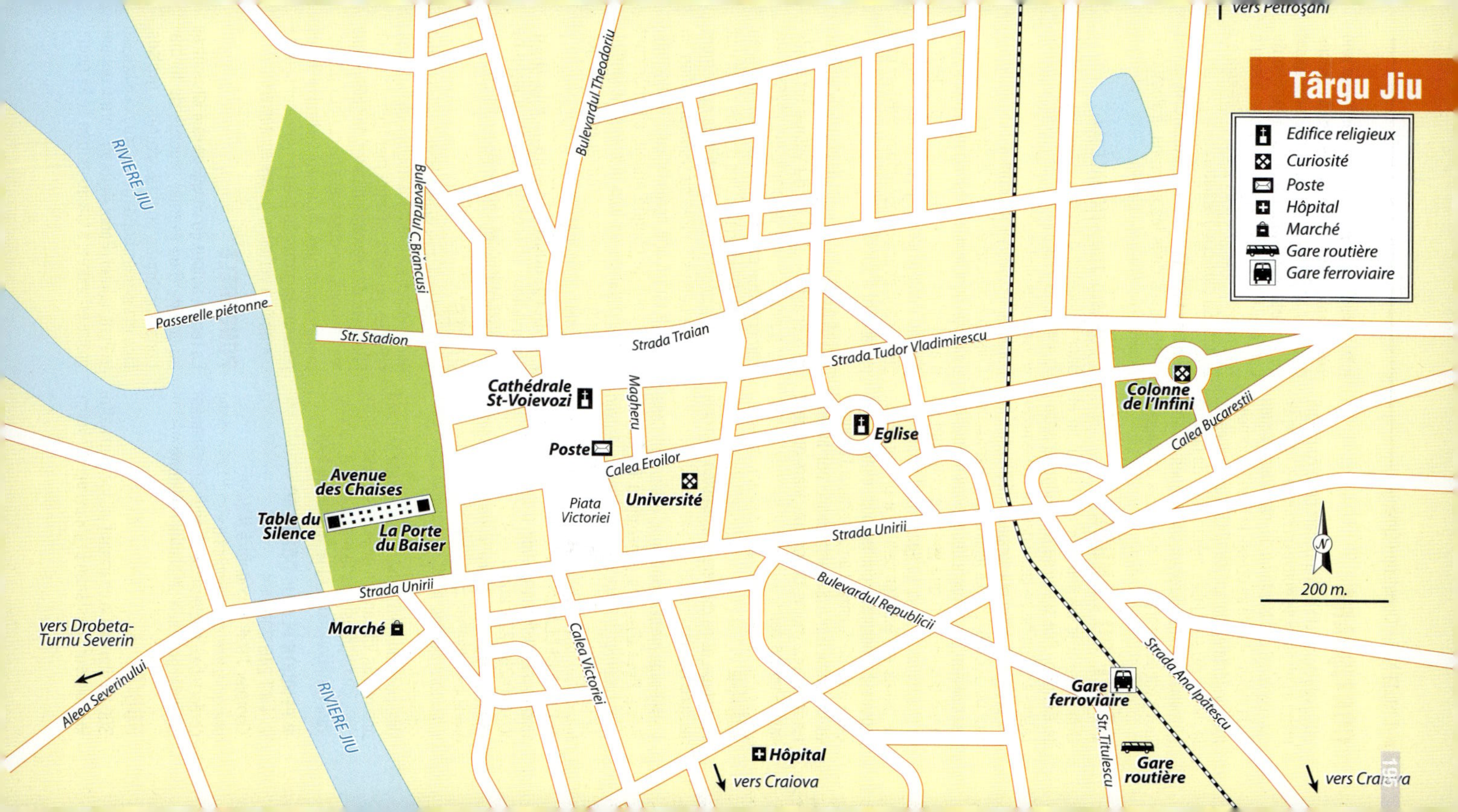
Târgu Jiu
Edifice religieux
Curiosité
Poste
Hôpital
Marché
Gare routière
Gare ferroviaire
vers Petroşani
Bulevardul Theodoriu
Bulevardul C.Brancusi
RIVIERE JIU
Passerelle piétonne
Str. Stadion
Strada Traian
Strada Tudor Vladimirescu
Cathédrale
St-Voievozi
Magheru
Poste
Calea Eroilor
Université
Piata
Victoriei
Eglise
Colonne
de l'Infini
Calea Bucarestii
Avenue
des Chaises
Table du
Silence
La Porte
du Baiser
Strada Unirii
Strada Unirii
N
200 m.
vers Drobeta-
Turnu Severin
Marché
Aleea Severinului
Bulevardul Republicii
Calea Victoriei
RIVIERE JIU
Strada Ana Ipătescu
Gare
ferroviaire
Str. Titulescu
Gare
routière
Hôpital
vers Craiova
vers Craiova

CURTIŞOARA

800 habitants. Un peu à l'écart de la route qui mène à Petroşani se trouve un musée en plein air qui regroupe une trentaine de maisons typiques de la région. À côté se dresse le manoir Cornoiu, maison fortifiée datant de 1745. Les gorges de la rivière Jiu sont jolies même vues de la ligne ferroviaire. Gorges étroites, montagnes, forêts : tout y est pour former de superbes paysages.

ROUTE DU DANUBE

Une jolie route serpente entre Târgu Jiu et le Danube. Elle traverse des villages pittoresques qu'on ne se lasse pas de contempler. On préférera celle qui longe les Carpates au plus près (DN 67D), qui rejoint Băile Herculane. Les collines, les vergers, les petites scènes de la vie quotidienne que l'on aperçoit sont un vrai enchantement. Et l'on prend beaucoup de plaisir à s'écarter de l'ax e principal. La route est empruntée par les bus reliant Târgu Jiu à Baia de Aramă. La route entre Târgu Jiu et Drobeta-Turnu Severin passe par Motru, un itinéraire moins charmant. Mais on peut combiner les deux.

RUNCU

Ce village offre de beaux exemples d'architecture locale.

▶ **Hébergement.** Une bonne option est Casa Bella. Pour d'autres pensions à Runcu, on peut réserver à l'avance *via* l'agence Antrec de Târgu Jiu.

■ CASA BELLA
Commune de Runcu, 205
✆ +40 253 228 264
www.casabellaruncu.ro
liviuiubisi@yahoo.com
Chambre double à 32 € environ avec petit déjeuner.
Une pension de 12 chambres située au pied des monts Vâlcan. Un beau jardin est à votre disposition, ainsi que le restaurant à spécialités traditionnelles et le terrain de foot.

■ PENSION PLAIUL DOMNESC
✆ +40 245 234 064
Compter 20 € la chambre double.
Une quinzaine de chambres dans un beau chalet confortable, chaleureux et original. Vivement conseillé pour son ambiance relaxante.

HOBIŢA

300 habitants. Ce charmant village a vu naître le sculpteur Constantin Brâncuşi en 1876. Une jolie maison au milieu d'un verger abrite une exposition (ouverte du mercredi au dimanche de 9 à 17 heures) inaugurée en 1971 qui réunit des objets ayant appartenu à la famille de l'artiste. Ce dernier vécut à Hobiţa jusqu'à l'âge de 10 ans, avant de partir à Craiova où débuta sa carrière d'artiste.

▶ **Hébergement.** Les pensions sont nombreuses dans les environs, à Peştişani, Arcani...

■ POPASUL TURISTIC JALEŞUL
Dans la localité d'Arcani
✆ +40 253 278 327
www.popasuljalesul.ro
popasuljalesul@yahoo.com
Chambre double de 32 € à 35 €.
Un motel dont le décor est un mélange réussi d'ancien et de moderne. On appréciera la piscine écologique, le petit lac où l'on peut pêcher son poisson pour le faire cuisiner et le restaurant à spécialités roumaines.

TISMANA

Le monastère au nord du village fut fondé il y a plus de six cents ans en 1375 et est joliment situé près d'une cascade, au milieu de la forêt. C'est un des plus grands et surtout des plus anciens du pays. Il joua également un rôle défensif après sa transformation en 1651. Il abrite une communauté de nonnes. Le 15 août de chaque année, ce charmant village organise un très intéressant festival folklorique : danses, musiques de berger, costumes, artisanat.

▶ **Hébergement** possible à Vila Ursu. Réservations et renseignements auprès de l'agence Antrec de Târgu Jiu.

PADEŞ

900 habitants. Ces deux pittoresques villages sont réputés pour leurs curiosités géologiques. À Padeş, on verra un monument pyramidal en l'honneur des révolutionnaires de 1821. Dans les environs, on observera de curieux phénomènes karstiques. À Cloşani se trouve la très renommée grotte du même nom, considérée comme un véritable palais souterrain.

PONOARELE

La région autour de ce village (à 4 kilomètres au sud de Baia Aramă) regorge de formations karstiques spectaculaires : grottes, lacs et vallées abondent. La plus célèbre est le Pont naturel (Podul Natural), formé par une grotte effondrée. Il fait 50 mètres de longueur.

Près du village, on pourra visiter une réserve botanique d'une vingtaine d'hectares majoritairement plantée de lilas. Si vous êtes dans les environs en période de floraison, allez-y.

▸ **Hébergement.** Ponoarele compte une quinzaine de pensions, vous n'aurez aucun problème à trouver une chambre.

GROTTE DE TOPOLNIȚA

Plus au sud, à côté du village de Cireșu. Le nom de ce village des collines entre Baia Aramă et Drobeta-Turnu Severin est lié aux cerisiers (*cireși*). Sa grotte est un monument de la nature. Connue depuis 1880 mais explorée depuis 1961, elle est longue de plus de 20 kilomètres. Les spéléologues confirmés (l'accès en est très difficile et interdit aux touristes, désolé !) y ont découvert lacs et formations karstiques de toute beauté et des salles de près de 50 mètres de hauteur.

LES PORTES DE FER

DROBETA-TURNU SEVERIN

Drobeta-Turnu Severin, appelée Drobeta durant la période romaine, était une cité militaire d'importance, en raison de sa situation stratégique sur le Danube. Les vestiges de cette période y sont encore visibles. La ville peut être un point de départ pour découvrir la région.

Transports

▸ **Train.** La gare se trouve le long du Danube, à environ 500 mètres à l'ouest du centre-ville. On atteint ce dernier en suivant, vers la droite, le boulevard Republicii (ou Carol I). La ville, située sur la ligne Bucarest-Timișoara, est très bien desservie par le train. Il est donc facile de rejoindre ces villes et celles qui se trouvent sur cette route.

Vers l'est : Bucarest, Craiova (12 trains par jour, 1 heure 50 à 3 heures de trajet).

Vers l'ouest : Orșova (8 trains par jour, 30 à 45 minutes de trajet), Băile Herculane (*idem*, 45 minutes à 1 heure 20 de trajet), Timișoara (6 à 7 par jour, de 3 heures à 5 heures 50 de trajet).

Pour rejoindre Târgu Jiu, prendre les trains en direction de Craiova et Bucarest et changer à Filiași.

▸ **Bus.** Bus ou maxitaxis vers Timișoara (4 à 6 par jour), Băile Herculane et Orșova (5 à 6 par jour pour les deux destinations), Târgu Jiu (3 par jour), Baia Aramă (1 par jour), Râmnicu Vâlcea (1 par jour). Mais aussi vers le poste frontière bulgare, à Calafat (4 par jour).

■ **AGENCE CFR**
Strada Decebal, 43
Pour réserver les billets de train à l'avance, en restant dans le centre-ville. La gare routière se trouve à l'opposé de la gare ferroviaire (pas pratique), au nord-est de la ville. Du centre, suivre Strada Crișan puis prendre à droite le long du boulevard Tudor Vladimirescu (on peut prendre le bus 9). L'autogare est au bout. Si vous arrivez en bus et désirez rejoindre le fort romain et les musées directement, suivez le boulevard Tudor Vladimirescu puis prenez à gauche Strada Independenței jusqu'au bout.

Pratique

■ **AGENCE DE TOURISME BTT**
Strada I. G. Bibicescu, 4
✆ +40 252 315 131
Cette agence peut vous organiser des petites croisières sur le Danube si vous êtes à plusieurs.

D'Ada Kaleh à l'île de Șimian

Ada Kaleh était une île au milieu du Danube située dans les alentours d'Orșova. Elle faisait 1 700 mètres de longueur et 500 de largeur. On y trouvait une mosquée, un bazar. Appelée Erythia dans l'Antiquité, elle prit le nom d'Ada Kaleh (l'Île fortifiée) lorsqu'elle fut occupée par les Turcs, en 1430. Les Autrichiens y construisirent une forteresse importante en 1689, l'île s'appelant alors Carolina. Cette île n'existe plus. Elle a été recouverte par les eaux du lac de retenue formé après la construction du barrage des Portes de Fer. Mais elle n'a pas totalement disparu... Car à Șimian, à l'est de Turnu Severin, sur une île au milieu du fleuve (où ont été découvertes des traces d'habitat néolithique), on peut voir la mosquée et d'autres bâtiments importants d'Ada Kaleh. Ils ont tout simplement été déplacés ici. Malheureusement, l'île de Șimian est actuellement fermée, pour « usage » militaire.

Se loger

CONTINENTAL HOTEL

Bulevardul Carol I, 2
✆ +40 252 312 851 / +40 372 528 828
www.continentalhotels.ro
drobeta@continentalhotels.ro
Chambre double jusqu'à 50 €. Il y a souvent des offres promotionnelles, il est conseillé de contacter l'hôtel avant pour vérifier.
Bien situé dans un parc qui longe le Danube, au sud du centre-ville, à mi-chemin de la gare et des ruines romaines, un hôtel d'environ 130 chambres. Tous les équipements sont là. On préférera, si possible, les chambres du dernier étage, face au fleuve.

HOSTEL TINERETULUI

Strada Crișan, 25 ✆ +40 252 317 999
Environ 15 € la chambre double.
Une maison de la jeunesse typiquement communiste, comprenant 12 chambres spartiates, de loin les moins chères de Drobeta-Turnu Severin.

PENSION EUROPA

Bulevardul Tudor Vladimirescu, 66
✆ +40 252 333 737
Chambre double 42,50 € avec petit déjeuner.
C'est de loin l'option la plus agréable de la ville. Confortable et bien équipé.

Se restaurer

RUSTIC

Strada Traian, 62 ✆ +40 252 321 341
Comme son nom l'indique, ce restaurant sert des plats traditionnels à des prix raisonnables. Une bonne adresse.

À voir – À faire

La ville est résolument moderne (dans le style années 1970) et on a du mal à imaginer en se promenant dans le centre, autour de Strada Crișan, que Drobeta fut un important établissement romain. Les principales curiosités relatives à cette époque se trouvent le long du Danube.

MONASTÈRE DE VODIȚA

Situé dans le quartier de Vârciorova, c'est l'un des plus anciens du pays (1373). Tombé en ruine, il a été reconstruit en 1990 suivant les plans originaux.

MUSÉE D'ART (MUZEUL DE ARTĂ)

Strada Rahovei, 3 ✆ +40 252 317 377
Ouvert du mardi au dimanche de 9h à 17h. Entrée 0,50 €.
On pourra admirer de beaux nus de Pallady, célèbre peintre roumain.

MUSÉE DES PORTES DE FER (MUZEUL PORȚILOR DE FIER)

✆ +40 252 312 177
Ouvert du mardi au dimanche de 9h à 17h. Entrée 1,50 € adulte (moitié prix pour étudiants).
Tout proche des ruines romaines, ce musée propose différentes collections. La collection historique apporte des précisions sur la ville au temps des Romains, l'ethnographique donne un aperçu du folklore du département de Mehedinți dont la ville est le chef-lieu.
La collection scientifique permet de découvrir la flore et la faune spécifiques du Danube. Face au musée s'élève une statue de l'architecte Apollodore de Damas, qui construisit le pont romain. Tout près s'élève une église du XVIe siècle.

RUINES MÉDIÉVALES

À l'extrémité sud de Strada Smârdan, qui mène au fleuve (ou en longeant le fleuve vers l'ouest depuis le musée), se trouvent les vestiges d'une forteresse construite au XIIIe siècle par les Hongrois et souvent remaniée depuis.

VESTIGES ROMAINS

Plusieurs vestiges le long du fleuve témoignent de l'importance de la ville durant la période romaine. À l'extrémité est de Bulevardul Carol I, parallèle au Danube, vous trouverez un ensemble de ruines composées notamment du *castrum* romain de Drobeta (125 mètres sur 140). Ce qui reste des murs, qui devaient faire 3 mètres de hauteur et 1,5 d'épaisseur, permet de deviner encore les pièces et les tours (quatre) depuis longtemps disparues. Cette forteresse avait un rôle défensif et permettait de contrôler le fleuve et surtout le pont qui le traversait. De celui-ci, nommé pont Trajan (Podul Traian), du nom de l'empereur romain qui a décidé sa construction, ne reste qu'un pilier encore visible. Ce pont, prouesse architecturale à l'époque, fut construit par le célèbre Apollodore de Damas, en 105, pour faciliter l'invasion puis l'installation des Romains en Dacie. Non loin se trouvent les ruines de bains romains.

MEHEDINȚI

Il s'agit de la plaine de l'ouest de l'Olténie, à proximité de Drobeta-Turnu Severin. À Strehaia (sur la route de Craiova) se trouve un joli monastère du XVIe siècle récemment rénové. L'église (reconstruite par Constantin Brâncoveanu, prince de Valachie, en 1690 et peinte au XVIIIe siècle) est entourée d'un mur d'enceinte flanqué d'une tour (1645).

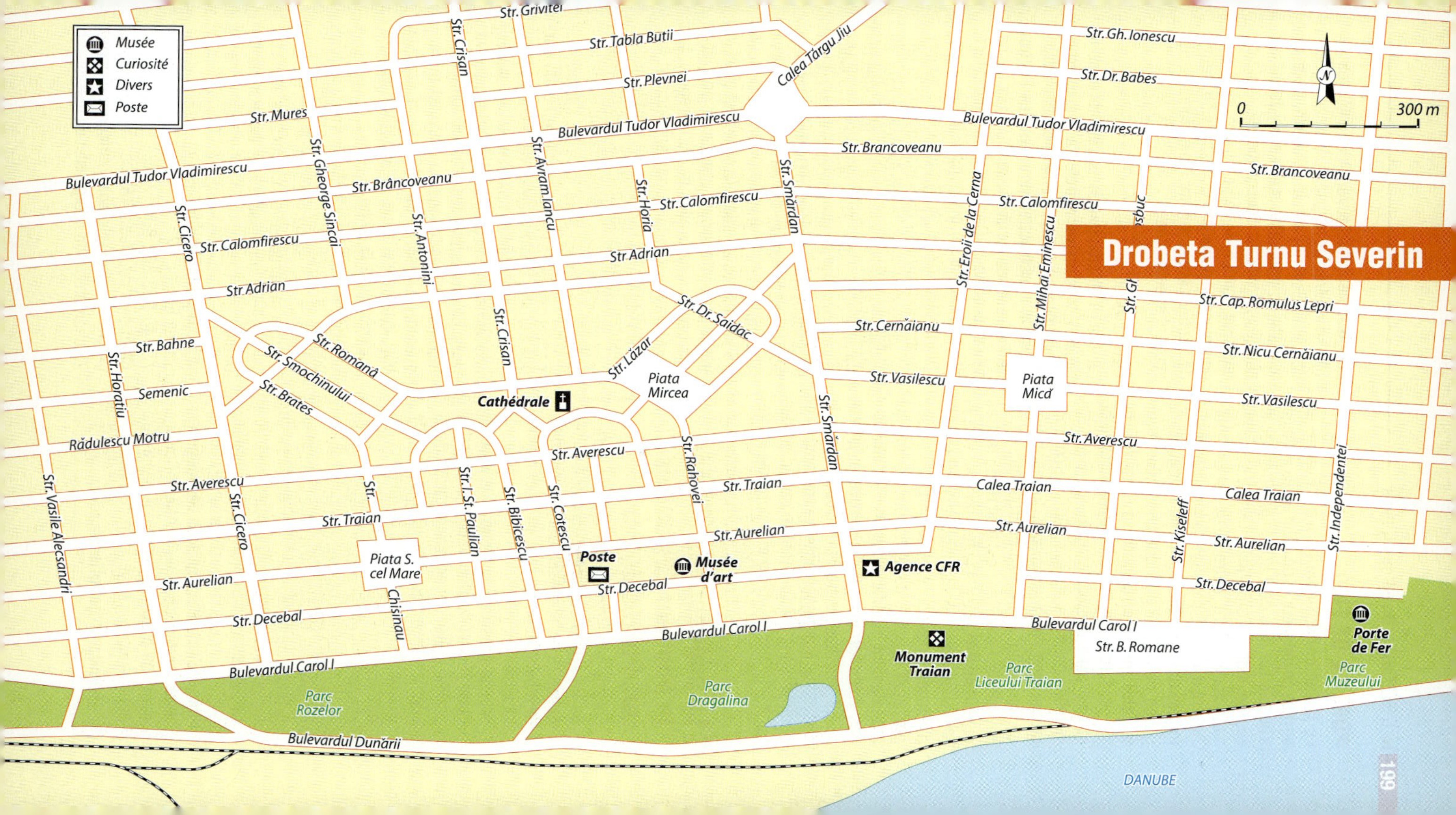
Drobeta Turnu Severin
Musée
Curiosité
Divers
Poste
0
300 m
Porte de Fer
Parc Muzeului
Parc Liceului Traian
Monument Traian
Agence CFR
Musée d'art
Poste
Cathédrale
Piata Mircea
Piata Micď
Piata S. cel Mare
Parc Dragalina
Parc Rozelor
DANUBE
Bulevardul Carol I
Bulevardul Dunării
Bulevardul Tudor Vladimirescu
Str. B. Romane
Str. Independentei
Str. Kiseleff
Str. Decebal
Str. Aurelian
Calea Traian
Str. Traian
Str. Averescu
Str. Vasilescu
Str. Nicu Cernăianu
Str. Cernăianu
Str. Cap. Romulus Lepri
Str. Mihai Eminescu
Str. Eroii de la Cerna
Str. Calomfirescu
Str. Brancoveanu
Str. Brâncoveanu
Str. Gh. Ionescu
Str. Dr. Babes
Str. Smărdan
Calea Târgu Jiu
Str. Grivitei
Str. Tabla Butii
Str. Plevnei
Str. Mures
Str. Crisan
Str. Horia
Str. Adrian
Str. Dr. Saidac
Str. Lazar
Str. Rahovei
Str. Avram Iancu
Str. Antonini
Str. Gheorge Sincai
Str. Cicero
Str. Romană
Str. Smochinului
Str. Brates
Str. Bahne
Semenic
Str. Horatiu
Rădulescu Motru
Str. Vasile Alecsandri
Str. Cotescu
Str. Bibicescu
Str. I. St. Paulian
Chisinau

PORȚILE DE FIER

Le Danube, deuxième fleuve d'Europe en termes de longueur et de débit après la Volga, s'écoule sur plus de 2 800 kilomètres, de sa source dans la Forêt-Noire jusqu'à son delta dans la mer Noire. Entre Baziaș et Drobeta-Turnu Severin, le passage de ces gorges est mémorable, spécialement au niveau de la passe des Cazane. À quelques kilomètres à l'ouest de Turnu Severin, à Gura Văii, ce lac est formé par un barrage sur le Danube et une usine hydroélectrique, qui y ont été installés dans les années 1960 en collaboration avec l'ex-Yougoslavie, formant ainsi un important complexe énergétique et de navigation. Le barrage est haut de 55 mètres et long de 441. Il est à la fois un pont vers la Serbie, une centrale électrique et un ensemble d'écluses. Vous pouvez visiter un petit musée retraçant l'histoire de cette construction qui a totalement modifié la région. Des villages, des voies ferrées ont été ensevelis, provoquant des déplacements de populations, de nouveaux aménagements de transports et bouleversant évidemment le quotidien des habitants, l'écosystème et l'économie locale.

Le malheur des uns fait le bonheur des autres aux Portes de Fer

Lors de la création du barrage des Portes de Fer, on a déploré d'énormes déséquilibres écologiques qui ont entraîné la modification de tout un écosystème localisé.

Afin de préserver la faune et la flore de cette région, le parc naturel des Portes de Fer a été mis en place autour de la centrale électrique sur une surface de plus de 100 000 hectares. De nombreuses espèces ont alors profité d'un climat chaud et humide pour s'installer ou se développer le long de ce lac artificiel. Désormais, on a pu se rendre compte de la présence de plus de 5 000 espèces, ce qui est tout simplement exceptionnel. Sur ce territoire, on a notamment recensé la présence de la tortue d'Hermann et de la vipère des sables qui sont devenues les deux « mascottes » du territoire. Comme quoi, les proverbes peuvent aussi être appropriés aux espèces naturelles.

▶ **www.portiledefierpn.ro**

Élargissement du fleuve, le lac fait plus de 100 kilomètres de longueur, de Baziaș (*județ* de Caraș-Severin) à Turnu Severin. La zone touristique implantée sur les bords du lac est très attrayante. Surnommée la « voie du lever du soleil », la route du lac, avec ses douzaines de ponts, ses viaducs (de 60 mètres de hauteur) et ses innombrables tunnels, est souvent spectaculaire.

ORȘOVA

La ville (9 700 habitants) est récente et pour cause. Elle se trouvait autrefois à 15 kilomètres plus à l'est (à l'emplacement du barrage) ! Après la construction de celui des Portes de Fer, elle fut reconstruite ici, où la Cerna se jette dans le Danube. Son monastère Sfânta Ana (1939) qui domine le fleuve est très photogénique. N'hésitez pas à vous y rendre pour profiter du panorama sur le lac. La ville est la porte d'entrée des gorges de Kazan (*Cazanele Dunării*), les plus spectaculaires du Danube. Elles ont été provoquées par la création du lac d'accumulation. Elles s'étendent entre Orșova et Dubova (*Cazanele Mici*, « petits Kazan ») et au-delà de Dubova (*Cazanele Mari*, « grands Kazan »). Dubova (18 kilomètres au sud d'Orșova) est ainsi le site le plus intéressant pour avoir une idée des beautés naturelles de cette région. La végétation est subméditerranéenne et les parois rocheuses qui plongent dans le fleuve mesurent jusqu'à 350 mètres. Les paysages sont superbes jusqu'à Moldova Veche (département de Caraș-Severin, à 75 kilomètres à l'est), un petit bourg en partie habité par des Serbes. On vous invite vraiment à suivre cette route (route 57) percée au XIXe siècle. Les touristes en voiture ou en bateau seront ravis. Ils profiteront des vestiges romains et féodaux visibles le long du fleuve et remarqueront, à la sortie du défilé des Cazanele Mici, la fameuse Tabula Traiana (Table trajane) sculptée dans la roche.

Le passage de ces gorges est l'un des points forts des nombreuses croisières sur le Danube, qui partent de Vienne vers Giurgiu. À Drobeta-Turnu Severin, quelques agences de voyages organisent des excursions en bateau.

■ **HÔTEL MERIDIAN**

Strada Eroilor, 12

✆ +40 252 362 800

Chambres doubles à 46 €.

Ce très confortable hôtel moderne propose 22 chambres bien équipées et un restaurant.

LA TRANSYLVANIE HISTORIQUE

Strada Republicii est l'une des principales artères commerçantes de Brașov.

Région de Brașov

Il est impossible de résumer en quelques mots tout ce que la Transylvanie peut offrir à ses visiteurs. Blottie dans des hauts plateaux au creux des vertigineuses Carpates, c'est une région enchanteresse que vous découvrirez au travers de ses villes médiévales intactes et rêveuses comme Sighișoara, Sibiu, Brașov ou encore la jeune, étudiante et dynamique Cluj. Mais la Transylvanie, c'est aussi des paysages sublimes, une nature intacte et un monde rural encore profondément vivant et ancré dans des traditions anciennes, résistant envers et contre tout. C'est encore le berceau de l'intrigante minorité saxonne, installée ici au XIIe siècle, qui a laissé des vestiges historiques incomparables : plusieurs centaines d'églises fortifiées nichées aux confins de régions inaccessibles. Multiculturelle, la Transylvanie compte également une importante minorité magyare, majoritaire dans certaines régions, ainsi que de vastes populations roms. Entourée par les Carpates qui culminent à 2 500 mètres, la Transylvanie offre des possibilités multiples de randonnées, que ce soit en plaine ou en haute montagne, qui se prêtent à tous les niveaux. On l'aura compris, la Transylvanie est une destination à part entière, où chacun, quelles que soient ses attentes, trouvera son bonheur.

BRAȘOV

253 000 habitants. Située au pied du mont Tâmpa, à environ 650 mètres d'altitude, Brașov et son centre médiéval ravissent tous les visiteurs. Colonisée au Moyen Âge par les Saxons, qui l'ont appelée Kronstadt, la ville est située à un carrefour d'axes commerciaux et, de ce fait, prospère rapidement. Après la construction des fortifications et l'embellissement de la cité par les riches corporations de métiers, elle devient le centre économique et démographique de la région. De cette époque datent ses riches maisons et ses superbes églises. La ville est revenue sur le devant de la scène dans les années 1990, à la suite de graves manifestations demandant la démission de Ion Iliescu et la démocratisation de la Roumanie qui ébranlèrent le pays. Elle est aujourd'hui un centre économique et touristique majeur. Son centre-ville médiéval, situé au sud-est de l'agglomération, est d'une grande beauté. D'une vaste place colorée (Piața Sfatului), très photogénique, partent un axe piéton animé et de petites rues tranquilles presque villageoises, bordées de grandes maisons aux cours intérieures fleuries.

Transports

L'aéroport international de Bucarest n'étant pas bien loin par la route, Brașov n'a pas d'aéroport.

Comment y accéder et en partir

AGENCE CFR
Bulevardul 15 Noiembrie, 43
✆ +40 269 477 018
Pour acheter ses billets à l'avance.

ATLASSIB
Piața Teatrului, 2
✆ +40 268 412 313
www.atlassib.ro
romania.brasovcentru@atlassib.ro
Compagnie de bus pour trajets internationaux avec la majorité des pays de la région.

Les immanquables de la Transylvanie historique

- **Les superbes villes médiévales de Braşov et de Sighişoara**, qui présentent des souvenirs presque intacts des Saxons de Transylvanie.
- **Sibiu** et sa magnifique architecture, ainsi que ses pittoresques environs.
- **Les églises fortifiées**, les villages colorés et leurs vignobles sur les coteaux des collines, témoignages de l'ancienne importance de la minorité saxonne.
- **Cluj,** une ville charmante et dynamique, à la très jolie architecture hongroise, et son bouillonnement étudiant, avec de superbes jardins botaniques.
- **Les monts Făgăraş**, parmi les plus beaux paysages de haute montagne des Carpates.
- **Les anciennes cités daces** près d'Orăștie, où l'histoire antique de la Roumanie est restée bien visible.
- **Les monts Apuseni**, avec leurs villages reculés aux toits de chaume et leurs superbes grottes.
- **Le Pays sicule**, fief des Hongrois de Roumanie, avec ses traditions et son folklore.

AUTOGARA 1
Bulevardul Gării, 5
Près de la gare
✆ +40 268 427 267
www.autogari.ro
C'est la principale. Elle se trouve devant la gare ferroviaire. On y trouve les bus internationaux et longue distance. Ils partent vers Bucarest (2 à 3 par heure), Piatra Neamț, Târgu Mureș, Pitești, Râmnicu Vâlcea, Bacău (7 par jour), Buzău, Iași, Făgăraș, Prejmer, Târgoviște, Sibiu et d'autres grandes villes du pays. Les maxitaxis effectuant les trajets entre Bucarest (Strada Ritmului) et Brașov s'arrêtent et partent d'ici. Ceux qui continuent vers Sighișoara et Târgu Mureș s'y arrêtent également.

AUTOGARA 2
Strada Avram Iancu, 114
✆ +40 268 426 332
www.autogari.ro
Elle se trouve à l'ouest de la gare, proche de Strada Stadionului (derrière le stade). Vous pouvez y prendre les bus pour Făgăraș, Câmpulung Muscel, Pitești, Râmnicu Vâlcea, Curtea de Argeș. Également bus très fréquents vers Râșnov, Bran, Zărnești. De la gare ferroviaire, on rejoint cette autogare par le bus 10 barré. Du centre, on prendra le n° 12.

AUTOGARA 3
Strada Hărmanului, 47
Au nord-est de la gare ferroviaire
✆ +40 268 332 002 – www.autogari.ro
Bus pour Prejmer, Hărman et d'autres villes (Buzău par exemple), qui sont de toute façon desservies depuis Autogara 1. Accès à Autogara 3 par le trolleybus n° 1, depuis le centre-ville. Bus pour Poiana Brașov : les bus n° 20, à l'extrémité ouest du parc Central (et de Bulevardul Eroilor), à Livada Poștei.

DOUBLE T
Piața Sfatului, 25 ✆ +40 268 410 466
www.doublet.ro
comercial@doublet.ro
Compagnie de bus pour trajets internationaux avec la majorité des pays de la région.

EUROCARS
Strada Hărmanului, 49 A
✆ +40 727 373 799
www.eurocars.ro
office@eurocars.ro
Compter environ 26 €/jour pour une location de 1-3 jours en classe économique.

GARE FERROVIAIRE
La gare ferroviaire principale se trouve au nord de la ville, assez loin du centre historique. Mais les liaisons sont faciles grâce au bus 4. La gare Bartolomei se trouve au nord-ouest de la ville (au bout de Strada Lungă) et n'est utile que pour les trains locaux (lents mais qui desservent de nombreux villages vers Zărnești et Sibiu). Brașov est un nœud ferroviaire où l'on trouvera de nombreux trains pour toutes les villes du pays.

La Transylvanie historique

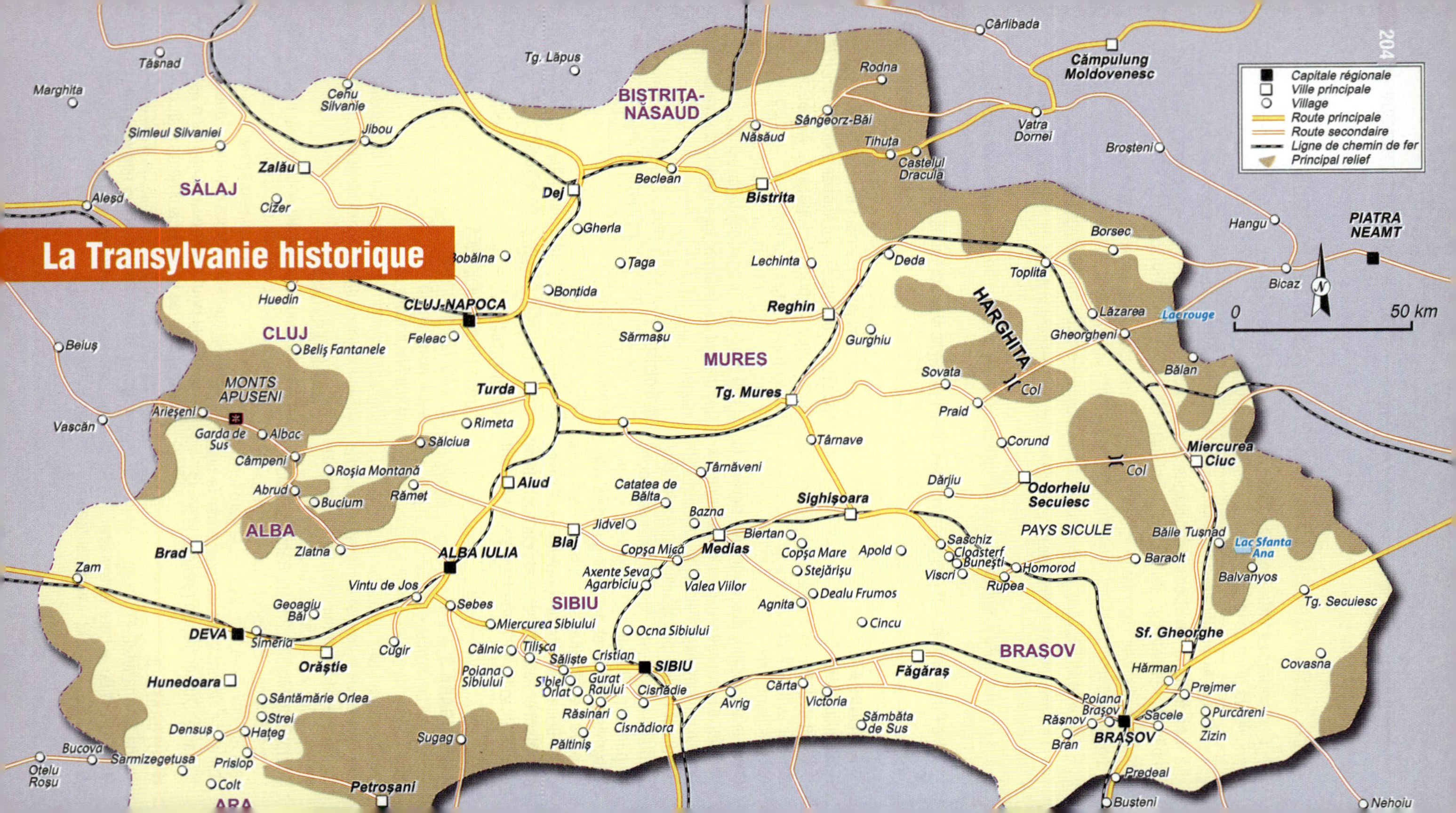

▸ **Trains grande ligne :** nombreux trains sur la ligne Bucarest-Ploieşti-Sinaia-Braşov-Sighişoara-Mediaş-Cluj-Oradea. Il est donc facile de gagner ces villes. Bucarest (20-23 trains par jour, de 2 heures 30 à 4 heures 30 de trajet), Sibiu (9 par jour, 2 heures à 3 heures 30 de trajet), Sighişoara (15 par jour, 1 heure 30 à 2 heures 30 de trajet), Târgu Mureş (3-4 par jour ; le bus est bien plus rapide), Deva (5 par jour, de 4 à 5 heures 30 de trajet), Cluj (6 par jour, 4 heures 30 à 6 heures de trajet), Făgăraş (10 par jour, 1 heure à 1 heure 40 de trajet), Sfântu Gheorghe (15 par jour, 30 à 50 minutes de trajet) et Miercurea Ciuc (11 par jour, 1 heure 30 à 2 heures 30 de trajet). Trains également vers Iaşi Galaţi et Constanţa (en été surtout).

▸ **Trains locaux** vers Predeal, Azuga, Buşteni et Sinaia, mais aussi vers Întorsura Buzăului (pour découvrir les montagnes de Buzău) et pour Zărneşti (5 par jour ; tourisme rural et point de départ pour le parc national de Piatra Craiului).

▸ **Trains internationaux** pour Budapest (4 par jour, de 11 heures à 13 heures de trajet), Vienne (1 par jour, 15 heures de trajet), Bratislava, Prague (1 par jour, 22 heures de trajet), Cracovie (1 par jour, 22 heures de trajet) ou Varsovie.

Se déplacer

Attention, à Braşov, les tickets de la RATBV comptent pour deux voyages, on composte les deux extrémités ! Les bus n° 4 et 51 (ce sont les plus modernes et ils passent fréquemment) relient la gare au centre-ville : Piaţa Sfatului, puis Piaţa Unirii, dans le quartier de Schei. Attention, ce bus faisant donc un circuit dans l'autre sens pour aller à la gare, vous devrez le prendre dans Strada Nicolae Bălcescu, après le grand magasin Star. Sur les guichets de la RATBV, face à la gare, est affiché un plan des transports bien pratique. Les taxis sont nombreux et très bon marché (comptez 0,50 €/km).

■ BRATAX

Strada Roşiorilor, 18
✆ +40 268 315 555
www.bratax.ro
vanzari@martax.ro

■ RO TAXI

✆ +40 268 319 999

■ SPRINTEN

✆ +40 268 543 111

Pratique

■ POLICE

Strada Nicolae Titulescu, 28
✆ +40 268 407 500

■ SALVAMONT

✆ +40 725 826 668
Numéro d'urgence en montagne.

Tourisme – Culture

■ ANTREC

✆ +40 268 236 355
www.antrec.ro – brasov@antrec.ro
Pour réserver des chambres chez l'habitant en ville et surtout dans les innombrables pensions de la région.

■ ASSOCIATION ROUMAINE D'ÉCOTOURISME

✆ +40 728 974 801
www.eco-romania.ro
info@eco-romania.ro
Nous saluons cette association qui offre, par ses membres, un large choix d'activités : rando, spéléologie, parcours à vélo ou à cheval, rafting et kayak, circuits gastronomiques et tours photo, sans oublier les possibilités d'hébergement dans de charmantes pensions rurales. Les membres sont certifiés « Eco-Romania » et sont reconnus au niveau européen comme des professionnels de l'écotourisme. En Transylvanie, on vous propose des randos dans les Carpates, des sorties pour observer la vie sauvage (cerfs, loups, ours et même des lynx), et côté culture, la découverte des villages saxons avec leurs églises fortifiées ou les passages secrets des châteaux de la Transylvanie.

■ ASSOCIATION ROUMAINE DES GUIDES DE MONTAGNE

Strada Toamnei, 12
✆ +40 268 310 810

■ CARPATHIAN TRAVEL CENTER

Strada Michael Weiss, 2
✆ +40 785 240 250 / +40 268 410 004
www.carpathian-travel-center.com
info@carpathian-travel-center.com
Compter à partir de 10-15 €/personne pour un tour de ville, pour un groupe de 2-3 participants ; ou environ 65 €/groupe pour plus de 4 participants. Pour les excursions d'une journée les prix sont à partir de 50 €/personne en fonction du nombre. Visitez le site Internet pour des prix précis.

Cette agence vous intéressera si vous pensez découvrir des villes historiques comme Bucarest, Sibiu, Brașov, Sighișoara ou Cluj, ou bien si vous souhaitez connaître la Transylvanie et loger dans une pension traditionnelle ou dans un hôtel. Spécialisée depuis cinq ans dans le tourisme individuel, l'agence a des guides qui parlent couramment le français et elle propose des excursions d'une journée et des tours de ville. Elle loue aussi des voitures et des minibus et bénéficie de prix négociés avec les hôtels de Bucarest et de Transylvanie. Une valeur sûre.

■ DISCOVER ROMANIA
Strada Paul Richter, 1
✆ +40 268 472 718
www.discoveromania.ro
office@discoveromania.ro
Un organisme très compétent qui propose d'aller à la rencontre de la culture rurale, de la nature et de la vie sauvage à travers des itinéraires faits sur mesure en Transylvanie, Maramureș et Bucovine. Ils opèrent par petits groupes et proposent des hébergements en maisons d'hôtes.

■ EXTREME TRAVEL
✆ +40 368 401 634
www.extreme-travel.ro
Une équipe de grands passionnés de l'exploration des montagnes. Ils ont fait l'ascension d'un bon nombre des montagnes de la planète, du Kilimandjaro au mont Blanc, en passant par les sommets du Pérou, du Chili, de l'Argentine ou du Népal. En Roumanie, ils vous proposent de magnifiques circuits guidés pour découvrir des sentiers peu connus dans les montagnes. Au programme : les monts Apuseni, avec leur grande variété de chemins de randonnée, leurs grottes, cascades et autres phénomènes karstiques surprenants, des circuits dans les parcs naturels des monts Retezat, Bucegi et Făgăraș, ou bien en Dobroudja avec le delta du Danube et les monts de Măcin. Ils ont aussi des excursions à départ fixe, qui couvrent toute la Roumanie durant l'été et des sorties de 1 à 3 jours dans les monts Bucegi, Piatra Craiului et Făgăraș (les Alpes de Transylvanie) durant toute l'année. L'équipe d'Extreme Travel organise aussi des expéditions annuelles dans les montagnes les plus hautes de la planète : Caucase, Alpes, Kilimandjaro, Andes ou Népal.

■ OFFICE DE TOURISME
Piața Sfatului, 30
✆ +40 268 419 078
www.brasovcity.ro
gabor@brasovcity.ro
Ouvert tous les jours de 9h à 17h.
Situé dans le beau bâtiment du conseil municipal en plein centre de Piața Sfatului, cet office de tourisme ouvert depuis septembre 2006 pourra vous renseigner et vous documenter généreusement. Cartes et brochures disponibles gratuitement. Accueil sympathique.
Pour compléter le tout, vous pourrez aisément trouver des nouvelles sur les événements et actualités de la ville et ses environs dans les bimensuels gratuits *Zile și Nopți* et *24-Fun* ou dans le *Inside Brașov* (www.insidebrasov.ro) qui paraît tous les deux mois (informations en français). En anglais, là encore de très bons sites Internet à consulter : www.brasov.ro – www.brasovtravelguide.ro

Représentations – Présence française

■ ALLIANCE FRANÇAISE
Bulevardul Eroilor, 33
Casa Baiulescu
✆ +40 368 412 179
www.afbv.ro
contact@afbv.ro
Ouvert de 9h à 16h le lundi et le mercredi et de 13h à 20h le mardi et le jeudi.
Dans un magnifique bâtiment, nombreux spectacles dont certains en français.

Moyens de communication

POSTE

Strada Nicolae Iorga, 1
✆ +40 268 471 260

Santé – Urgences

EUROFARM

Strada Republicii, 27
✆ +40 268 475 627
Pharmacie ouverte de 8h à minuit.
Bien fournie en produits. Bien pratique puisque située en place centrale.

Se loger

Les possibilités de logement ne manquent pas et cela pour toutes les bourses.

Chambres chez l'habitant. On vous en proposera partout, à la gare comme dans le centre. Fiez-vous à votre instinct, mais préférez celles du centre-ville. Si vous avez du temps, allez voir, ce sera peut-être la bonne. Toutefois, ne cédez pas aux sollicitations trop pressantes à la gare, surtout si vous ne parlez pas le roumain.

Pensions. En général, plus chaleureuses que les hôtels mais pas forcément moins chères. Voir aussi Antrec pour des pensions autour de la ville (adresse dans « Pratique »).

Bien et pas cher

CAMPING DÂRSTE

DN 1, km 160
Calea București, 285
Sur la route de Sinaia et Bucarest
✆ +40 268 339 967
www.campingdirste.ro
camp.dirste@deltanet.ro
Accès : de la gare de Brașov, prendre le tram 101 jusqu'à Saturn/Autocamion Terminus. Puis bus 21 (direction Săcele). Entre 15 € et 30 € selon le confort pour un bungalow de 2 places.
Très joli camping avec emplacements et bungalows, situé au bord de circuits de randonnée. De nombreuses activités sont possibles sur place avec un restaurant, un pub victorien et divers terrains de sport.

GUESTHOUSE BEKE

Strada Cerbului, 32
✆ +40 268 511 997
Compter 10 € par personne (pas de petit déjeuner).
Idéalement situé dans la vieille ville, cette pension familiale de 7 chambres vous donne l'impression d'être logé dans un village par une adorable famille hongroise. L'accueil est chaleureux. En bref, une adresse où l'on se sent bien. Sachez qu'il n'y a aucune enseigne de la rue, alors n'hésitez pas à sonner pour savoir s'il reste une place de libre ou à appeler en avance.

HOSTEL KISMET DAO

Strada Neagoe Basarab, 8
✆ +40 268 514 296
www.kismetdao.ro
brasov@kismetdao.com
Compter de 9 à 11 € la nuit en dortoir, 30 € la chambre double, petit déjeuner compris. Wifi gratuit et café et thé à disposition toute la journée.
Auberge de jeunesse confortable. Dortoirs ou chambre avec salle de bains possible. Bien située, dans le quartier de Schei, non loin de la place Unirii, elle est facile d'accès avec le bus n° 4 depuis la gare. Une boisson est gracieusement offerte tous les soirs. Laverie.

HÔTEL POSTĂVARUL

Strada Republicii, 62
✆ +40 268 477 448
Chambres doubles à 20 € environ.
Vous êtes ici dans la partie bon marché de l'hôtel Coroana, le plus pittoresque de la ville. Les chambres sont basiques mais propres et la belle bâtisse historique renforce le charme de l'endroit pour des prix tout à fait abordables.

PENSION NOEMI

Strada Sfântul Ioan, 2
✆ +40 745 192 487
pensiunea_noemi@yahoo.com
Chambres doubles à 50 €.
Dans cette pension située dans la vieille ville (à l'étage), on prendra plaisir à découvrir son décor de charme tout en boiseries. Accueil serviable pour des chambres spacieuses et confortables.

PENSION OLD CITY

Piața Unirii, 12 bis
✆ +40 368 436 156
www.oldcity.ro
rezervarioldcity@gmail.com
Chambre double autour de 25 €, appartement 35 €.
Une charmante pension située à seulement 1 kilomètre de la place centrale de Brașov. Dans une belle maison ancienne, les chambres sont propres et simples avec télévision et salle de bains, tandis que l'accueil est chaleureux. Un très bon rapport qualité/prix.

Confort ou charme

■ CASA WAGNER

Piața Sfatului, 5
✆ +40 268 411 253
www.casa-wagner.com
Chambre double à partir de 50 €. Petit déjeuner inclus.
Difficile de trouver meilleur emplacement sur la place principale pour cet hôtel 3 étoiles situé dans un bâtiment historique de la ville datant du XVe siècle. Les intérieurs ont été partiellement refaits, dévoilant de superbes chambres mêlant ancien et contemporain, mais aussi quelques parties communes un peu vieillottes. Les vues sur la place sont superbes. Le tout pour des tarifs abordables.

■ HOTEL ARMATTI

Strada Lungă, 5
✆ +40 368 443 200
www.armatti.ro
reservations@armatti.ro
Chambre double à partir de 50 €, petit déjeuner inclus.
Établissement contemporain aux intérieurs décorés avec soin dans des couleurs pastel et belles boiseries, l'hôtel Armatti est une option d'hébergement très design. Juste en dehors du centre-ville, l'établissement offre également une salle de sport ainsi qu'un centre d'affaires.

■ HÔTEL BELLA MUZICA***

Piata Sfatului, 19
✆ +40 268 477 958
www.bellamuzica.ro
hotel@bellamuzica.ro
Chambre simple à 55 €, double à 68 €.
Une location on ne peut plus centrale pour cet hôtel abrité dans un bâtiment dont la construction remonte à 1600. Entièrement rénové, il est remarquable pour son architecture à inspiration néoclassique et pour le décor en boiseries ainsi que pour le mobilier d'époque.

■ HÔTEL CASA ROZELOR****

Strada Michael Weiss, 20
✆ +40 268 475 212
www.casarozelor.ro
casarozelor@yahoo.com
Appartements à 69 € pour une personne ou 84 € pour 2. Le petit déjeuner est compris dans le prix.
En plein centre-ville, cet hôtel situé dans un bâtiment historique datant du XVe siècle est une excellente adresse. Les appartements ont beaucoup de caractère et le décor surprend par les œuvres d'art contemporain et ancien qui y sont exposées.

■ HÔTEL COROANA

Strada Republicii, 62
✆ +40 268 477 448
www.aro-palace.ro
office@aro-palace.ro
Chambres doubles à partir de 47,50 € avec petit déjeuner.
Apprécié surtout pour sa situation on ne peut plus centrale, dans la rue piétonne de la ville. Le bâtiment 1910 est, de plus, tout à fait charmant et de caractère, malgré des chambres un peu vieillottes. Restaurant.

■ RESIDENCE HIRSCHER

Strada Apollonia Hirscher, 14
✆ +40 368 401 212
www.residence-hirscher.eu
info@residence-hirscher.eu
Appartements avec chambre à coucher et salle de séjour à 70 €.
Cet appart-hôtel se trouve en plein cœur de la ville, dans un bâtiment historique entièrement rénové. Les 12 appartements sont d'une élégance sobre et disposent de cuisines équipées, connexion Internet, téléphone...

Luxe

■ HÔTEL AMBIENT

Strada Iuliu Maniu, 27 A
✆ +40 268 470 856
www.hotelambient.ro
reservations@hotelambient.ro
Chambres doubles 90 € avec petit déjeuner.
Un hôtel 4 étoiles de 39 chambres dans un bâtiment contemporain tout en verre. Restaurant sur place et nombreux services. Ce n'est certainement pas le plus charmant des hôtels, mais il reste un choix impeccable.

■ HÔTEL ARO PALACE

Strada Eroilor, 9
✆ +40 268 478 800
www.aro-palace.ro
office@aro-palace.ro
Chambre double à partir de 126 €. Petit déjeuner inclus.
Situé en plein centre historique, cet hôtel a une histoire de plus de soixante-dix ans, ayant été inauguré avec grand faste en 1939. Il est aujourd'hui le seul hôtel 5 étoiles de Brașov et propose 315 chambres doubles et simples, des appartements et des studios, un appartement présidentiel et même une chambre

adaptée aux personnes à mobilité réduite. Les chambres, d'un confort 4 et 5 étoiles, sont spacieuses, très élégantes et ont des vues imprenables sur le parc central. Les équipements sont nombreux (piscine, centre de spa, 4 salles de conférence, 6 restaurants) et d'une qualité exceptionnelle. On apprécie tous les services : télévision câblée, Internet, coffre-fort, minibar, laverie, spa, parking, location de voitures, bureau de change, etc. Les 6 restaurants proposent une cuisine variée et raffinée et le bar de nuit de l'hôtel est un endroit de référence de la ville de Brașov. Bon rapport qualité/prix.

■ KRONWELL PALACE

Bulevardul Gării, 7
✆ +40 368 730 800
www.kronwell.com
reservations@kronwell.com
Chambre double à partir de 88 €.
Superbe 4 étoiles contemporain, l'hôtel Kronwell a pris ses quartiers dans une impressionnante tour à côté de la gare de Brașov. Ici, tout n'est que luxe distingué : belles lignes contemporaines, couleurs sobres, design moderne. Même les salles de bains sont contemporaines avec des baignoires au cœur des chambres ! Dernier atout : le spa exceptionnel.

Se restaurer

Concentrés dans la vieille ville, les restaurants sont innombrables. Il y en a pour tous les goûts. Dans Strada Republicii, vous trouverez de nombreuses enseignes qui ne sont pourtant pas les meilleures adresses.

Bien et pas cher

■ LA BUCĂTARUL VESEL

Strada Michael Weiss, 33
✆ +40 752 271 024
Ouvert tous les jours de 11h à 23h45. Plat autour de 6 €.
Bon restaurant qui sert d'excellentes spécialités roumaines, centre-européennes et internationales, dans un cadre à la fois détendu et raffiné pour de petits prix. Très prisé par les Roumains de la ville.

■ PIZZA ROMA

Strada Apollonia Hirscher, 2A
✆ +40 268 411 835
www.pizzaroma.ro
office@pizzaroma.ro
Ouvert tous les jours de 9h à minuit. Pizzas autour de 5 €.
Situé en plein sur Piața Sfatului, on y sert de copieuses pizzas à partir de 4 €. Sa terrasse donne directement sur le mont Tâmpa et ses salles sont agréablement décorées de peintures de Dalí et de Venise. L'ambiance y est conviviale et le personnel souriant.

■ TAVERNA SÂRBULUI

Strada Politehnicii, 6
✆ +40 268 410 222
http://brasov.tavernasarbului.ro
Ouvert jusqu'à minuit.
Un autre restaurant dans une cave qui sert de solides spécialités roumaines. On y va pour l'excellente cuisine locale, l'ambiance médiévale et animée et les prix très corrects.

Bonnes tables

■ BELLA MUZICA

Piața Sfatului, 19 ✆ +40 268 477 956
http://bellamuzica.ro
Ouvert tous les jours de 11h à 22h.
Dans la pension du même nom, un restaurant dans une cave en brique voûtée en sous-sol qui sert de délicieux classiques roumains. L'ambiance à la fois médiévale et romantique comblera tout le monde, d'autant que la cuisine est tout bonnement exceptionnelle, tout comme le service.

■ PILVAX

Strada Michael Weiss, 16
✆ +40 268 475 829
www.pilvax.ro
Ouvert tous les jours de 8h à 22h. Repas complet autour de 15 €.
Le restaurant hongrois de la ville qui sert d'excellentes spécialités magyares dans une ambiance feutrée et branchée propice à un dîner romantique. Le service y est excellent, la carte des vins hongrois, roumains ou internationaux très fournie, sans parler de la cuisine très réussie. Un des meilleurs restaurants de la ville.

■ POARTA SCHEI 4

Strada Poarta Schei, 4
✆ +40 743 236 733
www.poartaschei4.ro
Repas complet autour de 15 €.
Ce restaurant est épatant pour sa cuisine créative à influence française. On pourra d'ailleurs vous servir d'excellents vins. Le décor sophistiqué dans une cave tout en pierres sèches, avec bougies et nappes immaculées, se marie parfaitement avec un dîner romantique.

■ **SERGIANA**
Strada Mureșenilor, 27 ✆ +40 268 419 775
restaurantsergiana@sergiana.ro
Menu complet autour de 15 €.
Si vous recherchez à déguster une bonne cuisine transylvaine, ce restaurant est fait pour vous. Le choix est grand et les plats copieux. On vous accueille dans une magnifique cave souterraine en habit traditionnel. Une très bonne adresse avec d'excellentes spécialités locales parfaitement exécutées.

Sortir

L'hebdomadaire gratuit *Zile și Nopți* recense les programmes de cinéma, les nouveaux restaurants, les soirées de Brașov et des stations des alentours (Poiana Brașov, Predeal, Sinaia).

Cafés – Bars

Dès l'arrivée des beaux jours, la place Sfatului et le boulevard Republicii s'imposent comme l'endroit idéal pour se prélasser devant un café ou une bière.

■ **CAFE COLAJ**
Strada Apollonia Hirscher, 2
✆ +40 744 420 852
Ouvert tous les jours de 10h à minuit.
Un petit café branché et coloré situé à deux pas de la place de la vieille ville. L'ambiance y est jeune et chaleureuse et la carte des cafés tout simplement impressionnante avec des créations provenant des quatre coins du monde. Le petit lieu expose également des artistes locaux et sert aussi de délicieux cocktails et de légères collations.

■ **FESTIVAL 39**
Strada Mureșenilor, 23
www.festival39.com
Ouvert jusqu'à minuit (et même parfois plus tard). Les bières sont à moins de 2 €.
Considéré comme l'un des bars les plus agréables de la ville pour son ambiance et son décor très sympa.

■ **FORMULA PUB**
Bulevardul Eroilor, 29 ✆ +40 268 414 113
formulapub.ro
Ouvert tous les jours de 10h30 à minuit (1h le week-end).
Situé en sous-sol sous l'université, c'est le bar phare des étudiants qui s'y retrouvent pour des fêtes se prolongeant parfois jusqu'à tard. L'ambiance y est jeune et chaleureuse, tandis que les intérieurs sont humoristiquement décorés, comme le nom du bar l'indique, sur le thème de la Formule 1.

■ **KAFE PUB**
Strada Poarta Schei, 5
✆ +40 726 466 466
www.kafepub.ro
kafe@kafepub.ro
Ouvert tous les jours de 7h30 à minuit.
Un grand choix de boissons (cocktails, bières, cafés) dans une ambiance sympa et animée le soir. Les intérieurs sont élégamment décorés et mêlent le look d'un magasin d'antiquité, d'une bibliothèque rétro et d'un repaire branché. Quelques événements les samedis soir.

■ **OBEY PUBLIC HOUSE**
Strada Grigoraș Dinicu, 2
✆ +40 751 615 937
obeypublichouse@yahoo.com
Ouvert tous les jours de 11h à 3h.
Repaire tamisé dans une rue discrète de la vieille ville, le bar Obey accueille une clientèle festive dans une ambiance rock and roll avec une mezzanine pour plus d'intimité et des bières à des prix défiant toute concurrence.

■ **PUBLICK**
Strada Republicii, 1
✆ +40 730 273 842
Ouvert de 8h30 à 2h.
Situé à l'étage d'un vieux bâtiment au tout début de Strada Republicii, Publick ressemble au vaste appartement d'un ami étudiant qui nous convierait à une de ses soirées. Jeune et animé, l'endroit sert aussi de lieu d'exposition et organise régulièrement des soirées thématiques.

Clubs et discothèques

N'y aller qu'en fin de semaine. Le reste du temps, il ne s'y passe pas grand-chose.

■ **HACIENDA**
Strada Carpaților, 17
✆ +40 268 311 725
www.hacienda.ro
Ouvert du jeudi au dimanche de 22h à 5h.
Une vaste usine désaffectée transformée en une gigantesque discothèque. Avec une capacité de 1 000 personnes, on y vient nombreux les vendredi et samedi soir. Entrée payante.

Spectacles

■ **BULEVARD**
Bulevardul Griviței, 47
Un des meilleurs cinémas de Brașov, avec le City Plex situé dans le centre commercial Mall.

Brașov est une fête !

Tout au long de l'année, la ville est marquée par un ensemble d'événements et de festivals. Privilégiant la musique et le folklore, en voici quelques-uns, mais n'hésitez pas à vous informer sur les manifestations du moment.

La fête des Junii (Junii Brașovului). Cette fête traditionnelle a lieu dans le quartier de Schei (sud du centre historique), le premier dimanche du mois de mai. Les jeunes hommes âgés de 18 à 20 ans défilent à cheval de la place Sfatului à la place Unirii, en costume traditionnel et se livrent à des jeux médiévaux tels que le lancer de massues. Processions et joutes ont lieu le dimanche, pour commémorer ce seul jour de la semaine où les Roumains de Schei avaient le droit de pénétrer dans la cité saxonne. Les festivités se terminent sur la colline Tâmpa, où les danses folkloriques durent des heures.

Cerbul de Aur (le Cerf d'or) – www.cerbuldeaur.ro. Ce festival se déroule sur Piața Sfatului tous les étés (fin septembre) et jouit d'une grande réputation dans le pays. Sur la scène se succèdent les vedettes locales et internationales (Joe Cocker, James Brown) devant les caméras de la télévision locale et devant une foule immense. On se souvient même du concert de Tatu, interrompu par les autorités religieuses…

Le Festival international des arts. Dédié plus particulièrement au folklore et à l'art populaire, cet événement rassemble de nombreux groupes folkloriques venus de quelque dix pays. La première édition ayant eu lieu du 6 au 9 septembre 2007, la ville de Brașov reconduit depuis l'événement d'année en année.

Etnovember. Un festival original pour célébrer les traditions et les minorités du pays. Organisé chaque mois de novembre.

PHILHARMONIQUE GHEORGHE DIMA
Strada Apollonia Hirscher, 10

THÉÂTRE SICĂ ALEXANDRESCU
Piața Teatrului, 1

À voir – À faire

Piața Sfatului est le cœur de la ville et représente donc un excellent point de départ pour explorer Brașov. De cette « place du Conseil », vous pouvez rejoindre le Parc central (Bulevardul Eroilor) et ses musées par la très jolie et animée rue piétonne Strada Republicii ou par la commerçante Strada Mureșenilor. La première mène au marché central et offre quelques belles façades qui, pour certaines, portent encore les stigmates de la révolution de 1989. Ensuite, on explore les rues plus calmes le long de la colline Tâmpa, que vous pouvez gravir. Plus loin, au sud, ne manquez pas le quartier de Schei, que l'on atteint par Strada Poarta Schei, très différent du centre médiéval.

Quartier médiéval. Le quartier, d'aspect villageois, qui longe la colline Tâmpa est fait d'étroites ruelles aux maisons ornées de ferronneries et aux cours intérieures fleuries. Vous y découvrirez parfois une église cachée (à côté de Suntours, Strada Gheorghe Barițiu), récemment repeinte, entourée de balcons. Ou bien une vieille synagogue à la façade colorée (Strada Castelului, 64). Et toujours, partout, des fleurs en été. Cherchez Strada Sforii (« rue de la Ficelle »), passage long d'environ 100 mètres et très étroit entre deux rues de la vieille ville. Selon les habitants de Brașov, c'est la rue la plus étroite du monde !

Staline-Brașov

De jour comme de nuit, lorsqu'on sillonne les rues de la vieille ville, on peut aisément lire « Brașov » en toute lettre sur la colline Tâmpa. Comme à Hollywood, pourrait-on dire. Mais il faut s'imaginer que dans les années 1950, à ce même endroit, des jardiniers paysagistes, particulièrement doués d'ailleurs, avaient pour ordre de tailler les arbres de manière que « Stalin », nom officiel donné à Brașov entre 1950 et 1960, soit visible de toute la ville. Un support de propagande supplémentaire mais disons, cette fois-ci, un plus insolite.

Braşov à la corde

Tout proche de l'église Noire et de Strada Cerbului, la rue de la Ficelle (Strada Sforii) tracée au XIIIe siècle est, paraît-il, la rue la plus étroite d'Europe de l'Est avec ses 1,32 mètre de largeur (et plus de 80 mètres de longueur). Elle a été rénovée en 2003 : c'est désormais l'occasion de vérifier si l'on peut toucher les deux côtés du mur en même temps avec les bras tendus. C'est en tout cas un vrai défi pour les photographes, un beau terrain de jeu pour les amoureux ou un passage agréable pour marcher à l'ombre lors des chaleurs estivales.

▶ **Fortifications de Braşov.** Soumis à de nombreuses attaques et incursions ennemies, les habitants de la ville décidèrent, entre 1400 et 1650, de construire des fortifications véritablement efficaces. Des murs en pierre furent progressivement érigés tout autour de Braşov (3 kilomètres de longueur, 12 mètres de hauteur), de même que les tours de guet et les portes de la ville.

Pour apprécier ce système défensif qui date du XVe siècle, le plus simple est de se rendre dans le mieux conservé de ses bastions, le superbe Bastionul Ţesătorilor (« bastion des Tisserands »), construit en 1436 et remarquablement bien conservé. Dans ses galeries revêtues de boiseries, on pourra visiter un musée (Strada George Coşbuc, 9 ; ouvert de 10h à 16h), où une immense maquette (de 1896) représente le Braşov des années 1600. Parmi les autres vestiges visibles, Poarta Ecaterinei, de 1559, autrefois entrée principale de la ville, est la seule porte qui ait survécu aux épreuves du temps. Poarta Schei, au bout de la rue du même nom, fut construite bien plus tard (1827). À l'ouest de la vieille ville, le long de Strada După Ziduri (« rue Hors-les-Murs »), au pied de la colline Warthe, on pourra reconnaître les tours Negru (noire) et Alb (blanche) et le bastion Fierarilor (« bastion des Forgerons »). La construction des fortifications étant financée par les corporations de métiers saxonnes, on donnait aux bastions le nom de l'une d'entre elles : bastions Frânghierilor (« des Cordeliers », d'où part le téléphérique pour Tâmpa), Măcelarilor (« des Bouchers »), etc.

▶ **Colline Tâmpa.** Cette petite montagne couverte d'une forêt sombre et touffue domine le centre médiéval de la ville. Un téléphérique y grimpe toutes les 15 minutes, de midi à 18 heures le lundi et de 9 à 18 heures du mardi au dimanche. Comptez 3 € pour le trajet aller-retour. Vous pouvez également monter au sommet par un chemin partant du même endroit (1 heure de marche environ). Le panorama est exceptionnel : la ville à vos pieds où l'on voit les différentes étapes de sa construction (cité médiévale, quartier de Schei, ville moderne et bétonnée), mais aussi la majestueuse chaîne des Carpates. Jusqu'au XVe siècle, la colline portait à son sommet la citadelle de la ville, détruite ensuite par Vlad Ţepeş.

▶ **Quartier de Schei.** Ce quartier est différent du quartier saxon médiéval, et pour cause. Ce fut le seul de la ville où, durant des siècles, les Roumains de Braşov furent autorisés à vivre, tandis que les Saxons disposaient de la majeure partie de la ville. Les Roumains ne pouvaient pénétrer dans la ville que le dimanche. Aux rues assez droites du quartier saxon s'opposent des rues plus libres, qui serpentent entre les collines. Pour vous y rendre, passez Porta Schei, au bout de la rue du même nom. On pénètre alors dans un gros village bien sympathique.

▶ **Autour du parc central.** Particulièrement populaire, ce parc vivant et coloré offre un bel espace de fraîcheur durant l'été. Les enfants se pressent pour s'amuser dans un espace qui leur est entièrement consacré. Les joueurs d'échecs s'affrontent dans des parties endiablées. Tout en suivant ces scènes de vie, on pourra contempler les bâtiments qui entourent le parc (la poste, l'hôtel de ville). Pour ne rien gâcher, on peut visiter de nombreux monuments dans les alentours.

■ BISERICA NEAGRĂ (ÉGLISE NOIRE)

Curtea Johannes Honterus, 2
Au sud de Piaţa Sfatului
Ouverte de 10h à 17h, théoriquement fermée le dimanche, sauf pendant les offices (où une grande discrétion doit être observée pendant les visites). Entrée 1,50 €.

Plus grande église gothique du pays (89 mètres de longueur, 38 de largeur et 65 de hauteur), elle fut construite entre 1385 et 1447, aux côtés d'une église plus ancienne détruite par les Tatars. Elle fut partiellement anéantie par l'incendie de 1689 (tout comme une partie de la ville) et c'est de la couleur noire que prirent les murs après le désastre que lui vient son nom. Restaurée, elle subit plus tard de nombreux remaniements, dont l'apport d'éléments baroques à l'intérieur. On remarquera son orgue aux 4 000 tuyaux datant de 1839. Les vitraux de l'église, récemment refaits, sont également superbes, tout comme ses 119 fabuleux tapis orientaux (XVe-XVIIIe siècles). Le nombre de ses statues est impressionnant. En outre, on pourra y voir des peintures de style Renaissance italienne, du XVe siècle. Pendant tout l'été, des concerts sont donnés à l'église trois fois par semaine.

■ CITADELLE DE BRAȘOV (CETATEA BRAȘOVULUI)

Colline de la Citadelle (Dealul Cetății)

On y arrive par des escaliers qui partent derrière la poste.

Stratégiquement située, de façon à dominer la ville et les plaines du Nord, la citadelle faisait partie du plan de fortification de Brașov, après que celle du mont Tâmpa eut été abandonnée. Un restaurant « médiéval », le Cetate, y est aménagé.

■ ÉGLISE CATHOLIQUE SAINTS-PIERRE-ET-PAUL (BISERICA ROMANO-CATOLICĂ SFÂNȚII APOSTOLI PETRU SI PAVEL)

Strada Mureșenilor, 21

Église baroque édifiée entre 1776 et 1782.

■ ÉGLISE DE LA SAINTE-TRINITÉ (BISERICA SFÂNTA TREIME)

Strada George Barițiu, 12

Construite à la fin du XVIIIe siècle, elle se caractérise par ses riches ornementations. Ses peintures extérieures de style baroque sont l'œuvre de Mișu Popp.

■ ÉGLISE ÉVANGÉLIQUE SAINT-BARTHÉLEMY (BISERICA EVANGHELICĂ SFÂNTUL BARTOLOMEU)

Strada Lungă, 247

Dans le quartier de Brașovul Vechi

La longue rue Lungă (d'où son nom) part de l'extrémité sud du Parc central. Construite en 1223, cette église romane est la plus ancienne de la ville. Ses éléments gothiques sont des ajouts ultérieurs.

■ ÉGLISE ORTHODOXE DE L'ASSOMPTION (BISERICA ORTODOXĂ SFÂNTA ADORMIRE A MAICII DOMNULUI)

Piața Sfatului, 3

Cette église, au cœur de la ville, fut achevée en 1896. En 1972, d'importants travaux de rénovation ont permis à cet édifice de retrouver son apparence initiale. Ses fresques et ses décorations sont impressionnantes.

■ ÉGLISE ORTHODOXE SAINT-NICOLAS (BISERICA ORTODOXĂ SFÂNTUL NICOLAE)

Piața Unirii, au cœur du quartier de Schei.

Construite en bois, en 1292, refaite en pierre au XVe siècle, l'église subit de nombreux remaniements et agrandissements au cours des siècles suivants. Agrandie au XVIIIe siècle, elle ressemble aujourd'hui à une église allemande de Transylvanie, avec sa tour principale et ses quatre autres tours flanquant les quatre coins de l'édifice. Un vrai petit château ! À l'intérieur, vous verrez de superbes icônes, dont certaines du XVe siècle.

■ MUSÉE D'ART

Bulevardul Eroilor, 21

© +40 268 477 286

www.muzeulartabv.ro

contact@muzeulartabv.ro

Ouvert du mardi au dimanche de 10h à 18h. Entrée 1 €.

Belles collections d'œuvres d'art national (Tattarescu, Aman, Grigorescu, Mattis-Teutsch) et international dans un bâtiment de style Sécession. Peintures, sculptures, mais aussi jolies poteries et céramiques.

■ MUSÉE DE LA PREMIÈRE ÉCOLE ROUMAINE

Ouvert du mardi au dimanche de 9h à 17h. Entrée 1,25 €.

Situé dans l'église Saint-Nicolas, ce bâtiment a abrité la première école roumaine au XVe siècle. On y trouve les imprimeries du diacre Coresi, qui fit publier les premiers livres en roumain au XVIe siècle. On y verra également d'anciens manuels scolaires, des machines à imprimer et du mobilier scolaire de différentes époques.

■ MUSÉE D'ETHNOGRAPHIE

Bulevardul Eroilor, 21 A

© +40 268 475 562

www.etnobrasov.ro

muzeu@etnobrasov.ro

Ouvert du mardi au dimanche de 10h à 18h. Entrée 1,25 €.

Installé dans une ancienne pharmacie rénovée, le musée présente le folklore de la ville et de sa région à travers des costumes, des photographies et des outils, ainsi que l'histoire du tissage.

PIAȚA SFATULUI (PLACE DU CONSEIL)

Le nom de la place lui vient du Conseil des cent citoyens qui autrefois gouvernait la ville et se tenait ici. Principale place de Brașov, Piața Sfatului, connue sous le nom de Marktplatz parmi les Saxons de la ville, est probablement la plus belle place piétonne de toute la Roumanie. Elle est entourée de solides maisons colorées dont le rez-de-chaussée est systématiquement occupé par un commerce ou un restaurant, certains avec des terrasses offrant de jolies vues. L'édifice central de la place (Casa Sfatului, « maison du Conseil ») date de 1420, mais a subi de nombreux remaniements au cours des siècles. Ainsi, sa tour, haute de 48 mètres, a été ajoutée en 1528 et restaurée en 1910. Cet ancien hôtel de ville abrite aujourd'hui le musée d'Histoire (Muzeul Județean de Istorie, ouvert tous les jours de 10 à 18 heures sauf le lundi). Il vous permettra de vous familiariser avec l'histoire de la ville à travers des documents médiévaux relatifs aux différentes corporations de métiers, tout en contemplant la place de haut. Sur la place toujours, le vaste édifice orange de style médiéval, dont la couleur tranche si bien sur le fond vert sombre de la forêt de la colline de Tâmpa, est appelé Casa Hirscher (ou Casa Negustorilor). Il fut construit par la veuve d'un notable, Apollonia Hirscher, en 1545, qui en a fait le marché couvert de la ville.

SYNAGOGUE (SINAGOGA)

Strada Poarta Schei, 27

Fermée le week-end.

La communauté juive s'est installée à Brașov au début du XIXe siècle. Cette synagogue toute rouge, cachée au fond d'une cour, date de 1901. Il est possible d'y prendre des repas au réfectoire.

Shopping

Les rues Nicolae Bălcescu et Republicii sont particulièrement fournies en magasins où vous pourrez trouver tout ce que vous souhaitez. Le grand marché du centre-ville est situé Strada Nicolae Bălcescu, derrière la préfecture.

ARTIZANAT

Strada Republicii, 48

Artisanat local, souvenirs.

LIBRAIRIE GEORGE COȘBUC

Strada Republicii, 29

✆ +40 268477309

Ouvert du lundi au vendredi de 9h à 19h. Le samedi de 10h à 16h.

Une librairie bien fournie qui dispose de quelques ouvrages en anglais et allemand.

LIBRAIRIE IOSIF

Strada Mureșenilor, 14

Ouvert de 8h à 20h du lundi au vendredi et de 9h à 16h le samedi. Fermé le dimanche.

À côté du surprenant consulat de Jordanie. Les plus importants ouvrages de la littérature roumaine, quelques magazines en langues étrangères, de nombreuses cartes postales, CD et cassettes audio… C'est le meilleur endroit pour vous procurer des cartes de randonnée ou autres.

SPORT VIRUS

Strada George Barițiu – www.sportvirus.ro

office@sportvirus.ro

Magasin de sport avec nombreux articles pour randonnée, VTT et possibilité de s'inscrire à des cours de parachutisme.

STAR

Strada Nicolae Bălcescu, 62

Le grand magasin du centre-ville.

POIANA BRAȘOV

350 habitants. Située à 1 020 mètres d'altitude à 12 kilomètres de Brașov, « la Clairière de Brașov » est une belle station de montagne. En hiver, vous y disposez de 150 hectares de pistes de ski de tout niveau (mais ne vous attendez tout de même pas à de difficiles pistes alpines…). En été, les divers chemins de randonnée vous conduisent vers de nombreux chalets de montagne ou même Râșnov, Predeal, Timișu de Jos et la colline Tâmpa de Brașov. Les possibilités de logement sont innombrables, à la hauteur du succès de la station. Les hôtels, entourés de forêts, proposent des équipements de loisirs modernes (patinoire, lac d'agrément, piscine, centre d'équitation…). On trouvera sur place de nombreuses boutiques de location de skis (hiver) ou de VTT (été). En été, le téléphérique peut vous déposer au sommet du mont Postăvaru (1 799 mètres), d'où vous profiterez d'un panorama époustouflant qui s'étend sur Brașov et sa région. Bref, Poiana Brașov constitue un excellent but d'excursion à partir de Brașov.

Transports

La liaison Brașov-Poiana Brașov, par le bus n° 20, est facile et rapide. À Brașov, on les prend à l'extrémité ouest du Parc central (et de Bulevardul Eroilor), à Livada Poștei.

Depuis Brașov, si vous prenez le bus, vous arriverez au nord-est de la ville. Strada Poiana Soarelui, la route principale, vous permettra d'atteindre rapidement le centre de la station. De là, vous y trouverez des commerces, la poste et des restaurants, et l'on pourra facilement vous renseigner.

Poiana Brașov
Dealul Postei
Dealul Cetății
Dealul Melcilor
Parc Nicolae Titulescu
Parc Gh. Dima
Eglise "Buna Vestire"
Lic. Aprily
Eglise catholique
Casa Muresinelor
Musée d'histoire
Cathédrale orthodoxe
Primaria Veche
Piata Sfatului
Biserica Neagra
Porta Escaterinei
Synagogue
Bastion Tesătorilor
Eglise St. Paraschiva
Poste
Musée des Arts
Musée d'ethnographie
Théâtre dramatique
Bus vers la Gare
Marché
Bastion Postăvarilor
Télécabine
Télécabine
RESERVE NATURELLE DE TÂMPA
TÂMPA
TÂMPA
Str. Fagetului
Str. O. Iosif
Sirul Livezii
Calea Poienii
Calea Poienii
Str. Cibinului
Str. Gh. Dima
Str. Băilor
Str. Prundului
Baiulescu
Brediceanu
Str. Lungă
Str. M. Eminescu
Str. Nicola Iorga
Bulevardul Eroilor
Cetajuia
Iron Cranjă
Colinei
Str. Colonel Buzoianu
Cuza
Str. Iuliu Maniu
Str. Vlad Tepes
Str. Agriselor
Str. Grădinarilor
Bulevardul 15 Noiembrie
Str. Lucian Blaga
Str. Matei Basarab
Str. Negoiu
Str. Olarilor
Str. Pictor Popp
Str. E. Varga
Str. C. Dobrogeanu Gherea
Str. N. Bălcescu
Bulevardul Eroilor
Sadoveanu
Str. Sf. Ioan
Str. Politechnicii
Str. M. Weiss
Mureșenilor
Dupa Ziduri
Valentin
Str. Republicii
Str. Armata Română
Str. Postăvarului
Str. Republicii
Str. N. Bălcescu
Str. Castelului
Michael Weiss
Str. Bălcescu
Str. Gh. Baritiu
Str. A. Hirschner
Cuerta Honterus
A. Russo
Str. Castelului
Castelului
Str. Poarta Schei
Str. Cerbului
Str. Castelului
Aleea Tiberiu Brediceanu
Promenada Sub-Tâmpa
Aleea Tiberiu Brediceanu
0
300 m
Edifice religieux
Musée
Curiosité
Théâtre
Marché
Poste
Gare routière
Télécabine

Pratique

■ **SAUVETEURS EN MONTAGNE (SALVAMONT)**
Cabana Postăvarul ✆ +40 368 101 036

Se loger

Il est difficile de trouver un bâtiment de cette station qui ne soit ni un hôtel, ni une villa, ni une pension ! Vous n'aurez donc aucun mal à vous trouver un toit. Pour choisir à l'avance, n'importe quelle agence de Braşov pourra vous aider.

▶ **Campings.** Plusieurs ensembles de bungalows peuvent être loués autour de la station. Ils ont pour noms Căprioara ou Brândusa, pour les plus confortables, ou encore Diana, Luminița, etc.

▶ **Cabanes, auberge de jeunesse pensions et villas.** À Poiana Braşov, les logements sont dans l'ensemble luxueux. Pour trouver des hébergements moins chers, éloignez-vous du centre et dirigez-vous vers Strada Poiana Ursului. Sinon, les cabanes d'altitude restent une bonne alternative.

Bien et pas cher

■ **CABANA POSTĂVARU**
✆ +40 368 101 036 / +40 744 592 525
www.cabanapostavaru.ro
info@cabanapostavaru.ro
À 15 minutes de marche.
Un chalet plus que centenaire à 1 600 mètres d'altitude qui peut accueillir une centaine de personne été comme hiver dans des chambres de 2 à 6 personnes de tout confort. Un grand restaurant peut servir jusqu'à 100 personnes.

■ **CASA VINGA**
Strada Valea Lungă ✆ +40 268 262 334
www.casavinga.ro
pensiune@casavinga.ro
Chambres doubles autour de 45 €.
Cet hôtel/pension assez moderne, sans charme particulier, est situé en lisière de forêt à tout juste un kilomètre du centre de la station. Ses chambres sont relativement cossues, propres et bien équipées.

■ **POIANA URSULUI**
✆ +40 268 262 216 / +40 268 262 308
www.poianaursului.ro
office@poianaursului.ro
Chambres doubles à partir de 30 €.
Une trentaine de chambres ainsi que quelques appartements dans cette vaste pension 4 étoiles située dans un vieux chalet en bois qui organise également de nombreuses activités dans les environs. Un grand restaurant de cuisine traditionnelle occupe le rez-de-chaussée.

Confort ou charme

■ **CASA VIOREL**
✆ +40 268 262 431
www.casaviorel.com
info@casaviorel.com
Chambre double de 50 à 70 €.
Une luxueuse pension 4 étoiles à côté des pistes de ski.

■ **HÔTEL BRADUL**
Valea Dragă
✆ +40 268 407 330
www.anahotels.ro
reservation-hotelsport@anahotels.ro
Chambres doubles de 50 à 150 € selon la saison.
Un hôtel 3 étoiles avec des chambres impeccables. Nombreux services, mais c'est cher tout de même !

■ **HÔTEL MIRUNA**
✆ +40 268 262 120
www.mirunahotel.ro
miruna@mirunahotel.ro
Chambre double de 45 à 73 € selon la saison.
Un très bel établissement d'une vingtaine de chambres excellentes.

■ **HÔTEL RUIA******
✆ +40 268 262 202
www.hotelruia.ro
hotelruia@hotmail.com
Chambres doubles à partir de 50 €. Junior suite à partir de 75 €.
Hôtel confortable, flambant neuf et délicatement orné de fleurs en été. 30 chambres seulement dans un bâtiment de caractère. Un bon rapport qualité/prix.

■ **PENSIUNEA LIMOR*****
Strada Fântâna Călugărului 2
✆ +40 268 262 364
www.limor.ro
limor@brasovia.ro
Chambre double de 40 à 80 € sans petit déjeuner.
Grande pension moderne, luxueuse et confortable, 4 étoiles.

Luxe

■ **HOTEL ALPIN**
✆ +40 268 262 343
www.hotelalpin.ro

contact@hotelalpin.ro
Hôtel 4 étoiles, chambre simple à 110 €, double standard à 115 €. Petit déjeuner inclus.
Situé au pied de la montagne, à 1 060 mètres d'altitude, cet hôtel s'harmonise avec le paysage par les boiseries exquises qui lui donnent un air très chaleureux et par son architecture sur plusieurs paliers. Ses 140 chambres ont de belles terrasses avec vue sur la forêt et disposent de tout le confort : baignoire, minibar, télévision, téléphone direct, Internet par câble et Wifi. Restaurant à spécialités roumaines et internationales, piano-bar avec concert *live* tous les soirs, centre de spa et même garderie pour les enfants (tant à l'intérieur qu'à l'extérieur de l'hôtel). Il y a aussi 7 salles de conférence (capacité de 12 à 500 places). Pour les clients, accès gratuit à la piscine chauffée, au bain bouillonnant, à la salle de fitness et au parking sécurisé. Une aile avec 114 appartements de luxe est aussi proposée aux touristes.

Se restaurer

Cette sélection de restaurants mérite à elle seule un passage par Poiana Brașov.

COLIBA HAIDUCILOR

Drumul Sulinar
✆ +40 268 262 137
www.colibahaiducilor.com
info@colibahaiducilor.com
Ouvert de 11h à minuit.
Ce « Repaire des Hors-la-loi » est considéré par certains comme l'un des meilleurs restaurants de Roumanie. Pour le décor : bois partout, ambiance chaleureuse. Pour la cuisine : le meilleur des spécialités roumaines et même plus puisque vous pourrez y déguster un steak d'ours !

STÂNA TURISTICĂ

Ouvert de 10h à 1h. À l'entrée de la station. Situé sur la route entre Brașov et Poiana Brașov.
Remarquable cuisine traditionnelle dans un décor cossu et chaleureux. *Stână* signifie « bergerie », les spécialités d'agneau et les fromages sont à l'honneur.

ȘURA DACILOR

✆ +40 268 262 327
www.suradacilor.ro
Ouvert de 11h à minuit.
« La Remise des Daces » est située au bord du lac. Fourrures et herbes sèches ornent les murs, on est assis sur des rondins et on déguste avec bonheur une excellente cuisine roumaine. Terrasse.

PREJMER

Prejmer (8 100 habitants) et Hărman (5 200 habitants), deux villages au nord de Brașov sont idéaux pour une excursion d'un jour. Ils sont connus pour leurs superbes églises paysannes fortifiées, joyaux de l'architecture transylvaine. Les villages eux-mêmes sont ravissants et fort bien conservés.

- **Accès en venant de Brașov :** En bus, autogares 1 et 3. Maxitaxis de Strada Hărmanului, 47 A.

ÉGLISE FORTIFIÉE DE PREJMER

À 17 km au nord-est de Brașov. Ouverte du mardi au vendredi de 9h à 17h, le samedi de 9h à 15h. Entrée 1,50 €.
Cette église-forteresse, l'une des plus belles de Transylvanie, fut élevée entre le XIIIe (l'église) et le XVIe siècle (XVe et XVIe pour la forteresse) par les chevaliers Teutoniques et les Saxons. L'enceinte principale, superbe et impressionnante, est circulaire (80 mètres de diamètre), avec des murs de 3 à 4 mètres d'épaisseur ! L'intérieur de la forteresse comprend plus de 270 petites cellules, dont chacune appartenait à une famille du village. Réparties sur quatre niveaux et reliées par des escaliers en bois, ces salles servaient à entreposer des vivres. Participant du système défensif, un large chemin de ronde, à près de 12 mètres de hauteur et équipé de meurtrières, permet de faire le tour de l'ouvrage. L'église gothique, au centre de la forteresse, date de 1250. L'ensemble a été classé par l'Unesco. Également un intéressant petit musée.

HĂRMAN

ÉGLISE FORTIFIÉE DE HĂRMAN

Ouverte du mardi au dimanche de 9h à midi et de 13h à 17h.
Moins impressionnante que sa voisine mais néanmoins intéressante, cette forteresse fut élevée aux XVe et XVIe siècles par les Saxons du village. Sa tour de 50 mètres de hauteur et les sept bastions carrés des enceintes confèrent un aspect massif à l'ensemble.
L'enceinte, elle aussi de forme circulaire (un rond presque parfait), s'est constituée à partir de maisons villageoises accolées à leur église, romane d'origine mais remaniée ultérieurement en style gothique. Le mur d'enceinte est régulier et homogène. Ses petites tours pointues sont bien rangées et semblent s'incliner devant le haut clocher de l'église.

L'espace intérieur est rendu vivant par les petites maisons, ou cellules, construites le long du mur par les habitants, qui s'y réfugiaient lors des sièges. Les intéressantes peintures murales de l'église mettent en scène le Jugement dernier. À l'origine, l'ensemble était entouré de douves et de ponts-levis.

BRAN

5 200 habitants. Ce village, mondialement connu pour son château, est aussi un fief de l'agrotourisme, une entrée pour découvrir les monts Bucegi. C'est dans la région de Bran que le tourisme rural commença à se développer en Roumanie, dans les années 1960. Vous n'y aurez donc que l'embarras du choix.

En venant de Brașov, vous pourrez faire une première halte dans le joli village de Cristian pour son église fortifiée du XIIIe siècle et ses maisons colorées d'architecture typique de la région. Celle-ci est réputée pour son agriculture riche et diversifiée et on découvre avec intérêt des hordes de villageois qui se pressent dans les champs pour les récoltes. Viennent ensuite Râșnov et sa citadelle puis, une dizaine de kilomètres plus loin, un site touristique majeur du pays (mais est-ce bien justifié ?), le château de Bran, celui qui aurait, soit-disant, inspiré l'auteur de *Dracula*. Loin des attroupements autour du château, dans un cadre exceptionnel, se trouvent les monts Bucegi et le parc national de Piatra Craiului.

Transports

De nombreux bus (25 par jour en semaine, deux fois moins les samedi et dimanche) partent de l'Autogara 2 de Brașov, vers Râșnov, Bran puis Moieciu de Jos. Les bus de Brașov vers Pitești ou Câmpulung s'arrêtent également à Bran. Les trains vers Zărnești s'arrêtent à Râșnov, d'où il est aisé de rejoindre Bran.

Pratique

CARPATHIAN NATURE TOURS
à Moieciu
✆ +40 745 512 096
www.cntours.ro
On pourra vous organiser des excursions dans le parc national Piatra Craiului, des randonnées et des sorties pour observer la vie sauvage.

RENSEIGNEMENTS POUR PIATRA CRAIULUI
Strada Toplitei, 150
Zărnești
✆ +40 268 223 165
www.pcrai.ro
office@pcrai.ro

Se loger

Le tourisme rural est très développé dans la région et si vous désirez loger dans une pension ou chez l'habitant, vous n'aurez qu'à suivre les nombreux panneaux ! Les

Collection de souvenirs à l'effigie de Vlad L'Empaleur, dit Dracula.

pensions sont innombrables. N'oubliez pas que la pension complète est la plupart du temps possible sur demande et qu'on y mange très bien.

Bien et pas cher

CASA MANITIU

Vulcan
Strada Principală, 310
✆ +40 268 256 136 / +40 722 634 911
www.casamanitiu.ro
cornel@casamanitiu.ro
Chambre double de 15 € à 20 € selon la saison. Sans petit déjeuner.
Belle maison traditionnelle (grand portail arrondi, murs colorés) dans le village de Vulcan, un peu au nord de Râşnov. 5 chambres au décor rustico-surchargé qui vous tiendra chaud l'hiver.

CASA ZADA

Moieciu de Jos
Strada Principală, 441
✆ +40 722 245 685
tudorblaj@yahoo.com
Chambres de 25 à 30 €.
Récemment créé, le logement « le Mélèze » est situé au calme et entouré d'un beau verger. Vous apprécierez les chambres confortables de cette pension familiale. Possibilités de visites culturelles et de randonnées. Accueil très sympathique.

CENTRU DE ECOLOGIE MONTANA (CEM-CASA ORLEANU)

Moieciu de Sus, 125
✆ +40 745 978 023
www.cem.ro
Des lits bon marché en plein centre du village et une bonne source d'infos sur l'environnement dans la région.

PENSION CACIULA

Şirnea
Strada Principală, 250
✆ +40 723 250 676
Fabuleuse petite pension, chaleureuse, au milieu d'un paysage de rêve. En plus, on y mange fort bien.

PENSION LAURA

Şimon
DC 52, n° 48
À 1,5 km au sud de Bran
✆ +40 268 236 684
Compter 23 €/personne en demi-pension.
Une très jolie maison dans un vaste jardin où l'on dort aussi bien qu'on y mange.

PENSION MARIANA

Moieciu de Jos
Strada Cheia, 427 A
✆ +40 268 419 477
Chambre double à 15 € sans petit déjeuner.
Pension confortable dans une petite ferme bien agréable.

PENSION ŢEPOSU

Au sud de Moieciu de Jos
Village de Şirnea ✆ +40 268 236 995
Maximum 15 € la chambre double sans petit déjeuner.
Prix doux, ambiance rurale, repas inoubliables et sains, paysage de rêve…

PENSION VALEA CU STRUŢI

Şirnea
Strada Principală, 190
✆ +40 268 238 059 / +40 722 226 744
www.valea-cu-struti.ro
contact@valea-cu-struti.ro
Chambre double de 20 € à 25 € sans petit déjeuner.
Une grande villa très moderne et confortable avec une jolie vue. Mais rien de rustique ici, et dans la ferme vous aurez la surprise de croiser… des autruches (*struţi* signifie « autruches »). Bref, une curiosité.

POPASUL REGINEI

Bran
398 Strada Aurel Stoian
✆ +40 268 236 834
www.popasulreginei.ro
dobreianis@yahoo.com
Chambre double environ 22,50 €. Prix variables selon la saison.
« Le Relais de la reine » est une bonne adresse de type villa. Tout proche du château, on y est comme à l'hôtel, en ce qui concerne le confort et la piscine. Bon restaurant, très apprécié.

VILA BRAN

Bran
Strada Principală, 238
✆ +40 268 236 866 / +40 722 485 407
www.vilabran.ro – rezervari@vilabran.ro
Chambre double de 20 € à 40 € sans petit déjeuner. L'accès au parc de loisirs est gratuit.
À 800 mètres du château, à l'entrée du village quand on vient de Braşov. Suivez les panneaux. Des chambres dans plusieurs maisons différentes : balcon ou terrasse, vues (dont certaines sur le château), mobilier moderne ou ancien, etc. Cuisine traditionnelle. Nombreux équipements de loisirs. Bien, mais peut-être un peu trop « parc de loisirs ».

Confort ou charme

■ CABANA PLAIU FOII

À Zărnești ✆ +40 726 380 323
www.cabanaplaiulfoii.ro
rezervari@cabanaplaiulfoii.ro
Une belle pension qui est un bon point de départ pour l'exploration du massif. On appréciera les chambres lumineuses et le bois qui est omniprésent. Bon restaurant à cuisine traditionnelle et à spécialités de gibier.

■ CENTRUL AGROTURISTIC BRAN

Strada Principală, 504
✆ +40 268 238 308
www.turism-bran.ro
ca_bran@yahoo.com
Centre de réservations pour des pensions de la région. Organisation d'excursions.

■ PENSION MARMOT RESIDENCE

Strada Principală, 194 C
✆ +40 745 120 794
www.marmot.ro
cazare@marmot.ro.
Petite pension agréable et bien tenue. Les chambres sont spacieuses et confortables. Une grande terrasse et un bon restaurant.

■ VILA ALBA

Bran
Strada Predeluț, 217
✆ +40 268 236 943
www.vilaalbabran.com
Chambre double à 60 € avec petit déjeuner.
Le grand luxe. Architecture moderne. 5 chambres superbes, mélange de bois, tapis et confort moderne. Décorations de bon goût. Le paradis ? Non, car la pension complète n'est malheureusement pas proposée et les prix sont élevés.

À voir – À faire

■ CHÂTEAU DE BRAN (CASTELUL BRAN)

Strada General Traian Moșoiu, 24
✆ +4 0268 237 700 1
www.bran-castle.com
office@bran-castle.com
Du 1er mai au 30 septembre, ouvert le lundi de midi à 18h, du mardi au dimanche de 9h à 18h. Du 1er octobre au 30 avril les portes ferment à 16h. Entrée environ 5 € pour les adultes et 2,50 € pour les étudiants.
Le château de Bran, lieu chargé d'histoire, de tradition et de mystère, se trouve dans le top des attractions touristiques de Roumanie. Son emplacement sur un pic rocheux, son architecture spectaculaire et sa silhouette imposante, mais surtout les légendes qui courent au sujet du prince Vlad Țepeș font de ce château le point central du mythe du comte Dracula. Aujourd'hui, les boutiques de souvenirs du site offrent leur marchandise inspirée du mythe aux touristes venant des coins les plus exotiques du monde : du Japon et de Nouvelle-Zélande, des États-Unis et d'Afrique du Sud ou encore du Brésil et bien sûr d'Europe.

Cour intérieure du château de Bran.

Le château a représenté un repère le long des règnes de Vlad Țepeș, grâce à sa situation sur la route commerciale et militaire la plus importante entre les principautés de Transylvanie et de Valachie. Vlad Țepeș y a souvent trouvé refuge lors de ses nombreuses expéditions militaires, notamment celle de 1459 contre les commerçants de Brașov. Le prince a été arrêté en 1462 et incarcéré dans le château de Bran sur l'ordre de Mathias Corvin, roi de Hongrie. Si vous êtes intéressé par un pèlerinage sur les traces de Dracula, vous pourriez commencer par Sighișoara, l'endroit où Vlad Țepeș serait né et où il aurait grandi. En allant vers la cité princière de Târgoviște, vous pouvez franchir une porte des Carpates, gardée par le château de Bran. Construit par les Saxons en 1337, afin de défendre la région contre les Turcs mais aussi pour surveiller le passage, ce qui permettait de faire payer un impôt aux commerçants s'arrêtant au village, le château a un moment appartenu au prince valaque Mircea l'Ancien, puis aux habitants de Brașov, sujets hongrois rattachés à l'empire des Habsbourg. En 1920, il fut donné à Marie, reine de Roumanie, par les habitants de Brașov. Elle le transforma en une belle résidence d'été.
Le château est doté de quatre tours orientées vers les points cardinaux et il est caractérisé par sa forme massive due à son donjon. Les pièces sont réparties sur quatre niveaux, accessibles, petit à petit, par des escaliers qui forment un labyrinthe incitant à la découverte. Vous parcourez les pièces où le blanc des murs et le brun sombre du mobilier massif surprennent presque, compte tenu de l'aspect extérieur du château. Des différentes pièces, la vue sur la région est spectaculaire. Dans son vaste travail de restauration, la reine Marie a aménagé le parc royal au pied du château qui est, lui aussi, ouvert aux visites. Un autre point important est le chapiteau situé dans la cour, connu comme « la fontaine des désirs ». Sachez que durant les mois de pointe, le temps d'attente avant la visite peut aller de 15 à 20 minutes.

Dans les environs

Le long d'une vallée sinueuse entourée de superbes paysages de montagne, on trouve une route allant de Bran vers Câmpulung, celle qui vous ramène en Munténie. De nombreux villages, jolis et cossus, proposent des hébergements dans de calmes pensions.

▶ **Accès.** Aucun problème pour vous rendre à Zărnești depuis Brașov, les bus sont très fréquents (14 par jour) et les trains aussi (5 trains par jour). À l'ouest depuis Zărnești, vous pourrez facilement accéder, de cet excellent point de départ, aux deux massifs montagneux environnants.

■ MONTS BUCEGI

De Șimon et Moieciu de Sus, on peut gagner Poiana Guțanu, refuge d'où de nombreux chemins partent vers l'Omu, Babele ou, plus loin encore, Sinaia, de l'autre côté des monts Bucegi.
Le village de Fundata est un des plus beaux de cette vallée et l'un des plus hauts de Roumanie. Le site est superbe, l'architecture de certaines riches maisons particulière. En juillet s'y déroule un festival folklorique très populaire (danses, costumes, etc.).

■ MONTS PIATRA CRAIULUI

S'étendant autour du point culminant du massif, à 2 238 mètres, le parc national de Piatra Craiului se caractérise par ses parois abruptes et sa flore très riche. C'est là qu'a été tourné le fameux film *Retour à Cold Mountain* (avec Nicole Kidman et Jude Law) et qui a servi par la suite aux autorités roumaines à promouvoir le pays. La région possède 53 espèces de plantes endémiques. C'est un massif apprécié des randonneurs et des alpinistes (Piatra Mare et Piatra Mică notamment).

RÂȘNOV

On s'y arrête en allant vers Bran. Le village, et surtout la vieille citadelle de Râșnov, sont des attractions touristiques majeures. Datant du XIIIe siècle et jusqu'à peu à l'état de ruine, la cité a subi un lifting complet très réussi. Située sur un promontoire, que l'on atteint par un chemin forestier en 20 minutes, elle offre une vue magnifique sur la région, la plaine de Brașov et les monts Bucegi.

■ CASA CONTELUI

Strada Nicolae Bălcescu, 16
✆ +40 268 230 839
www.casacontelui.ro
office@casacontelui.ro
Chambre double à 30 € environ.
Spécialités roumaines, au pied de la colline de la citadelle. En plus d'être un bon restaurant, 6 chambres de caractère vous sont proposées. Une très belle auberge vivement recommandée.

■ FORTERESSE

contact@romanianmonasteries.org
Ouvert du lundi au samedi de 9h à 17h. En basse saison la forteresse peut être fermée. Demandez de l'aide au café. Entrée environ 2 €.

Elle fut construite à partir de 1335, puis transformée fréquemment par la suite, pour protéger le village des éventuels assaillants, les Tatars en particulier. Ses murs, de 5 mètres de hauteur, comprenaient neuf tours de défense. En 1690, lors du dernier siège subi par la ville, la forteresse fut investie par les Turcs, ce qui ne les empêcha pas de perdre la guerre. Après quoi la forteresse fut sévèrement endommagée par un incendie en 1718, puis par un tremblement de terre en 1802. Pendant les révolutions de 1821 et 1848, la forteresse eut une dernière fois l'occasion de servir de refuge. La chapelle qui se trouve à l'intérieur date de 1650.

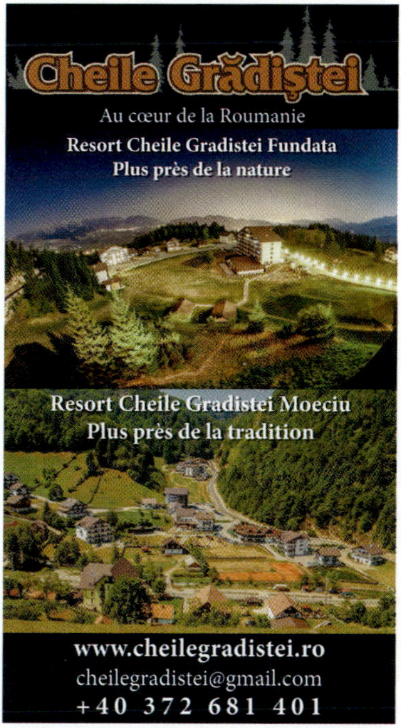

MOIECIU DE JOS

Blotti entre les monts Piatra Craiului et Bucegi, dans le magnifique couloir Rucăr-Bran, à une altitude d'environ 1 000 mètres, Moieciu de Jos est un village typique de montagne, avec des maisons éparpillées sur les pentes, entre les pâturages. On peut le découvrir à pied ou en vélo, en respirant à pleins poumons l'air pur et vivifiant de la montagne. Depuis Fundata, le village voisin, on accède à de nombreux points d'intérêt : le parc national Piatra Craiului et ses sentiers de randonnée, les gorges de Moieciu et les celles de Grădiște. De nombreux bus partant de l'autogare Bartolomeu relient Brașov à Moieciu de Jos.

Se loger

Confort ou charme

■ **COMPLEXE CHEILE GRĂDIȘTEI-RESORT FUNDATA**

✆ +40 372 681 401 / +40 724 372 257
www.cheilegradistei.ro
cheilegradistei@gmail.com

Pour les villas et les hôtels 3 étoiles, compter 250 lei/nuit pour la chambre double et 400 lei/nuit pour un studio. Pour l'Hôtel Sport 2 étoiles, compter 165 lei pour une chambre simple, 190 lei pour une double et 300 lei pour un studio. Les prix incluent le petit déjeuner. Ces prix peuvent subir des modifications.

Situé à 35 kilomètres de Brasov et à 1 300 mètres d'altitude, ce complexe se compose de 10 villas et de 3 hôtels parsemés dans Moieciu de Jos. On y accède par le complexe Resort Moieciu, sur une route privée en excellent état. La paix est reine ici et le paysage de montagne grandiose, avec des vues panoramiques sur les monts Bucegi et Piatra Craiului. Les villas proposent des chambres doubles d'un confort 3 étoiles et vous avez le choix entre des villas à 9, 3, 2 ou 1 chambre avec salles de bains privatives. Quelques villas sont entièrement construites en bois, comme Paltinul et Frasinul (à 3 chambres) ou Bujorul et Brandusa (à 1 chambre). Certaines ont des balcons à toutes les chambres et un salon au rez-de-chaussée. La décoration est très réussie, avec des meubles peints à la main, selon la tradition de Transylvanie. Il y a également 2 hôtels 3 étoiles, l'hôtel Bucegi et l'hôtel Piatra Craiului, et un hôtel 2 étoiles, l'hôtel Sport. Décorés de façon moderne et très bien entretenus, ils offrent de très belles vues sur le paysage de montagne environnant. Toutes les chambres disposent d'un balcon et de salles de bains privatives avec baignoire. Mais le plus de ce complexe est la variété des services proposés : piste de ski alpin, piste de ski de fond-biathlon, location de vélos et de matériel de sport, offres de randonnées avec guide, terrains multifonctions (football, tennis, basket, volley), salle de fitness gratuite, centre de spa (compter 50 lei/jour/personne), restaurant, bar, salle de conférence et même une aire de jeux pour enfants. Une adresse recommandée été comme hiver.

■ **COMPLEXE CHEILE GRĂDIȘTEI-RESORT MOIECIU**

✆ +40 372 681 401 / +40 723 315 582
www.cheilegradistei.ro
cheilegradistei@gmail.com

Compter entre 120 lei et 230 lei par nuit pour une chambre double, 160 lei pour une triple et 230 lei pour un studio ou un appartement 2 pièces. Le petit déjeuner n'est pas inclus dans le prix. Pour le déjeuner ou le dîner, les prix varient entre 55 lei et 65 lei. Ces prix peuvent subirdes modifications.

Situé à 30 kilomètres de Brașov et à 7 kilomètres du château de Bran, ce complexe se compose de 7 villas et 2 hôtels, proposant des chambres d'un confort 3 étoiles, à l'exception de la villa Ana, qui a 4 étoiles et des chambres de luxe. L'hôtel Grădiștea a une piscine couverte (compter 30 lei/personne/jour) et l'hôtel Cheia un bar où l'on peut préparer ses propres boissons. La décoration est moderne, les chambres spacieuses et lumineuses, avec des vues magnifiques sur les montagnes. La plupart des chambres ont des balcons ou des terrasses. De nombreux services sont à votre disposition : pistes de ski avec téléski, terrain de tennis, de volley-ball, miniterrain de football, paintball, 3 salles de conférence et bar avec billards, karaoké, etc. Service chaleureux et bon rapport qualité/prix.

MONTS FĂGĂRAȘ

Les monts Făgăraș s'étendent de la vallée de l'Olt (à l'ouest) à la vallée de la Dâmbovița (à l'est). Ils sont dominés par le point culminant du pays, le mont Moldoveanu (2 544 mètres), qui a eu quelques difficultés à obtenir son titre, face aux cinq autres pics qui font plus de 2 500 mètres. Ces monts sont couverts de neige pendant huit à neuf mois de l'année. En été, ils sont le paradis des randonneurs. On les surnomme les Alpes de Transylvanie car on y trouve des vallées glaciaires, des cirques, des lacs d'altitude en grand nombre. Les paysages forestiers et rocheux se succèdent et offrent une grande variété. Les chemins balisés sont nombreux, mais les randonnées nécessitent une bonne condition physique. Il existe de très bonnes cartes de la région (*Hartă Turistică Munții Făgărașului*) qui vous permettront de vous débrouiller sans peine. Les refuges sont assez nombreux. Ils accueillent les marcheurs estivaux. Victoria et Sâmbăta sont les deux points de départ principaux pour l'exploration des monts.

Un détour par les monastères de Cârța et de Brâncoveanu est également conseillé. Et si vous y êtes en mai, précipitez-vous à Sercaia pour admirer les narcisses.

FĂGĂRAȘ

La ville (28 300 habitants), située à mi-chemin entre Brașov et Sibiu, est dotée d'une belle petite forteresse. Si l'on vient dans cette partie du pays, c'est aussi pour l'exploration des monts Făgăraș, qu'il est toutefois un peu plus aisé d'approcher à partir de Sâmbăta et de Victoria (*voir plus loin*).

Transports

Les gares routières et ferroviaires sont contiguës, à 1 kilomètre au sud du centre-ville. Nombreux trains vers Brașov (1 heure à 1 heure 30 de trajet) et Sibiu (1 heure à 2 heures de trajet). Bus vers Brașov, Mediaș, Sighișoara. Bus locaux pour Agnita, Sâmbăta de Jos et Victoria (porte d'entrée des monts Făgăraș).

Se loger

■ **HOTEL BULEVARD**

Bulevardul Unirii, 1 A
✆ +40 268 212 411
www.hotel-bulevard.ro

Chambre double à 35 € avec petit déjeuner.

Un hôtel d'une vingtaine de chambres d'un confort 3 étoiles situé dans le centre-ville, tout près de la forteresse. On appréciera le restaurant à spécialités roumaines et la cave à vin.

■ **HÔTEL MONTANA**

Strada Negoiu, 98
✆ +40 268 212 327

Chambre double à partir de 20 €.

Hôtel basique au bon rapport qualité/prix, au nord de la gare.

■ **PENSION FÂNTÂNIȚA CRĂIESEI**

✆ +40 268 212 501
www.fantanitacraiesei.ro

Chambre double à 25 € sans petit déjeuner.

La meilleure de la ville. Dans une belle maison, 14 chambres simples mais confortables. Tapis, meubles de bois clair, accueil chaleureux. Restaurant.

PENSION ONIX
Strada Doamna Stanca, 78
✆ +40 740 547 678
Chambre double de 15 € à 25 €. Les tarifs peuvent varier selon la saison.
Un beau manoir de style brâncovan restauré et transformé en pension. Les 13 chambre sont bien décorées et disposent de tout le confort. La couleur jaune de la façade est tout de même un peu criarde.

À voir – À faire

Le centre de la ville s'organise autour de Strada Republicii. Non loin, au bord d'une pièce d'eau, on aperçoit la citadelle.

CHÂTEAU ET CITADELLE MÉDIÉVALE
La forteresse de brique rose, du XIVe siècle, est la principale attraction de la ville. Construite en bois, à l'emplacement d'une cité du Xe siècle, elle fut transformée, au XVIIe siècle, en château fortifié de style Renaissance local, par le prince de Transylvanie Gábor Bethlen. Plus tard, elle sera refaite selon les plans de Vauban. Après avoir abrité successivement le siège de la Diète de Transylvanie et une prison (1948-1960), la forteresse héberge aujourd'hui le Musée ethnographique et historique (ouvert du mardi au vendredi de 9 à 16 heures) de la ville et sa région (icônes sur verre notamment).

ÉGLISE SFÂNTUL NICOLAE
Typique de la période brâncovan, elle date de 1697.

CINCU

1 600 habitants. Au nord-ouest de Făgăraș, sur la route d'Agnita. Église du XIIIe siècle de style roman. Comme beaucoup d'autres, elle fut remaniée par la suite en style gothique puis fortifiée au XVIe siècle.

ȘOARȘ

À 11 kilomètres au nord de Făgăraș, voici un village rural charmant de 500 habitants où les amoureux de la vie à la campagne se sentiront bien. Les environs abondent en petites citadelles rurales (Felmer, Bărcut, Cincu...), qu'on pourra visiter en une journée. Bref, si on se déplace en voiture, Șoarș est une petite base tranquille et idéale pour faire un joli circuit dans les alentours.

CINCȘOR

600 habitants, à l'ouest de Făgăraș. Belle petite église de type halle, fortifiée au XVe siècle. Elle est très élégante avec ses murs blancs, ses tuiles rouges et ses tours principales pointues qui concurrencent de hauts arbres.

ȘERCAIA

1 800 habitants, sur la route de Brașov. À quelques kilomètres du village, c'est une réserve naturelle dont l'attraction est une surface de 400 hectares couverte de narcisses qui fleurissent en mai. Pour vous y rendre, demandez « Poiana Narciselor ».

MONASTÈRE DE CÂRȚA
Il fut construit au début du XIIIe siècle par les moines cisterciens, ce qui en fait un des plus anciens de Transylvanie. Ne restent de l'ensemble que le chœur de l'église (transformé au XVIIIe siècle), la tour d'entrée et les ruines du monastère proprement dit. Style gothique avec restes de style roman. Le cimetière, que vous verrez peut-être, est celui de soldats allemands tués pendant la Première Guerre mondiale.

AVRIG

Dernière ville (12 800 habitants) avant Sibiu, vous y verrez une église fortifiée (église évangélique) construite au XIIIe siècle en style roman, entourée d'un mur défensif du XVe siècle et transformée aux XVIe et XVIIIe siècles. Son église orthodoxe de 1755 a de jolies peintures murales intérieures. Parmi les autres curiosités, les ruines de fortifications datant du début du XIIIe siècle et le palais Brukenthal du XVIIIe siècle, de style baroque, à ne pas confondre avec son célèbre cousin de Sibiu.

PENSIUNEA NATURA
Route 105F
✆ +40 743 175 048
www.pensiunecazare.ro
natura@pensiunecazare.ro
Selon la saison, compter entre 180 lei et 195 lei pour une chambre double matrimoniale. La maison fait des offres personnalisées en fonction de la saison et du nombre de personnes. Petit déjeuner buffet à base de produits traditionnels, pain et confitures faites maison inclus. Le lit supplémentaire est à 20 lei. Wifi gratuit. À environ 30 km de Sibiu.

Bien située sur un plateau avec une belle vue sur les monts Făgăraș, tout près des sentiers de randonnée, cette pension propose 12 chambres doubles matrimoniales, chacune avec salle de bains privative et terrasse. Design moderne, beaucoup d'espace et de lumière et propreté impeccable. Il y a de nombreuses facilités pour rendre votre séjour agréable : parking, terrain de sport, aire de jeux pour enfants, barbecue, bain bouillonnant dans certaines chambres, accès à la cuisine et au living, laverie, et même un beau jardin et une ferme. Vous pouvez faire des excursions pour découvrir la ville de Sibiu, le musée du Village roumain, les villages saxons préservés (Richiș, Biertan, etc), la superbe route qui traverse les monts Făgăraș (le Transfăgărășan), le lac Bâlea ou encore le château de Bran. La maison dispose d'un centre d'équitation et organise des excursions à cheval à la base des monts Făgăraș et le long de la rivière Avrig.

SÂMBĂTA DE JOS

500 habitants. Sâmbăta et Victoria sont des complexes touristiques et des points de départ privilégiés pour les randonnées dans les monts Făgăraș. On peut notamment rejoindre le refuge Sâmbătei (à partir du monastère de Brâncoveanu) puis partir à l'assaut du point culminant du pays.

Transports

Prendre le bus pour Victoria à Făgăraș ou à Ucea de Jos (où le train Brașov-Sibiu s'arrête). Ucea de Jos et Sâmbăta de Jos sont également desservies par des bus depuis Făgăraș.En été, on peut traverser le massif en voiture : de la route Sibiu-Brașov (au niveau de Cârțișoara) à Poenari (château de Dracula) puis Curtea de Argeș. Par cet axe, on passe tout près de l'hôtel Lac Bâlea.

Se loger

Vous trouverez des petites cases en bois à louer au complexe touristique de Sâmbăta, près du monastère. Et également des refuges dans le massif.

À voir – À faire

■ **MONASTÈRE DE BRÂNCOVEANU**
Voila
✆ +40 726 348 464
www.manastireabrancoveanu.ro
manastirea_brancoveanu@yahoo.com
Ouvert de 10h à 17h tous les jours, sauf le lundi.
Ce monastère tout blanc a été élevé par la famille princière Brâncoveanu (XVIIe-XVIIIe siècles) sur ses propres terres. Restauré et agrandi au cours du XXe siècle, il abrite une école de peinture sur vitre. Une petite collection d'icônes sur verre peut être visitée.

VICTORIA

7 300 habitants. Si Victoria n'est pas une cité très attrayante, les curiosités culturelles ne sont pas tout à fait absentes de cette région et, surtout, de Victoria vous pourrez rejoindre les refuges Arpașu, Turnuri (6 heures à partir de Victoria, une des plus jolies randonnées) et Podragu.

Région de Sibiu

Le médiéval et remarquablement rénové Sibiu, au sud-ouest de la Transylvanie, est sans conteste l'une des villes les plus charmantes de toute la Roumanie. Avec sa superbe région, il constitue l'une des destinations touristiques de premier ordre pour toute visite dans le pays. Ici, nombre de villages ont su conserver, malgré la période communiste, une tradition architecturale et un artisanat uniques, héritage des importantes minorités saxonne et hongroise. Les pensions urbaines ou rurales ne manquent pas, les possibilités de détente sportive (ski en hiver et randonnées en été) et les bons restaurants non plus. C'est une région magnifique, emblématique de la Roumanie, qui requiert du temps (et bien souvent une voiture) pour pleinement profiter de ses plus beaux atours.

SIBIU

Sibiu (147 500 habitants) séduit tous ses visiteurs. Son centre historique est l'un des plus importants complexes médiévaux de Roumanie. Elle est remarquablement bien rénovée en son centre. Ses rues sont pavées, colorées et ses places sont encadrées par de superbes demeures. Sur les toits d'un grand nombre de bâtiments, on peut voir des lucarnes en forme d'amande également connues sous le nom d' « yeux de Sibiu ». Mais cette ville, bien vivante, n'a rien d'un musée. Ainsi, en été, Strada Nicolae Bălcescu, devenue rue piétonne, est envahie par les terrasses des nombreux restaurants et cafés. La ville reste animée tard le soir et les habitants se mêlent aux touristes et *vice versa*. Sibiu, qui fut et est encore le bastion de la culture des Allemands de Roumanie (qui le nomment Hermannstadt), comblera les amateurs d'art et d'histoire, grâce à ses remarquables édifices religieux et ses nombreux musées dont l'un, le musée Brukenthal, figure parmi les plus beaux d'Europe orientale. Si vous préférez simplement vous promener, n'oubliez pas non plus de passer sous les porches voûtés et d'explorer, quand c'est possible, les superbes cours intérieures, souvent fleuries, ou la ville basse, plus populaire. Après avoir visité la ville, vous comprendrez pourquoi Sibiu a été choisi, avec Luxembourg, comme « capitale culturelle européenne » de l'année 2007 (comme le fut Lille en 2004, ou encore Bruges, Avignon, Graz, Florence et quelques autres…).

Histoire

La cité romaine de Cedonia aurait été fondée à l'emplacement même de la ville actuelle. Au XIIe siècle, les premiers Saxons viennent se mêler à la population locale. Ce sont eux qui, s'étant constitués en une communauté prospère et ambitieuse, construisent les premières fortifications de la ville, au XIIIe siècle. Détruite après l'invasion tatare de 1241, la ville redevient prospère et prend le nom de Civium Cibinio. Des documents du XIVe siècle attestent une intense activité artisanale et la construction de deux nouvelles enceintes en pierre. Une troisième rangée y est ajoutée le siècle suivant, ce qui permet de résister aux attaques turques du XVe siècle. Le système de corporations de métiers est alors à son apogée et, de 19 corporations au XIVe siècle, on passe à près de 60 à la fin du XVIIIe. Très actives et dynamiques, elles contribuent à la prospérité de la ville et font sa renommée dans toute l'Europe. Le rayonnement culturel de Sibiu s'étend sur toute la région. Il sert de siège aux gouverneurs autrichiens de Transylvanie durant la période des Habsbourg. Ces derniers influencent nettement l'architecture de la ville. Aujourd'hui le nombre de Sibieni (habitants de Sibiu) d'origine allemande est très limité, mais cette communauté continue de jouer un rôle prépondérant dans la cité. Les échanges universitaires et économiques (bon nombre de banques et d'entreprises allemandes sont installées ici) avec l'Allemagne sont nombreux. Et les touristes allemands apprécient particulièrement la ville.

Transports

AÉROPORT DE SIBIU
Șoseaua Alba Iulia, 73
✆ +40 269 253 135 – www.sibiuairport.ro
secretariat@sibiuairport.ro
Il se trouve à 6 kilomètres à l'ouest de la ville, sur la route d'Alba Iulia. On pourra trouver à l'aéroport un grand nombre de renseignements touristiques sur Sibiu. Les bus fonctionnent de 5h30 à 23h10. Le bus n° 11 relie l'aéroport au centre-ville. En taxi, comptez 0,40 €/km (1,50 lei/km) et faites attention à ce que la voiture soit dotée de compteur.

Sibiu
1- Musée Brukenthal
2- Eglise Romane-Catholique
3- Casa Haller
4- Musée F. Binder
5- Podul Minciunilor "Casa Artelor"
6- Musée Farmaciei
7- Turnul Stefului
8- Eglise Scărilor
9- Musée de Istorie
10- Eglise Reformată
11- Casa su Cariatide
12- Scara Poschen
13- Mitropolia Ortodoxă
14- Arsenal
15- Bastionul Soldish
16- Eglise Evangéliste
17- Bibliothèque
18- Parc
19- Zidul Cetătii
20- Tumul Gros
21- Musée d'histoire naturelle
22- Bastionul Haller
23- Bustul lui Schiller
24- Liceul "Gheorghe Lazar"
25- Eglise Ursulineor
26- Eglise Franciscanilor
27- Capela Crucii
28- Casa Brukenthal
29- Eglise dintre Brazi
30- Vechea scoală românească
31- Eglise din groapă
32- Musée de l'Art
33- Musée des traditions populaires
CIBIN RIVER
Piata Agroalimentara Cibin
Piata Mică
Piata Huet
Piata Mare
Piata Unirii
Hôpital
Préfecture
Agence Tarom et CFR
Université
Tribunal
Maison de la Culture
Théâtre
Police
Gare Routière
Gare ferroviaire
Parc Tineretului
Sub-Arini Parc
200 m.

■ **AGENCE CFR**
Strada Nicolae Bălcescu, 6
✆ +40 269 216 441
Ouvert du lundi au vendredi de 7h30 à 19h30.
Pour acheter vos billets à l'avance.

■ **AGENCE TAROM**
Strada Nicolae Bălcescu, 10
✆ +40 269 211 157
www.tarom.ro
srado@tarom.ro
Ouvert du lundi au vendredi de 9h à 19h, le samedi de 9h à 13h.
Vols de et vers Bucarest.

■ **ATLASSIB**
Hôtel Ramada
Strada Emil Cioran, 2
✆ +40 269 212 466
www.atlassib.ro
office@atlassibtour.ro
Également à la gare routière.
Bus vers toute l'Europe, dont la Belgique et la France. Également vers toute la Roumanie.

■ **BLUEAIR**
(Hotel Continental Forum)
Bulevardul Unirii, 10
✆ +40 269 210 033
www.blueairweb.com
Du lundi au vendredi de 9h à 18h.
Compagnie roumaine low cost qui assure des vols vers l'Allemagne, l'Espagne et Londres.

■ **CARPATAIR**
Bureaux à l'aéroport ✆ +40 269 229 161
www.carpatair.com
sibiu@carpatair.com
Vols vers Timișoara et d'autres villes de Roumanie, puis connexions nombreuses vers l'Allemagne, l'Italie ou Budapest.

■ **DOUBLE T**
Strada Nicolae Bălcescu, 1
✆ +40 269 217 497
Bus vers toute l'Europe.

■ **EUROLINES**
Bulevardul Vasile Milea, bloc 10
✆ +40 269 213 536 – www.eurolines.ro
sibiu@eurolines.ro

■ **GARE FERROVIAIRE**
La gare ferroviaire est située côte à côte avec la gare routière, tout près du centre, ce qui est rare dans les grandes villes roumaines ; pratique donc. Les trolleybus 1 et 2 la relient au centre, mais c'est plus simple à pied, en prenant Strada General Magheru, en face en sortant. Elle vous mène directement sur Piața Mare (500 mètres). À la gare, vous trouverez une consigne 24 heures sur 24 et un distributeur de cartes téléphoniques, détail parfois très utile.
Le train est, curieusement, beaucoup moins pratique que le bus pour gagner ou quitter Sibiu. Les bus sont plus fréquents et plus rapides. On trouvera tout de même des trains pour Alba Iulia (5 par jour), Bucarest (3 fois par jour), Brașov (10 par jour, 3 heures de trajet), Cluj (2 par jour, 3 heures 30 de trajet), Deva (5 par jour, 2 heures 30 de trajet), Făgăraș (20 par jour), Timișoara (2 par jour, 5 heures de trajet), Sighișoara (plus de 10 par jour mais avec changements par Mediaș ou Copșa Mică), Sinaia (2 par jour, 3 heures 30 de trajet), Craiova (3 par jour, trajet entre 4 et 7 heures) mais aussi Râmnicu Vâlcea. Trains pour Budapest.

■ **GARE ROUTIÈRE**
✆ +40 269 217 757
www.autogari.ro
La gare routière est connexe à la gare ferroviaire, à proximité du centre. Les trolleybus 1 et 2 la relient au centre. Mais c'est plus simple à pied, en prenant Strada General Magheru, en face en sortant. Elle vous mène directement sur Piața Mare (500 mètres). La gare routière est bien organisée. À chaque quai, un panneau affiche les destinations et les horaires. Les tickets s'achètent dans le bus ou aux guichets (conseillé, car certaines destinations sont très prisées et les bus bondés).

- Bus grandes lignes : Bucarest (4-5 par jour), Brașov (4 par jour), Cluj (6 par jour), Râmnicu Vâlcea (6 par jour), Curtea de Argeș (1 par jour), Oradea (1 par jour), Bistrița (3 par jour), Alba Iulia (10 par jour), Deva (4 par jour), Sighișoara (8 par jour), Târgu Mureș (7 par jour), Timișoara (4 par jour), Galați (2 par jour) et Constanța (1 à 2 par jour en été seulement).
- Grandes lignes vers toutes les villes roumaines : voir également ci-dessous Atlassib et Double T.
- Bus locaux nombreux également : Agnita (4 par jour), Cisnădie (30 par jour), Păltiniș (3 par jour), Mediaș (5 par jour).
- Bus internationaux. La ville étant appréciée par les Allemands, de nombreux bus assurent les liaisons avec l'Allemagne. De plus, Sibiu est le siège d'une très bonne compagnie de bus : Atlassib. Les agences vendent des billets pour l'Allemagne et la Hongrie mais aussi pour toute l'Europe.

TRANS EUROPA
Strada Nicolae Bălcescu, 41
✆ +40 269 211 296
www.transeuropa.ro
info@transeuropa.ro

Pratique

POSTE DE POLICE
Strada Revoluției, 4

Tourisme – Culture

AIR TOUR TRAVEL
Strada Telefoanelor, 5
✆ +40 269 248 024
www.airtourtravel.ro
office@airtourtravel.ro
Une bonne agence pour découvrir les environs et faire du tourisme actif.

ANTREC TRANSYLVANIA HOLIDAY TRAVEL
Calea Dumbrăvii, 101
✆ +40 269 233 503
www.antrec.ro
sibiu@antrec.ro
Cette agence de voyages accueille le bureau Antrec du département. Passage obligatoire si vous désirez résider dans une des innombrables pensions des superbes villages environnants. Faites votre choix et réservez.

▶ **Autre adresse : Orlat,** Strada Nouă, 27, +40 0269 571 170

BIBLIOTHÈQUE FRANÇAISE
Faculté de lettres
Bulevardul Victoriei, 5
✆ +40 269 211 056

CARPATHIAN TRAVEL CENTER
Piața Mare, 12
✆ +40 785 240 250
✆ +40269211344
www.carpathian-travel-center.com
info@carpathian-travel-center.com
Compter à partir de 10-15 €/personne pour un tour de ville, pour un groupe de 2-3 participants. Environ 65 €/groupe (plus de 4 participants). Pour les excursions d'une journée, les prix sont à partir de 50 €/personne en fonction du nombre de participants. Visitez le site Internet pour des prix précis.
Cette agence vous intéressera si vous pensez découvrir des villes historiques comme Bucarest, Sibiu, Brașov, Sighișoara ou Cluj, ou bien si vous souhaitez connaître la Transylvanie et loger dans une pension traditionnelle ou dans un hôtel. Spécialisée dans le tourisme individuel, l'agence emploie des guides qui parlent couramment le français et propose des excursions d'une journée et des tours de ville. Elle loue aussi des voitures et des minibus et propose des prix négociés avec les hôtels de Bucarest et de Transylvanie. Une valeur sûre.

LIBRAIRIE SCHILLER
Piața Mare, 7
✆ +40 269 223 074
www.buechercafe.ro
buchhandlung@schiller.ro
Ouvert du lundi au vendredi de 10h à 19h, le samedi de 10h à 18h, le dimanche de 11h30 à 18h.
Cette librairie propose de nombreux ouvrages sur la ville et ses environs. Nombreuses cartes, atlas routiers bien pratiques.

OFFICE DE TOURISME (CENTRUL DE INFORMARE TURISTICĂ)
Strada Samuel Brukenthal, 2
✆ +40 269 208 913 / +40 269 253 999
www.turism.sibiu.ro
turism@sibiu.ro
Ouvert du lundi au vendredi de 9h à 17h et le samedi et le dimanche de 9h à 13h.
Situé idéalement Piața Mare dans un remarquable bâtiment, l'office de tourisme pourra vous trouver une chambre en ville ou dans les pensions des villages alentour, vous renseigner sur les animations et vous donner des brochures sur Sibiu et les environs et des plans de la ville. Accueil serviable et compétent.
Vous y trouverez aussi le bureau de la SPAT, la police communautaire, qui est ouvert en été et qui gère uniquement les plaintes des touristes.

REKY TRAVEL
Strada Nicolae Iorga, 59/24
✆ +40 269 244 165
www.reky-travel.de
info@reky-travel.de
Une agence de voyages tournée surtout vers les touristes allemands, mais qui pourra vous répondre en anglais. Vous pouvez les solliciter pour la visite des églises fortifiées de la région ou pour des tours en VTT.

Moyens de communication

POSTE
Strada Mitropoliei, 14
C'est la grande poste de la ville.

Santé – Urgences

PHARMACIE FARMASIB
Strada Nicolae Bălcescu, 53
Ouverte tous les jours jusqu'à 23h (22h les samedi et dimanche).

Orientation

Vous n'aurez aucun problème pour vous repérer à Sibiu. Tout se trouve autour des Piața Mică et Piața Mare. Dans les lieux les plus touristiques, vous trouverez de très jolis panneaux explicatifs avec un texte en français. En plus des informations et cartes données gracieusement par l'office de tourisme, la ville a mis en place sur Piața Mică une borne interactive pour vous aider à vous orienter.

Se loger

La ville est touristique et les possibilités de logement sont nombreuses. Les hôtels d'État un peu triste disparaissent peu à peu laissant place aux pensions et hôtels de charme qui se sont multipliés. Quelques hôtels bon marché, mais attention : l'été, ils sont très demandés.

Bien et pas cher

FLYING TIME HOSTEL
Strada Gheorghe Lazăr, 6
✆ +40 369 730 179 – www.sibiuhostel.ro
booking@sibiuhostel.ro
Compter entre 10 € et 13 € le lit, selon le nombre de lits : 4, 6, 8 ou 10. La chambre double est à 40 €.
L'auberge se trouve en plein centre-ville, dans un bâtiment historique récemment rénové. C'est propre et il y règne une bonne ambiance. Une bonne adresse pour les petits budgets.

HOTEL 11 EURO
Strada Tudor Vladimirescu, 2
✆ +40 269 222 041
www.11euro.ro
contact@11euro.ro
Chambre simple 18 €, double 22 €.
Comme son nom l'indique, une chambre double vous coûtera approximativement 11 € par personne et par nuit (selon les fluctuations du taux de change) dans une grosse et fière maison typique des faubourgs de Sibiu : 25 chambres, dont certaines vastes, offrant un confort suffisant. Le rapport qualité/prix est intéressant.

HÔTEL ELA
Strada Nouă, 43
✆ +40 269 215 197
www.ela-hotels.ro
daniel@ela-hotels.ro
Chambre double à partir de 30 € (sans le petit déjeuner). Prix variables selon la saison.
Dans la partie moins fréquentée du centre-ville, ce petit hôtel de 9 chambres donne l'impression d'être à la campagne. Son aspect rustique et sa cour intérieure calme sont très plaisants. Chambres au confort simple, propres et spacieuses. Une bonne adresse.

Ces Européens qui s'installent dans la campagne roumaine

La Roumanie deviendrait-elle l'eldorado des Allemands, Anglais ou Français en quête d'une autre vie ? C'est un peu tôt pour le dire, mais on constate que quelques originaux (car pour l'instant ils le sont) s'installent dans des maisons villageoises de Transylvanie. Il est vrai qu'on y trouve d'immenses demeures, en plus ou moins bon état, avec du terrain pour une bouchée de pain, si l'on compare avec les prix d'Europe occidentale. Et certains n'hésitent pas à prendre le risque d'acheter et de rénover ces belles maisons rurales parfois très rustiques. Récemment, une émission de la BBC (« Uncharted Territory ») a permis de suivre des couples visitant les villages roumains à la recherche d'un « nid ». Une fois le bien acquis, il reste à s'adapter à la vie locale. Certains y réussissent très bien. Il peut s'agir d'Allemands, dont les grands-parents vivaient en Roumanie avant la Seconde Guerre mondiale, qui relancent l'ancienne ferme familiale. Ils apportent en même temps leur savoir-faire en la matière, de nouvelles méthodes de culture et d'élevage. Ce phénomène, pour l'instant naissant, pourrait-il également toucher les villes ? On peut l'imaginer. Bucarest, Brașov, Timișoara, Sibiu ou Cluj, par exemple, comptent de nombreuses vastes maisons de caractère qui ne tarderont pas à attirer les acquéreurs. Très bas (vus de l'Occident) pour le moment, les prix pourraient rapidement augmenter avec la demande. Et Bucarest devra peut-être abandonner son rang de capitale la moins chère du continent.

■ **OLD TOWN HOSTEL**
Piața Mică, 26
✆ +40 269 216 445
www.hostelsibiu.ro
contact@hostelsibiu.ro
Lits à environ 11 € quel que soit le nombre de lits dans la chambre : 7, 8 ou 12. Sans petit déjeuner.
On apprécie que cette auberge de jeunesse, située dans un vieux bâtiment entièrement rénové, soit en plein cœur de la ville. Les chambres sont spacieuses et lumineuses. Les prix sont tout doux et l'accueil est très sympa. Une bonne adresse pour les petits budgets mais attention, l'auberge est très demandée en pleine saison.

■ **PENSION PODUL MINCIUNILOR**
Strada Azilului, 1
✆ +40 269 217 259
www.ela-hotels.ro
daniel@ela-hotels.ro
Chambres double 25 €. Prix variables selon la saison.
Dans une toute petite rue à gauche, en bas de l'escalier près du pont des Mensonges (Podul Minciunilor), 4 chambres dans une maison particulière rouge et blanc, équipées de jolies salles de bains. Le décor est un peu rustique, avec tapis et couvertures en abondance et des tableaux pas toujours de bon goût.

Confort ou charme

■ **CASA CARDINAL**
Strada Justiției, 9
✆ +40 269 214 814
www.cardinalpensiune.ro
cardinal.pensiune@yahoo.com
29 € la chambre simple, 39 € la double, 45 € la suite. Petit déjeuner inclus dans le restaurant au rez-de-chaussée.
Juste en retrait de la vieille ville, dans une petite rue tranquille, la pension Cardinal 3 étoiles est une excellente option avec des chambres gigantesques et élégamment décorées d'antiquités saxonnes, ainsi qu'un bon restaurant de cuisine roumaine. Les prix restent tout à fait abordables, ce qui en fait un des meilleurs rapports qualité/prix à Sibiu.

■ **CASA IOANA**
Strada Lucian Blaga, 13
✆ +40 269 213 265
www.casaioana-sibiu.ro
office@casaioana-sibiu.ro
Une villa située à 5 minutes de Piața Mare. Elle est décorée avec goût et on apprécie les chambres de caractère. Le jardin ombragé est, lui aussi, une vraie merveille.

■ **CASA LUXEMBURG**
Piața Mică, 16
✆ +40 269 216 854
www.casaluxemburg.ro
office@casaluxemburg.ro
De 67 à 72 € la chambre double, selon la saison. Petit déjeuner compris.
Une jolie petite adresse avec 7 chambres 3 étoiles, toutes disposant de salle de bains privative, dans une maison de la « Petite Place » : difficile d'être mieux situé. Les hôtes organisent également des excursions et des tours dans la région. Charmant.

■ **CASA ROTH**
Strada Ion Creangă
✆ +40 743 809 050
www.casa-roth.de/index.php/ro/
Location de la villa entière de 9 personnes pour 100 €.
Magnifique pension familiale située en dehors du centre de la ville, à côté de la gare. Les chambres sont superbement décorées avec du mobilier ancien et des tapis persans. Vous y trouverez aussi une belle cuisine ainsi qu'un jardin.

■ **HÔTEL CASA MORARU**
Strada Alexandru Vlahuță, 11 A
✆ +40 269 216 291
www.casamoraru.ro
rezervari@casamoraru.ro
Chambre double à 40 €.
Confort 4 étoiles locales pour les 10 chambres de ce petit hôtel-boutique. Pour y parvenir, prenez la longue Calea Dumbrăvii, qui part de l'hôtel Continental, et suivez-la sur 1,5 kilomètre environ. La rue est sur la droite. Bon restaurant. Piscine couverte. Meilleur rapport qualité/prix de la ville.

■ **HOTEL ÎMPĂRATUL ROMÂNILOR**
Strada Nicolae Bălcescu, 4
✆ +40 269 216 500
www.imparatulromanilor.ro
sibiu@imparatulromanilor.ro
Chambre double 60 € avec petit déjeuner.
Hôtel tout nouvellement rénové, vous pourrez y profiter de l'atmosphère et du prestige de cet établissement ouvert au XVIe siècle. Une adresse donc finalement plutôt bon marché pour son standard (et même son aura), son décor et sa situation privilégiée en pleine cité médiévale.

LA MAISON FRANÇAISE
Strada Iosif Velceanu, 1
✆ +40 748 841 549
www.pension-sibiu.ro
cosiana75@gmail.com
La chambre simple est à 35 € et la double à 59 €. Pour les séjours d'une seule nuit, rajoutez 3 €. Pour un studio mansardé ou aménagé dans une maisonnette, comptez 85 €. Le petit déjeuner buffet est compris dans les prix. Connexion Internet gratuite. Possibilité d'utiliser le sauna pour 5 €/personne.
Une charmante pension située en plein centre de Sibiu et disposant de quelques chambres et studios avec un petit air de Provence. Les studios ont des prestations de luxe et sont classés 4 marguerites. Pour les petits budgets, il y a aussi 2 chambres avec douche au demi-sol, qui se partagent les toilettes et le salon. Les jours de beau temps, on se prélasse sans peine dans le jardin, en profitant de la verdure et du calme. Ana, la maîtresse de maison, parle parfaitement le français et vous réserve un chaleureux accueil. Sur demande, elle peut vous organiser des visites guidées de la ville, des randos en montagne, des parties de pêche sauvage et même des week-ends romantiques. Et toujours sur demande, elle peut vous préparer des plats traditionnels roumains, qu'il faut absolument tester.

PENSION COCOȘUL ROȘU
Strada Ocnei, 19
✆ +40 369 427 482
www.cocosulrosu.ro
contact@cocosulrosu.ro
Chambres doubles à partir de 35 €.
Une excellente adresse où, comme son nom l'indique, vous entendrez le coq chanter. Ouverte en 2007, cette magnifique pension se trouve dans la partie basse du centre-ville. On appréciera sa cour intérieure, ses 7 chambres décorées avec soin et sa vue exceptionnelle de la vieille ville. Une adresse de qualité vivement recommandée.

VICENZA SQUARE
Strada Turnului, 17
✆ +40 269 223 927
www.vicenzasquare.ro
office@vicenzasquare.ro
Chambre double à 55 € avec petit déjeuner.
Une charmante pension 4 étoiles qui a beaucoup de personnalité. Les chambres sont lumieuses et le décor en boiseries vous surprendra agréablement. Un restaurant à spécialités méditerranéennes et un autre qui propose une cuisine internationale sont à votre disposition. Rappelons aussi le joli patio, très plaisant les jours de beau temps.

Luxe

HÔTEL CONTINENTAL FORUM
Piața Unirii, 10
✆ +40 372 692 692
www.continentalhotels.ro
forum.sibiu@continentalhotels.ro
Chambre double à 125 € avec petit déjeuner. Il y a de nombreuses offres promotionnelles sur le site Internet, à consulter à l'avance.
Cet hôtel 4 étoiles est situé en plein centre-ville. Les chambres sont vastes et offrent de superbes vues sur la ville. La chaîne a adhéré au programme « Voilà », ce qui permettra aux membres de gagner des points. Il y a une agréable terrasse en bas de l'hôtel où l'on peut servir un café en regardant le monde qui passe.

Se restaurer

La vieille ville de Sibiu compte un nombre relativement élevé de restaurants, en particulier autour des places principales. Voici une sélection de nos établissements préférés à Sibiu.

Pause gourmande

DORI'S
Piața Mică
Un bar-boulangerie pour des petits déjeuners copieux et bon marché.

GOGOȘI
Strada Nicolae Bălcescu
Vous trouverez dans la rue Nicolae Bălcescu quelques boulangeries Gogoși qui servent de délicieuses et chaudes pâtisseries à tout heure de la journée ou de la nuit.

Bien et pas cher

BUFNIȚA
Strada Nicolae Bălcescu, 4
✆ +40 269 214 133
Repas complet autour de 8 €.
Assez bon marché. Le décor traditionnel du restaurant Bufnița (la Chouette) est un peu vieillot, avec poêle et tapis. La carte, également en français, propose de nombreux plats roumains, pas forcément les meilleurs de la ville. L'été venu, très accueillante terrasse, bien située dans la rue Nicolae Bălcescu.

■ **CRAMA ILEANA**
Piața Teatrului, 2 ✆ +40 269 434 343
www.cramaileana.ro
Ouvert tous les jours de midi à 2h.
Un excellent restaurant qui propose une cuisine roumaine dans une ambiance moyenâgeuse avec des intérieurs tout en voûtes de brique et en bois. Sur les murs vous pourrez admirer des costumes traditionnels de la région, que portent également les serveurs. Quant aux plats, ils sont délicieux et les portions généreuses.

■ **GRAND PLAZA**
Strada 9 Mai, 60
✆ +40 269 210 427
www.restaurantgrandplazasb.ro
Ouvert tous les jours de 9h à 22h30. Repas complet autour de 8 €.
Avec des faux airs de cantine enfumée où se réunissent les locaux du quartier, le restaurant Grand Plaza offre pourtant une des meilleures cuisines roumaines de Sibiu à des prix dérisoires. Parfait pour un déjeuner sur le pouce ou un dîner dans un authentique restaurant roumain.

■ **LA DOBRUN**
Strada Dobrun, 1 ✆ +40 269 240 040
www.ladobrun.ro
office@ladobrun.ro
Un restaurant en plein cœur de la ville qui propose une cuisine traditionnelle dans un magnifique et gigantesque espace décoré d'objets traditionnels et rustiques. Dans l'assiette, des portions copieuses et des plats réussis sans être exceptionnels.

Bonnes tables

■ **CRAMA SIBIUL VECHI**
Strada Alexandru Papiu-Ilarian, 3
✆ +40 269 210 461
www.sibiulvechi.ro
sibiulvechi@yahoo.com
Très certainement le meilleur restaurant roumain de la ville. Les délicieuses et inventives spécialités sont servies dans une salle voûtée au décor traditionnel, qui attirent autant les locaux que les touristes. Les prix sont très corrects par rapport à la qualité du service, impeccable et aimable, tandis que des musiciens transylvains égayent les soirées. Signalons que le vin peut être commandé au pichet ou au verre, ce qui est pratique quand on veut goûter un ou plusieurs vins roumains, tout comme la délicieuse *țuica* locale qui coule à flots.

■ **HANUL RUSTIC**
✆ +40 269 242 177
Musée Astra (voir « Points d'intérêt hors la ville »).
Comme son nom l'indique, on y sert une cuisine campagnarde provenant de toutes les régions du pays. Une très bonne adresse.

■ **MAX**
Strada Ocnei, 22 ✆ +40 269 233 003
www.max-restaurant.ro
info@max-restaurant.ro
Ouvert tous les jours de midi à minuit.
Restaurant italien extraordinaire à Sibiu. Le cadre, tout d'abord, est à couper le souffle, avec une salle à manger d'une rare élégance : mobilier design, lignes sobres, luminaires branchés et murs immaculés. À la carte, de magnifiques spécialités italiennes, confectionnées avec expertise par le chef italien de la maison. Une véritable expérience gastronomique, suffisamment rare en Roumanie pour être signalée.

■ **LA TURN**
Piața Mare
✆ +40 269 212 259
www.laturn.com
contact@laturn.com
La plus belle terrasse de Piața Mare, une situation privilégiée sous la tour, près du passage qui mène à Piața Mică. Le mobilier en bois (y compris à l'extérieur) est massif et agréable. La carte est la même qu'ailleurs en un peu plus cher, mais on paye pour la vue. Le menu est traduit en français. Vous pouvez aussi vous contenter d'un espresso, d'ailleurs excellent.

■ **WEINKELLER**
Strada Turnului, 2
✆ +40 269 210 319
www.weinkeller.ro
Ouvert de 18h à minuit (sauf les lundis).
Ce restaurant-cave est excellent. On aime l'ambiance tamisée qui y règne. Idéal en soirée, on déguste une nourriture transylvaine exquise. Son choix en vins est tout aussi remarquable. Le service est professionnel et souriant. Prix abordables.

Sortir

En soirée, Sibiu offre aux noctambules de nombreuses occasions de se divertir. Les publications gratuites, comme *Șapte Seri* ou *Sibiu Live*, pourront vous informer chaque semaine sur les événements du moment (concerts, films à l'affiche...).

Cafés – Bars

CRAMA NAŢIONAL

À l'une des extrémités de Piaţa Mică, au n° 20, près de l'escalier qui mène à la ville basse. Ouvert jusqu'à 1h.

Jolie salle voûtée en sous-sol aux tables massives. Avec un peu de chance, vous pourrez peut-être assister à un concert improvisé par Dan Titi, le propriétaire du bar et accordéoniste à ses heures perdues. Bondé en fin de semaine.

GEEA CAFFE

Strada Avram Iancu, 4 ✆ +40 758 540 046
martinpaul94@yahoo.com
Ouvert tous les jours de 8h à 5h.

Café de l'hôtel Flying Time, Geea Caffe est situé à l'étage d'un vieux bâtiment avec vue sur Piaţa Mică. À l'intérieur, un joyeux mélange de voyageurs et de jeunes de Sibiu dans une ambiance festive et enfumée, la bière coulant à flots. La décoration est très réussie avec le mobilier antique, les vieux tapis persans et autres objets désuets.

IMPERIUM PUB

Strada Nicolae Bălcescu, 24
✆ +40 740 204 855
welcome@imperiumsibiu.ro
Ouvert tous les jours de 17h à 4h.

Un des bars les plus connus de la ville dans une cave voûtée en sous-sol, très couru pour son ambiance et son exceptionnelle programmation culturelle (concerts de jazz, blues ou rock, théâtre, animations…). La clientèle est à l'image du lieu : éclectique et accueillante.

MUSIC PUB

Piaţa Mică, 23 ✆ +40 369 448 326
http://musicpubsibiu.ro
Accès près des escaliers qui mènent à Piaţa Aurarilor.
Ouvert tous les jours de 8h à 3h et de 10h à 5h le week-end.

Sympa et bien placé. La terrasse en été, où l'on s'assoit autour de gros billots de bois, offre la plus jolie vue sur Piaţa Mică. Plus tard dans la nuit, on descend dans la cave qui fait club et salle de concert à l'ambiance très rock et festive auprès d'une clientèle résolument jeune.

OLD FRIENDS PUB

Piaţa Mică, 13 ✆ +40 269 252 504
office@oldfriends.ro
Ouvert de 9h à 2h en semaine et de 16h à 2h le week-end.

Un des nombreux bars situés en sous-sol sur Piaţa Mică, le Old Friends Pub se distingue par une ambiance jeune et sympathique, de délicieux cocktails ainsi que de nombreuses soirées jeux de société.

Spectacles

CINEMA ARTA

Bulevardul Mihai Viteazul
www.cinemaartasibiu.ro
Un agréable cinéma qui propose des films récents. Les salles sont modernes.

Champs près de Sibiu.

■ **SALA THALIA**
Strada Cetății, 3-5
www.filarmonicasibiu.ro
filarmo@filarmonicasibiu.ro
Un lieu qui fait la renommée et le prestige de Sibiu à des tarifs abordables. Vous pourrez notamment assister aux représentations de l'orchestre philarmonique de la ville.

■ **STUDIOUL ASTRA**
Piața Albert Huet, 12
Un cinéma d'art et d'essai qui organise au mois d'octobre la fête du Cinéma : www.astrafilm.ro

■ **TEATRUL RADU STANCA**
Bulevardul Corneliu Coposu, 2
Un magnifique théâtre qui accueille le plus souvent des pièces en roumain ou en allemand.

À voir – À faire

La ville se visite facilement à pied et ses points les plus intéressants sont très proches les uns des autres. Dès qu'on arrive à Sibiu, on est tout de suite subjugué par les Piațe Mare (grande) et Mică (petite) qui ont été entièrement refaites. Séparées par l'église catholique et la tour municipale, elles constituent le véritable centre de la cité.

Piața Mare

Devenue centre de la ville depuis le XVIe siècle, entourée de maisons très colorées (bleu, jaune, vert, orange...), cette place préservée de la circulation garde un caractère presque intime, malgré ses dimensions et son prestige. Le monument au centre de la place commémore l'insurrection paysanne de 1846. Plusieurs bâtiments dignes d'intérêt sont rassemblés autour de la place. Toutes les constructions situées au sud ont été déclarées monuments historiques. Parmi elles se trouve la jolie Casa Haller (au n° 10), bâtie en 1470 mais remaniée à la Renaissance.

■ **ÉGLISE CATHOLIQUE**
Piața Mare
Construite entre 1726 et 1738, l'église est de style baroque. La fresque *Marie et le Divin Enfant* est un bel exemple de la peinture baroque locale. C'est l'ancienne résidence des jésuites à Sibiu, et des messes y sont encore dites en allemand, malgré la désormais faible proportion d'habitants d'origine allemande.

■ **ÉGLISE DES URSULINES**
Strada Avram Iancu
Au nord de Piața Mare, dans les élégantes rues calmes bordées d'arbres et de belles demeures d'où s'échappent des odeurs de cuisine ou des notes de piano, se trouve l'église des Ursulines. Fondée par des dominicains, elle combine l'architecture gothique du XVe siècle avec le baroque du XVIIIe siècle.

■ **PALAIS ET MUSÉE BRUKENTHAL**
Piața Mare, 4
www.brukenthalmuseum.ro
info@brukenthalmuseum.ro
Ouvert du mardi au dimanche, de 10h à 18h en été et du mercredi au dimanche de 10h à 16h en hiver. Entrée 3 € pour visiter le palais.

Les icônes sur verre de Transylvanie

Cet art est typique de la Transylvanie. Vous verrez ces icônes dans les églises mais aussi dans des musées et dans les fermes de la région. Les peintures sur verre transylvaines se caractérisent par la profusion de couleurs et un dessin naïf, nourri de symboles religieux ou mythologiques. L'art de l'icône sur verre est plutôt récent puisque les premiers spécimens datent du XVIIe siècle (au monastère Nicula près de Gherla, au nord de Cluj). Les thèmes préférés des artistes sont des épisodes de la Bible : d'Adam et Ève au Jugement dernier en passant par la vie du Christ (la Vierge, la naissance, la circoncision, le baptême, la crucifixion). La Trinité et les saints sont aussi fréquemment représentés. Au carrefour de l'Orient et de l'Occident, les styles de tous horizons sont utilisés et mélangés. Les artistes qui ont marqué cet art se nomment Savu Moga, Matei Ţâmforea... Les icônes sur verre sont également une spécialité de cette région proche de Sibiu. Săliște, Laz et surtout Sibiel sont particulièrement réputés pour leurs artistes qui pratiquent cet art depuis longtemps. Ces icônes se caractérisent par des couleurs vives et un dessin inspiré par la vie quotidienne et l'art populaire local. Près de 700 œuvres remarquables sont exposées au musée ethnographique de Sibiel, dans le monastère et dans l'église attenante. Mais d'autres lieux sont réputés, Gherla et Nicula particulièrement.

Piata Mare, grande place centrale de Sibiu.

Il a fallu dix ans (1778-1788) pour édifier ce palais, considéré aujourd'hui comme l'un des plus beaux musées de cette partie de l'Europe et emblème de la ville. Ce chef-d'œuvre baroque est dû au baron Samuel von Brukenthal (1721-1803), gouverneur de Transylvanie de 1777 à 1787, connu pour avoir été l'un des favoris de l'impératrice Marie-Thérèse.

L'exécution du palais a été confiée à un architecte viennois. Brukenthal, qui était aussi un grand collectionneur d'art, a demandé dans son testament à ce que le palais devienne un musée, ce qui fut fait. Ouvert en 1817, le musée est connu dans toute l'Europe pour la richesse et la diversité de ses collections, dont les 1 090 tableaux ayant appartenu au baron. Parmi eux, 450 œuvres de l'école flamande (Rubens, Van Dyck...), 500 tableaux allemands illustrant la transition entre les styles gothique et baroque, et des tableaux de peintres italiens représentant plusieurs courants. Sans oublier des œuvres d'artistes transylvains (Vincentius de Brașov, Coulin, Neuhauser...), des dessins et gravures transylvains du XVIIe au XIXe siècle, d'exceptionnelles pièces d'argenterie du maître orfèvre du XVIe siècle Sebastian Hann ou encore une collection de papillons.

La bibliothèque du baron a également été conservée et complétée par le fonds des bibliothèques médiévales de Sibiu. Elle compte 280 000 volumes, dont une collection d'incunables (ouvrages imprimés avant 1500) et le bréviaire Brukenthal, écrit sur du parchemin avec de superbes miniatures réalisées par des peintres flamands des XVe et XVIe siècles. Enfin, le musée présente une intéressante section d'ethnographie où des costumes et les poteries héritées du musée Astra donnent un aperçu du folklore local.

RUE PIÉTONNE NICOLAE BĂLCESCU

Au sud de Piața Mare, cette rue est un bel alignement de maisons anciennes aux murs épais dont certaines datent de plus de deux siècles. L'été, les terrasses fleurissent et les tonnelles ombreuses mènent à des cours baignées de lumière. À cette période, vous remarquerez également la présence d'habitants insolites : les cigognes, qui ont élu domicile sur les toits de la ville.

Au commencement de la rue, on notera l'éclatant hôtel Împăratul Românilor, installé dans un joli bâtiment du XVIIIe siècle, qui a vu défiler des personnalités comme Franz Liszt, Johann Strauss, Carol Ier ou Roman Herzog.

TOUR DU CONSEIL OU TOUR MUNICIPALE (TURNUL SFATULUI)

Vous passerez dessous pour rejoindre Piața Mică.

Cette jolie tour du XVIe siècle, remaniée à plusieurs reprises, abrite une exposition temporaire et une exposition historique (tous les jours de 10 à 18 heures) consacrée à la ville et notamment à son système défensif. Il faut absolument entrer dans ce petit musée car il offre le plus beau panorama possible sur la ville et ses environs !

Piața Albert Huet

La place Albert Huet, noyau initial de la ville, abrite l'église évangélique. Construite en style gothique entre 1371 et 1520, elle la domine et lui confère le rôle de « place religieuse ».

■ CATHÉDRALE ÉVANGÉLIQUE SAINTE-MARIE

Elle a été érigée entre le XIVe et le XVIe siècle, sur l'emplacement d'une église du XIIe siècle. Elle est très représentative du style gothique transylvain (trois nefs et transept). Ses pierres tombales (près de 60) et ses fresques (du XVe siècle) sont remarquables. Ses orgues de plus de 6 000 tuyaux, anciennes et impressionnantes, entrent en action tous les mercredis. On peut également grimper dans son clocher qui s'élève à plus de 73 mètres : la vue est époustouflante.

Piața Mică

Caractérisée par ses maisons aux galeries voûtées, surmontées par ses arcades, la Petite Place du centre historique est plus intimiste. De forme irrégulière, elle s'apparente plus à une place de village que sa voisine. Sur les toits de certains bâtiments, on peut voir les fameux « yeux de Sibiu ».

■ MAISON DES ARTS (CASA ARTELOR)

Piața Mică

Au nord de la place, une maison gothique de 1370 avec, dans l'une de ses salles, de jolies fresques du XVIIe siècle. Elle accueille diverses expositions temporaires.

■ MUSÉE D'ETHNOLOGIE FRANZ BINDER

Piața Mică, 11
Face à l'église ✆ +40 269 218 195
Ouvert du mardi au dimanche de 10h à 18h.
Anciennement dénommée Casa Hermes, cette maison fut érigée en 1865. Le musée réunit des collections permanentes et temporaires d'objets les plus variés, de différentes époques et origines.

■ MUSÉE D'HISTOIRE DE LA PHARMACIE

Piața Mică, 26
Ouvert du mardi au dimanche de 10h à 18h.
Situé au n° 26, il réunit des objets de pharmacie en usage en Transylvanie du XVIIe au XIXe siècle. La maison qui l'abrite, du XVIe siècle, accueillait autrefois une pharmacie appelée « l'Ours noir ».

Strada Mitropoliei

À partir de Piața Mare, cette rue qui part à droite du musée Brukhental comporte quelques lieux intéressants. De nombreuses personnalités roumaines, tels le révolutionnaire Avram Iancu et le poète Mihai Eminescu, y ont résidé. La grande poste de la ville s'y trouve également.

Sibiu, la ville des premières

Sibiu se targue d'être un pôle culturel et scientifique majeur en Roumanie, ce qui lui a valu d'être choisie comme capitale européenne de la culture 2007. Et, effectivement, la ville a plusieurs « diplômes » à faire valoir sur son *curriculum vitae*.
Voici une petite liste chronologique des « Sibiu, première ville roumaine où... ».

- **1292 :** premier hôpital sur le territoire de l'actuelle Roumanie.
- **1380 :** première école en langue roumaine.
- **1494 :** première pharmacie sur le territoire de l'actuelle Roumanie.
- **1534 :** première presse d'imprimerie sur le territoire de l'actuelle Roumanie.
- **1544 :** impression du premier livre en roumain.
- **1777 :** création du premier laboratoire mondial d'homéopathie, par Samuel Hahnemann.
- **1817 :** ouverture du premier musée sur le territoire de l'actuelle Roumanie, le musée Brukenthal.
- **1859 :** construction du premier pont métallique sur le territoire de l'actuelle Roumanie, le pont des Mensonges (Podul Minciunilor).
- **1904 :** pas une première... mais une « deuxième ». Sibiu devient la seconde ville européenne équipée de tramways électriques.
- **1928 :** création du premier jardin botanique de Roumanie.

Souhaitons à Sibiu d'ajouter quelques nouvelles dates à cette liste déjà longue.

CATHÉDRALE ORTHODOXE SFÂNTA TREIME

Strada Mitropoliei

Construite en 1906 sur l'emplacement d'une église de 1797, la cathédrale présente une certaine ressemblance avec celle de Sainte-Sophie, à Istanbul. Ses architectes Nagy et Kommer étaient originaires de Budapest. Elle est le siège de la métropole (archevêché) orthodoxe de Transylvanie. Rénovée et repeinte en 1964, elle est agréablement lumineuse.

À gauche, Strada Tribunei, que borde le très jaune et très vert bâtiment de la préfecture, vous amènera au grand hôtel Boulevard et à l'extrémité sud de la très animée Strada Nicolae Bălcescu, que vous pourrez reprendre pour rejoindre Piața Mare. En prenant tout droit, vous arriverez dans Strada Cetății, qui longe les anciens remparts de la ville.

MUSÉE D'HISTOIRE BRUKENTHAL

Strada Mitropoliei, 2

www.brukenthalmuseum.ro

info@brukenthalmuseum.ro

Ouvert du mardi au dimanche, de 10h à 18h en été et du mercredi au dimanche de 10h à 18h en hiver. Entrée 3 €.

Au commencement de la rue, un peu en retrait, se trouve le musée d'histoire départemental de Sibiu, qui est en fait une annexe du proche et prestigieux musée Brukenthal. Il est hébergé dans l'ancien hôtel de ville de Sibiu (de 1548 à 1948), appelé aussi Casa Altemberger-Pempflinger, familles dont les armes ornent la façade. Ce bâtiment du XVe siècle et sa jolie cour sont de style gothique. C'est l'une des dernières constructions civiles qui restent de cette époque. La petite cloche plantée au sommet de la tour est appelée « cloche des condamnés » car elle retentissait pour annoncer l'exécution d'un prisonnier. L'exposition ethnographique retrace l'histoire des Roumains à travers les âges.

Strada Cetății et les murs de la ville

Les fortifications de la ville ont été réalisées en plusieurs étapes. Les premières lignes datent de 1224, mais il n'en reste pas grand-chose. À la fin du XIIIe siècle, on édifia une seconde ligne dont le principal vestige est la tour du Conseil. Les fortifications visibles aujourd'hui datent de 1410. C'est dans Strada Cetății qu'elles sont le mieux conservées. Les deux tours (Olarilor et Dulgherilor) et le chemin de ronde en bois et brique sont superbes. D'autres tours (souvent aux noms de confréries de métiers) ont été ajoutées par la suite, tel le bastion Soldisch (1627). Le bastion qui se trouve au nord de la rue est appelé Haller, du nom d'un maire de la ville du XVIe siècle.

MUSÉE D'HISTOIRE NATURELLE

Strada Cetății, 1

Ouvert du mardi au dimanche de 10h à 18h. Entrée 2 €.

La variété et la richesse de ses collections font de ce musée l'un des plus intéressants du pays. Botanique, zoologie, minéralogie, paléontologie.

Ville basse

Ce lieu particulièrement coloré, animé et pittoresque devrait figurer sur la liste des incontournables de la ville. La partie basse de Sibiu est un véritable enchantement pour ses rues aérées et son caractère populaire. Vous pourrez y accéder par les nombreux escaliers médiévaux notamment par Strada Turnului (face à l'entrée de l'église évangélique) ou Piața Albert Huet (derrière la même église) où la pente est plus raide.

Pour vous rendre dans la ville basse, vous pourrez également passer par la rue Ocnei depuis l'angle nord de Piața Mică. La rue passe sous le pont des Mensonges (Podul Minciunilor). La ville basse comprend des bâtiments ayant conservé des éléments médiévaux situés pour la plupart dans les rues du 9 Mai et d'Ocna.

Un mensonge... et le pont s'écroule !

En contrebas de Piața Mică, cette passerelle en fer forgé (la plus vieille du pays) appelée le pont des Mensonges (Podul Minciunilor) est l'une des principales attractions de Sibiu. C'est ici que les soldats autrichiens de passage essayaient de conquérir les jeunes filles de la ville en leur promettant le mariage, promesse qu'ils n'arrivaient jamais à tenir. Désormais, la légende veut que si l'on dit un mensonge sur le pont, il s'écroule. Les Roumains disent en plaisantant que l'on devrait y faire défiler les hommes politiques actuels.

▶ Sur Piața Cibin, vous pourrez également trouver un marché appréciable pour la qualité de ses produits et son ambiance populaire.

PIAȚA AURARILOR (PLACE DES ORFÈVRES)

L'un des lieux les plus romantiques de Sibiu, surtout lorsque vous remontez par l'escalier qui vous mène à la ville haute. Cette place toute pavée est bordée de plusieurs maisons du XVIe siècle.

PLACE DRAGONER

La place Dragoner, à l'intersection de Strada 9 Mai et de Strada Ocnei, peut être considérée comme le centre de la ville basse. Jusqu'en 1976 se dressait en son milieu un édifice baroque et néoclassique, de 1800, qui autrefois hébergeait le siège des dragons autrichiens.

RUE DU 9 MAI

C'est la plus ancienne des rues de la ville. Elle possède sept immeubles classés monuments historiques, dont une maison du XVIe siècle au n° 43.

Dans les environs

MUSÉE EN PLEIN AIR ASTRA

À 5 km au sud-ouest de la ville, direction Păltiniș ✆ +40 269 218 195
www.muzeulastra.ro
office@muzeulastra.ro
Du lundi au dimanche, de 10h à 18h. Entrée 4 € pour les adultes et 1 € les enfants et les étudiants. Accès : prendre le trolleybus n° 1 (de la gare) jusqu'au terminus ou bien le bus n° 13 du centre-ville. Un plan explicatif, très pratique et bien fait, est vendu à l'entrée.
La visite de ce superbe musée en plein air est obligée pour qui désire découvrir les richesses du monde rural transylvain et roumain. Maisons (340), outillage paysan, métiers textiles, moulins sont exposés sur 42 hectares de prés et de bois autour d'un lac. En parcourant ainsi la Roumanie traditionnelle, vous découvrez l'habitat des pêcheurs du delta ou des paysans du Maramureș. Les installations techniques de toutes les époques se comptent par milliers : pressoirs, métiers à tisser, fours, distilleries, transports ruraux, matériel agricole, etc. Signalons l'impressionnant espace consacré aux moulins (27) de tout type : à eau, à vent, à bras, à cheval… Des présentations d'art populaire et des festivals de folklore (le 15 août notamment) sont fréquemment organisés. Bref, ce musée, synthèse parfaite des spécificités ethnoculturelles roumaines, est une attraction majeure, surtout si l'on n'a pas le temps de visiter toutes les régions du pays.

▶ **Au début du mois d'août, dans ce même lieu,** vous pourrez assister au Festival national des traditions populaires et découvrir de nombreuses danses et expositions.

OCNA SIBIULUI

À 15 kilomètres au nord-ouest de Sibiu. Par le train : la station Băile Ocna Sibiului (2 kilomètres du centre) est sur la ligne Sibiu-Mediaș ou Copșa Mică ou par bus locaux.
Cette station thermale à la sortie de Sibiu, proche de belles forêts de chênes, est réputée pour ses traitements et ses bains dans des lacs formés par l'effondrement de mines de sel (*ocnă* signifie « saline » en roumain et le nom de la ville en allemand est Salzburg, « la Ville du sel »). Ainsi, lorsqu'on se baigne dans le lac Brâncoveanu, tout rond et entouré de rochers, on a l'impression de se baigner dans un cratère. L'un de ces lacs est appelé « le lac sans fond ». Les couches d'eau douce de pluie puis d'eau salée, de différentes températures, s'y superposent. Cette station compte aussi deux églises de belle facture. L'église orthodoxe a été construite sous Michel le Brave en 1600 puis transformée par Constantin Brâncoveanu en 1701. L'église réformée, de 1240, a été remaniée en style gothique au XVIe siècle.

COMPLEXE BALNÉAIRE HELIOS

Strada Băilor, 22-24 ✆ +40 269 577 348
www.ocnasibiului.ro
rezervari@ocnasibiului.ro
En été, chambre double à partir de 69 € pour un confort 3 étoiles et à partir de 80 € pour un confort 4 étoiles.
Le complexe dispose de deux hôtels 3 et 4 étoiles, entièrement rénovés en respectant l'architecture originale, œuvre de maîtres viennois. Les intéressés apprécieront le centre balnéaire où l'on vient pour des traitements contre les rhumatismes, par exemple. Un centre sportif avec terrains de tennis, de badminton, piscines à eau douce et à eau salée est accessible aux touristes même s'ils sont hébergés ailleurs.

PENSION CARELOR

Strada Rusciorului, 114
✆ +40 269 259 201
www.pensiuneacarelor.ro
Chambres doubles à moins de 25 €.
Une pension rustique très accueillante qui propose 4 chambres tout en boiseries avec 2 salles de bains communes. Joli jardin dans la cour intérieure décoré d'objets traditionnels.

MĂRGINIMEA SIBIULUI

La région au sud et à l'ouest de Sibiu offre de superbes paysages de piémont (monts Cindrel ou Cibin), auxquels s'accrochent de charmants villages de bergers. Les rues sont colorées, il y a de grosses maisons à cours fermées et de grands portails voûtés, les cigognes colonisent les cheminées. Les plus beaux villages du sud de la Transylvanie se trouvent ici.

En allant vers Alba Iulia, on traverse de magnifiques panoramas, les collines semblent se succéder à l'infini à l'horizon, coiffées ou non de forêts. Et comme sur toutes les routes roumaines, il est plaisant de regarder le travail de champs, les animaux. Les habitants perpétuent les solides traditions artisanales et folkloriques. On s'en rend compte le dimanche au retour de la messe, lorsqu'on voit de longs cortèges de charrettes ou de piétons, où les femmes portent encore les costumes colorés du pays. Ici plus qu'ailleurs, n'hésitez pas, si vous êtes motorisé, à quitter la route principale pour découvrir les villages isolés.

Mărginimea Sibiului est un lieu privilégié pour le tourisme rural et les superbes villages comme Sibiel proposent un grand nombre de pensions. On y dort dans des maisons rustiques et on y mange de la cuisine locale, notamment de l'excellent fromage.Il semble que les habitants de chaque maison des plus beaux villages aient choisi d'accueillir les touristes. Ne vous privez pas de cette invitation. C'est le meilleur moyen de découvrir le quotidien et la gastronomie de la région. Les maisons traditionnelles ont des cours intérieures et des jardins particulièrement agréables en été.

La pension complète est en général possible sur demande. Les spécialités autochtones sont en principe préparées avec les produits naturels, sains, de la ferme d'à côté (confitures de fruits des vergers, viande d'agneau, fromage et beurre maison...).Au sud et à l'ouest de Sibiu, vous trouverez d'innombrables pensions dans les villages de Sibiel, Săliște, Gura Râului, Rășinari, Sadu ou Tălmăcel. Si vous cherchez les hôtels, vous en trouverez à Păltiniș et Miercurea Sibiului mais, honnêtement, préférez les pensions. En voici quelques adresses, mais les possibilités étant nombreuses, vous pouvez aller vous promener et choisir...

CISNĂDIE

13 400 habitants. À quelques kilomètres au sud de Sibiu, la petite ville de Cisnădie est un bel exemple de village saxon avec son église romane fortifiée et ses quelques maisons basses dans la vieille ville. Habiles artisans, les habitants érigèrent de leurs mains les différents édifices, en exploitant de leur mieux les ressources locales : bois, laine et pierre. Ville déjà rattrapée par l'urbanisation de Sibiu, on préférera sûrement pousser un peu plus pour découvrir des villages saxons plus emblématiques et encore pleinement ruraux.

Transports

Nombreux bus depuis Sibiu.

À voir – À faire

Cisnădie (en allemand Heltau) possède une superbe église fortifiée. Construite en 1140 puis reconstruite au XIVe siècle, elle est entourée de fortifications massives ajoutées au XVe siècle pour protéger la ville des assauts turcs. De grande taille, elle compte trois nefs, des tours de différentes hauteurs et un imposant clocher. C'est un ensemble compact qui semble aimanter les maisons du village qu'il domine. Après l'érection d'un troisième mur d'enceinte, cet ouvrage d'architecture sacrée et défensive devint imprenable. Son petit cloître est un peu mal en point, mais devrait être restauré. On peut aller en haut de sa tour et contempler les environs.

CISNĂDIOARA

450 habitants. À quelques kilomètres de Cisnădie, par une route qui s'élève et s'enfonce progressivement dans la forêt, se trouve Cisnădioara (en allemand Michelsberg). C'est ici que vous trouverez une des plus vieilles églises romanes du pays, édifiée en 1223. Située en hauteur, elle fut rapidement entourée d'enceintes, dont on ne voit aujourd'hui qu'une petite partie. On notera également deux tours restées inachevées. L'église est un bâtiment assez ramassé (nefs courtes). Son portail roman sculpté est particulièrement remarquable. On peut aussi visiter un petit musée ethnographique. Le village quant à lui, magnifiquement isolé, est un intéressant ensemble rural de maisons typiquement saxonnes. Quelques possibilités de belles randonnées dans les environs.

Transports

Bus nombreux depuis Sibiu.

Se loger

PENSION SUB CETATE
✆ +40 740 220 035
www.sub-cetate.ro
Chambres doubles autour de 25 € avec petit déjeuner.
Au pied de la citadelle du village, une pension de 15 chambres décorées dans un style transylvain, vastes et bien équipées. L'atmosphère y est chaleureuse tandis que le restaurant est excellent.

SECRET TRANSYLVANIA GUEST HOUSE
Strada Bisericilor, 5
✆ +40 269 562 119
http://secrettransylvania.co.uk
admin@secrettransylvania.co.uk
Séjour chez l'habitant autour de 60 € avec petit déjeuner inclus.
Une agence anglaise qui organise d'incroyables séjours chez l'habitant dans le village de Cisnădioara dans des chambres magnifiquement décorées.

RĂŞINARI

Village natal du philosophe Emil Cioran, Răşinari (5 300 habitants) dispose d'une magnifique situation au pied des monts Cindrel. Le village est certes plus récent (XVIIIe siècle) que ses voisins saxons, il n'en est pas moins sublime. Flâner à travers son labyrinthe de ruelles grossièrement pavées, bordées de maisons basses colorées couvertes de tuiles inégales est une expérience incroyable. Particularité de Răşinari : l'intérieur des maisons est également décoré de superbes peintures murales. Vous trouverez une belle église du XVIIIe siècle, Cuvioasa Paraschiva, célèbre pour sa façade peinte intitulée *La Roue de la vie*. L'église possède quelques icônes sur bois et verre. Le lieu est également réputé pour son artisanat (bois, céramiques), qui tient une bonne place dans le petit musée (ouvert du mardi au dimanche de 10 à 17 heures).

Au sud de Răşinari, sur les hauteurs, se trouve la localité de Prislop connue pour son importante communauté rom.

▶ **Accès :** bus nombreux depuis Sibiu.

▶ **Manifestation.** Tous les ans, au milieu ou à la fin du mois d'août, se déroule le Festival du fromage et de l'eau-de-vie. Les meilleurs produits laitiers de la région sont exposés et vendus à cette occasion. Des spectacles folkloriques animent le village les jours du festival. Pour plus d'infos : turism@sibiu.ro

PENSION BADIU
Strada Octavian Goga, 786
✆ +40 269 557 359
www.pensiunea-badiu.ro
rezervari@pensiunea-badiu.ro
Chambre double à 20 € sans petit déjeuner.
Une pension de 6 chambres doubles au confort moderne, à l'accueil chaleureux et à la gastronomie merveilleuse.

PENSION CIORAN
Strada Protopop Emil Cioran, 1503
✆ +40 744 480 658
Comptez 15 € la chambre double.
Située à proximité du foyer culturel du village, cette belle pension entièrement rénovée conserve de beaux éléments traditionnels de la région. À noter que le propriétaire de la pension est un descendant de la famille du célèbre philosophe Emil Cioran.

PENSION PHOENIX
Strada Octavian Goga, 777
✆ +40 745 308 034
Comptez 20 € la chambre double.
Une pension au confort moderne, à l'accueil chaleureux et à la merveilleuse gastronomie.

CRISTIAN

Un exemple intéressant de village saxon (3 500 habitants) situé le long de la route nationale 1 qui relie Sibiu à Arad. Cristian demeure bien préservé et pittoresque, même si on lui préférera des localités plus isolées et plus traditionnelles. Son église du XVe siècle protégée par un double mur d'enceinte et une tour massive demeurent admirables.

CASA PANDORA
www.casapandora.ro
info@casapandora.ro
Comptez 35 € la chambre double.
C'est la pension que nous vous recommandons si vous souhaitez loger dans le village.

ORLAT

À 6 kilomètres de Cristian, dans la direction des hauts plateaux au sud, ce charmant village de 3 200 habitants (un des plus vieux des environs) possède de jolies ruines d'un château médiéval. Hébergement possible dans les pensions Angela ou Ileana.

SIBIEL

Le « centre » du village (400 habitants) de Sibiel (à 2 kilomètres de la gare du même nom) regroupe toutes les caractéristiques du vieux village traditionnel roumain, perdu dans les hautes montagnes du sud de la Transylvanie. Les familles de bergers conservent ici de solides traditions artisanales : costumes, travail de la laine. L'église orthodoxe locale, construite au XVIIIe siècle, attire les amateurs d'icônes sur verre (*voir encadré*). La collection qu'elle présente est riche de 700 pièces colorées, de différents styles et époques.

L'exposition est complétée par un bel échantillonnage d'œufs peints provenant des quatre coins du pays. Fântânele est un petit hameau contigu à Sibiel, lui aussi charmant. De Sibiel, on peut remonter vers les jolies gorges de Cibin, en quelques heures d'une marche enchanteresse. De Gura Râului, des bus vous ramènent vers Orlat et Sibiu. Sinon, on peut continuer à grimper, jusqu'à la station de sports d'hiver de Păltiniș, avant de prendre un bus pour Sibiu.

PENSION ADRIANA
Strada Principală, 325
✆ +40 269 552 573
Chambre double à 20 € sans petit déjeuner.
Juste à côté de l'église, vous trouverez ici 4 chambres confortables. Dans cette pension où l'on parle français, vous pourrez prendre d'excellents repas. Dans leur atelier de peinture sur verre vous seront présentés de beaux exemples de cet art local.

PENSION BUNICA EUGENIA
Strada Principală, 81
✆ +40 269 552 509
bunicasibiel.com
aurel_pau_sibiel@yahoo.com
Autour de 20 € la chambre double.
À 200 mètres de l'église du village, après avoir traversé une petite passerelle, vous arriverez à la pension de « Grand-Mère Eugenia ». Cette maison, une des plus typiques du village dispose de chambres très bien décorées. L'accueil y est charmant, la fille de la famille parle un excellent français et pourra vous faire une démonstration de peinture sur verre.

PENSION MORARIU
Strada Principală, 309
✆ +40 269 552 619 / +40 742 477 126
Chambre double environ 20 €.
2 chambres traditionnelles chez l'habitant. L'accueil y est chaleureux et souriant, et l'on y mange très bien.

SĂLIȘTE

Săliște (2 800 habitants) est un gros bourg paysan, un centre artisanal assez dynamique. On y travaille notamment la laine et vous y verrez de beaux exemples de costumes traditionnels ou de chapeaux en feutre. À ce propos, Virgil Ilieș (au n° 43 de la rue principale de Săliște) se fera un plaisir de vous expliquer comment il confectionne ses magnifiques couvre-chefs encore portés par bon nombre d'habitants.

Tilișca est situé à 1 kilomètre de là. Le hameau est la version miniature de Săliște. Plus isolé, les traditions locales y apparaissent encore plus vivantes. La transhumance y est toujours un événement qui, dès le mois de mai, focalise toute l'énergie des villageois. Si vous êtes présent dans cette région en cette période, précipitez-vous-y !

Transports

Les trains entre Sibiu et Sebeș s'arrêtent aux villages de Săliște et de Tilișca. Sinon, bus locaux depuis Sibiu.

Se loger

CASA CU LIVADA
Strada Șteaza, 124
✆ +40 269 553 740
www.adina-turismrural.ro
contact@adina-turismrural.ro
Doubles à environ 36 € avec petit déjeuner.
« La Maison au Verger » peut accueillir jusqu'à 8 personnes. La qualité de son hébergement est excellente.

CASA ITTU
Strada Ioan Moga, 5
✆ +40 269 211 432
www.casa-ittu.ro
rezervari@casa-ittu.ro
Chambre double de 20 € à 40 €, selon la saison, simple de 15 € à 30 €. Supplément petit déjeuner 4 €.
Une pension 3 étoiles située dans une superbe maison typique du XVIIIe siècle. 4 chambres aménagées avec goût dans un style rustique mais sobre, avec salles de bains impeccables. Excellent restaurant ouvert à tous.

LA TRANSYLVANIE HISTORIQUE

À voir – À faire

■ **MUSÉE ETHNOGRAPHIQUE**
Piața Eroilor
✆ +40 269 553 086
Ouvert sur demande ou en se rendant à la mairie (primărie).
Si vous n'avez pas la chance de voir des artisans à l'œuvre, une petite visite au musée ethnographique local s'impose.

POIANA SIBIULUI

Ce joli petit village (2 800 habitants) de montagne à presque 1 000 mètres d'altitude apparaît comme encastré dans un haut plateau des monts Cindrel. En dehors du temps, le village est connu pour ses nombreux éleveurs de moutons. En mai, les troupeaux remontent vers les montagnes, dans de superbes prés fleuris. Si vous êtes dans la région à cette période, peut-être aurez-vous la chance d'assister à cet événement. Le village lui-même compte de superbes maisons en bois, dont l'une date de 1760. Les possibilités de courtes randonnées parfumées (les fleurs des prés abondent au printemps) ne manquent pas. On part à la découverte d'un paysage montagneux enchanteur, des cabanes de bergers…

Transports

Poiana Sibiului est située au bout de la route 106 G à 13 kilomètres de la route nationale 1. Sachez cependant que les 10 derniers kilomètres d'ascension assez rude après le charmant village rom de Dobârca ne sont pas bitumés et dans un assez mauvais état. Vous pourrez le cas échéant emprunter la route 106 E de Săliște qui serpente dans la montagne et traverse le village très rural de Rod.

Se loger

■ **PENSION BILCU HOUSE**
Strada Deal, 301
✆ +40 269 531 576 / +40 751 221 279
Chambre double à partir de 22 €.
Une belle pension dans une vaste maison moderne tout en bois qui offre 5 larges chambres décorées d'artisanat traditionnel. Possibilité de barbecue dans le jardin et Internet dans toute la maison.

APOLDU DE SUS

1 400 habitants. Jolies rues et place centrale pavée, inclinée et quelque peu décrépite. Uniformité architecturale impressionnante pour ce petit village saxon qui est administré par la commune voisine de Miercurea Sibiului où vous trouverez une adorable petite église du XIIIe siècle (fortifiée au XVe) qui mérite une courte visite. Le mercredi, ne manquez pas le petit marché local. Ici plus qu'ailleurs, n'hésitez pas, si vous êtes motorisé, à quitter la route principale pour découvrir les villages isolés.
Les trains de Sibiu à Sebeș s'arrêtent à Miercurea Sibiului. Sinon, bus locaux.

Centre de la Transylvanie

Le centre de la Transylvanie est avant tout la région de Sighișoara, l'une des plus belles villes médiévales de Roumanie, parfaitement préservée. Comme toute l'Europe médiévale, la Roumanie dut se protéger de nombreuses vagues d'envahisseurs. C'est pourquoi les Saxons, ancien peuple germanique habitant cette partie de la Transylvanie, décidèrent de bâtir des murailles de protection autour de leurs églises, déjà caractérisées par un style assez massif et défensif. Ces murailles devaient protéger toute la population du village et servir de lieu de stockage de vivres (fonction qui est parfois encore la leur aujourd'hui) afin de soutenir un siège. Pourvues de murs d'une épaisseur considérable, dont certains doublés de douves, les églises fortifiées devinrent imprenables. Des tours de guet et des chemins de ronde, souvent équipés de meurtrières pour les flèches et armes à feu (dont les orgues de la mort – un dispositif qui déclenchait plusieurs arquebuses à la fois), permettaient une surveillance constante et une défense efficace.

Les Saxons

Étrange minorité que ces Saxons qui peuplent depuis presque un millénaire la Transylvanie. Les premières traces de ces populations allemandes sur le territoire roumain remontent au XIIe siècle, lorsque le roi de Hongrie Géza II les invite à s'installer aux frontières méridionales de son royaume en échange d'une autonomie religieuse et administrative. Issus principalement des régions du Luxembourg et de la Moselle, ces groupes parlent un dialecte germanique toujours quasiment identique au luxembourgeois contemporain. La liberté religieuse qui leur est conférée aboutit à la construction de nombreuses églises catholiques qui deviendront pour beaucoup, suite à la Réforme, protestantes.

Très largement détruites pendant la grande invasion mongole de 1241, celles-ci sont reconstruites et entourées de plusieurs enceintes de fortification, ce qui les protégera parfaitement des assauts futurs, notamment ottomans, et explique l'architecture typique des 400 villages saxons que compte la Roumanie. Se considérant comme l'élite et prônant le mariage au sein de leur communauté, les Saxons ont su conserver leur identité à travers les siècles, jusqu'aux grands drames du XXe siècle.

La Seconde Guerre mondiale a tout d'abord vu beaucoup d'entre eux rejoindre les armées du IIIe Reich. A suivi la vague massive de déportations vers l'URSS en 1945-1946, où toutes les populations saxonnes entre 17 et 45 ans furent déplacées en Sibérie pour œuvrer à la « reconstruction » du pays. Enfin la période communiste a vu la mise en place de politiques sévères d'éparpillement et de repeuplement de zones désertiques, dirigées presque ouvertement contre les Saxons afin de réduire ou de détruire leur identité.

Cette période perçue comme terrible par ces minorités germanophones explique en partie leur exode massif en direction de l'Allemagne à la suite de la chute de Ceaușescu en 1989. On estime que sur les 400 000 Saxons qui vivaient en Roumanie avant la chute du communisme, seuls 80 000 y demeurent encore aujourd'hui (un chiffre tombé à 40 000 dès la fin des années 1990, qui semble remonter aujourd'hui). Leur plus fameux représentant est actuellement Klaus Johannis, maire de Sibiu, souvent cité comme futur premier ministre futur de la Roumanie.

La Transylvanie compte aujourd'hui près de 200 églises fortifiées, toutes différentes. Le relief, les matériaux et les techniques de construction utilisées, les intérêts stratégiques et la situation économique variaient en effet d'un village à l'autre. De nombreuses églises fortifiées sont visibles dans les villages autour de Mediaș principalement, comme Biertan, Bazna, Băgaciu, Curciu, Valea Viilor, Șoala, Șeica Mare, Moșna, Alma Vii, Ațel, Richiș, Copșa Mare et quelques autres. Plus proches de Sighișoara, vous verrez Apold, Netuș, Brădeni, Saschiz, Dârjiu ou encore Viscri, sur la route de Brașov. Cisnădie et Câlnic sont proches de Sibiu. Et tout près de Brașov, vous visiterez celles de Prejmer et de Hărman (certaines de ces églises sont décrites dans les parties les concernant).

▶ Signalons qu'une large zone a été classée « Natura 2000 » avec l'aide de la fondation Adept basée à Saschiz, qui œuvre pour le développement et la promotion de l'agriculture et du tourisme rural : www.fundatia-adept.org

▶ **Accès :** certains villages étant mal desservis par les transports en commun, un véhicule est particulièrement conseillé. Sinon, il faut du temps.

MEDIAȘ

Située entre Sibiu, Sighișoara et Alba Iulia, la petite ville de Mediaș (44 200 habitants) est un véritable carrefour au cœur de la Transylvanie. La cité elle-même est assez industrielle mais son centre est vivant et animé. Si vous n'êtes pas motorisé, cette ville peut être un excellent point de départ pour votre exploration des villages et églises fortifiées. La ville fut fortifiée en plusieurs étapes par les Saxons dès le XIIIe siècle ; ils y développèrent le commerce. Il subsiste quelques fragments du mur d'enceinte et des tours, comme celle des Trompettes (74 mètres) ou de Marie.

Transports

Gare et autogare se trouvent à proximité de la place centrale, Piața Regele Ferdinand.

Trains pour toutes les villes situées sur la ligne Bucarest-Cluj (Sinaia, Brașov, Sighișoara puis Oradea). Trains pour Sibiu (1 heure 30 de trajet).

Bus pour Târgu Mureș (7 par jour en semaine, 4 les samedi et dimanche), Agnita, Făgăraș, Sibiu, et bus locaux pour les villages des alentours dont Biertan, par exemple.

Sur la route de Sibiu à Mediaș

On peut s'arrêter dans plusieurs jolis villages d'origine saxonne, dont certains possèdent de belles petites églises fortifiées. Ainsi, la curieuse église inachevée de Slimnic, les villages de Vurpăr, Șura Mică et Șura Mare.

Pratique

■ CENTRE D'INFORMATION TOURISTIQUE

Piața Corneliu Coposu, 3
✆ +40 269 803 885
www.mediasturism.ro
mediasturism@yahoo.com
Un bureau où l'on vous renseignera avec plaisir sur les objectifs touristiques et les possibilités de logement.

Se loger

■ HOTEL CENTRAL

Strada Mihai Eminescu, 4
✆ +40 269 841 787
Chambres doubles à plus de 30 €, petit déjeuner compris.
Une barre de béton sans charme. Les chambres (100) sont modestes. C'est une adresse pour dépanner, heureusement que l'accueil est sympathique.

■ HÔTEL EDELWEISS

Strada Aurel Vlaicu, 5
✆ +40 269 844 944
www.edelweissmedias.ro
edelweissmedias@yahoo.com
Chambre double à 38 € avec petit déjeuner.
Situé à la sortie de la ville vers Sighișoara, cet hôtel propose des chambres modernes et confortables dans un petit bâtiment jaune d'assez mauvais goût. Bon restaurant.

■ HOTEL SELECT

Strada Petofi Sandor, 3
✆ +40 269 834 874
www.hotelrestaurantselect.ro
Chambres doubles 34 € avec petit déjeuner.

À deux minutes de la place centrale, dans une rue pavée. Les chambres sont confortables et l'accueil est très sympa. Voilà une très bonne adresse d'un bon rapport qualité/prix.

■ **HÔTEL TRAUBE*****
Piața Regele Ferdinand I, 16
✆ +40 269 844 898
www.dafora turism.ro
travel@daforaturism.ro
Chambres doubles à 67 €.
Cet hôtel 3 étoiles occupe une place de choix dans la ville. Dans un ancien bâtiment d'époque, les 15 chambres sont élégamment décorées d'un mobilier transylvain. Le restaurant, tout comme l'hôtel, est luxueux.

Se restaurer

Les hôtels Select et Traube peuvent être une bonne option en centre-ville.

■ **CASA ARDELEANĂ**
Strada Greweln, 1A
✆ +40 269 833 003
Se trouvant à l'extérieur de la ville à environ 4 kilomètres du centre, vous pourrez vous rendre rapidement à cet agréable restaurant en taxi si vous n'êtes pas motorisé. L'ambiance populaire mérite le détour, surtout si vous restez à Mediaș pour la soirée. La cuisine traditionnelle est bonne et bon marché.

À voir – À faire

La place principale, Piața Regele Ferdinand I, est dominée par l'église évangélique fortifiée Sainte-Marguerite, édifiée au XVe siècle à l'emplacement d'une église plus ancienne. Elle est de style gothique avec quelques éléments romans. De ses six tours d'origine, il n'en reste que quatre. Son clocher, haut de 70 mètres, est impressionnant. À l'intérieur, vous remarquerez les peintures, l'orgue et les tapis orientaux sur les murs, ainsi que l'autel (1485), magnifique exemple de l'art médiéval saxon. De belles maisons entourent la place principale, certaines de style Renaissance local (Casa Schuller, au n° 25, construite en 1588, ancien siège de la Diète de Transylvanie, devenue hôtel) ou baroque (Casa Schuster).

■ **MUSÉE MUNICIPAL**
Strada Mihai Viteazul, 46
Ouvert du mardi au dimanche de 9h à 17h.
Il présente des collections d'art populaire local. Il est aménagé dans un monastère franciscain, construit au XVe siècle en style gothique et remanié en style baroque trois siècles plus tard.

Sculpture de Vlad L'Empaleur, figure emblématique de la ville.

BAZNA

Petite station thermale (3 600 habitants) avec une église gothique du XIVe siècle, entourée de fortifications du siècle suivant. Le style gothique et des éléments romans se mêlent. L'édifice est très photogénique car situé en hauteur et dominant de solides maisons saxonnes.

COPȘA MICĂ

Peut-être connaissez-vous le nom de cette petite ville de 5 200 habitants, nœud routier et ferroviaire du centre de la Transylvanie. Le site est devenu célèbre à la chute du régime communiste, quand les journalistes du monde entier commencèrent à affluer dans le pays. Les articles consacrés à la ville ne mentionnaient aucunement les deux églises fortifiées qui s'y trouvent, mais parlaient de sa pollution, la plus épouvantable de toute la Roumanie, voire même d'Europe.

Le thème inspira des nouvelles fantastiques (Dan Simmons, *Mon Copșa Mică* ; recueil de nouvelles *Le Styx coule à l'envers* avec pour cadre Copșa Mică) et on la déclara ville la plus polluée du monde. La raison de toute cette publicité était une gigantesque usine de charbon (fermée dans les années 1990) qui rejeta pendant des années des milliers de tonnes de déchets. Les murs, les cours d'eau et la nature alentour étaient (et sont toujours un peu) gris et noir. L'espérance de vie y est encore de huit ans inférieure à celle du reste du pays…

VALEA VIILOR

▶ **Le premier fut autrefois (plus maintenant) un village viticole** (son nom signifie « Vallée des Vignes »). Il possède une église du XIIIe siècle, agrandie puis fortifiée de murs particulièrement épais mais peu élevés, construits au XVIe siècle. Aujourd'hui elle appartient au patrimoine de l'Unesco.

▶ **Le second est un autre ancien village viticole.** Il s'organise autour d'une église du XIVe siècle, dont les fortifications du XVe sont de forme ovale. La pierre brute et les tuiles sombres lui donnent un caractère très austère. Fait rare : la tour défensive domine directement la nef. L'église a été rénovée et dans sa cour on a construit des chambres qui peuvent accueillir les touristes.

▶ **Le troisième est Agârbiciu,** dont la petite église blanche au toit de tuiles rouges est entourée d'un petit mur d'enceinte élevé au XVIe siècle (deux siècles après l'église). Les maisons du village, autour de l'église, présentent les mêmes caractéristiques et couleurs que leur église.

BLAJ

Cette ville (20 600 habitants) fut le lieu de ralliement des différents mouvements de 1848 opposés à l'union de la Transylvanie avec la Hongrie. Parmi ses attractions culturelles, Blaj propose un musée d'histoire (ouvert du mardi au vendredi de 8 à 16 heures, les samedi et dimanche de 10 à 14 heures), aménagé dans un ancien palais épiscopal et dont les collections font une large place aux mouvements de 1848.

Transports

Blaj est sur la ligne ferroviaire Bucarest-Brașov-Sighișoara-Mediaș-Cluj-Oradea.

À voir – À faire

■ **CATHÉDRALE GRÉCO-CATHOLIQUE DE LA SAINTE-TRINITÉ (CATEDRALA GRECO-CATOLICĂ SFÂNTA TREIME)**
Elle date de 1765 et fut une des premières constructions de style baroque du pays. Hors la ville, sur le lieu des rassemblements, les champs de la Liberté, un obélisque a été élevé en 1958.

■ **CHATEAU DE BETHLEN**
Dans le village de Cetatea de Baltă, au nord de Blaj, un château du XVIe siècle, de style Renaissance française, flanqué de grosses tours rondes. La puissante famille Bethlen a compté notamment parmi ses membres Gabriel Bethlen, prince régnant de Transylvanie (1613-1629) et roi de Hongrie (1620-1621).

■ BIERTAN

Situé à une douzaine de kilomètres à l'est de Mediaș, ce charmant bourg saxon (en allemand Birthälm, 1 100 habitants) aux maisons colorées abrite la plus belle église fortifiée du pays, qui appartient au patrimoine de l'Unesco. C'est un des villages saxons les mieux préservés de Roumanie. Il compte une importante communauté rom, tandis que la plupart des Saxons ont quitté Biertan après la chute du communisme.

Transports

Accès en bus locaux (4 par jour) de la gare de Mediaș. On peut aussi s'y rendre à pied, par un superbe chemin traversant les villages (avec églises fortifiées) de Brateiu, Ațel et Dupuș.

Pratique

■ **RENSEIGNEMENTS TOURISTIQUES**
Dans l'enceinte du restaurant Unglerus
Strada 1 Decembrie 1918, 1
www.biertan.ro
office@biertan.ro
En face de l'église, un stand pourra vous vendre des cartes touristiques proposant des itinéraires pour découvrir les églises et villages fortifiés de la région.

Se loger

Les pensions (*gästehaus*) sont nombreuses dans ce lieu touristique et on vous proposera des chambres à l'occasion de vos flâneries dans les rues du village.

■ **CASA DORNRÖSCHEN**
Strada George Coșbuc, 25
✆ +40 269 244 165
www.biertan.net
info@biertan.net
Chambre double de 38 € à 42 € selon la saison.

© STÉPHANE SAVIGNARD

L'église fortifiée offre un beau panorama sur le village et la campagne environnante.

Cette pension collée à l'arrière des fortifications de l'église de Biertan propose 4 chambres doubles, une triple et une à quatre lits. On s'y sent bien et l'accueil par un couple local est chaleureux.

■ **PENSION TODORAN**
Strada Aurel Vlaicu, 42
✆ +40 269 868 189
www.pensiuneatodoran.3x.ro
floriotodoran@yahoo.com
De 15 € à 18 € par personne et par nuit avec petit déjeuner.
Une pension de 3 grandes chambres lumineuses dans une maison pittoresque à l'architecture typique de la région. Accueil souriant et chaleureux.

■ **PENSION UNGLERUS**
Strada 1 Decembre 1918, 20
✆ +40 742 024 065
www.biertan.ro
Chambre double à partir de 40 €. Suite à partir de 50 €.
Une belle pension confortable sur le thème médiéval. Les chambres sont plus élégantes et soignées que dans les autres pensions de la ville, néanmoins l'hébergement, qui s'apparente plus à un hôtel, y perd un peu le charme du séjour chez l'habitant. Excellent restaurant sur place.

Se restaurer

■ **UNGLERUS**
✆ +40 269 806 698
Ne manquez pas ce restaurant médiéval, situé tout à côté de l'église fortifiée. Installé dans un bâtiment du XVIIe siècle, il a su récréer une ambiance médiévale sympa et sans artifices, avec des matériaux nobles comme le bois et la pierre. Atmosphère chaleureuse dans le restaurant et la cave. On y trouve aussi une galerie d'art et on y mange très bien.

À voir – À faire

■ **ÉGLISE FORTIFIÉE**
✆ +40 269 868 262
Ouverte du lundi au dimanche de 10h à 13h et de 14h à 19h. Entrée 1,50 €.
L'église fortifiée de Biertan est l'une des plus belles et des plus impressionnantes du pays. Le village est mentionné dès 1283, mais son église date du XVe siècle. Ce remarquable ensemble servait de résidence aux évêques luthériens aux XVIe et XVIIe siècles et a été le siège de la Diète de Transylvanie.

L'ouvrage n'a jamais été conquis, tant son dispositif défensif est impressionnant : trois enceintes fortifiées de 12 mètres de hauteur avec six tours et trois bastions aux toits pointus. La très massive église située en son centre date de 1516. L'intérieur est sobre mais chaleureux. On y remarquera une cheminée en faïence décorée de fleurs bleues, ainsi que la porte de la sacristie avec sa serrure de fer à deux verrous et treize loquets qui se ferment simultanément. L'église est inscrite sur la liste du patrimoine mondial de l'humanité de l'Unesco.

VILLAGE SAXON D'AŢEL

Charmant village traditionnel saxon (en allemand Hetzeldorf, 1 300 habitants) situé entre Mediaş et Biertan. Église du XIVe siècle, fortifiée au XVe. On notera les jolies sculptures gothiques à motifs végétaux, particulièrement sur le portail occidental. Belle vue depuis les tours, sur les toits de tuiles brunes des maisons basses toutes identiques. Il n'y reste aujourd'hui qu'une centaine de Saxons.

VILLAGE SAXON DE BRATEIU

Entre Mediaş et Biertan.

En allemand Pretai, 2 200 habitants, situé à 6 kilomètres de Mediaş en direction de Sighişoara. Ce charmant village saxon compte une belle basilique fortifiée au XVe siècle. L'église elle-même date de 1283. La population y est aujourd'hui majoritairement rom.

VISCRI

Un peu à l'écart de la route repose un des joyaux de la culture saxonne en Roumanie, le village de Viscri (en allemand Deutsch-Weißkirch, 400 habitants), inscrit sur le liste du patrimoine mondial de l'Unesco. Son église-citadelle toute blanche (d'où son nom allemand), aux tuiles rouges, date du XIIe siècle et est remarquablement bien conservée. L'unité architecturale de ses cinq tours de défense, qui flanquent des murs d'enceinte ovale (extrêmement épais), est exceptionnelle. Le village en soi dévoile de magnifiques maisons traditionnelles saxonnes. Minuscule bourg perdu dans les hauts plateaux de Transylvanie, Viscri témoigne d'une culture rurale encore bien ancrée dans les mœurs ainsi que d'une organisation bien réglée : stockage des denrées, école... Véritable dépaysement hors de tout, nous vous recommandons d'y séjourner au moins une nuit pour profiter de son atmosphère particulière. Aujourd'hui seules sept familles saxonnes demeurent encore à Viscri, tandis que les Roms constituent la majorité de la population.

Transports

Viscri est situé à une dizaine de kilomètres de la route nationale 13 qui relie Sighişoara à Braşov. Si vous venez de Sighişoara, bifurquez à hauteur de Buneşti vers Viscri ; la route est bitumée même si elle est en relativement mauvais état. Si vous venez de Braşov, quittez la route nationale 13 à Rupea. La route bitumée s'arrête à Dacia, les cinq derniers kilomètres étant une route en terre.

Pratique

Au plus profond de la Roumanie rurale, il n'est bien entendu pas question de trouver une banque à Viscri. Il est donc préférable de prévoir avant et de venir avex suffisamment d'argent liquide. Concernant Internet, Visci est naturellement assez faiblement équipé. Mais franchement, le magnifique cadre rural nous fait apprécier de déconnecter un peu !

Orientation

Viscri est minuscule et l'orientation ne pose pas un véritable problème. Le village est composé d'une rue principale sur laquelle se trouvent la plupart des maisons. Ici pas d'adresse, on parle seulement du numéro des maisons.

Se loger

Pour profiter de ce joli village, de ses maisons colorées, de sa région et de sa gastronomie, vous pourrez résider dans l'une des charmantes pensions locales, où vous serez accueillis par de chaleureuses familles roumaines, saxonnes ou roms. Du fait de l'affluence des touristes, les prix sont nettement supérieurs à la moyenne roumaine, mais heureusement le confort est au rendez-vous.

MIHAI EMINESCU TRUST

✆ +40 723 150 819
www.mihaieminescutrust.org
guesthouses@mihaieminescutrust.org
Chambres autour de 40 € par personne avec petit déjeuner.
Fonds créé sous Ceauşescu, il œuvre à la sauvegarde du patrimoine historique saxon

de la Transylvanie, fortement endommagé pendant la dictature. Suite à la chute du communisme, le fonds se consacre à la rénovation de ces magnifiques villages saxons perdus et hors du temps et à la promotion du tourisme local en ouvrant les portes de pensions aux visiteurs. Le fonds travaille avec divers architectes locaux et internationaux, même si leur donateur le plus illustre est bien entendu le prince Charles d'Angleterre qui a acheté de nombreuses maisons dans la région pour les transformer en pensions et s'y rend régulièrement.Pour des informations sur les pensions disponibles, rendez-vous sur le site Internet, où vous trouverez une liste des hébergements disponibles dans les différents villages.

PENSION EUGEN & MARIA

Viscri 38
© +40 748 126 616 / +40 740 682 329
panait.m1972@yahoo.com

Trois chambres pour 40 € la nuit avec petit déjeuner.

Le charmant couple Eugen et Maria vous reçoivent dans une magnifique maison comme à la ferme avec poules et une cinquantaine de moutons, en plein cœur de Viscri. Les chambres tout juste rénovées dévoilent un magnifique mobilier saxon traditionnel peint ainsi que des lits gigantesques. La cuisine des hôtes préparée uniquement avec des produits frais et locaux est à tomber. L'été on peut s'attabler sur la terrasse extérieure au son d'une fanfare locale qui vient parfois jouer. Eugen et Maria parlent un peu français.

VISCRI 125

Viscri 125
© +40 723 579 489
www.viscri125.ro
mihai@viscri125.ro

Chambre simple de 50 € à 70 € selon la saison (plus cher l'été et le week-end). Chambre double de 70 € à 100 €. Petit déjeuner inclus.

Très certainement un des plus beaux établissements de toute la Roumanie, lancé en 2010 par un jeune couple très sympathique lassé de la vie bucarestoise. L'hébergement, une ancienne ferme, a été entièrement rénové dans le meilleur goût qui mêle mobilier traditionnel et design contemporain, structure de la vieille ferme et architecture moderne. De vastes espaces communs vous permettent de participer aux activités organisées sur place : cours de cuisine à partir des produits du jardin (parfois organisé chez l'habitant à Viscri) ou salle de jeux. À l'orée 2015, la pension devrait s'étendre avec de nouvelles chambres ainsi qu'un sauna.

Se restaurer

Pas de restaurant officiel à Viscri même si la plupart des pensions cuisinent de délicieux diners avec les produits du village. En basse saison, si vous souhaitez manger à Visci, il est préférable de prévenir. Vous trouverez un petit café-boutique d'artisanat local au n° 73 (ouvert en haute saison seulement), ainsi que deux petites épiceries au n° 37 et à côté de la pension au n° 195.

À voir – À faire

ÉGLISE FORTIFIÉE

Hors-saison, si l'église est fermée vous devrez aller demander la clé à la maison 141, occupée par une vieille dame saxonne. Elle vous demandera sûrement de l'emmener en voiture jusqu'à l'église. Attention elle ne parle qu'allemand et roumain.

Vous devrez vous acquitter d'une petite donation d'environ 2 €.

Le prince Charles à Viscri !

Très impliqué dans le projet du fonds Mihai Eminescu, le prince Charles a racheté en 2006 deux maisons en ruines à Viscri et Mălâncrav afin de les rénover et de promouvoir l'écotourisme local. Tombé amoureux de la Transylvanie, il revient presque annuellement, au mois de mai, et séjourne dans sa maison à Viscri (au numéro 163). Sachez que pendant sa venue, le village connaît une émulation assez inhabituelle avec des services de polices roumains et sa sécurité privée qui patrouillent et bloquent les routes menant au village. Sûrement habitué à cette excitation autour de sa personne, le prince de Galles, entouré de ses gardes du corps, s'en va, comme si de rien n'était, à ses balades quotidiennes !

Une des plus belles de la région et une des plus admirablement conservées, l'église fortifiée de Viscri date du XIIe siècle, avant que les Saxons ne s'installent dans la région. Reconstruite et élargie par les nouveaux arrivants allemands au XIIIe siècle, elle se dote d'enceintes fortifiées aux XVIe et XVIIe siècles pour se protéger des invasions ottomanes. Pas particulièrement impressionnante par sa taille ni par son architecture, l'église de Viscri séduit par son unité, qui fait d'elle l'église fortifiée type de Transylvanie.

Sports – Détente – Loisirs

De nombreuses balades sont possibles depuis Viscri dans la magnifique nature environnante. Pour des itinéraires plus précis, demandez à votre pension. En outre, Viscri devrait bientôt être rattaché à l'itinéraire touristique cycliste qui chemine à travers la Transylvanie.

SIGHIȘOARA

Étendue au bord de la rivière Târnava Mare, Sighișoara (26 400 habitants) est un des joyaux de la Transylvanie. Sa cité médiévale (*Cetatea*), qui domine la ville et la vallée, est merveilleusement bien conservée, ce qui lui a valu d'être inscrite sur la Liste du patrimoine mondial de l'Unesco. Il s'agit sans doute d'une des plus belles villes fortifiées encore habitées d'Europe. Les maisons sont colorées et affichent leur nom et leur fonction à l'aide d'enseignes en fer forgé. Les rues sont pavées et calmes, les églises et les écoles sont fréquentées. Autrement dit, la cité vit, ce qui épargne au visiteur l'impression de se promener dans un musée. Les couleurs des murs changent à toutes les heures de la journée, ainsi que l'ambiance. C'est un vrai bonheur que de s'y promener le soir, quand les lampadaires ornés des armes de la ville diffusent une lumière douce, quand les groupes sont partis et les chats (spécialistes des vieilles cités) sortent… Il faudrait y séjourner deux jours au moins. Les possibilités de logement ne manquent pas, malgré l'affluence estivale (sauf pendant le Festival médiéval, le dernier week-end de juillet – en même temps que le Festival de hard rock !), et la région compte d'autres trésors. Signalons enfin que, depuis 1995, la ville est jumelée avec la ville française de Blois.

▶ Histoire

Connue et attestée en 1280 sous le nom de Castrum Sax, elle prend ensuite le nom allemand de Schäßburg suite à l'installation des Saxons sur invitation du roi de Hongrie, pour protéger la frontière sud du royaume. On suppose qu'à l'origine les colons saxons ont agrandi et fortifié un refuge de bois qui existait déjà au sommet de la colline de l'École, notamment après l'assaut des Tatars, en 1241. Tout autour s'est développée la ville médiévale. Au cours du XIVe siècle, elle a connu un essor considérable. En 1337, Sighișoara devient la capitale et le siège du gouvernement de Transylvanie ; en 1367, elle est élevée au rang de « Civitas de Segusvar ». Presque tous les habitants de la ville étaient des artisans organisés en corporations. Au XVIe siècle, on y compte quinze corporations avec vingt branches. Financé par ces dernières, le système défensif de la ville s'est probablement organisé en plusieurs étapes. Composé d'une muraille d'enceinte de 930 mètres de longueur, de quatorze tours et cinq bastions, il enserre totalement la colline. Les corporations sont indissociables de l'histoire de la ville et certaines ont perduré jusqu'au XIXe siècle. Le XVe siècle est marqué par la naissance du futur Vlad l'Empaleur, qui fut exilé à Sighișoara où des pièces à son image furent frappées. Plusieurs fois capitale temporaire de la Transylvanie, Sighișoara connaît un XVIIe siècle difficile et subit pillages, pestes (1603 et 1643) et incendies. Celui de 1676 fut le plus terrible et détruisit une bonne partie de la ville.

Transports

▶ Train

La ville se trouve sur la ligne reliant Bucarest à Oradea puis Budapest. Il est donc facile de rejoindre ces villes ainsi que Brașov (15 trains par jour, 1 heure 30 à 2 heures 30 de trajet), Sinaia, Mediaș et Cluj (7 par jour, 3 heures à 3 heures 30 de trajet). Aussi trains vers Alba Iulia (3 par jour, 1 heure 40 de trajet).

■ AGENCE CFR
Strada 1 Decembrie 1918, 2
✆ +40 265 771 820
Ouverte du lundi au vendredi de 8h30 à 15h.

▶ Petit train local lent (mais jolis paysages et villages) vers Odorheiu Secuiesc (3 par jour).

Sighişoara
vers Targu Mureş 55 km
vers Medias 37 km
vers camping Dealul
Brasov 116 km
ALBEŞTI
vers Agnita 41 km
Gare ferroviaire
Tudor Vladimirescu
Eglise des Lépreux
Primăverii
Gare routière
Aleea Teilor
Stadionului
Mare
Clujului
Libertăţii
Gării
N. Titulescu
Gh. Lăzar
V. Tepes
Tămavei
A. Saguna
Maihai Viteazu
Plopitor
Cathédrale orthodoxe
Eglise du Monastère
Consiliul Europei
Târgului
Nouă
Corneşti
Zaharia Boiu
Hôpital municipal
Eglise orthodoxe
Horea
Mărăşeşti
Ecaterina Varga
Cristan Mărăşeşti
Anton Pann
Zidul Cetăţii
Tâmparilor
Office du Tourisme
Place du Musée
Musée d'Histoire
Place de la Citadelle
Escalier de bois
Tour de l'horloge
1 dec. 1918
Iorga
Codrului
Horia Teculescu
Visarion Roman
Colline Brădet
Tour des cordiers
Cojocarilor
Samuel Micu Klein
Tour des Tanneurs
Eglise de la Colline
Poste/Telecom
Vârtel
Ilarie Chendi
Police
1 mai
Gh. Cosbuc
Axente Sever
Motilor
Caraiman
M. Eminescu
Tache Ionescu
Nicolae Balcescu
Cânepii
Pastorilor
Păstorilor
Ana Ipătescu
L. Postei
200 m.

GARE FERROVIAIRE

✆ +40 265 771 886

À environ 1 km du centre, de l'autre côté de la rivière. Les horaires sont affichés sur les quais. La consigne est ouverte 24h/24.

GARE ROUTIÈRE

✆ +40 265 771 260

Tout à côté de la gare ferroviaire. Plusieurs bus partent quotidiennement, et assez lentement, pour Târgu Mureș (8 par jour), Sibiu (7 par jour), Făgăraș (1 par jour), Bistrița (3 par jour), Agnita (3 par jour) et des bus locaux pour les villages environnants. Pas toujours pratique. Ainsi, pour aller à Biertan afin de visiter sa superbe église fortifiée, vous devrez passer par Mediaș et changer de bus. La gare routière est petite et les billets s'achètent à l'intérieur, dans la boutique. Les horaires sont affichés à l'extérieur. Les maxitaxis, qui font la liaison Bucarest (Strada Ritmului) -Brașov-Tărgu Mureș aller-retour, s'arrêtent ici environ toutes les heures dans la journée.

Quelques bus internationaux vers l'Allemagne ou Budapest.

Pratique

POINT D'INFORMATION TOURISTIQUE (PUNCT DE INFORMARE TURISTICĂ)

Strada Octavian Goga, 8

✆ +40 265 770 415

Ouvert de 10h à 17h du lundi au samedi.

Sur la place servant de parking pour les cars de tourisme, au bout de la rue Octavian Goga, au pied de la citadelle. Informations sur les objectifs touristiques et possibilité de réservation de chambre dans des pensions.

Tourisme – Culture

AGENCE TRANSAIR

✆ +40 265 268 463

www.transair-travel.ro

incoming@transair.ro

Une très bonne agence de voyages réceptive au personnel compétent. Bonnes prestations concernant la réservation d'hôtels et de pensions dans tout le pays et l'organisation de séjours musicaux avec les Roms. On vous donnera aussi de bons plans pour pratiquer des sports de pleine nature. L'agence organise des circuits culturels ou thématiques dans toute la Roumanie pour les groupes. Le « tour à la ferme » est très apprécié. Pour les individuels, sont proposés des autotours avec location de voiture (l'agence dispose de ses propres voitures), hébergement dans les villes/villages de son choix et un carnet de route pour bien suivre son itinéraire préféré. Enfin, pour les plus sportifs, on propose un circuit de 6 jours, pour découvrir à cheval une partie des monts Călimani, avec des haltes dans des pensions ou en camping, ou bien un circuit de 2 ou 3 jours et retour à la pension où vous êtes hébergés. Transair organise aussi des voyages de type incentive dans toute la Roumanie. Accueil en français !

ASSOCIATION FORTIFIED CHURCHES FROM TRANSYLVANIA

✆ +40 788 11 55 11

fortified-churches.com

sighisoara@mioritics.ro

À noter, l'initiative de l'association Kirchenburgenschutzverein Siebenbürgen (Fortified Churches from Transylvania) dont le but est la sauvegarde des églises saxonnes fortifiées qui, comme son nom l'indique, a été créée par des Allemands dont la famille a vécu ou vit encore en Roumanie. En ouvrant des pensions (des *gästehäuser*), en récoltant des fonds, l'association lance des programmes de rénovation et de protection du patrimoine local.

Autre adresse : Centrul de Resurse Sibiu – Casa Luxemburg – Piața Mică 16 - Sibiu / Tél : +40 788 082413 / Tél : +40 727 642858 / sibiu@culture-routes.lu

CULTURAL HERITAGE INFO CENTER

Strada Muzeului, 6 ✆ +40 788 115 511

sighisoara@mioritics.ro

Juste en face de la tour de l'Horloge, on pourra gentiment vous renseigner sur l'histoire et le patrimoine de Sighișoara.

SIGHIȘOARA DURABILĂ

Strada Bastionului, 11

Au 1er étage

www.sighisoaradurabila.wordpress.com

sighisoara_info@yahoo.com

Vente de produits régionaux, location de vélo (1 € par heure).

Cette ONG impliquée dans le tourisme durable s'engage dans de nombreux projets locaux. Véritable mine d'informations sur Sighișoara et la région, les membres réalisent des balisages d'itinéraires en vélo et donnent un ensemble d'adresses de logement chez l'habitant. N'hésitez pas à aller rencontrer cette équipe dynamique.

Moyens de communication

BUREAU DE POSTE

Strada 1 Decembrie 1918, 20

On y trouvera également Romtelecom et plusieurs banques.

HOUSE ON THE ROCK
Piața Cetății, 8
Situé dans la citadelle, cet Internet café, bar, maison culturelle et agence peut vous fournir des informations sur la ville, vous organiser des excursions dans les environs, vous proposer des vélos de location ou une visite guidée de la ville (par des étudiants parlant votre langue).

Se loger

Sighișoara est une des villes les plus touristiques du pays et les options pour tous les budgets n'y manquent pas, même si les prix restent sensiblement supérieurs à ceux du reste du pays.

Bien et pas cher

On vous proposera probablement des chambres chez l'habitant en ville ou près de la gare. À vous de voir. On peut tomber sur de très belles chambres dans la vieille cité.

CAMPING CENTRAL
Strada 1 Decembrie 1918, 30A
✆ +40 265 771 946
www.campingcentral.3x.ro
cristub@club.sigedu.ro
Autour de 4 € par personne et par nuit. Location de cabanes pour 5 € et de bungalows pour 10 €.
Un camping très basique, avec sanitaire et groupe électrogène comme seules commodités, mais qui comporte l'énorme avantage d'être situé au pied de la forteresse de la ville. Les prix sont dérisoires.

CAMPING VILA FRANKA
Strada Dealul Gării, 7
✆ +40 265 771 046
2 € l'emplacement, 2 €/personne, 2 € la voiture. Location de maisonnettes de 16 € à 26 € selon la saison et le confort.
Un camping agréable qui dépend de la pension du même nom. Un beau jardin verdoyant où planter sa tente ainsi qu'une possibilité de louer des bungalows de très bon standing. Possibilité de manger dans la pension.

CASA LIA
Strada Tâmplarilor, 6
Dans la cité
✆ +40 265 771 203
marius_adam@yahoo.com
Chambre double de 20 € à 25 € sans petit déjeuner. Durant le festival médiéval, les prix augmentent encore.
Marius et Lia, un couple charmant, vous proposeront quelques chambres au confort simple et agréable.

HOSTEL BURG
Strada Bastionului, 4-6
✆ +40 265 778 489
www.burghostel.ro
burghostel@ibz.ro
Dortoirs à 4 et 5 lits pour 10 €/personne, chambre simple à 20 €, double à 25 € sans petit déjeuner.
Une auberge de jeunesse à l'ambiance agréable, même si elle manque un peu de parties communes et d'équipements. Avantage majeur de l'établissement : il est situé en plein centre de la forteresse. Difficile de trouver un tel emplacement à ce prix ! Les chambres simples et doubles sont à des tarifs très avantageux.

HOSTEL GIA
Strada Libertății, 41
✆ +40 722 490 003
www.hotelgia.ro
8 € pour une nuit en dortoir. Chambre double 25 €.
Un *hostel* sympathique et accueillant situé en dehors du centre historique dans une maison privée à l'ambiance orientale. Bon rapport qualité/prix.

PENSION AM SCHNEIDERTURM
Strada Zidul Cetății, 4
✆ +40 265 77 18 53
www.schneiderturm.ro
Chambre double à partir de 30 €. Petit déjeuner inclus.
Tout simplement la plus belle pension de la ville située dans une magnifique maison de 1797, à deux pas de la tour des Tailleurs. Les intérieurs sont décorés d'objets saxons traditionnels. L'endroit est propre, idéalement placé et accueillant, sans parler du petit déjeuner gargantuesque. Pension souvent prise d'assaut, il est recommandé de réserver bien en avance.

PENSION « CHIC »
Strada Libertății, 44
✆ +40 265 775 901 / +40 265 771 046
Chambre double de 20 € à 25 € selon le confort (avec ou sans salle de bains privative). Petit déjeuner non inclus.
Cette pension toute jaune aux chambres accueillantes est pratique et très prisée des voyageurs car située face à la gare (mais à 10 minutes du centre).

PENSION HERA
Strada Mihai Eminescu, 62
✆ +40 265 778 850
www.pensiunea-hera.ro
Chambre double 25 € ou 38 € selon un standard 2 ou 3 étoiles. Sans petit déjeuner.
7 chambres simples et confortables dans une longue maison basse d'un quartier calme. Toutes les chambres ont une salle de bains. Restaurant. Pour s'y rendre, de Piața Hermann Oberth au pied de la cité médiévale, prendre Strada 1 Decembrie vers le sud (qui se transforme en Strada Ilarie Chendi) puis tourner à droite dans Strada Tache Ionescu, qui mène à Strada Mihai Eminescu.

PENSION LELILA INN
Strada Tâmplarilor, 14
✆ +40 265 779 332
www.lelilainn-sighisoara.ro
Chambre double 35 €. Petit déjeuner inclus
Située en plein centre de la cité médiévale fortifiée, une belle pension charmante et accueillante qui offre 7 chambres propres et traditionnellement décorées. Élégante, simple et pas chère : une belle adresse.

Confort ou charme

CASA CU CERB
Piața Cetății
Strada Școlii, 1 ✆ +40 265 774 625
www.casacucerb.ro
info@casacucerb.ro
Environ 50 € la chambre double, avec petit déjeuner.
Les chambres de cette luxueuse « Maison du Cerf » se trouvent au-dessus du bar-restaurant du même nom. Elles sont très bien tenues et aménagées, et vous aurez peut-être une vue superbe sur la place centrale de la vieille ville.

CASA GEORGIUS KRAUSS
Strada Bastionului, 11 ✆ +40 365 730 840
www.casakrauss.com
contact@casakrauss.com
Chambres doubles de 80 € à 150 €, selon la taille de la chambre. Petit déjeuner compris.
Luxe et opulence sont au menu de cette sublime pension 4 étoiles située dans une magnifique vieille demeure en plein cœur de la forteresse. Les chambres sont décorées de mobilier ancien et affichent de superbes lits à baldaquin, parfaits pour une nuit inoubliable.

CASA WAGNER
Piața Cetății, 7 ✆ +40 265 506 014
www.casa-wagner.com
office@casa-wagner.com
Chambres doubles de 40 € à 50 € avec petit déjeuner.
Dans une belle demeure de la place principale de la cité médiévale, quelques chambres récentes et un restaurant. Les chambres, aux voûtes gothiques, aux meubles saxons et au décor médiéval, sont confortables et chaleureuses. Le restaurant, lui aussi sous voûtes, est excellent et les prix sont doux.

HÔTEL SIGHIȘOARA
Strada Școlii, 4
✆ +40 265 771 000
Chambres doubles à 57 €, mais les prix varient selon la saison. Petit déjeuner inclus.
Hôtel 3-étoiles tout récent et extrêmement bien situé sur la place centrale de la citadelle. Beaux bâtiments. Salles voûtées (bar, salle de conférences et certaines chambres), restaurant et cave intéressante. Fleurs aux balcons, décor de bon goût. Une excellente adresse d'un très bon rapport qualité-prix.

Se restaurer

Sighișoara est une ville touristique et les restaurants sont nombreux. Dans la ville médiévale et la ville basse, très calmes, les terrasses abondent et sont très agréables en été. Pourtant si l'emplacement est souvent idéal, la gastronomie et le service ne suivent pas toujours…

CASA CU CERB
Piața Cetății
Strada Școlii, 1
✆ +40 265 774 625
www.casacucerb.ro
info@casacucerb.ro
Plats entre 5 € et 12 €.
Une des meilleures options en ville. Remarquablement bien placé dans la pension du même nom. Au menu une excellente cuisine roumaine parfaitement exécutée.

CASA FERDINAND
Strada Octavian Goga
✆ +40 265 777 000
casaferdinand@windowslive.com
Plats autour de 10 €.
Excellent restaurant situé dans la vieille ville. Le cadre est très agréable tout comme la terrasse. Dans l'assiette, des spécialités roumaines très bien exécutées.

CASA VLAD DRACUL
Strada Cositorarilor, 5
✆ +40 265 771 596
www.casavladdracul.ro

Ouvert tous les jours de 10h à 23h45. Plats autour de 8 €.
Bien sûr, ce restaurant dédié au plus fameux habitant de Sighişoara est un peu kitsch et touristique, mais l'emplacement est idéal tandis que la cuisine est tout à fait honnête. Et puis les constantes références à Dracula sur le menu amuseront les plus jeunes !

CASA WAGNER
Piaţa Cetăţii, 7 ✆ +40 265 506 014
www.casa-wagner.com
office@casa-wagner.com
Donnant directement sur Piaţa Cetăţii et Strada Bastionului, on apprécie à l'intérieur sa salle élégante. L'accueil est chaleureux.

RESTAURANT RUSTIC
Strada 1 Decembrie 1918, 5
Au pied de la citadelle, une bonne cuisine roumaine dans un cadre chaleureux.

Sortir

CASA COSITORARULUI
Strada Cositorarilor, 12
www.casa-cositorarului.ro
office@casa-cositorarului.ro
Ouvert de 9h à 22h.
On vient ici pour boire un verre dans une ambiance chaleureuse, mais aussi pour les délicieuses pâtisseries.

CONCORDIA
Piaţa Hermann Oberth, 1
http://concordiasighisoara.ro
Au bas de la citadelle, ce bar branché est appréciable pour son ambiance musicale. Dans une belle salle ou en terrasse avec vue sur la citadelle, un large choix de thés, cafés et cocktails.

HOUSE ON THE ROCK
Piaţa Cetăţii, 8
On peut prendre un goûter ou un café et naviguer sur Internet dans le cyber qui se trouve sous des voûtes agréables.

À voir – À faire

CATHÉDRALE ORTHODOXE
Un grand édifice de 1937, au bord de la rivière, construit dans un style néobyzantin.

CITADELLE MÉDIÉVALE (CETATEA)
Les études archéologiques semblent montrer que les premières fondations des colons allemands étaient des maisons en bois soutenues par des poutres massives en chêne. Ces maisons de forme rectangulaire comprenaient un rez-de-chaussée et un étage. Les maisons en pierre et en brique ont été élevées par étapes entre le XVe et le XVIIIe siècle, surtout après le grand incendie de 1676. La visite de la citadelle est facilitée par de nombreux panneaux explicatifs formant un parcours numéroté aisé à suivre. Le site lui-même n'est pas bien grand et vous ne vous y perdrez pas. La citadelle est entourée d'anciennes fortifications (XIVe siècle), dont demeurent principalement les tours ajoutées au XVe siècle. La jolie et calme Piaţa Cetăţii est le centre de la cité. Sur les hauteurs se dresse l'église de la colline.

ÉGLISE DES LÉPREUX
Strada Ştefan cel Mare, 34
Petite église luthérienne gothique datant du XVe siècle et qui, du XVIe au XIXe siècle, fut l'église d'asile des lépreux. Elle est appelée en allemand Kirche am Siechhof.

ÉGLISE DU MONASTÈRE
Ouverte en été, du lundi au dimanche de 10h à 18h. Entrée 0,50 €.
Elle fut construite suivant des plans gothiques par les dominicains au XIIIe siècle. Son aspect actuel date des remaniements effectués au début du XVIe siècle.
Lorsque les Saxons se convertirent au luthéranisme, en 1556, ils en firent leur cathédrale. Celle-ci, endommagée lors d'un incendie en 1676, subit alors d'autres modifications dont l'ajout de deux contreforts. L'encadrement de la porte principale en pierre décorée est typique du style Renaissance transylvain. L'intérieur de l'église, avec sa quarantaine de tapis orientaux du XVIe siècle et son autel baroque orné de peintures et de sculptures, est particulièrement sombre et surchargé. Il date du XVIIe siècle, tout comme les orgues.

ÉGLISE SUR LA COLLINE (BISERICA DIN DEAL)
Ouverte tous les jours de 10h à 18h.
La colline domine la cité (qui elle-même domine la ville). Vous arriverez à son sommet par un surprenant escalier en bois couvert, qui peut-être intéressera davantage vos enfants (bien qu'il mène directement à une école). C'est d'ailleurs un peu pour eux qu'il fut construit, au XVIIe siècle, date à laquelle il comptait 300 marches. Après restauration, en 1849, le nombre de marches fut ramené à 175. L'école, située sur la colline, date de 1607 mais fut refaite en 1901 (puis rénovée en 2002).

Un peu plus haut, vous atteindrez « l'église sur la colline » (Biserica din Deal) Elle fut édifiée au XIVe siècle sur le modèle gothique de l'église Noire de Brașov et accueillit tout d'abord les offices catholiques. Plusieurs fois agrandie, elle devint luthérienne après la Réforme, en 1547. Ses peintures, du XVe siècle, ont une grande valeur et sa crypte romane est unique dans la région. Rénovée en 2002, elle est particulièrement claire et contraste avec l'église du monastère. Le cimetière allemand qui lui fait face est un lieu agréable et ombragé.

HÔTEL STEAUA

Strada 1 Decembrie 1918, 12

Tout vert, orné de curieuses sculptures, il représente l'une des expressions de l'architecture du début du XXe siècle (Art nouveau). Vous pourrez encore y loger, mais les chambres sont vieillissantes.

MAISON SCHULLER VON ROSENTHAL

Piața Hermann Oberth, 37

Maison des XVIIe-XVIIIe siècles. Au-dessus de l'entrée, un blason porte la devise : *Per spinas ad rosas*. Le maire, Johann Schuller von Rosenthal, personnage romantique et aventurier invétéré, a été décapité en 1703.

MARCHÉ (PIAȚA)

Situé Strada Târnavei, au pied de la cité, côté nord. On y vend principalement des denrées alimentaires provenant des fermes environnantes. Les samedi et mercredi, il est le plus animé et accueille également des artisans.

MUSÉE D'HISTOIRE

Piața Muzeului, 1 ✆ +40 265 771 108
www.muzeusighisoara.com
info@muzeusighisoara.com

Situé à l'intérieur de la tour de l'Horloge, comprenant une chambre de torture dont l'entrée est côté ville basse. En été, ouvert du mardi au dimanche de 10h à 17h30. Compter 2 € l'entrée pour la tour de l'Horloge et 1 € pour la chambre de torture.

Ses sept salles abritent des pièces et des documents relatifs à l'histoire de la ville, des monnaies, des armes ou encore une maquette de Sighișoara. Si l'histoire ne vous passionne pas, vous vous consolerez avec la superbe vue sur la cité et les environs qui à elle seule mérite la visite du musée.

PIAȚA CETĂȚII

Colorée et entourée d'agréables terrasses, cette place est le cœur de la cité. C'est là que se tenaient les marchés, qu'étaient rendus les jugements et qu'on procédait aux exécutions comme en témoigne la colonne et ses boucles de fer. La Casa cu Cerb (Maison au Cerf), récemment rénovée et occupée aujourd'hui par un café et une pension, est une des plus belles de la ville. Cette demeure du XVIIe siècle résume parfaitement le style Renaissance transylvain. D'autres maisons méritent un coup d'œil plus appuyé. La Casa Vlad Dracul (père de Vlad Țepeș) est la maison où serait né (1431) et aurait résidé (jusqu'en 1435) Vlad Țepeș enfant (inspiration pour le personnage de Dracula). Aujourd'hui, sa cave voûtée abrite un restaurant et un petit musée (ouvert du mardi au dimanche de 10 à 15 heures ; même ticket que pour le musée d'Histoire). Face à l'église, la Maison vénitienne, construite au XVIe siècle puis rénovée en style vénitien gothique, est facilement identifiable et se distingue des autres maisons de la cité. À l'extrémité de Strada Bastionului, vous trouverez la plus récente (1894) église catholique.

TOUR DE L'HORLOGE

On pénètre généralement dans la cité par la tour de l'Horloge (Turnul cu Ceas), emblème de la ville. Elle mesure 64 mètres de hauteur et ses murs massifs ont 2,35 mètres d'épaisseur. Elle a été édifiée au XIVe siècle et plusieurs de ses éléments ont été remaniés ou ajoutés, comme son toit baroque datant de 1677. L'horloge, grande originalité de la tour, date de 1648 et apparaît sur ses deux façades principales. Côté ville nouvelle, vous reconnaîtrez le bourreau et le tambourineur surmontés par un système rotatif où sept petites statues en bois représentent les jours de la semaine. Côté cité, vous distinguerez, à droite, le tambourineur, qui se charge des quarts d'heure, en bas à gauche, la Paix, avec rameau d'olivier et trompette à la main, les statues féminines, tenant l'épée et la balance, symbolisent la Raison et la Justice, enfin deux petites figurines représentent le jour et la nuit.

TOUR DES BOUCHERS

À partir de la tour des Cordiers, le mur de la cité descend vers le nord-est, jusqu'à la tour des Bouchers (Turnul Măcelarilor). La portion de remparts entre les deux tours est intacte. Hexagonale, elle date du XVIe siècle.

TOUR DES CORDIERS

Datant probablement du XIIIe siècle, cette tour fait également partie de la fortification initiale du sommet de la colline. Ce qui est

© STÉPHANE SAVIGNARD

La tour de l'horloge et ses tuiles vernies.

remarquable, c'est que cette tour est encore habitée toute l'année !

De retour dans la cité basse :

TOUR DES CORDONNIERS (TURNUL CIZMARILOR)

À l'angle nord de la cité, près de l'église catholique.

Elle fut détruite en 1676 puis reconstruite en 1681. Hexagonale, c'est la plus impressionnante de la ville.

TOUR DES ÉTAMEURS

Haute de 25 mètres, elle est carrée à la base puis octogonale. Le toit, lui, est de forme hexagonale.

Sur la colline, vous trouverez :

TOUR DES FORGERONS

Construite en 1631, la tour des Forgerons est adossée au mur d'enceinte. Son rôle était de protéger l'église et le monastère en cas de siège.

TOUR DES ORFÈVRES

Cette tour constituait, avec le bastion Castaldo, la clé du système défensif de la ville. La tour a été frappée par la foudre en 1809. En 1863, elle a été démolie pour faire place à une chapelle mortuaire (1935).

TOUR DES PELLETIERS

À quelques mètres de la tour des Bouchers, la tour des Pelletiers est de structure simple et de petite dimension. Elle date du XVe siècle.

TOUR DES TAILLEURS (TURNUL CROITORILOR)

Cette tour en impose par sa simplicité et son caractère massif. Elle a probablement été construite au XIVe siècle. Comme la tour de l'Horloge, elle protège une entrée formée de deux couloirs voûtés.

TOUR DES TANNEURS

Cette tour est située sur le côté sud-est de la ville.

De structure carrée, avec un toit très simple, c'est l'une des plus vieilles de la ville.

Dans les environs

Les environs de Sighișoara débordent de magnifiques villages saxons souvent isolés des axes routiers principaux. Voici une sélection – loin d'être exhaustive – de quelques villages qui méritent votre attention. La plupart des offices de tourisme possèdent des cartes de la région qui répertorient les plus de deux cents villages saxons si vous souhaitez poursuivre l'exploration du patrimoine allemand en Roumanie.

CRIȘ

En allemand Kreisch, 600 habitants. Au sud-ouest de Sighișoara, bifurquer à Daneș. Château de style Renaissance transylvain élevé aux XVIe et XVIIe siècles. Tombé en ruine durant la période communiste, il a été redonné à ses propriétaires saxons qui se démènent pour restaurer le bâtiment.

MĂLÂNCRAV

En allemand Malmkrog, 1 000 habitants. À l'écart de l'axe Sighișoara-Mediaș, tourner à Laslea et aller au bout de la route direction Mălâncrav. On y verra, dans un coin de bout du monde, une jolie église saxonne (de style gothique rural) du XIVe siècle, fortifiée au XVe. Les fresques, à l'intérieur, sont superbes. Le site lui-même vaut le déplacement : bois, vergers, jardins fleuris, petite pension simple mais adorable face à l'église, et nombreuses possibilités de randonnées. C'est un des villages où la population saxonne est proportionnellement la plus importante du pays avec environ 20 % d'entre eux qui demeurent encore sur place. Les traditions y sont toujours fortement ancrées, tandis que les services religieux à l'église se donnent toujours en allemand.

Se loger

Séjourner à Mălâncrav représente une expérience hors du temps, au bout d'une minuscule route rurale, au cœur d'un village saxon aux traditions encore solidement ancrées. Sur place, peu de pensions mais quelques hébergements chez l'habitant orchestrés par le fonds Mihai Eminescu.

■ **MIHAI EMINESCU TRUST**
✆ +40 723 150 819
www.mihaieminescutrust.org
guesthouses@mihaieminescutrust.org
Environ 40 € par personne et par nuit avec petit déjeuner.
Fonds créé sous Ceaușescu, il œuvre à la sauvegarde du patrimoine historique saxon de la Transylvanie, fortement endommagé pendant la dictature. Suite à la chute du communisme, le fonds se consacre à la rénovation de ces magnifiques villages saxons perdus et hors du temps et à la promotion du tourisme local en ouvrant les portes de pensions aux visiteurs. Le fonds travaille avec divers architectes locaux et internationaux, même si leur donateur le plus illustre est bien entendu le prince Charles d'Angleterre qui a acheté de nombreuses maisons dans la région pour les transformer en pensions et où il se rend régulièrement.

APOLD

À 15 kilomètres au sud de Sighișoara, sur la route d'Agnita ; 3 100 habitants. Église en hauteur construite au XVe siècle et entourée d'une double muraille. Deux belles tours massives encadrent le bâtiment principal : la tour de l'Avoine et la tour de la Vieille École. À l'intérieur de l'église, on pourra admirer de beaux meubles anciens, peints dans un style rustique saxon (dessins naïfs et colorés) très caractéristique.

BRĂDENI

En allemand Henndorf, 1 400 habitants, au sud d'Apold. Église évangélique de type halle, construite en 1507. Ses dimensions sont modestes et l'absence de tour et de clocher lui donne l'aspect d'une grange, solide et rustique.

SASCHIZ

En allemand Keisd, 2 100 habitants. À seulement 20 kilomètres de Sighișoara, ce village coloré, inscrit sur la liste du patrimoine mondial de l'Unesco en 1999, est remarquable sous de nombreux aspects. Il mérite vraiment une halte pour y découvrir son église fortifiée de 1493, coiffée de tuiles colorées, et sa tour principale construite en 1677 par le même architecte qui a réalisé la tour de l'Horloge à Sighișoara. Tous les quarts d'heure, on peut observer avec enchantement la statue de bois de Bogdan qui s'active. Le long des murs de la tour, fragilisés par les récents tremblements de terre (1990), des étais ont été placés afin de la renforcer. Sur les hauteurs de la colline qui domine le village se trouve la citadelle de Saschiz. Elle a été bâtie en 1347 et d'importantes fortifications avaient alors été réalisées. Sept tours imposantes furent érigées et reliées par un étroit passage à gué. Désormais, seules quelques parties de ces fondations sont encore visibles, mais il demeure encore de nombreuses légendes et le panorama est exceptionnel.

Pratique

■ **FONDATION ADEPT**
À côté de l'office de tourisme
www.fundatia-adept.org
Cette fondation, très active en ce qui concerne le développement et la promotion de l'agriculture et du tourisme rural, réalise de nombreuses actions : participation à la création d'un zone Natura 2000, balisage des sentiers, création de cartes pédestres (au 1/50 000, en vente à l'office de tourisme).

■ **OFFICE DE TOURISME**
Strada Principală, 166
✆ +40 265 711 635

Juste à côté de l'église, un centre touristique très sympathique où l'on parle anglais, allemand et un peu français. Cet organisme pourra mettre à votre dispostion de nombreux documents et vous organiser des visites thématiques autour des citadelles et des rencontres avec les villageois (production locale, apiculture). Point de vente de produits locaux (*slow food*) et réservation de logement chez l'habitant.

Se loger

Certain habitants de Saschiz ou des villages alentour vous accueilleront les bras ouverts dans de magnifiques maisons saxonnes. Le restaurant rustique du village est également un bon point d'arrêt. Pour toute information, l'office de tourisme sera très compétent.

PENSION CARTREF***
Strada Principală, 433
✆ +40 745 981 139
✆ +40 745 981 140
www.pensiunea-cartref.ro
cartrefsaschiz@gmail.com
Comptez 25 € pour une chambre (double ou simple) et 33 € pour une triple. Le petit déjeuner est à 4 € par personne. Le déjeuner et le dîner sont à la carte et coûtent entre 8 € et 10 € par personne, avec 2 plats et dessert. Le personnel parte couramment l'anglais, un peu de français et d'allemand.
Aménagée dans une vieille maison saxonne datant de 1909 et entièrement rénovée, cette pension colorée et accueillante propose 7 chambres doubles et triples avec salles de bains privatives. Certaines ont des vues sur la rue et l'église fortifiée, d'autres donnent sur la cour intérieure et la forêt. Le décor recrée l'ambiance d'une maison typique de fermiers du centre de la Transylvanie : plafonds à poutres apparentes, portes en bois datant du début du XXe siècle, tapis paysans et beaucoup de bleu, selon la tradition saxonne. La maison dispose d'un restaurant dans une cave contre les parois de la cité fortifiée et vous propose de découvrir des plats roumains et saxons, cuisinés à base de produits de la ferme, de la bergerie et du jardin, à des prix très raisonnables. Également à votre service, gratuitement : parking privé, Wifi dans toute la maison, télévision câblée dans les chambres, chauffage central, système de ventilation pour se rafraîchir en été, deux salons, un café-bar et un restaurant réservé aux clients de la pension. Il y a aussi une terrasse couverte, pourvue d'un barbecue et d'un four à pain, et vous pouvez à l'occasion participer à la cuisson du pain dans un four à bois. Sachez aussi que la pension abrite un petit musée de la Cuisine de Transylvanie qui présente des outils et des recettes disparus déjà depuis longtemps de nos vies modernes. Les hôtes seront ravis de vous faire visiter leur petite collection et de vous surprendre avec leurs trésors.

© STÉPHANE SAVIGNARD
Clocher de l'église fortifiée de Saschiz.

LA TRANSYLVANIE HISTORIQUE

Enfin, rappelons que le site de la pension présente en français les circuits possibles pour découvrir la région, en voiture, en vélo ou en charrette tirée par les chevaux, tout en s'arrêtant aux ateliers d'artisans de la région, très appréciés par le prince Charles lui-même !

■ **CASA DE PE DEAL**
Nr. 206
✆ +40744743091
casadepedeal.com
Idéal pour expérimenter la vie rurale roumaine, le gîte Casa de pe Deal vous accueille avec deux grandes chambres, une salle de bains avec machine à laver, une terrasse couverte où l'on peut prendre les repas (et même travailler grâce au Wifi tout en contemplant le verger), un barbecue et un hamac. Le propriétaire de la maison est français et peut vous guider à la découverte des objectifs touristiques dans et autour du village.

À voir – À faire

■ **MUSÉE DE LA CUISINE DE TRANSYLVANIE**
Strada Principală, 433
✆ +4 0745981140
www.pensiunea-cartref.ro
cartrefsaschiz@gmail.com
Compter 10 € par personne pour visiter le musée et participer à l'atelier de préparation du pain ou du beurre faits maison, avec un goûter composé des produits réalisés par vous-même et un souvenir pour vous rappeler cette expérience. Minimum 5 personnes et maximum 20 par atelier. Durée moyenne 1h.
Ce petit musée, unique en Roumanie, présente l'histoire de la cuisine de Transylvanie en remontant au temps des semailles puis de la récolte, en passant par l'élevage des animaux et par la préparation des produits issus du lait et de la viande. Bien sûr, l'objectif final est la transformation de ces produits en délicieux plats traditionnels, selon des recettes roumaines, saxonnes et hongroises, vieilles de centaines d'années et très représentatives de la région et de son côté multiculturel. Vous pouvez voir comment les locaux vivaient et cuisinaient il y a deux cents ans, leurs meubles, leurs outils de cuisine et même les recettes qu'ils utilisaient. Une petite maison fermière datant de 1800 expose les outils pour travailler la terre et cueillir les récoltes, pour faire le beurre, le fromage, le yaourt, la crème fraîche ou encore le pain. Ces techniques, ces outils et ces recettes sont très anciens et déjà disparus de la vie moderne, mais ils sont encore vivants dans le monde rural de Transylvanie et sont transmis de génération en génération comme un vrai trésor de famille. La maison organise des ateliers de fabrication de pain et de produits laitiers à l'ancienne : un vrai voyage dans le temps !

CLOAȚTERF

En allemand Klosdorf, 150 habitants. La rue principale du village est bordée par une église fortifiée du XVIe siècle, dont les murs bruts contrastent avec la couleur blanche de l'édifice religieux.

BUNEȘTI

En allemand Bodendorf, 700 habitants. Autour de Bunești, les collines sont douces et plantées de nombreux saules. Des camions de ruches colorées sont à l'arrêt. Il y a aussi dans la région des champs de houblon, d'où ces poteaux et ces fils qui, lorsque la plante ne les investit pas, forment un paysage curieusement quadrillé. Le village possède une église dont la tour est depuis bien longtemps utilisée pour faire sécher les charcuteries. Si vous êtes motorisé, n'hésitez pas à quitter la route principale pour visiter ces villages aux grandes maisons colorées et aux églises parfois fortifiées.

ROADEȘ

En allemand Radenthal, 250 habitants, également à l'écart de la route. Ce village est dominé par une élégante et rustique citadelle paysanne bâtie entre le XIIIe et le XVIe siècle. L'église, qui en constitue le centre, est particulièrement imposante.

HOMOROD

En allemand Hamruden, 1 400 habitants. Dans ce village se dresse l'impressionnante et massive tour d'une église évangélique fortifiée du XIIIe siècle. À l'intérieur, on verra des restes de fresques romanes. Autour s'étend un village typiquement saxon. D'autres églises fortifiées sont visibles dans les villages alentour, Jimbor, Feldioara (citadelle transformée en église) et Mercheașa. À Micloșoara, un peu à l'écart de la route, se trouve un beau château de style Renaissance italienne (XVIe siècle).

Pays de Cluj et l'Ouest

Cette région peut être un point de départ pour les randonneurs qui veulent rejoindre les monts Apuseni.
Le jardin botanique de Cluj et le musée du Village transylvain, situé sur la colline de Hoia, sont des passages obligatoires si vous vous arrêtez à Cluj, la charmante capitale étudiante de la région. Dans les alentours, le monastère de Nicula et le village de Bologa avec ses maisons traditionnelles et sa forteresse médiévale valent le détour.

CLUJ-NAPOCA

Situé à 350 mètres d'altitude, Cluj (Cluj-Napoca/Kolozsvár/Klausenburg, 325 000 habitants) est le grand centre économique, culturel et universitaire de Transylvanie.
En venant de Sibiu, Sighișoara ou Brașov, et quelques autres villes touristiques de la région, on est frappé par l'ambiance toute différente de Cluj. Ici le centre n'est pas médiéval et aucun site n'est particulièrement figé dans une vocation touristique. Cluj attire les investisseurs étrangers, qui apprécient son dynamisme, ses traditions universitaires (médecine en particulier) et culturelles.
Ce dynamisme frappe d'emblée lorsqu'on se promène dans le centre-ville animé. Et l'ouverture de la ville sur le monde se traduit par l'importance croissante de son aéroport international et par le nombre considérable de villes avec lesquelles elle est jumelée, douze au total (Nantes, Dijon, mais aussi des villes sud-coréennes, chinoises, brésiliennes, philippines et bien d'autres).
Cependant, la ville natale de la fameuse bière Ursus a bien plus à offrir à ses visiteurs que la preuve de sa bonne santé économique. Son patrimoine historique est riche et varié.
Églises monumentales ou de quartier, centre-ville à l'agitation frénétique, jardins botaniques calmes et colorés, musées réputés, palais d'architectures austro-hongroise ou roumaine… Ajoutons des possibilités d'hébergement variées et une région qui regorge de trésors à découvrir, et vous comprendrez tout l'intérêt qu'il y aurait à passer quelques jours à Cluj-Napoca.

Transports

Avion

La ville de Cluj-Napoca dispose d'un aéroport dynamique qui contribue à son développement économique. Il fut ouvert officiellement en 1932 (bien que le site ait déjà eu cette fonction depuis la Première Guerre mondiale) et le premier vol international eut lieu le 11 septembre 1933, avec une liaison vers Prague. Détruit à la fin de la Seconde Guerre mondiale, l'aéroport fut reconstruit en 1970 et utilisé pour des vols domestiques. En 1996, les vols internationaux reprirent, amenant touristes et investisseurs. Reliant la ville à Paris, Barcelone, Madrid, Budapest, Vienne, Francfort et de nombreuses villes italiennes (charters), ils permettent aussi aux touristes roumains de visiter l'Europe.

BLUE AIR
Strada Eroilor, 4 ✆ +40 264 450 660
www.blueairweb.com
Vols directs vers Bucarest.

CARPATAIR
À l'aéroport ✆ +40 264 416 016
www.carpatair.com
reservations@carpatair.com
Vols vers Timișoara avec Carpatair. Puis connexions avec l'Italie, l'Allemagne et des villes roumaines.

WIZZAIR
www.wizzair.com
sellwizz@wizzair.com
Une compagnie *low cost* qui assure des vols directs entre Cluj et Paris, aéroport de Beauvais.

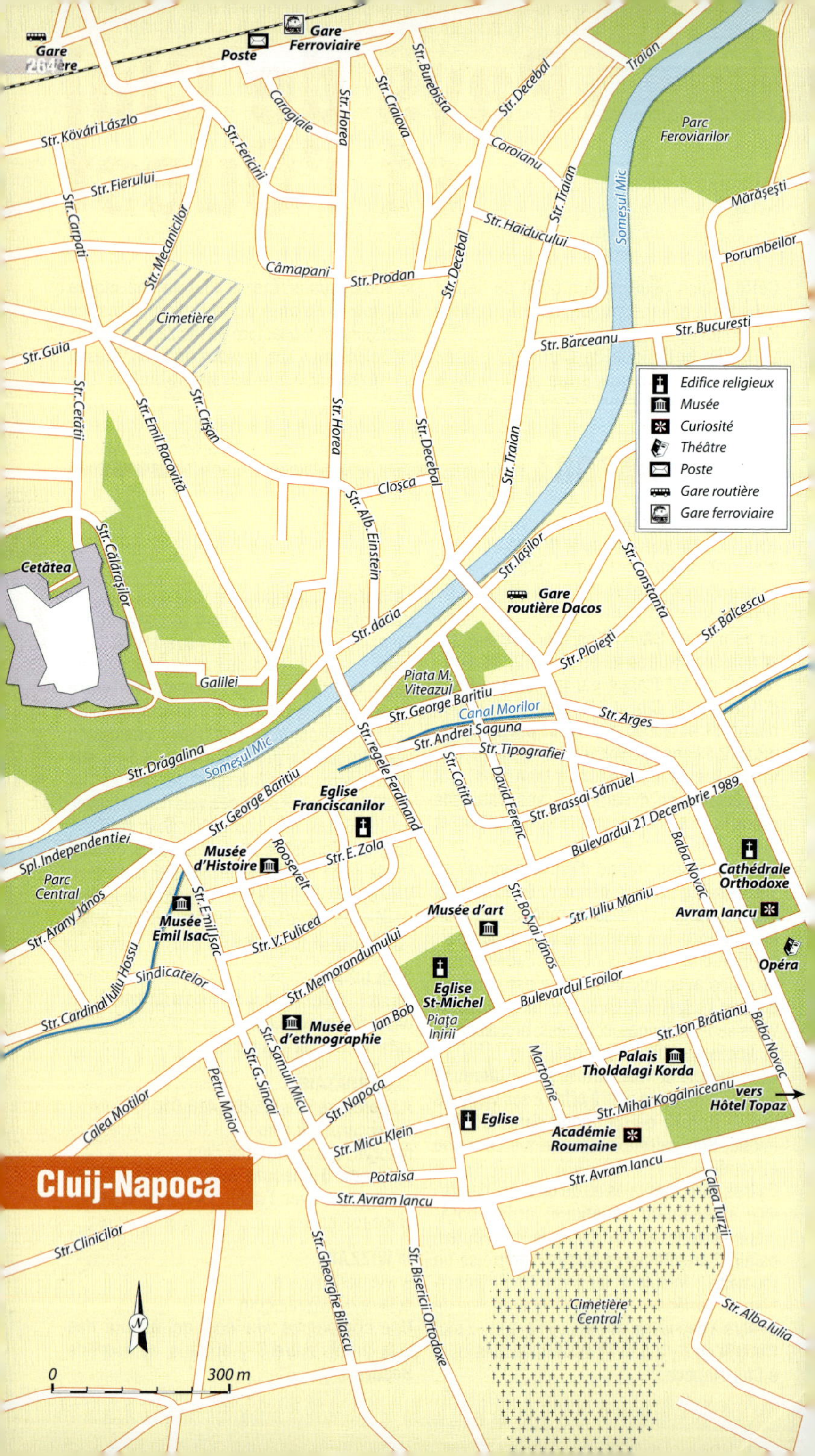
Cluij-Napoca
Edifice religieux
Musée
Curiosité
Théâtre
Poste
Gare routière
Gare ferroviaire
Gare Routière
Poste
Gare Ferroviaire
Str. Kővári Lászlo
Str. Fierului
Str. Carpati
Str. Mecanicilor
Str. Fericirii
Caragiale
Str. Horea
Str. Craiova
Str. Burebista
Str. Decebal
Coroianu
Traian
Parc Feroviarilor
Someşul Mic
Mărăşeşti
Porumbeilor
Str. Traian
Str. Haiducului
Câmapani
Str. Prodan
Cimetière
Str. Guia
Str. Cetăţii
Str. Emil Racoviţă
Str. Crişan
Str. Bucuresti
Str. Bărceanu
Clоşca
Str. Alb. Einstein
Str. Călăraşilor
Cetătea
Str. Iaşilor
Gare routière Dacos
Str. Constanta
Str. Bălcescu
Str. Ploieşti
Str. dacia
Galilei
Piata M. Viteazul
Str. George Baritiu
Canal Morilor
Str. Arges
Str. Andrei Saguna
Str. Tipografiei
Str. Drăgalina
Str. Cotită
David Ferenc
Str. Brassai Sámuel
Bulevardul 21 Decembrie 1989
Str. regele Ferdinand
Eglise Franciscanilor
Spl. Independentiei
Parc Central
Musée d'Histoire
Roosevelt
Str. E. Zola
Baba Novac
Cathédrale Orthodoxe
Str. Arany János
Musée Emil Isac
Str. Emil Isac
Str. V. Fuliced
Musée d'art
Str. Bolyai János
Str. Iuliu Maniu
Avram Iancu
Opéra
Sindicatelor
Str. Cardinal Iuliu Hossu
Str. Memorandumului
Eglise St-Michel
Piaţa Inirii
Bulevardul Eroilor
Musée d'ethnographie
Ian Bob
Str. Ion Brătianu
Palais Tholdalagi Korda
Martonne
Str. Mihai Kogălniceanu
vers Hôtel Topaz
Calea Motilor
Petru Maior
Str. G. Sincai
Str. Samuil Micu
Str. Napoca
Eglise
Académie Roumaine
Str. Micu Klein
Potaisa
Str. Avram Iancu
Calea Turzii
Str. Clinicilor
Str. Gheorghe Bilascu
Str. Bisericii Ortodoxe
Cimetière Central
Str. Alba Iulia
N
0
300 m

Train

La gare de Cluj-Napoca est située au nord de la ville, à environ 1,5 kilomètre au bout de Strada Horea. Gare et centre sont reliés par les trolleybus 9 ou 3 ou par le tramway 101. Possibilité de consigne pour les bagages. Trains fréquents vers Bucarest et Budapest. De Cluj, on peut aussi rejoindre Oradea (12 par jour, 2 heures 30 à 4 heures de trajet), Bistrița (3 par jour, 3 heures de trajet), Iași, Sighetu Marmației, Baia Mare et Satu Mare, Deva (3 par jour, 3 heures 15 de trajet), Timișoara, Brașov, Sighișoara (6 à 7 par jour, 2 heures 50 à 3 heures 15 de trajet), Miercurea Ciuc (1 par jour, 4 heures 30 de trajet), Târgu Mureș (avec changement parfois), Sibiu (2 par jour, 3 heures 30 de trajet). Pour Constanța et Mangalia, trains fréquents en été. Pour Alba Iulia, changer à Teiuș. Train pour Budapest : 4 par jour, environ 7 heures de trajet.

Bus et maxitaxis

Bus pour Alba Iulia (en passant par Turda, 11 par jour), Oradea (4 par jour), Zalău (7 par jour), Turda (15 par jour), Baia Mare (2 par jour), Bistrița (4 par jour), Deva (2 par jour), Hunedoara (5 par jour), Sibiu (8 par jour), Brașov (1 par jour), Gheorgheni (3 par jour), Sighetu Marmației (2 par jour), Târgu Jiu (2 par jour), Târgu Mureș (2 par jour), Câmpeni (4 par jour), Abrud (3 par jour) et Brad, dans les Apuseni, Huedin. Bus pour Budapest. Maxitaxis pour Zalău, fréquents de la gare ferroviaire.

■ **EUROLINES**
Strada Napoca, 2-4
Appartement 7
✆ +40 264 484 884
www.eurolines.com
Devant l'hôtel Continental.

■ **GARE ROUTIÈRE (AUTOGARA)**
Celle-ci se trouve à 300 mètres derrière la gare ferroviaire de l'autre côté du pont. Bus locaux et grandes distances ainsi que quelques maxitaxis. Comme les horaires des bus changent en permanence, il est préférable de les consulter à la gare routière ou de demander des précisions là où vous êtes hébergé.
Atlassib/Eurolines. Les bus Atlassib (internationaux et grandes lignes nationales) et Eurolines partent également d'ici.

▸ **Bus internationaux :** bus vers toute l'Europe dont la France, l'Allemagne, Athènes, Budapest...

Location de voitures

Si vous souhaitez découvrir les environs et plus particulièrement les monts Apuseni (tout proches), la location de voiture est une bonne option, surtout que les tarifs pratiqués ici restent très corrects.

■ **AGENCE CFR**
Piața Mihai Viteazul, 11
✆ +40 264 432 001
Ouvert en semaine de 7h à 18h.

■ **AGENCE TAROM**
Piața Mihai Viteazul, 11
✆ +40 264 432 669
www.tarom.ro – srado@tarom.ro
Vols Tarom fréquents vers/de Bucarest, mais aussi vers Vienne, Francfort, Madrid.

■ **ATLASSIB**
Ainsi qu'à l'autogare Beta
Strada Ion Popescu Voitești, 1-3
Bloc D1, appartement 1
✆ +40 264 433 432 / +40 264 435 538
www.atlassib.ro – office@atlassib.ro

■ **AUTONOM RENT A CAR**
Strada Traian Vuia, 149
à l'aéroport de Cluj-Napoca
✆ +40 749 151 028
www.autonom.com
cluj@autonom.ro
Ouvert du lundi au vendredi de 9h à 18h, le samedi de 9h à 13h. Services et livraison 24h/24, 7j/7. Compter à partir de 28 €/jour pour une location de 1 à 3 jours, en catégorie A (Daewoo Matiz). Vaste gamme de véhicules catégories A à V. Prix dégressifs selon la durée.
Cette jeune compagnie dynamique est devenue un des premiers loueurs nationaux grâce à ses prix compétitifs et à son réseau bien implanté dans tout le pays, présente dans 14 villes (Bucarest, Timișoara, Cluj, Brașov, Sibiu, Constanța, Iași, Suceava, Bacău, Galați...) à travers ses 24 agences que vous trouvez aux aéroports et dans les centres-villes. Vous pouvez choisir parmi une large gamme de voitures, toutes neuves et bien équipées. Le personnel travaille beaucoup avec les étrangers et se fera un plaisir de vous répondre en français. Les tarifs incluent l'assurance tous risques.

■ **DACOS**
Strada Ion Popescu Voitești, 1-3
Appartement 22 ✆ +40 264 534 584
www.dacos.com.ro
info@dacos.com

DOUBLE T
Strada 21 Decembrie 1989, 34
Appartement 1
✆ +40 264 592 000
www.doublet.ro
comercial@doublet.ro

KLASSWAGEN
✆ +40 733 909 999
www.imw.ro
office@klasswagen.ro
Compter 25 €/jour pour une location de 1-4 jours d'une Ford KA, 27 €/jour pour une Opel Corsa.
Une bonne agence qui est basée à Timișoara et avec laquelle vous pouvez louer des voitures dans tout le pays.

PAN TRAVEL
Strada Traian Grozăvescu, 13
✆ +40 264 420 516 / +40 722 513 100
www.pantravel.ro
mail@pantravel.ro
Location de Dacia (premier prix) entre 32 € et 35 € selon la saison.
Cette agence, où on parle français, loue des Dacia à des tarifs tout doux. En plus de sa gentillesse, toute son équipe pourra vous donner de précieux conseils et même vous proposer des excursions (*pour plus d'informations, voir « Agences de voyages »*).

RODNA TRANS
International Airport Cluj-Napoca
✆ +40 264 450 711 / +40 741 217 166
www.rodna-trans.ro
office@rodna-trans.ro
Location de Dacia à partir de 20 € par jour.
Petite agence roumaine, Rodna est sans conteste une des moins chères du pays, avec des tarifs débutant à 20 € par jour pour le modèle d'entrée (des promotions sont souvent proposées sur sa page Internet). Sachez cependant que des frais assez importants vous serons demandés si vous souhaitez rendre la voiture à un emplacement différent d'où vous l'avez empruntée.

Pratique

CENTRE D'INFORMATION TOURISTIQUE
Bulevardul Eroilor, 6-8
✆ +40 264 452 249
info_tourism@primariaclujnapoca.ro
Une équipe très serviable qui pourra vous donner de bons plans pour découvrir la ville, des cartes, des dépliants, des suggestions d'itinéraires. De plus, quelques ordinateurs sont gracieusement mis à la disposition des touristes dans ce centre.

POLICE
Strada Decebal, 28
✆ 112

Tourisme – Culture

ANTREC
Strada Câmpului, 63
✆ +40 264 406 363 / +40 743 146 362
www.antrec.ro – cluj@antrec.ro
Ouvert du lundi au vendredi de 9h à 17h,
Antrec pourra vous aider à organiser vos trajets et vos nuits en pension et chez l'habitant dans la région de Cluj.

Gheorghe Funar, un maire nationaliste

Entre 1992 et 2004, Gheorghe Funar a occupé la position de maire de Cluj-Napoca. Membre du Parti de l'unité de la nation roumaine (nationaliste), il se fait connaître par des positions extrêmement nationalistes et antihongroises. Cluj étant connu pour son importante minorité magyare (environ 18 %), assez influente, il se donne pour objectif de « roumaniser » la capitale de Transylvanie. Cela prend forme dans diverses réformes symboliques qu'il mettra en place durant son long mandat. Ainsi en 1993, il rebaptise la place principale de Cluj place de l'Unité (au lieu de place de la Libération). L'unité se réfère au traité de Trianon en 1920, quand la Transylvanie est rattachée à la Roumanie suite au démantèlement de l'Empire austro-hongrois. En outre, il décide de peindre le drapeau roumain sur tous les bancs publics, lampadaires et trottoirs de la ville, les décorations de Noël ne pouvant être que de couleur bleu, jaune et rouge. Enfin, divers statues représentant des héros hongrois sont renommées, dans le dessein de prouver avec force à la minorité hongroise l'identité roumaine de Cluj. Aujourd'hui, la ville semble quelque peu pacifiée, la plupart des peintures ont disparu, même si vous remarquerez un nombre impressionnant de drapeaux roumains flottants aux quatre coins de Cluj, héritage de son mandat turbulent.

■ **DAKSA – AVENTURES À CHEVAL**
✆ +40 740 053 550 / +40 744 100 645
ride77.com – rv@videomar.at
Excursions de 1 à 7 jours à cheval (mais aussi à pied) à travers les monts Apuseni. Un moyen de sortir des sentiers battus et de découvrir ce superbe massif et la vie villageoise.

■ **EXTREME ZONE ADVENTURE**
www.extreme-zone-adventure.ro
office@extreme-zone-adventure.ro
Cette agence basée à Vadu Crișului (Bihor) propose beaucoup de circuits dans les environs de Cluj. Comme son nom l'indique, elle est spécialisée dans les sports d'aventure : rafting, kayak, canyoning, escalade, VTT, zorbing, paint ball, parapente, off road, etc.

■ **PAN TRAVEL**
Strada Traian Grozăvescu, 13
✆ +40 264 420 516 / +40 722 513 100
www.pantravel.ro
mail@pantravel.ro
Ouvert du lundi au vendredi de 9h à 17h.
Cette agence réceptive très sérieuse et compétente pourra vous organiser ou vous conseiller de nombreux circuits avec ou sans guide (autotours, par exemple) au départ de Cluj ou d'autres villes de Roumanie. Parfaitement francophones et anglophones, les personnes de cette agence se feront un plaisir de vous réserver une voiture ou bien un logement, chez l'habitant ou dans des hôtels, dans les régions les plus pittoresques du pays : le Maramureș, la Bucovine, la Transylvanie, etc. Très demandée en été, il est préférable de la contacter en avance par e-mail ou par téléphone.

Représentations – Présence française

■ **CENTRE CULTUREL FRANÇAIS DE CLUJ**
Strada Ion I. C. Brătianu, 22
✆ +40 264 598 551 – www.ccfc.ro
ccfcluj@ccfcluj.ro
Ouvert le lundi de 14h à 19h, du mardi au jeudi et le vendredi de 10h à 18h et le samedi de 10h à 13h.
Bibliothèque et médiathèque. Organisation d'événements, films en français, expositions.

Moyens de communication

■ **BUREAU DE POSTE**
Strada Regele Ferdinand, 33
Ouvert en semaine de 7h à 20h30 et le samedi jusqu'à 13h.
Le plus central.

Internet

Vous trouverez un réseau Wifi en usage libre Piața Unirii et Piața Muzeului. Sinon, des ordinateurs vous sont mis à disposition dans le centre d'information touristique, Bulevardul Eroilor, 6-8.

Santé – Urgences

■ **PHARMACIE CYNARA**
Calea Florești, 75 ✆ +40 264 426 272
Ouverte 24h/24.

Se loger

Bien et pas cher

■ **CAMPING ELDORADO**
✆ +40 264 371 688
www.campingeldorado.com
info@campingeldorado.com
Ouvert du 15 avril au 15 octobre. Compter 3,50 €/personne, 3 €/caravane et 2,50 €/tente. Pour les maisons en bois, la nuit est à 30 € pour deux.
Situé à 10 kilomètres de Cluj, dans le village de Gilău, ce camping offre un grand nombre de facilités ; idéal pour le camping-caravaning, par exemple. Récemment on y a construit des maisons en bois et des appartements. Vous devrez être motorisé pour y accéder.

■ **CAMPING FĂGET**
✆ +40 264 596 227
Situé à 6 kilomètres de la ville, sur la route de Turda, ce camping est ouvert toute l'année, avec bungalows sympa à louer, ressemblant à de petits chalets.

■ **HOTEL METEOR**
Bulevardul Eroilor, 29 ✆ +40 264 591 060
www.hotelmeteor.ro
hotelmeteorcluj@yahoo.com
Chambre double 41 €.
Une adresse confortable aux chambres chaleureuses. Petit déjeuner buffet et cafétéria ou restaurant. Parking gardé.

■ **HOTEL PAX**
Strada Gării, 3 ✆ +40 264 432 927
www.hotelpax.ro
hotelpax@rdslink.ro
Chambre double à 30 € avec salle de bains privative et à 25 € sans. Petit déjeuner non inclus.
Un hôtel simple au confort rudimentaire mais appréciable pour sa situation à deux pas de la gare ferroviaire principale.

■ **PENSION PICCOLA ITALIA**
Strada Emil Racoviță, 20
✆ +40 264 536 110
www.piccolaitalia.ro
piccolaitaliacluj@yahoo.com
Chambre double 29 €. Réservation par téléphone demandée.
Dans une grande maison particulière d'une rue très calme, près du centre. Grandes chambres, confortables et bien aménagées. Toutes disposent d'une salle de bains impeccable. Dans une ambiance familiale, on se sent comme chez soi ou en vacances chez une tante. M. Constantinescu (et sa femme) est charmant et parle le français. Nous recommandons particulièrement cette adresse d'un très bon rapport qualité/prix. Restaurant.

■ **RETRO HOSTEL**
Strada Potaissa, 13
✆ +40 264 450 452
www.retro.ro
retro@retro.ro
Lit en dortoir de 6 ou personnes de 10 à 12 € sans petit déjeuner, la chambre double environ 35 €.
Une très bonne adresse, centrale, moderne et accueillante. Véritable mine d'infos, on pourra également vous y proposer des excursions à la journée. Pratique, vous pourrez disposer d'une petite cuisine commune. Sinon, thé, café et Internet y sont gratuits.

■ **TRANSYLVANIA HOSTEL**
Strada Iuliu Maniu, 26
✆ +40 264 443 266
www.hostelcluj.com
transylvaniahostel@yahoo.com
Lit dans un dortoir de 6 ou 8 lits de 11 € à 13 €. Chambre double 32 €.
Hostel situé en plein centre, le Transylvania est un lieu chaleureux et accueillant. Les chambres et les lits sont très basiques, mais les parties communes sont propices à de nombreuses rencontres avec une salle de jeux, une table de ping-pong et un adorable jardin qui comporte, en été, un barbecue et même une piscine gonflable.

Confort ou charme

■ **HOTEL AGAPE**
Strada Iuliu Maniu, 6 ✆ +40 264 406 523
www.hotelagape.ro
reception@hotelagape.ro
Chambres doubles à 60 €.
Cet hôtel 4 étoiles idéalement placé et tenu par une famille hongroise se démarque des autres par son bon rapport qualité/prix, même si les intérieurs un peu vieillots mériteraient une restauration. Un restaurant de cuisine magyare de bon aloi se trouve également sur place.

■ **HÔTEL BELLAGIO**
Strada Mihai Veliciu, 39
✆ +40 748 129 138
www.pensiuneabellagio.ro
Chambre simple 30 €, double autour de 40 €. Petit déjeuner inclus.
Magnifique hôtel/pension ayant ouvert ses portes en 2012, le Bellagio est situé dans un quartier résidentiel à une dizaine de minutes à pied du centre-ville. Résolument contemporain et design, l'hôtel affiche des lignes épurées et de belles boiseries. Les chambres propres et confortables sont décorées d'un mobilier dernier cri. Le buffet du petit déjeuner est tout aussi admirable tandis que l'équipe est aux petits soins. Difficile de croire à des prix si bas pour des prestations si élevées.

■ **HÔTEL BELVEDERE**
Strada Călărașilor, 1
✆ +40 264 432 071
www.unita-turism.ro
belvedere.cluj@unita-turism.ro
Chambre double à 65 € avec petit déjeuner.
Les chambres sont luxueuses et les équipements nombreux (restaurant, piscine couverte, salle de gym). Situé en haut de la colline de la citadelle, l'immeuble domine la ville !

■ **HÔTEL CONFORT**
Calea Turzii, 48
✆ +40 264 598 410
www.hotelconfort.ro
rezervare@hotelconfort.ro
Chambre double 60 €.
Un hôtel moderne de 15 chambres, au commencement de Calea Turzii, légèrement excentré. D'un assez bon rapport qualité/prix pour cette catégorie.

■ **HOTEL TRANSILVANIA**
Strada Regele Ferdinand, 20
✆ +40 264 594 429
www.hoteltransilvaniacluj.ro
reception@hoteltransilvaniacluj.ro
Chambre double à 52,50 € avec petit déjeuner.
Très central, entrée sous le porche. L'accueil est chaleureux et les chambres sont d'un confort 3 étoiles. Attention à ne pas confondre avec l'auberge de jeunesse du même nom, aux tarifs sensiblement différents !

VILLA CASA ALBA
Strada Racoviță, 22
✆ +40 264 432 277
www.unita-turism.ro
casaalba.cluj@unita-turism.ro
Chambre double 77,50 € avec petit déjeuner.
Grand luxe pour cette grande et superbe villa blanche d'une rue calme de la ville. Jardin agréable, bon restaurant, terrasse. Le tout à deux pas du centre dans une ambiance opulente qui frise parfois le mauvais goût.

Luxe

CRAMA HAIDUCILOR
Strada Cometei, 12-14
✆ +40 264 438 385
www.crama-haiducilor.ro
reception@rimini.ro
Chambre double à 109 €.
Luxueux établissement moderne et bien équipé. Assez loin du centre-ville le long de Calea Turzii. Le restaurant traditionnel et la cave à vin sont excellents.

HÔTEL OPERA PLAZA
Strada General Traian Moșoiu, 10-12
✆ +40 364 403 600
www.operaplaza.ro
office@operaplaza.ro
La chambre double standard est entre 145 € et 169 € avec petit déjeuner.
Un hôtel 5 étoiles très récent, situé dans le centre historique de la ville. Les chambres sont luxueuses et stylées et l'hôtel dispose aussi d'un centre de spa. Les trois restaurants sont excellents.

Se restaurer

Autour de Piața Unirii, les restaurants sont innombrables, à tous les prix, et toutes les cuisines du monde sont représentées. Voici une sélection de nos établissements préférés dans la ville.

Bien et pas cher

LA PIAZZETTA
Bulevardul Eroilor, 21
✆ +40 751 463 046
www.lapiazzettacluj.ro
contact@lapiazzettacluj.ro
Ouvert tous les jours de 10h à minuit. Menu étudiant pour 3 €.
Tout récent, ce local bohème propose des spécialités italiennes et roumaines dans une ambiance chaleureuse, sous une grande verrière. La grande salle à manger reproduit l'ambiance d'une cité italienne avec des murs décorés comme de belles façades ocre, avec même balcons et lampadaires.

MAIMUȚA PLÂNGĂTOARE
Strada Emil Isac, 3
✆ +40 723 318 393
www.maimutaplangatoare.ro
Ouvert tous les jours de 9h à 23h.
Restaurant depuis 1930, Maimuța Plângătoare, « Le Singe pleureur », est un restaurant roumain qui sert une excellente cuisine à la fois traditionnelle et raffinée. Les intérieurs assez simples sont parfois occupés par des groupes folkloriques roumains, notamment le week-end. Goûtez à la délicieuse spécialité du chef, le canard laqué au chou rouge et poires caramélisées.

MATEI CORVIN
Strada Matei Corvin, 3
✆ +40 264 597 496
Ouvert du lundi au samedi de midi à 23h. Plat principal entre 5 € et 10 €.
Un des restaurants les plus réputés de la ville, à deux pas de Piața Unirii. Cuisine hongroise et roumaine. Une excellente adresse dans un cadre sympathique et raffiné à la fois. La sélection de vins est tout aussi impressionnante. C'est un tantinet plus cher que les autres restaurants de cette sélection, mais les prix restent tout à fait corrects, surtout pour la qualité de la gastronomie.

RESTAURANT VĂRZĂRIE
Bulevardul Eroilor, 35-37
✆ +40 264 595 064
Ouvert du lundi au samedi de 9h à 20h. Menu complet autour de 5 €.
Adresse fortement recommandée pour ses prix dérisoires et sa cuisine transylvaine copieuse. Le décor est minimaliste et le service fait penser à une cantine de lycée, mais tout l'intérêt se trouve dans l'assiette. Dès que vous avez choisi, votre plat arrive.

Nous conseillons *varza* *a la Cluj* (à partir de 2 €), l'une des nombreuses spécialités de chou. Pensez à venir tôt, car ils sont souvent en rupture de stock.

SAMSARA
Strada Emil Racoviță, 27
✆ +40 753 775 052
www.samsara.ro
Ouvert tous les jours de midi à 23h. Plats autour de 5 €.

Pour ceux que l'abondance de viande dans la gastronomie roumaine rebuterait, voici un excellent restaurant végétarien situé juste en dehors du centre-ville. L'intérieur est une expérience à elle seule, avec ses murs colorés et son ambiance très méditative. Au menu, des spécialités orientales mais aussi d'excellentes pizzas et pâtes, toutes végétariennes. L'endroit fait aussi salon de thé.

Bonnes tables

■ PIG & PEPPER

Strada Ioan Rațiu, 2 ✆ +40 734 880 814
www.pig-pepper.ro
Ouvert tous les jours de 11h à 23h.
Un restaurant élégamment décoré sur le thème du cochon sous toutes ses formes, servant une cuisine transylvaine remaniée par le chef de la maison qui lui ajoute quelques touches internationales très bistrot gastronomique. Bien sûr, au menu de la viande et de la viande. L'ambiance feutrée se prête parfaitement à un dîner plus romantique.

■ RESTAURANT PANORAMIC

Strada Șerpuitoare, 1 ✆ +40 745 330 965
http://panoramic-cluj.ro
restaurant_panoramic@yahoo.com
Ouvert tous les jours de midi à 23h.
À côté de l'hôtel Belvedere, du haut de la colline de la citadelle, vous pourrez manger une excellente cuisine transylvaine. De là, vous pourrez contempler la ville qui est à vos pieds. La décoration est un peu surchargée et la cuisine pas exceptionnelle, mais on vient surtout pour la vue.

■ TOULOUSE CAFÉ BRASSERIE

Piața Unirii, 12
✆ +40 730 112 354
http://toulouse.ro
office@toulouse.ro
Ouvert tous les jours de 8h à 4h.
Si l'ambiance des bistrots français vous manque, accourez au Toulouse Café Brasserie situé en plein centre de Cluj. À l'intérieur, banquettes en Skaï, bar en zinc, portraits d'artistes aux murs, grands miroirs : on se croirait presque à Montmartre en pleine Belle Époque. Le menu est plus éclectique avec des falafels ou encore d'excellents burgers. Reste ouvert jusqu'à tard.

■ VIA

Strada Inocențiu Micu-Klein, 6
✆ +40 264 593 220
www.viarestaurant.ro
Ouvert tous les jours de midi à minuit. Plat entre 15 € et 25 €.
Situé dans un cadre magnifique qui mêle l'ancien d'une demeure du XVIIIe siècle avec un design contemporain minimaliste et tout en élégance, le jeune VIA est tout simplement considéré comme le meilleur restaurant gastronomique de la ville. Au menu, des spécialités internationales avec quelques touches roumaines magnifiées par le chef de la maison. Une adresse pour des occasions spéciales.

Sortir

Cafés – Bars

■ CAFÉ AMADEUS MOZART

Strada Cardinal Iuliu Hossu, 7
✆ +40 264 591 997
www.mozartdelicatesse.ro
Ouvert tous les jours de 9h à 22h.
Un excellent café sur le thème de Mozart. Les serveuses y sont habillées de costumes traditionnels autrichiens, tandis qu'on y vend de délicieux chocolats, variations sur le compositeur autrichien et sa ville natale, Salzbourg.

■ CAFE BULGAKOV

Strada Inocențiu Micu-Klein, 17
✆ +40 264 450 156
www.bulgakov.ro
Ouvert en semaine de 10h à 2h, le week-end de midi à 6h.
Bien situé au calme dans une minuscule rue médiévale de la vieille ville, le café Bulgakov sert de lieu de sortie à la communauté hongroise de Cluj. Les intérieurs dévoilent un vaste enchaînement de pièces voûtées aux murs en briques rouges. À la fois restaurant, café, bar et club, Bulgakov est littéralement bondé le week-end.

■ CAMINO

Piața Muzeului, 4
✆ +40 749 200 117
km0cluj@yahoo.com
Ouvert tous les jours de 9h à 1h45.
Repaire bohème sur une magnifique place médiévale de Cluj, le bar-restaurant Camino, ouvert depuis 2011, aimante les étudiants et les jeunes actifs de la ville. À l'intérieur sous les hauts murs de la demeure bourgeoise, un anarchique bric-à-brac d'antiquités, de vieux tapis et de vieux portraits aux murs. Le menu est succinct mais efficace tandis que, l'été, l'endroit gagne encore en attrait avec une superbe terrasse.

■ **OLIVO CAFFE**
Bulevardul Eroilor, 7
✆ +40 732 331 099
www.olivocaffe.com
Ouvert en semaine de 10h à minuit, le week-end de midi à 1h.
Repaire branché de la ville, Olivo Caffe sert certainement les meilleurs cafés de la ville, concoctés avec expertise par les baristas de la maison. Le menu propose également des petites collations : soupes, pâtes et d'excellents gâteaux maison. C'est un peu cher, mais le café en vaut la peine.

■ **LA ŢEVI PUB**
Strada Potaissa, 6
✆ +40 729 308 669
latevipub@yahoo.com
Ouvert en semaine de 10h à 5h, le week-end de 14h à 5h.
Un petit bar sympa dans la vieille ville qui héberge une clientèle accueillante et abrite régulièrement des soirées à thème ou des concerts.

■ **THE JACK PUB**
Strada Fortăreţei, 12
✆ +40 264 599 258
thejackpub@gmail.com
Ouvert tous les jours de midi à 6h.
Ce petit pub situé dans une maison transylvaine traditionnelle d'une petite rue du centre-ville déborde d'étudiants festifs, particulièrement le week-end. La même rue propose quelques autres repaires nocturnes où festoyer jusqu'à tard.

■ **ZORKI PHOTO CAFE**
Strada Ioan Raţiu, 10
✆ +40 264 595 970
Ouvert du lundi au samedi de 9h à 5h et le dimanche de 17h à 5h.
Un bar (dont une salle non fumeurs) situé au premier étage où l'on apprécie l'ambiance jeune et vivante d'un Cluj bohème. Le fond musical rock alternatif est bien choisi et les expositions photo qui composent le décor apportent un autre regard sur la ville, tandis que de nombreuses soirées (concerts, jeux de société) y sont organisées. En bref, un vrai coup de cœur.

Clubs et discothèques

■ **AFTER EIGHT**
Strada Brassai Sámuel, 12
✆ +40 743 359 795
www.aftereight.ro
office@aftereight.ro
Ouvert de 22h jusqu'à tard.
Une des boîtes les plus en vue à Cluj et qui a son propre bar juste à côté. Le cadre est sympa, mais c'est vite bondé.

■ **DIESEL CLUB**
Piaţa Unirii, 17
✆ +40 264 439 043
www.dieselclub.ro
contact@dieselclub.ro
Ouvert de 9h à 3h.
Situé en face de la cathédrale catholique, au sous-sol d'une vieille paroisse datant de 1460, le plus vieux bâtiment de la place, remanié en style baroque en 1799. Un haut lieu de la nuit à Cluj où l'on aime voir et être vu. Souvent enfumé. Le Diesel Club compte un deuxième local un peu plus loin dans la rue Memorandumului.

■ **IRISH & MUSIC CLUB**
Strada Horea, 5
✆ +40 364 402 377
irishmusicpub.ro
Ouvert tous les jours de 10h à 4h.
Pub joyeux très axé sur les musiques jazz, blues et rock avec l'organisation régulière de concerts et autres événements dans ses intérieurs en briques rouges. En outre, le club offre un excellent menu de légères collations.

■ **STUDIO ART CLUB**
Piaţa Ştefan cel Mare, 14
✆ +40 264 595 032
Ouvert tous les jours de midi à minuit.
Centre culturel qui organise diverses représentations de théâtre et des projections de films d'art et d'essai. Clientèle bohème qui se retrouve au café de ce club.

Spectacles

■ **CINEMA ARTA**
Strada Universităţii, 3
✆ +40 264 596 616
Cinéma d'art et d'essai situé vers l'université de la ville.

■ **CINEMA CITY**
Strada Alexandru Vaida-Voevod, 53-55
✆ +40 264 207 070
www.cinemarx.ro
Dans le centre commercial Iulius Mall.

■ **CINEMA REPUBLICA**
Piaţa Mihai Viteazul, 11
Un des plus grands (en taille) de la ville.

CINEMA VICTORIA
Bulevardul Eroilor, 51
www.cinemavictoria.ro
Idéalement situé, c'est un cinéma à taille humaine. La programmation est excellente et les prix tout doux. Avant ou après la séance, vous pourrez y prendre un café ou un thé accompagné de pâtisseries.

ORCHESTRE PHILHARMONIQUE DE TRANSYLVANIE
Strada Emmanuel de Martonne, 1
✆ +40 264 430 063

THÉÂTRE HONGROIS
Strada Emil Isac, 26-28
✆ +40 264 193 464

THÉÂTRE NATIONAL ET OPÉRA
Piața Ștefan cel Mare, 24
✆ +40 264 591 799 / +40 264 595 363
Bureau ouvert de 11h à 17h en semaine.

Activités entre amis

- Festival international de cinéma de Transylvanie, tous les ans pendant la dernière semaine de mai.
- Transilvania Jazz Festival, à la mi-octobre (www.transilvaniajazzfestival.com).
- Festival international de guitare classique, à la mi-août.
- L'automne musical de Cluj, au mois d'octobre. Pour plus d'informations sur ce festival de musique classique, visitez le site : www.filacluj.ro

À voir – À faire

Les points d'intérêt de la jolie vieille ville de Cluj sont essentiellement concentrés autour de Piața Unirii et de Piața Ștefan cel Mare. Sans oublier les jolies petites rues plus « villageoises » autour de Strada Dávid Ferenc et de Strada Tipografiei. Le centre se parcourt facilement à pied, les distances ne sont pas si grandes.

Piața Unirii
Véritable centre de la ville, elle est un bon point de départ pour commencer votre exploration. Vous y trouverez aussi d'agréables terrasses pour contempler l'animation locale.

Au nord et à l'ouest de Piața Unirii
À l'ouest du boulevard Regele Ferdinand, animé et commerçant, autour de Piața Muzeului, se trouvent quelques lieux ou monuments intéressants.

À l'est et au sud de Piața Unirii
Vous pourrez rejoindre les places Avram Iancu et Ștefan cel Mare par Strada Iuliu Maniu, à droite du palais Bánffy, appelée aussi rue Miroir car, comme vous le noterez vous-même, les deux bâtiments verts qui marquent le début de la rue de chaque côté sont parfaitement identiques. Ils datent de 1899. Autour des places Avram Iancu et Ștefan cel Mare se dressent de nombreux et importants bâtiments administratifs, tous élevés au XIXe ou au début du XXe siècle (préfecture, palais de justice, Institut de théologie orthodoxe ou encore palais des Finances). Pour gagner le centre, plusieurs

Le Jardin botanique de Cluj

Connu comme le plus beau du genre de cette partie de l'Europe, ce jardin fut conçu par Alexandru Borza, en 1920, sur une surface de 14 hectares. Ses 11 000 espèces sont destinées à la recherche, à la conservation et à l'éducation du public. Ainsi, on y mène d'importantes recherches sur les plantes comestibles et les scientifiques en charge de ce jardin sont en relation avec des confrères de 450 jardins de plus de 80 pays différents. Voici les sections que vous pourrez découvrir dans ce lieu unique en Roumanie. En extérieur, vous visiterez un jardin japonais de style *gyo-no-niwa*, avec ponts et portes, et une magnifique roseraie entourée d'autres plantes d'ornement du monde entier et de tous les milieux. Une section de cultures anciennes permet de redécouvrir des plantes aujourd'hui délaissées. Une section de plantes médicinales, de flore du littoral et de véritables forêts complèteront votre promenade. Une partie des plantes se trouve abritée sous de gigantesques serres. L'une rassemble de grands palmiers, des bananiers et des cacaotiers. Une autre est consacrée aux cactus de toutes tailles et origines. Les plantes méditerranéennes et australiennes sont groupées, ailleurs encore poussent oliviers, figuiers et eucalyptus. Plus de 50 espèces d'orchidées sont rassemblées dans une serre. Enfin, le plus impressionnant se trouve dans la serre-aquarium, avec ses lotus géants d'Amazonie de près de 1,5 mètre de diamètre, ses plantes carnivores et ses papyrus.

Emil Racoviță, le premier grand spéléologue

Né à Iași le 15 novembre 1868, il grandit à Șurănești, dans la région de Vaslui (aujourd'hui Emil Racoviță, en Moldavie). Il suit des études à Iași, où Ion Creangă et Grigore Cobălcescu sont parmi ses professeurs. À la demande de son père, il quitte la Roumanie pour Paris, afin de suivre des études de droit. Mais il s'oriente finalement vers la zoologie et intègre la Sorbonne, où Henri de Lacaze-Duthiers devient son professeur. Il décroche son premier diplôme en 1891, suivi, en 1896, d'un travail rapidement remarqué par le monde scientifique. Ce qui lui permet de participer en tant que biologiste à l'expédition antarctique organisée par la Belgique (1897-1899). À bord du *Belgica*, dirigé par Adrien de Gerlache, il rapporte en Europe une collection de 1 600 spécimens d'animaux et de végétaux. En 1900, il remplace son ancien professeur Lacaze-Duthiers à la tête du laboratoire d'océanographie de Banyuls-sur-Mer. L'année 1904 marque un tournant dans sa carrière. À la suite de la découverte de nouvelles espèces animales dans des grottes de Majorque, il choisit de se consacrer entièrement à l'étude du monde souterrain. Ses premiers travaux seront vite considérés comme ayant ouvert la voie à la biospéléologie. Il lance un vaste programme international pour la collecte des espèces animales et végétales souterraines dans le monde. Il revient ensuite en Roumanie et fonde, à Cluj (non loin des Apuseni, région riche en grottes), le premier institut de spéléologie du monde. Il passe vingt ans à Cluj et occupe divers postes universitaires, scientifiques et politiques. Conséquence du *diktat* de Vienne : en 1940, son département doit être transféré à Timișoara. Emil Racoviță s'éteint en 1947. Au cours de son exceptionnelle carrière, il aura visité 1 200 grottes et gouffres et collecté 50 000 espèces.

trajets sont possibles. Le plus direct passe par le large boulevard Eroilor, bordé de restaurants et de commerces, où se trouve (au n° 10) également la cathédrale gréco-catholique de la Transfiguration (Schimbarea la Față), construite au XVIIIe siècle en style baroque.
Plus au sud, les rues Ion I. C. Brătianu (Institut français et petit musée d'Art) et Mihail Kogălniceanu vous permettront de rejoindre le quartier de l'université puis Piața Unirii. Rue Mihail Kogălniceanu, vous remarquerez l'église hongroise réformée Matia, construite en 1486 sur l'ordre de Mathias Corvin, alors roi de Hongrie. Elle abrite des orgues réputées comme étant parmi les meilleures d'Europe et son portail est gardé par une réplique d'une des plus anciennes statues de la Renaissance (XIVe siècle), *Saint Georges terrassant le dragon*, œuvre de deux sculpteurs locaux. L'original se trouve à présent à Prague, en face du palais Hradčany.

■ ANCIEN HÔTEL DE VILLE

Au n° 1 de la place, il date de 1846. Ses trois tours surmontées de feuilles de laurier sont le symbole de la ville.

■ BULEVARDUL 21 DECEMBRIE 1989

Partant de l'angle nord-est de Piața Unirii, ce long boulevard commercial compte deux églises d'intérêt certain, dont l'église évangélique (1829) qui en marque le commencement. Mais ce sont les rues qui entourent le boulevard qui méritent un regard plus appuyé. Plutôt étroites, parfois piétonnes, elles sont par endroits plus animées et plus campagnardes que le reste du centre-ville. Prenez par exemple Strada Dávid Ferenc, à côté de l'église hongroise réformée (1796). Cette rue et les ruelles qui l'entourent vous mèneront à la très commerçante Piața Mihai Viteazul, où trône la statue du premier prince à avoir gouverné les deux principautés roumaines et la Transylvanie, en 1600.

■ BULEVARDUL REGELE FERDINAND

Il vous amène au pont qui traverse la rivière Someșul Mic. Les deux carrefours qui se font face sur chaque rive forment un très harmonieux ensemble, avec, entre autres, les palais Széki et Babos, un peu gâché tout de même par un building moderne. De l'autre côté, des escaliers vous conduiront en haut de la colline de la citadelle, d'où vous aurez une belle vue sur la ville. Bien qu'on y ait découvert des traces de vestiges néolithiques, daces et romains, la forteresse elle-même fut construite en 1735, suivant les plans de l'architecte italien Visconti. En haut, vous trouverez aussi un monument aux morts de la Première Guerre mondiale et le grand hôtel Belvedere.

Après le pont, en prenant Strada Horea (peu animée car les commerces y sont rares), qui mène à la gare, vous rencontrerez trois édifices religieux. Tout d'abord la synagogue et le temple mémorial de la communauté juive, cruellement atteinte par la Shoah. Le monument célèbre la mémoire des 16 700 Juifs de la ville déportés par le gouvernement hongrois vers l'Allemagne nazie. Plus loin se dressent l'église orthodoxe Saint-Nicolas (de style néoroumain, XXe siècle) et l'église réformée, dite Peste Apă (de l'autre côté de l'eau), et son clocher pointu (XXe siècle).

CATHÉDRALE CATHOLIQUE SAINT-MICHEL

Située en plein centre de Piața Unirii, la cathédrale est un des plus anciens édifices religieux de la ville et un exemple très représentatif du style gothique. Sa construction a commencé au XIVe siècle. Les peintures murales datent d'entre les XVe et XVIIIe siècles, le portail sculpté de la sacristie est de style Renaissance et date de 1528. Son imposant clocher néogothique est haut de 80 mètres. Sur le portail principal, vous reconnaîtrez l'archange Michel, protecteur de l'édifice. À l'intérieur, si la luminosité le permet, vous pourrez admirer de superbes vitraux.

CATHÉDRALE ORTHODOXE

Piața Avram Iancu

Au centre de Piața Avram Iancu, cet admirable édifice, dont la construction a demandé dix ans de travaux, date de 1933. Il marie harmonieusement les styles byzantin et roumain. Face à la cathédrale, la statue du héros roumain Avram Iancu (un des meneurs de la révolution de 1848) a été conçue par Ilie Berindei et élevée en 1993.

ÉGLISE DES FRANCISCAINS

Un peu plus loin, sur Piața Muzeului. L'église date du XIVe-XVe siècle, mais les transformations qu'elle a subies en 1728 lui ont donné son style baroque.

ÉGLISE ORTHODOXE DE FELEACU

Au sud de Cluj, sur la route de Turda.

Construit entre 1486 et 1488, grâce au soutien du prince de Moldavie, Étienne le Grand (Ștefan cel Mare), c'est un monument tout blanc de style gothique (voûtes et portails). Le monastère attenant accueillait une école de peinture réputée.

HÔTEL CONTINENTAL

Au sud de la place, vous ne pourrez pas manquer ce somptueux bâtiment. Il fut construit en 1895 sous le nom d'Hotel New York. C'était alors le plus prestigieux hôtel de la ville. Par la suite, ce bâtiment, qui allie à la fois les styles Renaissance, baroque et classique, devint casino, quartier général de l'armée allemande, école de médecine, avant de retrouver sa fonction initiale sous le nom actuel d'hôtel Continental. Il avait repris son nom d'Hotel New York lorsque l'homme d'affaires Dorel Tamaș l'avait racheté en 2005.

JARDINS PUBLICS

La rue Emil Isac vous mènera, au nord, au Théâtre et Opéra hongrois (1910) et aux agréables jardins publics s'étendant le long de la rivière, avec étang et promenades. Le parc a été ouvert en 1827 et son lac a favorisé très tôt les pratiques du canotage en été et du patinage en hiver. Une partie du parc est dédiée au sport, avec la présence de la faculté d'éducation physique et du grand stade de l'université.

MAISON DE MATEI CORVIN

Elle date du XVe siècle et serait la maison natale du futur roi de Hongrie, né en 1440. La façade et le portique sont de style Renaissance, alors que l'intérieur a gardé des éléments gothiques.

MEMORENDUM

Au commencement du boulevard Eroilor se dresse le monument du Memorendum, haut obélisque surmonté d'une cloche. Conçu par Paul Eugen, il commémore les représentants roumains qui, en 1892, se rendirent à Vienne pour défendre les droits des Roumains de Transylvanie, alors sous contrôle de l'Empire austro-hongrois.

MUSÉE D'ART DU PALAIS BÁNFFY

Piața Unirii, 30

Ouvert tous les jours de midi à 19h, sauf le lundi (et parfois le mardi). Entrée 1,30 €.

Érigé entre 1774 et 1785 d'après les plans de Johann Eberhard Blaumann, ce palais de style baroque appartenait au comte György Bánffy, aristocrate hongrois qui fut gouverneur de Transylvanie. Fondé en 1859, le musée abrite dans ses 22 salles deux galeries distinctes. La galerie d'art national présente une riche collection d'œuvres roumaines de l'époque médiévale et du XIXe siècle, des tableaux de peintres roumains tels que Tattarescu, Tonitza ou Aman, une exposition de sculptures du XXe siècle. La galerie d'art universel abrite des œuvres d'écoles des beaux-arts de toute l'Europe. Le musée réunit également une intéressante collection de tapis orientaux, d'armes, de jeux d'échecs et de mobilier. Enfin, de fréquentes expositions temporaires, de photographies notamment, font de ce musée un lieu culturel vivant. Après ou avant la visite, vous pourrez apprécier la fraîcheur de ses arcades en été et le café et sa terrasse aménagés dans la cour intérieure.

■ MUSÉE DE LA PHARMACIE

Au commencement
du boulevard Regele Ferdinand
Ouvert du lundi au samedi de 10h à 16h.
C'est ici, en 1573, que fut ouverte la première pharmacie de Cluj. Ce musée est aménagé dans la maison Hintz, construite au XVIe siècle puis refaite en 1700 (baroque).

■ MUSÉE D'ETHNOGRAPHIE

Strada Memorandumului vous ramènera Piața Unirii et vous pourrez vous arrêter en chemin au musée d'Ethnographie (ouvert de 9 à 17 heures). Situé au 22 de la rue, il donne depuis 1922 un aperçu complet des traditions populaires de cette région historique. Le musée est divisé en différentes parties selon les métiers représentés. Sa section en plein air, hors de la ville (voir plus loin), est la plus intéressante.

■ MUSÉE D'HISTOIRE DE TRANSYLVANIE

Strada Constantin Daicoviciu, 2
www.museum.utcluj.ro
Ouvert du mardi au dimanche de 10h à 16h. Visites guidées en français possibles.
Abrité dans un bâtiment néoclassique du XIXe siècle, voilà un musée idéal pour comprendre la turbulente histoire locale. Les deux statues qui ornent la place honorent la mémoire de l'empereur d'Autriche François Ier, de sa femme l'impératrice Caroline-Augusta et de l'historien Constantin Daicoviciu. En prenant la rue au nom de l'historien, vous atteindrez la maison du poète Emil Isac, décédé en 1954.

■ MUSÉE ET JARDIN BOTANIQUE

Strada Republicii, 42
Sur les hauteurs de la ville
Ouvert de 9h à 20h (17h en hiver). Pour vous y rendre à pied (de Piața Unirii), prenez la rue Napoca, à droite de l'hôtel Continental, jusqu'à la place Blaga, puis remontez la rue Republicii, appelée aussi Gheorghe Bilascu. Prix d'entrée 1,10 €.
De loin, l'un des endroits les plus agréables de la ville pour se reposer et contempler la nature. Le jardin, ouvert en 1872, compte près de 11 000 variétés de végétaux du monde entier. Les plantes exotiques, dont de grands palmiers et d'impressionnants lotus géants, sont conservées dans une grande serre. Les plantes et les jardins aménagés sont variés : littoral, japonais, forêt ou encore jolie roseraie (*pour plus de détails, voir l'encadré*).

■ PARC ETHNOGRAPHIQUE, MUSÉE EN PLEIN AIR DU VILLAGE TRANSYLVAIN

Colline de Hoia
Strada Tăietura Turcului
✆ +40 264 586 776
Ouvert en été de 10h à 18h. Entrée 1,30 €. Accès : 30 minutes de marche ou bus 30 de la gare ou 27 et 28 de Piața Unirii, arrêt Strada Hațeg, puis 10 minutes de marche.
Située sur une colline au nord-ouest de la ville, c'est la partie en plein air du musée ethnographique de Transylvanie. Ouvert en 1929, ce musée villageois fut le premier de ce genre dans le pays. Il présente plus de 160 pièces (bâtiments, outils, folklore de la région) dans un joli cadre. Les plus remarquables sont les trois églises en bois, dont une (Biserica din Cizer) édifiée en 1773 par Vasile Ursu Nicola, dit Horea, futur meneur de la révolution paysanne de 1784.

■ STATUE ÉQUESTRE DE MATHIAS CORVIN (MATEI CORVIN)

C'est un monumental ensemble sculptural situé le long de la cathédrale. Il représente Mathias Corvin, roi de Hongrie entre 1458 et 1490, qui naquit à Cluj. La statue, inaugurée en 1902, est l'œuvre de János Fadrusz. Vous remarquerez l'accumulation de drapeaux roumains autour de ce symbole de l'ancienne domination hongroise…

■ THÉÂTRE NATIONAL ET OPÉRA

Piața Ștefan cel Mare, 24
✆ +40 264 591 799 / +40 264 595 363
À une extrémité de la place se dresse le bâtiment du Théâtre national et de l'Opéra. De style baroque et rococo, cet édifice de couleur orange fut élevé en 1906. Un peu plus loin s'élève le bastion des Tailleurs (Bastionul Croitorilor), qui fait partie des fortifications du XVe siècle, mais qui fut reconstruit en 1629 puis joliment rénové en 1959. La statue toute proche est celle de Baba Novac, qui livra combat en compagnie de Michel le Brave.

UNIVERSITÉ BABEŞ-BOLYAI

www.ubbcluj.ro

Le bâtiment principal de l'université Babeş-Bolyai de Cluj, la seconde du pays, se dresse un peu plus loin. Le bâtiment date de 1893, mais l'université a été fondée en 1872. Ce n'est qu'en 1918, date du rattachement de la Transylvanie à la Roumanie, que l'enseignement a pu être dispensé en roumain et remplacer le hongrois. Le nom de l'université lui vient de deux scientifiques : le bactériologiste roumain Victor Babeş (1854-1926) et le mathématicien hongrois János Bolyai (1802-1860). Le premier avait donné son nom à l'université en langue roumaine, en 1948, et lorsqu'elle fut réunie avec l'université Bolyai, en langue hongroise, on garda les deux noms pour éviter les querelles. Telle quelle, elle abrite aujourd'hui l'Institut universitaire de spéléologie, unique au monde. Les personnes intéressées pourront se rendre à l'Institut de spéléologie Emil Racoviţă qui, tout comme un petit musée de zoologie, se trouve Strada Clinicilor, un peu au sud de l'université. Créé par ce célèbre biologiste roumain (1868-1947), l'Institut abrite un musée qui présente ses collections.

Shopping

MANUFACTURE DE PORCELAINES

Bulevardul Eroilor, 19

SOUVENIRS ET OBJETS ARTISANAUX

Magazin Central (2e étage)
Bulevardul Regele Ferdinand, 22

Dans les environs

Au sud de Cluj s'élève le magnifique massif des Apuseni (voir « Transylvanie de l'Ouest » et « Banat-Crişana – Caraş-Severin ») dont vous pouvez atteindre le cœur directement par des petites routes ou en passant par Huedin.

GILĂU

Sur la route de Huedin et Oradea. Ruines d'une fortresse romaine et un château Renaissance du XVe siècle. À Someşu Rece tout proche se trouve une église en bois du XVIIIe siècle. Également quelques pensions. Nous vous recommandons la pension Tudorana à Gilău, 12 € la nuit/personne.

LACS DE LA RÉGION

Les lacs sont nombreux dans ces montagnes et jouent un rôle majeur dans l'équilibre écologique de la région. Le lac Legii est le lieu de prédilection de ponte pour de nombreux oiseaux migrateurs (des réserves ornithologiques ont été créées autour des lacs Geaca, Ştiucii et Legii). Certains lacs sont d'origine artificielle et servent à produire de l'énergie hydraulique (Fântânele, Floroiu et Tarniţa). Ils constituent de magnifiques aires de loisirs. Vous pouvez y pratiquer la pêche et la voile. La région de Cluj compte également quelques lacs salés, à proximité des réserves de sel autrefois exploitées (Cojocna, Sic...).

HUEDIN

Au nord des monts Apuseni, à mi-chemin entre Cluj (à 45 kilomètres) et Oradea, Huedin (9 700 habitants) est au centre d'une enclave d'une minorité hongroise, dite Kalotaszeg, bien établie. Les Hongrois considèrent cette région comme celle qui a le mieux conservé ses traditions, ce qui se traduit dans les villages des alentours par le port de costumes traditionnels (les jours de fête, de marché principalement), un riche artisanat (meubles peints, broderies colorées, maisons typiques...) et l'usage d'un dialecte particulier. La ville de Huedin elle-même, efficacement bétonnée, comporte peu de curiosités. Mais la région environnante est riche : forteresses, villages et accès au parc national des Apuseni.

Transports

Les gares routière et ferroviaire se trouvent juste au nord du centre-ville. Huedin est situé sur la ligne ferroviaire reliant Cluj à Oradea (ou Bucarest à Budapest) et est donc bien desservi. Pour rayonner dans les environs, l'idéal serait de disposer d'un véhicule. Si ce n'est pas le cas, vous trouverez des bus pour de nombreux villages, mais ils sont lents et peu fréquents sur certaines lignes. Ils ne roulent quasiment qu'en semaine.

Se loger

Peu de choix. On préférera les chambres chez l'habitant des villages des alentours, comme à Sâncraiu, par exemple, ou Mărgău. On peut réserver ce type de logement *via* les agences de Cluj.

■ MOTEL MONTANA

✆ +40 264 253 090
www.motelmontana.ro
À l'est de la ville, sur la route de Cluj.
Une option sans charme le long de la route nationale mais très bon marché (moins de 20 € la chambre double).

À voir – À faire

■ ÉGLISE RÉFORMÉE

Une église massive du XVIe siècle. Elle se caractérise par une haute tour et un clocher en bois.

Dans les environs

Outre un folklore préservé dans de nombreux villages, le particularisme hongrois de la région y ajoute une touche différente. Pour vous en rendre compte, rendez-vous au marché d'Izvoru Crișului, le long de la route nationale à une dizaine de kilomètres à l'est de Huedin, pour admirer les jolis costumes de cette minorité. On pourra aussi voir de belles maisons traditionnelles à Văleni (Magyarvalkó) et à Călățele (Kiskalota). De Huedin, vous rejoindrez facilement les monts Apuseni, le complexe touristique de Beliș (au bord du lac d'accumulation de Fântânele) ou le charmant village traditionnel de Mărgău.

SÂNCRAIU

1 600 habitants, dont 80 % de Hongrois. Adorable village situé au sud de Huedin, Sâncraiu (Kalotaszentkirály en hongrois) est un des fiefs de la minorité hongroise à la culture traditionnelle kalotaszeg particulièrement vivace. Ce village est réputé pour son agrotourisme et dispose de nombreuses pensions et chambres chez l'habitant. Séjourner ici peut représenter une belle expérience de tourisme rural hors du temps et des sentiers battus, au cœur d'une communauté accueillante aux traditions solides.

Transports

Sâncraiu est situé à 6 kilomètres du centre de Huedin par la route régionale 1R. Quelques bus couvrent le trajet. Cependant pour explorer cette région, il est préférable d'être motorisé.

Se loger

Sâncraiu ne compte pas moins de 25 pensions et chambres chez l'habitant disponibles. C'est vous dire la popularité du village qui est généralement pris d'assaut à la mi-août, lors du festival folklorique de danse.

■ PENSION HAJNAL

Sâncraiu, 293
✆ +40 264 257 639
✆ +40 740 642 689
aszfamily@gmail.com
7 € par personne et par nuit. Petit déjeuner 3 €, dîner 6 €.
Une adorable pension située juste en face de l'église réformée. La façade en bois sculpté peinte en vert est tout simplement impressionnante. Les intérieurs sont décorés d'objets traditionnels. Deux chambres, l'une avec deux lits et l'autre avec trois lits.

■ **PENSION SAROKLAK**
Sâncraiu, 170
✆ +40 264 257 502
✆+40 742 050 702
saroklak@yahoo.com
7 € par personne et par jour. Petit déjeuner 3 €. Dîner 6 €.
Une belle maison située dans le centre du bourg qui propose 5 chambres pour un hébergement d'une quinzaine de personnes. Les chambres sont vastes lumineuses et très propres. Une petite salle à manger peut s'apparenter à un restaurant.

À voir – À faire

Le village est surtout un point de chute idéal pour explorer cette région assez peu connue et une base parfaite pour de belles randonnées dans les hauts plateaux environnants. Le 18 août, pour la Saint-Stéphane, le village accueille un grand festival de danse folklorique hongroise. Pour cette occasion, tous les habitants revêtent des habits traditionnels magyars, tandis que la minorité hongroise vient de tout le pays pour assister aux célébrations.

■ **ÉGLISE RÉFORMÉE DE SÂNCRAIU**
Ouvert du lundi au samedi. Pour visiter, appeler au +40 264 257 592.
Cette magnifique église réformée au clocher emblématique de la région a été construite au XIIIe siècle. Détruite par un incendie au XVIIIe siècle, elle a été partiellement reconstruite. Remarquez les superbes voûtes en caissons peintes de motifs traditionnels.

ZALĂU

Zalău (56 000 habitants), chef-lieu du département de Sălaj (l'un des moins peuplés du pays), est un important centre industriel. Sa place centrale, moderne, anguleuse, entourée de blocs et de bâtiments administratifs, vous en rappellera bien d'autres. On y vient surtout pour les environs (jolis petits villages) et les vestiges d'une des plus importantes cités daco-romaines.

Transports

Train

La gare n'est pas pratique car excentrée, au nord (près du village de Crișeni). Mais les bus de liaison (n° 1) sont fréquents. Trains directs vers Satu Mare et Jibou (8 par jour, 35 minutes de trajet). À Jibou, connexions vers Baia Mare ou Cluj.

Bus

La station de bus est un peu plus proche du centre, Strada Mihai Viteazul. Bus vers Cluj (6 par jour), Huedin, Baia Mare, Oradea (2 par jour) et même Timișoara. Bus locaux vers Târgu Lăpuș, Șimleu Silvanei, Jibou. Bus n° 8 vers le village de Moigrad, dont l'arrêt est le plus proche des vestiges de Porolissum.

■ **AGENCE CFR**
Strada Tudor Vladimirescu, 2
✆ +40 260 612 885

Se loger

■ **HÔTEL MESEȘ**
Piața 1 Decembrie 1918, 11
✆ +40 260 661 050
www.bestwestern.com
hotelmeses@samtv.ro
Chambres doubles environ 50 €.
Plus moderne, plus confortable, plus intime (34 chambres), mais plus cher que la concurrence.

■ **HÔTEL POROLISSUM**
Piața Unirii, 1
✆ +40 260 613 301
Chambre double 37 €, petit déjeuner inclus.
Un gros immeuble dans le centre-ville. Correct mais vraiment pas très gai.

À voir – À faire

MUSÉE D'ART ET D'HISTOIRE (MUZEUL DE ISTORIE SI ARTĂ)
Strada Pieței, 9
Ouvert du mardi au dimanche de 10h à 17h.
Collections d'artisanat local mais surtout de précieux objets provenant de la cité daco-romaine de Porolissum. Un tour au musée, avant ou après la visite des ruines, aidera à comprendre l'histoire de cette cité.

Dans les environs

POROLISSUM

À Moigrad, à 8 kilomètres au nord-est de Zalău. Bus 8 à partir de Zalău. La forteresse romaine de Porolissum fut édifiée sur le site d'une forteresse dace et devint la capitale de la province Dacia Porolissensis. Grâce aux nombreux travaux de reconstruction et de restauration, on distingue, parmi les ruines, les douves, les murs d'enceinte, les bains, des temples, un amphithéâtre. À partir de l'an 106, la forteresse marquait la frontière nord de la Dacie romaine. Elle aurait compté 20 000 habitants et de nombreux soldats pouvaient loger dans les deux grands forts de pierre que comptait la cité.

POROLISSUM
Monument en l'honneur de la victoire de Michel le Brave sur son rival à la tête de la principauté de Transylvanie Zsigmond Báthory le 3 août 1601, en ce lieu même.

TREZNEA

950 habitants. Dans le cimetière de ce village se trouve un mémorial aux victimes des massacres (près de 250 personnes) perpétrés par des fascistes hongrois en 1940, à Treznea et Ip (à l'ouest du département, sur la route de Marghita).

GHERLA

La ville (20 200 habitants) est connue pour avoir été créée par la communauté arménienne et s'appelle en latin Armenopolis. Son histoire récente est douloureuse. C'est en effet dans la prison de Gherla que de nombreux dissidents subirent un atroce programme de « rééducation » dans les années 1950, un scandale révélé par Paul Goma, un ancien détenu, dans son livre *Gherla*. Un monument à leur mémoire est érigé dans le cimetière proche de la prison.

Transports

La gare ferroviaire est en plein centre ou presque. La ville se trouve sur les lignes ferroviaires et routières entre Dej et Cluj. Bus locaux pour Nicula.

Se loger

La ville compte une quinzaine de pensions et on vous les proposera dès la sortie de la gare. Plus sûr, téléphoner à Ovidiu Todea ou se rendre à son bureau (Strada Mihai Viteazul, 6 – (0264) 244 115 ou 0745 847 374 pour le téléphone portable). On vous aidera à trouver une chambre chez l'habitant.

HÔTEL VLAMAR
Strada Clujului, 4 ✆ +40 264 243 173
Chambre double 25 €.
Seule option côté hôtel. Simple, classique, en général propre et accueillant.

À voir – À faire

CATHÉDRALE ARMÉNIENNE
C'est la communauté arménienne venue de Moldavie au XVIIe siècle pour fuir les Ottomans qui fait prospérer la ville de Gherla, sous le nom d'Armenopolis (en allemand Armenierstadt), au début du XVIIIe siècle. L'histoire de la ville est racontée dans un petit musée. L'imposante église arménienne (Sfânta Treime) date de 1804. Toute blanche, de style baroque, dotée de trois tours, elle abrite des évangéliaires du XIVe siècle, dont un écrit en 1316 à Chypre. On peut y voir également une peinture de Rubens : *La Descente de la croix*. Un peu partout dans le centre, autour de Piața Libertății, des demeures de style baroque du XVIIIe siècle témoignent de la réussite des marchands arméniens de l'époque.

MONASTÈRE DE NICULA
À 8 kilomètres de Gherla. Bus locaux.
C'est ici, dans ce monastère du XVIe siècle, que l'on peignait les icônes sur verre, activité pratiquée depuis le XIIe siècle. Le monastère comprend une église en bois de 1701 et l'église Sfântul Ioan Botezătorul (1879), où se trouve la superbe icône *Maicii Domnului*. Un musée expose de très nombreuses icônes de différentes époques. Le 15 août, une foule immense de pèlerins converge vers ce monastère, très important pour les orthodoxes roumains.

■ **MUSÉE D'HISTOIRE**
Strada Mihai Viteazul, 6
Ouvert du lundi au vendredi de 9h à 15h.
L'histoire de la ville racontée par des manuscrits arméniens, des photographies anciennes, etc. Mais aussi de belles icônes peintes sur verre.

Dans les environs

SIC

Ce gros village (2 400 habitants) de collines, situé au sud de Gherla (bus entre les deux cités), est réputé pour ses nombreuses églises, son folklore hongrois encore bien vivace (96 % de la population) et surtout ses groupes de musiciens connus dans toute la région. Les sons traditionnels hongrois (forte communauté), roumains et roms se mêlent pour créer des mélodies envoûtantes ou stimulantes. Si vous passez par Sic, ouvrez grandes vos oreilles.

DĂBÂCA

1 800 habitants. Au sud de Gherla, à l'écart de la route vers Cluj. Vestiges de la forteresse (XIe-XIIIe siècle) ayant appartenu au voïévode Gelu.

■ **PALAIS BÁNFFY DE BONŢIDA**
À mi-chemin entre Gherla et Cluj, un peu à l'écart de la route.
Ce superbe et vaste château baroque, dont le dernier propriétaire fut le baron Miklós Bánffy, a été construit entre 1438 et 1543 et considéré à l'époque comme le plus beau de Transylvanie. Ce qu'il resta jusqu'à la fin de la Seconde Guerre mondiale et le terrible incendie allumé par les soldats allemands en retraite qui le ravagea, n'en laissant que quelques murs et statues baroques. Comme de nombreux autres châteaux transylvains, il a été ensuite volontairement abandonné et vandalisé pendant de longues années. Ce n'est que tout récemment qu'on a décidé sa restauration, à l'aide de fonds internationaux et avec le soutien du prince Charles d'Angleterre (qui s'est rendu sur place et finance quelques autres projets de ce type à travers le pays). Sur place, on forme des artisans, tout en restaurant le site. Espérons que bientôt ce joyau du patrimoine roumain – et d'autres encore – retrouve son lustre d'antan et contribue à rendre le pays plus attrayant pour les visiteurs étrangers.
En principe, on peut visiter le site actuel et apprécier l'ampleur de la tâche (droit d'entrée modique).

DEJ

Traversé par la rivière Someș, groupé autour de son église Sfântul Ștefan, Dej est une ville de 33 500 habitants située à la croisée de nombreuses routes du nord de la Transylva-nie.
Véritable nœud routier et ferroviaire, vous avez de grandes chances d'y passer au cours d'un séjour en Roumanie. Très industrialisée, la ville est d'un intérêt touristique plus que limité.

Transports

La ville se trouve à 55 kilomètres au nord de Cluj, 18 de Gherla et 50 à l'ouest de Bistrița. La gare ferroviaire principale est à 1 kilomètre au sud du centre-ville. Les bus 2 et 3 effectuent la liaison entre centre et gare. Vous y trouverez des trains pour Cluj, Baia Mare et Satu Mare, Miercurea Ciuc et Brașov. La gare routière est aussi à 1 kilomètre du centre mais au nord, de l'autre côté de la rivière. Bus pour Bisitrița, Gherla, Cluj et Năsăud.

Se loger

■ **HÔTEL PARC REX**
Strada Alecu Russo, 9
✆ +40 264 213 799
Chambre double 35 € au maximum.
Propose 13 chambres, plus confortables que celles de l'adresse qui suit. Rien d'extraordinaire cependant. Bar, disco et club de strip-tease…

■ **HÔTEL SOMEȘ**
Strada Mărășești, 1-3
✆ +40 264 216 982 / +40 264 220 308
Chambres doubles à 45 €.
Un hôtel-tour de 50 chambres assez confortables mais un peu cher et pas très gai.

À voir – À faire

Le centre de la ville est marqué par Piața Bobâlna, où s'élève l'église Sfântul Ștefan, monument emblématique de la ville. Cette église de grandes dimensions, au clocher de 72 mètres de hauteur, a été réalisée en style gothique entre 1436 et 1536. Sur la même place, au n° 2, on peut visiter le musée de la Ville (ouvert du mardi au dimanche de 9 à 15 heures). Exposition de pièces mises au jour dans le fort romain de Cășeiu (ruines visibles dans le village au nord de Dej) et de documents et objets relatifs à l'activité saline. Le sel était exploité depuis le Moyen Âge, notamment à Ocna Dejului (« les Salines de Dej », quartier sud de la ville) où, aujourd'hui, les mines remplies d'eau salée servent à des cures. À Ciceu-Giurgești, à 18 kilomètres au nord-est de la ville, s'élèvent les ruines d'une ancienne grande forteresse de 1204.

BISTRIȚA

70 500 habitants. Ce monastère est loin d'être le plus joli de la région, mais c'est l'un des plus importants du pays. On le remarque d'ailleurs très vite, tellement il est fréquenté. Il fut construit au début du XVe siècle, puis rénové deux siècles plus tard. En 1838, il fut gravement endommagé par un tremblement de terre et remanié en 1856 (grande église de style néogothique). Il a conservé une petite église avec des peintures murales du XVIe siècle. L'aspect actuel du monastère est imposant mais très austère.
Toute proche, une petite église du XVIIe siècle est aménagée dans une grotte. Ces petites grottes sont assez nombreuses dans la région, notamment près des gorges de Bistrița, parmi les plus étroites du pays.

Transports

Les gares routière et ferroviaire sont côte à côte à l'ouest du centre-ville (à 400 mètres). Pour rejoindre ce dernier, prendre Strada Gării à droite en sortant, laisser la grande Piața Mihai Eminescu puis prendre Strada Gheorghe Șincai à gauche.

Train

La gare de Bistrița est à l'écart de la grande ligne Bucarest-Brașov-Satu Mare, qui traverse la Transylvanie. Pour intercepter ces trains, il faut se rendre à Sărata-Sărățel, juste au sud de la ville. Trains fréquents (14 par jour, 15 minutes de trajet) vers cette gare ou bus n° 10. Certains trains terminent toutefois leur course à Bistrița, depuis Bucarest (1 par jour) ou Cluj (3-4 par jour, 3 heures de trajet). De la gare de Bistrița, trains vers Bistrița Bârgăului et les villages de la vallée de Bârgău.

Bus

Ils sont plus pratiques pour sillonner la région, à partir du centre-ville. Bus et maxitaxis pour Năsăud (20 par jour), Târgu Mureș (8 à 10 par jour), Oradea (4 par jour), Baia Mare (2 par jour), Brașov (4 par jour), Sibiu (2 par jour), Sighișoara (4 par jour), Suceava (5 par jour), Cluj (4 par jour), Rodna (3 par jour), mais aussi pour Vatra Dornei (6 par jour), en passant dans les villages de la vallée de Bârgău.

AGENCE CFR
Strada Petru Rareș, 7 A
✆ +40 263 213 938

ATLASSIB
Bulevardul Decebal, 11
✆ +40 263 216 398
www.atlassib.ro
office@atlassib.ro

BUREAU TAROM
Hôtel Coroana de Aur
Piața Petru Rareș, 4
✆ +40 263 216 465
www.tarom.ro

Pratique

INFORMATIONS TOURISTIQUES
Casa de Cultură
Strada Albert Berger, 10
Près du parc
✆ +40 263 219 919
Ouvert en semaine seulement.
Infos sur les concerts, bars, cinémas, dans l'hebdo gratuit *Șapte Seri* : www.sapteseri.ro

POSTE ET TÉLÉPHONE
Piața Petru Rareș

Se loger

HOTEL BISTRIȚA
Piața Petru Rareș, 2
✆ +40 263 231 154
www.hotel-bistrita.ro
hotel@hotel-bistrita.ro
Chambres doubles autour de 50 € avec petit déjeuner.
En plein centre-ville, un établissement moderne et de taille modeste (47 chambres). Une des meilleures options de Bistrița.

■ **HOTEL CODRIȘOR**
Strada Codrișor, 28
✆ +40 263233 814
hotelcodrisor.ro
hotel@hotelcodrisor.ro
Chambre double autour de 35 € avec petit déjeuner.
À côté de l'hôtel Cora, on y accède par un petit pont. Un hôtel jaune vif confortable et presque campagnard. Dispose d'un restaurant en terrasse très demandé l'été. On a du mal tout de même à trouver la cohérence avec Dracula...

■ **HÔTEL CORA**
Strada Codrișor, 23
✆ +40 263 221 231
Chambre double 25 € et 30 € sans petit déjeuner.
Bon rapport qualité/prix pour ce petit hôtel situé de l'autre côté de la rivière par rapport au centre-ville.
En sortant de la gare, prendre Strada Gării puis Strada Alexandru Odobescu et traverser la rivière. Ensuite, c'est sur la gauche. Rien d'extraordinaire mais c'est bien tenu.

■ **HOTEL COROANA DE AUR**
Strada Petru Rareș, 4
✆ +40 263 232 470
✆ +40 263 232 667
www.hotel-coroana-de-aur.ro
Chambres doubles de 40 € à 55 € avec petit déjeuner.
C'est le plus central des hôtels. Plus de 100 chambres assez quelconques. Plus cher et moins confortable que les précédents.

Se restaurer

■ **CRAMA VECHE**
Strada Albert Berger, 10
✆ +40 263 218 047 – www.crama-veche.ro
Le meilleur restaurant de la ville qui propose une cuisine traditionnelle.

À voir – À faire

Piața Centrală est le plus bel ensemble architectural de la ville. En son centre se dresse l'église évangélique Sainte-Marie (rarement ouverte), dont le clocher haut de 75 mètres est emblématique de la ville. Bâtie dans un style gothique aux XIVe-XVe siècles, elle abrite notamment une belle collection de drapeaux de diverses corporations médiévales. À l'ouest de l'église, vous ne manquerez pas de remarquer le passage des Colonnades (*șugălete*), ensemble de maisons, boutiques et ateliers de corporations médiévales (XVIe siècle) reliés par un passage sous arcades.
Dans les environs de la place, vous passerez devant de belles demeures colorées des XVe et XVIe siècles, comme la Casa Peterman, Casa lui Petru Rareș (du nom du prince valaque qui força les Saxons à se rendre après avoir assiégé la ville) ou encore la Casa Argintarului (Strada Dornei, 5). Cette dernière (maison de l'Argentier) se distingue par son style Renaissance et son portail sculpté.
De la place, vous pouvez aisément gagner à pied les autres points intéressants de la ville. En prenant Strada Liviu Rebreanu, aux maisons typiques, vous parviendrez à Piața Unirii. Au centre de la place, l'église orthodoxe, de 1280, présente un intérieur très coloré ; ses fragments de fresques murales datent du

Recette du canard farci à la Bistrița

Ingrédients pour 5 personnes : un canard de 1,5 kg, 330 g de viande de porc hachée, 2 œufs, 50 g d'oignons, 150 g de lardons fumés, 400 g de pommes de terre, sel, poivre, huile. Garniture : 800 g de chou rouge, 100 g de pommes, 300 g de champignons, 50 g de beurre, sel, poivre, 10 g sucre, huile.

Préparation. Vider et laver le canard et faire brûler les dernières plumes. L'essuyer avec un torchon. Éplucher et laver les pommes de terre, les couper en cubes et les faire cuire dans de l'huile. Mélanger la viande hachée avec les oignons coupés fin, les œufs, les pommes de terre cuites, les lardons, sel, poivre. Homogénéiser. Farcir le canard avec cette préparation, puis coudre.
Oindre le canard de graisse, mettre dans un plat à four avec un peu d'eau. Durant la cuisson, l'arroser de graisse. Quand le canard est cuit, enlever la farce et la mettre sur un plateau et poser le canard découpé dessus. Accompagner de champignons, pommes et chou, le tout sauté dans l'huile. Et servir avec le jus du canard.

La coureuse de Bistrița

Gabriela Szabó est née le 14 novembre 1975 à Bistrița. Elle a été la reine du demi-fond et du fond entre le milieu des années 1990 et les années 2000. Le palmarès de cette fine athlète aux cheveux « jaunes » est tout simplement phénoménal.
Jeux olympiques : médaille d'argent sur 1 500 m à Atlanta en 1996, médaille d'or sur 5 000 m et bronze sur 1 500 à Sydney en 2000.
Championnats du monde : médaille d'or sur 5 000 m en 1997 et 1999, médaille d'or sur 1 500 m en 2001.
Championnats du monde indoor : médaille d'or sur 3 000 m en 1995, 1997, 1999, médaille d'or sur 1 500 m en 1999, médaille d'argent sur 3 000 m en 2001.
Championnats d'Europe : médaille de bronze sur 3 000 m en 1994, médaille d'argent sur 5 000 m en 1998, médaille d'argent sur 1 500 m en 2002.
Championnats d'Europe indoor : médaille d'or sur 3 000 m en 1998 et 2000.
Elle fut enfin vainqueur du Grand Prix IAAF en 1999, soit la meilleure athlète de cette année, toutes disciplines confondues.
En 2004, elle a décidé de mettre un terme à sa carrière.

XIVe siècle. Plus loin, une synagogue puis le musée du *județ* (ouvert du mardi au dimanche de 10 à 17 heures) installé dans une ancienne caserne (petites collections ethnographiques, folkloriques, etc.).
Immédiatement au sud de **Piața Centrală**, en suivant Strada Gheorghe Șincai (en allant vers la gare), on arrive à l'église catholique du XVIIe siècle construite en style baroque.
À l'est de la place, en suivant Strada Albert Berger, on atteint l'agréable parc municipal et les restes des murs de l'ancienne cité du XIIIe siècle. Cette enceinte, reconstruite au cours de siècles suivants, a subi les attaques multiples des Turcs et des Tatars. Des 18 tours construites par les différentes guildes de métiers reste notamment la tour des Tonneliers, toute blanche. C'est l'élément le mieux conservé des remparts, gravement endommagés par des incendies au XIXe siècle. Le centre-ville n'est heureusement pas trop abîmé par les inévitables constructions de béton des années 1960-1980, comme le Centru Civic le long de Strada Gării.
Au sud de la ville, à Arcalia, près de Sieu-Măgheruș, on verra un joli parc où des arbres du monde entier sont regroupés autour d'un bâtiment un peu kitsch. Tout près, à Sărățel, se trouve une réserve géologique autour d'une montagne de sel.

■ **MUSÉE DE LIVEZILE**
Livezile ✆ +40 263 270 109
Commune de Livezile, sur la place principale.
Dans Casa Săsească (la Maison saxonne).
Toute la richesse de l'artisanat et du folklore local est exposée dans ce petit musée.

LES MONTS BÂRGĂU

Ces monts sont réputés pour leurs cônes volcaniques couverts de forêts et pour les gorges qui les traversent. Cette région sauvage possède une faune riche, dont la plus grande communauté d'ours d'Europe. La région est sillonnée de chemins de randonnée enchanteurs, qui partent notamment de Piatra Fântânele. Il est nécessaire d'avoir une bonne carte pour s'y aventurer. Pour traverser le massif, vous emprunterez les axes (en bus, en train) qui traversent ces jolis paysages si vous vous rendez en Moldavie (*via* Vatra Dornei) depuis Bistrița. Bistrița Bârgăului est un centre d'artisanat réputé. À Piatra Fântânele, complexe touristique au milieu d'un paysage de grande beauté, se trouve un curieux hôtel (Hotel Castel Dracula) censé reproduire la demeure du légendaire personnage. Pour ceux qui aiment le kitsch... Le point culminant des monts Bârgău est Heniul Mare (1 610 mètres).

Transports

Passant par la vallée de Bârgău, les bus locaux desservent les villages principaux (Bistrița Bârgăului ou Piatra Fântânele), d'autres bus desservent Vatra Dornei et la Moldavie. Trains également pour Bistrița Bârgăului.

Hébergement

La vallée de Bârgău est un lieu fort connu du tourisme rural. Vous trouverez des pensions et des chambres chez l'habitant à Bistrița Bârgăului, Piatra Fântânele, Prundu et Susenii Bârgăului entre autres. Contactez Antrec Bistrița (bistrita@antrec.ro) ou l'agence Coroana pour réserver à l'avance et prévoir le transport.

VILLAGES DE LA VALLÉE DE BÂRGĂU

Il s'agit d'Unirea, Livezile, Josenii Bârgăului, Prundu Bârgăului, Tiha Bârgăului. Ces villages sont situés à l'entrée des très spectaculaires gorges de Bârgău. Ils comptent tous de nombreuses maisons traditionnelles et sont réputés pour leur artisanat (céramiques noires et tapis). L'héritage saxon est encore fort : architecture des maisons, églises. On vit ici les traditions au quotidien, en portant des costumes typiques, en perpétuant des fêtes anciennes.

Transports

Bus, maxitaxis et trains à partir de Bistrița.

Manifestations

Les principaux festivals du coin sont d'autres bonnes occasions de découvrir le folklore. Celui de Prundu Bârgăului a lieu les derniers samedi et dimanche de mars. Celui de Tiha Bârgăului (festival Regele Brazilor – « le Roi des sapins ») s'accompagne de chants mortuaires et de processions.

RÉGION DE NĂSĂUD ET DE ȘANȚ

Au nord de Dej et de Bistrița, tout au nord de la Transylvanie, Năsăud est une ville de 12 000 habitants située au bord du Someș Mare. Elle est au cœur d'une région où les traditions restent très ancrées et le folklore vivant et visible.

Transports

Bus ou maxitaxis pour Bistrița ou Dej. Bus ou trains vers Beclean d'où l'on rattrape la ligne Brașov-Satu Mare.

Hébergement

Șanț est un joli village avec quelques pensions (Grapini, Nechița, Hojda, Moisil). Renseignements sur place ou à Antrec Bistrița (bistrita@antrec.ro). Sângeorz-Băi est une autre possibilité.

NĂSĂUD

Au nord de Dej et de Bistrița, tout au nord de la Transylvanie, Năsăud (9 000 habitants) est situé au bord du Someș Mare. Il est au cœur d'une région où les traditions restent très ancrées et le folklore vivant et visible. Năsăud ne possède pas de monuments architecturaux extraordinaires, mais l'ambiance y est agréable. De nombreux habitants vêtus de costumes traditionnels se retrouvent autour du marché. Le musée de la Ville (Bulevardul Grănicerilor, 25), situé dans la caserne Svarda du XVIIIe siècle, montre la richesse de ce folklore et sera pour vous une bonne introduction à la découverte des villages des alentours. Au nord de Năsăud, à Coșbuc, on peut visiter la maison du poète George Coșbuc (1866-1918), qui donna son nom à son village natal (musée ouvert du mardi au dimanche de 9 à 17 heures). À 5 kilomètres au sud de Năsăud, un autre village a vu naître une grande figure de la littérature roumaine : Liviu Rebreanu (qui a donné son nom au village), né en 1885 et mort en 1944.

■ **HÔTEL SOMEȘUL**
Sângeorz-Băi
Strada Trandafirilor, 15
✆ +40 263 370 774
Chambre double 35 €.
Un des deux grands immeubles-hôtels hideux (300 chambres) de cette station thermale. Vraiment si vous ne trouvez pas de place dans une pension de Șanț ou ailleurs.

■ **PENSION SPERANȚA ROZMARIN**
Sângeorz-Băi
Strada După Borcut ✆ +40 263 370 323
Chambre double à 20 € sans petit déjeuner.

■ **VILA BRADUL**
Sângeorz-Băi
Strada Izvoarelor, 89 A
✆ +40 263 370 441
Chambre double de 15 € à 20 € sans petit déjeuner.
Chambres d'un confort suffisant.

ȘANȚ

De Năsăud, empruntez la route 17D jusqu'à Șanț (3 000 habitants), en suivant la rivière Someșul Mare. Un petit train circule entre Ilva Mică et Rodna Veche.
On passe à Sângeorz-Băi, une petite station thermale où l'on trouvera un toit pour la nuit. À Rodna se trouvent les ruines d'une forteresse du Xe siècle. On arrive ensuite à Șanț.
Ce village, avec ses maisons d'architecture très particulière, vous enchantera si vous aimez le folklore de la région. Vous pourrez même vous attarder dans une de ses pensions. Au nord se trouve le lac Lala Mare, près du mont Ineu, l'un des plus beaux et des plus élevés du pays.

OUEST DE LA TRANSYLVANIE

De Turda à Deva, l'ouest de la Transylvanie, qui s'enroule autour des monts Apuseni, offre de jolis paysages de moyenne et haute montagne (Apuseni au nord et Retezat au sud), des collines à perte de vue (entre Turda et Alba Iulia) et des forêts. Les villes ne sont pas en reste. Alba Iulia et sa citadelle sont le symbole de l'union roumaine. Hunedoara possède l'un des plus beaux châteaux du pays. Et non loin s'étendent les ruines de l'ancienne capitale daco-romaine.

TURDA

Le centre de cette ville de 48 000 habitants, située entre Cluj et Alba Iulia, est assez charmant, prospère et coloré. Mais on vient surtout ici pour visiter les mines de sel et pour découvrir les gorges de Turda et leurs superbes paysages.

Transports

Train

La gare la plus proche est celle de Câmpia Turzii (8 kilomètres à l'est). Les deux villes sont reliées fréquemment par les bus n° 20 et 21, qui partent de la place centrale de Turda. À Câmpia Turzii, vous trouverez les trains de la ligne Bucarest-Oradea (qui dessert également Mediaș, Sighișoara, Brașov et Sinaia).

Bus

C'est le moyen le plus simple pour rejoindre Cluj ou Alba Iulia. Ils sont nombreux à partir vers Cluj et partent de la gare routière (Autogară Vest-Piața Romană, bus longues distances) ou près de l'église catholique. Sur Piața Republicii (la place centrale), vous pourrez prendre les bus de passage entre Cluj et Alba Iulia. Bus locaux également de la place vers Câmpeni Turzii et les villages des gorges de Turda (peu nombreux). Le bus 15 vous emmènera vers Băile Turda et ses mines de sel servant aux cures.

Pratique

CENTRE D'INFORMATION TOURISTIQUE
Piața 1 Decembrie 1918
✆ +40 264 314 611
turda.cit@gmail.com
Ouvert du lundi au vendredi de 9h à 17h et le samedi de 9h à 14h.
Sur la place principale de la ville, ce bureau bien utile pourra vous apporter des conseils touristiques sur la ville et vous aider pour réserver un hôtel. Accueil sympathique. Vous trouverez en vente des cartes, des plans, des documents touristiques et même des produits traditionnels.

Les monts Apuseni (plateau de Padiș et vallée de l'Arieș)

Avant de partir en Roumanie, vous avez peut-être parcouru quelques ouvrages de photos, quelques guides. Nombre de livres traitant de ce beau pays montrent en couverture de superbes images de bergeries ou de maisons coiffées de hauts toits de chaume, accrochées sur des pentes d'herbe bien verte. C'est effectivement le paysage typique de cette superbe forteresse rocheuse que sont les Apuseni. Les monts Apuseni se trouvent dans le creux de l'arc carpatique qui, dessiné sur une carte, semble vouloir les manger. Ils s'étalent sur quatre départements en une zone de montagnes extraordinairement belles et variées. Les Apuseni raviront les amateurs de randonnées, les amoureux de la nature, les apprentis spéléologues (nombreuses grottes spectaculaires). Ils combleront aussi les fervents de la vie à la campagne (roumaine), ceux qui aiment partir à la découverte de villages préservés, de communautés au riche folklore. S'étendant au sein du massif, le parc naturel des Apuseni est un vaste espace de 75 784 hectares couvrant le centre-est des montagnes, à l'ouest des Carpates. Cette zone se caractérise par un relief karstique complexe qui a engendré de superbes grottes et gouffres, parmi les plus beaux d'Europe, mais aussi par ses très pittoresques paysages de montagne habitée (www.parcapuseni.ro).

■ **FONDATION POTAISSA**
Piața 1 Decembrie 1918, 6 A
✆ +40 264 316 385
www.turdaturism.ro
potaissa@ngo.ro
Une ONG très active dans le domaine de la valorisation du patrimoine et du tourisme durable. Son site Internet en anglais permet d'avoir des informations très complètes sur Turda et les alentours.

■ **POSTE**
Strada Republicii, 31

Se loger

■ **HÔTEL CASTELUL PRINȚUL VÂNĂTOR**
Strada Șterca Șuluțiu, 6
✆ +40 264 316 850
www.huntercastle.ro
contact@huntercastle.ro
Chambres à 52 € la double.
Un complexe hôtelier 4 étoiles aux allures de château de Dracula. Dans les chambres comme dans le restaurant, vous verrez des trophées de chasse, des armures et du mobilier en bois sculpté qui recréent une ambiance médiévale légèrement kitsch.

■ **HÔTEL POTAISSA**
Strada Republicii, 6
✆ +40 264 311 691
Chambres doubles de 22 à 40 €. Pas de simples ni de triples.
Le plus central des hôtels de la ville. 28 chambres fonctionnelles mais sans charme particulier.

■ **PENSION EDY**
Strada Roșiori, 14
✆ +40 364 113 604
Chambre double à 20 €.
Une petite pension de 4 chambres située à moins d'un kilomètre de la saline de Turda. Confortable et intime. Les intéressés pourront profiter du jardin et du barbecue.

À voir – À faire

Piața Republicii, la place centrale tout en longueur, est très colorée avec ses maisons austro-hongroises. La plupart des édifices intéressants se trouvent autour. De la place, on accède, par un porche (sous l'enseigne « Alb »), au marché (dynamique).

▶ Une curiosité non loin de Turda, si vous êtes en route vers Târgu Mureș : à l'entrée de Câmpia Turzii, vous remarquerez deux gigantesques palais roms aux toits métalliques brillants, plantés de stalagtites d'aluminium.

■ **ÉGLISE CATHOLIQUE**
En haut de Piața Republicii.
Cette église sans clocher fut construite en 1504 en style gothique. L'intérieur fut par la suite remanié en style baroque. En 1568, on y a signé l'édit de Turda, qui accordait la même liberté de culte à toutes les confessions chrétiennes du pays.

■ **ÉGLISE RÉFORMÉE**
En bas de Piața Republicii.
Bâtie au XVe siècle, elle est de style gothique et son clocher (avec horloge, ce qui n'est pas si courant en Roumanie) atteint 60 mètres. Elle était jadis protégée par des fortifications dont il ne reste à présent que quelques fragments. Une partie des pierres utilisées pour la construction de l'église provenait d'une cité romaine datant de 168 apr. J.-C.

■ **GORGES DE TURDA (CHEILE TURZII)**
À 8 kilomètres de Turda, ces gorges offrent un spectacle étonnant. La rivière Hășdate a découpé un impressionnant corridor de plus de 3 kilomètres qui a donné lieu à des falaises de près de 350 mètres de hauteur. On y dénombre une soixantaine de grottes. La région bénéficie d'un microclimat qui y favorise une richesse naturelle éblouissante. On y recense plus de 110 espèces d'oiseaux et plus de 1 000 espèces de plantes différentes, dont certaines particulièrement rares (ail sauvage, casque de Jupiter…), dans une réserve de 125 hectares.

Bien se repérer dans le massif des Apuseni

Ici, nous traiterons les parties orientale et centrale du massif des Apuseni, soit la partie facilement accessible à partir de Turda et d'Alba Iulia. Le tourisme rural (pensions) y est bien développé. Les environs de Beliș sont décrits dans le chapitre « Les environs de Cluj », ville qui est la porte d'entrée de cette partie du massif. Les parties nord (vallée du Crișul Repede) et occidentale (Beiuș, Stâna de Vale, grotte de Meziad) des Apuseni sont traitées dans la partie « Banat-Crișana » (dont cette zone dépend administrativement) car c'est en général depuis ces régions que les visiteurs abordent cette zone des Apuseni.

Le principal point d'accès aux gorges est le village de Mihai Viteazu (une heure de marche ou bus locaux de Turda). En voiture, passez le village et, un peu plus loin, sur la route en direction de Câmpeni, suivez les indications. Les gorges peuvent être facilement parcourues en une heure à peine. Mais si vous désirez explorer les environs plus à fond, vous pouvez vous rendre à la Cabana Cheile Turzii, où une carte est affichée détaillant les différents chemins tracés, où on pourra vous en fournir une également. Le parcours des gorges s'arrête à Petreștii de Jos, où des bus redescendent vers Turda (occasionnellement du moins).

MINES DE SEL (SALINA)

Au nord de la ville, on y arrive par la rue Frăgăriște et la D 161B
Aleea Durgăului, 7 © +40 364 260 940
www.salinaturda.eu – office@salinaturda.eu
Ouvert de 9h à 17h. Accès par le bus 17 depuis la place centrale. Entrée 4,50 €.

La mine de sel a été modernisée en 2009 et offre des conditions excellentes pour les visites et pour les traitements. L'extraction du sel a cessé en 1932 et aujourd'hui on peut visiter les galeries et les chambres où l'on exploitait le sel après 1690. Nous vous conseillons de visiter la galerie de transport François-Joseph, les mines Joseph (la salle des Échos), Thérèse, Gisèle et Rudolf. Les mines Rudolf et Thérèse sont les plus grandes cavités souterraines artificielles d'Europe et sont impressionnates et presque surréalistes par leurs dimensions. Côté traitements, on y fait des cures de halothérapie (*halos*, sel en grec), connues depuis l'Antiquité comme remèdes naturels, très efficaces et sans effets secondaires. Une séance dans une mine de sel aide à se rétablir, à se revitaliser et à augmenter l'immunité de l'organisme. On y vient pour des séances de 30 à 60 minutes et on a de quoi faire : un terrain de sport, un minigolf, deux pistes de bowling, des tables de billard et de ping-pong, un espace de jeux pour enfants, des barques pour se balader sur le lac souterrain sont à votre disposition. En été, deux lacs naturels aménagés, avec une eau à forte concentration de sel et aux vertus curatives, sont ouverts au public. Sachez enfin qu'au XVIe siècle, la ville de Turda était l'une des plus prospères de la principauté de Transylvanie grâce au commerce de cette denrée si précieuse au Moyen Âge. Il semble même que l'exploitation du sel à Turda précède la conquête romaine.

MUSÉE D'HISTOIRE

Bulevardul Bogdan Petriceicu Hasdeu, 2
À côté de l'église réformée
Il se trouve dans l'ancien palais princier du XVe siècle, de style gothique. Celui-ci détient de nombreux objets archéologiques trouvés dans la région.

THÉÂTRE MUNICIPAL

Un des plus beaux monuments de la ville construit entre 1901 et 1904. Les premières représentations ont commencé en 1948. Le bâtiment abrite aussi la bibliothèque municipale.

VALLÉE DE L'ARIEȘ ET PAYS DES MOȚI

Cette vallée se trouve dans la partie orientale des Apuseni. Dans le pays des Moți (*Țara Moților*), vous attendent les plus beaux paysages de Roumanie. Collines, vallons, couverts de fleurs ou d'herbes claires, sont encadrés de forêts sombres mais attirantes : çà et là, le paysage est parsemé de fermes et de villages minuscules où l'on vit de l'élevage ou de l'extraction de l'or. La région est reculée mais, paradoxalement, pour le voyageur de passage, ces conditions de vie difficiles ne sont pas sans charme : tradition d'hospitalité, maisons pittoresques, cuisine solide et rustique, traditions bien préservées (fêtes, costumes…). Les Moți, qui sont traditionnellement très attachés à leurs particularismes, entendent profiter du tourisme pour améliorer leur niveau de vie, mais sans se perdre ni se vendre. C'est un tourisme maîtrisé qu'on vous invite à vivre. Les nuits passées dans les nombreuses pensions de la région, les repas et les échanges chaleureux seront sans aucun doute parmi vos meilleurs souvenirs.

Hébergement

Le pays des Moţi est très développé en ce qui concerne le tourisme rural. Vous y trouverez de nombreuses pensions, dont beaucoup sont de jolies maisons en bois. Elles sont concentrées dans la vallée de l'Arieş, mais vous en trouverez également à Lupşa et dans les alentours de Câmpeni et Bucium.

RIMETEA

Accès possible en bus par Turda à une trentaine de kilomètres. Si vous êtes motorisé, vous pourrez prendre le temps de vous arrêter devant des paysages somptueux même si la route se dégrade lors des derniers kilomètres. Rimetea (1 100 habitants) est un des plus beaux villages du massif, son panorama est spectaculaire, niché aux confins des montagnes marquées de pics rocheux. Les habitants hongrois y vivent dans de superbes maisons blanches typiques de la région, dont certaines ont bénéficié d'un programme de rénovation mené par Transylvania Trust.

Le village s'anime un peu plus le premier dimanche de mars, une occasion de voir les gens déambuler vêtus de leurs costumes traditionnels. Tous les autres jours, sauf le lundi, on pourra admirer quelques modèles de ces tenues colorées dans un petit musée. Si vous désirez vous attarder dans la région pour randonner, par exemple, ce village est idéal. Vous trouverez une dizaine de pensions affiliées Antrec.

À la proximité de Rimetea, vous pourrez visiter les mines de fer ainsi que le musée du Village et les ruines de la forteresse de Colţeşti, vieilles de plus de sept cent cinquante ans.

Se loger

■ **PENSION DEAK ZSUZSA**

Comptez 23 €/personne en demi-pension.

Au n° 285 juste en face de l'église, une superbe maison avec un grand portail de bois. L'accueil est bien sympathique. S'il n'y a plus de place, cette famille pourra se charger de vous trouver d'autres possibilités de logement dans le village.

■ **PENSION PANORAMA VENDEGHOZ**

✆ +40 266 219 456

galtibor@gmail.com

Comptez 20 € par personne en demi-pension.

À la sortie du village, si vous venez de Turda, un panneau indique cette adresse fort agréable qui, comme son nom l'indique, offre une vue à couper le souffle. Les pièces intérieures sont propres, confortables et bien décorées.

■ **PENSION TOROCKO**

✆ +40 266 219 456

galtibor@gmail.com

Environ 19 €/personne en demi-pension.

À 2 kilomètres de Rimetea, une vingtaine de chambres décorées traditionnellement.

Dans les environs

On peut revenir à Buru, un peu avant Rimetea, pour reprendre la route de Câmpeni. À Buru, on continue à célébrer la fête de Babaluda (un ancien rite de fertilité au cours duquel les jeunes filles sont jetées à la rivière), tous les 23 avril, jour de la Saint-Georges. En reprenant la route de Câmpeni, on passe par plusieurs villages intéressants. Descente vers le monastère de Râmeţ (voir « Dans les environs d'Alba Iulia »), en passant par la grotte de Huda lui Papară. Remontée des gorges de Runc (à partir d'Ocoliş).

CÂMPENI

Ville la plus importante de l'est des Apuseni (7 000 habitants), la « capitale » du pays des Moţi est située à 600 mètres d'altitude. Son intérêt est limité, mais sa situation au centre des monts Apuseni en fait un passage obligé pour qui désire découvrir les innombrables trésors de la région. On y trouvera quelques hôtels, restaurants, la poste, des téléphones.

Transports

Les bus partent de (et arrivent à) la gare routière près du marché. Bus pour Cluj (4 par jour), Alba Iulia (7 par jour), Turda, Deva, Timişoara et Oradea (2 par jour), Sebeş (1 par jour). Bus locaux pour Abrud (10 par jour), Arieşeni (4 par jour), Brad (4 par jour). Ils s'arrêtent dans les villages de ces différents itinéraires.

À voir – À faire

Si vous êtes dans la région le dernier dimanche avant le 20 juillet, ne manquez pas la Foire aux filles, qui a lieu sur le mont Găina sur les hauteurs du village Avram Iancu. À l'ouest de Câmpeni sur la route 75, vous découvrirez une très belle route parsemée de sites d'intérêt géologique et culturel. Très bien mis en valeur par des panneaux d'information en français, on retiendra :

■ **CASCADE PIŞOAIA**

Située à 500 mètres de la route principale, une chute d'eau de plus de 25 mètres qui domine la vallée. Un lieu rafraîchissant idéal pour pique-niquer lors des grosses chaleurs.

■ COLLINE AUX ESCARGOTS (DEALUL CU MELCI)

Un pan de montagne qui rassemble plus de 35 espèces de mollusques fossilisés.

■ VILLAGE DU HÉROS ROUMAIN AVRAM IANCU

À voir, sa maison natale classée monument historique.

ABRUD

À 12 kilomètres au sud de Câmpeni. Bus nombreux vers Câmpeni. Bus vers Cluj, Alba Iulia, Brad et Deva. Cette ville de 5 000 habitants située à 640 mètres d'altitude fut un important centre aurifère à l'époque romaine. Grâce à cette manne, la ville, ancienne capitale moţi, compte quelques jolies maisons baroques et d'autres, plus pittoresques, en bois.
Abrud est bien plus joli que Câmpeni, mais moins central et donc moins pratique. C'est toutefois un bon point de départ vers deux sites touristiques, Bucium et Roşia Montană. D'Abrud, on peut aisément redescendre vers Alba Iulia.

BUCIUM

D'accès facile sur une route goudronnée depuis 2007, les villages situés au sud-est d'Abrud sont très jolis. On a l'impression que le temps s'y est arrêté. Ici, les villageois sont réputés pour leur hospitalité et leur attachement aux traditions. Vous vous en rendrez vite compte. C'est le paradis des randonneurs et des amoureux de la nature ; les paysages sont enchanteurs.
N'hésitez pas à faire appel à un guide pour découvrir deux superbes pics basaltiques appelés Detunatele. L'un, Detunata Goală (*goală* signifie « nue » ou « chauve »), est haut de 1 169 mètres ; l'autre, Detunata Flocoasă (*flocoasă* signifie « poilue ») atteint 1 265 mètres.
À vous de voir lequel correspond le mieux à l'adjectif qui le qualifie. Tous deux sont au centre d'une réserve géologique, à laquelle on accède de Bucium (1 500 habitants) par un chemin tracé. On peut aussi y accéder depuis Roşia Montană ou même faire tout le chemin de Bucium jusqu'au village aurifère.

ALBAC

À l'ouest de Câmpeni, aux sources de l'Arieş, ce village (2 000 habitants) dédié au tourisme rural est un excellent arrêt pour profiter des nombreux sites naturels de la région. À travers des paysages d'exception, vous pourrez profiter des innombrables randonnées, grottes (dont certaines glaciaires) et autres canyons qui parsèment la région. Ce site est également reconnu pour son artisanat.

■ APUSENI ADVENTURE

Strada Horea, 19
✆ +40 740 625 490
www.apuseni-spirit.ro
Juste à côté de l'épicerie, au centre du village, Maria Vârciu pourra vous renseigner dans un excellent français. Elle vous mettra en lien avec son fils Cristi qui est responsable de l'agence. Spécialiste local des activités de plein air, le choix est vaste et divertissant. On vous proposera également des possibilités d'hébergement.

■ CASA AURORA

✆ +40 258 777 057
Demi-pension à 23 €, repas inoubliables.
À l'entrée du village en venant de Câmpeni, cette charmante maison où l'on parle très bien le français pourra vous héberger chaleureusement. Si elle est complète, pas de problème, ses hôtes pourront vous aider à trouver un lit dans le village. La famille Morar pourra également vous proposer des possibilités de randonnées.

■ PENSION ALBACEANĂ

Strada Horea
✆ +40 751 284 458
www.albaceana.ro
pensiunea_albaceana@yahoo.com
7 € par personne et par nuit. 4 € le petit déjeuner.
Affiliée au réseau vert, cette pension possède trois chambres bien tenues au-dessus d'un bar parfois bruyant et enfumé. Option la moins chère d'Albac.

■ PENSION GEORGIANA

Strada Cloşca, 33
✆ +40 258 777 052
À côté de la pension Aurora, comptez ici 15 € la chambre double, sans petit déjeuner.
Cet hébergement plutôt spacieux mais vieillissant reste une option bon marché.

GÂRDA DE SUS

À 20 kilomètres à l'ouest de Câmpeni, ce village de 1 600 habitants, qui s'organise autour d'une jolie église de 1792, est, lui aussi, très pittoresque et préservé.

De là, on peut rejoindre d'adorables hameaux isolés, comme Biharia, Scoarța, Pătrăhăiţeşti, Hodobana, tous situés entre Gârda et Arieşeni. En éte, les balades dans cette région sont un vrai bonheur. Gârda est connu pour être le point d'accès principal à la grotte de Scărişoara (Peştera Gheţarul, ouverte de 9 à 16 heures tous les jours), située à 1 105 mètres d'altitude au cœur d'un complexe karstique exceptionnel (800 cavités naturelles !). Cette grotte, qui comporte un énorme bloc de glace situé dans un aven de 48 mètres, est une des seules de ce type en Europe et fut explorée au XIXe siècle : galeries, salles de plus de 20 mètres de hauteur, magnifiques sculptures naturelles sur glace qui changent au gré des saisons. On y accède depuis le refuge du même nom (Cabana Scărişoara), d'où il est possible de rejoindre également le superbe refuge Padiş (*voir plus loin*). La visite (en elle-même difficile) de la grotte est possible (horaires d'ouverture fluctuants, droit d'entrée modique).

■ CABANE CASA PĂDURARULUI
Scărişoara
✆ +40 740 625 490
Environ 17,50 € la double.
Cette cabane gérée par l'agence Apuseni Esperience propose une dizaine de chambres. Le décor en bois et en tissus traditionnels est très réussi. La cuisine est à votre disposition, mais vous pouvez aussi demander que l'on vous prépare un délicieux plat transylvain.

■ OPÉRATION VILLAGES ROUMAINS (OVR)
✆ +40 258 778 065
✆ +40 744 700 871
En été seulement.
On peut s'adresser au bureau d'OVR pour trouver où loger. On vous donnera ici très aimablement et avec beaucoup d'empressement des infos sur les chambres chez l'habitant dans les alentours.

■ PENSION ET CAMPING MAMA UȚA
✆ +40 258 778 008
www.mamauta.ro
calinturism@yahoo.com
À la sortie du village en venant d'Albac. Environ 15 € la chambre double.
Bon marché, c'est un lieu agréable et populaire pour planter sa tente, trouver un lit ou se restaurer.

ARIEŞENI

À l'ouest de Gârda de Sus, en redescendant vers Ştei, Arieşeni (1 800 habitants) est une station de montagne qui s'est considérablement développée. Les pensions ont fleuri de façon plus ou moins anarchique. Il faudra se rendre au cœur du village autour de son église en bois pour réellement profiter de son caractère plus authentique en privilégiant le réseau de logement chez l'habitant.

Non loin, ne manquez pas non plus le charmant village dispersé de Cobleş. La région alentour est une succession de gorges et de grottes.

Se loger

Au centre du village, au bureau d'Opération villages roumains (OVR), demandez Marta qui est professeure de français (+40 258 779 010). Elle vous trouvera des possibilités de logement chez l'habitant.

À voir – À faire

PADIŞ

Un site extraordinaire, un lieu de randonnées au milieu de fabuleuses formations karstiques, grottes et rivières souterraines, portails, galeries, chutes d'eau, etc. Il est accessible depuis Stâna de Vale (environ 5 à 6 heures de marche ; *voir « Banat-Crişana »*), Chişcău (*idem*) ou, plus simplement, par la route qui va de Pietroasa à Rachiţele puis Huedin, empruntée par quelques bus en semaine. De Poiana Horea, on peut atteindre Cabana Padiş à pied.

▶ **Numéro d'urgence en cas de problème en montagne :** Salvamont, (0725) 826 668.

Se loger

■ IC PONOR-PADIŞ
✆ +40 264 351 414 / +40 720 735 092
www.apusenipadis.ro
tabereapusenipadis@yahoo.com
À 2 heures de marche du chalet Padiş, sur la route de Răchiţele. Compter de 15 € à 22 € la chambre double (selon le confort) sans petit déjeuner.
Une bonne option, où vous trouverez des chambres d'un confort suffisant, dans un village de vacances et dans un motel.

La foire aux jeunes filles et la poule aux œufs d'or

Cette foire a lieu tous les ans, le dernier dimanche avant le 20 juillet. Elle se tient sur le mont Găina (à quelques kilomètres d'Avram Iancu) et s'accompagne du plus grand festival de la région, le pays des Moți. Autrefois, les bergers venaient à la foire pour y choisir leur épouse. Les candidates au mariage y affluaient en compagnie de leurs parents et de la dot, constituée de tous les produits de l'artisanat local, tissus, instruments en bois, céramiques, fourrures... Aujourd'hui, si la foire a gardé son nom, il n'est plus question d'y venir choisir sa femme (du moins pas de la même manière). Mais les gens continuent à s'y retrouver, danser, boire et manger, dans un environnement superbe qui, de plus, accueille le plus animé des festivals du pays. La tradition d'arriver un jour avant la fête proprement dite a été conservée et, le samedi soir, à Avram Iancu, les festivités commencent déjà. Quant à l'origine du nom du mont Găina (la Poule), où se déroule l'événement, elle nous est contée par une amusante légende. Une fée, qui vivait autrefois au sommet du mont, possédait une poule qui pondait des œufs d'or. Chaque année, la fée offrait un de ces œufs à une jeune fille trop pauvre pour avoir une dot et trouver un mari. Un jour, cinq hommes venus de Vidra et déguisés en femmes ont trompé la fée et lui ont volé la poule et un panier plein d'œufs en or. Dans leur fuite, le panier est tombé et les œufs ont roulé jusqu'à la rivière Arieș (jadis connue comme aurifère). À la suite de quoi, les voleurs cachèrent la poule dans les monts d'Abrud (eux aussi connus pour leurs gisements d'or). Quant à la fée, fâchée, elle quitta le pays. Depuis, tous les troisièmes dimanches de juillet, les gens montent encore sur le mont Găina dans l'espoir d'y découvrir des œufs cachés.

À voir – À faire

■ CABANA PADIȘ
Le centre touristique du plateau est Cabana Padiș
✆ +40 788 561 223
C'est le départ de nombreux chemins, le lieu où récolter des infos, se restaurer et même... danser. En effet, il y a ici une discothèque pour les groupes et les jeunes qui affluent en été. Chambres et lits sont simples et basiques, mais très bon marché.

■ GORGES DE LA GALBENA (CHEILE GALBENEI)
Un spectacle époustoufflant, sur près de 8 kilomètres. Gorges encaissées, sites secrets, clairières oubliées, cascades innombrables...

■ RÉSERVE DES GROTTES DE PONOR (CETĂȚILE PONORULUI)
Située dans les montagnes du Bihor, à une heure de marche du chalet Padiș, la réserve constitue, avec la vallée de la Galbena, un site naturel d'une fantastique diversité : chutes d'eau, grottes et rivière souterraine qui traverse un tunnel long de 4 kilomètres. On peut les parcourir grâce à un chemin bien marqué depuis Padiș, en trois heures environ. C'est le chemin le plus populaire. On peut aussi rejoindre la grotte Cetatea Rădesei ou encore la grotte du Feu (Peștera Focul Viu). Cette dernière, située à une altitude de 1 120 mètres, abrite, malgré son nom de « feu vivant », un énorme glacier que l'on aperçoit par des ouvertures. On l'atteint en deux heures de marche environ à partir du chalet Padiș. Depuis Padiș, on peut aussi rejoindre Pietroasa ou Stâna de Vale, en passant par de belles forêts. Cette dernière station est un important centre touristique (*voir « Banat-Crișana »*) et le point de départ des randonnées vers les sites de la vallée de Beiuș.

■ SĂRITOAREA BOHODEIULUI
Sur la route en direction de Deva, près de Pietroasa, cette chute d'eau d'une hauteur de 80 mètres fait partie d'une réserve géologique (précipices, cascades, trous d'eau...), forestière et florale, rafraîchissante en été. Attention, l'accès est peu aisé.

AIUD

Cette petite cité de 22 900 habitants possède, dans son centre, une ancienne forteresse des XIVe et XVIe siècles assez bien conservée, avec son mur d'enceinte encore fermé et ses huit tours. Ces remparts entourent deux églises : l'une, en pierre (XVe et XVIe siècles), plutôt massive, est une église calviniste ; l'autre, plus récente (XIXe siècle), est luthérienne.
Toujours au cœur de la forteresse se trouve un petit musée d'Histoire (ouvert du mardi au dimanche) qui vous en apprendra plus sur les lieux.

Transports

Les bus et maxitaxis reliant Alba Iulia à Cluj (ou Turda) passent tous par ici. *Idem* pour les trains qui quittent Alba Iulia vers le nord.

Se loger

■ CASA HELVETICĂ

Strada Gheorghe Doja, 53
✆ +40 258 860 867
Chambres doubles (deux lits séparés) à 13 €. Une pension d'une vingtaine de chambres au confort sommaire, mais l'ambiance petit chalet est agréable. Les sanitaires sont en dehors des chambres.

■ PENSION MELINDA

Strada Ion Creangă, 137
✆ +40 258 864 676
www.pensiunea-melinda.ro
melinda_ioo@yahoo.com
Dans une petite villa, 7 chambres coquettes et chaleureuses à 15 € sans petit déjeuner.

À voir – À faire

Sur la route de Cluj, vous apercevrez le joli monastère Sfântul Dimitrie, tout blanc au milieu des collines vertes.

▸ Monastère de Râmeţ

Non loin d'Aiud et de Teiuş, dans la jolie vallée de Geoagiu, le monastère de Râmeţ, construit au XIVe siècle et entouré des montagnes de Trascău, mérite un petit détour (autant pour le paysage que pour l'édifice lui-même). Il tient son nom de la source d'eau potable qui jaillit sous l'autel et qui est appelée « source de la guérison ». Guérison ou pas, les très précieuses fresques intérieures du monastère ont dû être restaurées dans les années 1980 et l'église a dû être haussée de 2 mètres pour les protéger.

▸ Gorges de Râmeţ (Cheile Râmeţului)

Les impressionnantes gorges sont par endroits particulièrement étroites. Les alentours sont calmes, fleuris, et les petites grottes nombreuses. Pour admirer ces paysages, rendez-vous au refuge de Râmeţ (Cabana Râmeţ). Vous pouvez rejoindre Câmpeni en continuant par de petites routes.

▸ Ocna Mureş

Au nord d'Aiud, ce village qui s'étend le long de la rivière Mureş est une station thermale (lacs salés) réputée.

▸ Teiuş

Rien d'extraordinaire ici, sinon que la ville est un nœud ferroviaire important où vous devrez peut-être changer de train : trains de la ligne Bucarest-Oradea et trains des lignes vers Alba Iulia, Sibiu ou le Banat. Si vous avez du temps, rien ne vous empêche de découvrir le petit centre de la cité, qui s'apparente plus à un village qu'à une ville. Quelques églises, quelques maisons colorées.

▸ Întregalde

Situé sur la route allant de Teiuş à Zlatna, Întregalde est un bel exemple de village de montagne avec de jolis églises en bois (XVIIIe siècle). Les alentours, les bords de la Galda et ses gorges, sont superbes. Au printemps, les narcisses y poussent en grand nombre et même les edelweiss y sont présents, malgré la faible altitude. À partir d'Întregalde, vous pouvez rejoindre Abrud et Câmpeni.

ALBA IULIA

On s'arrête à Alba Iulia pour sa superbe citadelle plantée au centre de la ville, isolée par ses enceintes défensives de style Vauban. La ville autour (63 500 habitants) est plutôt moderne mais agréable avec ses larges avenues. Tout au long de son histoire, Alba Iulia a symbolisé l'union de tous les Roumains et la ville a une place à part dans les manuels scolaires et dans l'inconscient collectif. La région qui l'entoure est riche en sites culturels, en vignobles de renom, et les monts Cindrel (au sud) et Apuseni (au nord) ne sont pas bien loin.

Histoire

La cité existait déjà il y a deux mille ans. Après la conquête de la Dacie par les Romains en 106, a été construite sur son emplacement la grande cité daco-romaine appelée Apulum. Entre 1451 et 1690, la ville d'Alba devint la capitale de la principauté autonome de Transylvanie. En 1600, Michel le Brave, déjà prince de Valachie et de Moldavie, s'y proclama aussi prince de Transylvanie. Au XVIIIe siècle, la ville se dota d'une citadelle sur le modèle de celles conçues par Vauban. En 1784 eut lieu la révolte paysanne menée par Horea, Cloşca et Crişan (exécutés au sud de la citadelle, monument sur le boulevard Încoronării), suivie d'une répression particulièrement sanglante de la part des autorités austro-hongroises. Le 1er décembre 1918, Alba Iulia fut le théâtre d'une grande assemblée nationale, lors de laquelle plus de 100 000 citoyens et un millier de députés officiels décidèrent le rattachement de la Transylvanie à la Roumanie. Alba Iulia devint ainsi définitivement le symbole de la Roumanie unifiée. Peu après, le 15 octobre 1922, dans la cathédrale eut lieu le couronnement du roi Ferdinand et de la reine Marie comme souverains de la Grande Roumanie, consacrant plus encore l'unité politique du pays.

Alba Iulia

Calea Motilor
Calea Motilor
Str. Gemina
Str. I. Micu Clain
Boulevardul Horea
Str. Aurel Vlaicu
Str. Doinei
Bucovinei
Marché
Str. Zorilor
Str. Ardealului
Str. F. Mistral
Str. I. C. Brătianu
Str. Dr. Velican
Str. Rubin Patitia
Batthyaneum
Collège Académique
Str. Unirii
Str. Nicolae Iorga
Str. Mihai Viteazul
Str. Mihai Viteazul
Str. Barasab iei
Str. Lucian Blaga
Str. Traian
Boulevardul Ferdinand I
Cathédrale
Palais Episcopal
Palais Princier
Théâtre de Verdure
Cetatea Alba Carolina
Boulevardul 1 decembrie 1918
Str. Octavian Goga
Str. Munteniei
Str. Crisan
Eglise St-Treime
Str. Miron Costin
Pop de Basesti
Str. Apulum
Str. Cetății
Str. Stefan Cicio Pop
Boulevardul Încoronării
Str. Cantemir
Str. Dealul Furcilor
Str. Iznorului
Bulevardul Iuliu Hossu
Cimetière
Boulevardul Încoronării
Str. Tache Ionescu
Str. Iasilor
Str. Villor
Edifice religieux
Curiosité
Théâtre
Marché
0
300 m

Transports

Bien desservies par des minibus qui les relient au centre, les petites gares ferroviaire et routière se trouvent côte à côte au sud-est de la citadelle. Proches d'une immense usine bleu et jaune, elles sont facilement repérables. Le boulevard Ferdinand et la jolie Strada Iașilor passent tout près. Les bus 3 et 4 vous emmènent vers la citadelle et la ville nouvelle.

Train

Trains pour Cluj (avec ou sans changement à Teiuș), pour Vințu de Jos (connexion avec Sibiu). Trains pour Deva (8 par jour, 1 heure 30 au maximum de trajet), Hunedoara (1 par jour, 2 heures de trajet), Arad (5 par jour, 3 heures 30 de trajet), Timișoara (4 par jour, 4 heures 45 de trajet), Sibiu (4 par jour, 2 à 2 heures 20 de trajet), Sighișoara (3 par jour, 1 heure 40 de trajet), Brașov (3 par jour, 3 heures 30 de trajet), Târgu Mureș (3 par jour, 1 heure 40 à 2 heures 50 de trajet).

Bus et maxitaxis

Grandes lignes : Bucarest, Cluj (10 par jour), Deva (2 par jour), Oradea (2 par jour), Sibiu (4 par jour), Târgu Jiu (2 par jour), Timișoara (4 par jour), Târgu Mureș (2 par jour).
Locaux : Teiuș, Aiud (3 par jour), Blaj (6 par jour), Sebeș (30 par jour). Vers les Apuseni : Abrud et Câmpeni (7 par jour).

■ **AGENCE CFR**
Strada Moților, 1 ✆ +40 258 813 689

Pratique

■ **ALBENA TOURS**
Strada Frédéric Mistral, 2
✆ +40 258 812 140 – www.albenatours.ro
office@albenatours.ro
Peut réserver des billets pour les bus longues distances mais pas de possibilités d'excursions.

■ **ANTREC – DÉPARTEMENT D'ALBA**
✆ +40 358 103 645 / +40 722 683 340
www.antrec.ro – alba@antrec.ro

■ **BUREAU D'INFORMATIONS TOURISTIQUES**
Strada Mihai Viteazul, 15
✆ +40 741 090 672
On pourra vous fournir de bons renseignements, des cartes de la ville. Vous pouvez aussi les solliciter pour des visites guidées des objectifs touristiques des environs.

■ **POSTE**
Bulevardul Transilvaniei
Piața Iulia Maniu, 11 (au centre-ville)

Se loger

Bien et pas cher

■ **HÔTEL CETATE**
Strada Unirii, 3
✆ +40 258 811 780 / +40 258 815 833
http://alba.imparatulromanilor.ro
alba@imparatulromanilor.ro
Chambre double 39 €.
Une tour de béton toute proche de l'entrée principale. 100 chambres bien équipées mais des prix en hausse pour des prestations qui ne sont pas à la hauteur de l'hôtel précédent. Si vous êtes amené à y séjourner, demandez une chambre en hauteur avec vue sur la citadelle.

■ **HÔTEL TARA**
Situé à la sortie de la ville, vers Cluj
Strada Clujului, 25 ✆ 0258 81400
www.vilaelisabeta.ro/tara
vilaelisabeta@yahoo.com
Chambre double de 20 à 25 € selon standard 1 ou 2 étoiles, avec petit déjeuner.
Cet hôtel 2 étoiles propose une quarantaine de chambres d'un confort suffisant. On y trouvera aussi un restaurant.

■ **PENSION FLAMINGO**
Strada Mihai Viteazul, 6
✆ +40 258 816 354
Chambre double à 30 € avec salle de bains individuelle. Juste à l'entrée est de la citadelle. Bar, resto et salle de jeux.
Cette grande maison particulière aux couleurs vives ressemble à un pavillon de Saint-Jean-de-Monts. Les 6 chambres sont propres et plutôt agréables sans être exceptionnelles. Une option bon marché de la ville.

Confort ou charme

■ **HOTEL PARC**
Strada Primăverii, 4 ✆ +40 258 811 723
www.hotelparc.ro
Chambres doubles à 60 € pour un confort 2 étoiles et à 80 € pour un confort 4 étoiles. Petit déjeuner inclus.
Des chambres parfaitement rénovées dans le nouveau centre-ville, près des banques et des commerces et non loin de l'entrée est de la citadelle. Demandez une chambre avec vue sur le parc qui est fort agréable.

■ **VILA PRECIOSA**
10 Strada Lucian Blaga
✆ +40 258 814 033 – www.preciosa.ro
office@preciosa.ro

Chambre double de 62 € à 70 € avec petit déjeuner.
Une belle villa de caractère avec 7 chambres d'une élégance discrète. On appréciera le restaurant et la cave à vin où l'on peut faire des dégustations sur demande.

Sortir

■ CINEMA COLUMNA
Strada Zorilor, 5 ✆ +40 258 812 123

■ CINEMA DACIA
Bulevardul Victoriei, 25
✆ +40 258 821 156
Assez vieillot.

À voir – À faire

La visite de la citadelle est facilitée par un parcours fléché. Les panneaux d'affichage, en Plexiglas, sont luxueux et pratiques. La citadelle d'Alba Iulia fut bâtie entre 1714 et 1738 par les Habsbourg, qui dominaient alors la Transylvanie. De style baroque, elle couvre une surface de 70 hectares et compte sept bastions. Ses murs, d'une longueur totale de 12 kilomètres, sont percés de trois grandes portes dont la plus imposante présente la forme d'un double arc de triomphe richement ornementé. Cette citadelle, au dispositif défensif en étoile de style Vauban est très isolée de la ville et donc peu animée. Traversée d'est en ouest par Strada Mihai Viteazul, elle est toutefois agréable, aérée et fleurie. Le cloître et la cathédrale sont superbes. Il faut également aller voir la petite église orthodoxe en bois (église de la Trinité), au bout du chemin à droite quand vous sortez par l'est. Le panorama sur la ville et les alentours (notamment une usine peinte en bleu et jaune, très visible) est très joli.

■ BIBLIOTHÈQUE BATTHYANEUM
Strada Bibliotecii, 1
Peut être visitée sur demande écrite seulement.
Située dans la partie nord de la citadelle, cette bibliothèque, fondée en 1784 par l'évêque Ignác Batthyány, abrite près de 70 000 volumes dont 1 230 manuscrits et livres rares, parmi lesquels le plus précieux est le *Codex aureus*, écrit sur des parchemins au VIIIe siècle. C'est en 1792, dans ce même lieu, qu'a été établi le premier observatoire astronomique du pays.

■ CATHÉDRALE CATHOLIQUE SAINT-MICHEL
Strada Mihai Viteazul, 21
Construite en plusieurs étapes sur le site d'une église romane détruite par les Tatars en 1241, la cathédrale catholique romaine est considérée par nombre de spécialistes comme le monument le plus accompli de Transylvanie. L'édifice est représentatif des grands courants artistiques du Moyen Âge, que vous pourrez essayer d'identifier. Les courants roman (corps basilical, transept), gothique (chœur) y sont représentés, mais aussi les tyles Renaissance et baroque.
Les monuments funéraires abritent les dépouilles des grands évêques de la ville et les sarcophages de grandes familles princières (János Hunyadi – en roumain Iancu de Hunedoara –, Jean-Sigismond Zápolya, deux fameux princes de Transylvanie).

■ CATHÉDRALE ORTHODOXE (ÉGLISE DU COURONNEMENT)
Elle fut érigée en 1921-1922, pour célébrer le couronnement du roi Ferdinand et de la reine Marie, souverains de la Grande Roumanie unifiée, le 15 octobre 1922. Elle obéit au plan à croix grecque, avec un porche ouvert supporté par de fortes colonnes.
De style roumain traditionnel, entourée de jolis parterres de fleurs, la cathédrale trône à l'entrée ouest de la citadelle. Les fresques murales intérieures, de style néobyzantin, sont de Costin Petrescu, dont vous aurez peut-être déjà admiré les œuvres à l'Athénée roumain de Bucarest. Toujours à l'intérieur de la cathédrale, vous reconnaîtrez les portraits de Michel le Brave (Mihai Viteazul) et de sa femme, la princesse Stanca.

■ MUSÉE NATIONAL DE L'UNION
Strada Mihai Viteazul, 12/14
✆ +40 258 813 300 – http://mnuai.ro
muzeulalba_relatiipublice@yahoo.com
Ouvert du mardi au dimanche de 10h à 17h. Entrée 1,50 €.
Fondé en 1887, le musée occupe deux prestigieux édifices au centre de la ville : l'un fut érigé en 1851 (bâtiment de Babylone) et l'autre en 1906 (salle de l'Union). Il expose près de 130 000 pièces du patrimoine roumain. Ses nombreuses sections s'intéressent à la préhistoire, à la féodalité, aux batailles contre les Turcs, à la révolution de 1848, à l'unification des principautés danubiennes de 1859, au rattachement de la Transylvanie… Le musée tient son nom de la grande assemblée d'Alba Iulia du 1er décembre 1918, au cours de laquelle fut proclamée la réunion de la Transylavanie avec la Roumanie. Depuis la fin du régime communiste, le 1er décembre est devenu le jour de fête nationale.

PALAIS PRINCIER

Ce fut la demeure de Michel le Brave, prince de Valachie et de Moldavie, pendant ses onze mois de gouvernement en Transylvanie entre 1599 et 1600. En 1975, on plaça sur la façade de l'immeuble un immense bas-relief de bronze illustrant les événements de 1600. En face de l'édifice s'élève une statue équestre de Michel le Brave réalisée par le sculpteur Oscar Han.

PORTES DE LA VILLE

Alba Iulia compte six portes. Trois donnent accès à la ville basse et trois (qui sont les plus belles) à la ville haute.

▶ **Première porte.** Située au bas de la montagne, elle a la forme d'un arc de triomphe de style classique. Le nombre d'entrées est de trois, toutes séparées par de vastes piliers de pierre. L'édifice comporte ainsi trois parties. L'étage est riche de sculptures de style baroque. Au centre se trouve un piédestal où figurent les armes impériales de la maison d'Autriche : une aigle bicéphale portant l'épée et le sceptre.

▶ **Deuxième porte.** Cette entrée fut obstruée au début du XXe siècle. Seuls restent de ce monument deux piliers de pierre. Les sculptures qui ornaient l'édifice sont désormais visibles au musée national de l'Union.

▶ **Troisième porte.** C'est la plus impressionnante, en raison de ses dimensions et de ses ornements. Elle a la forme d'un double arc de triomphe. Quatre piliers supportent l'arche qui surmonte les trois entrées.

AMPOIŢA

À 15 kilomètres au nord-ouest, en direction de Zlatna, se trouve un joli petit village de 600 habitants sur la route des montagnes. Maisons typiques et curiosités géologiques dans les alentours. Une charmante petite escapade en voiture à partir d'Alba Iulia.

CHÂTEAU DE VINŢU DE JOS

À 15 kilomètres au sud-ouest d'Alba Iulia, sur la route de Deva.

Il reste surtout des ruines du château construit sur le site d'un vieux monastère du XIVe siècle et reconstruit en style Renaissance transylvain par Gábor Bethlen, prince de Transylvanie (1613-1629).

SEBEŞ

À 16 kilomètres au sud d'Alba Iulia, en direction de Sibiu, cette jolie petite ville de 27 000 habitants se caractérise, comme ses voisines, par une architecture très allemande. Les rues sont villageoises même dans le centre-ville. Les maisons y sont basses et entourées de cours fermées où l'on accède par des portails en arc, typiques de la région. Un bel exemple de l'architecture transylvaine des deux derniers siècles.

Transports

Gares routière et ferroviaire à l'est du centre-ville. Trains vers Sibiu et Vințu de Jos (et de là, vers Alba Iulia ou Deva). Bus vers Alba Iulia et Sibiu.

EUROLINES

Strada Lucian Blaga, 83
(non loin de la gare, à la sortie de la ville vers Sibiu)
✆ +40 258 732 063
www.eurolines.ro
sebes@eurolines.ro
Départ de l'autogare. La plupart des lignes Eurolines entre la Roumanie et l'Europe occidentale y passent.

Se loger

MOTEL DACIA***

Drumul Sibiului, 42
✆ +40 258 732 743
www.daciahotel.ro
Chambres doubles à 22,50 € sans petit déjeuner.
Un charmant motel 3 étoiles qui peut vous dépanner. Fait également restaurant.

À voir – À faire

La place centrale est embellie par une jolie église aux tuiles colorées. La très impressionnante usine de bois, à la sortie de la ville en allant vers Alba Iulia, témoigne de l'importance de cette industrie dans la région. La gare est située sur une petite place, au sud de la ville. Non loin, vous trouverez l'agence Eurolines, face à la station Petrom.

ÉGLISE ÉVANGÉLIQUE

Construite au XIIIe siècle, elle offre un mélange de styles roman, gothique et Renaissance. On remarquera son autel, de grande dimension, et une collection de tapis. C'est une des plus grandes églises évangéliques du pays.

MUSÉE D'HISTOIRE (SECTION ETHNOGRAPHIQUE)
Strada Mihai Viteazul, 4
✆ +40 258 735 240
www.cclbsebes.ro
cclb_sebes@yahoo.com
Du mardi au vendredi de 8h à 18h, le samedi et le dimanche de 10h à 16h. Entrée 0,50 € pour les adultes.
Située sur la place principale, la maison Zápolya (XVe siècle) abrite une collection ethnographique regroupant quelques objets d'artisanat typiques de la région.

RÂPA ROȘIE
À la sortie nord de la ville, à Râpa Roșie (le Ravin rouge), une réserve géologique a été constituée autour de « pyramides » et de « colonnes » de roches rouges sculptées par les écoulements d'eau. Une impression de paysage de l'Ouest américain, en miniature.

TOUR DE L'ÉTUDIANT
Dans Strada Traian.

CALNIC

L'une des plus anciennes églises fortifiées du pays se trouve dans ce village de 1 200 habitants, appelé Kelling en allemand. Elle fut construite au tout début du XIIIe siècle. Ses enceintes forment un ovale grossier dominé par un donjon central très bien conservé.

DEVA

À l'extrémité sud-ouest de la Transylvanie, au sud des monts Apuseni, Deva est un centre industriel important de 56 000 habitants connu dans tout le pays pour son école de gymnastique où s'entraîne l'élite roumaine. Pour le touriste, l'attraction principale est la citadelle. Le centre-ville, longtemps assombri avec ses bâtiments d'architecture communiste, s'est embelli au fil des années suite à des travaux de réfection (installation de fleurs et de pelouses, construction d'un rond-point avec fontaine, restauration de façades, etc.), mais ne présente que peu d'intérêt touristique.

Transports

Train

La gare se trouve à l'est du centre (à 300 mètres). On la rejoint en prenant Strada Libertății (face à la gare en sortant).

Bus

La gare routière se trouve devant la gare ferroviaire. Bus pour Hunedoara (2 à 3 par heure), Simeria, Sarmizegetusa (2 par jour en semaine), Orăștie, Câmpeni (2 par jour) et Abrud. Mais aussi Brad (14 en semaine, 6 les samedis et dimanches), Beiuș, Cluj (2 par jour), Sibiu (3 par jour), Târgu Mureș (1 par jour), Oradea ou Timișoara (6 par jour). Maxitaxis vers Hunedoara, Simeria, Călan. Agence grandes lignes, lignes internationales :

AGENCE CFR
Bulevardul 1 Decembrie 1918, bloc A
✆ +40 254 218 887
De 8h à 20h en semaine.

Trains pour pour Cluj, Sibiu, Arad, Timișoara et Budapest. Trains pour Simeria (changements pour Hunedoara, Petroșani, Târgu Jiu, Craiova). Un train par jour, direct, pour Bucarest.

EUROLINES
Strada Decebal, bloc J
✆ +40 254 234 220
www.eurolines.ro
deva@eurolines.ro
Deva est située sur la plupart des lignes de et vers l'Europe occidentale. Départs et arrivées à la gare. On peut aussi vous renseigner et vous organiser des visites pour découvrir les alentours.

Pratique

ANTREC – DÉPARTEMENT DE HUNEDOARA
✆ +40 254 770 796
✆ +40 746 273 652
Pour réserver dans des pensions de la région.

La légende de la fontaine

Une légende entoure la fontaine du château. Elle aurait été creusée (30 mètres) par trois prisonniers turcs à qui l'on avait promis la liberté à la fin des travaux. Après quinze années de labeur, ils trouvèrent enfin la source. Mais leurs maîtres refusèrent de les libérer. À la suite de quoi, les malheureux Turcs inscrivirent sur un mur non loin de la fontaine : « Ce n'est pas l'eau qui vous manque, mais le cœur. »

Deva

Edifice religieux
Curiosité
Divers
Téléphérique
Poste
Gare ferroviaire
Gare routière
La citadelle de Deva
Téléphérique
Betania
Cetătii (Réserve naturelle)
Eglise St-Maria
Pensiunea Subcetate
Gare Ferroviaire
Gare Routière
Poste
Agence CFR
Place Victoriei
Maison de la Culture
Eglise St-Treime
Cimetière
Place Arras
Mureș
Str. Horea
Str. Buteanu
Str. Plevnei
Str. Alex. Vlahuță
Str. Muresului
Str. Grivitei
Str. Progresului
A. Sever
Str. Stefan O. Iosif
Str. A. Sever
Str. A. Iancu
Bulevardul Decebal
G. Enescu
Calea Zarandului
Str. N. Grigorescu
Str. Cuza Vodă
Str. Hărăului
Str. Tr. Vuia
Str. Munteniei
Banatului
Ardealului
Str. Cetătii
Str. Gh. Lazăr
Str. A. Saguna
Bulevardul 1 Decembrie
O. Goga
Bulevardul I. Maniu
Str. M. Viteazu
Str. Pescarior
Cale Zarandului
Str. A. Vlaicu
Trandafirilor
Str. L. Blaga
Str. I. L. Caragiale
Aleea Muncii
Str. Izvorului
Str. Libertatii
Str. Averescu
Bulevardul Decebal
Str. M. Kogălceanu
Str. Viilor
Brazilor
Str. Barnutiu
Bulevardul 22 Decembrie
Str.? Pacii
Str. Zarandului
Str. Călugăreni
Str. M. Eminescu
Str. Traian
Str. N. Iorga
Str. Spitalu
Str. Traian
Boulevardul Decebal
Str. Zamfirescu
Str. I.clelelor
Str. Eroilor
Str. Coziei
Str. Deleanu
Str. D. Vodă
Str. Mărăsti
Str. Closca
Str. Crisan
Str. Porumbescu
Str. Văcărescu
Aleea Mărăsesti
Aleea Violetelor
Aleea Saturn
Str. Iosif Vulcan
Str. Carpati
Bulevardul Dacia
Boulevardul 22 Decembrie
Str. Gh. Doja
Aleea Florilor
Str. Mihai Eminescu
Str. N. Bălcescu
Str. Coziei
Str. Oituz
Str. T. Maiorescu
Aleea Romanilor
Str. Iosif Vulcan
Aleea Armatei
Bulevardul N. Bălcescu
N
0
300 m

■ **EUROLINES**
Strada Decebal, bloc J
✆ +40 254 234 220 – www.eurolines.ro
deva@eurolines.ro
Le bureau Eurolines peut vous renseigner et vous organiser des visites pour découvrir les environs.

■ **POSTE**
Au croisement des boulevards Decebal et Mihail Kogălniceanu

Se loger

Bien et pas cher

■ **PENSION SUB CETATE**
Delavrancea
Strada Barbu Ștefănescu Delavrancea, 6A
✆ +40 254 212 535 – www.devacazare.ro
office@devacazare.ro
Chambres doubles à partir de 25 et 30 € selon le confort.
Située idéalement au pied de la citadelle, dans un cadre agréable entouré de verdure, c'est la meilleure adresse de la ville. Accès Internet et accueil fort sympathique. À noter que cet hébergement dispose de panneaux solaires, ce qui est assez rare en Roumanie.

■ **VILA SARATA*****
Strada Horea, 204 ✆ +40 724 862 820
www.vila-sarada.ro
receptie@vila-sarada.ro
Chambre double 25 €.
Coup de cœur pour cet hôtel-pension situé juste en retrait du centre-ville et qui compte une dizaine de chambres très propres et très élégantes. La belle maison comprend également un agréable jardinet et une terrasse.

Confort ou charme

■ **HÔTEL DEVA**
Strada 22 Decembrie, 110
✆ +40 254 225 920
www.unita-turism.ro
office@unita-turism.ro
Chambre double à partir de 35 €.
Tout comme l'hôtel Sarmis, un bloc bétonné dans le centre-ville. Aucun charme, mais propre, basique et efficace.

■ **HÔTEL SARMIS**
Strada Mareșal Averescu, 7
✆ +40 254 214 731 – www.unita-turism.ro
sarmis.deva@unita-turism.ro
Chambre double à partir de 30 € avec petit déjeuner.
Un bloc de béton en plein centre-ville avec 113 chambres propres et rénovées. Un peu cher quand même.

■ **VILLA BRUSSELS**
Strada Mihai Eminescu, 56
✆ +40 354 105 656
www.villa-brussels.ro
office@villa-brussels.ro
Chambre double 51 €, petit déjeuner inclus.
Pension agréable d'un bon rapport qualité/prix. Son propriétaire (belge) vous recevra chaleureusement.

Se restaurer

■ **CASTELLO**
Strada 1 Decembrie 1918
Très bien placé, en face de la préfecture et du parc de la citadelle. Sa terrasse est reposante et l'on y mange très bien. Les choix en salades et pizzas sont nombreux et bon marché.

À voir – À faire

■ **CITADELLE DE DEVA**
Strada Avram Iancu
Située au sommet d'un petit cône volcanique, dit « colline des esprits », à 371 mètres d'altitude au nord du centre, elle domine la ville et la région. Longtemps laissée en ruines, elle bénéficie actuellement de travaux de restauration. Les premières pierres de la citadelle furent posées au XIIIe siècle, sur le site d'un ancien oppidum de la période dace. La forteresse militaire fut ensuite transformée au XVe siècle par le voïévode Iancu de Hunedoara (János Hunyadi) en château fort. Celui-ci joua un rôle majeur lors des invasions ottomanes. Désormais, on peut y accéder soit par un téléphérique moderne (en fonctionnement de 8 à 20 heures, 1,40 € l'aller-retour), soit à pied par un sentier qui grimpe à travers bois, sur les flancs de la colline. Au pied de la citadelle, au bout du boulevard du 1er Décembre, se trouve le musée de la Ville. Il est aménagé dans le palais Magna Curia, construit en style Renaissance au XVIe siècle par le prince Gábor Bethlen. Il retrace l'histoire des anciennes cités daces de la région, que vous avez peut-être l'intention de visiter (*voir plus bas*). Exposition de sciences naturelles dans le bâtiment à côté (ouvert du mardi au dimanche). Toujours au pied de la colline se dresse la cathédrale orthodoxe Sfântul Nicoale (1893). Non loin de la gare, Strada Grivitei, on pourra voir une église franciscaine de style baroque construite au XVIIIe siècle.

■ **MUSÉE DE LA CIVILISATION DACE ET ROMAINE**
Bulevardul 1 Decembrie, 39
✆ +40 254 216 750
✆ +40 371 358 095
www.mcdr.ro
muzeucdr.deva@gmail.com
Ouvert du mardi au dimanche, de 9h à 17h en hiver et de 10h à 18h en été. L'entrée coûte 2,50 € pour un adulte et 0,50 € pour les élèves, les étudiants, les personnes retraitées et les personnes à handicap.
Ce musée date de 1880 et est abrité dans le palais Magna Curia, bâtiment historique le plus ancien de Deva, construit au XVIe siècle. On peut y voir des collections d'archéologie, d'histoire, de peinture, de sciences naturelles, de pièces de monnaie, ainsi qu'un trésor. Au rez-de-chaussée est aménagée une exposition permanente de sciences naturelles et une chambre avec des meubles et des objets du XIXe siècle. À l'étage, dans la salle de la Cheminée, sont organisés des concerts, des spectacles, des fêtes et des bals. Le reste des salles abrite différentes expositions temporaires. On peut également y voir un lapidarium moderne. Le musée possède des branches à Sarmizegetusa, où l'on peut voir les ruines de l'ancienne capitale de l'État dace, à Orăștie, où l'on visite le musée d'Ethnographie et d'Art populaire, à Brad, à Baia de Criș et à Aurel Vlaicu. Dans ce dernier village, on visite la maison natale d'Aurel Vlaicu, pionnier de l'aviation roumaine. La maison est très bien préservée et donne une idée de la vie d'une famille de paysans et de leurs outils dans un village de Transylvanie au début du siècle dernier. Près de la maison, on visite le musée mémoriel Aurel Vlaicu qui expose beaucoup d'objets ayant appartenu à cet ingénieur. On y voit son vélo, sa moto, son costume d'aviateur, ses schémas, ses plans et des planeurs avec leurs maquettes.

BRAD

Cette petite ville de 14 500 habitants est depuis longtemps un centre d'extraction d'or et d'argent. Le musée de l'Or (*Muzeul Aurului*) vous permettra de découvrir l'histoire de l'exploitation aurifère à Brad et dans toute la Roumanie. Autour, se trouvent de jolis villages tels que Crișcior ou Bulzeștii de Sus. De Brad, vous pouvez continuer vers la Crișana ou Abrud, au cœur des monts Apuseni.
En avril, Brad accueille un festival folklorique.

Transports

Situé sur la route entre Deva et Oradea, Brad est bien desservi par les bus. Bus locaux pour Abrud et Câmpeni. La ville est aussi le terminus de la ligne ferroviaire qui part de Sântana puis passe par Ineu. À Sântana, liaison vers Oradea, Arad et Timișoara.

Se loger

■ **HÔTEL PONOR**
Vața de Jos ✆ +40 254 271 272
Un très confortable hôtel de 40 chambres dans une petite station (église en bois, expo folklorique), au nord de Brad.

ORĂȘTIE

À 30 kilomètres à l'est de Deva, la ville d'Orăștie (18 200 habitants) n'est pas un centre touristique majeur, contrairement à la région qui l'entoure. Vous y verrez toutefois une église fortifiée du XIIIe siècle et un musée (Piața Aurel Vlaicu, 1 ; ouvert du mardi au dimanche de 9 à 17 heures) qui présente de l'artisanat local et quelques objets daces.
La région des monts d'Orăștie compte de nombreux vestiges de la civilisation dace. Cette région en représentait le centre politique et administratif, de la période des rois Burebista à Décébale (de 80 av. J.-C. à 106 apr. J.-C., date de la défaite infligée par les Romains).
Cet ensemble d'une grande valeur historique a été classé sur la Liste du patrimoine mondial de l'Unesco, pour « la fusion des techniques et des concepts d'architecture militaire issus du monde classique et d'ailleurs, fusion qui donna naissance à un style unique. Les royaumes géto-daces de la fin du Ier millénaire av. J.-C. ont atteint un niveau culturel et socio-économique extrêmement élevé, que symbolise ce groupe de forteresses. Le fort de colline et son successeur évolué, l'oppidum, étaient caractéristiques de la fin de l'âge du fer en Europe, et les forteresses daces sont de remarquables exemples de ce type de site fortifié ».

Transports

La gare ferroviaire d'Orăștie est située à 3 kilomètres à l'ouest du centre (que l'on peut atteindre en bus). Bus fréquents vers Deva. En revanche, pour atteindre les vestiges (en particulier Sarmizegetusa Regia) et mieux comprendre l'histoire de ce lieu, il est fortement conseillé de faire appel à un guide spécialiste de la région.

Se loger

■ HÔTEL DRĂGANA

Cugir
Strada Alexandru Sahia, 2
✆ +40 258 751 980
Chambre double à 25 €.
Sans charme mais pas cher et confort suffisant. Dans une ville à l'est d'Orăștie.

■ PENSION JORJA

Strada Nicolae Bălcescu, 30
✆ +40 254 241 574
Chambre double environ 20 € avec petit déjeuner.
Une bonne adresse, située le long de la rue principale d'Orăștie. Petites chambres assez confortables, sauna, parking.

À voir – À faire

■ BLIDARU ET COSTEȘTI

Parmi les forteresses qui participaient au système défensif de la capitale, citons Blidaru à Costești (un peu à l'écart de route reliant Orăștie à Grădiștea, et dont les ruines peuvent être visitées), conquise en 102 par les Romains, reconstruite par Décébale, avant de tomber de nouveau en 106, ou encore Piatra Roșie (dans le village de Boșorod).

■ SARMIZEGETUSA REGIA

À 35 kilomètres au sud d'Orăștie.
Ce site est le plus remarquable. La forteresse de la Grădiștea Muncelului et le complexe de sanctuaires religieux et d'habitats civils connus sous le nom de Sarmizegetusa Regia (à ne pas confondre avec la cité daco-romaine – *voir plus bas*) formaient la capitale de la Dacie.
Parmi les ruines, à quelques kilomètres du village de Grădiștea de Munte, vous remarquerez le sanctuaire dédié au culte du Soleil ou représentant le calendrier dace. La capitale dace ne fut conquise qu'une seule fois, en 106, par Trajan, qui força les Daces à faire retraite vers le nord.

HUNEDOARA

60 500 habitans, le deuxième plus grand centre sidérurgique du pays (après Galați). Mais ce n'est pas pour ça que les touristes prévoient une halte à Hunedoara. On y vient avant tout pour le magnifique château des Corvin, l'un des mieux conservés et rénovés de Roumanie. Le contraste entre ce formidable château digne des contes de fées et les tours des immenses usines qu'il domine est surréaliste.

Transports

Les gares routière et ferroviaire sont côte à côte, à 15 minutes de marche du château. 1 train par jour vers Bucarest. Sinon, plusieurs trains vers Simeria et, de là, changement vers Deva, Arad, Petroșani, Târgu Jiu, Sibiu, Brașov ou Vințu de Jos. Bus très nombreux vers Deva (3 à 5 par heure) et Hațeg.

Se loger

Pensions à Hațeg, notamment au sud de la ville.

■ ANTREC – DÉPARTEMENT DE HUNEDOARA

✆ +40 254 770 796
✆ +40 746 273 652
Pour vous conseiller dans vos recherches de pension.

■ HOTEL RUSCA

Bulevardul Dacia, 10
✆ +40 254 717 575
www.hotelrusca.ro
mail@hotelrusca.ro
Chambres double à 35 € et à 40 € avec petit déjeuner.
Un hébergement 3 étoiles venu tout droit de l'époque communiste. Un grand bloc en béton avec des chambres basiques et propres. Le strict minimum.

À voir – À faire

■ CHÂTEAU DES CORVIN

Curtea Corvineștilor, 1-3
✆ +40 254 711 423
www.castelulcorvinilor.ro
contact@castelulcorvinestilor.ro
Ouvert le lundi de 9h à 14h30 et du mardi au dimanche de 9h à 17h 30 (en été). Entrée 2 € pour les adultes.
Situé juste à l'extérieur de la ville dans Strada Curtea Corvineștilor, de nombreux bus font la navette. Construit au XIVe siècle sur le site d'une forteresse romaine, cet impressionnant monument de l'architecture gothique locale est une visite incontournable, si vous êtes dans la région. Résidence princière, sa fonction à l'origine était défensive. En 1390, l'empereur Sigismond de Luxembourg, roi de Hongrie, en fit don au *cneaz* (prince) roumain Voicu, avec les quarante villages l'entourant, pour le remercier de ses faits d'armes.

C'est Iancu de Hunedoara (fils de Voicu, en hongrois János Hunyadi) qui le transforma réellement en château, entre 1446 et 1453. Des éléments Renaissance puis baroques ont été ajoutés. Il a été restauré entièrement plus récemment, entre 1965 et 1970. Parmi les pièces maîtresses du château, citons la galerie, la salle des Chevaliers (aile ouest) la salle de la Diète (aile ouest) et ses médaillons des princes régnants peints sur les murs, le bastion Blanc (réserve de vivres), l'aile nord dite Matei, du nom de Mathias (Matei) Corvin, roi de Hongrie, une chapelle et plus de cinquante salles aux nombreuses peintures murales.

Les tours portent des noms évocateurs tels que tour des Massues ou tour Neboisa (« N'aie pas peur »). Les balcons, avec leurs ornements en bois et pierre, sont remarquables. Dans l'aile Matei, une colonne porte le blason de la famille Corvin, un corbeau tenant un anneau dans le bec. Les Corvin, c'est-à-dire la famille de Hunedoara/Hunyadi, tirent leur nom du latin *corbea*, « corbeau ».

Un musée présente des collections historiques (notamment sur la vie de Iancu de Hunedoara), folkloriques et ethnographiques.

■ ÉGLISE ORTHODOXE SAINT-NICOLAS (SFÂNTUL NICOLAE)

Cette église du XVe siècle, restaurée aux XVIIe et XIXe siècles, est réputée pour ses peintures du XVIIe siècle parmi les plus belles de la région.

SÂNTĂMĂRIA-ORLEA

800 habitants, village à 3 kilomètres au sud de Hațeg. Les peintures de l'église (XIIIe siècle) du village sont, paraît-il, les plus vieilles peintures orthodoxes du pays (1311-1400). Pour entrer, demandez les clés en face au n° 134.

■ CASTEL SÂNTĂMĂRIA-ORLEA

Strada Principală, 110 ✆ +40 254 777 768

Comptez 17,50 € la nuit sans le petit déjeuner.

Une belle résidence nobiliaire érigée en 1782 par Alexius Kendeffy. Ce lieu fut visité par le roi Carol II de Roumanie. Les chambres de cet hôtel vieillissant restent correctes. Le restaurant en terrasse lui donne un caractère désuet qui peut être appréciable.

COLȚ

Accessible depuis les villages de Suseni et Râu de Mori à une quinzaine de kilomètres au sud-ouest de Hațeg en direction de Sarmizegetusa. Vous serez étonné de découvrir l'église et la citadelle de Colț. L'église datant du XVe siècle est intéressante pour son architecture extérieure. En quelques minutes à pied, vous pourrez visiter les ruines de la citadelle (datant du XIVe siècle) qui dominent la vallée et les monts Retezat. Elles auraient inspiré Jules Verne pour son roman *Le Château des Carpates*.

STREI

Ce minuscule village de 380 habitants compte une belle église de pierre brute, du XIIIe siècle, qui se distingue par son architecture un peu inhabituelle, massive et rustique (roman et gothique). Elle conserve encore partiellement ses peintures murales du XIVe siècle.

DENSUȘ

Au sud-ouest de Hațeg, 350 habitants. L'église orthodoxe de Densuș, de style roman, se distingue par sa silhouette unique. Elle fut construite aux XIIe et XIIIe siècles avec des pierres provenant de l'antique forteresse de Sarmizegetusa (*voir plus loin*), sur l'emplacement d'un mausolée du IVe siècle à la mémoire de soldats romains. Les peintures murales intérieures datent de 1443. C'est son aspect brut et rustique qui fait le charme de cet édifice.

ULPIA TRAIANA SARMIZEGETUSA

Sur la route qui relie Hunedoara à Caransebeș (*județ* de Caraș-Severin), à 17 kilomètres de Hațeg. Accès en bus depuis Hațeg, avec les bus qui vont de Hațeg à Reșița (rares malheureusement) ou de Deva à Zeicani.

Cette citadelle était la capitale de la Dacie romaine et les principales institutions y avaient leur siège. Elle ne doit pas être confondue avec Sarmizegetusa Regia, capitale dace (*voir plus haut*). Fondée en 106 par l'empereur Trajan, sous le nom de Colonia Ulpia Traiana Augusta Dacica Sarmizegetusa, elle comptait environ 20 000 habitants.

Aujourd'hui subsistent surtout les fondations de la cité, historiquement très intéressantes et qui permettent d'imaginer la grandeur passée et l'organisation remarquable de la citadelle. Vous reconnaîtrez le collège des augustales (dont la cour accueillait les réunions du conseil supérieur de Dacie), l'amphithéâtre (qui pouvait contenir 5 000 spectateurs), le forum et ses colonnes, des villas et des temples.

Toute la cité n'a pas encore été mise au jour et les fouilles continuent. Comme c'est souvent le cas, les pierres ont longtemps (jusqu'au début du XIXe siècle, date après laquelle la citadelle a été protégée) servi de matériaux de construction aux villageois des environs, ceux de Densuș entre autres.

BUCOVA

Au sud-ouest de Sarmizegetusa, la route continue vers Caransebeș et le Banat. De là, vous pourrez vous arrêter à Bucova (1 000 habitants), un village de caractère dans la vallée de la Bistra, près des monts Retezat. Un étroit et spectaculaire passage dit « la Porte de Fer de Transylvanie » (*Poarta de Fier a Transilavniei*) fut l'enjeu de nombreuses batailles au cours de l'histoire (victoire finale des Romains sur les Daces, victoire des Transylvains sur les Turcs).

■ MAISON DE CAMPAGNE IRINA

✆ +40 255 524 921 / +40 761 921 584
http://slatinicus0.tripod.com
imvtomici@yahoo.com

Comptez de 20 à 25 € pour une chambre double décorée avec goût dans le respect de l'architecture locale.

Un gros coup de cœur pour cet hébergement qui pourrait être un de vos meilleurs souvenirs de Roumanie. À l'entrée de Bucova, sur votre gauche en venant de Hațeg, cette maison calme et reposante est idéale pour découvrir les curiosités touristiques des alentours. Vos hôtes passionnés par leur région vous accueilleront chaleureusement en français et pourront également vous guider si vous le souhaitez. N'hésitez pas non plus à demander à Irina de vous préparer une de ses excellentes recettes dont elle a le secret.

MONTS RETEZAT

Les monts Retezat sont célèbres pour leurs alpages, leurs cirques et leurs nombreux lacs glaciaires (80).

Ces derniers font des Retezat l'un des plus beaux massifs du pays, apprécié des randonneurs. Le point culminant est le mont Peleaga (2 519 mètres), suivi du mont Păpușa. On les appelle ausi la « forteresse », en raison du nombre de leurs sommets de plus de 2 200 mètres (plus de 60). Le parc national des Retezat a été le premier parc national roumain (créé en 1935). Il comprend les monts Retezat, Godeanu et Țarcu. De nombreuses rivières y prennent leur source et on y compte près de 40 lacs. Environ 2 % des espèces de plantes présentes sont endémiques. Nombreuses espèces animales également, dont 1 000 espèces de papillons, chamois, cerfs carpatiques, loutres, ours, lynx...

Pratique

Les principaux points d'accès au parc sont Gura Zlata (village de Râu de Mori), Lupeni et Petroșani. La partie sud du massif (*voir « Olténie »*) est réputée pour ses grottes. Pour louer les services d'un guide :

■ INFORMATIONS TOURISTIQUES

www.retezat.ro
office@retezat.ro

■ INTER PARES

Sibiu
Strada Cristian, 19 A
✆ +40 269 228 610
www.inter-pares.ro
interpares@clicknet.ro
Cette agence organise des séjours « sportifs » (trekking, rafting, canoë...) à la découverte de la faune et de la flore du parc.

GURA ZLATA

Cette station est accessible depuis Haţeg par une mauvaise route, surtout dans les derniers kilomètres. Plusieurs randonnées sont possibles vers le lac artificiel Gura Apelor, en contournant la zone protégée, ou les monts Bucura et Peleaga.

■ CABANA BALEIA

On y accède depuis Pui (sur la route de Haţeg à Petroşani). Moins populaire car plus éloignée du parc national.

■ CABANA GURA ZLATA

À la sortie du village, accessible par la route qui mène au barrage de Gura Apelor.

■ CABANA PIETRELE

Accessible depuis Nucşoara, au sud de Haţeg. C'est la plus fréquentée car de nombreux chemins y offrent la possibilité d'accéder à tous les points du parc national.

PETROŞANI

Coincée entre les monts Retezat et Vâlcan, cette ville de 37 100 habitants est à mi-chemin de Hunedoara et de Târgu Jiu, sur la route qui traverse les Carpates. Malgré son musée de la Mine (*Muzeul Mineritului*) qui raconte l'exploitation de charbon dans la région (Petrila, Lupeni), elle ne sera pour vous qu'un lieu de passage ou une porte d'accès au Câmpu lui Neag et à Cabana Buta, point de départ de chemins de randonnées au sud du parc national des Retezat.

Transports

Petroşani se trouve sur la route entre Târgu Jiu et Deva. Les bus sont donc assez fréquents. Bus locaux ensuite vers Lupeni. En train : même chose. Trains nombreux vers Târgu Jiu, au sud, et Simeria, au nord. De Simeria, connexion avec Deva, Hunedoara, Sibiu et le reste de la Transylvanie.

Pratique

Tourisme – Culture

Vous trouverez des agences de tourisme à Petroşani qui vous aideront à organiser votre séjour dans le massif des Retezat et à trouver une chambre dans les pensions de Lupeni.

Se loger

Une demi-douzaine de pensions à Lupeni. Sinon, l'hôtel de Petroşani.

■ HOTEL PETROŞANI

Strada 1 Decembrie 1918, 110
✆ +40 254 542 801 – www.hotelpetrosani.ro
Chambre double à 30 €, 45 € et 100 € (selon le nombre d'étoiles : 2, 3 ou 4).
Un hôtel qui propose des chambres dont le confort varie de 2 à 4 étoiles. Assez confortable, mais ce n'est rien d'exceptionnel. Restaurant.

Christ en croix dans le village hongrois de Zetea.

Pays Sicule et l'Est

Les Székely (« Sicules » en français) forment un groupe ethnique particulier, parlant un dialecte proche du hongrois. Târgu Mureș, mais surtout les départements de Harghita et de Covasna, où ils sont majoritaires, demeurent les bastions de cette minorité. Gheorgheni ou Odorheiu Secuiesc sont des villes dont la population est à plus de 80 % hongroise. Affichages, coutumes, gastronomie changent. Nous parcourrons cette région à partir de sa ville la plus importante, Târgu Mureș, puis du nord au sud, de la région de Gheorgheni à Sfântu Gheorghe, proche de Brașov.

TÂRGU MUREȘ

Les librairies et les affichages sont bilingues dans cette grande et jolie ville de 134 000 habitants du centre de la Transylvanie, dont le nom hongrois est Marosvásárhely et qui compte environ 50 % de Hongrois. Le quartier central autour de la grande Piața Trandafirilor (place des Roses), tout en longueur, est particulièrement agréable. La ville, qui a connu de graves tensions interethniques en 1990, est peu visitée par les touristes étrangers et c'est dommage. Les terrasses en été, sa citadelle bien conservée, l'ambiance assurée par les étudiants et le particularisme culturel local lui donnent beaucoup de charme.

Transports

Train

La gare est située au sud du centre-ville. De la gare au centre et *vice versa* : bus n° 18. À pied, sortir de la gare, aller tout droit. Au carrefour, remonter la longue Strada Gheorghe Doja (à gauche), qui vous mène tout droit au centre-ville (de 15 à 20 minutes). Trains pour Sibiu (1 par jour), Cluj (peu nombreux ; directs 2 par jour, 2 heures 15 de trajet), plus fréquents si vous changez à Războieni (11 par jour vers Războieni, 1 heure à 1 heure 30 de trajet). De ce dernier, trains pour Alba Iulia. Trains vers Deda (10 par jour, 1 heure de trajet), où vous récupérez la ligne vers Miercurea Ciuc et Brașov, au sud, et Baia Mare et Satu Mare au nord. Deux trains vers Bucarest, un train pour Deva (3 heures 30 de trajet) et pour Budapest chaque jour. Un train pour Constanța en été. Pour Sighișoara (et même Brașov ou Bucarest), préférez le bus ou le maxitaxi (fréquents).

Bus et maxitaxis

Târgu Mureș est mieux desservi par bus que par trains.
L'autogare se trouve sur Strada Gheorghe Doja, 52, au sud de la ville. En sortant de l'autogare, prendre ce boulevard sur la droite jusqu'au centre ou l'un des nombreux bus (2, 4, 16, 18) qui y passent. Les destinations sont indiquées sur les quais. Autobus pour Cluj (2 à 3 par jour), Oradea, Gheorgheni, Piatra Neamț, Sovata, Odorheiu Secuiesc, Brașov (6 par jour), Sibiu (7 par jour), Bistrița (9 par jour), Alba Iulia, Deva, Timișoara ou Mediaș et Sighișoara (8 par jour), etc.

L'origine du mot Székely (« Sicules » en français)

C'est le nom que l'on donne aux habitants d'origine hongroise du sud-est de la Transylvanie. C'étaient les gardes-frontières du territoire. Le mot « sicule » est la traduction du terme *székely* et, selon l'étymologie populaire, il dériverait du hongrois *székhely*, qui signifie « siège » ou « résidence ». Selon la légende, lors de son arrivée dans la région, aux environs de l'an 435, Attila, roi des Huns, aurait dit *« Te jo népem itt székelj »* (« Toi mon bon peuple, reste ici »). Ces trois mots se prononcent de la même manière : « sékeï ».

Les nombreux maxitaxis pour Bucarest arrivent ici et en partent également. Ils desservent aussi Sighișoara, Brașov et Sinaia. Rapides, bon marché et confortables. Mais n'oubliez pas qu'au départ de Târgu Mureș, les passagers pour Bucarest ont la priorité sur ceux qui descendent à Sighișoara, les premiers étant plus rentables. Certains bus pour Cluj partent d'une petite station située à l'ouest de la ville (Autogara Eurotour), sur Bulevardul 1 Decembrie 1918, 168. Les bus Eurolines partent également d'ici.

Bus internationaux

Nombreux vers Budapest. Bus également vers l'Allemagne.

▪ AÉROPORT
Strada Libertății ✆ +40 265 328 259
www.targumuresairport.ro
office@targumuresairport.ro
À 8 kilomètres de la ville.

▪ AGENCE CFR
Piața Teatrului, 1
✆ +40 265 266 203
Pour acheter ses billets à l'avance.

▪ AGENCE TAROM
Strada Trandafirilor, 8
✆ +40 265 236 200
www.tarom.ro
srado@tarom.ro
Vols vers Bucarest.

Pratique

Tourisme – Culture

Pour connaître les événements et soirées du moment, le *24-Fun* gratuit est également bien pratique.

▪ MC TRANSYLVANIA
Strada Predeal, 5
✆ +40 265 260 881
www.mctransylvania.com
info@mctransylvania.com
Spécialisée dans les circuits internes, cette agence née d'une collaboration franco-roumaine vous propose des séjours à thème : tourisme rural et traditions, le tour Dracula ou le tour classique de plusieurs jours avec découverte de la capitale et des trésors de la Moldavie et de la Transylvanie, etc.

▪ OFFICE DE TOURISME
Strada George Enescu, 2
✆ +40 365 404 934
www.cjmures.ro/turism
turism@cjmures.ro
Ouvert de 8h à 18 h en semaine (fermé le week-end).
Ce bureau très bien placé (à l'angle de palais de la Culture) vous fournira une large documentation (cartes, points d'intérêt…). Accueil très sympathique et personnel compétent. À noter que le site Internet est pratique et complet.

▪ TRANSAIR
Piața Trandafirilor, 43
✆ +40 265 268 463
www.transair-travel.ro
incoming@transair.ro
Une très bonne agence de voyages réceptive au personnel compétent. Bonnes prestations concernant la réservation d'hôtels et de pensions dans tout le pays et l'organisation de séjours musicaux avec les Roms. On vous donnera aussi de bons plans pour pratiquer des sports de pleine nature. L'agence organise des circuits culturels ou thématiques dans toute la Roumanie pour les groupes. Le tour à la ferme est très apprécié. Pour les individuels, sont proposés des autotours avec location de voiture (l'agence dispose de ses propres voitures), hébergement dans les villes/villages de son choix et un carnet de route pour bien suivre son itinéraire préféré. Enfin, pour les plus sportifs, est proposé un circuit de six jours pour découvrir à cheval une partie des monts Călimani, avec des haltes dans des pensions ou en camping, ou bien un circuit de deux ou trois jours avec retour à la pension d'hébergement. Transair organise aussi des voyages de type incentives dans toute la Roumanie. Accueil en français.

Moyens de communication

▪ POSTE
Strada Revoluției, 2
Ouverte en semaine de 7h à 20h, le samedi de 8h à 13h.

Se loger

La ville, qui connaît un fort dynamisme économique, possède de très nombreuses possibilités d'hébergement. Malheureusement, pour les petits budgets, les hôtels à bas prix sont assez rares. Le choix est vaste, à vous de décider ce que vous souhaitez privilégier. Il est à noter que les pensions demeurent dans l'ensemble beaucoup plus chaleureuses.

Bien et pas cher

HAPPY CAMPING
Aleea Carpați, 59 ✆ +40 265 212 009
Situé à l'extrémité nord de la longue île formée par deux bras du Mureș.
Un camping 1 étoile, pas trop loin du centre, où l'on peut louer des petites maisons en bois pour 2 personnes à 14 € environ (il y en a une cinquantaine). On peut aussi planter sa tente pour 4 €/jour.

HOTEL CIAO
Strada Gheorghe Doja, 143
✆ +40 265 250 750
www.hotel-ciao.ro
office@hotel-ciao.ro
Chambre double 33 € environ avec petit déjeuner.
Situé non loin de la gare ferroviaire Ouest à 2 kilomètres du centre-ville, cet hôtel aux couleurs vives (jaune et vert) reste une bonne option. Les chambres sont propres et confortables et les petits déjeuners (buffet à volonté) sont très bons. Recommandé pour la clientèle affaires.

HOTEL SANDORIA
Bulevardul 1 Decembrie 1918, 297
✆ +40 265 260 350
www.hotelsandoria.ro
office@hotelsandoria.ro
Chambre double environ 25 € sans petit déjeuner.
Une centaine de chambres correctes et confortables. Les deux restaurants proposent une cuisine roumaine, hongroise et internationale. Bon rapport qualité/prix.

PENSION CASA ADRIA
Strada Verii, 49
✆ +40 265 259 544
www.casa-adria.ro
Chambres doubles à partir de 25 €. Appartements à partir de 50 €.
Belle et confortable pension qui fait également restaurant. La dizaine de chambres est bien décorée avec du mobilier contemporain. Jardin agréable et salle de conférence pour la clientèle d'affaires.

PENSION CRISTINA
Strada Piatra de Moară
✆ +40 265 166 490
www.pensiunea-cristina.com
pensiunea.cristina@muresonline.ro
Chambre simple autour de 30 €, double 35 €, appartement 40 €.
Dans une petite rue qui part de la longue Strada Gheorghe Doja (qui relie la gare et le centre). Pratique pour ceux qui veulent être près de la gare. Très confortable et propre, mais un peu vieillot.

PENSION DOINA ȘI JENŐ
Strada Evreilor Martiri, 25 C
✆ +40 265 255 926
www.doina-jeno.ro
Chambre double de 20 € à 25 €. Petit déjeuner 3 €.
Une pension de 10 chambres bien tenues dans une maison de type chalet. Agréablement fleurie et située dans un lieu calme. Pension complète à la demande. Parking sécurisé et Internet Wifi gratuit.

PENSION TEMPO
Strada Morii, 27 ✆ +40 265 213 552
www.tempo.ro
office@tempo.ro
Chambres doubles de 3 étoiles à 35 € et de 4 étoiles à 45 €.
Voici une des meilleures adresses de la ville. Les chambres d'un confort 3 ou 4 étoiles ont du cachet et se déclinent en « chambres modernes » ou « chambres traditionnelles », selon le mobilier. L'accueil est sympathique et le restaurant est formidable (*voir « Restaurant »*). Le rapport qualité/prix est excellent. Cette pension est très demandée, il est donc préférable de réserver à l'avance.

Confort ou charme

HÔTEL CONTINENTAL
Piata Teatrului, 5-6
✆ +40 372 658 800
www.continentalhotels.ro
mures@continentalhotels.ro
Chambres doubles à partir de 50 €, avec petit déjeuner. Il y a de nombreuses offres promotionnelles sur le site Internet avec des chambres doubles à partir de 28 €.
Un des plus grands hôtels de Târgu Mureș, situé dans le centre-ville. Les chambres sont plutôt luxueuses pour un 3 étoiles, même si c'est assez cher comparé au marché.

PENSION ANA MARIA
Strada Alexandru Papiu-Ilarian, 17
✆ +40 265 264 401
pensiuneaanamaria@clicknet.ro
Chambre double 42 € environ.
Dans une rue qui monte derrière la citadelle, 8 chambres bien confortables et un accueil chaleureux.

■ **PENSION ATLANTIC**
Strada Libertății, 15
✆ +40 265 268 381
www.atlantichotel.ro
Chambre double 40 €.
À cinq minutes à pied de la place centrale, un hôtel flambant neuf de 10 chambres au confort 4 étoiles. Les chambres sont opulentes et décorées avec soin, même si l'ambiance générale demeure un peu aseptisée.

■ **VILLA HELVETIA**
Strada Borsos Tamás, 19
✆ +40 265 216 954
office@villahelvetia.ro
Chambres doubles à partir de 40 €.
Les tarifs de ces chambres ne sont pas excessifs compte tenu de la qualité de cet établissement : un petit hôtel tranquille de 11 chambres confortables et chaleureuses dans un décor soigné. La façade est blanche aux boiseries rouges et la rue est calme. Restaurant intéressant.

Luxe

■ **HÔTEL PLAZA**
Piața Trandafirilor, 46-47
✆ +40 365 73 00 00
www.plazahotel.ro
reservation@plazahotel.ro
Chambres doubles à partir de 70 € dans l'hôtel 4 étoiles, à partir de 95 € dans l'hôtel 5 étoiles.
Très certainement l'hôtel le plus central de la ville situé sur la place principale. Ici tout n'est que luxe et opulence dans ce palace parfaitement restauré. L'accucil est aux petits soins, tandis que la liste des services et prestations est impressionnante.

Se restaurer

■ **CAFETERIA LEO**
Piața Trandafirilor
Sur la place principale, salle un peu enfumée, terrasse agréable en été. Souvent bondé, c'est bon signe. Ambiance de fast-food, mais carte fournie, bons plats, copieux et pas chers.

■ **LACI CSÁRDA**
Strada Morii, 27
Au même endroit que la pension Tempo
Ouvert tous les jours de midi à minuit.
À deux pas de la place centrale, voilà un excellent restaurant au décor rustique réussi. Probablement la meilleure adresse de la ville pour déguster une cuisine transylvaine de qualité. À noter également que chaque soir à 19 heures, vous aurez la chance d'assister à un concert de musique rom.

■ **PETRY**
À chaque extrémité de la grande place Pâtisseries très populaires. Peu de choix mais c'est bon et pas cher.

■ **RESTAURANT CIULEANDRA**
Piața Victoriei, 36
Dans un passage (indiqué)
au sud de la place
✆ +40 365 816 680
www.restaurantciuleandra.ro
rezervari@restaurantciuleandra.ro
Ouvert tous les jours de 9h à 22h (midi à 23h le week-end).
Cadre agréable, avec terrasse dans une petite cour à l'écart de la rue. Nombreux plats, dans une ambiance rustique et traditionnelle. Au menu, spécialités roumaines et hongroises.

Sortir

Autour de la place centrale, vous trouverez nombre de restaurants et de cafés qui sortent leurs vastes terrasses l'été venu.

À voir – À faire

▶ Le centre-ville s'organise autour de la longue Piața Trandafirilor (place des Roses). À l'extrémité sud, Piața Victoriei accueille le palais de la Culture, emblème de la ville. Au sud, un peu en hauteur, se dresse la citadelle.

▶ Autour de la citadelle, les rues alentour (Bulevardul Cetății) proposent dc belles promenades arborées, bordées de jolies maisons. Sur Strada Mitropolit Andrei Șaguna, à quelques pas au nord de la citadelle, on verra une petite église en bois (1794) dédiée à saint Michel (Sfântul Mihail). Elle se trouve au milieu d'un cimetière et aurait abrité Mihai Eminescu, le poète national, pour une nuit. Au sud de la citadelle, on arrive au musée-mémorial Bolyai (Strada Bolyai, 17, ouvert tous les jours, sauf le lundi), consacré au mathématicien Farkas Bolyai (1775-1856).

■ **BIBLIOTHÈQUE TELEKI-BOLYAI**
Au bas de la citadelle, dans le palais de Târgu Mureș (1804) de style impérial, se trouve cette bibliothèque fondée par le comte Sámuel Teleki (1739-1822). Ce fut l'une des plus grandes bibliothèques privées d'Europe, avec ses 40 000 ouvrages conservés. Aujourd'hui, elle est riche de 200 000 volumes, dont le Codex découvert par József Koncz, l'un des 65 incunables.

CATHÉDRALE ORTHODOXE

À l'une des extrémités de la superbe Piața Trandafirilor, bordée de maisons colorées et de sympathiques terrasses, se trouve une grande cathédrale orthodoxe de 1938. Sa décoration intérieure est superbe et ses dimensions sont volontairement imposantes, pour rendre jalouse l'église catholique baroque (1728) voisine.

CITADELLE

Elle date du XVe siècle et sa construction a été décidée par le prince de Transylvanie István Báthory. L'enceinte, entourée de tours aux noms divers, est remarquablement bien conservée mais un peu vide à l'intérieur, ce qui déçoit un peu. La principale tour abrite un petit musée de la Citadelle, à l'étage. Les enceintes protègent l'église hongroise réformée (au centre de la cour), qui date du XIVe siècle et a été bâtie par les dominicains sur le site d'un ancien monastère franciscain.

MUSÉE D'ETHNOGRAPHIE

Ouvert du mardi au vendredi de 9h à 16h, les samedi et dimanche de 9h à 13h.

Toujours sur la place, au n° 11, entre maisons Sécession et constructions des années 1970, le musée d'Ethnographie est installé dans une belle maison baroque. Collections modestes mais intéressantes sur la région du Mureș.

MUSÉE D'HISTOIRE NATURELLE

Ouvert du mardi au vendredi de 9h à 16h, les samedi et dimanche de 9h à 13h.

Un peu plus loin, le long de Strada Horea (n° 24), se trouve le musée d'Histoire naturelle qui propose des expositions classiques (géologie, animaux empaillés, etc.). Un peu plus loin encore, on arrive au marché de la ville, toujours animé.

PALAIS DE LA CULTURE

Ouvert du mardi au dimanche de 9h à 16h.

Emblème de la ville, cet imposant palais d'une grande originalité a été édifié entre 1911 et 1913 en style Sécession transylvain, d'après les plans des architectes Marcell Komor et Jakab Dezső.

Il faut absolument visiter l'intérieur de cet étonnant édifice. Ses peintures et vitraux aux couleurs et motifs originaux créent une ambiance très spéciale.

Le vert, le bleu et le doré dominent, les frises fleuries aussi. Le hall, en marbre de Carrare, est encadré par deux miroirs vénitiens (salle des Miroirs – *sala de Oglinzi*) et des fresques mythologiques. Le palais abrite aussi un orgue de très grande taille (4 463 tuyaux et 63 registres).

Le palais est le siège de la philharmonie locale et du musée d'Art, qui propose des œuvres d'artistes roumains et hongrois des XIXe et XXe siècles.

À l'extérieur, sa forme massive est adoucie par ses tuiles colorées (provenant de Pécs, en Hongrie), ses mosaïques, ses vitraux, ses bas-reliefs et ses statues.

Mosaïque sur la façade du palais de la Culture de Târgu Mureș.

Le palais de la Culture de Târgu Mureș, de style Sécession transylvain.

SYNAGOGUE

À quelques pas au nord-ouest de Piața Trandafirilor (Strada Aurel Filimon, 21), vous ne pourrez manquer la magnifique synagogue de la ville.

Cet édifice couleur saumon datant de 1899 est somptueux pour la richesse de ses ornements. Particulièrement bien conservé, le bâtiment est tout simplement éblouissant.

ZAU DE CÂMPIE

Ce petit village au nord de Luduș (ville entre Târgu Mureș et Turda) possède une petite réserve naturelle originale. Elle est constituée autour d'une aire où poussent en grand nombre des pivoines des steppes. Joli lors de la floraison en mai.

REGHIN

À 32 kilomètres au nord de Târgu Mureș, accès par bus ou train. Cette petite ville de 31 700 habitants compte une jolie église en bois (Sfântul Nicolae) datant de 1748, dont les icônes sont d'époque, et une église évangélique édifiée à partir du XIIIe siècle en style roman, puis restaurée et remaniée aux XVe, XVIIIe (ajout de touches gothiques) et XXe siècles. Reghin est aussi surnommé la « ville des violons ». De nombreuses fabriques existent et l'apprentissage du métier de luthier est très réputé ici. Vous pourrez certainement visiter une des cinq fabriques existantes ou assister à des concerts qui ont souvent lieu à la maison de la Culture de Reghin.

CĂLIMANI

La route de Reghin vers Toplița suit la rivière Mureș qui passe entre les monts Călimani et Gurghiu, offrant de jolis paysages. Vous verrez, à Răstolița, une jolie église en bois datant de 1800. Il existe quelques pensions dans cette région, à Răstolița notamment. Ce village est la porte d'entrée la plus intéressante vers les monts Călimani au nord, une région sauvage idéale pour les randonnées. Les monts Călimani sont à cheval sur les départements de Suceava, de Harghita, du Mureș et de Bistrița. Le parc naturel couvre 25 613 hectares d'une zone de montagne exclusivement dont le plus haut sommet est le Pietrosu (2 102 mètres). L'érosion y a créé des formes de relief étranges et très photogéniques, comme « les Douze Apôtres », des colonnes de pierre isolées. Les fleurs de montagne comme l'edelweiss et la faune des forêts de conifères (70 % de la superficie du parc) sont très bien représentées.

TOPLIȚA

À 37 kilomètres au nord de Gheorgheni, accès par trains et bus depuis cette ville, mais aussi de Reghin. De Toplița (13 300 habitants), on peut aussi traverser (en bus et en train) les Carpates vers Târgu Neamț, en passant par Borsec puis Poiana Largului.
C'est un centre urbain du nord du département de Harghita. Il possède une petite station thermale, moins réputée toutefois que celle de sa voisine Borsec. Son monastère Sfântul Ilie (à 1 kilomètre du centre) abrite de jolies icônes du XVIIIe siècle et une belle église en bois. Hors de la ville également, on verra une autre église en bois, Biserica Doamnei (1658), caractéristique de la région.
Les villages des alentours (Sărmaș par exemple) ont gardé un folklore bien vivant.

BORSEC

Ce nom vous est peut-être déjà familier si vous êtes en Roumanie depuis un moment. C'est celui d'une des eaux minérales les plus vendues. Les eaux de cette station thermale (2 500 habitants), mentionnées déjà au XVIe siècle, sont embouteillées depuis 1860 et ont reçu de nombreux prix internationaux. Située à 950 mètres d'altitude, au cœur d'un joli paysage, le village offre toutes les commodités d'une station thermale réputée. Les environs sont aussi connus pour ses nombreuses grottes.

www.borsec-turism.ro/en

Se loger

Les pensions sont très nombreuses, on en citera deux.

PENSION KEREK
Strada Nouă, 6
© +40 266 337 109
Chambre double à 15 € et à 17,50 € sans petit déjeuner.
À seulement 300 mètres de la station, cette pension a des allures de petite maison dans la prairie. Le confort est simple mais suffisant et les prix sont tout doux.

VILA RIKI
Strada Jókai Mór, 19
© +40 266 337 602
www.vilariki.com
hotel@vilariki.com
Chambres doubles à 30 €.
Un vaste hôtel avec des chambres lambrissées et une décoration de bon goût. Une bonne adresse.

GHEORGHENI

Cet ancien centre forestier (17 700 habitants, en hongrois Gyergyószentmiklós) au pied des monts Gurghiu et Hășmaș n'a pas grand-chose à offrir au visiteur. Mais, en tant que ville principale du nord du département de Harghita, Gheorgheni est un bon point de départ pour la découverte de la région – lac Rouge, Borsec ou Toplița – et un lieu de passage obligé sur le chemin de la Moldavie par la superbe route des gorges de Bicaz. C'est en outre une occasion de découvrir la communauté hongroise en Roumanie, puisque les Magyars composent ici presque 90 % de la population.

Transports

La ville est mieux desservie par bus que par trains. Les gares ferroviaire et routière se trouvent assez loin à l'est du centre. Mais de nombreux bus assurent la liaison. Les trains de la ligne Brașov-Satu Mare y passent. Bus pour Cluj, Miercurea Ciuc, Odorheiu Secuiesc ou Piatra Neamț (en passant par les superbes gorges de Bicaz). Mais aussi vers la Hongrie. Bus locaux vers Lăzarea.

Pratique

TOURINFORM (BUREAU D'INFORMATIONS TOURISTIQUES)
Piața Libertății, 17 © +40 266 364 568
Sur la place centrale.

Se loger

HÔTEL LACU ROȘU
Lacu Roșu
Strada Principală, 32 © +40 266 380 008
lacurosu@gmail.com
36 chambres correctes. Environ 40 € la chambre double.
C'est sans doute le meilleur établissement sur le lac. L'hôtel est confortable et accueillant, mais les tarifs sont relativement élevés.

■ **HÔTEL RUBIN**
Strada Gábor Áron, 1
✆ +40 266 365 554
www.rubinhotel.ro
rubinhotel@email.ro
Chambre simple 35 €, double 40 €, petit déjeuner et sauna inclus.
Sur la place centrale, un vaste bâtiment bas aux chambres confortables. Le décor est de plus ou moins de bon goût (rose, vert, un peu comme un *love hotel* de Tokyo par endroits), mais on y bénéficie d'une salle de gym, d'un sauna et d'une très belle salle de restaurant.

■ **HÔTEL SPORT**
Strada Stadionului, 11
✆ +40 266 361 270
Environ 20 € la chambre double.
Très bon marché. Tout droit hérité du communisme, l'établissement est pour les tout petits budgets. Souvent réservé par des groupes scolaires ou sportifs. Chambres privées très basiques avec douches communes.

À voir – À faire

■ **BOULEVARD LACUL ROȘU**
Le boulevard Lacul Roșu, au bout de Strada Miron Cristea, compte lui aussi quelques très beaux édifices.

■ **ÉGLISE ARMÉNIENNE**
De style baroque, elle fut construite au XVIIIe siècle et est entourée d'un mur d'enceinte.

■ **MUSÉE MUNICIPAL**
Strada Francisc Rákóczi, 1
Ouvert tous les jours, sauf le lundi.
Il propose des expositions historiques, ethnographiques (la plus intéressante), etc. Le bâtiment du musée, ancienne auberge de marchands arméniens, est aussi intéressant que les expos.

■ **PIAȚA LIBERTĂȚII**
Piața Libertății, de forme triangulaire, est entourée de quelques beaux bâtiments et constitue le centre de la ville. De là part la rue piétonne Miron Cristea, qui concentre commerces et animations.

Lacu Roșu (Gyilkos-Tó – Lac Rouge)

À 25 kilomètres à l'est de Gheorgheni, bus fréquents en saison.
Ce lac est tout simplement l'un des plus beaux du pays. Situé à 980 mètres d'altitude sur le cours supérieur de la rivière Bicaz, entouré de montagnes couvertes de forêts, il offre des paysages superbes. Curieux aussi, à cause des nombreux troncs d'arbres morts qui émergent à la surface de l'eau. C'est un lac tout en longueur (2,5 kilomètres sur 200 mètres de largeur au maximum) qui a été formé après un gigantesque glissement de terrain, en 1837. Il doit son nom aux particules d'oxyde de fer en suspension dans l'eau qui le colorent légèrement, ainsi qu'à la teinte des montagnes qui l'environnent (*voir plus bas pour une explication plus romanesque*). La richesse de la flore et de la faune locales a entraîné la création d'une réserve naturelle, que l'on peut parcourir en été par des chemins bien marqués.
À propos de la formation du Lacu Roșu, « la légende raconte que la belle Esther, attaquée un jour par un bandit, a appelé les montagnes à son secours. Comprenant sa détresse, les roches ont dévalé, dans un grondement de tempête, et tout entraîné sur leur passage, y compris Esther et son agresseur. En roumain, le lac porte ainsi le nom de lac Rouge, en rappel du sang versé ce jour-là. En hongrois, le lac s'appelle Gyilkos-tó, le "lac Meurtrier". Mais certains affirment que la couleur de l'eau rappelle les yeux d'Esther ».

Hébergement

Vous trouverez une demi-douzaine de villas touristiques aux abords du lac.

■ **HÔTEL LACU ROȘU**
Lacu Roșu
Strada Principală, 32 ✆ +40 266 380 008
lacurosu@gmail.com
36 chambres correctes. Environ 40 € la chambre double.
C'est sans doute le meilleur établissement sur le lac. L'hôtel est confortable et accueillant, mais les tarifs sont relativement élevés.

SOVATA

L'attraction de Sovata (10 200 habitants) pourrait être sa rue principale où les portails en bois rivalisent d'importance, où le nid de cigogne coiffe un clocher en bois (près du marché). Les touristes y affluent pour les bains (à Sovata Băi), sur les hauteurs de la ville. Les cinq lacs qui la dominent sont utilisés pour des cures depuis le XIXe siècle. Certains bâtiments de l'époque font beaucoup pour l'élégance du site. Vous aurez le choix entre des lacs de différentes couleurs (de nom du moins). Le plus joli, le lac de l'Ours (Lacul Ursu), est connu pour ses eaux de différentes températures (surface fraîche, eau à 35 degrés à 1 mètre de profondeur…).

Boues, eaux, forêts à proximité : les amateurs de thermalisme seront ravis. Sur la route qui mène à Sovata, chaque maison a son jardin, ses balcons fleuris et ses chambres à louer pour les nombreux touristes, de grande majorité hongroise. Vous y trouverez de nombreux vendeurs de kürtős, délicieuses pâtisseries en forme de tube, cuites autour d'un axe et qu'on mange de préférence toutes chaudes.

Transports

À l'entrée de la station climatique proprement dite, un parking bondé en été est entouré d'hôtels, restaurants, bars et boutiques de souvenirs. La gare routière s'y trouve également et les horaires sont discrètement affichés à l'extérieur. Prenez plutôt le bus pour vous y rendre. Petite gare routière à l'entrée du complexe thermal. Bus pour Miercurea Ciuc (3 par jour), Odorheiu Secuiesc (5 par jour ; en passant par Praid et Corund), Reghin (2 par jour), Sighișoara (1 par jour) et Târgu Mureș (8 par jour).

Se loger

Hôtels, pensions, chambres chez l'habitant, campings : le choix ne manque pas à Sovata. Inutile de faire une longue liste, il semble que chaque maison aux environs des bains ait une chambre à proposer. Les petites affiches « Cameră de închiriat » ou l'équivalent en hongrois et en allemand (« Zimmer frei ») sont partout. Si vous préférez le calme, Praid n'est pas loin.

CAMPING VASSKERT

Strada Principală, 129
✆ +40 265 570 902
www.szovata.hu
vasskert@szovata.hu
4 €/personne, 2 €/tente, 1 €/voiture. Possibilité de louer d'agréables bungalows en bois pouvant héberger jusqu'à 3 personnes pour 22 €/nuit.

Simplement un des plus beaux campings du pays. Tout est réalisé en bois, une vraie réussite. À moins de deux kilomètres des lacs salés, le lieu est fleuri et ombragé. Pour couronner le tout, les prix restent très abordables puisqu'il faut compter 20 € pour un chalet pouvant accueillir 3 personnes et beaucoup moins pour planter la tente.

HOTEL EDELWEISS

Strada Stâna de Vale, 9
✆ +40 265 577 728
www.hoteledelweiss.ro
info@hoteledelweiss.ro
Chambres doubles entre 35 € et 40 € selon la saison.

Petit hôtel élégant dans sa belle bâtisse jaune et très confortable.

HÔTEL TIVOLI

Strada Tivoli, 1
Tout au bout de la rue
✆ +40 265 570 493
www.hotel-tivoli.ro
tivoli_hotel@yahoo.com
Chambre double de 29 à 39 €, selon la saison.

Un hôtel basique dans un environnement agréable.

■ **PENSION KLEIN**
Strada Trandafirilor, 81
✆ +40 265 577 686
Chambre double 30 €.
18 chambres près de la poste et de l'église en bois. Confort d'un 2 étoiles local dans une ancienne et belle demeure bourgeoise. Beaucoup d'autres le long de la rue.

PRAID

Village entièrement hongrois de 6 200 habitants à 3 kilomètres au sud de Sovata ; bus nombreux depuis cette dernière ville. Centre réputé de tourisme rural. Le village avec son usine de sel est un peu moins joli que d'autres des alentours, mais l'abondance de pensions de qualité en fait une base idéale pour explorer la région. Les eaux des lacs formés dans les mines de sel encore exploitées sont utilisées ici aussi pour des cures. La mine est composée de six galeries superposées, hautes de 13 mètres et distantes de 30 mètres l'une de l'autre. On visite les salles à 80 mètres de profondeur et un parcours nous mène dans les galeries. Le lieu garde une température constante de 15 degrés et une humidité de 80 %. Les curistes (maladies respiratoires) y passent des journées entières à regarder des films, faire du sport, boire un verre au bar, tout en respirant cet air prétendument bénéfique. Une chapelle taillée dans le sel y a même été aménagée.

Pratique

■ **AGENCE TRANS-TUR**
Strada Principală, 1092
✆ +40 266 240 272
www.praid.ro
praid@praid.ro
Vous pourrez trouver ici de précieuses informations, des possibilités d'excursions et de réservation d'hébergement dans les environs.

Se loger

Une trentaine de pensions vous attendent dans ce village où le tourisme rural est bien développé.

OCNA DE JOS

1 500 habitants, entre Sovata et Corund. La « Saline d'en bas » est un très joli petit village un peu à l'écart de la route, parfait pour avoir une idée de l'architecture locale : fermes à cours fermées et, surtout, portails d'entrée en bois sculpté, voire ciselé, qui rivalisent d'allure, parfois sobres, souvent chargés. Les collines alentour sont couvertes de fleurs sauvages en été et leurs sommets sont coiffés de forêts.

CORUND

Très joli village (6 100 habitants) entouré par la forêt et les collines. En saison, la rue principale est bordée sur deux kilomètres de boutiques d'artisanat (poteries, bois, tissus, amadou…), trop peut-être, on se croirait presque en Andorre. La céramique de Corund est particulièrement réputée et peinte aux couleurs typiques de la région (rouge, bleu et vert tirant sur le marron). Les motifs sont généralement inspirés par la faune (oiseaux) et la flore locale (tulipes). Un marché de la poterie s'y tient les samedi et dimanche les plus proches du 10 août.

Transports

Les bus allant de Odorheiu Secuiesc à Sovata et Târgu Mureș y passent.

Se loger

■ **PENSION FORRAS**
Strada Principală, 2 ✆ +40 266 249 270
Compter 20 € la chambre double sans petit déjeuner.
Toute jaune et neuve, à l'une des entrées de la ville (sud). Pension bien tenue mais ce n'est pas la plus typique. Restaurant.

Le travail de l'amadouvier

Corund serait le seul endroit au monde où se pratique l'artisanat de l'amadouvier. On fabrique ainsi divers objets en amadou : chapeau, casquette, milieu de table… Les amateurs de ces objets rendront visite à Árpád Máthé, artisan créateur installé à 1 kilomètre du village. Il compose même des chansons sur son métier. On estime que 200 personnes environ travaillent ici l'amadouvier de hêtre (*Fomes fomentarius*) et l'amadouvier de bouleau (*Piptoporus betulinus*). Les motifs qui décorent ces réalisations sont très simples, beaux et traditionnels. À Sfântu Gheorghe, au Musée national sicule, on peut voire une exposition sur ce métier rare.

ODORHEIU SECUIESC

On arrive à Odorheiu Secuiesc (34 200 habitants) par une route magnifique. La région entre Gheorgheni et Odorheiu Secuiesc offre de jolis paysages et permet de traverser une zone touristique réputée pour le thermalisme et le tourisme rural. Les collines sont couvertes de pommiers, de prés aux meules de foin caractéristiques ou de forêts. Les villages sont rares mais très jolis. Vous remarquerez les portails en bois sculpté à l'entrée de chaque maison. Les cours ne sont pas délimitées par des murets colorés, comme dans les villages du sud de la Transylvanie, mais souvent par des palissades.

Elles sont envahies par la vigne, les arbres fruitiers et les fleurs. Au bord des routes, en été, des gens proposent des seaux entiers de champignons, cèpes en particulier, qui entrent dans la composition de délicieux plats locaux. Méfiance cependant, si vous n'êtes pas connaisseurs ! Les intoxications dues aux champignons sauvages étant nombreuses chaque année, il est préférable de les consommer au restaurant.

Si vous venez de Sighișoara, vous traversez un paysage de collines qui, peu à peu, se couvrent de vergers. Dans les villages, les nids de cigogne sont nombreux et occupés en été, un nid s'installe même parfois sur un mât de la place centrale. La petite ville plaît d'emblée avec son centre coloré et bien aménagé. Sa prospérité économique est presque évidente. Odorheiu Secuiesc est en effet un très important centre de l'industrie textile, du meuble, etc.

Dans cette ville dont la population locale est à 95 % magyarophone, vous vous sentirez encore plus dépaysé. Même la majorité des touristes sont hongrois.

Transports

Train

La gare est à 1 kilomètre au nord du centre. Les trains qui passent s'arrêtent parfois à Odorheiu Sud, elle aussi non loin du centre. La ville est très mal desservie par le rail. Toutefois, on peut gagner Sighișoara avec 3 trains par jour, très « locaux » (lents, mais jolis paysages et villages traversés). De Sighișoara, les options sont plus nombreuses. Agence CFR à la gare.

Bus

Dans l'autogare, sur les quais, panneaux avec destinations indiquées. Pas facile d'obtenir des horaires précis. Nombreuses agences de voyages proposant des trajets vers la Hongrie (bus pour Budapest 2 fois par jour, mais aussi vers bien d'autres villes). Les bus pour Târgu Mureș (5 par jour) passent par Corund et Sovata. Bus pour Miercurea Ciuc (2 par jour), Sfântu Gheorghe (1 par jour), Sighișoara (1 par jour), Gheorgheni (1 par jour), Brașov (1 par jour), Covasna (1 par jour) et pour les villages des environs.

Pratique

BUREAU D'INFORMATIONS TOURISTIQUES (BIROU DE INFORMAȚII TURISTICE – TURISZTIKAI INFORMÁCIÓS IRODA)

Piața Márton Áron, 6 ✆ +40 266 217 427
www.tourinfo.ro – office@tourinfo.ro
Ouvert en semaine de 8h à 16h. En été, ouverture jusqu'à 20h.
Il pourra vous fournir une documentation complète sur la ville et les alentours.

HEDON EXPRESS

Piața Márton Áron, 2 ✆ +40 266 210 133
www.hedon.ro
hedonexpress@yahoo.com
Pratique pour des excursions dans les alentours, location de voitures…

POSTE

Strada Gábor Bethlen, 57
www.posta-romana.ro

Bilingue

À la réception de la pension, il n'y a personne, excepté un petit garçon dont la tête dépasse à peine derrière le comptoir. Nous lui demandons, en roumain, le prix des chambres. Très embêté, il répond dans un roumain très approximatif (lui aussi), sur le ton d'une récitation apprise la veille. Car ici pour les enfants, le roumain est la langue qu'on apprend à l'école en primaire, pas celle qu'on parle à la maison. Amusant, si vous veniez d'apprendre péniblement quelques phrases en roumain… Vous n'avez plus qu'à vous mettre au hongrois ! Mais la chose amusera peut-être moins les très susceptibles amis roumains qui vous accompagnent…

Se loger

Les pensions confortables sont nombreuses. Elles sont principalement fréquentées par les touristes hongrois. En plus des adresses décrites : pension Wienez (Strada Kuvar, 15), très confortable.

Bien et pas cher

■ **PENSION KORONA (KORONA PANZIÓ)**
Piața Primariei, 12
✆ +40 266 218 061
✆ +40 266 217 227
www.koronapanzio.ro
office@koronapanzio.ro
Compter 26 € pour une chambre double, chambres pour trois également.
Pension récente, dans une cour intérieure couverte de vigne. Taverne tout en bois à l'extérieur et chambres à l'étage, assez petites mais modernes et impeccables, desservies par des coursives. Les numéros de chambres sont joliment indiqués par des lampadaires. Les Hongrois adorant les solariums, vous pourrez bénéficier de ce service. La meilleure adresse de la ville. Accès Internet (6 postes) et restaurant agréable côté rue (ouvert de mai à septembre).

■ **PENSION LILLA (LILLA PANZIÓ)**
Strada Tompa László, 23
✆ +40 266 212 531
www.lillapanzio.ro
lillapanzio@yahoo.com
Chambre double 30 € avec petit déjeuner.
Dans une rue calme, cette pension facilement reconnaissable à ses murs mauves (un peu surprenants) est très confortable. L'accueil est charmant et sympathique.

■ **PENSION MAESTRO (MAESTRO PANZIÓ)**
Piața Primariei, 3
✆ +40 266 215 600
www.maestro-panzio.ro
Chambre double 28 €. Entrée (panneau Recepție) dans la cour de la vinothèque-boucherie de la place centrale.
L'option la moins onéreuse, en plein centre. Confort simple mais propreté impeccable.

Confort ou charme

■ **HÔTEL GONDŰZŐ**
Strada Sântimbru, 18
✆ +40 266 211 247
www.gonduzo.ro
Chambre double 55 €, avec petit déjeuner.
L'adresse la plus chic de la ville. Cet hôtel est surprenant pour son architecture. Sa façade tout en brique est plutôt design, mais c'est surtout l'intérieur stylé qui est épatant. Les chambres sont lumineuses, spacieuses et modernes. Bon restaurant (*voir plus loin*).

■ **HÔTEL SEPTIMIA**
Strada Orbán Balázs, 106
✆ +40 266 217 770
www.septimia.ro
reception@septimia.ro
Chambre double à 60 € avec petit déjeuner.
Les chambres de cet hôtel 3 étoiles sont claires et très agréables. On appréciera les nombreux services, comme le centre de spa et le centre de médecine thérapeutique.

Se restaurer

■ **CAFETERIA ALEXANDRA**
Sur la place centrale dans un bâtiment vert. Les habitants se pressent à l'entrée pour acheter des pâtisseries qui sont succulentes. À prendre sur place avec un thé ou un café ou à emporter.

■ **RESTAURANT GONDŰZŐ**
Strada Sântimbru, 18 ✆ +40 266 211 247
www.gonduzo.ro
Le restaurant chic de la ville. Dans un décor sophistiqué, la cuisine est innovante et l'on peut, certains soirs, écouter de la musique arménienne. Les prix restent très corrects.

■ **RESTAURANT-PENSION KORONA (KORONA PANZIÓ)**
Piața Primăriei, 12/2
Lieu chaleureux et plats copieux. L'accueil y est excellent. Ouvert de mai à septembre.

Sortir

■ **G PUB**
Strada Sântimbru
Un bar bien agréable où vous pourrez rapidement discuter avec la population. Deux salles aux ambiances différentes. Concerts rock, jazz fréquents.

À voir – À faire

Piața Primăriei (Városháza tér), autrement dit la « place de la Mairie », constitue, avec Piața Márton Áron, le centre de la ville. Beaux bâtiments (lycée Tamási Áron, un bâtiment Sécession), belles églises, rues colorées, panneaux en hongrois et statues de héros hongrois les entourent. Vos amis roumains (irrités parfois) s'y sentent presque à l'étranger... Odorheiu Secuiesc ne compte pas d'édifices exceptionnels, mais c'est une cité agréable où l'on se sent bien. Le centre est dominé par diverses églises, supposées contenter les différentes communautés. L'église réformée (1781) s'élève entre les deux places. À l'ouest se dresse un ancien monastère franciscain construit en 1779. Vient ensuite l'église catholique Sfântul Nicolae (1793). Notons enfin l'église réformée. On y accède de Strada Bethlen Gábor par une ruelle proche de l'église gréco-catholique. Elle se trouve au milieu d'un joli cimetière boisé. Rues très agréables, quasi villageoises autour de la citadelle (Strada Cetății) du XVIe siècle, aujourd'hui transformée en lycée. Près de la gare routière, se tient un petit marché (plus intéressant le samedi) avec des Roms hongrois, souvent vêtus de noir avec de grands chapeaux, et des femmes aux tenues colorées.

■ MUSÉE D'ETHNOGRAPHIE

(en allant vers Sighișoara)
Strada Kossuth Lajos, 29
✆ +40 266 218 375
Ouvert du mardi au vendredi de 9h à 16h et en fin de semaine de 9h à 13h. Entrée 1 €.
Une visite qui permet de mieux comprendre les particularismes des « Hongrois de Roumanie » à travers d'anciens objets, des costumes et la description de traditions spécifiques.

CRISTURU SECUIESC

■ ÉGLISE FORTIFIÉE DE DÂRJIU (SZÉKELYDERZS)

À 15 kilomètres au sud-ouest d'Odorheiu Secuiesc, dans ce petit village vous verrez une belle église fortifiée, inscrite sur la liste du patrimoine mondial de l'Unesco. Une fois les clés trouvées dans le village, vous visiterez les murs d'enceinte, lieux de stockage, et admirerez les belles fresques du XVe siècle.

■ MUSÉE DE LA POTERIE

✆ +40 266 242 580
Ouvert du lundi au vendredi de 8h à 17h, en fin de semaine de 10h à 17h. Entrée 1 €.
Petit musée consacré à cet artisanat qui fait la renommée du village.

TIBOD

Ces villages proches d'Odorheiu Secuiesc, au cœur d'une superbe région, font partie des centres de tourisme ruraux les plus réputés pour leur maisons traditionnelles et leurs portails sculptés et colorés. De très belles pensions existent dans le secteur.

■ HANUL TÁJHÁZ

À Bisericani
Une adresse vivement recommandée pour une nuit à 10 € par personne.
Au n° 28 de la rue principale, cette auberge traditionnelle est merveilleuse d'un point de vue architectural. La finesse du détail, les ornements, les poutres en bois sculpté ajoutés au confort, tout y est.

■ PENSION JÁNOS

À Tibod
Comptez 28 € la chambre double en demi-pension.
À gauche à l'entrée du village, au n° 62 de la rue principale, vous trouverez facilement cette pension. Ses chambres lambrissées sont impeccables et vous pourrez y déguster une bonne cuisine hongroise.

■ MIERCUREA CIUC

Cette petite ville de 38 900 habitants est la capitale du Pays sicule depuis 1550. Ciuc est le nom de la dépression dans laquelle est située la ville et qui lui vaut un climat plus froid que dans le reste du pays. Nous ne savons pas si cette particularité météorologique explique la présence à Ciuc de l'une des meilleures équipes de hockey sur glace du pays, tout comme de l'une des plus illustres bières de Roumanie ! La ville en soi n'est pas vraiment belle. C'est son statut de centre de la culture hongroise en Roumanie qui est son principal atout touristique. La plupart des indications que vous verrez et des conversations que vous entendrez seront en hongrois. Les environs abondent en villages typiques et stations thermales.

Transports

Train

La gare principale se trouve à l'ouest du centre-ville, à 200 ou 300 mètres de la place centrale. Les rues Florilor et Sadoveanu, qui partent en face de la gare, conduisent rapidement au centre.

Mercurea-Ciuc
Edifice chrétien
Synagogue
Musée
Curiosité
Marché
Poste
Police
Gare routière
Gare ferroviaire
Tóköze
Alsómező
Str. Toplița
Str. Lunca Mare
Str. Gheorge Coșbuș
Szénás-tanorok
Papé
Nádmejéke
Nyúlvölgye
CART. SPICULUI
Gare routière
Biserica rom-Cat. nouă
St. Agoston
Str. Kossuth Lajos
Place Libertății
Poste
Timișoarei
Place M. G.Karoly
Str. Petőfi Sándor
Gare routière
Gare ferroviaire
CART. PATINOARULUI
Kőrösi Cs. Sándor
Marché
Strada Leliceni
Eglise
Petőfi Sándor
Strada Brașovului
Cetatea Miko
Lókert
CART. TUDOR VLADMIRESCU
Dózsa György
Police
Synagogue
Lipován
Rét
Bérc
Strada Pictor Nagy Imre
Kerekcsere
Nagy Laji dombja
Kicsi-mező
Kisszeg
Brașovului
Kör-kert
Jigodin
Fok
Felszeg
Cetate
Eglise
Jancsó
Maison Mémorial Nagy Imre
Kisvár
Fenyőhát
Keresztút
0
400
N

La gare Ciceu, au nord de la gare centrale, accueille les trains pour Adjud (ligne nord-sud de Bucarest à la Moldavie), et les trains de la ligne Cluj-Moldavie. Cette gare est reliée à l'autre par de nombreux trains et par le bus 22 (peu fréquent).
De Miercurea Ciuc, trains pour Sfântu Gheorghe et Brașov (12 par jour, 1 heure 30 à 2 heures 30 de trajet), Baia Mare (1 par jour, 7 heures 30 de trajet), Sighetu Marmației (1 par jour, 8 heures 30 de trajet), Suceava (1 par jour, 6 heures 15 de trajet), Gheorgheni (10 par jour, 1 heure de trajet) et Târgu Ocna (près de Slănic Moldova). Trains internationaux pour Budapest 1 fois par jour, 13 heures de trajet.

Bus

La gare routière se trouve Strada Brașovului, juste au nord de la gare ferroviaire principale, et donc tout près du centre. Le bus est plus pratique pour rejoindre les villes voisines. Bus pour Târgu Mureș (3 par jour), Odorheiu Secuiesc (6 par jour) et Sovata (3 par jour) à l'ouest. Bus pour Gheorgheni et Târgu Neamț (1 par jour), Piatra Neamț (2 par jour) au nord. Bus locaux pour Băile Tușnad (4 par jour), Târgu Secuiesc (3 par jour), Frumoasa (10 par jour en semaine). 2 bus quotidiens pour Budapest.

■ **AGENCE CFR**
Strada Florilor, 12

Pratique

■ **BUREAU D'INFORMATIONS TOURISTIQUES**
Piața Cetății, 1
✆ +40 266 317 007
www.szereda.ro
csikinfo@szereda.ro
Dans l'hôtel de ville au 1er étage.
Renseignements touristiques en anglais (carte de la ville, lieux d'intérêt et aide pour trouver hébergements et restaurants).

► **Autre adresse : www.harghitatourism.ro** (infos sur le département)

■ **FENYŐ TRAVEL**
Strada Nicolae Bălcescu, 11
✆ +40 266 372 524
www.fenyotravel.ro
office@fenyotravel.ro
Pratique pour réserver des chambres d'hôtel et pour louer des voitures.

■ **MONTANA TOURS**
Strada Kossuth Lajos, 26 B
✆ +40 266 317 122
http://montanatours.ro
sales.salvator@salvator.ro
Pratique pour acheter des billets de bus longues distances, internationaux.

■ **POSTE**
Strada Kossuth Lajos

Se loger

Bien et pas cher

■ **AUBERGE DE JEUNESSE LASARUS**
Strada Gál Sándor, 9
✆ +40 266 310 497
www.lasarushostel.ro
lasarus@lasarushostel.ro
L'option la meilleure marché de la ville. Une bonne adresse, où l'on peut même trouver une chambre simple. Comptez 12 € par personne pour des chambres simples mais propres.

■ **HÔTEL PRINCE**
Strada Harghita, 74
✆ +40 266 371 583
www.princehotel.ro
office@princehotel.ro
Chambre double à 30 €, avec petit déjeuner.
Une grande maison moderne et assez stylée. Petit hôtel de 20 chambres confortables, dans une rue pas très éloignée du centre.

■ **PENSION KORONA**
Strada Márton Áron, 38
✆ +40 266 310 993
www.korona.panzio.ro
korona@panzio.ro
15 chambres dont la double à 35 € avec petit déjeuner. La pension étant assez sollicitée, il est préférable de réserver à l'avance.
Bon confort dans une maison rénovée datant de l'époque des Habsbourg. Sa façade de couleur orange se remarque facilement dans une des rues du centre-ville.

■ **PENSION MANDALA**
Dans la station de Harghita Băi
✆ +40 266 324 292
www.mandalapanzio.ro
reservation@mandalapanzio.ro
Chambre double à 17,50 € sans petit déjeuner.
Située à l'entrée de la station, à 200 mètres de la route principale, cette pension propose des chambres assez basiques, claires et très propres.

■ **PENSION PÓKÁT**
✆ +40 266 312 583 – www.pokatresort.ro
office@pokatresort.ro
Un peu avant la station thermale de Harghita-Băi, à 18 km à l'ouest de Miercurea Ciuc. Compter 10 €/personne sans petit déjeuner.
Grande pension dans un chalet tout en hauteur. On est ici en pleine nature et c'est l'intérêt principal de la pension. Chambres assez basiques, claires et très propres. Restaurant. Excursions.

Confort ou charme

■ **HÔTEL PARK**
Strada Szék, 58 ✆ +40 266 313 833
www.hotelpark.ro
Chambres doubles à 50 € au maximum.
Au nord-est de la ville, 20 chambres aménagées dans une grande maison confortable.

Se restaurer

Quelques bons endroits existent dans la ville. Pensez notamment à la pension Korona qui sert aussi une bonne cuisine.

■ **HOCKEY CLUB**
Strada Petőfi Sándor, 4
✆ +40 266 371 095
On vient surtout ici pour boire une bière, les repas servis y étant très simples. Avec un peu de chance, vous pourrez peut-être rencontrer les joueurs de l'équipe de hockey de la ville. Ambiance conviviale.

■ **RESTAURANT SAN GENNARO**
Strada Petőfi Sándor, 15
✆ +40 266 206 500
Idéalement situé, ce restaurant très agréable et sans prétention propose une bonne cuisine italienne. Avec des pizzas à moins de 4 €.

À voir – À faire

En sortant de la gare, on est tout d'abord accueilli par deux églises côte à côte, l'une datant de 1758, l'autre étant bien plus récente. Intéressant contraste. Ensuite on ensuite l'axe principal de la ville, Strada Petőfi Sándor, anciennement nommée la rue des Fleurs. Ces dernières années, cette rue piétonne s'est vraiment embellie. Désormais, c'est un vrai bonheur de s'y promener un jour de forte affluence quand les terrasses sont pleines. En revanche, autour de Piața Libertății, les vestiges du plan de systématisation de Ceaușescu sont encore bien présents. En suivant le boulevard Timișoara vers le sud et en longeant le parc, on passe devant l'inévitable maison de la Culture, puis on parvient au palais de justice (1904), à l'hôtel de ville (1898) et, enfin, au château-musée Mikó.

■ **CHÂTEAU MIKÓ ET MUSÉE SICULE**
Piața Cetății, 2
✆ +40 266 372 024
www.csikimuzeum.ro
info@csikimuzeum.ro
Situé au sud du centre-ville, ce château fortifié, le plus vieux bâtiment de Miercurea Ciuc fut élevé en 1621 sur les fondations d'une ancienne forteresse. Son nom lui vient de celui du commandant en chef de la région à l'époque de sa construction, Ferenc Mikó. Incendié lors des invasions tatares en 1661, il fut reconstruit en 1716. Son rôle était à la fois défensif (tours) et politique (siège politique du Pays sicule). Il abrite aujourd'hui un musée (Muzeul Județean – Csíki Székely Múzeum, ouvert du lundi au dimanche de 9 à 17 heures, entrée 1,25 €, moitié prix pour les enfants et étudiants). Collections historiques, folkloriques artistiques et autres, relatives à la région et ses particularités culturelles. Derrière le château, vous pourrez voir la reconstitution de deux maisons traditionnelles.

■ **COMPLEXE MONASTIQUE DE ŞUMULEU (CSÍKSOMLYÓ)**
✆ +40 266 371 449
Un peu en dehors de la ville, à 2 kilomètres au nord environ. Accès par bus 11, 21 et 41.
Ce lieu mérite un petit détour. Une des églises de ce monastère franciscain, important lieu de pèlerinage, a été construite par János Hunyadi en 1448. Elle fut démolie en 1802 et reconstruite en style néoclassique d'influence baroque. Sa réputation lui vient de sa statue de la Vierge. Sculptée dans du bois de tilleul et haute de 2,30 mètres, elle est évidemment connue pour accomplir des miracles. Le dimanche de Pentecôte, le pèlerinage des Sicules se fait sur le mont Somlyó (1 035 mètres). Près de 180 000 fidèles convergent alors vers le monastère, chantant et formant une longue procession suivant un chemin tout tracé : statue de la Vierge, puis trois chapelles perchées sur la colline proche. De là, on jouit d'une très jolie vue sur les environs.

Dans les environs

De nombreux villages aux maisons typiques du Pays sicule, tels Misentea (église du XIIIe siècle aux jolies sculptures) et Leliceni, des centres d'artisanat comme Dănești et Sâncrăieni et des stations thermales comme Jigodin-Băi et Harghita-Băi.

SFÂNTA ANA

Situé dans le massif de Ciomatu, à 950 mètres d'altitude, le lac Sfânta Ana s'est formé dans le cratère d'un volcan et c'est le seul lac de ce type en Roumanie. Ses eaux sont très claires. La région alentour est particulièrement agréable, la flore est abondante et les rochers empruntent des formes particulières.
Les pèlerinages en l'honneur de sainte Anne, le 26 juillet, et les cures thermales attirent nombre de touristes sur les berges du lac (petit droit d'entrée pour y accéder).
Intéressant festival le 26 juillet, jour de la Sainte-Anne.

▶ **Băile Tușnad (Tusnádfürdő)** est une station de montagne joliment entourée de forêts où les traitements thermaux sont pratiqués depuis 1890. On y utilise à la fois les eaux du lac Ciucaș (transformé en patinoire en hiver) et celles du lac Sfânta Ana. Sa situation, dans la vallée de l'Olt, est particulièrement privilégiée, entre les massifs de Harghita et de Ciomatu, à 650 mètres d'altitude. Le village de Baraolt, à l'ouest de Băile Tușnad, est réputé pour l'artisanat du bois. On y fabrique les traditionnels poteaux funéraires. Sur la partie haute du poteau, l'âge, le métier et le sexe du défunt sont représentés par des symboles, flèches, fleurs, bonnets ou étoiles.

▶ **Balvanyos (Bálványos).** Cette station thermale, elle aussi réputée, est située de l'autre côté du lac Sfânta Ana, à 900 mètres d'altitude. Dans les environs, on pourra voir les ruines d'une forteresse du XIIIe siècle et la grotte de Puturoasa.

Transports

Bus de Miercurea Ciuc et Sfântu Gheorghe.
Bus locaux vers Bálványos.
Trains vers les mêmes destinations et Brașov.

Pratique

■ **CENTRUL DE INFORMARE TURISTICĂ**
Strada Oltului, 78
Băile Tușnad
✆ +40 744 553 380
www.bailetusnad.ro
molnartur@yahoo.com
Le centre fonctionne deux mois par an, en été.

▶ **Autre adresse : www.balvanyos.eu**

TÂRGU SECUIESC

Le centre-ville de Târgu Secuiesc (autour de Piața Gábor Áron ; 18 500 habitants) est charmant, avec ses vieilles maisons aux cours intérieures des XVIe-XVIIe siècles. La culture sicule est ici dominante et l'on appréciera ses aspects folkloriques lors du très animé marché du jeudi.

Transports

Les gares routière et ferroviaire sont côte à côte, à 10 minutes de marche du centre-ville, au bout de Strada Gării. Trains vers Covasna, Brețcu et Sfântu Gheorghe. Bus vers Covasna, Miercurea Ciuc, Sfântu Gheorghe.

Se loger

■ **PENSION VÖRÖS (PERLA NEAGRĂ)**
Strada Gábor Áron, 19
✆ +40 267 360 789 – www.perlaneagra.ro
office@perlaneagra.ro
Chambres doubles 42,50 € avec petit déjeuner.
Dans un des bâtiments historiques de la place centrale, cette pension a conservé un mobilier datant des XVIIIe-XIXe siècles. Une très bonne option. En plus, l'établissement fait restaurant.

À voir – À faire

■ **MUSÉE DES CORPORATIONS**
Piața Gábor Áron
Curtea 10
✆ +40 267 361 748
Ouvert du mardi au vendredi de 8h à 16h, les samedi et dimanche de 9h à 13h. Entrée 1,50 € pour les adultes. L'entrée est valable aussi pour le musée des Poupées.
Situé dans une ancienne fonderie à canons, le musée retrace l'histoire des différentes corporations de métiers médiévaux et présente une collection de costumes traditionnels.

■ **MUSÉE DES POUPÉES**
Ouvert de 9h à 16h en semaine et le matin durant les week-ends.
Non loin du musée des Corporations, ce musée des Poupées présente de jolis modèles. Fabriquées artisanalement, les poupées portent les habits traditionnels de la région.

COVASNA

Cette station de 10 100 habitants à 600 mètres d'altitude, surnommée « la station des 1 000 sources » (il y en a en fait 1 500), est l'une des plus courues du pays. Comme beaucoup d'autres stations, elle est assez bétonnée. Mais le nombre et la variété de ses sources offrent une gamme de traitements unique. La région alentour ne manque pas d'intérêt.

Transports

La gare ferroviaire, à 3 kilomètres du centre, y est reliée par bus ainsi qu'à Valea Zânelor. On peut aussi réserver des tickets dans le centre, au n° 24 de Strada Libertății. La gare routière est située dans le centre-ville, près du marché de Strada Ștefan cel Mare. Trains et bus de Sfântu Gheorghe et Târgu Secuiesc.

Pratique

TURISM COVASNA
Strada 1 Decembrie 1918, 1
✆ +40 267 340 401
www.turismcovasna.ro
marketing@turismcovasna.ro

Se loger

Les villages autour de Covasna comptent de nombreuses pensions. Réserver auprès d'Antrec (covasna@antrec.ro, 0267 361 130). Une dizaine d'hôtels vous attendent mais dans l'ensemble, ils n'ont rien d'exceptionnel.

HÔTEL BRADUL
Strada Mihai Eminescu, 225
✆ +40 267 340 081
Chambres doubles environ 35 € avec petit déjeuner.
Un grand hôtel dont l'architecture et la situation en lisière de forêt ne manquent pas de charme.

HÔTEL TURIST
Strada 1 Decembrie 1918, 7
✆ +40 267 340 573
L'option la moins chère. Très, très bon marché, mais au confort basique et avec des chambres plus que vieillissantes.

PENSION HANNA
Cernat, 1015 ✆ +40 267 317 290
pensiuneahanna@gmail.com
Belle petite maison de campagne fleurie avec des chambres simples mais confortables. Comptez 30 € la chambre double avec le petit déjeuner.

À voir – À faire

Balta Dracului (« la mare du Diable ») est une plan d'eau où l'eau bouillonne en permanence. Valea Zânelor, vous trouverez une aire archéologique autour des restes d'une cité dace des premiers siècles avant et après Jésus-Christ. Plus haut, dans les superbes paysages de montagne et au milieu des forêts, vous pourrez visiter le village de Comandău et ses tourbières, curiosités naturelles.

SFÂNTU GHEORGHE

Située au nord de la dépression de Brașov, la ville (56 000 habitants) est mentionnée pour la première fois en 1332.
C'est ici qu'ont été établies les premières institutions sicules. Si vous venez de Brașov, cette ville sera votre première étape en Pays sicule.
Les trois quarts de sa population sont d'origine hongroise, fait qui se traduit par un affichage bilingue et un dynamisme culturel magyar intéressant.
Même si la ville n'est pas un centre touristique majeur, vous pourrez admirer les prouesses architecturales de Károly Kós qui a su mêler pratique et esthétisme.

Transports

Bus

La gare routière se trouve non loin de la gare ferroviaire. Bus pour Covasna, Miercurea Ciuc, Băile Tușnad, Târgu Secuiesc, Odorheiu Secuiesc, Târgu Neamț, Piatra Neamț (2 par jour), Brașov (de 2 à 4 par jour, mais aussi des maxitaxis nombreux). Bus vers Budapest tous les jours et Bucarest (1 par jour).

Train

La gare se trouve légèrement à l'est du centre-ville (à 2 kilomètres), au bout de Strada 1 Decembrie 1918. Trains pour Covasna, Târgu Secuiesc et Bretcu, mais aussi Brașov et Miercurea Ciuc.

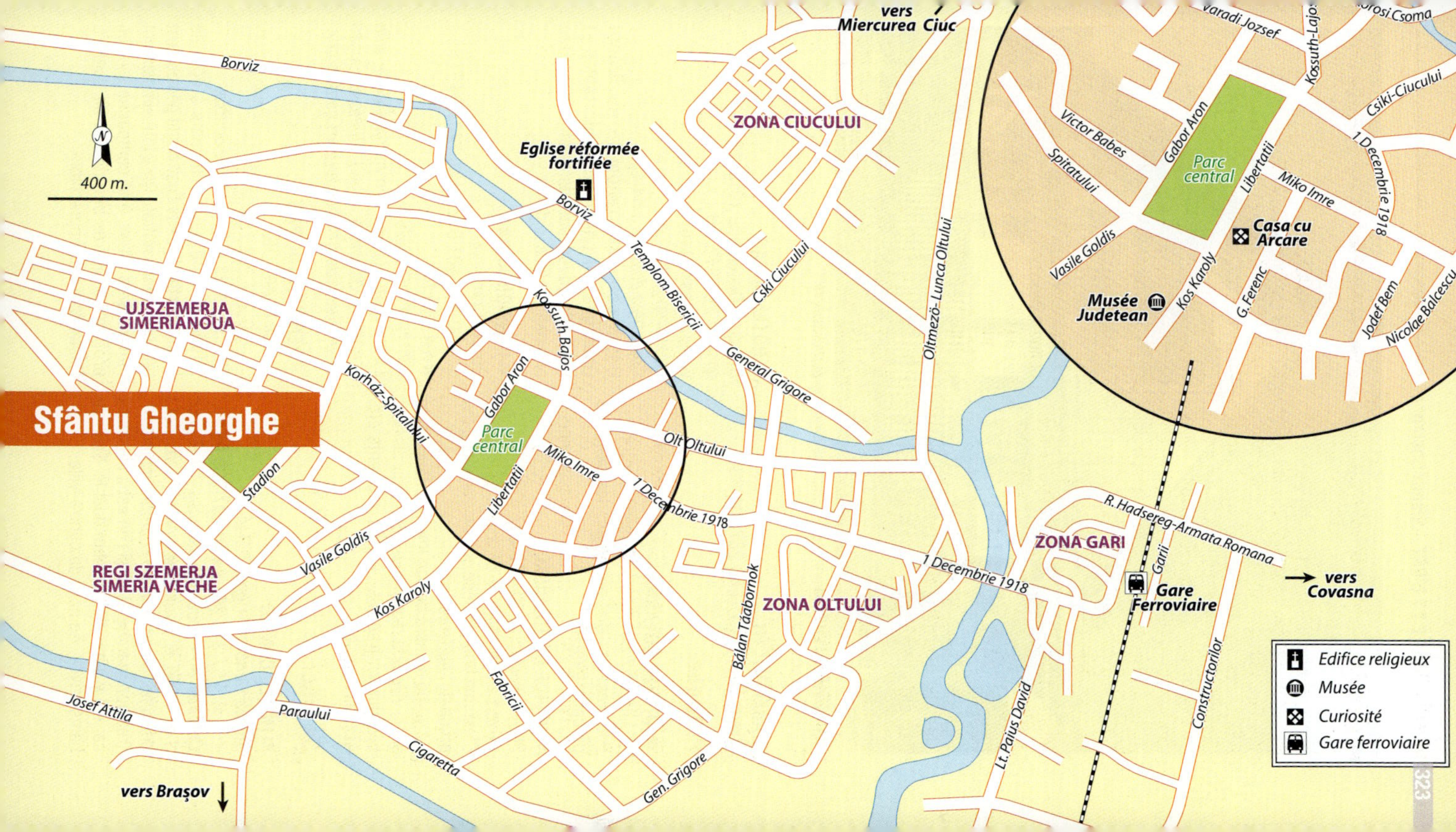
Sfântu Gheorghe
400 m.
vers Miercurea Ciuc
Borviz
Eglise réformée fortifiée
ZONA CIUCULUI
UJSZEMERJA SIMERIANOUA
REGI SZEMERJA SIMERIA VECHE
ZONA OLTULUI
ZONA GARI
Templom Bisericii
Cski Ciucului
Oltmező-Lunca Oltului
General Grigore
Kossuth Bajos
Gabor Aron
Parc central
Miko Imre
Libertatii
Olt Oltului
1 Decembrie 1918
Korház-Spitalului
Stadion
Vasile Goldis
Kos Karoly
Fabricii
Bălan Táabornok
Josef Attila
Paraului
Cigaretta
Gen. Grigore
Lt. Paius David
Constructorilor
Garii
R. Hadsereg-Armata Romana
Gare Ferroviaire
vers Covasna
vers Brașov
Varadi Jozsef
Kossuth-Lajos
Orosi Csoma
Csiki-Ciucului
Victor Babes
Spitatului
Casa cu Arcare
Musée Judetean
G. Ferenc
Jodef Bem
Nicolae Bălcescu
Edifice religieux
Musée
Curiosité
Gare ferroviaire

Maison typique de la communauté hongroise avec son portail sculpté.

■ **AGENCE CFR**
Strada Școlii, 3 © +40 267 311 680

Pratique

■ **ANTREC COVASNA**
© +40 267 361 130 – covasna@antrec.ro
Pour réserver des nuits dans les pensions du département.

■ **OFFICE DE TOURISME**
Piața Libertății, 7 © +40 267 316 474
Ouvert en semaine de 8h à 16h.
C'est une bonne chose que de s'arrêter à cet office de tourisme.
Un grand nombre de documents intéressants sur la ville et la région vous seront fournis dont certains en français : cartes, dépliants etc. Accueil agréable.

Se loger

■ **HÔTEL CONSIC**
Strada General Grigore Bălan, 31
© +40 267 310 301 / +40 267 326 984
Compter 30 € pour 4 personnes, 23 € pour 3 et 17,50 € pour 1 personne. Sans petit déjeuner. Il n'y a pas de chambre double.
Très bon marché. Bien si l'on est à plusieurs car il n'y a pas de chambre double. Salle de bains privée. Au nord du centre-ville.

■ **HÔTEL SUGAS**
Strada 1 Decembrie 1918, 12
© +40 267 312 171
www.sugaskert.ro
hotel@sugaskert.ro
Chambres doubles à 54 €.
Hôtel-restaurant renommé de Sfântu Gheorghe. 24 chambres confortables et agréables avec parfois quelques petites originalités dans le décor.

■ **PENSION AGORA**
Strada Crângului, 1
© +40 367 401 912 / +40 740 224 788
www.tega.ro
agorapanzio@tega.ro
La meilleure option bon marché de la ville (chambre double à 15 €). Quelques jolies chambres d'un très bon rapport qualité/prix.

■ **PENSION TULIPAN**
Strada Borviz, 19
© +40 267 312 734
De 23 € à 35 € la chambre double.
Située au nord de la ville juste à côté de l'église fortifiée, cette charmante pension est une très bonne option. On a tout simplement l'impression d'être à la campagne tout en profitant d'un très bon niveau de confort. Restaurant très appréciable.

Se restaurer

■ PIZZERIA BASTION

Strada Oltului, 6
✆ +40 267 310 022
Une adresse pour manger rapidement ou pour boire un verre en soirée.

■ SZENTGYÖRGY PINCE

Strada Gábor Áron, 14
www.szentgyorgypince.ro
pince@szentgyorgypince.ro
L'adresse où vous pourrez goûter le meilleur de la cuisine traditionnelle hongroise. Vous apprécierez aussi la cave à vin et le cadre très chic.

À voir – À faire

Le centre de la ville s'organise autour de Piața Libertății. La place est entourée de quelques bâtiments intéressants, comme la maison à arcades (Casa cu Arcade, 1821) ou le lycée technique, conçu par Károly Kós. Non loin de la place se trouve le théâtre national hongrois, l'un des deux que compte la Roumanie (l'autre est à Cluj). Près du parc Central trône l'église orthodoxe Sfântul Gheorghe, de 1802. Au nord, côté vieille ville, sur Piața Calvin, on pourra visiter l'église réformée fortifiée, du XIVe siècle, entourée de remparts flanqués d'un clocher massif. Elle aurait été construite sur l'emplacement d'une église détruite par les Tatars.

■ MUZEUL JUDEȚEAN OU MUSÉE NATIONAL SICULE

Strada Kós Károly, 10
✆ +40 267 312 442
www.sznm.ro
office.sznm@gmail.com
Ouvert en été du mardi au vendredi de 10h à 18h, le samedi et le dimanche, fermeture à 16h. Entrée 1,50 € pour les adultes.
C'est dans une superbe bâtisse, conçue par l'architecte de renom Károly Kós en 1911, que se trouvent les plus remarquables collections historiques et ethnographiques du Pays sicule. Située au sud du centre-ville (près du parc, accès par le bus 1), la halte est obligatoire pour qui veut comprendre les spécificités de cette culture : histoire, coutumes, costumes, métiers, artisanat, langue… Mais on y verra aussi des pièces rares, tels des céramiques néolithiques et des vestiges de cités daces. Une section en plein air présente des maisons typiques de la région aux portes et portails en bois.

BODOC

Sur la route de Miercurea Ciuc, ce village de 1 000 habitants au nord de la ville a une jolie église fortifiée du XVe siècle au portail de style gothique, ainsi que des maisons aux portails de bois sculpté, beaux exemples de l'architecture locale. Bus depuis Sfântu Gheorghe.

RECI

Sur la route de Covasna, proche du village (1 200 habitants) et du Râul Negru, se trouve une réserve botanique originale pour la région : près d'un joli lac, une forêt de bouleaux pousse sur un paysage de dunes d'environ 6 mètres de hauteur !

AITA MEDIE

À l'ouest, sur une petite route entre Baraolt et Sfântu Gheorghe, Aita Medie (800 habitants) est un village pittoresque et reposant. Si vous n'êtes pas motorisé, contactez la pension Black Stork qui se fera un plaisir de venir vous chercher à Sfântu Gheorghe.

■ PENSION BLACK STORK

Aita Medie, 21
✆ +40 267 355 637
www.blackstork.ro
gazdaglevente@gmail.com
La chambre double 36 €, petit déjeuner inclus.
Entièrement rénovée, cette pension a conservé son aspect traditionnel. « La Cigogne noire » vous accueillera les bras ouverts pour dormir et même pour faire de nombreuses excursions dans la région.

L'âge où jouer à la campagne en se crottant est encore permis !

LA TRANSYLVANIE FRONTALIÈRE

Villageois en route vers le centre du village.

La Transylvanie frontalière

ARAD
ALBA
SIBIU
TIMIȘ
HUNEDOARA
CARAȘ-SEVERIN
GORJ
VÂLCEA
MEHEDINȚI
SERBIE
Cenad
Parc National Lunca Mureșului
Păuliș
Bârzava
Lipova
Mureș
Vinga
Biled
Jimbolia
TIMIȘOARA
Timiș
Lugoj
Făget
Săvârșin
Ilia
Brad
Zlatna
Teiuș
Târnava
Mediaș
Alba Julia
Sebeș
Deva
Hunedoara
Zlaști
Cugir
Sibiu
Olt
Hațeg
Peștera
Parc National Grădiștea Muncellului-Cioclovina
Căinenii Mici
Lac Vidra
Petroșani
Parc National Cozia
Voiteg
Fârliug
Berzovia
Bârzava
Moravița
Reșița
Caransebeș
Lac Poiana Marului
Băuțar
Retezat 2482 m.
Muntele Mic 1802 m.
Parc National Retezat
Peleaga 2509 m.
Garâna
Armeniș
Parc National de Semenic-Cheile Carașului
Gorges de la Caraș
1446 m.
Anina
Caraș
Lac Poiana Rusca
Lac Cerna
Parc National Domogleti-Valea Cernei
Oravița
Tismana
Târgu Jiu
Râmnicu Vâlcea
Govara
Topolog
Parc National des Gorges de la Nera-Beușnita
Bozovici
Naidăș
Băile Herculane
Oltet
Orlea
1226 m.
Moldova Nouă
Parc National des Portes de Fer
Orșova
Motru
Plopșoru
Zătreni
Berzasca
Dubova
DANUBE
Strehaia
Drobeta-Turnu Severin
Jiu
Filiași
0 km
20
40
60
80 km

Banat

L'ouest de la Transylvanie n'est pas spécialement visitée par les touristes étrangers, à la différence de la Transylvanie historique ou de la Moldavie. Pourtant cette région ne manque pas d'intérêt. On l'appelle « Transylvanie frontalière » car elle est issue de régions qui ne faisaient pas partie de la Transylvanie médiévale, mais lui ont été incoporé administrativement lors de leur rattachement à la Roumanie reconnu au traité de Trianon en 1920. Cette province occidentale de la Roumanie connaît un niveau de développement et de vie plus proche de celui des pays d'Europe de l'Ouest que le reste du pays. L'architecture comme l'atmosphère de ses villes y sont également bien différentes de celles de l'Est. Le dépaysement, notamment l'aspect folklorique, y est donc moins sensible – sauf dans le Maramureș. Cette région historiquement composite se divise en trois grands ensembles :

- au nord-est, **le Maramureș** est une région à part, issue de l'ancien duché de Marmatie. C'est une région splendide, rurale et très authentique ;
- au nord, **le *județ* de Satu Mare** correspond à la région entourant la ville du même nom. C'est une ville mi-hongroise, mi-roumaine, qui est caractérisée par sa double population ;
- au sud de Satu Mare, **la Crișana** mérite le détour pour ses grottes et ses stations thermales autour d'Oradea ;
- au centre, **le Banat** est lui aussi une région historiquement hongroise, répartie aujourd'hui entre la Hongrie, la Serbie et la Roumanie. Timișoara, la ville roumaine la plus dynamique, célèbre pour sa révolution en 1989, est sa ville principale ;
- tout au sud, enfin, le merveilleusement préservé Caraș-Severin est propice à des randonnées en forêts et en montagnes. Cette contrée située à l'extrême sud-ouest du pays, là où le Danube pénètre sur le territoire roumain, est également connue pour les superbes paysages du défilé du Danube et pour sa station thermale de Băile Herculane, la plus réputée du pays.

TIMIȘOARA

L'élégance et le dynamisme de la grande ville de l'Ouest frapperont ses visiteurs.

Située au cœur de la fertile plaine du Banat et traversée par la Bega, Timișoara est le chef-lieu du département de Timiș. Quatrième ville du pays, c'est un important centre économique, scientifique et culturel, devenu par sa situation géographique et ses liens historiques avec le reste du continent la véritable porte de la Roumanie sur l'Europe occidentale. Elle tient son nom de la rivière Timiș qui la traversait à l'époque de sa fondation. L'histoire de Timișoara, jalonnée d'invasions, explique la séduisante diversité de ses styles architecturaux, hétérogénéité qui caractérise également sa population.

Bien que l'histoire ait peu à peu changé ces données, la ville garde une forte tradition multiethnique dont témoignent, au hasard des quartiers, une école allemande ou hongroise, une synagogue ou une église serbe. Si vous venez de Hongrie, vous ne serez pas vraiment dépaysé par l'architecture colorée du XIXe siècle. En revanche, si vous venez de Bucarest, vous trouverez ici une ambiance très différente, plus européenne. Le centre-ville est élégant, coloré, aéré et une partie est réservée aux piétons. Les places et les quelques terrasses sont agréables et animées. La ville est également connue pour ses parcs fleuris, en particulier ceux qui longent la Bega, consacrés aux loisirs et à la culture.

À propos du Banat

Même si les points d'intérêt ne sont pas légion au Banat, qui est une grande plaine fertile, la ville de Timișoara peut être un point de départ pour découvrir l'ouest de la Roumanie, grâce aux vols low-cost qui la relient directement à l'aéroport de Beauvais. Prenez quelques heures pour découvrir le centre-ville et flâner dans les rues. Le bord de la Bega, surtout là où la rivière longe le parc des Roses, est une invitation à la promenade.

Timisoara
2- Palais Dejan
3- le Bastion
4- Presbytère serbe
5- Monument de la Sainte Trinité
6- Square de l'Union
7- Palais baroque
8- Hôtel de ville
9- l'Arbre de fer
10- Ancien Hôtel de ville
11- Château des Hunides
12- Monument de St-Nepomuk
13- Opéra & Théâtre national
14- Monument de la louve
Edifice religieux
Musée
Divers
Curiosité
Gare ferroviaire
Gare routière
0
250 m
Gare Ferroviaire Eurolines
Gare routière
Musée des Arts
Musée Ethnographique
Agence TAROM
Musée du Banat
Agence CFR
Eglise Piarist
Cathédrale orthodoxe
Centre culturel Français
Parc Botanique
Parc Civic
Parc Central
Parc Catedralei
Parc Justitiei
Parc Copiilor
Canalul Bega
Piata Unirii
Pl. St. Gheorghe
Pl. Huniade
Calea Cuza
Calea Circumvalatiunii
Calea Maresal Ion Antonescu
Str. Poa Sapcă
Str. Oituz
Bulevardul Take Ionescu
Bulevardul Revolutiei 1989
Bulevardul 3 August 1919
Bulevardul Regele Ferdinand
Blvd. Republicii
Bulevardul I.C. Bratianu
B-dul C.D. Loga
B-dul Michelangelo
Bulevardul Corneliu Copsu
Bulevardul Vasile Pârvan
Bulevardul Eroilor de la Tisa
Bulevardul B.P. Hasdeu
Bulevardul Cetătii
Splaiul Nicola Titulescu
Splaiul Tudor Vladimirescu
Splaiul Nitrului
Spaiul Moratilor
Splaiul Melentie Draghici
Str. M. Kogălniceanu
Str. Dacilor
Str. Enrich Baader
Aleea Demetriade
Str. Gheorghe Lazăr
Str. Pictor Ion Zaicu
Str. Proclama de la Timisoara
Ste Eugeniu de Savoya
Str. Brediceanu
Str. Nemorianu
Mihai Eminescu
Tudor Vladimirescu
Aleea Studentilor
Str. Gen. Dragalina
Str. Dunărea
Str. Banul Mărăcine
Str. J.S. Bach
Str. Dinu Lipatti
Str. Gh. Cucu
Str. Chisinău
Str. Timis
Str. Labirint
Str. Teeiului
Str. Popovici
Str. Bucuresti
V. Lucaciu
Str. Tapia
Str. Theodoriu
Str. Ion Mihalache
Str. Baba Dochia
Str. Stefan I. Iosif
Str. Stefan cel Mare
Str. I. M. Pestalozzi
Str. Sălceanu
Str. Mebadia
Str. Socrate
Str. A. Vaida-Voievod
L. Filipescu
L.V. Beethoven
H. Heine
Odobesti
Pacicurea
Palanca
Str. Gh. Dima
Str. Mărăsești
Str. Ungureanu
Blaga
Bocșa
Asănești
Privighetorilor
16 februarie
Paris
1° mai
I. Ensecu
16 Dec. 1989
Metianu
Viteazul
Brandusei
Calea Torontalului
Calea Aradului

Les immanquables de la Transylvanie frontalière

- Un séjour à Timișoara, ville charmante qui vit un véritable miracle économique.
- Les gorges du Danube et les montagnes sauvages autour de Băile Herculane.
- Le cimetière joyeux de Săpânța.
- Les villages pittoresques du Maramureș et leurs pensions où déguster les mets locaux, *mămăligă* et *sarmale*.
- Le riche folklore du pays d'Oaș.
- La vallée du Criș Repede avec ses paysages karstiques et ses grottes.
- Les stations thermales autour d'Oradea.
- La vallée du Vișeu et du Vaser avec ses paysages sauvages et son train forestier.
- La ville de Sighetu Marmației, aux accents ukrainiens, ville natale d'Elie Wiesel.
- Les monts Rodna et le col de Prislop qui rejoint la Bucovine.

Histoire

La ville commence à se développer rapidement à partir du XIVe siècle, sous l'impulsion de Charles Robert d'Anjou, roi de Hongrie, qui y résidait. C'est à cette période que sera construit le plus vieil édifice de la ville, le château des Hunyadi. Bastion de résistance à l'expansion ottomane au début du XVIe siècle, Timișoara est conquise par les Turcs en 1522. Le développement moderne de la ville débute en 1716, date de sa libération de l'emprise ottomane. Timișoara grandit rapidement, suite aux travaux d'aménagement de la Bega et d'assèchement des marais environnants. Par le biais de la Tisza et du Danube, la ville est reliée au réseau fluvial d'Europe centrale. En 1718, la région du Banat est rattachée à la Hongrie. Le premier tramway à cheval est inauguré en juillet 1869, le premier réseau téléphonique installé en 1881 et, en novembre 1884, l'éclairage électrique est introduit dans les rues (le premier en Europe). La fin de la Première Guerre mondiale voit l'effondrement de la monarchie austro-hongroise et, le 10 août 1919, la grande Assemblée populaire du Banat vote le rattachement au territoire roumain. En décembre 1989, Timișoara devient la première ville libre de Roumanie, la place de l'Opéra devenant, elle, le symbole de la désaffection du peuple à l'égard d'un système politique qui a mené le pays à sa perte.

Transports

Comment y accéder et en partir

■ AGENCE CFR
Piața Victoriei, 2
Strada Nicolae Paulescu, 3
✆ +40 256 491 889 / +40 356 113 228
www.infofer.ro
admin@infofer.ro
Ouvert du lundi au vendredi de 8h à 19h.
Achat de billets à l'avance, dans le centre-ville. Le site Internet est aussi en français.

■ ATLASSIB
Piața Victoriei, 7
✆ +40 256 201 040
www.atlassib.ro
office@atlassib.ro
Départs de la gare de l'Est. Bus longues distances en Roumanie et à travers l'Europe. Site en français.

▶ **Autre adresse :** Gara de Est. Tél : (0356) 108 746

■ AUTONOM RENT A CAR
2 Strada Simion Bărnuțiu, 36
Aéroport de Timișoara
✆ +40 749 033 322
www.autonom.com
timisoara@autonom.ro
Ouvert du lundi au vendredi de 9h à 18h, le samedi de 9h à 13h. Services et livraison 24h/24, 7j/7. Compter à partir de 28 €/jour pour une location de 1 à 3 jours, en catégorie A (Daewoo Matiz). Vaste gamme de véhicules catégories A à V. Prix dégressifs selon la durée.
Cette jeune compagnie dynamique est devenue un des premiers loueurs nationaux grâce à ses prix compétitifs et à son réseau bien implanté dans tout le pays : elle est présente dans 14 villes (Bucarest, Timișoara, Cluj, Brașov, Sibiu, Constanța, Iași, Suceava, Bacău, Galați…) à travers 24 agences que vous trouvez aux aéroports et dans les centres-villes. Vous pouvez choisir parmi une large gamme de voitures, toutes neuves et bien équipées. Le personnel travaille beaucoup avec les étrangers et se fera un plaisir de vous répondre en français. Les tarifs incluent l'assurance tous risques.

■ **CARPATAIR**
Strada Coriolan Brediceanu, 10
✆ +40 256 300 971
✆ +40 256 300 900
www.carpatair.com
reservations@carpatair.com
Compagnie basée à Timișoara. Vols directs vers Constanța, Sibiu, Bacău, Iași, Suceava, Târgu Mureș, Cluj, Oradea et Craiova. Vols internationaux vers Chișinău, Budapest, Athènes, Odessa, l'Allemagne (Düsseldorf, Stuttgart, Munich) et l'Italie (Bergame, Turin, Vérone, Trévise, Bologne, Florence, Ancône et Rome).

■ **CITY CAR**
À l'aéroport
✆ +40 256 386 090
www.citycar.ro
office@citycar.ro
Vaste choix de voitures à des prix abordables. Comptez, pour une Suzuki Alto, à partir de 29 € par jour et, pour une Dacia Logan, à partir de 39 € par jour.

■ **DOUBLE T**
Strada Paris, 2A
✆ +40 256 494 696
www.doublet.ro
comercial@doublet.ro
Compagnie d'autobus à destination de la Roumanie et de l'Europe.

■ **EUROLINES**
Gara de Est
Strada Mihail Kogălniceanu, 20
✆ +40 256 288 132
✆ +40 356 411 599
www.eurolines.com
Attention, les bus Eurolines partent de la gare de l'Est. Bus vers toute l'Europe.

■ **GARA DE NORD**
Strada Gării
✆ +40 256 493 806
La gare se trouve à l'ouest du centre-ville, au bout de Bulevardul Republicii. Ne pas confondre avec la Gara de Est (tél : 0256 493 365), qui ne vous sera *a priori* d'aucune utilité (sauf si vous arrivez ou partez en bus Eurolines). On rejoint le centre facilement, en 15 minutes de marche ou par les trolleybus 11 et 14 et le tram 1.

▶ **Nombreux trains tous les jours** vers Bucarest (7 par jour, 7 heures 30 à 10 heures de trajet) avec arrêt à Băile Herculane, Drobeta-Turnu Severin, Craiova, entre autres.

▶ **Trains longue distance** vers Iași, Galați, Constanța (en été surtout), Oradea (3 par jour, 3 heures environ de trajet), Baia Mare et Sighetu Marmației.

▶ **Réseau local très dense.** Notamment vers Arad (16 par jour, 1 heure de trajet), Buziaș (8 par jour, 50 minutes de trajet), Reșița (6 par jour, 2 heures 30 de trajet), Lugoj (12 par jour, 50 minutes à 1 heure 30 de trajet), Caransebeș (12 par jour, 1 heure 30 à 2 heures 30 de trajet), Sânnicolau Mare (4 par jour, 2 heures de trajet), Cenad, Oravița et Anina.
Trains pour les villes frontières (avec la Serbie) de Jimbolia et Moravița.

▶ **Un train par jour** vers Belgrade (3 heures 45 de trajet) et deux vers Budapest (6 heures de trajet).

■ **GARE ROUTIÈRE**
Au bout de Splaiul Tudor Vladimirescu, qui longe la Bega ✆ +40 256 493 471
Pour s'y rendre de la gare ferroviaire, prendre le boulevard General Ion Dragalina face à la gare, traverser le pont puis longer la rivière jusqu'à la gare routière, près du marché Iosefin.

▶ **De nombreuses compagnies de bus** assurent le transport local ou longue distance. On peut choisir son itinéraire et faire des réservation en ligne sur le site www.autogari.ro, également disponible en anglais.

▶ **Une autre station se trouve à la gare ferroviaire Gara de Est** (tram 1 pour rejoindre le centre).

▶ **Départs internationaux vers Szeged et Budapest** avec la compagnie hongroise Orangeways (www.orangeways.com – achat de billets en ligne uniquement) et toute l'Europe avec Eurolines ou Atlassib.

■ **HERTZ**
Bulevardul Revoluției din 1989, 5
✆ +40 256 492 211
www.hertz.com.ro
Rotim61@hertz.com.ro
Les deux bureaux sont ouverts du lundi au vendredi de 9h à 17h et le samedi de 9h à 13h.
Hertz propose différents modèles de Ford, Opel, Renault, Mercedes, Mitsubishi, Land Rover. Les véhicules sont tous de dernière génération et conformes aux normes européennes de sécurité. Ils sont équipés d'airbags, de l'ABS et de la climatisation, les pneus sont adaptés à la saison.

▶ **Autre adresse :** A l'aéroport Tél (0256) 220 552 Rotim51@hertz.com.ro

■ **TAROM**
Bulevardul Revoluţiei din 1989, 3/5
✆ +40 256 200 003 / +40 256 494 464
✆ +40 256 494 182
www.tarom.ro
flyingblue@tarom.ro
Vols directs vers Bucarest ou avec escale à Bucarest vers 8 villes, dont Iaşi, Constanţa, Sibiu, Suceava, Baia Mare. Nombreux départs internationaux depuis la capitale.

■ **TIMIŞOARA INTERNATIONAL AIRPORT**
Strada Aeroport, 1
Giarmata ✆ +40 256 493 123

■ **WIZZAIR**
www.wizzair.com
sellwizz@wizzair.com
Vols directs et à bas prix depuis Paris-Beauvais vers Timişoara, Bucarest et Cluj.

Se déplacer

▶ Tramways, trolleybus et bus circulent entre 5h et 23h30 et desservent très bien la ville. Ils vous permettent d'aller partout aisément et pour très peu cher (0,60 € environ). Les tickets s'achètent en kiosque, n'oubliez pas de les composter.

▶ Plusieurs compagnies de taxis se partagent le marché. Les précautions à prendre sont les mêmes qu'à Bucarest, il est préférable de prendre un taxi avec un compteur ou de négocier le prix avant le voyage. Course jusqu'à l'aéroport : 7 € environ. En ville, comptez un peu moins.

Pratique

Tourisme – Culture

■ **OFFICE DE TOURISME**
Strada Alba Iulia, 2
✆ +40 256 437 973
www.timisoara-info.ro
infoturism@primariatm.ro
Ouvert en été de 9h à 20h en semaine et de 9h à 17h le samedi. L'hiver, le bureau ferme à 18h en semaine et le samedi il est ouvert de 10h à 15h.
Timişoara a été l'une des premières villes de Roumanie à se doter d'un office de tourisme. Cartes, informations, liste des hôtels, publications gratuites bien pratiques pour connaître les programmes de cinéma et les concerts, comme le bimensuel gratuit *Zile şi Nopţi*. Ces informations sont aussi disponibles sur le site Internet de l'office de tourisme.

■ **RUEFA ESCAPE TRAVEL**
Piaţa Unirii, 4 ✆ +40 256 435 529
www.discoverbanat.ro
l.antonie@ruefa-escape.ro
Une très bonne agence, sinon la meilleure du Banat. Visite de Timişoara en français pour quelques heures ou pour la journée (minimum deux personnes), excursions à thèmes autour des vins de Recaş, (minimum dix personnes), séjour aventure. Une très bonne option pour visiter la région.

Représentations – Présence française

■ **CENTRE CULTUREL FRANÇAIS**
Bulevardul Constantin Diaconovici Loga, 46
✆ +40 256 201 453
www.institutfrancais-roumanie.com
ccf@ccftimisoara.ro
Aménagé dans un somptueux bâtiment (parquet, escalier en bois chaleureux) d'une rue calme. Vous y trouverez des journaux, une bibliothèque bien fournie, des expositions d'art parfois. Un lieu reposant et agréable.

Moyens de communication

■ **ONLINE CENTERS**
Bulevardul Mihai Eminescu, 5
✆ +40 256 437 237
Situé à 200 mètres de Piaţa Victoriei, un lieu calme avec un personnel compétent.

■ **POSTE**
La poste principale se trouve Bulevardul Revoluţiei din 1989, 2. Il en existe une plus centrale, toute proche de Piaţa Victoriei, derrière la librairie Eminescu.

Internet

Vous pourrez vous connecter à des réseaux sans fil Piaţa Unirii et Piaţa Victoriei. Un cybercafé se trouve dans le centre-ville, rue Mihai Eminescu.

Santé – Urgences

■ **PHARMACIE**
Bulevardul 16 Decembrie 1989, 53
Ouverte 24h/24.

Se loger

Les hôtels ne manquent pas à Timişoara mais ils sont en général chers. Les hôtels-boutiques et pensions haut de gamme se sont multipliés depuis peu, destinés principalement à une clientèle d'affaires.

Bien et pas cher

CAMPING INTERNATIONAL
Aleea Pădurea Verde, 6
✆ +40 256 217 086
www.campinginternational.ro
campinginternational@yahoo.com
Compter entre 20 € et 28 € pour une personne, entre 25 € et 30 € pour deux et 40 € pour quatre dans les chalets, avec petit déjeuner. Dans le camping, pour une tente et une personne on paie 9 € et pour une voiture 4,50 €.
C'est évidemment la solution la moins chère, à la sortie est de la ville, sur la route de Lugoj. Dans la forêt, 40 chalets à louer et emplacements divers. Propre et agréable. Restaurant avec terrasse. Accès par les trams 2 et 5 du centre.

CASA LEONE
Bulevardul Eroilor de la Tisa, 67
✆ +40 256 292 621
www.casaleone.ro – office@casaleone.ro
Chambre simple à partir de 30 €, double à 35 € et triple à 49 €.
Une excellente adresse, certainement la meilleure de la ville. Cette pension, toute proche du quartier de l'université, à quelques pas du centre (de l'autre côté de la Bega), vous séduira. Les 10 chambres réalisées avec soin possèdent chacune un nom qui les caractérise. La véranda, le jardin sont des espaces relaxants où vous apprécierez le style inspiré de la Belle Époque. En bref, un lieu vivement recommandé où vous aurez en plus la chance d'être accueilli en français.

HOSTEL COSTEL
Strada Petru Sfetca, 1
✆ +40 356 262 487
www.hostel-costel.ro
Chambre en dortoir de 9 € à 11 €, chambre double 30 €. Petit déjeuner inclus. Wifi.
Ravissant *hostel* situé dans une superbe vieille bâtisse du centre-ville de Timişoara. Magnifiquement décorée, l'auberge de jeunesse offre dans une ambiance jeune et détendue des chambres propres et colorée pour des prix dérisoires. En prime une belle terrasse, idéale à la belle saison, et une adorable salle de jeux.

HOTEL CENTRAL
Strada Nicolaus Lenau, 6
✆ +40 256 490 091
www.hotel-central.ro – central@online.ro
Chambre double à 45 € avec petit déjeuner.
Hôtel 2 étoiles situé en plein centre-ville, près du château des Hunyadi, dans une rue calme. Les chambres, rénovées en 2009, sont accueillantes et tout confort : air conditionné, Wifi, minibar. Le restaurant propose des spécialités roumaines et internationales.

HOTEL SILVA
Strada Victor Babeş, 25
✆ +40 256 201 406
www.hotel-silva.ro
info@hotel-silva.ro
Chambre double à 45 € avec petit déjeuner.
Situé au sud de la vieille ville, de l'autre côté de la Bega, cet hôtel offre de belles chambres, vastes et confortables. Un bon rapport qualité/prix, mais où il est difficile d'avoir une chambre libre. Très demandé par les agences et les groupes.

Confort ou charme

HÔTEL BEST WESTERN AMBASSADOR
Strada Mangalia, 3
✆ +40 256 306 880
www.ambassador.ro
contact@ambassador.ro
Chambre double de 45 € à 60 €, sans petit déjeuner. Au sud-ouest de la ville.
Le hall, les parties communes, les chambres et le restaurant (roumain et international) sont somptueusement décorés, sans ostentation mais avec goût. Toute une ambiance !

HÔTEL DO STIL
Calea Lugojului, 27 ✆ +40 256 221 343
www.do-stil.ro
pensiune@do-stil.ro
Chambre double autour de 45 € avec petit déjeuner.
Magnifique hôtel-boutique où, comme son nom l'indique, le style est au rendez-vous. Les espaces ont de l'allure avec les beaux parquets, le mobilier contemporain et les vieilles boiseries de la bâtisse. Les chambres sont toutes décorées dans un style différent, façonné par l'imagination débordante des architectes.

HOTEL REGHINA
Strada Cozia, 91 ✆ +40 256 491 166
www.hotel-reghina.ro
info@hotel-reghina.ro
Chambres doubles entre 35 € et 50 €. Appartement 65 €. Petit déjeuner inclus.
Un hôtel de 27 chambres au design élaboré. On apprécie le style et l'élégance d'un bâtiment moderne réussi.

■ **PENSIUNEA NORMANDIA*****
Strada Salcâmilor, 35
✆ +40 356 106 736
www.pensiunea-normandia.ro
info@pensiunea-normandia.ro
Chambre simple 23 €, double de 32 € à 43 €, appartement 53 €. Petit déjeuner inclus. Wifi.
Une pension sympathique située juste en retrait du centre-ville. Décoré dans un style contemporain minimaliste parfois un peu désuet, l'hébergement se prête parfaitement aux séjours d'affaires comme de détente. Les chambres sont quant à elles vastes et bien équipées.

Luxe

■ **HOTEL TIMIȘOARA**
Strada Mărășești, 1-4
✆ +40 256 498 852
www.hoteltimisoara.ro
office@hoteltimisoara.ro
Chambres doubles à 75 € avec petit déjeuner.
En plein centre-ville, un édifice imposant de 150 chambres agréables et lumineuses à la décoration sobre mais classieuse. On appréciera les nombreux services proposés. Restaurant.

■ **HOTEL TRESOR**
Entrée par Aleea Ghirodei
Strada Radu Tudoran, 18
✆ +40 256 228 754
www.hoteltresor.ro
office@hoteltresor.ro
Chambre double à 85 €, suite à 130 €, appartement de 140 € à 300 €. Petit déjeuner inclus.
Un récent hôtel 4 étoiles situé à cinq minutes du centre-ville. Les chambres sont spacieuses et le décor luxueux et de bon goût. Le restaurant propose des spécialités italiennes et méditerranéennes.

Se restaurer

Bien et pas cher

■ **BASTION**
Strada Hector, 1 ✆ +40 256 221 199
Ouvert de midi à minuit.
Un restaurant populaire, pour les touristes autant que pour les locaux. On y vient aussi (surtout ?) pour le décor, l'établissement s'étant installé dans les fortifications du XVIIIe siècle. Cuisine roumaine réussie, qui fait oublier le décor et l'animation, tout de même un peu lourds.

■ **BERE TIMIȘOREANA**
Strada Ștefan cel Mare, 28
✆ +40 256 224 165
Ouvert de 10h à 23h.
Situé à l'est du centre-ville, dans la fabrique de l'excellente bière locale. Cuisine roumaine simple, mais on vient ici surtout pour le côté populaire. Agréable hiver comme été.

■ **CLUB XXI**
Piața Victoriei, 2
✆ +40 256 293 067
Une excellente adresse. La cuisine et la décoration y sont typiques et l'animation aussi car très souvent un groupe de musique roumaine vient y jouer. La terrasse est particulièrement bien située sur la place de la Victoire. Le choix en plats roumains est impressionnant et les prix sont abordables. En revanche, il est fortement conseillé de réserver, surtout le soir.

■ **RESTAURANT CASA BUNICII**
Dans le quartier Bălcescu
Strada Virgil Onițiu, 3
✆ +40 356 100 870
www.casa-bunicii.ro
info@casa-bunicii.ro
Cuisine traditionnelle, comme « chez grand-mère ». Le menu à midi est à moins de 5 €.

■ **VALAHIA**
Bulevardul Liviu Rebreanu, 52
✆ +40 758 838 443
www.restaurant-valahia.ro
Une bonne adresse, là encore si vous voulez découvrir la cuisine traditionnelle roumaine ! Il est souvent animé par les mariages et autres événements en week-end ; vous apprécierez sa grande terrasse aérée.

Bonnes tables

■ **AMBASSADOR**
Strada Mangalia, 3
✆ +40 256 306 880
www.ambassador.ro
contact@ambassador.ro
Cuisine roumaine et internationale, dans le décor très raffiné du luxueux hôtel du même nom.

■ **CASA CU FLORI**
Strada Alba Iulia, 1
✆ +40 256 435 080
www.casacuflori.ro
Fondé en 1876, ce restaurant occupe un bâtiment stylé. Comme son nom l'indique, les façades sont garnies de géraniums. L'intérieur

est luxueux (peut-être même un peu trop), mais en été, la terrasse qui se trouve sur les toits est bien agréable (si vous trouvez une place de libre). Les plats sont très bons, vous pourrez déguster notamment une bonne cuisine traditionnelle roumaine ainsi que quelques spécialités italiennes. Plus cher que les restaurants précédemment cités, mais les prix restent convenables. Menu en français.

■ RESTAURANT NORA
Bulevardul Dâmbovița, 40
✆ +40 256 218 204
www.restaurantnora.ro
terasanora@yahoo.com
Le restaurant propose des spécialités du Banat, comme la *plescavița*, sorte de steak balkanique. Cadre agréable, à la fois distingué et détendu.

Sortir

Cafés – Bars

En été, les espaces piétons du centre sont envahis par les terrasses, en particulier les places de l'Union et de la Victoire. Les parcs le long de la Bega, les cours des vieilles maisons se transforment aussi en agréables cafés où prendre une bière ou grignoter.

■ FRIENDS CAFE
Strada Palanca, 2
✆ +40 722 377 181
Chaleureux établissement en plein centre-ville où savourer un bon café accompagné de délicieuses parts de tartes.

■ PAPILLON CAFE
Piața Unirii, 8
✆ +40 256 409 119
www.papilloncafe.ro
office@papilloncafe.ro
Dans une ambiance bohème, on peut ici écouter de la musique alternative et rencontrer la jeunesse autour d'un verre. Diverses expositions d'artistes locaux y sont organisées.

■ RIVER DECK
Bulevardul Vasile Pârvan, 5
✆ +40 256 499 276
www.riverdeck.ro
contact@riverdeck.ro
Fermé le lundi.
Agréable établissement entouré de verdure, au bord de la rivière Bega. Le cadre est chic, avec un design moderne dans une ambiance très *lounge*. Bar, terrasse et restaurant.

■ TEATRUL DE PĂPUȘI
Bulevardul Regele Carol, 3
✆ +40 256 493 049
Spectacles de marionnettes annoncés dans la brochure gratuite *Zile și Nopți.*

■ TEATRUL DE STAT MAGHIAR CSIKY GERGELY
Strada Mărășești, 2
✆ +40 356 450 606
www.theater-csikygergely.ro
office@tm-t.ro
Pour ceux qui parlent le hongrois ou s'intéressent au théâtre de ce pays.

■ TEATRUL GERMAN DE STAT
Strada Mărășești, 2 ✆ +40 256 435 743
www.teatrulgerman.ro
Même principe, mais en allemand. Vente de billets Strada Alba Iulia, 2.

■ TEATRUL NATIONAL MIHAI EMINESCU
Strada Mărășești, 2 ✆ +40 256 201 117
www.tntimisoara.com
ada.hausvater@tntimisoara.com

■ TIME CAFÉ
Strada Florimund Mercy, 7
✆ +40 723 314 282
Ouvert de midi à minuit.
Un café confortable situé en plein centre de la ville, qui s'anime en soirée.

Clubs et discothèques

■ BUNKER UNDERGROUND BAR
Strada Emanoil Ungureanu, 15
✆ +40 721 279 039
La bière est à l'honneur pour arroser les soirées souvent animées par des groupes.

■ CLUB 30
Piața Victoriei, 7 ✆ +40 256 247 878
www.club30.ro – alex@club30.ro
Ouvert de 18h à 3h le vendredi et le samedi. Fermé en semaine. Entrée entre 2,50 € et 12 € selon la soirée.
Bonne ambiance avec des vidéos, de nombreuses soirées à thème et des groupes *live* (voir le programme sur leur site Internet).

■ HEAVEN STUDIO
Pas loin du stade Dan Păltinișanu
✆ +40 256 499 665
www.heaven-studio.ro
liviu.heaven@gmail.com
Une des boîtes les plus branchées de la ville. Il y a souvent des soirées à thème et des groupes de musique qui se produisent *live.*

NO NAME
Strada Liviu Rebreanu
✆ +40 735 215 704
clubnonametm@gmail.com
L'atmosphère est tropicale avec la piscine extérieure et le bar sous les cocotiers. Ambiance assurée et musique électronique au programme pour des tarifs supérieurs aux autres clubs de la ville, dans un environnement très chic.

Spectacles

FILARMONICA BANATUL
Bulevardul Constantin Diaconovici Loga, 2
✆ +40 256 492 521
www.filarmonicabanatul.ro
filarmonicatm@yahoo.com
La philharmonie de Timișoara possède une excellente programmation de concerts de musique classique.

OPERA ROMÂNĂ
Strada Mărășești, 2
✆ +40 256 201 286
www.ort.ro
ort@artelecom.net
L'opéra de Timișoara est l'un des meilleurs de Roumanie. Vous pourrez, pour une somme modique, assister à de très bonnes représentations.

Activités entre amis

- Le premier week-end de mai : la bière est à l'honneur et le stade se transforme en une terrasse géante.
- Le premier dimanche de juillet : fête des musiciens de rue. Musiciens novices ou confirmés, musiques classique, tsigane, folklorique... le tout dans la rue, à côté de stands de bonbons, de *mici* et de bière.

Tarzan de Timişoara

Le 2 juin 2004, Johnny Weissmuller junior, fils de l'acteur et nageur du même nom, est venu commémorer à Timișoara le centenaire de la naissance de son père. Car ce dernier, exceptionnel nageur qui a incarné Tarzan sur les écrans de cinéma, est né à Timișoara le 2 juin 1904. Ses parents, qui habitaient le quartier de Freidorf, faisaient partie de la large communauté d'origine allemande qui peuplait la ville du Banat à cette époque.

- Du 3 au 27 mars : fête de la Francophonie, avec spectacles, colloques, projections de films et expositions sous l'égide de l'Institut culturel français.
- Du 14 au 16 mars : festival du Film francophone.
- Les deux dernières semaines de mai : le festival international Timișoara Musicale fait résonner les salles de concert et les églises de la ville sur des airs de musique classique.

CINEMA CITY
Au 1er étage du centre commercial Mall
✆ +40 256 406 666
www.cinemacity.ro
Compter entre 4 € et 5 € l'entrée. Réservation fortement recommandée.
Ce cinéma est moderne et très en vogue. Il possède une salle 3D.

À voir – À faire

Ville riche en musées, églises, monuments et parcs, Timisoara n'a gardé de l'époque médiévale que des vestiges du château des Hunyadi. Son centre historique est organisé en croix, autour de Piața Libertății. Piața Victoriei, en face de la cathédrale, est l'endroit le plus fréquenté de la ville, avec ses cafés et ses bars. Enfin, Piața Unirii, avec son square entouré d'immeubles du XVIIIe siècle, est un point traditionnel de rendez-vous pour les gens du coin. Les points d'intérêt mentionnés ci-après le sont à partir de la cathédrale située Piața Victoriei.

Autour de Piața Unirii
Le quartier qui s'étend entre Piața Libertății et Piața Unirii est agréablement coloré : petits commerces, cafés et restaurants installés dans de jolis bâtiments. On y trouve aussi le palais épiscopal catholique, remarquable édifice baroque de 1752, et la grande synagogue, avec sa jolie façade (XIXe siècle), Piața Mărăști. C'est la plus grande des trois synagogues encore en activité dans la ville. Elle rappelle que, au début du siècle, la population juive était très importante à Timișoara.

Autour de Piața Libertății
On rejoint cette place depuis l'Opéra par la petite rue piétonne Alba Iulia. C'est ici que se trouve l'hôtel de ville. En hiver, un marché de Noël y est installé. C'est également la principale station de tramway du centre-ville.

Balades dans les autres quartiers
Timișoara est une ville agréable et aérée et, si vous devez y passer quelques jours, vous aurez

plaisir à vous balader dans les parcs le long de la Bega ou dans les quartiers périphériques. Les plus intéressants et les plus anciens de ces quartiers se trouvent de l'autre côté de la Bega, au sud et à l'est de la ville.

En longeant le boulevard Revoluţiei, vous arriverez, après avoir traversé la Bega, au quartier de Fabric. Son parc (Poporului) est agréable et souvent animé. Ce quartier est plus populaire que le centre mais aussi coloré. On sent une véritable vie de village autour de son église. Près du parc, se dresse une imposante synagogue. Un peu plus loin, au-delà du lycée français, une usine récemment rénovée brasse la bière Timișoreana. Vous pourrez poursuivre également votre escapade à l'est du parc Poporului pour découvrir trois places plus intimistes (Romanilor, Avram Iancu et Traian). Le charme des bâtiments colorés qui les composent permet de découvrir une autre vision de la ville.

En partant du centre et en longeant Strada Michelangelo, vous traverserez d'abord un quartier résidentiel calme avec de jolies demeures. Dans l'une d'elles, boulevard Constantin Diaconovici Loga (à gauche), est logé l'Institut culturel français. Juste après, on atteint le canal Bega et ses deux parcs les plus fréquentés. Certains parcs de la ville sont consacrés aux loisirs et comptent un nombre impressionnant de piscines et de courts de tennis. Les plus jolis sont les parcs de la Culture et Rozelor (sur votre droite). Le deuxième, comme son nom l'indique, est consacré aux roses et vous pourrez vous y asseoir sur un banc et contempler des buissons de fleurs multicolores au-dessus de votre tête. Non loin, le parc de la Culture accueille des manifestations dans son théâtre de plein air. De l'autre côté de la rivière, se trouve le grand campus universitaire, une véritable ville dans la ville, très animé le soir. Dans ce quartier se trouvent le palais des Sports, le stade et les anciens abattoirs (un joli bâtiment rouge et blanc aujourd'hui inoccupé et pour lequel les projets ne manquent pas).

En suivant le boulevard du 16-Décembre 1989 depuis la cathédrale, vous rejoindrez, de l'autre côté de la rivière, les très agréables quartiers résidentiels Elizabetin et Iosefin, où vous pourrez vous perdre avec bonheur. Les grandes demeures ne sont pas toujours en bon état mais les couleurs et l'ambiance restent. Des rues parfois pavées, des petites places calmes, un marché animé, quelques rues de caractère villageois et la rareté des voitures font le charme de ces quartiers.

ANCIEN HÔTEL DE VILLE

Piaţa Libertăţii, 1

Ce bâtiment de style baroque, dont la première pierre fut posée en 1731 par Peter Solderer, maire de la ville, se trouverait sur le site d'anciens bains turcs. La façade, ornée du blason de la ville, fut restaurée en 1782 dans un style Renaissance. Son aspect extérieur a encore été modifié lors de sa restauration en 1935.

BASTION DE LA CITADELLE

Strada Popa Șapcă

Construit au XVIIIe siècle par les habitants turcs de Timișoara, le bastion servait de lieu de réunion aux musulmans. Il abrite le musée d'ethnographie du Banat (ouvert du mardi au dimanche de 10 à 17 heures), dont les collections sont consacrées à l'art paysan. Strada Popa Șapcă vous conduira vers le centre, en face de la tour de l'hôtel Continental. Tout proche, le centre commercial Bega, où vous trouverez tout ce qu'il vous faut. En suivant ce grand boulevard vers l'ouest, vous parviendrez au marché central de la ville, non loin de l'église gréco-catholique. En le suivant vers l'est, vous trouverez la poste centrale et, plus loin, l'imposant bâtiment de la préfecture.

CATHÉDRALE CATHOLIQUE

Elle fut construite d'après les plans du célèbre architecte autrichien Joseph Emanuel Fischer von Erlach (1693-1742), fils de l'architecte du palais de Schönbrunn à Vienne. Commencés en 1736, les travaux furent interrompus par l'épidémie de peste. La cathédrale fut enfin achevée en 1774. En forme de croix, elle mêle influences classiques et décorations baroques. Les deux autels apportent à l'ensemble une touche rococo. En 1849, la cathédrale fut gravement endommagée et les dernières restaurations eurent lieu en 1981-1982. La disposition des voûtes confère au lieu une excellente acoustique, propice aux concerts d'orgue.

CATHÉDRALE ORTHODOXE SERBE

De l'autre côté de la place, s'élève la cathédrale orthodoxe serbe Sfântul Gheorghe (1754), construite à la même époque que la cathédrale catholique et dont les dépendances de couleur verte participent à l'harmonie du lieu. En 1964, elle fut déclarée monument historique.

CATHÉDRALE ORTHODOXE

Faisant face à la grande place, c'est l'édifice emblématique de la ville, celui qui apparaît en premier au milieu de la plaine quand on arrive par le train. D'inspiration byzantine, la cathédrale fut édifiée entre 1936 et 1946 d'après les plans de l'architecte Ioan Traianescu et peut accueillir près de 5 000 fidèles (debout, dans les églises orthodoxes). Elle présente une combinaison des couleurs élégante : l'ocre et le jaune de la brique, le vert et l'or de la tuile. Au centre de la façade sont représentés, en mosaïque, les patrons de la cathédrale. Sa construction, près de la rivière et de terrains peu stables, a nécessité la pose des fondations d'une profondeur de 10 mètres, soutenues par des piliers en béton. L'aspect monumental de la cathédrale impressionne : 63 mètres de longueur, 35 de largeur, 80 de hauteur. Quant à ses cloches, qui pèsent chacune 8 tonnes, elles ont été fondues à partir de métaux rares provenant de Sumatra et de Bornéo. Les icônes, à l'intérieur, sont superbes et certaines (XVIe-XIXe siècle), sur bois et verre, sont exposées dans un petit musée au sous-sol (Muzeul Catedralei Mitropolitane, ouvert du mercredi au dimanche de 9 à 16 heures).

CHÂTEAU DES HUNYADI (CASTELUL HUNIAZILOR)

Piața Iancu Huniade, 1
✆ +40 256 491 339
www.muzeulbanatului.ro
muzeul.banatului@muzeulbanatului.ro
Ouvert du mardi au dimanche de 10h à 16h. Entrée 2,50 € pour les adultes pour chaque musée.

Construit entre 1307 et 1315 par Charles Robert d'Anjou, roi de Hongrie, il fut agrandi et décoré par Iancu de Hunedoara (János Hunyadi) de 1443 à 1447. Au cours du XVIIIe siècle, il fut transformé en un arsenal et en caserne. Son aspect actuel date de 1856. Le château, qui s'articule autour d'une cour rectangulaire, est composé d'un rez-de-chaussée et de deux étages, qui abritent la section histoire du musée du Banat (Muzeul Banatului). Ce dernier retrace l'histoire de la région à travers des expositions historiques, archéologiques et ethnographiques (objets en bois, peintures sur verre, costumes traditionnels…).

La section sciences naturelles, consacrée à la faune et à la flore du Banat, propose notamment une jolie collection de papillons et d'oiseaux.

MUSÉE D'ART DE TIMIȘOARA

Piața Unirii, 1 ✆ +40 256 491 592
www.muzeuldeartatm.ro
muzeuldeartatm@clicknet.ro
Du mardi au dimanche, de 10h à 18h. Entrée environ 1 €.

Parmi les bâtiments remarquables, l'ancienne préfecture, un magnifique édifice construit en 1754 dans un style baroque. Ses portes en bois sculpté et ses murs aux nombreux ornements sont superbes. Il accueille désormais le musée d'Art présentant des tableaux italiens, hollandais, allemands, français et roumains, des sculptures et des dessins.

MUSÉE DU VILLAGE

✆ +40 256 225 588
www.msbtimisoara.ro
msb_tm@yahoo.com
Ouvert de 8h à 16h. Fermé le lundi. À Pădurea Verde (non loin du camping et de l'aéroport), à 5 km à l'est de la ville. Entrée 1 € pour les adultes.

Juste à la périphérie de la ville, ce musée en plein air, créé en 1971, expose des monuments et des maisons paysannes typiques du XIXe siècle, mais également des outils provenant de tous les coins du Banat ainsi qu'une ferme et des moulins à eau et à vent. L'ensemble est organisé conformément à la disposition des villages de l'époque, regroupe toutes les institutions traditionnelles (mairie, école, église…) et est en outre entretenu par un membre du personnel qui vous fera découvrir un métier avec passion. Ce type de musée, spécialité communiste, témoigne de l'attachement du pays à la richesse et à la diversité architecturale de son monde rural.

PIAȚA UNIRII

Dès le premier coup d'œil, on est surpris par l'élégance de cette large place pavée entourée de bâtiments colorés. Calme, reposant et peu fréquenté par les voitures, c'est un lieu populaire de rendez-vous. On y vient discuter, jouer au football, on se retrouve autour de la petite fontaine circulaire. Cette place sert parfois de piste d'athlétisme pour les élèves du collège allemand voisin mais historiquement, elle fut surtout le théâtre de nombreux événements importants pour le Banat. Ainsi, c'est ici qu'a été célébré le rattachement de la région à la Roumanie, d'où son nom. Au centre de la place s'élève la statue de la sainte Trinité. Elle date de 1740 et rappelle l'épidémie de peste qui dévasta Timișoara et la région du Banat. Créée à Vienne, dans le plus pur style baroque, la statue fut acheminée à Timisoara par voie fluviale. Elle fut rénovée en 1995.

PIAȚA VICTORIEI

Face à la cathédrale, une place fleurie et vivante garnie de terrasses et de cinémas. Les commerces se modernisent et les galeries

sont colorées. Toute la foule se retrouve sur son espace piéton joliment illuminé. Pendant les fêtes religieuses de fin d'année, un marché de Noël y est organisé.
Immédiatement face à la cathédrale, s'élèvent des croix de bois sculptées par des artisans du Maramureș et qui constituent un mémorial aux victimes de la révolution de 1989 dont cette place fut la scène principale.

Au milieu de la place, vous remarquerez une réplique de la célèbre statue de Romulus et Remus (*Lupa Capitolina*), offerte à la ville par la municipalité de Rome en 1926. Non loin, vous trouverez une poste et l'agence de voyages CFR, où l'on peut acheter des billets de train à l'avance, sans avoir besoin d'aller à la gare.

De l'autre côté de la place, s'élèvent le Théâtre national et l'Opéra, bâtiments de marbre blanc, lumineux et richement ornés, datant du XVIIIe siècle et reconstruits au XXe. Si vous êtes adepte de l'opéra, vous devriez y aller (après avoir dîné dans l'un des bons restaurants de la place). En tournant à droite après le McDonald's, en venant de la cathédrale, on arrivera au château des Hunyadi, qui accueille également le musée d'Histoire du Banat.

Sports – Détente – Loisirs

VERTICAL ADVENTURE

Strada Gavril Muzicescu, 20
✆ +40 722 690 324
www.verticaladventure.ro
office@verticaladventure.ro
Une jeune équipe de passionnés de la nature et des sports d'aventure. Ils vous accompagneront pour faire des activités comme le canyoning, l'escalade, le parapente, l'accrobranches, la spéologie… et bien sûr les randonnées et le VTT. Les locations se situent un peu partout en Roumanie, vous n'avez qu'à leur dire ce que vous voulez visiter et ils auront plein de bonnes idées.
Vous ne manquerez pas de remarquer le grand nombre de terrains de sport et de piscines le long de la Bega. Le canoë est également pratiqué sur la rivière.

Shopping

BEGA

Strada Carol Telbisz, 3
Le grand supermarché du centre de la ville est l'immanquable Bega, rénové à la fin des années 1990, afin de lui donner une allure de centre commercial occidental. Supermarché d'alimentation au sous-sol et nombreuses boutiques aux autres étages. Les magasins se multiplient rapidement dans le centre et les centres commerciaux poussent dans les banlieues.

LIBRĂRIA NOI

En face de l'église serbe
Strada Emanoil Ungureanu, 13
✆ +40 256 435 350
www.libraria-noi.ro
Ouverte tous les jours.
Un rayon de livres en français.

RÉSERVE DE SATCHINEZ

À environ 25 kilomètres au nord-ouest de Timișoara, son nom signifie « Village chinois ». C'est une réserve ornithologique intéressante où de multiples étangs et marécages accueillent les colonies d'oiseaux nichant dans ces lieux, dont certains spécimens rares, voire en voie d'extinction (hérons rouges et jaunes…).

SÂNNICOLAU MARE

L'église serbe du XVIIIe siècle, de style baroque, possède une belle icône provenant du mont Athos et une grande croix de bois sculpté. Vous y verrez également le petit château Nako, de style néoclassique (1864), et la maison-mémorial du compositeur Béla Bártok (1881-1945).
Un peu plus loin, dans le village de Cenad, se dressent les ruines de la forteresse Morisena et d'un ancien monastère (magnifiques vitraux). Tous deux datent du Xe siècle. À une quinzaine de kilomètres, le village de Beba Veche n'a rien d'exceptionnel, si ce n'est sa situation. Point le plus à l'ouest de Roumanie, il est quasiment à cheval sur trois pays (Roumanie, Hongrie et Serbie).

BUZIAȘ

À 34 kilomètres au sud-est de la ville de Lugoj, Buziaș est situé sur les bords d'un des affluents du Timiș, au milieu des vignes, à 128 mètres d'altitude. Bien que modeste et ignorée des touristes étrangers, c'est la station thermale la plus réputée du département du Timiș. Autour de son casino, des centres de cure dispensent des bienfaits des eaux de Buziaș. Mais la ville a d'autres atouts touristiques, telle sa galerie d'Art populaire qui présente l'artisanat et le folklore de la région à travers des costumes, des céramiques, etc.

Transports

Trains et bus depuis Timișoara. Liaisons également avec Lugoj.

Se loger

Buziaș étant une ville de cures et de congrès, vous n'aurez pas de mal à trouver une chambre.

LUGOJ

À 63 kilomètres à l'est de Timișoara, Lugoj est une assez agréable ville carrefour du Timiș. Le petit centre-ville, au bord de la rivière Timiș, présente quelques belles rues bordées de maisons datant des Habsbourg, colorées et plus ou moins bien entretenues. Sur Piața Victoriei se dresse l'église orthodoxe de l'Assomption, achevée en 1766, l'un des plus jolis édifices baroques du Banat. Le modeste musée d'Histoire (ouvert du mardi au dimanche de 9 à 17 heures) expose quelques vestiges daces et daco-romains.

Transports

Lugoj, situé sur la ligne ferroviaire Timișoara-Bucarest, est bien desservi. Bus vers Timișoara et Reșița.

Se loger

■ HÔTEL DACIA

Strada Cuza Vodă, 1 ✆ +40 256 352 740

Chambre double à 70 €.

Un bon établissement, central, dans une bâtisse du XIXe siècle. 33 chambres bien conçues et agréables à vivre, mais relativement chères.

■ HÔTEL TIMIȘ

Strada Alexandru Mocioni, 20

✆ +40 256 355 045

Chambre double à partir de 30 € sans petit déjeuner.

Un beau bâtiment d'angle, typique de cette jolie petite ville. Pas plus de 28 chambres, simples mais grandes et bien tenues.

FĂGET

Făget se trouve sur la ligne de chemin de fer qui relie Lugoj à Ilia et Deva. Cette petite ville possède les ruines d'une forteresse du XVIe siècle. Dans les villages alentour, vous pourrez voir de jolies églises en bois : Bătești (XVIe siècle), Jupânești (XVIIIe), Povârgina (XVIIIe). La région qui s'étend au pied des monts Poiana Ruscă est connueCIACOVAFORTERESSE DE CIACOVACette forteresse, située à 32 kilomètres de Timișoara, fut construite entre 1390 et 1394. Elle a conservé sa tour de défense d'une hauteur de 30 mètres.

BANLOC

■ CHÂTEAU ROYAL

Banloc, à 52 kilomètres de Timișoara.

■ MONASTÈRE PARTOȘ

Situé à 62 kilomètres de Timișoara, près du village de Banloc, ce monastère orthodoxe fut fondé au XIIIe siècle. L'église actuelle, de style baroque, date des années 1750-1753.

■ CARAȘ-SEVERIN

La région est située à l'extrême sud-ouest du pays, là où le Danube pénètre sur le territoire roumain. D'une surface de 8 520 kilomètres carrés, c'est le troisième département du pays en terme de superficie. Autour de son chef-lieu Reșița, les traditions sont bien préservées et les sites culturels et touristiques nombreux. Les nombreuses forteresses romaines découvertes dans la région, dont Mehadia, Jupa (Tibiscum) et Teregova, témoignent de son importance stratégique d'autrefois. Aujourd'hui, on y vient pour sa nature intacte et omniprésente, ses montagnes (les monts Godeanu en constituent le point culminant, notamment le pic Gugu, à 2 291 mètres d'altitude) et leur climat subméditerranéen. Le Danube proche engendre un vaste réseau hydrographique et les rivières qui se frayent un chemin dans les montagnes nous offrent de superbes paysages. Grimper, marcher, skier, faire du rafting, tout est ici possible. Les atouts de la région sont ses parcs nationaux, dont les superbes gorges de la Nera, la station thermale réputée de Băile Herculane et, tout au sud, la route qui mène aux Portes de Fer.

REȘIȚA

Chef-lieu du département de 84 000 habitants, sur les rives de la Bârzava, cette ville à la longue tradition industrielle a longtemps été considérée comme une « citadelle » de l'acier. Les Daces, déjà, extrayaient le minerai de fer dans la région.

C'est ici qu'ont été mises en activité, en 1771, les premiers hauts-fourneaux, ouvrant la voie à l'implantation de nombreuses entreprises métallurgiques. Aujourd'hui cependant, les difficultés que connaît cette industrie ont des répercussions dramatiques sur la ville.

Transports

Train

Cette grande ville est, curieusement, assez isolée. Trains (lents) vers Timișoara. Trains vers Caransebeș (7 par jour, 1 heure de trajet), où l'on récupère la ligne Bucarest-Timișoara. Il existe toutefois un train par jour de/vers la capitale. Trains vers Constanța en été. Attention, il y a deux gares. Les trains les traversent toutes les deux : l'une dessert les quartiers résidentiels (Reșița Nord) et l'autre le centre-ville (Reșița Sud).

Bus et maxitaxis

La gare routière est située dans Strada Traian Lalescu, à une courte distance à l'est de la place centrale. Bus ou maxitaxis vers Caransebeș et Lugoj (1 par jour), Deva (1 par jour en semaine), Timișoara (3 à 4 par jour), Târgu Jiu (1 par jour).

Se loger

Reșița n'est vraiment pas une ville idéale pour y passer la nuit, car les hôtels sont rares et pas terribles. On trouvera des établissements plus intéressants dans la station de Semenic, près de Văliug. Toutefois, on peut retenir le grand hôtel du centre de Reșița.

■ **HÔTEL SEMENIC**
Piața 1 Decembrie 1918, 2
✆ +40 255 213 480 / +40 255 213 481
Chambre double entre 40 et 50 € selon le confort.
Un gros bloc de 100 chambres, dont une partie a été rénovée. En plein sur la place centrale. Aucun charme et cher, mais il peut dépanner.

À voir – À faire

La ville est divisée en deux : le centre et les zones résidentielles, parfois éloignées. Les vestiges historiques sont peu nombreux. Le monument médiéval le plus ancien et le plus important de Reșița est l'église située sur la colline Ogășele. Toutefois, si l'on s'intéresse à l'urbanisme et à l'histoire, le centre-ville et sa grande place (Piața 1 Decembrie 1918) offrent un exemple typique des aménagements urbains de la période communiste : une grande place centrale, large, aérée et ornée d'une grande fontaine, de larges et sobres bâtiments administratifs l'entourant. En regardant la Maison de la culture, à gauche, à l'angle de la place, vous apercevrez, derrière les blocs, une petite église volontairement dissimulée par le régime précédent. Suspendus au-dessus de la ville, très haut, les rails de transport de métaux rappellent en permanence la fonction économique de la cité. On devine ici ce que peut être une ville entièrement vouée à l'industrie.

■ **MUSÉE D'HISTOIRE**
Strada Republicii, 10
Collections archéologique, folklorique et historique, relatives à la ville et au département. Histoire de l'industrie métallurgique locale.

Dans les environs

En allant à Timișoara (ou en en venant), vous pourrez admirer une impressionnante collection géologique dans le petit village d'Ocna de Fier (« Mine de Fer »), au nord-ouest de la ville. Non loin, à Bocșa, très vieille ville minière, se trouvent les ruines d'une ancienne forteresse turque. Voir aussi la voie romaine Lederata-Tibiscum, intacte sur 5 km entre Biniș et Bocșa.

CARANSEBEȘ

Situé à 44 kilomètres au nord-est de Reșița, Caransebeș (28 300 habitants) compte parmi ses points d'intérêt un petit musée d'Ethnographie (ouvert du lundi au vendredi ; céramiques, armes, outils, etc.), la maison du général Dragalina, tombé au combat pendant la Seconde Guerre mondiale, et la grande église Saint-Georges.
On pourra également visiter les ruines d'une cité médiévale du XIIIe siècle et du camp romain de Tibiscum, mentionné par Ptolémée sous le nom de Tibiskon. Ces dernières sont visibles dans le village de Jupa, juste à la sortie nord de la ville.

Transports

La gare ferroviaire se trouve au nord de la ville (25 minutes de marche ou maxitaxis). Caransebeș est sur la ligne ferroviaire Bucarest-Timișoara. Accès aisé à ces deux villes, tout comme à Orșova, Drobeta-Turnu Severin, Craiova… Liaison également avec Reșița. La gare routière est sur Splaiul Sebeșului, au sud de la rivière. Bus et minibus locaux ou taxis pour gagner Muntele Mic.

Se loger

HÔTEL ARMANDO
Strada Libertății, 35
✆ +40 255 517 308
www.hotelarmando.ro
Chambres simples et doubles à 30 €, appartement 60 €, avec petit déjeuner.
Voilà une très bonne surprise. Un hôtel somptueux et élégant de 17 chambres personnalisées avec goût. Le raffinement et les facilités sont là. En bref, si vous êtes amené à séjourner à Caransebeș, cet hôtel est incontournable. Le restaurant a lui aussi de l'allure et l'on pourra vous y servir une bonne cuisine régionale ou internationale.

MUNTELE MIC

Au sud-est de Caransebeș. Pour y aller, on traverse le petit village de Turnu Ruieni, où se dresse une tour de défense qui a fait partie du système de fortification médiéval du Banat. On passe ensuite par le pittoresque village de Borlova et on arrive à Muntele Mic, une charmante station touristique de montagne entourée de reliefs originaux. Les possibilités de randonnées, courtes ou sur plusieurs jours (vers les monts Retezat) sont multiples. Il est cependant recommandé de se munir d'une bonne carte.

ENDUROMANIA
Brebu Nou, 167
✆ +40 356 102 815
www.enduromania.net
sergio@enduromania.net
L'adresse est sur la commune de Brebu Nou, à 20 km de Muntele Mic.
Une agence spécialisée dans l'enduro, avec plus de dix ans d'expérience. On pourra vous fournir des informations détaillées sur la région et les circuits ainsi que des cartes d'excellente qualité. Possibilité de logement dans la pension qui se trouve au même endroit.

HÔTEL SEBEȘ
Muntele Mic ✆ +40 255 512 335
Un hôtel 1 étoile, simple, qui fait office de « centre » de la station.

PENSION VALEA BORLOVEI
Une agréable pension, avec restaurant au décor rustique réussi, dans le village de Borlova, sur la route de Muntele Mic.

GĂRÂNA

Gărâna (70 habitants) est une petite localité de montagne connue surtout pour le festival international de jazz qui a lieu chaque été. Les alentours, moins connus des touristes, offrent des possibilités de randonnée et les paysages y sont superbes.

PENSION LA RĂSCRUCE
Gărâna, 195
www.la-rascruce.ro
contact@la-rascruce.ro
Dans la commune de Brebu Nou.
7 € un lit dans une chambre sans salle de bains, 11 € dans une chambre avec. Petit déjeuner non compris.
Une pension d'une quinzaine de chambres décorées dans un style rustique réussi. Propre et agréable. Cuisine roumaine délicieuse. La spécialité de la maison est le goulasch, à ne pas manquer !

Recette des oignons farcis à la Caransebeș

Ingrédients pour 5 personnes : 600 g de gros oignons • 100 g d'olives • 100 g de noix • 150 g de pain de mie • 20 g de farine • 10 g de sucre • 1 dl de lait • 1 dl de vin blanc • 25 g de concentré de tomate • 100 g de crème fraîche • aneth • persil • huile • sel • poivre.

Préparation. Éplucher, laver et faire bouillir les oignons entiers. Laisser refroidir et enlever le cœur (et les conserver). Préparer la farce : écraser les noix, les mélanger avec la mie de pain trempée dans du lait, les olives coupées en deux, le sel, le poivre, le cœur des oignons, le persil finement taillé. Mélanger le tout et en remplir les oignons. Les déposer dans un plat à four, avec de l'huile. Préparer la sauce : faire fondre du beurre, ajouter la farine, le concentré de tomate dilué, laisser cuire et mouiller avec le vin blanc pour éteindre la cuisson. Éviter les grumeaux en mélangeant bien, sinon passer au chinois. Ajouter le sucre et faire bouillir 10 minutes. Verser la sauce sur les oignons et enfourner le tout durant 10 minutes. Servir brûlant, avec de la crème et de l'aneth taillé finement.

■ **PENSION SUS ÎN SAT**
Gărâna, 90
✆ +40 728 988 626
www.susinsat.ro
pensiune@susinsat.ro
Dans la commune de Brebu Nou.
Chambre double à 50 € avec petit déjeuner.
Bien intégrée dans l'espace architectural du village, cette pension construite en 2008 dispose d'une dizaine de chambres confortables, au décor moderne. Bon restaurant.

PARC NATIONAL DE SEMENIC-CHEILE CARAȘULUI

Point culminant du massif montagneux du Banat avec le pic Piatra Goznei à 1 447 mètres, les monts Semenic sont parfaits pour des randonnées accessibles à tous. Le parc national de Semenic-gorges du Caraș couvre une surface de 36 624 hectares au sud-ouest du pays. Il se caractérise par de vastes hêtraies et étendues de sapins réparties entre vallées de rivières modestes et sommets de plus de 1 200 mètres d'altitude, cimes, dolines, gorges, plateaux, mais aussi vergers et pâturages. L'altitude est donc assez basse et les influences méditerranéennes évidentes. On compte 1 086 espèces de plantes méditerranéennes et balkaniques qui s'y côtoient. Les invertébrés comptent 56 espèces endémiques et 45 espèces rares. Parmi les espèces vertébrées présentes, signalons la vipère cornue, l'espèce la plus venimeuse d'Europe, et côté rapaces, le circaète et l'aigle criard. 10 espèces de mammifères ont été dénombrées parmi le loup, le cerf des Carpates, le lynx. Le parc compte également de nombreuses cavernes où poussent de multiples espèces endémiques. Parmi les sites intéressants, on peut citer la très belle forêt de hêtres de la réserve Izvoarele Nerei et la grotte de Comarnic. Cette dernière se trouve au nord des monts d'Anina, sur le versant gauche de la vallée de Comarnic, à 440 mètres d'altitude. Il s'agit de la grotte la plus longue de la région (4 040 mètres). Ses salles galeries sont de grandes dimensions et riches en stalagmites dont le spectacle ne manque pas de ravir les visiteurs.

▸ **Informations :** www.pnscc.ro

Pratique

■ **CENTRE D'INFORMATION DU PARC NATIONAL DE SEMENIC-CHEILE CARAȘULUI**
Strada Ateneului, 2
REȘIȚA
✆ +40 255 22 75 20
www.pnscc.ro
dsresita.semenic@rosilva.ro

Se loger

Vous trouverez à la station de Semenic ou au lac Secu de nombreuses possibilités d'hébergement, en hiver comme en été. La station de Semenic compte aussi un grand nombre de pensions et de villas, que vous n'aurez aucun mal à trouver. Voici plus bas celles que nous recommandons.

■ **BIRTA VILLAGE**
SEMENIC
✆ +40 255 212 121
Un ensemble de cabanes confortables, très appréciées pour les sports d'hiver. Les tarifs sont deux fois moins élevés en été, que ce soit en appartement, en chambre ou en dortoir.

■ **CABANE ANDRA**
SEMENIC
www.cabana-andra.ro
cabana@cabanaandra.ro
Chambres doubles entre 25 € et 37 € selon la saison.
Un petit gîte de moins de 10 chambres. On appréciera le décor rustique et la vue sur la montagne. Pension complète possible.

■ **HÔTEL GOZNA**
SEMENIC
✆ +40 255 223 599 / +40 255 219 112
Chambre double 40 € environ.
Un hôtel simple de 44 chambres proche des montagnes et des pistes de ski.

■ **VILA MELISA**
Semenic, 1
SEMENIC
www.vilamelisa.ro
vilamelisa@vilamelisa.ro
Chambre double environ 35 € en demi-pension. Selon la saison, les prix peuvent varier.
Vous y trouverez une quinzaine de chambres doubles, triples et à quatre lits, sans salle de bains privative. La pension se trouve à la lizière de la forêt, à côté de la piste de ski.

PARC NATIONAL DES CHEILE NEREI-BEUȘNIȚA

Situé à l'est d'Oravița, dans les boucles de la Nera, le parc national des gorges de la Nera-Beușnița, créé en 1943, couvre une surface de 36 758 hectares. En raison de son isolement, cette zone karstique est très riche en diverses espèces. Le plateau karstique, d'une hauteur maximale de 1 000 mètres, est percé par des vallées et des gorges encaissées. Ici, les flores méditerranéenne, subméditerranéenne et balkanique se rencontrent. Parmi les espèces animales remarquables, on citera des variétés rares d'hirondelles, un escargot endémique et le scorpion carpatique.

Les gorges de la Nera sont les plus longues (plus de 19 kilomètres) et probablement les plus belles de Roumanie (avec celles de Bicaz, en Moldavie). Elles forment un site naturel sauvage et pittoresque, isolé et calme. Pour être directement au cœur du parc, rendez-vous à la station Sasca Română. Les forêts y sont superbes.

Le lac Dracula mérite une promenade. Autour du refuge de Păstrăvărie de Valea Beiului, vous verrez de nombreuses cascades (célèbres chutes d'eau de Beușnița) et la jolie source d'Ochiul Beiului (« l'Œil du Beiu ») avec une cuvette en forme de cratère.

■ CENTRE D'INFORMATION DU PARC NATIONAL CHEILE NEREI-BEUȘNIȚA

✆ +40 255 206 108
www.cheilenerei-beusnita.ro
parcnerei@rosilva.ro

GORGES DE CARAȘ

À l'ouest d'Oravița, ces gorges, qui revêtent l'aspect d'un canyon, subissent de forts phénomènes d'érosion, d'où la présence de nombreuses grottes.

MOLDOVA NOUĂ

La ville de Moldova Nouă (12 350 habitants), un peu au nord des berges du Danube, est une porte d'accès à la petite réserve de Valea Mare aux essences rares méditerranéennes et subméditerranéennes telles que le sycomore. Dans les environs, Moldova Veche est le port sur le Danube de Moldova Nouă. En longeant le Danube vers l'est, vous atteindrez le petit village de Pescari. Vous y trouverez des ruines médiévales et une grotte (Peștera Gaura cu Muscă) où des dessins rupestres sont encore visibles.

BĂILE HERCULANE

Les eaux thermales et minérales de cette station de 5 000 habitants ont été découvertes et exploitées par les soldats des légions romaines qui ont conquis la Dacie. La station a connu une période florissante au XIXe siècle, à l'époque austro-hongroise, quand elle est devenue à la mode, fréquentée par l'empereur François-Joseph et l'impératrice Élisabeth qui y avaient chacun leur pavillon. La ville de Băile Herculane s'est développée dans le défilé de la rivière Cerna, entre les hautes parois calcaires.

Le succès de la station ne tient pas seulement à la qualité de ses eaux mais aussi à la région qui l'entoure. Plus qu'ailleurs dans le pays, on vient ici pour la nature. Et Băile Herculane sont LE point de départ vers ces beautés naturelles innombrables.

Les logements y sont donc nombreux et les activités proposées également : piscines couverte et en plein air à eau thermale, casino, discothèque, chasse, pêche, excursions vers les Portes de Fer (*voir le chapitre « Olténie – Orșova »*)... Vous pouvez aussi visiter dans le coin les ruines romaines (aqueducs, bains...). En été, vous n'y serez pas seul, loin de là. La petite gare de la ville est en permanence envahie par de jeunes Roumains avec sacs à dos.

Transports

Les trains rapides circulant sur la voie internationale Bucarest-Timișoara s'arrêtent tous à la gare de Băile Herculane. La ville est tout en longueur. Les liaisons entre la jolie gare et le centre-ville (Piața Hercules à 5 kilomètres) sont toutefois aisées grâce à des maxitaxis.

■ AGENCE CFR

Piața Hercules, 5
Pour réserver les billets de train à l'avance.

Se loger

La station étant très courue, il est prudent de réserver vos chambres. Cependant, les hôtels sont tellement nombreux que vous ne devriez pas avoir trop de problèmes. La grande majorité des hôtels sont des blocs de béton des années 1970 et proposent les mêmes prix et prestations. Les pensions sont moins impersonnelles mais pas forcément meilleur marché. Enfin, les chambres chez l'habitant sont très nombreuses entre Piața Hercules et la station moderne. Chaque maison semble en abriter (et c'est clairement indiqué). À vous de voir.

Bien et pas cher

■ CAMPING HERCULES

✆ +40 255 523 458

À 700 m au nord de la gare, sur la route de Timișoara.

■ CASA LORABELLA

Strada Zăvoiului, 1

✆ +40 255 561 796

www.casa-lorabella.ro

casalorabella@gmx.net

Chambre simple de 15 € à 20 €, double de 20 € à 25 €.

Une autre pension très confortable avec un décor de bon goût et un restaurant chaleureux et agréable.

■ PENSION EL PLAZZA

Strada Vicol, 10

✆ +40 255 560 768

✆ +40 788 818 808

http://elplazza.ro

Chambre simple 17 €, double de 22 € à 30 €, triple de 25 € à 35 €.

Située à 1 kilomètre de la gare, cette chaleureuse pension propose de vastes et agréables chambres. Jardin agréable. Une très bonne adresse.

Confort ou charme

■ CARPATES AVENTURES

À Rusca, Teregova

✆ +33 3 26 80 14 16

www.carpates-aventures.com

info@carpates-aventures.com

Entre 30 € et 50 € par personne.

À 35 kilomètres de Caransebeș, sur la route qui mène à Orșova, vous pourrez découvrir à Rusca, près de Teregova (un peu plus haut que le barrage), un bien agréable chalet de montagne composé de 7 chambres spacieuses et lumineuses. Vous y serez chaleureusement accueilli en français et l'on vous proposera selon la saison un ensemble d'activités sportives de type moto, motoneige, ski de randonnée, balades en barque…

■ HOTEL FERDINAND***

Piața Hercules, 1

✆ +40 255 561 121

www.hotel-ferdinand.ro

office@hotel-ferdinand.ro

Chambre simple 40 €, double 50 € avec petit déjeuner. Forfaits pension complète + traitement avantageux.

Hôtel 3 étoiles, le plus confortable de la station, dans une belle bâtisse historique. Chambres doubles et appartements avec vue sur la vallée, salles de bains bien équipées, air conditionné. Deux restaurants de spécialités roumaines, dont un dans un jardin en plein air. Salle de gym, bains bouillonnants. Traitements, physiothérapie et hydrothérapie.

■ HOTEL ROMAN

Strada Romană, 1 ✆ +40 255 560 394

www.hotelroman.eu

Chambres doubles 40 à 50 €.

Tout le confort souhaitable, avec restaurant et surtout les anciens bains romains conservés par l'hôtel.

La station compte une demi-douzaine d'autres hôtels 2 étoiles qui proposent tous les mêmes prix et prestations.

À voir – À faire

La station possède tous les attraits des stations thermales, avec ses quelques colonnades, ses parcs, ses bancs ombragés, ses parterres de fleurs.

■ MUSÉE DES BAINS ROMAINS

Dans l'hôtel Roman. Vestiges de bains qui n'ont pas été détruits pendant les guerres entre Turcs et Austro-Hongrois.

■ WELLINGTONIA GIGANTEA

Un arbre gigantesque, vieux de deux cents ans, qui se dresse devant le musée d'Histoire de la ville.

PARC NATIONAL DE LA VALLÉE DE LA CERNA

Situé au sud-ouest du pays, le long de la rivière Cerna, il couvre une surface de 61 121 hectares. On y recense 1 051 espèces de plantes dont le noisetier turc ou le pin noir du Banat, deux espèces endémiques.
Trois types d'habitats sont représentés : aquatique, terrestre et souterrain. Les cavernes et grottes sont très nombreuses et la faune cavernicole très riche.
1 500 espèces de papillons sont présentes. Chênes duveteux, pins noirs du Banat, noyers sauvages, griottiers ainsi que des espèces animales comme la vipère cornue, le chat sauvage, le loup et l'ours... Ils vous accompagneront peut-être lors de vos randonnées.

▸ **Informations :** www.domogled-cerna.ro

■ PARC NATIONAL DE DOMOGLED-VALLÉE DE LA CERNA (DOMOGLED-VALEA CERNEI)

Strada Castanilor, 21
BĂILE HERCULANE © +40 255 560 582
www.domogled-cerna.ro
domogled@resita.rosilva.ro
Le long de la Cerna, ce parc enchante par la diversité de sa flore et par les paysages créés par la rivière qui se fraye un chemin dans le massif calcaire. Ici, sur une superficie de 61 211 hectares, a été créée en 1932 une réserve scientifique pour étudier 1 051 espèces de plantes (dont le noisetier turc et le pin noir du Banat, deux espèces endémiques). Trois types d'habitats y sont représentés : aquatique, terrestre et souterrain. Les cavernes et les grottes sont en effet nombreuses et la faune cavernicole y est très riche. Signalons que 1 500 espèces de papillons vivent ici. Chênes duveteux, pins noirs du Banat, noyers sauvages, griottiers, ainsi que des espèces animales comme la vipère cornue, le chat sauvage, le loup et l'ours, vous accompagneront peut-être lors de vos randonnées.

■ RUINES ROMAINES DE TEREGOVA

Au nord sur la route de Caransebeș
Ruines romaines et médiévales à Mehadia, au nord de la ville.

■ LE SPHINX

Près du village de Topleț, au sud de la ville en allant vers Orșova, se dresse le Sphinx (Sfinxul Bănățean), une curieuse formation rocheuse dont la forme rappelle celle du gardien des pyramides égyptiennes.

Région des monts Apuseni

On y vient pour les stations thermales et les grottes qui sont nombreuses dans la région. Les amoureux de la nature pourront découvrir la réserve géologique du défilé du Crișul Repede et ses paysages à couper le souffle. Une route asphaltée, en bon état, lie la nationale 76 à la 1 et permet de faire un véritable circuit des grottes. Nous recommandons le trajet **Aleșd-Vadu Crișului** (on y trouve la grotte de Vadu Crișului) **-Șuncuiuș** (grotte du Vent et grotte Unguru Mare) **-Roșia** (où se trouve la grotte aux Cristaux de la mine de Farcu et le Musée minier de Farcu) **-Remetea** (avec la grotte de Meziad) **-Beiuș-Sudrigiu-Chișcău** (où se trouve la superbe grotte des Ours).

ORADEA

Oradea (196 000 habitants) est le chef-lieu du département de Bihor. Si vous venez de Hongrie, cette ville constituera peut-être votre première rencontre avec la Roumanie. Très agréable, elle garde encore aujourd'hui une atmosphère Belle Époque. Ses rues bordées d'élégants immeubles colorés, dont beaucoup très bien conservés, montrent le dynamisme de cette ville. Quelques-uns des principaux points d'intérêt d'Oradea sont regroupés autour des places Unirii et Republicii-Ferdinand, séparées par la rivière Crișul Repede et formant le centre de la ville. Si le temps vous le permet, vous pourrez visiter les stations thermales des environs et tenter quelques excursions vers les nombreuses grottes de la région.

Histoire

Lorsque les Romains envahissent la Dacie, la région correspondant à la Crișana actuelle demeure le territoire des tribus libres des Daces. Celles-ci construisent les forteresses de Tășnad et d'Oradea. Au cours des siècles suivant la chute de l'Empire romain, la région, comme tout le continent, va subir les nombreuses vagues d'invasions, auxquelles ils sauront résister plutôt efficacement. Au Xe siècle, sous l'égide du voïévode Menumorut (qui avait fait de Biharia sa capitale), une organisation politique est mise en place. Mais la région tombe bientôt sous la domination hongroise. En 1660, lors de l'invasion de la Transylvanie par les Turcs, Oradea, conquise, devient un centre administratif ottoman. Aux Ottomans succèdent les Habsbourg, dont le pouvoir qu'ils exercent sur l'Europe centrale est alors à son apogée. Deux siècles plus tard, la population d'Oradea va s'élever contre le rattachement de sa région à la Hongrie.

Transports

Train

La gare d'Oradea se trouve Piața București, au nord du centre-ville, que l'on peut rejoindre à pied en suivant Strada Republicii (vers la gauche en sortant de la gare) ou avec les tramways 1 et 4. Consigne ouverte 24 heures sur 24. Ne pas confondre avec la gare ferroviaire Est (près de la gare routière), pas vraiment intéressante pour le visiteur.

La ligne de train vers/de Bucarest permet de s'arrêter à Huedin, Cluj-Napoca, Mediaș, Sighișoara, Brașov, Sinaia et Ploiești. Des trains desservent la station thermale de Băile Felix, mais il est plus simple d'y aller en tram ou en bus.

Trains vers Arad (6 par jour, 1 heure 50 à 3 heures de trajet) et Timișoara (2 à 3 par jour, 3 à 4 heures de trajet), Cluj (10 par jour, 2 heures 30 à 3 heures 45 de trajet), Baia Mare (2 par jour, 3 heures 20 de trajet), Satu Mare (5 par jour, 2 heures 30 de trajet).

Trains vers Beiuș (2 par jour), Ciucea (6 par jour, 1 heure 20 à 2 heures 30 de trajet).

Trains très longue distance vers Bucarest (2 par jour, 11 heures de trajet), Iași (1 par jour, 12 heures de trajet), Suceava (1 par jour, 9 heures 30 de trajet) et Constanța (en été). Enfin, plusieurs trains par jour vers Budapest. Ou petit train local vers la ville frontière d'Episcopia Bihor.

Oradea
Edifice religieux
Musée
Poste
Gare ferroviaire
0
300 m
Gare Ferroviaire
Sirul Canonicilor
Basilique Catholique
Musée Taril Crisuritor
Parc Sándor
Poste
Poste
Eglise St-Nicolae
Piata Libertatii
Piata 1 Decembrie
Cetatea Oradeie
Cișul Repede
Cișul Repede
Str. Rozmarinului
Magnoliei
Str. Sirul Canonicilor
Str. Ecaterina Teodoroiu
Str. C. Negruzzi
Str. N. Bălcescu
Str. Doina
Bulevardul Dacia
Str. Republicii
Str. Muzeului
Boulevardul Decebal
Str. Doina
Pescarusului
Str. Bleriot
Str. Monumorut
Parcul Petöfi Sándor
Str. J. Pannonius
Str. Orsovei
Str. Mioritei
Str. Ecaterina Théodoroiu
Str.
Str. Mihai Eminescu
Str. Nicolae Jiga
Str. E. M. Chitul
Str. Roman Ciorogariu
Str. Hasdeu
Str. Treblaurian
Str. Feleacului
Str. Constructilor
Spl. Crisanei
Str. Progresului
Str. Brasovului
Louis Pasteur
Str. Szigligeti Ede
Str. Dunărea
Dunărea
Str. Stefan Simion
Str. Principatelor Unite
Str. Ady Endre
Str. Academiei
Str. Roman Ciorogariu
Str. Mihai Eminescu
Str. republicii
Str. General Magheru
Str. G. Enescu
Str. Gheorghe Doja
Str. Tudor Vladimirescu
Str. Mircea Chitul
Str. Moscovei
Str. Delavrancea
Str. Republicii
Str. George Enescu
Str. Petru Rares
F. Sulyok István
Teatrului
Str. General Magheru
Str. A. Muresanu
Str. Ady Endre
Patriotilor
Str. A. Lăzăr
Str. Maresal Ion Antonescu
Str. I. Vulcan
Str. Jean Calvin
Alee Gojdu
Calea Averescu
Str. Bradului
Str. Independentei
Calea Clujului
Str. Avram Iancu
Str. Traian Mosoiu
Str. Cel Trei
Str. Cuza Vodă
Str. General Magheru
Str. Crinului
Str. Mihai Viteazul
Str. Titu Maiorescu
Str. Mihai Kogălniceanu
Str. Grivitei

AGENCE CFR
Calea Republicii, 2
✆ +40 259 416 565
Ouvert en semaine de 7h à 19h.
Pour acheter vos billets de train à l'avance, dans le centre-ville.

Bus et maxitaxis

La gare routière se trouve au sud de la ville, près de la gare ferroviaire Est (pas vraiment intéressante pour le touriste). Bus 13 pour rejoindre le centre. Bus pour Timișoara (10 par jour), Arad (10 par jour), Satu Mare, Sighetu Marmației (1 par jour), Beiuș (accès à Stâna de Vale et aux monts Apuseni), Alba Iulia (1 par jour) ou Deva (2 ou 3 par jour). Les bus qui vont à Deva desservent aussi Beiuș, Vașcău et Brad. Bus à des tarifs intéressants vers la Hongrie : Budapest et Debrecen entre autres. Réservation dans toutes les agences de voyages.

EUROLINES
Strada Primăriei, 46
✆ +40 259 432 128
www.eurolines.ro
oradea.ag@eurolines.ro

Voiture

Parking payant dans le centre-ville en semaine. Tickets dans les nombreux kiosques à journaux.

Avion

AÉROPORT D'ORADEA
Calea Aradului
✆ +40 259 416 082
Il se trouve à 7 kilomètres au sud de la ville, sur la route d'Arad. Pour s'y rendre ou en partir, vous pouvez prendre les navettes Tarom qui relient l'aéroport au bureau de l'agence, en plein centre-ville (en liaison avec chaque vol). Comptez 5 € environ en taxi.

AGENCE TAROM
Piața Regele Ferdinand, 2
✆ +40 259 431 918
Ouvert du lundi au vendredi de 8h30 à 18h. Le samedi de 10h à 13h.
Deux vols par jour vers/de Bucarest.

CARPATAIR
À l'aéroport
✆ +40 259 418 126
www.carpatair.com
reservations@carpatair.com
La compagnie basée à Timișoara effectue la liaison Oradea-Timișoara, d'où elle dessert d'autres grandes villes de Roumanie, l'Italie, l'Allemagne.

Pratique

Tourisme – Culture

Ces dernières années, Oradea fait de gros efforts en matière de promotion et de valorisation touristique. Désormais, vous trouverez de nombreux documents pour mieux connaître la ville. Pour information, le site www.oradea-bihor.ro est très complet. La ville possède également un site Internet : www.oradea.ro

APUSENI EXPERIENCE
Piața 1 Decembrie, 4-6
✆ +40 259 472 434 / +40 747 962 482
✆ +40 745 602 301
www.apuseniexperience.ro
paul@apuseniexperience.ro
Une équipe de jeunes guides passionnés de la nature et spécialistes du trekking, hiking, rafting, de la spéléo et de l'alpinisme. L'agence s'adresse surtout aux voyageurs qui veulent être des acteurs actifs du tourisme responsable. Toutes les activités proposées se font dans le respect du milieu naturel et culturel environnant et ont un côté éducatif, tant pour les touristes que pour les habitants de la région. Ces activités encouragent les participants à découvrir et à apprécier la culture locale. À noter aussi que 10 % des revenus de l'agence sont destinés à soutenir les initiatives locales de conservation et de protection du patrimoine naturel et culturel des monts Apuseni.

BUREAU D'NFORMATIONS TOURISTIQUES
Strada Roman Ciorogariu, 65
✆ +40 259 417 807
www.turismbihor.info
Dans le bureau de la chambre de commerce et d'industrie, un service pourra vous fournir des renseignements touristiques sur Oradea et ses environs.

- **Pour info, un site Internet très complet :** www.oradea-bihor.ro
- **La ville possède également un site Internet :** www.oradea.ro
- **Manifestation.** Le festival international du folklore d'Oradea a lieu chaque année lors du dernier week-end du mois de septembre.

Moyens de communication

■ **POSTE PRINCIPALE**
Strada Roman Ciorogariu, 12

Se loger

Les logements les moins chers ont la bonne idée d'être situés en plein centre. En revanche, il est plus dur de se loger près de la gare.

Bien et pas cher

■ **HÔTEL PARC**
Strada Republicii, 5
✆ +40 259 411 699
Chambre double environ 23 €, avec petit déjeuner. Moins cher avec salle de bains commune.
En plein centre-ville, même si le bâtiment n'est pas exceptionnel, les 30 chambres restent très correctes pour le prix.

■ **PENSION GÓBÉ**
Strada Constantin Dobrogeanu-Gherea, 28
✆ +40 259 413 513
✆ +40 259 414 845
www.gobe.ro
gobe@rdslink.ro
Chambre simple 25 €, double 35 €, triple 45 €.
Une très agréable adresse, proche de la citadelle. On apprécie ici le côté pension qui l'emporte sur le côté hôtel. Confortable, chaleureuse et colorée, cette adresse est d'un très bon rapport qualité/prix.

Confort ou charme

■ **HOTEL ASTORIA******
Strada Teatrului, 1
✆ +40 259 130 508 / +40 259 430 508 / +40 259 130 523 050
http://astoriaoradea.ro
Chambres simples à partir de 30 €, doubles 50 €.
Superbe édifice historique (1902) de style Sécession à deux pas de Piața Republicii. Une cinquantaine de chambres qui débordent d'un luxe princier quelque peu désuet. Excellent service et superbes prestations.

■ **HOTEL ATRIUM******
Strada Republicii, 38
✆ +40 259 414 421
www.hotelatrium.ro
management@hotelatrium.ro
Chambre simple 40 €, double 50 €, suite 67 €.
Une bonne adresse de 22 chambres très confortables, organisées autour d'une cour intérieure. La décoration est parfois un peu vieillotte, mais les espaces de vie sont vastes. Idéal pour un séjour d'affaires sur place.

■ **HOTEL SCORILO*****
Parcul Petőfi Sándor, 16
✆ +40 259 470 910
www.hotelscorilo.ro – office@hotelscorilo.ro
Compter 40 € la chambre simple, 50 € la double et à partir de 70 € l'appartement.
Construit en 1703, cet hôtel a su conserver le caractère archaïque de la bâtisse tout en créant un confort moderne et chaleureux dans de belles chambres aux tons pastel.

Luxe

■ **HOTEL VULTURUL NEGRU**
Strada Indepedenței, 1 ✆ +40 259 450 000
www.thhotels.ro/hotel-vulturul-negru
oradea@thhotels.ro
Chambres simples 73 €, doubles 91 €, appartements 129 €.
C'est l'hôtel emblématique de la ville. De style Sécession, construit entre 1907 et 1909 par les architectes Marcell Komor et Jakab Dezső, il est d'une grande élégance, en particulier pour sa façade et ses verrières colorées. Ses 65 chambres luxueuses offrent une vue panoramique magnifique.

Se restaurer

■ **BECIUL HAIDUCESC**
Strada General Traian Moșoiu, 5
✆ +40 728 988 778
Situé dans le centre-ville, ce restaurant, dont le nom signifie « la Cave des Haïdouks » (les Robin des Bois roumains), propose des spécialités roumaines et internationales. Très bon rapport qualité/prix.

■ **IRISH KELLY'S PUB**
Strada Republicii, 2 ✆ +40 259 413 419
Ouvert tous les jours de 7h à minuit.
Un lieu fort plaisant au décor tout en boiseries et marqué d'objets insolites. La terrasse donne sur la rue piétonne. Les plats sont simples (pizzas, steaks, soupes) mais à des prix abordables.

■ **RESTAURANT CAPITOLIUM**
Strada Avram Iancu, 8 ✆ +40 259 230 551
www.restaurantcapitolium.ro
contact@restaurantcapitolium.ro
L'adresse la plus connue de la ville. Bons plats roumains traditionnels dans des espaces à la fois rustiques et raffinés.

Sortir

CAFE PARIS

Piața Unirii, 2-4
✆ +40 740 291 711
Ouvert tous les soirs jusqu'à 1h, jusqu'à 3h les vendredis et samedis.
Dans le centre d'Oradea, un lieu jeune et vivant à la décoration assez *lounge*. C'est aussi un bar parfait où assister aux matchs de football restransmis sur grand écran.

COLOMBUS CAFE

Pasajul Vulturul Negru
✆ +40 359 800 001
www.columbuscafe.ro
contact@columbuscafe.ro
Ouvert tous les jours jusqu'à 2h, jusqu'à 4h les vendredis et samedis.
Aménagé dans un bar en forme de navire, le décor est sympa. L'ambiance y est également garantie avec de nombreuses soirées à thème et de puissants cocktails à base de rhum !

À voir – À faire

Les monuments sont plus particulièrement regroupés dans deux parties de la ville. Au nord tout d'abord, près de la gare ferroviaire, et dans le centre-ville proprement dit autour des jolies places qui se font face de chaque côté de la rivière.

Au nord, près de la gare ferroviaire et du parc Petőfi Sándor

Dans Strada Stadionului, le long du parc, vous pourrez admirer Șirul Canonicilor, construction baroque datant de 1773 et sa façade constituée d'arcades. D'ici, pour rejoindre le centre, suivez la longue Strada Republicii. Sa dernière partie, qui mène au centre-ville, est piétonne. C'est une rue superbe, bordée de multiples maisons colorées, baroques, Sécession, certaines fort bien restaurées. On y trouvera de nombreux commerces ou cafés et une animation quasi permanente, comme d'ailleurs dans toutes les rues environnantes.

Rive gauche : Piața Unirii

Au centre de la jolie Piața Unirii s'élève la statue de Michel le Brave, héros national du XVIe siècle. L'ancien hôtel de ville, construit en 1903 en style néoclassique, et sa tour colorée lui font face.

Parc central et citadelle

Pour les rejoindre, il suffit de suivre Strada Independenței ou Strada General Traian Moșoiu, à partir de Piața Unirii.

BIBLIOTHÈQUE DE LA VILLE

Installée dans un bâtiment dont l'architecture mêle différents styles, elle abrite plus de 300 000 volumes, dont quelques ouvrages rares inestimables.

CATHÉDRALE CATHOLIQUE

Construite entre 1752 et 1780, en marbre de Carrare notamment, cette cathédrale est le plus grand édifice religieux de style baroque de toute la Roumanie (78 x 40 mètres). Certaines de ses peintures intérieures datent de l'époque de sa construction, d'autres ont été ajoutées aux XIXe et XXe siècles. On remarquera ses grandes orgues.

ÉGLISE ORTHODOXE CU LUNĂ

Construite entre 1784 et 1790, cette église dite « à la Lune » associe éléments baroques et touches néoclassiques. Ses peintures intérieures datent du XIXe siècle. Son clocher haut de 55 mètres domine la place. L'horloge, installée en 1793, est principalement constituée d'une grande sphère de 3 mètres de diamètre qui suit la rotation de la lune selon un mécanisme ingénieux.

FORTERESSE DE LA VILLE

Bâtie entre 1114 et 1131, cette forteresse fut détruite en 1241 par les Tatars. Reconstruite, elle fut remaniée au XVe puis au XVIIIe siècle, selon des plans inspirés de Vauban. Dès lors, elle devint l'épicentre de la cité et de la vie civile. Récemment, on y a installé une branche de l'université et les sièges de compagnies. Au pied de la citadelle (au sud), près de la place Cetății, se tient un grand marché.

HÔTEL ET CENTRE COMMERCIAL VULTURUL NEGRU (« L'AIGLE NOIR »)

Datant de 1908, ce corridor long de 100 mètres mérite vraiment le détour. C'est une galerie marchande, ornée de plus de 50 fresques et de vitraux polychromes, qui relie Piața Unirii à Strada Independenței.

MAISON DE IOSIF VULCAN

Strada Iosif Vulcan, 16
Les mardi, jeudi et samedi de 10h à 15h. Les mercredi, vendredi et dimanche de 10h à 14h et de 16h à 18h.
Un petit musée présente la vie et l'œuvre de cette importante figure de la culture roumaine, fondateur de la revue *Familia*, qui fit connaître de nombreux auteurs, dont Mihai Eminescu, le futur poète national.

■ **MAISON DU POÈTE ENDRE ADY**

Ouvert les mercredi, jeudi et samedi de 10h à 15h, les mardi, vendredi et dimanche de 10h à 18h.

Cette jolie maison colorée se trouve dans le parc Traian, un peu avant la place Republicii quand on vient de la gare. On y expose livres, documents et manuscrits du poète hongrois (1877-1919) qui œuvra pour la réconciliation entre la Roumanie et la Hongrie et vécut quatre ans à Oradea.

■ **PALAIS ÉPISCOPAL ET MUSÉE DE LA CRIŞANA**

Musée ouvert du mardi au dimanche de 10h à 17h. Entrée 1 €.

Le palais, de style baroque, est situé au milieu d'un très grand parc aux nombreux beaux arbres, dont un immense séquoia.

Construit au milieu du XVIIIe siècle par l'architecte autrichien Franz Anton Hillebrandt, c'est une réplique du palais viennois du Belvédère et compte autant de fenêtres qu'il y a de jours dans l'année. Ses 100 salles aux superbes peintures abritent le musée de la Crişana, du nom de la région dont Oradea est la ville principale.

Le musée est divisé en plusieurs sections : ethnographie et arts populaires, archéologie et histoire, sciences naturelles... Cette dernière section est réputée pour sa collection d'œufs (plus de 12 000) provenant du monde entier.

■ **PARC CENTRAL**

Le parc Central, ou Piaţa 1 Decembrie, entoure la Maison de la culture et un monument aux héros roumains de la Première Guerre mondiale.

■ **SYNAGOGUE**

Située dans Strada Independenţei, le long du fleuve, cette synagogue au dôme argenté date de 1877 et est la plus importante des synagogues du centre.

■ **THÉÂTRE D'ÉTAT**

Piaţa Regele Ferdinand, 4-6

Construit en 1899-1900 en style néoclassique, il est l'œuvre de l'architecte autrichien Ferdinand Fellner.

BĂILE FELIX

Cette station de 660 habitants, située à peine à 8 kilomètres au sud d'Oradea, est réputée pour ses eaux dont la température oscille entre 32 et 45 degrés. Le lac Peţea, tout proche, abrite des nénuphars géants (50 centimètres de diamètre) qui s'acclimatent à son eau à plus de 30 degrés, unique en Europe.

Transports

En train depuis Oradea.

En tramway n° 4, de la gare d'Oradea jusqu'au terminus Nufărul, puis en bus n° 14 jusqu'à la station.

Se loger

Bien et pas cher

■ **COMPLEX MONACO FELIX**

✆ +40 259 318 180

www.hotelmonacofelix.com

contact@hotelmonacofelix.com

Entre 22 et 35 € la chambre double selon la saison. Sans petit déjeuner.

Un des nombreux hôtels privés apparus depuis quelques années dans la région. À la différence des villas construites au bord de la route principale, ce petit complexe offre une ambiance plus paisible et des conditions correctes.

■ **HOTEL PRESIDENT**

✆ +40 259 318 381

www.baile-felix.ro

president_felix@rdslink.ro

Chambres doubles 40 €.

Hôtel classique des stations thermales roumaines, plus petit toutefois que ses voisins. Chambres larges et sans charme mais de tout confort. Sauna, petite salle de gym et piscine.

Confort ou charme

■ **HOTEL TERMAL**

✆ +40 259 318 298

www.felixspa.com

hotel.termal@turismfelix.ro

Entre 60 et 70 € la chambre double selon la saison. De nombreux paquets incluant traitements et demi-pension sont possibles. Appeler pour plus d'informations.

C'est l'hôtel à choisir lorsqu'on vient pour des traitements et des cures à eaux thermales. Hydrothérapie, thermothérapie, kinétothérapie et autres soins sont proposés toute l'année. Les chambres sont accueillantes et donnent sur la forêt. Piscine intérieure et extérieure, centre de spa et restaurant.

■ **PENSION SEBI**

Băile Felix, 45

✆ +40 259 318 071

Autour de 40 € la chambre double.

Une dizaine de chambres doubles disponibles dans cette pension tout confort et ô combien plus chaleureuse que les grands complexes hôteliers qui sont pléthore dans cette station thermale.

Luxe

HOTEL INTERNATIONAL
✆ +40 259 318 445
www.felixspa.com
hotel.international@turismfelix.ro
Environ 67 € la chambre double hors saison et 80 € durant l'été avec petit déjeuner.
Le plus grand et le plus luxueux des hôtels de la station, il a rouvert ses portes en 2007 après un ample processus de modernisation. Les chambres sont larges, de tout confort et disposent toutes d'un balcon. Centre de traitement et de bien-être, restaurant, parking sécurisé.

À voir – À faire

Il y a deux complexes de bains dans la station.

ŞTRAND APOLLO
Ouvert toute l'année et tous les jours de 8h à 20h. Compter 5 € pour un adulte.
Comme les bassins sont en plein air, cela peut être une bonne expérience d'y aller en hiver.

ŞTRAND FELIX
Ouvert de mai à septembre, de 10h à 18h. Les toboggans et espaces de jeux sont ouverts à des horaires plus restreints. Compter 5 € pour un adulte.
Rénové en 2009, il est devenu l'aqualand de la station avec 6 piscines, 3 toboggans, des espaces de jeux et de restauration.

BĂILE 1 MAI

Cette station présente les mêmes caractéristiques que sa voisine, eaux chaudes, forêt de chênes. Le lac Peţea tout proche abrite des nénuphars géants (50 centimètres de diamètre) qui s'acclimatent à son eau à plus de 30 degrés : unique en Europe. Ici encore, deux complexes de bains : Venus, qui a une capacité de quelques milliers de personnes, et la piscine à vagues.

Transports

Tramway n° 4 de la gare d'Oradea jusqu'au terminus Nufărul, puis bus n° 15 jusqu'à la station.

Se loger

Un grand nombre de pensions ont été construites ces dernières années à l'entrée de la station thermale. Chacune tout autant colorée que l'autre, le bon goût n'est pas toujours de mise. On préférera la nouvelle pension Allegria.

CAMPING POP
Băile 1 Mai, 71
✆ +40 259 318 266 / +40 743230861
De 10 € à 30 € la nuit en bungalow suivant le confort.
Ce camping propose quelques bungalows et appartements à la location. Le confort est sommaire, mais le lieu est agréable, avec un espace barbecue et un autre de restauration abrité.

PENSION ALLEGRIA
Băile 1 Mai, 88 G
✆ +40 259 318 317
www.pensiuneallegria.ro
allegriaoffice@yahoo.com
Chambre simple autour de 25 €, double autour de 30 €.
Cette pension, ouverte en 2006, dispose de chambres doubles et d'appartements tout confort. Il y a aussi un centre de spa et une piscine extérieure. Le restaurant mérite également qu'on s'y arrête pour son service et la qualité de ses plats.

BIHARIA

À 13 kilomètres d'Oradea, sur la nationale 19, la plus célèbre des forteresses de la région se trouve à Biharia (4 200 habitants). Construite au Xe siècle, c'était l'ancienne résidence du voïévode Menumorut. C'est aujourd'hui une ville majoritairement hongroise.

MARGHITA

Petite ville de 15 700 habitants un peu à l'écart de la route allant d'Oradea à Satu Mare. Son intérêt touristique est très limité, mais elle peut être l'occasion d'une petite halte. Vous y trouverez une église catholique du XVIIIe siècle, une église réformée du XVIe et le petit château Csáky, du XVIIIe.

ALEŞD

Petite ville de 10 000 habitants à l'entrée d'une région dont quelques sites méritent d'être visités, si vous êtes en route pour Cluj, comme quelques belles églises.

Transports

La ligne ferroviaire Oradea-Cluj dessert cette région et permet d'apprécier les beautés de la vallée. Les lignes locales s'arrêtent dans les villages.

Se loger

Bologa ou Ciucea comptent de nombreuses pensions.

■ PENSION ROUA MUNŢILOR

Vadu Crişului, 76/A ✆ +40 723 479 352
www.pensiunearouamuntilor.ro
cazare@pensiunearouamuntilor.ro
Chambre double 30 €, triple 40 €, quadruple 50 €.
Situées à proximité d'une réserve naturelle, les chambres sont de bonne facture et ont des balcons qui donnent sur le défilé du Criş Repede. Un bon rapport qualité/prix.

À voir – À faire

▶ Aleşd même, à 39 kilomètres à l'est d'Oradea, est de peu d'intérêt, si ce n'est pour son château baroque de 1830, sa vieille église du XVIIe siècle et les ruines d'une forteresse du XIIe siècle. À la sortie nord de la ville, dans le petit village de Peştiş, vous pourrez admirer une église en bois du XVIIIe siècle.

▶ En continuant par la route de Cluj, vous parviendrez à Vadu Crişului (15 kilomètres d'Aleşd), au cœur d'une région riche en curiosités. Le village lui-même est un haut lieu de l'artisanat de la céramique, comme en témoignent les nombreuses boutiques le long de la route. De Vadu Crişului, on peut marcher une petite demi-heure pour rejoindre la grotte (Peştera Vadu Crişului). Visite rendue aisée par des aménagements.

■ DÉFILÉ ET RÉSERVE NATURELLE DU CRIŞUL REPEDE

Le long de la route nationale qui mène de Cluj à Oradea, puis à travers les monts Pădurea Craiului, le défilé constitue une riche réserve géologique et fossile et abrite une faune abondante sur plus de 247 hectares. Le Criş Repede y prend sa source. Superbes paysages. La route continue vers Bologa, Huedin (*points intéressants, voir chapitre « Transylvanie – Dans les environs de Cluj »*).
Après Ciucea, à partir de Valea Drăganului, on peut emprunter la route dite de la vallée de l'Enfer (Valea Iadului), qui s'enfonce dans les monts Apuseni. Paysages superbes, mais la route n'est pas asphaltée jusqu'au bout.

■ GROTTE DU VENT (PEŞTERA VÂNTULUI)

✆ +40 264 597634
www.pesteravantului.ro – info@csacluj.ro
Accès à partir du village de Şuncuiuş.
Il s'agit de la grotte la plus longue du pays (presque 52 kilomètres de galeries). Traversée par une rivière souterraine, elle subit une érosion permanente. On ne peut la visiter qu'accompagné d'un guide.

BEIUŞ

Beiuş (10 600 habitants), première grande ville sur la route allant d'Oradea à Deva, est au cœur d'une région fort intéressante. La ville elle-même est assez agréable. On pourra y visiter son petit musée d'Ethnographie (tous les jours, sauf le lundi) et sa grande foire artisanale du jeudi matin. De nombreuses églises en bois sont visibles dans les villages des alentours : Petreasa, Brădet, Rieni, Tărcăiţa ou encore Mierag. Quelques forteresses intéressantes également, à Pomezeu (XIIIe siècle), sur la route de Dobreşti qui quitte la route principale 79 avant Beiuş, ou encore à Şoimi, à l'ouest de Beiuş, où vous trouverez des ruines médiévales de la même époque.

Transports

À 56 kilomètres à l'est d'Oradea. Bus vers Oradea, Vaşcău, Deva. Trains vers Oradea et Vaşcău. De Beiuş, en bus ou minibus, vous pouvez aussi rejoindre Pietroasa, Chişcău, Meziad et Stâna de Vale.

À voir – À faire

■ GROTTE DE MEZIAD

À 22 km de Beiuş. Bus depuis Beiuş, sauf le samedi et le dimanche. Ouvert tous les jours de 9h à 17h. Entrée 2,50 €. Visites guidées d'une heure.
C'est l'une des grottes les plus longues du pays, découverte en 1859, où l'on a trouvé des traces du paléolithique et du néolithique.
Elle est renommée pour la richesse de sa faune cavernicole. Visite avec guide obligatoirement. Possibilité de logement modeste à proximité.

PARC NATUREL DES APUSENI

Le Parc Naturel Apuseni doit sa création à la valeur et à la complexité de son paysage karstique. On y trouve des grottes de grande importance pour la recherche scientifique, comme celle de Valea Rea, véritable musée spéléo-minéralogique qui fait partie des 10 premières grottes au monde pour les minéraux qui s'y trouvent. Longue de 20 km, elle abrite aussi une cascade parfaitement verticale, la plus grande chute d'eau souterraine de Roumanie.

La grotte de Zgurasti est aussi remarquable par son lac souterrain permanent, le plus vaste du pays. D'autres grottes de taille nationale sont Coliba Mare, pourvue de la plus grande entrée de grotte et celle des Cités de Ponor, la plus haute.

On dénombre également plusieurs glaciers, comme celui de Scarisoara, le plus grand glacier souterrain, le glacier Focul Viu et le glacier Vartop. Comme toutes les régions karstiques, les monts Apuseni ont une hydrologie particulière, avec un impressionnant réseau de cours d'eaux et lacs souterrains. Il en résulte une ébouissante variété de micro-formes de relief terrestres et souterrains.

Le Parc Naturel Apuseni est aussi l'habitat naturel de plusieurs espèces de mammifères protégés. On y trouve des communautés de loups, cerfs des Carpates, sangliers mais aussi de lynx, de chats sauvages, de loutres et de furets. Il y a aussi des ours, mais leur nombre (une vingtaine) est assez bas et l'espèce est considérée menacée.

Transports

Il y a 3 voies d'accès au Parc Naturel Apuseni. On peut emprunter la route Oradea-Huedin-Cluj-Napoca, sur la E60. À partir de Huedin, on accède à la route régionale DJ61B au km 10 et l'on suit la bifurcation Belis-Fântânele sur une route asphaltée. Ou bien de Gilau, on accède à la route régionale DJ108 vers Marisel- Belis- Fântânele.

La 2e voie d'accès est la route Oradea-Beius-Deva sur la E79. À Sudrigiu, sur une route régionale, on suit la bifurcation vers Pietroasa-Boga-Plateau de Padis (chemin de terre) ou vers la Cave des Ours (Pestera Ursilor) et Valea Craiasa (route asphaltée).

La 3e voie d'accès est la route Stei Câmpeni–Turda sur la DN75. À partir du village de vacances Vârtop, vers Groapa Ruginoasa, le Camping Glavoi et Cheile Galbenei en suivant des circuits touristiques.Si vous venez en transports en commun, voici quelques villages depuis lesquels on accède au parc.

- Sudrigiu, situé sur la route E 79, au croisement avec la route vers Pietroasa/ Chiscau ;
- Vârtop, situé sur la route DN75, entre Baita et Arieseni. Accès facile vers le Plateau de Padis pour les touristes qui viennet à pied ;
- Arieseni, Gârda de Sus, Scarisoara, Albac, situés sur la DN75, accessibles en transports en commun locaux

Sites remarquables du Parc naturel des Apuseni

- **Le Glacier de Scarisoara**, le plus grand glacier souterrain de Roumanie et l'un des plus grands d'Europe.
- **Les Cités de Ponor (**Cetatile Ponorului), un phénomène karstique gigantesque, avec le portail d'entrée le plus haut du pays.
- **Le Glacier Vartop**, dans la Pestera Minunata, où l'on a découvert des traces de l'homme de Néanderthal.
- **Les Gorges Cheile Galbenei**, l'une des gorges les plus sauvages des Apuseni avec sa cascade Evantai.
- **La Cascade Varciorog**, avec sa chute d'eau de 15 m.
- **La Grotte Mina Farcu**, la seule grotte aux cristaux, aménagée pour les touristes.
- **Le Pic Curcubata Mica** pour sa vue panoramique sur la régio.
- **Les pistes de ski Vartop 1 et 2** si vous faites un séjour ski.

ROŞIA

Un village de montagne de 3 800 habitants avec des maisons semées sur quelques collines couvertes d'herbages et de forêts. On peut y voir les paysans couper le foin, paître les moutons, couper du bois dans la forêt ou labourer la terre. C'est un bon point de départ pour découvrir les grottes de la région, les gorges d'Albioara et le plateau de Runcuri. Pour voir les grottes, on emprunte une route asphaltée, en très bon état, qui lie la DN 76 à la DN 1 et permet de faire le trajet **Beiuş-Remetea** (où se trouve la grotte de Meziad) **Roşia** (on y trouve la grotte aux Cristaux de la mine Farcu et le Musée minier de Farcu) **-Bratca-Borod-Aleşd**. Un autre trajet pourrait être **Borod-Şuncuiuş** (grotte du Vent et grotte Unguru Mare) **-Vadu Crişului** (grotte de Vadu Crișului) **-Aleşd**. Pour accéder aux gorges d'Albioara, il faut prendre la route départementale 764, qui lie Beiuș à Aleșd. Longues de 2,6 kilomètres, ces gorges offrent de bonnes conditions pour faire du trekking et pour observer de nombreuses sources et grottes. Le plateau de Runcuri est un intéressant plateau karstique formé de collines et de vallées qui créent un relief chaotique, très curieux à voir. Depuis le hameau de Runcuri on a une vue d'ensemble sur une partie de ce plateau. Roșia compte aussi d'autres attractions comme des distilleries artisanales d'alcool de prunes, un atelier artisanal de lutherie, où l'on fait des violons à trompette, un instrument spécifique du folklore de cette région des monts Apuseni. Le maître Dorel Codoban habite dans le village de Lazuri de Roșia, au numéro 95. Également un moulin à eau construit à la fin du XIXe siècle et qui est encore fonctionnel. Il peut être visité en présence de son propriétaie, Burtic Gheorghe, village de Roșia, au numéro 731.

■ TRADIŢIONAL CASA

✆ +40 745 602 203
✆ +40 744 603 706
www.traditionalcasa.ro
contact@traditionalcasa.ro

De 12 € à 25 € par personne suivant l'hébergement. Possibilité de louer des maisons entières. Location de minibus à 8 places et de 4 x 4 à 8 places.

Au bout d'un voyage au mileu d'un charmant paysage de montagne, on arrive dans le hameau de Runcuri (village de Roșia) où les amateurs de nature et d'expériences inattendues auront une belle surprise. En haut d'une colline, trois maisons en bois, avec des toits de paille ou de tuiles, au décor rustique vous donneront l'impression d'avoir fait un retour dans le temps. L'hébergement est simple et recrée la vie paysanne du début du siècle dernier. On dort dans des lits (ou sur des matelas si on est à plusieurs), dans le grenier ; les douches et les toilettes sont communes, pareil pour la cuisine remplie d'objets de jadis. La maison organise des tours guidés pour faire de la spéléologie, des sorties en VTT, des randonnées et du trekking.

STÂNA DE VALE

La grande station de cette partie occidentale des Apuseni est située à 1 100 mètres d'altitude. On y accède en traversant une superbe forêt. En hiver, les chutes de neige sont particulièrement abondantes pour y faire du ski. En été, Stâna de Vale est connue pour ses sites d'escalade et ses possibilités de randonnée. C'est un excellent point de départ vers les monts Vlădeasa et les lacs Leșu et Drăgan. Le chalet de Padiș, point central des randonnées dans les Apuseni, est à 5 heures de marche de Stâna de Vale. La station est aussi célèbre pour ses sources d'eau minérale, commercialisée dans tout le pays sous le nom d'Izvorul Minunilor.

Se loger

La station compte aussi plusieurs villas et pensions, dont les très confortables Liliacul et Izvorul Minunilor (0744 599 334). Il existe également un camping.

■ HÔTEL IADOLINA

✆ +40 372 714 403

Chambres doubles à partir de 36 € avec petit déjeuner.

Une cinquantaine de chambres confortables. Une bonne adresse.

PLATEAU DE PADIŞ

À 20 kilomètres au sud-est de Beiuș (faisable en bus depuis cette dernière ville), Pietrasoa est un charmant et pittoresque petit village des Apuseni, sur la spectaculaire route forestière qui mène au plateau de Padiș.

Le plateau de Padiș fait partie du parc naturel des monts Apuseni et représente une zone de conservation spéciale où l'on autorise uniquement les activités liées à la recherche

scientifique. Il est situé à 1 200 mètres d'altitude et contient des phénomènes karstiques spectaculaires : gorges profondes (Cheile Someşului Cald), gouffres sauvages, canyons (Valea Galbenei, Valea Boga), lacs souterrains, cascades. La région fait aussi le bonheur des spéléologues, avec une trentaine de grottes dont les plus belles sont Peştera Gheţarul de la Focul Viu, Şura Boghii, Padiş, Căput, la grotte de Valea Galbenei et Piatra Altarului. Dans cette aire protégée, les animaux sauvages sont chez eux.
Avec un peu de chance, vous pourrez apercevoir des biches, des sangliers, des renards et des coqs de montagne et vous allez sans faute croiser des écureuils. Les rivières qui sillonnent le plateau foisonnent de truites : pêcheurs, n'attendez plus, à vos cannes ! Les passionnés d'escalade pourront eux aussi s'essayer aux gorges du Someş Cald et aux Citadelles de Ponor (Cetăţile Ponorului). Un phénomène spécifique a lieu ici tous les soirs : on l'appelle le brouillard de Padiş, résultat du mélange de l'air froid avec l'air chaud accumulé en journée dans les dolines.

Circuits de randonnée

Le plateau de Padiş est aussi connu pour ses innombrables circuits de randonnée, plus ou moins difficiles, mais sans doute mémorables pour l'enchantement du paysage. Les circuits ont tous comme point de repère la cabane Padiş. On arrive à cette cabane en suivant la route Oradea-Vaşcău jusqu'à Sudrigiu, ensuite Pietroasa et à partir de là 17 kilomètres jusqu'à Padiş.
Voici quelques circuits possibles, avec leurs différents balisages. Renseignez-vous à l'avance pour vous assurer de bien maîtriser leur signification.

- Cabane Padiş-Gheţarul de la Scărişoara (glacier de Scărişoara) : durée 4-5 heures, balisage triangle bleu/ligne bleue.
- Cabane Padiş-cabane Vlădeasa : durée 9 à 10 heures, balisage ligne bleue.
- Cabane Padiş-Stâna de Vale : durée 4 à 5 heures, balisage ligne rouge.
- Circuit Cheile Galbenei : durée 10 heures, balisage point jaune.
- Circuit Cetăţile Ponorului : durée 6 heures, balisage point bleu.
- Cabane Padiş-cabane Cetăţile Ponorului : durée 1 heure, balisage triangle rouge.
- Cabane Padiş-Groapa de la Bârsa (gouffre de Bârsa) : durée 5 à 6 heures, balisage ligne jaune.
- Cabane Padiş-Lumea Pierdută (« le Monde perdu ») : durée 3 à 4 heures, balisage croix jaune.
- Cabane Padiş-village de Pietroasa : durée 4 heures, balisage croix bleue.
- Cabane Padiş-Cetăţile Radesei : durée 1 heure 30, balisage ligne bleue.
- Cabane Padiş-Măgura Vânată : durée 6 heure, balisage triangle jaune.Cabane Padiş-Pietrele Boghii : durée 1 heure 30, balisage point rouge.
- Cabane Padiş-Gheţarul Vârtop – durée 3 à 4 heures, balisage triangle rouge et ligne rouge.

Circuit des Citadelles de Ponor (Cetăţile Ponorului)

Dans un coin de ce paradis sont cachées les Citadelles de Ponor, le plus grandiose des phénomènes karstiques de Roumanie, qui tire son nom du portail de 70 mètres de hauteur creusé dans la pierre. Personne ne soupçonnerait qu'en passant ce portail, on peut descendre jusqu'à une rivière souterraine et que le circuit de randonnée comprend une partie sous la terre.
C'est pourtant vrai, le circuit des Citadelles de Ponor (Cetăţile Ponorului) commence à la cabane Padiş, descend jusqu'à la doline 1 où se trouve le portail de 70 mètres, suit le cours de la rivière souterraine, retourne au sentier qui se trouve sous la paroi et rejoint la doline 2.
Au fond de cette doline se trouve une grotte qui donne sur une galerie souterraine. Une montée assez rude s'ensuit jusqu'à une autre galerie et aboutit à des salles dont la plus impressionnante est Sala Taberei, avec une cascade de 8 mètres. On ressort à proximité de la cascade et on peut poursuivre jusqu'aux balcons 1, 2 et 3 d'où l'on aura des vues sur la doline 3.

Retrouvez le sommaire en début de guide

■ **CABANE CETĂȚILE PONORULUI (LES CITADELLES DE PONOR)**
PIETROASA
✆ +40 732 625 928
✆ +40 755 740 949
www.padis.ro
zonapadis@yahoo.com
A 1 km des Cités de Ponor.
Entre 10 € et 17 € par personne, selon la chambre et la saison. Petit déjeuner environ 3,50 € par personne et déjeuner ou dîner environ 7 €.
Située dans le parc naturel des monts Apuseni, à 1 100 mètres d'altitude, dans la zone de Padiș, renommée pour sa nature intacte, cette jolie cabane est très proche (1 kilomètre) de l'objectif touristique principal : le complexe karstique des Citadelles de Ponor et le glacier du Feu vivant. La plupart des circuits de randonnée passent à proximité de la cabane. Elle dispose d'une vingtaine de chambres avec 2 ou 4 lits, avec salles de bains communes ; 16 d'entre elles ont une salle de bains privée. L'ambiance est bonne et le service attentionné. Le restaurant propose des spécialités locales et hongroises à des prix raisonnables. La maison organise des circuits pour visiter les principales attractions touristiques de l'endroit. En hiver, on organise des sorties en ski de randonnée sur des pentes immaculées, des excursions en raquettes à neige ou en luge tirée par un snowmobile et on loue des snowmobiles. Parking gratuit pour voitures et vélos.

PEȘTERA URȘILOR

Si vous ne devez en visiter qu'une, c'est celle-là ! Cette grotte, d'une beauté et d'une richesse spéléologique rares, s'étend sur plus d'un kilomètre de longueur. Elle abrite, sur deux niveaux, de vastes galeries de stalactites et de stalagmites ainsi que des traces de fossiles appartenant à des espèces disparues il y a plus de 15 000 ans. La grotte doit son nom aux restes d'ours des cavernes découverts en 1975.

Pratique

Près du village de Chișcău, à 23 kilomètres de Beiuș. Bus depuis Beiuș (sauf le dimanche). Grotte ouverte du mardi au dimanche, de 10 à 17 heures. Visites guidées d'une heure, entrée 3 €.

Se loger

■ **PENSION DANIADIS**
Tout à côté de la grotte
✆ +40 723 043 577
Chambre double 20 €.
À deux pas de la grotte, l'agréable pension située dans une vaste demeure sert aussi de restaurant. Pratique. Les chambres sont simples mais propres.

■ **PENSION MANCE**
Chișcău
✆ +40 740 237 233
Chambre double 20 € sans petit déjeuner.
Chaleureux et en prime, de bons petits plats à déguster.

■ **PENSION MARIA**
Chișcău
✆ +40 740 240 251
www.cazare-pensiunea-maria.ro
bihor2006@yahoo.com
Chambre double à 20 € avec salle de bains privative et petit déjeuner.
Une petite pension assez confortable à moins de 2 kilomètres de la grotte des Ours.

RIENI

Village de 3 100 habitants situé à 15 kilomètres au sud de Beiuș, en remontant le cours du Crișul Negru. On y trouve l'une des plus jolies églises en bois de la vallée, construite en 1753.

VAȘCĂU

À 25 kilomètres au sud de Beiuș, cette ville de 2 300 habitants à l'extrême sud-est du département du Bihor est l'un des points de

départ vers la réserve naturelle des monts Codru-Moma et le célèbre plateau karstique de Vașcău. L'autre point de départ, plus connu, est celui de Moneasa, sur les versants sud dans le département d'Arad. À signaler, la grotte de Câmpenească et l'église en bois du village de Colești.
Trains vers Oradea, mais les bus de la ligne Oradea-Deva qui passent ici sont plus pratiques.

Se loger

Cette région est connue pour son tourisme rural. Vous trouverez ici des pensions affiliées à Antrec (voir « Oradea »).

ARAD

Pour ceux qui, nombreux, entendent gagner Timișoara ou Bucarest en train à partir de Budapest, Arad (159 000 habitants) est bien souvent la première grande ville roumaine traversée.
Peu s'y arrêtent, mais au cas où vous auriez la curiosité de faire quelques haltes en chemin, la ville et son élégant centre du XIXe siècle ainsi que sa région ne manquent pas de points d'intérêt dits « secondaires ».

Histoire

Ce n'est qu'en 1329 qu'Arad devient une ville à part entière. Les Ottomans, maîtres de la ville au XVIIe siècle, y construisent une forteresse qui devient le centre de l'activité locale. Sous la domination des Habsbourg, est construite entre 1763 et 1783, hors du périmètre urbain, une nouvelle forteresse selon le modèle de Vauban. La ville prospère et sa population augmente rapidement. L'élégant centre-ville actuel date de cette époque.

Transports

Train

La gare ferroviaire se trouve un peu au nord, à 500 mètres du centre-ville. Pour rejoindre le centre, vous n'avez donc plus qu'à descendre le boulevard Revoluției vers le sud, à pied ou en tramway 1 ou 2. Attention, les trains de Timișoara arrivent également à la gare Arad Nou, au sud de la ville. Accès par les trams 3 et 5 depuis le centre. Réservations à l'avance à l'agence CFR (Strada Cernei, 16, près du marché). Il est préférable d'acheter ici vos tickets, sachant que la gare ferroviaire d'Arad n'est pas des plus recommandables.
Arad est un nœud ferroviaire majeur d'où il est aisé de rejoindre Budapest et toutes les villes du pays.
Trains vers **Timișoara** (15 par jour, environ 1 heure de trajet), Craiova, Bucarest (5 à 6 par jour, 8 à 10 heures de trajet), Deva (11 par jour, 2 à 3 heures de trajet), Oradea (6 par jour, 1 heure 30 à 2 heures 30 de trajet), Baia Mare (1 par jour, 6 heures de trajet), Satu Mare (1 par jour, 4 heures 30 de trajet), Brad (5 par jour, 4 heures 30 de trajet), Sibiu (1 par jour, 5 heures de trajet), Sighișoara (2 par jour, 4 heures de trajet) et Brașov (6 par jour, 7 heures de trajet). Constanța, en été.
Trains locaux vers les villes frontalières : Curtici, Nădlac (frontière avec passage), Cenad, Sânnicolau Mare (5 par jour)...
Trains vers Budapest (7 par jour, 4 heures 30 à 5 heures de trajet). Ils passent tous par Curtici.
Trains vers Vienne (1 par jour, 10 heures de trajet) et Prague (1 par jour, 15 heures de trajet).

Bus et maxitaxis

La gare routière se trouve Calea Aurel Vlaicu, 24, non loin de la gare ferroviaire. Vous y trouverez notamment de nombreux bus vers la Hongrie. Réservation dans toutes les agences. Transports pour la ville frontière de Nădlac, pour Câmpeni (1 par jour), Lipova (4 par jour), Timișoara (10 par jour), Oradea (10 par jour), Moneasa (2 par jour). Maxitaxis longue distance vers Bucarest (Autogara IDM

Avion

■ AÉROPORT D'ARAD
✆ +40 257 254 440
À 3 kilomètres à l'ouest de la ville. Pour se rendre à l'aéroport, pas de transports en commun, mais une course en taxi ne devrait pas être trop coûteuse.
Vols Arad-Bucarest, à bas prix avec Blue Air : www.blueairweb.com

■ AGENCE TAROM
Strada Unirii, 1
✆ +40 257 280 777
✆ +40 257 211 777
Liaisons avec Bucarest (8 à 10 par semaine) et Constanța (en été).

Arad

vers la Gare ferroviaire
Str. Voluntarilor
Str. Marinaritor
Str. Miron Costin
Parc Pădurice
Str. Corneliu Coposu
Bulevardul Revolutiei
Bulevardul Bihorului
Str. Urdea
Calea Victoriei
Str. Banul Mărăcine
Str. Andrei Muresanu
Cale Iuliu Maniu
Str. Spitalului
Str. Tudor Vladimirescu
Str. Antonescu
Str. Elena Ghiba Birta
Bulevardul Revolutiei
Str. Ineului
Str. Gheorghe Doja
Str. Crișan
Str. General V. Milea
Parc Europa
Str. Andrei Șaguna
Str. Mărășești
Str. George Coșbuc
Str. Cloșca
Bulevardul Revolutiei
Mureș
Str. Bártoki Béla
Bulevardu General V. Milea
Str. Octavian Goga
V. Alecxandri
Palais culturel
Str. Episcopiei
Str. Cicio Pop
Cathédrale catholique
Bulevardul Revolutiei
Gen. Drăgălina
Eglise Episcopale
Poste
FORTERESS D'ARAD
Str. Mihai Eminescu
Str. Unirii
Str. Vasile Goldis
Podul Decebal
Str. N. Bălcescu
Str. Vârful cu Dor
Cathédrale Orthodoxe
Str. Metianu
Bulevardul Decebal
Gen. Drăgălina
Str. T. Dobra
Str. Szántay
Str. Acad. Teological
Str. Gojdu
Str. Rusu Sirianu
Str. Ceaikovski
Edifice religieux
Musée
Poste
Str. George Alexandrescu
Str. Dacilor
Str. M. Kogalniceanu
Str. Preparandiei
Str. Dornei
Calea Romanilor
Str. Hunedoara
Str. Dornei
Str. Ciocârlei
Splaiul Toth Sándor
Str. Mucius Scaevola
Str. Brumărel
Panait Cema
N
0
300 m
Str. Cuza Vodă
Str. G. Ureche

Pratique

INFORMATIONS TOURISTIQUES
Face au Continental
Bulevardul Revoluției, 84
✆ +40 257 270 277
www.primariaarad.ro
turism@primariaarad.ro
Ouvert en semaine toute l'année, le samedi en été seulement.
Un vrai point d'informations touristiques : cartes, dépliants sur la ville, aide éventuelle pour trouver une chambre.

POSTE PRINCIPALE
Piața Iacob Caius

SIRIUS
Bulevardul Revoluției, 62
✆ +40 371 078 278
www.siriustravel.ro – sirius@arad.ro
Informations et réservation de chambres chez l'habitant dans le département d'Arad et le Maramureș. Les agences de voyage sont nombreuses le long de Strada Revoluției. Vous y trouverez des informations touristiques et des plans de la ville.

Se loger

Bien et pas cher

HOTEL ARDEALUL
Bulevardul Revoluției, 98
✆ +40 257 280 840
www.hotelardealul.ro
Chambre simple et double 29 € la nuit, triple 38 €, appartement 60 €. Petit déjeuner inclus.
Cet hôtel récemment rénové et situé au centre de la ville est abrité dans une magnifique demeure du XIXe siècle classée monument historique. Excellent rapport qualité/prix.

HOTEL MOARA CU NOROC
Strada Mucius Scaevola, 11
✆ +40 758 064 556
www.hotelmoaracunorocar.ro
10 € la chambre simple, 13 € la double, 18 € la chambre triple.
Hôtel dans un immeuble communiste bétonné récemment restauré sans aucun charme. Les chambres sont correctes et propres mais on y vient surtout pour des prix tout simplement imbattables.

PENSION ET HÔTEL XEMAR
Calea Timișorii, 13 ✆ +40 357 410 600
www.xe-mar.ro – office@xe-mar.ro
Chambre simple 34 €, double 43 €, triple 50 €. Petit déjeuner inclus.
Au sud de la ville, une pension et un hôtel 3 étoiles, les deux très agréables. Ils sont situés dans la même rue. Accès bus 3 et 5 depuis le centre (descendre non loin de l'hôtel President). Restaurant.

Confort ou charme

HOTEL ARAD
Bulevardul Decebal, 9
✆ +40 257 280 894 / +40 257 214 775
www.hotel-arad.ro – iosifl@gmail.com
Chambre simple autour de 25 €, double 35 €.
Un hôtel plutôt bien situé, aux 28 chambres simples et propres d'un niveau 2 étoiles. Les intérieurs sont confortables, même si la décoration ne correspond pas à tous les goûts.

HOTEL COANDI
Calea Romanilor, 47 ✆ +40 257 287 777
www.hotelcoandi.ro
contact@hotelcoandi.ro
Chambre double à 57 € en semaine, moins cher le week-end.
L'hôtel se trouve excentré au sud de la ville au bord du Mureș. Vous ne pouvez pas le manquer quand vous venez de Timișoara. Les chambres sont grandes et agréables. Bon restaurant.

HOTEL PRESIDENT
Calea Timișorii, 164 ✆ +40 257 286 042
www.hotel-president.ro
Chambre double 55 € avec petit déjeuner.
Au sud de la ville (accès bus 3 et 5), cet hôtel de taille modeste propose 27 chambres correctes au confort correspondant à ses tarifs. L'hôtel compte également une piscine ainsi qu'une salle de conférence. Aussi prisé par les familles que les hommes d'affaires. Bon restaurant.

Luxe

HÔTEL CONTINENTAL FORUM
Bulevardul Revoluției, 79-81
✆ +40 372 578 800
www.continentalhotels.ro
info@continentalhotels.ro
Chambres doubles à 110 € avec petit déjeuner. Visitez le site pour réserver, il y a souvent des offres promotionnelles.
Classé 4 étoiles, le Continental Forum bénéficie d'une situation centrale et de vues panoramiques sur la ville. Les chambres sont confortables et spacieuses, adaptées à une clientèle d'affaires. L'hôtel a adhéré au programme « Voilà », ce qui permettra aux membres d'accumuler des points.

Se restaurer

■ RESTAURANT CASA BULZAN

Piața Romană

✆ +40 257 282 272

Une cuisine « comme à la maison ». Et il est vrai que ses plats traditionnels sont plutôt pas mal, copieux et pas trop chers.

■ RESTAURANT CASA ROMÂNEASCĂ

Calea Victoriei, 88

✆ +40 357 401 401

Un restaurant chaleureux de bonne cuisine locale.

■ RESTAURANT COANDI MIC

Calea Romanilor, 47

✆ +40 257 28 77 77

www.hotelcoandi.ro/ro/restaurant

Ouvert tous les jours. Autour de 15 €.

Restaurant de l'hôtel Coandi, qui sert des spécialités internationales dans un cadre raffiné un peu surfait. On préférera les plats roumains, parfaitement réalisés.

À voir – À faire

Arad est traversé par le Mureș. Au creux d'une boucle formée par la rivière s'élève la citadelle. Le centre-ville s'étend le long du boulevard Revoluției, du parc Pădurice au nord à la place Avram Iancu au sud. La majeure partie des curiosités touristiques se trouve autour de cette dernière.

■ HÔTEL DE VILLE

Difficile de ne pas remarquer cet édifice majeur qui trône, avec sa tour de l'horloge, au centre de la place principale de la ville depuis 1876. Il fut construit dans un style Renaissance, d'après les plans de l'architecte Ferenc Pekár. En prenant Strada Crișan (de l'autre côté du grand boulevard), vous parviendrez à la place Mihai Viteazul et à son marché central animé.

■ MAISON DE LA CULTURE

Cet édifice à colonnes datant de 1913 abrite la bibliothèque et le musée d'Histoire (ouvert tous les jours, sauf le lundi, de 9 à 17 heures). Le musée, qui retrace l'histoire de la région d'Arad, comprend également des sections d'archéologie et d'ethnographie où vous découvrirez le folklore et l'artisanat local. L'Orchestre philharmonique a également ses quartiers dans ce bâtiment.

■ PARC CENTRAL

Piața George Enescu

Il épouse l'extérieur de la courbe du Mureș et donne sur la place principale de la ville autour de laquelle on peut voir la Maison de la culture, l'hôtel de ville, le palais Cenad (XIXe siècle) et l'université, reconnaissable à sa façade rococo.

Autour de la place Avram Iancu

Cette place élégante et colorée se trouve à l'extrémité sud du boulevard Revoluției. Elle est entourée de belles maisons et les rues alentour sont charmantes. Au nord, elle est bordée par l'imposante et blanche église catholique et le Nouveau Théâtre. Ce dernier date de 1874 et abrite un petit musée du Théâtre et des Décors. La statue au centre de la place est dite « de la Liberté ». Un peu plus au sud, vous trouverez la charmante petite place Plevnei, où se dressent la maison au Cadenas (*Casa cu Lacăt* – regardez à l'angle du bâtiment, vous comprendrez...) et la synagogue d'Arad, construite en 1834.

Autres curiosités

L'église serbe Sfânții Petru și Pavel se trouve au sud de la place Avram Iancu, dans ce qu'on appelait le Vieux Arad (ou la Ville serbe). L'église a été construite en 1696 dans le plus pur style baroque. La cathédrale orthodoxe (1865), aux jolies fresques, est située près d'un autre marché de la ville, le long de Strada Vasile Goldiș, qui part de Piața Avram Iancu. À l'ouest de la cathédrale, en suivant la rue Ion Rusu Șirianu, on arrive au Turnul de Apă (château d'eau), une construction surprenante. La chapelle Saint-Florian (de 1752), le monument aux soldats roumains (morts au combat pendant la Seconde Guerre mondiale) et le superbe monastère Saint-Simon (1762), qui abrite une collection d'art religieux du Moyen Âge, sont les principaux autres monuments d'intérêt de la ville d'Arad. Au nord du boulevard Revoluției et non loin de la gare, vous pourrez vous rafraîchir, en attendant le train, dans le parc Pădurice (et ses infrastructures de loisirs), autour du canal Mureș.

■ FORTERESSE D'ARAD (CETATEA ARADULUI)

Symbole de la ville, cette citadelle fut construite sur l'ordre de l'impératrice Marie-Thérèse de Habsbourg, entre 1763 et 1783, à l'emplacement d'une forteresse turque du XVIe siècle. Sous les fondements de la citadelle, on a mis au jour un fort encore plus ancien, mentionné déjà en 1232. Son architecture à six branches et à trois rangées d'enceintes a été conçue par l'architecte militaire autrichien Ferdinand Philipp von Harsch. L'édifice est une zone militaire actuellement interdite au public. Mais on peut déambuler dans ses environs, au sein du parc et de la base de loisirs aménagée au pied de la citadelle.

■ **LUNCA MUREȘULUI**

Situé à l'ouest de la ville près de Pecica, cet espace naturel remarquable qui entoure le Mureș mérite le détour.

L'agence Sirius d'Arad (*voir plus haut*) pourra vous proposer de belles excursions dans cette zone et notamment la découverte de la réserve naturelle de Bezdin (célèbre pour ses lys d'eau douce) et le monastère du même nom.

▶ **www.luncamuresului.ro**

■ **MONASTÈRE DE HODOȘ-BODROG**

À quelques kilomètres au sud-ouest d'Arad, dans le village de Bodrogu Nou.

Mentionné pour la première fois en 1177, sous le nom de Hvdust, c'est l'un des plus vieux monuments de toute la Roumanie. Au cours de son histoire, très mouvementée, il fut détruit par les Tatars en 1241, reconstruit, remanié (ce sont les apports baroques qui dominent), restauré puis inondé (au XXe siècle) ! Le monastère possède plusieurs icônes (XVe-XVIIIe siècle) et des manuscrits de valeur.

▶ **www.manastireabodrog.ro**

■ **VIEUX THÉÂTRE (TEATRUL VECHI)**

À l'est de la place Avram Iancu, c'est l'un des plus anciens de Roumanie. Jadis fameux pour sa programmation, il abrite aujourd'hui un cinéma.

MACEA

À une vingtaine de kilomètres au nord de la ville, près de Curtici et de son château de 1796, Macea (6 100 habitants) possède un magnifique jardin botanique.

PĂULIȘ

À l'est d'Arad sur la route de Lipova, un impressionnant monument se dresse dans ce village de 4 100 habitants. Il célèbre la bataille livrée ici même par les armées roumaine et soviétique, en 1944, contre les forces hongroises alliées aux Allemands.

LIPOVA

À 35 kilomètres à l'est d'Arad, la ville de Lipova (10 300 habitants) est au cœur de la plaine du Mureș, entourée de forêts de chênes. On y trouvera une église du XIVe siècle et l'ancien bazar turc dont les jolies arcades abritent aujourd'hui des commerces plus modernes. À Șoimoș, petit village au nord de Lipova, on pourra voir, sur une colline, les ruines d'un château médiéval du XIIIe siècle.

Transports

Sur la ligne de chemin de fer Arad-Deva. Nombreux bus pour Arad.

Se loger

■ **PENSION FALEZA**

Strada Petru Maior, 13

✆ +40 257 561 702

Chambre double à 20 € sans petit déjeuner.

Une bonne petite pension, au cas où vous voudriez vous y arrêter.

SĂVÂRȘIN

Bien plus loin, en allant vers Deva, on pourra faire une halte dans cette petite ville de 3 100 habitants. Outre un musée d'Arts décoratifs, la ville possède un château néoclassique du XVIIIe siècle récemment rétrocédé au roi Michel de Roumanie, qui en avait fait l'acquisition en 1941, avant son exil. Depuis 2002, le château est de nouveau ouvert aux visiteurs. Non loin, le petit village de Troaș abrite une jolie église en bois de 1782.

ȘIRIA

Au nord-est d'Arad, sur la route d'Ineu, se trouve la forteresse de Șiria (7 900 habitants). Mentionnée pour la première fois en 1331, elle servit à l'origine de résidence royale. Au fil du temps, des acteurs importants de l'histoire locale s'y sont succédé. Non loin, les ruines de Tauț (XIIe siècle) et le lac proche du village valent également un coup d'œil.

▶ **À Ineu :** forteresse du XIIIe siècle, remaniée en 1870 en style néoclassique.

MONEASA

Située à 101 kilomètres au nord-est d'Arad et à 18 de Sebiș, la ville de Moneasa (1 000 habitants) est réputée pour ses sources exploitées dès la période romaine. Elle fut une ville d'eaux très prisée au temps de l'Empire austro-hongrois, lorsque les aristocrates y bâtirent de somptueuses demeures. L'impératrice Marie-Thérèse elle-même était une cliente fidèle de la station. Au pied des superbes montagnes Codru-Moma, le site est majestueux. Les falaises à pic parsèment le paysage. Le plateau karstique de Vașcău n'est pas loin. En bref, un site d'exception. Ne manquez pas le lac à nénuphars, avec une eau à 30 degrés. Pour pouvoir les admirer, il faut connaître leur secret : ils s'ouvrent après le crépuscule et se ferment le matin, après 10 heures, et ils ne fleurissent pas avant le 15 juin. Enfin, pour profiter au mieux de la station, sachez qu'il existe un complexe de piscines ouvertes avec une eau à 22 degrés. Ouverture du lundi au dimanche, de 9 à 19 heures. Entrée 1,50 € pour les adultes. Pour plus d'infos : www.strandmoneasa.ro

Transports

La ligne de train Arad-Brad s'arrête à Sebiș, d'où l'on peut prendre des bus pour Moneasa. Depuis Arad, en principe, deux bus ou minibus par jour.

Se loger

La station étant très prisée par les locaux, on y trouvera facilement à se loger. Chambres chez l'habitant, pensions plus ou moins chères et nombreux hôtels.

■ HOTEL MONEASA

✆ +40 257 313 151
www.hotelmoneasa.ro
Chambres doubles entre 30 € et 40 € selon le confort.
Un hôtel qui propose de nombreux équipements (sauna, bain bouillonnant, massages, aromathérapie...), mais sans charme particulier mis à part son cadre.

■ HOTEL PARC

✆ +40 257 313 213 / +40 730 222 560
www.hotelparcmoneasa.ro
office@gastrotur.ro
Chambre double entre 32 € et 38 € avec petit déjeuner.
Un hôtel hérité de l'époque communiste, entièrement rénové. Les chambres sont confortables et l'on s'y sent bien, malgré l'austérité du bâtiment. Les intéressés apprécieront les traitements balnéo et la piscine.

■ VILA CLUB CASTEL

✆ +40 257 313 191
www.clubcastelmoneasa.ro
fabriscar@tiscali.it
Chambre double à 45 €, appartement 90 €.
Un coup de cœur pour cette demeure bourgeoise, ayant appartenu à un baron austro-hongrois et transformée aujourd'hui en hôtel 4 étoiles. Avec son décor somptueux et ses meubles anciens, elle vous plongera dans l'ambiance du début du XIXe siècle. Le restaurant et la cave à vins daces méritent qu'on s'y arrête.

■ VILA MAYUMI

✆ +40 257 313 200
www.mayumi.ro
mayumi@mail.dnttm.ro
Chambre double à 32,50 € avec petit déjeuner.
Un bâtiment historique transformé en hôtel 2 étoiles. Les 13 chambres sont spacieuses et décorées avec bon goût. Bon restaurant.

Dans les environs

Dans les alentours, vous pourrez visiter les ruines de la cité de Dezna, du XIIIe siècle, celles du château de Sebiș, ainsi que le musée d'Histoire. Plus à l'est se trouvent le château de Brazii (1800) et l'église en bois de Buceava.

Județ de Satu Mare

La région de Satu Mare est une zone intermédiaire entre le Maramureș, la Crișana, l'Ukraine et la Hongrie voisines. C'est une région frontalière, où la présence de la minorité hongroise est très visible. Ce n'est pas par excellence une région touristique, mais c'est souvent la première qu'on aperçoit lorsqu'on vient en Roumanie depuis la Hongrie. Il règne à Satu Mare et dans les villages alentour une atmosphère paisible et agréable, et les curieux ne doivent pas manquer de s'y arrêter.

SATU MARE

La ville de Satu Mare (« Grand Village » en roumain, 102 000 habitants) est située à quelques kilomètres de la frontière (près de la ville hongroise de Csenger) et une importante partie de ses habitants est magyarophone. Son nom hongrois est Szatmár. Depuis le XVIIIe siècle, Satu Mare est un important centre économique. Sa proximité avec l'Europe occidentale et ses traditions multiethniques ont accéléré l'implantation sur son territoire d'entreprises étrangères. On pourra visiter le centre-ville de Satu Mare, aux rues bordées de demeures bien conservées des XVIIIe et XIXe siècles. La ville possède aussi quelques musées.

Transports

Avion

L'aéroport est sur la route d'Oradea, à 7 kilomètres du centre. Bus n° 9 entre l'aéroport et Piața Libertății en plein centre-ville.

Train

La gare de Satu Mare se trouve à environ 1 kilomètre à l'est du centre-ville. Pour gagner le centre, emprunter Strada Griviței (à gauche en sortant) puis Bulevardul Traian, qui lui succède après le parc. De nombreux bus font le trajet. Sinon, la course en taxi doit être à des prix très abordables.

Trains locaux : Baia Mare (10 par jour, 1 heure 30 à 2 heures de trajet), Negrești-Oaș (4 par jour, 1 heure 45 de trajet).

Trains longues distances vers Bucarest (3 par jour, 11 heures de trajet), Brașov (3 par jour, 10 heures 30 de trajet), Cluj (4 par jour, 4 heures 30 de trajet), Arad et Oradea (6 par jour, 2 heures 40 à 3 heures 40 de trajet), Timișoara (1 par jour, 7 heures 30 de trajet). Et vers Constanța, en été. Trains également vers Budapest (1 par jour).

Bus

La station de bus est à côté de la gare. Maxitaxis vers Baia Mare assez nombreux. Mais aussi vers Negrești-Oaș, Sighetu Marmației et Oradea. Bus vers Budapest également, un par jour en semaine. Nombreuses agences, dont Transeuropa et Eurolines. Elles relient la ville au reste de l'Europe. Départs et arrivées à la gare.

■ **AGENCE CFR**
Piața 25 Octombrie, 9 ✆ +40 261 711 002
Ouvert en semaine de 9h à 17h (jusqu'à 16h le vendredi).
Pour réserver à l'avance.

La ville des fraises

Satu Mare et ses environs sont connus pour la culture des fraises. Près de 70 % de la production nationale provient des collines qui entourent la ville. Et quand la saison bat son plein, les marchés de la ville et des villages des alentours sont un enchantement. Vos yeux n'y voient plus que du rouge et votre nez ne sent plus que le parfum des fruits, qui sont alors la base de tous les repas ! De plus, en raison de la proximité des producteurs, les prix sont dérisoires. À Turț (au nord de Satu Mare), ville entourée de fraisiers et célèbre pour sa production de *palincă*, le fruit est utilisé pour la fabrication de *căpșunată*, un alcool à base de fraise.

■ **AGENCE TAROM**
Piața 25 Octombrie, 9
✆ +40 261 712 795
www.tarom.ro
srado@tarom.ro
Cinq vols Tarom vers/de Bucarest chaque semaine.

■ **EUROLINES**
Bulevardul Ion C. Brătianu, 12
✆ +40 261 710 377

Pratique

■ **ACCORD TRAVEL**
Bulevardul Ion C. Brătianu, 7
✆ +40 261 737 915
www.accord-travel.ro
abt@accord-travel.ro
Ouvert en semaine de 8h30 à 17h et le samedi de 9h à 13h.
Informations touristiques, excursions organisées, location de voitures, chambres en pension.

■ **MARA HOLIDAY – HOTEL MARA**
Bulevardul Unirii, 11
Baia Mare
✆ +40 262 226 656
www.hotelmara.ro
receptie@hotelmara.ro
Une spécialité : le Maramureș. Organisation d'excursions dans la région, hébergement chez l'habitant ou en pensions dans les alentours, bonnes tables, excursions liées aux festivals villageois. Guides spécialisés, documentation. Location de voitures et bureau d'Antrec. Propose notamment des excursions équestres de 3 à 5 jours avec découverte des montagnes, villages, chemins inédits. Pour les passionnés d'équitation ou les débutants, un excellent moyen de découvrir la région.

■ **POSTE PRINCIPALE**
Près de l'église aux Chaînes
Strada Mihai Viteazul

■ **SIMBOTOURS**
Strada Petőfi Sándor, 4A
✆ +40 261 770 070
www.simbotours.ro
office@simbotours.ro
Une équipe dynamique qui se fera un plaisir de vous renseigner gracieusement sur la région. Ils proposent aussi des paquets personnalisés et organisent des excursions dans toute la Transylvanie, pour une personne comme pour des groupes. Possibilité d'avoir un guide francophone.

Se loger

Bien et pas cher

■ **HOTEL ASTORIA**
Strada Mihail Kogălniceanu, 1
✆ +40 261 806 185
www.hotel-astoria.ro
office@hotel-astoria.ro
Double à 57,50 € en semaine et à 44 € le week-end avec petit déjeuner.
Situé dans le centre-ville, ce bel hôtel de 23 chambres rappelle par son architecture et son décor l'ambiance de la fin du XIXe siècle. Vous disposerez d'un parking, d'un bon restaurant et des services d'une agence de voyages qui pourra vous faire découvrir la région.

■ **HÔTEL SPORT**
Strada Mileniului, 25
✆ +40 261 712 959
Chambres doubles à 25 €.
Dans une bâtisse moderne au nord du centre-ville, dans une rue qui part de Piața Nicolae Titulescu. 23 chambres confortables, assez basiques au niveau des services et du décor.

■ **MOTEL SELECT**
Strada Făgărașului, F3/5
✆ +40 261 706 910
www.motelselect.ro
contact@motelselect.ro
Chambre double à 43,75 € avec petit déjeuner et à 35 € sans petit déjeuner.
Un petit motel de 25 chambres dotées d'air conditionné, Wifi, TV câblée et minibar. Pour les intéressés, il y a aussi une piscine intérieure, un sauna et une salle de massage. Le restaurant classé 3 étoiles propose des plats à des prix corrects.

Confort ou charme

■ **ANTREC MARAMUREȘ**
✆ +40 262 334 107
www.antrec.ro
maramures@antrec.ro
Visitez avant de vous décider et refusez les pensions près des routes bruyantes ainsi que les prix trop élevés. Car l'agrotourisme devient pour certains un *business* et les profiteurs ne manquent pas. Dans de nombreux villages,

des associations de tourisme rural se sont créées, avec des aides étrangères ou non, qui gèrent les pensions et chambres. Enfin, n'oubliez pas que c'est dans les pensions que la table est la meilleure.

HÔTEL DANA II
Piața Libertății, 2
✆ +40 261 806 230
www.dana-hotel.ro
receptie@dana-hotel.ro
Chambre simple 40 €, double 55 € avec petit déjeuner.
Là encore, une adresse de luxe avec de belles chambres qui donnent sur la place principale de la ville. Piscine dans l'hôtel. Un deuxième hôtel Dana, situé en marge de la ville, propose des chambres doubles à 45 €. Une bonne option.

VILLA BODI
Piața Libertății
✆ +40 261 710 861
www.villabodi.ro
bodi_villa@datec.ro
Chambre simple 35 €, double 55 €. Petit déjeuner inclus.
Une adresse luxueuse dans un bâtiment prestigieux parfaitement rénové. Les chambres sont élégantes et le confort impeccable. Accueil agréable.

Se restaurer

CRAMA CAVALERULUI
Strada Careiului, 1-3
✆ +40 755 972 300
Ouvert tous les jours jusqu'à minuit.
Un restaurant avec une ambiance médiévale. Le menu est varié et propose entre autres des plats à base de gibier. Belle adresse avec de subtiles préparations gastronomiques, assez rares pour être soulignées.

HOREA
Strada Horea, 10
✆ +40 261 715 912
Ouvert tous les jours jusqu'à minuit.
Tout proche de Piața Libertății, un vaste choix de salades, soupes et autre plats simples mais bons. Petite terrasse tranquille et accueil sympathique. Bon marché.

NO PARDON PUB
Strada Corvinilor, 11
✆ +40 261 768 206
www.nopardon.ro
Un bar qui propose un grand choix de spécialités roumaines et hongroises. Compter entre 5 € et 10 € pour bien manger dans de beaux intérieurs tout en boiseries.

Sortir

THÉÂTRE DU NORD
Dans Strada Horea, vous trouverez le Théâtre du Nord (Teatrul Nord), un beau monument néoclassique de 1889.

À voir – À faire

La ville n'est pas bien grande et les principaux points d'intérêt sont regroupés dans le centre, autour de Piața Libertății. Depuis la place, par Strada Ștefan cel Mare ou par de petites rues (autour de la tour des Pompiers, haute de 45 mètres et datant de 1904), vous rejoindrez, au nord, la place Nicolae Titulescu et l'église hongroise réformée (Biserica Reformată), également appelée « l'église aux Chaînes » (Biserica cu Lanțuri). C'est une église baroque, achevée en 1802 et dont les orgues datent de 1814.

CATHÉDRALE CATHOLIQUE (CATEDRALA ROMANO-CATOLICĂ)
Cette belle église de style néoclassique, à coupoles et à la façade ornée de colonnes corinthiennes, fut élevée entre 1786 et 1798. Ses deux tours furent ajoutées en 1837.
À l'intérieur, vous remarquerez ses orgues de plus de 4 000 tuyaux. Non loin s'élève l'évêché (1851), lui aussi de style néoclassique.

CENTRE CIVIQUE
Entre Piața Libertății et la rivière, le Centre civique exhibe ses tristes constructions de béton des années 1980, avec les désormais classiques Maison de la culture, bureau CFR, Tarom, préfecture, etc.

ÉGLISE ORTHODOXE DES ARCHANGES-MICHEL-ET-GABRIEL
Strada 1 Decembrie 1918
Construite en 1937, elle propose un mélange de styles byzantin et néoclassique.

GRANDE SYNAGOGUE
Derrière le musée, dans Strada Decebal, se trouve la grande synagogue, construite en 1889 pour la communauté juive autrefois très importante : plus de 12 000 habitants au début du XXe siècle. La plupart d'entre eux furent déportés en 1944.

■ **MUSÉE D'ART (MUZEUL DE ARTĂ)**
Piața Libertății
Ouvert du mardi au dimanche de 9h à 17h.
Principalement des œuvres d'artistes roumains, tels que Baba et Jalea.

■ **MUSÉE DU JUDEȚ (MUZEUL JUDEȚEAN)**
Bulevardul Vasile Lucaciu, 21
✆ +40 261 737 526
www.muzeusm.ro
muzeusm@gmail.com
Ouvert du mardi au dimanche de 10h à 18h. Entrée 1,50 € pour les adultes et 0,75 € pour les enfants.
Abrité dans un bâtiment de 1797, il présente des collections historique, ethnographique, archéologique.

Dans les environs

En vous dirigeant vers Cluj par la 1F, vous pourrez vous arrêter à Abrud et visiter les ruines d'une forteresse du XVIe siècle. À Carei, au sud de Satu Mare par la route qui longe la frontière hongroise, vous verrez le château baroque Károlyi, construit en 1794 à l'emplacement d'une forteresse du XVe siècle. Il abrite un musée d'archéologie et d'histoire naturelle.

NEGREȘTI-OAȘ

Cette ville de 11 800 habitants est le centre économique et culturel du pays d'Oaș. On s'y rend principalement pour le musée du Pays d'Oaș (Strada Victoiriei, 17 ; ouvert en semaine de 9 à 15 heures), dont la visite représente une excellente introduction à la culture particulière de la région, à travers des pièces archéologiques, des costumes, des produits d'artisanat (outils, meubles, céramiques). On peut aussi visiter le petit musée du Village d'Oaș, en plein air (Muzeul Satului Oșenesc). Là, autour d'une église en bois, sont réparties des fermes typiques de la région, avec animaux, moulin et matériel agricole.

Transports

Bus vers/de Satu Mare et plus rarement vers Sighetu Marmației.
Train de Satu Mare-Bixad : descendre à l'arrêt Negrești, plus proche du centre.

Pratique

Le site Internet de la ville donne de bonnes informations sur les événements et les traditions locales. Vous pourrez y trouver une carte touristique de la région. Le site a une version en français : www.negresti-oas.ro

Se loger

■ **HOTEL OȘANUL**
Strada Victoriei, 79
✆ +40 261 851 162 / +40 261 854 162
Chambre double 20 € à 25 €.
48 chambres dans un hôtel fonctionnel mais sans charme. Pour dépanner.

► **À Bixad (train ou maxitaxis)**, au nord de la ville, on trouvera plusieurs pensions.

■ **HOTEL VALEA MARIEI**
✆ +40 261 806 292
www.hotel-valea-mariei.ro
office@hotel-valea-mariei.ro
Chambre double à 42,50 € avec petit déjeuner.
Un hôtel d'une cinquantaine de chambres tout confort. L'accès à la piscine couverte, au sauna et au bain bouillonnant est inclus dans le prix. Il y a aussi un terrain de tennis, une aire de jeux pour les enfants et un restaurant.

Sortir

Festival annuel de la ville (en début septembre). Danses et animations populaires. Fête de la transhumance des moutons, *Sâmbra oilor* (premier dimanche du mois de mai). Danses et chants traditionnels.

Dans les environs

Certains villages méritent un détour pour leur habitat traditionnel : Cămărzana (au nord de Bixad), Halmeu (à l'ouest, près de la frontière ukrainienne), Certeze (juste au nord de Negrești) ou encore Livada (entre Negrești et Satu Mare) et son musée paysan. De Negrești-Oaș, vous pouvez gagner le département de Maramureș, par Săpânța et son surprenant cimetière.

TURȚ

À 30 kilomètres au nord-ouest de Negrești, ce village de 6 800 habitants est connu pour sa production de fraises mais aussi

Le pays d'Oaș, un « musée ethnographique » vivant

Le pays d'Oaș (Țara Oașului) est réputé pour son artisanat, son folklore et ses coutumes, tous bien conservés. La région est ainsi considérée comme un véritable « musée ethnographique » vivant. Lors des fêtes importantes (comme celle de *Sâmbra oilor*, organisée à Certeze le second dimanche de mai) ou des événements familiaux, on découvre la richesse de la musique et des danses locales (*roata*, « la roue », par exemple). Les costumes sont également très caractéristiques. Mais les choses sont en train de changer. Les difficiles conditions de vie ont amené les hommes de cette région à chercher du travail ailleurs, à l'étranger surtout. Ce qui explique la présence dans le coin de voitures allemandes ou italiennes, ainsi que de nouvelles maisons en cours de construction (pas toujours de très bon goût).

et surtout pour sa production de *palincă*, une eau de vie de prunes plusieurs fois distillée. Elle fait penser à la *țuică* avec un taux d'alcool plus élevé. On la fabrique ici depuis le XIVe siècle.

VAMA

Juste au sud de Negrești, un village de 3 600 habitants renommé pour ses céramiques. Vous pourrez vous en faire une idée grâce à une exposition qui y est consacrée.

■ **HOTEL VALEA MARIEI**

Valea Mariei, localité de Vama
✆ +40 261 806 293
www.hotel-valea-mariei.ro
office@hotel-valea-mariei.ro
Chambre double à 42,50 € avec petit déjeuner et accès à la piscine, au sauna et au bain bouillonnant.
Un hôtel d'une cinquantaine de chambres tout confort. Vous disposerez aussi d'un terrain de tennis, d'une aire de jeux pour les enfants et d'un restaurant.

Maramureș

Le Maramureș est une région à part, réputée pour la vitalité de son folklore et pour ses traditions et coutumes jalousement préservées. Un patrimoine qui s'exprime dans les costumes, la musique, l'artisanat, les fêtes traditionnelles et l'architecture où le bois prédomine. Quant aux richesses naturelles de la région, elles se déploient en un merveilleux décor de paysages de moyennes montagnes où les habitants vaquent paisiblement à leurs travaux. On y vit toujours de l'élevage ovin (viande, laine pour les costumes traditionnels) et de l'exploitation des forêts pour la construction des maisons. Ici, justement, les maisons traditionnelles sont superbes, les murs extérieurs étant faits parfois de bois tressé. Le bois sert également à la construction de nombreuses églises, qui font la célébrité de cette région. Chaque village en compte au moins une, ancienne ou récente. Huit de ces églises en bois ont été inscrites sur la Liste du patrimoine mondial de l'Unesco. Parmi les autres spécificités du coin, le « cimetière joyeux » de Săpânța est unique et incontournable. En parcourant la région en voiture, à vélo, en stop ou en transports en commun (moins pratiques), n'hésitez pas à quitter la route principale pour découvrir des villages isolés, la vie rurale, des gens accueillants. Vous y trouverez aussi de très nombreuses pensions de qualité, qui permettent de vous attarder au cœur du monde rural.

BAIA MARE

Baia Mare, chef-lieu (124 000 habitants) du Maramureș, commença à se développer au Moyen Âge, autour d'un grand centre d'exploitation de mines d'or et d'argent. Son nom signifie d'ailleurs « Grande Mine ».

Ces mêmes mines ont été récemment à l'origine d'une dramatique pollution qui contamina les rivières locales puis le Danube. La ville elle-même offre bien peu d'intérêt, comparée à la région qui l'entoure, car si certains vestiges du passé y sont encore visibles, on peut regretter que la vieille ville soit écrasée par les constructions modernes. Quitte à visiter la région du Maramureș, nous vous conseillons de vous enfoncer dans les magnifiques campagnes qui les composent et d'éviter autant que possible les centres urbains.

Tourisme vert

Vous allez découvrir une région où le tourisme vert s'est beaucoup développé ces dernières années. Pour apprécier le côté pittoresque du Maramureș, choisissez de loger dans une des nombreuses pensions rustiques décorées de bois sculpté, de tapis colorés et d'outils anciens, vestiges d'un mode de vie disparu ailleurs mais encore vivant ici. Les paysages raviront les amoureux de la nature qui pourront faire des randonnées, du VTT et pourquoi pas essayer des sports d'aventure. Rafting, spéléo, escalade : l'offre des agences spécialisées est très variée, ainsi que les circuits qu'on vous proposera.

Transports

- **Train.** La gare se trouve à l'ouest du centre-ville (1,5 kilomètre). De la gare, le boulevard Traian vous mènera à l'hôtel Mara. Strada Gării, vers la gauche, puis le très long boulevard București vous conduisent vers le centre. Nombreux bus entre gare et centre. Trains vers Bucarest (2 par jour, 11 heures de trajet), Cluj (3 par jour, de 3 heures 30 à 6 heures de trajet) et Satu Mare (10 par jour, 1 heure 30 à 2 heures 15 de trajet), Timișoara (1 par jour, 9 heures de trajet). Mais aussi vers Brașov (3 par jour, 8 à 9 heures de trajet, avec arrêts à Gheorgheni et Miercurea Ciuc, par exemple). Trains vers Budapest.
- **Bus.** La gare routière se trouve tout à côté de la gare ferroviaire. Bus pour Zalău, Cluj, Satu Mare également. Bus vers Negrești-Oaș, Bicaz (4 par jour), Borșa (*idem*), Cavnic, Târgu Lapuș (7 par jour), Vișeu (3 par jour). Mais aussi les très avantageux bus qui desservent Sighetu Marmației en s'arrêtant dans les villages de la vallée de Mara. Bus pour Budapest.

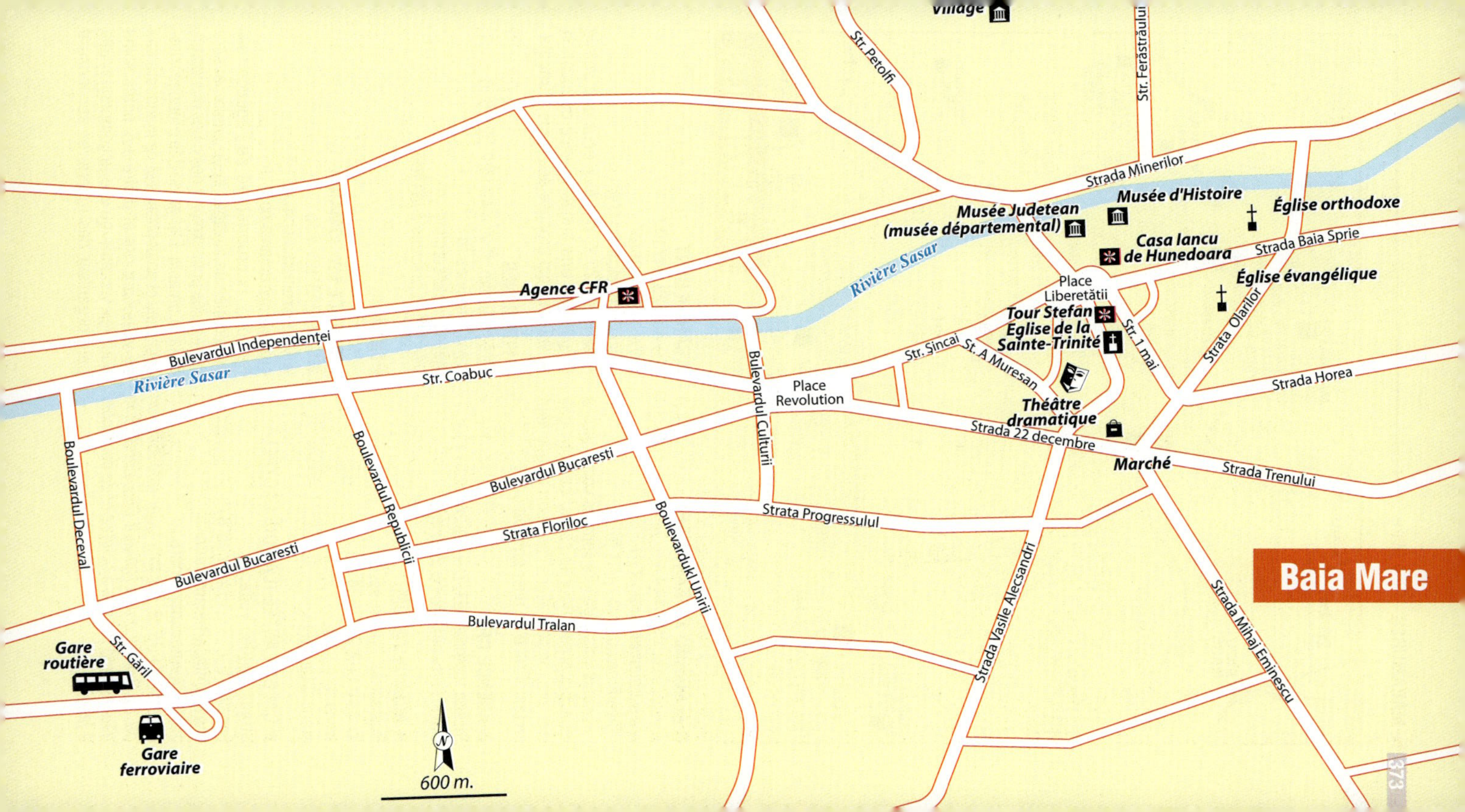
Baia Mare
Musée d'Histoire
Église orthodoxe
Musée Judetean
(musée départemental)
Casa Iancu
de Hunedoara
Église évangélique
Place
Liberetătii
Tour Stefan
Eglise de la
Sainte-Trinité
Théâtre
dramatique
Marché
Agence CFR
Place
Revolution
Rivière Sasar
Rivière Sasar
Str. Petolfi
Str. Ferăstrăului
Strada Minerilor
Strada Baia Sprie
Strata Olarilor
Strada Horea
Str. 1 mai
Str. Sincai
St. A Muresan
Strada 22 decembre
Strada Trenului
Strada Mihaj Eminescu
Strada Vasile Alecsandri
Strata Progressulul
Bulevardul Culturii
Boulevardukl Unirii
Bulevardul Independenței
Str. Coabuc
Bulevardul Bucaresti
Bulevardul Bucaresti
Boulevardul Republicii
Strata Floriloc
Bulevardul Tralan
Boulevardul Deceval
Str. Găril
Gare
routière
Gare
ferroviaire
N
600 m.

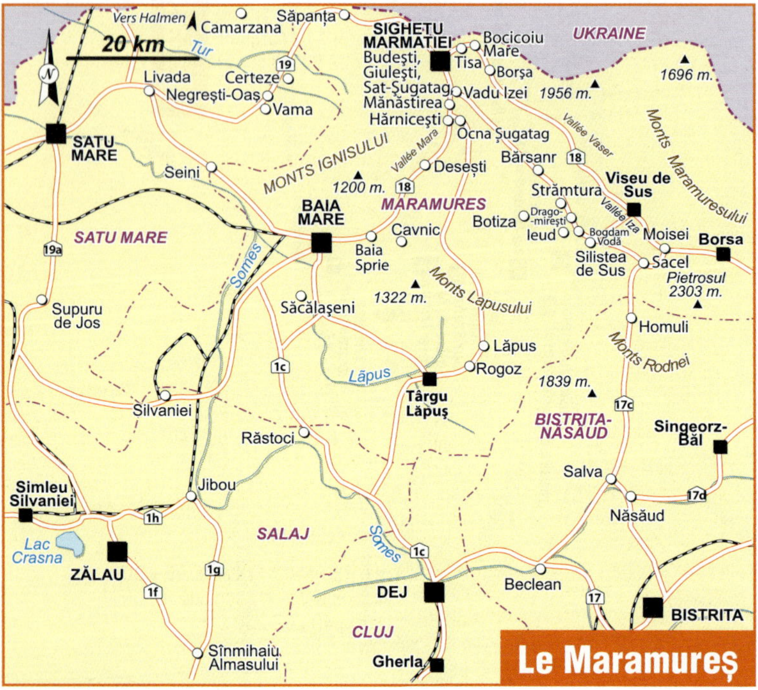

AÉROPORT DE BAIA MARE

✆ +40 262 293 444
www.baiamareairport.ro
office@baiamareairport.ro
Les seuls vols réguliers sont les vols internes vers Bucarest. Pour le reste, ce sont des charters. On peut aller à l'aéroport uniquement en taxi. Prix d'un aller environ 5 €.

AGENCE CFR

Strada Victoriei, 57 ✆ +40 262 219 113
Ouvert en semaine de 7h à 19h.

AGENCE TAROM

Bulevardul București, 5
✆ +40 262 221 624
www.tarom.ro
srado@tarom.ro

CALEA LACTEE (LA VOIE LACTÉE)

Strada Bogdan Vodă, 3
Escalier E ✆ +40 744 705 873
www.rentacarbaiamare.ro
office@rentacarbaiamare.ro
À partir de 35 € par jour pour une location de 1 à 3 jours d'une Renault Clio, pendant la haute saison (de mai à octobre et de décembre à janvier).

CARS 4 RENT

✆ +40 723 347192
www.cars4rent.ro
office@contactcars4rent.ro
À partir de 20 € par jour pour une entrée de gamme. Une bonne agence de location de voitures qui propose des tarifs attractifs.

EUROLINES

Strada Traian, 7 ✆ +40 262 224 670
www.eurolines.ro
mesagerie@eurolines.ro
Départs et arrivées à la gare.

Pratique

AGENCE MY ROMANIA

✆ +40 723 191 755
www.myromania.com.ro
office@myromania.com.ro
Ramona, la propriétaire de l'agence, est passionnée de voyages et de photos et sera votre guide pour explorer des coins méconnus de la Roumanie. Elle guide des groupes francophones et anglophones et ne manquera pas de vous faire rire et d'être aux petits soins pour les visiteurs qu'elle accompagne. Elle peut organiser des itinéraires sur mesure

ou proposer des itinéraires clés en main, pour des visites culturelles ou pour découvrir des villages reculés, des sentiers oubliés en forêt, des endroits intacts où vous pourrez séjourner (chez l'habitant si vous le souhaitez) et rencontrer les locaux. Vous pouvez aussi faire des randonnées, du vélo ou, pourquoi pas, une promenade en charrette !

■ **ASSOCIATION ROUMAINE D'ÉCOTOURISME**
✆ +40 728 974 801
www.eco-romania.ro – info@eco-romania.ro
Une belle initiative qui ravira les passionnés d'écotourisme. L'association regroupe des pensions rurales et des agences de voyages locales spécialisées dans les circuits en nature et dans les tours culturels. Les membres sont certifiés « Eco-Romania » et sont reconnus au niveau européen pour leur pratique du tourisme responsable. Dans le Maramureș, on vous propose des randos, des tours en vélo et en funiculaire ainsi que des tours culturels pour connaître les villages représentatifs, avec leurs traditions encore vivantes et leurs belles églises en bois, et pour apprécier l'étonnante culture du bois. On vous propose aussi de vous essayer aux métiers de l'endroit, comme le travail du bois, par exemple.

■ **BUREAU D'INFORMATION TOURISTIQUE**
Strada Gheorghe Șincai, 46
✆ +40 262 206 113
www.visitmaramures.ro
office@visitmaramures.ro
Ouvert du lundi au jeudi de 9h à 16h et le vendredi de 9h à 14h.
Une mine d'informations utiles pour la découverte de la région, l'hébergement…

■ **MARA HOLIDAY ET BUREAU ANTREC**
Bulevardul Unirii, 11
✆ +40 262 226 656
www.hotelmara.ro – agentie@hotelmara.ro
Une bonne agence avec des services touristiques pour toute la Roumanie. Une spécialité : le Maramureș. Organisation d'excursions dans la région, hébergement chez l'habitant ou en pension dans les alentours, bonnes tables, excursions liées aux festivals villageois. Guides spécialisés, documentation. Location de voitures et bureau d'Antrec.
Propose notamment des excursions équestres de 3 à 5 jours, avec découverte des montagnes, villages, chemins inédits. Pour les passionnés d'équitation ou les débutants, un excellent moyen de découvrir la région.

■ **POSTE**
Strada Gheorghe Șincai
Entre les places Libertății et Revoluției

Se loger

À Baia Mare, les hôtels de charme bon marché ne sont pas légion. Les chambres chez l'habitant et les pensions à la campagne sont une bien meilleure solution. Vous pourrez demander à l'agence Mara Holiday, un peu plus haut.

Bien et pas cher

■ **HÔTEL SPORT**
Strada Unirii, 14 A
✆ +40 262 224 901 / +40 262 226 869
Chambre ou lit autour de 20 €.
Situé le long du boulevard, non loin du stade au sud-ouest du centre-ville. Un peu excentré mais pratique car à mi-chemin entre la gare et le centre. Confort très basique mais adresse la moins chère.

■ **PENSION FLOARE DE COLȚI**
Strada Vasile Lucaciu, 48
✆ +40 262 250 216
www.floaredecolti.ro
office@floaredecolti.ro
Chambre simple 25 €, double à 30 € environ avec petit déjeuner.
La pension se trouve en plein centre-ville et propose une douzaine de chambres de bonne facture. Restaurant et bar de jour.

■ **PENSION IDEAL**
Strada Șteampului, 6
✆ +40 362 411 411
www.pensiuneaideal.ro
contact@pensiuneaideal.ro
Chambre double de 28 € à 40 € avec petit déjeuner.
Une pension très confortable au cœur de la ville. Le décor est agréable et les services ne manquent pas : air conditionné, Wifi, parking sécurisé. Accueil en français.

Confort ou charme

■ **HOTEL CARPAȚI**
Strada Independenței, 2
✆ +40 262 214 812 / +40 262 214 813
www.hotelcarpati.ro
Double entre 55 et 60 € avec petit déjeuner.
Au bord de la rivière, au nord du centre-ville, chambres très confortables avec beaucoup de charme. Nombreux équipements dont la piscine couverte.

■ **HOTEL MARA**
Strada Unirii, 11 ✆ +40 262 226 660
www.hotelmara.ro
receptie@hotelmara.ro
Chambre double 52 €, petit déjeuner inclus.
Immeuble en béton tout blanc, non loin du stade. Hôtel de 120 chambres confortables particulièrement spacieuses. Nombreux services, comme un centre de spa, un restaurant à spécialités régionales et une agence de voyages très dynamique.

■ **PENSION UNION**
Strada Crișan, 9
✆ +40 262 215 752
Chambre double autour de 50 €.
Une pension 4 étoiles très confortable dans un vieux bâtiment au cœur de la ville. La décoration intérieure n'est pas nécessairement du meilleur goût, dans un style de luxe opulent ; néanmoins, l'accueil est chaleureux et c'est très confortable et propre.

Se restaurer

■ **CURTEA VECHE**
Piața Libertății, 16
✆ +40 262 214 360
Ambiance rustique et plats copieux pour découvrir les saveurs de la cuisine locale.

■ **LUMIERE**
Piața Libertății, 3
✆ +40 262 214 020
http://restaurantlumiere.ro
Ouvert tous les jours de 9h à 22h.
Un bon restaurant italien dans le centre de Baia Mare et un cadre bourgois qui affiche des Intérieurs feutrés et contemporain. Le lieu sert aussi d'excellentes glaces. Les prix demeurent cependant un peu supérieurs à la moyenne.

■ **MILLENNIUM**
Strada Crișan
✆ +40 751 188 212
www.restaurantmillennium.ro
millennium.restaurant@gmail.com
Ouvert tous les jours de 9h à minuit (2h le week-end).
Un des lieux de sortie les plus chics de la ville situé dans un magnifique bâtiment historique tout en arcades, le complexe Millennium offre un café avec une magnifique terrasse, un pub ainsi qu'un chaleureux restaurant dans une cave souterraine à des prix un peu plus chers que la moyenne de la ville. On en a cependant pour son argent.

■ **RESTAURANT LA FONTANA**
Strada Cloșca, 11
✆ +40 745 363 221
www.la-fontana.ro
Ouvert tous les jours de 10h à 22h.
Lieu chaleureux, idéal pour déguster une solide et savoureuse cuisine roumaine, dans l'excellente pension du même nom.

À voir – À faire

La vieille ville a conservé quelques édifices imposants et des monuments très anciens. Au sud de la rivière Săsar, plus ou moins autour des deux places Libertății et Revoluției, c'est le seul endroit de la ville qui a su garder un peu de charme. Piața Libertății représente le centre-ville. De là, partent la jolie rue Vasile Lucaciu et la rue piétonne et animée Gheorghe Șincai. À partir de Piața Libertății et en traversant la rivière, vous parviendrez aux musées d'Ethnographie et du Village.

■ **BASTION DES BOUCHERS**
Sur Piața Izvoarelor
L'un des plus vieux bâtiments de la ville, le bastion des Bouchers (*Bastionul Măcelarilor*) fait face au marché. Élevé en 1347, c'est l'une des tours de défense (la seule qui reste) de l'enceinte qui protégeait la ville.

■ **ÉGLISE DE LA SAINTE-TRINITÉ (BISERICA SFÂNTA TREIME)**
Dans le quartier de Tintirim
De style baroque, elle date de 1720.

■ **MUSÉE D'ART**
Strada 1 Mai, 8 ✆ +40 262 213 964
www.muzeumm.baiamare.rdsnet.ro
Ouvert du mardi au dimanche de 10h à 16h30. Entrée environ 1,50 €.
Présente notamment des œuvres de l'école de Nagybánya (nom hongrois de Baia Mare), fondée par Simon Hollósy (1857-1918).

■ **MUSÉE DÉPARTEMENTAL (MUZEUL JUDEȚEAN)**
Strada Monetăriei, 1
✆ +40 262 211 927
Ouvert tous les jours.
Il retrace notamment la longue association de la ville avec l'activité minière.

■ **MUSÉE D'ETHNOGRAPHIE ET D'ART POPULAIRE (MUZEUL DE ETNOGRAFIE ȘI ARTĂ POPULARĂ)**
Strada Dealul Florilor, 1
✆ +40 262 276 895
http://etnografie-maramures.ro

Ouvert du mardi au dimanche de 9h à 16h.
Bonne introduction aux richesses du folklore du Maramureș : tapis, costumes, céramiques...

■ **MUSÉE D'HISTOIRE (MUZEUL DE ISTORIE)**
Strada Monetăriei, 1-3
✆ +40 262 211 927
Ouvert du mardi au dimanche de 10h à 16h.
Il est bien sûr consacré à l'histoire de la ville.

■ **MUSÉE DU VILLAGE (MUZEUL SATULUI)**
Ouvert du mardi au dimanche de 9h à 16h.
Allez-y pour les mêmes motifs que plus haut. Ici, en plein air, le musée présente une belle église en bois de 1630 (transportée du village de Chechiș) et des dizaines de maisons et de fermes en bois typiques de la région. Toutefois, bien que cette reconstitution rurale soit vaste et passionnante, elle ne remplace pas un séjour campagnard et les mille et une routes et chemins champêtres.

■ **TOUR ÉTIENNE (TURNUL ȘTEFAN)**
Construite en 1468, cette tour-horloge, composée de quatre petites tourelles (autrefois surmontée d'un clocher), est haute de 50 mètres et domine la place. Ses escaliers impressionnants vous conduiront vers un joli panorama de la ville.

Sports – Détente – Loisirs

■ **EX-MOTION**
✆ +40 722 771 267
www.exmotion.ro – contact@exmotion.ro
Une agence spécialisée dans les activités de loisir et surtout les sports extrêmes dans toute la région du Maramureș. Le choix est très vaste : randonnées, VTT, canyoning, escalade, paintball, spéléologie, rafting, parapente...

BAIA SPRIE

Juste à l'est de Baia Mare, c'est une petite ville minière (15 500 habitants) où l'on extrait, aujourd'hui encore, du charbon et du zinc. Ses nombreuses églises de différents cultes témoignent du brassage de populations dû à l'activité minière et aux attraits de la région. De Baia Sprie, vous pouvez rejoindre la station de Mogoșa, dans les monts Gutâi, aux très jolis paysages. Toujours de Baia Sprie, vous atteindrez le village de Șișești, dont l'église gréco-catholique fut construite en 1890 sur le modèle de Saint-Pierre de Rome.

IZVOARE

Au nord de Baia Mare, on arrive à cette station de montagne entourée de forêt de pins par une jolie route vallonnée et jalonnée de jolis villages comme Firiza (au bord d'un lac artificiel). Cette station est fréquentée en été pour son climat et ses possibilités de randonnées, en hiver pour ses pistes de ski.

ȘURDEȘTI

Plus loin, le village de Șurdești (1 400 habitants) vous enchantera, avec son église en bois de 1724, célèbre pour son clocher haut de 54 mètres, la deuxième plus haute du pays. Une telle hauteur pour une construction en bois est en effet exceptionnelle. L'intérieur, avec ses peintures du début du XIXe siècle, est tout aussi étonnant. On vous invite à grimper en haut du clocher pour apprécier la qualité de la construction et contempler les alentours.

CAVNIC

Sur la très jolie route qui mène à Sighetu Marmației, vous pourrez faire une halte à Cavnic, une charmante petite ville de 4 900 habitants. Durant l'hiver, la station, d'une altitude comprise entre 950 et 1 260 mètres, dispose d'un vaste domaine skiable. Beaucoup moins fréquenté que les stations qui se situent dans la vallée de la Prahova, le site est très appréciable et l'enneigement est bon. À noter que dans le centre, vous pourrez voir une stèle portant l'inscription suivante : « Anno 1717 usque hic fuerunt Tartaris », soit « En 1717, les Tatars arrivèrent jusqu'ici ». Elle rappelle l'ultime vague d'invasions venues d'Ukraine qui, passant par Cavnic, a atteint l'Europe centrale.

■ **SUPER SKI CAVNIC**
Strada Maramureșului, 22
✆ +40 731 818 199
www.hotelsuperski.ro
Chambre double à 50 € avec petit déjeuner. Compter entre 6 et 12 € par jour pour l'équipement de ski, 10 € par jour pour le snowboard et 5 € par heure pour le snowscout.
Cette agence spécialisée dans les sports d'hiver propose des cours de ski, de la location de matériel et des forfaits comprenant l'hébergement. Elle gère aussi l'hôtel Super Ski Cavnic qui est situé à la base de la piste de ski. Une bonne option surtout pour les amateurs de sports d'hiver.

LE SUD

Le sud du département, qui comprend les régions de Chioar et de Lăpuș, est moins connu et moins visité que les trois vallées du nord. Mais comme au Sălaj proche, les villages traditionnels et les églises en bois ne manquent pas. Seul le relief est moins escarpé et donc moins spectaculaire. Le long de la rivière Someș, au sud-ouest de Baia Mare, on peut s'arrêter à Buzești, dont la charmante église de 1739 mêle le style des églises traditionnelles en bois et les influences baroques (bulbes). Entre Baia Mare et Târgu Lăpuș, de nombreux villages méritent une halte pour leurs maisons et églises en bois : Culcea et son église datant de 1720, ou encore Remetea Chioarului, Vad ou Ulmeni. À Somcuta Mare, se déroule une grande fête populaire, le troisième dimanche de juillet.

SĂCĂLĂȘENI

Voir en particulier son église en bois du XVe siècle, rénovée au XVIIe. Săcălășeni (700 habitants) et le proche village de Coltău comptent un très grand nombre de pensions. Pour la plupart, on peut venir vous chercher à Baia Mare.

Se loger

La plupart des pensions se trouvent dans le village voisin de Coltău, un bourg à majorité hongroise.

PENSION ANA
Coltău
Strada Principală, 175
✆ +40 262 289 037
sarmasijozsef@yahoo.com
Comptez 10 € par personne pour une très belle petite pension familiale de trois chambres doubles.

PENSION ENIKŐ
Coltău
Strada Principală, 107
✆ +40 262 289 014
Autour de 20 € la chambre.
Deux chambres basiques chez l'habitant dans une charmante famille hongroise d'un petit village rural.

TÂRGU LĂPUȘ

Târgu Lăpuș, ville principale (11 700 habitants) du Sud-Maramureș, compte de nombreuses pensions et est bien desservi, ce qui en fait une bonne base. Autour se trouvent quelques sites intéressants. À Rohia, au sud, on peut voir un monastère du XIVe siècle et son église moderne (1924). Vous pourrez y visiter une exposition d'icônes sur bois et verre des XVIIIe et XIXe siècles. Néanmoins nous insistons, quitte à venir dans la magnifique région rurale du Maramureș, autant séjourner dans un village plus traditionnel, chez l'habitant.

Les costumes traditionnels du Maramureș

En parcourant la région, vous constaterez rapidement l'importance de l'élevage des ovins. D'ailleurs, des fêtes sont ici consacrées aux moutons, comme Ruptul Sterpelor, qui marque la séparation des agneaux du reste du troupeau, ou Hora de la Prislop, organisée jadis autour de la foire aux moutons. Il est donc tout naturel que l'utilisation de la laine soit une des principales caractéristiques des costumes traditionnels. Elle est tissée aussi pour les tapis et les couvertures. On tond les moutons à la fin du printemps, on lave la laine (dans les rivières parfois), on la sèche, on la carde en été puis on la file en automne. Vous assisterez probablement à l'une de ces étapes si vous visitez la région en cette période. Ensuite, quand la laine est tissée, on en fait du linge et des chemises. Le blanc, couleur de base, est ensuite brodé de motifs (souvent des fleurs) colorés, on y ajoute parfois du velours, de la fourrure. Vous noterez les larges chemises blanches et les pantalons des hommes, si larges eux aussi qu'ils font penser à des robes. Le rouge et le noir sont les deux couleurs les plus fréquemment utilisées pour les ornements. Des chapeaux de toute taille, qui varient selon la saison, sont portés par les hommes, alors que les femmes se coiffent de fichus colorés. Dans chaque village, les costumes sont différents. Le festival de Sighetu, en décembre, ou les meilleurs musées folkloriques vous permettront de les découvrir tous.

Transports

En bus, si vous n'avez pas de voiture. Nombreuses liaisons entre Târgu Lăpuș et Baia Mare, avec arrêts dans les villages.

Pratique

ANTREC
✆ +40 262 334 107
Pour réserver une pension.

Se loger

CASA PRETURII
Piața Eroilor, 21 ✆ +40 262 385 671
www.hailanoi.ro – social@hailanoi.ro
Chambre double à partir de 25 €.
Un bel hôtel situé en plein centre de la ville dans un vieux bâtiment. Les chambres sont confortables et modernes. Le même établissement offre un excellent restaurant ainsi qu'un bar-club.

PENSION MARISSANDRA
Dans le village de Răzoare
✆ +40 721 691 744
Un beau petit chalet en bois.

Dans les environs

À Rogoz se trouve une superbe église en bois de 1600, incendiée par les Tatars et reconstruite après 1717. Cupșeni, plus au nord, possède diverses petites églises, mais on y vient surtout pour son charme et son isolement, qui en font une vraie image d'Épinal du Maramureș. D'autres églises sont visibles, plus ou moins jolies, à Inău, Dămăcușeni, Răzoare ou Lăpuș entre autres. Les villages sont de toute façon intéressants à parcourir. Traversant la région, la rivière Lăpuș offre de superbes paysages, en particulier dans la partie supérieure de son cours ainsi que dans sa partie comprise entre Remetea Chioarului et Groape. Mais il n'y a malheureusement pas de route qui la suive et vous devrez vous contenter de croiser son chemin.

VALLÉES DE LA MARA ET DU COSĂU

De Baia Mare à Sighetu Marmației, vous pourrez découvrir deux magnifiques vallées. Elles sont réputées pour leurs vieilles maisons en bois, pour leurs portails en bois sculpté et pour leur économie liée à l'élevage ovin, et vous trouverez là des paysages de toute beauté. La Mara longe la rivière du même nom au pied des monts Gutâi qui culminent à 1 443 mètres. Cette vallée mérite le luxe de la lenteur, tout autant que la vallée du Cosău, moins accessible mais certainement la plus pittoresque. Les traditions (fêtes, costumes, artisanat) et l'accueil sont exceptionnels.

MARA

De Baia Mare, après le défilé des Gutâi, vous parviendrez à Mara, un village de 900 habitants connu pour ses superbes porches en bois sculpté. Prenez le temps de vous arrêter dans les rues de ce village pour vous imprégner de l'ambiance qui y règne.

DESEȘTI

À Desești (850 habitants), vous pourrez découvrir une somptueuse église en bois du XVIIIe siècle, classée par l'Unesco. Vous remarquerez ses peintures intérieures signées par Radu Munteanu, une interprétation de Sodome et Gomorrhe : scènes historiques et religieuses, frises de symboles locaux (fleurs principalement) s'y mêlent. Pour entrer, demandez la clé à la maison voisine. Le joli village est également réputé pour l'artisanat du bois et connu pour être le point de départ vers la réserve naturelle de Creasta Cocoșului (« la Crête du Coq »), curiosité géologique formée par la roche volcanique.

HĂRNICEȘTI

Après Desești, en continuant la route vers Sighetu Marmației, survient Hărnicești. Ce village de 600 habitants abrite une superbe église en bois de 1770 dont les peintures intérieures, aux motifs religieux ou païens, sont remarquables. Tout proche, vous remarquerez une magnifique demeure datant de 1792, classée monument historique.

CASA IURCA IOAN
Hărnicești, 8
✆ +40 262 372 933
On pourra ici vous proposer une chambre spacieuse au confort rustique à environ 17,50 € la chambre double et 20 € la demi-pension.
Une magnifique demeure de 1792, classée monument historique, et fort bien fleurie. Même si vous ne souhaitez pas y passer la nuit, nous vous conseillons vivement de vous y arrêter si vous souhaitez déguster de copieux repas.

SAT-ȘUGATAG

Après avoir traversé Sat-Șugatag (1 200 habitants) qui possède aussi son église en bois toute pointue Cuvioasa Parascheva (Parascève la Pieuse – 1642), vous pouvez rejoindre Ocna Șugatag (voir plus bas) ou poursuivre vers Mănăstirea plus au nord, situé à 1 kilomètre de l'axe principal.

MĂNĂSTIREA

À environ 1 kilomètre de la route principale à l'est de Sat-Șugatag, ce minuscule hameau de 150 habitants donne l'impression que le temps s'est arrêté, avec sa petite église qui domine le village et ses vergers. L'église de Mănăstirea date de 1633. Elle est abandonnée au siècle suivant alors que le village est presque entièrement dépeuplé. Aujourd'hui le hameau représente un havre de paix magnifique où s'arrêter.

GIULEȘTI

Tout proche de Mănăstirea, vous serez enchanté par le village de Giulești (1 100 habitants), le plus gros de la vallée de la Mara. Toutes les caractéristiques du joli village du Maramureș y sont présentes : portails sculptés, riche artisanat (bois, tapis, couvertures...) et son église en bois de 1653.

BUDEȘTI

En venant de Cavnic, isolé au pied des monts V ratec, ce superbe village de 2 500 habitants, un des plus beaux du Maramure , mérite vraiment un détour. Architecture, costumes, porches en bois, comme ailleurs mais... encore mieux. Son église Sfântul Nicolae-Josani (classée par l'Unesco) date de 1643 et abrite une très jolie collection d'icônes sur verre et sur bois. En outre, isolé des axes routiers principaux, Bude ti donne l'impression d'un village figé dans le temps, où les métiers traditionnels et pratiques ancestrales perdurent. Quelques pensions dans le village vous permettront de profiter pleinement du dépaysement culturel, ainsi que des magnifiques possibilités de balades dans les environs.

Se loger

Vous trouverez sur place une petite dizaine de pensions ou de chambres chez l'habitant.

Bien et pas cher

■ PENSION BONTOS
Strada Principală, 299
✆ +40 751 521 021
Chambres à partir de 25 € en demi-pension.
Charmante pension locale dans le tout aussi charmant village de Budești qui offre au voyageur 7 chambres dans un environnement pleinement rural de chalet traditionnel roumain tout en bois. La cuisine y est délicieuse.

■ PENSION POIENIȚA
✆ +40 740 816 955
✆ +40 262 373 725
http://pensiuneapoienita.weebly.com
De 15 à 25 € la chambre selon la saison.
Située à 4 kilomètres de Budești, sur les hauteurs du village le long de la route qui monte vers le col de Cavnic, se trouve une magnifique pension rustique tout en bois. Le confort est sommaire, mais l'emplacement est magnifique, avec une vue sur toute la vallée en contrebas. Entièrement isolée, la pension compte un restaurant sur place et peut organiser diverses activités dans la région.

SÂRBI

Situé à deux pas du village précédent de Bunești, Sârbi (900 habitants) offre au visiteur deux magnifiques églises en bois datant du XVIIe siècle. Si vous vous arrêtez ici, passez rendre visite à l'illustre artisan local Vasile Borodi au n° 180 du village. À cette adresse, vous pourrez découvrir un lavoir traditionnel en parfait état (qui se trouve le long de la rivière), une distillerie de *țuică* et un atelier de confection de chapeaux traditionnels (*clop*), le tout géré par cet homme aux talents multiples.

BREB

Un autre village (1 100 habitants) légèrement en retrait de la route parfaitement rural et idyllique qui offre de nombreuses possibilités d'hébergement dans un paysage de collines verdoyantes. Breb compte en outre une belle église en bois datant du XVIe siècle, ainsi que de beaux porches en bois sculptés. Comme dans les autres villages des environs, le dimanche tous les habitants revêtent les costumes régionaux pour un véritable festival de couleurs et de traditions locales.

Se loger

PENSION LUCIA
Breb, 285 ✆ +40 262 374 584
luciagodja@yahoo.com
À partir de 35 € la chambre double en demi-pension.
Une pension légèrement moins pittoresque que d'autres, mais l'accueil y est fort chaleureux et les prix un peu moins élevés. Cuisine savoureuse.

PENSION MARIOARA
Breb, 346
✆ +40 262 374 593

… s est installé à Breb et offre deux magnifiques maisons centenaires à la location, pour un excellent mélange entre rusticité et confort, entre Maramureș traditionnel et autonomie (chaque maison dispose de sa propre cuisine). Les employés sont tous des autochtones. En outre, ils proposent des tours de la région ou dans toute la Roumanie avec leur agence Somewhere Different.

À voir – À faire

Si vous êtes présents dans la région la première quinzaine de mai, allez à Hoteni, l'occasion de fêter Tânjaua (le premier labour). Un événement populaire où l'on désigne l'homme le plus travailleur du village.

OCNA ȘUGATAG

Cette station thermale de 1 200 habitants se distingue par sa situation inhabituelle pour la région, en haut d'une crête, à un peu moins de 500 mètres d'altitude. Elle offre les mêmes infrastructures que ses nombreuses cousines réparties dans le pays : hébergements variés et activités multiples. Ses eaux de cure proviennent des lacs créés par les infiltrations d'eau dans les mines de sel, exploitées ici jusqu'en 1950. Le dévSe logerSe logerPENSION HOLIDAYStrada Dumbravei, 20✆ +40 262 218 454www.pensiuneaholiday.roChambre double à 37,50 € avec petit déjeuner.Une dizaine de chambres d'un confort 3 étoiles. On propose de nombreux services : piscines intérieures à eau salée et à eau douce, piscine extérieure, sauna, parking, terrain de sport, restaurant avec cuisine traditionnelle et même un verger.

PENSION MARIANA
trada Primăverii, 39 ✆ +40 262 374 131
ww.pensiunea-mariana.com
ontact@pensiunea-mariana.com
omptez 15 € la chambre double en ajoutant 50 € par personne pour la demi-pension. ossibilités d'excursion à la journée pour viron 30 €. Wifi en accès gratuit.
e pension au confort moderne, avec des ambres bien tenues.

PENSION VIDRA
ada Ion Luca Caragiale
+40 262 374 159
w.pensiunevidra.ro
pensiunevidra@yahoo.com
Chambres à 10 € par personne.
Belle villa qui a su agréablement mêler le traditionnel au moderne. Jardin, pièces aérées, chaleureuses et confortables, ainsi que des bains d'eau salée sur place.

Dans les environs

Dans les alentours d'Ocna Șugatag, carrefour entre les vallées de la Mara et du Cosău, d'autres villages méritent une petite halte, comme Călinești et Cornești (et son moulin à eau), qui comptent respectivement deux et une église en bois avec de belles peintures murales. Toujours en route vers Sighetu Marmației, vous traverserez le joli village de Ferești avant d'atteindre Vadu Izei.

SIGHETU MARMAȚIEI

La deuxième ville du Maramureș par sa population (37 600 habitants) est un lieu de passage obligatoire si l'on se trouve dans la région. À la confluence de trois rivières (Tisa, Ronișoara et Iza), la ville possède d'intéressants musées et cette ambiance particulière qui caractérise les villes frontalières. La cité ukrainienne de Solotvino est à deux pas, de l'autre côté de la rivière Tisa... Une petite ville tranquille, qui compte quelques belles bâtisses légèrement décrépites du temps de l'Empire austro-hongrois. Pourtant si l'on vient à Sighet, comme le surnomme les locaux, c'est pour la nature environnante, les villages hauts en couleur, typiques du Maramureș et avec des traditions bien conservées, ou encore le « cimetière joyeux » de Săpânța à quelques kilomètres, à ne surtout pas rater.

Transports

Train

La gare n'est qu'à 600 mètres du centre, que l'on rejoint par Strada Iuliu Maniu. Trains longue distance vers Beclean (4 par jour, 5 à 6 heures de trajet), d'où connexions avec Cluj, Brașov ou Suceava. Aussi trains directs vers Bucarest (1 par jour, 13 heures de trajet), Brașov (1 par jour, 12 heures de trajet), Cluj (2 par jour, 7 heures de trajet) et Timișoara (1 par jour, 14 heures 30 de trajet). Trains vers Vișeu de Sus (6 par jour, 2 heures à 2 heures 30 de trajet), avec arrêts dans les villages de la vallée du Vișeu.

Bus

La gare routière est à côté de la gare ferroviaire. Nombreux bus vers Baia Mare (6 à 8 par jour) qui s'arrêtent dans les villages de la vallée de la Mara. Mais aussi vers Satu Mare (2 par jour) et Târgu Lăpuș (1 par jour). Bus locaux desservant toute la région (assez peu nombreux mais bien utiles). Bus vers Vișeu de Sus (2 par jour), Borșa (2 par jour), Ieud (1 par jour), Botiza (1 par jour) et autres villages de la vallée de l'Iza. Bus également vers Săpânța (5 par jour).

■ **AGENCE CFR**
Piața Libertății, 25
✆ +40 262 312 666

Pratique

■ **POSTE**
Piața Libertății – sud
Strada Doctor Ioan Mihaly de Apșa
En plein centre.

Le retour d'Elie Wiesel dans sa ville natale

Elie Wiesel, célèbre auteur du *Mendiant de Jérusalem*, récompensé en 1986 par le prix Nobel de la paix, est né à Sighetu Marmației avant la Seconde Guerre mondiale (1928). À cette époque, un peu moins de la moitié de la population de la ville était juive et on y comptait de nombreuses synagogues. Aujourd'hui, on peut y visiter la maison de l'écrivain (*Maison-mémorial ; ouverte du lundi au vendredi de 9h à 15h, entrée 1,20 €*), située non loin de la seule synagogue (de 1902) subsistant dans la ville, Strada Tudor Vladimirescu. C'est de sa ville natale que Wiesel fut déporté par les nazis. Ayant survécu, il écrivit son autobiographie et fut le premier à témoigner de l'horreur des camps, le premier aussi à employer le terme d'« Holocauste ». Jusqu'à l'été 2002, Elie Wiesel n'était jamais revenu dans sa ville natale.
Cette année-là, il y a prononcé un discours incendiaire concernant la collaboration de l'État roumain avec les Allemands pendant la Seconde Guerre mondiale. Les plus hautes autorités de l'État, présentes, approuvèrent son discours, ce qui provoqua d'acerbes critiques de la part des nationalistes. Preuve que cette période noire de l'histoire du pays est encore objet de polémiques... La ville compte quelques monuments commémorant les déportations qui y ont eu lieu : ainsi, le monument de la rue Gheorghe Doja, élevé à la mémoire des 38 000 Juifs du Maramureș, arrêtés par la police hongroise et déportés en 1944. Le Centre de la communauté juive se trouve à côté de la synagogue et le cimetière juif au sud de Strada Mihai Eminescu, non loin du parc Grădina Morii.

■ **VIA CARPATHICA**
✆ +40 744 50 94 24
www.viacarpat.com
carpathica@yahoo.com
Pionnier de la randonnée en Roumanie, Via Carpathica est une petite agence franco-roumaine, résolument artisanale et villageoise, riche d'une longue expérience professionnelle : depuis 1991, elle est le partenaire de plusieurs agences françaises spécialistes de la randonnée. Autres possibilités en faisant appel à leurs services : découverte culturelle, autotours, accueil chez l'habitant, circuits sur mesure pour groupes...
Et ce dans toute la Roumanie, mais aussi en république de Moldavie et en Ukraine. Enfin, Via Carpathica est également une équipe engagée dans le quotidien et l'avenir du monde rural dans les Carpates.

Se loger

Bien et pas cher

■ **HOSTEL AND CAMPING IZA**
Strada Popa Lupu, 64
✆ +40 740 230 861
www.hostel-iza.ro
contact@hostel-iza.ro
Lit dans l'hostel 9 € par personne et par nuit. Camping : 4 € par personne et 7 € par tente.
Un agréable camping bien tenu en plein centre de Sighetu Marmației qui offre une dizaine d'emplacements pour caravanes, ainsi qu'une belle prairie où planter sa tente. En outre, un bâtiment sert d'auberge de jeunesse avec 6 chambres de 4 lits. Une bonne adresse.

■ **MOTEL SIESTA**
Strada Avram Iancu, 42
✆ +40 262 311 468
motelsiesta.ro
contact@motelsiesta.ro
Chambres doubles 25 €, suite 30 €, appartement 35 €.
Un joli motel, récent et bien tenu, à l'ouest du centre-ville sur la route pour Săpânța. L'hébergement propose un beau jardin avec barbecue, un restaurant et de vastes chambres propres.

■ **VILA ROYAL**
Strada Doctor Ioan Mihaly de Apșa, 1
✆ +40 262 311 004
www.vilaroyal.ro
Chambre simple 30 €, double 40 €.
Un hôtel 3 étoiles à l'emplacement idéal sur la place principale dans un charmant bâtiment historique. Les chambres sont vastes et agréables avec de petits balcons, tandis que l'accueil est sympathique. Placées au-dessus du restaurant fumeur et des cuisines, les chambres peuvent être un petit peu odorantes. Un excellent rapport qualité/prix tout de même.

Confort ou charme

■ **CASA IURCA DE CĂLINEȘTI**
Strada Dragoș Vodă, 14
✆ +40 262 318 882
www.casaiurca.ro
office@casaiurca.ro
Chambres doubles à 46 € avec petit déjeuner.
Un bel établissement d'un confort 4 étoiles situé dans le centre de Sighet, accolé à la maison d'Elie Wiesel. L'hôtel est généreusement agrémenté d'ornements traditionnels en bois. Le décor est fort bien réussi et le confort est excellent.

■ **HOTEL GRĂDINA MORII**
Strada Mihai Eminescu, 97
✆ +40 372 721 210
www.hotelgradinamorii.ro
contact@hotelgradinamorii.ro
Chambre simple 37 €, double 57 € avec petit déjeuner.
Un coup de cœur pour cet hôtel de charme avec une architecture à influences autrichiennes. Situé un peu en dehors de Sighet dans un vaste parc où coule une petite rivière, c'est un bel hôtel qui ressemble à un somptueux manoir. Le décor est de très bon goût et les chambres irréprochables. Espace de jeux pour les enfants, terrain de sport, aires de pêche et un joli jardin vous attendent.

Se restaurer

■ **MOTEL PERLA SIGHEȚEANĂ**
Strada Avram Iancu, 65
✆ +40 262 310 613
www.perlasigheteana.ro
office@perlasigheteana.ro
Repas autour de 10 €.
Situé dans un motel 3 étoiles assez confortable, au nord-ouest de la ville, sur la route de Săpânța, le restaurant du motel Perla Sighețeană (géré par les mêmes personnes que Vila Royal en centre-ville) sert une excellente cuisine roumaine dans un cadre rustique agréable.

RESTAURANT CASA IURCA DE CĂLINEŞTI
Strada Dragoş Vodă, 14
✆ +40 262 318 882
www.casaiurca.ro
office@casaiurca.ro
Repas complet autour de 10 €.
Dans l'hôtel du même nom, voici très certainement le meilleur restaurant de la ville, qui sert de délicieuses spécialités roumaines dans un cadre parfaitement rural, avec grandes tables en bois, objets traditionnels aux murs et serveurs en habit folklorique. L'ambiance est chaleureuse et la cuisine tout simplement succulente. En haute saison il est préférable de réserver à l'avance.

RUSTICK TINERETULUI
Strada Bogdan Vodă, 24
✆ +40 262 310 075
Repas complet autour de 10 €.
Un restaurant agréable situé sur la place principale de Sighet qui, comme son nom l'indique, est entièrement décoré de motifs et d'objets en bois très rustiques. Au menu des spécialités roumaines et balkaniques. On apprécie la belle terrasse en été.

Sortir

Sighet n'est certainement pas une ville où vous pourrez écumer les clubs jusqu'au petit matin : si Sighet est surnommé « l'Endormi », ce n'est certainement pas sans raison. Vous trouverez néanmoins quelques cafés et bars ouverts jusqu'à minuit sur la place principale, dont le David's Pub ou le bar de l'hôtel Vila Royal.

À voir – À faire

Piața Libertății, longue et large avenue bordée de maisons colorées, est le centre de la ville, entouré des principaux monuments. Soit l'église réformée de style gothique, édifiée à l'origine au XIVe siècle et qui jouxte Curtea Veche, un bâtiment administratif baroque du XVIIe siècle qui, comme vous le verrez, a perdu sa fonction d'origine. Et, tout à côté, la cathédrale catholique du XVIIIe siècle. Dans Strada Basarabia, au nord de la place, se trouve une synagogue de 1902.

FESTIVALUL DATINILOR DE IARNĂ
Si vous vous trouvez dans la région un 27 décembre, précipitez-vous à Sighetu Marmației, où a lieu le plus grand festival du Maramureş. Musiciens, danseurs, artisans en costumes populaires vous permettront de découvrir toute la richesse de ce folklore en un même lieu.

MÉMORIAL DES VICTIMES DU COMMUNISME ET DE LA RÉSISTANCE
Strada Corneliu Coposu, 4
✆ +40 262 319 424
www.memorialsighet.ro
acivica@memorialsighet.ro
Ouverts tous les jours de 9h30 à 18h30 (du mardi au dimanche de 9h30 à 16h30 en basse saison). Entrée : 1,50 €.
Le Muzeu al Gândirii Arestate et le Centru Internațional de Studii Asupra Comunismului sont installés dans l'ancienne prison de la ville. La prison de Sighet est tristement célèbre pour avoir « accueilli » beaucoup d'opposants politiques dans les années 1950. De nombreuses personnalités politiques et religieuses, des artistes et des intellectuels y ont été enfermés et torturés pour s'être opposés au régime communiste instauré en 1945.
Cinquante et un d'entre eux sont morts et une plaque en dresse la triste liste. Beaucoup ont été enterrés au cimetière de Cearda. Dans le musée, la visite de cellules et les nombreuses photographies montrent l'horreur de cette répression.

MUSÉE D'ETHNOGRAPHIE ET D'ART POPULAIRE
Piața Libertății, 15
Ouvert du mardi au dimanche de 10h à 18h.

Un pont vers l'Ukraine

Ville-frontière, Sighetu Marmației est situé le long de la rivière Tisa qui marque la délimitation entre la Roumanie et l'Ukraine. À environ 2 kilomètres du centre-ville, un petit pont permet de traverser, à pied ou en voiture, la frontière vers le village ukrainien endormi de Solotvino. Vous remarquerez de nombreux Roumains qui font le trajet avec vous, des sacs vides à l'aller et débordant au retour, les magasins étant sensiblement moins chers de l'autre côté du pont. Pas de formalités particulières nécessaires au passage de la frontière, un passeport suffira ; cependant, selon l'affluence, cela peut prendre un peu de temps.

Aménagé dans une demeure du XVIIIe siècle, ce musée présente les trésors du folklore et de l'artisanat locaux : outils, costumes, tapis, sculptures, icônes, masques, etc. Ces derniers, que l'on porte surtout à l'occasion des fêtes de fin d'année, valent vraiment le coup d'œil. L'exposition, bien que modestement présentée, résume parfaitement toutes les facettes du Maramureș.

■ MUSÉE DU VILLAGE (MUZEUL SATULUI)
Strada Dobăieși, 40
✆ +40 262 314 229
Ouvert tous les jours, sauf le lundi, de 10h à 17h. Accès : 30 minutes de marche ou bus n° 1.
Situé à la sortie sud de la ville, ce musée en plein air présente les différents types de constructions villageoises, des fermes, des maisons de village et des portes sculptées. Également une église en bois, des animaux, des plantes, etc. Intéressant, en particulier pour les enfants, mais il vaut mieux visiter les villages.

■ PARC GRĂDINĂ MORII
Joli parc situé au sud du centre-ville, qui s'étend le long de l'Iza. On y verra de nombreux vieux arbres et des peupliers d'une hauteur impressionnante.

SĂPÂNȚA

Une excursion au village frontalier de Săpânța (3 100 habitants) est une obligation si vous êtes dans la région. Il est situé à une quinzaine de kilomètres de Sighetu Marmației. On ne vient pas tellement ici pour le village, assez ordinaire en soi, mais bien pour ce fabuleux « cimetière joyeux », à la fois visuellement sublime et plein d'humour.

Transports

Bus depuis Sighetu Marmației.

Se loger

Le village ayant gagné en notoriété, les pensions et chambres chez l'habitant se sont multipliées et les prix ont augmenté.

■ PENSION ANCA
Strada Principală, 106
✆ +40 262 372 148
✆ +40 746 145 012
pensiunea_anca@yahoo.com
Chambres doubles à 20 €, petit déjeuner non compris.
Dans une maison moderne juste en retrait de la route principale qui traverse Săpânța, la pension Anca propose 7 chambres propres et basiques. L'accueil est charmant.

■ PENSION ILEANA
Săpânța, 776
✆ +40 262 330 474 / +40 262 372 137
Comptez moins de 10 € la nuit par personne.
Des chambres douillettes et un accueil très agréable pour une pension familiale dans une superbe maison traditionnelle très colorée. Vente d'artisanat, très beaux tapis faits avec un métier à tisser.

■ PENSION SĂPÂNȚA
Săpânța, 635 A ✆ +40 728 629 282
Chambre double à 25 € avec petit déjeuner, simple à 12,50 €.
Une très belle pension qui vous charmera sûrement, isolée dans une magnifique nature à quelques kilomètres au sud de Săpânța. 12 chambres confortables avec salles de bains, balcons et Wifi. Vous avez accès à la cuisine, au bain bouillonnant, au barbecue et au parking. Le restaurant au décor traditionnel propose des plats à base de produits issus de la culture bio.

Le « cimetière joyeux » de Săpânța

Drôle de nom pour un cimetière (*Cimitirul Vesel* en roumain), mais très bien trouvé. Son originalité tient à ses croix peintes en bleu (et bien d'autres couleurs), puis sculptées et décorées selon le métier (bûcheron, laitière, berger...) ou les particularités du défunt. Les croix s'accompagnent de textes humoristiques : biographies résumées retraçant leurs caractères, qualités (ou défauts...), leurs joies et leurs peines. Si vous ne comprenez pas le roumain, vous perdez un peu de l'effet produit par les textes. Même si les dessins sont suffisamment explicites pour comprendre qui était la personne décédée, nous vous conseillons d'être accompagné par un guide ou un ami qui parle roumain. Si vous le souhaitez, vous pouvez aussi trouver en librairie un très beau livre qui traduit tous les textes. Les balades dans ce cimetière très coloré, où les croix coiffées sont autant de flèches bleues pointées vers le ciel, sont de plus en plus appréciées par les touristes. Des journaux américains et européens en ont fait la publicité gratuite, en racontant son histoire, en décrivant son originalité et en concluant que, décidément, la visite d'un cimetière peut être source de plaisir et d'émerveillement ! Qui a eu cette idée ? Un certain Stan Ioan Pătraș, qui n'a sans doute pas prévu le succès que rencontrerait son œuvre. Cet artisan commença à sculpter et à peindre les croix en 1935. Décédé en 1977, il est enterré ici et sa tombe est surmontée d'une croix décorée... par lui-même. Depuis sa mort, Dimitri Pop, son apprenti, perpétue la tradition. On peut le rencontrer et visiter son atelier (derrière le cimetière).

À voir – À faire

Le village est typique de la région, vous ne serez déçu ni par l'architecture (les portes sculptées sont superbes) ni par l'ambiance. Son artisanat est réputé plus particulièrement pour ses tapis en laine (faits avec un métier à tisser). Il n'est pas rare d'ailleurs de rencontrer des fileuses au bord des routes. C'est en tout cas un lieu idéal pour faire vos emplettes. Mais avant tout, on vient à Săpânța pour le « cimetière joyeux ».

DE SIGHETU MARMAȚIEI À BORȘA

À partir de Sighetu Marmației, pour rejoindre la très touristique région de Borșa et la Bucovine, deux routes sont possibles. Elles suivent deux vallées, chacune située d'un côté de la dépression du Maramureș, celle qui sépare les monts Maramureș au nord et Țibleș au sud. La vallée de l'Iza, au sud, est la région du Maramureș la plus réputée, en raison de ses jolis petits villages traditionnels. Le tourisme rural y est depuis longtemps bien développé, tout comme dans la vallée de la Mara : si vous appréciez les superbes églises en bois, vous serez servi. La vallée du Vișeu et surtout celle du Vaser (qui rejoint celle du Vișeu) est plus spectaculaire et comblera les amateurs de paysages sauvages. Les villages y sont en revanche moins nombreux et beaucoup moins intéressants. Mais rien ne vous empêche de découvrir les deux. Les villages sont reliés par bus (lents) à Sighetu Marmației et Vișeu de Sus.

VADU IZEI

Ce village de 2 900 habitants, le premier de la vallée de l'Iza, est réputé pour ses portes, son artisanat du bois et un tourisme rural bien développé. En vous y promenant, peut-être verrez-vous des artisans en plein travail (laine, bois), qui se feront une joie de vous montrer leur production et d'expliquer leur art. Remarquablement bien préservé, ce village, grâce à ses possibilités de logement et sa tradition d'accueil ancienne, est un excellent endroit pour séjourner et découvrir la région, même si sa situation à la croisée de deux routes majeures et dans les faubourgs de Sighetu Marmației vous poussera à vous aventurer un peu plus loin.

■ **AGENCE DE VOYAGES VADU IZEI**
Strada Zăvoi, 689 ✆ +40 262 330 228
www.vaduizei.ro
turism@vaduizei.ro

Ouvert en été tous les jours de 9h à 19h et en hiver en semaine seulement de 9h à 15h.
Cette agence partenaire d'Opération villages roumains (OVR) est une excellente adresse pour réserver des chambres en pension ou chez l'habitant et vous fournir un ensemble d'informations touristiques sur la région. Possibilité d'excursions (en voiture, à pied, à vélo, à cheval), des visites d'ateliers, d'églises, de villages, des séjours lors de fêtes traditionnelles, etc.

CASA MUNTEAN
Strada Dumbrava, 505
✆ +40 262 330 091
www.casamuntean.home.ro
casamuntean@yahoo.com
Membre du réseau OVR. 9 €/personne, 3 €/petit déjeuner, 4 €/déjeuner, 5 €/dîner. En venant de Sighetu Marmației, la pension se trouve à la sortie de Vadu Izei en direction d'Oncești.
Vous y serez chaleureusement accueilli par un jeune couple passionné par la région. Dans une très belle maison en bois, les chambres sont neuves et les repas fort copieux. Le gros avantage de cette pension, c'est qu'on pourra vous acheminer gratuitement depuis Sighetu Marmației. Accueil en français.

PENSION ANA IURCA
Vadu Izei, 333 A
✆ +40 262 330 365
✆ +40 726 739 447
Compter 10 €/personne sans petit déjeuner.
Une maison en bois avec 8 chambres décorées de façon rustique, toutes avec salle de bains privative. La famille met à votre disposition un verger de 3 000 mètres carrés où vous pourrez cueillir des fruits et profiter de la verdure.

PENSION TRADITIONNELLE BORLEAN
Strada Zăvoi, 689 ✆ +40 262 330 228
www.vaduizei.ro
ioanborlean@vaduizei.ro
Chambre double à 22 €.
Il s'agit de 4 maisons traditionnelles en bois, restaurées et dotées de tout le confort moderne. Un retour dans le temps vous attend, dans un cadre idyllique, à côté d'un jardin fleuri et d'un verger avec vue sur la vallée de l'Iza. Une visite est fortement recommandée même si vous n'y logez pas.

BÂRSANA

Dans ce gros village de 6 300 habitants le long de la route, l'ancien et le récent se côtoient : une église en bois de 1720 et un très beau monastère des années 1990. La tour de l'église en bois du monastère, haute de 57 mètres, est désormais la plus haute construction de ce genre en Europe. Le record était jusqu'à présent détenu par les 54 mètres de la flèche de l'église de Șurdești (de 1724), près de Baia Mare.

MONASTÈRE DE BÂRSANA
✆ +40 262 331 101
www.manastireabarsana.ro
Un des monastères les plus photographiés de la région, ce couvent, complexe d'églises et de résidences tout en bois, impressionne par sa position dans les collines verdoyantes du Maramureș. L'entrée au monastère des Douze Apôtres se fait par un magnifique portail sculpté. Inscrite sur la liste du patrimoine mondial de l'Unesco, l'église de la Vierge Marie est une des plus hautes de toute la région. Le site, datant de 1720, impressionne par son unité architecturale.

Les prévisions météorologiques des habitants du Maramureș

Comme dans de nombreuses régions rurales du monde, les habitants du Maramureș reconnaissent à certains signes, venant des animaux, des plantes ou tout simplement du ciel, le temps qu'il fera bientôt. En prévision des labours, des récoltes et autres travaux des champs, il est toujours bon de savoir à quoi s'attendre. Vous pourrez, vous aussi, vous fier à ces signes pour savoir si vous devez emporter un imperméable pour votre balade du lendemain.
Un chat qui griffe : beau temps.
Le coq monte sur la clôture et chante : signe de pluie.
Trop de mésanges en automne : neige précoce.
Nombreux corbeaux sur le clocher : pluie.
Soleil rouge le matin : pluie.
Un loriot s'installe dans le village : arrivée de la période froide.

■ **PENSION DUMBRAVA**
Bârsana, 322
✆ +40 764 544 127 / +40 262 331 187
Chambre double 20 €.
6 chambres doubles disponibles dans cette maison le long de la route qui traverse Bârsana, juste à la sortie du village en direction du monastère. Très basique mais propre.

■ **VILA BÂRSANA**
✆ +40 262 331 020
www.vilabarsana.ro
contact@vilabarsana.ro
Chambre double à 40 €.
Une pension tenue par les nonnes et située tout près du monastère du même nom. Les chambres sont décorées de façon rustique et disposent de tout le confort nécessaire. Bon restaurant.

STRÂMTURA

Plus loin dans la vallée (qui se rétrécit à cet endroit), Strâmtura est un charmant petit village de 2 900 habitants tout en longueur, connu pour ses costumes, l'élevage de moutons et ses nombreuses maisons tout en bois. Son église en bois, située 4 kilomètres au nord-ouest du centre-ville, date de 1771 et est située dans un décor paradisiaque : maisons en bois, collines verdoyantes et tas de foin traditionnels roumains. Un peu plus haut dans les montagnes, à Glod, village traditionnel isolé, se trouve une église (en bois évidemment) datant de 1700.

ROZAVLEA

Un peu moins charmant que le village précédent et que les villages enfoncés dans les collines, Rozavlea (3 500 habitants) est un gros bourg qui demeure une belle étape pour découvrir une église en bois de 1720 aux jolies peintures intérieures. Quelques pensions sont disponibles.

■ **PENSION MARIA MÎRZA**
Strada Principală, 625
✆ +40 262 333 033
mohecro@yahoo.com
Comptez 24 € la chambre double, petit déjeuner non compris.
Une belle maison parfaitement intégrée à l'architecture locale. Pouvant accueillir au total 12 personnes, on aime sa décoration rustique alliée au confort moderne.

BOTIZA

Botiza (2 800 habitants) est tout simplement un endroit paradisiaque, à l'écart de tout, au bout d'une toute petite route campagnarde qui débouche sur un gros village qui vit encore de ses productions et de ses ressources. C'est ici que vous devriez séjourner, quitte à venir dans la région du Maramureș, où les traditions demeurent encore solidement ancrées.Le tourisme rural y est particulièrement bien développé, vous n'aurez aucune difficulté à trouver une chambre dans l'une des nombreuses pensions. Botiza est aussi connue pour ses sculptures sur bois, le travail de la laine, ses sources d'eau minérale et pour ses églises en bois (du XVIIIe siècle pour la plus ancienne). Tous les samedis matin, vous pourrez vous rendre à son agréable marché et, à la mi-mai, s'y tient une importante fête villageoise liée à la transhumance.

Transports

Juste après Rozavlea bifurquez à droite vers Șieu et continuez sur la route 171 A pendant environ 2 kilomètres. À la bifurcation, tournez à gauche vers Botiza et suivez la route pendant environ 3 kilomètres.

Se loger

De nombreuses pensions à travers le village.

■ **CASA IRINA PETREUS**
Strada Principală, 771
✆ +40 262 334 129
Autour de 20 € par personne et par nuit.
Une somptueuse pension fleurie à l'architecture réussie. La maison dispose d'un agréable jardin qui se trouve au bord d'une petite rivière bien agréable. L'accueil est réellement sympathique. Les 5 chambres sont confortables et raffinées et les repas délicieux. En bref, une très bonne adresse.

■ **PENSION GROSAN**
Botiza, 431
✆ +40 262 334 113
botiza431@yahoo.com
Environ 10 € par personne et par nuit, 3 € petit déjeuner, 3 € déjeuner, 5 € dîner.
Une autre belle pension située dans le centre du village, dans une belle maison en bois qui propose 3 chambres simples pouvant héberger jusqu'à 6 personnes. Hôtes charmants, produits de la ferme et belle vue sur le reste du village.

PENSION VICTORIA BERBECARU
Botiza, 743
✆ +40 262 334 107
Compter 20 € par personne et par nuit en demi-pension.
Un logement coup de cœur en plein centre du village de Botiza chez la chaleureuse et francophone Victoria Berbecaru et son mari le pope du village. Vous pourrez séjourner soit dans la maison principale plus récente ou la maison ancienne, une des plus belles maisons en bois du village avec un mobilier traditionnel du Maramureș.
Le petit déjeuner et le dîner sont préparés avec des produits frais du village et sont simplement exceptionnels. En outre Victoria tisse d'extraordinaires tapis traditionnels qu'elle expose aux quatre coins du monde, faits main avec des colorants naturels de la région.

POIENILE IZEI

Tout comme le précédent, le village de Poienile Izei (1 000 habitants) est un véritable paradis sur terre, enfoncé au cœur de collines roulantes et verdoyantes, où domine encore une forte culture rurale et traditionnelle. Le village possède une illustre église en bois du début XVIIe siècle, Sfânta Parascheva. Les peintures intérieures, de style populaire, datent de la fin du XVIIIe siècle et représentent l'Enfer. Particulièrement riches en détails morbides, ces peintures avaient pour fonction d'effrayer les fidèles et de leur montrer ce qui les attendait s'ils n'écoutaient pas le pope. Également belle collection d'icônes.

Transports

Vous pourrez y accéder en suivant la route 171 A après Rozavlea. Bifurquez sur la route 171 B sur environ 5 kilomètres jusqu'à Poienile Izei. Vous pourrez également y accéder par Botiza par une petite route en terre qui passe par le monastère de Botiza et un petit col, à aprtir duquel la vue sur les vallées aux alentours est absolument magnifique.

Se loger

Le logement chez l'habitant est là encore une institution dans cette localité. Le confort et les prix sont très honnêtes. Pension complète possible, pour profiter de la gastronomie locale.

CASA BOBOCEA
Poienile Izei, 87
✆ +40 262 334 185
Chambre double 20 € avec le petit déjeuner, 25 € la demi-pension.
Une grosse demeure cossue qui offre 7 chambres à la location. Un peu moins charmant que des pensions plus rurales mais très confortable.

PENSION ION DE LA CRUCE
Strada Principală, 15
✆ +40 726 387 108
✆ +40 726 230 632
Environ 15 € par personne et par nuit avec petit déjeuner.
Une pension juste avant l'entrée du village avec un beau portail en bois sculpté et des chambres très bien tenues. Les propriétaires parlent français et peuvent organiser des soirées avec la musique traditionnelle.

PENSION MARIA ȘI VICTOR
Strada Principală, 338
✆ +40 724 616 533
Environ 13 € par personne et par nuit avec petit déjeuner.
Une belle pension située juste derrière l'église en bois du pays dans une maison moderne. Accueil chaleureux et chambres propres et très confortables.

IEUD

Vers le sud, au pied des monts Țibleș, en suivant la rivière du même nom, vous atteindrez un des lieux les plus visités de la vallée. On vient à Ieud (4 200 habitants) pour son église en bois classée par l'Unesco et nommée Biserica din Deal (église de la Colline). En été, elle est ouverte tous les jours de 9h à 14h et de 15h à 20h. Le reste du temps, il faudra demander la clé au prêtre qui vit au n° 608 de la rue principale (une maison blanche). Cette église est la plus ancienne de la région (1364) et fut rénovée et repeinte au XVIIIe siècle.
On y a découvert l'un des plus anciens livres en roumain cyrillique, datant de 1391 et appelé Zbornicul ou Codicele de la Ieud. Cet ouvrage religieux se trouve aujourd'hui à Bucarest. Une autre église remarquable, appelée « de la Vallée » (Biserica din Vale) par opposition à celle « de la Colline », date de 1717. Dans cette cathédrale de bois, on pourra trouver une collection d'icônes sur verre d'une grande valeur.

■ **PENSION VASILE CHINDRIS**
Ieud, 201
✆ +40 262 336 197
ieud.free.fr
vasilechindris@personal.ro
Gîte et chambres d'hôtes de 2 à 8 personnes. 13 € par personne avec petit déjeuner, 20 € la demi-pension.
Une maison moderne entourée de collines boisées et de prés. Des fenêtres, vous aurez une vue du clocher de l'église en bois qui surgit au milieu des couronnes d'arbres. Vos hôtes sont professeurs dans le village et vont vous fournir toutes les informations nécessaires sur la région. Vasile peut vous assurer le transport et le service de guide lors de la visite des principaux sites touristiques du Maramureș. Mme Chindris vous attendra avec un bon gâteau et un café, avant qu'elle ne vous fasse profiter de son talent culinaire au dîner. Vous pouvez prendre les repas sous la voûte de vigne.

BOGDAN VODĂ

Ce très pittoresque village de 3 200 habitants est nommé d'après le premier prince de Moldavie Bogdan Ier (XIVe siècle). Son église en bois, de 1722, a été construite sur l'emplacement d'une autre détruite par les Tatars. À l'intérieur, vous remarquerez le superbe candélabre en bois sculpté. Le marché du village a lieu les deux premiers lundis de chaque mois. Signalons que, du village, la route conduit à la vallée parallèle du Vișeu.

DRAGOMIREȘTI

Dans ce village de 3 200 habitants, vous verrez une église de 1954 qui a remplacé celle de 1722 déplacée au musée du Village de Bucarest ! Quelques kilomètres plus loin, Sălistea de Sus, un joli village avec deux églises du XVIIIe siècle, toutes deux dédiées à saint Nicolas.

SĂCEL

Tout proche des monts Rodna, vous parviendrez à Săcel (3 600 habitants), renommé pour sa céramique rouge. Dans le village, suivez les panneaux indiquant « Ceramică », vous trouverez là un petit atelier qui vous expliquera leur savoir-faire. De Săcel, vous pouvez gagner Bistrița par la route 17 C ou continuer vers Moisei.

VALLÉES DU VIȘEU ET DU VASER

Ces vallées sont plus enclavées et plus scéniques et naturelles que les vallées précédentes, même si les villages sont quant à eux un peu moins pittoresques.

VIȘEU DE SUS

Cette ville de 15 000 habitants est la plus importante de la vallée avec de nombreuses églises, orthodoxe et catholique, du XIXe siècle. Le marché s'y tient les vendredis. Vișeu est surtout connu pour la spectaculaire petite ligne de chemin de fer qui remonte la vallée du Vaser. Tiré sur 50 kilomètres par une locomotive à vapeur ou diesel, vous traverserez des vallées sauvages, des tunnels et longerez des chutes d'eau. Cette ligne (dont la fonction est le transport du bois et des bûcherons) vous emmènera jusqu'à Coman. On peut ainsi parcourir en 4 ou 5 heures le tracé rocheux de la vallée. Chaque arrêt du train est un point de départ possible pour une promenade vers les sommets des monts du Maramureș.

Transports

Grandes lignes : trains vers Beclean et de là vers Brașov, Suceava ou Cluj. Les trains directs depuis Sighetu Marmației vers les villes du Sud passent aussi ici.
Lignes locales : au choix bus ou trains entre Vișeu de Sus et Sighetu Marmației. Bus également pour Borșa. Le train part à 6h ou 7h du matin, du lundi au samedi. Tarifs environ 7,50 € l'aller. Départ de Strada Alexandru Ion Cuza, à 1,5 kilomètre du centre.

Pratique

■ **AGENȚIA PRO VIȘEU**
Strada Libertății, 1
www.viseu.mmnet.ro
Ouvert tous les jours, sauf le dimanche, de 9h à 16h30.
Peut réserver des chambres chez l'habitant dans la région. Propose des circuits découverte du Maramureș, avec transports et hébergement de 3 jours, ou des circuits randonnées d'une semaine.

Se loger

Pour les pensions, même principe que dans les autres vallées, réservez *via* une agence ou allez-y directement. Sinon, deux hôtels à Vișeu de Sus de bonne qualité mais très demandés en été :

HOTEL BRAD

Strada 22 Decembrie 1989, 50
✆ +40 262 352 999
www.hotelbrad.ro – contact@hotelbrad.ro
Chambre double autour de 26 € avec petit déjeuner.

Dans le centre-ville. Il possède des chambres modestes mais propres. Il y a aussi un restaurant.

HOTEL GABRIELA

Strada Rândunelelor, 1
À 1 km à l'est de la ville, sur la route de Borșa ✆ +40 262 354 380
www.hotel-gabriela.ro
office@hotel-gabriela.ro
Chambre double environ 25 €.

Rénové en 2009, ce chalet 3 étoiles est confortable et propose de nombreux équipements (Internet…). La terrasse est plaisante et le restaurant mérite qu'on s'y attable. Bon rapport qualité/prix.

VERS LA MOLDAVIE-BUCOVINE

La route qui relie les deux merveilleuses régions touristiques du Maramureș (Borșa) et de Moldavie-Bucovine (Vatra Dornei) est un enchantement. En franchissant le col de Prislop (*Pasul Prislop*), à 1 416 mètres d'altitude, on se sent loin de tout, il n'y a plus de villages et la perspective sur les massifs montagneux environnants est superbe. Près du Hanul Prislop se tient tous les ans (le dimanche le plus proche du 1er août ou le deuxième dimanche d'août) le très vivant festival Hora la Prislop (un joli festival de danse et de folklore).

MOLDAVIE-BUCOVINE

Paysage de campagne près de Pojorâta.

Moldavie du Sud

La Moldavie-Bucovine couvre toute la partie nord-est du pays, de l'Ukraine à Galați. Les superbes Carpates orientales tracent sa frontière ouest. Sa partie nord, autour de la ville de Suceava, connue sous le nom de Bucovine, est célèbre pour ses monastères aux fresques d'une remarquable beauté. Le folklore et l'artisanat (bois, broderies, poterie, peinture sur œuf) y sont bien vivants et bon nombre de villages ont conservé des maisons d'architecture traditionnelle, comme Ciocănești.

La nature est également superbe, les montagnes en particulier, avec les massifs de Ceahlău ou Rarău. Vous pourrez en profiter aussi pour faire des randonnées dans les parcs naturels de Ceahlău, de Vânători ou des gorges de Bicaz. Dans la région de Vrancea, les montagnes douces sont un paradis pour le tourisme rural.

Le tourisme écologique est ici une réalité vivante ! Randonnées, rafting, vélo, voilà quelques actvités qui s'offrent à vous. Pour vous imprégner de l'esprit des lieux, visitez des fermes paysannes et des bergeries et dégustez des produits entièrement bio, issus de l'agriculture locale, faites des promenades en charrette ou en luge tirée par les chevaux ou encore en train à locomotive à vapeur au milieu de cette nature intacte et envoûtante.

Histoire

L'indépendance de la principauté de Moldavie vis-à-vis de la Hongrie est acquise par le prince Bogdan Ier en 1365. Ștefan cel Mare doit ensuite résister aux Turcs, pendant la seconde moitié du XVe siècle. Lui et son fils Petru Rareș sont à l'origine de la majeure partie des églises de la région.

En 1538, la Moldavie finit par tomber aux mains des Turcs. En s'unifiant, en 1859, avec la Valachie, la Moldavie est à la base de l'État unifié de Roumanie. Mais la Bessarabie (actuelle république de Moldavie) était devenue russe en 1812.

Elle rejoignit la Roumanie après la Première Guerre mondiale. En 1944, elle est redevenue russe en intégrant l'URSS, puis indépendante à la chute du régime soviétique. Aujourd'hui, suite à l'indépendance, une partie de son territoire historique est rattachée à l'Ukraine.

Le Sud

Totalement oubliée par les touristes étrangers, cette région qui passe pour défavorisée ne manque pourtant pas de charme : collines aux villages calmes et accueillants, stations thermales, particularismes culturels et vins réputés.

Les immanquables de la Moldavie-Bucovine

- Les monastères de Bucovine et du Neamț, dont certains appartiennent au patrimoine mondial de l'Unesco.
- Les spectaculaires gorges de Bicaz et les monts Ceahlău avec leurs réserves naturelles, leurs grottes et leurs forêts séculaires où l'on peut faire des randonnées et autres activités sportives comme le rafting.
- Les fermes paysannes et les bergeries où vous pourrez déguster des produits traditionnels.
- Les musées ethnographiques (Suceava, Rădăuți, Solca, Marginea) et les ateliers des maîtres populaires : travail du bois, des tissus, des icônes, des œufs peints.
- Vrancea et ses pensions villageoises dans de pittoresques collines.
- Cotnari et ses vignobles.
- Iași, une ville pleine de charme et ancienne capitale politique et culturelle de la Moldavie.

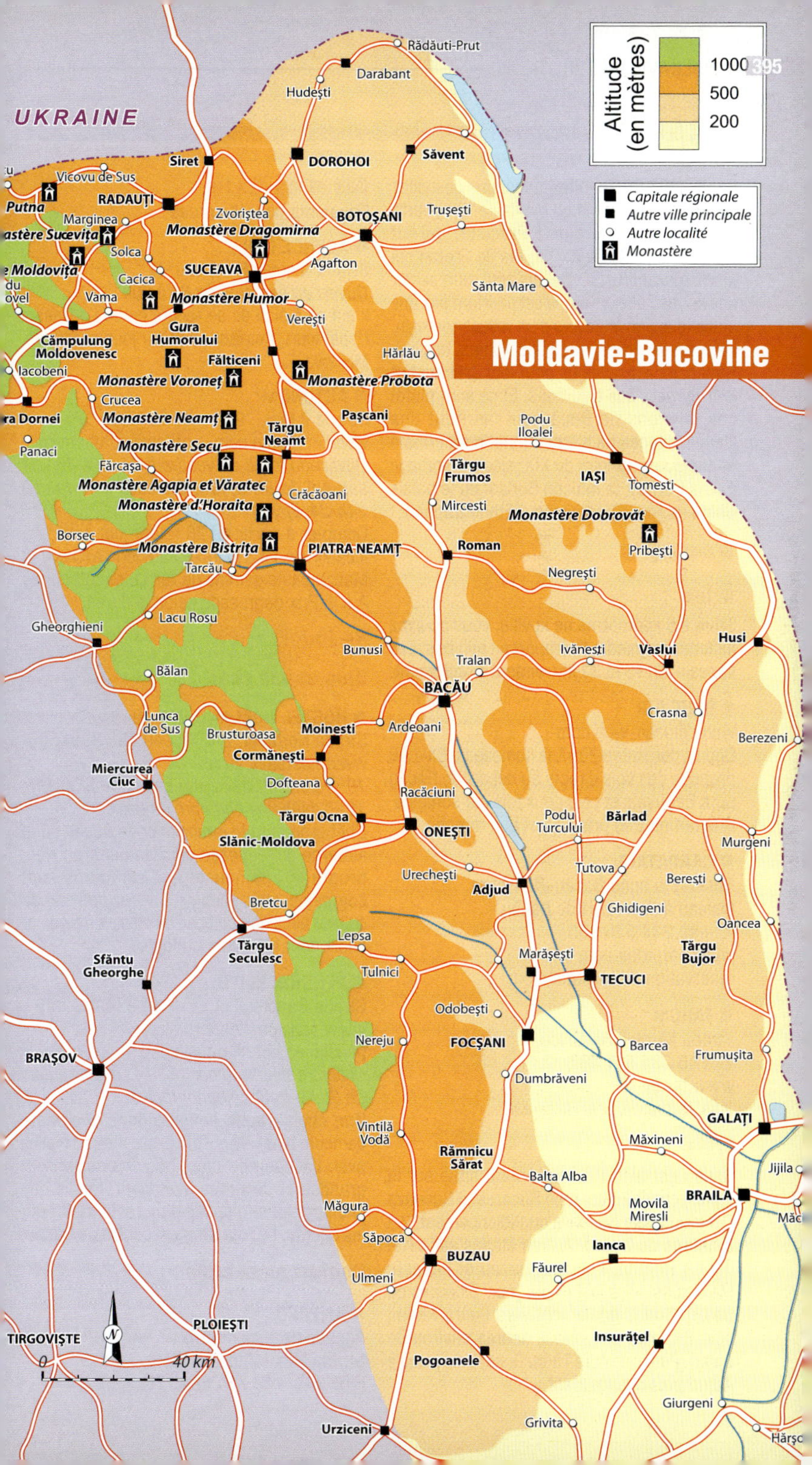
Moldavie-Bucovine
Altitude (en mètres)
1000
500
200
Capitale régionale
Autre ville principale
Autre localité
Monastère
UKRAINE
Rădăuti-Prut
Darabant
Hudeşti
DOROHOI
Săvent
Siret
Vicovu de Sus
Putna
RADAUŢI
Marginea
Monastère Suceviţa
Zvoriştea
Monastère Dragomirna
BOTOŞANI
Truşeşti
Solca
Monastère Moldoviţa
Cacica
SUCEAVA
Agafton
Vama
Monastère Humor
Sânta Mare
Vereşti
Câmpulung Moldovenesc
Gura Humorului
Hârlău
Fălticeni
Iacobeni
Monastère Voroneţ
Monastère Probota
Crucea
Monastère Neamţ
Paşcani
Panaci
Târgu Neamt
Podu Iloalei
Monastère Secu
Fărcaşa
Târgu Frumos
IAŞI
Tomesti
Monastère Agapia et Văratec
Crăcăoani
Monastère d'Horaita
Mircesti
Monastère Dobrovăt
Borsec
Monastère Bistriţa
PIATRA NEAMŢ
Roman
Pribeşti
Tarcău
Negreşti
Lacu Rosu
Gheorghieni
Husi
Bunusi
Ivăneşti
Vaslui
Tralan
Bălan
BACĂU
Crasna
Lunca de Sus
Moinesti
Ardeoani
Berezeni
Brusturoasa
Cormăneşti
Miercurea Ciuc
Dofteana
Racăciuni
Podu Turcului
Bârlad
Târgu Ocna
ONEŞTI
Slănic-Moldova
Murgeni
Tutova
Urecheşti
Bereşti
Adjud
Ghidigeni
Bretcu
Oancea
Lepsa
Târgu Secuiesc
Târgu Bujor
Mărăşeşti
Sfântu Gheorghe
Tulnici
TECUCI
Odobeşti
Nereju
FOCŞANI
Barcea
BRAŞOV
Frumuşita
Dumbrăveni
GALAŢI
Vintilă Vodă
Măxineni
Râmnicu Sărat
Jijila
Balta Alba
BRAILA
Movila Miresli
Măgura
Săpoca
Ianca
BUZAU
Făurel
Ulmeni
TIRGOVIŞTE
PLOIEŞTI
Insurăţel
0
40 km
Pogoanele
Giurgeni
Grivita
Urziceni
Hârşo

BACĂU

Bacău (188 000 habitants) est une des villes les plus importantes de Moldavie. On pourra y admirer la jolie église Precista, qui fut construite en 1490 par un fils de Ștefan cel Mare, Alexandru. La ville, qui peut représenter une bonne base arrière, n'est pourtant pas une étape indispensable lors d'un voyage roumain. Dans les environs, quelques villages tels que Răcăciuni sont connus pour leur artisanat et leur respect des traditions. Et ce sont plutôt ces environs de Bacău qui méritent une visite : villages de piémont, station thermale et quelques manoirs du XIXe siècle comme le palais Știrbey, la maison Borisof ou le palais Ghica (aujourd'hui musée d'Ethnographie).

Transports

Avion

Situé à 5 kilomètres de la ville, vous pourrez aisément rejoindre l'aéroport en minibus. Les lignes n° 3, 18 et 22 s'y rendent directement.

■ BLUE AIR
www.blueair-web.com
Depuis décembre 2007, la compagnie Blue Air propose des vols directs au départ de Bacău pour Beauvais et cela deux fois par semaine. Une option très pratique et bon marché.

■ CARPATAIR
Dessert la ligne Bacău-Timișoara
Bureau à l'aéroport de Bacău
✆ +40 234 575 335
www.carpatair.com
reservations@carpatair.com

■ TAROM
Strada Nicolae Bălcescu, 1
✆ +40 234 511 462
www.tarom.ro
Vols Tarom de/vers Bucarest.

Train

Bacău est bien desservi, étant situé sur la ligne ferroviaire qui relie Bucarest à Suceava (10 trains pour Suceava quotidiennement, 2 à 3 heures de trajet). Autres étapes sur cette ligne : Roman, Focșani, Buzău et Ploiești. Mais aussi vers Iași (3 par jour, 3 heures de trajet). Trains également vers Piatra Neamț puis Bicaz (5 par jour, 2 heures environ de trajet). Pour rejoindre Târgu Ocna, train jusqu'à Adjud puis changement.

Bus et maxitaxis

Fréquents pour Bucarest.

■ AGENCE CFR
Strada Nicolae Bălcescu, 12
Ouvert en semaine de 8h à 20h.
Il est plus aisé de se rendre en bus à Onești (2 par jour), Comănești (6 par jour) et Slănic-Moldova.

■ AUTONOM
Strada 9 Mai, 79 ✆ +40 234 580 575
www.autonom.com – office@autonom.ro
Ouvert du lundi au vendredi de 9h à 18h, le samedi de 9h à 13h. Services et livraison 24h/24, 7j/7.
Compter à partir de 28 € par jour pour une location de 1 à 3 jours en catégorie A (Daewoo Matiz). Vaste gamme de véhicules catégories A à V. Prix dégressifs selon la durée.

Se loger

Bien et pas cher

■ HOSTEL HOLLAND BACĂU
Strada Nordului, 2-4 ✆ +40 753 339460
www.hostelbacau.ro
10 € par nuit dans une chambre de quatre, 12 € dans une chambre de deux.
L'hébergement le moins cher de Bacău : une auberge de jeunesse parfaitement rénovée, propre et lumineuse. Les sanitaires sont communs, mais vous y trouverez une grande cuisine ainsi qu'une belle terrasse. Le meilleur choix pour les petits budgets.

■ PENSION ELITE
Strada Banatului, 15 ✆ +40 334 413 899
www.pensiuneaelite.ro
pensiunea.elite@gmail.com
Chambre simple autour de 30 €, double autour de 35 €. Petit déjeuner inclus.
Une chaleureuse pension dans une vaste demeure familiale qui offre un confort 3 étoiles avec l'accueil en plus. Les chambres sont grandes et décorées avec goût, tandis que l'hébergement dispose d'un restaurant pour les clients. Le tout en plein centre de Bacău.

Confort ou charme

■ ANTREC
Agenție de Turism Atrix
Strada Mihai Viteazul, 12
Bloc 2 ✆ +40 744 584 176

www.antrec.ro – bacau@antrec.ro
Une très bonne adresse pour réserver des nuits chez l'habitant, dans des pensions rurales du département.

■ **HOTEL DECEBAL**
Bulevardul Ioaniță Sandu Sturza, 2
✆ +40 234 570 020
✆ +40 726 664 699
www.hoteldecebal.ro
office@hoteldecebal.ro
Chambres simples à partir de 42 €, doubles à partir de 50 €, petit déjeuner inclus.
Situé au cœur de la ville de Bacău, cet hôtel moderne a 95 chambres avec balcon qui donnent sur la cathédrale, le parc de la mairie et le boulevard Sturza. Toutes les chambres sont équipées de la climatisation, de la télévision par câble, du Wifi gratuit, de lignes téléphoniques directes et d'un minibar. Restaurant à spécialités roumaines et internationales. Parking sécurisé et gratuit. Il y a également une salle de conférence qui peut accueillir jusqu'à 50 personnes. L'hôtel accepte les réservations en ligne et dispose d'un site en français conçu pour orienter le touriste dans la découverte de la ville et des alentours.

■ **HOTEL DUMBRAVA******
Strada Dumbrava Roșie, 2
✆ +40 234 513 302
www.hoteldumbrava.ro
office@hoteldumbrava.ro
Chambre double de 50 à 65 €.
Superbe hôtel parfaitement rénové qui propose 55 chambres au visiteurs. Les intérieurs sont décorés dans un style contemporain très élégant, qui dénote avec les traditionnels froufrous surchargés des hôtels de luxe roumains. C'est très certainement la meilleure adresse de Bacău. Un restaurant de cuisine internationale et une salle de conférence complètent l'offre de l'hôtel.

ONEȘTI

Les montagnes du département cachent des stations réputées dans de jolis paysages. Cette région peut être une halte sur le chemin entre la capitale et les monastères de Bucovine. Onești, une ville bien triste de 39 100 habitants, en est la porte d'entrée. On peut y visiter l'église, originale avec ses tuiles rouges, construite par Ștefan cel Mare en 1494. D'Onești, on peut rejoindre Târgu Secuiesc et la Transylvanie, par la jolie route 11 (vallée du Trotuș), en traversant l'une de ces régions en partie peuplées de Csángós.

▸ **Manifestation.** Chaque samedi, la ville accueille un marché aux chevaux très coloré.

Transports

Trains vers Comănești, Târgu Ocna et Miercurea Ciuc. Trains vers Adjud (sur la ligne Bucarest-Suceava).
Bus vers Bacău, Slănic-Moldova, Târgu Ocna.

Se loger

■ **HÔTEL SPORT**
Bulevardul Republicii, 4
✆ +40 234 321 111
Chambre double de 20 à 25 €.
Hôtel simple et fonctionnel. Le moins cher de la ville.

■ **HOTEL TROTUȘ**
Strada Emil Rebreanu, 1
✆ +40 234 316 702
www.hoteltrotus.ro
receptie@hoteltrotus.ro
Chambre double autour de 50 €.
Près de 100 chambres dans une tour en béton. Cher.

CAȘIN

Au sud d'Onești, ce très joli village de 3 700 habitants situé sur la rivière du même nom est réputé pour ses maisons traditionnelles. Son monastère de 1655 mérite un petit détour.

TÂRGU OCNA

Cette ville thermale de 11 300 habitants située au pied des Carpates, à 280 mètres d'altitude, possède le plus grand sanatorium souterrain d'Europe situé dans une saline. On y trouve également le monastère Răducanu, de 1664, bel exemple de l'architecture baroque moldave, aux peintures particulièrement intéressantes. Au nord, Dofteana est un joli village typique.

■ **SALINE DE TÂRGU OCNA**
Strada Salinei, 12 ✆ +40 234 344 017
www.salina.ro – salina@salina.ro
Tous les jours de 7h à 17h. Entrée 4,50 € par adulte.
Creusée à 240 mètres de profondeur, la saline est une base de traitement des maladies respiratoires. Elle dispose de terrains de sport, d'aires de jeux pour les enfants, d'un musée du sel et même d'une église. Dans le souterrain, vous pourrez admirer aussi un lac à eau salée et une cascade.

Tristan Tzara

Ce célèbre poète avant-gardiste est né à Moinești, dans la région de Bacău, en 1896. Après avoir fait parler de lui en Roumanie, il s'installe à Zurich et fonde, en compagnie d'autres poètes, le mouvement dada. Auréolé de cette gloire, il s'installe sans mal dans les milieux artistiques parisiens et prend part au mouvement surréaliste. Il s'engage politiquement, en prenant notamment la tête du Comité de soutien aux intellectuels espagnols, et défend activement ses idées et sa vision de la poésie jusqu'à son décès en 1963, à Paris.

SLĂNIC-MOLDOVA

Située à plus de 500 mètres d'altitude, cette station thermale de 4 200 habitants est réputée depuis le XIXe siècle pour sa vingtaine de sources. Comme dans les autres stations du pays, les possibilités d'hébergement et de cure y sont nombreuses. Les montagnes des alentours et leur point culminant, Nemira Mare (1 649 mètres), sont superbes, comme toutes les Carpates. Elles sont réputées pour leurs forêts de hêtres et les très nombreux torrents.

Transports

Voir Onești. En train, descendre à Târgu Ocna.

Se loger

De très nombreuses pensions vous attendent dans la station. Le bois y est toujours à l'honneur. Vous n'aurez pas de mal à trouver votre bonheur, mais l'agence Antrec de Bacău vous aidera si vous désirez des renseignements. Les pensions Oky & Erika et Leurdiș sont très agréables car situées à Poiana Sărată (la Clairière salée), à l'écart de la station. Dans la ville de Târgu Ocna, les pensions Cioca (+40 234 341 190 et www.pensiuneacioca.ro) et Casa Creangă (+40 744 605 870) sont aussi de bonnes options.

■ HÔTEL DOBRU
Strada Dobru, 1 ✆ +40 234 348 475
Chambres doubles de 45 € à 60 €.
Petit hôtel confortable.

■ HÔTEL VENUS
Strada Mihai Eminescu, 1
✆ +40 234 348 192 / +40 234 324 027
Chambres doubles à 25 €.
Grand hôtel en béton de 450 chambres au confort varié. Une vaste usine à dormir, sans charme, mais vraiment pas chère. On vous le redit, préférez la chambre chez l'habitant.

VALLÉE DU TROTUȘ

Cette vallée relie Onești à la Transylvanie (en train, en bus, en voiture), en suivant la rivière du même nom. Passé Comănești, le paysage, les villages, l'ambiance deviennent charmants, calmes et reposants. Mais il faut du temps (ou un véhicule) pour les explorer. Les possibilités de randonnées sont également nombreuses.

FOCȘANI

Le chef-lieu (73 800 habitants) du *județ* de Vrancea, au centre d'une région viticole de renom (Cotești, Odobești, Panciu et Nicorești), n'est pas vraiment une ville où les curiosités touristiques abondent. C'est, en tout cas, la première ville de Moldavie lorsqu'on vient de Bucarest par une route aux paysages de plaines ennuyeux ou impressionnants, selon les goûts. Si vous désirez visiter les montagnes de Vrancea, vous devrez passer par Focșani de toute façon. La ville s'organise de manière très classique autour d'une place centrale où siègent l'hôtel de ville, l'ancien hôtel principal de la ville et le théâtre. La grande avenue qui la traverse rejoint la gare. Un parc assez agréable borde l'autre côté de la place.

Transports

Les horaires sont affichés sur le quai de la gare ferroviaire. À la sortie, vous trouverez quelques maxitaxis pour Bucarest et les alentours. Pour rejoindre le centre-ville, prenez l'avenue juste en face. Pour l'achat des tickets, l'agence Voiaj CFR se trouve sur la place centrale.

Gare routière principale. Elle est très bien organisée autour d'un bâtiment rond. Les destinations sont affichées sur chaque quai. Vous y trouverez des autobus locaux et des maxitaxis pour Buzău et Bucarest, entre autres. On rejoint le boulevard principal et le centre-ville par la seule rue qui mène à la gare. Au boulevard, prenez à gauche. Bus locaux depuis la gare et gare routière pour les villages des montagnes.

Pratique

■ **MONTANA SERVICE – ANTREC**
✆ +40 237 673 049 / +40 722 491 665
www.antrec.ro
vrancea@antrec.ro
Pour réserver dans une des innombrables pensions des montagnes de Vrancea.

Se loger

■ **HÔTEL UNIREA**
Piața Unirii, 3
✆ +40 237 221 100
Chambre double 25 € à 30 €.
La classique tour de béton sans charme sur la place centrale. Bon marché, correct et c'est tout.

■ **HOTEL VRANCEA**
Strada Dimitrie Cantemir, 25
✆ +40 237 614 700
www.hotel-vrancea.ro
Chambre double à 40 €.
Agréable, surtout si vous avez un balcon donnant sur le parc. Agence de voyages.

À voir – À faire

■ **MUSÉE D'HISTOIRE (MUZEUL DE ISTORIE SI ETNOGRAFIE)**
Raconte l'histoire et le folklore de la région à travers des pièces archéologiques et une collection de costumes et d'objets artisanaux.

Dans les environs

■ **MUSÉE DU JUDEȚ DE VRANCEA À PETREȘTI**
Petrești
Ouvert de 9h à 17h. Droit d'entrée modique (s'il y a quelqu'un au guichet).
Un petit musée du village au milieu d'une forêt, au nord de Focșani et près d'un ancien complexe touristique typiquement communiste. Bien moins prestigieux que ses semblables de Bucarest et de Sibiu, mais intéressant pour connaître l'architecture locale.
Sur la route bordée de jolies maisons qui y mène, vous remarquerez peut-être un ancien cimetière juif abandonné, envahi d'herbes folles. Même son porche, avec des écritures en hébreu, est pratiquement caché.

ODOBEȘTI

Ce village de 8 900 habitants est au cœur d'un vignoble réputé. On y trouve la Cave princière (Beciul Domnesc), datant de l'époque de Ștefan cel Mare, et un cercle viticole où, comme dans d'autres caves, vous aurez l'occasion de déguster la production locale.

MĂRĂȘEȘTI

Sur la ligne ferroviaire entre Bucarest et Suceava ou sur la route de Bacău, vous ne manquerez pas d'apercevoir l'impressionnant mausolée aux héros de la Première Guerre mondiale. En 1917 eut lieu ici une sanglante bataille entre les armées roumaine et allemande.
Les ossements de près de 6 000 soldats sont déposés dans le mausolée. Vous pouvez vous contenter de l'extérieur. Sinon, la visite du petit musée est possible tous les jours de 9 à 17 heures, sauf le lundi.
Le musée est agencé intelligemment et, pour ceux qui ne s'intéressent pas à l'histoire, la conception de l'intérieur de l'édifice mérite à elle seule la visite.

MONTAGNES DE VRANCEA

Transports

Bus locaux et transports privés. Bus lents et routes parfois difficiles. Mais paysages superbes. Si vous avez réservé dans une pension, on vous proposera peut-être de venir vous chercher à Focșani, Vidra ou ailleurs. Penser à demander le prix auparavant.

Se loger

Vous n'aurez que l'embarras du choix. Le tourisme rural est bien développé à Lepșa, Vidra, Vizantea et Tulnici entre autres. La plupart du temps, on peut venir vous chercher à Focșani ou ailleurs, mais le transport peut être assez cher, renseignez-vous bien auparavant. Pour vous rapprocher au maximum de la région, il existe des cars très lents qui relient Focșani à Vidra. Attention, il y a de tout ici. Le tourisme rural est devenu un vaste business. Dans le village de Vizantea on vous recommande la pension Frenta et à Tulnici, les pensions Lina, Piatra Ciutei ou Casa Tisaru (✆ +40 237 266 887 et www.casatisaru.ro).

■ **ANTREC**
✆ +40 237 673 049
✆ +40 722 491 665
www.antrec.ro
vrancea@antrec.ro

À voir – À faire

MONASTÈRE DE LEPȘA

LEPSA

Monastère en bois sur la route de Soveja. Joli et fleuri en été, il offre une belle vue. Possibilité d'y louer des chambres en été. La route entre Lepșa et Soveja peut être mauvaise par endroits, mais on traverse de beaux paysages sylvestres. Chaque village a sa petite usine de bois, industrie principale de la région.

VALLÉE DE LA PUTNA

Belle vallée où la rivière est entourée de douces montagnes couvertes de forêts. Pensions et campings abondent autour de Lepșa (grâce à des fortunes venues d'Italie) ainsi que des somptueuses et gigantesques villas en bois coloré. Possibilité de visiter un petit élevage de truites et d'en acheter (si vous ne voulez pas les pêcher dans la rivière) pour les faire préparer dans votre pension.

VILLAGE DE TULNICI

TULNICI

Un joli village de 5 800 habitants réputé pour ses maisons traditionnelles bien conservées. Si l'on vous donne l'occasion de pénétrer à l'intérieur, n'hésitez pas.

VILLAGE DE VIZANTEA

VIZANTEA

Jumelé avec Épinay-sur-Orge, c'est un petit village catholique de 4 200 habitants tout en longueur où se trouve un monastère. Les maisons traditionnelles, à deux pièces, sont encore en bois et, quand elles ne le sont plus, le toit l'est encore.
Chacune est entourée d'un jardin fleuri et de palissades. Le puits, souvent couvert, est à l'extérieur, au bord de la route, où les animaux vont librement : oies, chiens et dindons surtout. Collines couvertes de forêts, rivières, cueillette de fruits, vie rurale : voilà ce qui vous y attend.

GALAȚI

La ville (249 000 habitants) est située à la confluence du Danube, du Siret et du Prut, à l'extrême sud de la Moldavie. Galați est la capitale roumaine de l'industrie métallurgique (le club de football s'appelle même Oțelul Galați, ou « l'Acier de Galați ») et de la construction navale. Ce qui lui a valu des bombardements intensifs pendant la Seconde Guerre mondiale. Galați, au bord du Danube, entouré de marais, est un port de première importance. Pas besoin de préciser que la ville ne déborde pas de sites touristiques majeurs. Néanmoins, dans le petit centre-ville, qui contraste vivement avec les vastes banlieues de *blocuri*, les immeubles bétonnés, vous trouverez quelques lieux intéressants.

Transports

Train

La gare est juste au nord-est du centre-ville, Strada Gării. Trains vers Bucarest (5 par jour, 4 à 6 heures de trajet), Brăila, Constanța (2 par jour, 5 heures de trajet), Iași (1 par jour, 4 heures 15 de trajet), Suceava (2 par jour, 8 à 9 heures de trajet), Brașov (1 par jour, 5 heures de trajet), Târgu Mureș (1 par jour, 9 heures de trajet). En allant à Mărășești (5 par jour, 2 heures 30 de trajet), on peut attraper les trains de la ligne Bucarest-Buzău-Focșani-Bacău-Roman-Suceava.

Bus et maxitaxis

Gare routière tout à côté de la gare ferroviaire. Bus vers Iași (1 par jour), Focșani (2 par jour). Nombreux maxitaxis (une douzaine) vers Bucarest, notamment vers la gare routière Autogara IDM Basarab (près de la gare du Nord de Bucarest). Maxitaxis et bus vers Tulcea (voir « Ferry »). Nombreux maxitaxis vers Brăila, à prendre au sud de la ville.

Ferry

De Galați, on peut prendre des ferries (passagers et voitures) qui font la traversée en 15 minutes, à I. C. Brătianu, où des bus ou maxitaxis vers Tulcea vous attendent. À Galați, le débarcadère se trouve à 3 kilomètres du centre et on peut s'y rendre en taxi (demandez *centrul* pour « le centre » et *debarcaderul* pour… « le débarcadère »).

AGENCE CFR

Strada Brăilei, 1

✆ +40 236 472 420

Pratique

AGENCE GALTOUR

Strada Nicolae Bălcescu, 1

✆ +40 236 460 704 – www.galtour.ro

Ouvert en semaine de 10h à 18h et le samedi de 9h à 13h.

Idéal pour recueillir des informations sur la ville et les alentours. Visite guidée de Galați et excursions dans le delta (cette agence appartient à l'hôtel Dunărea).

Se loger

■ HÔTEL DUNĂREA

Strada Brăilei, 101
✆ +40 236 418 041
www.hoteldanubestars.ro
hoteldunarea@galtour.ro
Chambre double à partir de 40 €.
Un hôtel de 81 chambres correctes mais pas très gaies. Seul atout : sa situation centrale. L'hôtel dispose également d'un restaurant.

■ HÔTEL-RESTAURANT GALAȚI

Strada Domnească, 12
✆ +40 236 460 040
www.hotelgalaticentrum.ro
Chambre double à 57 € en semaine et 52 € le samedi et le dimanche. Petit déjeuner inclus.
Une autre grande tour bétonnée qui a l'avantage d'avoir été parfaitement rénovée dans un style assez luxueux. Les chambres sont propres, vastes et confortables. Autre atout, l'hébergement offre trois différents restaurants pour satisfaire toutes les humeurs et envies.

■ HÔTEL SPORT

Strada Cuza, 76
✆ +40 236 412 340 / +40 236 414 098
Le long d'une rue parallèle à Strada Domnească et tout près de la gare.
Chambres doubles à 33,50 € avec petit déjeuner.
Le moins cher et pas le plus luxueux. Accueille fréquemment des groupes sportifs. Basique mais correct et bon marché.

■ HOTEL VEGA

Bulevardul Marii Uniri, 107
✆ +40 236 306 080
www.vegahotel.ro
office@vegahotel.ro
Chambre double à 88 € avec petit déjeuner.
Une tour de verre prétentieuse et toute neuve, prisée des hommes d'affaires. Impersonnel mais très confortable avec de nombreuses facilités.

À voir – À faire

Le centre-ville, petit mais animé, est constitué par Strada Domnească. Dans sa partie haute, par Strada Eroilor, on rejoindra le vaste marché central (Piața Centrală). Plus au sud, elle rencontre le parc Eminescu, entouré notamment de l'université. À l'endroit où elle croise le boulevard Brăilei (principal axe commercial), elle devient une agréable rue piétonne et part à la rencontre du Danube et de la jolie église Precista.

■ ÉGLISE PRECISTA

Le monument le plus remarquable de la ville, proche du Danube (au bout de Strada Domnească), construite en 1647 sous le règne de Vasile Lupu, prince de Moldavie. Son style massif et ses toits multiples forment un bel ensemble. Vous y verrez de belles icônes. Enfin, on ne peut s'empêcher de s'attarder devant les impressionnants paysages industriels (Complex Sidex) et portuaires.

■ MUSÉE D'ART CONTEMPORAIN (MUZEUL DE ARTĂ CONTEMPORANĂ)

Strada Domnească
Mérite également une petite visite, tout comme la grande cathédrale orthodoxe Sfântul Nicolae, de 1917.

■ MUSÉE D'HISTOIRE

Strada Domnească ✆ +40 236 460 797
Ouvert tous les jours, sauf le lundi, de 9h à 17h.
Divers vestiges, objets préhistoriques ou antiques, mis au jour dans la région. Classique mais agréable à visiter.

■ MUSÉE D'HISTOIRE NATURELLE

Strada Domnească, 91
Ouvert tous les jours, sauf le lundi, de 9h à 17h.
Idéal pour découvrir la faune (certes figée) des marais et du Danube, si vous n'avez pas le temps d'aller dans le delta.

Moldavie du Nord

C'est une partie de la Moldavie moins connue des touristes, où vous pouvez découvrir un des vignobles les plus réputés du pays, celui de Cotnari. Les passionnés de musique classique auront l'occasion de visiter la maison natale du compositeur George Enescu, dans le village qui porte aujourd'hui son nom. Le palais de Ruginoasa et le centre-ville de Iași, avec ses nombreux points d'intérêt, valent aussi le détour.

BOTOȘANI

La ville de Botoșani (106 000 habitants) est mentionnée pour la première fois en 1439 dans la *Chronique de la région moldave* de Grigore Ureche. La ville, dans la plaine à l'extrême nord-est de la Moldavie et du pays, est le chef-lieu du département du même nom. Disons-le tout de suite, la ville de Botoșani, au cœur d'une zone assez défavorisée, est complètement en dehors des circuits touristiques. Le centre-ville conserve cependant de belles maisons des XVIIe et XVIIIe siècles. On y trouvera aussi quelques bâtiments à l'architecture intéressante : théâtre, Casa Silion et Casa Bolfosu. C'est aussi une ville où la culture garde une place importante car de nombreuses personnalités des arts et des lettres roumains (Eminescu, Enescu, Iorga…) y sont nées. Grâce également à des manifestations comme celle du théâtre de Marionnettes (un festival du genre y a lieu) ou de la Philharmonie.

Transports

La gare routière se trouve Strada Gării, 2, près de la gare ferroviaire. Bus vers Suceava, Dorohoi et Iași. Trains (moins pratiques) vers Suceava.

AGENCE CFR
Calea Națională, 145 ✆ +40 231 517 521

AGENCE TAROM
Piața Revoluției, 13 ✆ +40 231 518 222
www.tarom.ro – srado@tarom.ro

Pratique

BUREAU DE POSTE
Strada Poștei, 5

Se loger

HOTEL BEST WESTERN RAPSODIA****
Strada Cuza Vodă, 4 ✆ +40 231 511 911
www.hotelrapsodia.ro
reservation@hotelrapsodia.ro
Chambre simple 55 € à 70 €, double 65 € à 85 €. Compter 5 € en plus pour le petit déjeuner.
Le plus grand (150 chambres) des hôtels de la ville. Construit en 1970, dans le style des hôtels communistes, il a été rénové en 2009 et accueille aujourd'hui les touristes avec des chambres modernes et bien équipées.

HOTEL MARIA
Strada Unirii, 16 ✆ +40 231 514 334
www.maria-hotel.ro
office@maria-hotel.ro
Chambres doubles de 42 € à 62 € avec petit déjeuner.
Les chambres sont impeccables et aménagées avec goût. L'hôtel offre en outre une piscine pour ses clients, diverses salles de conférence ainsi qu'un agréable restaurant avec une belle terrasse extérieure.

HÔTEL TINERET
Bulevardul Mihai Eminescu, 48
✆ +40 231 584 108
Autour de 35 € la chambre double.
Confort très sommaire pour ce lieu qui accueille équipes sportives et groupes scolaires en visite. Mais vous ne trouverez pas moins cher.

À voir – À faire

ÉGLISE ARMÉNIENNE DE LA SAINTE-TRINITÉ (BISERICA ARMEANO-GREGORIANĂ SFÂNTA TREIME)
Une jolie église construite au XVIe siècle et remaniée en 1797 et 1832.

ÉGLISE SAINT-NICOLAS (BISERICA SFÂNTUL NICOLAE)
Elle fut construite en 1496 par Ștefan cel Mare. Les peintures intérieures, pour la plupart d'origine, sont d'une grande valeur artistique. Les décorations de la façade sont remarquables.

ÉGLISE USPENIA

Construite un an après l'église voïévodale par la même Elena, elle est aussi réputée pour ses peintures et ses sculptures. Pour ceux qui viennent à Botoșani pour suivre les traces de Mihai Eminescu, signalons que celui-ci fut baptisé dans cette église le 15 janvier 1850.

ÉGLISE VOÏÉVODALE (BISERICA DOMNEASCĂ)

Cette église de pierre date de 1551. Son édification fut décidée par Elena, épouse du voïévode Petru Rareș.

MAISON DE NICOLAE IORGA

C'est la maison où naquit et grandit le grand historien. Vous y trouverez des livres, des manuscrits et des photographies du savant.

MUSÉE DU JUDEȚ DE BOTOȘANI (MUZEUL JUDEȚEAN)

Les deux sections les plus intéressantes (en deux endroits différents) concernent l'histoire de la région, du paléolithique à nos jours, et l'ethnographie, pour découvrir le folklore et l'artisanat de cette partie de la Modavie.

IPOTEȘTI

C'est dans ce village de 4 500 habitants, à 10 kilomètres à l'ouest de Botoșani, qu'est né le grand poète Mihai Eminescu (1850-1889). On peut visiter sa maison et voir de nombreux objets qui lui ont appartenu. La campagne tout autour du village est magnifique.

LIVENI

Dans ce village de 850 habitants, vous trouverez la maison natale du grand compositeur, pianiste et violoniste George Enescu (1881-1955). Elle abrite un petit musée en son honneur.

FLĂMÂNZI

Ce village de 10 100 habitants a pour principal intérêt d'abriter le musée de la Révolte paysanne de 1907.

MUSÉE DE LA RÉVOLTE PAYSANNE DE 1907 (MUZEUL RĂSCOALEI ȚĂRĂNEȘTI DIN 1907)

C'est dans ce village qu'en 1907 eurent lieu les premières insurrections contre la domination des propriétaires terriens. La révolte s'étendit ensuite à tout le pays (des monuments le rappellent dans de nombreux villages et, à Bucarest, une gigantesque statue dans le quartier d'Obor, détruite en 2004). Un petit musée est consacré à ces événements.

IAȘI

290 000 habitants. S'étalant sur sept collines, Iași (prononcez « Iache ») est la capitale de la Moldavie. Si les étrangers l'ignorent souvent au profit de Suceava (plus proche des monastères), Iași jouit en revanche d'un grand prestige auprès des Roumains. La ville est riche de nombreux monuments d'architecture médiévale, d'églises, de bâtiments historiques. La tradition culturelle dont elle est imprégnée (les monuments à Mihai Eminescu sont omniprésents) lui confère un charme supplémentaire. Ainsi, l'ensemble monumental constitué par le palais de la Culture, l'église Saint-Nicolas et Casa Dosoftei est remarquable. Iași, qui fut quelques années la capitale du pays, est aujourd'hui une ville universitaire dynamique, où il fait bon flâner à la belle saison le long des boulevards bordés d'arbres. Ils vous mèneront de musées en églises, de monastères en parcs. Dans le parc Copou justement, vous pourrez assister, début juillet, à une grande foire de céramique avec des artisans venus de tout le pays. Le 14 octobre, chaque année, la ville accueille des milliers de pèlerins qui viennent rendre hommage à sainte Parascève. À l'occasion de ces *Sărbătorile Iașului*, la ville se remplit d'une foule impressionnante et déborde d'animation.

Histoire

La ville de Iași, dont le nom apparaît pour la première fois en 1387, devient la capitale de la Moldavie en 1564 et le restera jusqu'en 1859. Pendant cette période, elle subit un nombre impressionnant d'invasions et de catastrophes : incursions tatares et turques, attaques des troupes polonaises, peste de 1734, grands incendies dévastateurs (1776, 1822, 1827, 1838…). Iași devient la capitale de la Roumanie de 1859 à 1862, lorsque Moldavie et Valachie s'unissent. La ville est aujourd'hui le centre économique, culturel et politique de la Moldavie. Son université, les grands hommes politiques, les artistes et penseurs qui ont écrit son histoire (*voir encadré*) et celle du pays en ont fait une place forte de la culture et de la spiritualité roumaines.

Transports

▶ **Train.** La gare principale est à l'ouest du centre-ville, à environ 400 mètres de Piața Unirii. Tramway n° 3 pour gagner le centre. À pied, prendre Strada Gării face à la gare et tourner à droite dans Strada Arcu, cela vous amène Piața Unirii. Les départs internationaux se font aussi depuis cette gare. Le corps central du bâtiment de la gare, contruit en 1870, a été inspiré par le palais des Doges à Venise. Ce bel édifice fait partie des monuments historiques de la ville de Iași. Trains grandes lignes : pour Brașov (1 par jour, 7 heures 30 de trajet), Timișoara (3 par jour, 16 heures 30 de trajet), Cluj (4 par jour, 9 heures de trajet), Oradea et Constanța (1 par jour, 7 heures 30 de trajet). Pour Bucarest : 5 trains quotidiens et environ 6 à 7 heures de trajet.

Trains vers la Moldavie : trains pour Suceava (5 par jour, 1 heure 30 à 3 heures de trajet), Galați, Botoșani, Târgu Neamț ou Roman.

Trains internationaux : vers Chișinău (1 par jour, 6 heures de trajet) et Moscou (*via* Kiev, avec correspondance à Suceava ou Pașcani).

▶ **Bus et maxitaxis.** On trouvera des maxitaxis, pour toutes les villes et quelques villages des alentours, à la sortie de la gare ferroviaire. Pour choisir son trajet et voir la compagnie qui l'assure, se renseigner sur www.autogari.ro.

Il y a deux gares routières importantes : l'une se trouve juste devant la gare et l'autre est à 1 kilomètre un peu plus au nord, au bout de Strada Arcu. Tram n° 7 pour rejoindre le centre.

Bus locaux : Suceava (nombreux maxitaxis), Botoșani, Vatra Dornei (1 par jour), Vaslui, Târgu Neamț (3 par jour), Gura Humorului (1 par jour), Rădăuți (1 par jour), Câmpulung Moldovenesc (1 par jour), Roman, etc.

Bus grandes lignes : Piatra Neamț (2 par jour), Bacău (3 par jour), Galați (1 par jour), Tulcea (1 par jour), Brașov (1 par jour), Bucarest.

■ AÉROPORT

Strada Aeroport

✆ +40 232 271 590

www.aeroport.ro

info@aeroport.ro

L'aéroport de Iași se trouve à 8 kilomètres à l'est du centre-ville, auquel il est relié par taxi. Le trajet en taxi coûte environ 0,40 €/km. Maximum 4 € le trajet.

■ **AGENCE CFR**
Piața Unirii, 10
✆ +40 232 242 620
Ouvert en semaine de 8h à 20h.
Pour acheter les billets de train à l'avance.

■ **AUTONOM**
Strada Ștefan cel Mare, 8
✆ +40 232 220 504
www.autonom.ro – office@autonom.ro
Enseigne présente également à l'aéroport. Ouvert du lundi au vendredi de 9h à 18h, le samedi de 9h à 13h.
Compter à partir de 28 € par jour pour une location de 1 à 3 jours, en catégorie A (Daewoo Matiz).

■ **CARPATAIR**
Strada Cuza Vodă, 2 ✆ +40 232 215 295
www.carpatair.com
reservations@carpatair.com
Vols vers Timișoara, avec correspondances vers d'autres villes roumaines, l'Allemagne, l'Italie.

■ **RENT A CAR IAȘI**
Strada Sărărie, 38
✆ +40 332 402 282
www.rentacariasi.com
office@romaniancarhire.com
Compter à partir de 27 € par jour pour une location de 1 à 3 jours d'un Fiat Punto. Toutes les voitures disposent de GPS.

■ **TAROM**
Strada Arcu, 3/5
✆ +40 232 217 027
www.tarom.ro
flyingblue@tarom.ro
Non loin de Piața Unirii. Vols vers Bucarest.

Pratique

Tourisme – Culture

■ **ANTREC-AGENCE MERIDIAN TURISM**
Strada Cuza Vodă, 4
✆ +40 232 211 060 / +40 721 223 710
www.antrec.ro
iasi@antrec.ro
Agence de voyages qui fait office de bureau Antrec pour le département. Hébergement en pensions, excursions à Cotnari et autres.

■ **ICAR TOURS**
Bulevardul Ștefan cel Mare, 8
✆ +40 232 216 319
www.icar.ro – constanta@icar.ro
Bien pour la location de voitures, avec ou sans chauffeur.

■ **MERIDIAN TURISM – ANTREC**
Strada Cuza Vodă, 4
✆ +40 232 211 060
✆ +40 721 223 710
✆ +40 232 216 227
www.antrec.ro
iasi@antrec.ro
Agence de tourisme qui fait office de bureau Antrec pour le département. Hébergement en pensions, excursions à Cotnari et autres.

■ **OFFICE DE TOURISME**
Piața Unirii, 12
✆ +40 232 261 990
www.turism-iasi.ro
turism.iasi@gmail.com
Ouvert de 9h à 17h en semaine et de 10h à 13h le samedi. Fermé le dimanche.
Vous trouverez des informations très complètes sur le site de l'office de tourisme qui a aussi une version en français.

Moyens de communication

■ **INTERNET**
Wifi en accès libre dans le parc du théâtre national et dans un grand nombre de cafés et de terrasses.

■ **POSTE**
Strada Cuza Vodă, 3
Tous les jours de 8h à 20h.

Santé – Urgences

■ **HÔPITAL D'URGENCE SFÂNTUL SPIRIDON**
Strada General Henri Mathias Berthelot, 2
✆ +40 232 216 586

■ **PHARMACIE OUVERTE 24 HEURES SUR 24**
Piața Unirii, 6

Se loger

Les possibilités d'hébergement à Iași se sont améliorées depuis quelques années mais les possibilités restent limitées et relativement chères. Pour des chambres chez l'habitant ou dans des pensions dans les villages alentour, adressez-vous à Antrec (*voir « Tourisme » dans « Pratique »*). En été, on peut aussi essayer de trouver une chambre d'étudiant sur le campus.

Bien et pas cher

CAMPING ENPI DOROBANȚI

✆ +40 744 995 493
campingenpi.ro – enpi_iasi@yahoo.com
Location de bungalows possible.
Le camping est situé à environ 5 kilomètres de Iași dans la localité de Dorobanți, au bord du lac du même nom. Le cadre est agréable et offre des prestations complètes comme un stade de sport et des petits bungalows tout en bois très agréables.

HÔTEL CONTINENTAL

Strada Cuza Vodă, 4
✆ +40 232 211 846 / +40 232 267 744
continental-iasi.ro
Chambre simple 25 €, double 30 à 40 €. Chambres avec ou sans salle de bains privée.
Très bien placé à deux pas de Piața Unirii, cet établissement reste une bonne option et, fait rare, bien campé dans un bâtiment historique. Mais préférez les chambres rénovées et qui ne donnent pas directement sur la rue un peu bruyante.

HÔTEL SPORT

Strada Sfântul Lazăr, 76
✆ +40 232 232 800
Chambres doubles bon marché (30 €).
Bien placé, à côté de la salle de sport derrière le palais de la Culture. Destiné surtout à accueillir les groupes de sportifs, il propose des chambres basiques loin d'être impeccables ; à vous de voir.

PENSION CRISTIAN

Strada Cetățuia, 14 A ✆ +40 232 242 363
www.pensiunea-cristian.ro
pensiunea_cristian@yahoo.com
Chambre double à partir de 35 € sans petit déjeuner.
C'est l'option la plus confortable pour les petits budgets. On peut réserver en téléphonant ou *via* Antrec. 5 chambres dans une grande maison. Malheureusement, la pension est bien loin du centre, au sud de la ville et pas encore en pleine nature.

Confort ou charme

HOTEL ASTORIA***

Strada Alexandru Lăpușneanu, 1
✆ +40 232 233 888
www.hotelastoria.ro
reservation@hotelastoria.ro
Chambre simple 45 €, double 55 €, suite 65 €.
Un sympathique établissement de 55 chambres, bien équipées et chaleureuses. Tout à côté de la place centrale. La décoration n'est pas toujours du meilleur goût mais l'endroit reste une bonne adresse.

HOTEL UNIREA***

Piața Unirii, 5
✆ +40 232 205 000
www.hotelunirea.ro
rezervari@hotelunirea.ro
Chambres doubles à 55 €.
Hébergement on ne peut plus central dans un bâtiment peu élégant (tour de béton). Les chambres très bien refaites offrent un niveau de confort 3 étoiles. Le restaurant panoramique situé au 13e étage offre une jolie vue sur la ville.

Luxe

GRAND HOTEL TRAIAN

Piața Unirii, 1 ✆ +40 232 266 666
www.grandhoteltraian.ro
reservation@grandhoteltraian.ro
Chambre double 85 €.
Érigé en 1882 par Gustave Eiffel, cet élégant édifice est classé monument historique. Situé en place centrale, cela change des tours de béton habituelles. Les chambres sont magnifiques dans une ambiance Belle Époque. Sans conteste, l'hôtel le plus luxueux de la ville.

HOTEL EUROPA

Strada Anastasie Panu, 26
✆ +40 232 242 000
www.hoteleuropa.ro
contact@hoteleuropa.ro
Chambre simple 62 €, double 74 €, appartement 97 €.
Iași a désormais son hôtel de luxe, inauguré le 10 juillet 2001. Il s'agit d'une tour de verre prétentieuse située tout près du palais de la Culture. Jolie vue des étages supérieurs. Nombreux équipements et confort unique à Iași. Mais des chambres et un décor très impersonnels, attendus, typiques des hôtels d'affaires classiques.

Se restaurer

Bien et pas cher

CASA POGOR

Strada Vasile Pogor, 4
Superbe terrasse en été et belle salle intérieure. Le choix en plats est varié. Une bonne cuisine locale dans un lieu historique.

HANUL TREI SARMALE
Șoseaua Bucium, 50
✆ +40 232 237 255
Cette petite maison-auberge vous propose des mets et vins moldaves. Une bonne adresse un peu touristico-folklo, mais où l'on mange bien. Appréciée des groupes.

RIMINI
Strada Cuza Vodă, 50
On peut manger ici sur le pouce en prenant des *mititei* (rouleaux de viande grillée traditionnels).

Bonnes tables

BARROCO RESTAURANT
Piața 14 Decembrie 1989, 2
✆ +40 232 216 440
www.selectgrup.ro/restaurant
Le restaurant de l'hôtel Select est agréable et idéalement situé en face de l'hôtel Continental. Le décor est assez luxueux et se prête davantage à un dîner aux chandelles ou à un repas d'affaires qu'un encas détendu. Le menu sert de belles spécialités internationales à des prix bien supérieurs à la moyenne.

CASA BOLTA RECE
Strada Rece, 10
✆ +40 232 212 255
www.casaboltarece.ro
office@casaboltarece.ro
Cuisine traditionnelle moldave et roumaine. Location centrale. Un bonne adresse et cela depuis de nombreuses années.

RESTAURANT EXPO
Parcul Expoziției
Bulevardul Carol I
✆ +40 232 262 052
www.expo.com.ro
restaurant_expo@yahoo.com
Avec sa superbe terrasse d'été dans le parc des Expositions, Expo sert une cuisine roumaine et internationale. Que ce soit pour une réunion d'affaires, un dîner romantique ou tout simplement pour déjeuner ou pour dîner, le menu très varié saura satisfaire tous les goûts.

Sortir

CENTRE CULTUREL FRANÇAIS
Bulevardul Carol I, 26
✆ +40 232 267 637
www.ccfiasi.ro
equipe@ccfiasi.ro
Un des centres culturels les plus dynamiques du pays. Médiathèque bien fournie, CD, DVD, journaux et de nombreuses manifestations (théâtre, cinéma, musique).

Cafés – Bars

ARTE CAFE
Strada Mihail Kogălniceanu, 11
www.artecafe.ro
Ouvert de 9h à 23h30.
Un bar bien agréable dans une salle voûtée décorée avec soin. Ouvert depuis 2005, l'ambiance mêle mobilier rustique et atmosphère intellectuelle. Vous y trouverez la jeunesse de la ville. Idéal pour boire un verre tout en appréciant les expositions couramment présentées.

CORSO
Strada Alexandru Lăpușneanu, 11
www.corsoterasa.ro
Ouvert tous les jours de 10h à minuit 30.
Un lieu bien vivant à la fois café et restaurant, qui se transforme rapidement, le soir venu, en club branché. Ambiance jeune. Musique électro-house de qualité.

DISCOTECA ROȘU ȘI NEGRU
Complex Tudor Vladimirescu
✆ +40 232477 903
La discothèque attitrée des étudiants de la ville. L'ambiance y est résolument jeune et festive.

QUINTA CAFE
Strada Sfântu Sava, 10
✆ +40 232 268 447
Ouvert jusqu'à minuit en semaine, 5 heures le week-end. Une entrée d'environ 3 € peut être demandée pour des soirées spéciales.
Un bar dans une salle exiguë mais fort conviviale, décoré de boiseries avec antiquités et larges sofas. Ambiance jeune, bien sympathique et très *lounge*.

Spectacles

CINEMA CITY IASI
Bulevardul Tudor Vladimirescu, 2
Le cinéma le plus moderne de la ville, qui se trouve dans le centre commercial Mall.

FILARMONICA
Strada Cuza Vodă, 29
www.filarmonicais.ro
secretary@filarmonicais.ro
Des concerts de qualité appréciés et reconnus à des tarifs accessibles. Novices ou amateurs, vous auriez tort de vous en priver.

À voir – À faire

Il faudrait deux jours pour visiter cette ville aux innombrables musées. Renseignez-vous bien avant une éventuelle visite, la ville subissant d'important travaux de rénovation avec de nombreuses fermetures de musées prévues. Piața Unirii est le centre de la ville et un bon point de départ pour vos visites. Strada Alexandru Lăpușneanu puis Bulevardul Carol I vous mèneront vers le parc du même nom et le quartier de l'université, au nord. Au sud de la place, Bulevardul Ștefan cel Mare et ses alentours concentrent un grand nombre de monuments et vous conduisent vers l'immense palais de la Culture, emblématique de la ville.

Autour de Piața Unirii

Sur cette place, dont le nom commémore l'union de la Moldavie avec la Valachie, se dresse la statue de celui qui fut à l'origine de ladite union : le prince Alexandru Ioan Cuza (1820-1873). La statue est l'œuvre du sculpteur Romanelli, qui l'a réalisée en 1906. Grands hôtels et cinémas sont nombreux dans le quartier.

À l'est de Piața Unirii

La rue Cuza Vodă, à l'est de la place, conduit vers un quartier aux nombreux points d'intérêt. Au nord de la place se trouve Bulevardul Independenței, avec sa Casa Ghica, construite en 1820 et qui abrita la première université du pays, ouverte en 1860. Le boulevard vous mène vers un quartier riche en monastères.

Au sud de la ville

Dans le quartier de la gare Nicolina, une zone grise et poussiéreuse que l'on atteint en bus n° 9 (ou à pied évidemment), on pourra visiter trois jolis monastères.

Quartiers de Țicău, de l'université et du parc Copou

En venant de Piața Unirii par Strada Alexandru Lăpușneanu, vous arriverez tout d'abord à la place Mihai Eminescu. Au centre de cette place entourée de bibliothèques (dont l'une porte le nom d'Eminescu, qui en fut le directeur) se dresse la statue du poète. Non loin, un ensemble de statues (Grupul Statuar Voievozii) représente les différents princes de Moldavie, de Dragoș (1353) à Dimitrie Cantemir (1693).

■ CASA DOSOFTEI ET MUSÉE DE LA LITTÉRATURE MOLDAVE

Édifiée en 1677, cette maison abritait les imprimeries de la métropole orthodoxe toute proche. Elle ne passe pas inaperçue avec ses arcades. Depuis 1970, elle abrite le musée de la Littérature moldave (ouvert du mardi au dimanche de 9 à 17 heures) : Bible de Bucarest de 1688, manuscrits, documents…

■ CASA POGOR

Strada Vasile Pogor, 4

Dans cette maison, un peu avant l'université, vous trouverez un musée de Littérature inauguré en 1972. La maison appartenait à Vasile Pogor (1833-1906), fondateur de la société littéraire Junimea.

Dans cette maison se réunissaient Alecsandri, Caragiale, Rosetti (à l'origine du nom de la société, qui signifie à peu près « la Jeunesse »), Creangă ou Eminescu, soit quelques-uns des plus grands écrivains et poètes roumains. La maison abrite également une grande et superbe cave. La création de cette société en 1863, la présence de ces écrivains ainsi que la publication tout au long du XIXe siècle de nombreux journaux littéraires montrent à quel point Iași était au centre de la vie culturelle roumaine de la fin du XIXe siècle et du début du XXe.

Le pogrom de Iași

Dans sa quête de reconnaissance internationale, la Roumanie est amenée à se pencher sur son passé, sur ses erreurs, sur ses problèmes. Ainsi, quelques voix s'élèvent pour pousser les autorités et l'opinion publique à reconnaître la participation du pays à la Shoah. Cette triste période est peu évoquée dans les manuels scolaires locaux et on s'efforce d'oublier à tout prix les événements, en flirtant avec le négationnisme. Pendant les premières années de la Seconde Guerre mondiale, la Roumanie est dirigée par le général (puis maréchal) Antonescu, allié d'Hitler. Plusieurs pogroms ont lieu pendant son gouvernement et le plus meurtrier sera commis à Iași. Les 28 et 29 juin 1941, la Garde de Fer et la population locale bien endoctrinée massacrent 13 600 Juifs, détruisent leurs maisons et détroussent les cadavres. En septembre 2004, le ministre de la Culture a déclaré : « La Roumanie a pris part à la Shoah et nous devons affronter l'histoire. »

■ CATHÉDRALE MÉTROPOLITAINE (MITROPOLIA MOLDOVEI)

En raison de sa taille et de son rayonnement, elle est surnommée « la mère des églises de Moldavie ». Cet édifice imposant (le plus grand édifice religieux orthodoxe du pays, pour le moment du moins) fut construit en deux étapes, entre 1839 et 1886, dans un style baroque et néoclassique. La cathédrale domine cette partie de la ville avec ses quatre tours et sa façade à colonnes. Ses peintures intérieures, signées de Tattarescu (1887), lui confèrent une curieuse ambiance.

■ ÉGLISE ARMÉNIENNE (BISERICA ARMENEASCĂ SFÂNTA NĂSCĂTOARE)

Strada Armeană

La plus ancienne église de la ville, dont l'aspect actuel est essentiellement dû à une rénovation de 1803.

■ ÉGLISE DES QUARANTE MARTYRS

Face à l'université, dans Strada General Henri Mathias Berthelot (du nom d'un général français), se trouve l'église des Quarante Martyrs (Patruzeci de Mucenici), datant de 1760 et où Ion Creangă fut diacre.

■ ÉGLISE DES TROIS HIÉRARQUES (BISERICA TREI IERARHI)

Les trois hiérarques (prélats) en question désignent saint Basile le Grand, saint Jean Chrysostome et saint Grégoire de Nazianze, docteurs de l'Église.

Il paraît que cette église est unique dans le pays. Elle ne manquera pas d'éveiller votre curiosité par son architecture, ses couleurs, ses détails géométriques et ses riches ornements. Admirez surtout la qualité des motifs des murs extérieurs, les sculptures finement ciselées et jadis couvertes d'or. Elle fut construite entre 1637 et 1649 par Vasile Lupu, prince de Moldavie. Endommagée par les Tatars et les tremblements de terre, elle a subi de nombreuses rénovations au cours des siècles, dont celles effectuées par le spécialiste en la matière, l'architecte français Lecomte du Nouÿ (qui a rénové de nombreux édifices religieux dans le pays) et les dernières en date, de 1993. À l'intérieur, vous verrez les tombes des princes Vasile Lupu, Dimitrie Cantemir (1673-1723) et Alexandru Ion Cuza (1820-1873).

■ ÉGLISE PRINCIÈRE SAINT-NICOLAS (BISERICA SFÂNTUL NICOLAE DOMNESC)

Édifiée par Ștefan cel Mare en 1492, c'est le seul vestige de la Cour princière, même s'il ne reste pas grand-chose de l'originale. Elle fut démolie et reconstruite à l'identique entre 1884 et 1904 par l'architecte français André Lecomte du Nouÿ.

■ GRANDE SYNAGOGUE

En face du monastère Golia

Elle date de 1670 et a subi une grande restauration en 1970.

■ JARDIN BOTANIQUE (GRĂDINA BOTANICĂ)

Ce jardin, l'un des plus vieux (1856) et des plus grands (80 hectares) du pays, est divisé en 12 sections, parmi lesquelles la roseraie, le parc des orchidées, la zone de repos et de récréation, etc.

■ MAISON DE MIHAIL SADOVEANU

Aleea Mihail Sadoveanu, 12

Le célèbre prosateur (1880-1961) a vécu dans cette maison du XIXe siècle toute blanche entre 1918 et 1936.

■ MONASTÈRE BĂRBOI

Construit en 1841 sur le site d'un édifice du XVIIe siècle.

▸ **Non loin, on pourra se plonger dans l'animation du marché central,** un vaste édifice bruyant, élément du Centru Civic, un quartier administratif tout en béton, datant des années 1970.

■ MONASTÈRE CETĂȚUIA

Construit à l'époque du prince Gheorghe Duca (1668-1672), il constitue un témoignage architectural précieux car inchangé ou presque depuis son érection. L'église est entourée d'un grand mur d'enceinte (qui le protège des immeubles de béton) et comprend de nombreuses dépendances.

■ MONASTÈRE FRUMOASA

Il fut construit en 1586 puis reconstruit entre 1726 et 1733 par le prince Gheorghe Ghica II (maisons de moines, murs d'enceinte). L'église des Saints-Archanges-Michel-et-Gabriel a gardé ses jolies peintures d'origine.

■ MONASTÈRE GALATA

Entouré d'une enceinte presque ronde, il fut érigé entre 1579 et 1583 par le prince Petru Șchiopul (Pierre le Boiteux). Il réunit les styles architecturaux valaque, moldave et byzantin. Les fresques intérieures ont été détruites par un incendie en 1762. L'église a été rénovée entièrement au milieu du XIXe siècle.

MONASTÈRE GOLIA

Ce monastère, dont l'architecture allie les traditions moldaves et le style Renaissance aux décorations particulièrement riches, a été construit par Vasile Lupu entre 1650 et 1653. L'église et les fortifications forment un bel ensemble.

La première date du XVIIe siècle et ses fresques d'inspiration byzantine sont remarquables. Les secondes datent de 1668. Détruit par un incendie puis un tremblement de terre en 1735 et 1738, le monastère fut reconstruit en 1754. Il est tombé peu à peu en ruine et ce n'est qu'en 1947 que des travaux de restauration lui donnèrent son aspect actuel. L'imposante tour du monastère, haute de 30 mètres, offre un beau panorama de la ville et des environs. À l'entrée, un petit musée est dédié à l'écrivain Ion Creangă.

MUSÉE D'ART (MUZEUL DE ARTĂ)

Peintures et travaux graphiques roumains (Grigorescu, Pallady), italiens, français, flamands (Rubens), etc., répartis entre sections nationale et universelle.

MUSÉE DE L'UNION

Strada Alexandru Lăpușneanu

Ouvert du mardi au dimanche de 10h à 17h.

Le musée est situé dans un palais de 1806, de style Empire, où vécut le prince Alexandru Ion Cuza (1859-1862). Entre 1916 et 1918, le palais abrita le roi Ferdinand et la reine Marie, venus chercher refuge à Iași pendant la Première Guerre mondiale.

Le musée expose de nombreux objets ayant appartenu à Cuza et aux autres acteurs de l'union de la Moldavie avec la Valachie. Également des documents sur l'unité ethnique, linguistique et territoriale de la Roumanie.

MUSÉE D'HISTOIRE DE LA MOLDAVIE (MUZEUL DE ISTORIE A MOLDOVEI)

Présente l'histoire de la Moldavie, du paléolithique à nos jours, avec notamment de nombreux portraits des personnages historiques du pays.

MUSÉE ETHNOGRAPHIQUE DE LA MOLDAVIE

Activités et coutumes du peuple moldave à travers les âges. Tissus, poteries, mobilier, tapis et costumes folkloriques. L'outillage agricole (vin, pêche, culture ou chasse) est particulièrement riche et varié. Si vous êtes de passage à Iași et que n'avez malheureusement pas le temps de découvrir la Moldavie côté campagne, une visite de ce musée s'impose.

MUSÉE ION CREANGĂ

Strada Simion Bărnuțiu, 4

Dans le joli quartier de Țicău, où l'écrivain (1837-1889) vécut ses dernières années. Dans la maison, transformée en musée en 1918, vous trouverez des documents relatifs à sa vie et à son œuvre, et à son amitié avec Mihai Eminescu avec qui il partagea cette maison. Un autre musée lui est consacré dans la tour du monastère de Golia.

N'hésitez pas à parcourir les alentours, le joli quartier résidentiel de Țicău, avec ses arbres, ses pentes, ses vues et ses belles maisons anciennes.

MUSÉE POLYTECHNIQUE (MUZEUL POLITEHNIC)

Retrace les évolutions techniques dans plusieurs domaines (mécanique, énergie, son, télévision...).

PALAIS DE LA CULTURE (PALATUL CULTURII)

Piața Ștefan cel Mare și Sfânt, 1

www.palatulculturii.ro

En travaux pour une durée indéterminée.

On y est accueilli par la grande statue équestre du bâtisseur de monastères, Ștefan cel Mare. Imposant, cet énorme édifice est l'emblème de la ville, que vous trouverez représenté sur toutes les cartes postales. Avec sa tour-horloge, sa façade lisse et ses innombrables fenêtres bien dessinées, on dirait une maquette géante posée en pleine ville. Il fut construit entre 1906 et 1925, dans un style gothique flamboyant, par l'architecte Berindei. C'est un édifice monumental, aux salles et galeries intérieures vastes et élégantes (exactement 365 pièces). Les deux halls centraux, au rez-de-chaussée et à l'étage, impressionnent par leur longueur, qui correspond à celle de la façade principale du palais. Les galeries qui relient entre elles les différentes pièces sont particulièrement fastueuses. Construit au centre de la ville médiévale, dans l'enceinte même de l'ancienne résidence princière (fondée au début du XVe siècle), ce palais a rempli pendant trente ans des fonctions administratives (siège de l'administration municipale). En 1955, il est devenu palais de la Culture, vaste complexe hébergeant la bibliothèque Gheorghe Asachi et quatre musées d'importance. Tous sont ouverts du mardi au dimanche de 9 à 17 heures.

PARC COPOU

Strada Macazului

De nombreux sites à Iași célèbrent la mémoire de Mihai Eminescu.

Ainsi ce parc, créé en 1848, est considéré comme étant l'un des lieux où le poète trouvait son inspiration. Un buste le représente à l'entrée du parc.
On y verra aussi le tilleul qui inspira l'un de ses plus jolis poèmes, ainsi que le musée Mihai Eminescu, qui vous fera découvrir l'œuvre et la vie privée de ce poète considéré comme « l'incarnation de la culture roumaine ».

■ RUINES DE LA COUR PRINCIÈRE
Elles se trouvent autour du palais de la Culture. La résidence princière se trouvait ici depuis 1431, sous le règne d'Alexandru cel Bun, qui installa ainsi le pouvoir politique moldave à Iași, favorisant le développement de la ville comme centre de métiers et du commerce.

■ THÉÂTRE NATIONAL VASILE ALECSANDRI
Strada Agatha Bârsescu
Cet élégant édifice fut construit entre 1894 et 1896 par les architectes autrichiens Fellner et Helmer dans le plus pur style baroque.
L'institution a vu défiler d'illustres représentants de la culture nationale, dont Vasile Alecsandri (1821-1890), poète et créateur du théâtre roumain. Sa statue fait face à l'édifice. En 1889, on a installé ici les reliques de sainte Parascève (XIe siècle), patronne de la Moldavie, acquises en 1641 par le prince Vasile Lupu.
Ces reliques sont l'objet d'un immense pèlerinage tous les 14 octobre et des milliers de fidèles affluent alors à Iași. Le théâtre est en travaux.

■ UNIVERSITÉ ALEXANDRU ION CUZA
www.uaic.ro
Elle fut fondée en 1860 par le souverain dont elle porte le nom. L'aspect actuel de ce bâtiment construit par l'architecte suisse Louis Blanc date de 1893-1896.

COTNARI

Cotnari (7 900 habitants) est entouré par un des vignobles les plus célèbres du pays, situé dans le bassin de la rivière Bahlui. Selon la légende, les premières vignes auraient été plantées au XVe siècle par le prince Ștefan cel Mare.
La célébrité de Cotnari est due à la qualité de ses vins blancs doux, tels que le Fetească Albă ou Grasă de Cotnari. Leur couleur ambrée et leur goût puissant ont valu à ces vins de nombreux prix internationaux. Et quand vous y aurez goûté, vous vous demanderez pourquoi il est si difficile de les trouver en France…

Transports

Les trains qui vont de Hârlău à Iași s'arrêtent à Cotnari.

Se loger

■ PENSION BILIUS
Strada Toparceanu, 6
✆ +40 232 730 154
Voilà une très bonne option. Un hébergement agréable pour son confort et sa décoration rustique. Une bonne cuisine vous sera servie accompagnée d'une bonne bouteille de cotnari, bien sûr. Accueil très hospitalier. Un logement agréable et tout proche de Iași.

À voir – À faire

■ DOMAINE VITICOLE DE COTNARI
✆ +40 232 730 393
www.cotnari.ro
office@cotnari.ro
Une halte dans la boutique du domaine viticole de Cotnari s'impose. Possibilité de visites guidées des caves et dégustation. Pensez à vous y rendre tôt, les visites se terminent à 15 heures 30 l'après-midi.

■ RUINES D'UNE ÉGLISE CATHOLIQUE
Ruines d'une église catholique de style gothique, construite en 1563 et détruite par un incendie en 1873.

Palais de la Culture.

HÂRLĂU

Capitale de la Moldavie au XIVe siècle, la ville (10 000 habitants) abrita historiquement une importante population juive. Aujourd'hui demeurent deux belles églises. La majestueuse église Sfântul Gheorghe date de 1492 ; sa façade en brique décorée est superbe. L'église Sfântul Dumitru fut fondée en 1535 par Petru Rareș, prince de Moldavie ; elle mêle éléments gothiques et byzantins.

- **Accès.** Trains entre Iași et Hârlău.

RUGINOASA

La commune de Ruginoasa (6 000 habitants) est surtout connue pour son château.
Pour Pașcani, en train ou maxitaxi depuis Iași ou Târgu Neamț, certains trains s'arrêtent au village de Ruginoasa.

PALAIS DE RUGINOASA

Dans cette petite ville de 6 000 habitants, à 10 kilomètres de Pașcani et 61 de Iași, se trouve un curieux palais tout blanc.
Construit en 1811 dans un style néogothique, sur ordre d'un haut fonctionnaire originaire de ces lieux, Săndulache Sturdza, il a accueilli le premier prince régnant des Principautés unies, Alexandru Ion Cuza (1820-1873).
En 1862, le prince racheta le palais au fonctionnaire Sturdza et sa femme se chargea de le meubler. C'est aujourd'hui un musée consacré à Cuza. L'église, construite en 1801, est devenue ultérieurement la chapelle du palais.

BÂRNOVA

Ce village de 5 700 habitants abrite le monastère du même nom, construit au XVIIe siècle par le voïévode Miron Barnovschi. Le complexe est moins impressionnant que ceux de Bucovine, mais son côté rural et sa décrépitude lui donnent beaucoup de charme. L'église, aux murs particulièrement épais, est toute en pierre de taille, et l'édifice semble presque fortifié. Le voïévode Eustatie Dabija (1661-1665), qui acheva la construction du monastère, y est enterré.

- S'y rendre : Sur la route de Pribești et Vaslui.

DOBROVĂȚ

Ce village de 2 500 habitants abrite un monastère d'allure modeste fondé en 1504 par Ștefan cel Mare, puis décoré en 1530 sous Petru Rareș. L'église, petite, massive, sans tour et typiquement moldave, figure souvent dans des livres touristiques et sur des cartes postales. Sa sobriété, sa simplicité contrastent avec les édifices de Bucovine. Elle a subi de nombreuses dégradations au cours de son histoire, mais la rénovation de 1975 lui a rendu son aspect d'origine (sans tour).

- S'y rendre : À 25 kilomètres au sud-est de Iași, un peu à l'écart de la route de Vaslui.

Neamț

La « Moldavie du milieu », moins visitée que la région de Suceava, compte elle aussi de nombreux monastères, dont celui de Neamț. Mais l'intérêt ne s'y limite pas aux édifices religieux. Les superbes paysages des monts Ceahlău et les impressionnantes gorges de Bicaz sont autant de prétextes aux activités sportives comme la randonnée, le VTT, l'alpinisme ou les balades à cheval. Enfin, la découverte des villages pittoresques de la région, imprégnés de traditions, est une étape obligatoire pour ceux qui veulent vraiment connaître l'âme des lieux.

TÂRGU NEAMȚ

Cette ville de 23 000 habitants, dont le nom signifie « Marché allemand », est intéressante pour les ruines de sa forteresse du XIVe siècle (ouverte tous les jours, sauf le lundi), la mieux conservée de la région. Construite par Petru Mușat sur un plateau qui surplombe les environs, elle nous offre au passage un superbe panorama.

Toujours imposante avec ses murs de pierre épais, elle a pourtant subi de nombreuses attaques : hongroise, turque ou polonaise (qui la firent tomber en 1691). Ses bastions portaient le nom de corporations de métiers qui avaient financé son élargissement au XVIIe siècle. Elle tomba en ruine à partir du XVIIIe siècle, mais fut rénovée en 1970 et 2008. On y accède par un joli pont en bois.

Transports

La gare routière se trouve dans Strada Cuza Vodă, à l'est du centre-ville. La gare ferroviaire est plus loin, dans la même direction. Trains vers Pașcani (4 par jour, 40 minutes de trajet). De Pașcani, trains pour Iași, Suceava (très nombreux) ou la ligne vers Bucarest en passant par Roman, Bacău, Focșani et Buzău. Nombreux bus vers Piatra Neamț (11 par jour). Bus pour Bacău, Suceava, Gura Humorului, Câmpulung Moldovenesc et la Transylvanie (Brașov, Miercurea Ciuc…). Bus locaux vers les villages et monastères de Neamț (3 par jour), Agapia (5 par jour) et Văratec (3 par jour).

Pratique

■ POSTE
Bulevardul Mihai Eminescu, 154
www.posta-romana.ro

Se loger

La ville compte quelques pensions bien signalées.

Bien et pas cher

■ HANUL RUSTIC
Braniște ✆ +40 744 196 067
jrwvally@yahoo.com
Tout proche de Târgu Neamț, une maison simple en bois où l'on trouvera un camping, des bungalows et quelques chambres. Adresse bon marché et restaurant.

■ HOTEL DOINA
Strada Mihail Kogălniceanu, 6
✆ +40 233 790 270 / +40 233 790 272
www.hotel-doina.ro – office@hotel-doina.ro
Chambres doubles de 35 à 40 € selon la saison.
Un hôtel sans aucun charme situé dans un bâtiment tout en verre qui offre 30 chambres doubles et 4 appartements bien aménagés et confortables. Restaurant correct.

■ PENSION EDEN
À 2 km après la sortie de Târgu Neamț
Agapia ✆ +40 729 806 312
www.edentur.ro – office@edentur.ro
Chambre double à 25 €.
Récemment ouverte, cette pension propose une vingtaine de chambres avec salle de bains et télévision. Le cadre est agréable et l'accueil chaleureux. Dans une vaste salle, le restaurant propose une bonne cuisine avec un choix intéressant.

■ PENSION LA CETATE
Strada Cetății, 33
✆ +40 723 594 098
Chambre double entre 17,50 € et 37,50 €. Petit déjeuner à 3,50 €.
Au pied de la forteresse de Târgu Neamț, 22 maisonnettes avec salle de bains, très confortables et très sobrement décorées. Il y a aussi un verger, un barbecue, un parking, un bar et un restaurant.

■ **PENSION PĂDUREA DE SMARALD**
Agapia ✆ +40 233 245 142
www.padureadesmarald.ro
padureadesmarald@email.ro
Chambre double autour de 25 €.
Dans un cadre vert et frais, 5 maisonnettes tout confort avec salle de bains, télévision et Internet. Également à votre disposition : une cuisine équipée, un barbecue et un sauna.

Confort ou charme

■ **CASA ARCAŞULUI**
Strada Cetății, 1 ✆ +40 233 790 699
www.casaarcasului.ro
casaarcasului@yahoo.com
Chambres doubles autour de 30 €, appartement 50 €. Petit déjeuner inclus.
Ce bâtiment imposant et typique des années communistes mérite tout de même qu'on s'y arrête. Les chambres au confort suffisant sont bon marché. Dans une vaste salle, le restaurant propose une bonne cuisine avec un choix intéressant. Service professionnel et souriant au pied de la citadelle (accessible en 10 à 15 minutes).

■ **HÔTEL OGLINZI**
Oglinzi
✆ +40 233 663 590 / +40 233 790 111
statiuneaoglinzi@clicknet.ro
Chambres doubles 25 à 30 € et appartements à peine plus.
Sommaire mais bon marché, dans ce village au nord de Târgu Neamț. En revenant vers Târgu Neamț, on peut s'attarder à Vânători-Neamț, un adorable village où de nombreuses maisons en bois ont conservé beaucoup de caractère.

À voir – À faire

■ **RESERVE DRAGOŞ VODĂ**
À 12 km à l'ouest de Târgu Neamț, prendre la route à droite quand vous verrez un panneau avec un bison stylisé.
Cette réserve est considérée comme « naturelle » et vous pourrez y voir aisément bisons (l'emblème du parc de Vânători-Neamț) et autres animaux endémiques comme les cerfs ou les paons dans un cadre agréable.

NEAMŢ

Situé à 16 kilomètres à l'ouest de Târgu Neamț.

Transports

En principe, trois bus desservent quotidiennement le monastère depuis Târgu Neamț.

Église du monastère de Neamț.

À voir – À faire

MONASTÈRE DE NEAMȚ
Mănăstirea Neamț
✆ +40 233 251 580
✆ +40 745 823 179
neamt.mmb.ro
C'est peut-être le plus beau monastère de Moldavie. Beaucoup le voient comme une synthèse parfaite de l'architecture religieuse moldave. En arrivant, on voudrait d'abord féliciter celui qui a choisi le site. On s'étonne ensuite de cet énorme bâtiment rond à l'entrée, qui évoque une cloche géante. Il s'agit en fait d'un baptistère édifié en 1847 et richement décoré à l'intérieur (dans les années 1970).Le monastère a été construit en 1497 par Ștefan cel Mare.
L'église, de 40 mètres de longueur et 25 de hauteur, a été édifiée à l'emplacement où Petru Mușat avait bâti une église en bois. Sa façade de pierre et de brique est remarquable. Les pierres des arcades alentour sont identiques et l'ensemble est superbe. Les peintures intérieures ont été souvent restaurées, mais certaines sont encore d'époque. Le balcon circulaire en bois, les fleurs et les arbres confèrent beaucoup de majesté au site. Le grand pèlerinage annuel a lieu le jour de l'Ascension.Au Moyen Âge, ce très vaste complexe était un important centre culturel. On y réalisa de nombreux ouvrages religieux, dont certains sont encore conservés dans sa bibliothèque (la plus grande du pays) aux 18 000 volumes ou visibles dans le musée.

SECU

À une dizaine de kilomètres au sud du monastère de Neamț, de l'autre côté de l'axe principal. En venant de Târgu Neamț, prendre à gauche avant Leghin, c'est indiqué.

Se loger

Dans le monastère même, pour 12 € la nuit, un peu plus en demi-pension. Simple, mais le lieu est très agréable et pour le moins original.

À voir – À faire

MONASTÈRE DE SECU
Contrairement à Neamț, couleur de brique pastel, ici c'est le blanc des murs qui domine. Le monastère fut édifié en 1602 par le boyard Nestor Ureche et reconstruit en 1825 après avoir été incendié. L'église Saint-Jean-Baptiste se distingue par l'apport d'éléments de style valaque, style encore accentué par les rénovations du XIXe siècle. À cette époque, on y ajouta également une véranda et on renforça l'enceinte. Le site a été fort bien rénové et l'on a envie de visiter toutes ces petites cellules monastiques rangées le long de balcons de bois toujours fleuris. Bonne nouvelle : on peut y dormir. Le musée du monastère, particulièrement intéressant, regroupe des broderies, des objets de culte (croix en bois, vases), des tapis et de vieux livres.

SIHĂSTRIA

On y accède en suivant, vers le sud, la route de Secu. Le monastère de Sihăstria, à 3 kilomètres de Secu, n'est pas le plus connu, loin de là. À l'origine, il s'agissait d'un monastère en bois, construit en 1750 environ. Il fut reconstruit en dur, en 1825. Un peu plus au sud, on arrive à Sihla, avec sa petite chapelle en bois et sa grotte qui a abrité sainte Teodora de la Sihla (XVIIe siècle).

AGAPIA

Ce village de 1 900 habitants possède un autre monastère que celui dédié à l'ermite Agapie, beaucoup plus calme, situé sur une colline proche et que l'on nomme Schitul Agapia Veche ou Agapia din Deal (Agapia sur la Colline). Il serait dommage de visiter les monastères sans s'attarder dans le village d'Agapia aux belles maisons traditionnelles où le bois est très présent. La plupart sont habitées par des religieuses.

Transports

Entre Târgu Neamț et Piatra Neamț. Bus depuis Târgu Neamț et Piatra Neamț.

Se loger

Agapia est un lieu de tourisme rural. On y compte une dizaine de pensions, un vrai business ! Mêmes les religieuses s'en mêlent, en proposant des chambres dans leurs maisons du village.

PENSION ANCA
✆ +40 744 797 233
www.casaanca.info-tur.ro
ovymih@yahoo.com
Située à 3 kilomètres du monastère, cette belle maison de caractère est remarquable. Ses quelques chambres sont très bien tenues et son jardin est fort appréciable.

À voir – À faire

MONASTÈRE D'AGAPIA

Le monastère est ainsi nommé en hommage à l'ermite Agapie, qui s'y était retiré dans les environs au XIVe siècle. Construit entre 1642 et 1647 à l'initiative de Gavril (frère du prince de Moldavie Vasile Lupu), le monastère subit de nombreux remaniements qui modifièrent sa structure initiale. L'église fut souvent endommagée (la dernière fois par le tremblement de terre de 1977). Ses peintures intérieures, œuvres de Nicolae Grigorescu, datent de 1862 et furent restaurées en 1903. Ce peintre a signé également de superbes icônes présentées dans le musée, parmi d'autres œuvres tout aussi remarquables, et qui sont peut-être l'attraction majeure de ce monastère.

VĂRATEC

Le village de Văratec (900 habitants) lui-même est très agréable avec ses maisons traditionnelles. Bălțătești, un peu plus au sud, est une discrète station climatique (nombreux hôtels et pensions) bien connue pour ses eaux sulfureuses et chlorées.

Transports

En bus depuis Târgu Neamț. Mais aussi en marchant 7 kilomètres depuis Agapia, sur une jolie petite route.

Se loger

PENSION VĂRATEC

✆ +40 233 245 113

http : //pensiuneavaratec.ro

Environ 20 € la chambre simple et 25 € la double.

Agréable pension située dans une demeure cossue parfaitement aménagée. L'hébergement propose également un restaurant, tandis que les chambres sont décorées avec goût dans un style rustique.

À voir – À faire

MONASTÈRE DE VĂRATEC

Tout blanc au milieu d'un joli paysage, il fut construit en 1795 et son église en 1808. Cette dernière étonne, avec ses deux petites tours rondes et fines. Le complexe, vraiment charmant, est occupé par des nonnes qui s'emploient à fleurir le site de très belle manière. Vous y verrez de très nombreuses et belles icônes dans un petit musée.

TÂRPEȘTI

À 10 kilomètres au sud-est de Târgu Neamț, dans le village de Târpești, voici un lieu à ne pas manquer.

MUSÉE NECULAI POPA

✆ +40 233 785 112 – www.npopa.uv.ro

popamuseum@gmail.com

Ouvert tous les jours de 9h à 18h.

Dans cette magnifique demeure traditionnelle en bois sculpté, une halte s'impose pour découvrir un lieu agréable, vivant et coloré. L'exposition est variée puisqu'on y trouve de magnifiques masques (utilisés dans les traditions païennes du nouvel an), des sculptures originales (coffres, personnages de la mythologie roumaine), des peintures naïves et aussi une petite exposition archéologique. On aime dans ce musée le côté familial. Neculai Popa, décédé en 2010, était un personnage local fort apprécié. Il a su partager sa passion avec son fils, lui-même artiste, mais aussi avec sa fille qui pourra vous faire la visite en français.

HORAIȚA

Entre Târgu Neamț et Piatra Neamț, à l'écart de la route. Tourner à Crăcăoani, direction Poiana, Horaița est un joli monastère de moines situé dans un endroit isolé et superbe. Le complexe a été fondé au XVIIIe siècle mais largement restauré en 1867. Son imposante église présente un mélange de styles byzantin, moldave et transylvain. En prenant un chemin dans la forêt, vous arriverez au bout de 1,5 kilomètre à l'ermitage de Horaicioara et au lac Cuejdel, le plus grand lac de barrage naturel du pays, formé il y a trente ans suite à des glissements successifs de terrain.

Transports

Entre Târgu Neamț et Piatra Neamț, à l'écart de la route. Tourner à Crăcăoani, direction Poiana.

À voir – À faire

En prenant un chemin dans la forêt, vous arriverez au bout de 1,5 kilomètre à l'ermitage de Horaicioara et au lac Cuejdel, le plus grand lac de barrage naturel du pays, formé il y a trente ans suite à des glissements successifs de terrain.

MONASTÈRE DE HORAIȚA

Un joli monastère de moines situé dans un endroit isolé et superbe. Le complexe a été fondé au XVIIIe siècle mais largement restauré en 1867. Son imposante église présente un mélange de styles byzantin, moldave et transylvain.

PIATRA NEAMȚ

Citée pour la première fois dans des documents officiels vers 1387-1392 sous le nom de Piatra lui Crăciun (la Pierre de Noël), c'est une des plus importantes villes de la région (85 000 habitants). Sa situation géographique est idéale : située à 320 mètres d'altitude, elle s'étend au pied de montagnes. Le centre-ville est ainsi entouré des monts Cozla au nord (651 mètres), Pietricica à l'est (530 mètres) et Cernegura au sud (851 mètres). Ajoutons la rivière Bistrița et le décor est planté. La ville compte quelques curiosités historiques, mais elle est surtout un point de départ vers les monastères du *județ*, le lac Rouge et le massif de Ceahlău. Le nom de ce massif, qui peut être traduit par « gypaète barbu », grand rapace des montagnes, a été donné au club de football de la ville.

Transports

Bus. La gare routière est tout à côté de la gare ferroviaire. Nombreux bus vers Târgu Neamț (10 par jour). Bus locaux vers Agapia (2 par jour), Câmpulung Moldovenesc, Durău (2 par jour), Gura Humorului, Onești, Vatra Dornei (2 par jour). Bus longues distances : Gheorgheni (1 par jour, par les gorges de Bicaz), Brașov (2 par jour), Iași (8 par jour), Suceava (3 par jour), Galați (1 par jour). Maxitaxis vers Bucarest.

Train. La gare ferroviaire se trouve à 500 mètres au sud du centre-ville. À pied, pour rejoindre le centre, prendre tout droit Bulevardul Republicii en sortant de la gare et les bus qui vont dans cette direction. La ville est à l'écart des grands axes. Vous pourrez néanmoins rejoindre Bicaz (4 bus par jour, 30 minutes de trajet). De Bacău (10 par jour, 1 heure à 1 heure 30 de trajet), vous pourrez emprunter les trains de la ligne Bucarest-Suceava. Un ou deux trains par jour assurent tout de même la liaison directe Bucarest-Piatra Neamț (6 heures de trajet).

AGENCE CFR
Strada Mihai Eminescu
✆ +40 233 211 034
Ouvert en semaine de 8h à 20h.

AGENCE TAROM
Piața Ștefan cel Mare, 1
✆ +40 233 214 268
Aéroports les plus proches : Iași et Bacău.

AUTONOM
Strada Fermelor, 4
✆ +40 233 229 616
www.autonom.ro
office@autonom.ro
Ouvert du lundi au vendredi de 9h à 18h, le samedi de 9h à 13h. Services et livraison 24h/24, 7j/7.
Compter à partir de 28 € par jour pour une location en catégorie A (Daewoo Matiz). Vaste gamme de véhicules catégories A à V. Prix dégressifs à la durée.

Pratique

Tourisme – Culture

ANTREC – NEAMȚ
Strada Ștefan cel Mare, 17
✆ +40 233 234 204 / +40 722 608 431
www.antrec.ro
neamt@antrec.ro
Ouvert en semaine de 9h à 18h.
Pour trouver une chambre chez l'habitant ou réserver une chambre dans une des nombreuses pensions des monts Ceahlău et autour de Târgu Neamț.

CENTRE D'INFORMATION TOURISTIQUE
Bulevardul Republicii, 15
✆ +40 233 211 524 / +40 726 124 358
www.neamt-turism.ro
cit_pneamt@yahoo.com
Ouvert du lundi au vendredi de 9h à 19h.
Près de la gare ferroviaire au sous-sol de la bibliothèque principale de la ville, un point d'information touristique très dynamique où l'on vous renseignera amplement. On pourra également vous organiser des visites guidées à partir de 10 personnes.

EXPLORE TRAVEL
Strada Calistrat Hogaș, 19 bis
✆ +40 748 155 400
www.exploretravel.net
office@exploretravel.net
Voilà une bonne adresse qui vous attend à Piatra Neamț. Cette agence tenue par une équipe de passionnés pourra vous faire découvrir une Roumanie authentique à travers ses différentes excursions (randonnées, VTT, gastronomie, culture…). Guidages possibles en français sur un ou plusieurs jours.

Piatra Neamţ
Parc et Collines Cozia
651 m.
Parc et Collines Pietricica
530 m.
Parc et Colline de Cernegura
Strada Stefan cel Mare
Str. Ion Creangă
Strada Stefan cel Mare
Strada Orhei
Musée des Sciences naturelles
Poste
Eglise St-Ioan
Musée des Arts
Musée d'Ethnographie
Statue St. cel Mare
Piata Stf. Cel Mare
Bun
Taron et Agence CFR
Str. Alexandru cel
Str. Hogas
Strada Limonului
B-dul Decebal
B-dul Decebal
Strada Bistritei
Str. Unirii
Boulevardul Republicii
B-dul Chimiei
Boulevardul Dacia
Musée d'Histoire
Str. Drăghiescu
Str. Chimiei
Boulevardul 9 mai
B-dul Tralan
Gare routière
Gare ferroviaire
Rivière Biatritav
Alena Tinaretului
300 m.

■ **ROMSTEAM ALDO**
Strada Petru Movilă, 200
Alexandru cel Bun (5 km à l'ouest de Piatra Neamț) ✆ +40 233 234 889
www.aldo-travel.com
aldo-travel@aldo-travel.com
Organise des circuits spécialisés (culture, opéra, parcours en train) dans toute la Roumanie.

Moyens de communication

■ **POSTE**
Bulevardul Decebal
Non loin du musée d'Histoire
www.posta-romana.ro

Se loger

■ **HOTEL CENTRAL**
Piața Petrodava, 1
✆ +40 233 216 230 / +40 233 214 532
www.hotelcentral.ro
office@hotelcentral.ro
Chambres doubles 60 €.
Bien situé entre la gare et le centre. Sans charme mais récemment rénové et offrant 131 chambres au confort du même acabit que tous les hôtels du même standard au quatre coins du monde. Demandez une chambre dans les hauteurs pour profiter de la vue.

■ **PENSION AMBIANCE**
Viișoara
Alexandru cel Bun
✆ +40 233 231 431 / +40 744 631 661
www.ambiance.ro
cazare@ambiance.ro
6 chambres très confortables autour de 20 €.
À quelques kilomètres de Piatra Neamț, une adresse agréable où l'on dort bien et où l'on mange bien.

■ **PENSION FARMECUL PĂDURII**
Dans le village de Bistrița
Alexandru cel Bun ✆ +40 727 773 707
Chambre double entre 17,50 € et 25 €.
Située derrière le monastère de Bistrița, au bord de la forêt, la pension dispose de 8 chambres propres, avec salle de bains et balcon. De plus, vous aurez accès à la cuisine, au barbecue et au parking.

■ **PENSION VERDE**
Strada Calistrat Hogaș, 19 bis
✆ +40 233 234 401 / +40 722 344 476
www.pensiuneaverde.ro
rezervari@pensiuneaverde.ro
Environ 25 € la chambre simple, 30 € la chambre double.
Une des plus agréables pensions de la ville. Idéalement située (près de la poste centrale) dans un quartier calme, vous apprécierez le confort de ses chambres spacieuses et les facilités proposées (sauna, possibilité de transferts, guidages en français...).

Se restaurer

■ **COLIBELE HAIDUCILOR**
Strada Ion Creangă, 1 ✆ +40 233 213 909
Un bar-restaurant en plein air appréciable pour sa cour ombragée par de grands arbres. Ambiance populaire autour d'un repas simple et d'une bonne bière. Musique et décor traditionnels.

À voir – À faire

Les principaux sites de Piatra Neamț sont concentrés autour de Piața Libertății, où se dresse la statue de Ștefan cel Mare. C'est là qu'on trouve les ruines de la Cour voïévodale (Curtea Domnească). Cette résidence fut construite par Ștefan cel Mare en 1491. On peut voir encore des traces des murs, des cellules et une tour. Pour avoir un beau panorama de la ville, vous pouvez grimper au sommet du mont Cozla par une route ou par la nouvelle télécabine qui part de la gare. En hiver, vous pourrez y faire du ski sur une petite piste de 900 mètres de dénivelé.

■ **ÉGLISE SFÂNTUL IOAN BOTEZĂTORUL (SAINT-JEAN-BAPTISTE)**
Toute proche des ruines, elle fut construite entre 1497 et 1498. Il s'agit d'une des rares églises de cette époque à avoir conservé sa forme originale. Elle est très compacte et joliment décorée. La tour, ajoutée un an plus tard, est devenue tour des pompiers puis tour-horloge. La ville compte également plusieurs musées. Deux d'entre eux sont immédiatement à côté de l'église précédemment citée : musée d'Ethnographie (folklore du Neamț) et musée d'Art (ouverts tous les jours sauf le lundi), qui présente des œuvres d'artistes locaux. Le musée d'Histoire naturelle se trouve, lui, au nord du centre-ville, et expose ses collections de fossiles, plantes, roches, etc.

■ **MUSÉE CALISTRAT HOGAȘ**
Dans la rue du même nom, qui part du nord de Bulevardul Republicii. Ouvert tous les jours sauf le lundi.
Il retrace la vie et l'œuvre de cet écrivain local qui décrivit si bien sa région.

MUSÉE DE LA CULTURE DE CUCUTENI (MUZEUL DE ARTĂ ENEOLITICĂ CUCUTENI)

Strada Mihai Eminescu

Ouvert tous les jours sauf le lundi.

Dans une des plus belles bâtisses de la ville, quelques pièces archéologiques, des céramiques de différentes époques et surtout l'ouverture récente d'un espace dédié à la culture de Cucuteni (une civilisation qui remonte au néolithique et qui s'étendait sur les actuels territoires de Moldavie et d'Ukraine).

SYNAGOGUE

Presque cachée par d'autres bâtiments (dans Strada Dimitrie Ernici), elle date de 1767 et fut édifiée sur une autre synagogue du XVIe siècle.

Dans les environs

Le lac Bâtca Doamnei, juste à l'ouest de la ville, offre un espace de loisirs agréable pour pratiquer quelques activités nautiques, entre autres. Quant à Roznov, sur la route de Bacău, cette ville possède une église du XIXe siècle qui se caractérise par son style russe.

MONASTÈRE DE BISTRIȚA

BISTRIȚA

À 10 kilomètres à l'ouest de la ville, dans un joli paysage de collines, un monastère érigé par Alexandru cel Bun, prince de Moldavie, en 1402, et reconstruit par Ștefan cel Mare, qui y ajouta une tour en 1498. Les bâtiments que vous verrez datent en partie du prince Alexandru Lăpușneanu, 1554. Les murs de l'église sont d'une épaisseur de 2 mètres. Le monastère fut un centre culturel connu (calligraphie, enluminures) où furent écrits au Moyen Âge d'importants ouvrages religieux. Le complexe abrite un riche musée d'art féodal (icônes, livres) et le tombeau de son fondateur Alexandre le Bon.

MONASTÈRE DE PÂNGĂRAȚI

PÂNGĂRAȚI

À mi-chemin entre Piatra Neamț et Bicaz.

À flanc de colline, ce monastère de religieuses fut construit en 1461, reconstruit en 1560 et remanié à de nombreuses reprises.

BICAZ

La ville (9 000 habitants) elle-même n'a pas spécialement d'intérêt. Son petit musée d'histoire vous en apprendra plus sur la création du lac que borde la ville. Ce lac, appelé Bicaz ou Izvoru Muntelui, résulte de la construction d'une centrale électrique (au nord de la ville). Ce barrage de 120 mètres de hauteur a été construit en 1950 et l'accumulation d'eau a entraîné la disparition et le déplacement de nombreux villages. Le lac, long de 35 kilomètres, permet la pratique de toutes sortes d'activités nautiques et notamment la balade en barques. Partout autour du lac la vue est superbe. À l'extrémité nord se trouve le très joli village de Poiana Largului, à l'architecture intéressante. Vous trouverez des pensions à Hangu ou Poiana Teiului (la Clairière du Tilleul). De Bicaz, il y a 6 kilomètres vers la station Izvoru Muntelui. D'ici vous pouvez rejoindre, en 3 à 4 heures de marche, le refuge de Dochia (*voir « Hébergement » plus bas*), dans les monts Ceahlău. Traversée de forêts et vue sur le lac sont au programme.

Transports

Bus quotidien de/vers Piatra Neamț et Bacău. Pour accéder aux lacs et surtout aux monts Ceahlău, vous aurez besoin d'un véhicule personnel. Sinon, vous pouvez également contacter l'agence Explore Travel qui pourra vous organiser des excursions à la journée ou pour plusieurs jours.

Se loger

HÔTEL LEBADA

Strada Barajului, 89 ✆ +40 233 254 036

www.bicazlac.ro

office@bicazlac.ro

Chambre double à moins de 30 €.

Original, un hôtel flottant situé sur les berges du lac de Bicaz. Une quinzaine de chambres confortables pour apprécier la vue sur le lac.

PENSION ZAFTON DUMITRU

Strada Gării, 2

Pratique car proche de la gare. Possibilité d'hébergement pour 4 personnes.

À voir – À faire

De Bicaz, la route continue vers Gheorgheni, en traversant les gorges de Bicaz, les plus belles du pays, ou remonte vers le nord et les stations touristiques du massif de Ceahlău puis le Maramureș (plus aisé par la rive droite, si vous ne désirez pas rejoindre le massif). Ces deux routes offrent peut-être les plus beaux paysages de Roumanie.

GORGES DE BICAZ (CHEILE BICAZULUI)

La route 12C, qui relie Bicaz à Gheorgheni, Bălan et la Transylvanie, traverse les gorges justement considérées comme les plus belles du pays. Cette route en lacets est dominée par des monolithes émergeant de la forêt. Certains ont des parois de 400 mètres. Piatra Altarului, la plus spectaculaire, est haute de 1 120 mètres et son nom (la Pierre de l'Autel) lui vient des cérémonies célébrées autrefois ici par les Daces.

▶ **On traverse aussi le très charmant village de Bicaz Ardelean** avec sa jolie église en bois. Puis on rejoint la Transylvanie, le lac Roșu et la région de Târgu Mureș.

■ MONTS CEAHLĂU

Les monts « du Gypaète » sont aussi appelés l'« Olympe moldave ». Le Kogaionon, mont sacré des Daces, s'y trouvait et Zamolxis, leur dieu suprême, y avait son temple.

Tout cela n'est pas étonnant, tant cette partie des Carpates orientales est majestueuse. Ses points culminants sont Ocolașul Mare et Toaca, hauts d'environ 1 900 mètres. Les pentes sont douces et lisses où les versants abrupts côtoient des forêts profondes et des pics rocheux aux formes étranges, comme le sommet du Panaghia, tel un petit pain de sucre surgissant de la forêt.

On peut y faire de belles randonnées ou simplement s'y reposer. Au cœur du massif se trouve un parc national, réserve naturelle qui protège de nombreuses espèces botaniques rares (edelweiss, sabot de Vénus…). En voiture, on peut accéder à pas mal de sites intéressants, mais les randonnées sont tout de même plus agréables.

CEAHLĂU

Plus facilement accessible par le nord du lac, Ceahlău, le principale village de la région (2 500 habitants), s'étend le long de la rivière Schitu. On y trouve une belle église en bois du XVIIIe siècle. Tout près, la station touristique de Durău se situe au milieu de la forêt, à 800 mètres d'altitude. Les possibilités de randonnées sont nombreuses et vous trouverez sûrement votre bonheur parmi les hôtels et villas aux toits rouges.

Vous y trouverez aussi un monastère du XVIIe siècle où il est possible de loger. Au début du XIXe siècle, c'est là que se réunissaient les moines des différents ermitages (et grottes) du massif montagneux. L'église actuelle fut construite en 1835 à la place d'une église en bois et dédiée à l'Annonciation. Une partie de ses peintures date de cette époque (parvis), les autres sont de 1937. Parmi les randonnées possibles, la plus simple est celle qui, en 2 ou 3 heures de marche, vous amène à la clairière des Fântânele. De là, en 6 heures, on peut rejoindre le chalet Dochia par deux chemins : en passant par les belles chutes de Duruitoarea ou en contournant le pic Toaca par un superbe sentier. Une randonnée de Dochia à Bicaz, via Izvoru Muntelui, est également possible et peut prendre de 5 à 6 heures.

■ CHALET DOCHIA

À Ceahlău

✆ +40 721 179 506 / +40 723 469 271

De 7 € à 11 € par nuit dans un dortoir.

Accessible à pied (voir plus haut), dans un cadre exceptionnel avec vue sur le mont Toaca, cette grande *cabană* est un lieu convivial pour tous les amoureux de la randonnée. Ses chambres et dortoirs sont confortables et les repas servis sont très bons.

■ PENSION CASA KAROL

Sur la route de l'ermitage de Poiana Maicilor

✆ +40 233 258 154 / +40 723 241 821

Chambre double autour de 30 €.

Les 11 chambres doubles sont équipées de salles de bains avec douche. On peut vous proposer une pension complète à base de produits bio, issus de la production de la ferme.

■ PENSION DALIA

À Durâu ✆ +40 233 256 504

Dans une pension tout en bois, 11 chambres confortables. Salle de bains commune pour la plupart des chambres. Tarifs bon marché à partir de 11 € par personne.

■ PENSION URSULEȚ

Dans le village de Poieni

✆ +40 233 256 662

Un ensemble de 16 maisonnettes doubles avec 2 salles de bains, 7 chambres doubles avec 2 salles de bains et un camping de 60 places. Également à disposition un espace de jeux pour les enfants, un barbecue, un restaurant et une terrasse. Sur demande on peut vous offrir une pension complète.

BORLEȘTI

Au sud-est de la ville, sur les hauteurs, à l'écart de la route de Bacău, tourner à Roznov. Une région de charmants villages du piémont des Carpates, bien différents des villes grises de la région. A Tazlău, on se promène en regardant les jolies et pittoresques maisons et en se dirigeant vers le monastère fondé par Ștefan cel Mare en 1497. Le site, comme toute la région, est reposant et enchanteur.

CASA FLOREAN

Strada Dispensarului, 37
✆ +40 233 298 257
www.roumanie-decouverte.com
floreanseptimiu@yahoo.fr
Comptez 20 € par personne en demi-pension.
Une très bonne option dans un logement de qualité entouré de verdure. Accueil chaleureux (en français) où l'on vous servira une délicieuse cuisine moldave.

ROMAN

Cette grosse ville de 50 700 habitants entre Iași et Piatra Neamț possède quelques monuments qui méritent une halte, dont son complexe épiscopal. Son église de 1550 a gardé des peintures d'origine. Biserica Albă (l'église Blanche), une autre église de la ville, du XVIIe siècle, mérite, elle aussi, qu'on s'y attarde. Tout comme les ruines d'une forteresse du XIVe siècle et un musée d'histoire.

HOTEL ROMAN***

Strada Nicolae Titulescu, 2
✆ +40 233 742 600
www.hotel-roman.ro
rezervari@hotel-roman.ro
Chambre simple autour de 60 €, double 80 €. Consultez la page Internet, offres promotionnelles fréquentes.
Dans un immeuble sans charme, un hôtel parfaitement renouvelé qui affiche un luxe (un peu trop) opulent, avec mobilier antique et décor baroque. Spa et piscine. Les tarifs sont pourtant quelque peu abusifs, dans ce qui reste malheureusement un des seuls établissements de la ville.

Bucovine

Cette petite région qui a une identité à part entière se trouve entre le Maramureș à l'ouest et la Moldavie à l'est. Son nom à l'origine slave signifie littéralement « le pays des hêtres ». Tout au long de son histoire, la Bucovine a été convoitée pour sa situation stratégique.
De nombreux peuples différents y sont passés, s'y sont croisés, s'y sont installés, s'y sont mélangés. On y a parlé de multiples langues d'Europe centrale, orientale, balkanique, caucasienne, balte... Juifs et Allemands notamment y étaient très nombreux jusqu'au milieu du XXe siècle. Aujourd'hui, ce sont les touristes qui ont remplacé les marchands de passage. Affluant de toute l'Europe, ils viennent découvrir les trésors de Bucovine, ces innombrables monastères peints, lovés au creux des collines, au milieu d'une nature enchanteresse.

SUCEAVA

Située sur la rive droite de la rivière du même nom, la ville de Suceava (92 000 habitants) fut capitale de la Moldavie depuis le règne de Petru II Mușat (1375-1391) jusqu'en 1566, année où Alexandru Lăpușneanu la transféra à Iași. Cette cité industrielle et polluée est aujourd'hui pour la plupart des visiteurs la porte d'entrée des monastères de la Bucovine.
Bien qu'intensivement bétonnée au cours de la seconde moitié du XXe siècle, la ville a gardé tout de même quelques monuments intéressants : le musée d'Ethnographie, l'église Mirăuți, où l'on sacrait jadis les princes moldaves, et les restes de sa forteresse réputée imprenable. On vous recommandera tout de même de pousser un peu plus loin dans les magnifiques campagnes.

Transports

- **Train.** Deux gares, situées au nord de la ville : Suceava (quartier de Burdujeni, Strada Nicolae Iorga, 7) et Suceava Nord (quartier d'Ițcani, Strada Gării, 4). La première, bien que la plus importante, n'accueille que les trains en transit. Elle est reliée au centre par les maxitaxis 2 et 3. La seconde accueille les trains en provenance et à destination de Suceava. Autrement dit, Suceava Nord est la plus pratique puisqu'on y trouvera à coup sûr tous les trains. Elle est reliée au centre par le maxitaxi 1 et le trolleybus 5.

Les monastères de Bucovine

Parmi les trésors de l'art mondial, les monastères de Bucovine occupent une place de choix et c'est fort justement qu'ils ont été inscrits sur la liste du patrimoine mondial de l'Unesco. Ces monastères, pour la plupart fortifiés et bâtis au cours du long règne de Ștefan cel Mare (Étienne le Grand, prince de Moldavie de 1457 à 1504 – 44 monastères fondés) et celui de Petru Rareș, se distinguent par les fresques colorées qui couvrent leurs murs intérieurs et extérieurs. Ce sont de véritables livres ouverts que l'on découvre chaque fois avec émerveillement. Les thèmes en sont principalement religieux, mais le style et les couleurs varient. On passe du bleu de Voroneț au rouge de Humor et du jaune de Moldovița au vert d'Arbore. Quant au cadre, il est souvent exceptionnel ! Les riches boyards semblent avoir choisi les vallées isolées les plus jolies pour y faire bâtir ces édifices : collines vertes et douces, forêts sombres et monastères peints vous entourent d'une atmosphère de légende. Pour explorer les monastères de Bucovine, on peut choisir de rayonner à partir de Suceava ou de Gura Humorului. L'idéal serait bien sûr d'avoir sa propre voiture. En transports locaux, le voyage sera long et fastidieux (mais plein de rencontres et de découvertes de villages peu fréquentés). L'autre solution est de passer par une agence de voyages (de Suceava ou Gura Humorului). C'est ce que font la plupart des touristes. C'est moins onéreux que la location d'une voiture et vous bénéficierez bien souvent d'un guide parlant le français.

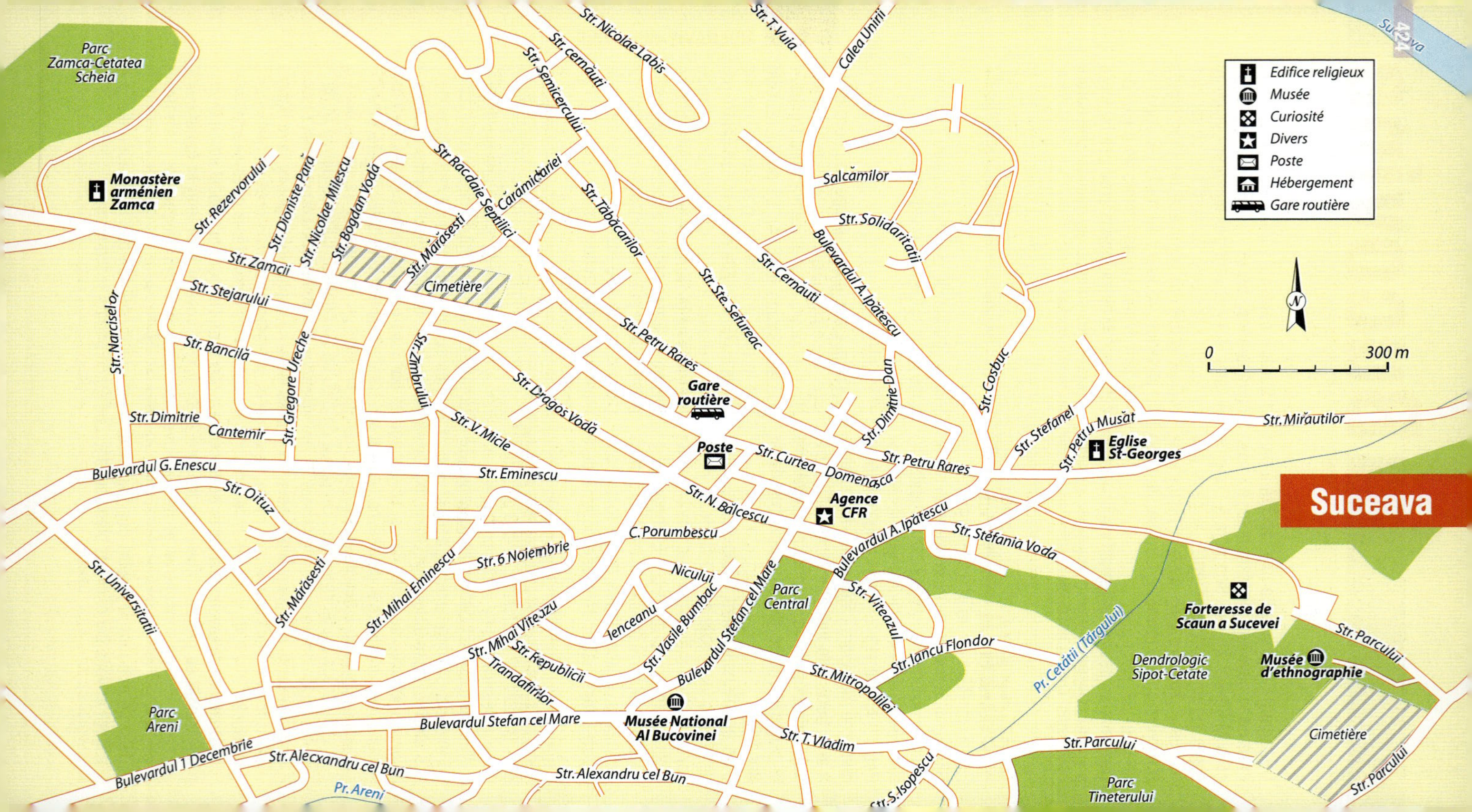
Suceava
Edifice religieux
Musée
Curiosité
Divers
Poste
Hébergement
Gare routière
0
300 m
N
Parc Zamca-Cetatea Scheia
Monastère arménien Zamca
Eglise St-Georges
Gare routière
Poste
Agence CFR
Parc Central
Musée National Al Bucovinei
Forteresse de Scaun a Sucevei
Dendrologic Sipot-Cetate
Musée d'ethnographie
Cimetière
Parc Tineterului
Parc Areni
Pr. Areni
Pr. Cetătii (Târgului)
Suceava
Str. Nicolae Labis
Str. T. Vuia
Calea Unirii
Str. cernăuti
Str. Semicercului
Salcămilor
Str. Solidaritatii
Str. Rezervorului
Str. Dioniste Para
Str. Nicolae Milescu
Str. Bogdan Vodă
Str Racdaie Septilici
Caramidariei
Str. Tăbăcarilor
Str. Mărăsesti
Str. Zamcii
Str. Stejarului
Str. Cernăuti
Bulevardul A. Ipătescu
Str. Ste. Sefureac
Str. Narciselor
Str. Bancilă
Str. Gregore Ureche
Str. Zimbrului
Str. Petru Rares
Str. Dimitrie Dan
Str. Cosbuc
Str. Dimitrie
Cantemir
Str. Dragos Vodă
Str. V. Micle
Str. Stefanel
Str. Petru Musat
Str. Mirăutilor
Bulevardul G. Enescu
Str. Eminescu
Str. Curtea
Domenasca
Str. Petru Rares
Str. Oituz
Str. N. Balcescu
Bulevardul A. Ipătescu
Str. Stéfania Voda
C. Porumbescu
Str. 6 Noiembrie
Nicului
Str. Universitatii
Str. Mărăsesti
Str. Mihai Eminescu
Str. Viteazul
Ienceanu
Str. Vasile Bumbac
Bulevardul Stefan cel Mare
Str. Mihai Viteazu
Str. Republicii
Trandafirilor
Str. Iancu Flondor
Str. Mitropoliei
Str. Parcului
Bulevardul Stefan cel Mare
Str. T. Vladim
Str. Parcului
Bulevardul 1 Decembrie
Str. Alecxandru cel Bun
Str. Alexandru cel Bun
Str. S. Isopescu
Str. Parcului

Trains grandes lignes. Les trains pour Bucarest : 8 par jour, 7 heures de trajet, en passant par Roman, Bacău, Focșani et Buzău. Trains pour Cluj : 4 par jour, 7 heures de trajet, en passant par Gura Humorului, Câmpulung Moldovenesc, Vatra Dornei, Beclean (connexions avec le Maramureș, le sud de la Transylvanie) entre autres. Trains vers Timișoara (3 par jour, 14 heures de trajet) et Constanța (en été surtout).
Trains vers les autres villes moldaves. Trains pour Iași (5 par jour, 1 heure 30 à 3 heures de trajet). Trains locaux pour Botoșani (1 heure 30 de trajet), Dorohoi (1 heure 30 de trajet), Dornești, Cacica (5 par jour, 40 minutes de trajet), Putna (2 par jour, 2 heures 30 de trajet), Rădăuți (3 par jour, 1 heure 10 de trajet), Vama (9 par jour, 1 heure 30 de trajet), Păltinoasa (7 par jour), Gura Humorului (7 par jour), Câmpulung Moldovenesc (7 par jour) et Vatra Dornei (6 par jour, 2 heures 30 à 3 heures 30 de trajet).
Trains internationaux. Ligne Sofia-Moscou, un train par jour : vers Cernăuți et l'Ukraine (5 heures 30 de trajet), vers Kiev (22 heures), Moscou (40 heures) et Sofia (20 heures).

Bus et maxitaxis. La gare routière est proche du centre, à l'angle de Strada Alecsandri et de Strada Armenească.
Trajets longues distances. Bucarest (5 par jour), Brașov (1 par jour), Bistrița, (2 à 3 par jour), Cluj (1 par jour), Constanța (2 par jour).
Transports locaux. Iași (5 par jour), Câmpulung Moldovenesc (10 par jour), Gura Humorului (12 par jour), Durău (2 par jour), Rădăuți (7 par jour), Solca (3 par jour), Neamț (3 par jour), Piatra Neamț (2 par jour), Arbore, mais aussi Botoșani (nombreux) et Târgu Neamț (3 par jour). Bus locaux pour Dragomirna et le monastère.
Trajets internationaux. Vers l'Ukraine (passage à Cernăuți, 5 par jour), la république de Moldavie (Chișinău ou Bălți, 1 par jour), mais aussi Athènes, Istanbul ou la Pologne.

AGENCE CFR
Strada Nicolae Bălcescu, 8
✆ +40 230 214 335
Pour acheter les tickets à l'avance, en semaine de 7h30 à 20h.

AGENCE TAROM
Strada Nicolae Bălcescu, 5
✆ +40 230 214 686
Vols entre Bucarest et Suceava.

ATLASSIB
Bulevardul Ana Ipătescu, 4 F
✆ +40 230 530 070
www.atlassib.ro
office@atlassib.ro
Compagnie assurant des liaisons avec les grandes villes du pays et de toute l'Europe.

AUTONOM
Calea Unirii, 17 A
✆ +40 230 521 106
www.autonom.ro
office@autonom.ro
Compter à partir de 28 € par jour pour une location de 1 à 3 jours, en catégorie A (Daewoo Matiz). Vaste gamme de véhicules catégories A à V. Prix dégressifs à la durée.

CARPATAIR
Bulevardul Ana Ipătescu, 10 C
✆ +40 230 529 559
www.carpatair.com
reservations@carpatair.com
Vols vers Timișoara.

Pratique

Tourisme – Culture

AGENCE MY ROMANIA
✆ +40 723 191 755
www.myromania.com.ro
office@myromania.com.ro
Ramona, la propriétaire de l'agence, est passionnée de voyages et de photo et sera votre guide pour explorer des coins méconnus de la Roumanie. Elle dirige les groupes francophones et anglophones et ne manquera pas de vous faire rire et d'être aux petits soins.
Vous pouvez choisir des itinéraires sur mesure ou déjà tout faits, pour des visites culturelles ou pour découvrir des villages reculés, des sentiers oubliés en forêt, des endroits intacts où vous pourrez séjourner (chez l'habitant si vous le souhaitez) et rencontrer des gens du coin.
Vous pouvez aussi faire des randonnées, du vélo ou, pourquoi pas, une promenade en charrette !

ANTREC SUCEAVA
Bio San Tour
✆ +40 744 602 986
www.antrec.ro
suceava@antrec.ro

■ **ASOCIAŢIA PENTRU TURISM BUCOVINA**
Strada Universităţii, 15
✆ +40 230 531 977
www.bucovinaturism.ro
contact@bucovinaturism.ro
Un organisme dynamique qui édite de très belles brochures et cartes dédiées à la Bucovine. Vous trouverez également ces mêmes documents à l'office de tourisme ci-dessus.

■ **ASSOCIATION ROUMAINE D'ÉCOTOURISME**
✆ +40 728 974 801
www.eco-romania.ro – info@eco-romania.ro
Bonne nouvelle pour les amateurs d'écotourisme ! Cette association regroupe des pensions rurales et des agences de voyages locales spécialisées dans les circuits en nature et dans les tours culturels. Les membres sont certifiés « Eco-Romania » et sont reconnus au niveau européen pour leur pratique du tourisme responsable. En Moldavie, on vous propose d'admirer les monastères peints et les fresques des artistes médiévaux, de profiter de la nature par des randos ou des tours en vélo ou à cheval et d'apprécier la sérénité des villages authentiques en logeant dans une pension rurale.

■ **AXA TRAVEL**
Bulevardul George Enescu, 29
✆ +40 330 102 680
www.axatravel.ro – office@axatravel.ro
Une agence locale très sérieuse qui propose des circuits dans les monastères de Bucovine, de Neamţ et même du Maramureş avec guide en français. Il est conseillé de faire des réservations en ligne à l'avance pour bénéficier de prix plus intéressants.

■ **BUCOVINA ESTUR**
Strada Ştefan cel Mare, 24
✆ +40 230 522 694 / +40 230 524 894
www.icar.ro
constanta@icar.ro
Ouvert tous les jours, sauf le dimanche. Une très bonne agence.
Tour des monastères avec ou sans guide, location de voitures (avec chauffeur ou non), hébergement, etc.

■ **INFOTURISM**
Strada Ştefan cel Mare, 23
✆ +40 230 551 241
infoturism@cjsuceava.ro
Ouvert de 8h à 16h.
Une bonne adresse pour glaner des informations auprès d'un personnel accueillant et agréable.

■ **REŢEAUA VERDE (RÉSEAU VERT)**
✆ +40 230 421 306
✆ +40 745 333 402
www.viacarpat.com
inforeverde@yahoo.com
Pour réserver par téléphone (interlocuteur anglophone ou francophone bien souvent) des nuits chez l'habitant, dans des pensions, dans la région des monastères, et même dans tout le pays.

Moyens de communication

Grâce à la mairie de Suceava, la ville dispose d'Internet en Wifi en accès libre.

■ **POSTE**
Strada Dimitrie Onciul
Proche de Strada Nicolae Bălcescu, 10
Ouvert tous les jours, sauf le dimanche.

Santé – Urgences

■ **HOPITAL PRINCIPAL**
Bulevardul 1 Decembrie 1918
✆ +40 230 222 098

■ **PHARMACIE EUROPHARM**
Strada Nicolae Bălcescu
Ouvert tous les jours de 8h à 21h en semaine (jusqu'à 19h le samedi et 15h le dimanche).

Se loger

Pour recueillir des informations sur la ville, trouver une chambre chez l'habitant et programmer un circuit organisé dans les monastères (possible avec guide parlant français).

Bien et pas cher

■ **CAMPING MUNICIPAL**
Strada Cernăuţi
✆ +40 230 520 427
Près de la gare Suceava Nord, accès en maxitaxi 1.
Pas très gai mais bon marché. Emplacements, petites cabines.

■ **HOSTEL LARY**
Strada Aurel Vlaicu, 195
✆ +40 747 086 329
www.hostelsuceava.ro
laryhostel@yahoo.com
Compter entre 10 € et 14 € la nuit.
Voici une bonne option pour les petits budgets.

Dans cette auberge de jeunesse située à proximité de la gare, vous trouverez des chambres doubles et des chambres à 4 lits. C'est propre et confortable et l'on offre aussi les serviettes, l'accès à Internet sans fil et le parking. Également possibilité de camping.

HOTEL BUCOVINA
Bulevardul Ana Ipătescu, 5
✆ +40 230 530 000
www.hotelbucovina.ro
contact@hotelbucovina.ro
Chambre simple 12 €, double à partir de 15 €.
Une tour hôtel de béton au sud du Parc central, typique des hôtels d'État. Mais les prix sont raisonnables et les 116 chambres (sans charme) sont toutes pourvues d'une salle de bains privée.

LEAGĂNUL BUCOVINEI
En arrivant de Bucarest, tout de suite après l'entrée dans la ville
18 Bulevardul Sofia Vicoveanca
✆ +40 230 541 011
www.leaganulbucovinei.com
info@leaganulbucovinei.com
Chambre double entre 25 € et 30 €. Compter 4 € en plus pour le petit déjeuner.
Cette pension qui dispose de 8 chambres et d'un appartement se trouve dans un quartier résidentiel de Suceava. Elle est bordée d'un joli jardin dont vous allez apprécier la verdure et le calme les jours d'été. À côté de la pension il y a une petite maison rustique, décorée en style traditionnel et que vous pouvez aussi louer pour pas cher.

VILLA ALICE
Strada Simeon Florea, 1
✆ +40 230 522 254 / +40 723 287 898
www.villaalice.ro
Contact@villaalice.ro
Chambre double autour de 40 €.
Une bonne adresse très centrale (près de l'église Saint-Nicolas) dans une belle villa bourgeoise, très certainement un des meilleurs hôtels de la ville. Chambres modernes, confortables et très luxueuses dans un style opulent et ancien. Restaurant. Excellent rapport qualité/prix.

Confort ou charme

DAILY PLAZA HÔTEL
Strada Ștefan cel Mare, 4
✆ +40 330 80 3520
http : //dailyplaza.ro – info@dailyplaza.ro
Chambre double à 65 €, petit déjeuner inclus.
Un hôtel 4 étoiles très cossu et confortable situé en plein centre de la ville. Un restaurant italien est également disponible sur place.

HÔTEL CONTINENTAL
Strada Mihai Viteazul, 4
✆ +40 230 210 944
www.continentalhotels.ro
info@continentalhotels.ro
Chambre double de 45 à 70 €. Nombreuses offres promotionnelles, à consulter sur le site Internet.
Non loin de l'église Saint-Nicolas, un hôtel de la chaîne Continental de 100 chambres confortables. Restaurant et agence de voyages. Bon rapport qualité/prix.

À voir – À faire

Le centre-ville. De la place, en passant devant l'imposante Maison de la culture (Strada Nicolae Bălcescu), qu'on a l'impression d'avoir déjà vue ailleurs, puis en tournant dans Strada Ciprian Porumbescu, vous arriverez au Hanul Domnesc et au musée d'Ethnographie (*Muzeul de Etnografie, Strada Ciprian Porumbescu, 5 ; ouvert tous les jours, sauf le lundi*). Le musée se trouve dans un bâtiment de pierre et de brique du XVIIe siècle qui a conservé de beaux éléments d'architecture médiévale moldave. Ses deux niveaux et sa cave ont été restaurés dans les années 1960. Les collections du musée sauront familiariser le visiteur avec le folklore et l'art populaire de la région. On y expose des costumes, du mobilier et divers objets en bois. De retour dans la très animée Strada Nicolae Bălcescu, vous pourrez rejoindre, plus loin, Strada Dimitrie Onciul, où se trouve la synagogue datant de 1870, ou, par Strada Ștefan cel Mare vers le nord, la jolie église Sfântul Dumitru, construite par Petru Rareș. Elle date de 1535, son clocher est de 1561. Les peintures originales sont encore visibles mais assez mal conservées. Tout à côté, on pourra visiter le marché du centre-ville, très animé par les paysans des environs. Plus loin, de l'autre côté des ruines de la résidence princière (Curtea Domnească) du XVe siècle, dans Strada Mirăuților, se trouve l'église du même nom. L'église Mirăuți, construite en 1390, est la plus ancienne de la ville. On y procédait au couronnement des princes de Moldavie. À l'occasion des travaux effectués dans les années 1990, on y découvrit le tombeau de Petru II Mușat, qui en avait ordonné la construction. De retour à Piața 22 Decembrie 1989, par Strada Ștefan cel Mare (vers le sud), on parvient au Parc central et, plus loin encore, au musée d'Histoire.

Autour du parc de la Forteresse. Plus loin, on arrive au plateau du grand parc de la Forteresse, où se dresse la statue de Ştefan cel Mare (de 1977 – période durant laquelle Ceauşescu remit au goût du jour les héros de l'histoire roumaine), le grand constructeur de monastères. À côté de la citadelle, vous pourrez voir un cimetière pouvant faire penser au cimetière du Père Lachaise ainsi qu'un musée du Village de Bucovine.

À la périphérie du centre-ville. Le plus grand marché (bazar) de Suceava se trouve à la périphérie du centre-ville, de l'autre côté de la rivière en direction de la gare. Une véritable débauche de couleurs, de cris, d'odeurs où vous trouverez : objets artisanaux, contrefaçons de la mode européenne et produits de toutes origines. On y trafique aussi un peu de tout. Bref, un vrai concentré d'Europe orientale.

ÉGLISE DE PĂTRĂUŢI

Le village de Pătrăuţi est à 6 kilomètres au nord de Suceava. Bus assez fréquents. Cette église de 1487 est une des toutes premières construites par Ştefan cel Mare. Elle est donc considérée comme une ébauche de ses constructions futures. L'édifice est certes plus simple que ceux qui allaient lui succéder, mais les peintures sont déjà remarquables et serviront de modèle à l'école moldave. Depuis peu, il est à noter que les fresques ont été merveilleusement bien restaurées.

FORTERESSE VOÏÉVODALE DE SUCEAVA (CETATEA DE SCAUN, « FORTERESSE DU SIÈGE »)

Entrée 1,20 €.

Située dans l'est de la ville, sur un plateau boisé qui la surplombe, elle fut construite au XIVe siècle par Petru II Muşat, qui en avait fait sa résidence. Elle fut agrandie et fortifiée par le souverain Alexandre le Bon, qui en fit un ouvrage défensif. Plus tard, Ştefan cel Mare renforça considérablement les murs d'enceinte et les tours. Endommagée par les attaques turques et investie par Soliman le Magnifique en 1538, elle fut démantelée au siècle suivant puis tomba peu à peu en ruine. Ses pierres servirent de matériel de construction. On peut encore voir sa forme circulaire, ses murs massifs, certaines tours de garde et les restes des fondations.

MONASTÈRE ARMÉNIEN DE ZAMCA

Au bout de Strada Zamca
En bordure nord-ouest de la ville

Ce petit ensemble entouré d'un mur comprend une église du XVe siècle (restaurée en 1606). La tour, construite à la même époque, est encore visible et bien conservée avec son toit pointu. Les murs d'enceinte, de 1690, furent construits par l'armée polonaise pour résister aux attaques turques.

MONASTÈRE DE DRAGOMIRNA

Le monastère est à 6 km au nord de Suceava. Accès par bus (vers Mitocu Dragomirnei et Dragomirna). Alternative, bus (plus nombreux) vers Pătrăuţi, puis à pied sur 3 km à travers la forêt, à condition qu'il fasse beau...

Les possibilités d'hébergement sont faibles, vous aurez seulement le camping de Dragomirna (tél : 0722 526 430) avec 11 maisonnettes qui se trouve en face du monastère.

Situé dans le village de Mitocu Dragomirnei, ce monastère-château fort impressionne de prime abord par son aspect de forteresse, dû aux murs et aux tours de défense magnifiquement conservés, qui se reflètent dans les eaux toutes proches. Il fut construit entre 1602 et 1609, autour d'une petite église édifiée quelques années auparavant (Biserica Mică, influencée par l'architecture de Munténie). La grande église (Biserica Mare, 1609), qui suit un plan de croix latine, est particulièrement imposante du fait de la hauteur de ses façades et de sa tour (42 mètres) qui domine l'ensemble. Le monastère lui-même se distingue par ses proportions, la hauteur étant particulièrement excessive par rapport à la largeur. Le parement est en pierre brute mais les piliers sont faits de blocs de pierre taillée et façonnée ; la sculpture décorative est composée de gammes de motifs géométriques et végétaux. Les styles moldave, byzantin et de Munténie s'y mêlent. Ses très belles peintures intérieures sont de style byzantin. Les fortifications et les tours de défense ont été édifiées en 1630 par le voïévode Miron Barnovschi. Vous pourrez admirer l'emblème de la région moldave, sculpté dans la pierre sur la tour principale.

Le site fut un centre culturel majeur (copie de textes religieux notamment). Le musée d'Art religieux du monastère présente des objets de culte en bois et en argent ainsi que de superbes livres et manuscrits, dont le Tétraévangile de 1609 enluminé par Anastasie Crimca, à qui le monastère doit son rayonnement culturel.

■ MONASTÈRE SAINT-JEAN-LE-NOUVEAU

Strada Mitropoliei (qui part du Parc central) vous mène vers le parc de la Forteresse. Au passage, vous remarquerez le très coloré monastère Saint-Jean-le-Nouveau (Mănăstirea Sfântul Ioan cel Nou), datant de 1522. Les peintures intérieures (celles de l'extérieur ont en grande partie disparu, sauf sur la façade sud) de son imposante église Saint-Georges sont de la même époque. Elle servit quelque temps d'école cléricale. On notera, au-dessus du porche, la tête d'aurochs, emblème de la Moldavie. Le complexe abrite les reliques de saint Jean le Nouveau, un martyr orthodoxe originaire de Trébizonde, aujourd'hui en Turquie, mort à Cetatea Albă, alors en Moldavie, en 1330. Le transfert de ses reliques ici même, en 1783, marque le début de la grande popularité du lieu et la multiplication des pèlerinages.

■ MUSÉE D'HISTOIRE DE LA BUCOVINE (MUZEUL DE ISTORIE OU MUZEUL NAȚIONAL AL BUCOVINEI)

Strada Ștefan cel Mare, 33
✆ +40 230 215 439
Ouvert tous les jours, sauf le lundi.
L'histoire de la ville et de la Bucovine, à travers des pièces archéologiques, tableaux, objets, photographies, etc. Intéressant notamment pour l'histoire de la forteresse.

■ MUSÉE DU VILLAGE DE BUCOVINE (MUZEUL SATULUI)

Ouvert en été, tous les jours sauf le lundi ; entrée 1 €.
Il expose quelques spécimens de belles maisons villageoises de la région, pour la plupart en bois.

RĂDĂUȚI

Cette grosse bourgade de 23 800 habitants au nord-ouest de Suceava peut constituer une bonne base d'exploration des monastères du nord de la Bucovine. La ville est animée, son ambiance y est agréable et l'on apprécie le charme de son marché et sa très belle petite église. Rădăuți est aussi connu pour sa production d'*afinată*, une délicieuse liqueur de myrtilles. La ville est également réputée pour le nombre élevé de populations allemande et juive qu'elle abrite. En outre, le célèbre dramaturge et poète Matei Vișniec y est né.

Transports

Bus – Maxitaxi

Liaisons fréquentes depuis la gare routière (Strada Ștefan cel Mare – ouest du centre-ville) en maxitaxi vers Suceava ou Gura Humorului. Bus vers Câmpulung Moldovenesc, en passant par Sucevița, Vatra Moldoviței (monastère de Moldovița), Solca, Arbore, Gura Humorului, Târgu Neamț. Mais aussi vers Cernăuți, en Ukraine.

Train

La gare ferroviaire est à côté de la gare routière. En train, on peut rejoindre Suceava ou Putna.

Pratique

■ INFORMATIONS TOURISTIQUES

Piața Unirii, 67 ✆ +40 230 562 718

Se loger

■ GERALD'S HOTEL

Piata Unirii, 3
✆ +40 330 100 650
www.geraldshotel.com
office@geraldshotel.com
D'octobre à avril, compter 50 € la chambre double ; de mai à début octobre 95 €.
Cet hôtel récent dans une tour bétonnée est situé en plein centre-ville et dispose d'une centaine de chambres tout confort, au décor frais et moderne, de standard 4 étoiles.
Il y a aussi un bar et un restaurant où vous pouvez déguster des spécialités locales ou internationales.

■ MOTEL LA VATRA

Strada Gării, 9
✆ +40 230 561 783
Chambre double 2 étoiles 20 €, chambre double 3 étoiles 25 €.
Un petit bloc en béton de trois étages, pas très cher, propre et confortable. Tout à côté de la gare ferroviaire.

■ PENSION & HÔTEL FAST

Strada Ștefan cel Mare, 80
✆ +40 230 560 060
Chambre double 25 € à 30 €.
Un hôtel un peu vieillot, au confort simple mais propre. Non loin de la gare routière, cet hôtel est assez calme.

Se restaurer

ANTIQUE

Aleea Primăverii, 12
✆ +40 230 560 011
Une excellente adresse et certainement le meilleur restaurant de la ville. Dans un quartier légèrement à l'écart du centre-ville, vous trouverez là une ambiance chaleureuse et un décor soigné. Le choix est vaste et les plats sont variés et bon marché. Service agréable.

RESTAURANT LONDON HOUSE

Strada 1 Mai, 5
✆ +40 755 270 055
londonhouse2010@yahoo.com
Ouvert du lundi au samedi de 10h à 22h.
Juste en face de la synagogue. Dans le menu, vous trouverez des plats typiques mais aussi, comme son nom l'indique, des spécialités britanniques.

À voir – À faire

ÉGLISE BOGDANA

Dans le centre-ville. Construite par le prince Bogdan Ier en 1359, c'est la plus ancienne église en pierre de Moldavie. Les peintures intérieures encore visibles datent du XVe siècle.

MUSÉE D'ETHNOGRAPHIE

Strada Republicii
Ouvert tous les jours, sauf le lundi, de 9h à 16h.
Il expose des costumes, des pièces artisanales typiques de la région. On y verra notamment de belles céramiques noires, décorées de fleurs ou d'oiseaux colorés, une spécialité locale. Intéressant.

Shopping

MARCHÉ (BAZAR)

Un vaste espace, non loin de la poste, très animé les jeudis et vendredis, quand des marchands de toute la Moldavie viennent se mêler aux paysans des alentours.

PUTNA

C'est le plus septentrional des monastères de Bucovine. Son cadre enchanteur mérite à lui seul la visite : forêts, collines, villages de bois. Ce monastère a la particularité d'héberger des moines alors qu'en Bucovine ce sont la plupart du temps des nonnes.

Ce monastère est connu pour abriter le tombeau du fondateur de nombreux édifices religieux de Moldavie, Ștefan cel Mare (Étienne le Grand), ce qui en fait un haut lieu du patriotisme roumain. Vous y serez d'ailleurs accueilli par une statue du poète national Mihai Eminescu, érigée en souvenir de son discours de 1871, délivré ici même et au cours lequel il déclara : « Faisons de Putna la Jérusalem de la Roumanie. »

Édifié en 1469, cet ouvrage est la première construction fortifiée du grand bâtisseur. Il a subi de nombreux remaniements et restaurations au cours des siècles, notamment à la suite du terrible incendie qui le ravagea deux ans après la fin des travaux. De la construction d'origine, seule demeure la tour du Trésor (sur le mur d'enceinte ouest). L'église actuelle, haute de 35 mètres, date de 1662. Vous remarquerez l'homogénéité qui se manifeste entre les toits pyramidaux des tours de l'église et celui du puits.

Le tombeau du bâtisseur est un bel ensemble en marbre de Carrare, surmonté d'un baldaquin (ce qui le distingue des tombes de ses deux femmes successives) et décoré de la tête d'aurochs, emblème de la Moldavie. Il avait décidé de reposer ici dès le début de la construction du complexe et avait supervisé lui-même la réalisation de son tombeau.

Ce monastère fut un centre culturel important (calligraphie, broderie, enseignement). La collection de broderies et de manuscrits à enluminures, présentée dans le musée (ouvert de 8 à 19 heures), est remarquable.

Dans le village de Putna, on verra une jolie petite église en bois datant de 1468 (une des plus vieilles d'Europe). Elle est appelée église de Dragoș Vodă, du nom du prince fondateur de la Moldavie, qui en décida la construction. Menacée de destruction par les Tatars, elle aurait été déplacée ici par Ștefan cel Mare. À l'intérieur, on remarquera la superbe iconostase. À l'entrée du village, vous pourrez lire un panneau indiquant « Chilia Daniil Sihastrul ». En ce lieu, Daniel l'Ermite, un moine qui était conseiller de Ștefan cel Mare, a creusé lui-même une grotte dans la roche. Une plaque commémorative lui est dédiée.

Si vous êtes randonneur, un chemin assez mal balisé peut vous permettre de rejoindre le monastère de Sucevița, à travers la forêt. Mais faites-vous accompagner par un ami roumain pour éviter de vous perdre.

Transports

À 35 kilomètres au nord-ouest de Rădăuți. Si l'on ne fait pas partie d'un tour organisé, le plus simple est de s'y rendre en train très lent depuis Rădăuți (fréquent) ou Suceava (2 par jour).

Se loger

■ PENSION ISIDORA
Strada Mănăstirii, 228 A
✆ +40 740 776 017
www.pensiunea-isidora.ro
sc_isidora@yahoo.com
Entre 9 et 12 € par personne.
Ouverte de mai à octobre, cette petite pension entourée de verdure compte 5 chambres propres et confortables. Vous pourrez aussi vous y restaurer, car elle dispose d'un restaurant et d'une jolie terrasse desservie par un bar.

■ PENSION MUȘATINII
Strada Mănăstirii, 513 A
✆ +40 230 414 444
office@pensiuneamusatini.ro
Compter 12,50 € par personne dans une chambre double. Le petit déjeuner est à 4 € et la demi-pension coûte 10 €.
Cette pension classifiée 4 marguerites propose 12 chambres doubles avec balcon et de nombreux équipements : minibar, TV câblée, air conditionné et Wifi. Il y a aussi un parking sécurisé et même un sauna et un terrain de tennis. Dans le restaurant 3 étoiles, vous pourrez essayer des spécialités de Bucovine.

SUCEVIȚA

C'est l'un des plus jolis monastères et des plus enchanteurs. N'hésitez pas à vous rendre sur la colline qui lui fait face, vous aurez une vue plongeante fort intéressante. L'édifice est un quadrilatère presque parfait (100 x 104 mètres), formé par des murs d'enceinte flanqués de tours aux toits pointus. Ces murs de défense font 6 mètres de hauteur et 3 d'épaisseur. Le monastère fut fondé par la famille Movilă en 1581 (église) et achevé en 1601 (enceinte). Son église centrale est entièrement couverte de fresques où le vert et le rouge dominent. Exécutées par les frères Ion et Sofronie, en 1596, elles mettent en scène un nombre impressionnant de personnages bibliques. Saints, prophètes, chroniqueurs et martyrs se comptent par centaines et leurs expressions sont tellement travaillées et diverses qu'elles méritent d'être regardées visage par visage, la succession de scènes donnant l'impression de lire un livre.

On s'accorde pour considérer la fresque appelée *Échelle de saint Jean Climaque* (échelle des vertus et des vices) comme l'une des plus belles. Elle représente les 32 étapes que l'on doit passer après la mort. Seul celui qui n'a jamais péché atteint le sommet de l'échelle, le paradis. Le musée d'Art religieux (*ouvert de 8h à 20h*) situé dans une maison contiguë est un des plus riches du pays.

La route de Rădăuți vers Sucevița passe par le village de Marginea, célèbre pour ses poteries noires. C'est le plus grand centre de céramique noire de Bucovine. À visiter : l'atelier de céramique qui borde la route Marginea-Sucevița.

Transports

À 20 kilomètres à l'ouest de Rădăuți. De nombreux maxitaxis desservent le village. Ceux qui, nombreux, rallient Câmpulung Moldovenesc passent également par ici. Entrée 1 €. Pour avoir une visite guidée en français, demandez à l'entrée si sœur Tatiana est disponible.

Pratique

■ VIA CARPATHICA
Voievodeasa
✆ +40 744 50 94 24
www.viacarpat.com
carpathica@yahoo.com
Pionnier de la randonnée en Roumanie, Via Carpathica est une petite agence franco-roumaine, résolument artisanale et villageoise, riche d'une longue expérience professionnelle : depuis 1991, elle est le partenaire de plusieurs tours opérateurs français spécialistes de la randonnée. Autres points forts : découverte culturelle, autotours, accueil chez l'habitant, circuits sur mesure pour groupes, dans toute la Roumanie, en Moldavie et en Ukraine. C'est aussi une équipe engagée dans le quotidien et l'avenir du monde rural dans les Carpates.

Se loger

Bien et pas cher

■ PENSION SONET DE MUNTE
Sucevița, 307 ✆ +40 230 417 174
www.sonetdemunte.ro
info@sonetdemunte.de
Chambre double à partir de 30 €.
À 3 kilomètres du monastère, une belle villa de caractère.

Confort ou charme

■ CASA CU CERBI
Hameau de Voievodeasa
✆ +40 745 333 402 / +40 762 450 783
www.bucovine.wordpress.com
casacucerbi@yahoo.com
Compter à partir de 40 € par personne en demi-pension. Réservation obligatoire.
À la sortie de Sucevița vers Rădăuți, dans le village de Voievodeasa, « la Maison aux Cerfs » est une vraie ferme de Bucovine, restaurée dans le respect de la tradition. Un petit coin de paradis, très certainement une des plus belles pensions de Roumanie. Chambres chaleureuses et personnalisées (meubles de récupération, vieux tapis de famille). Chacune dispose d'une salle d'eau privée. Accueil en français. Formule demi-pension avec une fameuse table d'hôtes, déclinant les produits de la ferme. Activités possibles : randonnées, découverte des monastères, excursion à Cernăuți (Ukraine). La ferme est rattachée à une agence Via Carpathica qui pourra vous organiser des séjours ou réserver des logements dans le reste du pays.

■ CASA FELICIA
Sucevița, 487 ✆ +40 745 560 253
Situé à 300 mètres du monastère, voici une bien belle adresse pleinement rurale, dans cette petite ferme tout en bois, pour profiter de l'hospitalité roumaine. La cuisine y est délicieuse avec des produits du jardin.

■ CHEZ DANA VATAMANIUC
Sucevița, 81
✆ +40 740 190 424
danavatamaniuc@yahoo.com
Situé à 5 kilomètres après le monastère (si vous veniez de Moldovița), ce logement sans enseigne se trouve à 100 mètres après la pension Fragilor. Un logement chez l'habitant très pittoresque à côté d'un grand verger. Une très bonne adresse.

■ HOTEL SOFIA****
Sucevița, 355 A ✆ +40 751 476 342
www.sofiahotel.ro
contact@sofiahotel.ro
Compter environ 56 € la chambre double.
Situé dans un cadre naturel, à quelques centaines de mètres des monastères, ce charmant hôtel 4 étoiles dispose de chambres tout confort, avec balcon donnant sur la forêt. Vous y trouverez aussi un sauna, une piscine et un restaurant à spécialités moldaves.

■ PENSION ELENA
Strada Mănăstirii, 583
✆ +40 740 060 835
À 1 kilomètre du monastère, des chambres modestes mais très propres et bon marché, ainsi qu'une délicieuse cuisine locale.

■ POPAS TURISTIC BUCOVINA
Sucevița, 330 ✆ +40 230 417 000
www.popas.ro
info@popas.ro
Il s'agit d'un complexe touristique avec une offre variée d'hébergement : un camping surveillé avec toilettes et douches, un village de vacances 4 étoiles tout récent et deux villas situées au pied de la piste de ski toute proche qui fait 300 mètres.

■ ARBORE

Moins imposante que les monastères voisins, cette modeste église sans clocher fut construite en 1502 par Luca Arbore, gouverneur de Suceava, qui y est enterré et dont le village porte le nom. Si le bâtiment est modeste, les peintures des murs extérieurs sont en revanche superbes.
Elles sont signées par Dragoș Coman en 1541, qui y a privilégié toutes les nuances du vert (et surtout le bleu-vert). La façade ouest se distingue par une niche peinte, un élément architectural inhabituel pour l'époque. C'est ici que se trouvent les peintures les mieux conservées (car une partie des fresques est plutôt endommagée). Elles montrent une succession de petites scènes très riches, comme la Genèse et la vie des saints.
À l'intérieur de l'église, on verra une remarquable iconostase.

Transports

Entre Rădăuţi et Solca, à 32 kilomètres au nord-ouest de Suceava et à 37 kilomètres de Gura Humorului. Bus depuis Rădăuţi, Suceviţa et Suceava (plus rares et bien peu pratiques). L'autostop fonctionne bien. Ouverte tout l'été. En hiver, demander les clés dans le village.

SOLCA

Les bus qui circulent entre Rădăuţi et Gura Humorului passent par ici. Le monastère de cette petite ville date de 1614. Laissé à l'abandon dès la période austro-hongroise, il est quand même ouvert au public. On pourra apprécier les importants travaux de fortifications effectués peu après sa construction. L'église se dresse encore fièrement, avec son très classique et moldave clocher octogonal.

Poieni-Solca, entre Solca et Cacica, est un village bien plus charmant et pittoresque, qui semble surtout peuplé d'animaux (basse-cour, vaches, chats...).

CACICA

Cacica (1 400 habitants) est le centre d'un bassin d'exploitation d'un important gisement de sel. Du temps où l'Empire austro-hongrois dictait ses lois dans la région, on a fait venir ici Polonais, Slovaques, Juifs et Ukrainiens pour aider la population locale à extraire le sel. De cette immigration forcée est né un lieu d'échanges culturels important. Les descendants de ces Polonais et Slovaques vivent encore nombreux ici, où ils ont leurs églises, leurs cafés, etc. On pourra y visiter la saline de Cacica, celle qui attira tant de travailleurs dans cette région aux paysages enchanteurs. Elle continue à être exploitée depuis 1791.

- **On visitera un petit musée** avant de descendre sous terre, là où furent creusées dans le sel des marches, une salle de bal, une chapelle... Étonnant et spectaculaire. Informations et vente d'artisanat dans le complexe de la saline.
- **Vous pouvez vous arrêter aussi à l'église catholique de Cacica** qui attire des pèlerins du monde entier et à laquelle le pape Jean-Paul II a accordé le titre de basilique mineure.

Transports

Bus et train entre Cacica et Suceava. Les bus qui circulent entre Rădăuţi et Gura Humorului passent par ici.

MOLDAVIE-BUCOVINE

Église catholique dans les environs de Cacica.

GURA HUMORULUI

Cette petite ville de 13 700 habitants est surtout intéressante pour ses possibilités de logement et sa situation centrale par rapport aux monastères, notamment ceux de Voroneț et de Humor. Elle possède toutefois un petit musée ethnographique très bien fait (Piața Republicii, 2, tél. 230 231 108), qui présente le folklore et l'artisanat de la région. En allant vers le monastère de Humor, on passera par l'ancien quartier juif, aux maisons caractéristiques, où un cimetière témoigne de l'importance de cette communauté avant la Seconde Guerre mondiale. À proximité de la ville, outre les monastères décrits plus loin, vous pouvez visiter la mine de sel et le musée du Sel du village de Cacica (*voir plus haut*).

Transports

Les gares routière et ferroviaire sont côte à côte, à 10 minutes de marche à l'ouest du centre-ville. Trains et bus depuis Suceava et Vatra Dornei. La ville est sur la ligne Suceava-Cluj et ces deux villes sont donc également accessibles par le rail. Trains vers Iași également. Les bus desservent Botoșani, Câmpulung et même Piatra Neamț. Les bus locaux (destinations et horaires affichés) desservent les villages des alentours, dont Humor, Voroneț, Rădăuți, Solca, Cacica et Arbore.

Se loger

Bien et pas cher

■ PENSION CASA CRISTIAN
Strada Victoriei, 26
✆ +40 230 230 864
Chambres doubles 60 à 65 €.
L'adresse la plus agréable du coin. Les chambres, toutes différentes, superbes et très confortables, sont aménagées dans un bel édifice *Mitteleuropa*, situé sur la route de Humor. Accueil professionnel et chaleureux, jardin charmant.

■ PENSION CASA HUMOR
Aleea Ștefan cel Mare, 5 B
✆ +40 230 233 334
Entre 27,50 € et 31 € la chambre double, sans petit déjeuner.
Pension moderne tout confort. Les 7 chambres doubles sont sympathiques et accueillantes et ont toutes des balcons. Le décor est plaisant et l'on propose de nombreux équipements : minibar, Internet, parking, sauna et restaurant.

■ PENSION LA ROATĂ
Strada Wurzburg, 21 F
✆ +40 230 230 400 – www.la-roata.ro
Compter 37,50 € la chambre double avec petit déjeuner. Pour 100 € la nuit vous pouvez aussi louer une maison paysanne : Casa Zenovia.
Chambres modernes et confortables. Mais c'est Casa Zenovia qui attire l'attention par son architecture rustique et son décor intérieur traditionnel. Dépaysement garanti. Le restaurant est à base de spécialités locales et il est réputé comme un des meilleurs du coin.

■ TOACA BELLEVUE HOTEL
Strada Gheorghe Lazăr, 12
✆ +40 230 233 390
www.toacabellevue.ro
toacabellevue@gmail.com
Entre 35 € et 40 € la chambre double selon la saison. Petit déjeuner inclus.
Un hôtel 4 étoiles à 2 kilomètres de la piste de ski de Gura Humorului avec une vue magnifique sur la ville. Au niveau de la mansarde, le décor en bois donne une touche plus chaleureuse aux chambres.
Parking, lobby et restaurant à votre disposition. Pour les intéressés, il y a aussi un terrain de football.

■ VILA FABIAN
Strada Câmpului, 30
Sur la route de Vorone ✆ +40 230 233 863
Chambre double 30 €.

Bon niveau de confort, accueil chaleureux et personnel compétent. On peut aussi vous réserver des chambres chez l'habitant, organiser des circuits dans les monastères, etc.

Confort ou charme

■ **RÉSIDENCE HILDE**
Strada Șipotului, 2
✆ +40 230 233 484 / +40 744 386 698
www.lucy.ro – office@lucy.ro
Compter entre 35 € et 60 €, pour une chambre double ou pour une suite et entre 50 € et 80 € pour un appartement, selon la saison et le type de confort. Le petit déjeuner-buffet est à 5 € par personne. Le restaurant à la carte est ouvert, tous les jours, de 8h à 22h. Wifi gratuit.
Un endroit tout simplement magnifique, tant pour la décoration des chambres que pour l'enchantement du jardin, sa verdure, ses arbres, ses mottes de foin qui somnolent au soleil, à côté des hamacs et des chaises longues. Toutes les chambres ont des lits matrimoniaux, des salles de bains impeccables ainsi que la télévision câblée. Aucune chambre ne ressemble à une autre, chacune a son propre design et son charme à part. Deux appartements sont à disposition : l'appartement « De Luxe », spacieux et élégant, et l'appartement « Rustik », ravissant par son décor campagnard. Les chambres « Bamboo » et « Love Story » évoquent des ambiances de rêve et sont idéales pour une lune de miel ou pour un week-end romantique. Au total, 14 excellentes options s'offrent à vous. Il y a aussi un restaurant à gastronomie locale et internationale, à base de produits bio, faits maison, et un magazin de souvenirs, vivant et coloré, où l'on peut acheter des confitures et des objets décoratifs. L'équipe de Hilde est comme une grande famille, on vous reçoit avec une hospitalité touchante. Le personnel est souriant et toujours disponible. On saura aussi vous orienter pour la visite des monastères et pour la randonnée… en français ! Très bonne adresse.

Se restaurer

■ **RESTAURANT MOLDOVA**
Piața Republicii, 16
✆ +40 230 230 992
En plein centre-ville, le décor n'est pas typique mais la cuisine est très bonne. Spécialités de Bucovine.

HUMOR

Fondé au début du XVe siècle, ce monastère est réputé pour ses fresques peintes par Toma de Suceava, où le rouge et le doré dominent. Son église, de taille modeste et dédiée à saint Georges, est d'un style moldave classique. Ses peintures intérieures passent pour les plus belles de Moldavie. Intérieur (arcs superposés superbes) et extérieur (première véranda ouverte de Moldavie) sont décorés de peintures orthodoxes traditionnelles de style byzantin. D'admirables peintures ornent également le calendrier orthodoxe, l'icône de l'Assomption de la mère de Dieu et les portraits des plus fameux ermites chrétiens. L'autel est consacré à la Vierge et à son Fils, selon la tradition orthodoxe. Les peintures extérieures ont pour thèmes principaux l'Annonciation, l'arbre de Jessé et le jour du Jugement, ainsi que le siège de Constantinople, sur la façade sud. Le site était jadis fortifié. Mais depuis sa destruction par les Autrichiens, en 1785, il ne reste que quelques pans des murs d'enceinte et une imposante tour de guet (1641), pointue, transformée ultérieurement en clocher.

Transports

À 5 kilomètres au nord de Gura Humorului. Très nombreux minibus depuis Gura Humorului. Par beau temps, on peut aussi s'y rendre à pied.

Se loger

Bien et pas cher

■ CAMPING
✆ +40 744 959 047
À 300 mètres du monastère, un charmant camping à la ferme. On peut préférer les petites et confortables chambres (moins de 10 € par personne). On y parle français.

■ PENSION CASA BUNICILOR (LA MAISON DES GRANDS-PARENTS)
Strada Chilia, 22
✆ +40 751 649 864
www.casabunicilor.com
iacob_maria2005@yahoo.com
Environ 30 € la chambre double.
Un coup de cœur pour cette pension au décor traditionnel. Depuis les poutres en bois incrusté du plafond jusqu'aux meubles et aux tapis, rien n'a été laissé au hasard. Les chambres sont impeccables et tout confort.
Vous aurez à disposition une cuisine équipée, un barbecue, un parking, un espace de jeux pour les enfants et même une salle de conférence.

■ PENSION FLOARE DE IRIS
Près du monastère de Humor
✆ +40 744 519 779
www.floaredeiris.ro
pensiuneairis@yahoo.com
Chambre double à 20 € sans petit déjeuner.
C'est une petite pension de 9 chambres située dans la proximité du monastère de Humor. Chambres correctes et confortables. Son point fort, ce sont les nombreux services proposés : barbecue, vélos, table de tennis, billard, parking. Vous aurez aussi accès à la cuisine qui est entièrement équipée. Bon rapport qualité/prix.

■ PENSION PASSIFLORA
Strada Prundului
Au coin de Strada Ștefan cel Mare, 195
✆ +40 230 572 710
www.passiflora.info.ro
office@passiflora.info.ro
Environ 44 € la chambre double avec petit déjeuner.
À quelques minutes à pied du monastère de Humor, cette pension récente propose 15 chambres bien décorées dans le style traditionnel. Nombreux services : vélos, tennis de table, espace de jeux pour les enfants, salle de conférence avec accès Internet gratuit et parking. Le restaurant propose une cuisine traditionnelle et aussi la possibilité d'écouter des groupes folkloriques de la région et pourquoi pas de s'essayer au karaoké sur des chansons roumaines. Attention, ce ne sera pas O-Zone !

Confort ou charme

■ CASA BUBURUZAN
✆ +40 745 849 832
www.geocities.com/cbuburuzan
Le nom de cette charmante famille vient du mot qui, en roumain, signifie « coccinelle » ; déjà, c'est un bon signe. Plusieurs chambres dans plusieurs maisons à différents prix et niveaux de confort, mais partout bien tenues et agréables. On vous conseille la demi-pension (produits de la ferme familiale). On peut venir vous chercher à Gura Humorului.

▶ Autre adresse : www.ruralturism.ro/stela

■ CASA GHEORGHITA
À 150 m au nord du monastère
✆ +40 744 793 485
L'option très bon marché du lieu. Une maison agréable avec 6 chambres simples mais accueillantes.

■ VORONEȚ

C'est le monastère le plus visité de Bucovine et il n'est pas rare de devoir y faire la queue en plein été. On est alors loin de l'idéal petit monastère sylvestre vendu par les brochures... Sa popularité, ses titres multiples (le plus célèbre étant « la cahpelle Sixtine de l'Orient ») sont cependant justifiés. Ce monastère fut érigé par Ștefan cel Mare en 1488, en 21 jours seulement, dit-on. Les murs de son église Sfântul Gheorghe (style moldave typique) présentent la plus belle fresque de Bucovine (celle qui lui a valu justement le surnom de chapelle Sixtine). Les peintures murales extérieures furent réalisées en 1547, sous Petru Rareș. L'endroit est célèbre pour cette couleur que l'on appelle le « bleu de Voroneț », qui fascine par sa transparence unique. Le secret de fabrication de cette peinture est tenu secret et les lexiques d'art l'ont placée aux côtés du rouge de Rubens ou du vert de Véronèse. Ce bleu de fond fait merveilleusement ressortir les

La fondation de Voroneț

Le chroniqueur médiéval Ion Neculce (1672-1745) présente ainsi la fondation de la future « chapelle Sixtine de l'Orient » : « En route vers la forteresse de Neamț, Étienne le Grand fit un détour dans le village de Voroneț, où vivait un moine nommé Daniel. Une fois que ce dernier eut terminé ses prières, il convie le voïévode dans sa cellule et l'invite à se confesser. Étienne le Grand lui demanda conseil sur la stratégie à adopter vis-à-vis des Turcs, dont il n'arrivait pas à freiner l'avancée. Devait-il soumettre le pays aux Turcs ou non ? Le moine lui répondit qu'il ne devait pas capituler, qu'il remporterait la victoire et qu'il devrait par la suite bâtir sur le champ de bataille un monastère dédié à saint Georges. » Par la suite, l'ermite a été enterré dans le monastère.

détails des nombreux personnages richement colorés, personnalités religieuses ou figures locales ; on y reconnaît également des paysans. La plus célèbre des fresques est celle du Jugement dernier, qui couvre entièrement le mur occidental de la véranda. Cette scène récurrente dans les monastères de Bucovine est ici détaillée à l'extrême. On reconnaîtra Jésus jugeant les vivants et les morts, les portes du Paradis, l'étimasie (classique de l'iconographie byzantine), Adam et Ève et les voies que pécheurs et justes emprunteront vers l'Enfer ou le Paradis. Détail intéressant : pour la première fois, les pécheurs sont représentés selon leur origine ethnique (Turcs, Tatars, Arméniens, Juifs). Enfin, les cloches encore en fonction sont celles du temps de Ștefan cel Mare.

► **À Gura Humorului, près du monastère de Voroneț,** vous trouverez aussi une piste de ski moderne. Inaugurée début 2010, elle s'étend sur 1 500 mètres et a un degré de difficulté moyen.

Transports

À 5 kilomètres au sud de Gura Humorului. Quelques bus quotidiens. On peut aussi s'y rendre à pied ou en autostop. Entrée 1 €.

Se loger

■ **PENSION PERLA BUCOVINEI**
✆ +40 724 241 121
www.perlabucovinei.ro
Compter 25 € la chambre double.
Cette pension 4 *margarete* (l'équivalent des étoiles pour les pensions) est une bonne option si vous cherchez un hébergement à Voroneț. Le décor à la fois rustique et moderne est harmonieux et vous avez aussi un restaurant qui propose des spécialités locales. Bon rapport qualité/prix.

Église du monastère de Voroneț, fresque du jugement dernier.

MOLDOVIȚA

Le monastère fut fondé par Petru Rareș en 1532, non loin d'une église de 1410, construite par Alexandru cel Bun et détruite plus tard par un glissement de terrain. Alors que la plupart des monastères de la région ont subi maintes destructions, Moldovița a conservé la totalité de ses édifices d'origine. L'église Buna Vestire (Bonne Nouvelle) est entourée d'un mur d'enceinte de 6 mètres de hauteur formant un quadrilatère. C'est une des plus imposantes églises moldaves jamais érigées. Parmi les thèmes représentés, on verra le Jugement dernier, l'hymne à la Vierge ou le siège de Constantinople (où vous remarquerez l'usage de la perspective). On déambule avec bonheur dans ce lieu magnifiquement fleuri et bien moins fréquenté que Voroneț. Dans un joli musée, on verra icônes, broderies, livres anciens et le trône très élaboré de Petru Rareș. Il est abrité dans une résidence voïévodale construite par le métropolite Efrem en 1612.

▶ **C'est dans ce monastère qu'est gardée la Pomme d'or**, prix accordé en 1976 à la Bucovine par la Fédération internationale des journalistes et écrivains du tourisme (FIJET) et qui représente la consécration la plus convoitée dans le monde du tourisme international.

Transports

À une trentaine de kilomètres au nord de Gura Humorului, dans le village de Vatra Moldoviței. Un bus quotidien assure la liaison Rădăuți-Sucevița-Vatra Moldoviței-Câmpulung Moldovenesc, dans les deux sens. Trains depuis Câmpulung (3 par jour) et Suceava, en changeant éventuellement à Vama.

Le trajet de Vama à Vatra est superbe et on a bien le temps de le contempler. Autostop possible. La route de montagne depuis Sucevița est absolument superbe.

Se loger

■ **PENSION ET MUSÉE CONDREA**
Strada Stadionului, 87
✆ +40 723 180 286
La chambre double est à 20 €. Pour le petit déjeuner, compter 4 € supplémentaires.
Elle est située juste à côté du stade de Moldovița et vous pourrez y apprécier de confortables chambres, ainsi qu'une magnifique collection d'œufs peints. Même si vous ne souhaitez pas y loger, l'exposition vaut le détour.

Église du monastère de Moldovița.

VILA CRIZANTEMA
Vatra Moldoviței
✆ +40 230 336 116
www.vilacrizantema.ro
vilacrizantema@yahoo.com
Chambre double à 20 € sans petit déjeuner.
Une pension de 8 chambres presque entièrement construite en bois et pierre, en respectant le style artchitectural local. Pittoresque et acueillante. La cuisine équipée est mise à la disposition des clients.

VIORICA ET LA FAMILLE SEMENIUC
✆ +40 230 336 381
Ils seront heureux de vous proposer une démonstration d'œufs peints ainsi qu'un agréable hébergement.

À voir – À faire

TRAIN MOCĂNIȚĂ
office@cfi.ro
Les circuits se font le samedi et le dimanche et coûtent 2,50 € aller-retour.
Ne pas manquer ce parcours en petit train qui siffle et souffle dans une zone forestière, sur environ 8 kilomètres de rails construits il y a cent cinquante ans.

CIUMÂRNA

En quittant Moldovița, prenez la route qui mène à Sucevița, vous traverserez le très beau hameau de Ciumârna (500 habitants). Vous serez ici dans un lieu d'exception où les traditions houtsoules sont encore très marquées. L'accueil est chaleureux et les paysages sont grandioses.
Vous pourrez rejoindre aisément Sucevița par le col de la Palme qui est symbolisé par la main du travailleur. Par temps clair, un des plus beaux panoramas sur la Bucovine s'offre à vous.

ASSOCIATION PETRICKA
✆ +40 230 336 322 / +40 745 708 438
www.association-petricka.com
Un gros coup de cœur pour cette très bonne adresse. Une association dynamique où toute la famille s'investit. On pourra vous héberger chaleureusement dans de vraies chambres chez l'habitant. C'est une véritable mine d'informations et vous serez gentiment renseigné et guidé (en français) si vous le souhaitez.
Au programme, randonnées (balisées par eux-mêmes) et visites des monastères (par Petricka et Alain), dégustation de produits régionaux (par Maria) et démonstration d'œufs peints (par Ionuț). En bref, une halte incontournable adaptée à toutes les bourses.

FĂLTICENI

La ville de Fălticeni (25 700 habitants) se trouve à 25 kilomètres au sud de Suceava. Les quelques monastères des alentours sont en général tenus à l'écart des circuits touristiques les plus courus, ce qui ne doit pas vous empêcher d'y aller.

MONASTÈRE DE PROBOTA
À 30 km au sud de Suceava, à Dolhasca, au sud-est de Fălticeni. Train de Suceava à Dolhasca, puis 6 km de marche ou autostop.
Ce monastère fortifié a été construit en 1530 par Petru Rareș (qui y est enterré). Les peintures intérieures et extérieures de l'église datent de cette époque. L'état de conservation des peintures extérieures est précaire, en particulier sur les façades ouest et nord. On peut encore y distinguer des scènes de la vie de saint Nicolas (qui est le saint patron de l'église). L'Apocalypse de Jean est représentée dans son intégralité, le thème du Jugement dernier y étant omniprésent. La décoration des voûtes est d'influence baroque. Les alentours sont superbes : collines, verdure, paysages et villages pittoresques, villages roms.

MONASTÈRE DE RÂȘCA
Râșca se trouve à 20 km au sud-ouest de Fălticeni, à 10 km à l'écart de l'axe Suceava-Târgu Neamț.
Également fondé par Petru Rareș, en 1542. Les peintures extérieures de cette église de forme allongée que dominent deux tours sont plutôt bien conservées. Les toits multiples, la taille de l'édifice et la richesse des fresques forment un superbe ensemble. Le monastère a été maintes fois restauré, en 1991 notamment.

CÂMPULUNG MOLDOVENESC

Située à 69 kilomètres au sud-ouest de Suceava, c'est une petite ville de 16 700 habitants, à 630 mètres d'altitude, au milieu d'un paysage charmant. La ville est toutefois bien moins pittoresque que les jolis villages des alentours. Il vaut mieux trouver un logement dans le village de Vama, par exemple, qui vous réservera de belles surprises.

Transports

Les gares routière et ferroviaire de Câmpulung sont situées à l'ouest du centre-ville, Strada Alexandru Bogza. Il y a en fait deux gares ferroviaires, mais évitez celle de Câmpulung Est, inutile et peu pratique. Trains vers Suceava (5 par jour, en passant par Gura Humorului), Iași (5 par jour), Cluj (3 par jour). Maxitaxis très fréquents vers Suceava. Bus pour Suceava, Gura Humorului, Rădăuți (par Vatra Moldoviței et Sucevița). Bus pour Argel (en passant par Moldovița). Bus pour Vatra Dornei (3 par jour), Târgu Neamț et Piatra Neamț (1 par jour).

Se loger

HOTEL EDEN
Calea Bucovinei, 148
✆ +40 230 314 733
www.hotel-eden.ro
Chambre double 45 € environ.
À la sortie est de la ville, un hôtel 3 étoiles aux chambres petites mais impeccables. Restaurant. Sauna et gym. Organisation d'excursions.

HÔTEL ZIMBRUL
Calea Bucovinei, 1
✆ +40 230 314 356 / +40 230 314 357
Chambre double jusqu'à 40 €, selon les saisons.
Une tour de béton de 90 chambres, qui marque le centre de la ville. Confort acceptable, même si l'ambiance générale frôle le sinistre. Si possible préférez des pensions chez l'habitant dans des villages des environs.

PENSION GABRIELA
À Vama ✆ +40 745 510 170
Située vers la fin du village, sur la route de Moldovița.
D'un bon prix et aux chambres confortables. N'hésitez pas à y prendre les repas du soir, vous aurez certainement la chance de déguster une des meilleures *ciorbă de afumătură* (soupe de viande fumée) de la région.

À voir – À faire

MUSÉE DES CUILLÈRES EN BOIS DU PROFESSEUR IOAN TUGUI
Strada Gheorghe Popovici, 3
N'hésitez pas à téléphoner à Elena Mateescu (0729 197 221), une enseignante qui pourra vous faire visiter si elle ne donne pas de cours.
Pour parfaire votre connaissance de l'artisanat, ne manquez pas cet endroit. On y verra les fruits de longues décennies de recherche effectuées par le professeur, pour réunir près de 4 500 cuillères de toute forme et de tout bois, et parfois superbement décorées. L'endroit, juste à l'ouest du centre est facilement reconnaissable aux assiettes colorées qui ornent la façade.

Des murs aux tissus

Au temps d'Étienne le Grand, artistes et artisans ne peignaient pas seulement les murs des monastères. Dans les écoles rattachées aux monastères, l'art de l'enluminure et de la broderie était vivement encouragé. Les thèmes (religieux) et les exigences artistiques de ces écoles (lignes, équilibre, couleurs) étaient les mêmes. Vous ne vous étonnerez donc pas, en visitant les petits musées des monastères, d'y retrouver les mêmes scènes et le même style. Le monastère de Neamț était particulièrement réputé pour la confection de voiles brodés, qui servaient aux cérémonies, à orner les portes du sanctuaire (derrière l'iconostase) ou bien de linceul. Parmi les réalisations majeures, citons le linceul de Sylvain (1437, style byzantin, couleur rouge dominante), le premier voile liturgique de grande dimension brodé en Moldavie. La couleur rouge était la plus appréciée car elle faisait le mieux ressortir les fils d'or employés pour les voiles les plus précieux.

■ **MUSÉE DU BOIS (MUZEUL LEMNULUI)**
Calea Transilvaniei, 10
Ouvert tous les jours sauf le dimanche.
Câmpulung étant au centre d'une région dont la principale activité économique est l'industrie du bois, on pourra visiter le musée qui la présente et expose meubles (superbes coffres de mariage), chariots, portails de maisons et objets divers (flûtes, bâtons, couverts...).

Shopping

■ **MARCHÉ**
Près de la statue de Dragoș Vodă, c'est un lieu évidemment coloré et animé, où les odeurs des produits des fermes des alentours excitent l'appétit. On parle ici autant ukrainien que roumain.

VAMA

Juste au sud de Negrești, un village de 3 600 habitants renommé pour ses céramiques. Vous pourrez vous en faire une idée grâce à une exposition qui y est consacrée.

■ **HOTEL VALEA MARIEI**
Valea Mariei, localité de Vama
✆ +40 261 806 293
Voir page 371.

MASSIF DE RARĂU

Au sud de Câmpulung Moldovenesc. Si vous aimez les randonnées ou si vous êtes passionné par la flore spécifique des montagnes, ce massif vous ravira. Ses points culminants sont les pics Giumalău (1 856 mètres), Pietrosu (1 791 mètres) et Rarău (1 650 mètres). Le refuge Rarău (Cabana Rarău) est le point de départ de nombreuses randonnées. Il est accessible en voiture en été ou à pied (4 heures). Du refuge, on peut rejoindre les Pietrele Doamnei, jolie formation rocheuse, mais aussi deux réserves naturelles. Celle de Todirescu (*fânețele montane de pe plaiul Todirescu*) protège de nombreuses fleurs de montagne, tulipes, chrysanthèmes et autres, qui, lorsqu'elles fleurissent, de mai à septembre, offrent un spectacle de toute beauté. Plus loin, la réserve forestière de Slătioara est une vieille forêt de hêtres et de sapins (on la considère comme la plus ancienne forêt de conifères d'Europe, avec des épicéas de 50 mètres de hauteur, vieux de cinq cents ans) et des pentes sur lesquelles poussent aussi des edelweiss. Enfin, la route 17 B vous permettra de suivre la rivière Bistrița et ses superbes gorges.

VATRA DORNEI

À 112 kilomètres de Suceava et à 42 de Câmpulung Moldovenesc, cette station thermale de 14 500 habitants plutôt vieillissante reste un carrefour incontournable. Elle se trouve en effet à égale distance de Suceava, Piatra Neamț, Bistrița (par le défilé de Bârgău) et le Maramureș. Les paysages alentour sont superbes et notamment la route qui mène au col de Prislop vers le Maramureș (*voir plus bas*) et la route 17 B vers Piatra Neamț qui traverse les monts Ceahlău. La ville est située à plus de 800 mètres d'altitude, à l'abri des vents forts. Elle est entourée de montagnes couvertes de conifères et bénéficie d'un climat vivifiant. Ses eaux thermales sont réputées et le premier établissement de bains y fut ouvert en 1845. De son succès du temps de la période austro-hongroise, elle a gardé de grandes maisons du XIXe siècle. Comme Borsec plus au sud, la ville est connue dans tout le pays. Son nom figure en effet sur de nombreuses bouteilles d'eau minérale que vous avez peut-être déjà goûtée, l'eau Dorna. Vatra Dornei est aussi une station de sports d'hiver et peut être un point de départ vers les monts Rarău.

Retrouvez le sommaire en début de guide

Transports

Aucun problème pour gagner Vatra Dornei, située sur un axe majeur entre la Moldavie et la Transylvanie. Préférez la gare ferroviaire Vatra Dornei Băi (plutôt que Vatra Dornei tout court). Trains pour Iași (4 par jour, 4 à 5 heures de trajet), Suceava (7 par jour, 2 heures 30 à 3 heures 30 de trajet), Câmpulung Moldovenesc ou Cluj (4 par jour, 4 heures de trajet).
La gare routière se trouve à l'angle des rues Oborului et 22 Decembrie, toute proche du centre à l'est de Strada Republicii. Bus pour Suceava (5 à 6 par jour), Iași (1 par jour), Piatra Neamț (3 par jour), Târgu Neamț (3 par jour), Bistrița (1 par jour) et Bacău (1 par jour). Mais aussi des bus locaux vers les villages alentour : Ciocănesti et Cârlibaba (sur la route du Maramureș, 3 par jour), Gura Humorului (3 par jour), Poiana Largului (au nord du lac Izvorul Muntelui, 4 par jour).

Pratique

INFORMATIONS ET SAUVETEURS EN MONTAGNE
Strada Gării, 2
✆ +40 230 372 767
✆ +40 726 686 687
Ouvert en semaine.
Un bureau très pratique : carte de la ville avec emplacement des hôtels, carte précieuse des chemins de randonnées des environs. Les possibilités sont nombreuses. En été, un *telescaun* (télésiège) pour franchir les premiers reliefs.

POSTE
Strada Mihai Eminescu, 1
Cette rue se trouve du même côté de la rivière que la gare. Traverser le pont depuis le centre et continuer tout droit jusqu'à croiser la rue.

Se loger

CAMPINGS RUNC
Strada Runc, 6
✆ +40 230 371 829
Sur une colline boisée qui domine la ville, vous trouverez des chalets à partir de 7 €. Moins cher encore si vous avez une tente.

HÔTEL BUCOVINA
Strada Republicii, 35
✆ +40 230 375 005
Chambres doubles 35 €.
Un bel établissement à l'architecture typiquement « station de ski ». Des tarifs très abordables compte tenu du niveau de confort.

HOTEL DORNA
Strada Tudor Vladimirescu, 5 A
✆ +40 230 37 00 38
http : //hoteldorna.ro
rezervari@hoteldorna.ro
Chambre double à 30 € avec petit déjeuner et accès gratuit au spa.
Un hôtel 4 étoiles situé au pied de la piste de ski de Vatra Dornei. Anciennement hôtel Alpin, l'établissement a été refait à neuf et offre un excellent rapport qualité/prix.

HÔTEL MUSETTI
Strada Republicii, 19
✆ +40 230 375 379
Chambres doubles 25 €.
Bon niveau de confort et accueil sympathique pour ces 10 chambres dans un vieux bâtiment assez joli.

PENSION CASA DI DAVID
Strada Gării, 5
✆ +40 230 372 223
www.casadidavide.ro
Chambre double entre 30 € et 37,50 € selon la saison. Sans petit déjeuner.
Chambres tout confort, chacune dotée de balcon et de salle de bains privative. Le restaurant bien agréable est situé en centre-ville. Dans un décor soigné fait de photos historiques, le choix des plats est varié et les tarifs sont corrects.

PENSION DORNELOR
Strada Unirii, 198
✆ +40 230 374 973
www.pensiuneadornelor.ro
Chambre double 25 € en semaine, 37 € le week-end pour un standard 3 étoiles, de 20 € à 25 € en 2 étoiles.
Une vaste maison d'une trentaine de chambres assez bon marché. Environnement très agréable. Piscine et bain bouillonnant disponibles sur place.

PENSION POIANA IZVOARELOR
Strada Popeni, 80
✆ +40 746 228 990
www.pensiuneapoianaizvoarelor.ro
contact.pensiune@yahoo.com
Chambres entre 16 € et 37 €, selon la saison.

Les chambres sont bien décorées et il y a aussi une piscine, un sauna et un restaurant. La spécialité de la maison est la truite, n'hésitez pas à tester sa recette.

PENSION VÂNĂTORUL (LE CHASSEUR)
Strada Runc, 8 A
✆ +40 230 375 150
www.pensiunea-vanatorul.ro
pensiunea_vanatorul@yahoo.com
Compter 18 € par personne pour une chambre double.
Cette pension récente propose des chambres confortables et spacieuses. En y logeant vous pouvez faire des traitements balnéaires au complexe Bradul Călimani. Un terrain de tennis et un parking sont aussi à la dispostion des clients.

À voir – À faire

La ville, qui compte presque 15 000 habitants, est un peu plus qu'une simple station thermale : quelques jolis bâtiments, comme le Vieux Palais des Bains (1898), le palais Unirea et le casino (tous deux de 1896), la gare de 1902 et une belle synagogue de style mauresque, aujourd'hui abandonnée, un agréable parc de 50 hectares, planté de hêtres et de sapins, aménagé en 1862 et où jaillit une source d'eau minérale. Enfin, un intéressant musée, abrité dans un bâtiment tout blanc avec une tour-horloge de 1954.

DORNA CANDRENILOR ET POIANA STAMPEI
À l'ouest de Vatra Dornei, sur la route qui mène vers la Transylvanie. Par Dorna Candrenilor, vous pourrez accéder à la superbe réserve géologique (200 hectares) des Douze Apôtres (*Rezervația Doisprezece Apostoli*), constituée autour de roches volcaniques aux formes étrangement humaines.

CIOCĂNEȘTI

Pour vous rendre dans le Maramureș par le col de Prislop, vous pourrez admirer le long de la Bistrița de très beaux villages aux maisons traditionnelles joliment décorées de motifs floraux. Sur votre route, Iacobeni et Botoș sont de beaux exemples mais vous devez impérativement faire une halte à Ciocănești (1 000 habitants) qui est le village le plus pittoresque de la vallée.

Pratique

CENTRE D'INFORMATION TOURISTIQUE DE CIOCĂNEȘTI
✆ +40 230 577 135
Dans le centre du village, un bureau bien fourni en brochures. Possibilité de glaner des informations concernant les logements et événements du moment.

Se loger

Vous n'aurez aucun mal à trouver un lit dans ce village.

CASA DAFINA
Strada Principală, 272
✆ +40 230 578 011
Compter environ 15 € la chambre double.
En plein cœur du village, une pension très typique et confortable. Une maison traditionnelle aux chambres soignées.

PENSION VLADIMIR
Strada Oița, 223
✆ +40 230 578 026
vladimir_tomoiaga@yahoo.fr
À la sortie du village à gauche (si vous venez de Vatra Dornei).
Des chambres sommaires mais suffisantes dans une maison aux motifs traditionnels (salle de bains commune). Vladimir, le maire de la ville, parle couramment le français et vous accueillera chaleureusement.

Sortir

À Ciocănești, deux événements majeurs ont lieu :

- **le Festival de la truite** (*Festivalul Național al Păstrăvului*) à la mi-août. Une aubaine pour les passionnés de pêche mais pas seulement. C'est aussi l'occasion de découvrir des descentes en radeaux de bois, des danses et des repas traditionnels ;
- **le Festival des œufs peints** (*Festivalul Ouălor*), le week-end avant la Pâque orthodoxe. Un festival qui rassemble tous les plus grands spécialistes du pays. Au programme : expositions de produits artisanaux, spectacles folkloriques et... bonne humeur. À la sortie du village, vous pourrez remarquer un œuf immense qui est l'emblème de cette manifestation.

DOBROGEA

Maison traditionnelle dans vun village lipovène de la Dobrogea.

Delta du Danube

La Roumanie possède un véritable trésor que les touristes étrangers sont encore peu nombreux à avoir visité : la réserve de biosphère du delta du Danube. Ses 580 000 hectares couvrent la partie roumaine du delta le plus important d'Europe après celui de la Volga. En se jetant dans la mer Noire après s'être divisé en d'innombrables bras de toutes tailles, le Danube termine ici ses 2 857 kilomètres de voyage à travers l'Europe. Les paysages créés sont époustouflants, extérieurement bien préservés, riches d'une flore et d'une faune incomparables. L'homme vit ici en relation très étroite avec la nature. Toutes ces raisons ont valu au delta du Danube d'être inscrit sur la liste du patrimoine mondial de l'Unesco.

Paysages, faune et flore

C'est un territoire en mouvement. Le Danube, en déposant ses alluvions, gagne du terrain sur la mer Noire. C'est un monde plat et bas (20 % sous le niveau de la mer). Les paysages sont variés et sauvages. Canaux, lacs, marais, forêts d'allure tropicale, champs de dunes et vasières se mêlent dans cette rencontre de l'eau et de la terre. 1 200 espèces de plantes s'y côtoient, dont plus de 180 espèces de nénuphars ! Flottant sur les eaux, on pourra admirer également des chardons d'eau ou l'aldrovanda, une plante carnivore. Sur terre ou sur des îles flottantes croissent le roseau, l'oseille, la menthe aquatique, la ciguë, sans parler de la flore des dunes. Côté arbres : peupliers, divers chênes, tilleuls, etc. Mais si vous parcourez la forêt de Letea, par exemple, l'abondance des lianes et autres plantes grimpantes vous fera penser aux forêts équatoriales. La faune n'est pas en reste avec, sur terre, sangliers, chats sauvages, renards, vipères, insectes des dunes… Les ornithologues seront comblés (lacs Fortuna, Razim, Murighiol, etc.). Le delta est un lieu de rencontre de cinq voies de migration, tandis que d'autres espèces habitent ici toute l'année. Au rendez-vous, la plus grande colonie de pélicans d'Europe, mais aussi spatules, hérons, grues, ibis, canards et oies de toutes espèces (dont l'oie à cou rouge), bécasses, rapaces pêcheurs (pygargue à queue blanche), etc. Sous l'eau, on se bouscule aussi, et les pêcheurs ne s'en plaignent pas : sandres, anguilles, brochets, perches, carpes, silures gigantesques et autres poissons dont les dimensions font rêver les pêcheurs français. Plusieurs espèces d'esturgeons sont aussi présentes et le caviar est exporté en grande quantité.

La Dobroudja

La Dobroudja, Dobrogea en roumain, s'étend du delta du Danube à la frontière bulgare. Tourisme vert, balnéaire, thermal ou culturel, tout y est possible. Le littoral offre 60 kilomètres de côtes aux plages de sable souvent fin, des plages très (trop ?) fréquentées. Certaines stations balnéaires sont aussi des stations thermales, grâce aux eaux et boues des lacs côtiers. Dans l'arrière-pays et les villes du littoral (Constanța et Mangalia), vous pourrez visiter des musées et les vestiges de cités antiques telles que Tomis ou Histria. Enfin, au nord de la Dobroudja, se trouve le joyau de la région : le delta du Danube. Avec son environnement remarquable, ses canaux, ses villages de pêcheurs isolés et sa faune riche et unique, cette impressionnante création de la nature, encore peu visitée par les touristes étrangers, doit figurer en tête de votre liste des sites à ne pas manquer.

Histoire

Histria, Callatis (Mangalia), Tomis (Constanța), Axiopolis (Cernavodă), Argamum (Jurilovca), Enisala.… Les vestiges de cités créées par les Grecs, venus de Milet pour commercer avec les Thraco-Gètes autochtones (Enisala était une de leurs cités), sont nombreux. Entre le Ier siècle av. J.-C. et le IVe siècle apr. J.-C., les Romains succèdent aux Grecs et construisent de nombreuses forteresses à partir d'éléments déjà existants, formant une ligne de défense pour cette partie de leur empire. Témoignage le plus grandiose de cette période, l'énorme monument triomphal dédié à Trajan et visible aujourd'hui encore à Adamclisi. Le Moyen Âge voit l'arrivée des Ottomans, qui se mêlent aux Roumains puis aux Lipovènes (peuple slave venu de Russie). De ces rencontres commerciales et culturelles a résulté la Dobroudja d'aujourd'hui.

Județul Tulcea

Conseil Départemental de Tulcea
Str. Pacii, nr. 20, Tulcea
Tél. +40240 502208 - Fax. +40240 513071
office@cjtulcea.ro
www.cjtulcea.ro

Les immanquables de la Dobroudja

- Le delta du Danube en bateau, pour ses villages de pêcheurs, sa culture lipovène, sa flore, ses innombrables oiseaux et un bon repas à base de poisson pour le dîner.
- Le Centre musée écotouristique Delta Dunării de Tulcea, avec ses aquariums impressionnants.
- Les stations balnéaires du littoral, leurs activités nautiques et leurs cures thermales.
- Les vestiges archéologiques de Tomis (Constanța), Callatis (Mangalia), Histria, Halmyris (Murighiol), Ibida (Slava Rusă), Argamum (Jurilovca) et le complexe paléochrétien de Niculițel.
- Les plages de 2 Mai, Vama Veche, Sulina et Sfântu Gheorghe, épargnées par le tourisme de masse et prisées pour leur paysage sauvage.
- Les vins de Murfatlar, puis une excursion à Adamclisi pour admirer le monument élevé par l'empereur romain Trajan.

L'homme dans le delta

Mais le delta du Danube n'est pas seulement une réserve naturelle, c'est aussi un lieu d'habitat humain unique et riche, où les relations entre l'homme et la nature sont extrêmement étroites. 15 000 personnes y vivent dans 25 villages. La population du delta se caractérise par la présence d'importantes communautés ukrainiennes (les Haholi) et lipovènes (d'origine russe), ainsi que de nombreux autres groupes ethniques qui, grâce à l'isolement de la région, ont pu y trouver un refuge pour leurs traditions. Vous traverserez de charmants villages de pêcheurs, aux maisons parfois en bois, traditionnellement peintes en bleu par les Lipovènes, ou aux toits de jonc. Des barques se balancent doucement le long des pontons ; elles permettent, par endroits, de relier les maisons ou les cabanes de pêcheurs les unes aux autres. Dans certaines bourgades, il n'y a pas de voitures, hommes et marchandises sont transportés par bateau. Bref, on voit ici à quel point l'homme peut vivre en harmonie avec la nature, de quelle manière il a pu s'adapter à un environnement inhabituel et à un rythme de vie qui apparaîtra au visiteur reposant… ou déprimant. Car les conditions de vie ici sont dures, sans beaucoup d'activités, du moins rentables. Il y a une économie bien sûr – la très importante exploitation des joncs (ils couvrent 160 000 hectares, une des plus importantes concentrations du monde), la pêche, les conserveries – mais elle ne suffit pas à faire vivre tout le monde. Les quotas de pêche sont draconiens, selon certains habitants (réserve oblige), et le braconnage est désormais une pratique répandue. Depuis peu, on relance la pisciculture pour repeupler les eaux du delta, remplacer les poissons tués par des années de pollutions diverses. Et on espère que les esturgeons reviendront en nombre, que le caviar du delta aura de nouveau sa place sur les tables des restaurants de luxe du monde entier. Vous remarquerez que la population locale est âgée, que des bâtiments tombent en ruine. Les jeunes sont partis à Tulcea, ou encore plus loin si possible. Ceaușescu avait voulu faire du delta une zone agricole fertile et asséché des terres au nord, entre Chilia et Periprava : un désastre écologique… Sans parler de la pollution provoquée par les rejets des nombreux complexes industriels en amont. Le delta à beau être un filtre naturel (le plus important du continent), il ne peut pas tout supporter.

Aussi est-ce l'écotourisme (ajouté aux activités économiques déjà existantes) qui représente sans doute l'avenir économique du delta. Les pensions s'ouvrent, les projets d'hôtels se multiplient tout comme les propositions des agences de voyages. Ornithologie, pêche, chasse, repos, découverte de la nature attirent déjà les touristes roumains et étrangers. Trop peu pour l'instant car le delta reste une destination assez chère. Le delta est unique, attrayant et potentiellement très touristique. Il reste à trouver des investisseurs et à faire connaître ce lieu exceptionnel au monde entier. C'est pour préserver sa richesse naturelle et humaine et leur interrelation qu'a été créée, en 1990, la réserve de biosphère du delta du Danube (siège à Tulcea). Les autorités de la réserve ont aussi pour mission de promouvoir ce lieu et de développer son économie. À cet effet, le delta est divisé en diverses zones : 18 sites strictement protégés, des zones économiques, des zones de restauration, etc.

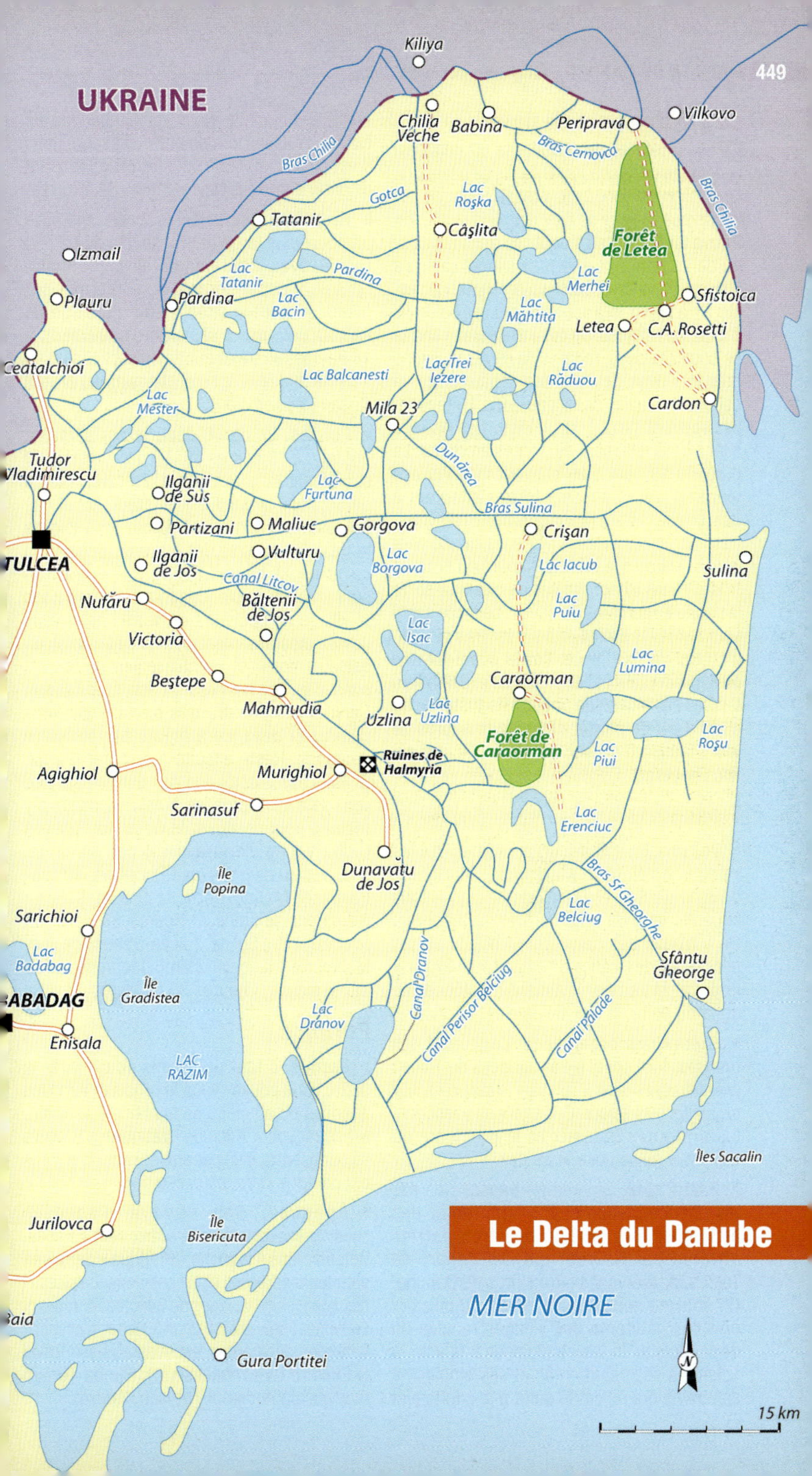
UKRAINE
Kiliya
Chilia Veche
Babina
Periprava
Vilkovo
Bras Chilia
Bras Cernovca
Gotca
Lac Roşka
Tatanir
Câşlita
Forêt de Letea
Izmail
Lac Tatanir
Pardina
Lac Merheï
Plauru
Pardina
Lac Bacin
Lac Mǎhtita
Sfistoica
Letea
C.A. Rosetti
Ceatalchioi
Lac Balcanesti
Lac Trei Iezere
Lac Rǎduou
Lac Mester
Mila 23
Cardon
Tudor Vladimirescu
Dunǎrea
Ilganii de Sus
Lac Furtuna
Bras Sulina
Partizani
Maliuc
Gorgova
Crişan
TULCEA
Vulturu
Lac Borgova
Lac Iacub
Sulina
Ilganii de Jos
Canal Litcov
Nufǎru
Bǎltenii de Jos
Lac Puiu
Victoria
Lac Isac
Lac Lumina
Beştepe
Caraorman
Mahmudia
Uzlina
Lac Uzlina
Forêt de Caraorman
Lac Roşu
Ruines de Halmyria
Lac Piui
Agighiol
Murighiol
Sarinasuf
Lac Erenciuc
Dunavǎţu de Jos
Île Popina
Bras Sf Gheorghe
Lac Belciug
Sarichioi
Lac Badabag
Sfântu Gheorghe
Île Gradistea
ABADAG
Canal Dranov
Canal Perisor Belciug
Canal Palade
Lac Dranov
Enisala
LAC RAZIM
Îles Sacalin
Jurilovca
Île Bisericuta
Le Delta du Danube
MER NOIRE
Baia
Gura Portitei
N
15 km

La gastronomie du delta

La quasi-totalité des habitants du delta est constituée de pêcheurs ou de fils de pêcheurs. Le poisson est donc logiquement, et depuis fort longtemps, la base de l'alimentation locale. On trouve toutes sortes d'espèces dans les eaux du delta, dont des énormes silures (jusqu'à 70 kilos !), sandres, perches, brochets, carpes, etc. On a appris ici à accommoder ces poissons à toutes les sauces. On cuisine ainsi des sortes de bouillabaisses, ragoûts de divers poissons préparés avec de l'eau des canaux et de la poudre de feuilles de roseau brûlé. Le brochet est souvent farci... un délice. Les sauces sont à base d'oignon, de plantes aromatiques du delta au goût bien souvent inconnu des touristes. Ail et piments forts s'intègrent à des sauces d'accompagnement relevées, très appréciées avec les poissons simplement grillés : carpe à la broche, sandre ou brochet frits. Sfântu Gheorghe est en quelque sorte la capitale roumaine du caviar. Les *icre negre* sont recueillis en été, mais il est très difficile d'en trouver sur place, car la quasi-totalité de la production est destinée à l'exportation. Le plus sûr moyen de pouvoir déguster cette cuisine est de passer commande auprès de votre famille d'accueil ou de la pension qui vous héberge.

Transports

▶ **Voiture.** En voiture, on peut atteindre les villages de Nufăru, Mahmudia, Murighiol, Băltenii de Sus et Dunavățu de Jos – tous situés le long du bras de Sfântu Gheorghe. On y trouve des pensions et hôtels et des possibilités de location de bateau pour explorer le delta. Mais pour vraiment s'enfoncer au cœur du delta, la voie fluviale est prioritaire.

▶ **Excursions organisées.** La plupart des touristes font appel à des agences de Tulcea (voir adresses dans « Tulcea – Pratique ») pour organiser leur séjour. Ces agences possèdent leurs propres bateaux et le problème de transport ne se pose alors pas.

▶ **Partir seul.** Si vous ne passez pas par les agences, vous devrez emprunter des hydroglisseurs ou l'un des trois ferries affrétés par Navrom qui, au départ de Tulcea, desservent les trois bras du Danube. Ce sont de véritables cordons ombilicaux pour les habitants des villages reculés du delta, puisqu'ils les conduisent à la ville, à Tulcea, à ses commerces et ses emplois, à ses trains qui relient le delta à la capitale et au reste du monde. Nous vous indiquons les horaires relevés lors de notre passage, mais il est plus prudent de vous renseigner avant de partir auprès de Navrom Delta SA à Tulcea.

▶ **Hydrofoils.** Ces dernières années on trouve un choix plus large de transports en bateau rapide, avec différents horaires, du matin au soir. Il est préférable de s'informer sur place, au ponton situé à côté du siège de l'ARBDD. De mai à septembre seulement, à 14 heures, un trajet quotidien vers Sulina en 1 heure 30 (*11 € le billet aller simple*) et vers Crișan (*9 € environ*).

▶ **Ferries.** En été, 6 départs par semaine ont lieu, à 13 heures 30. Le point de départ est devant la gare fluviale. En hiver, même heure, mais du lundi au vendredi. Achat des tickets au terminal de Navrom (non loin de la gare ferroviaire), les jours de départs, à partir de 11 heures 30. Tarif 9 € environ pour un aller simple. Une fois débarqué dans le village de pêcheurs de votre choix, vous devrez impérativement louer une barque ou un bateau à moteur et, éventuellement (mais c'est conseillé), les services de son propriétaire. Celui-ci comprendra très bien ce que vous désirez et devancera même parfois votre demande. Reste ensuite à discuter le prix. Si vous logez dans une pension, ce service vous sera aussi proposé. Il est nécessaire d'y recourir pour découvrir le vrai delta. Tulcea-Chilia Veche-Periprava : 4 par semaine, 5 heures 30 de trajet pour Periprava. Tulcea-Partizani-Maliuc-Gorgova-Crișan-Sulina : 6 fois par semaine, 3 heures 30 de trajet pour atteindre Sulina. Tulcea-Băltenii de Jos-Mahmudia-Murighiol-Sfântu Gheorghe : 5 fois par semaine, 3 heures 20 de trajet.

Pratique

▶ **Permis.** Il faut un permis pour visiter le delta. Vous pouvez vous le procurer dans les agences ou au siège de la réserve du delta, à Tulcea (voir « Tulcea – Pratique »). Si votre séjour est organisé par une agence, le permis est compris dans les prestations.

▶ **Agences.** Bon nombre d'agences spécialisées dans le delta se trouvent à Tulcea. Référez-vous à la partie « Pratique » de Tulcea pour leurs adresses et propositions. La plupart des agences de voyages de Bucarest proposent également des séjours dans le delta : transport, hébergement, permis, etc. Ainsi Finesse Travel & Explore (www.finesse.ro), Simpa Turism (www.simpaturism.ro) et bien d'autres.

UKRAINE
GALATI
Reni
Lac Crapina
Şendreni
Vădeni
Lac Kuhurlui
Dunărea
Luncavita
Isaccea
Măcin
BRĂILA
Lacu Sărat
Dunărea
Somova
TULCEA
Partizani
Pardina
Lac Tatanir
Chilia Veche
Periprava
Căştita
Lac Merhei
Lac Matija
Bras Chilia
Crişan
Bras Sulina
Maliuc
Sulina
Lac Gorgova
Hamcearca
Celic Dere
Cema
Mahmudia
Lac Uzlina
Lac Isac
Uzlina
Lac Pulu
Lac Rosu
Tichileşti
Mihai Kogălniceanu
Sarinasuf
Murighiol
Bras Sf. Gheorghe
Traian
Horia
Nicolae Bălcescu
Sarichio
Ciucurova
Babadag
Sfântu Gheorghe
Lac Razim
Lac Dranov
Tăcău
Topolog
Enisala
Măraşu
Rahman
Ceamurlia de Jos
Jurilcova
Lac Zmelca
Giurgeni
Cioban
Casimcea
Saraiu
Mihai Viteazu
Sinoie
Lac Sinoie
Horia
Vlădeni
Runca
Făcăeni
Cogealac
Topalu
Lac Nuntaşi
Târguşor
Lac Tasaui
Sălіştea
FETEŞTI
Cernăvoda
Măvodari
Lac Siutghiol
Rasov
Ovidiu
Mamaia
Medgidia
CONSTANŢA
Itina
Negureni
Barasabi
Agigea
Pietreni
Lac Techirghiol
Ciobănita
MER NOIRE
Topraisar
Eforie Sud
Dobromir
Tuzla
Costineşti
Neptun - Olimp
Jupiter
Comana
Saturn
MANGALIA
Cerchezu
Negru Vodă
Doi Mai
Limanu
Vama Veche
BULGARIE
Dobrogea
N
50 km

Hébergement

▶ Dans le delta, on trouvera pensions, hôtels, villages vacances, bateaux flottants. Ces trois derniers sont rattachés à des agences. Et si vous achetez une excursion, tout sera organisé. Si les bateaux flottants sont souvent un moyen confortable de parcourir le delta, ce sont les pensions qui vous permettront le mieux d'apprécier la vie des villages de pêcheurs (détails ci-dessous pour chaque bras du fleuve). Les campeurs n'ont pas le droit de planter leur tente n'importe où. Seuls les campings de Murighiol, Crișan et de Lacul Roșu (lac Rouge) sont des zones autorisées. Vous pouvez choisir de réserver à l'avance vos nuits dans les agences de Bucarest ou de Tulcea. Une agence de voyages de Tulcea peut vous organiser votre séjour sur place et réserver pour vous des nuits chez l'habitant, en pension. Sachez que les pensions et les chambres chez l'habitant ouvrent et ferment et que leurs listes ne sont donc pas définitives. Il y en a partout, dans chaque village.

▶ On ne manquera pas de vous proposer des chambres à votre descente du ferry. Attention cependant, la plupart des pensions ne sont ouvertes que de mai à septembre. Hors saison, il est vraiment plus prudent de passer par une agence de voyages.

Restaurants

Dans les petits villages, les magasins sont rares (et pas très bien approvisionnés), voire inexistants. Si vous voyagez individuellement, vous devrez faire vos courses à Tulcea. Pour vous restaurer, le plus simple est de choisir la demi-pension dans les pensions, hôtels ou chez l'habitant. C'est bon marché. Et si vous tombez chez une vraie famille de pêcheurs, vous ne serez pas déçus par la table.

TULCEA

Située à 280 kilomètres de Bucarest et 123 de Constanța, Tulcea (prononcez « Toultchéa », 73 000 habitants) est la porte d'entrée du delta du Danube. Construite sur sept collines, elle est mentionnée par Hérodote sous le nom d'Aegyssos. Très isolée du reste du pays et demeurée à l'écart de son essor des débuts de l'ère industrielle, Tulcea a commencé à se développer quand une ligne de chemin de fer est venue la relier à la capitale. La construction de deux grands complexes industriels (ferroalliage et aluminium) et d'un chantier naval, dans les années 1970, s'est accompagnée d'une modification profonde de l'urbanisme, conforme aux critères socialistes de l'époque (les blocs, l'imposante Maison de la culture, par exemple).

Parallèlement, la ville s'est orientée vers le tourisme, en améliorant et en multipliant ses complexes hôteliers (et notamment d'agréables hôtels flottants). Les espoirs sont grands aujourd'hui à Tulcea lorsqu'on évoque le potentiel touristique du delta, dont elle est la porte d'entrée. Les choses vont lentement et il faudra une politique touristique intelligente pour exploiter cette région en conciliant sa protection avec les attentes des habitants de Tulcea et des visiteurs. Si la ville est principalement le point de départ des excursions vers le delta, elle offre cependant quelques curiosités culturelles et un intéressant festival qui méritent une halte.

Transports

▶ **Train.** La gare ferroviaire se trouve à l'extrémité ouest de la promenade aménagée le long du fleuve, entre celui-ci et le lac Ciuperca. Quand on a le temps, c'est une agréable balade d'environ 1 kilomètre pour rejoindre le centre-ville en longeant le Danube. Sinon, prendre un taxi ou un bus.

▶ **Bus et maxitaxis.** La station de bus se trouve dans Strada Portului, entre la gare ferroviaire et le centre (à côté des ferries). Les nombreux maxitaxis sont le meilleur moyen de gagner ou de quitter Tulcea. Minibus rapides vers Constanța (toutes les demi-heures) ; Bucarest (8 par jour – à Bucarest : Autogara IDM Basarab) ; I. C. Brătianu/Galați (10 par jour – on prend le ferry vers Galați à I. C. Brătianu) ; Brăila (4 à 6 transports par jour) ; Iași (1 par jour) ; Focșani (1 par jour). Bus ou minibus locaux vers Măcin, Babadag (accessible aussi avec les minibus vers Constanța), Enisala (2 par jour), Jurilovca (2 par jour), Niculițel (4 par jour), Mahmudia (4 par jour) et Murighiol (8 par jour). Un bus quotidien vers Istanbul.

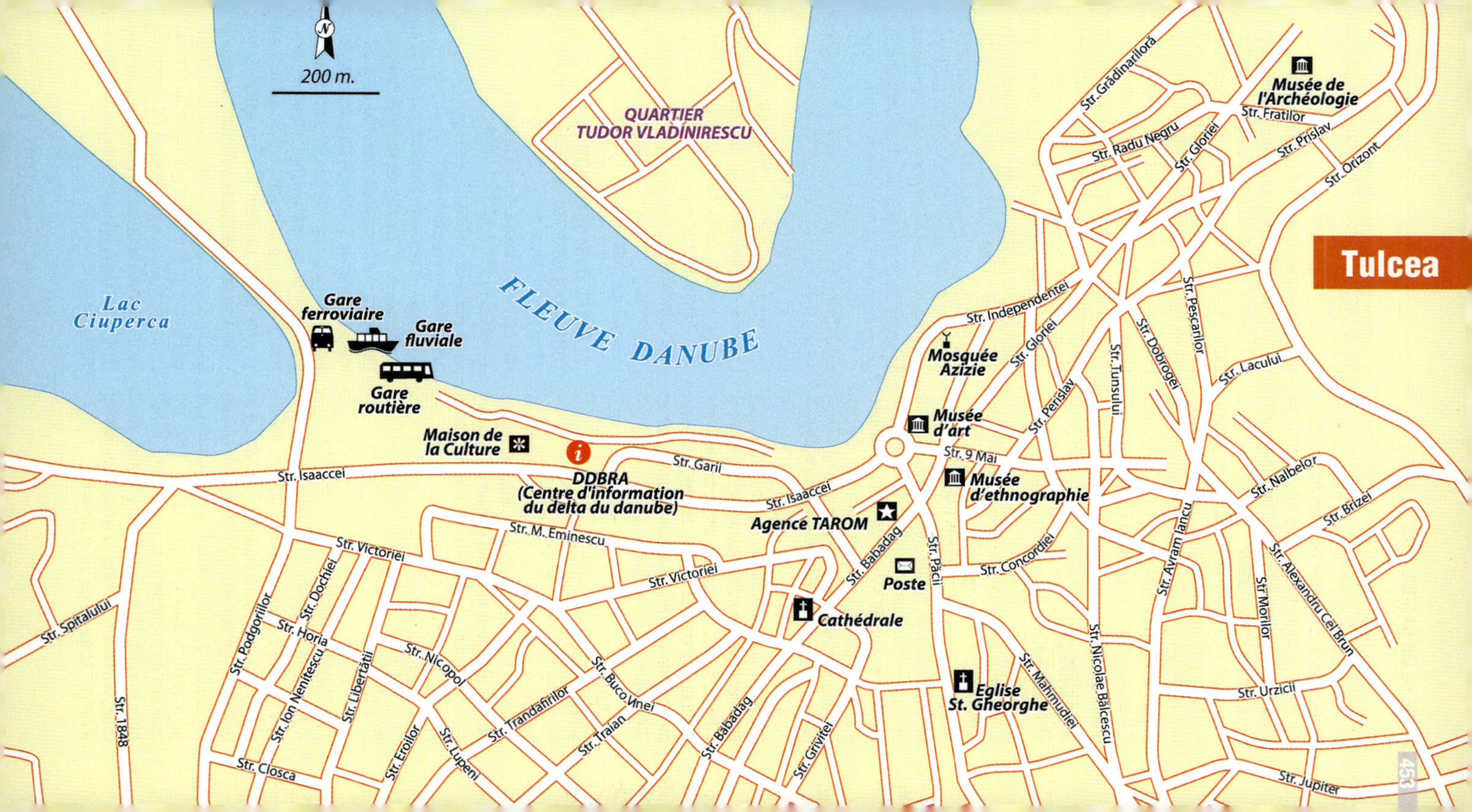

Tulcea
200 m.
N
QUARTIER TUDOR VLADINIRESCU
FLEUVE DANUBE
Lac Ciuperca
Gare ferroviaire
Gare fluviale
Gare routière
Maison de la Culture
DDBRA (Centre d'information du delta du danube)
Agence TAROM
Poste
Cathédrale
Eglise St. Gheorghe
Mosquée Azizie
Musée d'art
Musée d'ethnographie
Musée de l'Archéologie
Str. Isaaccei
Str. Garii
Str. M. Eminescu
Str. Victoriei
Str. Spitalului
Str. 1848
Str. Podgorilor
Str. Dochiei
Str. Horia
Str. Ion Nenitescu
Str. Libertătii
Str. Closca
Str. Eroilor
Str. Lupeni
Str. Nicopol
Str. Trandafirilor
Str. Traian
Str. Buco Vinei
Str. Babadag
Str. Grivitei
Str. Păcii
Str. Concordiei
Str. Mahmudiei
Str. Nicolae Bălcescu
Str. Avram Iancu
Str Morilor
Str. Alexandru Cel Brun
Str. Urzicii
Str. Jupiter
Str. Brizei
Str. Nalbelor
Str. 9 Mai
Str. Perislav
Str. Gloriei
Str. Independentei
Str. Tunsului
Str. Dobrogei
Str. Pescarilor
Str. Lacului
Str. Grădinariloră
Str. Radu Negru
Str. Fratilor
Str. Prislav
Str. Orizont

Ferries et hydrofoils

Leur point de départ pour la traversée du Danube vers le quartier nord de Tulcea, celui de Tudor Vladimirescu (face au centre), se trouve sur la promenade, à 150 mètres environ à l'ouest de l'hôtel Delta.
Hydrofoils : de mai à septembre seulement, un trajet quotidien vers Sulina en 1 heure 30.
Ferries : Sulina (6 par semaine, 3 heures 30 de trajet) ; Sfântu Gheorghe (4 par semaine, 3 heures 20) ; Periprava (4 par semaine, 5 heures 30).

AGENCE CFR

Strada Babadag, 4
✆ +40 240 511 360
Ouvert du lundi au vendredi de 9h à 16h. Pour acheter les billets de train à l'avance.
Tulcea est à présent équipée d'une jolie gare rénovée. La ville est un peu isolée, en bout de ligne, et le train n'est pas forcément le meilleur moyen de s'y rendre. Mais, destinée à devenir un vrai pôle touristique, Tulcea est désormais desservie par un train local rapide (Sageata Albastră), qui rallie Bucarest en 4 heures 30 (au lieu des 5 à 6 heures 20 des trains « normaux »). Vers Constanța en revanche, c'est toujours aussi lent (4 à 4 heures 30). Sinon, 5 trains par jour vers Medgidia (3 heures de trajet), d'où l'on peut prendre de nombreux trains vers Bucarest, Constanța et Mangalia.

TAROM

Strada Isaccei, 1
✆ +40 240 510 493
Tulcea a un aéroport régional, appelé le Delta du Danube, situé à 18 kilomètres de la ville. Pendant la haute saison, l'aéroport reçoit des vols charter. Pas de vols en basse saison. On prévoit à l'avenir la reprise des vols Bucarest-Tulcea.

Pratique

Tourisme – Culture

À Tulcea plus qu'ailleurs, vous aurez besoin des services d'agences de voyages. Même si ce n'est pas une obligation pour visiter le delta, passer par une agence vous facilitera bien des choses. On vous fournira les permis nécessaires à la visite du delta dans les agences ou au siège de la ARBDD (ou DDBR, pour le sigle international en anglais). Bref, pour tout simplifier, rendez-vous directement à Antrec et au siège de la réserve.

ASSOCIATION ROUMAINE D'ÉCOTOURISME

✆ +40 728 974 801
www.eco-romania.ro – info@eco-romania.ro
Une bonne option pour ceux qui recherchent des séjours écotouristiques. Cette association regroupe des pensions rurales et des agences de voyages locales spécialisées dans les circuits en nature et dans les tours culturels. Les membres sont certifiés « Eco-Romania » et sont reconnus au niveau européen pour leur pratique du tourisme responsable. En Dobroudja, on vous propose d'explorer les canaux et les lacs du delta du Danube pour un tour photo, pour observer les oiseaux ou tout simplement pour faire une balade en barque au milieu d'une nature surprenante. Des circuits gastronomiques, de dégustation de vins et de découverte des vestiges antiques et médiévaux sont aussi proposés. Possibilité de loger dans une pension traditionnelle et de connaître la vie d'un village de pêcheurs.

ATBAD SA

Strada Babadag, 11
Bloc 7 ✆ +40 240 514 114
Excursions d'un jour vers Crișan, Mila 23, etc. Propose des séjours dans les confortables hôtels flottants Delta 2 et 3, pour des durées de 2 à 10 jours. Hébergement dans le village de vacances Roșu (lac Roșu près de Sulina), par exemple. Très confortable mais éloigné des villages pittoresques du delta.

CENTRE D'INFORMATION TOURISTIQUE DE TULCEA

Strada Gării, 26
Au rez-de-chaussée, sur la falaise
✆ +40 240 519 130
www.primaria-tulcea.ro
turism@primaria-tulcea.ro
Ouvert du lundi au vendredi de 9h à 17h et le samedi de 10h à 13h, fermé le dimanche.
Le Centre d'information touristique, connu aussi comme « le Bureau du Danube », appartient à la mairie de Tulcea. On vous fournira sur demande des cartes, brochures et informations sur les hébergements, restaurants et excursions. On peut aussi y admirer une collection de sculptures de l'artiste Gheorghe Toader. Originaire de Tulcea, il expose souvent en Roumanie et à l'étranger et il est reconnu pour ses sculptures en bois et en pierre qui sont une interprétation de son milieu environnant : hommes, oiseaux, visages, attitudes. Visite gratuite.

CENTRE NATIONAL D'INFORMATION ET DE PROMOTION TOURISTIQUE DE TULCEA (CNIPT)

Strada Gloriei, 4
www.cnipttulcea.ro
Du lundi au vendredi, de 8h à 16h.
On y trouve toutes les informations nécessaires à l'organisation d'un séjour : offres de logement, transport, présentation des objectifs touristiques et des monuments, contacts et packages des opérateurs locaux, excursions et tours guidés. Le centre vous informe aussi sur les événements des communautés locales et met à disposition des cartes actualisées et des dépliants des opérateurs locaux. Le CNIPT est un véritable promoteur du tourisme du département de Tulcea et dispose en tant que tel d'informations détaillées et actualisées sur le delta du Danube, les monts Măcin, les monastères et les lieux de culte, les villes, les musées, les traditions et la gastronomie locale.

DELTA VOYAGE

Strada Portului, 34
✆ +40 340 401 632
www.deltavoyage.ro
office@deltavoyage.ro
Une agence de voyages très compétente, en étroite collaboration avec notamment un guide expérimenté qui habite à Crișan (Vasiliu Petre). De nombreuses possibilités s'offrent à vous, dont les balades en barque et l'hébergement accompagné d'excellents repas. N'hésitez pas à consulter leur site Internet très complet.

DISCOVER DANUBE DELTA

Strada Neptun, 8
✆ +4076 3869 400
✆ +4074 0357 073
www.discoverdanubedelta.com
contact@descoperadeltadunarii.ro
Une équipe d'enthousiastes et de passionnés du delta du Danube qui connaissent tous les recoins, canaux, lacs et forêts de la région. Ils sauront vous faire découvrir le côté mystérieux, sauvage, vibrant du delta. Leur spécialité, ce sont les excursions en barque et les safari photo ainsi que les tours d'exploration en kayak et en canoë. Vous pouvez vous inscrire à des excursions en groupe, à départ fixe, mais on peut aussi vous organiser un séjour privé, très flexible. Voici quelques-uns des endroits où ils peuvent vous emmener si vous vous laissez tenter par l'aventure : la forêt de Letea, les lacs du nord ou du sud du delta, Sulina, balades en barque à la recherche d'oiseaux, d'animaux sauvages, de la flore endémique ou encore à la découverte des habitants du delta et de leurs villages pittoresques. Leurs excursions en kayak et en canoë sont accompagnées de guides expérimentés et ont à disposition un matériel logistique excellent. L'agence peut aussi s'occuper de votre logement et vous organiser un séjour complet.

ESCAPE TRAVEL

Strada Păcii, 20
Dans l'hôtel Europolis
✆ +40 240 516 649
✆ +40 743 609 626
www.deltaescapetravel.ro
nitud@tim.ro
Compter 20 € par personne pour 4-5 heures de balade ou 50 € par personne pour une journée complète avec déjeuner inclus.
Fondée par un ancien marin qui parle couramment le français, cette agence organise des excursions sur les bras du Danube, des tours complets de la réservation du delta, des sorties de pêche et d'observation des oiseaux. Logement et repas possibles.

DOBROGEA

■ **IBIS TOURS**
Strada Babadag, 6
Bloc A4, appartement 14
✆ +40 240 512 787 – www.ibis-tours.ro
C'est l'agence conseillée aux amateurs de nature et d'observation des oiseaux. Elle est tenue par des ornithologues qui proposent des excursions d'observation dans le delta, mais aussi des sorties de pêche. Les passionnés de photographie peuvent opter pour des phototours en compagnie d'un spécialiste. Daniel Petrescu est l'un des photographes les plus connus du delta et du pays, spécialiste des photos de nature et guide professionnel. Il a collaboré à la réalisation de reportages sur le delta et il a exposé à l'étranger. Voir www.danielpetrescu.ro

■ **REZERVAŢIA BIOSFEREI DELTA DUNĂRII (RÉSERVE DE BIOSPHÈRE DU DELTA DU DANUBE)**
Strada Portului, 34A
✆ +40 240 518 9454 / +40 240 518 924
www.ddbra.ro
arbdd@ddbra.ro
Ouvert du lundi au vendredi de 8h à 16h.
Informations sur le delta, cartes, achat du permis de visite, renseignements sur les permis de pêche et de chasse que l'on peut acquérir à Tulcea.

Moyens de communication

■ **POSTE ET TÉLÉPHONE**
Strada Babadag
Ouvert en semaine de 8h à 20h, le samedi de 8h à 13h.
L'établissement se trouve à proximité du théâtre Jean Bart et de la cathédrale Sfântul Nicolae.

Santé – Urgences

■ **PHARMACIE**
Farmacia 29
Strada Babadag, 4
Ouverte 24 heures sur 24.

■ **PHARMACIE MINI FARM**
7 Strada Isaccei
Près de l'hôtel Delta
Ouverte 24 heures sur 24.

Se loger

Chambres chez l'habitant avec Antrec, dans les environs et parfois en ville. Hôtels flottants (*hotel plutitor*). Ces bateaux-hôtels, ancrés dans le centre-ville, sont souvent rattachés à une agence. Pour passer des nuits sur ces hôtels flottants, il est donc plus simple et plus économique de vous adresser à ces agences. Voir Atbad (adresse plus haut, hôtels flottants Delta 2 et 3) ou Amatour (+40 240 518 894). Mais aussi le confortable *hotel plutitor* Bella Rimini (+40 240 506 180 – www.calypsosrl.ro).

Bien et pas cher

■ **HOTEL EGRETA**
Strada Păcii, 3 ✆ +40 240 506 250
egreta.tulcea@unita-turism.ro
Environ 22 € la chambre simple et 32 € la double, petit déjeuner inclus.
Hôtel 3 étoiles proposant 98 chambres et des appartements tout confort : air conditionné, télévision par câble, Internet. Il y a également un restaurant, un bar et une salle de conférence. Parking gratuit.

■ **HÔTEL EUROPOLIS**
Strada Păcii, 20 ✆ +40 240 512 443
www.europolis.ro – office@europolis.ro
Chambres doubles à 35 €.
Bien situé dans le centre-ville. Une cinquantaine de chambres assez confortables et d'un bon rapport qualité/prix pour Tulcea. Agence de voyages.

■ **HOTEL INSULA**
Près de la gare, au bord du lac Ciuperca.
Strada Inginer Dumitru Ivanov
✆ +40 240 515 121
www.stammtime.ro/hotel.php
Environ 25 € la chambre double et 45 € la chambre à 4 lits en haute saison. Compter 5 € en moins en basse saison. Le petit déjeuner n'est pas inclus.
Petit établissement sur une minuscule île artificielle, les pieds dans l'eau, de 11 chambres, dont 8 doubles et 3 équipées de 4 lits. Salle de bains privative pour chacune d'entre elles. L'hôtel dispose aussi d'un restaurant à cuisine traditionnelle, d'un jardin d'été et de terrasses lacustres. Ambiance familiale et chaleureuse. Parking gratuit.

■ **HOTEL REX**
Strada Toamnei, 1 ✆ +40 240 511 351
www.hotelrex.ro
reclamatii.tulcea@opc.ro
Chambres doubles de 60 € à 70 €.
Un petit immeuble récent de 38 chambres, avec les mêmes caractéristiques que l'hôtel précédent mais sans la vue sur le fleuve.

Confort ou charme

■ **HOTEL DELTA**
Strada Isaccei, 2 ✆ +40 240 514 720
www.hoteldelta.eu – rezervari@hoteldelta.eu
Compter entre 60 € et 80 € la chambre double.

L'immeuble d'allure extérieure brute cache 120 chambres d'un grand confort. Les chambres de l'aile récemment ajoutée à l'édifice ont 4 étoiles. Dotées d'équipements modernes, elles offrent également de belles vues sur le Danube. On appréciera aussi le spa avec piscine, sauna, bain bouillonnant et salle de fitness. Une agence de voyages se trouve aussi sur place.

Se restaurer

■ RESTAURANT CENTRAL

Strada Babadag, 8
✆ +40 240 515 020
www.centraltulcea.ro
Plat principal autour de 5 €.
Bonnes spécialités de poisson, dans un cadre sympathique avec une belle terrasse extérieure.

■ RESTAURANT SELECT

Strada Păcii, 6
✆ +40 240 510 301 / +40 240 506 180
www.calypsosrl.ro
office@calypsosrl.ro
Très bon restaurant dans l'hôtel Calypso où l'on trouve des spécialités de poisson et d'autres spécialités roumaines et internationales. La carte est à des prix raisonnables.

Sortir

▶ **Au mois d'août,** Tulcea accueille le festival des Pays du Danube. Y participent des ensembles folkloriques (chants, danses…) de localités traversées par le Danube, en Roumanie ou à l'étranger.

▶ **Du 5 au 15 août** se déroule le festival international du Film indépendant L'Anonyme, dans la localité de Sfântu Gheorghe. Projections de jour et de nuit. À noter que les séances nocturnes ont lieu dans le Dolphin Camping et sont gratuites.

À voir – À faire

Tulcea est construite le long du Danube, relativement large à cet endroit. Le centre historique et la majeure partie des lieux intéressants se trouvent sur la rive sud. Une large promenade piétonne a été aménagée le long du fleuve et il est très agréable d'y prendre le frais les soirs d'été (attention tout de même aux moustiques). La gare ferroviaire se trouve à son extrémité ouest, près du lac Ciuperca (littéralement « le lac Champignon »). Pour rejoindre la rive nord, appelée Suburbia Tudor Vladimirescu, on peut emprunter de petits ferry-boats à partir de la promenade. Ils vous emmèneront au pied de l'église visible sur l'autre rive. Il est plaisant de se balader le long des rives sablonneuses où les habitants de la ville aiment à venir bronzer en été.

■ CATHÉDRALE ORTHODOXE SFÂNTUL NICOLAE

Véritable monument d'architecture roumaine (1865), son clocher était le seul autorisé à pointer plus haut que les minarets des mosquées pendant la période ottomane.

■ CENTRE MUSÉAL ÉCOTOURISTIQUE DU DELTA DU DANUBE

Strada 14 Noiembrie, 1
✆ +40 240 515 866 / +40 340 105 652
www.3d-center.ro
Ouvert du mardi au dimanche de 10h à 18h, fermé le lundi. Entrée possible jusqu'à 17h30. 3,75 € pour les adultes et 1,25 € pour les enfants et les étudiants.
À voir absolument ! Ce bâtiment moderne abrite le plus grand aquarium de Roumanie avec différentes espèces de poissons du delta du Danube mais aussi de régions exotiques. On y trouve également d'importantes collections de botanique, entomologie, minéralogie, paléontologie, ornithologie et ichtyologie. Les collections sont présentées de manière didactique, à l'aide d'équipements modernes. Le personnel est également spécialisé. Cafétéria, espace de jeux pour les enfants et projection de films. La section artistique du musée expose également des objets typiques de la région ainsi qu'une collection d'art moderne et contemporain. Nombreuses icônes ainsi que des peintures de toutes les périodes représentant le delta.

Les Lipovènes

Fuyant les persécutions religieuses en Russie, les Lipovènes se sont installés en Dobroudja au XVIIIe siècle. Ils refusaient ainsi le sacerdoce, les sacrements, le service militaire… et toutes les autres mesures de la réforme menée par le tsar Pierre le Grand. Aujourd'hui, ils sont environ 30 000 à vivre dans le delta et, en trois siècles, ils sont devenus « le peuple du fleuve » aux yeux des Roumains. Beaucoup d'entre eux vivent de la pêche et certains parlent encore le « vieux russe » de leurs ancêtres.
Leur nom viendrait des forêts de tilleuls de Bucovine par lesquelles ils ont transité avant de s'installer dans le delta.

Ivan Patzaichin, le rameur du delta

Originaire du delta et plus précisément du village de Mila 23, dans le département de Tulcea, cet homme est un des plus titrés du sport roumain. Pratiquant le canoë, il a remporté quatre médailles d'or olympiques (Mexico 1968, Munich 1972, Moscou 1980, Los Angeles 1984) et de nombreux titres de champion du monde.

LAC CIUPERCA

Proche de la gare ferroviaire.
Son parc est un endroit agréable où attendre le train. Possibilité de canotage.

MONUMENT DES HÉROS DE L'INDÉPENDANCE

Sur la colline de la Citadelle
(ou colline Hora), à l'est de la ville.
Cet obélisque des sculpteurs Vasilescu et Bălăcescu fut érigé en 1900 en hommage aux morts de la guerre d'indépendance de 1877-1878.

MOSQUÉE AZIZYIE

Strada Independenței
Une mosquée au minaret imposant, datant du début du siècle dernier et déclarée monument historique.

MUSÉE D'ARCHÉOLOGIE

Strada Gloriei
Ouvert du mardi au dimanche de 9h à 16h.
Il se compose de deux bâtiments, dont un, moderne, avec de grandes surfaces d'exposition. Belle collection de céramiques, de monnaies anciennes (Antiquité, Moyen Âge). Des ruines de l'ancienne citadelle sont visibles à côté du musée.

MUSÉE D'ART

Strada Grigore Antipa, 2
Juste à l'est de Piața Republicii
Ouvert du mardi au dimanche de 9h à 16h.
Situé près de la falaise du Danube, ce joli édifice, construit par Ismaïl Pacha, gouverneur ottoman de Tulcea, en 1870, abrite de très belles collections d'art, de gravure et de sculptures. On trouve ici des œuvres avant-gardistes, surréalistes et des paysages peints du delta. Œuvres de Pallady, Jalea, Storck, Oscar Han, Brauner…

MUSÉE D'ETHNOGRAPHIE

Strada 9 Mai, 2
Ouvert du mardi au dimanche de 9h à 16h.
Costumes et objets, pour découvrir le folklore des populations locales : habitants du delta, pêcheurs, agriculteurs, Lipovènes. Ce musée gère également la maison de l'écrivain Panait Cerna, né dans la commune de Cerna, la maison Panaghia de la ville de Babadag, où l'on trouve une belle collection d'art oriental, et le musée du Village traditionnel de Dobroudja, situé à Enisala, une ferme paysanne conservée *in situ*.

TURCOAIA

Un village au sud de Măcin, avec les ruines de la forteresse de Troesmis, du IIIe siècle av. J.-C.

Dans les environs

La région à l'ouest de Tulcea, autour de la localité de Niculițel, compte quelques sites qui méritent qu'on s'y attarde, si l'on va vers Galați et la Moldavie. C'est une vaste plaine inondable qui offre par endroits de curieux paysages.

- **Isaccea.** Agréable petite ville-étape sur le Danube. Base de la flotte fluviale du Danube depuis 101 apr. J.-C. et nommée Noviodunum par les Romains, elle joua à l'époque dans la région un important rôle stratégique et commercial. Des vestiges de sa grandeur passée sont encore visibles dans le village. Non loin, dans le village de Tichilești, se trouve la dernière léproserie d'Europe (ouverte en 1929).
- **Măcin.** On peut s'y arrêter pour regarder les ruines du mur d'enceinte de l'ancienne cité romaine d'Arrubium ou la vieille mosquée. La forteresse d'Arrubium est évoquée pour la première fois vers 100 apr. J.-C., dans des bulletins militaires. C'était un important point frontalier à l'époque romano-byzantine.
- **Turcoaia.** Un village au sud de Măcin, avec les ruines d'une forteresse du IIIe siècle av. J.-C.

FORTERESSE DE DINOGETIA

GĂRVAN
Mentionnée pour la première fois par Ptolémée, c'était à l'origine un site dace avant que les Romains ne l'investissent.
Ce qui reste de la forteresse est le résultat de multiples destructions et reconstructions au cours des siècles.

MONASTÈRE CELIC-DERE

TELIȚA

Commune de Frecăței,

à 22 kilomètres d'Isaccea.

Fondé entre 1841 et 1844 par des moines roumains et russes, il doit son nom à sa proximité avec un ruisseau : le Celik Dere. Cette expression turque signifie le ruisseau d'Acier.

Son église, plus récente, date de 1901. Le musée d'iconographie religieuse présente une collection d'art médiéval. Elle comprend notamment une icône qui présente un visage aux yeux entrouverts. Dite « icône miraculeuse de Jésus-Christ », elle a été apportée au monastère pendant la guerre russo-turque (1806-1812).

MONASTÈRE COCOȘ

COCOȘ

À 9 kilomètres au nord-est du village de Nifon.

Le monastère « du Coq » fut érigé en 1835 dans un style oriental turc. Il abrite un musée d'art médiéval et moderne où l'on trouve une collection de livres anciens et d'icônes, ainsi que d'importants documents relatifs à la période ottomane. Le chemin qui y mène traverse des collines plantées de vignes et conduit à une belle esplanade. Fondé en 1846 par les moines de Celic-Dere, le monastère est aujourd'hui géré par des nonnes.

RUINES DE LA BASILIQUE DE NICULIȚEL

NICULIȚEL

À 30 kilomètres de Tulcea.

Plus vieille construction de ce village viticole, l'église et la crypte ont été fondées par l'empereur Valens en l'an 370 (période paléochrétienne). Découverte dans les années 1970, elle a été partiellement reconstruite, mais beaucoup reste à faire. À l'intérieur de la crypte se trouvent deux tombes de martyrs superposées. Au niveau inférieur on a découvert les squelettes de deux martyrs inconnus ; au niveau supérieur, dans un cercueil collectif, gisent quatre squelettes de martyrs aux noms gravés sur les parois de la crypte.

BRAS DE CHILIA

Le Danube se divise en trois bras principaux dans le delta, chacun emprunté par un ferry différent : le bras de Chilia (brațul Chilia), le plus au nord, et les bras de Sulina et de Sfântu Gheorghe, qui naissent de la division du bras de Tulcea.

Ce bras du Danube, le plus au nord, sert de frontière avec l'Ukraine. Il mesure 110 kilomètres et 60 % du débit du fleuve dans le delta s'y écoulent. La particularité de ce bras est les nombreux îlots qui le divisent. Les principaux îlots (*ostrov*) en territoire roumain sont ceux de Tătaru, Babina et Cernovca. Les deux derniers furent asséchés dans les années 1980. Ceaușescu désirait faire du delta une région agricole fertile… (26 % ont été ainsi aménagés ; depuis 1994, le DDBRA répare les dégâts.) Le bras de Chilia mène à Periprava (là où s'arrêtent les ferries) et se divise dans sa dernière partie en quarante petits bras (pour la plupart sur le territoire ukrainien).

Le commandant Cousteau et le delta

Le célèbre marin avait déjà visité le delta du Danube dans les années 1970. Mais sous le régime de Ceaușescu, il était impossible pour une équipe de chercheurs étrangers de parcourir le territoire librement. Cousteau revint immédiatement après la révolution de 1989 et explora le delta avec son équipe. Grâce à sa notoriété internationale, il put faire connaître au monde les richesses du delta et la nécessité de les protéger. Les financements pour les projets de protection et d'aménagement au sein de la réserve de biosphère furent ainsi plus faciles à obtenir. En décembre 2008, dans le cadre d'un événement organisé au Parlement européen, Francine Cousteau, veuve de l'explorateur et présidente de la Société Cousteau, a reçu le titre honorifique d'ambassadrice du delta du Danube dans le monde, en signe de gratitude pour les projets développés par sa fondation et qui vont contribuer à promouvoir les richesses du delta au niveau international. Aujourd'hui, le delta trouve peu à peu sa place dans les circuits touristiques internationaux.

La petite légende de Mahmudia

Une légende raconte l'origine du nom, à consonance turque, du village de Mahmudia (bras de Sfântu Gheorghe). Un jour, le sultan Mahmud décida de visiter les villages du delta, et principalement l'un d'entre eux, dont les habitants, disait-on, étaient particulièrement hospitaliers. Au cours de sa visite de la petite bourgade de pêcheurs, il tomba amoureux d'une fille qu'il demanda en mariage sur-le-champ. Malheureusement pour lui, le cœur de la belle était déjà pris. Le sultan lui ordonna alors de lui tisser, avant le coucher du soleil, une chemise qui ne craindrait pas l'eau et qui ne brûlerait pas, faute de quoi il devrait tuer son amoureux. Désespérée et ne sachant que faire, la fille s'en alla pleurer au bord de l'eau. C'est alors qu'apparut la fée du Danube, qui, venant à son aide, lui offrit sa propre blouse. Le soleil étant sur le point de se coucher, la fille se saisit de la blouse et courut vers le sultan qui s'apprêtait à partir. Elle lui cria *Mahmud, ia !* (en roumain, *ia !* signifie « attrape ! »). Les habitants qui assistaient à la scène furent émus par l'heureux dénouement de cette histoire d'amour qui avait failli fort mal se terminer et adoptèrent l'exclamation de la jeune fille pour nommer leur localité.

Hébergement. Ce bras est sensiblement moins visité que les autres et les infrastructures y sont beaucoup moins nombreuses. Vous trouverez néanmoins des chambres chez l'habitant dans les villages de Chilia, Periprava ou Letea.

CHILIA VECHE

Ce village de 2 800 habitants est le principal arrêt du ferry. La pisciculture, les conserveries de poisson mais aussi l'agriculture s'y sont développées. Chilia Veche serait l'ancienne cité grecque d'Achillea, fortifiée par Alexandre le Grand. L'importance de son rôle stratégique et économique déclina au cours du temps, la terre avançant et l'éloignant de la mer Noire. Alors qu'elle se trouvait à 5 kilomètres de la mer au Moyen Âge, elle en est aujourd'hui distante de 40 kilomètres !

PERIPRAVA

Periprava est une petite localité de pêcheurs de 140 habitants au charme particulier, construite autour d'un lac. Non loin se trouvent le village de Letea et la réserve forestière du même nom.

LETEA

Cette réserve forestière située sur le banc du même nom est la plus impressionnante du delta. Elle se caractérise par l'abondance de plantes grimpantes qui s'agrippent aux arbres (leur taille et leur diamètre sont parfois impressionnants), ce qui donne l'impression de se trouver dans une forêt tropicale. Parmi les arbres rencontrés, le frêne, le peuplier, plusieurs types de chênes, dont le chêne gris, le tilleul, l'aulne ou l'orme. C'est un habitat idéal pour de nombreux oiseaux (bécasses, aigles...), mammifères (sangliers, renards, chats sauvages...), reptiles (vipères, lézards...) et insectes souvent uniques dans le pays. Très joli au printemps, quand le sous-bois est couvert de fleurs. Une autre partie de la réserve est couverte de dunes de sable, dont certaines de 10 mètres de hauteur.

■ ANTREC
Tulcea
Strada Portului, 34A
✆ +40 240 519 214
✆ +40 721 092 150
www.antrec.ro
office@antrec.ro
Antrec peut se charger de toute l'organisation de votre voyage, mais il est conseillé de le contacter deux ou trois jours à l'avance. Logements en pension dans le delta, excursions en barque ou en bateau à moteur, séjours tout compris avec guides ou non. On vous fournit également le permis de visite.

■ DELTA TRAVEL
Bucarest
Strada Scărlătescu
✆ +40 213 112 203
www.traveldelta.ro
Cette agence membre de l'AER organise des séjours naturalistes (observations d'oiseaux) dans le delta du Danube. L'hébergement se fait sur une péniche (*houseboat*).

■ **IBIS TOURS**
Tulcea
Strada Babadag, 6
Bloc A4, appartement 14
✆ +40 240 512 787
C'est l'agence conseillée aux amateurs de nature et d'observation d'oiseaux. Elle est tenue par des ornithologues qui proposent des excursions d'observations dans le delta.

■ **TIOC NATURE & STUDY TRAVEL**
Sibiu
Aleea Genişţilor, 25 ✆ +40 369 806 246
www.tioc-reisen.ro – contact@tioc-reisen.ro
Cette agence, membre de l'AER, organise des excursions naturalistes, accompagnées de guides spécialisés, et pour les sportifs propose des visites en canoë dans le delta du Danube. L'hébergement se fait chez l'habitant ou sur un bateau.

BRAS DE SULINA

Braţul Sulina est le plus court des trois bras et ne draine que 18 % des eaux du fleuve. Ses 69 kilomètres sont les plus empruntés par les bateaux de commerce et de tourisme. Il a été aménagé dans ce but dès la fin du XIXe siècle, lors de la création de la Commission européenne du Danube, à Sulina, par l'ingénieur Sir Charles Hartley. Ce dernier a par ailleurs initié beaucoup de travaux techniques dans le delta.

La distance jusqu'à la mer a été raccourcie (de 20 kilomètres) par la création d'un canal évitant les courbes du Dunărea Veche (vieux Danube), qui formaient un « M ». Le bras traverse la partie médiane du delta et va se jeter dans la mer Noire, tout près de la ville de Sulina (la plus grande agglomération du delta).

Le premier village du bras est celui de Partizani, dont la pêche est la première source de revenus. On y trouve un refuge appelé Cabana Ilganii de Sus.

MALIUC

Il s'agit d'une localité récente de 1 100 habitants environ, point de rencontre de pêcheurs, chasseurs, ornithologues et touristes attirés par les lacs Fortuna et Gorgova tout proches.

LACUL FORTUNA

Au nord du bras, il couvre près de 1 000 hectares. C'est une réserve de pêche réputée. Les ornithologues passionnés pourront y voir de nombreux cygnes.

S'adresser aux pêcheurs locaux pour s'y rendre. Le lac Gorgova, au sud du bras, est un lieu de pisciculture.

Le paradis des pélicans

En été, la zone du delta regroupe 50 % de la population eurasienne de ces grands volatiles (envergure jusqu'à 3,2 mètres) à bec immense. Venus de la mer Rouge ou du delta du Nil où ils passent l'hiver, ils se regroupent autour des lacs Matiţa, Babina, Uzlina, Isacov ou Dracului. On y distingue des pélicans blancs et des pélicans frisés.

Si les pélicans enchantent les touristes, leur relation avec les habitants du delta est en revanche plus difficile. Certains les détestent même, à cause de la grande quantité de poissons qu'ils ingurgitent.

Les pélicans pêchent de sept à dix heures, en groupe, et de manière très méthodique. Ils avancent sur le lac et « coincent » les poissons dans les zones de basses eaux. Ils n'ont plus alors qu'à se servir, grâce à leur bec à poche. Lors des grandes périodes de sécheresse, ils peuvent vider les petits étangs, qu'ils tarissent en quelques heures lorsqu'ils s'y posent par milliers.

Ces grands volatiles sont en tout cas de véritables attractions touristiques, du fait de leur physique peu banal, de leur comportement relativement peu farouche et de leur mode de vie en groupe qui les rend très faciles à observer.

CRIȘAN

Petit village de pêcheurs d'environ 500 habitants, situé au cœur du delta du Danube. L'accès se fait uniquement par bateau, ce qui donne à ce village un charme unique, calme et reposant où règne une véritable quiétude. Par sa situation géographique, Crișan est un excellent point de départ pour découvrir les richesses du delta.

On part en bateau pour visiter le village de Mila 23, les environs de Caraorman ainsi que le village traditionnel de Letea et sa forêt. Mais Crișan est aussi bien situé pour l'observation ornithologique.

Le milieu naturel environnant est particulièrement varié : grands lacs, enchevêtrement de canaux, grandes roselières, forêts de saules et de peupliers, eaux peu profondes, mares salées… Ce milieu favorise l'observation d'oiseaux : d'avril à septembre, plus de 150 espèces différentes peuvent êtres apperçues. Chaque sortie est l'occasion de nouvelles observations. Vous y trouverez le Centre International de recherche et d'information de la réserve du delta du Danube (Centru Internațional de Informare și Cercetare a Rezervației Biosferei Delta Dunării), ouvert en 1994, qui informe sur la faune et la flore du delta ainsi que sur le rôle de la réserve.

Pratique

■ **CENTRE DE DOCUMENTATION ET D'ÉDUCATION ENVIRONNEMENTALE**
À Crișan, rive droite du Danube,
à côté de l'hôtel Lebăda.
Pendant la saison touristique (de mai à octobre), ouvert du mardi au vendredi de 10h à 16h, les samedi et dimanche de 10h à 14h, fermé le lundi. Le reste de l'année (janvier à avril et novembre, décembre), ouvert du lundi au vendredi de 8h à 16h, fermé les samedi et dimanche.

Se loger

Bien et pas cher

■ **PENSION VASILIU**
À 500 mètres sur la gauche
en sortant du bateau de passagers
Crișan, 180 bis
✆ +40 744 957 148 / +40 744 761 323
www.ecoturismdelta.ro
office@ecoturismdelta.ro
Chambre simple 24 €, double 28 €. Petit déjeuner 4 €, déjeuner 7 € et dîner 10 €. Camping 4 € par personne. Excursions : 30 € par personne (minimum 3 personnes). 25 € par jour pour la location d'un canoë.
Caroline, Française d'origine et véritable habitante du delta depuis presque dix ans, et Petre, guide diplômé, homologué et ancien pêcheur, vous reçoivent dans leur maison d'hôtes au cœur du village de Crișan. Amoureux du delta et de ses merveilles, ils défendent les valeurs « d'écotourisme et d'agrotourisme », proposent un hébergement en pension familiale et surtout des activités de nature pour vous faire découvrir cet endroit magique. La maison, entourée d'un jardin potager soigneusement entretenu et d'une belle cour fleurie, vous permettra d'apprécier l'ambiance particulière du fleuve et le calme du village. Elle se compose de 9 chambres pouvant accueillir 1 à 3 personnes, chacune avec salle de bains privative. Une grande salle à manger avec connexion Wifi, une terrasse extérieure et un bel espace aménagé dans le jardin et sur le bord du Danube sont à votre disposition. Pour les campeurs, un espace est réservé au fond du jardin, disposant d'une salle de bains, d'une terrasse extérieure et d'une couverte. Côté excursions, la maison propose des sorties en bateau, d'environ 8 heures, en compagnie d'un guide francophone, pour visiter le village de Mila 23, les environs de Caraorman ainsi que le village traditionnel de Letea et sa forêt, ou encore des sorties à thème : découverte ornithologique, safari photo ou pêche sportive (la saison

de pêche ouvre au début de l'automne). Caroline et Petre peuvent se charger de votre voyage depuis Bucarest, n'hésitez pas à les contacter.

■ **PENSIUNEA NUFĂRUL**
✆ +40 240 547 010 / +40 751 766 381
Environ 19 € la chambre double sans petit déjeuner.
L'accueil est fort sympathique et la pension l'une des meilleures de Crișan. Située au bord du Danube, elle propose une superbe terrasse les pieds dans l'eau. Elle compte 20 chambres doubles de confort 3 étoiles. Organise aussi des excursions.

Confort ou charme

■ **HOTEL SUNRISE**
✆ +40 240 547 191
www.hotelsunrise.ro
rezervari@hotelsunrise.ro
Chambre double à 70 € pour 1 personne ou 77 € pour 2.
Complexe de 4 étoiles, disposant de 29 chambres doubles dans l'hôtel et de 46 dans des villas situées au bord d'un étang. Restaurant à base de produits bio, cultivés dans une ferme voisine. Bars de jour et de nuit, discothèque, piscine. Un cadre naturel bien préservé qui garantit une ambiance agréable et dépaysante.

■ **PENSIUNEA EDEN**
✆ +40 240 547 044
www.eden-touringdelta.ro
touring_eden@yahoo.com
Compter par personne 27 € avec petit déjeuner, 37 € en demi-pension et 47 € en pension complète.
Située sur rive gauche du bras de Sulina, cette pension dispose de 10 chambres et 2 appartements dotés de tout le confort moderne nécessaire. Bar, terrasse et restaurant à spécialités locales, essentiellement à base de poisson.

MILA 23

Demandez aux pêcheurs de vous y emmener à partir de Crișan. Ce village de 500 habitants, où la population lipovène est majoritaire, se trouve au nord de Crișan, tout au nord d'une des deux boucles du « M ». Il est considéré comme le plus typique des villages de pêcheurs du delta. Les animaux (cochons, volailles) sont partout et déambulent librement entre les fleurs.

CARAORMAN

Pour s'y rendre, même principe que pour Mila 23. Sur le banc de Caraorman se trouve le petit village du même nom (où l'on parle autant ukrainien que roumain) et surtout une réserve forestière (dans la partie ouest). Grande diversité végétale sur 840 hectares, aux mêmes caractéristiques qu'à Letea (*voir plus haut*) et lieu de nidification important pour les oiseaux.

SULINA

La plus grande agglomération du delta (3 500 habitants). Son charme vient de son isolement, de la mer, de la plage, de l'impression qu'elle donne de bout du monde. Les paysages alentour ne sont pas les plus beaux ni les plus intéressants du delta, mais le rythme, la rareté des véhicules (à usage seulement local car aucune route n'y arrive) reposent, enchantent... ou désolent, selon les goûts. La création du canal en a fait un important centre économique et démographique, les habitants travaillant, entre autres, dans les conserveries et chantiers de réparation de bateaux. Le port est maritime et fluvial (il fut longtemps un port franc). Les maisons ont un style bien typique du delta. Le caractère multiethnique du village est très visible au cimetière : diversité des tombes, des noms. Vous verrez trois phares à Sulina : le plus ancien est situé dans le centre-ville. Il date de 1870 et est aujourd'hui un musée. Un autre phare datant de 1887 se trouve sur la rive gauche du bras du Danube. Le troisième, plus récent et haut de 48 mètres, se trouve loin de la ville, sur la bouche d'entrée du canal de navigation de Sulina. L'église de la ville (Sfântul Nicolae) fut élevée en 1910. Sulina est également un centre touristique important. Chambres d'hôtel ou chambres chez l'habitant vous seront proposées dès votre descente de ferry. Pour les secondes, allez voir avant de vous engager. Et, qui sait, le charme du site et une chambre qui vous convient vous inciteront peut-être à prolonger votre séjour.

■ **CENTRE DE DOCUMENTATION**
Strada 1
Pendant la saison touristique (de mai à octobre), ouvert du mardi au samedi : de 9h à midi et de 16h à 19h, le dimanche de 9h à 13h. Le reste de l'année (janvier à avril et novembre, décembre), ouvert du lundi au vendredi de 10h à 18h, fermé le samedi et le dimanche.

■ **PENSION CORAL**
Strada 1, 195
✆ +40 240 543 777 / +40 742 974 016
www.casacoralsulina.ro
pensiunea_casacoral@yahoo.com
30 € par personne en pension complète.
Pension neuve et confortable.

■ **PENSION JEAN BART**
Strada 1, 190 B
✆ +40 240 543 128
www.pensiuneajeanbart.ro
pensiune@pensiuneajeanbart.ro
25 € par personne en pension complète.
Superbe pension dans une vieille maison traditionnelle de pêcheur. Les chambres sont propres et bien équipées tout en boiseries. Excellent restaurant.

■ **PENSION MARINA**
✆ +40 742 207 077 / +40 742 207 076
www.marinaturism.ro
marinaturism@vectordesign.ro
En haute saison, chambre double à 40 €, triple à 45 € et appartement de 4 lits à 60 €. Compter 5 € en moins de juin à septembre et 15 € en moins durant la basse saison.
Située sur le bras droit du fleuve, cette pension 4 étoiles dispose de 10 chambre dotées d'air conditionné, télévision par câble et Wifi. On peut vous cuisiner sur demande des plats à base de poisson ou autres. Cuisine et barbecue en libre service. Espace de jeux pour les enfants.

LACUL ROŞU

Cette zone est connue pour être l'un des meilleures du Delta pour la pêche à la carpe et au brochet. Les amateurs de carpe iront au canal Puiu-Roşu et les intéressés par le brochet chosiront les lacs Lumina et Puiuleț.

■ **VILLAGE VACANCES ROŞU**
✆ +40 240 514 114
60 chambres disponibles, restaurant, camping et belle situation. Réserver depuis Tulcea auprès d'Atbad.
Ce complexe touristique se trouve au bord du lac Roşu, au sud de la ville et à mi-chemin entre le lac et Sfântu Gheorghe.

BRAS DE SFÂNTU GHEORGHE

Ce bras, qui mène au village de Sfântu Gheorghe, est le plus méridional. Il mesure un peu plus de 100 kilomètres et draine 22 % du volume des eaux du Danube. Il se caractérise par un cours sinueux et un transport d'alluvions important. Conséquence : il a avancé de 2 kilomètres dans la mer depuis le millieu du XIXe siècle. Pour ces deux raisons, il ne peut être emprunté que par de petits bateaux. En revanche, c'est le plus facilement accessible en voiture car on peut le suivre par la route jusqu'à Murighiol et Dunavățu.

NUFĂRU

Nufăr signifie « nénuphar ». Ce village de 2 400 habitants proche de Tulcea était appelé Prislava depuis le Xe siècle, époque où il était déjà réputé pour la pêche, puis Ada Marinescu jusqu'en 1964.

■ **HOTEL STANCA DUNĂRII**
✆ +40 240 549 118 / +40 745 252 633
www.stanca-dunarii.ro
stancadunarii@yahoo.com
Compter 35 € la chambre double.
Cet hôtel 4 étoiles est situé sur le bras de Sfântu Gheorghe, en périphérie de la localité de Nufăru. Il propose 7 chambres simples, 7 doubles et 1 appartement. Air conditionné, Internet et téléphone sont installés partout. Chaque chambre a son balcon et sa salle de bains avec bain bouillonnant. L'établissement comprend aussi un restaurant.

■ **HOTEL WELS**
Băltenii de Sus
✆ +40 740 210 214
www.wels.ro – rezervari@wels.ro
Environ 65 € la chambre double en haute saison, petit déjeuner compris.
Bel hôtel 4 étoiles situé sur le bras de Sfântu Gheorghe. On peut y arriver en voiture, depuis Tulcea ou en bateau. Les chambres offrent de belles vues sur le Danube et l'on profite des nombreux services proposés : excursions dans le delta, location de matériel pour la pêche, ski nautique, petits tours en charrette, feu de camp, de quoi agrémenter un séjour même prolongé !

MAHMUDIA

Site de l'ancienne cité romaine de Salsovia, ce gros village de 2 200 habitants est lui aussi accessible par la route. C'est à la fois un port (trafic fluvial, pêche, pisciculture) et un centre agricole (bovins).

■ **HOTEL MON JARDIN**
✆ +40 240 545 511
✆ +40 728 020 766
www.hotelmonjardin.ro
office@hotelmonjardin.ro
En haute saison, environ 65 € la chambre double pour une personne ou 72 € pour deux. Compter 10 € en moins pour la basse saison. Petit déjeuner inclus.
Cet hôtel 4 étoiles propose 28 chambres doubles, 1 studio et 2 appartements. Dotés de tout le confort nécessaire, ils incluent l'air conditionné, la TV, le téléphone et le Wifi. Une piscine, un parking sécurisé et une salle de conférence sont également à disposition. On propose aussi de vous conduire aux lieux de chasse et de pêche, ainsi qu'aux monastères du nord de la Dobroudja.

■ **HÔTEL TEO*****
Strada Portului
www.pensiuneacasateo.ro
office@pensiuneacasateo.ro
De 30 € à 40 €. Petit déjeuner 6 €.
Hôtel tout neuf, moderne et confortable (3 étoiles locales), avec vue sur le fleuve.

MURIGHIOL

Comme pour Mahmudia, son nom est d'origine turque. Murighiol (3 700 habitants) est au bord du lac du même nom, relié par de courts canaux au bras du fleuve. Un centre touristique y a été ouvert en 1993. À côté, on verra les ruines de l'antique cité d'Halmyris (découverte récemment), une importante implantation grecque du VIe siècle av. J.-C. au VIIe siècle apr. J.-C. On y verra les restes de la forteresse et d'une basilique (crypte, fresques).

▶ **Le proche lac Sărăturii (au sud)** est un lieu réputé pour l'observation des oiseaux. De là, on peut rejoindre le village de Dunavățu de Jos, le dernier village accessible par la route. Il est réputé pour son artisanat.

■ **CAMPING CĂSUȚA PELICAN**
Petites cases à louer.

■ **MORENA**
Murighiol, 8816
✆ +40 240 545 645
www.morena.ro
morena@ess.ro
Chambre double 25 € avec petit déjeuner. 90 € en pension complète avec excursion incluse.
7 chambres doubles dans une superbe pension ancienne. La résidence tout en bois offre de nombreuses pièces communes : fumoir, terrasse, bar et bibliothèque. On s'y sent comme dans la maison d'un ami.

UZLINA

Dans une boucle du fleuve, au nord de Murighiol, un village auquel on accède en bateau à moteur à partir de Murighiol (demander sur le port) et qui était autrefois au centre d'une réserve de chasse privée de Ceaușescu. On y vient aujourd'hui pour les proches lacs d'Uzlina et d'Isacov, que les ornithologues apprécieront. On y trouve une très importante colonie de pélicans.
Chambres chez l'habitant mais aussi deux très bonnes adresses, la Pension Tamarin et le Complex Cormoran.

Se loger

Bien et pas cher

■ **CASA DINTRE SĂLCII (LA MAISON ENTRE LES SAULES)**
✆ +40 748 290 132 / +40 748 290 131
www.casa-dintre-salcii.ro
rezervari@casa-dintre-salcii.ro
Compter 110 lei par personne dans une chambre double avec petit déjeuner, 150 lei en demi-pension et 180 lei en pension complète. Pour une chambre simple, compter 180 lei en demi-pension et 220 lei en pension complète. Possibilité de louer une maison à 4 chambres doubles et salon pour 1 300 lei, en pension complète. Le transport Murighiol-Uzlina aller-retour est à 50 lei par personne en journée et 90 lei par personne pendant la nuit. Également location d'embarcations.
Située sur le bras du canal d'Uzlina, tout près des lacs d'Uzlina, d'Isacov, d'Isacel, de Chiril et du canal de Litcov, la pension est un parfait point de départ pour l'exploration du delta. On peut même y louer des embarcations pour faires des excursions, aller à la pêche et observer les oiseaux migrateurs qui viennent chercher à manger dans les environs. Deux pavillons situés au bord de l'eau, des barbecues, un espace de jeux pour les enfants, une piscine sont à disposition des hôtes. La pension compte une quinzaine de chambres joliment décorées et tout confort, avec air conditionné, Wifi, eau chaude en permanence. On vous recommande la cuisine de Marcela, qui utilise les produits de sa ferme : légumes, fromage de chèvre, viandes, confitures, tout est bio et fait maison.

Confort ou charme

COMPLEX CORMORAN
✆ +40 213 226 302 / +40 748 032 593 / +40 744 656 372
www.cormoran.ro
office@cormoran.ro
Selon la saison, compter pour la pension 3 étoiles, entre 95 lei et 130 lei par personne dans une chambre simple, entre 60 lei et 80 lei par personne dans une double et entre 50 lei et 65 lei par personne dans une chambre triple. Dans l'hôtel et les villas de type A, compter entre 185 lei et 220 lei par personne dans une simple, entre 115 lei et 145 lei par personne dans une double et entre 95 lei et 115 par personne dans une triple. Enfin, pour les villas de type B (appartements pour 4 personne), compter entre 150 lei et 185 lei par personne selon la saison. Le petit déjeuner-buffet est inclus. Pour le déjeuner ou le dîner, buffet proposant, entre autres, des plats à base de poisson du delta, compter 50 lei par personne. Ces prix peuvent subir des modifications en 2015.
Au bord du Danube, ce complexe est formé de 15 villas pittoresques à l'architecture typique du delta et d'un superbe hôtel 3 étoiles. Le trajet en bateau jusqu'au complexe serpente à travers des canaux, au milieu d'une nature enchanteresse et préservée. On se trouve d'ailleurs dans une zone protégée, un site Natura 2000 qui fait partie d'une réserve naturelle de biosphère. C'est un paradis pour les pêcheurs et pour les amoureux de la nature. La maison organise des dîners au feu de camp et des dégustations de vins et de plats traditionnels à base de poissons. Une grande variété de services est à votre disposition, gratuitement : accès aux deux piscines en plein air, avec chaise-longue et serviette offertes, à la salle de fitness, aux deux terrains multifonctions, aux tables de ping-pong (on peut louer du matériel sportif sur demande), au club-boîte, à l'aire de jeux pour enfants et au réseau Wifi, au rez-de-chaussée de l'hôtel. Autres services disponibles : deux restaurants, centre d'équitation, base nautique, excursions sur les canaux, pêche, sauna, cinq salles de conférence. Une belle adresse !

IVANCEA

Ivancea est le dernier village de pêcheurs avant Sfântu Gheorghe. Un canal le relie au lac Roșu.

SFÂNTU GHEORGHE

Dernier village (1 000 habitants) de ce bras auquel il a donné son nom, il possède une longue plage de sable et un phare de plus de 50 mètres de hauteur. La pêche est la principale activité économique. Sfântu Gheorghe est connu dans tout le pays pour la pêche aux esturgeons. Le caviar local (*icre negre*) est réputé, mais une grande partie étant exportée, il vous sera sans doute difficile de l'apprécier. Les esturgeons se font de plus assez rares et l'on s'efforce de repeupler le delta grâce à l'élevage. Au sud du village, se trouve la grande réserve de Sacalin-Zătoane. Elle se caractérise par ses dunes et bancs de sable, ses lacs isolés, ses marais, et par la richesse de sa faune (pélicans, spatules, aigrettes, cygnes…).

DOLPHIN CAMPING
✆ +40 749 187 551 / +40 212 300 508
info@deltasfantugheorghe.ro
Environ 4 € la tente de 2 personnes et 6 € la tente de 3-4 personnes. Pour loger dans les maisonnettes, compter environ 16 € en haute saison et 14 € en basse saison.
Le complexe propose 53 maisonnettes en bois, avec des toits en chaume et 150 emplacements de camping. Accès aux toilettes et aux douches chaudes, ainsi qu'au cinéma en plein air et aux discothèques. Les animaux ne sont pas acceptés.

GREEN VILLAGE
✆ +40 212 300 507 / +40 212 300 508 / +40 749 187 551
www.greenvillage.ro
info@deltasfantugheorghe.ro
Entre 60 € et 100 € la chambre double.

Ce complexe est composé de 22 villas 4 étoiles, cernées de petits étangs couverts de nénuphars, avec des terrasses donnant sur le Danube et sur la mer. On trouve sur place trois restaurants de luxe et trois bars. Les sportifs apprécieront l'accès à la piscine, au court de badminton et au sauna pour se détendre après l'effort. Ne pas oublier non plus de jeter un œil au programme du cinéma, situé dans le centre d'affaires du site.

PENSION AURORA

✆ +40 240 546 714 / +40 746 252 222
www.pensiunea-aurora.ro/dd.html

Chambre double 25 €, chambre triple 35 €. Petit déjeuner inclus.

4 chambres dans une maison typique et chambres chez l'habitant. Sur la route qui conduit vers la grande ville du littoral, quelques sites méritent une petite visite.

PENSION EGRETA

✆ +40 240 546 714 / +40 745 128 709

4 chambres, 25 € la double.

Une très bonne option dans une petite maison du village. Quelques chambres disponibles avec possibilité de demi-pension.

LAC RAZIM

BABADAG

À 35 kilomètres au sud de Tulcea, on peut rejoindre Babadag (8 900 habitants) par la route principale ou en longeant le lac Razim, où les maisons ont des toits de chaume. On y ressent l'influence de l'Empire ottoman avec une large minorité turque qui y réside.

Transports

Les minibus qui font la liaison Tulcea-Constanța passent par Babadag. Les bus également. De même, les trains des lignes Tulcea-Bucarest ou Tulcea-Constanța.

À voir – À faire

MOSQUÉE D'ALI-GAZA PAȘA

Le plus vieux monument d'architecture musulmane de Roumanie (XVIIe siècle), très joliment rénové en 1999 et dont le minaret mesure 23 mètres de hauteur. Cet édifice est lié aux pèlerinages que les Turcs effectuaient sur le tombeau du derviche Sari Saltuk Dede (*voir encadré « La montagne du père aux moutons »*).

DOBROGEA

Lac Babadag.

■ **MUSÉE D'ART**

Également connu sous le nom de Casa Panaghia, le musée possède une jolie collection de tapis, broderies, costumes et vases orientaux. Non loin de là se trouve le village de Slava Rusă, avec une église où les messes sont dites en vieux russe.

ENISALA

À Enisala (1 000 habitants), immédiatement à l'est de Babadag en allant vers le lac Razim, se trouve la plus grande nécropole dace de Dobroudja. Également, restes d'une forteresse gréco-romaine nommée Heracleea, restaurée au XIIIe siècle par les Génois qui l'utilisèrent afin de protéger les voies commerciales de la région. Dans les années 1990, la forteresse a été amplement rénovée. Musée ouvert tous les jours, sauf le lundi. Signalons aussi, pour l'anecdote, qu'un mammouth a été découvert à proximité.

■ **PENSION SAFARI VILLAGE**

Enisala, 94 A ✆ +40 722 300 200

www.safari.ro – safari@safari.ro

55 € par personne et par jour en pension complète. Organisation d'excursions sur le Danube.

La pension est située sur le chemin vers la forteresse. Elle offre un cadre de séjour pittoresque, avec ses intérieurs décorés d'un style rustique. Les chambres donnent sur la forteresse et sur le lac de Babadag.

SARICHIOI

Sarichioi (5 700 habitants), le gros village le plus proche, au bord du lac Razim (qui fait partie de la réserve de biosphère du delta), est un lieu réputé de pisciculture. Dans la partie nord du lac, l'île de Popina est connue pour être un lieu de passage privilégié de nombreuses espèces d'oiseaux, de canards et d'oies notamment.

GURA PORTI□EI

Une bande de terre entre la mer et le lac Razim, desservie par trois bateaux quotidiens depuis Jurilovca. En ce lieu éloigné de tout a été aménagé un village vacances.

■ **FORTERESSE D'ARGAMUM**

située à 7 km du village Jurilovca, dans un endroit appelé Dolojman

Cette forteresse bâtie au milieu du VIIe siècle av. J.-C. est la première localité du territoire roumain à avoir été mentionnée dans un texte antique (Hécatée, *Périégèse*). Le complexe funéraire de la nécropole de la cité et deux fours artisanaux qui étaient utilisés pour cuire la poterie sont aujourd'hui encore visibles.

■ **PISCICOLA TOUR JURILCOVA**

✆ +40 723 529 510

www.guraportitei.ro

receptie@guraportitei.ro

Ouvert en été seulement.

Un complexe touristique entre mer Noire et lac Golovița. Village vacances, camping, bateaux, excursions, ornithologie. Plage d'un côté, lac et delta de l'autre. Un lieu isolé, encore méconnu et bon marché. Un vrai « bout du monde ».

HISTRIA

Site ouvert du mercredi au dimanche, de 9 à 17 heures.

Dans un paysage plat, entre Babadag et Constanța, non loin des lacs Nuntași et Zmeica, se trouvent les vestiges de la plus vieille ville du territoire roumain. Histria fut fondée en 657 av. J.-C. par des colons grecs venus de Milet. Sa prospérité comme port de la mer Noire ne se démentit pas pendant les périodes grecque et romaine (où son rôle défensif fut renforcé) et dura ainsi douze cents ans. Son mur d'enceinte entourait une cité de 60 hectares. Mais la ville dut ensuite subir les invasions des Goths (IIIe siècle apr. J.-C.) qui la détruisirent en grande partie. Reconstruite au siècle suivant, mais sur une superficie bien moindre, elle ne retrouva jamais son prestige et sa prospérité et fut abandonnée au profit d'autres ports. Parmi les vestiges, reconnus par l'archéologue français Ernest Desjardins en 1868, puis fouillés par Vasile Pârvan à partir de 1914, vous reconnaîtrez les murs d'enceinte datant de la première construction de la cité, les restes des temples dédiés à Zeus et Aphrodite, des rues pavées, des thermes ou encore une basilique du VIe siècle. À l'entrée du site archéologique, un musée présente les objets mis au jour lors des fouilles (statuettes, vases, céramiques peintes…) et informe le visiteur sur l'histoire de la cité.

Transports

Accès difficile sans transport privé. De rares maxitaxis depuis la gare routière de Constanța (4 par jour théoriquement). Une agence peut aussi vous organiser l'excursion. Sinon, accès en stop ou à pied depuis Mihai Viteazu (11 kilomètres), un village traversé par les bus qui relient Constanța à Tulcea.

Côte de la mer Noire

Le littoral de la mer Noire, lieu de villégiature très prisé par tous les Roumains, vous offre 50 kilomètres de côtes aux nombreuses plages de sable fin. En été, la température de la mer est idyllique et, en raison de la qualité des eaux et des boues des lacs qui bordent le littoral, c'est un lieu très prisé pour les cures ou les séjours en station thermale. Les possibilités d'hébergement y sont innombrables et à tous les prix. Il en va de même des activités balnéaires. Côté culture, la région offre quelques excursions intéressantes depuis la côte : vestiges de cités antiques, musées de Constanța, visite du delta, qui n'est pas loin. Après un tel tableau, on s'attend à un paradis des vacances balnéaires. Ce sera le cas, si vous acceptez de le partager… Car en été, ce littoral, de longueur tout de même limitée, est pris d'assaut par les touristes roumains (surtout) et étrangers. Et dire que l'on n'aperçoit parfois plus le sable, sur certaines plages, est à peine exagéré. De grandes usines à dormir bordent les plages, avec restaurants et terrasses, discothèques bruyantes et fêtes foraines, boutiques de souvenirs et podium de promotions publicitaires. La promiscuité est une habitude, elle est voulue. Elle engendre parfois des conflits, souvent des rencontres (la côte est une vaste zone de drague pour la jeunesse roumaine et de nombreux couples s'y sont créés ou défaits). Bref, tout dépend de vos goûts (paradis pour certains, enfer pour d'autres). L'arrière-pays ne doit pas être négligé, des excursions intéressantes vers des vestiges historiques ou des villages viticoles sont facilement réalisables. Bref, on peut rester sur la plage toute la journée mais aussi se cultiver sur le littoral roumain.

Pour trouver un peu de calme, on prend la route qui relie les stations, un peu à l'écart de la côte, et qui traverse des villages où pointent de minuscules minarets, où s'étendent des prés fleuris et des champs cultivés, dont les couleurs (celles des tournesols surtout) se détachent sur le bleu de la mer au loin. Enfin, en hiver, toute la côte sera presque uniquement pour vous.

Tous à la mer !

Si on ne vous a pas prévenu auparavant, vous serez peut-être surpris de ne pas voir un seul grain de sable (pourtant fin) libre pour poser votre serviette sur les plages de certaines stations du littoral. Pourtant, personne n'a l'air d'être perturbé par cette concentration. Quant à savoir pourquoi il y a tant de monde le long du littoral de la mer Noire, la réponse est simple : cela est dû aux programmes de vacances collectives décidés à l'époque communiste. L'employé d'usine ou de bureau recevait des bons pour passer ses vacances dans une station et un hôtel déterminé. De vastes programmes architecturaux furent lancés pour accueillir toute cette population. On construisit des blocs de béton tout le long de la côte dans le cadre de stations toutes neuves (Olimp, Saturn, etc.) ou déjà existantes (Eforie Nord, par exemple). Certaines stations avaient des fonctions précises, comme Costinești, réservée aux jeunes, ou Neptun-Olimp, réservée aux cadres du parti. Mais partout, vous retrouverez grands immeubles, villas, postes et télécommunications, restaurants collectifs ou théâtres-cinémas en plein air. Si, aujourd'hui, le système a changé, reste le réflexe quasi automatique d'aller passer ses vacances sur le littoral. Les infrastructures sont là, elles évoluent simplement ; les discothèques fleurissent sur toutes les plages, boutiques, bars et restaurants se multiplient. Tout ceci étant très bénéfique à l'économie touristique, le gouvernement met en place des périodes de promotions pour que la saison dure le plus longtemps possible et des trains spéciaux de nuit acheminent les vacanciers depuis les régions les plus éloignées.

Transports

Pour gagner Mamaia, rien de plus simple : les bus urbains de Constanța s'y rendent depuis la gare.

En train depuis Constanța, voire Bucarest, il y a des arrêts dans toutes ou seulement quelques gares. Vérifier au départ. Gares à Eforie Nord et Sud, Costinești, Neptun et Mangalia. Chaque station ou presque possède une agence CFR, qui vous permet d'acheter des billets de train à l'avance, même si vous partez de Constanța.

La grande route qui va de Constanța à Mangalia, les deux grandes villes de la côte, est très bonne et très fréquentée. Elle traverse les villages à l'écart de la côte. Les transports collectifs (bus ou minibus depuis la gare de Constanța) vous laisseront soit au cœur des stations, soit le long de la route ! Bien demander avant, si vous ne voulez pas marcher les deux ou trois kilomètres séparant la route de Costinești ou Neptun (pas de problème pour les deux Eforie). Le plus simple est de prendre un transport qui va directement là où vous désirez.

Pour Saturn, Venus, Aurora et Jupiter par la route, allez à Mangalia, puis « remontez » en bus le long de la côte jusqu'à ces stations. En train, arrêtez-vous à Neptun-Olimp puis prenez les bus qui traversent les stations. Certains bus vont jusqu'à 2 Mai et Vama Veche.

Hébergement

Certaines stations comptent jusqu'à 50 hôtels ! L'offre est à la mesure de la demande : énorme. Campings, bungalows, *căsuțe* (dans les campings, très petites cases en bois pour 2 ou 4 personnes), villas (grandes maisons aménagées en hôtels), hôtels basiques ou luxueux, tout y est. Évidemment, nous n'en décrivons qu'une infime partie. Ne vous limitez pas à ces choix et faites-vous votre opinion vous-même. Vous remarquerez vite d'ailleurs que la plupart des hôtels se ressemblent. Ils ont la réputation d'être très chers en été ; à vous de trouver les meilleures formules car les promotions sont rares en cette saison. Sachez que les tarifs seront plus bas si vous réservez *via* une agence de voyages à Bucarest ou Constanța. Vous serez également sollicités en permanence à l'entrée des stations par des rabatteurs travaillant pour des villas. Bonnes ou mauvaises affaires, il suffit d'aller voir.

Restaurants

Si vous rêvez de fruits de mer et de poisson frais, vous serez un peu déçu. Il y a de bons restaurants, des self-services, des fast-foods, mais partout le poisson est rare. Seule consolation, les fritures de petits poissons qui se vendent partout en cornet de papier gras. Délicieux, quand c'est fraîchement préparé.

Sortir

De ce côté-là, aucun problème. Tout au long de la côte, les plages sont bordées de bars et de discothèques, ces dernières parfois à même la plage. La plus célèbre est Bamboo, à Mamaia. Des festivals techno sont également organisés, à Vama Veche notamment. Restez à l'écoute et lisez *Șapte Seri* pour vous tenir au courant des événements.

CONSTANȚA

Entre le Danube et la mer Noire, la région de Constanța occupe la moitié sud de la Dobroudja. Constanța (425 000 habitants) est le centre de la région et un port majeur de la mer Noire. Ses quelques musées mais surtout son atmosphère orientale méritent qu'on s'y arrête avant de continuer vers les villes du littoral. Le long de ce dernier se succèdent de nombreuses stations de caractère différent, plus ou moins bétonnées, plus ou moins populaires, mais toujours agréables en été lorsque la chaleur de l'intérieur des terres devient difficilement supportable. La ville de Constanța est le plus grand port de la mer Noire et la deuxième agglomération du pays. Les impressionnantes infrastructures du port sont visibles de partout et sa forêt de grues forme un curieux paysage. En été, on afflue de toute la Roumanie à Constanța, porte du littoral, avant de s'orienter vers la station balnéaire choisie. La ville est très industrialisée et beaucoup préfèrent ne pas s'y attarder. Elle est pourtant assez agréable avec ses larges artères animées, dont une véritable rue piétonne et commerçante, assez rare en Roumanie.

Il faut parcourir le front de mer et le centre-ville et se laisser gagner par leur ambiance méditerranéenne, unique dans le pays. À chaque pas, l'imagination aidant, l'Orient paraît plus proche. Le patrimoine culturel de la ville (musées, mosquées…) n'est pas à négliger et son statut d'important centre académique lui assure une animation permanente, même hors saison touristique. Enfin, il faut savoir que la ville possède une plage de sable gris toute proche du centre.

Edifice religieux chrétien
Mosquée
Musée
Curiosité et divers
Poste
Gare routière
0
400 m
N
MER NOIRE
MER NOIRE
LAC TABACARIEI
Planetarium
B-dul Mamaia
Boulevardul Mamaia
B-dul Alexandru lăpușneanu
Strada Unirii
Str. Zorelelor
Str. Tabla Butii
Str. Grozești
Str. Onești
Str. Dragoslavele
Ioan Murgescu
Ioan Borcea
Ciprian porumbescu
Dorobantilor
Războieni
Strada Soveja
Gare routière
Boulevardul Tomis
Stade du Farul
Strada Primăverii
Penait Cerna
Strada Chiliei
Marmures
Oituz
Andreescu
Sf. Luchian
N. Grigorescu
Docherilor
B-dul Alexandru lapusneanu
Boulevardul mamaia
Strada Banu Mihalcea
Dobrogei
Temișanei
Ion Vodă
Ion Ratiu
B-dul Tomis
Str. Holban
Talazului
Str. Poporului
Macilor
Mălinului
Strada Nicola Iorga
Bodgan Vodă
Dumbrava Rosie
Alexandru Cel Bun
V. Lupu
Munteniei
Str. Eroilor
Puskin
Decebal
Mihai Eminescu
Str. Ion Lahovari
Mihai Viteazul
Ștefan Mihăileanu
B-dul Tomis
Strada Mircea cel Bătrân
Strada Cărărași
Strada Poporului
Maison de la Culture
Boulevardul Alexandru Lapusneanu
Călugăreni
Tespes Vodă
T. Vladimirescu
Sabinelor
Siretului
Ion Lahovari
Miron Costin
General Manu
Str. Rascoala
Rascoala dim 1907
Poste et Telecom
Agence TAROM
Musée d'art populaire
Strada Ion Luca Caragiale
Str. Oborului
Str. Ardealului
Aleea Garofitei
Avram Iancu
B-dul I. G. Duca
Olteniei
Str. Atelierelor
Strada Brătescu
Str. Grivița
Str. Stefan Cel Mare
Cuza Voda
Vestige de Tomis
Préfecture
D. Vodă
Agence CFR
Str. Canarache
B-dul Tomis
Piata Ovidiu
Port de Plaisance
Musée de la Marine
Boulevardul Ferdinand
Cel Mare
Cibinului
B-dul I.C Brătianu
Str. Labirint
Strada Traian
Boulevardul 1 mai
Musée d'Histoire et d'Archéologie
Str. Remus
Cathédrale Catholique
Cathédrale Orthodoxe
Collection Jalea
B-dul carpați
Phare Genois
Aquarium
Casino
Gari
Gare ferroviaire
Port de Commerce

Histoire

Les Grecs arrivèrent dans la ville il y a deux mille cinq cents ans et y fondèrent la colonie de Tomis, qui prospéra rapidement. Comme le reste de la région, Tomis passa ensuite sous contrôle romain (bien que le roi dace Burebista l'ait contrôlée pendant quelque temps). C'est en hommage à l'empereur Constantin (306-337) que la ville fut baptisée Constantia. Elle devint rapidement le plus important port de la mer Noire, une position qu'elle occupa de nouveau après la petite éclipse qu'elle connut à l'époque byzantine. Sa fonction portuaire déclina alors et elle perdit de son prestige, mais quand la région fut intégrée à la Roumanie, à la fin du XIXe siècle, le port de Constanța fut modernisé et retrouva son rôle et son rang.

Transports

Avion

L'aéroport international Mihail Kogălniceanu se trouve à 25 kilomètres au nord-ouest de la ville. Comptez environ 7 à 8 € en taxi jusqu'au centre-ville. Constanța est desservie par les vols intérieurs et par des charters de toute l'Europe.

■ CARPATAIR
Strada Griviței, 26
✆ +40 241 555 422 / +40 241 555 455
www.carpatair.com
reservations@carpatair.com
Vols vers Timișoara. Connexions avec d'autres villes roumaines et avec l'Allemagne et l'Italie.

■ TAROM
Strada Ștefan cel Mare, 15
✆ +40 241 662 632
Vols de/vers Bucarest.

Bus et maxitaxis

La ville a deux gares routières. Celle située près de la gare (Autogara de Sud) permet de rejoindre les villes du littoral ou Bucarest. Celle du nord de la ville (Autogara de Nord) dessert les villes du nord de la région. Les deux gares sont reliées par le bus 32.

▸ **Autogara de Sud.** Autour de la gare ferroviaire partent de nombreux bus et maxitaxis qui desservent la région et le pays, et il est parfois difficile de s'y retrouver. En sortant de la gare, vous trouverez les bus 41 pour Mamaia, face à la gare. À droite, le long la gare : minibus et bus côtiers desservant les différentes stations de la côte au sud de Constanța. Leur destination est clairement indiquée à l'avant du bus. Ceux qui desservent Mangalia ou Vama Veche desservent évidemment toutes les autres stations au passage. À gauche de la gare : les maxitaxis pour Bucarest (toutes les heures en été) et pour bien d'autres villes à partir de la gare routière située un peu plus loin (bus longue distance, en Roumanie). Bus internationaux vers Istanbul : un départ par jour, compagnie Ozlem Tur (+40 0241 662 626), Chișinău (trois fois par semaine), Athènes (trois fois par semaine).

▸ **Autogara de Nord.** L'autre gare routière, au nord de la ville, à l'angle des boulevards Tomis et Alexandru Lăpușneanu. Bus 32 ou tramway 100 depuis la gare. Les bus desservent Tulcea, Histria, Babadag ou Brăila (3 par jour).

■ AGENCE CFR
Strada Vasile Canarache, 4

■ AUTONOM
Bulevardul Mamaia, 1 B
✆ +40 241 550 177
www.autonom.ro
office@autonom.ro
Du lundi au vendredi de 9h à 18h, le samedi de 9h à 13h. Enseigne présente également à l'aéroport.

■ EUROLINES
Strada Ștefan cel Mare, 71
✆ +40 241 662 704
www.eurolines.ro
enescu@eurolines.ro
Départs à côté du bureau de l'agence. Cette rue commerçante est parallèle au boulevard Ferdinand, qui relie la gare ferroviaire au centre-ville.

Train

■ GARE DE CONSTANȚA
Strada Mircea cel Bătrân, 49
À 2 km environ au sud-ouest du centre-ville
On rejoint la gare en suivant le boulevard Ferdinand à pied. Ou en prenant le trolleybus 40 ou le bus 43. Le bus 100 vous emmène de la gare à Mamaia.
Les trains en provenance de Bucarest sont nombreux : 8 par jour en hiver et 20 par jour en été. Compter entre 2 heures 20 (trains Intercity) et 4 heures 30 de trajet. Ils partent parfois ou continuent vers Mangalia. La ville est également bien reliée au reste du pays,

particulièrement en été, quand les trains de nuit acheminent les vacanciers. Liaisons vers Buzău, Tulcea (1 par jour, 4 heures de trajet), Galați (2 par jour, 4 à 6 heures de trajet !), Oradea, Brașov (2 à 4 par jour, 5 à 6 heures de trajet), Cluj, Arad, Iași, Suceava (1 par jour, 8 heures de trajet), Budapest, etc. Trains locaux. Les nombreux trains (6 à 20 par jour selon la saison, 1 heure à 1 heure 20 de trajet) reliant la ville à Mangalia s'arrêtent à toutes les stations de la côte ou à quelques-unes. Bien se renseigner avant pour savoir si votre station est sur la liste.

Pratique

Tourisme – Culture

■ ANTREC – CONSTANȚA
✆ +40 241 759 473
www.antrec.ro
constanta@antrec.ro
Antrec peut se charger de votre séjour dans les stations balnéaires des environs et des voyages dans le delta ou les vignobles de Murfatlar sur la côte. Utile aussi pour réserver des chambres chez l'habitant. Les pensions sont confortables, mais moins pittoresques que dans le reste du pays.

■ ASSOCIATION LITTORAL
À Mamaia, près de la télécabine
✆ +40 241 831 321
www.romanianriviera.ro
contact@romanianriviera.ro
Le site en anglais donne des informations sur les événements à venir, les attractions touristiques ou encore les possibilités d'hébergement et de restauration.

■ DANUBIUS
Piața Ovidiu, 11
Bulevardul Ferdinand, 36
✆ +40 241 619 039
www.danubius.ro
tim.grosse@danubius.ro
Deux adresses : la première spécialisée dans la vente de billets d'avion vers le monde entier, la seconde vous proposera des excursions vers Murfatlar et le delta.

■ INFO LITTORAL
Strada Traian, 36
Bloc C1
✆ +40 241 555 000
www.infolitoral.ro
info@infolitoral.ro
Ouvert en semaine seulement.
Informations sur le littoral, réservation de lits d'hôtel, d'excursions.

■ J'INFO TOURS
Bulevardul Tomis, 67
✆ +40 241 551 150 / +40 241 551 066
www.jinfotours.ro
office@jinfotours.ro
Une agence réputée. Circuits dans le delta, en Bucovine, etc.

Représentations – Présence française

■ ALLIANCE FRANÇAISE
Strada Mihail Kogălniceanu, 22
✆ +40 241 619 438
www.afconstanta.org
afconstanta@yahoo.fr

▸ **Autre adresse : Antenne** à Medgidia : Maison de la culture Ioan N. Roman, Strada Republicii, 5 – ✆ +40 0241 811 665

■ FRANCE – AGENCE CONSULAIRE
Dans les locaux de l'agence Latina
Bulevardul Ferdinand, 70
✆ +40 241 555 099

Moyens de communication

■ POSTE
Bulevardul Tomis, 79

Santé – Urgences

■ PHARMACIE
Strada Ecaterina Varga, 55
24h/24.

Se loger

Vous pouvez loger à Constanța (la ville propose des hôtels de toute catégorie) ou choisir Mamaia, toute proche, où l'offre en matière d'hébergement est impressionnante.

Bien et pas cher

■ HOTEL DALI***
Strada Smârdan, 6A
✆ +40 241 619 717
www.hotel-dali.ro
receptie@hotel-dali.ro
Chambre double de 40 € à 50 €. Petit déjeuner inclus.
Dans un bâtiment rénové en plein centre de la ville, l'hôtel offre de belles chambres propres, confortables et luxueuses pour un hébergement de qualité. L'hôtel propose également un restaurant un peu aseptisé.

■ **HÔTEL FLORENTINA**
Bulevardul I. C. Brătianu, 24
✆ +40 241 512 535
Chambres doubles autour de 50 €. Petit déjeuner inclus.
Une des options les moins chères de la ville, située à 300 mètres au nord de la gare ferroviaire. 34 chambres simples mais bien tenues et bien équipées. Le bâtiment de cet hôtel n'est pas désagréable comparé aux deux hôtels suivants.

■ **HOTEL JOLIE**
Strada Viceamiral Ioan Murgescu, 42
✆ +40 241 697 638
✆ +40 721 211 422
www.hoteljolie.ro
rezervari@hoteljolie.ro
Chambre double de 25 € à 45 € selon la saison et le type de chambre, petit déjeuner inclus.
Un petit hôtel bien situé à quelques pas du centre et du rivage. Les chambres sont très basiques et sans froufrous, mais l'hôtel a l'avantage de représenter un des meilleurs rapports qualité/prix de la ville.

■ **HÔTEL TINERETULUI**
Bulevardul Tomis, 20
✆ +40 241 613 590
Chambres doubles à 30 €.
Sans aucun charme, pas très accueillant, mais bon marché et assez confortable. Son principal atout est sa situation dans la vieille ville.

■ **PENSION CASA HARGHITA**
Sat Vacanța (village vacances)
✆ +40 241 513 738
www.casaharghita.ro
contact@casaharghita.ro
Selon la saison, comptez entre 32 € et 47 € pour une chambre double. Près du lac Tăbăcăriei, entre Constanța et Mamaia.
Pension et restaurant de qualité, dans une vaste zone de loisirs.

■ **VILLA EDEL*****
Strada George Enescu, 30 B
✆ +40 744 633 219 / +40 766 538 807
www.pensiunea-edel.ro
gandrexim@gmail.com
Chambre double de 30 € à 40 €. Petit déjeuner inclus.
Magnifique pension familiale qui offre 12 chambres élégantes et décorées avec soin dans une bâtisse historique. Excellent accueil, comme à la maison. L'hébergement est situé juste à côté du centre commercial Tomis.

Confort ou charme

■ **HÔTEL BULEVARD******
Bulevardul Mamaia, 294
✆ +40 241 831 533
www.complexbulevard.ro
receptie@complexbulevard.ro
Entre 50 € et 67 € pour une chambre double 3 étoiles et entre 65 € et 75 € pour une 4 étoiles.
Chambres luxueuses en régime 3 et 4 étoiles. Nombreux services : piano-bar, restaurant, sauna, salle de fitness, piscine...

■ **HOTEL GUCI**
Strada Răscoalei 1907, 23
✆ +40 241 695 500
www.hotel-guci.ro
De 50 € à 70 € pour une chambre double.
Hôtel de 20 chambres luxueuses et aux équipements nombreux et de qualité. D'un bon rapport qualité/prix en plein centre-ville avec des balcons qui offrent de belles vues. Sauna et bain bouillonnant.

■ **HOTEL ROYAL**
Bulevardul Mamaia, 191
✆ +40 241 545 570 / +40 241 542 690
www.hotelroyal.ro
office@hotelroyal.ro
Hôtel 4 étoiles, chambre simple à partir de 80 €, double à partir de 90 € pendant la saison estivale. Moins hors saison. Prix dégressifs pour des séjours supérieurs à 9 jours.
Un bel hôtel moderne de 45 chambres et 5 appartements, à proximité du Delphinarium. Très pratique, car aussi proche de la station de Mamaia que du centre-ville de Constanța. Classique et confortable, l'hôtel est chaleureux et le personnel très serviable. Le restaurant vous propose des spécialités roumaines à base de produits régionaux et arrosées de bons vins du pays, mais aussi des spécialités internationales. Wifi gratuit dans les chambres. L'hôtel dispose aussi d'une salle de conférence, d'une salle de fitness et d'un parking.

Luxe

■ **HÔTEL CHERICA******
Strada Ștefan cel Mare, 4
✆ +40 241 617 174 / +40 756 617 174
www.cherica.ro
contact@cherica.ro
Chambre simple 130 €, double 150 €.
Très certainement le meilleur hôtel de la ville. Un magnifique palace luxueux, de vastes

chambres, un confort inégalé et une liste de services interminables. Dernier atout, le restaurant de l'hôtel qui propose une délicieuse cuisine méditerranéenne.

Se restaurer

Il est facile de manger vite et pas cher dans les nombreux fast-foods turcs, grecs ou locaux. Les chaînes internationales sont en revanche assez chères. Quant aux pizzerias, leur nombre augmente chaque année et vous en trouverez partout.

Bien et pas cher

■ BETA RESTAURANT & PIZZERIA
Strada Ștefan cel Mare, 6 A
✆ +40 241 616 991
www.restaurantbeta.ro
Pizzas autour de 5 €.
On peut manger bien dans ce local du centre-ville et pour pas trop cher. Le poulet à la grecque est délicieux. On appréciera également la terrasse ombragée.

■ NEW SAFARI
Strada Aristide Karatzali, 1
✆ +40 241 555 571
www.newsafari.ro
contact@newsafari.ro
Un petit restaurant de fruits de mer très agréable, grâce à la superbe vue sur la mer de sa terrasse. Le restaurant compte également quelques chambres.

Bonnes tables

■ BISTRO CAFE BALADA NEJ
Bulevardul 1 Decembrie 1918, 12
✆ +40 241 639 843
www.laprotap.ro
Menus entre 15 € et 20 €.
Anciennement Protap et désormais le Bistro Cafe, le restaurant de l'hôtel Balada Nej propose une cuisine française subtile dans un cadre agréable. Le choix en plats est impressionnant. Le décor parfaitement français rappelle un chaleureux bistro parisien.

■ CAZINO RESTAURANT
✆ +40 241 617 416
Dans le superbe casino à la pointe de la vieille ville. Jolie vue sur l'eau, mais cuisine très quelconque.

■ MARCO POLO
Strada Mircea cel Bătrân, 103
✆ +40 241 617 357
Repas complet entre 10 € et 15 €.
Un des meilleurs restaurants de cuisine italienne de la ville. Les portions sont généreuses, l'accueil est agréable et l'ambiance distinguée, ce qui contribue au charme de l'établissement.

Sortir

Cafés – Bars

■ BOURBON
Aussi à Tomis Mall et à Tom Mall Carrefour
Strada Alexandr Sergheevici Pușkin, 36
✆ +40 724 333 557
www.bourbon.ro – ciprian@bourbon.ro
Élégance discrète dans ce *coffee lounge* qui fait aussi club le week-end.

■ IRISH PUB
Strada Ștefan cel Mare, 1
✆ +40 241 550 400 – www.irishpub.ro
Ouvert tous les jours de 9h à 1h. Plats principaux autour de 10 €.
Comme son nom l'indique, un pub irlandais. Guinness et plats roboratifs. Décor très réussi tout en boiseries et soirées animées en perspective.

■ LA TACLALE
Bulevardul Tomis
Musique blues et rock. Ambiance jeune.

Clubs et discothèques

■ CLUB PHOENIX
Tomis Nord ✆ +40 241 667 408
www.club-phoenix.ro
concerte@club-phoenix.ro
Ouvert tous les jours de 10h30 à 2h.
Lieu jeune et festif qui programme d'excellents concerts de rock, de blues et de jazz.

■ NEW ORLEANS
À l'angle du Bulevard Mamaia et de Strada Siretului
Grosse, très grosse boîte de nuit.

■ NO PROBLEM
Complex Dacia
Bulevardul Tomis, 253
✆ +40 241 513 377
Discothèque à l'ambiance branchée.

Spectacles

■ CINÉMA D'ÉTÉ EN PLEIN AIR (GRĂDINA TOMIS)
Dans le parc archéologique, Bulevardul Ferdinand. Une excellente option.

■ **CITYPLEX CONSTANȚA**
Strada Ștefan cel Mare, 36-40
✆ +40 241 483 183
www.cinemagia.ro – contact@cinemagia.ro
Quatre salles de cinéma modernes qui se trouvent au troisième étage du Tomis Mall.

■ **THÉÂTRE NATIONAL D'OPÉRA ET DE BALLET**
Strada Mircea cel Bătrân, 97
✆ +40 241 480 301
http : //tnobconstanta.ro
operacta@yahoo.com
Situé dans le parc central. Billets à retirer Bulevardul Tomis, 97. Ouvert en semaine de 9h à 18h et le samedi en matinée.

À voir – À faire

Les lieux d'intérêt culturel se trouvent dans la partie nord du centre-ville, autour du parc Victoria, et, au sud, autour de la place Ovidiu. Le boulevard Tomis est un très long axe, qui traverse la ville du nord au sud, et qui vous emmènera du centre-ville à la place Ovidiu, à la « vieille ville » et à la pointe de la péninsule.

■ **CASINO**
Bulevardul Regina Elisabeta
Située en bord de mer, cette magnifique construction de style Art nouveau est l'emblème de la ville. C'est en tout cas le bâtiment le plus connu de Constanța. Construit en 1910 pour devenir un pavillon de la reine Elisabeta, c'est l'architecte français Daniel Renard qui est à l'origine de sa construction. Dans les années 1980, le bâtiment fut entièrement restauré. Désormais, on apprécie sa grande terrasse et la zone qui l'entoure. Attention, le casino est en travaux, vous pourrez uniquement l'admirer de l'extérieur. Juste en face se trouve un petit aquarium (Acvariu, ouvert de 9h à 20h).

■ **CATEDRALA SFÂNTII APOSTOLI PETRU ȘI PAVEL**
Construite entre 1883 et 1895, elle est coiffée de coupoles cuivrées qui ne passent pas inaperçues. La plupart de ses peintures, de style byzantin, datent des années 1960 et sont consécutives à la grande restauration qu'a subie l'église après les bombardements de 1941.

■ **COMPLEXE DES MUSÉES DES SCIENCES DE LA NATURE**
Bulevardul Mamaia, 255
Du lundi au vendredi, de 9h à 17h, le samedi et le dimanche de 10h à 18h. Entrée pour chaque musée, entre 1 € et 2,25 € pour les adultes, moins pour les enfants.
Le complexe comprend un delphinarium où l'on peut voir des spectacles de petits dauphins de la mer Noire, un planétarium, une microréserve avec des animaux représentatifs de la faune de Dobroudja et une exposition d'oiseaux exotiques. Il y a également un aquarium situé en face du casino, sur la falaise.

■ **DELPHINARIUM (DELFINARIU)**
Bulevardul Mamaia, 225
✆ +40 241 831 553
Spectacles, plusieurs fois par jour, de petits dauphins de la mer Noire. Classique mais toujours drôle.

Casino de Constanța.

■ GRANDE MOSQUÉE MAHMUD II

Strada Crângului, 1

Visites de 9h à 21h30.

Toute proche de Piața Ovidiu, cette mosquée embellit particulièrement cette partie de la ville, son minaret de 47 mètres de hauteur lui donnant un caractère oriental. Édifiée en 1910 en style arabo-byzantin avec des éléments d'architecture roumaine, c'est un cadeau du roi Carol Ier à la communauté musulmane de la région. L'intérieur abrite le plus grand tapis oriental de Roumanie : 144 mètres carrés.

■ MUSÉE D'ART

Bulevardul Tomis, 82-84

Du mardi au dimanche, de 9h à 17h.

Œuvres diverses (sculptures, peintures, principalement d'artistes roumains réputés) et galerie d'art moderne attenante. Œuvres notamment de Grigorescu, Aman, Luchian, Băncilă ou Jalea.

■ MUSÉE D'ART POPULAIRE

Bulevardul Tomis, 32

Du lundi au dimanche de 9h à 17h.

En continuant le long du boulevard Tomis, vous arriverez au musée d'Art populaire dans l'ancien hôtel de ville datant de 1896. Il présente le folklore et l'artisanat local, des textiles et des poteries.

▸ Tout près, **la mosquée Hunchiar,** de style maure et datant de 1868, dresse son minaret de plus de 20 mètres.

■ MUSÉE DE LA MARINE ROUMAINE (MUZEUL MARINEI)

Strada Traian, 53

✆ +40 241 619 035

Ouvert du mardi au dimanche de 9h à 17h. Entrée 2 €.

Strada Traian longe la partie sud du parc. La marine roumaine est célébrée tous les étés à Constanța et y a même son musée. Celui-ci est installé dans l'ancien bâtiment de l'École de marine (1908). Il retrace (en roumain) l'histoire de la navigation en Roumanie à l'aide de photos, maquettes, armes, etc.

■ MUSÉE DE SCULPTURES ION JALEA

Strada Arhiepiscopiei, 26

✆ +40 241 618 602

Ouvert du mercredi au dimanche de 10h à 18h. Entrée : environ 1,50 €.

Toute proche de la cathédrale, cette jolie villa présente 108 créations du sculpteur Ion Jalea (1887-1983), originaire de la région et qui, comme on le remarquera, fut grandement influencé par les thèmes bibliques et mythologiques. La plupart des œuvres sont réalisées à une seule main, après la blessure que l'artiste reçut lors de la Première Guerre mondiale.

■ MUSÉE D'HISTOIRE ET D'ARCHÉOLOGIE ET ÉDIFICE ROMAIN À LA MOSAÏQUE

Piața Ovidiu, 12

Ouvert tous les jours de 9h à 20h. Entrée : environ 2,50 €.

Ce musée remarquable vous permettra de vous familiariser avec l'histoire de la ville et de sa région, la Dobroudja, du paléolithique à nos jours.

Sur ses trois niveaux, vous découvrirez, chronologiquement, des vestiges exceptionnels : vases de verre, céramiques, notamment des cultures de Hamangia et de Gumelnița, bijoux, statues d'argile grecques ou romaines (la plus importante étant celle de Glycon, du IIe siècle, serpent taillé dans le marbre et qui est un peu l'emblème de la ville), outils et armes allant de la préhistoire au Moyen Âge...

À côté du musée se trouve une galerie où est conservée une mosaïque datant des IIIe et IVe siècles apr. J.-C., unique en Europe par sa taille (2 000 mètres carrés).

L'harmonie de ses couleurs (où dominent le rouge, le blanc, le vert et le beige) et la beauté de ses formes géométriques n'ont pas été altérées par le temps. De la galerie, vue superbe sur le port.

■ PARC ARCHÉOLOGIQUE VICTORIA

Ce grand parc, au milieu duquel se dresse le monument de la Victoire, est bordé en particulier par l'imposante préfecture. Il abrite les vestiges de l'ancienne Tomis.

■ PHARE GÉNOIS

En remontant le long de l'agréable promenade en bord de mer, vous apercevrez ce phare datant du XIVe siècle et rénové en 1860. Il est aussi appelé Farul Vechi (par opposition, au sud de la ville, au Farul Nou, très futuriste et que vous verrez peut-être en allant vers les stations du littoral sud). Non loin se trouve la statue de Mihai Eminescu. Réalisée par le sculpteur Oscar Han en 1930, elle s'élève au bord de la mer. Tout près de là, au 5 de Strada Remus Opreanu, se trouve le musée de la Flore et de la Faune de la mer Noire. Plus loin, vous atteindrez le port de plaisance de Tomis et, en continuant à longer la mer, vous arriverez à la plage de sable gris de la ville.

PLANÉTARIUM (PLANETARIU)

Bulevardul Mamaia, 255
Ouvert de 9h à 20h.

RUINES DE LA FORTERESSE DE TOMIS

En plein centre de la ville, le parc archéologique Victoria abrite les vestiges de l'antique Tomis, fondée par les colons de la cité grecque de Milet au VIe siècle av. J.-C. (Constanța a gardé de nombreux vestiges de cette époque). Vous pourrez y voir notamment une tour reconstruite au temps de l'empereur byzantin Justinien (milieu du VIe siècle), mais aussi le mur romain datant du IIIe siècle apr. J.-C. et une magnifique collection de poteries.

STATUE D'OVIDE

Sur la place qui porte son nom, on verra la pensive statue du poète latin Publius Ovidius Naso, né en 43 av. J.-C. et qui, exilé par l'empereur Auguste, mourut à Tomis en 17 ou 18 apr. J.-C. Élevée en 1884, la statue est signée du célèbre sculpteur italien Ettore Ferrari, auteur notamment de la statue d'Abraham Lincoln à Washington.

Shopping

La rue piétonne Ștefan cel Mare regroupe les boutiques les plus courues de la ville, notamment le centre commercial Tomis Mall. Il y a aussi le City Mall qui se trouve sur le boulevard Dacia. Une librairie et deux marchés dans le centre-ville : un petit, face à Pizza Hut, et un très grand (Piața Griviței), parallèle à Strada Ștefan cel Mare, au nord.

SUPERMARCHÉ NON STOP

Donc ouvert le dimanche, dans le centre-ville en face du musée d'Art.
Il vend des magazines français. Également marché en face de Pizza Hut.

Dans les environs

À l'ouest de Constanța, à l'écart du littoral parfois surpeuplé en été ou le 1er mai, quelques points d'intérêt peuvent faire l'objet d'excursions depuis la côte ou d'une halte en venant de la capitale.

GROTTE-MONASTÈRE DE SAINT-ANDRÉ (PEȘTEREA SFÂNTUL APOSTOL ANDREI)

À côté du village de Ion Corvin, à 15 kilomètres à l'ouest d'Adamclisi.
Dans une forêt de tilleuls, sur une colline non loin du village, se cache une petite grotte où, selon la tradition locale, se serait réfugié l'apôtre André, frère de Simon Pierre. Arrivé dans la région aux environs de l'an 60, il aurait aménagé une église dans cette grotte, où lui et ses disciples allaient célébrer les premières messes chrétiennes sur le territoire actuel de la Roumanie. Les pèlerins la considèrent donc comme la première église du pays.

MURFATLAR

Cette région viticole est la plus réputée de la Dobroudja, si ce n'est du pays (parmi les autres centres viticoles de la région, citons, entre autres, Babadag et Niculițel). Elle s'étend autour de la ville de Basarabi.
À 20 kilomètres de Constanța, les versants des collines orientées vers l'est sont particulièrement favorables à la culture de la vigne. Ce domaine s'est étendu durant les années 1950, après une importante campagne de plantation. Différents cépages y sont mis en valeur, donnant des vins souvent doux et fruités, ce qui, pour le vin rouge en particulier, déconcertera peut-être un peu les touristes français. Des visites guidées sont possibles, avec dégustation bien sûr, et le plus simple est de s'adresser à une agence de Constanța (toutes, ou presque, en proposent).

ROUTE DE CERNAVODĂ

La route qui part de Constanța vers Fetești, après être passée à Basarabi et Murfatlar, longe le canal de la mer Noire au Danube. Ce dernier, également visible du train qui relie la capitale à Constanța, fut construit dans les années 1950 (mais achevé en 1975 seulement, après l'échec du premier tracé choisi !) et permet de relier la mer Noire à la mer du Nord. Cc projet faramineux de 64,5 kilomètres (un chantier plus important que le canal de Suez) coûta la vie à des milliers d'ouvriers (on parle de 50 000). Ceux que l'on appelait les « volontaires » pour réaliser ce « projet héroïque » pour une « grande Roumanie » étaient des paysans ayant refusé la collectivisation, des opposants politiques, des prêtres gréco-catholiques.
Le canal débouche au sud de Constanța. Un deuxième canal de 27 kilomètres, plus récent, relie le premier au port minéralier de Lumina, au nord de Constanta.
L'unique centrale nucléaire du pays, inaugurée en 1996, se trouve à Cernavodă, à la limite de la Munténie, là où le canal rejoint le Danube. Un imposant pont ferroviaire et routier (l'un des plus grands d'Europe) permet de traverser le fleuve. Il est l'œuvre de l'ingénieur roumain Anghel Saligny. La statue de bronze érigée à l'une de ses extrémités honore la mémoire des

morts de la guerre d'Indépendance de 1877-1878. Cernavodă est aussi connu pour ses quelques ruines de l'antique cité d'Axiopolis. À Capidava, au nord de Cernavodă, au bord du fleuve, subsistent les restes des importants murs de défense d'une cité, datant de l'époque romaine (IVe siècle).

■ RUINES DE TROPAEUM TRAIANI

Au sud-ouest de Constanța, tout près du petit village d'Adamclisi (1 200 habitants), se trouvent les ruines de l'antique cité romaine de Tropaeum Traiani et son célèbre monument. Le complexe archéologique est divisé en trois parties : le musée, qui regroupe des vestiges archéologiques (vases, objets funéraires...) ; les ruines de la cité elle-même et ses murs d'enceinte bien conservés ; enfin, principal point d'attraction touristique, le monument triomphal.

Celui-ci fut élevé en l'an 109 pour célébrer la victoire remportée ici même par l'empereur Trajan sur les Daces quelques années plus tôt. Le mausolée visible aujourd'hui en est une réplique. La cité fut en effet détruite par les Goths au IIIe siècle.

MAMAIA

À 3 kilomètres au nord de Constanța, bien que Mamaia signifie « la Grand-Mère », elle est plutôt surnommée (par les Roumains du moins) la « Perle de la mer Noire ». Son succès en a fait la plus importante ville touristique de Roumanie.

Son site exceptionnel n'y est pas étranger : la ville s'étend tout en longueur sur une langue de terre entre la mer Noire et le lac Siutghiol. Port de pêche jusqu'à la Première Guerre mondiale, ses débuts en tant que ville touristique remontent aux années 1916-1919, lorsque le roi Ferdinand y installa sa résidence d'été.

Côté pile : la plage de Mamaia est réputée pour la qualité de son sable extrêmement fin et sa longueur de 8 kilomètres.

Côté face : le béton. Plus de 60 hôtels se tassent sur cette langue de terre ! Ces infrastructures sont multiples, séparées souvent par des espaces verts, et toutes les catégories de confort sont représentées.

Les palmiers, plantés tout récemment, donnent un peu de charme à ce lieu gentiment apocalyptique.

Pour les passionnés d'histoire, signalons que la légende situe la tombe du poète Ovide dans l'île du même nom, sur le lac Siutghiol.

Transports

Minibus et trolleybus (n° 32 et 41) assurent très fréquemment la liaison entre la station et Constanța (centre et gare). Le grand restaurant Cazino, sur la plage, marque le « centre » de la station. À 200 mètres au sud, vous trouverez la poste et l'agence CFR pour réserver votre train sans avoir à aller à Constanța.

Se loger

Attention, les prix sont un petit peu plus élevés qu'ailleurs.

Bien et pas cher

On y trouve plusieurs campings dont Marina Surf (www.marinasurf.ro) et Holiday (www.gpm.ro). Ils proposent des équipements plus ou moins confortables, selon la gamme de prix.

■ CAMPING GPM HOLIDAYS

Bulevardul Mamaia Nord
✆ +40 241 831 001 – www.gpm.ro
gpmcamping@yahoo.com
Camping assez agréable qui dépend d'un large groupe pétrolier, avec un accès direct à la plage. Petit restaurant inclus sur le camping.

■ HANUL PIRAȚILOR

✆ +40 241 831 454
Tout au nord de la station, au-delà de l'hôtel Caraiman II. Bus 23.
Bungalows, cases (très petites maisons en bois pour 2 ou 4), emplacements pour tente et villas avec chambre. Un large choix donc, que vous ne serez pas les seuls à faire ! Restaurant, terrains de sport.

■ HÔTEL MIDIA

✆ +40 241 831 940
Chambres doubles de 17,50 € à 32,50 €. Ouvert seulement en été.
Voici la meilleure adresse parmi les rares hôtels bon marché. Petites chambres toutes simples, mais propres et bien tenues.

■ VILLA BLUE WAVE

Bulevardul Mamaia Nord, 24
✆ +40 241 877 321
bluewavemamaia.webs.com
bluewavemamaia@yahoo.com
Chambre double de 20 € à 40 € selon la saison. Tarifs spéciaux pour des séjours de 3 à 7 nuits.
À la sortie de Mamaia, vers Năvodari. C'est une villa récente qui se trouve tout près de la plage. Les chambres sont correctes et propres, sans plus.

Confort ou charme

■ HOTEL ALBATROS

✆ +40 241 831 381
www.hotelalbatros.ro
reservation@hotelalbatros.ro
Chambre double de 30 € à 60 € selon le confort et la saison.
Tout proche de la plage et du restaurant Casino. Petit (par rapport aux autres) : 48 chambres. Un 3 étoiles local confortable.

■ HOTEL AURORA

✆ +40 241 831 044
www.hotelaurora.ro
aurora.mamaia@gmail.com
Chambre double de 30 € à 50 € selon la saison.
Une grande barre de 339 chambres (!) en bord de plage, tout à côté du théâtre d'été. Piscine et ambiance festive au rendez-vous.

■ HOTEL PALM BEACH

✆ +40 241 508 508
www.palmbeachhotelmamaia.ro
office@palmbeachhotelmamaia.ro
Chambres doubles de 60 € à 150 €.
Un 4 étoiles à taille humaine, avec 60 chambres seulement, toutes vastes et luxueuses. Plage privée, sauna et bien d'autres services disponibles.

■ HÔTEL VILA PONTICA

Mamaia Nord
Strada D23, 2-4
✆ +40341145776 / +40731687440 / +40746391251
www.ponticalitoral.ro
office@ponticalitoral.ro
Selon la saison, compter entre 43 € et 84 € pour une chambre double et entre 64 € et 125 € pour une suite, avec petit déjeuner. Compter 9 € pour le déjeuner et 7 € pour le dîner. L'hôtel fonctionne seulement de fin avril à fin septembre.
Situé à 250 mètres d'une plage de sable fin, cet hôtel dispose de 22 chambres et suites, toutes avec salles de bains privatives et belle vue sur la mer Noire. Elles arborent un design moderne et offrent un bon niveau de confort : air conditionné, télé, téléphone, Wifi et frigo. Les chambres de l'étage ont vue sur la mer et celles du rez-de-chaussée donnent sur un jardin verdoyant, source d'ombre et de fraîcheur. On se détend sans peine au bord de la piscine qui invite au *farniente*. L'ambiance est paisible et le cadre accueillant. Il y a aussi un restaurant avec un menu bien varié : soupes, salades, pâtes, plats à base de poissons et fruits de mer ou de viandes. Dans la proximité de l'hôtel, la mer a une profondeur maximale d'un mètre, ce qui rend l'endroit idéal pour des sports nautiques (kiting, skyjet et surfing).

Luxe

■ HÔTEL IAKI

Mamaia Resort
✆ +40 241 831 025
www.iaki.ro
reception@iaki.ro
Chambre double de 49 € à 200 € selon la saison.
Un hôtel de luxe entièrement rénové dans un superbe bâtiment qui change un peu des blocs bétonnés de la côte. Un 4 étoiles très confortable, bien équipé. Il appartient au footballeur et héros national Gheorghe Hagi.

Sortir

Discothèques et bars sont innombrables. Parmi les plus branchés, on compte Office, Wish et le must du littoral :

■ BAMBOO

Bulevardul Mamaia
Ouvert de 23h à 6h.
Pas besoin d'adresse, tout le monde vous l'indiquera. C'est l'adresse du littoral. En été, des DJ internationaux s'y produisent. Un des plus gros clubs du pays qui a même ouvert un Bamboo Club à Miami. Le GaGa appartient au même groupe et a ouvert en 2013 dans une ambiance encore plus luxueuse.

STATIONS BALNÉAIRES DU SUD

À 14 kilomètres au sud de Constanța, les stations balnéaires et thermales d'Eforie (Nord et Sud) sont situées sur la bande de terre qui sépare le lac Techirghiol de la mer Noire.

Transports

On accède aux stations soit par train (elles sont situées sur la ligne Bucarest-Constanța-Mangalia), soit par la route. Les minibus et bus sont nombreux à aller à Constanța et Mangalia. Ils s'arrêtent Strada Republicii, la colonne vertébrale d'Eforie Nord.

Hébergement

Sollicitations multiples au bord des routes. Les hôtels 1 étoile et les villas bon marché abondent.

Sortir

Discothèques en grand nombre. La plus visible et la plus bruyante est tout simplement au beau milieu de la plage.

Restaurants

Les restaurants de type self-service sont nombreux dans le centre-ville d'Eforie Nord. Ça n'est pas cher, assez bon et le choix est facile puisque fait à vue. Citons notamment Pescarius, face à la poste, ou Terasa Litoral, un peu plus loin.

EFORIE

À 14 kilomètres au sud de Constanța, ces stations balnéaires et thermales sont situées sur la bande de terre qui sépare le lac Techirghiol de la mer Noire.

▸ **Eforie Nord (8 600 habitants pour l'agglomération d'Eforie).** Par sa taille, Eforie Nord est la seconde station de la côte. La ville est une station thermale depuis 1894. Elle est réputée dans toute l'Europe pour ses infrastructures de bains chauds (meilleur marché sur place que *via* des agences en France), aux eaux enrichies de sel concentré extrait de la mer Noire ou du lac Techirghiol. Le petit lac Belona (6 hectares), au sud de la station, est apprécié pour ses eaux en moyenne de 6 à 7 degrés plus chaudes que celles de la mer. En plus de sa plage assez étroite et longue de 3 kilomètres, en contrebas de falaises hautes d'une vingtaine de mètres, ses terrains de sport et ses centres de sports nautiques contribuent à son animation. Si vous décidez d'explorer les alentours, vous pourrez vous rendre à Agigea, au nord de la station. Cette petite localité, située au bord d'une plage de 2 kilomètres, est connue pour sa réserve botanique et zoologique où sont protégées des espèces rares d'origine méditerranéenne. Il existe également un petit musée de flore et de faune marines au sein de la station de zoologie marine.

▸ **Eforie Sud.** Située sur un promontoire dominant la mer, cette station possède une magnifique plage longue de 2 kilomètres. C'était autrefois la station thermale de Carmen Sylva (pseudonyme de poétesse de la reine Élisabeth de Roumanie). En 1892, Eforie Sud a été la première station balnéaire de Roumanie. Grâce à ses discothèques mais aussi à son théâtre en plein air, c'est un des sites les plus plaisants du littoral. Et, tout comme son homonyme du nord, Eforie Sud, dont le centre et l'ambiance sont plus villageois, est dotée d'infrastructures propres à accueillir toutes sortes de cures. Sa plage, située entre les deux Eforie et le lac, est agréable car un peu isolée, légèrement à l'écart des hôtels et des villas. Pour résumer, on y est plutôt moins serré qu'ailleurs.

▸ **Techirghiol (6 800 habitants).** À 18 kilomètres au sud de Constanța, une station thermale située sur les rives du lac du même nom qui la sépare des stations Eforie. Ce lac de 12 kilomètres carrés, dont le nom vient d'un mot turc signifiant « amer », est entouré de douces collines qui offrent un paysage tout en contrastes lorsqu'on revient de la plage. Les hivers y sont doux et les étés chauds. La station compte plusieurs centres de santé. Leurs traitements à base de boues et d'eaux salées (six fois plus que les eaux de la mer Morte) sont réputés dans le monde entier. Les plages de sable qui bordent le lac sont de plus très agréables. Les Roumains aiment à venir se couvrir de boues noires sur les berges du lac, n'hésitez pas à faire de même. Sachez que la partie proche de la ligne de chemin de fer est plutôt prisée des naturistes (le fait est connu et les passagers du train aiment d'ailleurs bien regarder...). En ville, vous pourrez faire une petite halte à la jolie église en bois Adormirea Maicii Domnului, construite au milieu du XVIIIe siècle dans la région du Mureș, puis déplacée ici en 1951.

Petit lexique de la plage

Plage : *plajă.*
Sable : *nisip.*
Soleil : *soare.*
Mer : *mare.*
Se baigner : *a face baie.*
Parasol : *umbrelă de soare.*
Maillot de bain : *costum de baie.*
Serviette de bain : *prosop de plajă.*
Bronzer : *a se bronza.*
Bronzé(e) : *bronzat (ă).*
Crème solaire : *cremă de plajă.*

Pratique

■ **AGENCE CFR**
Strada Oituz, 1 ✆ +40 241 617 930

■ **AGENCE CFR D'EFORIE NORD**
✆ +40 241 617 930
Ouverte de 8h à 20h en semaine, de 8h30 à 13h le samedi.

■ **POSTE**
Sur la place principale de la station
Strada Republicii, 11

Se loger

Bien et pas cher

■ **CAMPING COSMOS**
Eforie Sud
Strada Doctor Cantacuzino, 94
✆ +40 241 748 664
3 € par personne et par jour. 1 € par voiture. 1 € par camping-car. 12 € par personne par bungalow.
A l'extrémité sud de la station, au-delà de l'hôtel du même nom, un camping agréable, même si les emplacements manquent un peu d'espace.

■ **CAMPING ŞINCAI**
Eforie Nord
✆ +40 241 741 621
Bon marché.
Loin de la plage, mais non loin du lac et de la gare.

■ **VILA LOLA**
Eforie Nord
Strada Griviţa Roşie
✆ +40 241 743 253
Chambre double de 16,50 € à 30 €, selon la saison.
Une très bonne adresse, dans une rue au nord de la station. La pension est aménagée dans une grande maison (ça change des blocs) entourée d'un jardin où des tables et un barbecue sont à votre disposition. Chambres simples mais impeccables. Douches et sanitaires communs très propres. Possibilité d'utiliser la cuisine.

Confort ou charme

■ **HÔTEL EDMOND**
Eforie Sud
Strada Doctor Crimescu, 26
✆ +40 241 748 522
Chambre double de 40 € à 60 €.
Récent et bien équipé. Assez bon marché pour un hôtel 3 étoiles. Piscine.

■ **HÔTEL EUROPA**
Eforie Nord
Strada Republicii, 13 ✆ +40 241 741 710
www.anahotels.ro
reservation-hoteleuropa@anahotels.ro
Très cher.
Une longue barre de verre flambant neuve, de couleur bleue, dont la station est très fière. Plus de 200 chambres, très confortables, et de nombreux équipements.

Se restaurer

■ **ACAPULCO**
Strada Tudor Vladimirescu, 44
✆ +40 241 74 11 91
www.acapulco.ro – office@acapulco.ro
Difficile de manquer cet établissement construit à l'extrémité nord de la corniche. La terrasse offre une vue sur toute la plage. Agréable pour prendre un verre, mais la carte est sans originalité. Le lieu offre également un club et un bar.

■ **AD-ELLA**
Strada Andrei Mureşanu, 11
✆ +40 723 289 157
www.ad-ella.ro
vilaadella@yahoo.com
Un établissement et une terrasse agréables, proche du théâtre d'été, dans une rue plus calme que les établissements précédents. Joli décor, carte classique.

■ **GOGOAŞA ÎNFURIATĂ**
Bulevardul Republicii
Face à la poste, vous trouverez la très populaire Gogoaşa Înfuriată, une délicieuse pâtisserie. Il faut souvent y faire la queue,

rançon du succès. C'est tout chaud, à la pomme, au chocolat (les deux meilleurs), aux confitures, au fromage ou nature.

■ **RÔTISSERIE**

Grădina de Vară, à côté de CEC (vous passez sous la pancarte l'annonçant sur le boulevard principal).

Sympa, petits prix et très bon.

COSTINEŞTI

Située à 28 kilomètres au sud de Constanţa, la station de Costineşti (2 750 habitants) a été aménagée à proximité des villages de pêcheurs de Costineşti et de Schitu, tous deux fondés au XIXe siècle par des colons allemands. Elle entoure le petit lac de Costineşti. Côté mer, la plage de sable, longue de 5 kilomètres, est propre et bénéficie d'un bon ensoleillement toute la journée. Depuis sa création, elle est le lieu de rassemblement de la jeunesse roumaine. Jusqu'en 1989, seuls les jeunes pouvaient d'ailleurs s'y rendre, dans le cadre du gigantesque camp international d'étudiants créé en 1956. La ville est donc réputée pour son ambiance de fête, ses discothèques innombrables, sa jeunesse et des prix moins élevés. Nombre d'événements artistiques et culturels y sont organisés tout au long de l'été (fête de la Mer, Festival de jazz, Festival des jeunes acteurs, Salon du dessin humoristique...). Comme les stations voisines, Costineşti dispose d'un grand centre thermal.

Pratique

■ **AGENCE CFR – POSTE**

Au même endroit

✆ +40 241 617 930

Se loger

Cette grande station réservée aux jeunes a peu d'hôtels mais de nombreux complexes de villas, ainsi que plusieurs villas ayant pour noms La Musteaţa (+40 241 734 543), Gemini (+40 0241 734 744) ou Dor de Mare (+40 241 734 454). Les prix pratiqués pour une chambre double vont de 13 € à 33 € selon la saison. On trouvera aussi des chambres chez l'habitant en grand nombre. Réserver sur place ou *via* Antrec.

■ **CAMPING CĂSUŢE DE LEMN (CASES DE BOIS)**

✆ +40 241 734 202

Comme son nom l'indique, il s'agit d'un grand ensemble de petites cases en bois à louer. Pas très cher, assez confortable et proche de la plage. Les Căsuţe de Piatră (Cases de pierre) se trouvent à côté. Moins confortables.

▸ **Il existe plusieurs villas** ayant pour noms La Musteaţa (+40 241 734 543), Gemini (+40 241 734 744) ou encore Dor de Mare (+40 241 734 454), etc. Les prix pratiqués pour une chambre double vont de 13 € à 33 € selon la saison.

▸ **On trouvera aussi des chambres chez l'habitant** en grand nombre. Réserver sur place ou *via* Antrec (*voir « Constanţa – Pratique »*).

NEPTUN

L'ancien lieu chic et calme de la côte dans les deux stations de Neptun et d'Olimp. Elles sont si proches qu'elles n'en forment qu'une. Au nord, Olimp est constitué d'établissements d'architecture plutôt moderne s'organisant autour du grand hôtel Amfiteatru. À Neptun, des hôtels plus petits, d'architecture plus traditionnelle et variée, sont disséminés dans une calme forêt. La station est aménagée entre deux petits lacs artificiels (qui la séparent de la mer) et la rafraîchissante forêt de Comorova.

On y trouve aussi de jolies villas (plus chères qu'ailleurs) et d'excellents restaurants. Neptun-Olimp, la station la plus tranquille du littoral de la mer Noire, était jadis réservée aux membres éminents du Parti communiste roumain et à leurs invités étrangers. Sa plage de sable fin est très agréable et moins peuplée qu'ailleurs. De nombreux sports peuvent être pratiqués ici, notamment l'équitation, le tennis, les croisières en bateau. Neptun dispose également d'infrastructures modernes pour ceux qui souhaitent entreprendre une cure (électrothérapie, hydrothérapie, saunas...). Vous l'aurez compris, Neptun-Olimp, plus calme, plus chère, se tient volontairement à l'écart de la « folie littorale ».

Transports

La minuscule gare est un peu en dehors de la ville. Les bus qui relient Olimp et Neptun à Jupiter, Aurora, Saturn puis Mangalia, la grande ville, s'arrêtent aux panneaux bleu et blanc « Staţie », qui jalonnent le boulevard extérieur.

■ **AGENCE CFR**

Hôtel Apollo

✆ +40 241 617 930

Se loger

Plus cher qu'ailleurs, prestige de la station oblige. Les groupes étrangers sont nombreux en été et remplissent rapidement les hôtels. Mieux vaut donc réserver depuis les agences de Bucarest et ainsi faire votre choix.

A Neptun-Olimp, les villas sont joliment disséminées le long des plages. Quelques exemples : VillaOceanic (+40 743 334 418), ou Pension La Jura, dans la forêt de Comorova (www.pensiunealajura.ro). Compter jusqu'à 15 € par personne.

■ **CAMPING OLIMP**
Strada Plopilor
✆ +40 241 731 31 / +40 241 731 050
Il se trouve à l'extrême nord de la station, derrière les tours et en bordure d'une belle plage.

■ **HOTEL COCOR******
Neptun
✆ +40 241 701 042
www.cocorspahotel.ro
office@cocorspahotel.ro
Chambre double de 66 € à 116 € selon la saison.
Un vaste établissement confortable avec un grand nombre de facilités, dont un centre de spa. Apprécié par les personnes qui souhaitent faire des cures.

MANGALIA

À 44 kilomètres au sud de Constanța, fondée par les Grecs au IVe siècle av. J.-C. sous le nom de Callatis, Mangalia (33 400 habitants) est une ville aussi vieille que Tomis (Constanța). Elle fut ensuite romaine.

Elle devint Mangalia au XVIe siècle – un nom donné par les Génois et venant de Pangalia, « la Plus Belle » en grec médiéval. Aujourd'hui Mangalia est plus qu'une simple station balnéaire et thermale. C'est le deuxième port du pays et un centre industriel important, de construction navale notamment. Vous pourrez y visiter, entre autres, le musée d'Archéologie, la mosquée Esmahan Sultan et les vestiges d'une église byzantine du VIe siècle.

Manifestation. En août, vous pourrez participer au grand festival Callatis.

Transports

La gare est à 1 kilomètre du centre, au nord. La plupart des bus s'y arrêtent. Les trains, bus et minibus vers Constanța sont nombreux toute l'année. Trains fréquents vers Bucarest. En été, la ville est reliée à tout le pays par des trains de nuit (Iași, Oradea, Satu Mare, Arad...). Bus et minibus vers Saturn, Venus, Jupiter, Neptun et Olimp, très nombreux en été. Bus également pour Vama Vache et 2 Mai.

Pratique

■ **POSTE**
Strada Ștefan cel Mare, 16

Se loger

Bien et pas cher

■ **PENSION OITUZ**
Strada Oituz, 11
✆ +40 241 753 980
Chambres doubles autour de 20 €.
L'option la moins chère de Mangalia située dans une vaste demeure bien restaurée. Excellent accueil et belles chambres bien équipées.

■ **VILLA LA SUNAI**
Strada Portului
✆ +40 744 646 174
Chambre double de 20 € à 25 €, triple jusqu'à 30 €.
Une petite pension en pleine verdure d'une quinzaine de chambres à 10 minutes de la plage. Chaque chambre dispose d'une salle de bains et d'un système de climatisation.

Confort ou charme

■ **HÔTEL ZENIT****
Strada Teilor, 7 ✆ +40 241 751 645
Chambres doubles de 27,50 € à 55 €. Sur le front de mer.
Confort d'un 2 étoiles local dans un vaste bâtiment bétonné.

■ **PENSION CASA BLUE**
Strada Libertății, 36
✆ +40 241 755 537 / +40 743 335 805
Un hôtel de 17 chambres doubles et triples, très confortables, à 500 mètres de la mer.

Luxe

■ HOTEL PRESIDENT

Strada Teilor, 6 ✆ +40 241 755 861
www.hpresident.com
office@hpresident.com
Chambres doubles de 67 € à 105 € selon la saison.
Face à la mer, moderne, confortable, c'est un des plus luxueux hôtels du littoral, malgré son look quelque peu hideux. Il abrite des ruines de la cité de Callatis.

À voir – À faire

■ BASILIQUE PALÉOCHRÉTIENNE

Les ruines aujourd'hui visibles sont celles d'une basilique des Ve et VIe siècles. À proximité se trouve la fontaine Hercule et ses eaux sulfureuses.

■ MOSQUÉE ESMAHAN SULTAN

Une mosquée turque de 1590 entourée d'un petit cimetière.

■ MUSÉE D'ARCHÉOLOGIE

Șoseaua Constanței, 19
Ouvert tous les jours, sauf le lundi, de 9h à 17h.
Ce musée abrite une jolie collection de sculptures romaines, notamment une Aphrodite en marbre du IIIe siècle. Dans le parc, exposition de sarcophages.

■ RESTES DE L'ANTIQUE CITÉ DE CALLATIS

Dans le parc Stadionului
Ces vestiges peuvent être visités dans une salle spécialement aménagée à l'intérieur de l'hôtel construit sur le site de l'ancienne cité. Il s'agit de murs pour l'essentiel.

LIMANU

À l'intérieur des terres, à 9 kilomètres au sud-ouest de Mangalia, ce village de 6 100 habitants est connu pour la grotte de Limanu, découverte en 1986 par un spéléologue roumain. Cette grotte aurait été habitée aux temps préhistoriques, avant que les Romains n'en exploitent la roche. Mais son principal intérêt réside dans la découverte qu'on y a faite de 32 espèces animales et végétales jusqu'alors inconnues. Dans une obscurité totale, elles se sont perpétuées depuis plus de cinq millions d'années. Elles ont été étudiées dans un laboratoire de Mangalia, qui peut être visité sur demande.

2 MAI

Ce petit village de pêcheurs (2 200 habitants) devient peu à peu touristique, mais on est encore très loin du bétonnage de ses semblables du nord. On peut y trouver calme et repos, un lieu qui attire quelques alternatifs, originaux ou artistes roumains. La population locale est en majorité constituée de Lipovènes, cette fascinante minorité.

Transports

Accès par bus depuis Constanța et Mangalia (bus 14).

Se loger

Il existe beaucoup de pensions et on peut réserver *via* Antrec.

VAMA VECHE

« La Vieille Douane » est le village côtier (178 habitants) le plus au sud de Roumanie, tout proche de la frontière bulgare. La plage est belle, plutôt sauvage, et le lieu particulièrement calme, bien que les choses soient en train de changer. Vama Veche demeure la plage alternative de Roumanie où se rendent jeunes et marginaux les poches vides. Cependant, sa plage et ses belles paillotes attirent de plus en plus de monde, ce qui mène à un embourgeoisement inéluctable. Vama Veche, comme 2 Mai, est également réputée pour sa plage naturiste (non officielle mais très fréquentée). En été, la localité abrite divers festivals de techno et de rock, tandis que les jeunes campent à même la plage. Quelques bars et discothèques ont également fait leur apparition.

Transports

Accès : en bus depuis Constanța et Mangalia (bus 14).

Se loger

■ BAZART HOTEL

✆ +40 722 889 087
rezervari@vamavecheholidays.ro
Chambre double de 15 € à 50 € selon la saison et le confort.

Ressemblant de l'extérieur à un saloon en plein cœur du Far West, l'hôtel Bazart est un chaleureux mix de rusticité jeune et alternatif. L'établissement offre une quinzaine de chambres tout en boiseries qui alternent de la chambre d'*hostel* avec sanitaires communs à une relativement luxueuse chambre double. À 50 mètres de la plage.

■ CAMPING DAVIAMI

✆ +40 744 520 908
daviami.blogspot.co.uk
À partir de 11 € la chambre double dans de petits bungalows sur la plage.

Se restaurer

■ SONI

Un petit resto donnant sur la plage où l'on prépare de délicieuses *salate de vinete*.

Sortir

Le lieu est particulièrement propice pour boire une bière et écouter de la musique. Les restaurants et échoppes s'étendent le long de la rue principale et en bord de plage. Cuisine simple mais appréciable (crêpes, soupes de poissons…).

■ BIBI BISTRO

Bar et resto avec concerts de jazz, blues, etc.

■ DISCO SALSA ET PLAJA SALSA

Resto, terrasse, discothèque et plage. DJ et musique non stop.

ORGANISER SON SÉJOUR

Broderies sur un costume traditionnel de Transylvanie.

Pense futé

ARGENT

Monnaie

La monnaie roumaine est le *leu* (*lei* au pluriel), ce qui signifie « lion ». Depuis le 1er juillet 2005, le nouveau leu a remplacé le leu. Autrement dit, on s'est débarrassé des multiples et encombrants zéros qui caractérisaient la monnaie roumaine. Ce qui coûtait 10 000 lei vaut désormais 1 leu. Le leu est divisé en 100 bani (*ban* au singulier, *bani* au pluriel), une subdivision qui avait disparu avec l'inflation et l'augmentation du nombre de zéros. Les billets en circulation, très colorés, ont une valeur de 1, 5, 10, 50, 100, 200 et 500 lei. Il existe également des pièces de 1, 5, 10 et 50 bani. Elles remplacent les pièces de 1 000 et de 5 000 lei notamment. Le code ISO du nouveau leu est RON, très fréquemment utilisé dans les magasins.

Taux de change

Voici les taux en mars 2014. Ils peuvent fluctuer, donc renseignez-vous avant votre départ pour éviter les mauvaises surprises ou en avoir une bonne.

- **1 RON =** 0,22 € et 1 € = 4,52 RON.
- **1 RON =** 0,27 FCH et 1 FCH = 3,70 RON.
- **1 RON =** 0,34 CAD et 1 CAD = 2,98 RON.

Coût de la vie

La Roumanie est une destination qui convient à tous les budgets.

En utilisant les trains, bus ou *maxitaxi*, en logeant dans les hôtels 1 étoile, chez l'habitant ou en pension, vous trouverez que le pays est bon marché. Pour la nourriture, que ce soit au restaurant ou dans les magasins, les prix sont très bas. Mais on peut aussi, bien sûr, louer une voiture et loger dans les hôtels 4 ou 5 étoiles.

- **Pain** : 0,30 €
- **Une bouteille d'eau plate** : 0,50 €
- **Ticket de bus urbain** : 0,40 €

Banques et change

Il y a encore peu de temps, les visiteurs étaient obligés d'emporter de l'argent liquide à changer contre des lei dans des bureaux de change. Aujourd'hui, la présence de nombreux distributeurs et de banques agréées rend cette précaution moins indispensable, mais la commission peut être élevée ; renseignez-vous auprès de votre banque avant de partir. Le plus sûr est de prévoir les deux : devises et carte bancaire. Les chèques de voyage sont acceptés dans la plupart des grandes banques. On peut retirer de l'argent dans les nombreux distributeurs. Les euros peuvent être changés partout sans difficulté. À votre arrivée à l'aéroport de Bucarest, ne changez que le minimum car les taux y sont très désavantageux. Les cours présentent des différences sensibles, surtout entre les banques et les bureaux de change. Avant de changer votre argent, faites un tour pour comparer (notamment le pourcentage de commission retenu). Votre passeport vous sera demandé pour toute opération de change. Dans les rues des grandes villes, vous verrez de nombreux guichets, *casa de schimb* ou *schimb valutar*. Rien d'interdit, ici également vous n'avez besoin que de votre passeport, mais il est évidemment plus sûr de changer dans une banque qu'à un guichet au fond d'un couloir. Sachez que les billets déchirés ou abîmés sont soit refusés, soit taxés. Pour les chèques de voyage, préférez les banques. Les commissions sont parfois élevées et changent fréquemment, il est donc nécessaire de comparer. Hors des grandes banques urbaines, les chèques de voyage sont difficiles à changer.

NATIONAL CHANGE
© 0 820 888 154
www.nationalchange.com
info@nationalchange.com
Grâce à National Change, notre partenaire, vous pourrez acheter devises et chèques de voyage en consultant le site Internet. Vos devises et chèques de voyage vous seront envoyés à domicile.

Moyens de paiement

Sauf pour les grosses dépenses (avion, hôtel de luxe, location de voiture), il est préférable de régler en liquide. On peut souvent payer en euros dans les hôtels. Mais vous risquez de perdre au change. Préférez les lei. Les distributeurs automatiques se sont multipliés à une vitesse incroyable dans les villes du pays. Sont acceptées en Roumanie les cartes suivantes : Visa International, Eurocard MasterCard, Diners Club, American Express. Préférez les distributeurs situés sur la façade des grandes banques (BRD, Banca Comercială Română, Raiffeisen, CEC, City Bank, Volksbank, etc.), présentes dans toutes les villes. Évitez les distributeurs « de quartier » disposés un peu partout (sur une vitrine, au fond d'un couloir, etc.). Un gang gérant de faux distributeurs a récemment sévi. Les cartes permettent aussi de régler les services traditionnels (hébergement, restauration, location de voiture, essence dans les grandes stations) dans les établissements haut de gamme (mais cela se généralise de plus en plus) et dans certains supermarchés de la capitale. Mais méfiez-vous des commissions prélevées lors de retraits de devises par carte bancaire ; renseignez-vous auprès de votre banque.

Transfert d'argent

Avec ce système, on peut envoyer et recevoir de l'argent de n'importe où dans le monde en quelques minutes. Le principe est simple : un de vos proches se rend dans un point MoneyGram® ou Western Union® (poste, banque, station-service, épicerie...), il donne votre nom et verse une somme à son interlocuteur. De votre côté de la planète, vous vous rendez dans un point de la même filiale. Sur simple présentation d'une pièce d'identité avec photo et de la référence du transfert, on vous remettra aussitôt l'argent.

Carte de crédit

- **Avant votre départ,** pensez à vérifier avec votre conseiller bancaire la limitation de votre plafond de paiement et de retrait. Demandez, si besoin est, une autorisation exceptionnelle pour la période de votre voyage. Forts utiles, les règlements par carte sont très majoritairement acceptés dans les hôtels, les restaurants et les agences de voyages, moyennant une commission de 2 à 3 %.

- **En cas de perte ou de vol** de votre carte de paiement, appelez le serveur vocal du groupement des cartes bancaires Visa® et MasterCard® au (00 33) 892 705 705 ou (00 33) 836 690 880. Il est accessible 7j/7 et 24h/24. Si vous connaissez le numéro de votre carte bancaire, l'opposition est immédiate et confirmée. Dans le cas contraire, l'opposition est enregistrée mais vous devez confirmer l'annulation à votre banque par fax ou lettre recommandée.

- **En cas de dysfonctionnement de votre carte de paiement** ou si vous avez atteint votre plafond de retrait, vous pouvez bénéficier d'un *cash advance*. Proposé dans la plupart des grandes banques, ce service permet de retirer du liquide sur simple présentation de votre carte au guichet d'un établissement bancaire, que ce soit le vôtre ou non. On vous demandera souvent une pièce d'identité. En général, le plafond du *cash advance* est identique à celui des retraits, et les deux se cumulent (si votre plafond est fixé à 500 €, vous pouvez retirer 1 000 € : 500 € au distributeur, 500 € en *cash advance*). Quant au coût de l'opération, c'est celui d'un retrait à l'étranger.

Traveler's Cheques

Ce sont des chèques prépayés émis par une banque, valables partout, et qui permettent d'obtenir des espèces dans un établissement bancaire ou de payer directement ses achats auprès de très nombreux lieux affiliés (boutiques, hôtels, restaurants...). Ils sont valables à vie. Leur avantage principal est l'inviolabilité : un système de double signature (la deuxième étant faite par vous devant le commerçant) empêche toute utilisation frauduleuse. À la fin de votre séjour, s'il vous en reste, vous pourrez les changer contre des euros ou les restituer à votre banque qui les imputera à votre compte courant. À noter que le paiement par chèque classique est rarement possible à l'étranger. Lorsque c'est le cas, l'utilisation est compliquée et très coûteuse.

- **Attention,** les fameux chèques prépayés émis par une banque, ont disparu de la circulation depuis août 2013, victimes de l'essor des cartes bancaires.

Pourboires, marchandage et taxes

Il est assez courant en Roumanie de laisser des pourboires dans les restaurants et les bars, aux chauffeurs de taxi, etc. Pour ce qui est de négocier les prix, comme en France, cela ne se fait pas dans les boutiques. On peut éventuellement le tenter dans les marchés si vous avez la chance de tomber sur un vendeur qui aime marchander.

Quant aux taxes, vous pouvez vous attendre à en payer une de station en plus du prix de la chambre d'hôtel dans certaines stations. Un grand nombre d'hôtels incluent cependant cette taxe dans le prix de la chambre.

Duty Free

Puisque votre destination finale est hors de l'Union européenne, vous pouvez bénéficier du Duty Free (achats exonérés de taxes). Attention, si vous faites escale au sein de l'Union européenne, vous en profiterez dans tous les aéroports à l'aller, mais pas au retour. Par exemple, pour un vol aller avec une escale, vous pourrez faire du shopping en Duty Free dans les trois aéroports, mais seulement dans celui de votre lieu de séjour au retour.

ASSURANCES

Touristes, étudiants, expatriés ou professionnels, chacun peut s'assurer selon ses besoins et pour une durée correspondant à son séjour. De la simple couverture temporaire s'adressant aux baroudeurs occasionnels à la garantie annuelle, très avantageuse pour les grands voyageurs, chacun pourra trouver le bon compromis. À condition toutefois de savoir lire entre les lignes.

Choisir son assureur

Voyagistes, assureurs, secteur bancaire et même employeurs : les prestataires sont aujourd'hui très nombreux et la qualité des produits proposés varie considérablement d'une enseigne à une autre. Pour bénéficier de la meilleure protection au prix le plus attractif, demandez des devis et faites jouer la concurrence. Quelques sites Internet peuvent être utiles dans ces démarches comme celui de la Fédération française des sociétés d'assurances (www.ffsa.fr), qui saura vous aiguiller selon vos besoins, ou le portail de l'Administration française (www.service-public.fr) pour toute question relative aux démarches à entreprendre.

▶ **Voyagistes.** Ils ont développé leurs propres gammes d'assurances et ne manqueront pas de vous les proposer. Le premier avantage est celui de la simplicité. Pas besoin de courir après une police d'assurance. L'offre est faite pour s'adapter à la destination choisie et prend normalement en compte toutes les spécificités de celle-ci. Mais ces formules sont habituellement plus onéreuses que les prestations équivalentes proposées par des assureurs privés. C'est pourquoi il est plus judicieux de faire appel à son apériteur habituel si l'on dispose de temps et que l'on recherche le meilleur prix.

▶ **Assureurs.** Les contrats souscrits à l'année comme l'assurance responsabilité civile couvrent parfois les risques liés au voyage. Il est important de connaître la portée de cette protection qui vous évitera peut-être d'avoir à souscrire un nouvel engagement. Dans le cas contraire, des produits spécifiques pourront vous être proposés à un coût généralement moindre. Les mutuelles couvrent également quelques risques liés au voyage. Il en est ainsi de certaines couvertures maladie qui incluent une protection concernant par exemple tout ce qui touche à des prestations médicales.

▶ **Employeurs.** C'est une piste largement méconnue mais qui peut s'avérer payante. Les plus généreux accordent en effet à leurs employés quelques garanties applicables à l'étranger. Pensez à vérifier votre contrat de travail ou la convention collective en vigueur dans votre entreprise. Certains avantages non négligeables peuvent s'y cacher.

▶ **Cartes bancaires.** Moyen de paiement privilégié par les Français, la carte bancaire permet également à ses détenteurs de bénéficier d'une assurance plus ou moins étendue. Visa®, MasterCard®, American Express®, toutes incluent une couverture spécifique qui varie selon le modèle de carte possédé. Responsabilité civile à l'étranger, aide juridique, avance des fonds, remboursement des frais médicaux : les prestations couvrent aussi bien les volets assurance (garanties contractuelles) qu'assistance (aide technique, juridique, etc.). Les cartes bancaires haut de gamme de type Gold® ou Visa Premier® permettent aisément de se passer d'assurance complémentaire. Ces services attachés à la carte peuvent donc se révéler d'un grand secours, l'étendue des prestations ne dépendant que de l'abonnement choisi. Il est néanmoins impératif de vérifier la liste des pays couverts, tous ne donnant pas droit aux mêmes prestations. De plus, certaines cartes bancaires assurent non seulement leurs titulaires mais aussi leurs proches parents lorsqu'ils voyagent ensemble, voire séparément. Pensez cependant à vérifier la date de validité de votre carte car l'expiration de celle-ci vous laisserait sans recours.

▸ **Précision utile :** beaucoup pensent qu'il est nécessaire de régler son billet d'avion à l'aide de sa carte bancaire pour bénéficier de l'ensemble de ces avantages. Cette règle ne s'applique en fait qu'à la garantie annulation du billet de transport – si elle est prévue au contrat – et ne concerne que l'assurance, en aucun cas l'assistance. Les autres services, indépendants les uns des autres, ne nécessitent pas de répondre à cette condition afin de pouvoir être actionnés.

Choisir ses prestations

▸ **Garantie annulation.** Elle reste l'une des prestations les plus utiles et offre la possibilité à un voyageur défaillant d'annuler tout ou partie de son voyage pour l'une des raisons mentionnées au contrat. Ce type de garantie peut couvrir toute sorte d'annulation : billet d'avion, séjour, location... Cela évite ainsi d'avoir à pâtir d'un événement imprévu en devant régler des pénalités bien souvent exorbitantes. Le remboursement est la plupart du temps conditionné à la survenance d'une maladie ou d'un accident grave, au décès du voyageur ayant contracté l'assurance ou à celui d'un membre de sa famille. L'attestation d'un médecin assermenté doit alors être fournie. Elle s'étend également à d'autres cas comme un licenciement économique, des dommages graves à son habitation ou son véhicule, ou encore à un refus de visa des autorités locales. Moyennant une surtaxe, il est également possible d'élargir sa couverture à d'autres motifs comme la modification de ses congés ou des examens de rattrapage. Les prix pouvant atteindre 5 % du montant global du séjour, il est donc important de bien vérifier les conditions de mise en œuvre qui peuvent réserver quelques surprises. Dernier conseil : s'assurer que l'indemnité prévue en cas d'annulation couvre bien l'intégralité du coût du voyage.

▸ **Autres services.** Les prestataires proposent la plupart du temps des formules dites « complètes » et y intègrent des services tels que des assurances contre le vol ou une assistance juridique et technique. Mais il est parfois recommandé de souscrire à des offres plus spécifiques afin d'être paré contre toute éventualité. L'assurance contre le vol en est un bon exemple. Les plafonds pour ce type d'incident se révèlent généralement trop faibles pour couvrir les biens perdus et les franchises peuvent finir par vous décourager. Pour tout ce qui est matériel photo ou vidéo, il peut donc être intéressant de choisir une couverture spécifique garantissant un remboursement à hauteur des frais engagés.

BAGAGES

Que mettre dans ses bagages ?

Mis à part les endroits reculés, vous trouverez tout ce dont vous avez besoin dans les magasins du pays. Il n'y a donc pas de précautions spéciales à prendre, à moins de suivre un traitement spécial.

Si vous logez dans les hôtels bon marché, prévoyez des sandales en plastique ou autres pour déambuler dans les salles de bains communes.

Dans les auberges de jeunesse, les draps sont généralement fournis, mais on peut emporter un drap de voyage au cas où. Ceux qui ont le sommeil léger devront prévoir des boules Quiès, en cas de chambre en bord de route, de chiens insomniaques, de coqs « déréglés ».

Si vous comptez visiter des régions rurales reculées, prévoyez des petits cadeaux (à acheter sur place) lorsqu'on vous invite : paquet de café, fleurs, chocolats. Enfin, il est toujours utile de faire plusieurs photocopies des documents importants (passeport, billets d'avion) et de les garder séparément.

Réglementation

▸ **Bagages en soute.** Généralement, 20 kg de bagages sont autorisés en soute pour la classe économique et 30 à 40 kg pour la première classe et la classe affaires. Si vous prenez une compagnie *low cost*, sachez qu'elles font souvent payer un supplément pour chaque bagage enregistré. Certaines compagnies autorisent deux bagages en soute pour un poids total de 40 kg. Renseignez-vous avant votre départ pour connaître les dispositions de votre compagnie.

▶ **Bagages à main.** En classe éco, un bagage à main et un accessoire (sac à main, ordinateur portable) sont autorisés, le tout ne devant pas dépasser les 12 kg ni les 115 cm de dimension. En première et en classe affaires, deux bagages sont autorisés en cabine. Les liquides et gels sont interdits : seuls les tubes et flacons de 100 ml maximum sont tolérés, et ce dans un sac en plastique transparent fermé (20 cm x 20 cm). Seules exceptions à la règle : les aliments pour bébé et médicaments accompagnés de leur ordonnance. Enfin, si vous souhaitez ramener des denrées typiquement françaises sur votre lieu de villégiature, sachez que les fromages à pate molle et les bouteilles achetées hors du Duty Free ne sont pas acceptées en cabine. Pour un complément d'informations, contactez directement la compagnie aérienne concernée.

Excédent

Lorsqu'on en vient à parler d'excédent de bagages, les compagnies aériennes sont assez strictes. Elles vous laisseront souvent tranquille pour 1 ou 2 kg de trop, mais passé cette marge, le couperet tombe, et il tombe sévèrement : 30 € par kilo supplémentaire sur un vol long-courrier chez Air France, 120 € par bagage supplémentaire chez British Airways, 100 € chez American Airlines. A noter que les compagnies pratiquent parfois des remises de 20 à 30 % si vous réglez votre excédent de bagages sur leur site Web avant de vous rendre à l'aéroport. Si le coût demeure trop important, il vous reste la possibilité d'acheminer une partie de vos biens par voie postale.

Perte – Vol

En moyenne, 16 passagers sur 1 000 ne trouvent pas leurs bagages sur le tapis à l'arrivée. Si vous faites partie de ces malchanceux, rendez-vous au comptoir de votre compagnie pour déclarer l'absence de vos bagages. Pour que votre demande soit recevable, vous devez réagir dans les 21 jours suivant la perte. La compagnie vous remettra un formulaire qu'il faudra renvoyer en lettre recommandée avec accusé de réception à son service clientèle ou litiges bagages. Vous récupérerez le plus souvent vos valises au bout de quelques jours. Dans tous les cas, la compagnie est seule responsable et devra vous indemniser si vous ne revoyez pas la couleur de vos biens (ou si certains biens manquent à l'intérieur de votre bagage). Le plafond de remboursement est fixé à 20 € par kilo ou à une indemnisation forfaitaire de 1 200 €. Si vous considérez que la valeur de vos affaires dépasse ces plafonds, il est fortement conseillé de le préciser à votre compagnie au moment de l'enregistrement (le plafond sera augmenté moyennant finance) ou de souscrire à une assurance bagages. À noter que les bagages à main sont sous votre responsabilité et non sous celle de la compagnie.

DÉCALAGE HORAIRE

Le fuseau horaire de la Roumanie est de + 2 heures par rapport au GMT. Par rapport à l'heure française, il faut avancer sa montre d'une heure (quand il est midi à Paris, il est 13 heures à Bucarest). Le pays suit également le régime horaire d'été/horaire d'hiver.

ÉLECTRICITÉ, POIDS ET MESURES

▶ **Électricité.** Le système est le même qu'en France (voltage, prises...).

▶ **Poids et mesures.** Les poids et mesures sont les mêmes qu'en France.

FORMALITÉS, VISA ET DOUANES

Depuis quelques années, les citoyens de l'Union européenne, les Canadiens et les Suisses n'ont plus besoin de visa pour entrer en Roumanie. Un passeport en cours de validité suffit pour un séjour de moins de 90 jours. Et, théoriquement (mais il vaut mieux se renseigner car tout peut changer au dernier moment), la carte d'identité suffit pour un séjour de moins de 30 jours, pour les ressortissants de l'Union européenne tout du moins. Avec un passeport, vous pourrez prolonger votre séjour, ce sera en revanche impossible avec une carte d'identité. Il est conseillé de se présenter dans un commissariat 30 jours après votre arrivée (il y a un bureau dans chaque chef-lieu de *judeţ*) ou au bureau de Strada Luigi Cazzavillan, 9, à Bucarest. Nous vous conseillons vivement de vous plier à cette obligation, afin d'éviter de gros tracas (temps, argent...) à la frontière. Attention aux conditions d'entrée pour vos animaux de compagnie. Renseignez-vous avant votre départ pour savoir comment ils pourront vous accompagner.

Obtention du passeport

Les passeports délivrés en France sont désormais biométriques. Ils comportent votre photo, vos empreintes digitales et une puce sécurisée. Pour l'obtenir, rendez-vous en mairie muni d'un timbre fiscal, d'un justificatif de domicile, d'une pièce d'identité et de deux photos d'identité. Le passeport est délivré sous trois semaines environ. Il est valable dix ans. Les enfants doivent disposer d'un passeport personnel (valable cinq ans).

▶ **Conseil futé.** Avant de partir, pensez à photocopier tous les documents que vous emportez avec vous. Vous emporterez un exemplaire de chaque document et laisserez l'autre à quelqu'un en France. En cas de perte ou de vol, les démarches de renouvellement seront ainsi beaucoup plus simples auprès des autorités consulaires. Vous pouvez également conserver des copies sur le site Internet officiel mon.service-public.fr – Il vous suffit de créer un compte et de scanner toutes vos pièces d'identité et autres documents importants dans l'espace confidentiel.

Douanes

Si vous voyagez avec 10 000 € de devises ou plus, vous devez impérativement le signaler à la douane. En dehors de ce cas, vous n'avez rien à déclarer lors de votre retour en France. Vous êtes autorisé à acheter pour vos besoins personnels des biens dans un autre Etat membre de l'UE sans limitation de quantité ou de valeur. Seules exceptions : tabac et alcool pour l'achat desquels, au-delà des franchises indiquées, vous devez acquitter les droits de douane et la T.V.A. Les franchises ne sont pas cumulatives.

Tabac

▶ **Jusqu'à 10 cartouches de cigarettes** (soit 2000 cigarettes, 1000 cigares ou cigarillos, et 2 kg de tabac) sans aucune formalité.

▶ **Ramener plus de 10 cartouches** de cigarettes (ou 2 kg de tabac) est interdit dans tous les cas. Saisie et pénalité sont alors à prévoir. Si la douane considère que vous détenez à titre commercial du tabac, vous aurez le choix entre : payer des droits de consommation et une amende ou renoncer à vos marchandises (qui seront dès lors saisies par la douane) et payer une amende.

▶ **Attention, les quantités** ci-dessus s'appliquent par moyen de transport, pour les véhicules particuliers et les camions, quel que soit le nombre de passagers à bord. Si le transport s'effectue en moyen de transport collectif (car, train, bateau, avion) ces quantités s'appliquent par passager adulte.

Alcool

La réglementation concernant l'alcool est assez stricte. Une quantité maximum est autorisée par catégorie d'alcool, mais ces quantités par catégorie sont cumulables. Si vous êtes en fraude, vous encourez des sanctions similaires au qu'en cas de détention illégale de tabac

▶ **Boissons spiritueuses (whisky, gin, vodka...) :** 10 litres.

▶ **Produits intermédiaires (porto, madère, vermouths...) :** 20 litres.

▶ **Vins :** 90 litres (dont 60 litres maximum de vins mousseux.

▶ **Bières :** 110 litres.

■ **DOUANES FRANÇAISES**
✆ 0 811 20 44 44 – www.douane.gouv.fr
dg-bic@douane.finances.gouv.fr

HORAIRES D'OUVERTURE

Les commerces sont généralement ouverts de 8 ou 9 heures à 19 ou 20 heures en semaine, jusqu'en milieu d'après-midi le samedi. Beaucoup d'entre eux, notamment les supermarchés et les épiceries, sont ouverts le dimanche. Dans la plupart des quartiers, quelques magasins restent ouverts jusqu'à 23 heures ou le sont 24 heures sur 24. Les musées sont en général fermés le lundi.

INTERNET

Vous trouverez des cafés Internet partout dans les grandes villes, parfois ouverts 24 heures sur 24. La connexion est plus ou moins rapide selon le lieu. Les tarifs sont toujours ridiculement bas. De plus, la grande majorité des hôtels, cafés et restaurants disposent désormais du Wifi.

JOURS FÉRIÉS

Voici les principaux jours fériés roumains.

- **Les 1er et 2 janvier** pour le nouvel an.
- **Lundi de Pâques**, dont la date change selon les années.
- **Lundi de Pentecôte**, dont la date change selon les années.
- **Le 1er mai** pour la fête du Travail.
- **Le 15 août** pour la dormition de Sainte-Marie.
- **Le 30 novembre** pour la fête de Saint-André, le saint patron de la Roumanie
- **Le 1er décembre** pour la fête nationale de l'Union.
- **Les 25 et 26 décembre** pour Noël.

LANGUES PARLÉES

Le français est parlé par de nombreuses personnes (on estime que 30 % des Roumains le comprennent) ayant suivi des études, les plus âgées surtout. L'anglais est de mieux en mieux parlé parmi les jeunes, grâce aux études et au sous-titrage des nombreux films et séries télévisées qui passent sur les chaînes roumaines et câblées ou au cinéma. Enfin, on parle le hongrois dans certaines parties de la Transylvanie, mais aussi l'allemand.

Apprendre quelques mots de la langue du pays que l'on visite devrait aller de soi. Savoir dire « bonjour » ou « merci » est bien pratique. Savoir quelques phrases utiles également, et cela ravit les habitants, qui apprécient « le geste » et adorent entendre les étrangers parler leur langue. Il en est ainsi des Roumains. À bon entendeur…

On peut se contenter d'utiliser le lexique de ce guide.

Pour un apprentissage plus approfondi, on peut acheter une méthode de langue. La plupart des éditions spécialisées proposent des méthodes audio ou des livres seuls pour apprendre le roumain. On peut aussi suivre des cours. Grâce à l'existence de nombreuses associations, de jumelages entre villes française et roumaine, il est possible de suivre des cours dans de nombreux instituts de langues municipaux. L'apprentissage du roumain est généralement plutôt aisé. C'est une langue latine qui, quand on la lit, est facile à comprendre.

On peut suivre les programmes de Roumanie depuis l'étranger grâce au satellite. Deux chaînes roumaines sont diffusées dans le monde : TVR International et Pro TV International.

Pour apprendre la langue, il existe différents moyens d'en assimiler quelques bases et l'offre pour l'auto-apprentissage peut se faire sur différents supports : CD, cassettes vidéo, cahiers d'exercices ou même directement sur Internet.

ASSIMIL

11, rue des Pyramides (1er)
Paris ✆ 01 42 60 40 66 / 01 45 76 87 37
www.assimil.com
marketing@assimil.com
Métro Pyramides (lignes 7 et 14).

Assimil est le précurseur des méthodes d'auto-apprentissage des langues en France, la référence lorsqu'il s'agit de langues étrangères. C'est aussi une nouvelle façon d'apprendre : une méthodologie originale et efficace, le principe, unique au monde, de l'assimilation intuitive.

POLYGLOT

www.polyglot-learn-language.com

Ce site propose à des personnes désireuses d'apprendre une langue d'entrer en contact avec d'autres dont c'est la langue maternelle. Une manière conviviale de s'initier à la langue et d'échanger.

TELL ME MORE ONLINE

www.tellmemore-online.com

Sur ce site Internet, votre niveau est d'abord évalué et des objectifs sont fixés en conséquence. Ensuite, vous vous plongez parmi les 10 000 exercices et 2 000 heures de cours proposés. Enfin, votre niveau final est certifié selon les principaux tests de langues.

POSTE

Les lettres pour l'étranger peuvent être envoyées de tous les bureaux de poste des grandes villes de Roumanie. Les employés les pèseront, les tamponneront « par avion » et, parfois, les timbreront sans vous poser de questions.

Si on vous redonne la lettre, timbrez-la et allez la poster dans les boîtes aux lettres rouges placées généralement à l'extérieur du bâtiment. Le tarif dépend du poids et de la distance. Envoyées de Bucarest, vos cartes postales arriveront rapidement, voire très rapidement, à destination. Les timbres sont colorés et changent souvent.

Il n'y a pas de timbre générique comme les timbres à l'effigie de Marianne en France. Dans les grandes postes ou à côté, vous trouverez un bureau de philatélie (*filatelie*).

Infos : **www.posta-romana.ro**

QUAND PARTIR ?

L'été est bien sûr la saison touristique majeure en Roumanie. Des dizaines de milliers de Roumains envahissent alors les plages du littoral et partent se balader en montagne. Il peut faire très chaud, parfois pleuvoir un peu trop. Mais la campagne est vraiment belle et c'est une saison idéale pour parcourir la Moldavie et la Transylvanie. Le printemps et l'automne sont doux et parfois un peu humides.

C'est le moment de visiter les grandes villes. Bucarest, parfois étouffant en été, est alors agréable. Les campagnes sont colorées (fleurs au printemps, feuilles rougies en automne), les chambres dans les pensions sont disponibles et les chemins de randonnée sont pratiquement déserts. L'hiver, rude et neigeux, rend souvent les déplacements difficiles : routes glissantes ou fermées, trains retardés. En revanche, c'est le moment de dévaler les pistes de ski les moins chères d'Europe, de contempler de superbes paysages de montagne et des villages enneigés.

MÉTÉO CONSULT

www.meteo-consult.com

Sur ce site vous trouverez les prévisions météorologiques pour le monde entier. Vous connaîtrez ainsi le temps qu'il fait sur place.

Paysage de campagne près de Pojorâta.

SANTÉ

Conseils

Pour vous informer de l'état sanitaire du pays et recevoir des conseils, n'hésitez pas à consulter votre médecin. Vous pouvez aussi vous adresser à la Société de médecine des voyages du centre médical de l'Institut Pasteur au ✆ 01 40 61 38 46 (www.pasteur.fr/sante/cmed/voy/listpays.html) ou vous rendre sur le site du Cimed (www.cimed.org), du ministère des Affaires étrangères à la rubrique « Conseils aux voyageurs » (www.diplomatie.gouv.fr/voyageurs) ou de l'Institut national de veille sanitaire (www.invs.sante.fr).

- **En cas de maladie,** il faut contacter le consulat français. Il se chargera de vous aider, de vous accompagner et vous fournira la liste des médecins francophones. En cas de problème grave, c'est aussi lui qui prévient la famille et qui décide du rapatriement.

- **Avant de partir,** vous pouvez contacter le service Santé Voyages ✆ 05 56 79 58 17 (Bordeaux) • ✆ 04 91 69 11 07 (Marseille) • ✆ 01 40 25 88 86 (Paris).

GLOBE-DOCTEUR

www.globe-docteur.com

Globe-Docteur est un service qui permet d'entrer en contact avec un médecin, afin d'obtenir des conseils et avis dans le domaine de la santé. En se connectant au site, chacun pourra lancer une conversation par messagerie avec un docteur afin de lui poser les questions de son choix. Les membres pourront également prendre rendez-vous avec le médecin de leur choix. Le RDV se déroule soit par téléphone, soit par visio-conférence sécurisée. Globe-Docteur permet ainsi d'obtenir rapidement des réponses précises issues de professionnels de la santé, qui ont tous une expérience de plusieurs dizaines d'années. À l'entrée en Roumanie, aucun vaccin n'est exigé. Les conditions sanitaires ne sont pas parfaites, mais il n'y a aucune raison pour qu'un touriste soit affecté par une soudaine maladie. Cela dit, il existe de très bons hôpitaux à Bucarest et dans les grandes villes, mais il est évidemment préférable de prévoir une assurance rapatriement avant votre départ. Si vous suivez un traitement particulier, veillez à prendre des médicaments d'avance, les pharmacies roumaines dans les villes et villages reculés ne disposant bien souvent que de produits basiques.

Maladies et vaccins

Encéphalite à tiques d'Europe centrale

Cette maladie se transmet à l'homme par l'intermédiaire de la tique, très présente en été dans les forêts. Deux semaines après la morsure, les symptômes sont similaires à ceux d'une grippe estivale. La maladie peut entraîner des complications neurologiques plus ou moins graves, avec des troubles de l'équilibre et une atténuation des capacités intellectuelles. Dans 1 à 2 % des cas, elle est mortelle. Il existe un vaccin mais pas de traitement spécifique, donc si vous n'êtes pas vacciné, portez des vêtements longs et clairs pendant les marches en forêt et inspectez-vous soigneusement le corps après toute randonnée. Si la personne piquée déclare une grippe dans les 3 semaines suivant la piqûre avec raideurs dans la nuque, aller consulter un médecin en urgences.

Hépatite A

Pour l'hépatite A, l'existence d'une immunité antérieure rend la vaccination inutile. Elle est fréquente lorsque vous avez des antécédents de jaunisse, de séjour prolongé à l'étranger ou êtes âgé de plus de 45 ans. L'hépatite A est le plus souvent bénigne mais elle peut se révéler grave, notamment au-delà de 45 ans et en cas de maladie hépatique préexistante. Elle s'attrape par l'eau ou les aliments mal lavés. Si vous êtes porteur d'une maladie du foie, la vaccination contre l'hépatite A est hautement recommandée avant tout type de voyage où l'hygiène est précaire. Elle doit être effectuée en deux fois mais la première injection, un mois avant le départ, suffit à assurer une protection pour un voyage de courte durée. La deuxième (six mois à un an plus tard) renforce la durée de l'immunité pour des dizaines d'années.

Hépatite B

L'hépatite B est plus grave que l'hépatite A. Elle se contracte lors de rapports sexuels ou par le sang. Le vaccin contre l'hépatite B est à faire en deux fois à un mois d'intervalle (mais il existe des vaccinations accélérées en un mois pour les voyageurs pressés), puis un rappel six mois plus tard pour renforcer la durée de la protection.

Centres de vaccination

Pour plus d'informations, vous pouvez consulter le site Internet du ministère de la Santé (www.sante.gouv.fr) pour connaître les centres de vaccination proches de chez vous.

■ **CENTRE DE VACCINATION AIR FRANCE**
148, rue de l'Université (7e)
Paris
✆ 01 43 17 22 00 / 0 892 68 63 64
✆ 01 48 64 98 03
Ouvert du lundi au vendredi de 8h45 à 18h – nocturne le jeudi jusqu'à 20h – le samedi de 8h45 à 16h. Fermeture les dimanches et jours fériés uniquement.

Autre adresse : 3, place Londres Bâtiment Uranus 95703 Roissy Charles de Gaulle.

■ **INSTITUT PASTEUR**
209, rue de Vaugirard (15e)
Paris
✆ 0 890 710 811
✆ 03 20 87 78 00
www.pasteur.fr
Sur le site Internet, vous pouvez consulter la liste des vaccins obligatoires pays par pays.
L'Institut Pasteur, créé en 1888 par Louis Pasteur, est une fondation privée à but non lucratif dont la mission est de contribuer à la prévention et au traitement des maladies, en priorité infectieuses, par la recherche, l'enseignement, et des actions de santé publique. out en restant fidèle à l'esprit humaniste de son fondateur Louis Pasteur, le centre de recherche biomédicale s'est toujours situé à l'avant garde de la science, et a été la source de plusieurs disciplines majeures : berceau de la microbiologie, il a aussi contribué à poser les bases de l'immunologie et de la biologie moléculaire. Le réseau des Instituts Pasteur, situé sur les 5 continents et fort de 8 500 collaborateurs fait de cette institution une structure unique au monde.

Autre adresse : 1, rue du Professeur Calmette 59019 Lille.

En cas de maladie

Un réflexe : contacter le Consulat de France. Il se chargera de vous aider, de vous accompagner et vous fournira la liste des médecins francophones. En cas de problème grave, c'est aussi lui qui prévient la famille et qui décide du rapatriement. Pour connaître les urgences et établissements aux standards internationaux : consulter les sites www.cimed.org – www.diplomatie.gouv.fr et www.pasteur.fr

Assistance rapatriement – Assistance médicale

Assurance – Assistance médicale. Sachez tout d'abord qu'il est possible de bénéficier des avantages de la Sécurité sociale, même à l'étranger. À l'international, des garanties de sécurité sociale s'appliquent et sont mises en œuvre par le Centre des liaisons européennes et internationales de Sécurité sociale (www.cleiss.fr) chargé d'aiguiller les ressortissants dans leurs démarches. Mais cette prise en charge a ses limites. C'est pourquoi souscrire à une assurance maladie peut s'avérer très utile. Les prestations comprennent la plupart du temps le rapatriement, les frais médicaux et d'hospitalisation, le paiement des examens de recherche ou le transport du corps en cas de décès.

Rapatriement sanitaire par les opérateurs de cartes bancaires. Si vous possédez une carte bancaire Visa® et MasterCard®, vous bénéficiez automatiquement d'une assurance médicale et d'une assistance rapatriement sanitaire valables pour tout déplacement à l'étranger de moins de 90 jours (le paiement de votre voyage avec la carte n'est pas nécessaire pour être couvert, la simple détention d'une carte valide vous assure une couverture). Renseignez-vous auprès de votre banque et vérifiez attentivement le montant global de la couverture et des franchises ainsi que les conditions de prise en charge et les clauses d'exclusion. Si vous n'êtes pas couvert par l'une de ces cartes, n'oubliez surtout pas de souscrire une assistance médicale avant de partir.

■ **SÉCURITÉ SOCIALE**
11, rue de la Tour des Dames Cedex 09
75436
Paris ✆ 01 45 26 33 41
www.cleiss.fr
Plus d'informations sur l'assistance médicale à l'étranger au Centre des Liaisons Européennes et Internationales de la Sécurité sociale (Cleiss).

Hôpitaux – Cliniques – Pharmacies

■ **MEDICOVER**
Strada Grigore Alexandrescu, 16-2
BUCAREST ✆ +40 21 310 1688
Voir page 103.

SÉCURITÉ ET ACCESSIBILITÉ

Dangers potentiels et conseils

Sécurité. La Roumanie n'est pas un pays très dangereux. Cependant, la pauvreté entraîne une criminalité relativement élevée et surtout un nombre assez important de vols à la tire. À Bucarest, surveillez votre sac ou votre portefeuille. Les groupes d'enfants roms traînant dans les gares sont souvent insistants, parfois un peu agressifs et surtout habiles : surveillez bien vos poches ! En dehors du problème des pickpockets et de celui des chiens errants qui peuvent parfois être agressifs, la Roumanie ne présente pas de danger particulier et la violence y est rare. En ville, comme partout dans le monde, il y a des zones à éviter (certaines périphéries et certains parcs) mais, de toute façon, vous n'avez pas de raison d'y aller. En cas de problème, contactez la police (112), mais sachez que la bureaucratie est ici un art et que toute démarche sera très, très longue.

Conseils de base. Les règles à suivre sont donc les mêmes que partout et que chez vous. Il suffit d'un peu de bon sens et d'éviter la paranoïa comme l'angélisme.

Éviter d'exhiber sa richesse, de montrer son argent volontairement ou non dans la rue ou dans les commerces (même si beaucoup le font).

Ne pas laisser d'objets précieux dans sa voiture ou dans sa chambre d'hôtel.

Garder son passeport en sécurité et en faire des photocopies.

Se méfier des taxis non officiels. Le taximètre doit fonctionner, le véhicule doit comporter le nom de la compagnie et le tarif au kilomètre (on parle là des grandes villes).

Surveiller ses poches dans les endroits bondés (marchés, transports en commun).

Ne jamais quitter des yeux ses bagages, sa carte de crédit, etc.

Se méfier des prétendus policiers en civil. Rappelez-vous qu'aucun policier en civil n'a de raison de vous demander vos papiers et encore moins de vous demander de lui montrer votre argent. Si vous avez des doutes, demandez à être emmené au commissariat (*comisariat*).

Conseils spécifiques

Sur la route. Vous vous y sentirez peut-être moins en sécurité. Certains roulent très vite, les règles sont parfois peu respectées, sinon celle du « moi d'abord ». Les véhicules lents et peu éclairés sont dangereux la nuit (charrettes, voitures) et les enfants ou divers animaux ont tendance à se promener sur les routes qui traversent les villages. Vigilance donc.

Chiens. Le nombre de chiens errants dans le pays est considérable. La plupart du temps, ils ne sont pas agressifs, mais méfiez-vous. Évitez-les le plus possible et, à leur contact, restez sûrs de vous, cachez votre crainte. Continuez votre chemin sans courir et sans donner l'impression de fuir : ceci déchaîne l'agressivité de ces canins...

Au restaurant. Vérifiez toujours le détail de la note. Surtout quand vous commandez (ou pas) des entrées variées, qui arrivent à toute vitesse, dans de petites assiettes qui recouvrent toute la table. Leurs prix étant différents, prenez le temps de faire une addition. Avant de commander, vérifiez également si les prix des plats sont au poids.

Eau et sécurité alimentaire. L'eau du robinet est potable. Par ailleurs, vous trouverez partout des bouteilles d'eau minérale de qualité (Dorna, Borsec, Izvorul Alb, Izvorul Minunilor, etc.). Et si, récemment encore, on ne trouvait que de l'eau gazeuse, désormais et à peu près partout on vend de l'eau plate. Si vous faites attention à ce que vous mangez, vous n'avez pas de raison de connaître des problèmes digestifs ou intestinaux. Pour choisir un restaurant, fiez-vous à votre bon sens et aussi un peu à votre instinct : propreté et clientèle nombreuse sont des signes encourageants. Préférez la viande bien cuite et vérifiez, si vous avez des doutes, qu'elle est de qualité avant qu'on vous la prépare. Évitez les *mici* peu cuits, les produits lactés et les glaces d'aspect douteux, etc. Bref, en Roumanie comme n'importe où ailleurs, en cas de doute s'abstenir. Sinon, profitez au maximum de la gastronomie locale.

Passage de frontière. Si vous voyagez en bus ou en voiture, peut-être serez-vous confronté aux problèmes de dessous-de-table et autres pots-de-vin, dus aux douaniers roumains, mais aussi serbes, moldaves ou bulgares. Ce n'est heureusement pas une généralité, surtout depuis que l'Union européenne veille au grain. Mais cela se produit encore. On vous demande de l'argent pour passer plus vite, éviter la queue, etc. Dans la mesure du possible, refusez ! Évitez de cautionner ce type de pratiques qui gangrènent tous les niveaux de la société roumaine. Pour connaître les dernières informations sur la sécurité sur place, consultez la rubrique « Conseils aux voyageurs » du site du ministère des Affaires étrangères : www.diplomatie.gouv.fr/voyageurs. Sachez cependant que le site dresse une liste exhaustive des dangers potentiels et que cela donne parfois une image un peu alarmiste de la situation réelle du pays.

Femme seule en voyage

En principe, pas plus ou pas moins de problèmes ici qu'ailleurs. Mais vous serez peut-être parfois gênée par les regards très appuyés de certains mâles locaux (inutile de préciser où), voire les sifflets. On en reste là, heureusement.

Voyager avec des enfants

Très peu de structures hôtelières proposent des garderies et seulement quelques-unes ont des aires de jeux pour les enfants. Pour ce qui est des musées, là aussi ils sont très rares à pouvoir intéresser les enfants avec des animations ou des ateliers.

Voyageur handicapé

Disons-le franchement, pas grand-chose n'est fait pour faciliter la circulation des personnes handicapées (locaux ou touristes). Les rampes d'accès sont extrêmement rares et l'état des trottoirs peut poser de réels problèmes par endroits. Il existe bien quelques cabines téléphoniques pour handicapés, encore faut-il pouvoir y accéder... Dans quelques hôtels de luxe récents, dans de nouveaux édifices, des efforts (suite à l'insistance de l'Union européenne) ont toutefois été faits.

Si vous présentez un handicap physique ou mental ou que vous partez en vacances avec une personne dans cette situation, différents organismes et associations s'adressent à vous.

■ ACTIS VOYAGES

www.actis-voyages.com
actis-voyages@orange.fr
Voyages adaptés pour le public sourd et malentendant.

■ ADAPTOURS

www.adaptours.fr
info@adaptours.fr

■ AILLEURS ET AUTREMENT

www.ailleursetautrement.fr
contact@ailleursetautrement.fr
Pour des personnes souffrant de handicap physique et/ou mental.

■ ASSOCIATION DES PARALYSÉS DE FRANCE

www.apf.asso.fr
Informations, conseils et propositions de séjours, en partenariat avec Événements et Voyages.

■ ÉVÉNEMENTS ET VOYAGES – ADAPTOUR

www.evenements-et-voyages.com
contact@evenements-et-voyages.com
Sports mécaniques, sports collectifs, festivals et concerts, Événements et Voyages propose à ses voyageurs d'assister à la manifestation de leur choix tout en visitant la ville et la région. Grâce à son département dédié aux personnes handicapées, Événements et Voyages permet à ces derniers de voyager dans des conditions confortables.

■ HANDI VOYAGES

12, rue du Singe
Nevers ✆ 03 86 57 25 41
✆ 09 52 32 90 91 / 06 80 41 45 00
www.handi-voyages.org
infos@handi-voyages.org
L'Association Handi Voyages est une association d'entraide entre voyageurs, de mise en relation entre handivoyageurs pour partage d'expériences, d'aide à l'organisation de voyages pour les PMR, de mise en relation entre des handivoyageurs et les professionnels du tourisme qui correspondent au mieux à leurs attentes. C'est aussi une association de recrutements de volontaires accompagnateurs, de mise en relation de partenaires de voyages qui se conviennent au mieux... D'autres services inédits sont actuellement en cours d'élaboration.

■ OLÉ VACANCES

www.olevacances.org
info@olevacances.org
Olé Vacances propose d'accompagner des personnes adultes handicapées mentales.

Voyageur gay ou lesbien

La société roumaine est encore assez conservatrice face aux homosexuels. Depuis 2005, la Gay Pride de Bucarest provoque chaque année le mécontentement de la population qui organise des manifestations contre les gays et les lesbiennes. Lors de ces manifestations, des croix sont exhibées, symboles de la religion orthodoxe qui veille à la préservation des « bonnes mœurs ». Pour ce qui est des boîtes gay, on n'en trouve que dans la capitale et les grandes villes.

TÉLÉPHONE

Comment téléphoner ?

▶ **Pour appeler de Roumanie vers la France,** composez le +33 suivi du numéro de votre correspondant sans le 0.

▶ **Pour appeler de l'étranger vers la Roumanie**, composez le +40 suivi du numéro de votre correspondant.

▶ **Les numéros roumains**. Les numéros indiqués se décomposent ainsi : 02 + code département (1 pour Bucarest et 2 chiffres pour les autres départements), puis numéro à 6 chiffres.
Si vous vous trouvez dans le même département que la personne appelée, n'utilisez que les 6 derniers chiffres (7 pour Bucarest). La numérotation téléphonique a changé en 2002. Tous les numéros du guide sont actualisés, toutefois vous verrez peut-être dans des publications, sur des vitrines, etc., d'anciens numéros. Voici comment les modifier.

▶ **Téléphones fixes.** Bucarest : le préfixe 01 devient 021 (+ les 7 chiffres habituels). Province (exemple Brașov) : le préfixe 057 devient 0257, 064 devient 0264, etc. (+ les 6 chiffres du numéro).

▶ **Téléphones mobiles** : 090 devient 0740, 094 = 0744, 095 = 0745, 091 = 0721, 092 = 0722, 093 = 0723, 096 = 0766, 098 = 0788.

Téléphone mobile

Le réseau GSM fonctionne très bien en Roumanie, sauf peut-être dans les villages très reculés de montagne. Plusieurs opérateurs se partagent le marché : Orange, Vodafone, Cosmote, Zapp et RCS & RDS.
Utiliser son téléphone mobile. Si vous souhaitez garder votre forfait français, il faudra, avant de partir, activer l'option internationale (généralement gratuite) en appelant le service clients de votre opérateur. **Qui paye quoi ?** La règle est la même chez tous les opérateurs : lorsque vous utilisez votre téléphone français à l'étranger, vous payez la communication, que vous émettiez l'appel ou que vous le receviez. Dans le cas d'un appel reçu, votre correspondant paye lui aussi, mais seulement le prix d'une communication locale. Tous les appels passés depuis ou vers l'étranger sont hors forfait, y compris ceux vers la boîte vocale.

Cabines et cartes prépayées

Vous trouverez des cabines publiques un peu partout. Il subsiste quelques cabines à pièces, mais elles sont très rares. La plupart sont à carte et permettent de téléphoner sans problème à l'étranger. Ces cartes (*cartele telefonice*) s'achètent aux guichets des principaux bureaux de poste et dans les kiosques à journaux.

Portail en bois sculpté d'une maison hongroise.

À VOIR – À LIRE

Cartographie. Les différentes collections proposent toutes des cartes de Roumanie. Vous pouvez aussi utiliser les très bonnes cartes offertes par l'office de tourisme de Roumanie, à Paris.

Romans

- **Virgil Gheorghiu.** *La Vingt-Cinquième Heure.* Éd. Plon. En poche, Press-Pocket. L'histoire d'un paysan roumain désigné comme juif et qui passera treize ans de sa vie dans les camps de concentration, avant d'être engagé par les SS. Un roman mondialement connu et porté à l'écran.
- **Mircea Eliade.** *Le Roman de l'adolescent myope.* Éd. Bebel. Roman de jeunesse du célèbre écrivain, sur son adolescence bucarestoise. *La Nuit bengali*, coll. « Folio » (n° 1087). Le grand roman de la « période indienne » d'Eliade. *Noces au paradis.* Éd. Gallimard, coll. « L'Imaginaire ». Deux hommes se racontent l'amour de leur vie.
- **Emil Cioran.** *Précis de décomposition*, *La Tentation d'exister*, *De l'inconvénient d'être né*, *Écartèlement*... La vision désabusée de Cioran sur l'homme et le monde.
- **Camil Petrescu.** *Madame T.* Éd. Chambon Poche. Beau roman évoquant l'époque où Bucarest était surnommé « le Petit Paris ».
- **Vintilă Horia.** *Dieu est né en exil.* Un des grands écrivains roumains de l'exil. Prix Goncourt 1960.
- **Mircea Cărtărescu.** *Orbitor.* Éd. Folio SF. Jeunesse de l'auteur, personnages divers, dans un Bucarest étrange et fabuleux. Par un auteur vedette de la scène littéraire roumaine actuelle.
- **Mircea Cărtărescu.** *L'Œil de feu.* Éd. Denoël, coll. « D'ailleurs ». Bucarest imaginaire, poétique, fantastique et parfois réel.
- **Panait Istrati.** *Oncle Anghel.* Éd. Gallimard, coll. « L'Étrangère ». *Les Chardons du Bărăgan.* Éd. Grasset. Coll. « Cahiers rouges ». Les aventures d'un père et d'un fils pris dans la tourmente de la révolte paysanne de 1907.
- **Mihai Sebastian.** *L'Accident.* Éd. Mercure de France. Roman d'amour, de passion, avec, en toile de fond, les troubles de la Roumanie du milieu du XXe siècle.
- **Gabriela Adameşteanu.** *Une matinée perdue.* Éd. Gallimard, coll. « Du monde entier ». Soixante-dix ans d'histoire roumaine à travers le regard d'une vieille femme. Avec humour, subir les difficultés de la vie quotidienne villageoise, travailler pour pas grand-chose, etc.
- **Dan Lungu.** *Le Paradis des poules.* Éd. Jaqueline Chambon. La vie quotidienne et les ragots des retraités dans une ville de province. Drôle et réaliste.
- **Horia Bădescu.** *Le Vol de l'oie sauvage.* Éd. Gallimard, coll. « Du monde entier ». Une quête de liberté intérieure par l'amour.
- **Dumitru Tsepeneag.** *Attente.* Éd. P.O.L. Un voyage onirique à travers des nouvelles écrites dans les années 1970.
- **Andrei Pleşu.** *Actualité des anges.* Éd. Buchet-Chastel. Un ouvrage où l'ancien ministre de la Culture des années postrévolutionnaires, aujourd'hui conseiller du président Băsescu, insiste sur la nécessité de refuser la platitude de l'existence.

Théâtre

- **Eugène Ionesco.** *Rhinocéros*, *La Cantatrice chauve*... Éditions Folio. De grands classiques du théâtre abstrait, que vous avez sans doute étudiés à l'école.
- **Julie Villeneuve.** *Bucarest, gare du Nord.* Cette pièce, jouée récemment en Belgique, dénonce les conditions de vie difficiles de quelques jeunes Roumains livrés à eux-mêmes à Bucarest. L'auteure les a fréquentés pendant quatre ans.

Récits et documents

- **Texte sur Bucarest de Raphaël Kalmy**, dans *Voyage en ville d'Europe.* Éd. Métropolis.
- **Paul Morand.** *Bucarest.* Plon, 1935.
- **Mihail Sebastian.** *Journal de 1935-1944.* Éd. Stock. Le célèbre écrivain retrace la montée de l'antisémitisme en Roumanie, dont lui-même a été victime. Il n'épargne aucune des grandes figures roumaines de l'époque.

▶ **Dominique Fernandez.** *Rhapsodie roumaine.* Éd. Grasset. Une balade rêveuse à travers la Roumanie. Un très bon ouvrage.

▶ **Claudio Magris.** *Danube.* Éd. Folio. Un passionnant voyage le long du Danube, qui s'achève bien sûr en Roumanie.

▶ **Paul Goma.** *Gherla.* Éd. Gallimard. Le saisissant récit d'une victime du terrible et sadique programme de torture mis en place par le régime communiste dans les prisons de Gherla (près de Bistrița) et de Pitești.

▶ **Nicolas Trifon.** *Les Aroumains, un peuple qui s'en va.* Éd. Acratie 2005. Pour comprendre l'histoire de ce peuple menacé.

▶ **Irina Nicolau.** *Vagabondage dans les Balkans.* Éd. Aube, coll. « Carnets de voyage ». Une « incursion subjective au pays des Aroumains ».

▶ **Alain Reyniers.** *Tsigane, heureux si tu es libre !* Unesco, 2000. Un ouvrage généraliste sur les Tsiganes.

▶ **Bernard Houliat et Antoine Scneck.** *Tsiganes en Roumanie.* Éd. du Rouergue. Poésie.

▶ **Lucian Blaga.** *L'Étoile la plus triste.* Éd. La Différence. Un recueil de poésies, où Blaga s'inspire avec bonheur des campagnes de son pays.

▶ **On n'oubliera pas non plus** les œuvres du « poète national » Mihai Eminescu, celles, très abordables, de Marin Sorescu et les chefs-d'œuvre du grand poète surréaliste roumain (bien que son œuvre soit en langue allemande) Paul Celan.

Histoire et géographie

▶ **Catherine Durandin.** *Histoire des Roumains.* Éd. Fayard.

▶ **Violette Rey.** *Atlas de la Roumanie.* Éd. CNRS-Libergéo. Par l'une des spécialistes de la Roumanie, un ensemble de cartes claires, couvrant le pays sous tous les aspects : économie, géographie, démographie...

▶ **Lucian Boia.** *La Roumanie.* Éd. Les Belles Lettres. Histoire, géographie, personnalités.

Divers

▶ **Jean-Yves Conrad.** *Roumanie, capitale... Paris.* Éd. Oxus. Un superbe ouvrage où l'on flâne sur les traces des grands artistes roumains qui ont marqué la vie culturelle parisienne et française.

▶ ***La Roumanie au petit bonheur.*** Textes de Bernard Houliat, photos de Pierre Soissons et Régis Outters. Éd. Quelque part sur terre. Un très beau livre de photos de la campagne roumaine. On part à la rencontre des différentes régions et surtout de leurs habitants. Textes vivants et instructifs.

▶ **James Roberts.** *The Mountains of Romania.* Éd. Cicerone. En anglais, un très bon guide de randonnées dans les Carpates : cartes précises, photos, descriptions, hébergement, adresses. Un livre précieux.

Cuisine

▶ **Radu Anton Roman.** *Savoureuse Roumanie.* Éd. Noir sur Blanc. Un livre exceptionnel et passionnant dont les 358 recettes sont prétexte à des histoires, des anecdotes, des légendes, des descriptions de produits régionaux. Un vrai voyage gastronomique et culturel.

À voir

▶ **Lucian Pintilie**, *Un été inoubliable,* 1993. Histoire d'une garnison de frontière, inspirée d'une nouvelle de Petru Dumitriu, *La Salade.* Avec Kristin Scott-Thomas, Claudiu Bleont, Olga Tudorache.

▶ **Radu Mihăileanu.** Ce réalisateur roumain très en vue a été récompensé par de nombreux prix pour *Train de vie* (2000), film plein d'humour relatant l'histoire d'un village juif qui organise sa propre déportation, *Va, vis et deviens* (2004), histoire d'un enfant juif éthiopien qui émigre en Israël (prix du public au festival de Berlin), et *Le Concert* (2009), l'histoire d'un ancien chef d'orchestre du Bolchoï déchu qui décide d'organiser un concert avec ses anciens musiciens.

Mais aussi :

▶ ***Hôtel de luxe***, de Dan Pița, lion d'argent à Venise en 1992.

▶ ***Les Escargots du sénateur*** (1995), de Mircea Daneliuc.

▶ ***Filantropica*** (2002), de Nae Caranfil. Un énorme succès en Roumanie. Un film sur (entre autres) la vie de Bucarestois d'aujourd'hui, qui montre comment une situation toute simple devient bien compliquée.

▶ ***La Mort de Dante Lazarescu*** (2004-2005), de Cristi Puiu. Un film primé dans la sélection « Un certain regard » au festival de Cannes 2005 et dont la comédienne Luminița Gheorghiu a reçu un bayard d'or de meilleure actrice au festival de Namur en 2005.

▶ ***Comment j'ai fêté la fin du monde*** (2006), de Cătălin Mitulescu. Une comédie dramatique sur l'histoire d'une lycéenne qui fait tomber par accident un buste du camarade Ceaușescu. L'actrice Dorotheea Petre reçoit le prix d'interprétation féminine à Cannes cette même année.

▶ ***12 h 08 à l'est de Bucarest*** (2006), de Corneliu Porumboiu. Caméra d'or à Cannes. Lors du 16e anniversaire de la chute de Ceaușescu, une émission spéciale demande à deux invités de partager leurs instants de gloire révolutionnaire.

▶ ***California Dreamin'*** (2007), de Cristian Nemescu. Primé à Cannes dans la sélection « Un certain regard », ce film caustique raconte une intervention américaine qui avait eu lieu au Kosovo. À 27 ans, le jeune réalisateur Cristian Nemescu décède tragiquement d'un accident de voiture alors qu'il était en train de finaliser le montage du film.

Les films de Cristian Mungiu

▶ ***Occident*** (2002). Excellent film roumain primé à Montpellier et à Thessalonique, entre autres. Il y est question de la difficulté de vivre en Roumanie, de magouilles, de la débrouille, des petits riens du quotidien, de la fascination de l'Occident. Drôle et mélancolique à la fois.

▶ ***4 mois, 3 semaines et 2 jours*** (2007). Palme d'or à Cannes, le plus important prix de la 60e édition du festival. Salué par toutes les critiques, ce film est une performance sans équivalent dans l'histoire de la cinématographie roumaine. Ce film émouvant retrace la vie de deux jeunes étudiantes d'une petite ville de Roumanie qui partagent la même chambre dans une résidence universitaire. L'une des deux est enceinte et ne sait que faire, l'avortement étant illégal.

▶ ***Au-delà des collines*** (2012). Prix du scénario au festival de Cannes 2012 et prix d'interprétation féminine pour les deux actrices. L'histoire d'une jeune exilée qui retrouve son ancienne amie nonne dans un monastère et cherche à l'arracher à son emprise cléricale.

Films étrangers tournés en Roumanie

▶ ***Retour à Cold Mountain*** (2003). Ce film américain traitant de la guerre de Sécession, avec Nicole Kidman et Jude Law, a été en grande partie tourné dans les Carpates roumaines. Les paysages neigeux ou ensoleillés y sont tellement beaux que le ministère du Tourisme roumain s'en est servi pour promouvoir le pays dans des spots sur CNN et Euronews.

Amen (2002). Ce film de Costa-Gavras, dans lequel joue Mathieu Kassovitz, évoque le rôle ambigu du Vatican pendant la Seconde Guerre mondiale. Bon nombre des scènes d'intérieur ont été tournées dans le Parlement de Bucarest.

Deux films tournés par Tony Gatlif

▶ ***Gadjo Dilo*** (1998). Un film à l'atmosphère intimiste qui suit les exubérances de ses personnages (dont Romain Duris). Un *road-movie* qui immerge le spectateur dans la culture rom, qui se regarde et s'écoute.

▶ ***Transylvania*** (2006). Un film romanesque sur un fond musical haletant. Certaines scènes ont été filmées à Sighișoara ou dans la région du Maramureș.

AVANT SON DÉPART

Ambassades et consulats

■ AMBASSADE DE ROUMANIE
5-7, rue de l'Exposition (7e)
Paris
✆ 01 40 62 22 02 / 01 47 05 10 46
http : //paris.mae.ro/fr
Ouvert du lundi au vendredi de 10h à 12h.
Consulat à Marseille et Strasbourg.

■ SERVICE ARIANE
www.diplomatie.gouv.fr

Ariane est un portail, proposé sur le site du Ministère des Affaires étrangères, qui permet, lors d'un voyage de moins de 6 mois, de s'identifier gratuitement auprès du Ministère. Une fois les données saisies, le voyageur pourra recevoir des recommandations liées (par SMS ou mail) à la sécurité dans le pays. En outre, la personne désignée par le voyageur comme « contact » en France sera prévenue en cas de danger. De nombreux conseils et avertissements sont également fournis grâce à ce service !

Office du tourisme

■ **OFFICE DU TOURISME DE ROUMANIE**
7, rue Gaillon (1er)
Paris ✆ 01 40 20 99 33
www.guideroumanie.com
roumanie@office-tourisme-roumanie.com
Ouvert du lundi au vendredi de 9h30 à 12h30 et de 14h à 18h30.
Les brochures touristiques générales (parcs nationaux, descriptions des différentes régions, etc.), culturelles (événements, artisanat, traditions) sont nombreuses et très bien illustrées (nombreuses photos, profusion de couleurs).

Associations et institutions culturelles

■ **ASSOCIATION ÉCHANGE-ROUMANIE**
BP 249
20, rue Barthélemy-Thimmonier
Saint-Just-Saint-Rambert
✆ 04 77 52 45 05
www.echange-roumanie.com
Favorise les échanges entre la France et la Roumanie : événements culturels, infos touristiques et pratiques (hébergement, etc.), séjours, circuits individuels avec logement chez l'habitant dans toute la Roumanie. Vols organisés pour de nombreuses villes en Roumanie. Une association dynamique et compétente.

■ **MAISON DE LA ROUMANIE**
1 rue Pierre-Dupont
Grenoble ✆ 06 09 48 82 81
www.roumanie-france.ro
ceccarf@b.astral.ro
Ouvert les mardi et jeudi de 15h30 à 19h.
Favorise les échanges culturels et touristiques.

SUR PLACE

■ **ALLIANCE FRANÇAISE**
Sectorul 1
Strada Émile Zola, 6
București
✆ +40 212 089 837
✆ +40 212 310 516
www.alliancefr.org
info@alliancefr.org
Mais aussi des antennes à Constanța, Pitești, Ploiești, Brașov et Medgidia (antenne de Constanța). Voir villes concernées pour les coordonnées. Également à Chișinău, en république de Moldavie.

■ **AMBASSADE DE FRANCE**
Strada Biserica Amzei, 13-15
✆ +40 213 031 000 / +40 213 031 035
www.ambafrance-ro.org
Ouvert du lundi au vendredi de 9h à 18h30 et le samedi matin de 10h à 13h.
Consulats à Brașov, Cluj-Napoca, Constanța et Timișoara.

■ **INSTITUT FRANÇAIS DE BUCAREST**
Bulevardul Dacia, 77
BUCAREST ✆ +40 21 316 3836
Voir page 101.

Opération Villages roumains (OVR)

Cette association est née en Belgique, en 1989, pour dénoncer le monstrueux programme de systématisation en cours en Roumanie. Des centaines de villes et villages de Belgique, de France, de Suisse et d'ailleurs se sont alors mobilisés en « adoptant » chacun un village roumain. Quelques mois plus tard, Ceaușescu est tombé. Des convois de camions d'aide humanitaire sont alors partis de toutes ces communes vers la Roumanie. L'arrivée de cette aide a créé ou renforcé les liens entre communes « occidentales » et roumaines. Sur les routes de France, à l'entrée des villes, ont fleuri des panneaux « Opération Village roumain, village de..., associé au village de... ».
Les programmes d'urgence ont peu à peu laissé la place à des projets à long terme (écoles, santé, vie associative...), menés par l'OVR avec le soutien de l'Europe. Du simple soutien d'urgence de certaines communes, on est passé à des jumelages très actifs dans les deux sens : échanges culturels (groupes folkloriques), éducatifs (cours de roumain en France, de français en Roumanie), etc. L'accent était porté sur le développement du milieu rural, à travers notamment la création de réseaux villageois regroupant des habitants prêts à accueillir des touristes (chambres chez l'habitant, pensions) étrangers ou roumains. C'était parfois réussi, parfois raté, parfois détourné... Quoi qu'il en soit, de ce premier élan de solidarité sont nées de nombreuses relations durables. Et le touriste qui visite la Roumanie peut bénéficier des structures d'accueil mises en place par OVR, là où le programme fonctionne le mieux. C'est un bon moyen de rencontrer les habitants. *Nous le signalons dans la partie « Visite » quand c'est le cas.*

■ **ASSOCIATION – OPÉRATION VILLAGES ROUMAINS**
Boulevard Zoé Drion, 1
© +32 7 128 40 82 / +32 7 132 45 27
www.ovrfrance.homelinux.org
ovr@win.be
Ouvert du lundi au vendredi de 10h à 17h.

▸ **Autre adresse : rue** Général-Michel 1b

MAGAZINES ET ÉMISSIONS

Presse

▸ ***Bucarest Hebdo*** **– www.bucarest-hebdo.blogspot.fr** – est un hebdomadaire en français qui traite de l'actualité bucarestoise et que l'on trouve dans quelques kiosques ou, gratuitement, dans les grands hôtels ou bureaux de compagnies aériennes.

▸ **Pour trouver vos quotidiens et magazines en français**, avec un à trois jours de retard, vous pouvez vous rendre dans les boutiques des hôtels Marriott, Hilton, Sofitel, Ibis, Intercontinental ou Crown Plaza de Bucarest, ou dans les supermarchés Carrefour et Mega Image (surtout les magazines). En consultation libre, à la bibliothèque de l'Institut français.

▸ ***Regard*** **– www.regard.ro** – est une revue mensuelle franco-roumaine fort intéressante qui aborde des sujets d'actualité politique, économique et culturelle.

■ **COURRIER INTERNATIONAL**
www.courrierinternational.com
Hebdomadaire regroupant les meilleurs articles de la presse internationale en version française.

■ **GÉO**
www.geo.fr
Le mensuel accorde une large place aux reportages photographiques. Il propose aussi des articles et actualités, l'ensemble étant désormais imprimé sur du papier provenant de forêts gérées durablement.

■ **GRANDS REPORTAGES**
www.grands-reportages.com
info@grands-reportages.com
Le magazine de l'aventure et du voyage propose des dossiers, reportages photo et articles divers sur les peuples, civilisations, paysages et monuments. Chaque sujet est complété par un important volet pratique pour préparer son voyage.

■ **PETIT FUTÉ MAG**
www.petitfute.com
Notre journal vous offre une foule de conseils pratiques pour vos voyages, des interviews, un agenda, le courrier des lecteurs... Le complément parfait à votre guide !

■ **RANDOS-BALADES**
www.randosbalades.fr
info@europresse.fr
Magazine mensuel sur les randonnées en France et à l'étranger. L'approche est thématique (sentiers du littoral, itinéraires sauvages, thèmes culturels...) et la publication est riche en actualités, trucs et astuces, tests matériels, fiches topographiques et, bien sûr, en guides de randonnée.

■ **TERRE SAUVAGE**
www.terre-sauvage.com
courrier@terre-sauvage.com
Ce mensuel est spécialisé dans la faune et la flore sauvages. Au sommaire : des aventures dans le sillage des expéditions scientifiques, la découverte des écosystèmes, des enquêtes sur la protection de l'environnement ou encore des rubriques plus pratiques avec, par exemple, des conseils photo.

Radio

■ **RADIO FRANCE INTERNATIONALE**
www.rfi.fr
89 FM à Paris. Pour vous tenir au courant de l'actualité du monde partout sur la planète.

Télévision

■ **ESCALES**
✆ 01 49 22 20 01
www.escalestv.fr
contact@abweb.com
Chaîne thématique.
Depuis avril 1996, Escales est une des chaînes dédiées à l'évasion et de la découverte par le voyage. Rattachée au groupe AB, la programmation est constituée de séries documentaires et de rediffusions d'émissions axées aussi bien sur le national et ses régions, que des destinations lointaines à travers de nombreux thèmes (agenda, bons plans, art de vivre, bien-être, aventure, croisière mais aussi gastronomie, loisirs, nature, patrimoine, culture, etc.). Escales s'est entre autres donné pour objectif de servir de guide aux touristes voyageurs ; objectif largement atteint.

■ **FRANCE 24**
www.france24.com
Chaîne d'information en continu, France 24 apporte 24h/24 et 7j/7, un regard nouveau à l'actualité internationale. Diffusée en 3 langues (français, anglais, arabe) dans plus de 160 pays, la chaîne est également disponible sur internet (www.france24.com) et les mobiles, pour vous accompagner tout au long de vos voyages.

■ **PLANÈTE**
www.planete.tm.fr
Depuis plus de 20 ans, Planète propose de découvrir le monde, ses origines, son fonctionnement et son probable devenir avec une grille de programmation documentaire éclectique : civilisation, histoire, société, investigation, reportages animaliers, faits divers, etc.

■ **TV5 MONDE**
www.tv5.org
La chaîne de télévision internationale francophone diffuse des émissions de ses partenaires nationaux (France Télévisions, RTBF, TSR et CTQC) et ses propres programmes.

■ **USHUAÏA TV**
www.ushuaiatv.fr
La chaîne découlant du magazine éponyme a un slogan clair : « Mieux comprendre la nature pour mieux la respecter ». Elle se veut télévision du développement durable et de la protection de la planète et propose nombre de documentaires, reportages et enquêtes.

■ **VOYAGE**
www.voyage.fr
info@voyage.fr
Terres méconnues ou inconnues, grands espaces et mégapoles, lieux incontournables ou insolites, cultures et nouvelles tendances : Voyage TV vous propose d'explorer le monde dans toute sa richesse à l'aide de documentaires ou en compagnie de guides éclairés.

Sites Internet

■ **24-FUN**
24fun.ro

■ **ABOUT ROMANIA**
www.aboutromania.com
Site en anglais sur le tourisme en Roumanie.

■ **ANTREC**
www.antrec.ro
office@antrec.ro

Association nationale du tourisme rural, écologique et culturel qui a pour but de promouvoir le tourisme rural. Des centaines de pensions y sont affiliées selon un barème établi garantissant une certaine qualité de confort par rapport à des prix fixes. Il est également possible de connaître les langues étrangères parlées par vos hôtes.

ASSOCIATION OF ECOTOURISM IN ROMANIA

www.eco-romania.ro

Site de l'association roumaine pour le tourisme vert. Également en français.

CFR

www.cfr.ro

admin@infofer.ro

Le site de la Société nationale des chemins de fer roumains : horaires de toutes les lignes.

FOLKROMANIA

www.folkromania.com

contact@folkromania.com

Site en anglais qui présente des articles folkloriques traditionnels : icônes, instruments de musique, poteries, masques traditionnels. Boutique en ligne.

INFO LITORAL

www.infolitoral.ro

info@infolitoral.ro

Un site bien fait, en anglais, sur la côte de la mer Noire : villes, stations, infos pratiques.

INYOURPOCKET

www.inyourpocket.com

editorial_enquiry@inyourpocket.com

En anglais.

Restaurants, hôtels, bars, infos pratiques sur Bucarest, tout y est. Quelques infos touristiques aussi. Un site pratique et bien fait, avec possibilité de réserver des chambres.

ONLINERO.COM

www.onlinero.com

webmaster@onlinero.com

Actualités, petites annonces et discussion entre Roumains de France.

ROUMANIE.COM

www.roumanie.com

mail@directway.com

Site francophone très complet portant sur les actualités économiques et culturelles de la Roumanie.

ŞAPTE SERI

BUCAREST

Voir page 101.

SPAS

www.spas.ro

optbr@bluescreen.ro

Un site qui fournit des informations sur le tourisme balnéaire en Roumanie.

ZILE ŞI NOPŢI

Voir page 39.

ORGANISER SON SÉJOUR

Traversée d'un village des Carpathes roumaines.

Comment partir ?

PARTIR EN VOYAGE ORGANISÉ

Voyagistes

Spécialistes

Vous trouverez ici les tour-opérateurs spécialisés dans votre destination. Ils produisent eux-mêmes leurs voyages et sont généralement de très bon conseil car ils connaissent la région sur le bout des doigts. À noter que leurs tarifs se révèlent souvent un peu plus élevés que ceux des généralistes.

■ **ACCENT DE L'EST**
Pragomedia – Audabiac 30
Lussan ✆ +33 1 80 92 60 05
www.accent-de-lest.com
info@accentdelest.com
Cette agence de voyages se spécialise dans les pays d'Europe centrale et de l'Est : Croatie, Hongrie, Pays baltes, Pologne, République tchèque, Roumanie, Russie, Slovénie, Ukraine, Bulgarie, Ouzbékistan. Elle propose des circuits individuels, en groupe, avec ou sans hébergement, ou location de voiture.

■ **AKAÏNA**
4, rue Gabriel-Péri
Grenoble ✆ 04 76 86 14 14
www.akaina.fr – info@akaina.fr
« Montagnes et châteaux », « À la poursuite de Dracula », « Villages oubliés du Maramureș », « Trek et culture en pays Maramureș » sont les quatre circuits que propose Akaïna pour découvrir la Roumanie. Ces randonnées demandent d'être en forme physiquement.

■ **AMSLAV**
60, rue de Richelieu (2e)
Paris ✆ 01 44 88 20 40
www.amslav.com – info@amslav.com
Amslav vous propose de découvrir Bucarest grâce à ses forfaits vols + hébergement (sélection d'hôtels de 3 ou 4 étoiles). Le tour opérateur propose également deux circuits dans le pays et des hôtels dans les principales villes à visiter.

■ **ARVEL**
31, cours Emile-Zola
Villeurbanne ✆ 04 72 44 95 50
www.arvel-voyages.com
bbichat@arvel-voyages.com
Association solidaire qui promeut un tourisme équitable, Arvel propose un circuit découverte en Roumanie avec logement chez l'habitant à Sălişte et visite du delta du Danube.

■ **LA BALAGUÈRE**
BP 3F 65403
Route du Val d'Azun
Arrens-Marsous Cedex
Arrens-Marsous
✆ 05 62 97 46 46
www.labalaguere.com
labalaguere@labalaguere.com
La Balaguère est spécialisée dans la randonnée, les voyages à pied et le trek, et propose des séjours avec ou sans guide, pour les familles ou entre amis, et surtout pour tous les niveaux, du débutant au marcheur expérimenté. En Roumanie, La Balaguère vous emmène dans les monts Apuseni, au pays des Moţi, en Bucovine ou en circuit à travers tout le pays.

■ **CLIO**
34, rue du Hameau (15e)
Paris
✆ 01 53 68 82 82 / 0 892 70 04 74
www.clio.fr
Le tour opérateur Clio, inspiré par la muse de l'histoire, vous emmène à la découverte de la Roumanie pendant onze jours « De la Dacie aux Carpates ». Il propose également une grande croisière sur le Danube en combiné avec la Hongrie, la Bulgarie, la Serbie et l'Autriche.

■ **COSMOPOLIS FREQUENT FLYER TRAVEL PARIS**
63 bis, avenue Ledru-Rollin (12e)
Paris
✆ 01 53 46 16 84
www.fftparis.com
cosmopolis@fftparis.com
Cosmopolis vous propose de composer votre circuit sur demande. Spécialiste des voyages ayant une approche géopolitique, fournissant un guide spécialiste et des guides locaux francophones ou anglophones, Cosmopolis propose également un grand tour des Carpates (Roumanie, Hongrie, Slovaquie, Ukraine) de 19 jours.

EASTPAK VOYAGES

26, cours Vitton
Lyon
✆ 04 72 83 63 33
www.eastpak.fr
commercial@eastpak.fr

Eastpak vous propose plusieurs formules pour votre voyage en Roumanie. Composez votre escapade dans la capitale (sélection d'hébergements, possibilité de réserver des excursions avec voiture et guide francophone), découvrez le pays en formule autotour ou lors d'un circuit, ou détendez-vous grâce aux séjours plage.

E-CHANGEONS LE MONDE

27, rue du petit Colmar
Sundhoffen
✆ 03 89 71 96 46
e-changeonslemonde.com
contacts@e-changeonslemonde.com

L'association E-changeons le monde propose un tourisme très loin des sentiers battus pour des voyages authentiques à la rencontre d'un pays et d'une population. Quatre circuits permettent de visiter la Roumanie, de la Bucovine au Danube en passant par un Noël orthodoxe et un nouvel an tsigane.

EVANEOS

✆ 01 84 17 73 35
www.evaneos.com

Evaneos.com s'adresse à tous les amateurs de voyages en liberté et sur-mesure qui veulent maîtriser leur budget et payer le vrai prix de leur voyage… sans sacrifier la qualité. Jeunes ou seniors, individuels, couples, familles ou copains, la plate-forme les met en relation avec les agents locaux pour leur permettre de découvrir un pays à leur rythme, de façon plus ou moins sportive, en bivouac ou en 5 étoiles, toujours selon leurs goûts personnels, hors des sentiers battus et en toute sécurité.

GRAND ANGLE

Zone Artisanale
Méaudre ✆ 04 76 95 23 00
www.grandangle.fr
info@grandangle.fr

Grand Angle propose une randonnée de 14 jours en Roumanie. Amoureux de la nature et sportifs se régaleront puisque le programme comprend 3 à 5 heures de marche par jour dans les montagnes roumaines. Découverte des Carpates, de la Bucovine, de la ville de Sibiu et des villages de Transylvanie sont au menu des réjouissances.

INTERMÈDES

60, rue La Boétie (8e)
Paris
✆ 01 45 61 90 90
www.intermedes.com
info@intermedes.com

Intermèdes propose un circuit de 3 jours en Roumanie. L'archéologie et l'histoire du pays (villages médiévaux fortifiés, églises byzantines et monastères à fresques) n'auront plus de secrets pour vous !

I TOUR

3, rue Meyerbeer (9e)
Paris
✆ 01 53 05 99 10
catherine.moulard@urbania.org

Spécialiste de la destination, I Tour propose une très large gamme de prestations pour la Roumanie. Vous pourrez opter pour un voyage à la carte, concentré sur Bucarest et/ou élargir votre choix à l'ensemble. Des circuits, des autotours, des randonnées pédestres, des séjours balnéaires sur les rives de la mer Noire et un combiné Bulgarie-Roumanie sont également au programme. Enfin, la brochure vous invite à faire une cure (plusieurs formules sélectionnées) pour revenir parfaitement détendu de votre séjour en Roumanie.

JET TOURS

23, rue Raspail
Ivry-sur-Seine
✆ 01 45 15 70 00
www.jettours.com
infos@jettours.com

Dans le cadre de son partenariat avec l'Unesco, Jet Tours propose le circuit « L'âme des Carpates » en Roumanie. Accompagné par un guide formé au Centre du patrimoine mondial de l'Unesco, vous découvrirez les plus beaux sites du pays. C'est donc un voyage placé sous le signe de la culture qui vous est proposé. Les principales villes du pays sont au programme et les plus beaux monuments parmi lesquels les églises en bois de Budești, Șurdești et Ieud, l'église fortifiée de Prejmer ou encore la citadelle médiévale de Sighișoara. À noter les possibilités d'extensions à Sofia en Bulgarie.

ORCADA VOYAGES

20, rue Gustave-Flaubert
Grenoble
✆ 04 76 49 17 68
www.orcada-voyages.com
contact@orcada-voyages.com

Spécialiste des circuits organisés en camping-car et en caravane, l'agence Orcada Voyages vous invite à découvrir plus d'une quinzaine de destinations. À bord d'un camping-car et muni d'une feuille de route quotidienne, le voyageur suit l'itinéraire tout tracé et s'arrête là où bon lui semble. Nuitées en camping, visites guidées, balades et autres excursions sont toutes réservées à l'avance. Des groupes de 8 à 15 camping-cars au maximum et la possibilité de rouler seul ou à plusieurs suivant les affinités des uns et des autres. Enfin, un équipage accompagnateur est présent durant tout le circuit pour veiller au bon déroulement de celui-ci et guider tout au long du parcours. Découvrez la Roumanie à travers ses contes et légendes.

RANDOCHEVAL

2, place Charles-de-Gaulle
Vienne
✆ 04 37 02 20 00
www.randocheval.com
contact@randocheval.com

Randocheval vous emmène découvrir un pays monté sur un destrier. En Roumanie, deux séjours sont possibles : « Chevauchée dans les Carpates » et « Transylvania ». Un voyage sportif à travers les splendides paysages du pays.

RANDOMONA

ZI République 2
6 bis, rue Albin Haller
Poitiers
www.randomona.com
randomona@randomona.com

Randomona propose un voyage ornithologique dans le delta du Danube et le long de la mer Noire. Au programme, rencontres avec des pêcheurs, visite de villages lipovènes et bien sûr observation de la faune du delta.

RIVAGES DU MONDE

12, boulevard de Bonne-Nouvelle (10e)
Paris
✆ 01 49 49 15 50
www.rivagesdumonde.fr

Rivages du monde propose une croisière sur le Danube avec des arrêts à Vienne, Bratislava, Budapest, Belgrade... pour terminer à Bucarest, dans la capitale roumaine.

SLAV'TOURS

Orléans
✆ 02 38 77 07 00
www.slavtours.com
slavtours@slavtours.com

Aidons
nous
les
uns
et aussi
Paul
Leila
Elie
Moussa
...les
autres
ww.secours-catholique.org
P455 PARIS 7
Secours Catholique
Réseau mondial Caritas
Être près de ceux qui sont loin de tout
AGRÉÉE PAR
COMITÉ DE LA CHARTE
don en confiance

TERRE ET NATURE VOYAGES
23, rue d'Ouessant (15e)
Paris
✆ 01 45 67 60 60
www.terreetnature.com
contact@terreetnature.com
Ouvert du lundi au vendredi de 9h à 17h.
Terre et Nature Voyages vous propose des séjours à dominante sportive ou culturelle dans les plus beaux pays du monde.

TERRES OUBLIÉES
14, rue Aimé Collomb
Lyon
✆ 04 37 48 49 90
www.terres-oubliees.com
exploration@terres-oubliees.com
Le savoir-faire de l'équipe de Terres oubliées s'observe à travers la diversité des formules proposées : des voyages d'exploration, qui s'adressent à ceux pour qui l'effort et l'isolement sont un moteur d'émotions. En Roumanie, trois séjours sont proposés dont un spécial lynx et loup avec des scientifiques roumains dans les montagnes sauvages des Carpates pour observer ces carnassiers.

VÉLORIZONS – LE MONDE À VÉLO
Longifan
Chapareillan ✆ 04 76 45 99 29
www.velorizons.com
info@velorizons.com
Ce spécialiste des voyages à vélo vous emmène à la découverte des monts Apuseni à l'occasion d'un circuit de 8 jours. Vous serez logé en gîte, chez l'habitant, ou en hôtel et découvrirez des chemins encore peu empruntés qui ont su conserver leur authenticité. Il sera tout de même nécessaire d'être en bonne forme et de pratiquer le VTT régulièrement.

VOYAGEURS DU MONDE
55, rue Sainte-Anne (2e)
Paris
✆ 01 42 86 16 00
www.voyageursdumonde.com
Juste 1 800 m² consacrés aux voyages ! Depuis plus de trente ans, Voyageurs du Monde construit pour vous un univers totalement dédié au voyage sur mesure et en individuel, grâce aux conseils pointus transmis par des spécialistes qualifiés sur leur destination de cœur ou d'origine. Vous bénéficiez de leur aide pour la préparation du voyage mais aussi durant toute la durée du voyage sur place. Tous les circuits peuvent être effectués avec des enfants car tout est question de rythme. Vous invitez votre petite tribu familiale, enfants, petits-enfants, VDM vous propose des tarifs étudiés au cas par cas, des découvertes pour les adultes et des activités ludiques pour les enfants. Choisissez parmi la bonne centaine de voyages sur mesure proposés.

Réceptifs

PAYS AUTHENTIQUE (ŢARA AUTENTICĂ)
Bloc 1, etaj 1
PUTNA
✆ +40 230 414 036
www.tara-autentica.com
tara.autentica@gmail.com
Un Français, Pascal Garnier, tombé amoureux de la Moldavie et de ses monastères, a pris racine à Putna où il a fondé cette agence de voyage franco-roumaine pour vous faire découvrir les trésors de la Roumanie. Au programme, séjours thématiques permettant d'apprécier les innombrables richesses de ce pays méconnu : patrimoine culturel ou naturel, traditions, artisanat et rencontres inattendues avec un peuple chaleureux et hospitalier. Organisation de séjours culturels ou comportant des randonnées, séjours personnalisés adaptés à vos passions, à votre curiosité, à vos valeurs, avec hébergement en pension chez l'habitant en Bucovine, dans le Maramureș, en Transylvanie et dans le delta du Danube.

PARTIR SEUL

En avion

Prix moyen d'un vol Paris-Bucarest : entre 80 et 300 €. À noter que la variation de prix dépend de la compagnie empruntée mais, surtout, du délai de réservation. Pour obtenir des tarifs intéressants, il est indispensable de vous y prendre très en avance. Pensez à acheter vos billets six mois avant le départ ! Sachez également que pour les vols low cost (Wizz Air), il faut souvent ajouter de nombreux frais (bagages et navette Paris-Beauvais).

■ TRANSINDEMNITE.COM

✆ 0892 490 125
transindemnite.com/page/petit-fute
contact@transindemnite.com

Des problèmes d'avion (retard de vol, annulation ou surbooking) gâchent le séjour de millions de vacanciers chaque année. Bonne nouvelle : selon la réglementation, les voyageurs ont droit jusqu'à 600 euros d'indemnité par passager ! Mauvaise nouvelle : devant la complexité juridique et les lourdeurs administratives, très peu de passagers parviennent en réalité à se faire indemniser.

La solution ? Transindemnite.com, pionnier et leader français depuis 2007, simplifiera toutes les démarches en prenant en charge l'intégralité de la procédure. Analyse et construction du dossier, échanges avec la compagnie, suivi de la procédure, versement des indemnités : Transindemnite.com s'occupe de tout et ses juristes obtiennent gain de cause dans 9 cas sur 10. Transindemnite.com se rémunère uniquement par une commission sur l'indemnité reçue. Si la réclamation n'aboutit pas, rien ne sera donc déboursé !

Principales compagnies desservant la destination

■ AUSTRIAN AIRLINES GROUP

✆ 0 820 816 816
www.austrian.com

Austrian Airlines (avec Tarom) dessert très fréquemment la Roumanie. La compagnie propose plusieurs vols par jour entre Paris et Bucarest *via* Vienne. Comptez de 5 heures 10 à 10 heures 55 de trajet selon la durée de l'escale.

■ BLUE AIR

✆ 01 45 74 69 83
www.blueair-web.com

Cette compagnie low cost roumaine dessert 8 capitales et 25 villes à travers le monde. Elle propose des vols directs au départ de Paris-Beauvais pour Bucarest tous les jours, au départ de Nice le dimanche et de Bruxelles tous les jours.

■ LOT POLISH AIRLINES

101, rue d'Aboukir
✆ 0 800 10 12 24
✆ 01 48 62 84 90
www.lot.com – lot_info@lot.pl

Lot Polish Airlines assure plusieurs liaisons par semaine entre les principales villes françaises (Paris, Lyon, Marseille, Nice, Toulouse, Bordeaux) et leurs homologues polonaises (Varsovie, Cracovie, Gdansk, Poznan, Katowice, Wroclaw). Vols quotidiens et directs entre Paris et Varsovie. Comptez environ 2 heures 30 de vol.

■ LUFTHANSA

✆ 0 892 231 690
www.lufthansa.fr

Lufthansa propose plusieurs vols par semaine entre Paris et Bucarest, *via* Munich ou Francfort. La compagnie allemande propose également trois vols quotidiens (deux le dimanche) pour Sibiu *via* Munich. Vous trouverez également des vols pour la ville de Cluj toute la semaine mais pas le week-end.

■ MYAIR

✆ 0 800 970 179
www.myair.com

Tarifs intéressants. Depuis Bucarest, cette compagnie italienne propose près d'une dizaine de destinations dont Paris-Charles de Gaulle, Bruxelles. Au départ de Paris-CDG, vous pourrez rejoindre Bucarest *via* Bologne le vendredi et le dimanche. Départ à 14 heures 50, arrivée à 20 heures 15.

■ **TAROM**
✆ 01 47 42 25 42
www.tarom.ro
Tarom propose quotidiennement plusieurs vols directs entre Paris et la capitale roumaine. Durée de vol : de 2 heures 50 à 3 heures. Il existe également des départs de Strasbourg, Lyon et Nice et la compagnie dessert une dizaine de villes roumaines. Vous pourrez rejoindre les villes de Bacău, Constanța, Târgu Mureș et Timișoara *via* Bucarest.

■ **WIZZAIR**
www.wizzair.com
Compagnie aérienne low cost reliant Paris-Beauvais à quatre villes roumaines : Bucarest, Timișoara, Cluj-Napoca et Târgu Mureș.

■ **WIZZAIR**
✆ 0899 190 037
wizzair.com

Aéroports

■ **BEAUVAIS**
✆ 08 92 68 20 66
www.aeroportbeauvais.com
service.clients@aeroportbeauvais.com

■ **BRUXELLES**
✆ +32 2 753 77 53
✆ +32 9 007 00 00
www.brusselsairport.be

■ **GENÈVE**
✆ +41 22 717 71 11
www.gva.ch

■ **LYON SAINT-EXUPÉRY**
✆ 08 26 80 08 26
www.lyonaeroports.com
communication@lyonaeroports.com

■ **MONTRÉAL-TRUDEAU**
✆ +1 514 394 7377
✆ +1 800 465 1213
www.admtl.com

■ **PARIS ORLY**
✆ 39 50 / 0 892 56 39 50
www.aeroportsdeparis.fr

■ **PARIS ROISSY – CHARLES-DE-GAULLE**
✆ 39 50 / +33 1 70 36 39 50
www.aeroportsdeparis.fr

■ **QUÉBEC – JEAN-LESAGE**
✆ +1 418 640 3300
✆ +1 877 769 2700
www.aeroportdequebec.com

■ **STRASBOURG**
✆ 03 88 64 67 67
www.strasbourg.aeroport.fr
information@strasbourg.aeroport.fr

Sites comparateurs

Certains sites vous aideront à trouver des billets d'avion au meilleur prix. Certains d'entre eux comparent les prix des compagnies régulières et *low cost*. Vous trouverez des vols secs (transport aérien vendu seul, sans autres prestations) au meilleur prix.

■ **EASY VOLS**
www.easyvols.fr
contact@easyvoyage.fr

En train

■ **TRAIN DE LUXE**
MC 98 0000 Monaco
1, rue du Gabian le thalès
www.traindeluxe.com
Ce site Internet présente l'offre la plus complète de circuits en train de luxe dans le monde entier. Orient Express, Eastern and Oriental Express, Transsibérien... sont présents dans le catalogue du site. Les promotions sont disponibles dès leur publication par les compagnies ferroviaires. Choisissez votre destination et votre mois de départ, différents circuits vous seront alors proposés selon vos souhaits. Devis gratuit en ligne ou par téléphone.

En bus

■ **EUROLINES**
✆ 0 892 89 90 91
www.eurolines.fr
600 destinations en France et en Europe, plus de 90 points d'embarquements en France
Réservations :

- **par téléphone :** 0 892 89 90 91 (0,34€/min)
- **sur internet :** www.eurolines.fr
- **auprès de l'une des 20 agences commerciales** Eurolines en France.

Eurolines propose des « pass » pour voyager en autocar dans 50 pays européens :

- **Pass 15 jours :** 215 à 355 € par adulte en fonction de la saison
- **Pass 30 jours :** 320 à 465 € par adulte en fonction de la saison

Également des « mini pass », pour découvrir deux capitales européennes, à partir de 83 €.

SÉJOURNER

Se loger

On trouve tout type d'hébergement en Roumanie, de l'hôtel de gare au palace 5 étoiles, des refuges de montagne aux pensions rurales.

Hôtels

À Bucarest et dans les grandes villes, le choix est important. Les vestiges de la période communiste (un vaste hôtel d'État dans chaque ville) sont encore nombreux : gros blocs de béton impersonnels, plus ou moins confortables selon la catégorie de clients auxquels ils étaient destinés. Certains de ces hôtels ont été rénovés et ont su s'adapter aux exigences des nouveaux arrivants (hommes d'affaires, touristes). D'autres demeurent inchangés : portant tous le même nom, ils sont d'allure vieillotte, l'orange et le marron y dominent et leur personnel est peu enthousiaste…

Construits plus récemment, les nouveaux hôtels privés sont souvent très modernes, confortables… et chers. À l'exception de ceux du littoral, ils visent surtout une clientèle d'affaires mais ne refusent évidemment pas les touristes. La Roumanie applique un système de classification par étoiles (d'une à cinq), qui vous aidera à choisir juste en fonction de votre budget. Les hôtels à deux (qui correspondent à une étoile en France) et trois étoiles représentent le meilleur rapport qualité/prix. Ils sont nombreux sur la côte et dans les stations thermales. Attention, cela ne veut pas dire que les hôtels 1 étoile ne sont pas confortables, il y en a au contraire des très corrects. Quant aux hôtels 4 et 5 étoiles, ils sont chers et même souvent très chers.

Il est difficile d'établir une grille de tarifs, qui varient selon la saison et le lieu. De plus, les établissements diffèrent par leur niveau de confort (avec ou sans salle de bains, etc.). Bien que l'euro soit accepté et bienvenu, vous aurez toujours intérêt à payer en lei.

Les chambres simples sont rares, les chambres doubles impliquent souvent deux lits simples : tant pis pour les couples ! Il existe cependant quelques chambres dites matrimoniales. Le petit déjeuner est en général compris dans le prix.

Théoriquement, on trouve toujours une chambre disponible sans avoir à réserver. Mais dans les villes où le choix n'est pas grand, sur le littoral ou dans la vallée de la Prahova en été, il est plus prudent de réserver, par téléphone ou e-mail.

Attention !

Concernant les hôtels, les tarifs indiqués dans le guide sont en général ceux pratiqués en haute saison, soit les plus élevés. Il y a donc de grandes chances pour que l'on vous propose des tarifs inférieurs. En outre, les hôtels 1 ou 2 étoiles disposent souvent de chambres avec salle de bains sur le palier, bien moins chères que les chambres doubles avec salle de bains dont nous indiquons les prix. Nos indications vous aideront en tout cas à apprécier les différences de standing entre les hôtels. Nous vous conseillons de téléphoner aux hôtels choisis avant votre départ, en vous aidant du lexique si vos interlocuteurs ne sont pas des polyglottes.

Bien qu'il soit plus intéressant de payer en lei, nous indiquons les prix en euros, afin de contourner le problème que pose l'instabilité du leu.

Chambres d'hôtes

Plus rares en ville, ces formules commencent tout de même à se répandre. À Brașov ou à Sighișoara par exemple, deux villes très touristiques, on vous sollicite dès votre descente de train. Pourquoi pas ? Mais on peut aussi bien tomber sur une charmante chambre dans une vieille maison du centre-ville que sur une pièce triste à un lit dans d'une banlieue bétonnée… Pour ce genre d'hébergement, on peut passer par une agence ou par l'office de tourisme quand c'est possible (nous l'indiquons), tout dépend de la ville.

Auberges de jeunesse

Le pays possède une quinzaine d'auberges de jeunesse, où il faut compter entre 7 et 12 € pour un lit. La plupart proposent des dortoirs et des chambres privées, cuisine et machines à laver.

Certains lycées et universités louent également des chambres pendant l'été. Les hôtels Sport ou Tineretului existent dans de nombreuses villes. Ce sont principalement des hôtels au confort basique (mais parfois bien tenus et très propres), destinés aux groupes sportifs ou scolaires. Quand ils sont libres, ils sont ouverts à tout le monde. Leurs prix sont très bas, plus ou moins comme ceux des auberges de jeunesse.

Campings

L'office de tourisme roumain à Paris pourra vous fournir une carte et une liste (d'une partie) des campings du pays. La plupart des campings proposent des petites cabanes (*căsuțe*) pour 2 à 4 personnes, sommaires ou confortables, ou de véritables bungalows équipés.

■ CAMPING CHÈQUE

www.campingcheque.fr
contact@campingchequepro.com
Mer, montagne ou campagne...... Kawan Villages a sélectionné 37 des plus beaux campings 3, 4 et 5 étoiles en Europe (France, Espagne et Italie). Tout est fait pour que chacun trouve son bonheur et profite pleinement de ses vacances dans des cadres naturel d'exception. Bien-être, sport, nautisme, pêche, gastronomie... etc rythmeront vos vacances. En emplacement ou en location, les Kawan Villages vous garantissent des vacances confortables. Mobil-homes, chalets, roulottes ou tentes lodge sont en effet des hébergements récents et entièrement équipés. Les emplacements de camping sont spacieux et paysagers afin de préserver au mieux l'intimité de chacun. Les Kawan Villages disposent également d'infrastructures de qualité avec des complexes aquatiques pour le bonheur des enfants, des espaces bien-être pour la détente des parents ou encore d'excellents restaurants.

Tourisme rural – Agritourisme

Ce type de logement offre la meilleure possibilité de vous familiariser avec ce pays dont le monde rural est la plus grande richesse touristique (folklore, artisanat, gastronomie, etc.). Situées en général dans les villages (mais il y en a aussi en ville), les pensions vous réservent un accueil chaleureux, dans des intérieurs parfois traditionnels, et la découverte de la gastronomie locale la plus authentique.
Ces hébergements proposent divers niveaux de confort, du simple lit à l'étage à la belle chambre avec salle de bains. Par personne, comptez de 10 à 25 € selon le lieu. On vous conseille vivement de prendre sur place au moins le petit déjeuner, mais le dîner également (ce sera toujours meilleur qu'au restaurant).
Dans les régions touristiques, on vous proposera des chambres dès que vous serez descendu du train. Il peut s'agir d'une chambre chez un particulier ou d'un appartement qui vous sera laissé, les deux étant généralement bon marché. Avant de suivre quelqu'un qui vous inspire confiance, mettez-vous bien d'accord sur le prix, sur l'adresse exacte (si possible, pas à une heure de bus du centre-ville), sur le confort et sur l'autonomie dont vous disposerez (clés, etc.).
Dans les villes touristiques, certaines agences enregistrent les offres et vous aideront à trouver votre bonheur. Dans certains villages ou stations thermales, guettez les petites affiches « *cameră de închiriat* » (chambre à louer) apposées sur les fenêtres des maisons... et frappez à la porte si le lieu vous convient.
Le tourisme rural en Roumanie est une vieille tradition qui s'est tout d'abord développée autour de Bran. Aujourd'hui, on trouve des pensions partout, dont de nombreuses en Transylvanie, en Bucovine et dans le Maramureș.
Ce type d'hébergement est de plus en plus apprécié des touristes. Tout comme les hôtels, les pensions sont classées selon leur confort, mais ici les marguerites remplacent les étoiles. Les possibilités vont de la simple petite chambre dans une maison rurale traditionnelle à la luxueuse pension de 6 chambres, avec barbecue et piscine. La pension complète est souvent possible (et fortement conseillée). Certains propriétaires font également découvrir leur village à leurs hôtes, organisent des activités et se chargent du transport.
Le tableau semble idyllique, mais il y a aussi des pensions sans charme et des propriétaires inintéressants mais intéressés... En certains lieux, l'agrotourisme est devenu un business très lucratif dont quelques-uns profitent. Dans chaque chapitre, chaque département, nous vous indiquons les adresses d'agences, d'organismes ou d'associations qui vous aideront à trouver une chambre en pension ou chez l'habitant, ainsi qu'à organiser votre séjour.

■ ANTREC ROMANIA

Strada Maica Alexandra, 7
BUCAREST
✆ +40 21 222 8001
Voir page 104.

■ **RÉSEAU VERT**
Cette association fondée en Moldavie entend développer les villages et sauvegarder le riche patrimoine rural (maison, artisanat) *via* le tourisme en créant un réseau de chambres d'hôte dans de charmants villages des plus belles régions : Moldavie et Bucovine, delta, Transylvanie, Apuseni, Olténie... Ce réseau est géré par des gens passionnés par leur village, leur région, et qui seront heureux de vous faire partager leur attachement à ces lieux.

Bons plans

▶ **Villas.** À mi-chemin entre la pension et l'hôtel, les villas se trouvent surtout dans les stations touristiques. Ce sont de grandes maisons de plusieurs chambres ou appartements, avec sanitaires communs ou non, et de différentes catégories de confort.

▶ **Refuges.** Dans les massifs propices aux randonnées, vous trouverez des refuges (*cabană*) de montagne, mal équipés en général mais bon marché.

Se déplacer

Les transports en commun dans les grandes villes sont en général bien développés.

▶ **Tramways, trolleybus ou bus** sont nombreux, modernes ou en ruine, tout dépend de la ville, de la ligne, etc. Attention, les tickets s'achètent à l'avance, dans des guichets et non pas dans le véhicule. Vous devrez parfois composter (machine souvent manuelle) le vôtre et le conserver jusqu'à la fin du trajet, pour pouvoir le présenter à un éventuel contrôleur. Demandez à ce qu'on vous aide pour trouver la station qui vous intéresse.

▶ **Il existe également des maxitaxis urbains.** Ces minibus desservent, comme des bus, des lignes fixes dans une ville, pour un tarif à peine plus élevé. Ils sont souvent bondés et quelquefois la destination est mal indiquée. Mais ils sont rapides.

▶ **Quant au métro,** moderne et rapide, seule la capitale en est dotée.

Avion

Tarom, compagnie nationale roumaine, n'est désormais plus seule sur le marché des vols intérieurs. Le nombre de vols et de destinations depuis Bucarest, mais aussi entre les villes de province, a ainsi fortement augmenté, au grand bonheur des hommes d'affaires et des touristes. On peut même gagner l'étranger depuis Cluj, Constanța ou Timișoara. Ces vols intérieurs ne sont pas vraiment bon marché, surtout comparés aux tarifs des trains. Mais le gain de temps est énorme et pour qui en a les moyens, rejoindre le Maramureș en 1 heure 15 depuis la capitale est un privilège ; le train mettra une douzaine d'heures pour le même trajet. Il est conseillé de réserver ses billets à l'avance dans les agences des compagnies ou dans les agences de voyages.

▶ **Tarom** opère des vols depuis les aéroports de Bucarest (Otopeni et Băneasa) vers Constanța, Suceava, Iași, Sibiu, Târgu Mureș, Cluj-Napoca, Baia Mare, Satu Mare, Oradea, Arad et Timișoara. Tarom affrète souvent une navette entre les aéroports de province et le centre des villes desservies. Les départs (1 heure 30 avant) et les arrivées de la navette s'effectuent depuis et vers les bureaux de la compagnie. Vous trouverez des bureaux Tarom dans la plupart des grandes villes. Infos : www.tarom.ro

▶ **Carpatair**. Cette compagnie est basée à Timișoara. Elle dessert Bucarest, Constanța, Bacău, Sibiu, Iași, Târgu Mureș, Cluj, Oradea. Mais aussi des destinations internationales régulières ou saisonnières : Chișinău, Budapest, Düsseldorf, Stuttgart, Munich, Bergame, Turin, Vérone, Trévise, Bologne, Florence, Ancône et Rome. Infos : www.carpatair.ro

■ **BLUEAIR**
(Hotel Continental Forum)
Bulevardul Unirii, 10
SIBIU
✆ +40 269 210 033
Voir page 229.

■ **CARPATAIR**
Bulevardul Ana Ipătescu, 10 C
SUCEAVA
✆ +40 230 529 559
Voir page 425.

■ **WIZZAIR**
Voir page 515.

Bateau

Vous aurez à emprunter les transports fluviaux pour passer les frontières avec la Serbie et la Bulgarie, mais surtout pour parcourir les trois bras du delta du Danube. Toutes les informations se trouvent dans les chapitres concernés.

Bus

Grandes lignes. Les bus longue distance, comme Bucarest-Cluj ou Iaşi-Oradea, par exemple, sont aussi bon marché et aussi rapides que les trains (sauf en ce qui concerne les Inter City). Les tickets peuvent être achetés à l'avance à la gare routière ou dans des agences de voyages.
Grandes compagnies : Atlassib – www.atlassib.ro – Dacos – www.dacos.com.ro – Double T – www.doublet.ro – entre autres...

Lignes locales. Pour le visiteur, le bus est souvent utile pour faire la liaison entre une ville et un village isolé non desservi par le train. Peu fréquents, les bus sont aussi plutôt vieux, bruyants et lents. Mais ils sont bon marché et permettent de découvrir l'arrière-pays. Les gares routières sont en général situées à côté de la gare ferroviaire. Les horaires sont clairement affichés. On achète les tickets auprès du chauffeur, avant le départ.

Lignes internationales. Elles sont très nombreuses et très utilisées par les nombreux Roumains qui travaillent à l'étranger. Eurolines – www.eurolines.fr et www.eurolines.ro – dessert de nombreuses villes de Roumanie (depuis la France, la Belgique).
Depuis la France et la Belgique, on peut aussi emprunter la compagnie roumaine Atlassib – www.atlassib.ro. Le trajet est long, avec parfois des passages de douane qui durent... Mais les prix sont en général plus intéressants que ceux de l'avion.
Des compagnies turques, grecques ou locales vous emmènent aussi vers Istanbul, Athènes ou Thessalonique (*voir adresses dans la partie « Bucarest »*).

Train

Le train est sans doute le meilleur moyen de vous déplacer à travers la Roumanie. On peut regarder le paysage à son aise, en une demi-journée on peut gagner n'importe quel point du pays et le train est bien plus sûr que la route. Les 11 000 kilomètres de lignes gérées par la SNCFR (Societatea Naţională a Căilor Ferate Române), souvent abrégée en CFR, desservent la majeure partie des villes et villages principaux, et parfois même des villages isolés. Ce type de transport est encouragé par le gouvernement, qui multiplie les promotions et trains spéciaux pour éviter que le trafic routier « prenne le dessus ».
De nouveaux trains (réseau Inter City), comme la Flèche bleue (Săgeata Albastră), offrent un grand confort et opèrent sur les grandes lignes. D'autres trains sont souvent lents, parfois vétustes, mais tous sont en général ponctuels, sûrs et bon marché.
Les retards, s'il doit y en avoir, peuvent être causés par la neige, la chaleur ou la multiplication des trains spéciaux (pour acheminer les touristes vers le littoral) en été.

Les différents types de trains
Personal : ces trains s'arrêtent à toutes les gares. Très lents donc, souvent bondés, mais qui permettent, si vous avez le temps, de regarder le paysage et les gens. Ils desservent également des villages isolés. Certaines de ces lignes sont menacées et appelées à être remplacées par des lignes de bus ou de minibus.
Accelerat : ils ne s'arrêtent que dans les grandes ou moyennes villes.
Rapid : ils ne s'arrêtent que dans les grandes villes.
Inter City : ils sont plus rapides, très modernes (trains Săgeata Albastră) et ne desservent que les destinations majeures.
Les Personal sont évidemment les moins chers, les Inter City étant les plus chers. La plupart des trains sont équipés d'un wagon à bagages, dont les vélos et les VTT.
Enfin, la Roumanie est traversée par des lignes internationales (trains assez lents) qui permettent de rejoindre par exemple Istanbul, Sofia, Belgrade, Zagreb, Venise, Prague, Vienne, Budapest, Varsovie, Chişinău, Kiev, Moscou. L'Orient-Express traverse également le pays (Sinaia, Bucarest).

Les classes. Il y en a plusieurs. Les wagons à compartiments sont majoritaires pour les trains Accelerat et Rapid. En seconde classe, ils sont prévus pour 8 personnes. Le confort n'est pas extraordinaire et les toilettes sont rarement utilisables (emportez du papier). Les premières classes sont un peu plus confortables (pas vraiment sur les Personal) et les compartiments y accueillent 6 personnes. Mais la différence de prix est plus importante que le gain en confort. Les premières classes en Inter City sont ce qui se fait de mieux.
En ce qui concerne les trains couchettes, très pratiques pour traverser le pays en économisant une nuit d'hôtel, le compartiment de seconde classe est prévu pour 4 à 6 personnes, tandis que le confortable compartiment de première classe est prévu pour 2 personnes (ou pour vous seul, contre un supplément).

Formalités et Rovignette

Pour conduire en Roumanie, vous devez être en possession d'un permis de conduire national ou un permis international. Si vous venez avec votre propre véhicule, pensez bien à acheter la **Rovignette** dès que vous êtes entré sur le territoire roumain. Celle-ci s'achète dans toutes les stations essence. Elle vous coûtera environ 4 €. Vous devez également présenter une carte verte d'assurance, la carte grise et une procuration si vous n'êtes pas propriétaire du véhicule. Pensez à photocopier tous ces documents, cela peut servir.

Acheter son billet. Il est obligatoire d'acheter son billet et de réserver sa place avant de monter dans le train. Les tarifs sont en fonction du kilométrage et de la classe. On vous donnera un ticket où seront indiqués les numéros de votre wagon et de la place (sauf pour les Personal, où l'on s'assoit où l'on peut). Si vous ne pouvez pas présenter votre titre de voyage au contrôleur, vous payerez une amende.

Pour un voyage le jour même : les billets s'achètent aux guichets des gares une heure environ avant le départ. Prévoyez du temps pour la file d'attente.

Pour acheter les billets à l'avance : il existe des guichets spéciaux dans certaines gares. Mais le plus simple est de se rendre dans une Agenție de Voiaj CFR, en général située dans les centres-villes. Vous trouverez les adresses de ces agences dans tous les chapitres des villes concernées. Vous devrez également passer par ces agences (ou Wasteels, à Bucarest et à Brașov) pour réserver des places en train couchettes et pour les trains internationaux.

Les gares et les horaires. Dans les gares des grandes villes, vous trouverez des consignes très bon marché ouvertes en principe 24 heures sur 24. Les toilettes sont généralement payantes. Dans toutes les gares, des kiosques vendent des boissons et des snacks. Dans les grandes gares, les horaires sont affichés sur un panneau électronique. Dans les gares plus petites, les horaires sont affichés sur le quai ou dans le hall (tableau ou affiches) et sont aisément compréhensibles. Les éventuels changements sont affichés près des guichets.

Rappel : *sosire* signifie « arrivée » et *plecare* signifie « départ ». Plus d'infos sur le vocabulaire dans le lexique. Vous pouvez vous procurer le *Mersul Trenurilor*, c'est-à-dire l'indicateur annuel des horaires de trains, à l'agence CFR de la ville, mais aussi consulter le site www.cfr.ro.

Les trains forestiers. Quelques-unes de ces lignes spéciales conçues pour le transport du bois fonctionnent encore dans les Carpates. Ces trains à vapeur sont d'un autre temps et, aujourd'hui, ils sont abandonnés au profit des routes forestières. Mais vous pourrez emprunter l'un d'eux à partir de Vișeu de Sus, dans le Maramureș.

Voiture

Si vous utilisez votre propre véhicule, renseignez-vous bien sur les modalités concernant les assurances.

Disposer d'une voiture dans un pays comme la Roumanie, dont le principal attrait est son arrière-pays, est évidemment un privilège pour le visiteur. Et c'est encore mieux en camping-car ! Certes, quelques routes défoncées vous seront interdites. Mais dormir tous les soirs dans un village, en éveillant la curiosité des autochtones, quelle belle expérience !

Parc automobile local. Le parc automobile roumain a évolué. Les vieilles Dacia (vous reconnaîtrez nos Renault 12) ont beau être encore majoritaires (vous en verrez de nombreuses à l'arrêt, avec leur conducteur le nez dans le moteur...), les nouvelles Dacia Logan (associée à Renault, usine à Pitești), les Daewoo (qui avait une usine à Craiova), les Chevrolet (qui a racheté l'usine de Craiova), ainsi que des marques européennes se sont sérieusement multipliées. Vous verrez aussi un très grand nombre de grosses berlines (noires, avec vitres fumées de préférence...).

Essence. Les stations-service flambant neuves se sont multipliées dans tout le pays et vous n'aurez aucun problème pour en trouver une ouverte à toute heure du jour et de la nuit aux abords des grandes villes. Elles comportent en général des boutiques modernes et bien fournies. L'essence est légèrement moins chère qu'en France, mais ne vous attendez pas à des prix miraculeux. Elle est encore chère par rapport au niveau de vie local.

Routes. Les routes principales sont bonnes et tant qu'on reste sur les grands axes, le réseau est très correct. Mais cela se gâte pour les routes secondaires, où les nids-de-poule sont fréquents. Le bitume disparaît parfois et vous devrez faire attention aux divers animaux de ferme qui gambadent au bord des routes et dans les villages. Sur les routes principales, surtout la nuit, faites également très attention aux nombreuses charrettes à chevaux, très pittoresques mais rarement bien éclairées…

Conduite et règles (de conduite). La multiplication des véhicules, le mauvais état de certaines routes et l'alcoolisme ont entraîné une hausse spectaculaire des accidents de la route. Ici, on roule généralement vite, sans se soucier des autres. Alors, faites attention, surtout à Bucarest, qui est une véritable jungle dans ce domaine. Attention aussi sur la très dangereuse autoroute Bucarest-Pitești.
Les contrôles de police sont très fréquents. Le taux d'alcoolémie toléré au volant est tout simplement zéro. Les radars, souvent cachés dans une Dacia blanche au bord de la route, se sont eux aussi multipliés. Limitation de vitesse : en ville 50 km/h, sur route 80 km/h.

Parkings. Jadis totalement anarchiques, les parkings commencent à s'organiser dans les très grandes villes. Les parcmètres n'existent pas, pour l'instant.
Vous devrez parfois acheter des tickets dans des kiosques à journaux, ou payer un employé présent (qui ne vous oubliera pas).

Taxi

Présentes dans toutes les villes, **les compagnies de taxi** pratiquent des tarifs extrêmement bas.
Pour les infos sur les taxis (faux taxis, fraudes, etc.), voir le chapitre « Bucarest – Transports ».

Maxitaxis et minibus. C'est le nouveau moyen de transport à la mode, plus rapide (trop parfois), plus confortable et moins cher que le train et les bus. Il s'agit principalement de minibus Mercedes, qui desservent les grandes villes et les villes moyennes. Ils sont fréquents, ne s'arrêtent pas dans tous les villages et gonflent le trafic routier en faisant une forte concurrence aux trains. On peut ainsi aller de Bucarest à une ville de banlieue ou plus éloignée encore, comme Târgu Mureș ou Constanța. Les destinations sont clairement affichées sur le véhicule. Ils partent en général des gares ferroviaires et routières. Le billet s'achète auprès du chauffeur et doit être conservé jusqu'à la fin du trajet. Un contrôleur peut vous le demander. Il existe aussi des minibus qui desservent toute l'Europe, « à des prix défiant toute concurrence ». Mais on se méfiera tout de même des offres trop intéressantes.

Auto-stop

La pratique est assez répandue dans le pays, où l'auto-stop n'est ni plus ni moins sûr que partout ailleurs. Cela vous donnera peut-être l'occasion de gagner des villages isolés, en camion, en Dacia ou même en charrette. Prévoyez de payer l'équivalent de la course en bus. Ce qui sera accepté ou non.

Index

D

E

F / G

H / I

J / K / L

M

N / O

P

R

S

T

U / V / Z